Karosserie- und Fahrzeugbau-mechaniker

Herausgeber
Gerd Lausen

Autoren
Patricia Harbrecht
Gerald Kütemann
Gerd Lausen
Frank Lünenberger
Peter Melkus
Manfred Peters
Martin Querhammer
Dr. René Rempfer
Wolfgang Stein
Joachim Weigt
Bernd Winkler
Eckhard Woll

Registrieren Sie sich auf
www.ht-digital.de und
geben Sie dort den Code
zur Freischaltung ein:

VHT-F3JJ-8P69-HZQX

3., überarbeitete und erweiterte Auflage

Handwerk und Technik – Hamburg

Die Normblattangaben werden wiedergegeben mit Erlaubnis des DIN Deutsches Institut für Normung e. V.
Maßgebend für das Anwenden der Norm ist deren Fassung mit dem neuesten Ausgabedatum, die erhältlich ist bei der Beuth Verlag GmbH, Burggrafenstraße 6, 10787 Berlin.

ISBN 978-3-582-92464-3 Best.-Nr. 3170

Verlag Handwerk und Technik GmbH,
Lademannbogen 135, 22339 Hamburg;
Postfach 63 05 00, 22331 Hamburg – 2020
Internet-Adresse: www.handwerk-technik.de
E-Mail: info@handwerk-technik.de

Zeichnungen: Grafische Produktionen Neumann, 97222 Rimpar
Umschlagbild: Deutsche Automobil Treuhand GmbH, 73760 Ostfildern
Satz und Layout: Reemers Publishing Services GmbH, 47799 Krefeld
Druck: Himmer GmbH · Druckerei & Verlag, 86167 Augsburg

Geleitwort

Der Zentralverband Karosserie- und Fahrzeugtechnik (ZKF) als zuständiger Berufsverband für den Ausbildungsberuf des Karosserie- und Fahrzeugbaumechanikers, die Techniker- und Meisterausbildung im Karosserie- und Fahrzeugbau sowie für die berufsspezifische Fort- und Weiterbildung schätzt sich glücklich, dass das Fachbuch „Karosserie- und Fahrzeugbaumechaniker" als Basiswerk und Arbeitsunterlage der Branche zur Verfügung steht.

In dieses Fachbuch sind wichtige technische Neuheiten und Methoden eingeflossen, die ihm eine hohe Aktualität nach dem heutigen Stand der Technik attestieren.

„Nichts ist beständiger als der Wandel", dieses ursprünglich griechische Sprichwort trifft für den herstellenden und reparierenden Karosserie- und Fahrzeugbau im vollen Umfang zu. Die automobile Fahrzeugtechnik hat in den letzten Jahren enorme Entwicklungssprünge gemacht; sei es bei Materialien wie Aluminium oder Carbon, sei es bei Fügetechniken wie das Kleben, das zunehmend Schweißverbindungen ablöst, oder sei es im Bereich der Elektrik und Elektronik bei den Sicherheits- und Komfortsystemen in modernen Nutzfahrzeugen und Pkws. Diese Systeme zu verstehen, um dann lösungsorientiert Reparaturen durchzuführen und Systeme wieder funktionsfähig zu machen, setzt neue Schwerpunkte in der Aus- und Weiterbildung voraus. Der Karosserie- und Fahrzeugbaumechaniker muss in der Lage sein, die Vielseitigkeit im modernen Fahrzeugbau und der Reparatur von Fahrzeugen zu beherrschen.

Dem Leser und Nutzer bietet dieses Fachbuch eine wertvolle Hilfe. Bereits im Hinblick auf die geplante Neuordnung der Meisterprüfungsverordnung, die voraussichtlich im Herbst 2019 abgeschlossen sein wird, hat das Buch viele Aspekte aufgenommen, die sich dann in überarbeiteten Lern- und Ausbildungsinhalten niederschlagen werden.

Allen Nutzern dieses Buches gilt an dieser Stelle mein Dank, dass Sie sich für den handwerklich sehr umfassenden und herausfordernden Beruf des Karosserie- und Fahrzeugbaumechanikers entschlossen haben, oder dieses Buch in den Händen halten und damit Interesse an unserem Handwerk und unserem Wissen beweisen.

Peter Börner
Präsident des Zentralverbands
Karosserie- und Fahrzeugtechnik

Vorwort

Ab der 2. Auflage ist dieses Fachbuch neu gegliedert: Die Kapitel sind wie folgt eingeteilt
- Gemeinsames beider Fachrichtungen
- Karosserie- und Fahrzeugbau
- Karosserie-Instandhaltung

Die Einteilung in diese beiden Fachrichtungen entspricht auch der Einteilung des Rahmenlehrplanes und der Ausbildungsordnung der Kultusminister-Konferenz (KMK).
Somit ist dieses Fachbuch sehr gut als Lehrbuch für die Ausbildung zum Karosserie- und Fahrzeugbaumechaniker geeignet, ebenso kann es zur Meisterausbildung verwendet werden.

Auch bei der Ausbildung zum Metallbauer, Fachrichtung Nutzfahrzeugbau und bei der Ausbildung zum Kraftfahrzeugmechatroniker, Schwerpunkt Karosserietechnik kann es als Informationsquelle dienen.

Den Autoren ist es gelungen, kurz und klar zu schreiben. Zur besseren Übersicht sind den Kapiteln und Abschnitten Aufzählungen im gelben Raster vorangestellt: Der Leser erhält dadurch einen Überblick, was im Folgenden beschrieben wird. So kann er entscheiden, ob er weiterlesen möchte, oder das Kapitel/den Abschnitt überspringen kann.

Dem Leser werden drei Symbole auffallen:
- ➔: Dieses Symbol steht innerhalb des Textes und weist mit einer Nummer auf ein Bild hin.
- ▶ ⬇: Diese Symbole stehen am Rand des Textes und weisen auf ein Video bzw. auf die PDF-Datei 31702 (Lernsituationen) hin, die unter handwerk-technik.de/links/3170 heruntergeladen werden können, vgl. 2. Umschlagseite (2. US).

Die Lernsituationen und Videos ergänzen den Text und veranschaulichen ihn, sodass er vom Leser besser verstanden wird.

Bedanken möchten wir uns bei allen, die zum Gelingen des Buches beigetragen haben, vor allem bei:
- Herrn Meiners, der das Kapitel „Datenübertragungssysteme in Kraftfahrzeugen“ verfasst hat
- der Fa. Veritruck GmbH & Co. KG, die uns unterstützt hat bei den Kapiteln zur Instandsetzung von Nutzfahrzeugen
- der Fa. Layher, die uns beraten und unterstützt hat bei dem Thema „Unfallverhütung beim Arbeiten auf Gerüsten“
- der Fa. DAT Deutschland, die das Kapitel erarbeitet hat „Schadenhöhe mittels EDV-Programm ermitteln“
- allen Firmen, die uns Hinweise gegeben oder/und Bildmaterial zur Verfügung gestellt haben

Herausgeber und Verlag

Zur Arbeit mit dem Buch

Um die Fülle an Wissen besser vermitteln zu können, ist das Erscheinungsbild aufbereitet:

- Die Texte sind leserfreundlich aufbereitet, z.B. große Schrift, kurze Sätze, stichpunktartige Zusammenfassungen, farbliche Hervorhebung.
- In allen Kapiteln sind wesentlichen Textabschnitten in sich geschlossene, detaillierte Gliederungen vorangestellt. Diese erleichtern die Lernstofferarbeitung, sind hilfreich bei der Stoffwiederholung und fördern das Selbststudium.
- Alle Abbildungen sind modern gestaltet.

So werden Inhalte einprägsam auf neue Art vermittelt.

Folgende Markierungen dienen der besseren Übersicht:

Aufzählungen/Zusammenfassungen

- Die Aufzählungspunkte im Gelbraster dienen gleichzeitig als Untergliederung, Zusammenfassung und als Stütze bei Wiederholung des Lernstoffes.
- In den nachfolgenden Erläuterungen sind die aufgezählten Elemente halbfett hervorgehoben.

Allgemeine Merksätze
Grundlegende Sachverhalte wie Naturgesetze, gesetzliche und normative Vorschriften, allgemeine Schlussfolgerungen.

Merksätze für den Karosserie- und Fahrzeugmechaniker
Wichtige Sachverhalte mit Aufforderung an den Auszubildenden, danach zu handeln.

Beispiele:
Beispiele zum Text, Formeln, Anmerkungen des Autors.

Übungen:
Übungen zum vorangegangenen Lernfeld.

Der Pfeil **➔** im Text weist auf Illustrationen jeder Art wie Bild, Tabelle, Diagramm hin. Er fällt im Text auf und lässt vom Bild aus auch schnell die zugehörige Textstelle finden. Es bedeutet:
➔ 2: Bild 2 auf der jeweiligen Buchseite,

Das umfangreiche **Sachwortverzeichnis** hilft, Sachzusammenhänge herzustellen. Es ersetzt im laufenden Text Hinweise auf andere Kapitel, die den Lesefluss unterbrächen.

Inhaltsverzeichnis

Gemeinsames beider Fachrichtungen

3 Elektrische und elektronische Systeme

4 Hydraulische und pneumatische Systeme

5 Fahrzeugteile aus Metall planen und herstellen

6 Fahrzeugteile aus Nichtmetall oder aus Verbundstoffen

7 Fahrwerks- und Bremssysteme

Karosserie- und Fahrzeugbau

13 Karosserien und Aufbauten herstellen

14 Fahrzeugrahmen herstellen und umbauen

15 Fahrzeuge umbauen, aus- und umrüsten

16 Innenraum von Pkws

17 Geschäftsprozess im Fahrzeugbau- und Karosseriebaubetrieb

Karosserie-Instandhaltung

18 Fahrzeuge und Systeme instand halten

19 Schnittstellen für die Fehlersuche

20 Fahrzeug- und Karosserieschäden analysieren

21 Karosserien, Aufbauten und Fahrzeugrahmen instand halten

Gemeinsames beider Fachrichtungen

1 Straßenfahrzeuge und Fahrzeugaufbauten

1.1 Systematik der Straßenfahrzeuge nach DIN 70 010

Straßenfahrzeuge sind Fahrzeuge, die an Land, vorrangig auf Straßen, betrieben werden. Sie bewegen sich aufgrund der Haftreibung zwischen Rad und Straße. Straßenfahrzeuge benötigen keine Gleise, sodass sie auch ihre Fahrtrichtung ändern können.

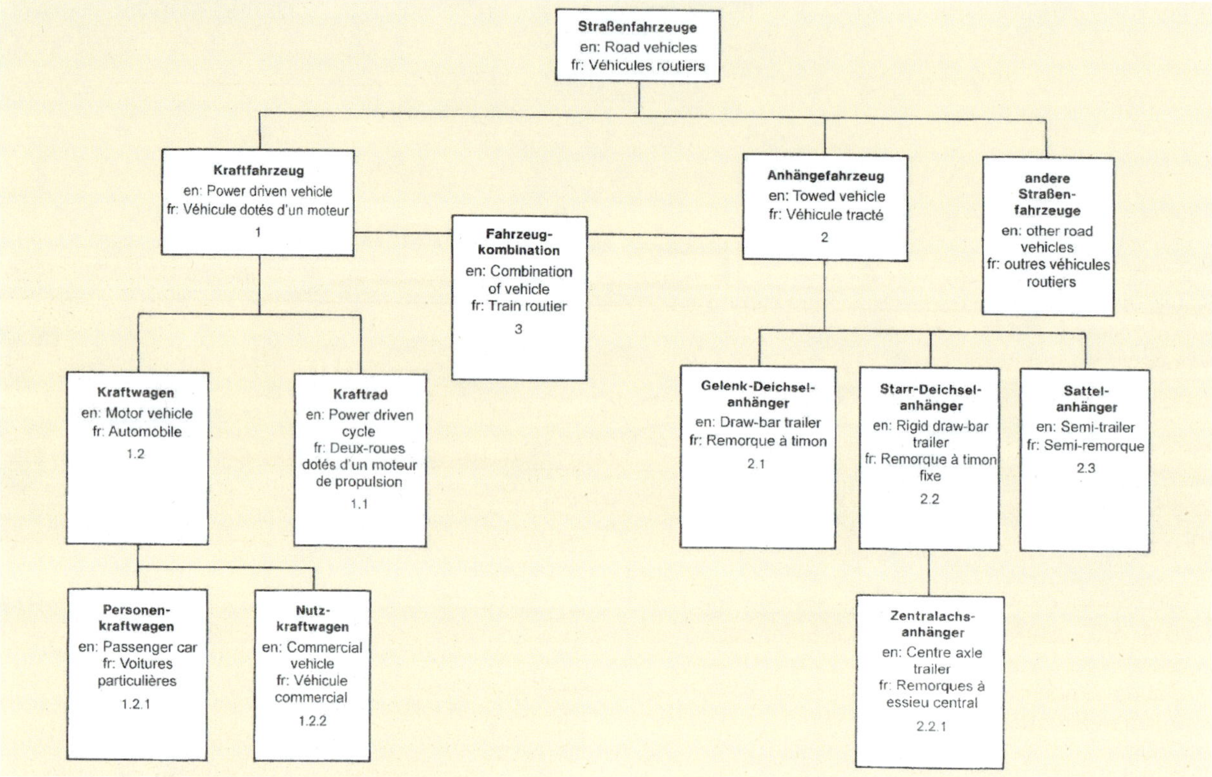

1 Einteilung der Straßenfahrzeuge nach DIN 70 010

Straßenfahrzeuge werden nach DIN 70 010 eingeteilt in, siehe Bild → 1:
- Kraftfahrzeuge
- Anhängefahrzeuge

Kraftfahrzeuge (Kfz) sind selbstfahrende, maschinell angetriebene Straßenfahrzeuge. Sie sind weiter unterteilt in:
- Kraftrad
- Kraftwagen

Anhängefahrzeuge haben keinen eigenen Antrieb; sie werden von einem Kraftfahrzeug gezogen.

Kraftfahrzeug und Anhänger bilden gemeinsam die **Fahrzeugkombination,** auch **Gespann** genannt.
Jedoch: In Deutschland dürfen keine Personenanhänger zu einem Omnibuszug gebildet werden. In § 32a StVZO heißt es:
„Hinter Kraftomnibussen darf nur ein lediglich für die Gepäckbeförderung bestimmter Anhänger mitgeführt werden."

Einige Verkehrsunternehmen setzen seit der Jahrtausendwende wieder Omnibuszüge ein, bevorzugt im Schülerverkehr.

Dies ist nur mit einer Ausnahmegenehmigung von § 32a StVZO gemäß § 70 StVZO möglich.

Sie kann vom zuständigen Verkehrsministerium des jeweiligen Bundeslandes erteilt werden.

Je nach Modell ist aufgrund der Gesamtlänge der Fahrzeugkombination gegebenenfalls die Erlaubnis nach § 29 StVZO erforderlich.

Von diesen Straßenfahrzeugen werden im Weiteren behandelt:
- Personenkraftwagen, siehe Kap. 1.2.1
- Nutzkraftwagen, siehe Kap. 1.2.2
- Anhängefahrzeuge, siehe Kap. 1.2.3

1.2 Benennung und Bauweisen ausgewählter Straßenfahrzeuge

1.2.1 Personenkraftwagen

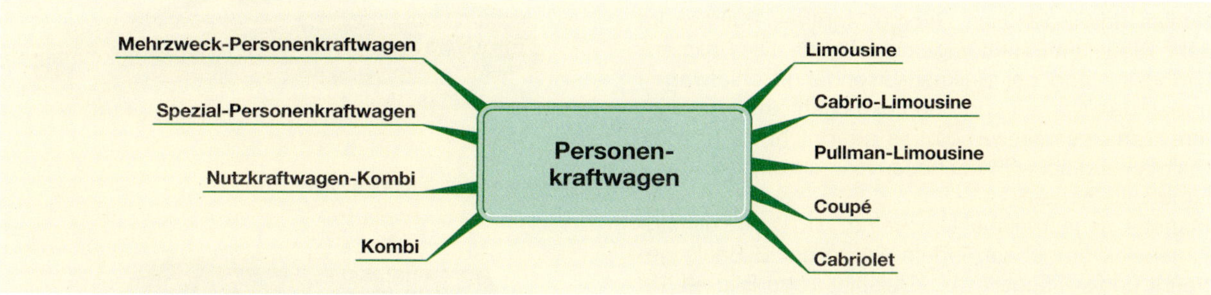

1 Personenkraftwagen nach DIN 70 010

Ein Personenkraftwagen, kurz **Pkw**, ist nach seiner Bauart und Einrichtung hauptsächlich bestimmt, um
- maximal neun Personen (einschl. Fahrer) und deren Gepäck zu befördern,
- geringe Mengen Güter zu transportieren.

Pkws werden eingeteilt nach DIN 70 010 – *Systematik der Straßenfahrzeuge*. Zur Einteilung dienen technische Merkmale wie Karosserie, Dach, Insassenraum, Anzahl der Türen und Fenster.

Pkws werden nach DIN 70 010 eingeteilt in, vgl. Bild → 1:
- Limousine
- Cabrio-Limousine
- Pullman-Limousine
- Coupé
- Cabriolet
- Kombi
- Nutzkraftwagen-Kombi
- Spezial-Personenkraftwagen
- Mehrzweck-Personenkraftwagen

Die **Limousine** hat einen geschlossenen Aufbau, d. h. mit einem festen Dach. Sie hat zwei oder vier seitliche Türen, vier oder mehr Seitenfenster, Klappen für Motorraum und Gepäckraum oder Hecktür.

Meist ist eine mittlere Säule (**B-Säule**) zwischen den Seitenfenstern, siehe Bild → 2. Im Innenraum sind vier oder mehr Sitze in mindestens zwei Sitzreihen angeordnet.

Die **Cabrio-Limousine**[1] ist eine Limousine mit einem festen oder flexiblen Dach, das geöffnet oder entfernt werden kann. Die Seitenwände sind fest, d. h., die B- und C-Säulen bleiben auch bei geöffnetem Dach stehen.

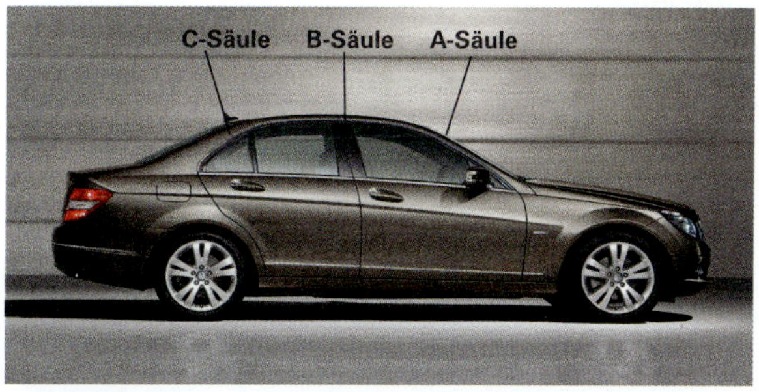

2 Limousine

3 Cabrio-Limousine aus dem Jahr 1935

Solche Fahrzeuge waren in den 1930er- und 1940er-Jahren sehr beliebt, Beispiel siehe Bild → 3. Heute werden Cabrio-Limousinen nur noch selten gebaut.

Die **Pullman-Limousine** ist ein Pkw mit luxuriöser Ausstattung. Sie hat vier oder mehr Sitze in zwei oder mehr Reihen, vier oder sechs seitliche Türen und sechs oder mehr seitliche Fenster, siehe Bild → 1a, Seite 4. Pullman-Limousinen werden meist zur Repräsentation eingesetzt; dann haben sie eine Trennwand zur vorderen Sitzreihe.

[1] Cabrio-Limousine: Der Duden bevorzugt die Schreibweise mit „C“; in DIN 70 010 steht allerdings: Kabrio-Limousine

Hierzu gehört auch das **Landaulet**, bei dem der hintere Teil des Daches abgeklappt, versenkt oder abgenommen werden kann, siehe Bild → 1c. Benannt ist die Pullman-Limousine nach dem luxuriösen Eisenbahn-Schlafwagen, den Herr George Mortimer Pullman im Jahr 1863 zum Patent angemeldet hatte. Die Pullman-Limousine und der Pullman-Eisenbahn-Schlafwagen haben den Namen und den Luxus gemeinsam – weitere Gemeinsamkeiten gibt es aber nicht, d. h., Herr Pullman und seine Firma haben niemals eine Pullman-Limousine gebaut.
Manche serienmäßige Limousine wird zur Pullman-Limousine umgebaut, indem sie an der B-Säule getrennt und verlängert wird, Beispiel siehe Bild → 1b. Solch ein Fahrzeug wird auch **Stretch-Limousine**[1] genannt.

Das **Coupé** ist ein sportlicher Pkw mit zwei Türen (einige Hersteller haben auch Sportcoupés mit vier Türen). Das Dach ist hinten leicht heruntergezogen, siehe Bild → 2. Dadurch ist der hintere Innenraum verengt. Viele Coupés haben keine B-Säule und Türen mit Fenster ohne Scheibenrahmen. Der Insassenraum hat zwei oder mehr Sitze in mindestens einer Sitzreihe.

Das **Cabriolet**[2] ist ein sportlicher Pkw mit zwei Türen und offenem Aufbau, d. h., ein festes oder flexibles Dach kann entfernt oder weggeklappt werden, siehe Bild → 3. Da das Dach und meist auch die B-Säule fehlt, verringert sich die Stabilität des Aufbaus; das wird ausgeglichen, indem die Schweller und die Türen zusätzlich versteift sind. Ein Überrollbügel erhöht den Schutz der Insassen.

Der **Kombi** ist eine Limousine; jedoch reicht der Innenraum bis zur Heckklappe. Er hat zusätzlich eine D-Säule, sodass der Gepäckraum bis zum Dach vergrößert ist, siehe Bild → 4. Die Rückenlehnen der hinteren Sitzreihe(n) sind umklappbar oder lassen sich herausnehmen; so vergrößert sich die Ladefläche.

a) Im Automobilwerk gebaut

b) Trabant, umgebaut zur Stretch-Limousine

c) Landaulet

1 Pullman-Limousine

2 Coupé Audi AG

3 Cabriolet

4 Kombi

1 Stretch (engl.): Dehnung

2 Cabriolet: Der Duden bevorzugt die Schreibweise mit „C“; in DIN 70 010 steht allerdings: Kabriolett.

1 Gepäck-/Laderaum eines Nutzkraftwagen-Kombis; hintere Sitze sind heraus genommen

2 Spezial-Personenkraftwagen, hier ein Notarzt-Einsatzfahrzeug

3 Mehrzweck-Personenkraftwagen, hier Pick-up

Der **Nutzkraftwagen-Kombi** ist ein Kombi, abgeleitet vom Nutzkraftwagen. Solche Kombis haben ein höheres Dach; deshalb werden sie auch als **Großraumlimousine** oder **Van** bezeichnet. Sie haben vier bis neun Sitze; die hinteren Sitze sind herauszunehmen, siehe Bild → 1.

Spezial-Personenkraftwagen sind ausgestattet mit besonderen Einrichtungen, z. B. für Notarzt, zur Beförderung von Behinderten, zum Krankentransport, siehe Bild → 2. Auch der Motorcaravan gehört zu den Spezial-Personenkraftwagen.

Mit **Mehrzweck-Personenkraftwagen** soll das gelegentliche Transportieren von Gütern erleichtert werden. Deshalb haben sie einen geschlossenen, offenen oder zu öffnenden Aufbau. Hierzu zählen auch **Kastenwagen** mit einer zulässigen Gesamtmasse bis 1,8 t, **SUVs**[1] und **Pick-ups**[2], siehe Bild → 3.

[1] SUV = sport utility vehicle (engl.): Geländewagen, der überwiegend auf Straßen eingesetzt wird

[2] pick up (engl.): aufnehmen, mitnehmen; Pickup: Pkw mit Pritsche

1.2.2 Nutzkraftwagen

1 Nutzkraftwagen

Einteilung der Nutzkraftwagen

Nutzkraftwagen (**Nkw**) gehören zur Gruppe der maschinell angetriebenen Straßenfahrzeuge, den Kraftfahrzeugen. Zu den Kraftfahrzeugen zählen auch Personenkraftwagen, vgl. Kap. 10 K.
Nutzkraftwagen befördern Personen, transportieren Güter und/oder ziehen Anhängefahrzeuge.

Nach DIN 70 010 werden Nutzkraftwagen eingeteilt in, vgl. Bild → 1:
- Kraftomnibusse
- Lastkraftwagen
- Zugmaschinen

Kraftomnibusse

Der Kraftomnibus (**KOM**) ist ein Nutzkraftwagen, der nach seiner Bauart und Einrichtung zur Beförderung von mehr als 9 Personen und ihres Reisegepäcks bestimmt ist. Er kann ein Deck (**Eindeckerbus**) oder zwei Decks haben (**Doppeldeckerbus**).

Kraftomnibusse werden eingeteilt in:
- Kleinbus
- Linienbus
- Überlandbus
- Reisebus
- Gelenkbus
- Oberleitungsbus
- Spezialbus

Der **Kleinbus** ist ein Kraftomnibus zur Personenbeförderung mit max. 17 Sitzplätzen, einschl. Fahrersitz, siehe Bild → 2. Die Personen dürfen nur sitzend befördert werden.

Der **Linienbus** ist ein Kraftomnibus für den Stadt- und Vorort-Linienverkehr. Der Innenraum ist so gestaltet, dass Personen auch stehend befördert werden können, siehe Bild → 3. Für Linienbusse sind Sicherheitsgurte nicht vorgeschrieben – diese Pflicht gilt nur für Reisebusse.

2 Kleinbus

3 Fahrgastraum in einem Stadtbus

4 Fahrgastraum in einem Überlandlinienbus

Der **Überlandlinienbus** ist für den Überland-Linienverkehr bestimmt. Es sind keine speziellen Stehplätze vorgesehen; im Gang dürfen jedoch einzelne Personen für kurze Strecken stehen, siehe Bild → 4.

Der **Reisebus** ist ausgelegt, sitzende Fahrgäste auf langen Wegstrecken zu befördern. Zum Komfort gehören ein großer Gepäckraum, bequeme Sitze mit großzügigem Platzangebot, WC und Bordküche, siehe Bild ➔ 1. Seit 1999 müssen in Reisebussen Sicherheitsgurte installiert sein und von den Insassen angelegt werden. Eine Gurt-Nachrüstpflicht für ältere Busse gibt es nicht wegen technischer und wirtschaftlicher Schwierigkeiten.

Der **Gelenkbus** besteht aus zwei starren Fahrzeugteilen, die mit einem Gelenk verbunden sind, siehe Bild ➔ 3. Er ist als Linienbus oder Überlandlinienbus eingesetzt. Am Gelenk haben die Fahrgäste freien Durchgang. Besteht der Gelenkbus aus drei starren Fahrzeugteilen und zwei Gelenken, wird er als **Doppelgelenkbus** bezeichnet.

Der **Oberleitungsbus** wird elektrisch angetrieben. Bedingt durch die Reichweite der Stromabnehmer ist er an die Fahrspur gebunden. Den Fahrstrom erhält er aus einer Oberleitung, siehe Bild ➔ 2. Er wird auch **Obus** oder **Trolleybus** genannt. Hat der Oberleitungsbus zusätzlich einen Verbrennungsmotor, bezeichnet man ihn als **Duo-Bus**.

Spezialbusse sind Kraftomnibusse, die bestimmt sind

- zur Beförderung von Personen, für die bestimmte Vorkehrungen zu treffen sind, z. B. für Behinderte, Gefangene
- für besondere Verwendung wie Ausstellung- und Präsentationsfahrzeug, mobile Bibliothek, siehe Bild ➔ 1, Seite 8

1 **Bordküche in einem Reisebus**

2 **Oberleitungsbus**

3 **Gelenkbus**

a) Von außen

b) Von innen

1 Spezialbus als mobile Bibliothek

Lastkraftwagen

Als Lastkraftwagen (**Lkw**) bezeichnet man Nutzfahrzeuge mit einem eigenen Antriebsaggregat, die zum Transport von Gütern im Straßenverkehr eingesetzt werden. Bild → 3 zeigt die wichtigsten Begriffe der Abmessungen. Informationen zu den Fahrzeugaufbauten siehe Kap. 1.3.

Lastkraftwagen werden eingeteilt nach DIN 70 010 in, vgl. Bild → 1, Seite 6:
- Vielzweck-Lastkraftwagen
- Spezial-Lastkraftwagen

Vielzweck-Lastkraftwagen haben einen offenen Aufbau (Pritsche) oder einen geschlossenen Aufbau (Kasten- oder Kofferaufbau), siehe Bild → 2.

2 Vielzweck-Lastkraftwagen mit Kofferaufbau

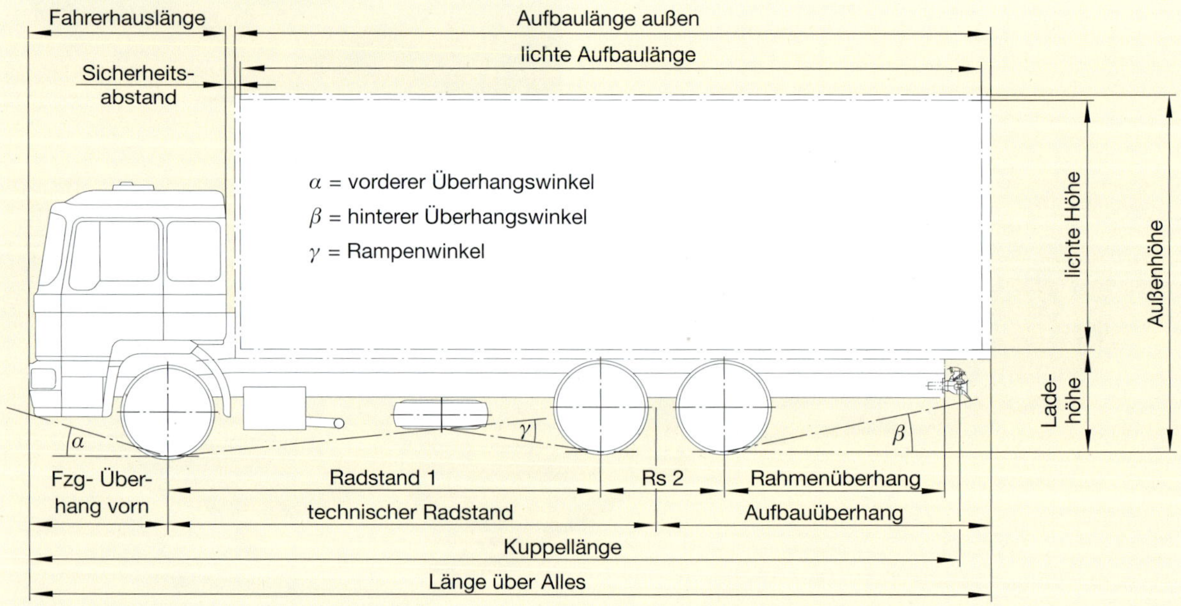

3 Abmessungen am Lkw

1 Spezial-Lastkraftwagen für Kanalreinigung

Spezial-Lastkraftwagen haben einen besonderen Aufbau und besondere Einrichtungen. Damit können sie

- spezielle Güter transportieren, z. B. Flüssigkeiten (Tankaufbau), rieselfähige Stoffe (Siloaufbau), Betonmischfahrzeuge, Pkws (Autotransporter)
- für besondere Arbeiten eingesetzt werden, z. B. Müll beseitigen, Schnee räumen, Straßen oder Kanäle reinigen, siehe Bild → 1

Weitere Informationen zu Aufbauten für Nutzfahrzeuge siehe Kap. 1.3.

Zugmaschinen

Zugmaschinen sind Nutzkraftwagen, die zum Ziehen bzw. Mitführen von Anhängefahrzeugen bestimmt sind.

Zugmaschinen werden unterteilt in, vgl. Bild → 1, Seite 6:

- Anhänger-Zugmaschine
- Sattelzugmaschine
- Traktor

Anhänger-Zugmaschinen können Gelenk- oder Starr-Deichselanhänger mit sich führen. Sie können mit einer Hilfsladefläche ausgestattet sein, siehe Bild → 2. Die Masse des Anhängers wird nicht von der Anhängerzugmaschine getragen.

Die **Sattelzugmaschine** ist mit einer speziellen Vorrichtung (Sattelkupplung) ausgestattet, sodass sie Sattelanhänger mitführen kann, siehe Bild → 3. Ein wesentlicher Teil der Masse des Sattelanhängers wird von der Sattelzugmaschine getragen.

Traktoren sind Zugmaschinen, die Geräte für die Landwirtschaft ziehen, tragen und antreiben, siehe Bild → 4.

2 Anhänger-Zugmaschine

3 Sattelzugmaschine

4 Traktor

1.2.3 Anhängefahrzeuge

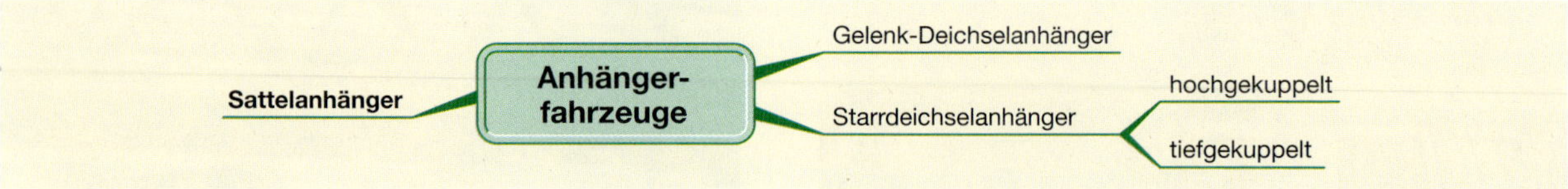

1 Anhängefahrzeuge

Einteilung der Anhängefahrzeuge

Anhängefahrzeuge sind Straßenfahrzeuge, die keinen eigenen Antrieb haben; sie werden von Kraftfahrzeugen gezogen. Mit dem Kraftfahrzeug bildet der Anhänger eine **Fahrzeugkombination**.

Es gibt drei Arten von Anhängefahrzeugen, vgl. Bild → 1:
- Gelenk-Deichselanhänger,
- Starr-Deichselanhänger,
- Sattelanhänger

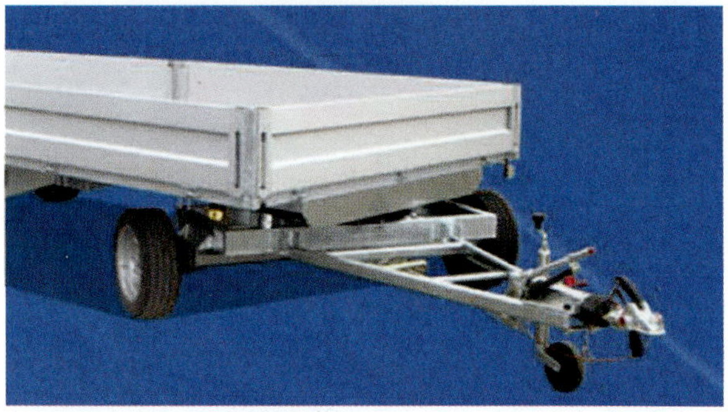

2 Gelenk-Deichselanhänger

Gelenk-Deichselanhänger

Der Gelenk-Deichselanhänger ist ein Anhängefahrzeug mit zwei oder mehr Achsen, wovon mindestens eine Achse lenkbar ist, siehe Bild → 2. Er wird mit dem Zugfahrzeug über eine Deichsel verbunden. Die Deichsel ist am Drehgestell des Anhängers befestigt; das Drehgestell wird auch **Drehschemel** genannt.

Die Deichsel ist vertikal frei beweglich und kann keine Stützkräfte auf die Anhängekupplung des Lkws übertragen. Der Gelenk-Deichselanhänger trägt somit seine Gesamtmasse vollständig selbst.

3 Starrdeichselanhänger, hier hochgekuppelt

Starrdeichselanhänger

Der Starrdeichselanhänger hat nur eine Achse oder Achsgruppe, siehe Bild → 3. Die Deichsel ist starr und überträgt einen Teil der Gesamtmasse des Anhängefahrzeugs auf das Zugfahrzeug. Durch den Druck der Deichsel auf das Lkw-Heck kann sich das Lenkverhalten des Lkws negativ ändern.

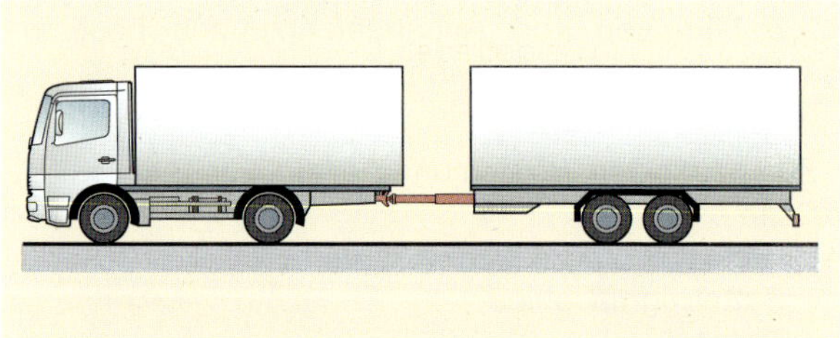

4 Hochgekuppelter Starrdeichselanhänger

Starrdeichselanhänger gibt es in zwei Varianten:
- hochgekuppelt
- tiefgekuppelt

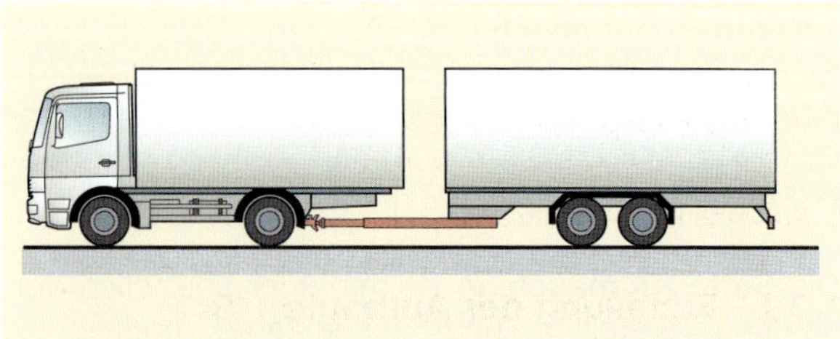

5 Tiefgekuppelter Starrdeichselanhänger

Hochgekuppelte Starrdeichselanhänger können in die Anhängekupplung eingehängt werden, die serienmäßig am Rahmenende des Lkws angebracht ist, siehe Bild → 4. Hochgekuppelte Starrdeichselanhänger sind universal einsetzbar.

Tiefgekuppelte Starrdeichselanhänger haben ein längeres Zugrohr, das niedrig angeordnet ist, siehe Bild → 3. Die Zugöse wird in eine Kupplung eingehängt, die hinter der letzten Achse des Lkws unter dem Fahrzeugrahmen montiert ist, siehe Bild → 5.

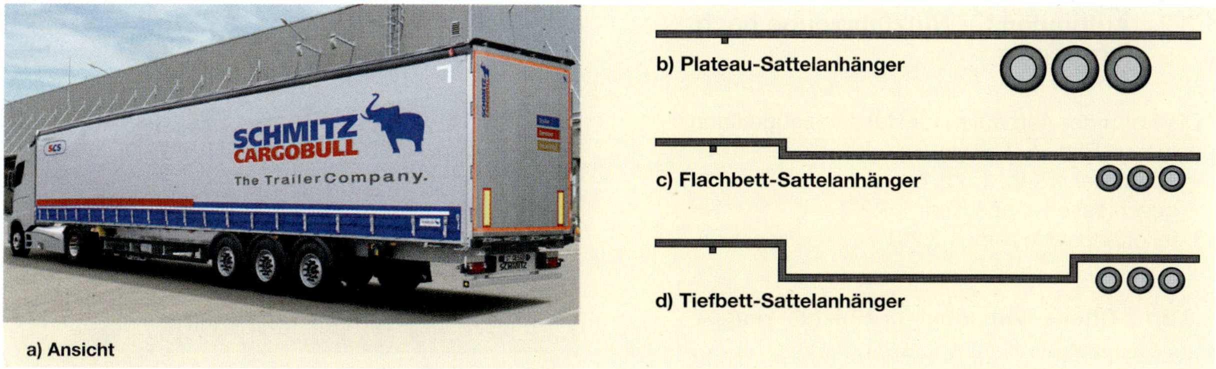

1 Sattelanhänger

Bei tiefgekuppelten Starrdeichselanhängern kann der Abstand zwischen Zugfahrzeug und Anhänger sehr viel kleiner ausgelegt werden (zulässige Gesamtlänge der Ladefläche beachten!). Jedoch sind sie nur in Verbindung mit einem derart ausgerüsteten Lkw verwendbar. Solche Fahrzeugkombinationen können in der Regel nur auf befestigten Straßen fahren, denn durch das lange Zugrohr sind vertikale Winkelbewegungen von Lkw und Anhänger zueinander nur begrenzt möglich.

Sattelanhänger

Der Sattelanhänger liegt vorn auf der Sattelzugmaschine auf; deshalb wird er auch **Sattelauflieger** genannt, siehe Bild → 1a. Somit wird ein wesentlicher Anteil der Gesamtmasse des Sattelanhängers von der Sattelzugmaschine getragen.

Der Sattelauflieger hat vorn eine Schleifplatte, die auf der Sattelkupplung der Sattelzugmaschine aufliegt. In die Schleifplatte ist ein Zugsattelzapfen integriert, der sogenannte **Königszapfen**. Er greift in die Sattelkupplung und wird dort verriegelt, vgl. Kap. 14.3.3.

Sattelanhänger gibt es als

- Plateau-Sattelanhänger: die Ladefläche ist von vorn bis hinten durchgehend, siehe Bild → 1b
- Flachbett-Sattelanhänger: die Ladefläche ist hinter dem Schwanenhals gekröpft und dann bis zum Fahrzeugende durchgehend, siehe Bild → 1c
- Tiefbett-Sattelanhänger: die Ladefläche ist zwischen der Schwanenhalskröpfung und dem Hinterachsaggregat tiefer gelegt, so kann Ladegut mit großer Höhe transportiert werden, siehe Bild → 1d
- Innenlader: die Räder sind einzeln aufgehängt; dadurch kann die Ladefläche nochmals abgesenkt und dadurch höhere Bauteile transportiert werden, z. B. Glasscheiben und Betonfertigteile

1.3 Aufbauten für Nutzfahrzeuge

2 Aufbauten für Nutzfahrzeuge

1.3.1 Einteilung der Aufbauten für Nutzfahrzeuge

Unter dem Begriff **Nutzfahrzeugaufbau** versteht man allgemein alle Bedienkabinen (z. B. Fahrerhaus), Güterbehälter und Vorrichtungen, die je nach Verwendungszweck des Fahrzeugs auf das Fahrwerk bzw. Tragwerk (Chassis) aufgebaut sind. Häufig sind Fahrerhaus und Nutzaufbau getrennt voneinander aufgebaut.

Der Nutzfahrzeugaufbau kann nicht tragend, mittragend oder selbsttragend angeordnet sein; Informationen siehe Kap. 15.1.

Die Aufbauten für Nutzfahrzeuge können eingeteilt werden nach, vgl. Bild → 2:

- Form, siehe Kap. 1.3.2
- Befestigung, siehe Kap. 1.3.3

1.3.2 Aufbauten für Nutzfahrzeuge nach ihrer Form

Die Form der Aufbauten für Nutzfahrzeuge kann sein, vgl. Bild → 2, Seite 11:
- offen, siehe Kap. 1.3.2.1
- geschlossen, siehe Kap. 1.3.2.2
- teiloffen, siehe Kap. 1.3.2.3

1.3.2.1 Offene Aufbauten für Nutzfahrzeuge

Offene Nutzfahrzeugaufbauten sind nach oben offene Güterbehälter oder -käfige.

Zu den offenen Aufbauten gehören:
- Pritschenaufbau
- Kipperaufbau
- Rungenaufbau
- Tiefladeaufbau
- offener Spezialaufbau

Pritschenaufbau
Der Pritschenaufbau ist ein offener Güterkasten mit Ladefläche und vier Bordwänden, von denen drei seitlich und hinten geöffnet und heruntergeklappt werden können. Zum Schutz der Ladung kann der Pritschenaufbau mittels Spriegelgestell[1] und Plane abgedeckt werden, siehe Bild → 1. Der Pritschenaufbau ist der häufigste Aufbau für Nutzfahrzeuge, weil die Fahrzeuge vielseitig genutzt werden können, z. B. für den Transport von Stück- und Schüttgütern.

Kipperaufbau
Der Kipperaufbau ist ein offener Fahrzeugaufbau, der seitlich und/oder hinten geöffnet werden kann und zum Entladen gekippt wird. Fahrzeuge mit Kipperaufbau transportieren hauptsächlich Schüttgüter im Baustellenverkehr.

Man unterscheidet:
- Hinterkipper
- Dreiseitenkipper

Der Aufbau des **Hinterkippers** kann nur nach hinten gekippt werden, siehe Bild → 2. Da der Aufbau eine Mulde ist, wird er auch **Muldenkipper** genannt. Zum Entladen wird die hintere Schwenkklappe zentral entriegelt.

Beim **Dreiseitenkipper** kann die Pritsche nach hinten und nach rechts oder links gekippt werden, siehe Bild → 3. Dazu werden die entsprechenden seitlichen Steckverriegelungen gelöst oder entriegelt, siehe Bild → 4.

1 Lkw mit Pritschenaufbau und Plangestell

2 Hinterkipper-Aufbau

3 Dreiseitenkipper

4 Verriegelung des Kipperaufbaus

[1] Spriegel: Bügel für das Wagenverdeck, Spriegelgestell: Gestell für die Plane, vgl. Kap. 13.6.1

1 Kippmulde mit Plane abgedeckt

2 Lkw mit Rungenaufbau und Heckladekran

Während der Fahrt ist bei offenen Fahrzeugaufbauten die Ladung der Witterung und der Luftströmung ausgesetzt. Damit die Ladung z. B. kein Wasser (Regen) aufnimmt oder durch die Luftströmung vom Fahrzeug weggeweht wird (Gefährdung anderer Verkehrsteilnehmer), wird die Kippmulde mit einer Plane abgedeckt, siehe Bild → 1.

> Allgemein gilt:
> Die Ladung ist durch Planen, Gurte und Netze zu sichern.

Rungenaufbau

Der Rungenaufbau ist ein offener Fahrzeugaufbau, der aus einem Tragboden und mehreren Rungen[1] besteht, die fest oder steckbar, zu klappen und/oder verschiebbar sein können, siehe Bild → 2. Fahrzeuge mit Rungenaufbau werden für den Transport von Stückgütern verwendet, z. B. für Langholz oder Röhren. Zum Be- und Entladen ist ein Ladekran aufgebaut und Zurrvorrichtungen sichern das Stückgut während der Fahrt.

Tiefladeaufbau

Der Tiefladeaufbau ist ein offener Fahrzeugaufbau, der einen tief gesetzten Ladeboden hat. Dies wird erreicht, indem der Ladeboden zwischen den Achsen (Gelenkdeichsel-Anhänger) bzw. zwischen dem Zugsattelzapfen und den Achsen (Sattelanhänger) gestuft ist, siehe Bild → 2. Außerdem werden für das jeweilige Fahrgestell sehr kleine Räder verwendet.

Tiefladeaufbauten werden verwendet, damit

- Fahrzeuge (z. B. Baumaschinen) aus eigener Kraft leichter auffahren können
- Güter mit großer Höhe (Maschinen- oder Brückenteile) transportiert werden können, ohne die zulässige Fahrzeuggesamthöhe zu überschreiten
- der Fahrzeuggesamtschwerpunkt möglichst tief liegt, um eine hohe Kippsicherheit bei Kurvenfahrt zu erzielen.

Tiefladeaufbauten können mit ansetzbaren, ausfahrbaren oder herunterklappbaren Auffahrrampen (Flachten) versehen sein.

3 Tiefladeaufbau

[1] Runge: senkrechte Stütze, stabförmig

1 **Pkw-Transportaufbau**

2 **Aufbau für Berge- und Abschleppfahrzeuge**

3 **Kranaufbau**

4 **Kommunalfahrzeug mit Hubarbeitsbühne**

Offene Spezialaufbauten

Es gibt eine Reihe offener Spezialaufbauten, die hier, wegen der Vielzahl, nur beispielhaft aufgezählt werden:

- Pkw-Transport-Aufbau, siehe Bild ➔ 1
- Aufbauten für Berge- und Abschleppfahrzeuge, siehe Bild ➔ 2
- Kranaufbau, siehe Bild ➔ 3
- Kommunalfahrzeug mit Hubarbeitsbühne, siehe Bild ➔ 4

1.3.2.2 Geschlossene Aufbauten für Nutzfahrzeuge

Geschlossene Aufbauten für Nutzfahrzeuge sind während der Fahrt allseitig geschlossen. Türen, Klappen, Planen oder Bordwände können zum Be- und Entladen geöffnet oder abgenommen werden.

Geschlossene Aufbauten sind:

- Kastenaufbau
- Kofferaufbau
- Containeraufbau
- Tankaufbau
- Siloaufbau
- geschlossene Spezialaufbauten

Kastenaufbau

Der Kastenaufbau ist ein geschlossener Fahrzeugaufbau mit integriertem Fahrerhaus, siehe Bild ➔ 5. Eine Trennwand kann zwischen der Fahrerkabine und dem Laderaum vorhanden sein.

Fahrzeuge mit Kastenaufbau transportieren Stückgüter. Sie kommen häufig im Verteilerverkehr zum Einsatz.

5 **Kastenaufbau**

Kofferaufbau

Der Kofferaufbau ist ein geschlossener Fahrzeugaufbau mit separatem Fahrerhaus, siehe Bild → 1.
Fahrzeuge mit Kofferaufbau transportieren Stückgüter. Für leicht verderbliche Lebensmittel oder Kühlgut ist der Kofferaufbau wärmeisoliert und mit Hilfe eines Kühlaggregats wird der Innenraum gekühlt.

Containeraufbau

Der Containeraufbau ist ein geschlossener Fahrzeugaufbau, bei dem der Container als Wechselaufbau genutzt wird, siehe Bild → 2. Der tragende Lkw verfügt über spezielle Cornerfittings, mit denen der Container gehalten und mit dem Fahrgestell verriegelt wird.
Fahrzeuge mit Containeraufbau transportieren hauptsächlich Stückgüter. Es gibt aber auch eine Vielzahl von Spezialcontainern für besondere Güter oder besondere Einsatzzwecke; Beispiele sind Container

- mit Gasbehälter
- mit Duschkabine und Ausrüstung von Feuerwehr-Tauchern
- als Ausstellungsraum für Messen
- als Wohncontainer

Tankaufbau

Der Tankaufbau ist ein geschlossener Fahrzeugaufbau, der zum Transport von Flüssigkeiten oder Gasen bestimmt ist, siehe Bild → 3.
Fahrzeuge mit Flüssigkeits-Tankaufbau transportieren z. B. Kraftstoffe, Öle, Fette, Gerbstoffe oder Lebensmittel wie z. B. Milch. Fahrzeuge mit Gas-Tankaufbau transportieren technische Gase wie z. B. Sauerstoff oder Schutzgas für die Lebensmittelindustrie.

Siloaufbau

Der Siloaufbau ist ein geschlossener Fahrzeugaufbau mit einem oder mehreren Druckbehältern, siehe Bild → 4. Mit ihm kann die aufgenommene Ladung am Bestimmungsort unter Druck selbst wieder ausgebracht (ausgeblasen) werden.
Fahrzeuge mit Siloaufbau transportieren Rieselgüter, technische Stäube wie z. B. Kalk. Aber auch Getreide und Futtermittel werden in Silofahrzeugen transportiert.

1 Kühlkofferaufbau

2 Containeraufbau

3 Tankaufbau

4 Siloaufbau

1 Kehrfahrzeug

2 Aufbau für Feuerwehr

3 Betonmischer-Aufbau

Geschlossene Spezialaufbauten
Es gibt eine Reihe weiterer geschlossener Aufbauten, die hier, wegen der Vielzahl, nur beispielhaft aufgezählt werden:

- Aufbauten für Kommunalfahrzeuge für die Entsorgung, zum Kehren, zur Kanalreinigung, Beispiel siehe Bild → 1
- Aufbauten für Rettungsdienst wie Feuerwehr, Krankentransport oder Flughafenfahrzeuge, siehe Bild → 2
- Aufbauten für Baustellenfahrzeuge wie Betonmischer, siehe Bild → 3

1.3.2.3 Teiloffene Aufbauten für Nutzfahrzeuge

Teiloffene Aufbauten bestehen aus einem offenen und einem geschlossenen Aufbauabschnitt, siehe Bild → 4. Sie stellen eine Kombination der vorgenannten Aufbaugruppen dar.

4 Teiloffener Aufbau eines Klein-Lkws („Halbplane")

1.3.3 Aufbauten für Nutzfahrzeuge nach ihrer Befestigung

Die Aufbauten von Nutzfahrzeugen werden nach ihrer Befestigung unterschieden in:

- feste Aufbauten, siehe Kap. 1.3.3.1
- wechselbare Aufbauten, siehe Kap. 1.3.3.2
- Absetz- und Abrollbehälter, siehe Kap. 1.3.3.3

1.3.3.1 Feste Aufbauten für Nutzfahrzeuge

Ein fester Aufbau ist fest auf das Fahrgestell des Lkws oder Anhängefahrzeugs montiert – das können alle offenen, geschlossenen oder teiloffenen Aufbauten sein. Es ist nicht vorgesehen, dass der Aufbau abgenommen wird, Ausnahme: zur Reparatur.

1.3.3.2 Wechselbare Aufbauten für Nutzfahrzeuge

Wechselbare Aufbauten werden auch **Wechselbehälter** genannt. Ihre Abmessung sind in DIN EN 284 festgelegt: 7150×2500×2665. Sie sind dafür bestimmt, auf ein Nutzfahrzeug aufgesetzt und bei Bedarf wieder abgesetzt zu werden.
Wechselbehälter gibt es zum Transport für nahezu alle Stückgüter, Flüssigkeiten, Gase und Rieselgüter.

Das Auf- und Absetzen kann erfolgen:
- mit Fremdhilfe
- durch Eigenhilfe

Als **Fremdhilfe** für das Auf- und Absetzen von Wechselbehältern werden Geräte wie Kran und Stapler verwendet, siehe Bild → 2, Seite 15. So können Container im kombinierten Verkehr[1] transportiert werden.

Wechselbehälter, die durch **Eigenhilfe** auf- und abgenommen werden, verfügen über ausfahrbare oder ausklappbare Stützen, siehe Bild → 1. Das Tragfahrzeug wird mit Hilfe der Niveauregulierung der Luftfederung nach unten abgesenkt und fährt unter den Wechselbehälter. Dann wird das Tragfahrzeug angehoben und nimmt den Wechselbehälter auf.

Das Tragfahrzeug ist mit einer **Wechselbrücke** ausgerüstet, an der die Aufnahme- und Verriegelungseinrichtungen angebracht sind.

Achtung:
Die Wechselbrücke muss mit dem Wechselbehälter abgestimmt sein.

1 Wechselbehälter auf ausklappbare Stützen

2 Schwenkarm-Absetzsystem

3 Abrollbehälter

Absetz- und Abrollbehälter für Nutzfahrzeuge

Hierbei handelt es sich zum größten Teil um offene Mulden in verschiedenen Größen, es kommen aber auch geschlossene Container als Abrollbehälter zum Einsatz. Die Grenze zwischen den Wechselbehältern und den Absetz- und Abrollbehältern ist nicht klar; sie ist fließend. Manche Systeme sind für bestimmte Transportaufgaben besonders gut geeignet, andere weniger gut.

Absetzbehälter werden mit Hilfe eines fahrzeugeigenen Schwenkarms oder eines Scherenarms auf den Lkw aufgesetzt oder vom Lkw abgesetzt, siehe Bild → 2.

Abrollbehälter werden durch ein fahrzeugeigenes Hakengerät oder Seilzugsystem auf den Lkw gezogen oder nach hinten abgeschoben, siehe Bild → 3. So wird der Abrollbehälter z. B. beim Abrollen vorn geführt, während er auf seinen Rollen am hinteren Ende abrollt.

[1] Kombinierter Verkehr: Der überwiegende Teil des Transports wird mit Eisenbahn, Binnen- oder Seeschiffen durchgeführt und der Vor- und Nachlauf auf der Straße so kurz wie möglich gehalten.

Übungen:

1. Nennen Sie die Hauptgruppen zur Einteilung der Straßenfahrzeuge nach DIN 70 010.
2. Wie unterscheiden sich Kraftwagen und Kraftrad grundsätzlich voneinander?
3. Zählen Sie die Fahrzeuge der Gruppe Personenkraftwagen auf.
4. In welchen wesentlichen Merkmalen unterscheiden sich Limousine und Kombi voneinander?
5. Wie heißen die Gruppen zur Einteilung der Nutzkraftwagen?
6. Beschreiben Sie stichwortartig die kennzeichnenden Merkmale eines Gelenkbusses.
7. Welche Merkmale hat ein Lkw, der als Speziallastkraftwagen bezeichnet wird?
8. Nennen Sie drei Beispiele für Fahrzeuge der Gruppe Spezial-Lkw.
9. Wie unterscheiden sich Starrdeichselanhänger und Gelenkdeichselanhänger grundsätzlich?
10. Skizzieren und beschreiben Sie einen Sattelzug. Was ist über seinen Betrieb auf öffentlichen Straßen anzumerken?
11. Wie werden die nachfolgend abgebildeten Fahrzeuge nach DIN 70 010 fachgerecht bezeichnet?

a)

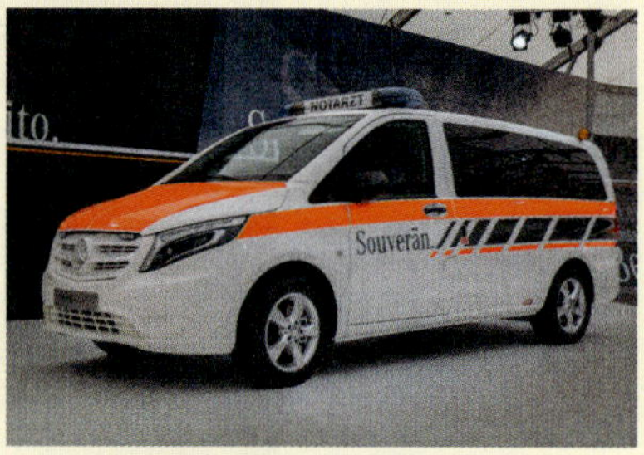

b)

c)

d)

e)

f)

2 Fahrzeuge und Baugruppen prüfen, demontieren, instand setzen und montieren

In diesem Lernfeld werden behandelt:
- Fahrzeuge, Baugruppen und Bauteile, siehe Kap. 2.1
- Informationen beschaffen, siehe Kap. 2.2
- Pläne zur Demontage, Instandsetzung und Montage, siehe Kap. 2.3
- Flächen, Längen und Gewinde prüfen, siehe Kap. 2.4
- Kräfte und Momente, siehe Kap. 2.5
- Festigkeit, siehe Kap. 2.6
- Werkstoffprüfung, siehe Kap. 2.7
- Anreißen, siehe Kap. 2.8
- Fertigungsverfahren, siehe Kap. 2.9
- Korrosion und Korrosionsschutz, siehe Kap. 2.10
- Unfallverhütung, siehe Kap. 2.11
- Pyrotechnische Systeme in Kraftfahrzeuge ein- und ausbauen, siehe Kap. 2.12
- Haftungsrecht, siehe Kap. 2.13

2.1 Fahrzeuge, Baugruppen und Bauteile

Das Kraftfahrzeug wird als **System** bezeichnet; es besteht aus verschiedenen Baugruppen, siehe Bild → 1. Jede **Baugruppe** setzt sich aus mehreren Bauteilen zusammen.

Das **Kraftfahrzeug** besteht aus vier Hauptbaugruppen, siehe Bild → 2:
- Fahrzeugaufbau
- Triebwerk
- Fahrwerk
- Elektrik/Elektronik

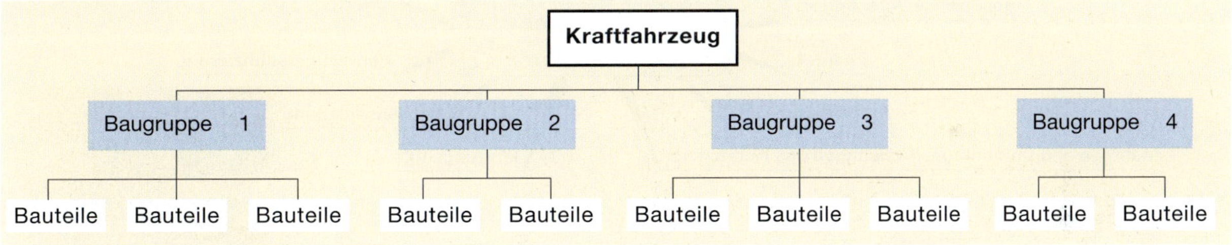

1 Fahrzeuge und Baugruppen

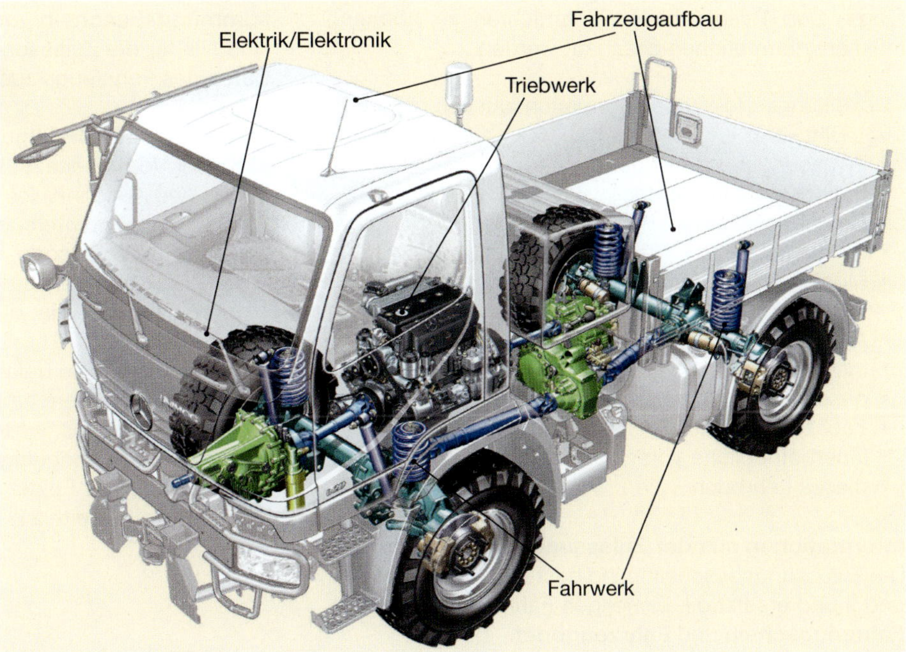

2 Reale Lage der Hauptgruppen zueinander

Jede Hauptbaugruppe besteht aus mehreren Unterbaugruppen.

Beispiel:
Die Hauptbaugruppe **Fahrzeugaufbau** setzt sich zusammen aus den Unterbaugruppen, vgl Bild ➔ 1:
- Karosserie
- Nutzaufbau

Die Unterbaugruppen bestehen aus Bauteilen oder aus weiteren Baugruppen, siehe Bild ➔ 1.

Beispiel:
Zur Unterbaugruppe **Karosserie** gehören:
- Motorraum
- Insassenraum
- Verglasung

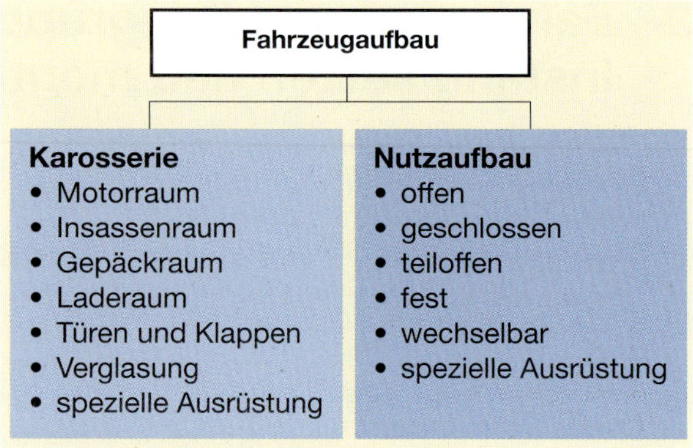

1 Die Baugruppe Fahrzeugaufbau

2.2 Informationen beschaffen

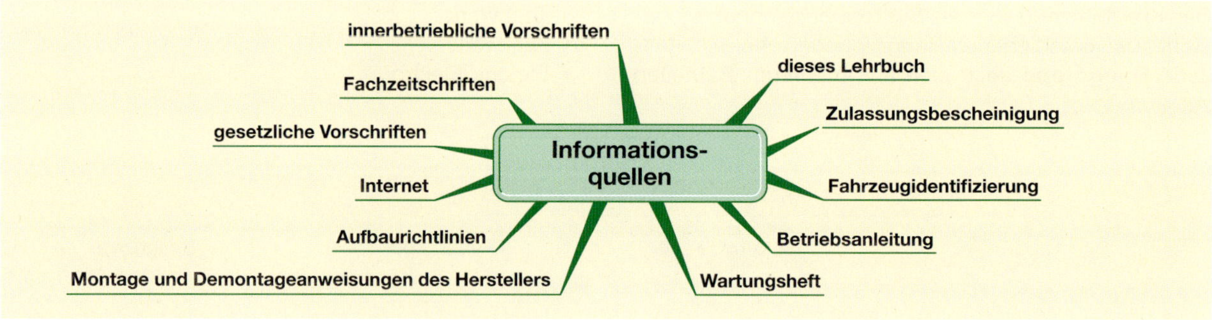

2 Informationsquellen

Um an Fahrzeugen Montage-, Demontage-, Wartungs- und Pflegearbeiten durchführen zu können, müssen Informationen beschafft werden.

Dazu können folgende Informationsquellen dienen, vgl. Bild ➔ 2:
- Zulassungsbescheinigung
- Fahrzeugidentifizierung
- Betriebsanleitung
- Wartungsheft
- Montage- und Demontageanweisungen des Herstellers
- Aufbaurichtlinien
- Internet
- gesetzliche Vorschriften
- Fachzeitschriften
- innerbetriebliche Vorschriften
- dieses Lehrbuch

Informationen aus der Zulassungsbescheinigung
Die Zulassungsbescheinigung besteht aus den Teilen I und II und ersetzt die bisherigen Fahrzeugdokumente **Fahrzeugschein** und **Fahrzeugbrief**.

Beim Kauf eines Neufahrzeuges wird die **EG-Übereinstimmungsbescheinigung** mit ausgehändigt. Dort sind alle für die Zulassung erforderlichen technischen Daten des Fahrzeugs zusammengefasst.

Zulassungsbescheinigung Teil I enthält:
- auf der Vorderseite: das amtliche Kennzeichen, Namen und Anschrift des Halters, den Termin für die nächste Hauptuntersuchung und einen Buchstaben- und Zahlencode, der den Ort und das Datum der Zulassung beschreibt, vgl. Bild ➔ 1a, Seite 21
  auf den Innenseiten: die technischen Daten des Fahrzeugs
- auf der Rückseite befindet sich:
  – Raum für weitere amtlich zugelassenen Eintragungen, z. B. weitere HU, vorübergehende Stilllegung, endgültige Außerbetriebsetzung
  – Definition der Felder der Innenseiten, siehe Bild ➔ 1b, Seite 21.

Zulassungsbescheinigung Teil I
(Fahrzeugschein)

Nr. ZZ-S-1-185/05-00001

Europäische Gemeinschaft (D) Bundesrepublik Deutschland

Permiso de circulación. Parte I / Osvědčení o registraci – Část I / Registreringsattest. Del I / Registreerimistunnistus. Osa I / Άδεια κυκλοφορίας. Πιστοποιητικό Εγγραφής. Μέρος I / Registration certificate. Part I / Certificat d'immatriculation. Partie I / Carta di circolazione. Parte I / Reģistrācijas apliecība. I. daļa / Registracijos liudijimas. I dalis / Forgalmi engedély. I. Rész / Certifikat ta' Reġistrazzjoni. L-I Parti / Kentekenbewijs. Deel I / Dowód Rejestracyjny. Część I / Certificado de matrícula. Parte I / Osvedčenie o evidencii. Časť I / Prometno dovoljenje. Del I / Rekisteröintitodistus. Osa I / Registreringsbeviset. Del I

A Amtliches Kennzeichen: **ZZ-A104**

C.1.1 Name oder Firmenname: MÜLLER TRANSPORTE GMBH

C.1.2 Vorname(n):

C.1.3 Anschrift: BERLINER STRASSE 12, 10557 BERLIN

Nächste HU (Monat und Jahr): 06.08 BERLIN

I Datum: 20.06.2005

C.4c Der Inhaber der Zulassungsbescheinigung wird nicht als Eigentümer des Fahrzeugs ausgewiesen.

B	20.06.05	2.1	5013	2.2	310006 5
J	01	4	0200		
E	JT152EEA100247777	3			
D.1	–				
D.2	R4HX RE4HXE – –				
D.3	C5				
2	CITROEN				
5	PERSONENKRAFTWAGEN GESCHLOSSEN				
V.9	–				
14	EURO 3				
P.3	DIESEL				
10	0002	14.1	0426	P.1	2179

L	2	9	01	P.2/P.4	98 / 4000	T	200
18	4745	19	1780				
20	1475	G	1666				
12	–	13	–	Q	–		
V.7	–	F.1	2171	F.2	2171		
7.1	1160	7.2	1100	7.3	–		
8.1	1160	8.2	1100	8.3	–		
U.1	80	U.2	–	U.3	71		
O.1	1300	O.2	750	S.1	5	S.2	–
15.1	215/55 R16 93W						
15.2	215/55 R16 93W						
15.3	–						
R	SCHWARZ	11	8/–				
K	e2*2001/116*0307*02						
6	17.01.2005	17	K	16	CX940472		
21							

22 ZU G:BIS 1730*ZU 0.1:1300 BEI 12PROZ.STEIG.GEMBESONDERE M GUTACHTEN*

MUSTER

a) Vorderseite und Innenseite

Zur Beachtung!

Die Angaben müssen ständig den tatsächlichen Verhältnissen entsprechen. Änderungen sind der zuständigen Zulassungsbehörde nach Maßgabe der für die Fahrzeugzulassung geltenden Rechtsvorschriften anzuzeigen.

Bei Veräußerung des Fahrzeugs sind dem Erwerber gegen Empfangsbescheinigung die Zulassungsbescheinigung Teil I und Teil II, der HU-Bericht und die AU-Prüfbescheinigung auszuhändigen. Die Empfangsbescheinigung muss den Namen und die Anschrift des Erwerbers vollständig enthalten und ist vom Veräußerer unverzüglich der Zulassungsbehörde vorzulegen.

Unterlassung der vorgeschriebenen Meldepflichten (Abmeldung, Umschreibung bei Erwerb oder Umzug in einen anderen Zulassungsbezirk, Meldung anderer Veränderungen) kann durch Geldbußen geahndet werden sowie weitere Nachteile (Steuer, Versicherung, ggf. Außerbetriebsetzung des Fahrzeugs) zur Folge haben.

Definition der Felder:

Feld	Bezeichnung
B	Datum der Erstzulassung des Fahrzeugs
D.1	Marke
D.2	Typ/Variante/Version
D.3	Handelsbezeichnung(en)
E	Fahrzeug-Identifizierungsnummer
F.1	Technisch zulässige Gesamtmasse in kg
F.2	Im Zulassungsmitgliedstaat zulässige Gesamtmasse in kg
G	Masse des in Betrieb befindlichen Fahrzeugs in kg (Leermasse)
H	Gültigkeitsdauer
I	Datum dieser Zulassung
J	Fahrzeugklasse
K	Nummer der EG-Typgenehmigung oder ABE
L	Anzahl der Achsen
O.1	Technisch zulässige Anhängelast gebremst in kg
O.2	Technisch zulässige Anhängelast ungebremst in kg
P.1	Hubraum in cm^3
P.2/P.4	Nennleistung in kW/Nenndrehzahl bei min^{-1}
P.3	Kraftstoffart oder Energiequelle
Q	Leistungsgewicht in kW/kg (nur bei Krafträdern)
R	Farbe des Fahrzeugs
S.1	Sitzplätze einschließlich Fahrersitz
S.2	Stehplätze
T	Höchstgeschwindigkeit in km/h
U.1	Standgeräusch in dB (A)
U.2	Drehzahl in min^{-1} zu U.1
U.3	Fahrgeräusch in dB (A)
V.7	CO_2 (in g/km) kombinierter Wert
V.9	Für die EG-Typgenehmigung maßgebliche Schadstoffklasse
(2)	Hersteller-Kurzbezeichnung
(2.1)	Code zu (2)
(2.2)	Code zu D.2 mit Prüfziffer
(3)	Prüfziffer zur Fahrzeug-Identifizierungsnummer
(4)	Art des Aufbaus
(5)	Bezeichnung der Fahrzeugklasse und des Aufbaus
(6)	Datum zu K
(7)	Technisch zulässige maximale Achslast/Masse je Achsgruppe in kg (7.1) Achse 1 bis (7.3) Achse 3
(8)	Zulässige maximale Achslast im Zulassungsmitgliedstaat in kg (8.1) Achse 1 bis (8.3) Achse 3
(9)	Anzahl der Antriebsachsen
(10)	Code zu P.3
(11)	Code zu R
(12)	Rauminhalt des Tanks bei Tankfahrzeugen in m^3
(13)	Stützlast in kg
(14)	Bezeichnung der nationalen Emissionsklasse
(14.1)	Code zu V.9 oder (14)
(15)	Bereifung (15.1) auf Achse 1 bis (15.3) auf Achse 3
(16)	Nummer der Zulassungsbescheinigung Teil II
(17)	Merkmal zur Betriebserlaubnis
(18)	Länge in mm
(19)	Breite in mm
(20)	Höhe in mm
(21)	Sonstige Vermerke
(22)	Bemerkungen und Ausnahmen

Mail@DSD-Staatliche-Dokumente.de

BUNDESDRUCKEREI 2005 – 987654

Hinweis zu Feld (15.1) bis (15.3):
Andere als die angegebenen Bereifungen können im Rahmen der gültigen Betriebserlaubnis/EG-Typgenehmigung am Fahrzeug angebracht werden. Ein zusätzliches Gutachten und die Änderung oder Neuausstellung der Zulassungsbescheinigung Teil I ist hierfür nicht erforderlich.

Hinweis zu Feld (22):
Eine der mit EG-Typgenehmigung, Allgemeiner Betriebserlaubnis oder Einzelbetriebserlaubnis genehmigte bzw. in dem nach § 21 StVZO erstellten Gutachten als vorschriftsmäßig bescheinigte Anhängerkupplung ist spätestens im Zuge jeder neuen Befassung nach § 27 Abs. 1 StVZO in die Zulassungsbescheinigung Teil I oder in einem Beiblatt zur Zulassungsbescheinigung Teil I aufzunehmen.

ZBI 025526045

b) Rückseite

1 Zulassungsbescheinigung Teil I

Die **Zulassungsbescheinigung Teil II** enthält Daten des Fahrzeuges mit der Herstellerbestätigung und Daten des Fahrzeughalters. Es sind nur zwei Fahrzeughaltereinträge möglich, bei denen aber die Anzahl der Vorhalter eingetragen werden. Für weitere Fahrzeughalter (dem dritten, dem fünften, dem siebten usw.) wird bei der Zulassung des Fahrzeugs eine neue Zulassungsbescheinigung Teil II ausgestellt. Ohne Vorlage der Zulassungsbescheinigung Teil II erteilt die Zulassungsstelle kein neues Kennzeichen und sie nimmt auch keine Halteränderung vor. Dadurch soll verhindert werden, dass ein gestohlenes oder widerrechtlich erlangtes Fahrzeug in den Straßenverkehr kommt.

Aus Sicherheitsgründen soll daher die Zulassungsbescheinigung Teil II nicht im Fahrzeug aufbewahrt werden.

Informationen aus der Fahrzeugidentifizierung
In jedem Fahrzeug befindet sich ein Fabrikschild mit der Fahrzeugidentifizierung. Es gibt hier keine vorgeschriebene Platzierung der Fabrikschilder: Jeder Fahrzeughersteller wählt hierfür andere Stellen an der Karosserie. Die Platzierung der Fahrzeugidentifizierung ist aus der Betriebsanleitung des Fahrzeuges zu entnehmen, Beispiel siehe Bild → 1.

Aus der Fahrzeugidentifizierung sind folgende Daten zu entnehmen:
- EG-Betriebserlaubnisnummer
- Fahrzeug-Identifizierungsnummer
- zulässige Gesamtmasse
- zulässige Achslast vorn
- zulässige Achslast hinten
- Fahrzeugnummer
- Originalfarbton-Nummer
- Reifenbezeichnung
- Reifendruck

Informationen aus der Betriebsanleitung
Aus der Betriebsanleitung des Fahrzeugs sind neben der Beschreibung zum Bedienen des Fahrzeuges auch technische Daten und Wartungs- und Pflegehinweise zu entnehmen, siehe Bild → 2.

FAHRZEUGIDENTIFIKATION

Die **Fahrzeugidentifizierungsnummer (V.I.N.)** ist im Bereich des rechten vorderen Radhauses am Chassis angebracht, und am besten sichtbar, indem man die Lenkung bzw. die Vorderräder voll nach rechts einschlägt (Bild 1).

Die **Motornummer** ist am Motorblock eingestanzt.

Das Typenschild (Bild 2) finden Sie an der B-Säule der Beifahrerseite.

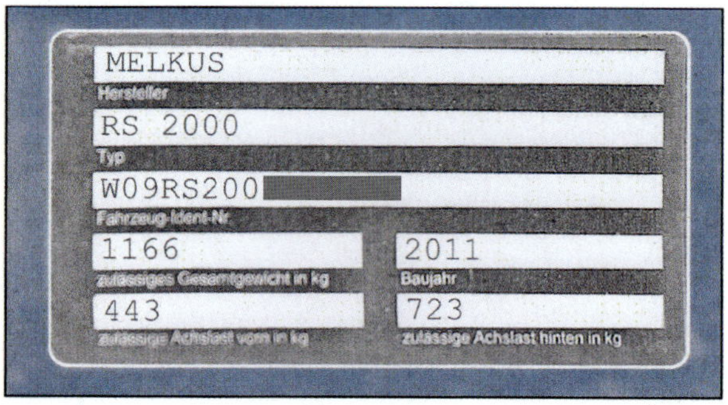

Bild 2: Typenschild (Beispiel)

1 Fahrzeugidentifizierung an einem Sportwagen (da diese Sportwagen in Kleinserie gefertigt wurden, gab es keine EG-Betriebserlaubnis; es wurden Einzelbetriebserlaubnisse erteilt)

3.1.1 LACKPFLEGE

Der Acryl-Klarlack Ihres **MELKUS RS 2000** ist extrem widerstandsfähig gegen Umwelteinflüsse.

Mit Hilfe der nachfolgend beschriebenen Pflegehinweise lassen sich Glanz, Farbe und Schutzeigenschaften des Lackes über das gesamte Fahrzeugleben erhalten.

Vermeiden Sie Beschädigungen des Fahrzeuglackes durch:
- **Luftschadstoffe** (Staub, Ruß, Asche sowie saure und alkalische Aerosole) können den Lack angreifen.
- **Abrieb** durch Sand- und Staubpartikel in der Luft oder ein schmutziges Putztuch können den Lack zerkratzen.
- **Baumsaft und Insektenflüssigkeiten** können als nicht wasserlösliches Polymer am Lack festkleben.
- **Vogelkot** kann extrem sauer oder alkalisch sein und den Lack verätzen. **Sofort abwaschen**.
- **Laub** kann durch die darin enthaltene Gerbsäure helle Lacke beeinträchtigen.
- Steinschlag, z. B. durch aufgeschleuderten Rollsplitt von schlechten oder frisch ausgebesserten Straßen, kann den Lack besonders an der empfindlichen Frontpartie schwer beschädigen.
  Halten Sie ausreichend Abstand zum vor Ihnen Fahrenden. Optional erhalten Sie als Lackschutz bei **MELKUS Sportwagen GmbH** ein selbstklebendes Folien-Set (auf Wunsch auch mit Einbau).
- **Staufeuchtigkeit** kann sich bei längerem Gebrauch einer nicht atmungsaktiven Fahrzeugplane bilden. Das entstehende Kondenswasser kann in den Lack eindringen und diesen beschädigen.

2 Betriebsanleitung – Lackpflege

Informationen aus dem Wartungsheft

Aus dem Wartungsheft sind folgende Informationen zu entnehmen:

- Voraussetzungen für Gewährleistungsansprüche
- Pflegehinweise
- Umfang und Abstände der Wartungsarbeiten, siehe Bild ➔ 1

Wartungsplan

Symbolerklärung für die Service-Intervalle:

⊠ - bei jedem Werkstattbesuch (Wartung / Reparatur)
⊗ - regelmäßig alle 15.000 km bzw. 12 Monaten

Alle anderen Intervalle mit Angabe von km bzw. Zeitraum.

Nr.	Auszuführende Arbeiten	Intervall	
1	Sitze, Fußraum, Einstieg, Lenkrad und Heck abdecken	⊠	⊗
	Schmierstoffe:		
2a	Motoröl- u.Filter wechseln - *normale Betriebsbedingungen*	⊠	⊗
2b	Motoröl- u.Filter wechseln - *besondere Betriebsbedingungen*	7.500 km / 6 Monate	
3	Motor, Getriebe und Kupplung auf Undichtigkeiten / Ölaustritt prüfen	⊠	⊗
4	Getriebeölstand messen	45.000 km	
5	Getriebeöl wechseln	90.000 km / 6 Jahre	
	Motor:		
6	Luftfilter prüfen - *besondere Betriebsbedingungen*		⊗
7	Luftfilter wechseln	45.000 km	
8	Zündkerzen wechseln	90.000 km / 6 Jahre	
9	Zustand der Rippenriemen prüfen		⊗
10	Kraftstoffsystem prüfen		⊗
11	Motormanagemant-Tester anschließen und Codes überprüfen	⊠	⊗
	Kühlung:		
12	Kühlsysteme auf Dichtheit und Schäden prüfen / Luftkühler reinigen		⊗
13	Ladeluftkühlsystem auf Dichtheit und Schäden prüfen	7.500 km	
14	Kühlflüssigkeitsstand (Motor / Ladeluftkühler) prüfen	⊠	⊗
15	Kühlflüssigkeit (Motor / Ladeluftkühler) wechseln	4 Jahre	
	Bremsen:		
16	Handbremse-Einstellung prüfen	⊠	⊗
17a	Stärke der Bremsbeläge u. Zustand der Scheiben prüfen - *normale Betriebsbedingungen*		⊗
17b	Stärke der Bremsbeläge u. Zustand der Scheiben prüfen - *besondere Betriebsbedingungen*	7.500 km	
18	Bremsschläuche, -leitungen, Hydraulik prüfen		⊗
19	Bremsflüssigkeitsstand prüfen	⊠	⊗
20	Bremsflüssigkeit wechseln	1 Jahr	
	Lenkung und Aufhängung:		
21	Sicherheitsüberprüfung der Front- und Heckaufhängung inkl. der Beweglichkeit der Kugelgelenke		⊗
22	Stoßdämpfer auf Dichtheit und Funktion prüfen		⊗
23	Prüfen der Radlager auf Spiel an allen 4 Rädern		⊗
24	Zustand der Antriebswellen-Manschetten prüfen		⊗
25	Lenkung (Kugellager, Manschetten) prüfen		⊗
26	Freies Spiel des Lenkrads prüfen		⊗
	Räder und Reifen:		
27	Reifenzustand und Luftdruck prüfen	⊠	⊗
	Elektrik:		
28	Batterie, -Pole und Anschlüsse auf Sicherheit u. Zustand prüfen		⊗
29	Alle Lampen / Leuchten prüfen (Funktionsprüfung)		⊗
	Fahrzeug:		
30	Alle Schlösser u. Verbindungen (Türaufhängung usw.) prüfen	⊠	⊗
31	Funktion und Zustand der Gurte prüfen		⊗
32	Boden unter den Fußmatten reinigen und trocknen		⊗
33	Scheibenwaschanlage auffüllen	⊠	⊗
34	Batterien des Fahrzeugschlüssels wechseln und gemeinsam mit dem Kunden prüfen	1 Jahr	

1 Wartungsplan aus dem Wartungsheft eines Sportwagens

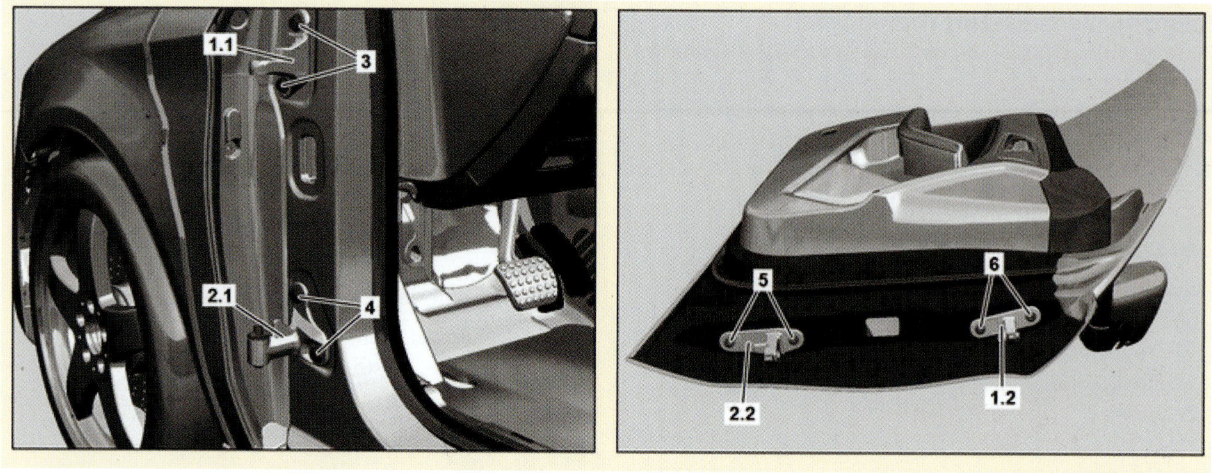

1 **Montage- und Demontage-Anweisung – Aus- und Einbau der Fahrzeugtür**

Informationen aus den Montage- und Demontageanweisungen des Herstellers
Montage- und Demontageanweisungen werden vom Fahrzeughersteller an die Vertragswerkstätten und auf Anforderung an Instandhaltungsbetriebe gegeben. Diese Montage- und Demontageanweisungen sind speziell auf einen Fahrzeugtyp abgestimmt; sie erleichtern die Arbeit und sparen somit Arbeitszeit, siehe Bild → 1.

Informationen aus den Aufbaurichtlinien
Aufbaurichtlinien sind Bauanleitungen für den Karosserie- und Fahrzeugbaubetrieb. Sie werden von den Fahrzeugherstellern erstellt. In ihnen sind die technischen Richtlinien für die Konstruktion und Montage von Auf-, Ein- und Umbauten festgelegt. Die Aufbaurichtlinien sind unbedingt zu beachten. Weitere Informationen zu Aufbaurichtlinien siehe Kap. 13.2.4.

Informationen aus dem Internet
Im Internet bieten Fahrzeughersteller, Komponenten- und Systemhersteller und Hersteller von Betriebs- und Hilfsmitteln vielfältige Informationen kostenlos an, z. B. Aufbaurichtlinien. Außerdem geben die Fahrzeughersteller eine E-Mail-Adresse an, um bei speziellen Fragen zu ihren Fahrzeugen zu helfen. Bei der Kontaktaufnahme wird in der Regel unterschieden zwischen Fachbetrieb und Privatkunden.

Informationen aus gesetzlichen Vorschriften
Bei Arbeiten an Fahrzeugen müssen gesetzliche Vorschriften beachtet werden, hierbei im Besonderen:
- Umweltgesetze
- Unfallverhütungsvorschriften
- Straßenverkehrs-Zulassungs-Ordnung (StVZO)
- Richtlinien der Europäischen Gemeinschaften für Straßenfahrzeuge (EWG-Richtlinien)
- Regelungen der Economic Commission for Europe für Kraftfahrzeuge und ihre Anhänger (ECE-Regelungen)

Informationen aus Fachzeitschriften
In Fachzeitschriften wird über aktuelle Entwicklungen im Fahrzeugbau berichtet; sie erscheinen in regelmäßigen Abständen. Die Beiträge sind in einem Inhaltsverzeichnis bzw. Sachwortverzeichnis geordnet, das meist im letzten Heft des Jahres beigelegt wird. Das erleichtert die Suche nach bestimmten Fachartikeln.

Informationen aus innerbetrieblichen Vorschriften
Zu den innerbetrieblichen Vorschriften gehören:
- Betriebsanweisung nach § 20 Gefahrstoffverordnung
- Entsorgung der Betriebsstoffe
- Unfallverhütungsvorschriften

Informationen aus diesem Fachbuch
Dieses Fachbuch bietet umfassende Informationen.

So kann dieses Fachbuch auch über die Zeit der Ausbildung hinaus zur Informationsbeschaffung genutzt werden.

2.3 Pläne zur Demontage, Instandsetzung und Montage

2.3.1 Erklärung der Begriffe Demontage, Instandsetzen und Montage

Ist ein Bauteil eines Fahrzeuges defekt, muss es instand gesetzt oder ausgetauscht werden. Im eingebauten Zustand ist eine Reparatur häufig nicht durchzuführen, weil das Bauteil nicht zugänglich ist.

Deshalb wird:
- die Baugruppe demontiert
- das defekte Bauteil instand gesetzt oder ausgetauscht
- die Baugruppe wieder in das Fahrzeug montiert

Demontage ist der Vorgang, bei dem ein Kraftfahrzeug zerlegt wird in Baugruppen bzw. bei dem eine Baugruppe zerlegt wird in Bauteile.

Instandsetzen heißt, dass ein defektes Bauteil so bearbeitet wird, dass es seine Funktion wieder ausführen kann. Instandsetzen wird auch Reparieren genannt. Weitere Informationen zum Instandsetzen siehe Kap. 18 bis Kap. 26.

Es gilt der Grundsatz: Reparieren vor Erneuern.

Montieren ist ein Vorgang, bei dem die demontierten und instand gesetzten Bauteile bzw. die ausgetauschten Bauteile wieder zur Baugruppe zusammengefügt werden und die Baugruppen wieder zum Kraftfahrzeug werden.

2.3.2 Herstellervorschriften

Einteilung der Herstellervorschriften

Herstellervorschriften sind Pläne für die Demontage, Instandsetzung und Montage; sie werden von den Kfz-Herstellern für die Instandhaltungsbetriebe und für die Betriebe der Karosseriebau- und Fahrzeugbautechnik zur Verfügung gestellt.

Herstellervorschriften sind:
- Montageanleitungen
- Aufbaurichtlinien
- Betriebserlaubnis
- Bedienungsanweisung
- Technische Zeichnung

Montageanleitungen

Montageanleitungen beziehen sich auf einen bestimmten Fahrzeugtyp.

Sie enthalten Pläne der:
- elektrischen Anlagen
- fluidtechnischen Anlagen
- mechanischen Anlagen

Pläne der elektrischen Anlagen und **Pläne der fluidtechnischen Anlagen** sind Schaltpläne. Hierdurch werden das Verständnis und die Beschreibung der Anlagen im Fahrzeug erleichtert.

Die **Pläne der mechanischen Anlagen** bestehen aus:
- Zeichnungen und Fotografien mit kurzen Hinweisen und Angaben, z. B. der Anzugsdrehmomente von Schraubenverbindungen, oder
- einer Explosionszeichnung mit Beschreibung, siehe Bild → 1, Seite 26

Hieraus lässt sich die Reihenfolge bei der Demontage oder Montage erkennen.

Für die Instandsetzung schreibt der Kfz-Hersteller in den Herstellervorschriften vor, ob ein Einzelteil repariert werden darf oder ausgetauscht werden muss.

Aufbaurichtlinien

Aus den Aufbaurichtlinien geht hervor, wie der Nutzaufbau auf dem Fahrzeugrahmen befestigt werden soll und welche Maßnahmen zum Korrosionsschutz zu erfolgen haben. Das gilt für die Herstellung und für die Instandsetzung. Aufbaurichtlinien werden vom Kfz-Hersteller direkt oder über das Internet zur Verfügung gestellt. Weitere Informationen zu Aufbaurichtlinien siehe Kap. 13.2.4.

Betriebserlaubnis

Die Betriebserlaubnis ist Bestandteil des Zulassungsverfahrens für Kraftfahrzeuge auf öffentlichen Straßen. Mit der Betriebserlaubnis wird bestätigt, dass das Fahrzeug oder das Fahrzeugteil den Vorschriften der Straßenverkehrs-Zulassungs-Ordnung (StVZO) oder der entsprechenden Richtlinie des Europäischen Parlaments entspricht.

Die Betriebserlaubnis des Fahrzeugs bleibt bis zu seiner endgültigen Außerbetriebssetzung wirksam. Sie erlischt jedoch, wenn Änderungen am Fahrzeug vorgenommen werden, die gegen die Zulassungsvorschriften verstoßen.

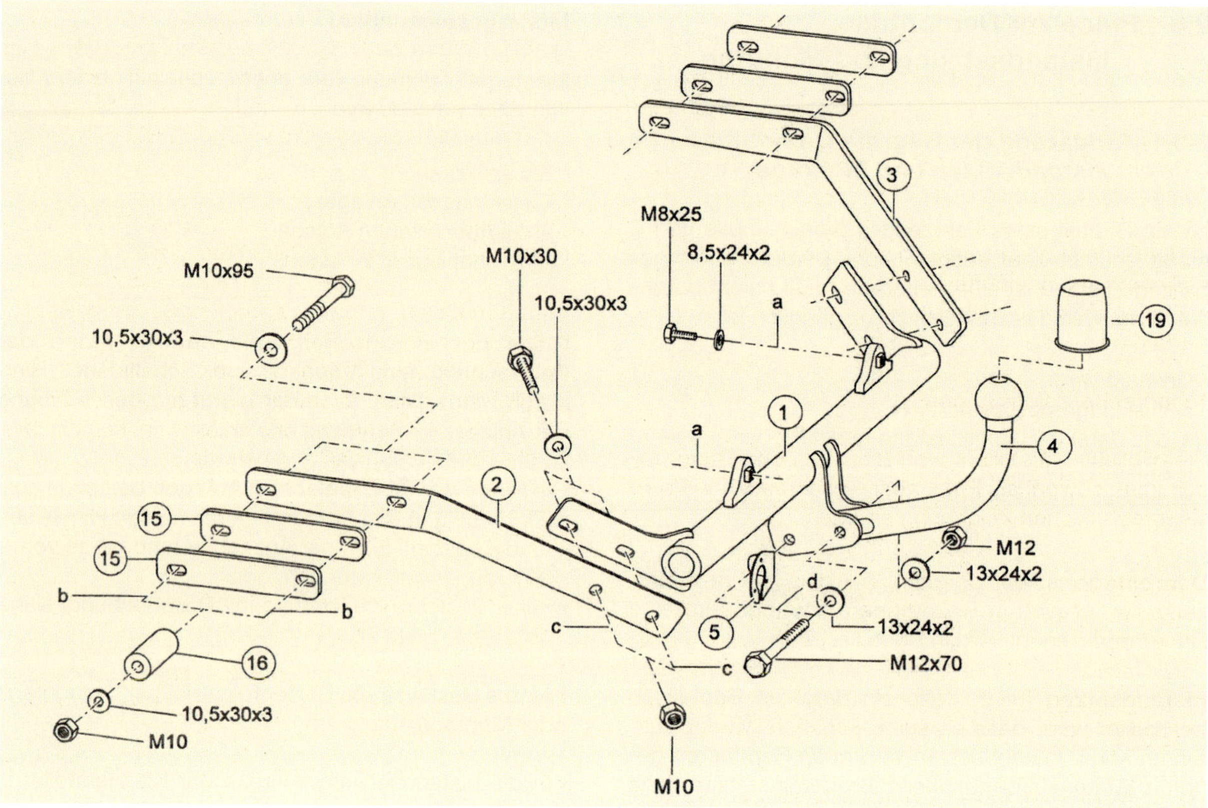

1 Explosionszeichnung

Bei der Betriebserlaubnis unterscheidet man:
- Allgemeine Betriebserlaubnis
- Einzel-Betriebserlaubnis
- Betriebserlaubnis und Bauartgenehmigung für Fahrzeugteile

Allgemeine Betriebserlaubnis
Die Allgemeine Betriebserlaubnis (**ABE**) nach § 20 StVZO wird einem Fahrzeughersteller erteilt, der von einem Fahrzeugtyp eine Serie herstellt. Über die Erteilung der ABE entscheidet das Kraftfahrt-Bundesamt (KBA).

Das KBA beauftragt Sachverständige mit der Begutachtung des jeweiligen Fahrzeugtyps. Nach Erteilung der ABE ist vom Fahrzeughersteller für den Fahrzeugtyp eine Zulassungsbescheinigung Teil II (früher: Fahrzeugbrief) auszustellen.

Einzel-Betriebserlaubnis
Fertigt ein Hersteller Fahrzeuge, die nicht zu einem genehmigten Typ gehören, muss er eine Einzel-Betriebserlaubnis (**EBE**) nach § 21 StVZO bei der örtlich zuständigen Zulassungsstelle beantragen. Der Sachverständige der Zulassungsstelle fertigt ein Gutachten und überträgt die entsprechenden Angaben in die Zulassungsbescheinigung Teil I (früher: Fahrzeugschein) und in die Zulassungsbescheinigung Teil II.

Betriebserlaubnis und Bauartgenehmigung für Fahrzeugteile
Eine Betriebserlaubnis und Bauartgenehmigung für Fahrzeugteile nach § 22 und § 22a StVZO wird nach vorheriger Prüfung durch Sachverständige der Zulassungsstelle erteilt.

Werden beim Anbau des genehmigten Fahrzeugteils die Anbauanweisungen des Fahrzeugs mit ABE befolgt, erlischt die Fahrzeugbetriebserlaubnis nicht. Die Anbauanweisungen des Fahrzeugs mit ABE können jedoch auch eine Änderungsabnahme vorschreiben.

Der Nachweis der Betriebserlaubnis des Fahrzeugteils und/oder der Änderungsabnahme erfolgt als Abdruck oder Eintrag in die Zulassungsbescheinigung Teil I und Teil II.

Sind die Fahrzeugteile nur für bestimmte Fahrzeuge vorgesehen, wird die Betriebserlaubnis beschränkt, z. B. Sonderräder, Spoiler. Bei Serienfahrzeugteilen wird eine ABE erteilt, die durch ein Typzeichen bestätigt wird.

Bestimmte Einrichtungen und Fahrzeugteile müssen nach einer amtlich genehmigten Bauart ausgeführt sein, z. B. Luftreifen, Scheiben aus Sicherheitsglas, Scheinwerfer, Sicherheitsgurte. Die Bauartgenehmigung wird durch Prüfzeichen gekennzeichnet.

Bedienungsanweisung

Die Bedienungsanweisung für Fahrzeugteile, Fahrzeuggruppen oder für das gesamte Fahrzeug wird vom Fahrzeughersteller mitgeliefert. Hiermit soll der umweltschonende und sichere Betrieb des Fahrzeuges gewährleistet werden.

In der Bedienungsanweisung sind u. a. enthalten:
- Sicherheitsvorschriften
- Bedienungshinweise
- Pflegehinweise

Technische Zeichnungen

Die bildliche Darstellung von Bauteilen und Baugruppen kann sowohl als Foto, aber vielfach auch in Form einer technischen Zeichnung erfolgen.

Um eine technische Zeichnung zu lesen oder zu erstellen, benötigt der Auszubildende Informationen über:
- Linien
- Bemaßung
- Schriftfeld

Linien in technischen Zeichnungen

In technischen Zeichnungen der Metalltechnik ist es besonders wichtig, reale Begrenzungslinien des Beschichtungsobjektes von anderen Linienarten wie Symmetrieachsen, Maßlinien und Maßhilfslinien zu unterscheiden.

Die Grundregeln für Linien in technischen Zeichnungen sind in DIN EN ISO 128-20 festgelegt.

Die **Linienbreite *d*** soll gewählt werden in Abhängigkeit von der Art und Größe der Zeichnung; sie muss im gesamten Verlauf konstant sein. In Bild → 1, sind jeweils drei Linienbreiten der Liniengruppen 0,35 und 0,5 und 0,7 angegeben; sie werden in technischen Zeichnungen am meisten verwendet.

In technischen Zeichnungen werden verwendet:
- Volllinie
- Strichlinie
- Strich-Punkt-Linie
- Strich-Zweipunkt-Linie
- Freihandlinie
- Linie mit sich wiederholenden Zeichen

Linienarten	**Anwendungsbeispiele in der Metalltechnik**				
	Liniengruppen				
	0,35	**0,5**	**0,7**		
	Linienbreite *d*				
Volllinie	0,35	0,5	0,7	Breit:	sichtbare Kanten, Umrisse, Gewindebegrenzung, Schweißzeichen
	0,18	0,25	0,35	Schmal:	Maßlinien, Maßhilfslinien, Lichtkanten, Schraffur, Biegelinien, Hinweislinien, Gewindegrund
Strichlinie	0,35	0,5	0,7	Breit:	mögliche Kennzeichnung zulässiger Oberflächenkennzeichnung
	0,18	0,25	0,35	Schmal:	verdeckte Kanten, verdeckte Umrisse
Strich-Punkt-linie	0,35	0,5	0,7	Breit:	Angabe der Schnittebene, Angabe der geforderten Behandlung (z. B. Härtebereich)
	0,18	0,25	0,35	Schmal:	Mittellinien, Symmetrielinien, Lochkreise, Teilkreise
Strich-Zwei-punktlinie	0,18	0,25	0,35	Schmal:	angrenzende Teile, Grenzstellungen von beweglichen Teilen, Schwerlinien, Umrisse vor Verformung, vor der Schnittebene liegende Teile, Fertigformen in Rohteilen
Freihandlinie Linie mit sich wiederholenden Zeichen 30°	0,18	0,25	0,35	Schmal:	Begrenzung von abgebrochenen oder unterbrochenen Ansichten und Schnitten, wenn diese nicht mit einer Mittellinie zusammenfallen
	0,25	0,35	0,5		Maßbuchstaben, Maßzahlen, Oberflächensymbole. Schrifthöhe = 10 *d*

Linienbreite *d* in mm	0,13	0,18	0,25	0,35	0,5	0,7	1	1,4	2

1 Linien in technischen Zeichnungen

Die **Volllinie** ist eine durchgehende Linie, siehe Bild → 1, Seite 27.

Es gibt sie als:
- breite Volllinie, z. B. für sichtbare Kanten, Umrisse
- schmale Volllinie, z. B. für Maßlinien, Maßhilfslinien, Schraffur

Die **Strichlinie** ist unterbrochen, siehe Bild → 27.1. Der Strich hat eine Länge von 12*d*, die Lücke von 3*d*. Strichlinien sollten sich oder andere Linien im Strich kreuzen oder berühren.
Es gibt sie als:
- breite Strichlinie; selten benutzt
- schmale Strichlinie, z. B. für verdeckte Kanten

Bei der **Strich-Punkt-Linie** sind Striche und Punkte abwechselnd gezeichnet, siehe Bild → 1, Seite 27. Der Strich hat eine Länge von 24*d*, die Lücke zwischen Strich und Punkt beträgt 3*d*.

Es gibt sie als:
- breite Strich-Punkt-Linie, z. B. für die Angabe der Schnittebene
- schmale Strich-Punkt-Linie, z. B. für Mittellinien, Symmetrielinien, Lochkreise

Die **Strich-Zweipunkt-Linie** ist wie eine Strich-Punkt-Linie, jedoch mit zwei Punkten, siehe Bild → 1, Seite 27. Der Abstand zwischen zwei Punkten beträgt ebenfalls 3*d*. Es wird nur die schmale Strich-Zweipunkt-Linie verwendet, z. B. für angrenzende Teile, Umriss vor der Verformung.

Auch die **Freihandlinie** wird nur schmal gezeichnet, z. B. als Bruchlinie, wenn sie nicht mit einer Mittellinie zusammenfällt, siehe Bild → 1, Seite 27.

Statt einer schmalen Freihandlinie kann dafür auch eine schmale **Linie mit sich wiederholenden Zeichen** gezeichnet sein; meist werden Zacken verwendet, siehe Bild → 1, Seite 27.

Bemaßung in technischen Zeichnungen

In technischen Zeichnungen der Metalltechnik wird in Millimeter (mm) bemaßt.

Das muss man aber bei den Flächenberechnungen beachten. Um erfassbare Größenordnungen (m^2) zu erhalten, sollten die Millimeter besser in Meter umgerechnet werden.

Die Bemaßung entspringt festen Richtlinien. An dieser Stelle soll nur kurz auf die wesentlichen Bemaßungsgrundlagen eingegangen werden, die zur Erstellung einfacher Metallzeichnungen nötig sind.

Zur Bemaßung gehören:
- Maßlinie
- Maßhilfslinie
- Maßlinienbegrenzung
- Maßzahl
- Maßeinheit

Die **Maßlinie** ist eine Linie, gelegen zwischen:
- zwei Körperkanten
- einer Körperkante und einer Maßhilfslinie
- zwei Maßhilfslinien

Die Maßlinie von Längenmaßen wird parallel zur Länge eingetragen, die zu bemaßen ist. Der Abstand zu Körperkanten sollte mindestens 10 mm betragen, zu anderen Maßlinien mindestens 8 mm, siehe Bild → 1. Maßlinien von Winkel- und Bogenmaßen werden als Kreisbogen um den Scheitelpunkt des Winkels gezeichnet. Bei einem Winkel bis 30° darf die Maßlinie auch eine Gerade sein.
Maßlinien sollten sich nicht untereinander kreuzen; ist dies notwendig, werden sie nicht unterbrochen.

Eine **Maßhilfslinie** ist eine Verbindungslinie zwischen dem zu bemaßenden Element und der zugehörenden Maßlinie. Sie geht 1 mm bis 2 mm über die Maßlinie hinaus, siehe Bild → 1.
Die **Maßlinienbegrenzung** ist ein Kennzeichen an einer Maßlinie, um deren Enden hervorzuheben. In der Regel wird dafür ein geschwärzter Pfeil verwendet, siehe Bild → 1.

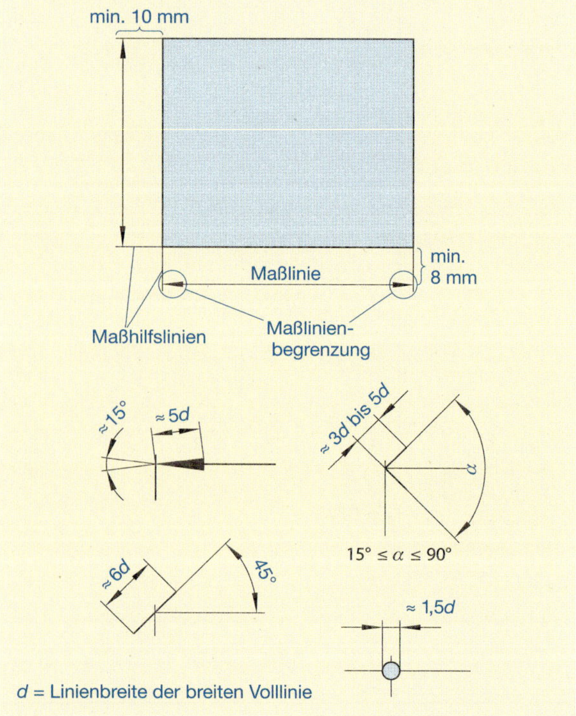

1 Bemaßung einer Länge

Maßzahlen geben die Größe des Längenmaßes oder des Winkelmaßes an. Es wird die Schriftform B nach DIN EN ISO 3098 angewendet, siehe Bild → 1.

Maßzahlen müssen
- mindestens 3,5 mm groß sein,
- von unten und von rechts lesbar sein.

Vor der Maßzahl kann ein Symbol stehen; das wichtigste ist das Symbol ∅ für den Durchmesser.

Die **Maßeinheit** in technischen Zeichnungen ist Millimeter (mm); in diesem Fall wird die Maßeinheit „mm" nicht angegeben.
Weitere Grundlagen zu technischen Zeichnungen der Metalltechnik finden Sie in Tabellenbüchern und in der Norm DIN EN ISO 3098.

1 Schrift der Schriftform B

Schriftfeld in technischen Zeichnungen
Schriftfelder erklären die technische Zeichnung näher, indem sie Auskünfte zu unterschiedlichen Aspekten erteilen.
Sie müssen der DIN EN ISO 7200 entsprechen und nach DIN EN ISO 3098 beschriftet sein.

Schriftfelder in metalltechnischen Zeichnungen sollen folgende Aspekte beinhalten:
- verantwortliche Abteilung
- technische Referenz
- erstellt durch / genehmigt von
- Dokumentenart (Zeichnungsart)
- Titel und zusätzliche Titel (Objektbezeichnung)
- Ausgabedatum
- Maßstab
- Abschnitts- und Blattnummer/Anzahl von Abschnitten und Blättern

Bild → 2 zeigt ein Grundschriftfeld.

verantwortliche Abt. KON 1	Technische Referenz Maria Strung	Dokumentenart Gesamtzeichnung		Dokumentenstatus freigegeben		
Ingenieurbüro Müller	Erstellt durch Erwin Nagel	Titel. zusätzlicher Titel Düse Ventil	Sachnummer V 300 12			
	Genehmigt von: Gunnar Müller		Änd. A	Ausgabedatum 2005-05-11	Spr. de	Blatt 1/3

180 mm

2 Grundschriftfeld nach DIN EN ISO 7200

2.4 Flächen, Längen und Gewinde prüfen

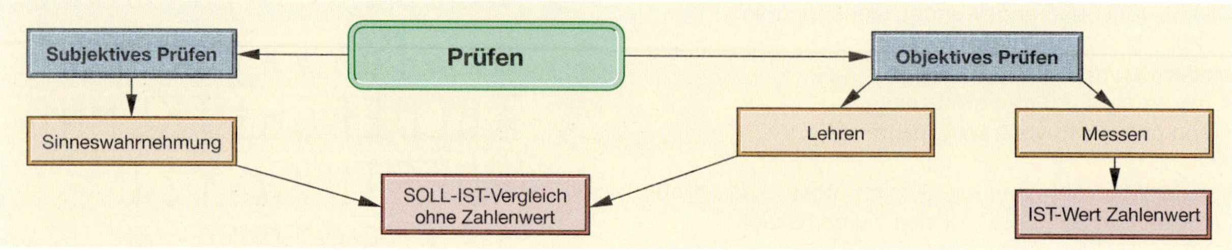

1 Prüfen

In diesem Kapitel werden behandelt:
- Prüfen allgemein, siehe Kap. 2.4.1
- subjektives Prüfen, siehe Kap. 2.4.2
- objektives Prüfen, siehe Kap. 2.4.3
- Prüfmittel, siehe Kap. 2.4.4
- Fehler beim Prüfen, siehe Kap. 2.4.5

2.4.1 Prüfen allgemein

Durch Prüfen wird der IST-Zustand mit dem SOLL-Zustand verglichen. Dabei kann geprüft werden, ob bestimmte Eigenschaften wie Farbe, Masse, Temperatur, Form, Druck oder Länge den Anforderungen entsprechen.

Es gibt, siehe Bild → 1:
- subjektives Prüfen, siehe Kap. 2.4.2
- objektives Prüfen, siehe Kap. 2.4.3

2.4.2 Subjektives Prüfen

Subjektives Prüfen erfolgt durch Sinneswahrnehmung wie Hören, Sehen und Fühlen, siehe Bild → 2. Durch Fühlen mit der Handfläche kann eine ausgebeulte Fläche geprüft werden.

2.4.3 Objektives Prüfen

Arten des objektiven Prüfens

Das objektive Prüfen wird mit Prüfmitteln durchgeführt.

Im Karosserie- und Fahrzeugbau werden Längen und Winkel geprüft durch, siehe Bild → 1:
- Messen
- Lehren

Länge und Winkel messen

Beim Messen wird eine Länge oder ein Winkel mit einer Maßeinheit auf dem Messgerät verglichen. Das Ergebnis des Messens ist das **IST-Maß** als Zahlenwert.

Die Einheit für
- Länge ist: Meter
- Winkel ist: Grad

Das **Meter** (m) ist die SI-Basisgröße[1] für Längen. Außerhalb des SI ist noch Zoll (") bzw. inch zulässig. Umrechnungen:

1 m = 100 cm	1 cm = 0,01 m
1 m = 1000 mm	1 mm = 0,001 m
1 cm = 10 mm	1 mm = 0,1 cm
1" = 1 inch	1" = 25,4 mm

Die Einheit **Grad** (°) für Winkelmaße ist außerhalb des SI, aber zulässig:
1° entspricht dem 360. Teil des Vollwinkels (= 360°).
Umrechnungen:
1° = 60′ (Winkel-Minuten)
1′ = 60″ (Winkel-Sekunden)

Um große und kleine Zahlenwerte der Maßeinheiten einfach darzustellen, verwendet man Vorsätze:

• Vervielfachung:	deka	hekto	kilo	Mega	Giga
multipliziert mit:	10	10^2	10^3	10^6	10^9
• Verkleinerung:	dezi	centi	milli	mikro	
dividiert durch:	10	10^2	10^3	10^6	

Das Lehren

Beim Lehren wird der Gegenstand mit der Lehre verglichen: Die Lehre hat das SOLL-Maß und der Gegenstand hat das IST-Maß.

Durch Lehren stellt man fest, ob der Gegenstand gut oder schlecht ist; das Ergebnis des Lehrens ergibt keinen Zahlenwert.

1 SI = Système International d'Ùnités: Internationales Einhaitensystem, rechtsverbindlich für die BRD seit 1969

2.4.4 Prüfmittel

1 Prüfmittel

2.4.4.1 Einteilung der Prüfmittel

Zum Prüfen werden Prüfmittel verwendet. Geprüft werden sollte bei 20 °C, der sogenannten Bezugstemperatur.

Prüfmittel werden unterteilt in, siehe Bild → 1:
- Messgeräte, siehe Kap. 2.4.4.2
- Lehren, siehe Kap. 2.4.4.3

2.4.4.2 Messgeräte

Mit Messgeräten werden Längen und Winkel auf das IST-Maß geprüft.

Messgeräte gibt es als, siehe Bild → 1:
- Maßverkörperung
- anzeigende Messgeräte

Maßverkörperungen

Maßverkörperungen verkörpern die Messgröße durch einen festen Abstand von Strichen oder Flächen.

Beispiele:
- Stahlmaßstab: Er besteht aus Federstahl und hat einen Teilstrichabstand von 0,5 mm oder 1 mm. Seine Länge beträgt 300 mm oder 500 mm.
- Bandmaß: Es besteht aus Stahl, Leinen oder Kunststoff und hat einen Teilstrichabstand von 1 mm. Seine Länge beträgt 1 m bis 50 m. Mit dem Bandmaß können auch kurvenförmige Längen gemessen werden.
- Gliedermaßstab: Er besteht aus Holz, Metall oder Kunststoff und hat einen Teilstrichabstand von 1 mm. Seine Länge beträgt 1 m oder 2 m.

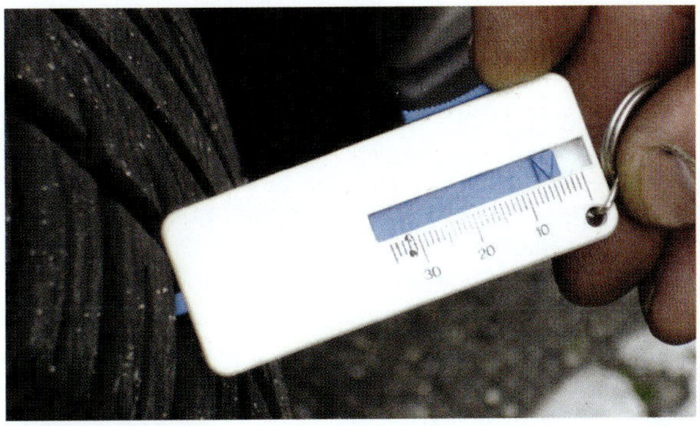

2 Profiltiefen-Prüfer

Anzeigende Messgeräte

Anzeigende Messgeräte gibt es mit
- analoger Anzeige: zeigen den Messwert an einer Strichskala durch eine bewegliche Marke oder einen Zeiger an
- digitaler Anzeige: Messwert wird in Ziffern in einem Anzeigefenster dargestellt

Anzeigende Messgeräte sind z. B.:
- Profiltiefen-Prüfer
- Messschieber
- Ultraschallmessgerät

Profiltiefen-Prüfer
Mit dem Profiltiefen-Prüfer lässt sich die Profiltiefe direkt messen, siehe Bild → 2.

Messschieber
Der Messschieber ist einsetzbar für Innen-, Außen- und Tiefenmessungen.

Es gibt Messschieber mit:
- linearer Skala
- Rundskala
- digitaler Anzeige

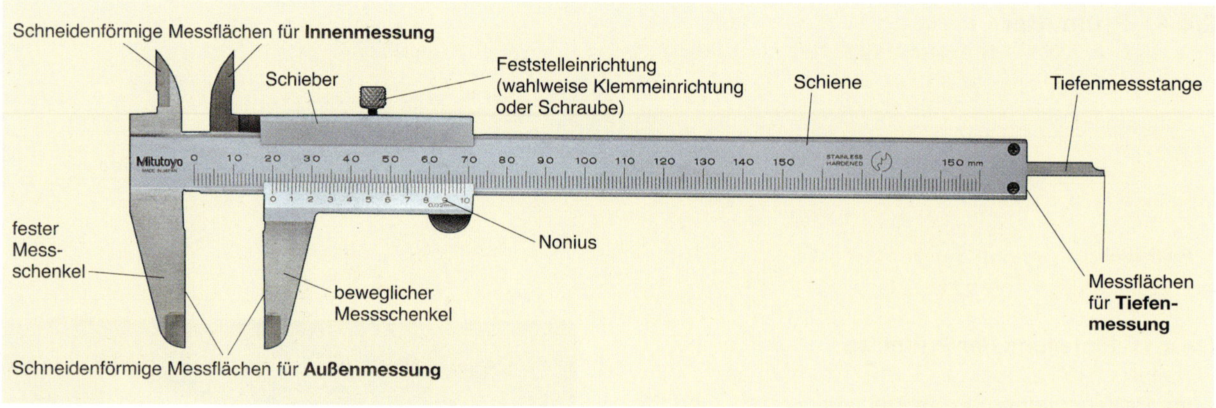

1 Messschieber

Der **Messschieber mit linearer Skala** besteht aus, siehe Bild → 1:

- einem festen Schenkel mit je einer Hauptteilung in Millimeter und darüber in Zoll (inch)
- einem beweglichen Schenkel mit je einem Nonius für Millimeter und für Zoll.

Durch den **Nonius** können Bruchteile von Millimetern bzw. von Zoll abgelesen werden.

Bei dem Nonius auf Messschiebern gibt es:

- $^1/_{10}$-Nonius
- erweiterter $^1/_{10}$-Nonius
- $^1/_{20}$-Nonius

Beim **$^1/_{10}$-Nonius** sind 9 mm in 10 Teile geteilt, siehe Bild → 2. Der Abstand zwischen den Teilstrichen beträgt somit 0,9 mm. Der Teilstrichabstand auf dem festen Schenkel ist 1 mm. Damit erhält man durch die Teilstrichdifferenz von 0,1 mm eine Ablesegenauigkeit von 0,1 mm.

Messwerte werden wie folgt abgelesen:
Der Nullstrich des Nonius wird als Komma betrachtet, er teilt die ganzen Millimeter von Zehntelmillimeter.

Man liest:

- links vom Nullstrich des Nonius auf der Hauptteilung die ganzen Millimeter ab
- rechts vom Nullstrich des Nonius gibt der erste Noniusteilstrich, der sich mit einem Teilstrich der Hauptteilung deckt, die Zehntelmillimeter an.

Zum besseren Ablesen ist der **$^1/_{10}$-Nonius erweitert**. Hierbei sind 19 mm in 10 Teile geteilt, siehe Bild → 3. Der Abstand zwischen den Teilstrichen beträgt somit 1,9 mm. Zum Teilabstand von 2 mm auf dem festen Schenkel ergeben sich ebenfalls eine Teilstrichdifferenz von 0,1 mm und eine Ablesegenauigkeit von 0,1 mm.

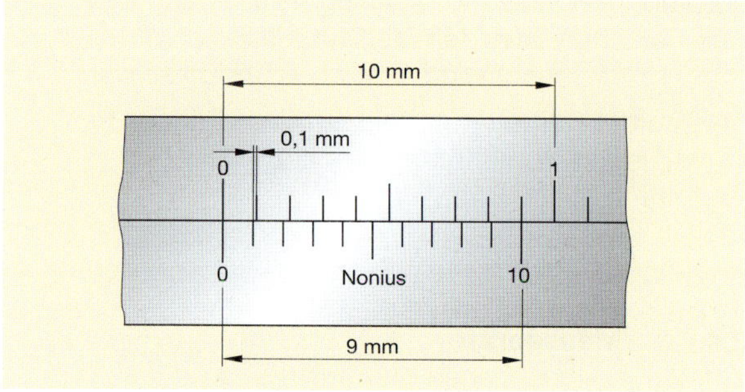

2 $^1/_{10}$-Nonius am Messschieber

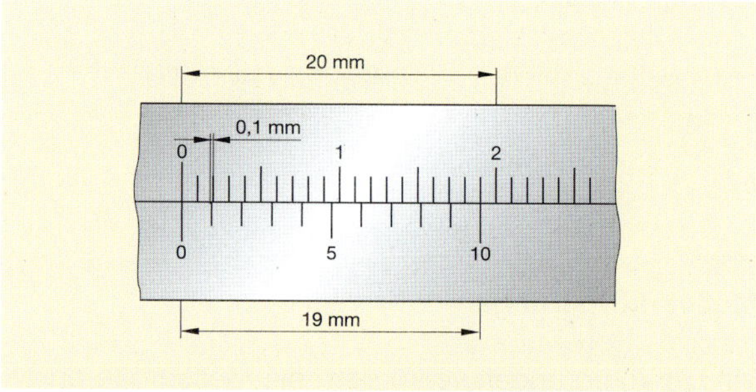

3 Erweiterter $^1/_{10}$-Nonius am Messschieber

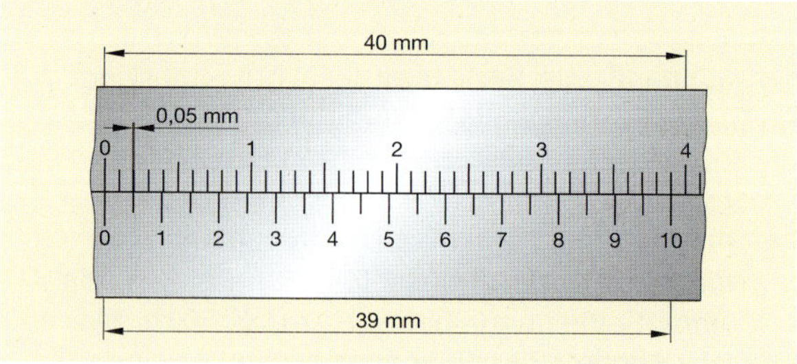

4 $^1/_{20}$-Nonius am Messschieber

Beim **$^1/_{20}$-Nonius** wird die Ablesegenauigkeit auf $^1/_{20}$ mm erhöht. Hier sind 39 mm in 20 Teile geteilt, siehe Bild → 4. Der Abstand zwischen den Teilstrichen beträgt somit 1,95 mm. Zum Teilabstand von 2 mm auf dem festen Schenkel ergeben sich eine Teilstrichdifferenz von 0,05 mm und eine Ablesegenauigkeit von 0,05 mm.

Bild ➔ 1 zeigt einen **Messschieber mit Rundskala** und Bild ➔ 2 einen **Messschieber mit digitaler Anzeige**. Das Ablesen der Messwerte bei diesen Messschiebern ist einfacher und Ablesefehler kommen kaum vor; die Ablesegenauigkeit beträgt $^1/_{100}$ mm.

Ultraschallmessgerät

Das Ultraschallmessgerät nimmt Ultraschallgeräusche auf und wandelt sie um in Geräusche, die das menschliche Ohr hören kann.

Ultraschallgeräusche entstehen an Fahrzeugen bei:

- metallischer Reibung, z. B. durch schadhafte Motorlager, Radlager oder Getriebe
- Strömung von Flüssigkeiten und Gasen, z. B. durch undichte Schläuche, Schlauchverbindungen, Auspuffanlagen oder defekte Dichtungen
- hoher Fahrgeschwindigkeit, z. B. im undichten Fahrzeuginnenraum durch Wind oder bei Luftturbulenzen an Außenspiegel, Dachreling, Antennen usw.

Mit dem Empfänger des Ultraschallmessgerätes lassen sich durch die entstehenden Ultraschallgeräusche die **Fehlerstellen lokalisieren**, siehe Bild ➔ 3. Dabei können die Messungen durchgeführt werden

- in der Werkstatt: bei metallischer Reibung, bei Strömungsvorgängen von Flüssigkeiten und Gasen, bei undichten Fahrzeuginnenräumen
- bei einer Probefahrt: Windgeräusche durch Luftturbulenzen

Bei **Dichtigkeitsmessungen** an Fahrzeuginnenräumen ist ein Ultraschallsender erforderlich. Der Ultraschallsender wird in den Fahrgast- oder Kofferraum möglichst in die Nähe der vermuteten Undichtigkeit gelegt. Dabei müssen alle Öffnungen wie Fenster, Türen, Schiebedach geschlossen sein.

Mit dem Empfänger des Ultraschallmessgerätes werden die Stellen untersucht, an denen Undichtigkeiten möglich sind oder vermutet werden, siehe Bild ➔ 4. An undichten Stellen ertönt ein deutliches Signal.

Diese Methode der Fehlersuche kann von einem Mitarbeiter in der Werkstatt erfolgen. Sie spart Dichtigkeitsuntersuchungen durch Probefahrten, die zeitaufwendig sind und in der Regel sogar von zwei Mitarbeitern durchgeführt werden müssen.

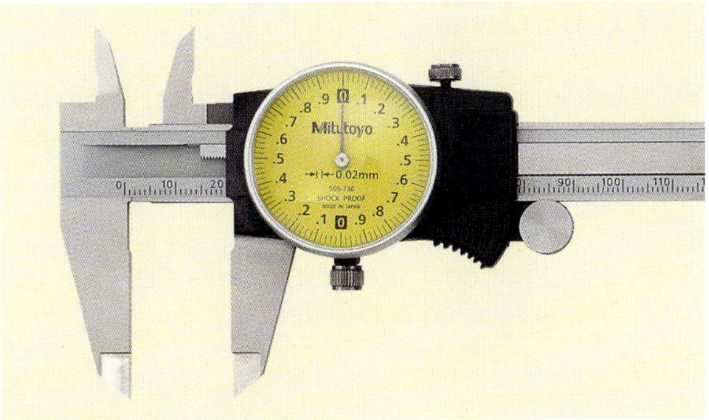

1 Messschieber mit Rundskala

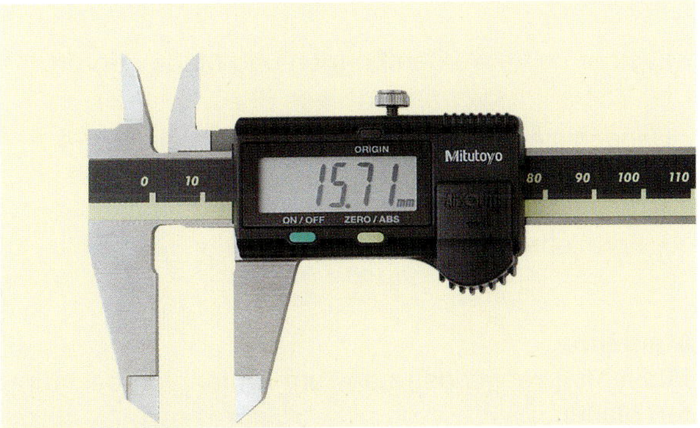

2 Messschieber mit digitaler Anzeige

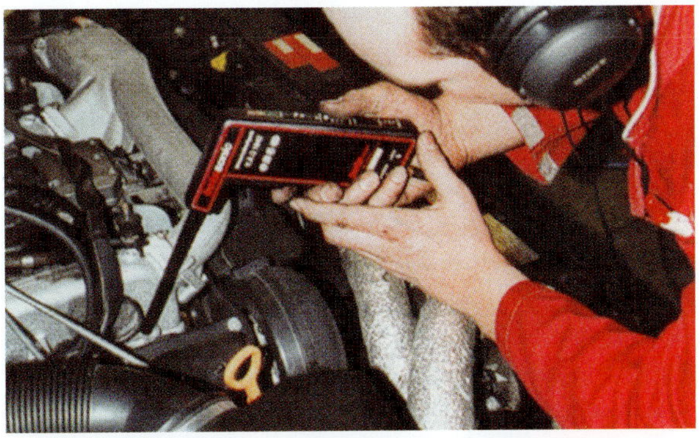

3 Ultraschallmessung nur mit dem Ultraschallempfänger

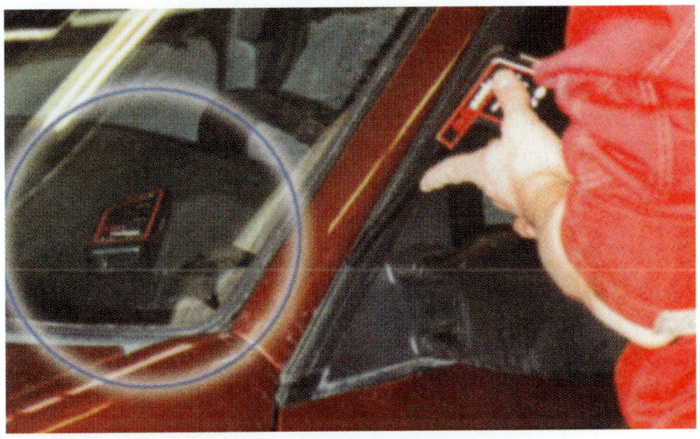

4 Ultraschallmessung mit Ultraschallsender und Ultraschallempfänger

2.4.4.3 Die Lehren

Beim Lehren wird der Gegenstand mit der Lehre verglichen. Die Lehre hat das SOLL-Maß und der Gegenstand das IST-Maß.

Durch Prüfen mit einer Lehre stellt man fest, ob der Gegenstand gut oder schlecht ist; das Ergebnis des Lehrens ergibt keinen Zahlenwert.

Hier sind zu unterscheiden:
- das Lehren: Prüfverfahren
- die Lehre: Prüfmittel, Mz.: die Lehren

Mit einer Lehre werden Formen und Maße geprüft.

Danach sind die Lehren eingeteilt in, vgl. Bild ➔ 1, Seite 31:
- Maßlehre
- Formlehre

Maßlehre
Maßlehren verwendet man zum Prüfen von bestimmten Maßen.

Im Karosserie- und Fahrzeugbau werden verwendet:
- Fühlerlehre zum Prüfen des Spaltmaßes an Türen und Klappen, siehe Bild ➔ 1
- Teleskopmesslehre zum Prüfen der Symmetriemaße an einer Karosserie, siehe Bild ➔ 2
- Gewindelehre zum Prüfen von Gewindeprofil und Gewindegröße, siehe Bild ➔ 3
- Blechlehre: zum Prüfen der Blechdicke, siehe Bild ➔ 4

Formlehre
Formlehren verwendet man zum Prüfen von:
- Winkeln
- Rundungen
- speziellen Karosserieformen

Beispiel:
Beim Schleifen von Spiralbohrern können die wichtigsten Winkel mit der Schleiflehre geprüft werden, siehe Bild ➔ 1, Seite 35.

Zum Prüfen von Rundungen und speziellen Karosserieformen können selbst gefertigte Schablonen verwendet werden.

1 Fühlerlehre

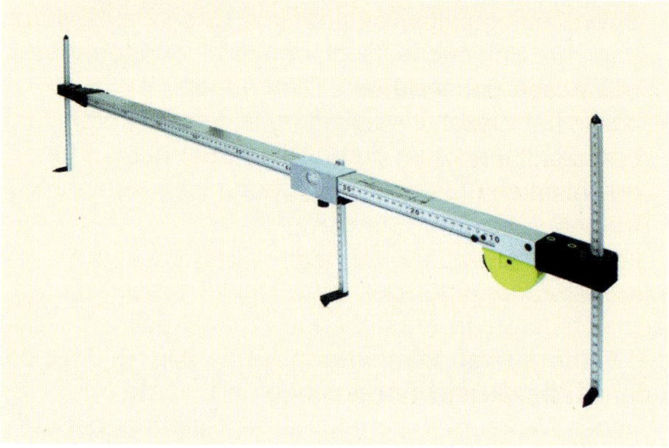

2 Teleskopmesslehre

3 Gewindelehre

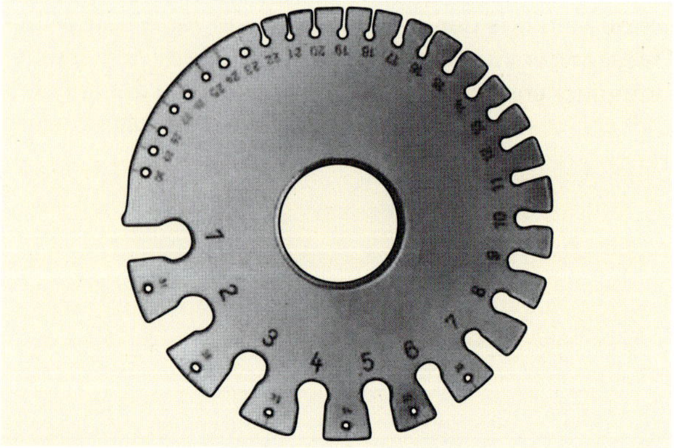

4 Blechlehre

2.4.5 Fehler beim Prüfen

Beim Prüfen können Fehler entstehen durch:
- das Prüfmittel
- den Prüfer

Fehler beim Prüfen durch das Prüfmittel
Wenn Messgeräte oder Lehren beschädigt oder abgenutzt sind, entstehen Fehler beim Prüfen.

Darum muss der Karosserie- und Fahrzeugbaumechaniker Messgeräte und Lehren pflegen, sorgfältig behandeln und von Zeit zu Zeit überprüfen.

Fehler durch den Prüfer:
- Messgerät oder Lehre ungenau anlegen
- zu starker Druck beim Messen oder Lehren
- am Messgerät ungenau ablesen
- Prüfgegenstand ist verschmutzt
- die Prüftemperatur entspricht nicht der Bezugstemperatur von 20 °C

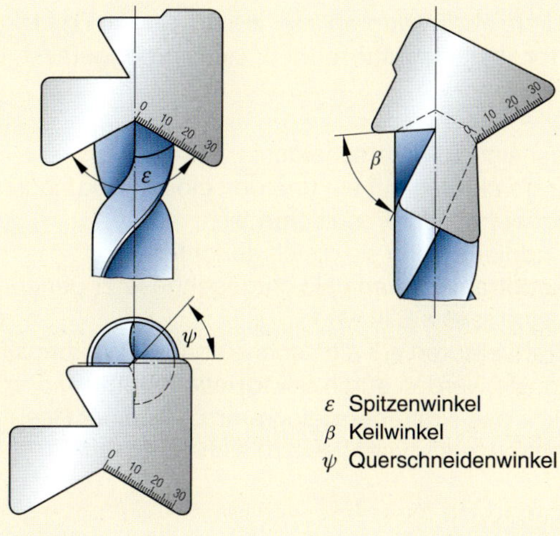

1 **Schleiflehre**

Kraftvektor auf seiner Wirkungslinie verschieben

Wird ein Kraftvektor auf seiner Wirkungslinie verschoben, bleibt seine Größe erhalten und die Richtung ändert sich nicht.

Beispiel:
Die Wirkung auf einen Wagen ist gleich; ob er gezogen (Kraftangriffspunkt vorn) oder geschoben (Kraftangriffspunkt hinten) wird.

2.5 Kräfte und Momente

In diesem Kapitel werden behandelt:
- Darstellung der Kraft, siehe Kap. 2.5.1
- Kräfte zum Rückverformen, siehe Kap. 2.5.2
- Drehmoment, siehe Kap. 2.5.3
- Statik an einem Träger, siehe Kap. 2.5.4
- Vorgehen bei statischen Berechnungen, siehe Kap. 2.5.5

2.5.1 Darstellung der Kraft

Kraft als Vektor

Eine Kraft wird in der Technik als Vektor (**Kraftvektor**) dargestellt, d. h., sie kann eindeutig beschrieben werden, wenn bekannt sind, siehe Bild → 2:
- Größe
- Richtung
- Wirkungslinie

Kraftvektoren haben folgende Eigenschaften:
- Der Kraftvektor kann auf seiner Wirkungslinie verschoben werden.
- Mehrere Kraftvektoren lassen sich zusammenfassen.
- Ein Kraftvektor kann in zwei oder mehrere Teilkraftvektoren zerlegt werden.

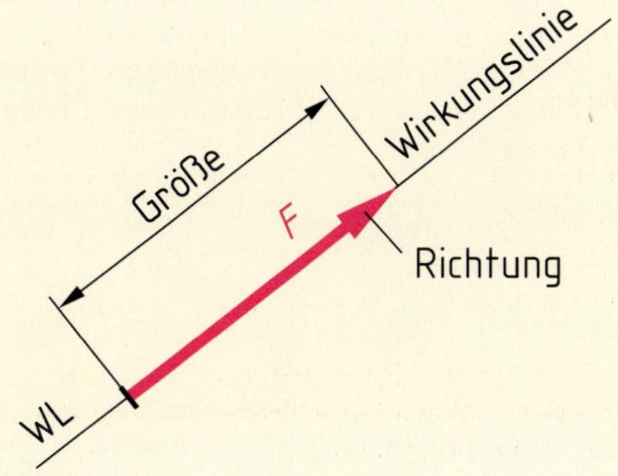

2 **Kraftvektor**

Mehrere Kraftvektoren zusammenfassen

Mehrere Kraftvektoren können zu einem Ersatzkraftvektor, der **Resultierenden**, zusammengefasst werden.

Dabei sind zu unterscheiden:

- Kraftvektoren auf ein und derselben Wirkungslinie; sie werden zur Resultierenden
  - addiert, wenn sie gleich gerichtet sind,
  - subtrahiert, wenn sie entgegengesetzt gerichtet sind, siehe Bild ➔ 1.
- Kraftvektoren auf sich schneidenden Wirkungslinien; sie werden durch **vektorielle Addition**, d. h. mit Hilfe des Kräfteparallelogramms, zu einer Resultierenden zusammengesetzt, siehe Bild ➔ 2.

Achtung:
Kraftvektoren, die nicht auf einer Wirkungslinie liegen und sich nicht schneiden, sind parallel; sie können **nicht** zu einer Resultierenden zusammengefasst werden.

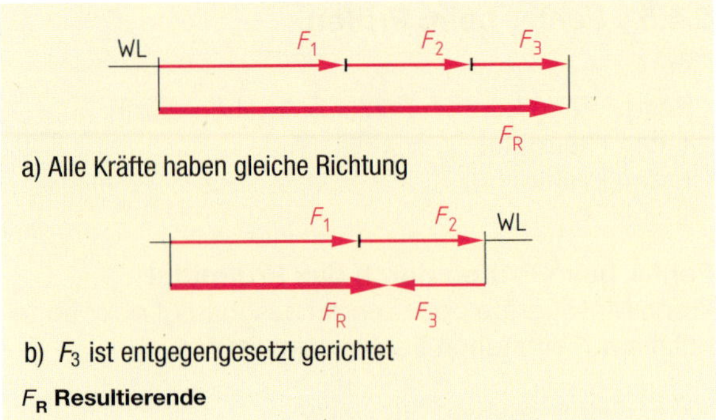

1 Resultierende von Kraftvektoren mit gleichen Wirkungslinien

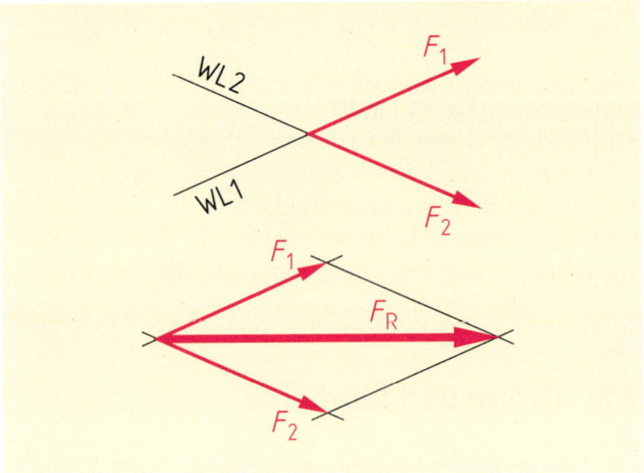

2 Resultierende von Kraftvektoren mit sich schneidenden Wirkungslinien

Einen Kraftvektor in mehrere Teilkraftvektoren zerlegen

Ein Kraftvektor kann in zwei oder mehrere Teilkraftvektoren zerlegt werden, wenn die Wirkungslinien der Teilkraftvektoren bekannt sind.

Größe der Teilkräfte zeichnerisch ermitteln
Um die Größe der Teilkräfte einer Kraft zu ermitteln, zeichnet man zu den bekannten Wirkungslinien Parallele durch den Eckpunkt des Kraftvektors. Es entsteht ein Kräfteparallelogramm; Beispiel mit zwei Teilkräften siehe Bild ➔ 3.

Die Länge des Kraftvektors ist das Maß für die Größe der Teilkraft.

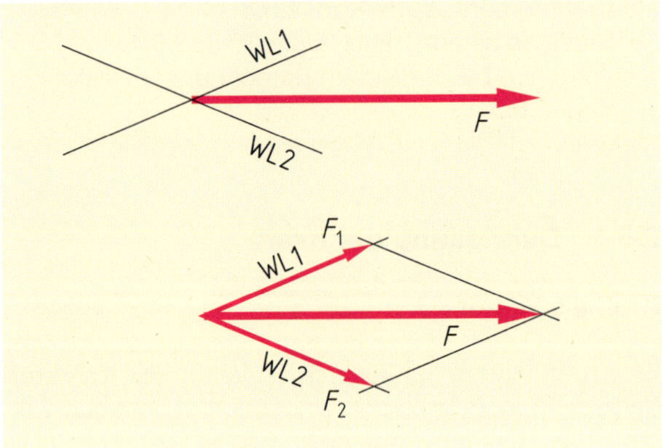

3 Zerlegung einer Kraft in zwei Teilkräfte

Beispiel:
Bei der Reparatur eines Unfallfahrzeugs wird ein hydraulisches Zuggerät mit einer Kette verwendet, siehe Bild → 1. Das Zuggerät drückt mit einer Kraft von $F = 8$ kN gegen die gespannte Kette. Wie groß sind die Teilkräfte im Kettenabschnitt 1 (F_1) und im Kettenabschnitt 2 (F_2)?
Zeichnerische Lösung siehe Bild → 2.

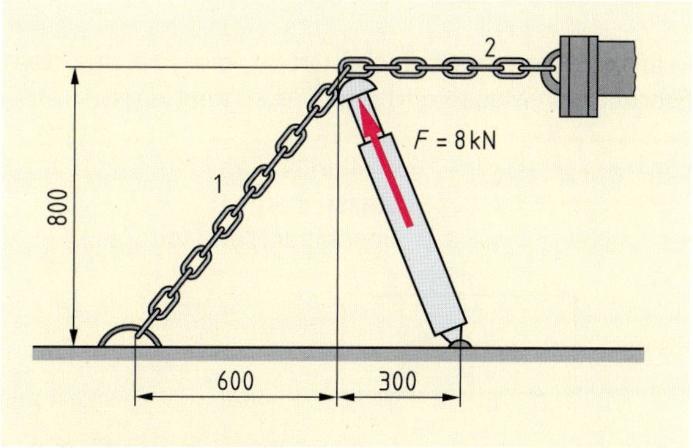

1 Hydraulisches Zuggerät

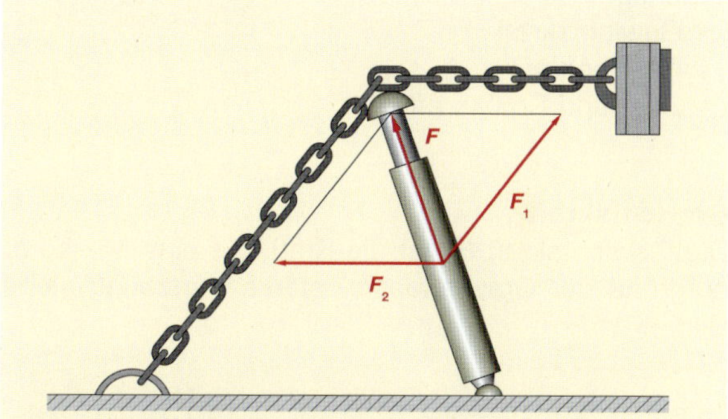

FN = 8 kN → Länge des Kraftpfeils = 2 cm, Maßstab 1:4
Länge des Kraftpfeils 1 = 2,3 cm → F1 = 9,2 kN
Länge des Kraftpfeils 2 = 2,1 cm → F2 = 8,4 kN

2 Zeichnerische Lösung

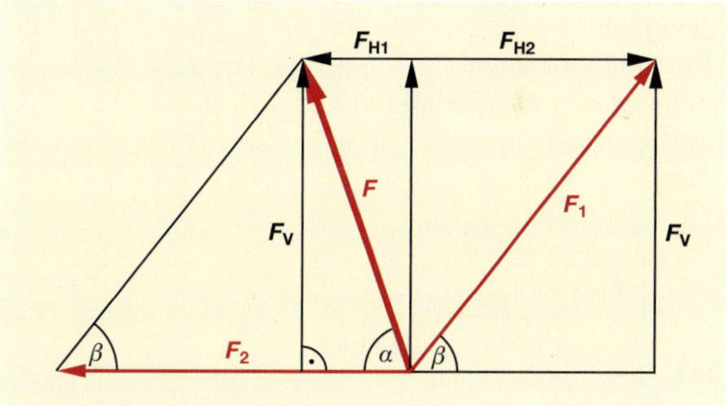

3 Skizze für die rechnerische Lösung

Größe der Teilkräfte berechnen

Die Teilkräfte einer Kraft können auch berechnet werden. Dazu werden Winkelbeziehungen verwendet.

Beispiel siehe Bild → 2:
Die Teilkräfte in den Kettenabschnitten 1 und 2 können wie folgt berechnet werden, vgl. Bild → 3:

Geg.: $F = 8$ kN ges.: F_1, F_2

Lösung:
F_1 wird über die Winkelbeziehung berechnet:

$$\boxed{F_1 = \frac{F_V}{\sin\beta}}$$

$$F_V = F \cdot \sin\alpha \qquad \tan\alpha = \frac{800\text{ mm}}{300\text{ mm}}$$

$$= 8\text{ kN} \cdot \sin 69° \qquad \tan\alpha = 2{,}67$$

$$= 8\text{ kN} \cdot 0{,}934 \qquad \alpha = 69°$$

$$\underline{F_V = 7{,}5\text{ kN}}$$

$$F_1 = \frac{7{,}5\text{ kN}}{\sin 53°} \qquad \tan\beta = \frac{800\text{ mm}}{600\text{ mm}}$$

$$= \frac{7{,}5\text{ kN}}{0{,}8} \qquad \tan\beta = 1{,}33$$

$$\underline{\beta = 53°}$$

$$\underline{\underline{F_1 = 9{,}37\text{ kN}}}$$

F_2 wird wie folgt berechnet:

$$\boxed{F_2 = F_{H1} + F_{H2}}$$

$$F_2 = 2{,}8\text{ kN} + 5{,}6\text{ kN}$$

$$\underline{\underline{F_2 = 8{,}4\text{ kN}}}$$

$$F_{H1} = F \cdot \cos\alpha$$
$$= 8\text{ kN} \cdot \cos 69°$$
$$= 8\text{ kN} \cdot 0{,}3583$$
$$\underline{F_{H1} = 2{,}7\text{ kN}}$$

$$F_{H2} = F_1 \cdot \cos\beta$$
$$= 9{,}37\text{ kN} \cdot \cos 53°$$
$$= 9{,}37\text{ kN} \cdot 0{,}6$$
$$\underline{F_{H2} = 5{,}6\text{ kN}}$$

2.5.2 Kräfte zum Rückverformen

Kraft ist eine physikalische Größe, die sich aus dem Produkt von Masse und Beschleunigung ergibt:

$$F = m \cdot a$$

F Kraft in N
m Masse in kg
a Beschleunigung in m/s²

Es gilt: $1\ \text{N} = 1\ \frac{\text{kg} \cdot \text{m}}{\text{s}^2}$

Zum Rückverformen sind drei Kräfte besonders wichtig:
- Gewichtskraft
- Flächenkraft
- Zug- und Druckkraft

Gewichtskraft

Die Gewichtskraft F_G ist die Kraft, die eine Masse m aufgrund der Gravitationsfeldstärke g erzeugt, siehe Bild → 1:

$$F_G = m \cdot g$$

F_G Gewichtskraft in N
m Masse in kg
g Gravitationsfeldstärke in N/kg

Die **Gravitationsfeldstärke** beträgt $g = 9{,}81$ N/kg.

Beispiel:
Ein Fahrzeugrahmen mit einer Masse von 75 kg erzeugt eine Gewichtskraft von 736 N.

Geg.: $m = 75$ kg, $g = 9{,}81$ N/kg Ges.: F_G

$$F_G = m \cdot g$$

$F_G = 75\ \text{kg} \cdot 9{,}81\ \text{N/kg}$
$\underline{\underline{F_G = 736\ \text{N}}}$

Oft wird für die Gravitationsfeldstärke die **Erdbeschleunigung** (oder **Fallbeschleunigung**) verwendet mit $g = 9{,}81$ m/s²; Gravitationsfeldstärke oder Erdbeschleunigung – beides ist richtig.

Für viele Berechnungen ist die Genauigkeit mit $g = 10$ N/kg bzw. $g = 10$ m/s² ausreichend.

Für Berechnungen mit der Gewichtskraft ist festgelegt, vgl. Bild → 1:
- Die Wirkungslinie verläuft durch den Massenmittelpunkt.
- Die Richtung des Kraftvektors der Gewichtskraft zeigt zum Erdmittelpunkt (nach unten).

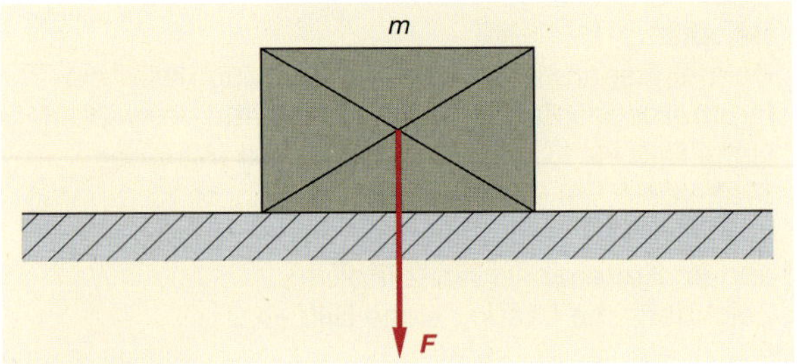

1 Gewichtskraft

Flächenkraft

Die Flächenkraft F_A ist die Kraft, die von einem Druck p auf eine Fläche A erzeugt wird.

$$F_A = p \cdot A$$

F_A Flächenkraft in N
p Druck in Pa
A Fläche in m²

Es gilt: 1 Pa = 1 N/m² = 10^{-5} bar

Beispiel:
Zum Richten eines Bleches wird ein hydraulischer Presskolben eingesetzt, siehe Bild → 2. Wie groß ist die maximale Flächenkraft F_A, wenn der Druck im Zylinder $p = 100$ MPa beträgt und der Kolben einen Durchmesser $d = 50$ mm hat?

Geg.: $p = 100\ \text{MPa} = 100\ \text{N/mm}^2$, $d = 50$ mm Ges.: F_A

Lösung:

$$F_A = p \cdot A$$

$A = \pi \cdot r^2$
$= \pi \cdot (25\ \text{mm})^2$
$= 100\ \text{N/mm}^2 \cdot 1963\ \text{mm}^2$
$A = 1963\ \text{mm}^2$

$F_A = 100\ \text{MPa} \cdot 1963\ \text{mm}^2$
$F_A = 196\,300\ \text{N}$
$\underline{\underline{F_A \approx 200\ \text{kN}}}$

Zur Ergänzung:
Mit der Kraft von 200 kN kann eine Masse von 20 t gehoben werden. Bei dieser großen Kraft kann die Gewichtskraft des Kolbens vernachlässigt werden.

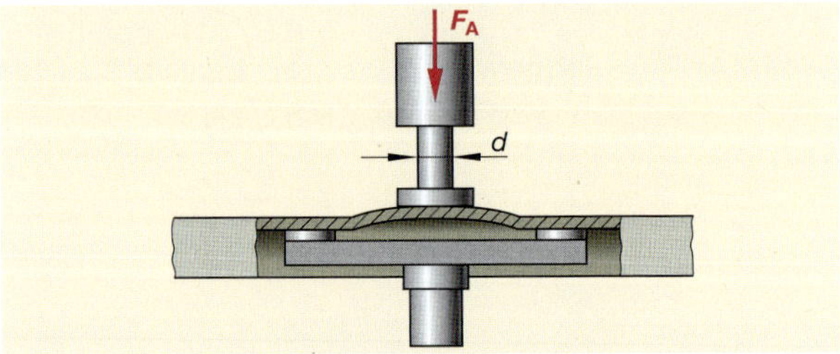

2 Richten mit einem hydraulischen Presskolben

Zug- und Druckkraft
Die Zugkraft wirkt in einem Körper in der Richtung vom Befestigungspunkt zum Kraftangriffspunkt. Bei Stäben, Stangen oder Seilen ist die Wirkungslinie des Kraftvektors die Längsrichtung.

Die Druckkraft wirkt im Körper in der Richtung vom Kraftangriffspunkt zum Befestigungspunkt – also entgegengesetzt zur Zugkraft.

Jedoch:
In Seilen und Ketten können keine Druckkräfte aufgebaut werden.

Beispiel zur Berechnung der Zugkräfte siehe Kap. 2.5.1.

2.5.3 Drehmoment

Ein Drehmoment M entsteht, wenn eine Kraft F in einem Abstand l um eine Drehachse wirkt, siehe Bild → 1.
Die Größe des Drehmoments ist abhängig von:
- der Größe der Kraft F
- der Länge l

$$M = F \cdot l$$

M	Drehmoment in Nm
F	Kraft in N
l	Länge in m

Drehmomente können wirken:
- im Uhrzeigersinn
- gegen den Uhrzeigersinn

Beim Rechnen mit Drehmomenten sind zu beachten, siehe Bild → 2:
- Die Länge l ist immer der senkrechte Abstand von der Wirkungslinie der Kraft zum Drehpunkt.
- Drehmomente mit gleicher Drehrichtung werden addiert, entgegengesetzt wirkende Drehmomente werden subtrahiert.

2.5.4 Statik an einem Träger

Die Statik befasst sich mit Körpern, die sich nicht bewegen. Körper, die sich nicht bewegen, sind im statischen Gleichgewicht.

Statisches Gleichgewicht besagt, dass die Summe aller Kräfte und Momente gleich null ist:

$$\Sigma F_i = 0 \quad \text{und} \quad \Sigma M_i = 0$$

Das bedeutet:
Eine Kraft erzeugt immer eine Gegenkraft.

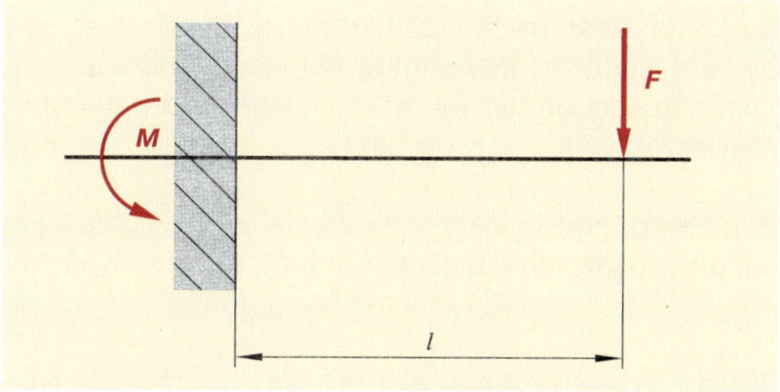

1 Drehmoment

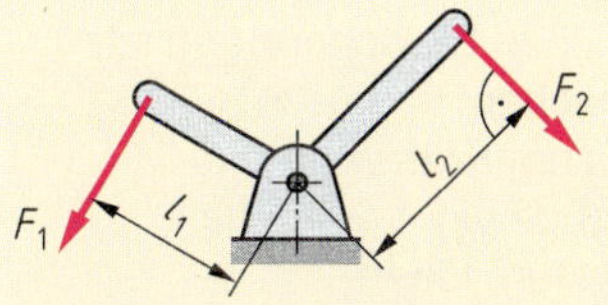

$M_1 = F_1 \cdot l_1$ (gegen den Uhrzeigersinn)
$M_2 = F_2 \cdot l_2$ (im Uhrzeigersinn)
In der Statik gilt:

$$M_1 - M_2 = 0$$

2 Drehmoment am Beispiel des Winkelhebels

Kraft und Gegenkraft
- sind gleich groß,
- besitzen dieselbe Wirkungslinie,
- sind aber entgegengesetzt gerichtet.

Weitere Begriffe der Statik sind:
- Balken
- Auflager
- Einspannung

Ein Träger wird bei statischen Berechnungen als Balken vereinfacht. Der **Balken** ist ein stabförmiges Tragglied, das längs und quer zu seiner Achse mit Kräften und Momenten belastet werden kann. Er ist starr, d. h., er verformt sich nicht.

Ein **Auflager** ist die Lagerung z. B. des Balkens. Es verhindert, dass sich der Balken verschiebt, wenn er mit einer Kraft belastet wird (Kräftegleichgewicht). Ein Auflager kann Kräfte aufnehmen:
- in einer Richtung (**Loslager**), siehe Bild → 1a, Seite 40
- in zwei Richtungen (**Festlager**), siehe Bild → 1b, Seite 40

Beispiel siehe Kap. 2.5.5.

Achtung:
Ein Balken hat in der Statik immer nur ein Festlager.

Bei zwei oder mehr Festlagern ist der Balken als System statisch unbestimmt. Statisch unbestimmte Systeme können nur mit großem Aufwand berechnet werden.

Die **Einspannung** nimmt Kräfte in zwei Richtungen auf und zusätzlich das Drehmoment, siehe Bild → 1c.

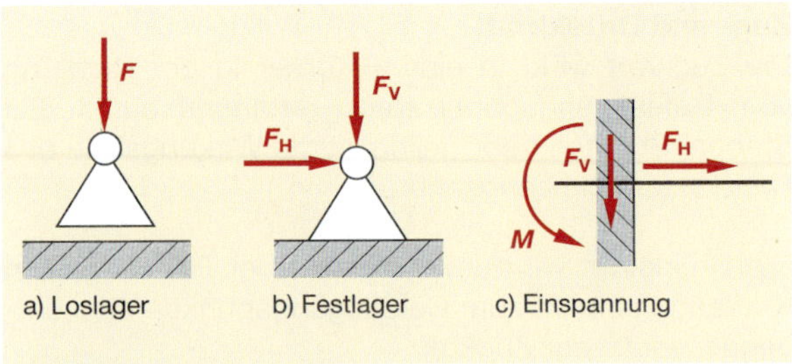

1 Auflager und Einspannung

2.5.5 Vorgehen bei statischen Berechnungen

Das Vorgehen bei statischen Berechnungen ist:
1. Schritt: System freimachen
2. Schritt: Gleichungen zum Kräfte- und Drehmomenten-Gleichgewicht aufstellen
3. Schritt: Gleichungssystem lösen

Dazu folgendes Beispiel:
Ein Lkw hat zwei Achsen, Achsabstand l = 3,8 m. Seine Eigenmasse und die Masse der Ladung sind im Schwerpunkt S zusammengefasst; m = 10 t. Der waagerechte Abstand des Schwerpunkts zur Hinterachse beträgt l_1 = 1,4 m, siehe Bild → 2.

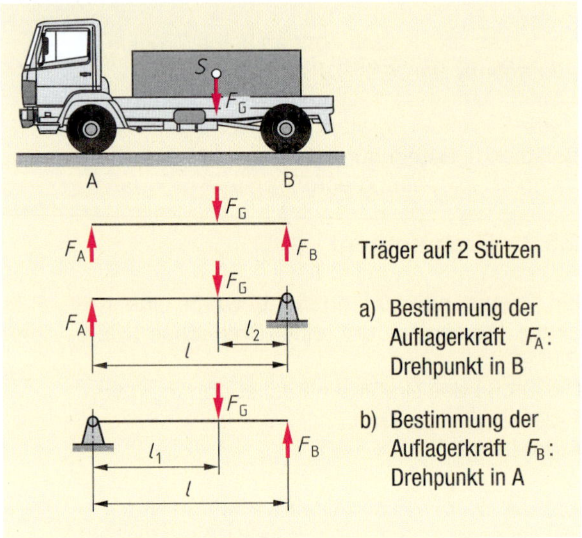

2 Auflagerkräfte an einem Lkw

1. Schritt: Freimachen
Der Lkw kann zu einem Balken vereinfacht werden; daran werden die Kräfte angetragen. Die Achslasten sind identisch mit der Auflagerkraft in Punkt A (= F_A) und der vertikalen Auflagerkraft in Punkt B (= F_B).

2. Schritt: Gleichungen zum Kräfte- und Drehmomenten-Gleichgewicht aufstellen

$\uparrow$: $F_A + F_B - F_G = 0$

$\circlearrowleft$ A: $F_B \cdot l - F_G \cdot l_1 = 0$

3. Schritt: Gleichungssystem lösen

Geg.: $m = 10$ t Ges.: F_A, F_B
$l = 3{,}8$ m
$l_1 = 2{,}4$ m
$g = 10$ N/kg

Lösung:
aus $\circlearrowleft$ A: $\boxed{F_B \cdot l - F_G \cdot l_1 = 0}$

$$F_B = \frac{F_G \cdot l_1}{l} \qquad F_G = m \cdot g$$
$$= 10\,000 \text{ kg} \cdot 10 \text{ N/kg}$$
$$\underline{F_G = 100\,000 \text{ N} = 100 \text{ kN}}$$

$$F_B = \frac{100 \text{ kN} \cdot 2{,}4 \text{ m}}{3{,}8 \text{ m}}$$

$$\underline{\underline{F_B = 63 \text{ kN}}}$$

aus $\uparrow$: $\boxed{F_A + F_{BV} - F_G = 0}$

$$F_A = F_G - F_B$$
$$= 100 \text{ kN} - 63 \text{ kN}$$
$$\underline{\underline{F_A = 37 \text{ kN}}}$$

Die Auflagerkraft F_A kann auch errechnet werden aus dem Momentengleichgewicht:

$\circlearrowleft$ B: $\boxed{F_G \cdot l_2 - F_A \cdot l = 0}$

$$F_A = \frac{F_G \cdot l_2}{l}$$

$$= \frac{100 \text{ kN} \cdot 1{,}4 \text{ m}}{3{,}8 \text{ m}}$$

$$\underline{\underline{F_A = 37 \text{ kN}}}$$

2.6 Festigkeit

1 Festigkeit – Einteilung

Einteilung der Festigkeit

Unter Festigkeit versteht man den mechanischen Widerstand, den ein Werkstoff einer plastischen Verformung oder Trennung entgegensetzt.

Für den Karosserie- und Fahrzeugbaumechaniker sind wichtig, vgl. Bild → 1:
- Zugfestigkeit
- Druckfestigkeit
- Biegefestigkeit
- Scherfestigkeit
- Torsionsfestigkeit
- Knickfestigkeit

Zugfestigkeit

Zugfestigkeit ist der höchste Wert der Zugspannung, den ein Bauteil ertragen kann, wenn es auf Zug beansprucht wird. Wird dieser Wert überschritten, bricht der Werkstoff.

Die Zugfestigkeit R_m wird mit Hilfe des Zugversuchs ermittelt, vgl. Kap. 2.7.2:
Ein prismatischer Stab mit dem Querschnitt S_0 wird in eine Zug-Prüfmaschine eingespannt und mit der Zugkraft F_m gezogen. Die Zugkraft F_m wird so lange erhöht, bis der Stab bricht.

Die Zugfestigkeit R_m ergibt sich aus der größten Zugkraft F_m und dem Anfangsquerschnitt S_0:

$$R_m = \frac{F_m}{S_0}$$

R_m Zugfestigkeit in N/mm²
F_m Zugkraft in N
S_0 Anfangsquerschnitt in mm²

Die Zugfestigkeit R_m ist eine Werkstoffkenngröße, d. h., für jeden Werkstoff ist ein Minimalwert festgelegt, mit dem der Konstrukteur rechnen kann.

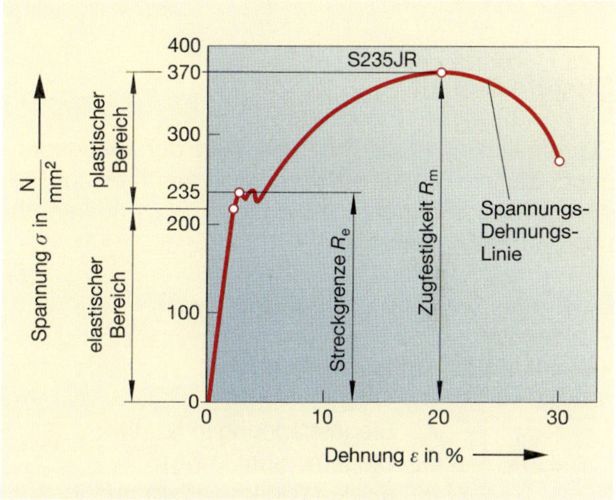

2 Spannungs-Dehnungs-Diagramm für Stahl S235 JR

Für Festigkeitsberechnungen ist jedoch die **Streckgrenze R_e** wichtig, weil ein Bauteil sich nur elastisch verformen sollte – plastische Verformungen sind unerwünscht.

Beispiel Stahl S235 JR, vgl. Bild → 2:
- Zugfestigkeit $R_m \geq 370$ N/mm²
- Streckgrenze $R_e = 235$ N/mm²

Angaben zu Zugfestigkeit und Streckgrenze weiterer Werkstoffe finden Sie in Tabellenbüchern.

Druckfestigkeit

Druckfestigkeit ist der höchste Wert der Druckspannung, den ein Bauteil ertragen kann, wenn es auf Druck beansprucht wird. Wird dieser Wert überschritten, bricht der Werkstoff.

Die Druckspannung wird auch bezeichnet bei:
- ebenen Berührungsflächen als **Flächenpressung**
- Niet-, Bolzen- und Schraubenverbindungen als **Lochleibung**

Die Druckspannung p ist abhängig von, vgl. Bild → 1:
- der Kraft F, die senkrecht auf die Berührungsfläche wirkt (**Normalkraft**)
- der Berührungsfläche A

$$p = \frac{F}{A}$$

p Druckspannung in N/mm^2
F Normalkraft in N
A Berührungsfläche in mm^2

Bei gewölbter oder schräger Berührungsfläche wird zur Berechnung die **projizierte Fläche A_{proj}** verwendet, siehe Bild → 2 und Bild → 3.

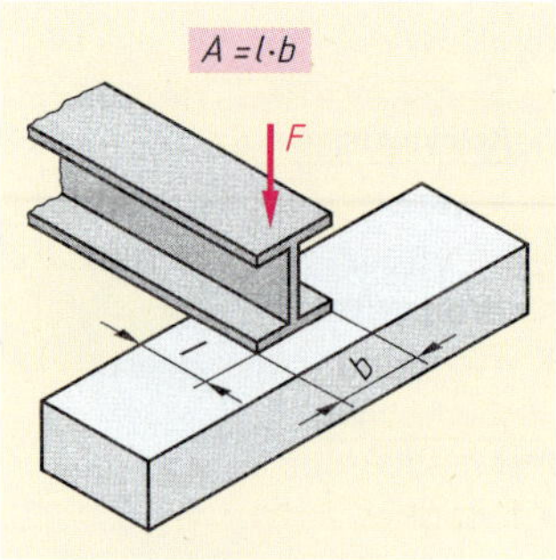

1 Druckspannung bei ebener Berührungsfläche

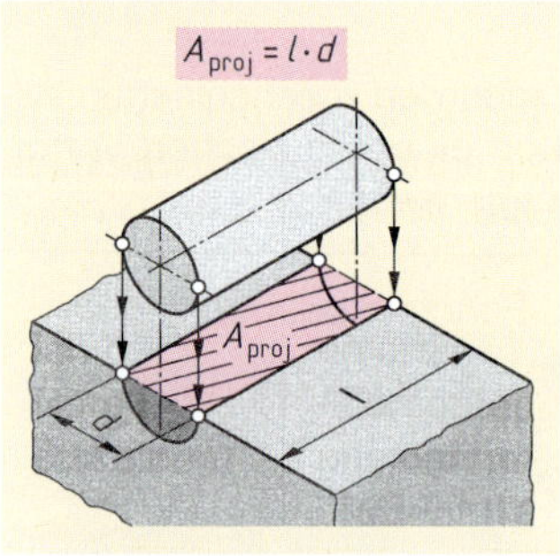

2 Projizierte Fläche bei gewölbter Berührungsfläche

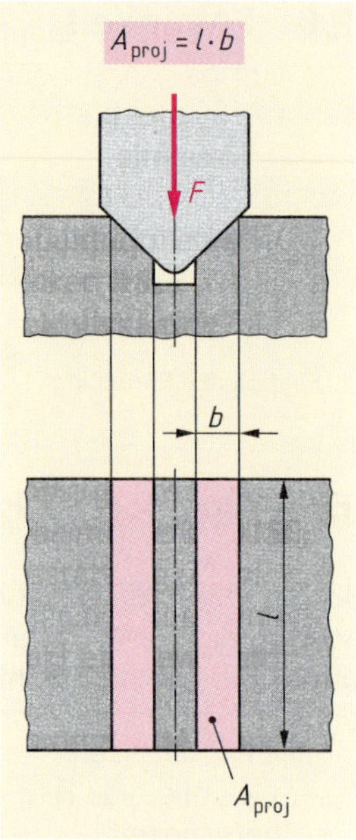

3 Projizierte Fläche bei schräger Berührungsfläche

Biegefestigkeit

Biegefestigkeit ist der höchste Wert der Biegespannung, den ein Bauteil ertragen kann, wenn es auf Biegung beansprucht wird. Wird dieser Wert überschritten, bricht der Werkstoff.

Die Biegespannung σ_b ist abhängig vom:
- Biegemoment M_b
- axialen Widerstandsmoment W

$$\sigma_b = \frac{M_b}{W}$$

σ_b Biegespannung in N/mm^2
M_b Biegemoment in Nm
W axiales Widerstandsmoment in mm^3

Weitere Informationen siehe Kap. 2.9.3.2

Scherfestigkeit

Scherfestigkeit ist der höchste Wert der Scherspannung, den ein Bauteil ertragen kann, wenn es auf Scherung beansprucht wird. Wird dieser Wert überschritten, bricht der Werkstoff – das Bauteil wird abgeschert.

Bei der Scherung ist zu unterscheiden, ob der Werkstoff:
- getrennt werden soll, z. B. beim Scheren, Schneiden mit Schnittwerkzeugen
- nicht getrennt werden darf, z. B. bei Niete, Bolzen

Die Scherspannung τ ist abhängig von
- Scherkraft F
- Scherfläche S

$$\tau = \frac{F}{S}$$

τ Scherspannung in N/mm^2
F Scherkraft in N
S Scherfläche in mm^2

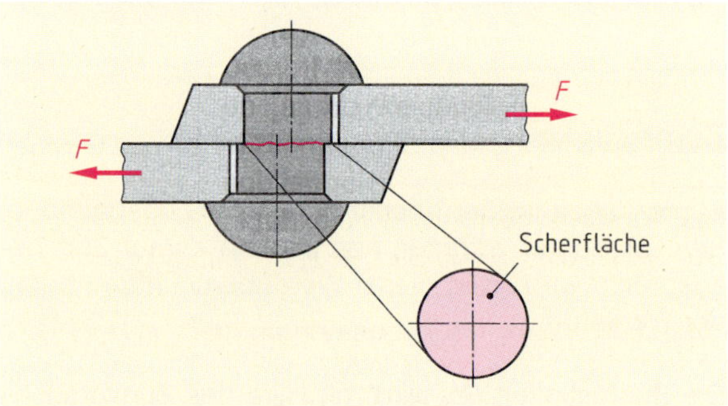

4 Scherkraft an einer Nietverbindung

Bei Nietverbindungen wird der Nietschaft auf Scherfestigkeit berechnet. Die Scherkraft wirkt quer zur Nietachse, d. h., sie wirkt in der Ebene der Scherfläche, siehe Bild → 4.

Beim Trennen mit Schnittwerkzeugen ist die Scherfläche aus der Länge der Schnittkante und der Blechdicke zu berechnen, Beispiel siehe Bild → 1.

Ist die Scherfestigkeit τ_B nicht bekannt, kann sie aus der Zugfestigkeit R_m errechnet werden. Für Metalle rechnet man mit 80 % der Zugfestigkeit.

$$\tau_B = 0{,}8 \cdot R_m$$

τ_B Scherfestigkeit in N/mm²
R_m Zugfestigkeit in N/mm²

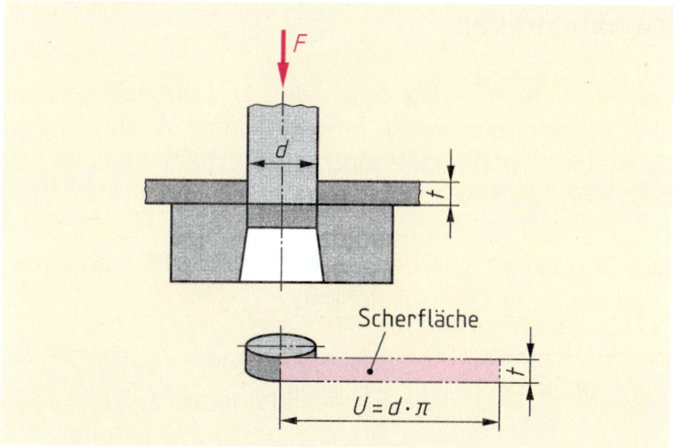

1 Scherfläche beim Schneiden eines Loches

Torsionsfestigkeit

Torsionsfestigkeit ist der höchste Wert der Torsionsspannung, den ein Bauteil ertragen kann, wenn es auf Torsion beansprucht wird. Wird dieser Wert überschritten, bricht der Werkstoff.

Torsionsspannung entsteht, wenn Kräfte versuchen, einen Stab senkrecht zu seiner Achse über einen Hebelarm zu verdrehen, siehe Bild → 2.

Die Torsionsspannung τ_t ist abhängig von:
- Torsionsmoment M_t
- polares Widerstandsmoment W_p

$$\tau_t = \frac{M_t}{W_p}$$

τ_t Torsionsspannung in N/mm²
M_t Torsionsmoment in N · m
W_p polares Widerstandsmoment in mm³

Das **Torsionsmoment** M_t lässt sich berechnen aus Kraft × Hebelarm, vgl. Bild → 1.

$$M_t = F \cdot l$$

M_t Torsionsmoment in N · m
F Kraft in N
l Hebelarm in m

Das **polare Widerstandsmoment** W_p entnimmt man Tabellen; für einfache Profile kann es auch berechnet werden, Beispiele siehe Bild → 3.

Die **Torsionsspannung** ist in den Randfasern am größten. In der Stabachse ist $M_t = 0$; sie trägt zur Torsionsfestigkeit nur wenig bei. Deshalb kann die Stabachse auch ausgebohrt werden. So werden in Fahrzeugen für den Leichtbau häufig Hohlwellen verwendet.

Beispiele:
Drehstabfedern, Getriebewellen, Schrauben

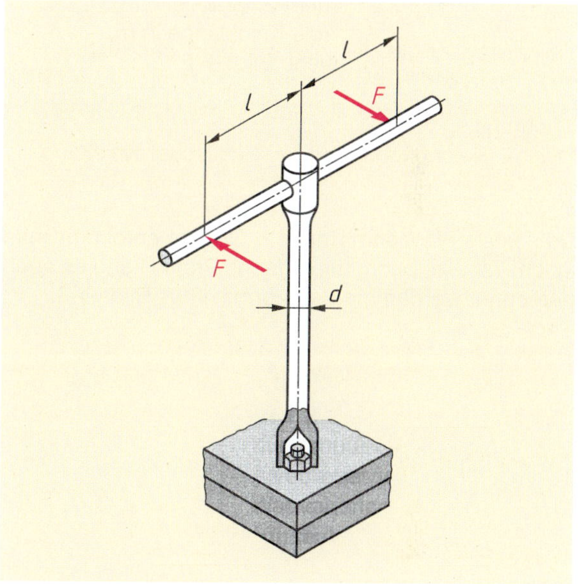

2 Torsionsbeanspruchung

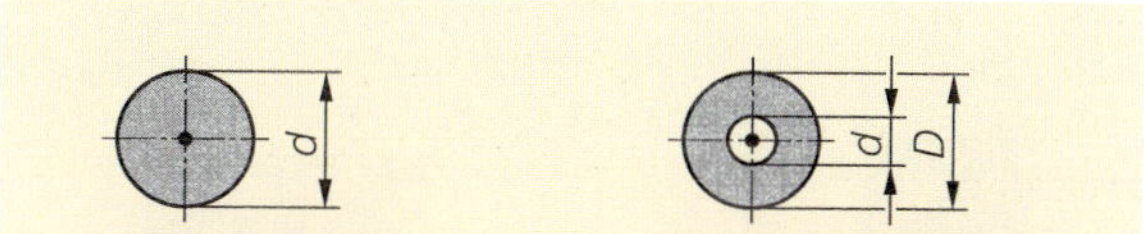

$$W_p = \frac{\pi}{16} \cdot d^3$$

$$W_p = \frac{\pi}{16} \cdot \frac{D^4 - d^4}{D}$$

3 Polares Widerstandsmoment

Knickfestigkeit

Lange, schlanke Bauteile, die in Längsachse auf Druck belastet werden, brechen durch Ausknickung. Je länger die Bauteile sind, umso mehr knicken sie aus, siehe Bild → 1.

Die Druckkraft, bei der ein Bauteil knickt, berechnet man nach der Euler-Gleichung:

$$F_K = \frac{\pi \cdot E \cdot I}{l_K^2}$$

F_K Knickkraft in N
E Elastizitätsmodul, z. B. Stahl: E = 210 000 N/mm²
I kleinstes axiales Flächenmoment 2. Grades in m⁴
l_K freie Knicklänge in m, siehe Bild → 2

Achtung:
Diese Gleichung gilt nur bei elastischer Knickung.

Das axiale Flächenmoment 2. Grades entnimmt man einem Tabellenbuch; für einfache Profile kann es auch berechnet werden mit den Formeln aus Bild → 3.

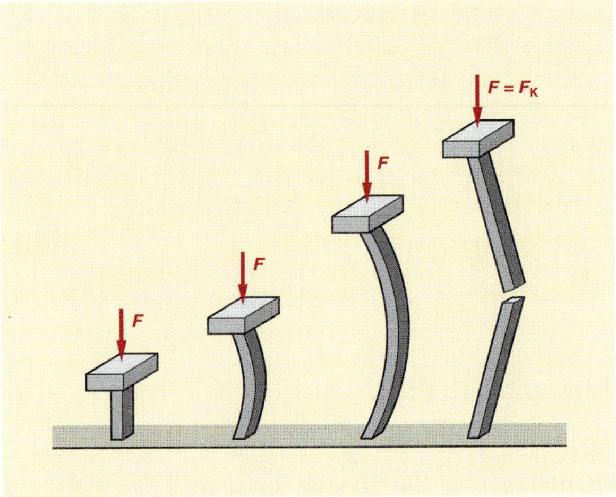

1 Knickung

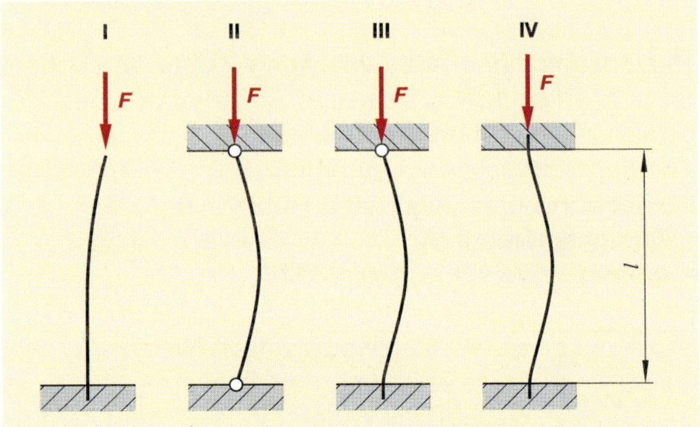

2 Freie Knicklänge

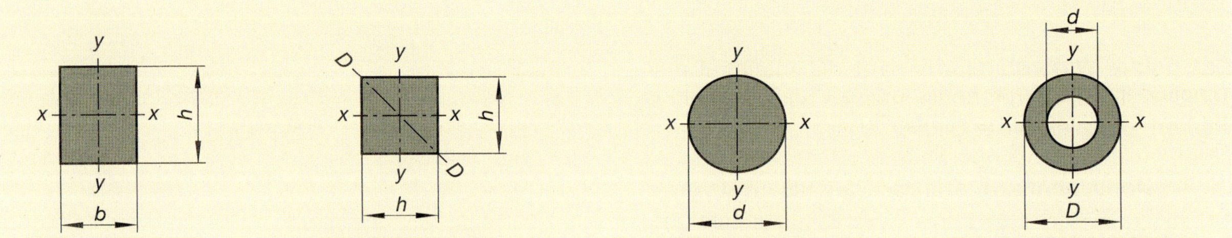

$$I_x = \frac{b \cdot h^3}{12} \qquad I_y = \frac{h \cdot b^3}{12}$$

$$I_x = I_y = I_D = \frac{h^4}{12}$$

$$I = \frac{\pi \cdot d^4}{64} \approx \frac{d^4}{20}$$

$$I = \frac{\pi}{64} \cdot (D^4 - d^4)$$

3 Axiales Flächenmoment 2. Grades

2.7 Werkstoffprüfung

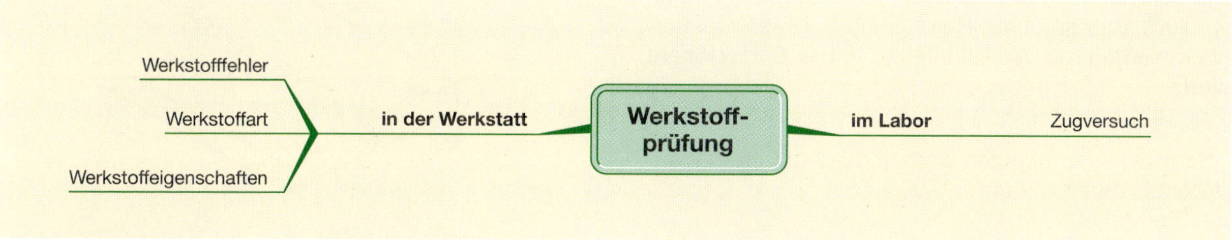

1 **Werkstoffprüfung**

Metallische Werkstoffe können geprüft werden, vgl. Bild → 1:
- unter Werkstattbedingungen, siehe Kap. 2.7.1
- unter Laborbedingungen, siehe Kap. 2.7.2

2.7.1 Werkstoffprüfung unter Werkstattbedingungen

Aufgabe der Werkstoffprüfung unter Werkstattbedingungen ist es zu prüfen, ob sich Werkstoffe und Werkstücke für den technischen Einsatz eignen. Dabei werden keine Zahlen angegeben.

Unter Werkstattbedingungen können geprüft werden, vgl. Bild → 1:
- Werkstofffehler
- Werkstoffart
- Werkstoffeigenschaft

Prüfung von Werkstofffehlern unter Werkstattbedingungen

Die Prüfung von Werkstofffehlern unter Werkstattbedingungen ist oft von entscheidender Bedeutung: Es können unmittelbar nach der Fertigung oder bei der Wartung Qualitätsmängel festgestellt werden, die über eine Nacharbeit oder die Unbrauchbarkeit entscheiden.

Übliche Werkstoffprüfungen unter Werkstattbedingungen sind:
- Haarrissprüfung
- Schweißnahtprüfung

Haarrissprüfungen
Haarrisse sind kleine Risse im Werkstoff, die für das bloße Auge fast unsichtbar sind. Bei Betriebsbelastung wird das Werkzeug oder das Werkstück zerstört.

Man kann Haarrisse feststellen nach:
- Klangprobe
- Farb-Eindringprobe

Die **Klangprobe** ist ein einfaches Verfahren, um z. B. Haarrisse in einer Schleifscheibe festzustellen:
- Man hängt dazu die Schleifscheibe frei auf.
- Danach wird mit einem relativ harten Gegenstand leicht an die Schleifscheibe geschlagen.

Beurteilung:
- Ein reiner, klarer Klang ist ein Anzeichen dafür, dass die Schleifscheibe keinen Haarriss hat.
- Ist der Klang unrein und scheppernd, so ist ein Haarriss vorhanden.

Die Klangprobe verlangt einige Übung; erleichtert wird die Beurteilung durch Vergleichsproben.

Die **Farb-Eindringprobe** erfolgt in den Schritten:
- eine dünnflüssige Farblösung auf das Probestück sprühen oder streichen; sie dringt nach dem Prinzip der Kapillarwirkung in die Haarrisse ein
- die Farblösung von der Oberfläche abspülen
- auf die Oberfläche einen Kreidefilm auftragen

Die Farblösung, die auf dem Kreidefilm zu erkennen ist, zeigt selbst feinste Haarrisse an.

Es werden auch Farblösungen verwendet, die nach dem Aufbringen und Säubern der Oberfläche über aufgetragenen Entwickler farbig die Haarrisse kennzeichnen.

Die Farb-Eindringprobe eignet sich besonders bei der Wartung von Fahrgestellen und Aufbauten zur Prüfung von rissgefährdeten Bereichen an Bauteilen.

GEMEINSAMES BEIDER FACHRICHTUNGEN

Schweißnahtprüfung

Die Schweißnahtprüfung unter Werkstattbedingungen wird als Bruchprüfung durchgeführt. Es soll festgestellt werden, ob Werkstofffehler in der Schweißnaht sind.

Schweißnahtprüfungen werden durchgeführt nach DIN EN ISO 9017 an:
- Stumpfnaht
- Kehlnaht

Die **Bruchprüfung nach DIN EN ISO 9017 einer Stumpfnaht** kann durch dynamische Schläge mit dem Hammer, durch Zug- oder Druckbelastung z. B. in einem Schraubstock ausgeführt werden, siehe Bild ➔ 1a. Beurteilt wird das Gefüge der Bruchstelle auf eventuell vorhandene Schweißnahtfehler wie Bindefehler, Schlackeneinschlüsse, Poren oder Risse.

Die **Bruchprüfung nach DIN EN ISO 9017 für die Kehlnaht** ist ähnlich wie die für die Stumpfnaht, siehe Bild ➔ 1b. Eine Zugprüfung ist allerdings nicht möglich. Die Beurteilung des Bruchgefüges erfolgt wie bei der Bruchprüfung für die Stumpfnaht.

Prüfung der Werkstoffart unter Werkstattbedingungen

Die Prüfung der Werkstoffart unter Werkstattbedingungen erfolgt überwiegend nach zwei Verfahren:
- Sichtprobe
- Schleiffunkenprobe

Bei der **Sichtprobe** wird das Prüfstück nach Farbe, Oberflächenstruktur und, eventuell bei einer Bruchprobe, nach dem Bruchgefüge einer Werkstoffart zugeordnet; hilfreich sind Vergleichsproben. Gleichzeitig wird bei vielen Sichtproben die Masse des Prüfstücks in die Entscheidung einbezogen, um die Werkstoffart festzustellen.

Bei der **Schleiffunkenprobe** wird die Stahlprobe mit einer rotierenden Schleifscheibe bearbeitet, sodass ein Schleiffunkenbild entsteht. Durch den Vergleich mit den Schleifbildern bekannter Stähle kann der Werkstoff der Stahlprobe annähernd bestimmt werden, siehe Bild ➔ 1, Seite 47.

Jedoch:
Ein Schleiffunkenbild ist eine Momentaufnahme und zeigt nur die Hauptmerkmale der Funkengarbe in Form und Farbe.

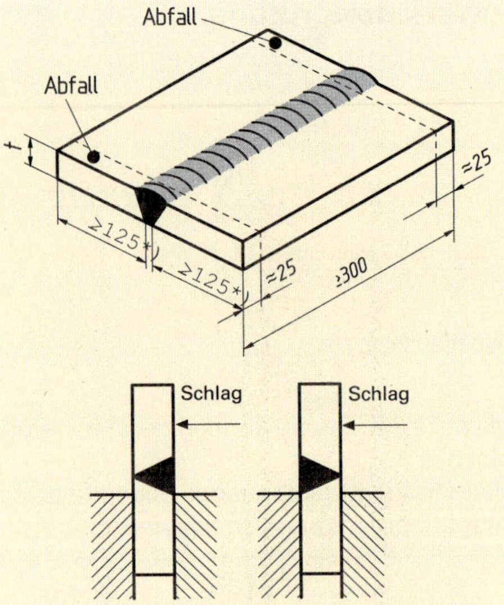

*) ≥ 150mm für Werkstoffe mit hoher Wärmeleitfähigkeit (z.B. Aluminium und Kupfer)

a) Bruchprüfung für Stumpfnaht DIN EN ISO 9017

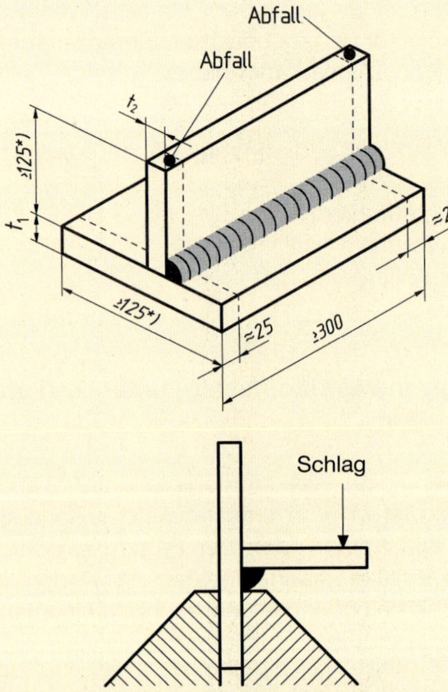

*) ≥ 150mm für Werkstoffe mit hoher Wärmeleitfähigkeit (z.B. Aluminium und Kupfer)

b) Bruchprüfung für Kehlnaht DIN EN ISO 9017

1 Schweißnahtprüfung auf Werkstofffehler unter Werkstattbedingungen

In Wirklichkeit gehen die einzelnen Strahlen ineinander über und ergeben ein etwas verändertes Bild.

Um die feinen Unterschiede zu erkennen, bedarf es viel Übung; zusätzlich sollten Vergleichsproben geschliffen werden, deren Stahlsorte bekannt ist.

Schleiffunkenprobe	Bezeichnung	Legierung in %		Farbe der Funkengarbe	Form der Funkengarbe
1 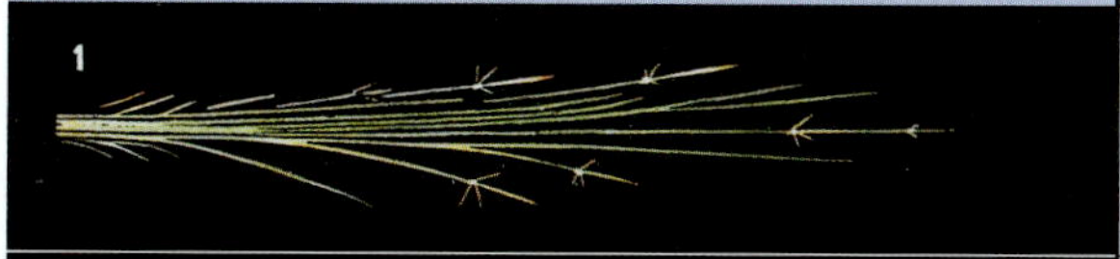	Einsatzstahl	0,15	C	gelb weiß	glatter Strahl, wenige, stachelförmige C-Explosionen
2 	unlegierter Werkzeugstahl	0,5	C	gelb weiß	wie 1, mehr Stacheln
3 	unlegierter Werkzeugstahl	1,0	C	gelb weiß	viele C-Explosionen, am Funkengarbenfuß beginnend, stark verästelt
4 	Mn-Si-legierter Werkzeugstahl	0,55 1,0 1,0	C Si Mn	gelb	C-Explosionen ähnlich 2, vor C-Explosionen helle Anschwellungen im Grundstahl und viele kleine seitliche Verästelungen
5 	Mo-legierter Werkzeugstahl	0,5 1,4 0,7 0,3	C Cr Mo V	gelb orange	ähnlich 2, jedoch Strahlenenden mit Lanzenspitzen versehen
6 	Cr-W-legierter Werkzeugstahl	1,0 1,0 1,0 1,2	C Mn Cr W	rötlich orange	sehr dünne Strahlen, lebhaftes Funkenbild, Strahlenenden zungenförmigen
7 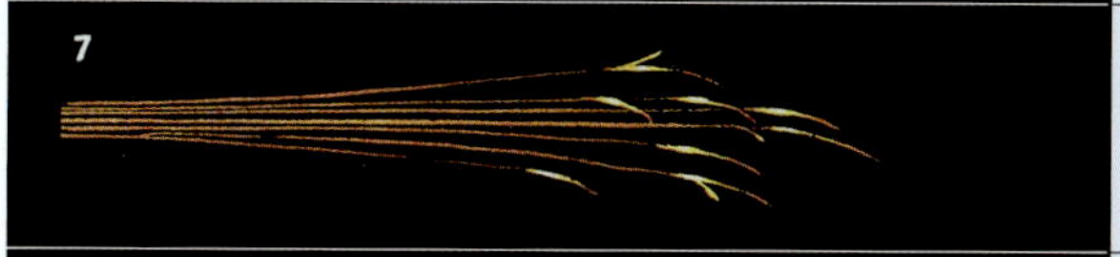	Cr-W-Si-legierter Werkzeugstahl	0,5 1,0 1,2 2,0	C Si Cr W	rot orange	wenig feine C-Explosionen mit anschließender heller, länglicher Keule
8 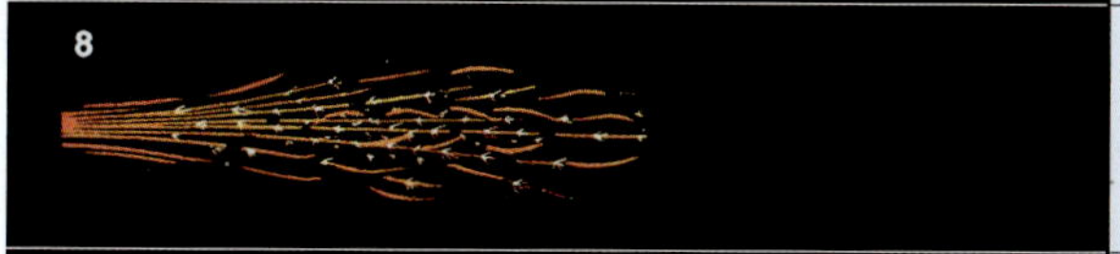	Cr-hochlegierter Werkzeugstahl	2,0 12,0 0,8	C Cr W	rot orange	kurze Funkengarbe, geglüht mit wenigen, gehärtet mit vielen hellen C-Explosionen
9 	Schnellarbeitsstahl	0,9 4,0 2,6 2,5 3,0	C Cr Mo V W	rot orange	glatte u. unterbrochene Strahlen mit vereinzelten C-Explosionen
10 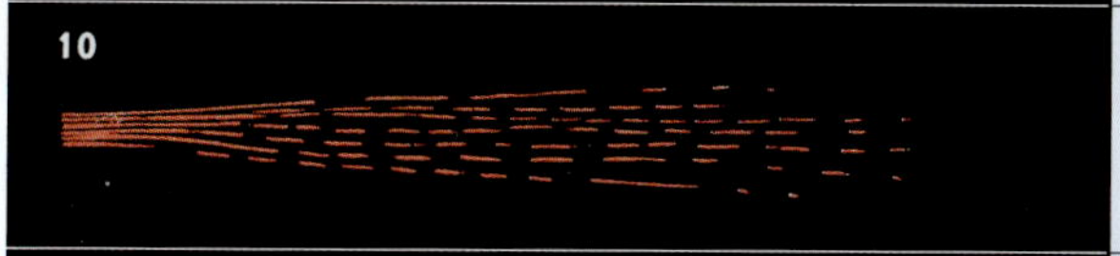	Schnellarbeitsstahl	0,75 4,0 18,0	C Cr W	rot	gestrichelte Funkenbarbe, fast ohne C-Explosionen
11 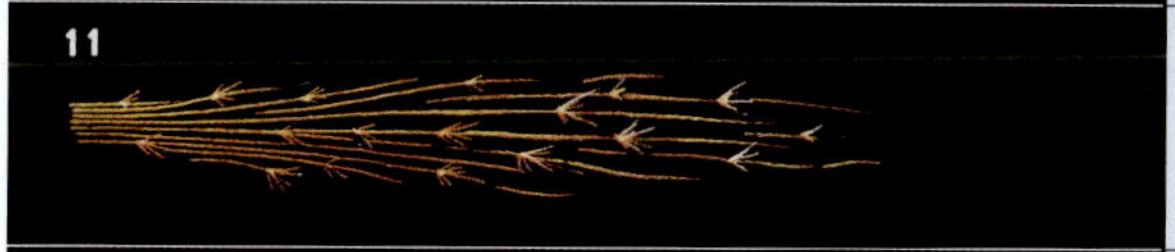	rostbeständiger Stahl	0,4 14,0	C Cr	orange	kurze Funkengarbe mit stacheligen C-Explosionen
12 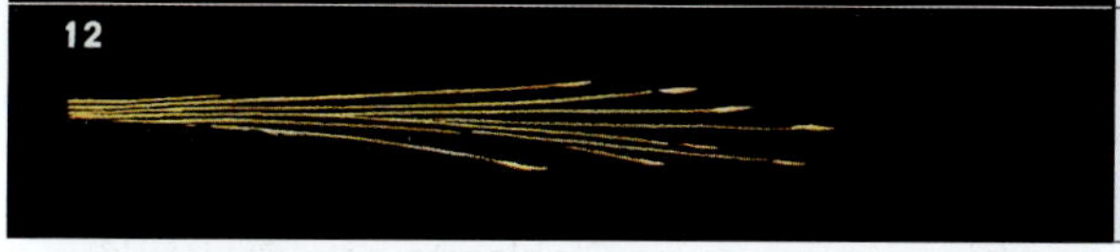	säurebeständiger Stahl	0,1 18,0 8,0	C Cr Ni	gelb orange	glatte Strahlen ohne C-Explosionen

1 Prüfung der Werkstoffart unter Werkstattbedingungen mit Schleiffunkenprobe

Prüfung der Werkstoffeigenschaften unter Werkstattbedingungen

Unter Werkstattbedingungen können wichtige technologische Eigenschaften von Werkstoffen geprüft werden, die sich auf die weitere Verarbeitbarkeit beziehen.

Von einem Werkstoff können unter Werkstattbedingungen bestimmt werden:
- Härte
- Kaltumformbarkeit
- Schweißbarkeit
- Scherbarkeit

Härte bestimmen
Die Härte lässt sich unter Werkstattbedingungen nur als Vergleichswert bestimmen.

Hierfür eigen sich:
- Feilprobe
- Klangprobe

Bei der **Feilprobe** kann über die Zerspanbarkeit des Prüfstücks eine Aussage über die Härte gemacht werden. Bei relativ hartem Werkstoff rutscht die Feile über das Werkstück, bei weichem Werkstoff fasst sie.

Bei der **Klangprobe** wird das metallische Werkstück frei aufgehängt. Danach schlägt man leicht mit einem anderen relativ harten metallischen Gegenstand an das Prüfstück. Ein heller Klang lässt auf einen harten Werkstoff schließen, ein dumpfer Klang auf einen weichen.

Kaltumformbarkeit bestimmen
Wenn Bleche durch Umformen bearbeitet werden sollen, muss die Kaltumformbarkeit bekannt sein, damit keine Risse entstehen.

Für die Prüfung der Kaltumformbarkeit unter Werkstattbedingungen wendet man folgende Verfahren an:
- Hin-und-Her-Biege-Prüfung
- Faltprüfung
- Tiefungsprüfung
- Aufweitprüfung
- Bördelprüfung

Bei der **Hin-und-Her-Biege-Prüfung** wird ein Blechstreifen oder Draht in einen Schraubstock gespannt und hin und her gebogen, bis er bricht, siehe Bild → 1a. Die Anzahl der Biegungen bis zum Bruch lässt auf die Kaltumformbarkeit schließen.

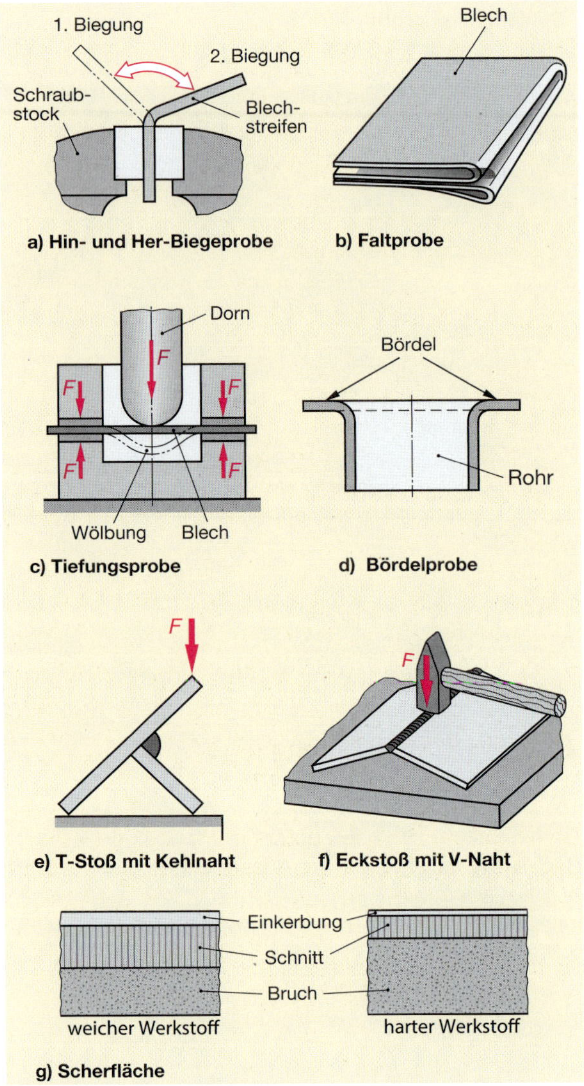

a) Hin- und Her-Biegeprobe
b) Faltprobe
c) Tiefungsprobe
d) Bördelprobe
e) T-Stoß mit Kehlnaht
f) Eckstoß mit V-Naht
g) Scherfläche

1 Eigenschaften von Werkstoffen unter Werkstattbedingungen prüfen

Für die **Faltprüfung** wird das Probeblech ein oder zwei Mal um 180° gebogen, siehe Bild → 1b. Die rissfreie Faltung lässt auf gute bis sehr gute Kaltumformbarkeit schließen.

Bei der **Tiefungsprüfung** wird ein Blech an den Rändern fest eingespannt und anschließend mit einem Dorn bis zur Rissbildung durchgewölbt, siehe Bild → 1c. Das Auftreten der ersten Risse in Abhängigkeit der Durchwölbung ergibt die Aussage über die Kaltumformbarkeit.

Bördelprüfungen können an kurvenförmigen Blechkanten oder an Rohren durchgeführt werden, siehe Bild → 1d. In jedem Fall sollte so lange gebördelt werden, bis Risse auftreten. Die Kaltumformbarkeit lässt sich aus dem Bereich der rissfreien Bördelung ableiten.

Schweißbarkeit bestimmen
Die Schweißbarkeit von Werkstoffen wird unter Werkstattbedingungen üblicherweise geprüft durch Sichtprüfung, d. h. durch Betrachten. Der Fachmann kann an Bindefehlern, Einbrandkerben, Beschaffenheit der Wurzel und Oberflächenporen die Schweißbarkeit des Werkstoffs beurteilen. Die Schweißbarkeit kann auch durch eine Bruchprobe bestimmt werden: Eine Kehlnaht wird auf dem Amboss am T-Stoß zerbrochen, eine V-Naht am Eckstoß, siehe Bild ➔ 1e, Seite 48 und Bild ➔ 1f, Seite 48. An der Bruchstelle lassen sich mögliche Bindefehler, Einschlüsse, Einbrandkerben und Poren erkennen.

Scherbarkeit bestimmen
Zur Prüfung der Scherbarkeit eines Werkstoffs muss eine Probescherung durchgeführt werden. Die Scherfläche ermöglicht eine Beurteilung der Scherbarkeit, siehe Bild ➔ 1g, Seite 48.
Ist die Einkerbung und der Schnittbereich klein, handelt es sich um einen harten Werkstoff mit geringer Scherbarkeit – das Werkstück wird nicht eingeschnitten und geschert, sondern unkontrolliert brechen.

2.7.2 Werkstoffprüfung unter Laborbedingungen

Bei Werkstoffprüfungen unter Laborbedingungen werden nicht nur qualitative Aussagen erzielt, sondern auch quantitative.

> Die Ergebnisse beinhalten objektive Zahlenwerte, die mit eindeutigen, vergleichbaren Daten den Werkstoff kennzeichnen.

Ergebnisse dieser Art können nur erzielt werden, wenn die Werkstoffprüfbedingungen wiederholbar sind. Das ist nur unter Laborbedingungen mit genormten Versuchen möglich.

Unter Laborbedingungen können Werkstoffe geprüft werden auf:
- Werkstofffehler
- Werkstoffart
- Werkstoffeigenschaft

Von der Vielzahl der möglichen Eigenschaftsprüfungen unter Laborbedingungen wird hier nur der **Zugversuch** beschrieben, mit dem die Werkstoffeigenschaften unter Laborbedingungen geprüft werden.
Durch den Zugversuch wird das Werkstoffverhalten bei einer gleichmäßig über den Querschnitt verteilten Zugspannung ermittelt. Die Prüfung wird mit genormten Probestäben auf einer Zugprüfmaschine durchgeführt.

Dazu folgender Zugversuch:
Ein Metallstab wird gezogen – so lange, bis er zerreißt; siehe ➔ 2 US.

Beim Ziehen des Probestabes werden die mechanische Spannung im Querschnitt und die Dehnung gemessen; die Messwerte werden im **Spannungs-Dehnungs-Diagramm** aufgezeichnet, vgl. Bild ➔ 1:
- x-Achse: Dehnung ε

$$\varepsilon = \frac{\Delta l}{l_0} \cdot 100\ \%$$

ε Dehnung in %
Δl Längenänderung in mm
l_0 Ausgangslänge in mm

- y-Achse: Spannung σ

$$\sigma = \frac{F}{S_0}$$

σ Spannung in N/mm^2
F Zugkraft in N
S_0 Ausgangsquerschnitt in mm^2

Für Metalle ergeben sich zwei Hauptformen von Spannungs-Dehnungs-Diagrammen:
- Für die meisten Metalle entsteht eine Kurve mit stetigem Übergang vom elastischen in den plastischen Bereich, siehe ➔ 2. US und Bild ➔ 1.
- Bei einigen Werkstoffen, besonders bei unlegiertem Stahl, entsteht eine Kurve mit unstetigem Übergang vom elastischen in den plastischen Bereich, siehe Bild ➔ 1, Seite 50.

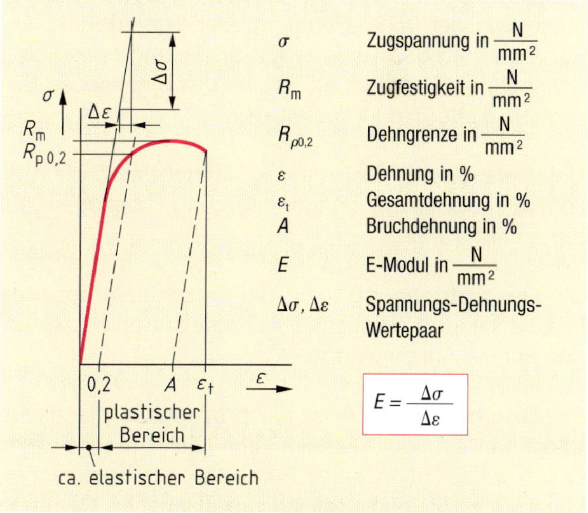

1 Spannungs-Dehnungs-Diagramm für legierten Stahl

Mit Hilfe des Zugversuchs können folgende Festigkeits- und Formänderungswerte ermittelt werden:

- Zugfestigkeit R_m
- Streckgrenze R_{eL}, R_{eH}
- Dehngrenze $R_{p0,2}$
- elastische Dehnung ε_e
- Gesamtdehnung Δt
- Bruchdehnung A (plastische Dehnung)
- Elastizitätsmodul (E-Modul) E

Die **Zugfestigkeit** $\mathbf{R_m}$ ist die Spannung, die sich aus der größten Zugkraft F_m und dem Anfangsquerschnitt S_0 ergibt:

$$R_m = \frac{F_m}{S_0}$$

R_m Zugfestigkeit in N/mm²
F_m Zugkraft in N
S_0 Anfangsquerschnitt in mm²

Die **Streckgrenze** ist die Spannung, bei der eine zunehmende Längenänderung ohne Kraftzunahme eintritt; z. T. nimmt die Kraft sogar ab. Bei Kraftschwankungen an der Streckgrenze unterscheidet man eine untere R_{eL} und eine obere Streckgrenze R_{eH}. Die Streckgrenze kennzeichnet den Übergang vom elastischen zum plastischen Bereich.

Die **Dehngrenze** $\mathbf{R_{p0,2}}$ wird für Werkstoffe ermittelt, die keine ausgeprägte Streckgrenze haben. Es wird eine Parallele zur hookeschen Geraden gezogen im Abstand von der 0,2%-Dehnung. Der Schnittpunkt der Parallelen mit der Kurve ergibt die Dehngrenze $R_{p0,2}$. Sie liegt mit Sicherheit im Beginn des plastischen Bereiches, siehe Bild → 1, Seite 49.

Unter **elastischer Dehnung** ε_e versteht man die prozentuale elastische Längenänderung[1], bezogen auf die Anfangslänge.

Die **Gesamtdehnung** ε_t ist die prozentuale gesamte (elastische und plastische[2]) Längenänderung, bezogen auf die Anfangslänge.

Die **Bruchdehnung** $\mathbf{A}$ ist die prozentuale plastische Längenänderung, bezogen auf die Anfangslänge. Durch Einzeichnen einer Parallelen zur hookeschen Geraden zieht man grafisch die elastische Dehnung von der Gesamtdehnung ε_t ab.

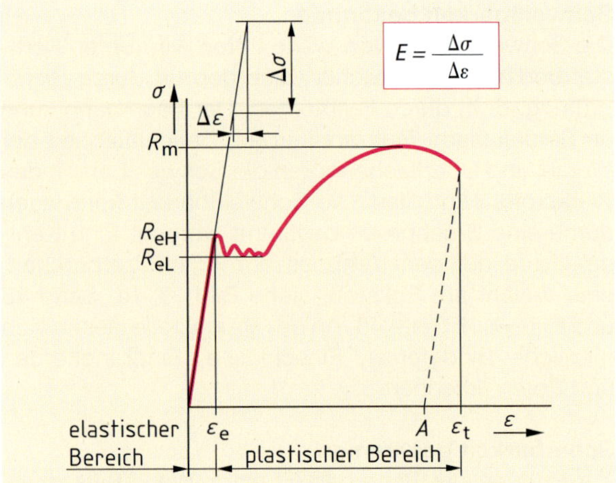

σ	Zugspannung in $\frac{N}{mm^2}$	ε	Dehnung in %
R_m	Zugfestigkeit in $\frac{N}{mm^2}$	ε_t	Gesamtdehnung in %
R_{eL}	untere Streckgrenze in $\frac{N}{mm^2}$	ε_e	elastische Dehnung in %
R_{eH}	obere Streckgrenze in $\frac{N}{mm^2}$	A	Bruchdehnung in %
		E	E-Modul in $\frac{N}{mm^2}$
		$\Delta\sigma$, $\Delta\varepsilon$	Spannungs-Dehnungs-Wertepaar

1 Spannungs-Dehnungs-Diagramm für unlegierten Stahl

Der **Elastizitätsmodul (E-Modul)** E ist im elastischen Bereich das Verhältnis der Spannung zur Dehnung, siehe Bild → 1.

$$E = \frac{\sigma}{\varepsilon}$$

E E-Modul in N/mm²
σ Zugspannung in N/mm²
ε Dehnung in %

Damit ist der E-Modul der Steigungsfaktor der hookeschen Geraden. Man erhält E, wenn man ein Spannungs-Dehnungs-Wertepaar abliest, und nach der o. a. Formel berechnet. Je steiler die hookesche Gerade ist, umso größer ist der E-Modul und die Kraft zur elastischen Verformung und damit die Steifigkeit.

Je kleiner der E-Modul ist, desto leichter lässt sich der Werkstoff elastisch verformen.

[1] elastische Längenänderung: Nach Entlastung wird die Anfangslänge wieder eingenommen.
[2] plastische Längenänderung: bleibende Längenänderung

2.8 Anreißen

In diesem Kapitel werden behandelt:
- Grundlagen des Anreißens
- Werkzeuge zum Anreißen

Grundlagen des Anreißens

Unter Anreißen versteht man, dass Maße und Formen von der Zeichnung übertragen werden auf das Werkstück. Durch Anreißen werden auf der Werkstückoberfläche markiert: Werkstückumrisse, Biegekanten, Durchbrüche und Bohrungsmitten.

Hierbei ist zu beachten, dass der Anriss
- genau ist,
- gut sichtbar ist,
- die sichtbare Oberfläche nicht beschädigt,
- die Oberfläche von dünnen Blechen nicht verletzt.

Für die **Genauigkeit** des Anreißens eignet sich besonders die Stahlreißnadel. Sie hat eine gehärtete Spitze und einen Spitzenwinkel von ca. 10°. Daher nutzt die Spitze nicht so schnell ab und der kleine Spitzenwinkel bewirkt, dass die Stahlreißnadel an Lineal, Winkel oder Schablone sicher angelegt werden kann.

Der Anriss muss **gut sichtbar** sein. Ist der Anriss schwer zu sehen, muss die Oberfläche vorbereitet werden. So wird die raue Oberfläche von angerosteten Stahlhalbzeugen, Gusswerkstücken oder Schmiedeteilen vor dem Anreißen mit Schlemmkreide oder Anreißfarbe bestrichen, oder es wird Speckkreide verwendet.

Sichtbare Oberflächen dürfen durch den Anriss **nicht beschädigt** werden, denn am fertigen Werkstück will man keine Anrisslinien sehen. Hat das Werkstück eine harte Oberfläche, kann eine Reißnadel aus Cu-Zn-Legierung (Messing) verwendet werden. Der Anriss entsteht dann nur durch Abrieb der Reißnadel. Eine fertig bearbeitete Oberfläche kann aber vor dem Anreißen auch mit Anreißlack oder Anreißpaste beschichtet werden. Der Anriss befindet sich dann nur in der Beschichtung – nicht in der Werkstückoberfläche.

Die Oberfläche von dünnen Blechen darf an der Abkantungslinie nicht verletzt werden. Hinterlässt die Reißnadel eine Kerbe in der Oberfläche, kann beim Abkanten daraus ein Riss entstehen, siehe Bild → 1. Das gilt insbesondere für weiche Werkstoffe wie Aluminium. Zum Anreißen der Abkantungslinie darf daher keine Stahlreißnadel verwendet werden, sondern ein Blei- oder Filzstift.

Werkzeuge zum Anreißen

Einige Werkzeuge zum Anreißen sind oben beschrieben: Stahlreißnadel, Reißnadel aus Cu-Zn-Legierung, Bleistift, Filzstift, Speckkreide.

Weitere Werkzeuge zum Anreißen sind:
- Spitzzirkel
- Stahllineal
- Anschlagwinkel
- Zentrierwinkel
- Parallelreißer

Den **Spitzzirkel** verwendet man, um Maße zu übertragen oder einen Kreisbogen anzureißen, siehe Bild → 2.
Mit Hilfe des **Stahllineals** und des **Anschlagwinkels** werden gerade Linien angerissen.
Der **Zentrierwinkel** ermöglicht es, an einer Welle den Mittelpunkt schnell und genau anzureißen, siehe Bild → 3.
Mit dem **Parallelreißer** werden parallel zu einer Anreißplatte gleichlaufende Anrisse gezogen, siehe Bild → 4. Die Höhe der Reißnadel wird dabei mit einer Strichskala eingestellt.

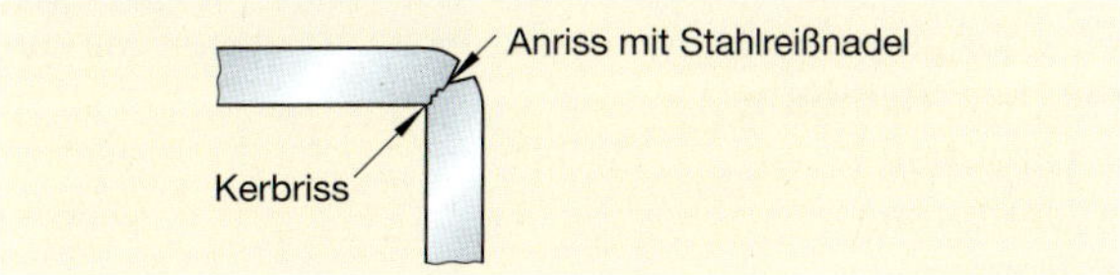

1 Kerbwirkung beim Abkanten eines Bleches

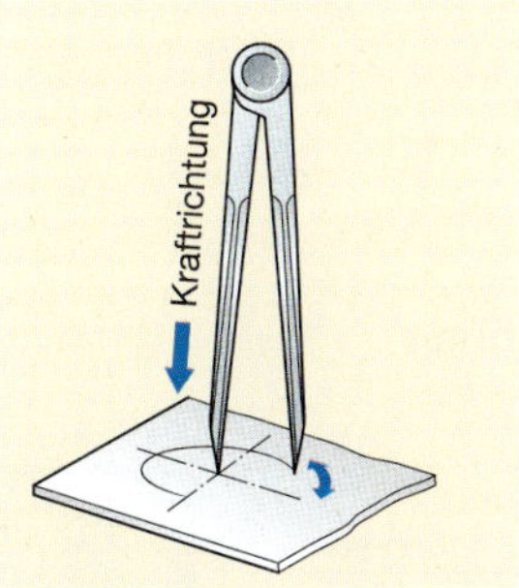

2 Spitzzirkel

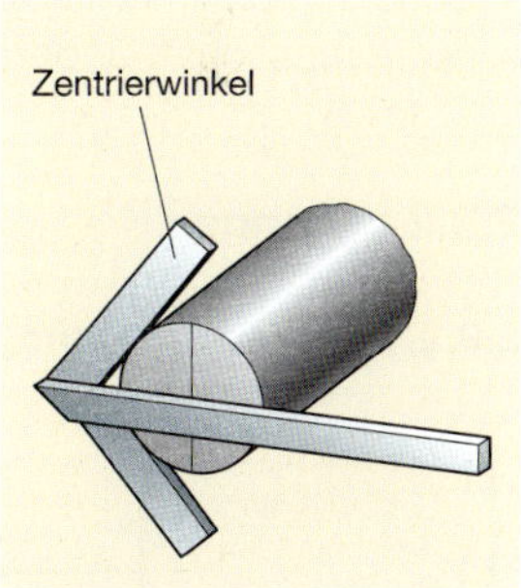

3 Zentrierwinkel

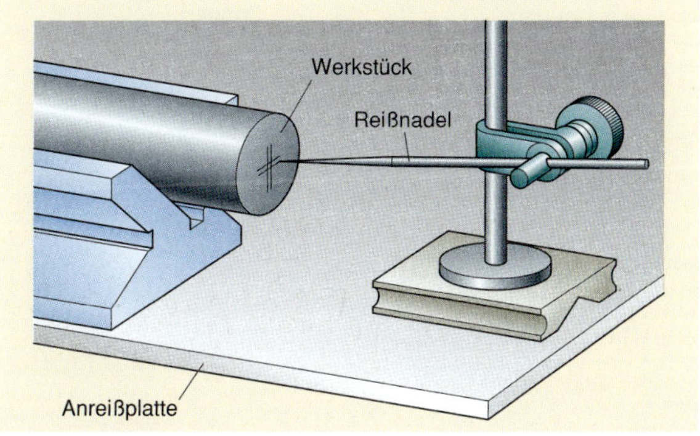

4 Parallelreißer

GEMEINSAMES BEIDER FACHRICHTUNGEN

2.9 Fertigungsverfahren

2.9.1 Überblick über Fertigungsverfahren

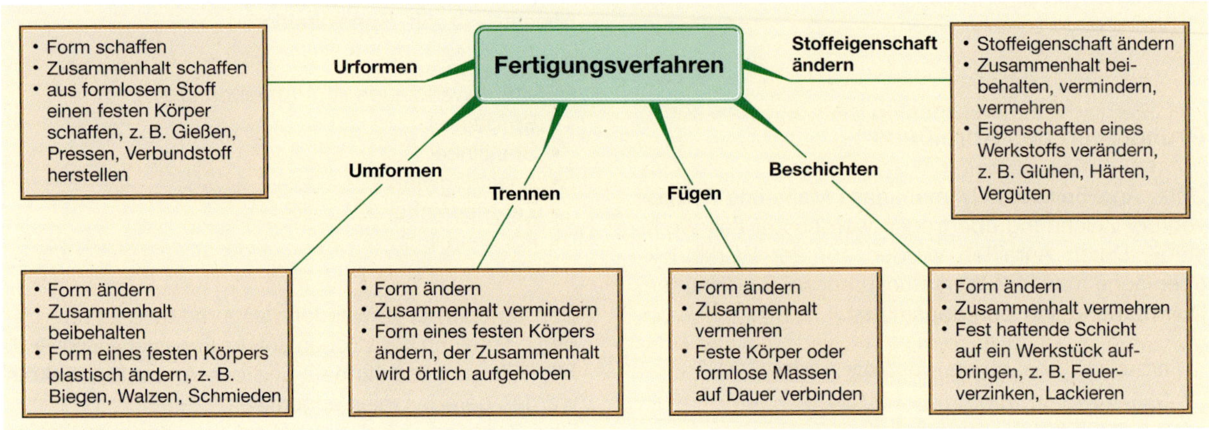

1 Fertigungsverfahren

Durch Fertigungsverfahren wird der Zusammenhalt zwischen den Stoffteilchen oder den Bestandteilen eines zusammengesetzten Körpers verändert.

In der Fertigungstechnik werden nach DIN 8580 die Fertigungsverfahren in sechs Hauptgruppen eingeteilt, vgl. Bild → 1:

- Urformen
- Umformen
- Trennen
- Fügen
- Beschichten
- Stoffeigenschaft ändern

Für den Karosserie- und Fahrzeugbaumechaniker sind folgende Fertigungsverfahren wichtig:

- Trennen, siehe Kap. 2.9.2
- Umformen, siehe Kap. 2.9.3
- Fügen, siehe Kap. 2.9.4

2.9.2 Trennen

2.9.2.1 Übersicht zum Trennen

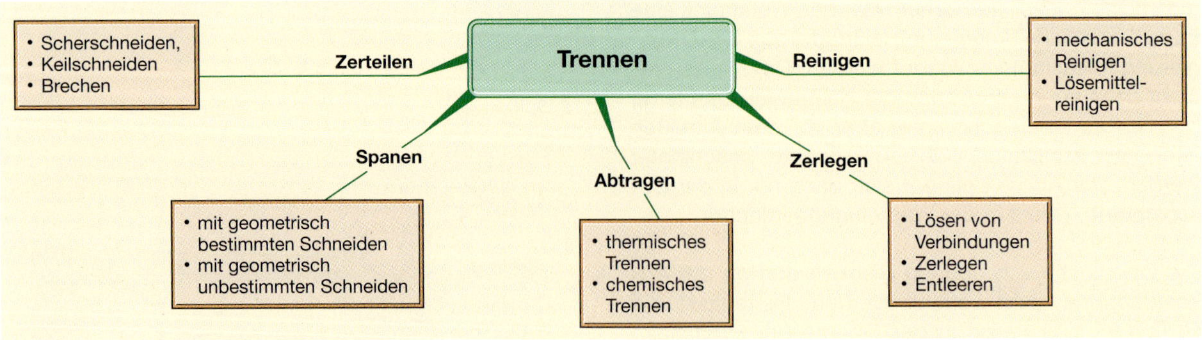

2 Trennen

Durch Trennen wird der Zusammenhalt eines festen Körpers örtlich aufgehoben und dadurch die Form geändert.
Das Trennen wird unterteilt in, vgl. Bild → 2, Seite 52:
- Zerteilen
- Spanen mit
  - geometrisch bestimmten Werkzeugschneiden
  - geometrisch unbestimmten Werkzeugschneiden
- Abtragen
  - thermisches Trennen
  - chemisches Trennen
- Zerlegen
- Reinigen

Beim **Spanen** hebt die Werkzeugschneide Späne vom Werkstoff ab. Die Werkzeugschneiden können geometrisch bestimmt sein oder geometrisch unbestimmt.
Die **geometrisch bestimmte Werkzeugschneide** ist in Form und Größe festgelegt, z. B. an der Säge, dem Spiralbohrer oder dem Fräser.
Bei der **geometrisch unbestimmten Werkzeugschneide** ergeben sich Form und Größe zufällig, z. B. an der Schleifscheibe.

Für den Karosserie- und Fahrzeugbaumechaniker sind wichtig:
- Bohren mit dem Spiralbohrer, siehe Kap. 2.9.2.2
- Gewindeschneiden, siehe Kap. 2.9.2.3
- Fräsen, siehe Kap. 2.9.2.4
- Schleifen, siehe Kap. 2.9.2.5
- Zerteilen, siehe Kap. 2.9.2.6
- Sägen, siehe Kap. 2.9.2.7
- Abtragen durch thermisches Trennen, siehe Kap. 2.9.2.8

2.9.2.2 Bohren mit dem Spiralbohrer

In diesem Kapitel werden behandelt:
- Spiralbohrer
- Bohrmaschinen
- Spanabnahme
- Unfallverhütung beim Bohren

Spiralbohrer

Mit dem Spiralbohrer werden runde Löcher gebohrt.

Er besteht aus, siehe Bild → 1:
- Bohrerschaft
- Schneidenteil

Bohrerschaft
Der Bohrerschaft ist bis zu einem Bohrerdurchmesser von 12 mm zylindrisch; er wird ins Bohrfutter der Bohrmaschine gespannt. Bohrer mit einem größeren Durchmesser haben einen Kegelschaft. Diese Bohrer werden in kegelige Hülsen oder direkt in den Innenkegel der Bohrmaschinenspindel eingesetzt, Bild → 2.

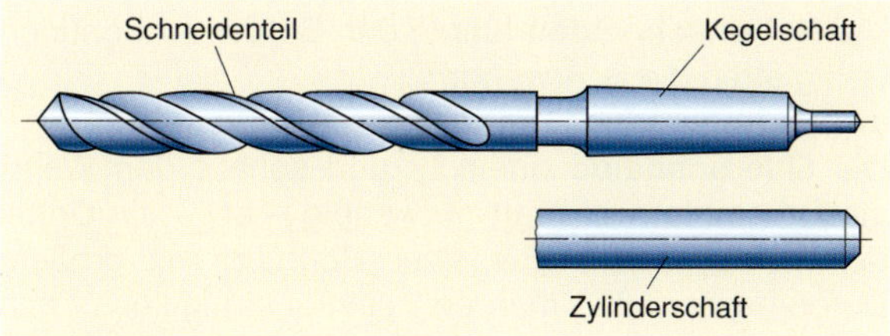

1 Spiralbohrer

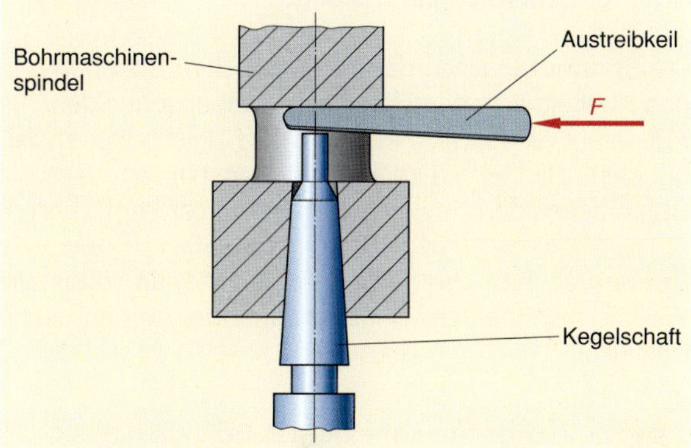

2 Aufnahme des Kegelschaftes

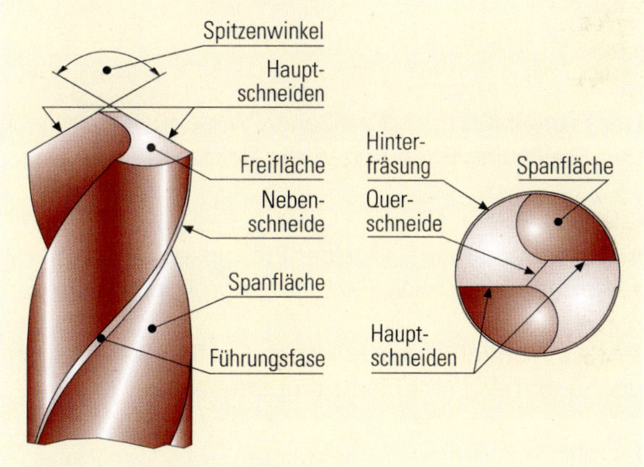

3 Bezeichnungen am Spiralbohrer

Der **Schneidenteil besteht** aus, siehe Bild → 3:
- zwei Hauptschneiden
- zwei Nebenschneiden
- einer Querschneide
- einer Spannut

Die **Hauptschneiden** sind an der Stirnseite des Spiralbohrers angeordnet; sie verrichten die Hauptspanabnahme. Die Hauptschneiden bilden ein Spitze, den Winkel nennt man Spitzenwinkel.
Der **Spitzenwinkel** σ ist unterschiedlich groß für die Bearbeitung verschiedener Werkstoffe.

Beispiele: Spitzenwinkel σ
- für Baustahl, hochfesten Stahl, Grauguss: $\sigma = 118°$
- für Aluminium, Aluminiumlegierungen: $\sigma = 130°$

Die **Nebenschneiden** führen den Bohrer im Bohrloch und glätten die Bohrwandung.

Die **Querschneide** quetscht und schabt den Werkstoff. Dazu ist viel Kraft notwendig – etwa ein Drittel der Vorschubkraft. Bei einer Bohrung mit großem Durchmesser kann man erst einmal ein kleines Loch bohren, das nennt man **Vorbohren**. So wird wenig Kraft für den Vorschub benötigt.

Die **Spannuten** leiten den Span aus dem Bohrloch und das Kühlmittel zu den Haupt- und Nebenschneiden. Als Kühlmittel verwendet man Luft oder Kühlschmieremulsion, siehe Bild ➔ 1. Das Kühlmittel verhindert, dass die Bohrerschneiden zu warm und dadurch stumpf werden.

Betrachtet man den Bohrer, erkennt man, dass die Werkzeugschneiden winklig zueinander stehen, siehe Bild ➔ 2.

An der **Werkzeugschneide** des Bohrers gibt es:
- Freiwinkel α
- Keilwinkel β
- Spanwinkel γ

Der **Freiwinkel** α liegt zwischen Werkstückoberfläche und Freifläche. Er verringert die Reibung.

Es gilt:
- harte Werkstoffe → kleiner Freiwinkel
- weiche und zähe Werkstoffe → großer Freiwinkel

Der **Keilwinkel** β liegt zwischen Freifläche und Spanfläche. Er bestimmt die Kraftübersetzung.

Es gilt:
- harte Werkstoffe → großer Keilwinkel
- weiche Werkstoffe → kleiner Keilwinkel

Der **Spanwinkel** γ liegt zwischen der Spanfläche und einer Senkrechten zur Werkstückoberfläche.

Bohrmaschinen

Je nach Masse und Größe der Werkstücke verwendet man zum Bohren die Handbohrmaschine oder eine stationäre Bohrmaschine, siehe Bild ➔ 4.

Spanabnahme

Die Spanabnahme beim Bohren erfolgt durch zwei gleichzeitige Bewegungen, siehe Bild ➔ 3:
- Schnittbewegung
- Vorschubbewegung

Werkstoff	Kühlmittel
Baustahl (R_m bis 700 N/mm²)	Kühlschmieremulsion
Gusseisen	ohne Kühlmittel
Aluminium	Kühlschmieremulsion
Duroplaste	Druckluft oder ohne Kühlmittel

1 Kühlmittel

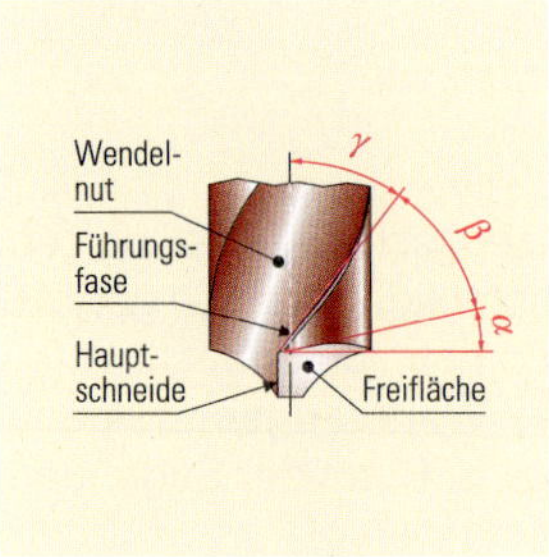

2 Winkel an der Werkzeugschneide des Bohrers

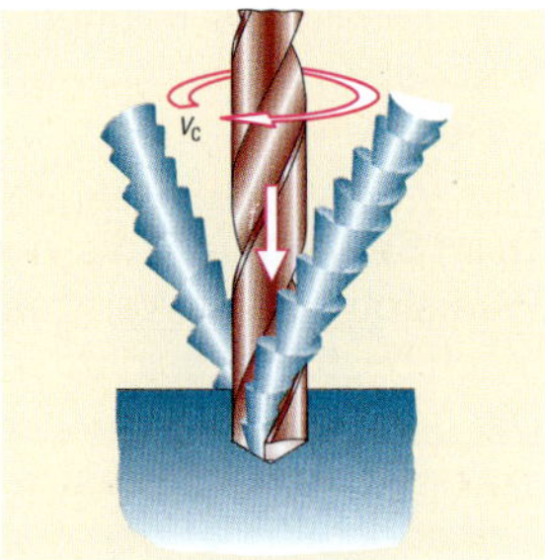

3 Spanabnahme beim Bohren

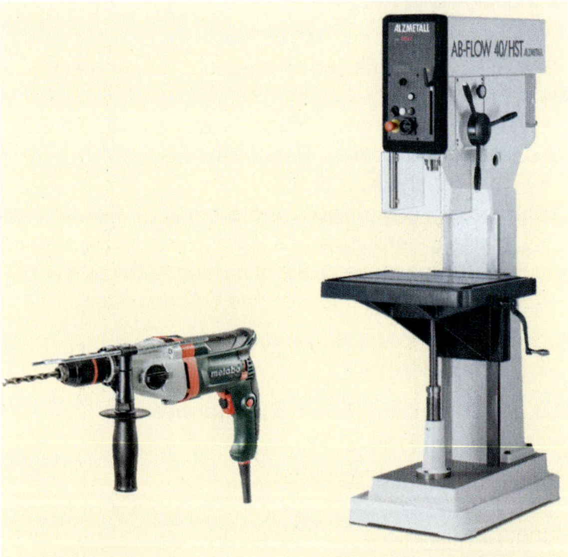

a) Handbormaschine **b) Stationäre Bohrmaschine**

4 Bohrmaschinen

Die **Schnittbewegung** erfolgt durch das Drehen der Bohrspindel. Aus der Drehzahl des Bohrers und des Bohrerdurchmessers lässt sich die Schnittgeschwindigkeit berechnen:

$$v_c = d \cdot \pi \cdot n$$

v_c Schnittgeschwindigkeit in m/min
d Durchmesser des Bohrers in m
n Drehzahl des Bohrers in 1/min

Die maximale Schnittgeschwindigkeit ist für jeden Werkstoff vorgegeben, die Werte finden Sie in Tabellenbüchern. Bild ➔ 1 zeigt eine Auswahl.
Sind Bohrerdurchmesser und maximale Schnittgeschwindigkeit bekannt, kann die zulässige Drehzahl des Bohrers ausgerechnet werden:

$$n_{zul} = \frac{v_{cmax}}{d \cdot \pi}$$

n_{zul} zulässige Drehzahl des Bohrers in $^1/_{min}$
v_{cmax} maximale Schnittgeschwindigkeit in $^m/_{min}$
d Durchmesser des Bohrers in m

Die **Vorschubbewegung** erfolgt in axialer Richtung des Bohrers. Der Vorschub ist der Weg in mm, den der Bohrer pro Umdrehung in das Werkstück eindringt.

Unfallverhütung beim Bohren

Beim Bohren mit dem Spiralbohrer sind:
- eng anliegende Arbeitskleidung zu tragen
- bei langen Haaren ein Haarnetz oder entsprechende Kopfbekleidung zu tragen
- Schutzbrille zu tragen
- kleine Werkstücke in den Maschinenschraubstock fest einzuspannen

2.9.2.3 Gewindeschneiden

Der Karosserie- und Fahrzeugbaumechaniker schneidet:
- Innengewinde
- Außengewinde

Innengewinde schneiden

Innengewinde sind gekennzeichnet durch, siehe Bild ➔ 2:
- Gewinde-Nenndurchmsser *d*
- Gewindetiefe *t*

Im Handwerksbetrieb werden Innengewinde meist von Hand geschnitten.

Dazu werden verwendet für:
- $t < 1{,}5d$: Muttergewindebohrer (Einzelschneider), siehe Bild ➔ 3
- $t + 1{,}5d$: 3-teiliger Gewindebohrersatz, siehe Bild ➔ 4a
- Feingewinde: 2-teiliger Gewindebohrersatz, siehe Bild ➔ 4b

Werkstoff	Maximale Schnittgeschwindigkeit v_c in m/min
Baustahl (R_m bis 700 N/mm²)	30 … 35
Gusseisen	15 … 25
Aluminium	32 … 40
Duroplaste	16 … 20

1 Maximale Schnittgeschwindigkeit für verschiedene Werkstoffe

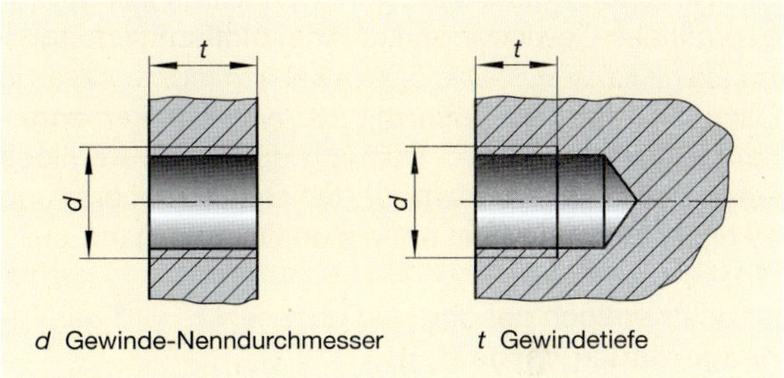

2 Innengewinde

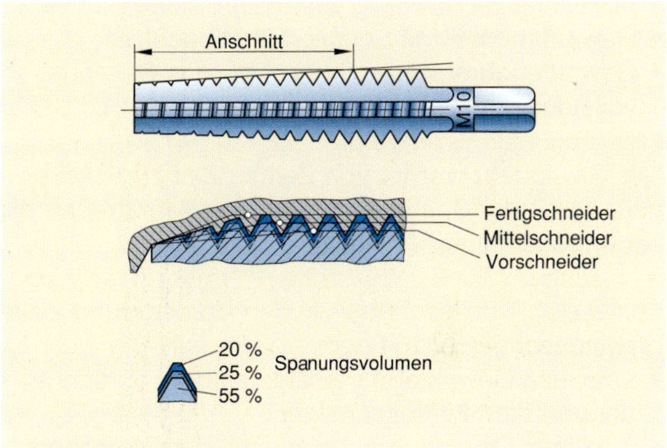

3 Muttergewindebohrer

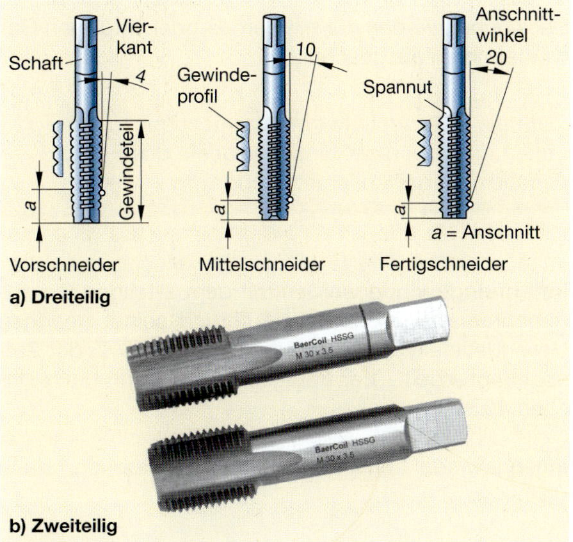

4 Gewindebohrersatz

Vor dem Schneiden des Innengewindes muss ein **Kernloch** hergestellt werden. Das Kernloch wird angerissen, gekörnt, gebohrt. Der Kernlochdurchmesser d_k wird nach Gewindetabelle ermittelt.

Den Kernlochdurchmesser der Bohrung d_k etwas größer bohren, als der Kerndurchmesser des Gewindes ist.

Grund:
Der Werkstoff drückt sich beim Schneiden ins Gewindeprofil des Gewindebohrers (Werkstoffaufwerfung).

Dann wird das Kernloch mit 90°-Kegelsenker **angesenkt,** siehe Bild → 1. Dadurch erhält das Kernloch einen besseren Anschnitt für den Gewindebohrer und es bildet sich kein Grat am ersten Gewindegang.

Ist das Kernloch gebohrt und angesenkt, wird das **Innengewinde geschnitten**:
- Gewindebohrer mit Windeisen ein bis zwei Gewindegänge eindrehen
- mit Winkel rechtwinklig ausrichten, siehe Bild → 2
- Gewindebohrer mit Schmiermittel benetzen
- Gewindebohrer weiter drehen, bis das Gewinde vollständig ausgebildet ist

Der Gewindebohrer ist von Zeit zu Zeit zurückzudrehen, damit der Span bricht und Schmiermittel an die Gewindegänge fließen kann.

Diese vier Arbeitsschritte werden durchgeführt beim Gewindeschneiden mit dem
- 2-teiligen Gewindebohrersatz: mit dem Vorschneider und dem Fertigschneider
- 3-teiligen Gewindebohrersatz: mit dem Vorschneider, dem Mittelschneider und dem Fertigschneider

Sacklöcher werden nur mit dem 2- oder 3-teiligen Gewindebohrersatz geschnitten.

Um die Gewindetiefe *t* bei Sacklöchern zu erreichen, muss von der Einschneidtiefe des Fertigschneiders der Anschnitt *a* abgezogen werden, siehe Bild → 4, Seite 55.

Innenfeingewinde werden mit dem 2-teilgen Gewindebohrersatz geschnitten. Aufgrund seiner geringen Gewindetiefe erbringt der Vorschneider 60 % der Zerspanungsarbeit – der Fertigschneider dann die restlichen 40 %.

Innengewinde können auch geformt werden, siehe dazu Kap. 2.9.3.3.

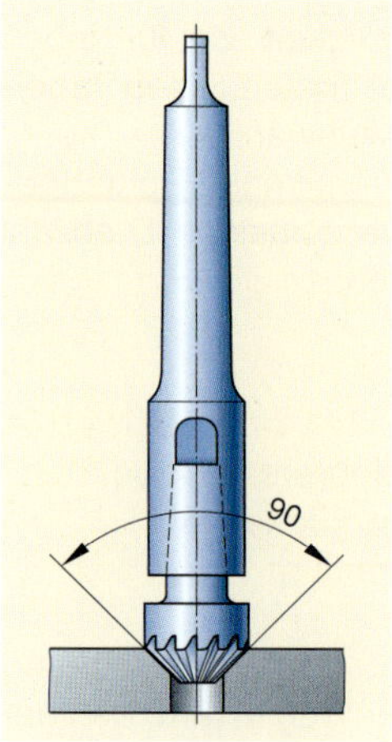

1 **Senken mit 90°-Kegelsenker**

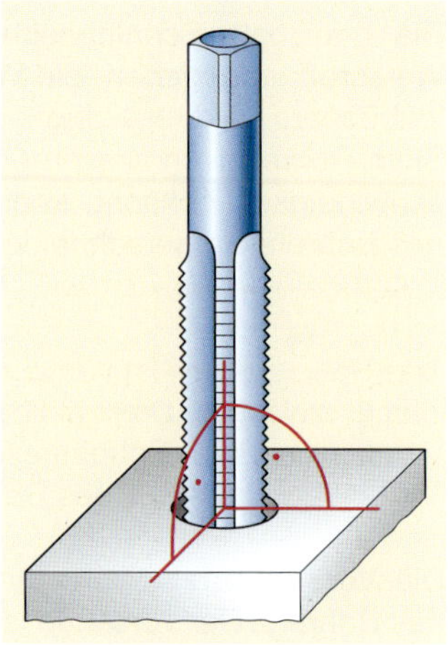

2 **Gewindebohrer ausrichten**

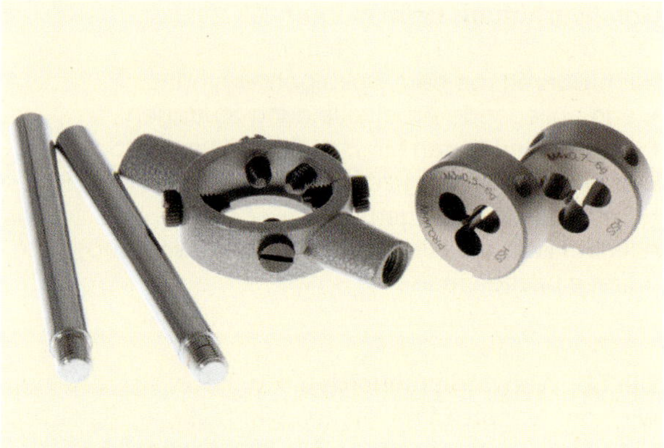

3 **Schneideisenhalter mit Schneideisen**

Außengewinde schneiden

Außengewinde werden mit dem Schneideisen in einem Arbeitsgang geschnitten. Das Schneideisen wird mit Halteschrauben im Schneideisenhalter befestigt, siehe Bild → 3.

Vor dem Schneiden des Außengewindes muss der Bolzen hergestellt werden. Der Außendurchmesser des Bolzens wird nach der Gewindetabelle ermittelt (siehe Tabellenbuch). Dann wird der Bolzen angefast; dadurch erhält er einen besseren Anschnitt für das Schneideisen.

Der Außendurchmesser des Bolzens muss etwas kleiner sein als der Außendurchmesser des Gewindes.

Grund:
Der Werkstoff drückt sich beim Schneiden ins Gewindeprofil des Schneideisens (Werkstoffaufwerfung).

Arbeitstechnik zum Schneiden von Außengewinde:
- Schneideisen rechtwinklig zur Werkstückachse ansetzen und unter gleichmäßigem Druck in Schneidrichtung drehen
- den Bolzen mit Schmiermittel benetzen
- Schneideisen weiterdrehen, bis das Gewinde vollständig ausgebildet ist

Das Schneideisen ist von Zeit zu Zeit zurückzudrehen, damit der Span bricht und Schmiermittel an die Gewindegänge fließen kann.

2.9.2.4 Fräsen

Durch Fräsen werden mit einem Fräser ebene oder gekrümmte Flächen hergestellt. Der Fräser ist ein mehrschneidiges Werkzeug. Die Schneiden bewegen sich kreisförmig; sie sind beim Walzenfräser am Umfang des Werkzeuges angeordnet und beim Schaftfräser an der Stirnseite.

Im Karosserie- und Fahrzeugbau wird der **Schweißpunktfräser** eingesetzt. Er fräst die Schweißpunkte heraus und löst somit die Verbindung von Blechen, die mit Hilfe des Widerstandspunktschweißens gefügt wurden, siehe Bild ➔ 1. So können beschädigte Bleche ausgetauscht werden.

Der Schweißpunktfräser hat ein Aufnahmefutter; in ihm wird der **Schaftfräser** eingespannt. Dieser Schaftfräser ist ein bohrerähnliches Werkzeug mit zwei Schneiden und einem Spitzenwinkel von ca. 180° und einer Zentrierspitze, siehe Bild ➔ 2. Durch die Zentrierspitze ist es möglich, den Fräser im Mittelpunkt des Schweißpunktes aufzusetzen.
Der Schweißpunktfräser wird mit Druckluft angetrieben (pneumatisch). Bei Betätigung des Einschalthebels muss zuerst eine Federkraft überwunden werden, die bewirkt, dass die Zentrierspitze des Schaftfräsers fest an den Schweißpunkt gedrückt wird.

Ist der Schweißpunkt **von beiden Seiten zugänglich**, kann ein beweglicher u-förmiger Anschlagbügel als Gegenhalter dienen. Die Frästiefe lässt sich genau einstellen über die Einspanntiefe des Schaftfräsers im Aufnahmefutter und mit einer Stellschraube am Einschalthebel. So kann man den Schweißpunkt im Oberblech trennen, ohne das Unterblech durchzufräsen. Damit steht das unbeschädigte Blech für die weitere Instandsetzung zur Verfügung.
Ist der Schweißpunkt **nur von einer Seite zugänglich**, muss der bewegliche u-förmige Anschlagbügel abgenommen werden. Damit fehlen dann der Gegenhalter und die Begrenzung der Frästiefe. Für diese Fräsarbeiten gibt es Schweißpunktfräser mit verstellbarem Anschlag. Damit lässt sich dann ebenfalls die Frästiefe begrenzen.

1 Fräsen mit dem Schweißpunktfräser

a) kurze Ausführung

b) Form DIN 1897, hier zusätzlich mit Titan-Nitrid beschichtet
(Schaftfräser mit langem Einspannschaft sind für Bohrmaschinen geeignet)

2 Schaftfräser

Unfallverhütung beim Fräsen:
- Augen- und Gehörschutz tragen.
- Zentrierspitze fest im Mittelpunkt des Schweißpunktes ansetzen.
- Beim Lösen des Oberbleches Handschuhe tragen.

2.9.2.5 Schleifen

Das Schleifen gehört zu den Trennverfahren Spanen mit geometrisch unbestimmten Werkzeugschneiden, weil sich die Anzahl, Lage und Form der Schneiden beim Schleifen ständig ändert.

Der Karosserie- und Fahrzeugbaumechaniker verwendet:
- gestreute Schleifmittel auf Unterlage
- Trennscheiben

Gestreute Schleifmittel auf Unterlage
Mit gestreuten Schleifmitteln auf Unterlage werden metallische Untergründe bearbeitet, bevor sie lackiert werden. Deshalb finden Sie Informationen dazu in Kap. 24.4.

Trennscheiben

Trennscheiben verwendet der Karosserie- und Fahrzeugbaumechaniker bei der Instandsetzung.
Mit Hilfe eines Winkelschleifers werden unterschiedliche Werkstoffe mit unterschiedlichem Querschnitt getrennt – das Trennschleifen, siehe Bild → 1.

Winkelschleifer werden auch **Flex** genannt, weil die Fa. Flex-Elektrowerkzeuge diese Maschine eingeführt hat.

Die Trennscheibe erzeugt eine dünne Schnittfuge. Sie ist für radialen Druck auf die Schnittfläche ausgelegt.

Die Trennscheibe darf nicht auf axialen Druck belastet werden.

Sie kann sonst brechen und die einzelnen Teile der zerbrochenen Trennscheibe fliegen mit hoher Geschwindigkeit durch die Luft; Mitarbeiter können verletzt und Inventar beschädigt werden.

Trennscheiben bestehen aus:
- Schleifmittel
- Bindung

Die **Schleifmittel** sind die Schleifkörner. Die Schleifkörner müssen härter sein, als der zu trennende Werkstoff, damit Späne abgetrennt werden können. Übliche Werkstoffe für die Schleifmittel sind Korunde (Aluminiumoxid), Siliziumkarbid und synthetische Diamanten.

Die Schleifkorngröße wird **Körnung** genannt, sie beeinflusst die Zerspanungsleistung und die Oberflächengüte.

Als Schleifmittel wird verwendet:
- für weiche Werkstoffe → ein grobes Korn
- für harte Werkstoffe → ein feines Korn

Trennscheiben sind selbstschärfend: An den Körnern mit stumpf werdenden Schneiden erhöht sich während des Schleifens die Schnittkraft; so brechen diese Körner heraus. Dadurch werden neue scharfe Schneiden freigelegt.

Unter **Bindung** versteht man das Bindemittel, das die Schleifkörner zusammenhält. Es werden keramische, mineralische, metallische, kunstharz- und gummiartige Bindemittel verwendet.

1 Trennschleifen

Der Werkstoff der Bindemittel bestimmt den Widerstand gegen das Herausbrechen des Schleifkorns aus der Bindung. Die Festigkeit der Bindung bestimmt die Härte der Schleifscheibe.

Für das Schleifen verwendet man:
- für harte Werkstoffe → eine weiche Trennscheibe, weil dadurch ständig neue scharfe Schleifkörner im Eingriff sind
- für weiche Werkstoffe → eine harte Trennscheibe, da zum Trennen nicht nur scharfe Schleifkörner erforderlich sind; dadurch verlängert sich die Standzeit der Trennscheibe.

Das **Gefüge der Trennscheibe** ergibt sich aus der Verteilung der Schleifkörner im Bindemittel. Dadurch entstehen große oder kleine Poren in unterschiedlicher Anzahl:
- kleine Poren → geschlossenes Gefüge
- große Poren → offenes Gefüge

Je größer die zu erwartende Spanleistung ist, umso offener muss das Gefüge zur Spanaufnahme sein.

Unfallverhütung beim Trennschleifen:
- Nie ohne angebauter Schutzhaube arbeiten.
- Augen- und Gehörschutz tragen.
- Handschuhe und Schutzkleidung tragen.
- Umgebung (Personen und Bauteile) vor Schleifstrahl schützen.
- Nicht in der Nähe explosiver Stoffe schleifen.
- Elektrische Kabel nicht beschädigen.

2.9.2.6 Zerteilen

Durch Zerteilen werden Werkstücke spanlos getrennt. Dabei muss die Zusammenhangskraft (Kohäsion) des Werkstoffs überwunden werden. Hierbei wirkt der Keil als Kraftübersetzer, siehe Bild → 1.

Die Hauptkraft F_H wird mit Hilfe des Kräfteparallelogramms in zwei Seitenkräfte F_S zerlegt. Jede Seitenkraft F_S steht senkrecht zur Keilfläche.

Die Größe der Seitenkräfte F_S wird beeinflusst durch die Hauptkraft F_H und den Keilwinkel β: Je kleiner der Keilwinkel β ist, desto größer sind die Seitenkräfte F_S und damit die Trennkraft.

Das würde bedeuten, dass der Keilwinkel β sehr klein gewählt werden sollte. Man muss jedoch einen Kompromiss eingehen.

Je höher die Festigkeit der zu trennenden Werkstoffe, desto größer muss der Keilwinkel β sein.

Der größere Keilwinkel erhöht die Werkzeugeinsatzzeit (Standzeit). Gleichzeitig erhöht sich allerdings die Hauptkraft F_H.

Beim Zerteilen werden zwei Arbeitstechniken unterschieden:
- Scherschneiden
- Keilschneiden

Scherschneiden
Scherschneiden ist das Zerteilen zwischen zwei Schneiden, die sich aneinander vorbeibewegen, siehe Bild → 2.

Durch Scherschneiden werden mit einer Handblechschere, einer Maschinenblechschere, einem Handknabber oder einem Maschinenknabber Blechzuschnitte hergestellt, siehe Bild → 3. Für die hohe Scherkraft werden Hebel genutzt, siehe Bild → 4.
Arbeitssicherheit beim Scherschneiden:
- Lederhandschuhe benutzen
- Schnittrichtung immer vom Körper weg
- beim Abschneiden kleiner Blechecken Schutzbrille tragen
- Schnittkanten entgraten
- Schutz anderer Mitarbeiter beachten

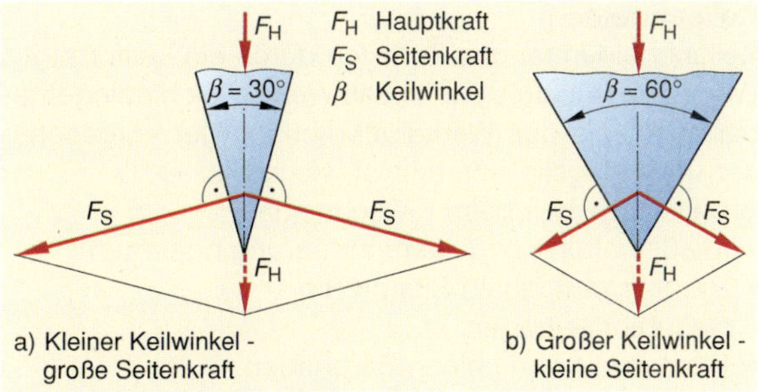

1 Keil als Kraftübersetzer

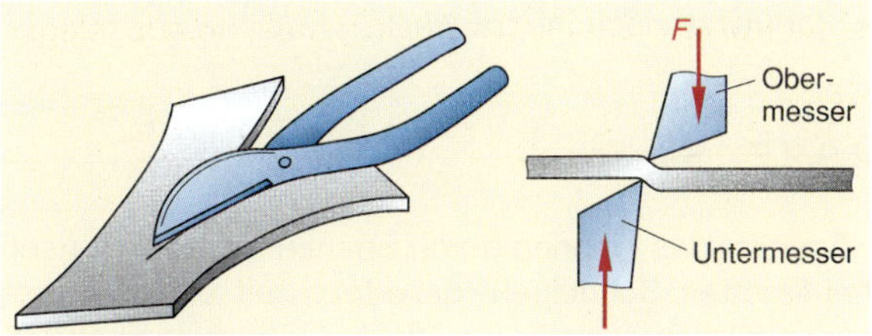

2 Schneidvorgang

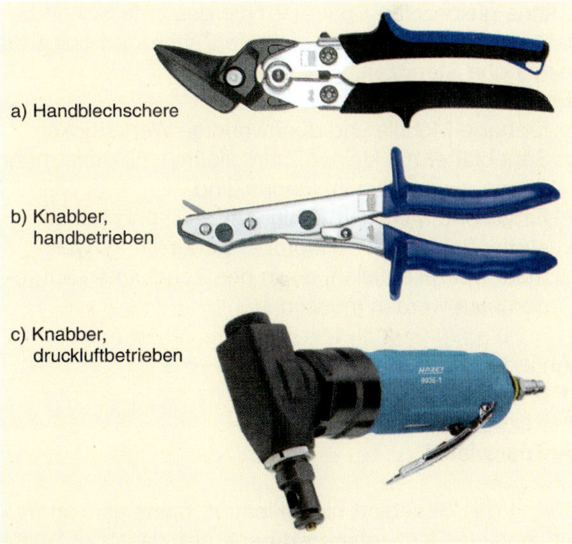

3 Werkzeuge zum Scherschneiden

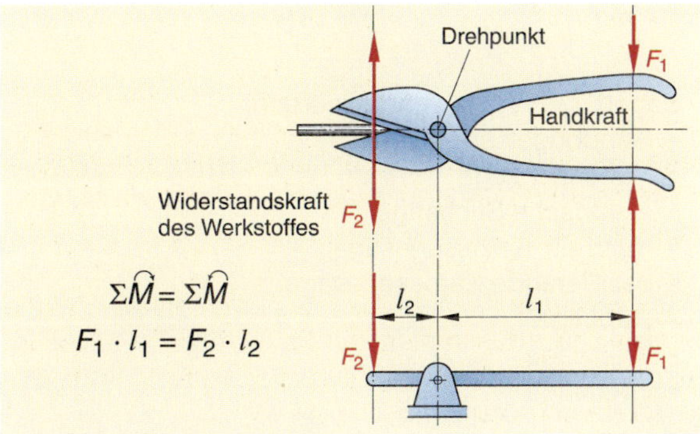

4 Kräfte beim Scherschneiden

Keilschneiden

Keilschneiden ist das Zerteilen durch ein keilförmiges Werkzeug (Meißel), das in das Werkstück hineingetrieben wird, bis das Werkstück entlang der vorgesehenen Trennungslinie zerteilt ist, siehe Bild ➔ 1.

Arbeitssicherheit beim Keilschneiden:

- Meißelhaltung und Hammerführung beachten
- Hammer auf festen Sitz prüfen
- Schutzbrille tragen
- Meißelkopf darf keinen Bart haben
- Schutzwände verwenden, um andere Personen zu schützen
- Schutzhandschuhe tragen

2.9.2.7 Sägen

Sägen ist das Trennen durch Spanen mit geometrisch bestimmten Schneiden. Es erfolgt mit einem Sägeblatt, bei dem viele Schneidkeile (Zähne) aneinandergereiht sind, siehe Bild ➔ 2. Dadurch tragen mehrere Zähne gleichzeitig Späne ab; die gesamte Schnittbelastung teilt sich so auf mehrere Zähne und sorgt für eine hohe Standzeit.

Es werden verwendet

- für harte Metalle und dünnwandige Werkstücke: Sägeblätter mit kleiner Zahnteilung, weil dann mehr Zähne gleichzeitig im Eingriff sind
- für weiche Metalle (Aluminium), Holz und Kunststoffe: Sägeblätter mit grober Zahnteilung, weil mehr Späne anfallen, die in den Zahnlücken aufgenommen werden müssen

An jedem Zahn gibt es, siehe Bild ➔ 3:

- Freiwinkel α
- Keilwinkel β
- Spanwinkel γ

Damit das Sägeblatt nicht klemmt, muss es sich freischneiden. Der **Freischnitt** bedeutet, dass der Sägeschnitt breiter wird, als das Sägeblatt dick ist, siehe Bild ➔ 4.

Sägen, die oft verwendet werden:

- Handbügelsäge
- Handstichsäge
- elektrische Stichsäge
- Kurzhub-Karosseriesäge
- oszillierende Karosseriesäge
- Hubsäge
- Kreissäge
- Lochsäge

Die **Handbügelsäge** ist vielseitig einsetzbar. Das Sägeblatt ist beidseitig fest eingespannt und ermöglicht damit eine große Schnittlänge. Durch den Bügel ist jedoch die Schnitttiefe begrenzt, ebenso das Sägen in Öffnungen.

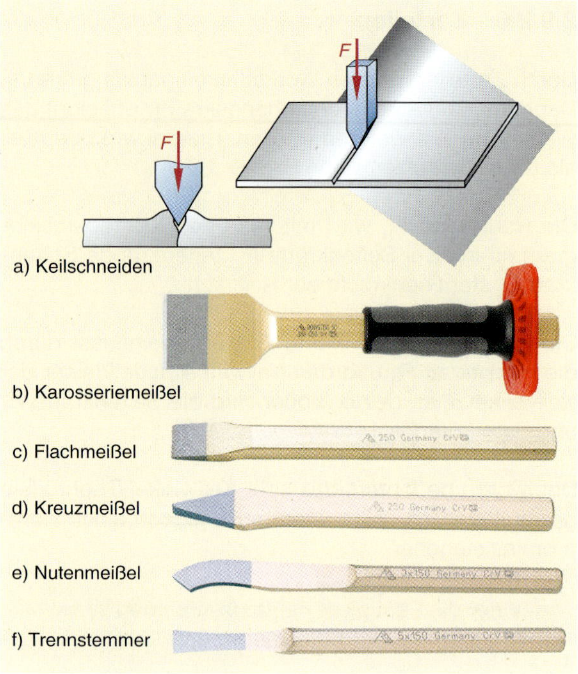

1 Keilschneiden und Meißel

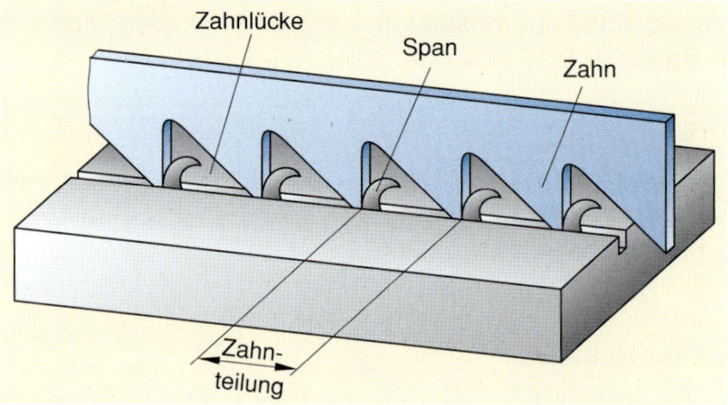

2 Sägeblatt

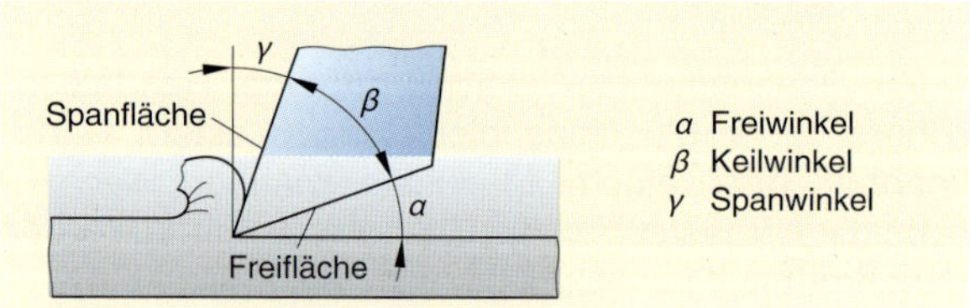

3 Winkel am Schneidkeil, Spanwinkel positiv

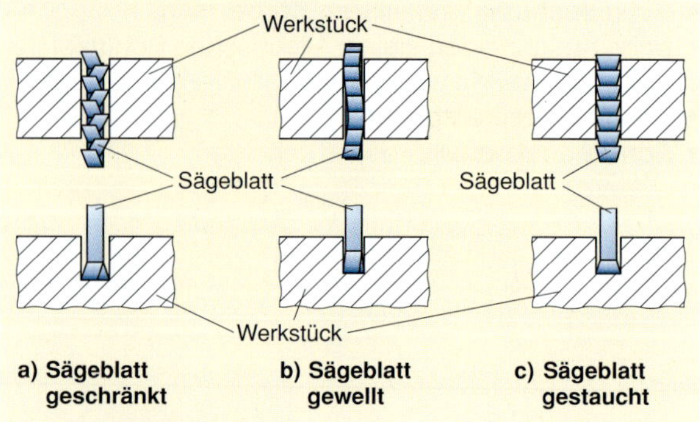

4 Freischnitt beim Sägen

Eine **Handstichsäge** wird eingesetzt, um kleine Öffnungen zu erweitern. Das Sägeblatt ist nur einseitig eingespannt; daher muss die Schnittkraft so dosiert werden, dass das Sägeblatt nicht bricht.

Mit einer **elektrischen Stichsäge** können große Öffnungen ausgesägt und dickwandige Halbzeuge bearbeitet werden.

Mit der **Kurzhub-Karosseriesäge** können Karosserieteile schnell herausgesägt werden.

Bei **oszillierenden Karosseriesägen** ist die Schnitttiefe einstellbar. Damit eignen sie sich für das Sägen von doppelwandigen Karosserieteilen.

Hubsäge und **Kreissäge** sind stationäre Sägen. Sie eignen sich für dickwandige Halbzeuge.

Die **Lochsäge** ist eine elektrische Handsäge, mit der kreisrunde Löcher in Bleche gesägt werden, siehe Bild ➔ 1.

Arbeitssicherheit beim Sägen:
- Werkstücke nahe der Schnittstelle einspannen
- Sägeblatt in Richtung Arbeitshub einspannen
- gegen Schnittende den Druck auf das Sägeblatt verringern

a) Arbeiten mit der Lochsäge

b) Sägeblätter für die Lochsäge

1 Lochsäge

2.9.2.8 Abtragen durch thermisches Trennen

Beim thermischen Trennen wird der Werkstoff erwärmt und geschmolzen, teilweise verdampft und anschließend aus der Schnittfuge geblasen.

Als thermische Trennverfahren werden eingesetzt:
- Brennschneiden
- Plasmaschneiden

Brennschneiden
Unter Brennschneiden versteht man das Trennen von Metallen durch einen Sauerstoffstrahl.

Dabei muss das zu trennende Material
- eine Verbindung mit Sauerstoff eingehen (brennbar sein),
- eine Entzündungstemperatur besitzen, die unterhalb des Schmelzpunktes liegt,
- schmelzen können,
- eine Verbrennungstemperatur besitzen, die höher ist als der Schmelzpunkt des Metalloxides.

Plasmaschneiden
Unter Plasmaschneiden versteht man das Trennen von Metallen durch einen Plasmastrahl.

Plasma ist ein Gas (Plasmagas), das durch einen Lichtbogen zwischen einer Wolframelektrode und dem Werkstück hoch erhitzt wird.

Als Plasmagas wird verwendet:
- reiner Stickstoff
- Mischgas Stickstoff/Wasserstoff
- Luft
- reiner Sauerstoff

Voraussetzung für das Plasmaschneiden ist, dass der zu schneidende Werkstoff elektrisch leitend ist; sonst kann der Lichtbogen, der zur Plasmabildung erforderlich ist, nicht entstehen.

2.9.2.9 Betriebsstoffe

Einteilung der Betriebsstoffe

Betriebsstoffe sind nichtmetallische Werkstoffe, die zum Betrieb von Maschinen und Motoren und zur Bearbeitung von Bauteilen erforderlich sind.

Zu den Betriebsstoffen zählen,
- Schmierstoffe
- Kühlschmierstoffe
- Schleifmittel
- Flussmittel

Schmierstoffe

Schmierstoffe sind Betriebsstoffe, die
- Reibung und Verschleiß vermindern zwischen gleitenden Bauteilen,
- Leichtgängigkeit und Funktion der Maschinen und Motoren bewirken,
- Wärme ableiten und
- vor Korrosion schützen.

Weitere Informationen zu Schmierstoffen siehe Kap. 18.4.2.

Kühlschmierstoffe

Kühlschmierstoffe sind Betriebsstoffe, die gleichzeitig kühlen; sie werden bei spanabhebender Bearbeitung eingesetzt.

Man unterscheidet:
- Kühlschmieremulsionen
- Metallbearbeitungsöle

Kühlschmieremulsionen sind Kühlschmierstoffe, die in Wasser gemischt sind. Sie werden eingesetzt, wenn es bei spanabhebender Bearbeitung von Metallen besonders auf die Kühlwirkung ankommt, z. B. beim Sägen, Bohren, Fräsen und Drehen. Damit wird die Standzeit der Werkzeuge erhöht und gleichzeitig werden Späne abgeführt und Korrosion vermieden.

Metallbearbeitungsöle sind Kühlschmierstoffe, die mit Öl gemischt sind. Sie verwendet man, wenn es bei spanabhebender Bearbeitung von Metallen besonders auf die Verminderung der Reibung ankommt, z. B. beim Gewindeschneiden von Stahl und Eisengusswerkstoffen und beim Spanen von Kupfer und Aluminium.

Schleifmittel

Schleifmittel sind Schleifkörner, die beim Schleifen und Trennschleifen verwendet werden. Die Schleifkörner müssen härter sein als der zu trennende Werkstoff, damit Späne abgetrennt werden können.

Übliche Werkstoffe für die Schleifmittel sind Korunde (Aluminiumoxid), Siliziumkarbid und synthetische Diamanten. Die Schleifkorngröße wird Körnung genannt, sie beeinflusst die Zerspanungsleistung und die Oberflächengüte.

Flussmittel

Flussmittel sind Betriebsstoffe zum Löten, die Oxide und Fettschichten auflösen und die Neubildung von Oxiden während des Lötvorgangs verhindern, siehe Bild ➔ 1.

Zum Löten ist eine metallisch reine Oberfläche notwendig; diese erhält man durch
- mechanische Reinigung und
- der zusätzlichen Verwendung eines Flussmittels.

Weitere Informationen zum Flussmittel siehe Kap. 2.9.4.3.

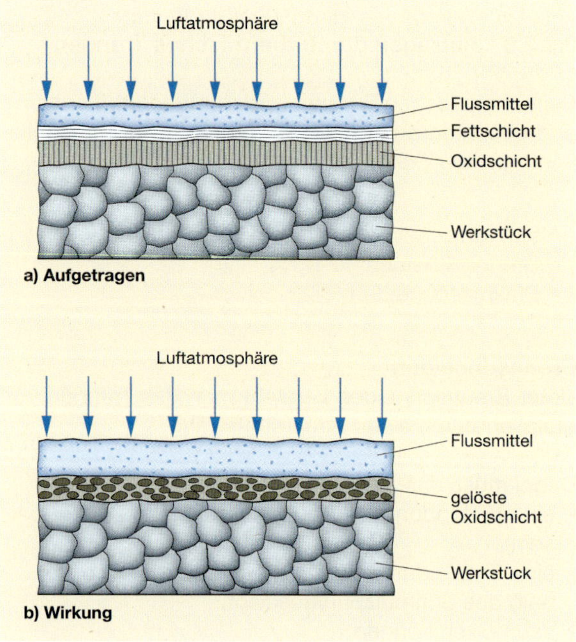

1 Flussmittel

2.9.3 Umformen

2.9.3.1 Übersicht zum Umformen

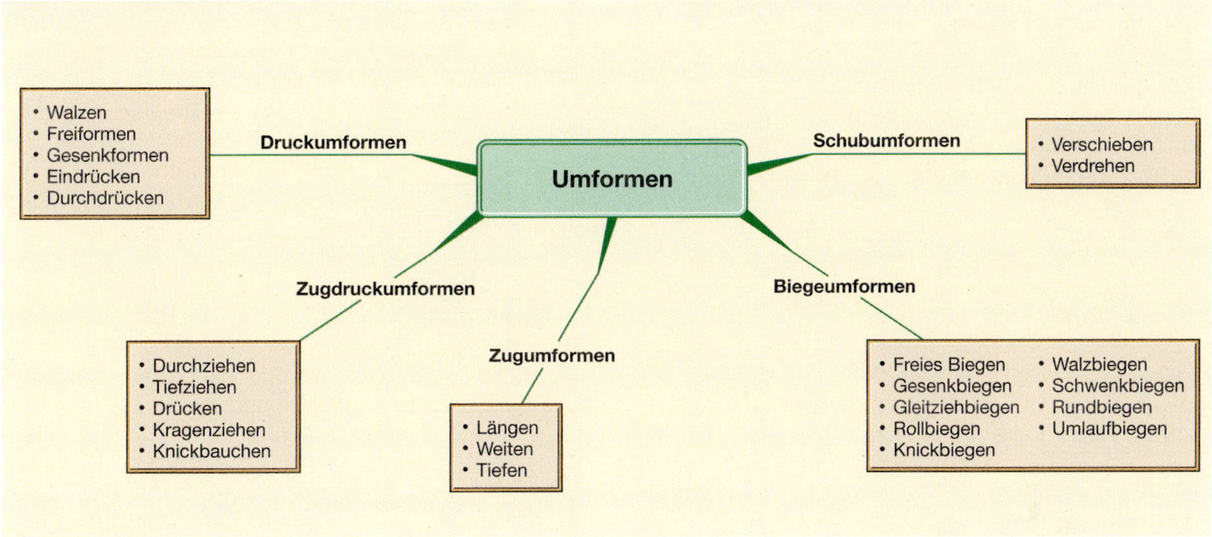

1 Umformverfahren

Umformen ist das Ändern der Form eines festen Körpers, ohne dass sich Masse und Stoffzusammenhang verändern. Bild ➔ 1 zeigt alle Umformverfahren.

Für den Karosserie- und Fahrzeugbaumechaniker sind wichtig:
- Biegen, siehe Kap. 2.9.3.2
- Innengewinde formen, siehe Kap. 2.9.3.3
- Fließbohren, siehe Kap. 2.9.3.4

2.9.3.2 Biegen

Zum Biegen werden behandelt:
- Biegemoment
- Biegespannung
- Spannungs-Dehnungs-Bereiche
- Verformung des Querschnitts
- Gefügeänderung
- Biegeradius
- Verformungswiderstand
- Profilbiegen
- Abkanten

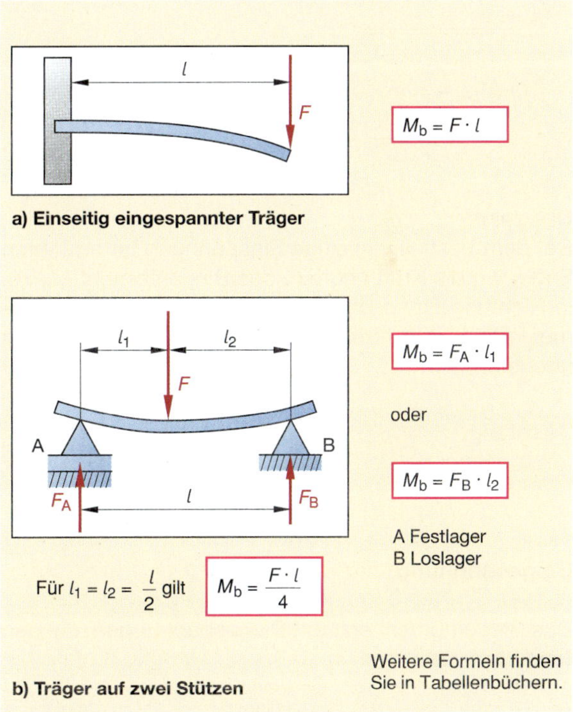

2 Biegemoment an der Einspannung bzw. an den Lagern

Biegemoment

Biegen ist das Umklappen von einem Teil des Werkstücks. Soll ein Werkstück gebogen werden, muss in einem Abstand von der Biegestelle eine Kraft wirken. Dadurch entsteht ein Biegemoment.

Die Berechnung des Biegemomentes erfolgt so, dass ein Bauteil als Träger betrachtet wird. Der Träger kann eingespannt sein oder auf Fest- und Loslager abgestützt, siehe Bild ➔ 2.

Beispiel:
Ein Blech wird in einen Schraubstock eingespannt (= einseitig eingespannter Träger), und man lässt im Abstand l = 10 cm eine Kraft F = 50 N wirken, vgl. Bild ➔ 2a, Seite 63.

Wie groß sind die Biegemomente
a) M_{b1} am freien Ende des Blechs ($l_1 = 0$),
b) M_{b2} in der Mitte des Trägers (l_2 = 5 cm),
c) M_{b3} an der Einspannung (l_{30} = 10 cm)?

Geg.: $l_1 = 0$
l_2 = 5 cm = 0,05 m
l_3 = 10 cm = 0,1 m
F = 50 N

Ges.: M_{b1} für $l_1 = 0$
M_{b2} für l_2 = 5 cm
M_{b3} für l_3 = 10 cm

Lösung:

$$M_b = F \cdot l$$

a) M_{b1} = 50 N · 0
$M_{b1} = 0$

b) M_{b2} = 50 N · 0,05 m
M_{b2} = 2,5 Nm

c) M_{b3} = 50 N · 0,1 m
M_{b3} = 5 Nm

Das zeigt:
Bei dem Lastfall einseitige Einspannung ist am freien Ende, wo die Kraft angreift, das Biegemoment $M_b = 0$, in Richtung Einspannung wird das Biegemoment immer größer und erreicht an der Einspannung seinen höchsten Wert.

Achtung:
Das gilt nur für den einseitig eingespannten Träger.

Biegespannung

Das Biegemoment erzeugt Biegespannungen, die den Werkstoff verformen.

Die Biegespannung ist abhängig von:
- Biegemoment
- Widerstandsmoment

$$\sigma_b = \frac{M_b}{W}$$

σ_b Biegespannung in N/mm²
M_b Biegemoment in Nm
W axiales Widerstandsmoment in m³

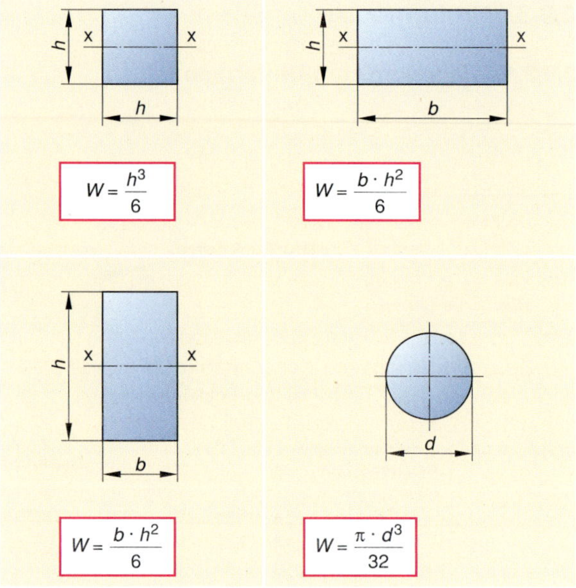

1 Axiales Widerstandsmoment – Beispiele

Hier erkennt man:
- großes Biegemoment → große Biegespannung
- großes axiales Widerstandsmoment → kleine Biegespannung

Das axiale Widerstandsmoment entnimmt man Tabellen; für einfache Profile kann man es auch errechnen; Beispiel siehe Bild ➔ 1.

Spannungs-Dehnungs-Bereiche beim Biegen

Damit ein Werkstück lange hält, ist es gut, wenn die Biegespannung klein ist. Will man aber ein Bauteil umformen, benötigt man eine große Biegespannung.

Das soll am Beispiel „Biegen eines Bleches" nach Bild ➔ 2a, Seite 63 gezeigt werden:

Beim Biegen des Bleches gibt es drei Bereiche:
- elastischer Bereich
- plastischer Bereich
- Bruch

Im **elastischen Bereich** federt das Blech bei Entlastung zurück, ohne bleibende Verformung.

Vergrößert man die Kraft, biegt sich das Blech noch mehr. Das Blech verformt sich bis in den **plastischen Bereich.** Bei Entlastung gibt es zwar eine Rückfederung, aber nicht mehr bis zum Ausgangspunkt. Das Blech hat sich plastisch verformt.

Die größte Verformung ist an der Einspannung im Schraubstock, nicht am freien Ende, wo die Kraft angreift. Begründung: Am freien Ende beträgt das Biegemoment $M_b = 0$, an der Einspannung ist das Biegemoment am größten, siehe Beispiel oben.

Der **Bruch** zeigt sich an der Seite des Bleches, wo die Zugspannung auftritt. Beim Biegen geht das Bauteil immer zuerst auf der Zugseite kaputt, und zwar dort, wo die Zugkraft am größten ist – also an der Randfaser.

Deshalb muss bei Festigkeitsuntersuchungen an Biegeteilen die Randfaser der Zugseite besonders beachtetet werden. Hierfür kann man das Spannungs-Dehnungs-Diagramm vom Zugversuch verwenden, siehe Bild ➔ 1.

Zum Biegen muss das Biegemoment so groß sein, dass im Werkstück Spannungen im plastischen Bereich entstehen.

Verformung des Querschnitts beim Biegen

Weiterhin erkennt man, dass beim Biegen
- sich der Außenbereich verlängert,
- sich der Innenbereich verkürzt,
- dazwischen eine neutrale Faser liegt.

Der **Außenbereich verlängert sich**, er wird gezogen: Es entstehen Zugspannungen. Dabei verringert sich der Querschnitt im Außenbereich, siehe Bild ➔ 2b.

Die höchste zulässige Zugspannung σ_{zul} in der Randfaser der Zugseite muss immer kleiner sein als die Zugfestigkeit R_m.

Dann kommt es beim Umformen nicht zur Materialzerstörung, siehe Bild ➔ 1.

Der **Innenbereich verkürzt sich**; er wird zusammengedrückt. Es entstehen Druckspannungen. Dabei vergrößert sich der Querschnitt im Innenbereich, siehe Bild ➔ 2b.

Zwischen dem Außen- und Innenbereich liegt eine Faser, die weder gestreckt noch gestaucht wird; man nennt sie **neutrale Faser**. Die Länge der neutralen Faser ändert sich nicht, und auch der Querschnitt bleibt erhalten.

Deshalb wird bei der Ermittlung der gestreckten Länge von Biegeteilen immer die Länge der neutralen Faser berechnet.

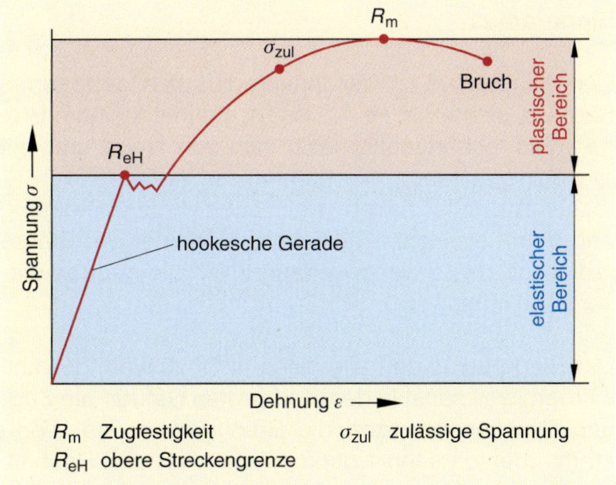

1 Spannungs-Dehnungs-Schaubild von Stahl

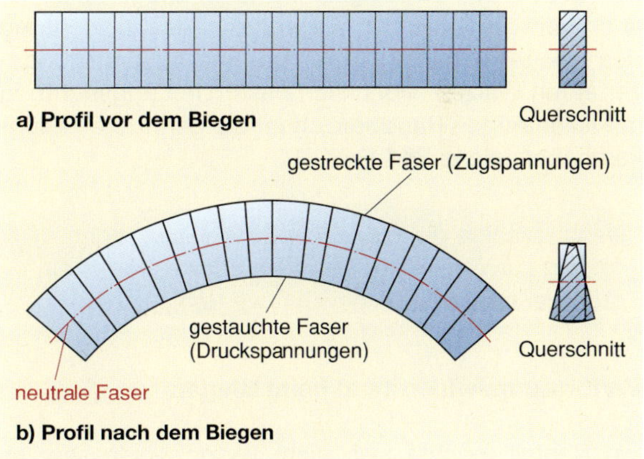

2 Gefügeveränderung beim Biegen

Gefügeveränderung beim Biegen

Jede plastische Verformung führt zu einer Gefügeveränderung, siehe Bild ➔ 2. Durch die beim Biegen entstehenden Zug- und Druckspannungen werden innerhalb der Kristallite Metallionen auf Gleitebenen verschoben. Die Verschiebung der Metallionen hat zur Folge, dass die Raumgitter verzerren. Die Raumgitter nehmen eine ähnlich verzerrte Form an, wie bei der Martensitbildung durch das Stahlhärten. Dadurch ergibt sich eine Kaltverfestigung.

Im Karosserie- und Fahrzeugbau ist diese Kaltverfestigung häufig erwünscht. Man nutzt sie als Blechversteifung und spart dadurch Material und somit Masse.

Bei der Instandsetzung ist besonders darauf zu achten, dass im tragenden Bereich keine Wärme in die Bereiche der erwünschten Kaltverfestigung gelangt. Schon bei ca. 500 °C bis 600 °C setzt bei Stahl die Rekristallisation ein und die Kaltverfestigung wird wieder abgebaut.

Biegeradius

Der Biegeradius ist der Innenradius des gebogenen Bauteils, siehe Bild ➔ 1. Das Biegen mit kleinem Biegeradius (scharfkantig) lässt sich von Hand und mit Maschinen einfach durchführen. So hergestellte Karosseriebauteile haben eine hohe Kaltverfestigung und damit eine gute Steifigkeit. Je kleiner der Biegeradius ist, desto weiter verlagert sich die neutrale Faser nach innen.

Der Biegeradius darf allerdings nicht zu klein gewählt werden, weil sonst in dem verformten Gefüge die Zug- und Druckspannungen die Bruchgrenze des Werkstoffs überschreiten – dann entstehen Risse. Deshalb sind Mindestbiegeradien festgelegt, siehe Bild ➔ 2.

Die Größe des zulässigen kleinsten Biegeradius ist auch von der Lage der Biegeachse zur Walzrichtung des Bleches abhängig. Durch das Blech-Herstellungsverfahren Walzen bilden sich Fasern in Längsrichtung mit linienartigen Randbereichen, die geringere Festigkeit haben, siehe Bild ➔ 3.

Deshalb sollte die Biegeachse möglichst rechtwinklig zur Walzrichtung liegen, oder es muss ein größerer Biegeradius gewählt werden.

Verformungswiderstand beim Biegen

Ein Bauteil möchte sich nicht verformen lassen; es setzt der Verformung einen Widerstand entgegen, den Verformungswiderstand. Je mehr Fasern (ausgerichtete Kristallite) beim Umformvorgang gestreckt bzw. gestaucht werden, desto größer ist der Verformungswiderstand.
Der Verformungswiderstand ist abhängig von, siehe Bild ➔ 4:

- Größe des Biegeradius
- Größe und Form des Materialquerschnitts
- Lage des Querschnittes zur Biegeachse

Profilbiegen

Bei geschweißten Profilen ist darauf zu achten, dass die Naht immer in der neutralen Faser liegt, damit sie nicht beim Strecken und Stauchen aufplatzt.

Werden die Fasern durch Zug und Druck belastetet, versuchen sie in Richtung der neutralen Faser auszuweichen. Da bei offenen und geschlossenen Profilen die neutrale Faser meist außerhalb des Materialquerschnitts liegt, knickt das Werkstück ein – es kommt zur unerwünschten Verformung.

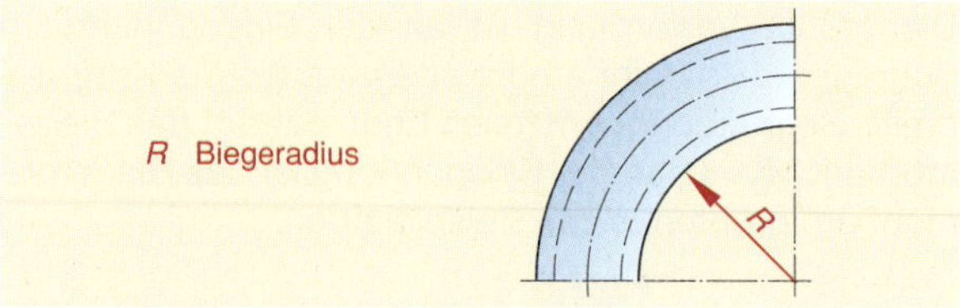

1 Biegeradius

Werkstoff	Blechdicke in mm									
	1	1,5	2,5	3	4	5	6	7	8	10
Stahl $R_{eH} \leq 235 \frac{N}{mm^2}$	1,0	1,6	2,5	3	5	6	8	10	12	16
Stahl $R_{eH} \leq 275 \frac{N}{mm^2}$	1,2	2,0	3,0	4	5	8	10	12	16	20
Stahl $R_{eH} \leq 355 \frac{N}{mm^2}$	1,6	2,5	4,0	5	6	8	10	12	16	20
Reinaluminium (kaltverfestigt)	1,0	1,6	2,5	4	6					
AlCuMg-Legierung (ausgehärtet)	2,5	4,0	6,0	10						
CuZn-Leg. (kaltverfestigt)	1,6	2,5	4,0	6						
Kupfer (weichgeglüht)	1,6	2,5	4,0	4						

2 Mindestbiegeradien in mm

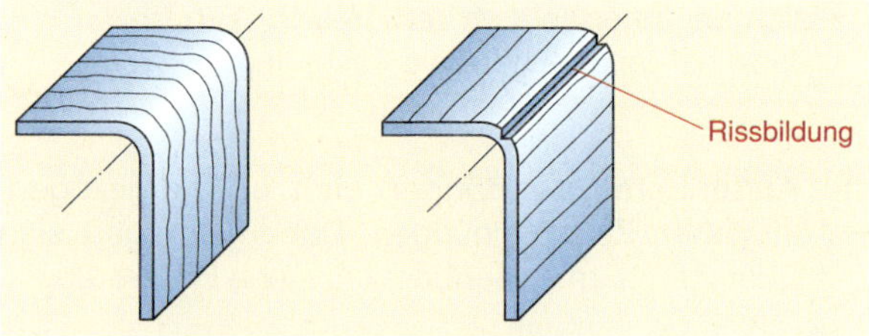

3 Lage der Biegeachse zur Walzrichtung

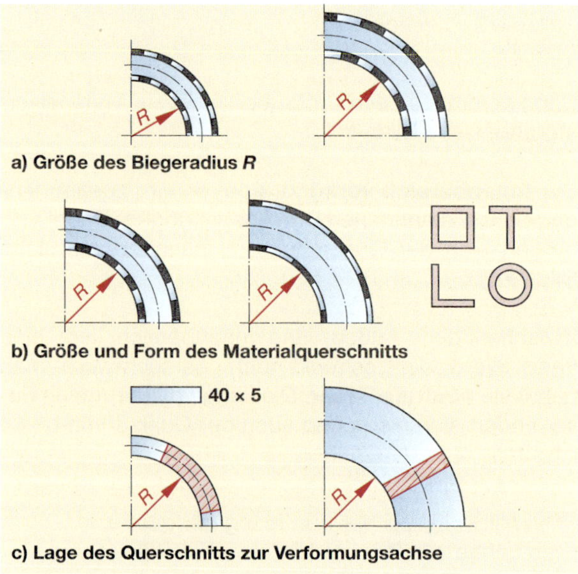

a) Größe des Biegeradius *R*

b) Größe und Form des Materialquerschnitts

c) Lage des Querschnitts zur Verformungsachse

4 Verformungswiderstand beim Biegen

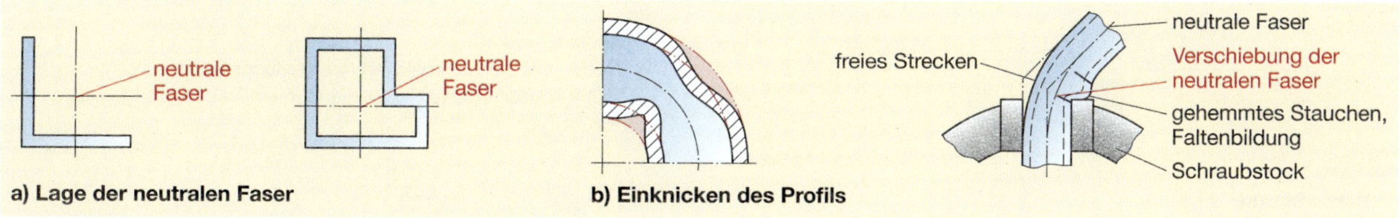

1 Profilbiegen

Verstärkt wird dieser Vorgang, wenn das Werkstück an der Biegestelle eingespannt wird: Die Stauchung der inneren Fasern wird dann gehemmt, die äußeren Fasern mehr gestreckt und die neutrale Faser verschiebt sich zur Biegeachse, siehe Bild → 1.

Die Querschnittsform bleibt erhalten beim Profilbiegen:
- ohne Füllstoff mit Profilwalzen
- durch Verwendung von Füllstoff
- durch Verwendung von Formteilen

Profilbiegen mit Profilwalzen ohne Füllstoff
Offene Profile können ohne Füllstoff mit Profilwalzen gebogen werden, wenn die Profilwalzen verhindern, dass die Profile einknicken, siehe Bild → 2a.

Profilbiegen durch Verwendung von Füllstoffen

Als Füllstoff verwendet man:
- Sand
- Spiralfeder
- Blechstreifen

Sand als Füllstoff muss vollkommen trocken sein. Das ist wichtig beim Warmbiegen: Wasser dehnt sich bei Erwärmung aus; bildet sich Wasserdampf, kann es sogar zur Explosion kommen.
Ein Ende des Hohlprofils wird verschlossen und der Sand wird durch Klopfen von außen verdichtet. Danach wird das andere Ende des Hohlprofils verschlossen, siehe Bild → 3a.

Eine **Spiralfeder** kann bei kreisförmigen Rohren als Füllstoff verwendet werden, siehe Bild → 3b.

Blechstreifen eignen sich als Füllstoff für offene Profile, siehe Bild → 3c.

Profilbiegen durch Verwendung von Formteilen
Profile mit Hilfe von Formteilen kann von Hand erfolgen, oder es werden Profilbiegemaschinen benutzt, siehe Bild → 4. Die Formteile stützen das Profil und verhindern, dass sich die Form des Profilquerschnitts verändert, siehe Bild → 2b. In Bild → 5 sind Formteile für offene und geschlossene Profile dargestellt.

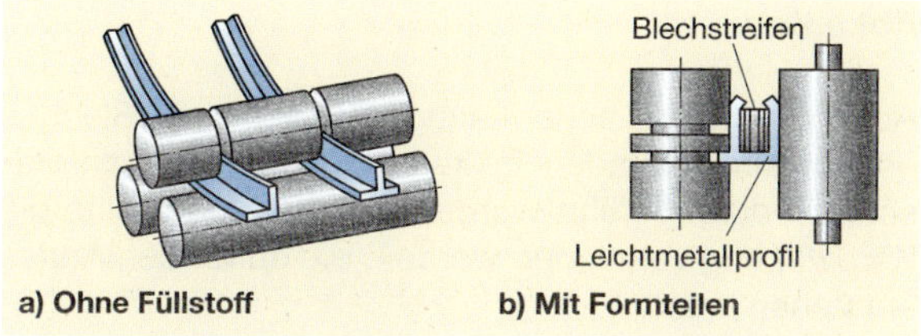

2 Profilbiegen mit Profilwalzen

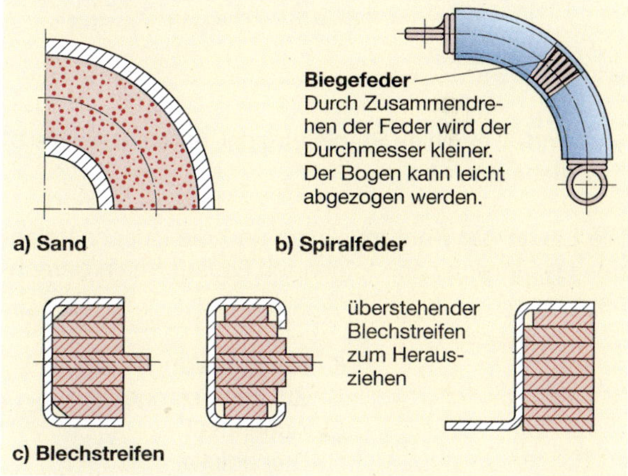

3 Füllstoffe beim Profilbiegen

4 Profilbiegemaschinen

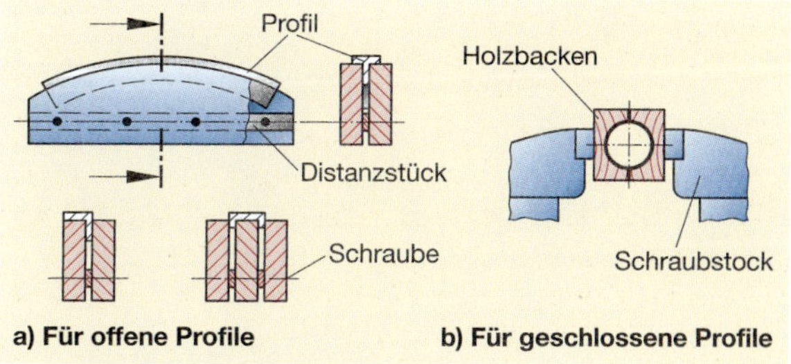

5 Formteile für das Profilbiegen

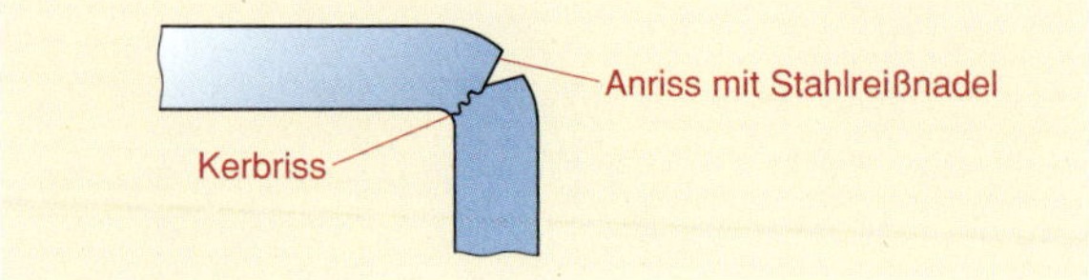

1 Kerbwirkung

Abkanten

Abkanten ist das scharfkantige Biegen eines Bleches entlang einer Geraden. Es kann von Hand und mit Maschinen durchgeführt werden. In jedem Fall sollte die Kerbwirkung vermieden werden, die durch den Anriss entstehen kann.

> Zum Anreißen bei dünnem Stahlblech und bei Blech aus Aluminiumlegierung Bleistift, Filzstift o. Ä. verwenden.

Verwendet man eine Stahlreißnadel, entsteht ein Kerbriss, siehe Bild → 1.

Die Länge der Kantungslinien und die Zuschnittslängen lassen sich nach folgenden Faustformeln berechnen:

$$K = l_a - 1 \cdot t \cdot n$$

$$Z = \sum l_a - 2 \cdot t \cdot n$$

K Kantungslänge
Z Zuschnittslänge
l_a Außenmaß
t Blechdicke
n Anzahl der Kantungen

Bild → 2 zeigt ein Beispiel für die Berechnung der Kantungslinien und der Zuschnittslänge.

Bei zusammenstoßenden Abkantungen kommt es in der Ecke zur Materialanhäufung. Das kann zum Riss führen, verstärkt durch die Kerbwirkung der Scherschnitte. Deshalb müssen die Ausschnitte vor dem Abkanten an Ecken abgebohrt werden, siehe Bild → 3.

Das **Abbohrloch** kann nach dem Abkanten wieder zugeschweißt werden.

Beispiel:
Für das skizzierte Profil sind die Kantungslängen und die Zuschnittslänge zu errechnen und in eine Abwicklungsskizze einzutragen.

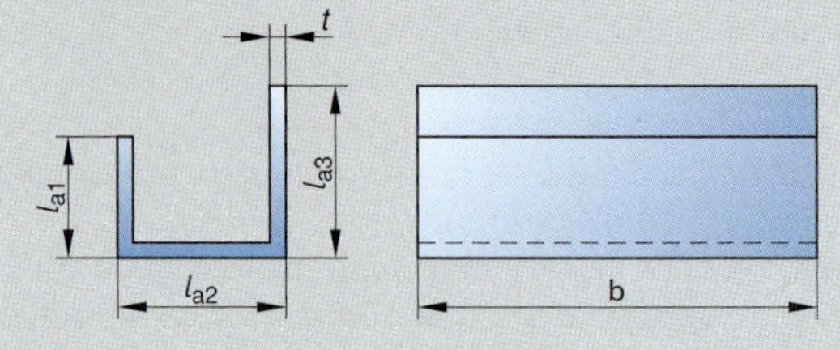

geg.: l_{a1} = 20 mm; l_{a2} = 25 mm; l_{a3} = 30 mm; b = 50 mm; t = 1 mm;

ges.: K_1; K_2; K_3; Z

Lösung: $K_i = l_{ai} - 1 \cdot t \cdot n$

$K_1 = l_{a1} - 1 \cdot t \cdot n$
K_1 = 20 mm − 1 · 1 mm · 1
$\underline{K_1 = 19\ \text{mm}}$

$K_2 = l_{a2} - 1 \cdot t \cdot n$
K_2 = 25 mm − 1 · 1 mm · 2
$\underline{K_2 = 23\ \text{mm}}$

$K_3 = l_{a3} - 1 \cdot t \cdot n$
K_3 = 30 mm − 1 · 1 mm · 1
$\underline{K_3 = 29\ \text{mm}}$

$Z = \sum l_{ai} - 2 \cdot t \cdot n$
$Z = l_{a1} + l_{a2} + l_{a3} - 2 \cdot t \cdot n$
Z = 20 mm + 25 mm + 30 mm − 2 · 1 mm · 2
$\underline{Z = 71\ \text{mm}}$

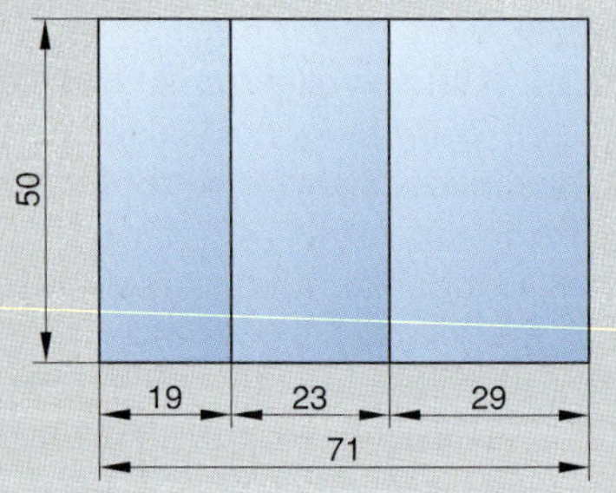

2 Zuschnitts- und Kantungslängen

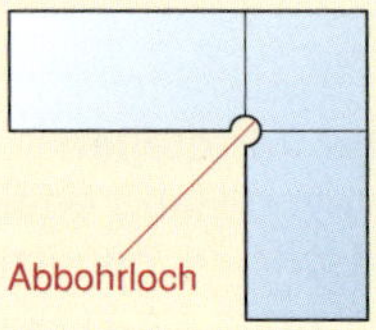

R in mm	0,6	1,0 1,5	2,5
d in mm	2,0	3,0	4,0

R Biegeradius
d Durchmesser des Abbohrloches

3 Richtwerte für Abbohrlöcher

2.9.3.3 Innengewinde formen

In Kap. 2.9.2.3 ist das Gewindeschneiden beschrieben. In einen gut formbaren Werkstoff können Innengewinde aber auch kalt geformt werden. Gut formbare Werkstoffe sind z. B. Aluminiumlegierungen, Kupferlegierungen, Zinklegierungen oder Stahl mit einer Zugfestigkeit bis 1200 N/mm^2 und einer Bruchdehnung von mindestens 8 %.

Beim Formen des Innengewindes wird kein Werkstoff herausgeschnitten – im Gegensatz zum Gewindeschneiden. Es fallen somit keine Späne an; man spricht von der **spanlosen Gewindeherstellung**. Der Faserverlauf wird nicht unterbrochen und der Werkstoff wird verdichtet und kaltverfestigt. Das Gewinde erhält dadurch eine hohe Ausreißfestigkeit.

Innengewinde werden geformt mit:
- Gewindeformer
- Blechschrauben oder Bohrschrauben

Innengewinde formen mit Gewindeformer
Der Gewindeformer ist dem Gewindebohrer ähnlich, jedoch besitzt der Gewindeformer keine Schneidkanten und auch keine Spannuten, siehe Bild → 1.

Gewindeformer werden in ein Bohrloch gedreht; dabei drückt sich das Gewindeprofil stufenweise über den Einlaufkegel in den Werkstoff; der Werkstoff wird plastisch verformt. Das Innengewinde wird also in den Werkstoff gefurcht oder gedrückt; deshalb werden Gewindeformer auch **Gewindefurcher** oder **Gewindedrücker** genannt.

Wichtig beim Gewindeformen ist die Schmierung. Sie verhindert, dass sich Werkstoff auf den Gewindeflanken ansetzt, und sie verhindert, dass das notwendige Drehmoment zu hoch wird.

Innengewinde formen mit Blechschrauben oder Bohrschrauben
Im Karosserie- und Fahrzeugbau ist es üblich, Innengewinde mit Blechschrauben oder Bohrschrauben zu formen, Beispiel siehe Bild → 2.

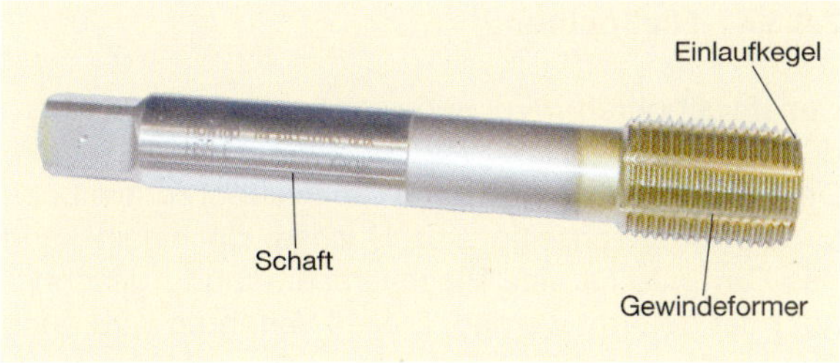

1 Gewindeformer

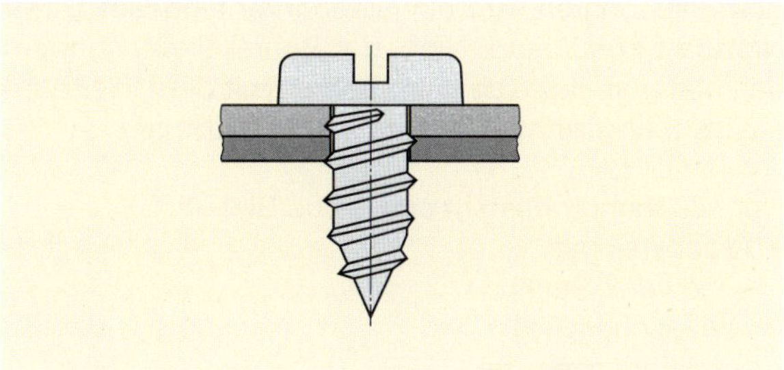
2 Verschraubung mit Blechschraube – Beispiel

Für das Innengewinde einer **Blechschrauben** wird ein Kernloch gebohrt. Der Durchmesser kann aus Tabellen entnommen werden. Für die Praxis ist im Allgemeinen folgende Faustformel ausreichend:

$$d_k = 0{,}8 d_N$$

d_k Kernlochdurchmesser in mm
d_N Nenndurchmesser der Blechschraube in mm

In dieses Kernloch wird die Blechschraube eingedreht.

Bohrschrauben werden direkt in den Werkstoff eingedreht.

Die Schraube formt ihr Gegengewinde, ohne Späne abzuheben. So ist die Gewindepassung eng; bei Belastung lockert sich die Schraube nicht und es kann auf eine zusätzliche Schraubensicherung verzichtet werden.

Informationen über Blechschrauben und Bohrschrauben siehe Kap. 2.9.4.2.

2.9.3.4 Fließbohren

Das Fließbohren wird angewendet, wenn in einem dünnen Blech Schrauben befestigt werden sollen. Denn beim Fließbohren bohrt der Fließbohrer ein Loch und formt gleichzeitig eine Buchse; da hinein kann das Gewinde für eine Blechverschraubung geschnitten oder geformt werden. Dieses Verfahren wird auch **Flowdrill**[1] genannt.

Zum Fließbohren wird ein Fließbohrer eingesetzt. Der Name ist irreführend: Nicht der Bohrer fließt, sondern das Material, das sich beim Bohren mit dem Fließbohrer stark erwärmt, sodass es weich wird.

Der Fließbohrer besteht aus, siehe Bild ➔ 1:
- Arbeitsteil mit
  - Flowdrill-Punkt
  - konischem Teil
  - zylindrischem Teil
- Kragen
- Zylinderschaft

Das Fließbohren geschieht in drei Phasen:
- Start
- Werkstofffluss
- Umformen

Start beim Fließbohren
Der Fließbohrer dreht sich mit hoher Drehzahl. Der Arbeitsteil des Fließbohrers mit seinem polygonen[2] Querschnitt wird mit großer Vorschubkraft in das Blech gedrückt; so wird die notwendige Reibungswärme erzeugt. Die Vorschubkraft steigt so lange an, bis die Spitze des Fließbohrers das Blech durchstoßen hat, siehe Bild ➔ 2a.

Werkstofffluss beim Fließbohren
Bereits beim Start entweicht ein Teil des Werkstoffs nach oben, entgegen der Vorschubrichtung. Hat die Spitze des Fließbohrers das Blech durchstoßen, fließt der Werkstoff in Richtung des Vorschubs, siehe Bild ➔ 2b. Die Vorschubkraft wird kleiner und die Vorschubgeschwindigkeit nimmt zu.

Umformen beim Fließbohren
Der gesamte Arbeitsteil hat das Blech durchstoßen und der Kragen formt den Werkstoff, der gegen die Vorschubrichtung geflossen ist, zum ebenen Rand, siehe Bild ➔ 2c. Die Vorschubkraft F_V steigt beim Umformen des Kragens noch einmal an und verringert sich dann bis auf $F_V = 0$.

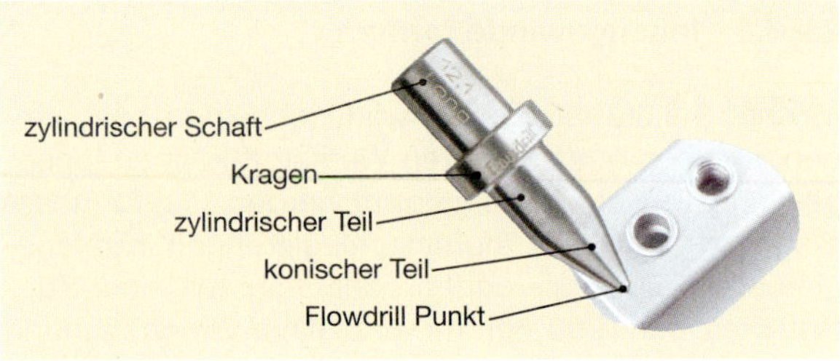

1 **Fließbohrer**

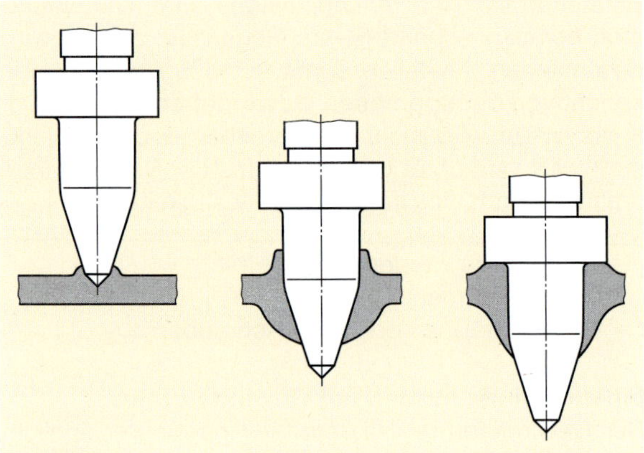

2 **Fließbohren**

Dann wird der Fließbohrer herausgezogen; zurück bleibt eine Buchse, die maßgenau und im Werkstoff verfestigt ist. Nun kann das Gewinde geschnitten oder geformt werden.

Beim Gewindeformen findet eine zusätzliche Kaltverfestigung statt, sodass das Gewinde eine sehr hohe Ausreißfestigkeit besitzt.

Zur Erhöhung der Standzeit sollten beim Fließbohren spezielle Schmiermittel verwendet werden.

Unfallverhütung beim Fließbohren:
- Fließbohrer bis zum Anschlag ins Bohrfutter schieben.
- Bohrfutter nach vier bis fünf Bohrungen nachziehen.
- Heißen Fließbohrer nicht mit der Hand berühren.

Wird der Fließbohrer ausgebaut, muss eine Holzunterlage untergelegt werden, damit der Fließbohrer nicht beschädigt wird.

1 Flowdrill: Benannt nach der deutschen Firma, die dieses Verfahren vor über 30 Jahren entwickelt hat.
2 polygon (griech.): vieleckig

2.9.4 Fügen

2.9.4.1 Übersicht zum Fügen

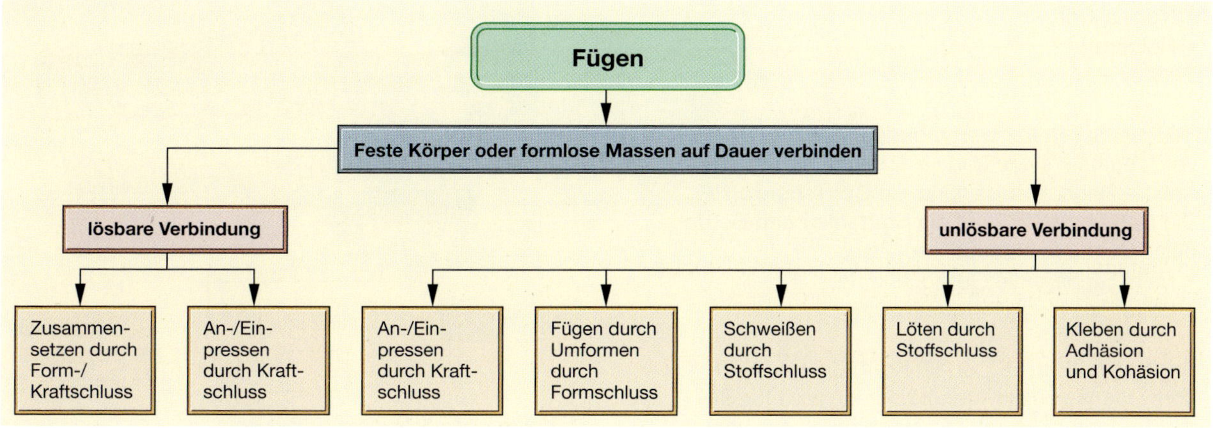

1 Fügen

Fügen ist eine Fertigungstechnik, die feste Körper oder formlose Massen auf Dauer verbindet oder zusammenbringt.

Fügen wird unterteilt in, siehe Bild ➔ 1:
- lösbare Verbindung, siehe Kap. 2.9.4.2
- unlösbare Verbindung, siehe Kap. 2.9.4.3

2.9.4.2 Lösbare Fügeverbindungen

Eine lösbare Verbindung wurde durch Fügen hergestellt. Sie lässt sich wieder lösen, ohne die Werkstücke und/oder das Hilfsfügeteil zu beschädigen.
Lösbare Verbindungen ermöglichen den problemlosen Austausch von einzelnen Bauteilen oder auch von ganzen Baugruppen, ohne dass Wärme oder kraftbedingte Spannungen eingebracht werden. Dabei ist es möglich, die Bauteile bzw. Baugruppen einzustellen und an das vorhandene Gerät anzupassen. Es können auch nachträglich Bauteile bzw. Baugruppen mit lösbaren Verbindungen an das Gerät angebaut werden.

Deshalb sind lösbare Verbindungen wichtig für die Instandsetzung und Nachrüstung. Besonders wichtig und weit verbreitet sind die Schraubenverbindungen.

Nachteil der lösbaren Verbindung:
Sie kann die Masse des Gerätes erhöhen und die Fertigungszeit verlängern.

In diesem Kapitel werden zur Untergruppe lösbare Verbindungen behandelt:
- Schraubenverbindungen
- Arten von Schrauben
- Schraubensicherungen

Schraubenverbindungen

Bei einer Schraubenverbindung wird ein Bauteil mit einer Schraube oder mit mehreren Schrauben an ein anderes Bauteil angeschraubt. Das Bauteil kann auch wieder abgeschraubt werden, ohne dass die Schraube zerstört wird. Deshalb ist die Schraubenverbindung eine lösbare Verbindung.

Beim Anschrauben wird die Schraube angezogen: Je fester die Schraube angezogen wird, umso mehr wird sie auseinandergezogen. Die Schraube wirkt wie eine Zugfeder, sie möchte gern wieder in ihre Ausgangslage zurück. Dabei presst sie die Bauteile aneinander.

Die Schraube ist also ständig vorgespannt. Deshalb heißt die Zugkraft in der Schraube Vorspannkraft, siehe Bild ➔ 2. Die **Vorspannkraft** der Schraube sorgt für ihre **Selbsthemmung**, d. h., sie verhindert, dass sich die Schraubenverbindung lockert oder löst.

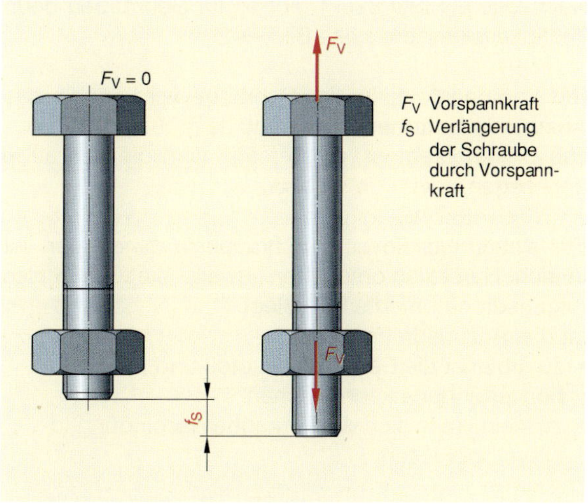

2 Vorspannkraft in der Schraube

Weitere Kräfte wirken an einer Schraubenverbindung:
- Betriebskraft
- Normalkraft
- Reibkraft

Beispiel Schraubenverbindung Leichtmetallfelge–Vorderachse, siehe Bild ➔ 1:
Auf die Radschraube wirkt die **Betriebskraft F_B**.
Die Betriebskraft F_B ist die Kraft, die beim Betrieb des Fahrzeugs erzeugt wird, also:
- beim Stehen: die Gewichtskraft
- beim Fahren: die Umfangskraft

Die **Normalkraft F_N** ist die Kraft, die Rad und Vorderachse zusammendrückt; sie wird für Berechnungen benötigt. Die Normalkraft ergibt sich aus der Vorspannkraft. Ihre Größe wird durch die Größe der Reaktionskraft der elastischen Verformung, der **Rückstellkraft**, bestimmt.

Die **Reibkraft F_R** zwischen Felge und Radnabe entsteht durch die Normalkraft. Die Reibkraft ist genau so groß wie die Betriebskraft; allerdings entgegengesetzt gerichtet. Durch die Reibkraft dreht sich das Rad zusammen mit der Radnabe. Dazu muss die Vorspannkraft in der Schraube entsprechend groß sein.

Die Schrauben werden durch Vorspannkraft und Betriebskraft so beansprucht, dass sie sich ausschließlich elastisch verformen (nicht plastisch!). Deshalb müssen Schrauben so ausgewählt werden, dass sie der Belastung standhalten, also:
- kleine Belastung → Schrauben mit geringer Festigkeit
- große Belastung → Schrauben mit hoher Festigkeit

Nach DIN EN ISO 898-1 gibt es für Schrauben neun Festigkeitsklassen, siehe Bild ➔ 2.

Die Vorspannkraft in der Schraube wird durch das **Anzugsdrehmoment** bestimmt: Je größer ist das Anzugsdrehmoment ist, umso fester wird die Schraube angezogen.

Für sicherheitsrelevante Schraubenverbindungen ist in den Herstellervorschriften jeweils die Größe des Anzugsdrehmoments festgelegt.
Ist das Anzugsdrehmoment
- zu groß, ist die Betriebskraft groß und die Schraubenverbindung kann brechen,
- zu klein, kann sich die Schraubenverbindung lockern oder lösen.

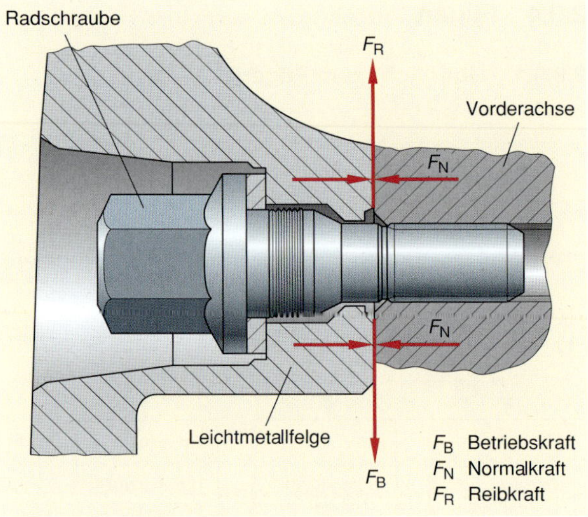

1 Kräfte an der Schraubenverbindung

Festigkeitsklasse	**Nennzugfestigkeit[1] R_m in N/mm²**	**Streckgrenze[2] R_{eL} bzw. $R_{p0,2}$ in N/mm²**
4.6	400	240
4.8	400	320
5.6	500	300
5.8	500	400
6.8	600	480
8.8	800	640
9.8	900	720
10.9	1000	900
12.9	1200	1080

[1] Die Nennzugfestigkeit R_m lässt sich berechnen:

$R_m = 100x$ — x erste Zahl der Festigkeitsklasse

[2] Streckgrenze R_{eL} bzw. 0,2%-Dehngrenze $R_{p0,2}$ lassen sich berechnen:

$R_{eL} = 10xy$ — x erste Zahl der Festigkeitsklasse, y zweite Zahl der Festigkeitsklasse

2 Festigkeitsklassen für Schrauben nach DIN EN ISO 898-1

Zu fest oder zu lose angezogene Schraubenverbindungen sind ein großes Sicherheitsrisiko.

Auch erfahrene Fachleute schaffen es nicht, mit einfachen Handwerkszeugen die vorgeschriebene Vorspannkraft zu erreichen.

Deshalb sind Schrauben bei sicherheitsrelevanten Schraubenverbindungen festzuziehen mit einem Drehmomentschlüssel oder Drehmomentschrauber, bis das Anzugsdrehmoment erreicht ist, das der Hersteller fordert.

Je ein Beispiel für **Drehmomentschlüssel** und **Drehmoment-Schraubendreher** zeigt Bild → 1. Es wird das zulässige Drehmoment eingestellt. Erreicht das Drehmoment den eingestellten Wert, rasten die Drehmomentschlüssel bzw. Drehmoment-Schraubendreher hör- und fühlbar aus.

Arten von Schrauben

Üblich ist die Einteilung der Schrauben nach ihrer:
- geometrischen Grundform
- Gewindeart

Schrauben nach ihrer geometrischen Grundform

Schrauben nach ihrer geometrischen Grundform sind, siehe Bild → 2:
- Kopfschrauben
- Sechskantschrauben
- Zylinderschrauben
- Senkschrauben
- Linsenschrauben
- Radschrauben
- Stiftschrauben
- Gewindestifte
- Verschlussschrauben

Schrauben nach ihrer Gewindeart

In Kraftfahrzeugen werden Schrauben verwendet mit:
- metrischem ISO-Gewinde oder Whitworth-Schraubengewinde
- Blechschraubengewinde

Schrauben mit metrischem ISO-Gewinde oder Whitworth-Schraubengewinde

Schrauben mit metrischem ISO-Gewinde und mit Whitworth-Schraubengewinde sind Befestigungsgewinde. Bild → 3 zeigt ein metrisches ISO-Gewinde mit allen Maßen. Die Maße werden in mm angegeben.

In englischen und amerikanischen Fahrzeugen werden Whitworth[1]-Schraubengewinde verwendet. Das Whitworth-Schraubengewinde unterscheidet sich vom metrischen ISO-Gewinde im Flankenwinkel (55° beim Whitworth-Schraubengewinde, 60° beim metrischen ISO-Gewinde) und die Maße werden in Zoll angegeben.

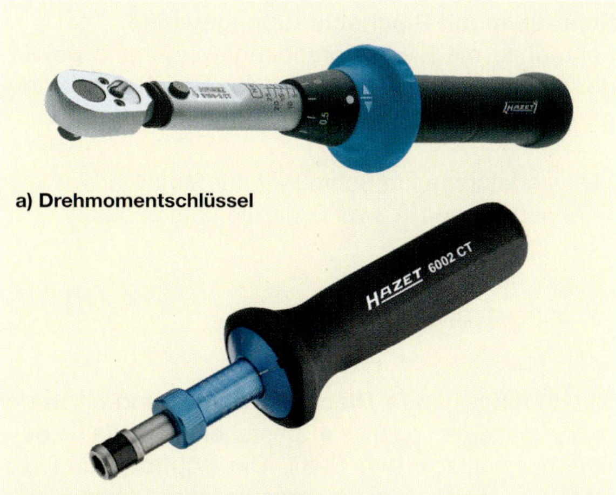

a) Drehmomentschlüssel
b) Drehmoment-Schraubendreher

1 Drehmomentschlüssel und Drehmoment-Schraubendreher

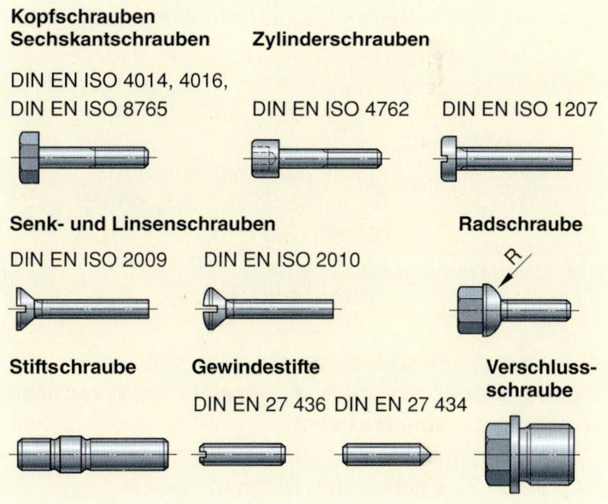

2 Schrauben nach ihrer geometrischen Grundform

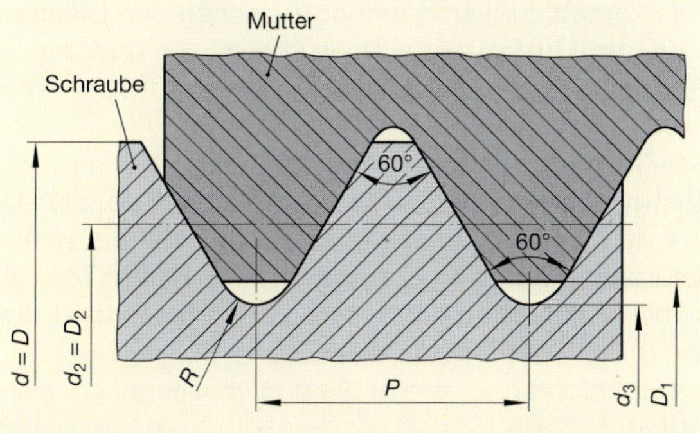

Flankenwinkel = 60°
Steigung P
Rundung R

	Schraube	Mutter
Nenndurchmesser	d	D
Kerndurchmesser	d_3	D_1
Flankendurchmesser	d_2	D_2

3 Metrisches ISO-Gewinde

1 Benannt nach Joseph Whitworth, der dieses Gewinde 1841 einführte, es wurde zum ersten genormten Gewinde in der Welt.

Schrauben mit Blechschraubengewinde

Schrauben mit Blechschraubengewinde sind **gewindefurchende Schrauben**. Sie formen ihre Gewindegänge beim Einschrauben selbst, vgl. Kap. 2.9.3.3.

Gewindefurchende Schrauben für Metallverbindungen können in zwei Gruppen unterschieden werden:
- Blechschrauben
- Bohrschrauben

Gewindefurchende Blechschrauben sind entweder einsatzgehärtet oder sie bestehen aus kaltverfestigtem, hochlegiertem Stahl. Die Kopfform und das Schraubenende sind für verschiedene Anwendungsfälle unterschiedlich, siehe Bild → 1.

Normgerecht wird eine gewindefurchende Blechschraube mit Flachkopf folgendermaßen bezeichnet:

Beispiel:
Blechschraube ISO 1481 – ST 3,5 × 19 – C

Es bedeuten:

ISO 1481	Flachkopf-Blechschraube
ST 3,5	Gewinde ST 3,5 (Nenndurchmesser 3,5 mm)
19	Länge (Nennmaß) 19 mm
C	Form C (mit Spitze)

Im Karosserie- und Fahrzeugbau werden gewindefurchende Blechschrauben eingesetzt für **Verschraubungen** mit, siehe Bild → 2,
- zwei Kernlöchern: für $t \leq P$; es kommt nicht zur Verspannung zwischen den Blechen
- Durchgangsloch: für $t > P$; es kommt zur Verspannung zwischen den Blechen
- aufgedorntem Kernloch: für $t \leq P$ und $(t_1 + t_2) > P$; es kommt zur Verspannung zwischen den Blechen
- Klemm-Mutter: für $t < P$; es kommt zur Verspannung zwischen den Blechen

Gewindefurchende Bohrschrauben bohren das Kernloch und formen zusätzlich ihr Gewinde. Sie sind aus den gleichen Werkstoffen hergestellt wie gewindefurchende Blechschrauben und auch zum Teil wärmebehandelt. Bohrschrauben gibt es für Blechdicken von 0,7 mm bis 6 mm, siehe Bild → 3.
Die Bohrschraube vereint die drei Arbeitsgänge, siehe Bild → 1, Seite 75:
- Vorbohren
- Gewindeformen
- Schrauben

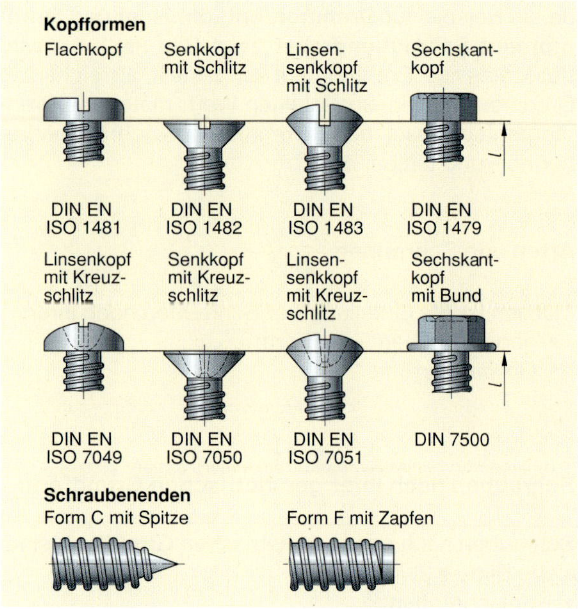

1 Arten von gewindefurchenden Blechschrauben

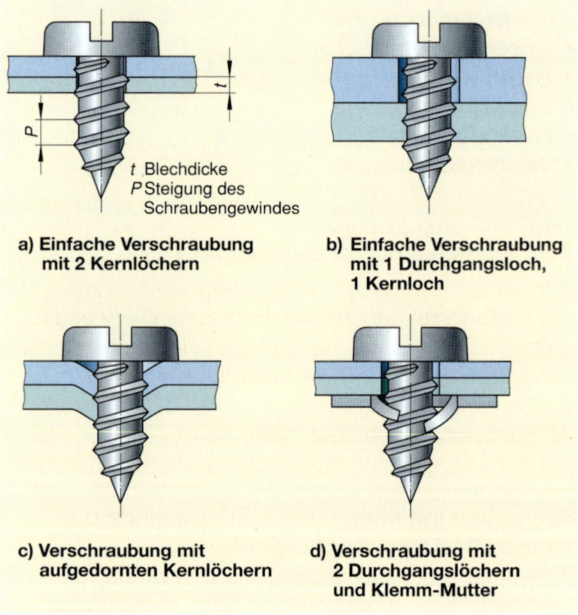

2 Verschraubungen mit gewindefurchenden Blechschrauben

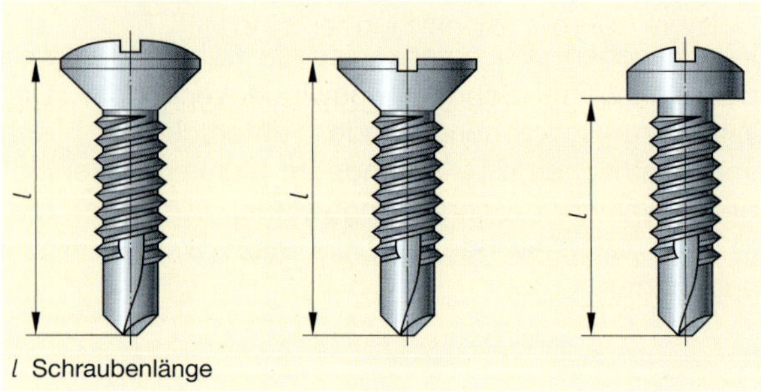

3 Gewindefurchende Bohrschraube

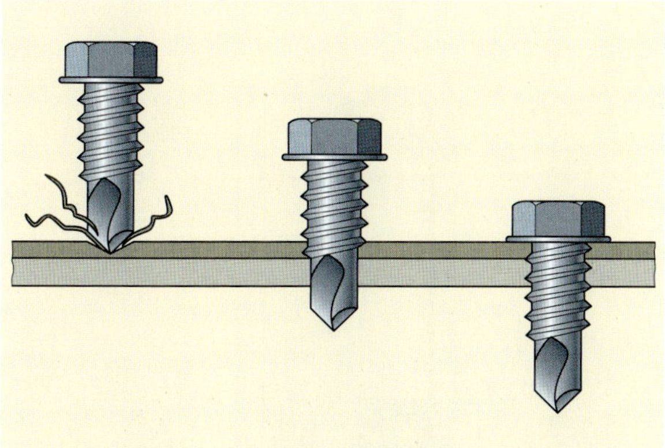

1 Gewindefurchende Bohrschraube einschrauben

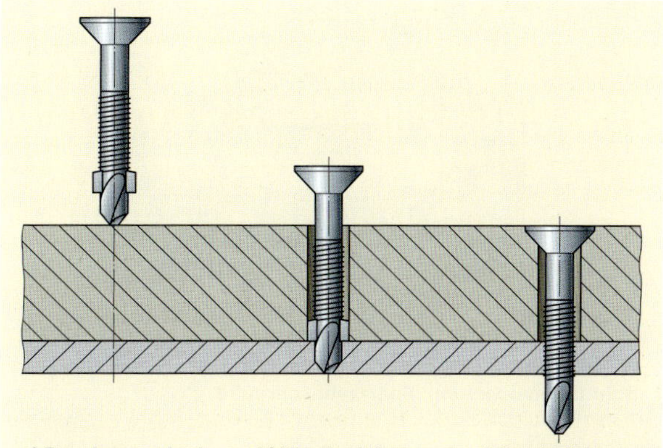

2 Flügel-Bohrschraube einschrauben

Wenn Holz auf Stahl geschraubt wird, werden **Flügel-Bohrschrauben** eingesetzt, z. B. bei der Ladefläche von Lkws.
Die Flügel-Bohrschraube hat zwischen Bohrerspitze und Gewindeanfang einen Schneidflügel; damit bohrt sie sich im Holz ein Durchgangsloch, siehe Bild ➔ 2. Das Durchgangsloch ist erforderlich, um Holz und Stahlblech zu verspannen. Beim Auftreffen auf das Stahlblech wird der Schneidflügel abgesprengt und die Bohrschraube formt ihr Gegengewinde ins Blech.

Schraubensicherungen

Schraubensicherungen sollen verhindern, dass sich Schraubenverbindungen lockern oder gar lösen. Bei normaler Belastung kann sich die Schraubenverbindung nicht lösen, dafür sorgt die Selbsthemmung.

Selbsthemmung entsteht bei Schraubenverbindungen durch Reibkräfte in den Gewindegängen und an den Auflageflächen.

Die Reibkräfte vermindern sich,
- wenn dynamische Belastungen in Achs- oder in Querrichtung der Schraube wirken,
- bei Stößen und Schwingungen,
- wenn bei Wärme die Schraube sich mehr ausdehnt als die Bauteile, die verbunden sind.

Dann lockert sich die Schraubenverbindung; sie kann sich sogar lösen.

Das Lösen kann verhindert werden durch:
- konstruktive Maßnahmen zur Schraubensicherung
- externe Schraubensicherungen

Konstruktiven Maßnahmen zur Schraubensicherung

Konstruktive Maßnahmen zur Schraubensicherung heißt, besondere Schrauben auszuwählen. Solche besonderen Schrauben haben eine bestimmte Form oder können mit großer Vorspannung angezogen werden.

Beispiel:
- Schrauben mit Gewindeüberhöhung, siehe Bild ➔ 3: Sie furchen sich in das Muttergewinde ein und sorgen so für eine große Reibung.
- Sperrzahnschrauben und -muttern, siehe Bild ➔ 1, Seite 76: Sie drücken sich mit der Verzahnung in die Werkstückoberfläche ein.
- Schrauben mit einem großen Klemmlängenverhältnis, siehe Bild ➔ 2, Seite 76: Das Maß der elastischen Ausdehnung wird vergrößert und die Vorspannung der Schraube gesichert.
- Schrauben mit hoher Festigkeitsklasse: Sie können mit großer Vorspannung angezogen werden; das erhöht die Reibkraft.

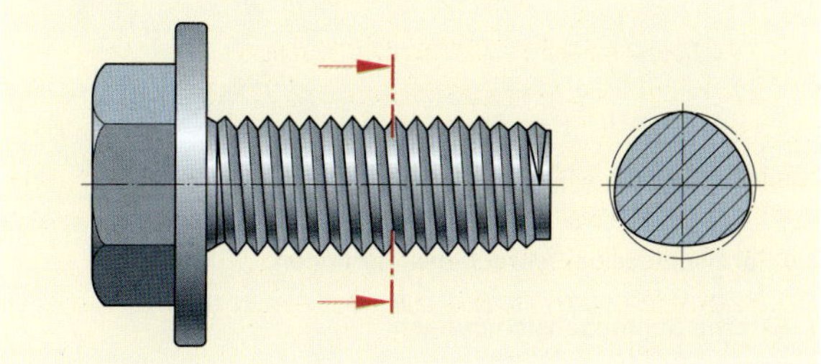

3 Schraubensicherung: Schraube mit Gewindeüberhöhung

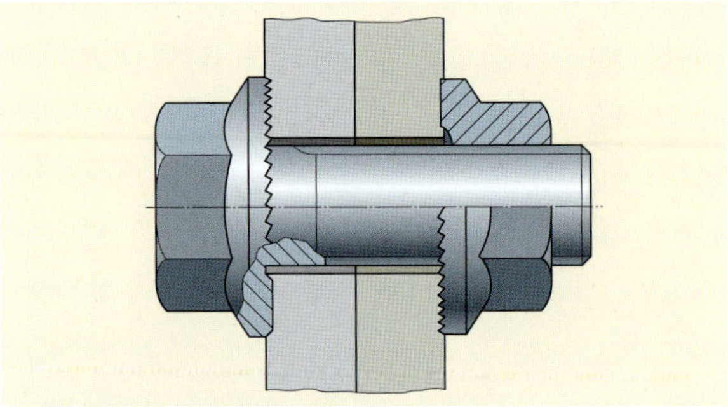

1 Schraubensicherung: Sperrzahnschraube

Externe Schraubensicherungen

Bei externen Schraubensicherungen verhindern zusätzliche Bauteile oder Stoffe, dass sich die Schraubenverbindung lockern oder lösen kann. Externe Schraubensicherungen können nach ihrer Funktion unterteilt werden; sie können sein:

- formschlüssig, siehe Bild → 3a
- kraftschlüssig, siehe Bild → 3b
- mit Gewindebeschichtung

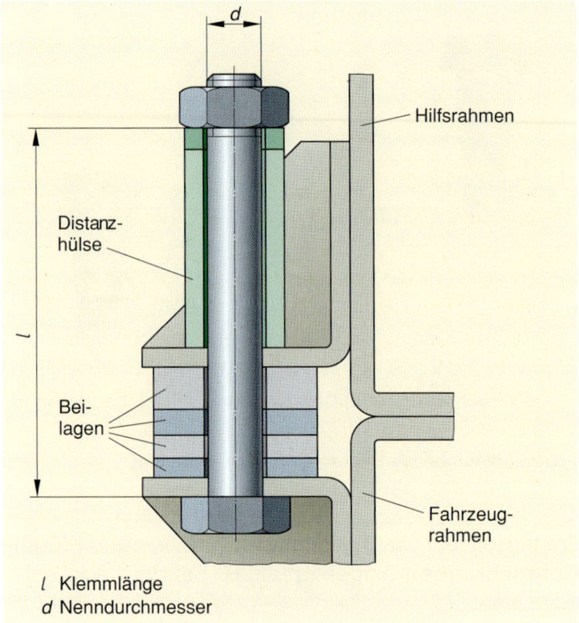

2 Schraubensicherung: Schraube, mit Klemmlängenverhältnis $\frac{l}{d} \geq 6$

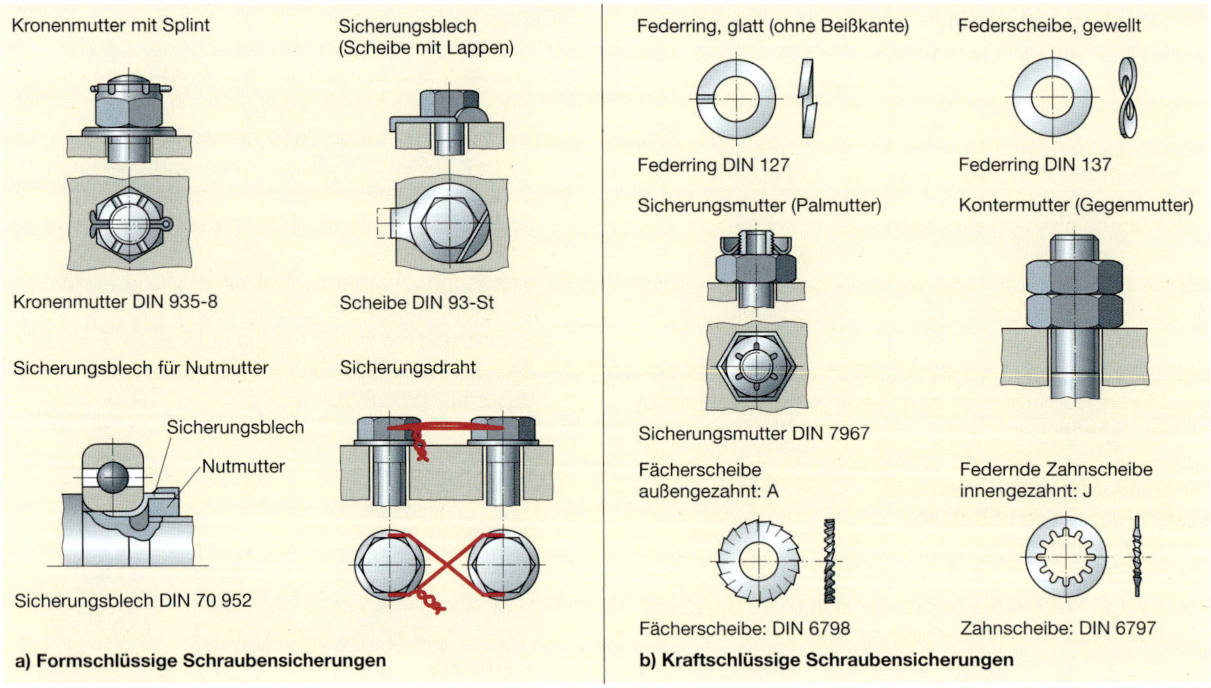

3 Externe Schraubensicherungen

Externe Schraubensicherungen durch Gewindebeschichtung gibt es als:

- klemmende Gewindebeschichtung; auf das Schraubengewinde wird ein Kunststoff aufgebracht, der zwischen Bolzen- und Muttergewinde Klemmwirkung erzeugt, siehe Bild → 1
- klebende Gewindebeschichtung; auf das Gewinde der Schrauben wird der Klebstoff aufgebracht

Als **Kleber** können verwendet werden:

- Einkomponentenkleber, der unmittelbar vor der Montage aufgebracht wird. Bei Berührung mit Metall härtet der Einkomponentenkleber unter Luftabschluss aus.
- Mehrkomponentenkleber auf vorbeschichteter Schraube, siehe Bild → 2

Der Mehrkomponentenkleber besteht aus Klebstoffträgermaterial, in dem Mikrokapseln mit Härter vermischt sind. Beim Verschrauben platzen die Mikrokapseln auf und der Härter vermischt sich mit dem Klebstoffträgermaterial; jetzt setzt die chemische Reaktion ein und es kommt zur Klebstoffaushärtung.

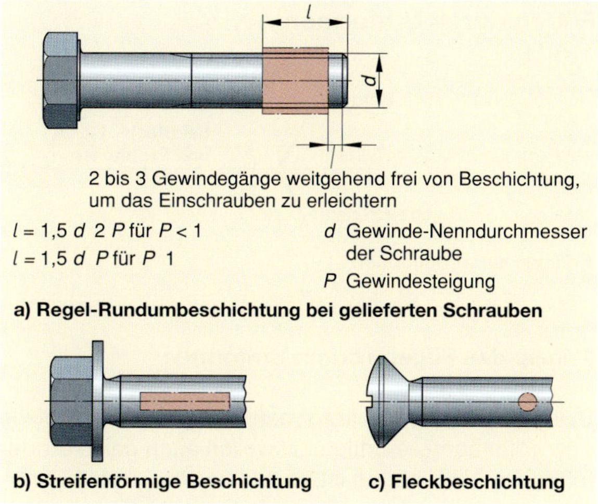

1 Klemmende Gewindebeschichtung

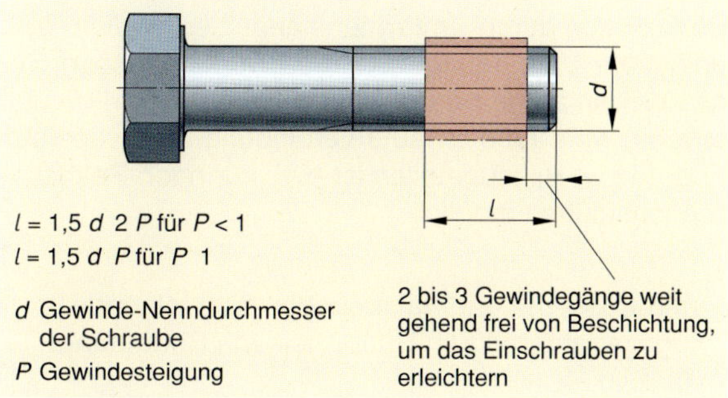

2 Mehrkomponentenkleber auf vorbeschichteter Schraube

2.9.4.3 Unlösbare Fügeverbindungen

3 Unlösbare Fügeverbindungen

Einteilung der unlösbaren Fügeverbindungen

Eine unlösbare Fügeverbindung wird durch Fügen hergestellt und lässt sich nur wieder lösen, wenn die Werkstücke und/oder die Hilfsfügeteile beschädigt oder zerstört werden.

Die gefügten Teile sind sehr sicher und dauerhaft miteinander verbunden. Es können große statische und dynamische Belastungen an der Fügestelle übertragen werden, ohne dass sich die Verbindung lockert oder gar löst.

Meistens ist die unlösbare Verbindung billiger herzustellen als eine lösbare und wirkt sich außerdem günstig auf die Masse des Bauteils aus (Leichtbau). Deshalb werden im Neubau und in der Instandsetzung häufig diese Fügeverbindungen eingesetzt.

Für den Karosserie- und Fahrzeugbaumechaniker sind folgende unlösbare Fügeverbindungen wichtig, siehe Bild → 3:

- Fügen durch Umformen
- Schweißen
- Löten
- Kleben

Fügen durch Umformen

1 Fügen durch Umformen

Prinzip des Fügens durch Umformen

Beim Fügen durch Umformen werden die Fügeteile oder Hilfsfügeteile örtlich, bisweilen auch ganz, umgeformt. Die Verbindung ist im Allgemeinen durch Formschluss gegen ungewolltes Lösen gesichert.

Beim Fügen durch Umformen handelt es sich um eine unlösbare Verbindung, weil der Werkstoff beim Zurückbiegen aufgrund der Kaltverfestigung spröde und brüchig wird. Eine erneute Verbindung mit denselben Füge- bzw. Hilfsfügeteilen ist evtl. nur nach Rekristallisationsglühen möglich.

Im Karosserie- und Fahrzeugbau sind folgende Fügeverfahren durch Umformen von Bedeutung, vgl. Bild → 1:
- Fügen durch Umformen drahtförmiger Körper
- Fügen durch Umformen bei Blech-, Rohr- und Profilteilen
- Fügen durch Nieten

Fügen durch Umformen drahtförmiger Körper

Das Fügen durch Umformen drahtförmiger Körper erfolgt u. a. durch:
- gemeinsames Verdrehen von zwei Drahtenden
- Heften zum Fügen von flachen Werkstücken mit drahtförmigen Hilfsfügeteilen

Das Fügeverfahren **Heften** ähnelt dem Klammern, es ist lediglich um das Umformen der Heftklammerenden durch Umbiegen erweitert, siehe Bild → 2. Hierdurch wird über den Formschluss die Auszugsfestigkeit allerdings wesentlich gesteigert.

Zum Heften werden mechanisch oder pneumatisch angetriebene Handwerkszeuge verwendet. Durch Heften können aber nur Randbereiche flacher Werkstücke gefügt werden, weil beide Seiten zugänglich sein müssen.

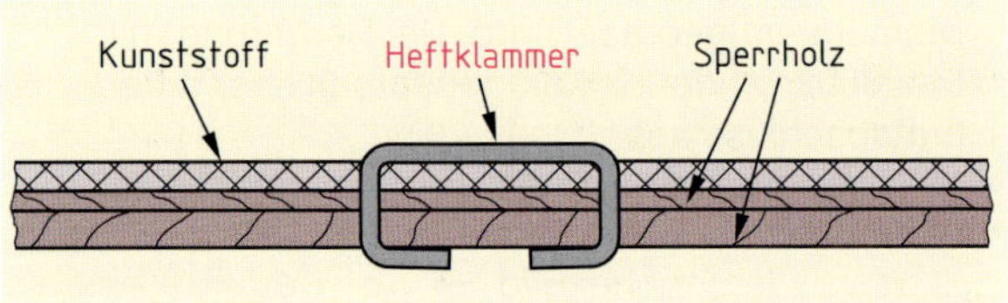

2 Fügen durch Heften

Fügen durch Umformen bei Blech-, Rohr- und Profilteilen

Für Karosserie- und Fahrzeugbauer sind folgende Umformfügeverfahren für Bleche, Rohre und Profile von Bedeutung, vgl. Bild → 1:
- Fügen durch Bördeln
- Fügen durch Falzen
- Durchsetzfügen

Fügen durch Bördeln

Das Fügen durch Bördeln wird bei Rohren angewendet; es ergibt eine formschlüssige Verbindung. Es können auf diese Art ein Rohr mit einem flächigen Werkstück oder durch gemeinsames Bördeln zwei Rohre miteinander verbunden werden, siehe Bild → 3.

Die Randversteifung **Drahteinlegen** zählt ebenfalls zu diesem Fügeverfahren.

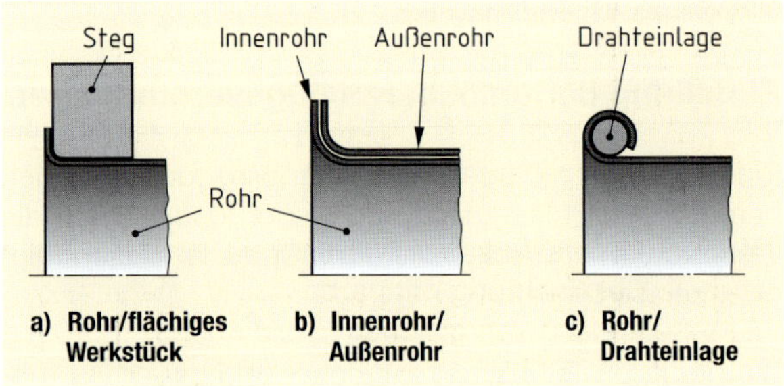

3 Fügen durch Bördeln

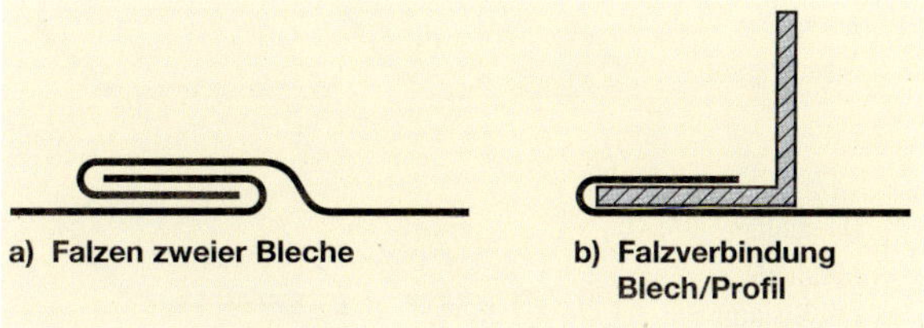

1 Fügen durch Falzen

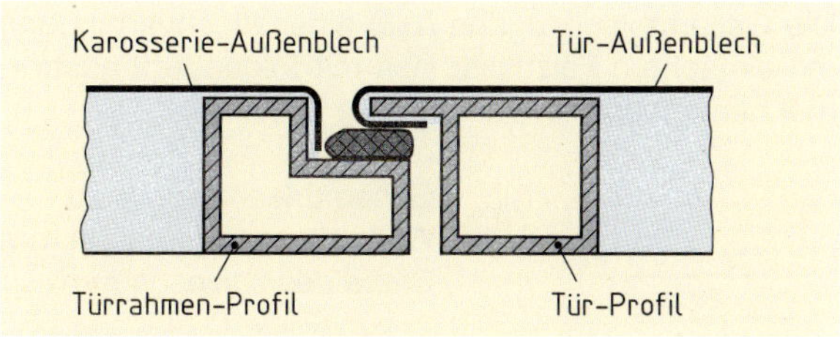

2 Türbeblechung durch Falzen

Fügen durch Falzen

Beim Fügen durch Falzen werden die Ränder vorbereiteter Blechteile ineinandergelegt oder ineinandergeschoben, siehe Bild → 1a. Es können aber auch an ihren Rändern vorbereitete Blechteile um Profilstege gelegt werden, siehe Bild → 1b. Dadurch entsteht eine feste und dauerhafte Verbindung.

Der Zusammenhalt wird durch Formschluss oder Formschluss/Kraftschluss hergestellt. Die Komponente Kraftschluss ist von der Größe der Zusammenpresskraft abhängig.

Diese Fügetechnik eignet sich aufgrund der kleinen Biegeradien für Bleche $t < 1{,}5$ mm.

Vorteile der Falzverbindung sind:
- es wird keine Wärme in den Werkstoff eingebracht
- das Werkstück wird nicht durch Löcher geschwächt
- sanfte Übergänge, dadurch geringe Verletzungsgefahr
- es können unterschiedliche und beschichtete Werkstoffe gefügt werden
- gleichzeitige Blechversteifung

Wegen dieser Vorteile wird das Falzen im Karosseriebau vielseitig eingesetzt, z. B. bei der Beblechung von Türen und Hauben, siehe Bild → 2.

Für verschiedene Einsatzfälle sind unterschiedliche Falzarten erforderlich, siehe Bild → 3.

In jedem Fall ist darauf zu achten, dass die Umschläge der Falze dicht zusammenliegen, damit kaum Feuchtigkeit eindringen kann – sonst Korrosionsgefahr.

Weitere Maßnahmen zur Vermeidung von Korrosion sind die Beschichtung mit Farbe oder Kunststoff oder die Verwendung von gleichen Werkstoffen.

Bei Verwendung von Kunststoff- oder Gummizwischenlagen sowie von Kleb- und Dichtmassen erreicht man eine Abdichtung der Falzverbindung.

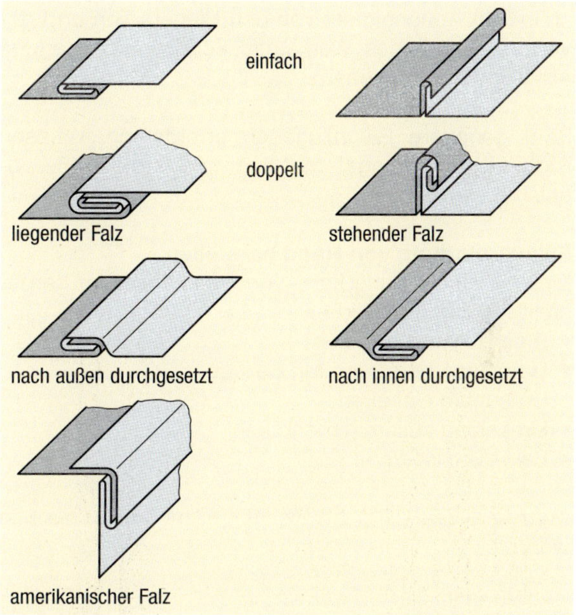

3 Falzarten

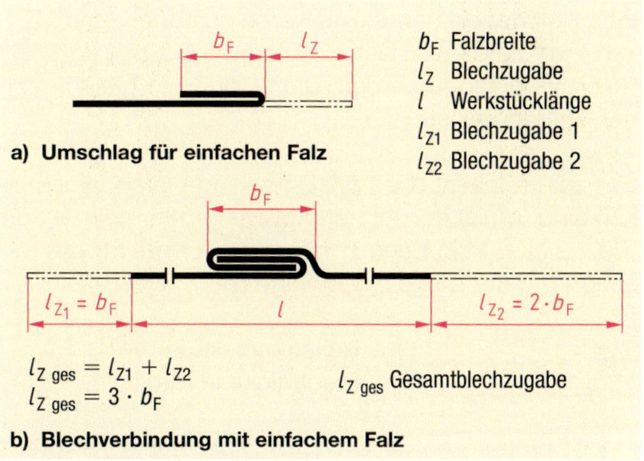

4 Blechzugabe beim Falzen

Beim Falzen muss Blech zugegeben werden, siehe Bild → 4.

Für die Bestimmung der **Blechzugabe** l_Z des Umschlags eines einfachen Falzes verwendet man folgende Faustformel:

$$l_Z = b_F$$

l_Z Blechzugabe zum Werkstückaußenmaß in mm
b_F Breite des Falzes in mm

Die Gesamtblechzugabe l_{Zges} einer Blechverbindung mit einfachem Falz lässt sich mit folgender Faustformel berechnen:

$$l_{Zges} = 3b_F$$

l_{Zges} Gesamtblechzugabe zu Werkstückaußenmaß in mm
b_F Breite des Falzes in mm

Die Faustformeln zur Berechnung der Blechzugabe sind Erfahrungswerte und für die meisten Fälle ausreichend. In Abhängigkeit von den Biegeradien und der Verformbarkeit des Werkstoffs können sich geringe Abweichungen ergeben.

Sind genauere Blechzugaben erforderlich, müssen Probefalzungen angefertigt und daraus die Maße abgeleitet werden.

Falzverbindung von Hand herstellen
Eine Falzverbindung kann von Hand wie folgt hergestellt werden, vgl. Bild → 1:
- Blechzugabe anreißen
- Umschlag herstellen mit Beilage
- Umschlag einhaken
- Umschlag zusammendrücken
- Falz durchsetzen

Zum Anreißen sollte ein Bleistift, Filzstift o. Ä. benutzt werden.

> Achtung:
> Zum Anreißen keine Reißnadel verwenden!

Eine Reißnadel könnte eine Kerbe erzeugen; beim Falzen wird dann das Blech zerstört. Als Beilage kann ein Blech verwendet werden, damit sich ein gleichmäßiger Abstand einstellt.

Um zu erreichen, dass die Umschläge leicht einzuhaken sind, muss der Abstand etwas größer sein als die Blechdicke. Man benutzt folgende Formel für die Bestimmung der Dicke der Beilage t_1:

$$t_1 = 1{,}5t$$

t_1 Beilagendicke in mm
t Blechdicke in mm

Zum Durchsetzen ist ein Falzmeißel mit einer Breite b zu wählen, die nach folgender Faustformel zu berechnen ist:

$$b = b_F + 2t$$

b Breite des Falzmeißels
b_F Breite des Falzes
t Blechdicke

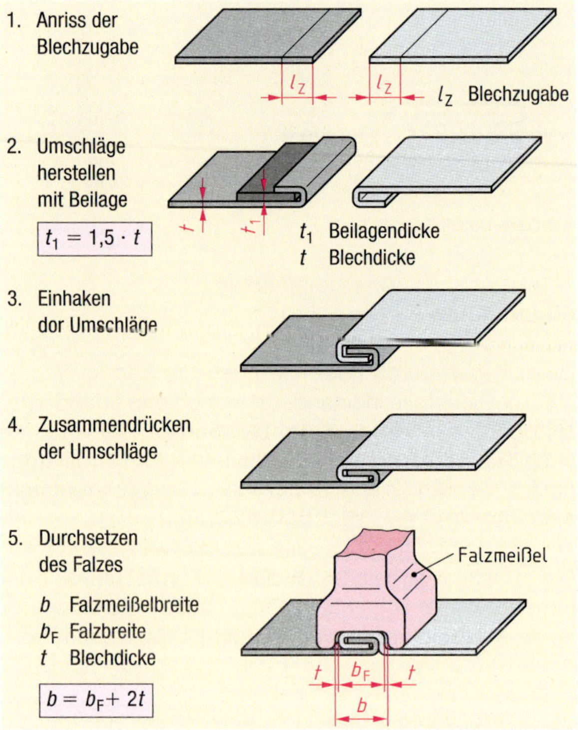

1 **Falzverbindung herstellen**

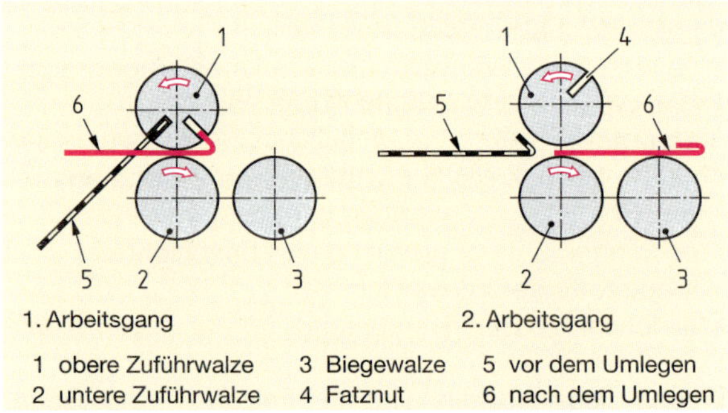

2 **Umschlag mit der Walzenrundmaschine fertigen**

Falzverbindung mit einer Maschine herstellen
Bei langen, geraden oder kurvenförmigen Falzen und in der Serienfertigung ist es sinnvoll, die Falzverbindung mit einer Maschine herzustellen.

In der Werkstattfertigung eignen sich dafür:
- Schwenkbiegemaschine
- Abkantpresse
- Walzenrundmaschine, siehe Bild → 2
- Werkzeugmaschinen, die zum Bördeln eingesetzt werden
- Presswerkzeugmaschinen (Karosserie-Großserienherstellung)

Zum Fertigen des Umschlags mit der Walzenrundmaschine muss die obere Zuführwalze mit einer Falznut ausgestattet sein, siehe Bild → 2.

Durchsetzfügen

Beim Durchsetzfügen werden Bleche und Profilteile durch ein gemeinsames oder einzelnes Durchsetzen von zwei oder mehreren Werkstücken und nachfolgendem Stauchen unlösbar gefügt, z. B. Karosserieteile wie in Bild → 1. Die Verbindung ist form- und kraftschlüssig.

Das Durchsetzfügen kann erfolgen:
- zweistufig
- einstufig

Beim **zweistufigen Durchsetzfügen** werden die Stempel und die Matrize nacheinander bewegt, siehe Bild → 2a. Der Oberstempel setzt zunächst die Fügeelemente mit oder ohne Schneidanteil durch.
Die Matrize fährt zurück und nachfolgend staucht der Unterstempel das Fügeelement.

Beim **einstufigen Durchsetzfügen** wird nur der Stempel oder nur die Matrize in Fügerichtung bewegt, siehe Bild → 2b. Bei Stempelantrieb setzt der Stempel das Fügeelement mit oder ohne Schneidanteil durch und formt gleichzeitig am Amboss die Stauchzone. Hierbei ist es erforderlich, dass die Matrizenteile federnd nachgeben, um Raum für den gestauchten Werkstoff zu gewähren.

Die Festigkeit des Durchsetzfügens kann durch zusätzlichen Einsatz von Metallkleber noch weiter gesteigert werden; diese Kombination wird im Karosserie- und Fahrzeugbau häufig eingesetzt.

Fügen durch Nieten

Prinzip des Nietens

Beim Fügen durch Nieten werden volle oder hohle Niete als Hilfsfügeteile eingesetzt. Volle Niete (**Vollniete**) werden gestaucht und hohle Niete (**Hohlniete**) werden an ihren überstehenden Enden umgelegt, siehe Bild → 3. In Abhängigkeit von der Schließkraft, der Nietform und der Fügeteilwerkstoffe ist die Nietverbindung überwiegend kraft- oder überwiegend formschlüssig. Eine Nietverbindung kann nur getrennt werden, wenn der Niet zerstört wird; deshalb ist sie eine unlösbare Verbindung.

Besondere Vorteile der Nietverbindungen sind:
- unterschiedliche Werkstoffe können gefügt werden
- beschichtete Werkstoffe können gefügt werden
- vibrationssichere Verbindung
- Bauteile werden nicht thermisch beeinflusst
- Investitions- und Betriebskosten gering
- keine Arbeitsplatzbelastung durch Gase und Rauche
- keine Probleme bei der Entsorgung, umweltverträglich

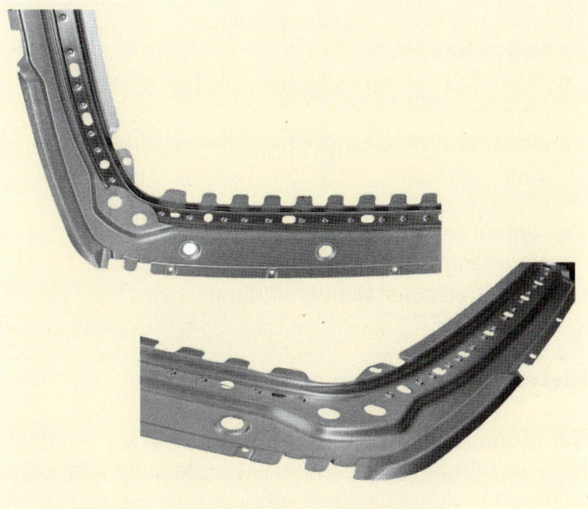

1 Karosserieteile mit Durchsetzfügen verbinden

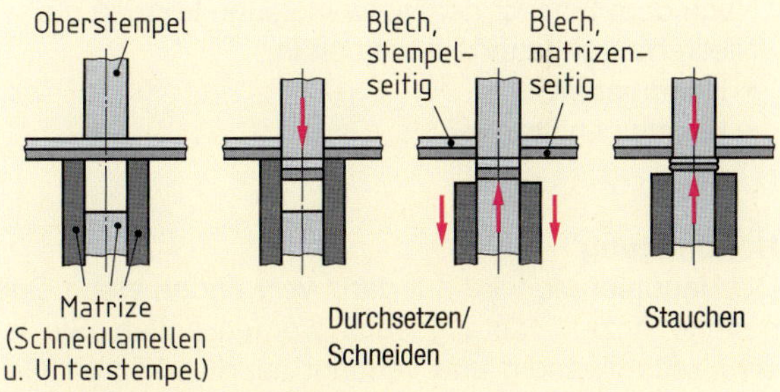

a) Zweistufiges Durchsetzen

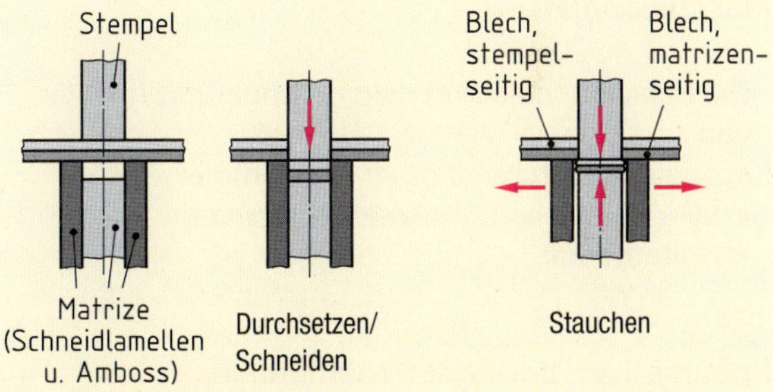

b) Einstufiges Durchsetzen

2 Durchsetzfügen

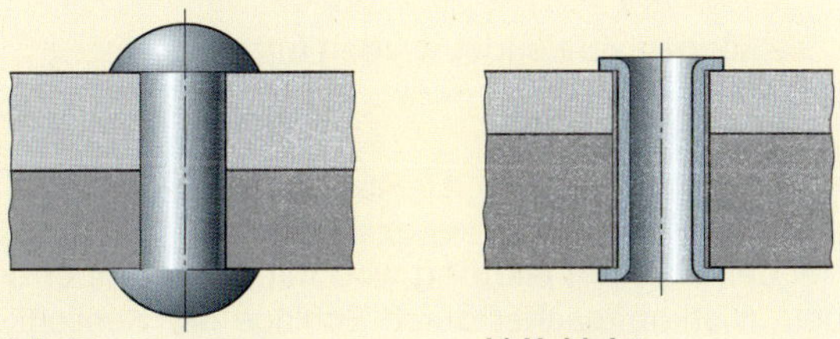

a) Vollniet b) Hohlniet

3 Vollniet und Hohlniet

GEMEINSAMES BEIDER FACHRICHTUNGEN

In diesem Kapitel werden behandelt:
- Nietverfahren
- Niete für Nietverbindungen, die beidseitig zugänglich sind
- Niete für Nietverbindungen, die nur einseitig zugänglich sind
- Nietwerkstoff
- Nietnähte
- Nennlänge des Schaftes
- Festigkeit einer Nietverbindung

Nietverfahren

Sämtliche Nietverfahren werden heute in der Kaltniettechnik durchgeführt. Für die Herstellung von überwiegend kraftschlüssigen Verbindungen sind deshalb große Schließkräfte erforderlich.

Nach dem Einsatz der Nietwerkzeuge können die Nietverfahren unterteilt werden in:
- Handnietung
- Maschinennietung

Handnietung

Die Handnietung wird nur dann verwendet, wenn eine geringe Anzahl Niete gesetzt werden sollen. Sie ist sehr zeitaufwendig und verlangt handwerkliches Geschick, siehe Bild → 1. Das Ergebnis ist in der Regel eine überwiegend formschlüssige Verbindung.

Maschinennietung

Die Maschinennietung wird durchgeführt mithilfe von:
- pneumatisch betätigtem Niethammer
- hydraulisch angetriebener Nietpresse
- Nietautomat

Pneumatisch betätigten Niethämmer

Die pneumatisch betätigten Niethämmer sind Handwerkszeuge, die in der Einzel- und Serienfertigung für Niete mit Nenndurchmesser $d \leq 8{,}0$ mm eingesetzt werden.

Sie können verwendet werden für:
- direkte Nietung
- indirekte Nietung

Bei der **direkten Nietung** wird mit dem Döpper oder dem Nietkopfmacher durch Schläge der Schließkopf geformt und der Setzstock ist das Vorhalteeisen, vgl. Bild → 1b, Seite 84 und Bild → 1c, Seite 84.

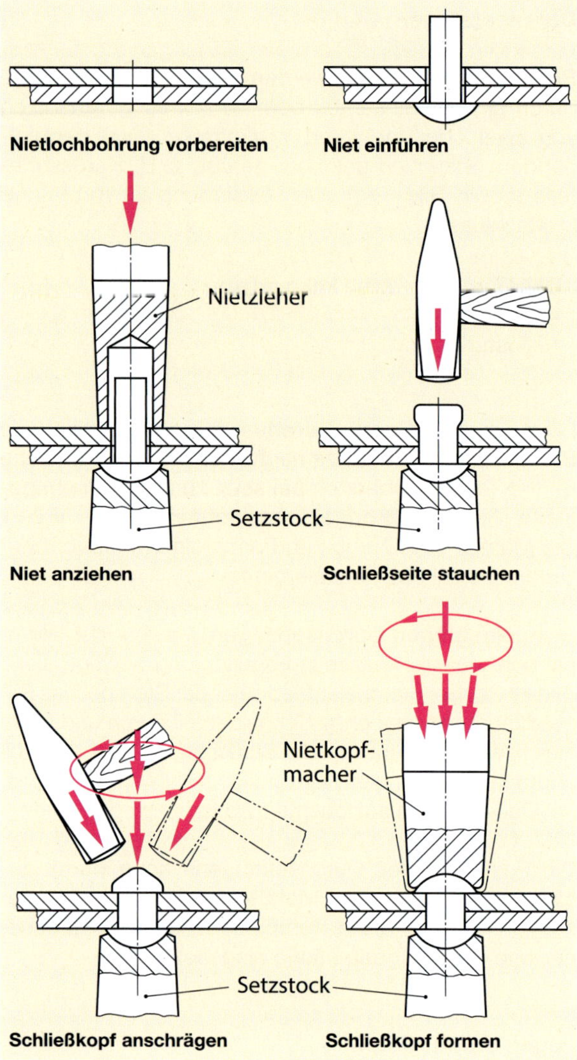

1 Handnietung

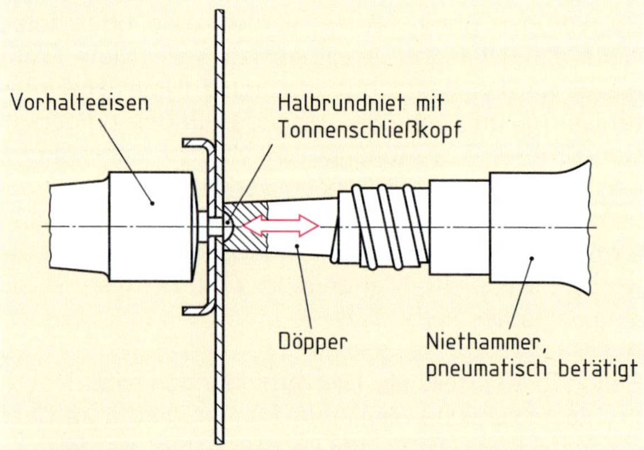

2 Indirekte Nietung mit einem pneumatisch betätigten Niethammer

Bei der **indirekten Nietung** schlägt der Döpper auf Setzkopf und Vorhalteeisen, bzw. der Nietkopfmacher formt den Schließkopf, siehe Bild → 2.

Hydraulisch angetriebene Nietpressen

Hydraulisch angetriebene Nietpressen werden für Niete mit Nenndurchmessern $d_1 \leq 16$ mm eingesetzt, die für das Fügen von Träger und Konsolen von torsionsweichen Fahrgestellrahmen verwendet werden.

Nietautomaten

Nietautomaten sind für die Serienfertigung geeignet. Sie führen alle Arbeitsgänge des Nietens selbstständig durch: Bohren, Nietlochbohrungen senken, Niet einführen, Niet anziehen, Schließkopf formen. Als Ergebnis der Maschinennietung kann eine überwiegend kraftschlüssige Verbindung entstehen, weil die möglichen Schließkräfte größer sein können. Das ist vorwiegend bei Nietpressen der Fall.

Niete für Nietverbindungen, die beidseitig zugänglich sind

Niete für Nietverbindungen, die von beiden Seiten zugänglich sind:
- Vollniet
- Hohlniet
- Nietmutter und Nietbolzen
- Schließringbolzen
- Stanzniet
- Stanzmutter und Stanzbolzen

Vollniete

Ein Vollniet ist massiv und besteht aus dem Setzkopf und dem Schaft, siehe Bild ➔ 1.

Vollniete werden im Karosserie- und Fahrzeugbau eingesetzt bei:
- torsionsweichen Fahrgestellrahmen, da die Nietverbindung die gewünschte Knotenelastizität ergibt
- Rahmeninstandsetzung, wenn vorher genietet war
- Aluminium-Kofferaufbauten; hier können auch Bestimmungen zur Zollsicherheit Vollniete vorschreiben; so kann ein Einbruch in den Laderaum nicht dadurch vertuscht werden, dass die gewaltsame Beschädigung des Aufbaus von außen, zum Beispiel durch Blindniete, behoben wird.

Vor dem Nieten müssen in die zu verbindenden Werkstücke Nietlöcher gebohrt werden. Der Durchmesser der **Nietlochbohrung** wird mit d_7 bezeichnet. Er muss etwas größer sein als der Nenndurchmesser d_1, damit der Niet leicht hineingesteckt werden kann. Eine zu große Nietlochbohrung kann dazu führen, dass der Nietschaft beim Stauchen den Zwischenraum nicht ausfüllt und sich evtl. verbiegt.

Die besten Ergebnisse werden erzielt mit den Durchmessern nach Bild ➔ 2.

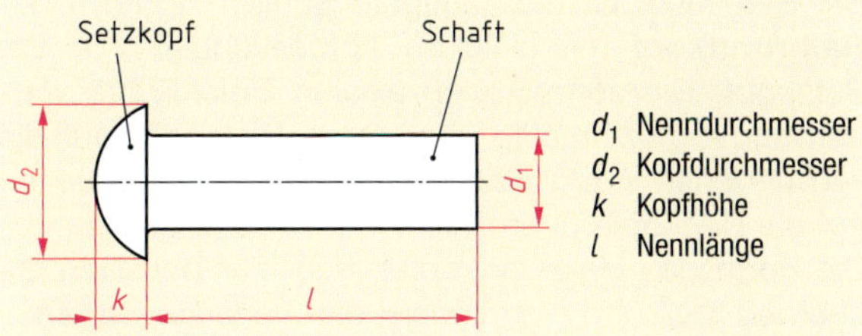

1 Vollniet

Nenndurchmesser d_1 in mm	**Nietlochdurchmesser d_7 in mm**
1,6	d_1 + 0,05
2,0 ... 3,0	d_1 + 0,10
4,0 ... 5,0	d_1 + 0,20
6,0	d_1 + 0,30
8,0	d_1 + 0,40
10,0	d_1 + 0,50
12,0 ... 36,0	d_1 + 1,00

2 Durchmesser der Nietlochbohrungen

Die zu verbindenden Werkstücke sind möglichst gemeinsam zu bohren, damit die einzelnen Nietlöcher fluchten. Ist das gemeinsame Bohren nicht möglich, so sollte einzeln kleiner vorgebohrt und dann auf den Nietlochdurchmesser aufgerieben werden.

Bei stark beanspruchten Nietverbindungen muss in jedem Fall das Nietloch aufgerieben werden, um eine Kerbwirkung durch Riefen in der Bohrlochwandung zu vermeiden.

Erst beim Nieten wird der Schließkopf mechanisch geformt.

Übliche Schließkopfformen sind:
- Senkschließkopf
- Tonnenschließkopf
- Halbrundschließkopf

Der **Senkschließkopf** bietet den Vorteil der ebenen Werkstückoberfläche, setzt aber eine für das gesenkte Nietloch entsprechende Materialdicke voraus, siehe Bild ➔ 1a, Seite 84. Sie werden vereinfacht **Senkniete** genannt.

Niete aus Aluminium bzw. Aluminiumlegierung eignen sich aufgrund ihrer guten Umformeigenschaften für den **Tonnenschließkopf**. Es ist hierbei kein besonderer Nietkopfmacher erforderlich und in der Serie spart dieses Verfahren Zeit im Vergleich zum Formen eines Halbrundkopfes, siehe Bild ➔ 1b, Seite 84. Sie werden vereinfacht **Tonnenniete** genannt.

GEMEINSAMES BEIDER FACHRICHTUNGEN

Bei Stahlniete ist die häufigste Schließkopfform der **Halbrundkopf** mit gleichen Abmessungen wie der Setzkopf. Die auftretenden axialen Druckkräfte werden somit gleichmäßig über beide Nietköpfe auf die verbundenen Werkstücke bzw. von den Werkstücken auf die Nietköpfe übertragen.

Die Form des Halbrundkopfes trägt zur passiven Sicherheit bei und vermindert die Verletzungsgefahr, außerdem ist sie optisch gefällig. Zum Formen des Schließkopfes ist allerdings ein besonderer Nietkopfmacher zu verwenden, siehe Bild → 1c. Niete mit Halbrundkopf werden vereinfacht **Halbrundniete** genannt.

Hohlniete

Der Hohlniet ist teilweise oder ganz hohl und besteht aus Setzkopf und Schaft. Hohlniete werden unterteilt in:

- Halbhohlniet, siehe Bild → 2a
- Hohlniet einteilig, Becherform, siehe Bild → 2b
- Rohrniet, bestehend aus einem Rohr mit Flach- oder angerolltem Rundkopf, siehe Bild → 2c
- Hohlniet zweiteilig, bei dem ein Nietteil und ein Kopfteil miteinander verklemmt werden, siehe Bild → 2d

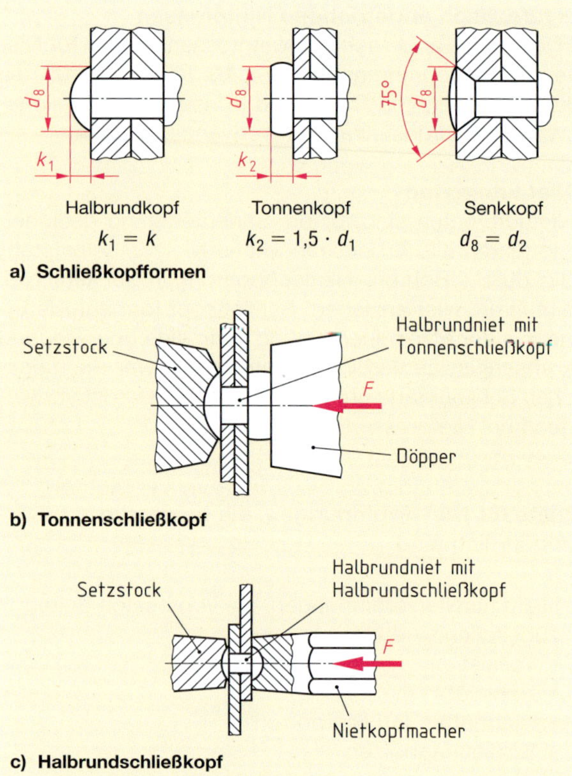

a) **Schließkopfformen**
b) **Tonnenschließkopf**
c) **Halbrundschließkopf**

1 Schließkopfformen der Vollniete

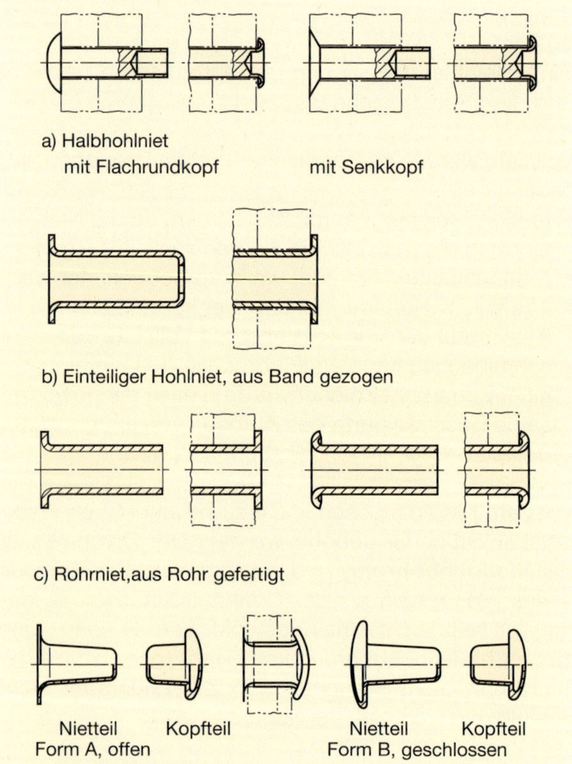

a) Halbhohlniet mit Flachrundkopf mit Senkkopf
b) Einteiliger Hohlniet, aus Band gezogen
c) Rohrniet,aus Rohr gefertigt
d) Zweiteiliger Hohlniet

2 Hohlniet

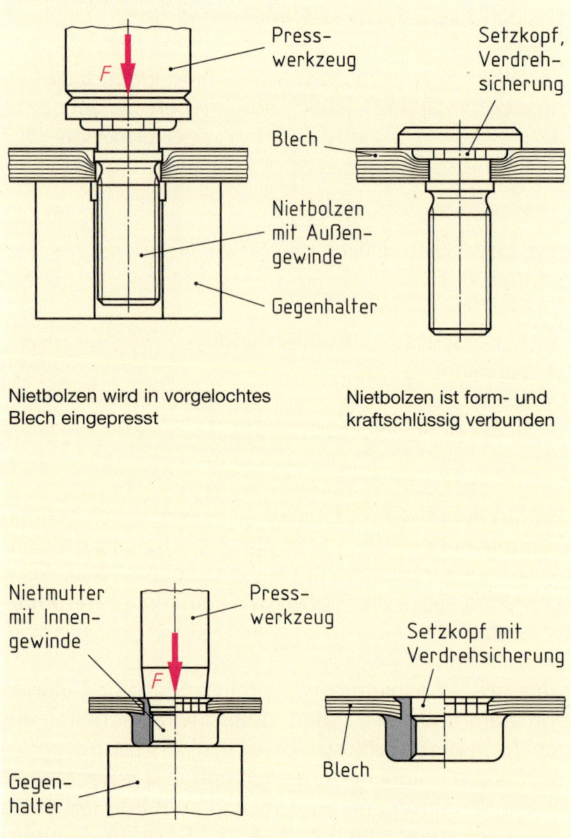

Nietbolzen wird in vorgelochtes Blech eingepresst

Nietbolzen ist form- und kraftschlüssig verbunden

Nietmutter wird in vorgelochtes Blech eingepresst

Nietmutter ist form- und kraftschlüssig verbunden

3 Nietmutter und Nietbolzen

Nietmutter und Nietbolzen
Nietmuttern und Nietbolzen schaffen eine Schraubenverbindung an dünnen Blechen, z. B. für die Befestigung von Sicherheitsgurten oder Airbaghalterung. Sie werden mit einem Formwerkzeug durch Schlag oder Druck in ein vorgelochtes Blech eingepresst, siehe Bild → 3, Seite 84. Dabei ist ein Gegenhalter oder eine speziell geformte Matrize erforderlich.

In Abhängigkeit der Setzkopfform erfolgt nur eine Umformung des Blechteils oder des Blechteils und des Mutter- oder Bolzenelements. Die Nietmutter oder der Nietbolzen ist verdrehsicher kraft- und formschlüssig mit dem Blechteil verbunden.

Schließringbolzen
Ein Schließringbolzen besteht aus, siehe Bild → 1:
- Bolzen mit Sollbruchstelle
- Schließring

Nietvorgang, vgl. Bild → 2:
- Schließring aufschieben
- Setzwerkzeug zieht Zugteil und stützt sich am Schließring ab
- bei größtem Anpressdruck zieht sich der Zugkopf über den Schließring und verformt ihn
- Abriss an der Sollbruchstelle

Die Fügestelle muss zwar von beiden Seiten zugänglich sein, aber das aufwendige Gegenhalten entfällt.

Stanzniete
Stanzniete stanzen sich mit Hilfe von Stempel und Matrize ihr Loch in die Fügeteile selber, ohne dass vorher ein Loch gebohrt werden muss. Der Werkstoff des Niets muss deshalb härter sein als der Fügewerkstoff.

Stanzniete gibt es als:
- Stanz-Vollniet
- Stanz-Halbhohlniet

Stanz-Vollniete können eine konkave oder eine mit einer Nut versehenen Schaftform besitzen, siehe Bild → 3b. Stempel- und Matrizenform entsprechen den Nieten. Beim Verarbeiten verformen sich die Fügeteile plastisch und elastisch und der Nietwerkstoff fließt in die Freiräume – der Stanz-Vollniet ist form- und kraftschlüssig in die Fügeteile eingeschlossen, siehe Bild → 1, Seite 86.

Durch die Schließkraft des Stanz-Vollnietes werden die Fügeteile vorgespannt, sodass auch zwischen ihnen ein Form- und Kraftschluss wirkt.

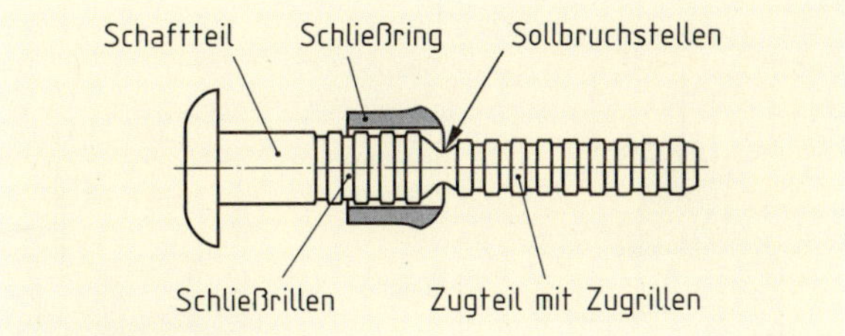

1 Schließringbolzen

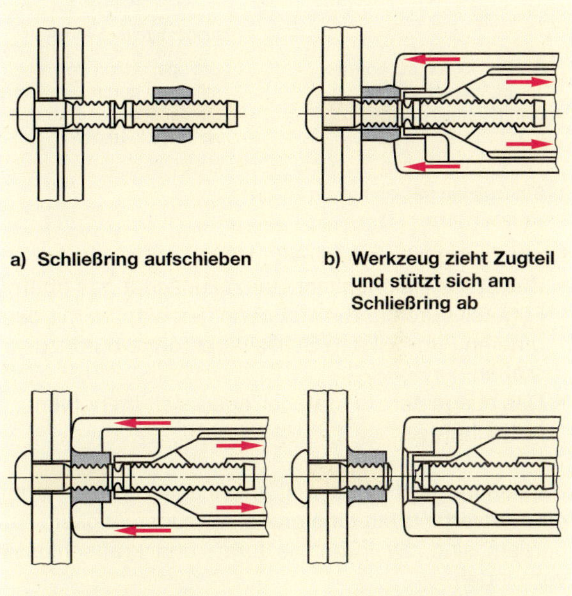

a) Schließring aufschieben

b) Werkzeug zieht Zugteil und stützt sich am Schließring ab

c) Bei größtem Anpressdruck zieht sich Zugkopf über Schließring und verformt ihn

d) Nach Schließringumformung Abriss an Sollbruchstelle

2 Nieten mit Schließringbolzen

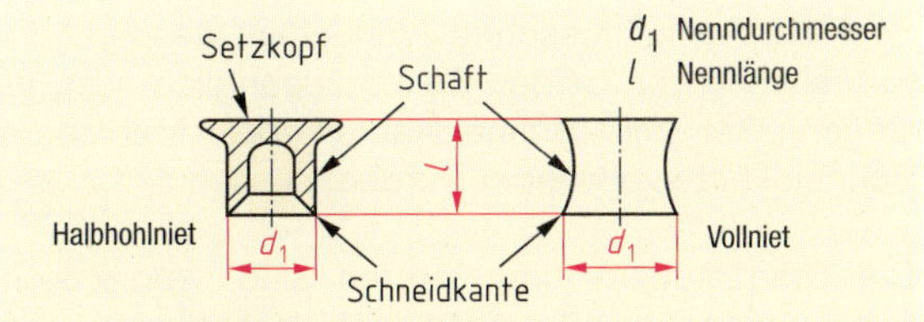

a) Stanznietformen

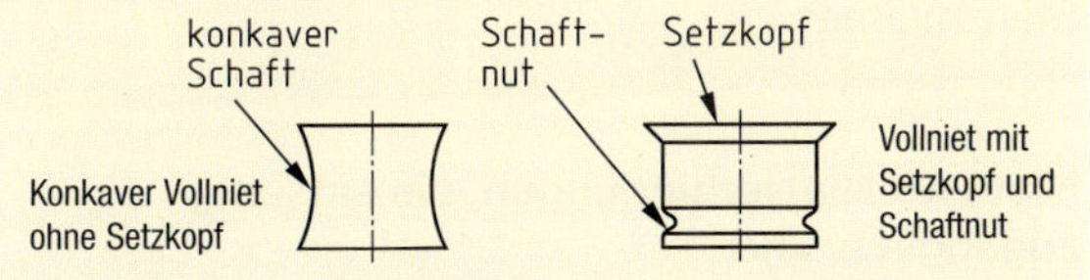

b) Stanz-Vollniet-Schaftformen

3 Stanzniete

Stanz-Halbhohlniete haben einen geschlossenen Setzkopf und einen hohlen Nietschaft, siehe Bild → 3a. Der Werkstoff des Stanz-Hohlniets ist duktil, damit sich der hohle Nietschaft beim Bilden des Schließkopfs auseinanderspreizen kann.

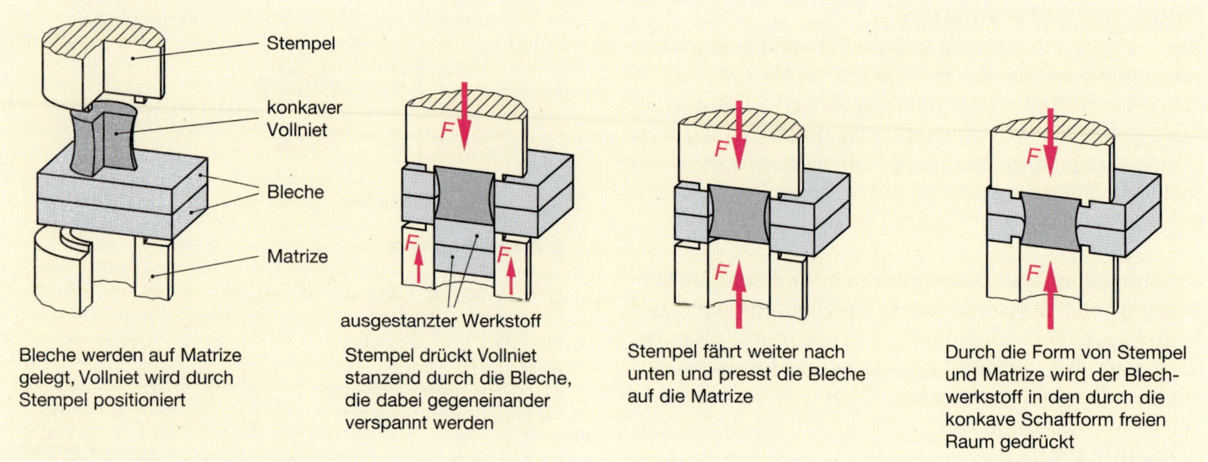

1 Stanznieten mit konkavem Vollniet

Nietvorgang, siehe Bild ➔ 2:

- Der Stanz-Halbhohlniet stanzt zunächst das obere Fügeteil durch und bildet dann gemeinsam mit dem unteren Fügeteil den Schließkopf, ohne durchzustoßen.
- Das ausgestanzte Material lagert sich im hohlen Nietschaft ein.

Da sich der Nietschaft weit auseinanderspreizt, erhält die Nietverbindung eine große Auszugsfestigkeit. Außerdem sind die Fügeteile form- und kraftschlüssig verbunden.

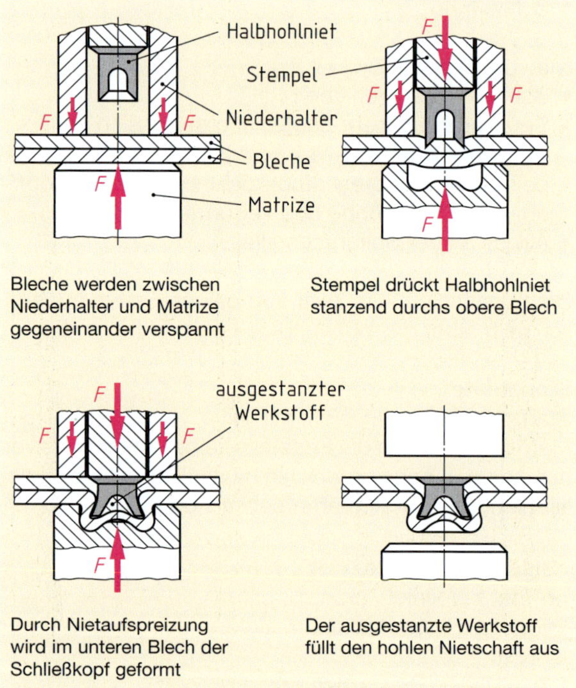

2 Stanznieten mit einem Halbhohlniet

Stanzmuttern und Stanzbolzen

Stanzmuttern und Stanzbolzen sind mit Schneidkanten ausgestattet, damit sie sich ihr Loch selbst stanzen können, siehe Bild ➔ 3. Sie erfüllen die gleichen Aufgaben wie Nietmuttern und Nietbolzen, es wird jedoch der Fertigungsschritt „Vorlochen" gespart.
Sie müssen von beiden Seiten zugänglich sein, weil Gegenhalter mit Schneidkante oder Matrize mit Schneidkante verwendet werden müssen.

Die Stanzmuttern und -bolzen sind verdrehsicher form- und kraftschlüssig mit dem Blechteil verbunden. Besonders hohe Verdrehsicherheit bieten rechteckige Stanzmuttern.

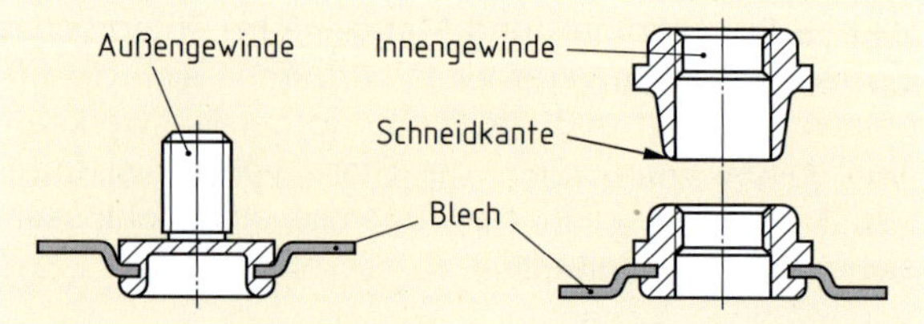

3 Stanzmutter und Stanzbolzen

Niete für Nietverbindungen, die einseitig zugänglich sind

Niete für Nietverbindungen, die nur einseitig zugänglich sind, werden an einer Seite „blind" gesetzt; deshalb werden sie auch **Blindniet** genannt.

Hierzu zählen:
- Blindniet mit Sollbruchdorn
- Blindnietmutter

Blindniete mit Sollbruchdorn

Der Blindniet mit Sollbruchdorn besteht aus einer Niethülse mit Setzkopf und einem Sollbruchdorn. Der Sollbruchdorn hat einen Sollbruch-Kopf und Sollbruch-Hals und die Sollbruchstelle. Die Sollbruchstelle hat den kleinsten Querschnitt des Sollbruchdorns, deshalb reißt er beim Setzen an dieser Stelle, siehe Bild → 1.

Nietvorgang:
- Blindniet mit dem Sollbruchdorn in das Setzwerkzeug und danach mit der Niethülse in die Bohrung einführen.
- Beim Betätigen des Setzwerkzeugs ziehen die Klemmbacken den Sollbruchdorn zurück; die Niethülse beginnt sich plastisch zu verformen und gleichzeitig werden die Fügeteile zusammengedrückt, siehe Bild → 2.
- Mit weiterer Zugkraft stellt sich der endgültige Anpressdruck zwischen den Fügeteilen ein. Dabei weitet sich die Niethülse in der Nietlochbohrung auf, wird gegen die Wandung gepresst und der Schließkopf bildet sich vollständig aus.
- Der Sollbruchdorn reißt an der Sollbruchstelle ab.

Das Ergebnis ist eine kraft- und formschlüssige Verbindung der Fügeteile; abhängig von der Schließkraft kann sie auch überwiegend kraftschlüssig sein.

Folgende Brucharten werden bevorzugt verwendet:
- Kopfbruch
- Schaftbruch
- Planbruch

Kopfbruch bedeutet, dass die Sollbruchstelle des Dorns unmittelbar hinter dem Setzkopf liegt. Am Ende des Setzvorganges reißt der Kopf des Sollbruchdorns ab und fällt vom Setzkopf, siehe Bild → 3a. Die Ausknüpffestigkeit (Kopfzugfestigkeit) des Schließkopfes ist relativ gering.
Diese Blindniete werden dort eingesetzt, wo eine niedrige Schließkopfhöhe verlangt wird und der abfallende Kopf des Sollbruchdorns nicht stört. An Fahrzeugen werden so z. B. die Verstellschienen für Schiebedach und Sitze befestigt.

Von **Schaftbruch** spricht man, wenn die Sollbruchstelle des Dorns innerhalb der Niethülse liegt, siehe Bild → 3b. Das abgerissene Ende des Sollbruchdorns wird eingeschlossen:
- form- und kraftschlüssig im Schließkopf und
- kraftschlüssig in der Hülse

Die Ausknüpffestigkeit und die mögliche Schließkraft sind erheblich größer als bei Blindniete mit Kopfbruch.

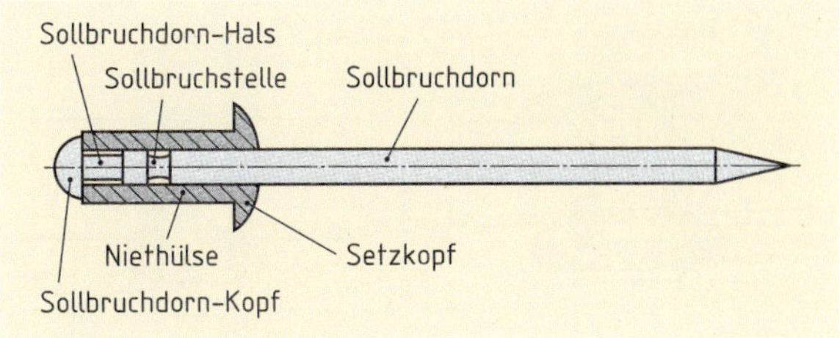

1 **Blindniet mit Sollbruchdorn**

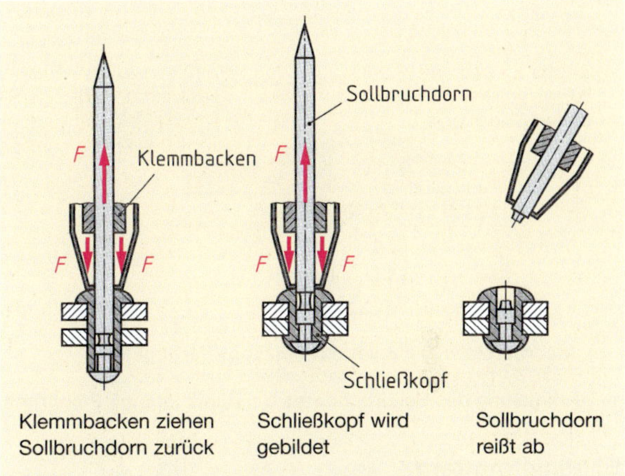

2 **Nieten mit einem Blindniet mit Sollbruchdorn**

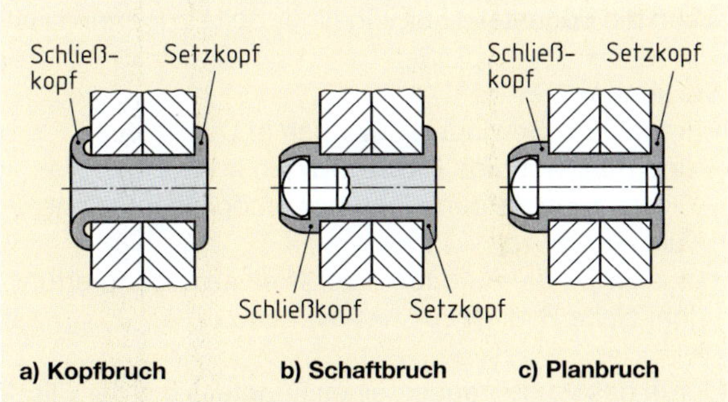

3 **Brucharten des Sollbruchdorns**

Schaftbruch wird am häufigsten gewählt, weil der Schließkopf gut ausgeformt und der Klemmbereich relativ groß gestaltet werden kann.

Planbruch bedeutet, dass der Sollbruchdorn immer plan auf Setzkopfhöhe abreißt, siehe Bild → 3c. Dadurch trägt der Sollbruchdorn auf der gesamten Länge der Fügeverbindung zusätzlich – diese Niete werden deshalb auch als **hochfeste Blindniete** bezeichnet.

Damit im Dauerbetrieb und auch bei starken Vibrationen der Sollbruchdorn seine Position in der Niethülse behält, muss er sicher verriegelt werden. Die Verriegelung ist überwiegend formschlüssig; Beispiele siehe Bild → 1, Seite 88.

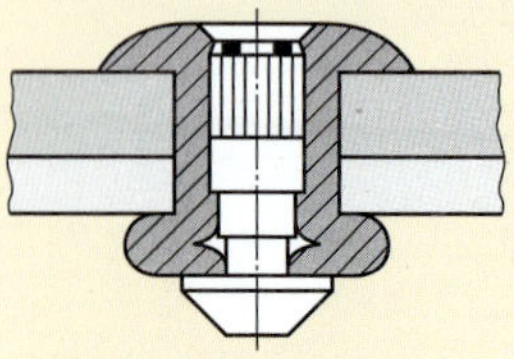

a) **Mit Schließkopf-Verriegelung**

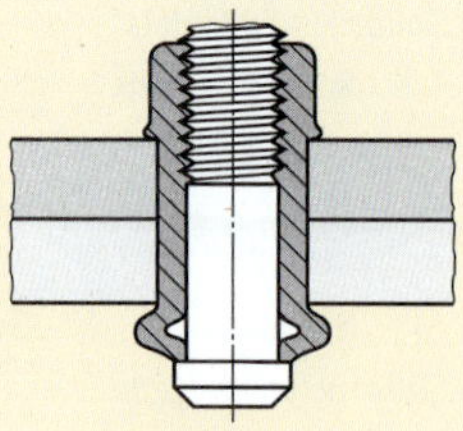

b) **Mit Setzkopf-Verriegelung**

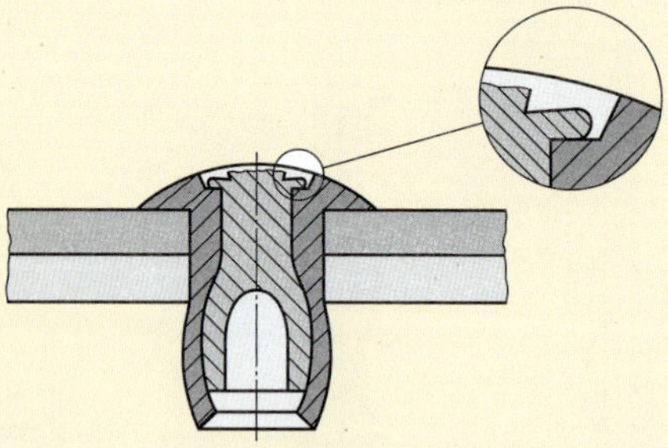

c) **Mehrbereichs-Blindniet mit Setzkopf-Verriegelung**

1 Verriegelung des Sollbruchdorns bei Blindniete mit Planbruch

Blindnietmuttern

Blindnietmuttern sind Blindhohlniete mit Innengewinde, siehe Bild ➔ 2a. Sie können eingesetzt werden, wenn die Fügestelle nur von einer Seite zugänglich ist.

Sie können:

- tragfähige Gewinde einbringen in Dünnbleche und dünnwandige Profile, wo ein konventionelles Gewindeschneiden nicht mehr möglich ist, siehe Bild ➔ 2b
- zusätzlich die Aufgabe einer Nietverbindung erfüllen, siehe Bild ➔ 2c

Durch das Verschrauben eines Fügeteils mit der Blindnietmutter werden Schließ- und Setzkopf weiter gegeneinander verspannt und so die Verdrehsicherheit durch die Klemmkraft gegeben.

Die Verdrehsicherheit kann durch einen Vierkant-, Sechskant- oder gerändelten Nietschaft gesteigert werden, siehe Bild ➔ 2d.

Für Fügestellen, die dicht sein sollen, werden geschlossene Blindnietmuttern verwendet, siehe Bild ➔ 2e.

Der Nietvorgang ist in Bild ➔ 3 beschrieben.

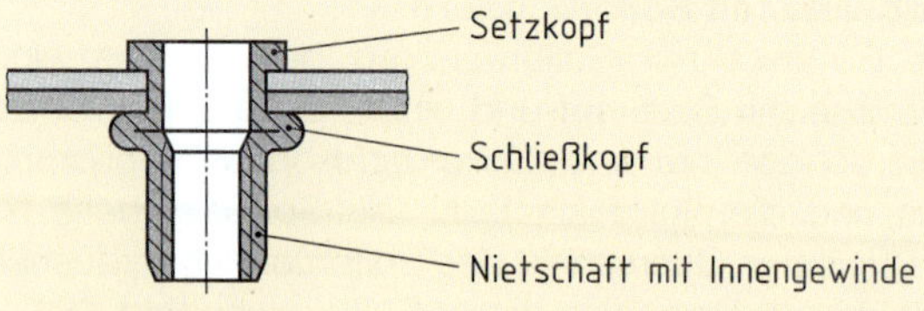

a) **Begriffe**

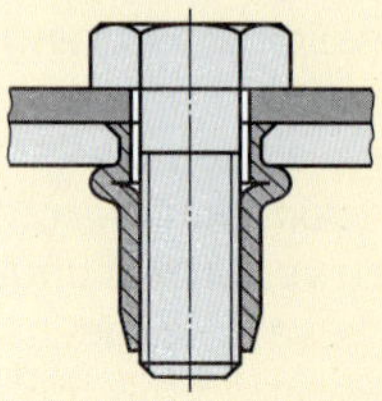

b) **Als Schraubverbindung**

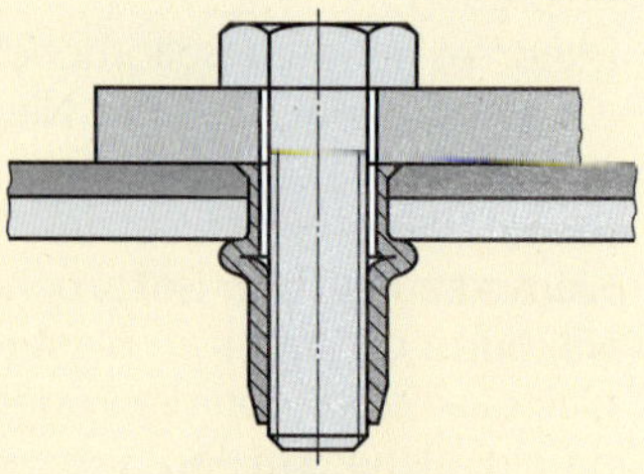

c) **Als Niet- und Schraubverbindung**

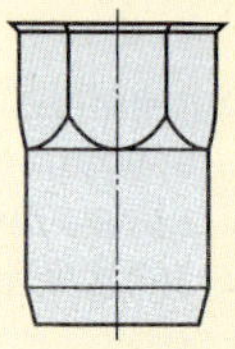

d) **Mit Verdrehsicherung**

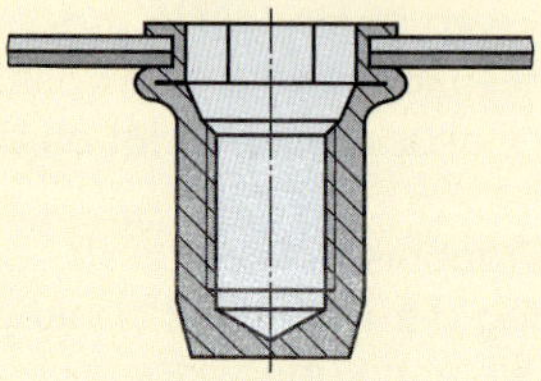

e) **Geschlossen**

2 Blindnietmuttern

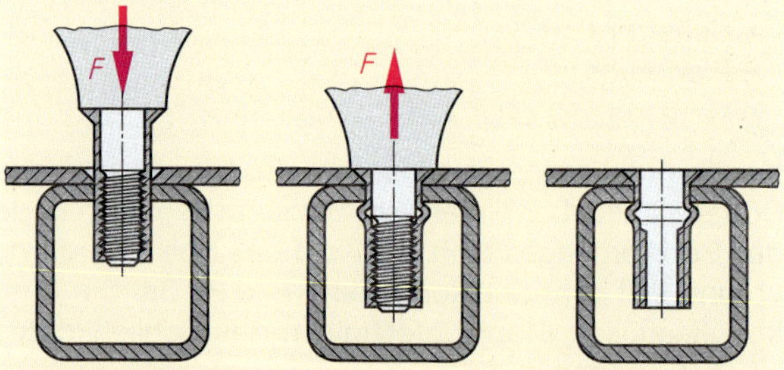

Die auf den Gewindedorn des Nietwerkzeuges aufgeschraubte Blindnietmutter wird in die Nietlochbohrung eingeführt.

Durch Nietwerkzeugbetätigung wird der Gewindedorn zurückgezogen, der Schließkopf gebildet und die Fügeteile zusammengezogen.

Der Gewindedorn wird aus der gesetzten Blindnietmutter herausgeschraubt.

3 Blindnietmutter setzen

Nietwerkstoffe

Der Nietwerkstoff muss duktil[1] sein, da der Schaft beim Stauchen des Schließkopfes stark umgeformt wird. Außerdem müssen die Anforderungen an die Festigkeit erfüllt werden. Übliche Nietwerkstoffe sind in Bild → 1 aufgeführt.

Grundsätzlich sollten der Nietwerkstoff und der Werkstoff der zu verbindenden Werkstücke gleich sein.

Gründe:
Festigkeit und Vermeidung von elektrochemischer Korrosion.

Ergibt die Konstruktion aber eine Paarung mit unterschiedlichen Werkstoffen,
- müssen sie voneinander isoliert werden, siehe Bild → 2,
- sollte der Nietwerkstoff einem der beiden Werkstoffe entsprechen,
- ist auf der Seite des härteren Werkstoffs der Schließkopf zu formen.

Kann der Schließkopf nicht auf der härteren Seite geformt werden, muss eine entsprechend harte Scheibe untergelegt werden. Diese Scheibe sollte einen metallischen Oberflächenschutz besitzen, der in der Spannungsreihe zwischen den beiden Metallen liegt, vgl. Kap. 2.10.

Beispiel:
Bei der Werkstoffpaarung Stahl/Aluminium bietet sich eine verzinkte Stahlscheibe an.

Nietnähte

Die Nietnähte werden nach der Anordnung der Fügeteile unterschieden in:
- Überlappungsnietung
- Laschennietung

Bei der **Überlappungsnietung** sind die Fügeteile um Blechdicke gegeneinander versetzt, siehe Bild → 3a. Sie kann ein- oder mehrreihig sein. Unter Berücksichtigung des formschlüssigen Anteils dieser Verbindung wird der Schaft des einzelnen Niets einschnittig auf Abscherung belastet.

Nietwerkstoff	Kurzzeichen	Benennungs-kurzzeichen
Kaltstauchstahl	QSt 32-3	St
	QSt 36-3	St
Kupfer-Zink-Legierung	CuZn 37	CuZn
Kupfer	SF-Cu	Cu
Aluminium	EN AW-Al 99,5	Al
nichtrostender Stahl	A2	A2
	A4	A4

1 Nietwerkstoffe

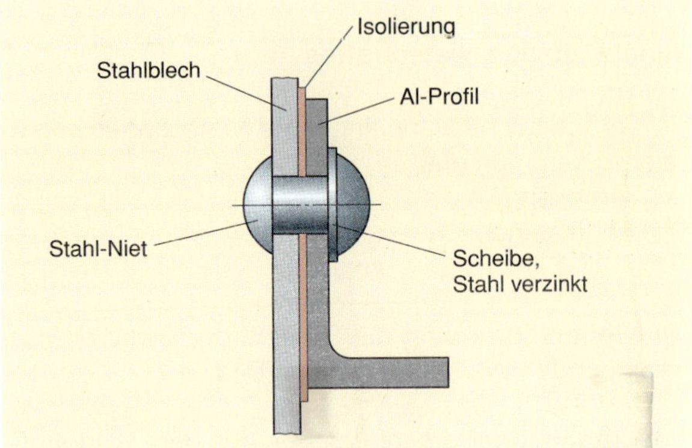

2 Unterschiedliche Werkstoffe isolieren

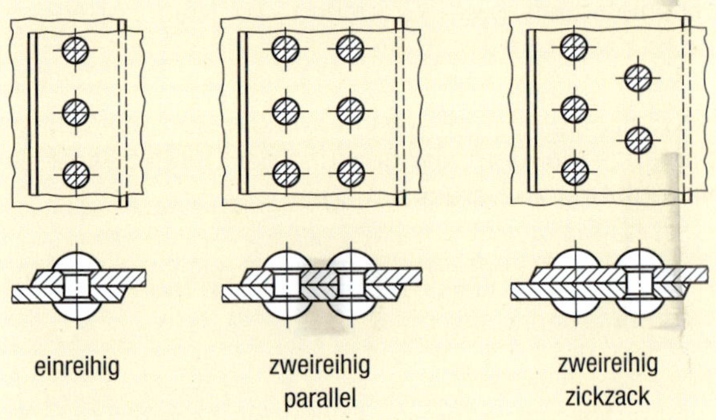

a) Überlappungsnietung

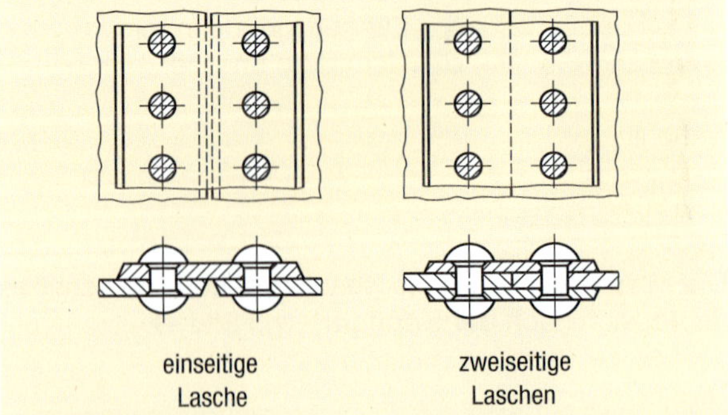

b) Laschennietung

3 Nietnähte

[1] duktil (lat.): dehnbar, verformbar

Die **Laschennietung** wird verwendet, wenn die Fügeteile nicht versetzt, sondern in einer Ebene miteinander verbunden werden sollen. Sie erfordert mindestens zwei Nietreihen. Hierzu können einseitig oder zweiseitig Laschen verwendet werden, siehe Bild → 3b, Seite 89. Durch Verwendung von zweiseitigen Laschen wird der Schaft des einzelnen Niets bei Versagen des Kraftschlusses zweiseitig auf Abscherung belastet. Das bewirkt eine doppelt so große Übertragung der möglichen Betriebskraft.

Nennlänge des Nietschaftes

Die erforderliche Nennlänge des Nietschaftes setzt sich zusammen aus:
- Klemmlänge *s*
- Längenzugabe l_Z

Die **Klemmlänge *s*** ist die Summe der Dicke aller zu verbindenden Werkstücke, siehe Bild → 1.

Die **Längenzugabe l_Z** ergibt sich aus dem Werkstoffvolumen des Schließkopfes und der Zunahme des Schaftdurchmessers im Bereich der Klemmlänge, da der Nietschaft beim Stauchen die Nietlochbohrung ausfüllt.

Als Einflussgröße auf l_Z ist neben der Schließkopfform also auch die Klemmlänge *s* und der Durchmesser der Nietbohrung zu berücksichtigen.

Deshalb sind zu ihrer genauen Bestimmung Probenietungen unerlässlich.

Zur Annäherung kann mit folgenden Formeln gerechnet werden:

a) Halbrundkopf und Tonnenkopf

$$l_Z = 1{,}5 d_1$$

l_Z Längenzugabe in mm
d_1 Nenndurchmesser in mm

b) Senkkopf

$$l_Z = 0{,}8 d_1$$

Die Maßbegrenzung der Nennlänge des Nietschaftes richtet sich nach der Kopfform, vgl. Bild → 2.

Normgerecht wird ein Vollniet folgendermaßen bezeichnet: **Niet DIN 660 – 4 × 12 – Al**
Es bedeuten:
Niet DIN 660: Halbrundniet
4: Nenndurchmesser d_1 = 4 mm
12: Nennlänge l = 12 mm
Al: Nietwerkstoff Al = Al 99,5

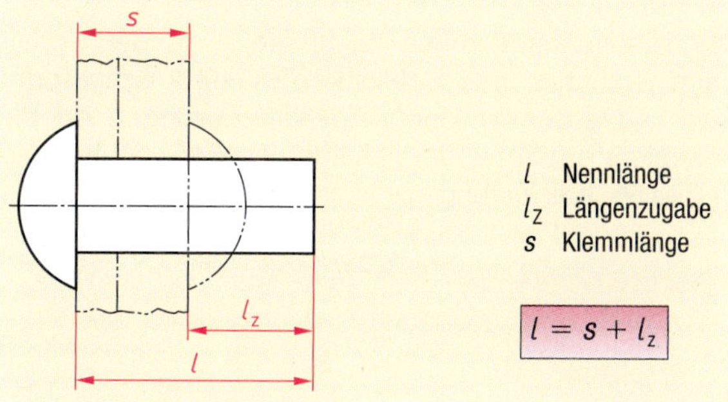

$$l = s + l_z$$

1 Nennlänge eines Vollniets

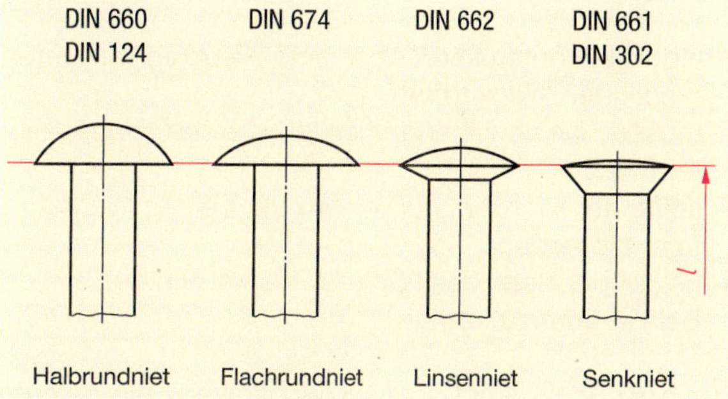

2 Maßbegrenzung der Nietarten

Berechnung der Festigkeit einer Nietverbindung

Bei der Berechnung der Festigkeit einer Nietverbindung wird zur Sicherheit nur der formschlüssige Anteil berücksichtigt.

Es sind zwei mechanische Werkstoffbelastungen zu untersuchen:
- Scherspannung im Nietschaft
- Lochleibungsdruck

Die **Scherspannung im Nietschaft** berechnet sich unter Berücksichtigung der Schnittigkeit folgendermaßen:

$$\tau_a = \frac{F}{S \cdot m \cdot n}$$

τ_a Scherspannung im Nietschaft
F Betriebskraft
S gestauchter Querschnitt des Nietschaftes
m Schnittigkeit
n Anzahl der Niete

Der **Lochleibungsdruck** ist die Flächenpressung am Fügeteil und berücksichtigt die Formstabilität der Nietlochbohrung.

Die Betriebskraft wird dabei auf die projizierte Fläche aus Nietlochdurchmesser und Blechdicke bezogen:

$$p_L = \frac{F}{d_1 \cdot s \cdot n}$$

p_L Lochleibungsdruck
F Betriebskraft
d_1 gestauchter Durchmesser des Nietschaftes
s Blechdicke
n Anzahl der Niete

Schweißen

Schweißen ist das Zusammenfügen von Fügeteilen, die aus gleichen oder ähnlichen Werkstoffen bestehen. Es verbinden sich die Stoffe der Fügeteile und, wenn verwendet, die des Schweißzusatzes, sodass die Schweißstelle und das Grundmaterial ein durchgehend gleichartiges und gleichwertiges Ganzes bilden. Trennt man die Fügeteile, werden sie beschädigt oder zerstört.

In diesem Kapitel werden behandelt:
- Schweißstöße, Schweißnähte und Schweißpositionen
- Schweißverfahren
- Arbeitsschutz beim Schweißen

Schweißstoß
Die Lage der zu verschweißenden Werkstücke zueinander wird als Schweißstoß bezeichnet; Arten siehe Bild → 1.

Schweißnähte
Die Art der Schweißnaht gibt an, wie die Fügeteile miteinander verschweißt werden sollen, eine Auswahl siehe Bild → 2. Durch den Schweißstoß und die Werkstückdicke t wird die Art der Schweißnaht festgelegt.

Arten der Schweißnaht:
- Bördelnaht
- I-Naht
- V-Naht
- Kehlnaht
- Punktnaht (P)
- Liniennaht (L)
- Lochnaht (LP)

Eine **Bördelnaht** entsteht durch das Schweißen von Blechen mit Bördel im Stumpfstoß. Sie kann bei Blechen mit $t \leq 3$ mm zum Schweißen ohne Zusatzwerkstoff angewendet werden; ein Spaltabstand ist nicht vorgesehen.

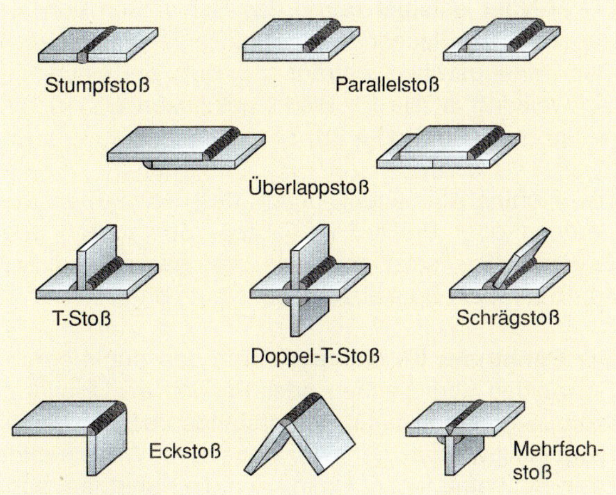

1 Schweißstöße

Symbol Name	Darstellung	Symbol Name	Darstellung
Bördelnaht	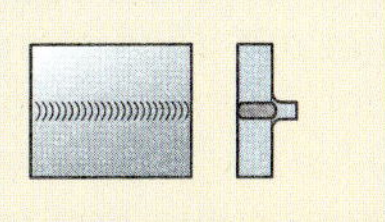	Kehlnaht	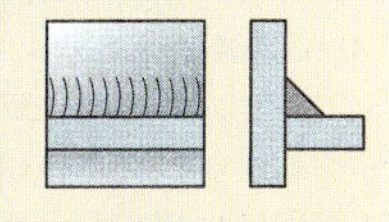
I-Naht	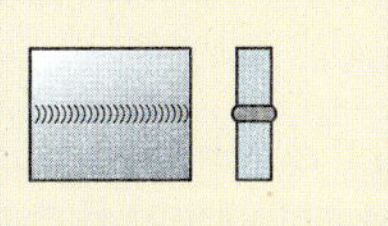	Punktnaht	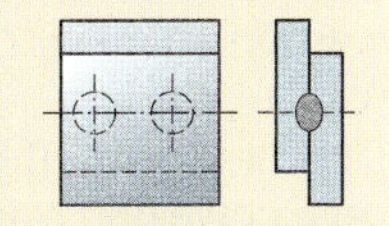
	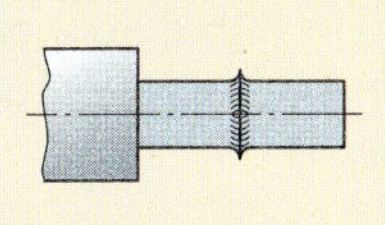	Liniennaht	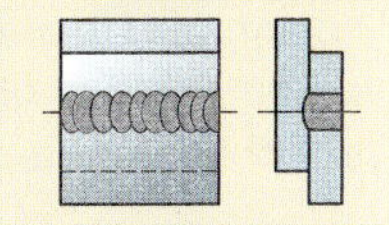
V-Naht	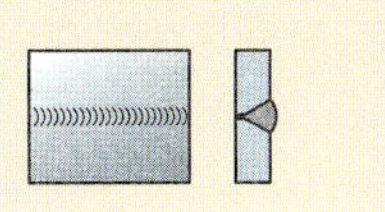	Lochnaht	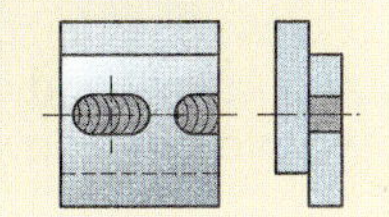

2 Schweißnähte

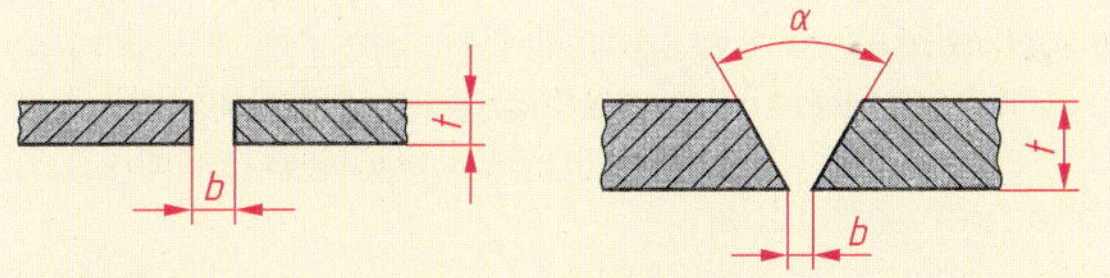

a) I-Naht b) V-Naht
b Spaltbreite t Werkstückdicke α Öffnungswinkel

3 Fugenform

Eine **I-Naht** entsteht durch das Schweißen von Blechen oder Profilen im Stumpfstoß. Sie wird angewendet bei einseitiger Schweißung für Werkstückdicken $t \leq 4$ mm. Es ist eine Spaltbreite $b \approx t$ einzuhalten, siehe Bild → 3a.

GEMEINSAMES BEIDER FACHRICHTUNGEN

Die **V-Naht** entsteht durch das Schweißen von angeschrägten Blechen oder Profilen im Stumpfstoß. Der Öffnungswinkel beträgt $\alpha = 60°$; bei einseitiger Schweißung ist sie für Werkstückdicken $t \leq 10$ mm geeignet, siehe Bild ➔ 3b, Seite 91.

Die **Kehlnaht** entsteht durch das Schweißen von Blechen oder Profilen im T-Stoß, Schrägstoß oder Eckstoß. Sie setzt man ein für Werkstückdicken $t \leq 15$ mm; ein Spaltabstand ist nicht vorgesehen.

Die **Punktnaht (P)** entsteht durch das punktförmige Schweißen von Blechen oder Profilen im Überlappstoß. Sie kann durch Widerstandspressschweißen hergestellt werden, dann vorwiegend für Werkstückdicken $t \leq 3$ mm; für $t \leq 1$ mm kann die Punktnaht auch durch Schutzgasschweißen hergestellt werden.

Die **Liniennaht (L)** entsteht durch das Aneinanderreihen von Schweißpunkten von Blechen oder Profilen im Überlappstoß. Sie kann durch Widerstandspressschweißen hergestellt werden, dann vorwiegend für Werkstückdicken $t \leq 3$ mm; für $t \leq 1$ mm kann die Liniennaht auch durch Schutzgasschweißen hergestellt werden.

Die **Lochnaht (LP)** entsteht durch das punktförmige Schweißen von einseitig gelochten Blechen oder Profilen im Überlappstoß. Lochnähte können für alle vorkommenden Blechdicken eingesetzt werden, siehe Bild ➔ 1.

Schweißnähte können geschweißt werden:
- durchgehend oder
- unterbrochen

Die **durchgehende Schweißnaht** (D) wird überall dort angewendet, wo aufgrund der Blechdicke und der Bauteilform kein Wärmeverzug zu erwarten ist. Durch diese Schweißnaht werden die Fügeteile gasdicht miteinander verbunden.

Die **unterbrochene Schweißnaht** (R) besteht aus abwechselnden kurzen
- durchgehend geschweißten und
- ungeschweißten Nahtbereichen.

Diese Nahtart wird häufig in Randbereichen zusätzlich zur Lochnaht eingesetzt. Der Wärmeverzug ist geringer als bei der durchgehenden Schweißnaht. Bei dünnen Blechen kann ein möglicher Wärmeverzug durch mehrere Schweißschritte weiter verringert werden:
- Zuerst mit großem Nahtabstand schweißen.
- In den folgenden Schritten werden Nähte in die Lücken gesetzt.

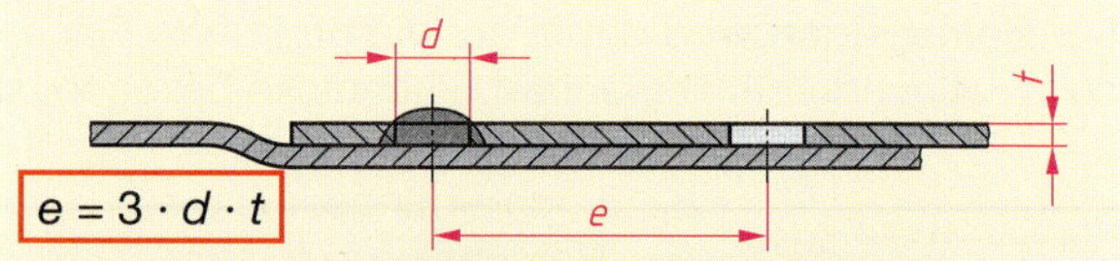

Lochdurchmesser *d* **in mm**	**Werkstückdicke** *t* **in mm**	**max. Punktabstand** *e* **in mm**
6…8	0,66…0,88	12…20
8…9	0,88…1,50	20…40
9…10	1,50…3,00	40…90

1 Werkstückdicke und Durchmesser für Lochnähte

Kurzbezeichnung	**Beschreibung**	
PA	Position A: waagerechtes Schweißen von Kehlnähten und Stumpfnähten in Wannenposition, Decklage oben	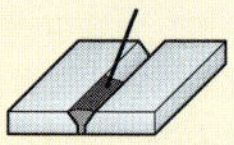
PB	Position B: horizontales Schweißen von Kehlnähten, Vertikalposition	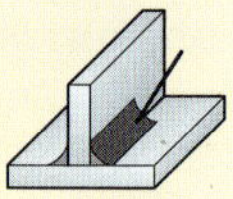
PC	Position C: waagerechtes Schweißen an senkrechter Wand, Quernaht, Querposition	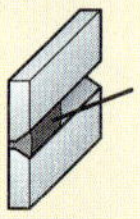
PD	Position D: Horizontal-Überkopfposition	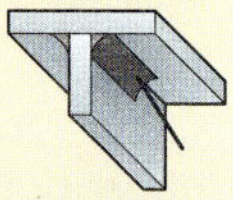
PE	Position E: Überkopfschweißen, Decklage nach unten, Überkopfposition	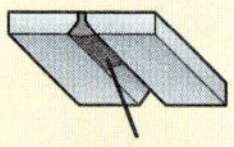
PF	Position F: Schweißen von unten nach oben, Steignaht, Steigposition	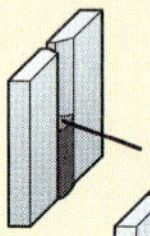
PG	Position G: Schweißen von oben nach unten, Fallnaht, Fallposition	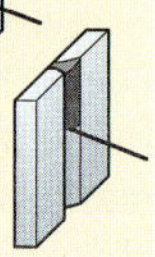

2 Schweißpositionen

Durch diese Technik liegen die Wärmezonen immer weit auseinander und ein Verziehen ist nicht zu erwarten. Dünne Bleche, die nicht gasdicht miteinander gefügt werden müssen, kann man mit einer **Steppnaht** (S) schweißen. Hierbei werden die Werkstücke im Stumpfstoß mit einer Punktnaht durch Schutzgasschweißen verbunden.

Durch die gleiche Technik wie bei der unterbrochenen Schweißnaht vermindert man auch hier den Wärmeverzug.

Schweißpositionen

Die Schweißposition gibt die Lage der Schweißnaht zum Schweißer an.
Durch die Größe des Bauteils können unterschiedliche Schweißpositionen erforderlich werden, siehe Bild ➔ 2.

Schweißverfahren

1 Übliche Schweißverfahren

Von den heute über hundert bekannten Schweißverfahren werden folgende am häufigsten eingesetzt, siehe Bild → 1:

- Punktschweißen
- Schutzgasschweißen
- Lichtbogenhandschweißen

Punktschweißen

Das Punktschweißen gehört zur Gruppe des Widerstandspressschweißen. Die Energie, die zum Herstellen einer stoffschlüssigen Verbindung erforderlich ist, wird gewonnen aus:

- der Wärmeenergie (Arbeitstemperatur)
- der mechanischen Energie des Anpressens (Anpresskraft)

Die Arbeitstemperatur und die Anpresskraft müssen sich ergänzen:

- hohe Arbeitstemperatur → kleine Anpresskraft
- niedrige Arbeitstemperatur → große Anpresskraft

Geschweißt wird ohne Schweißzusatz.

Zum Punktschweißen wird eine Punktschweißzange verwendet, siehe Bild → 2. Sie wird über ein Stromsteuergerät an die Netzspannung angeschlossen:

- Der Schweißstrom und die Stromdauer werden am Stromsteuergerät eingestellt,
- die Elektrodenkraft an der Punktschweißzange.

Nach Betätigung der Punktschweißzange fließt der Schweißstrom durch die Elektroden und die Werkstücke. Die erforderliche Schweißwärme entsteht vor allem durch den Übergangswiderstand zwischen den Werkstücken. An den Berührungsflächen zwischen den Werkstücken wird der Werkstoff teigig und durch die Anpresskraft der Elektroden wird die Schmelze gehalten und es kommt zur linsenförmigen Verschweißung, siehe Bild → 3. Somit ist eine stoffschlüssige Verbindung hergestellt.

Zur Erhöhung der Elektrodenstandzeit oder auch beim Widerstandspunktschweißen von dicken Blechen oder von Mehrfachlagen verwendet man auch wassergekühlte Elektroden.

2 Punktschweißzange

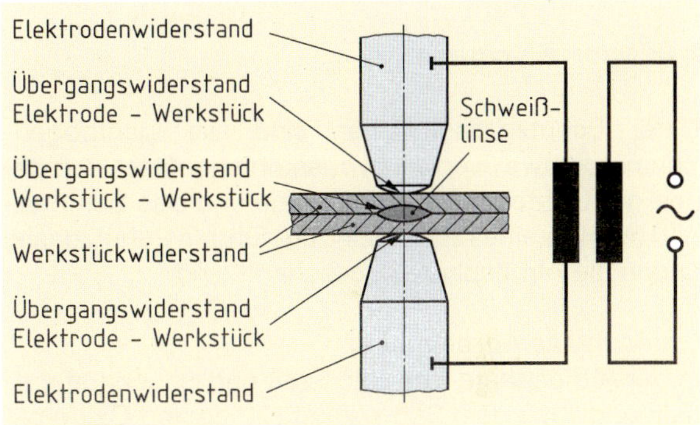

3 Schweißen mit der Punktschweißzange

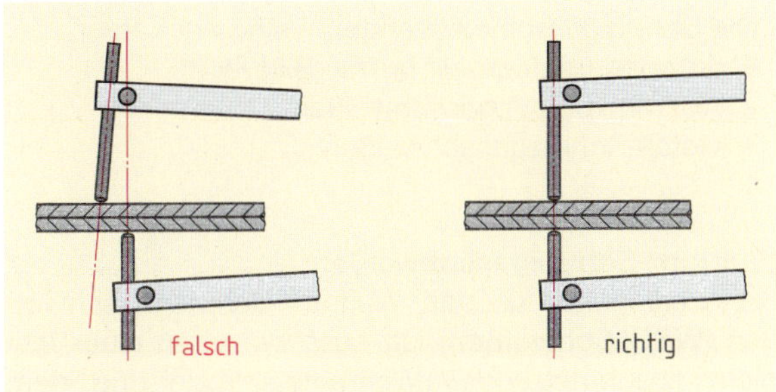

4 Elektroden ausrichten beim Punktschweißen

Zu beachten:

- Elektroden sorgfältige ausrichten: Sie müssen mit ihren Spitzen genau übereinanderliegen, um den Schweißpunkt richtig zu setzen, siehe Bild → 4.
- Die Kontaktflächen der Elektroden müssen sauber und glatt sein; wenn erforderlich, mit feinem Schmirgelpapier glatt und oxidfrei polieren.
- Probeschweißung und Ausknüpfprobe für Geräteeinstellung erforderlich.

Ausknüpfprobe

Mit Hilfe der Ausknüpfprobe kann man die Verbindungsfestigkeit einer Punktschweißung prüfen. Dazu werden die Blechstreifen durch Punktschweißen verbunden und danach unter Schälbelastung voneinander getrennt, siehe Bild ➔ 1.

Die Punktschweißzange ist dann richtig eingestellt, wenn:

- aus einem Blechstreifen der Schweißpunkt herausreißt und sich ein Loch bildet
- auf dem zweiten Blech der komplette Schweißpunkt verbleibt, siehe Bild ➔ 1

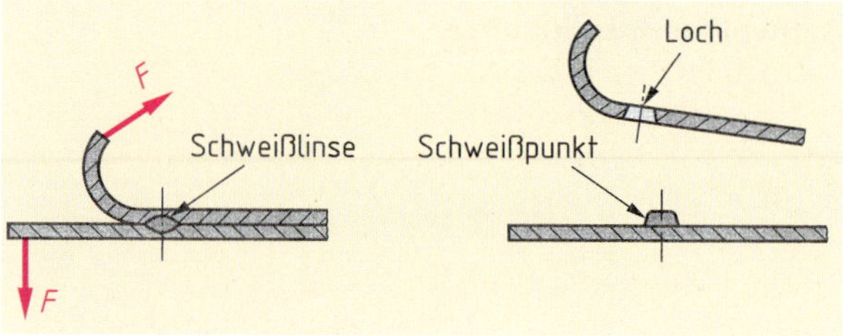

1 Ausknüpfprobe

Schutzgasschweißen

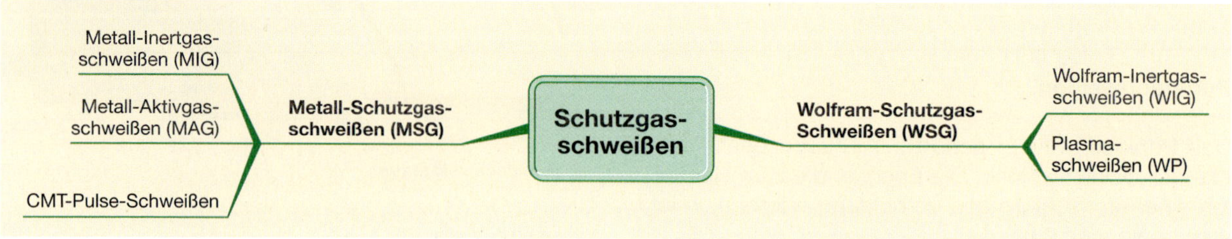

2 Schutzgasschweißverfahren

Unter Schutzgasschweißen sind alle Lichtbogen-Schmelzschweißverfahren zusammengefasst, bei denen der Lichtbogen, die Elektrode und das Schmelzbad mit Hilfe eines zusätzlich zugeführten Schutzgases gegen die Atmosphäre abgeschirmt sind.

Grund für die Abschirmung:
In der Atmosphäre sind Stickstoff und Sauerstoff enthalten, die mit dem Schweißgut Nitride und Oxide bilden können – Schutzgas kann dies verhindern.

Die Schutzgasschweißverfahren sind nach ihrer Elektrodenart eingeteilt in, vgl. Bild ➔ 2:
- Wolfram-Schutzgasschweißen
- Metall-Schutzgasschweißen

Wolfram-Schutzgasschweißen

Kennzeichnend für das Wolfram-Schutzgasschweißen (**WSG-Schweißen**) ist, dass zwischen einer fast nicht abschmelzenden Wolframelektrode und dem Werkstück der Lichtbogen in einer Schutzgasatmosphäre abbrennt. Der Schweißzusatz wird separat zugeführt.

Das Wolfram-Schutzgasschweißen ist in zwei Verfahren unterteilt:
- Wolfram-Inertgasschweißen
- Plasmaschweißen

Schutzgas	Werkstoffe	Bemerkungen
Argon	alle schweißbaren Metalle	• häufigste Anwendung • bei gasempfindlichen Werkstoffen Wurzelschutz erforderlich
Argon/Helium (He bis 75 %) Helium	Al und Al-Legierungen Cu und Cu-Legierungen	• durch heißeren Lichtbogen → besserer Einbrand → höhere Schweißgeschwindigkeit • Zündschwierigkeiten durch He → Zünden unter Argon
Argon/Wasserstoff (H_2 1%…10%)	hochlegierte CrNi-Stähle	• durch heißeren Lichtbogen → besserer Einbrand → höhere Schweißgeschwindigkeit
	Ni und Ni-Basislegierungen	zur Porenvermeidung

3 Schutzgase zum WIG-Schweißen

Wolfram-Inertgasschweißen (WIG-Schweißen) ist das Wolfram-Schutzgasschweißen, bei dem als Schutzgas ein inertes[1] Gas verwendet wird. Zum Einsatz kommen vorwiegend Argon, Argon-Helium-Gemisch, Helium oder Argon-Wasserstoff-Gemisch, siehe Bild ➔ 3.

[1] inertes Gas: Gas, welches während des Schweißprozesses auch bei hoher Temperatur nicht mit anderen Stoffen reagiert

Dabei muss das Schutzgas vor dem Zünden aus der Schutzgasdüse strömen, damit sich der Lichtbogen im Schutzgasmantel aufbauen kann. Der Schweißzusatz wird in Schweißrichtung vor der Wolframelektrode geführt (Nachlinksschweißen), siehe Bild → 1

Mit dem WIG-Schweißen sind alle schweißgeeigneten Metalle schweißbar, jedoch ist es nicht wirtschaftlich, Stahlbleche so zu schweißen.

Für den Schweißstrom stehen Gleichstrom- oder Wechselstromquellen zur Verfügung; Aluminium und Aluminiumlegierung werden mit Wechselstrom geschweißt.

Das Schweißen von Aluminium und Aluminiumlegierungen verlangt sorgfältige Vorbereitung der Schweißnaht. Um Porenbildung zu vermeiden, sind Schweißnahtbereich und Zusatzwerkstoff zu trocknen, damit kein unnötiger Wasserstoff vom Schmelzbad aufgenommen wird.

Die dichte Oxidschicht (Al_2O_3) muss mechanisch im Nahtbereich entfernt werden.

Da sie sich bereits nach wenigen Sekunden bildet, ist dies nicht nur vor, sondern auch während des Schweißens nach Unterbrechungen erforderlich. Hierfür eignen sich Bürsten mit nicht rostenden Borsten und Schleifscheiben.

Das **Plasmaschweißen (WP-Schweißen)** ist eine Weiterentwicklung des WIG-Schweißens. Die erforderliche Wärme zur Bildung des Schmelzflusses wird durch einen Plasmastrahl erzeugt, siehe Bild → 2.

Der Plasmastrahl entsteht in einem Lichtbogen, der zwischen der Wolframelektrode und dem Werkstück brennt. Aufgrund der hohen Temperatur des Lichtbogens von $t > 2\,500$ °C wird das Plasmagas ionisiert. In der Plasmadüse wird der Plasmastrahl gebündelt und die Wärme auf einen kleinen Bereich konzentriert. Es entstehen im Plasmastrahl Temperaturen von $t = 5\,000$ °C bis 30 000 °C. Um die Plasmadüse vor Überhitzung zu schützen, wird sie mit Wasser gekühlt.

Beim WP-Schweißen unterscheidet man:
- Plasmagas
- Schutzgas

Als **Plasmagas** werden nur inerte Gase verwendet. Am häufigsten benutzt man reines Argon wegen der unter WIG-Schweißen beschriebenen Vorteile. In manchen Fällen findet auch ein Mischgas aus Argon und ca. 5 % Helium als Plasmagas Anwendung. Der Energiegehalt des Plasmastrahles wird dadurch erhöht.

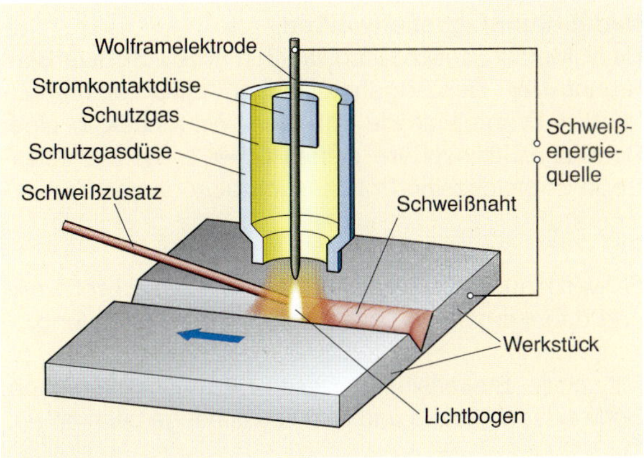

1 **WIG-Schweißen**

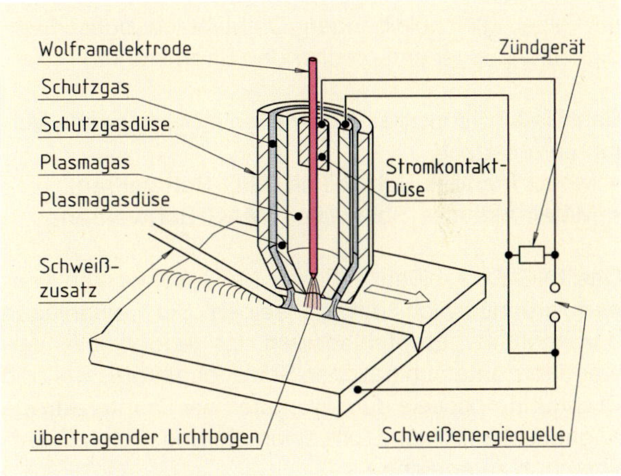

2 **Plasmaschweißen**

Als **Schutzgas** werden meist Mischgase auf Argon-Basis eingesetzt. Beim Plasmaschweißen von hochlegierten CrNi-Stählen, Nickel- und Aluminiumlegierungen hat sich das Mischgas Argon/Wasserstoff mit ca. 5 % Wasserstoff bewährt. Das Argon-Mischgas mit ca. 8 % Sauerstoff hat sich als Schutzgas beim Plasmaschweißen von verzinkten und aluminierten Stahlblechen als vorteilhaft erwiesen.

Einsatzgebiete des WP-Schweißens sind besonders dünne Werkstücke aus Al-Legierungen, CrNi-Legierungen, Nickel, Nickel-Legierungen und verzinkte und aluminierte Stahlbleche. Meistens wird bei Dünnblechen mit $t = 0{,}7$ mm bis 3,0 mm ohne Zusatzwerkstoff geschweißt.

Die Schweißgeschwindigkeit ist doppelt so hoch wie beim WIG-Schweißen. Der Düsenabstand vom Werkstück ist dabei so klein zu wählen, dass der durch die Plasmadüse gebündelte Plasmastrahl genutzt wird.

Metall-Schutzgasschweißen

Beim Metall-Schutzgasschweißen (**MSG-Schweißen**) brennt der Lichtbogen zwischen einer abschmelzenden Drahtelektrode und dem Werkstück in einer Schutzgasatmosphäre, siehe Bild ➔ 1. Die Drahtelektrode ist gleichzeitig Pol des Lichtbogens und Zusatzwerkstoff.

Es wird ausschließlich mit Gleichstrom geschweißt und dabei erhält die Drahtelektrode die Pluspolung.

Mit einer Steuerleitung lassen sich Drahtvorschub, Schweißstromstärke und Schutzgasmenge bestimmen.

Die Schweißspannung wird durch Einstellung am Maschinenstufenschalter gewählt. Geschweißt wird dabei mit einer gleichbleibenden Drahtvorschubgeschwindigkeit und einer entsprechenden Stromstärke I.

Das Metall-Schutzgas-Schweißen ist in folgende Verfahren unterteilt:

- Metall-Inertgas-Schweißen (**MIG-Schweißen**)
- Metall-Aktivgas-Schweißen (**MAG-Schweißen**)

Das MIG-Schweißen und das MAG-Schweißen werden grundsätzlich mit denselben Schweißanlagen durchgeführt. Empfehlenswert ist jedoch die Verwendung unterschiedlicher Schlauchpakete, weil die Drahtführungsseele dem Werkstoff der Drahtelektrode angepasst sein muss, um einen störungsfreien Drahtvorschub zu erreichen.

Der Unterschied dieser Schweißverfahren liegt an den verwendeten Schutzgasen:

- Beim MIG-Schweißen werden die gleichen Schutzgase verwendet wie beim WIG-Schweißen.
- Beim MAG-Schweißen werden als Schutzgas Kohlendioxid (CO_2) oder ein Mischgas eingesetzt. CO_2 ist billig und sollte immer dann verwendet werden, wenn die Ansprüche an Festigkeit und Optik erfüllt werden.

Wegen der hohen Energie des Lichtbogens muss die Oberfläche der Fügeteile nicht exakt metallisch rein sein.
Die Vorteile des MSG-Schweißens sind:

- Die Wärme wird konzentriert eingebracht mit kleiner Wärmeeinflusszone
- sichere Punktnahtverbindung bei Blechen mit Dicke ≤ 1,0 mm
- hohe Abschmelzleistung
- hohe Geschwindigkeit beim Schweißen
- hohe Festigkeit der Schweißnaht
- Spalt wird gut überbrückt
- ist für alle Schweißstöße, Schweißnähte und Schweißpositionen einsetzbar
- für viele Metalle einsetzbar
- Schweißen mit Endloselektrode möglich

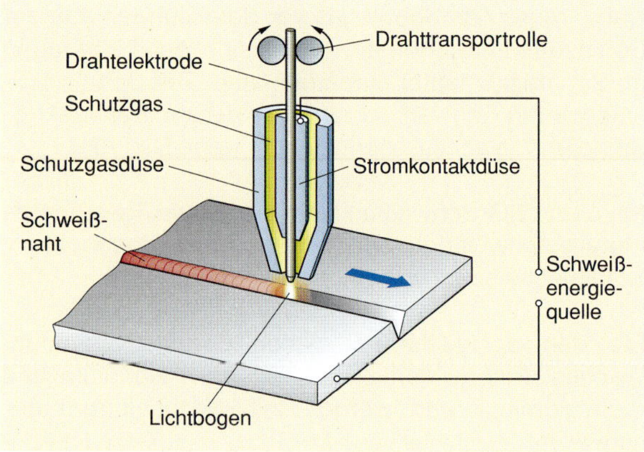

1 MSG-Schweißen

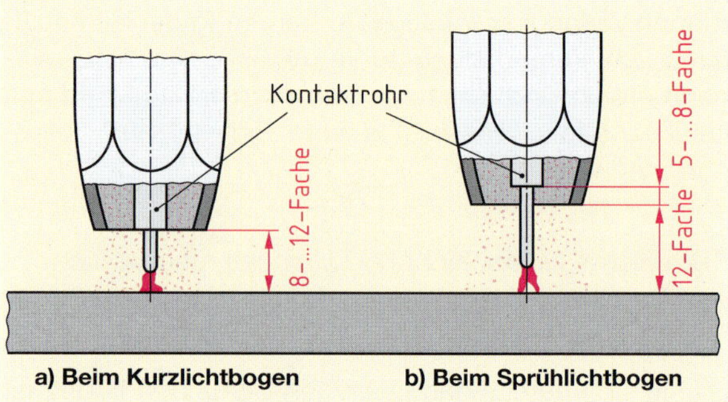

2 Länge der Drahtelektrode

Aufgrund dieser Vorteile wird das MSG-Schweißen bei der Neuanfertigung und Instandsetzung von Karosserien am häufigsten verwendet.

MSG-Schweißen kann erfolgen mit:

- kontinuierlichem Gleichstrom
- nicht kontinuierlichem Gleichstrom

MSG-Schweißen mit kontinuierlichem Gleichstrom

Beim MSG-Schweißen mit kontinuierlichem Gleichstrom kann durch unterschiedliche Lichtbogenlänge der Tropfenübergang beeinflusst werden.

Man unterscheidet:

- Kurzlichtbogen
- Sprühlichtbogen
- Zwischenbereichslichtbogen

Der **Kurzlichtbogen** lässt einen feintropfigen Werkstoffübergang im Kurzschluss stattfinden; dadurch werden Schweißspritzer verhindert. Wegen der geringen Wärmeeinbringung eignet sich das MSG-Schweißen mit Kurzlichtbogen besonders für Dünnbleche in allen Schweißpositionen. Die freie Länge der Drahtelektrode beträgt beim Kurzlichtbogen das 8- bis 12-Fache des Durchmessers der Drahtelektrode, siehe Bild ➔ 2a.

Beim **Sprühlichtbogen** erfolgt der Tropfenübergang feintropfig und kurzschlussfrei. Die Wärmeeinbringung in das Werkstück ist groß und der Einbrand ist tief; es entstehen nur wenige Schweißspritzer. Das MSG-Schweißen mit Sprühlichtbogen eignet sich besonders für mittlere und dicke Bleche. Die freie Länge der Drahtelektrode beträgt beim Sprühlichtbogen das 17- bis 20-Fache des Durchmessers der Drahtelektrode, siehe Bild → 2b, Seite 96.

Der **Zwischenbereichslichtbogen** liegt in seinem Tropfenübergang zwischen Kurz- und Sprühlichtbogen. Es bilden sich größere Tropfen, und dabei entstehen Schweißspritzer. Die Lichtbogenlänge ist zum MSG-Schweißen von Blechen mittlerer Dicke geeignet.

Schweißanlage einstellen

Bei der konventionellen Schweißanlage müssen folgende Einstellungen vorgenommen werden:
- Vorschubgeschwindigkeit der Drahtelektrode
- Schweißspannung
- Volumenstrom des Schutzgases

Die **Vorschubgeschwindigkeit der Drahtelektrode** ist kombiniert mit der Einstellung der Schweißstromstärke und erfolgt automatisch.

Die **Schweißspannung** wird nach einer Probeschweißung eingestellt. Eine hohe schmale Naht ist ein Kennzeichen für zu niedrige Schweißenergie, eine flache und breite Naht für zu hohe Schweißenergie. Bei richtiger Einstellung ergibt sich ein stabiler Lichtbogen mit normalem (summendem) Geräusch.

Der **Volumenstrom des Schutzgases** wird eingestellt
- an einem Manometer, das auf Durchflussmenge geeicht ist oder
- mit einem Durchflussmengenmesser.

Beim MSG-Schweißen ist darauf zu achten, dass kein Wind oder auch nur Zugluft den Schutzgasmantel beeinflussen kann.

Schon relativ kleine Luftbewegungen können zur Porenbildung beitragen.

Haltung des Schweißbrenners

Durch die Haltung des Schweißbrenners wird die Schweißnaht beeinflusst. Der Schweißbrenner kann während des Schweißens senkrecht (neutral) gehalten werden, oder bis zu einem Anstellwinkel von $\alpha = 15°$, siehe Bild → 1. Die Anstellung des Schweißbrenners beeinflusst die Einbrandtiefe und die äußere Nahtform.

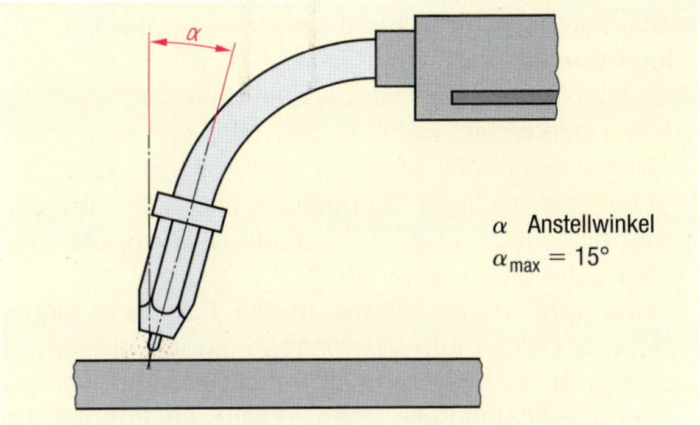

1 **Anstellung des Schweißbrenners beim MSG-Schweißen**

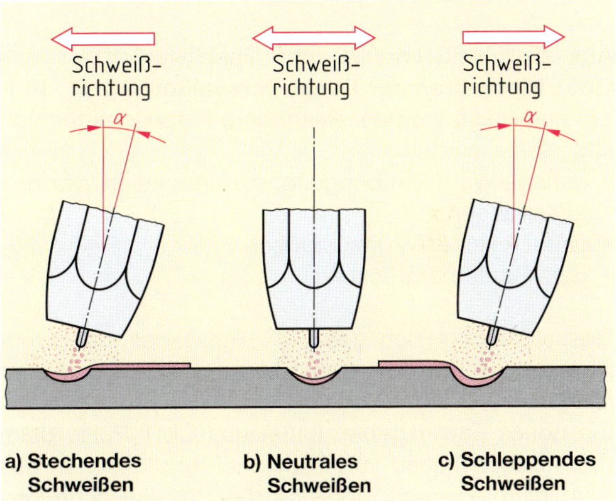

2 **Schweißtechnik beim MSG-Schweißen**

Es werden nach der Brenneranstellung drei Schweißtechniken unterschieden:
- stechendes Schweißen
- neutrales Schweißen
- schleppendes Schweißen

Beim **stechenden Schweißen** ist der Schweißbrenner entgegen der Schweißrichtung geneigt; das Schmelzbad ist vor dem Schweißbrenner, siehe Bild → 2a. Der Einbrand ist nicht tief, die Naht ist breit und flach. Diese Schweißtechnik wird bei dünnen Blechen, bei Wurzelnähten und bei Steignähten bevorzugt angewendet.
Das **neutrale Schweißen** erfolgt durch senkrechte Brenneranstellung, siehe Bild → 2b. Die Naht ist breit und flacher, mit tieferem Einbrand als beim stechenden Schweißen. Es wird bei mitteldicken Blechen, bei Wurzelnähten und bei Decknähten angewendet.
Beim **schleppenden Schweißen** ist der Schweißbrenner in Schweißrichtung geneigt; das Schmelzbad ist hinter dem Schweißbrenner, siehe Bild → 2c. Der Einbrand ist tief und die Naht schmaler und höher als bei den anderen Schweißtechniken. Diese Schweißtechnik wird überwiegend bei Füll-, Deck- und Fallnähten angewendet.

MSG-Schweißen mit nicht kontinuierlichem Gleichstrom

Das MSG-Schweißen wird heute auch mit Schweißstromquellen durchgeführt, die mit nicht kontinuierlichem Gleichstrom arbeiten. Hier wird im zeitlichen Wechsel ein niedriger Grundstrom und hoher Impulsstrom eingesetzt. Dieses Verfahren wird **Impulslichtbogenschweißen** genannt.
Hierbei wird wenig Wärme in die Fügeteile eingebracht, sodass kaum Wärmespannungen entstehen. Es verbrennen bzw. verdampfen dann auch weniger Legierungsbestandteile, deshalb wird das Impulslichtbogenschweißen bei Cu-, Ni-, CrNi- und AlZn-Legierungen bevorzugt eingesetzt.

Aus dem MIG-Impulslichtbogenschweißen ist das **Cold-Metal-Transfer-Pulse-Schweißen (CMT Pulse)** entwickelt worden. Besondere Eigenschaften von CMT Pulse sind:
- geringe Wärmeeinbringung, dadurch keine Wärmespannungen
- nahezu keine Schweißspritzer
- gute Spaltüberbrückung

Deshalb eignet sich das CMT Pulse besonders gut zum Schweißen von Aluminium und Aluminiumlegierungen.
Ein neues Einsatzgebiet findet das CMT Pulse beim thermischen Fügen von Stahlblech und Blechen aus Aluminiumlegierung, obgleich das physikalische Verhalten dieser Metalle bei Wärme sehr unterschiedlich ist, vgl. Bild → 1.
Voraussetzung für dieses thermische Fügen ist die Verwendung von verzinktem Stahlblech und Blechen aus Aluminiumlegierung der Werkstoffreihen EN AW-5xxx oder EN AW-6xxx, vgl. Kap. 5.5.3. Als Zusatzwerkstoff wird AlSi3Mn1 verwendet. Das Zink des verzinkten Stahlbleches wirkt als Flussmittel beim Löten. Beim thermischen Fügen von Stahl und Aluminiumlegierung wird die Aluminiumlegierung geschweißt und der Stahl gelötet.

Lichtbogenhandschweißen

Die erforderliche Wärme zur Bildung des Schmelzflusses wird beim Lichtbogenhandschweißen aus einem Lichtbogen zwischen umhüllter Metallelektrode und Werkstück gewonnen. Innerhalb kürzester Zeit werden Temperaturen von $t \approx 3\,800$ °C erzeugt, die über dem Schmelzpunkt der gebräuchlichen Metalle liegen.

Die Wärmeeinflusszone ist dabei aber nur klein. Es bildet sich beim Schweißen aus der Umhüllung der Metallelektrode Schlacke, die Verunreinigungen in der Schmelze aufnimmt und die Abkühlgeschwindigkeit der Naht verringert.

	Aluminiumlegierung	Stahl
Schmelzpunkt in °C	600 … 640	1400 … 1490
Längenausdehnungskoeffizient bei 0 °C bis 100 °C in $\cdot 10^{-6}$ $^1/_K$	23	10 … 16

1 Eigenschaften von Stahl und Aluminiumlegierung bei Wärme

Eingesetzt wird dieses Fügeverfahren für Blechdicken $t > 1{,}5$ mm und für alle Schweißpositionen.

Zum Zünden des Lichtbogens wird die umhüllte Elektrode auf das Werkstück aufgesetzt. Dann wird die Elektrode auf Kerndrahtdurchmesser abgehoben und es entsteht der Lichtbogen. Auf dem Werkstück bildet sich ein Schmelzbad und die Elektrode schmilzt tropfenförmig ab.

Die Schweißeigenschaften und Qualität der Schweißnähte werden im Wesentlichen durch die Umhüllung der Metallelektrode bestimmt.

Die abschmelzende Umhüllungsmasse erfüllt folgende Aufgaben:
- Schmelze vor Luftzutritt durch Gasmantel schützen
- Lichtbogen durch Ionisierung der Gase stabilisieren
- verbrannte Legierungsbestandteile ersetzen durch Zugabe von Legierungsmetallen
- Reinigung und Entgasung der Schmelze fördern durch Schlackebildung
- Abkühlgeschwindigkeit verringern durch Nahtabdeckung mit Schlacke

Insbesondere der stabile Gasmantel begründet den Einsatz des Lichtbogenhandschweißens für den Karosserie- und Fahrzeugbaumechaniker. So ist das Lichtbogenhandschweißen bei starker Luftbewegung besser geeignet als das Schutzgasschweißen.

Arbeitsschutz beim Schweißen

Beim Schweißen ist darauf zu achten:
- Schutzkleidung tragen; besonders die Augen schützen
- Raum gut be- und entlüften; wenn nötig, sind die freigesetzten Gase, Rauche und Stäube abzusaugen
- Schweißplatz abschirmen, sodass
  - Außenstehende nicht in den Lichtbogen sehen können,
  - Funken und Spritzer vom Schweißmaterial nicht nach außen dringen

Löten

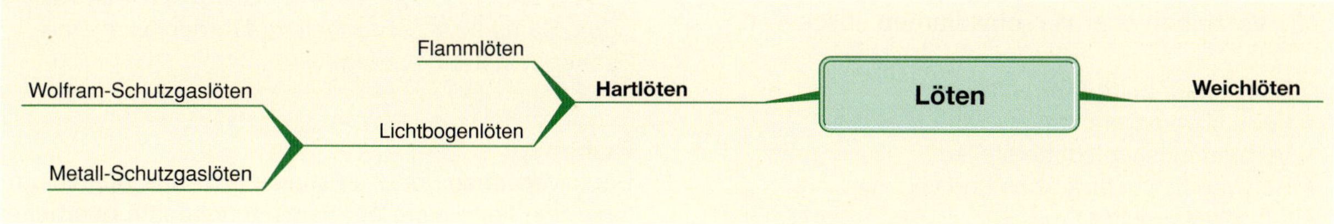

1 Lötverfahren

Prinzip des Lötens

Durch Löten werden gleiche oder verschiedene metallische Fügeteile mit einem Lot unter Verwendung von Wärme stoffschlüssig miteinander verbunden. Es entsteht eine unlösbare Verbindung, die sich nur durch Beschädigung oder Zerstörung der Fügeteile oder des Lots trennen lässt.

Die Schmelztemperatur des Lots liegt immer unter der Schmelztemperatur der zu verbindenden Fügeteile. So bleiben die Fügeteile während des Lötens fest und das geschmolzene Lot stellt den Stoffschluss her.

Vorbereitung der Fügeteile

Bevor die Fügeteile gelötet werden können, sind
- ihre Oberflächen mechanisch zu reinigen,
- sie mit Flussmittel zu bestreichen,
- das Lot auszuwählen.

Das **Reinigen der Oberflächen** an der Fügestelle geschieht am besten mit Drahtbürste oder Schleifscheibe – die Oberflächen müssen metallisch blank sein.

Die **Flussmittel** lösen Oxide und Fettschichten auf und verhindern, dass sich während des Lötens Oxide neu bilden können. Flussmittel gibt es als Pulver, Paste, Flüssigkeit oder es ist im Lot als Seele bzw. Umhüllung enthalten. Flussmittel müssen bleifrei sein.

Weitere Informationen siehe Kap. 2.9.2.9.

Das **Lot wird ausgewählt** nach dem Werkstoff der Fügeteile, der erwarteten Festigkeit der Verbindung und dem Lötverfahren. In jedem Fall muss das Lot bleifrei sein.

Die Festigkeit der Legierung ist immer größer als die Festigkeit des reinen Lotes.

Je kleiner der Lötspalt ist, umso größer wird die Festigkeit der Lötverbindung. Im sehr engen Lötspalt ist zwischen den Fügeteilen nur Legierung.

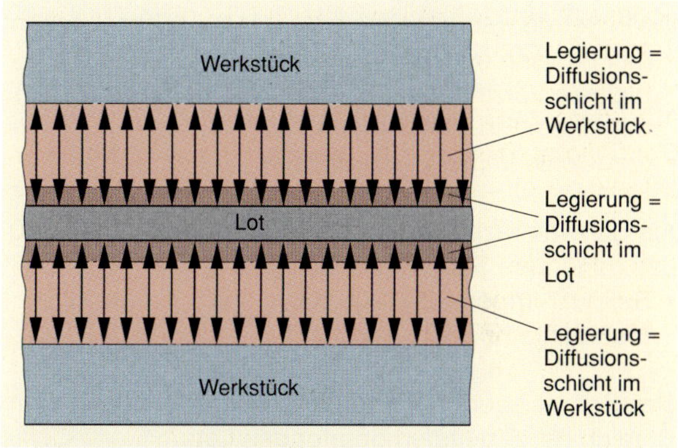

2 Bildung der Legierung an der Lötstelle

Nach dem Löten müssen die Flussmittelreste sorgfältig beseitigt werden, da sie sonst Korrosion begünstigen.

Lötvorgang

Der Lötvorgang erfolgt in den Stufen:
- Fügeteile auf Arbeitstemperatur bringen.
- Benetzen: Flüssiges Lot breitet sich auf der Oberfläche der Fügeteile aus.
- Fließen: Das Lot verdrängt das Flussmittel und die Lötfuge oder der Lötspalt wird mit Lot gefüllt.
- Binden: Das Lot diffundiert in den Werkstoff der Fügeteile und Werkstoff des Fügeteils diffundiert in das Lot; es entsteht im Fügeteil und im Lot eine Legierung, siehe Bild → 2.

Das Löten lässt sich nach der Arbeitstemperatur in zwei Verfahren einteilen, vgl. Bild → 1:
- Weichlöten
- Hartlöten

Weichlöten

Weichlöten ist das Löten mit einer Arbeitstemperatur t_A < 450 °C. Die Lote bestehen meist aus einer Zinn-Zink-Legierung.
Durch Weichlöten werden z. B. Unebenheiten bei der Herstellung oder Ausbeularbeit einer Karosserie ausgeglichen. Dazu wird das Weichlot auf die Unebenheiten aufgetragen – deshalb wird diese Art des Weichlötens auch **Auftraglöten** genannt.

Beim Auftraglöten wird als Weichlot Schwemmzinn verwendet, sodass für das Auftraglöten auch die Begriffe **Verzinnen** oder **Verschwemmen** üblich sind.

Arbeitsablauf beim Auftraglöten:
- Fügeteile vorbereiten
- Verbindungsschicht herstellen
- Schwemmzinn auftragen und verteilen
- Oberfläche glätten

Fügeteile vorbereiten

Die Fügeteile werden vorbereitet, wie zuvor beschrieben:
- mechanisch reinigen
- bleifreie Verzinnungspaste (enthält das Flussmittel) mit einem Pinsel auftragen
- Lot (Schwemmzinn) auswählen

Als Schwemmzinn eignet sich S-Sn90ZnCu-200/250, das folgenden Schmelzbereich hat:
- Solidustemperatur = 200 °C
- Liquidustemperatur = 250 °C

Der Schmelzbereich entspricht beim Verzinnen dem Bereich der Arbeitstemperatur des Lots.

Achtung:
Bleche aus Aluminiumlegierung können nicht mit Hilfe von Verzinnungspaste gelötet werden; siehe unten Reiblöten.

Verbindungsschicht herstellen

Die Verbindungsschicht wird hergestellt, indem die Verzinnungspaste mit einem Propangasbrenner oder Schweißbrenner mit einer weichen reduzierenden Flamme (Acetylenüberschuss) von außen nach innen gleichmäßig erwärmt wird. Die Verzinnungspaste enthält das Flussmittel, das als braune Flüssigkeit aus der Verzinnungspaste austritt; diese Flüssigkeit wird mit einem sauberen Lappen aus Baumwolle oder Leinen (kein Kunststoff!) abgewischt.
Es zeigt sich eine glänzende Zinnschicht.

Schwemmzinn auftragen und verteilen

Zum Auftragen des Schwemmzinns werden die Blechoberfläche und der Schwemmzinnstab gleichzeitig erwärmt. Das Schwemmzinn schmilzt zu Schmierlot, das in die Vertiefungen getupft wird. Das Schmierlot wird dann mit einem Lötholz verteilt und formgerecht verstrichen. **Löthölzer** bestehen aus Hartholz und sind mit säurefreiem Öl getränkt.

Oberfläche glätten

Zum Schluss wird die Oberfläche geglättet. Dies geschieht mit einem Exzenterschleifer.

Achtung:
Es darf nur mit niedriger Drehzahl geschliffen werden, damit kein gesundheitsgefährdender metallischer Feinstaub erzeugt wird.

Reiblöten

Beim Verzinnen von Karosserieblech aus Aluminiumlegierung kann nicht mit Verzinnungspaste gearbeitet werden, weil die feste Aluminiumoxidhaut eine Diffusion verhindert.

Hier wird das Reiblöten angewendet:
- Die Blechoberfläche wird mit dem Schweißbrenner so weit erwärmt, bis das Lot bei Blechberührung schmilzt; Weichlot S-Sn91Zn9 (91 % Zinn, 9 % Zink) oder Reinzinn.
- Das erwärmte flüssige Lot wird mit einer Drahtbürste mit nicht rostenden Borsten auf der zu verzinnenden Blechoberfläche verrieben; dadurch wird die Aluminiumoxidschicht beseitigt; ein Flussmittel ist nicht erforderlich.
- Das Auftragen des Schmierlotes und die weiteren Arbeitsgänge erfolgen nun wie beim Stahlblech.

Vorteile des Verzinnens:
- hohe Verbindungsfestigkeit
- stoß- und vibrationssicher
- temperaturbeständig
- dicker Auftrag möglich
- Karosserieecken und -kanten gut nachformbar

Hartlöten

Vorteile des Hartlötens

Beim Hartlöten liegt die Arbeitstemperatur t_A über 450 °C.

Die erreichbare Festigkeit ist erheblich höher und die Temperaturempfindlichkeit geringer als beim Weichlöten.

Unter Berücksichtigung praxisbedingter Toleranzen beim Hartlöten ist eine Festigkeit R_m = 180 MPa bis 200 MPa anzunehmen.

Neben dieser Festigkeit hat das Hartlöten weitere Vorteile:
- unterschiedliche Werkstoffpaarungen möglich
- unterschiedlich dicke Werkstücke können verbunden werden
- geringe Wärmeeinbringung in die Werkstücke, dadurch wenig Verzug

Aufgrund dieser vorteilhaften Eigenschaften wird das Hartlöten im Maschinenbau und bei der Herstellung von Motorrad- und Fahrradrahmen eingesetzt. Für den Karosseriebauer ist es bei der Instandsetzung für kleine Ecken und Übergänge, u. a. Säulenübergang in den Dachbereich, eine wichtige Fügetechnik.

Das Hartlöten ist nach der Wärmequelle u. a. eingeteilt in, vgl. Bild → 1, Seite 99:
- Flammlöten
- Lichtbogenlöten

Flammlöten

Das Flammlöten erfolgt mit der Flamme eines gasbetriebenen Brenners als Wärmequelle. Die Lote für das Flammlöten haben als Hauptlegierungselemente:
- Aluminium, Kupfer und Silber oder
- Kupfer und Zink

Lichtbogenlöten

Das Lichtbogenlöten hat als Wärmequelle einen Lichtbogen und ein zusätzlich zugeführtes Schutzgas, das die Elektrode und das Schmelzbad von der Atmosphäre abschirmt.

Das Lichtbogenlöten ist in zwei Verfahren unterteilt, vgl. Bild → 1, Seite 99:
- Wolfram-Schutzgaslöten
- Metall-Schutzgaslöten

Wolfram-Schutzgaslöten
Kennzeichnend für das Wolfram-Schutzgaslöten ist, dass der Lichtbogen zwischen einer fast nicht abschmelzenden Wolfram-Elektrode und dem Werkstück in einer Schutzgasatmosphäre abbrennt. Der Lötzusatz wird separat zugeführt.

Metall-Schutzgaslöten
Beim Metall-Schutzgaslöten brennt der Lichtbogen zwischen einer abschmelzenden Drahtelektrode und dem Werkstück in einer Schutzgasatmosphäre. Die Drahtelektrode ist gleichzeitig Pol des Lichtbogens und Lötzusatz. Von den Metall-Schutzgaslöt-Verfahren ist für den Karosserie- und Fahrzeugbaumechaniker das **Metall-Inertgas-Löten (MIG-Löten)** wichtig, weil er leichte Werkstoffe fügen muss, so z. B. hochfeste oder beschichtete Bleche. Diese Werkstoffe lassen sich mit anderen Lötverfahren nicht fügen.
Das MIG-Löten ergibt durch Diffusion im Bindungsbereich eine Legierung; der Werkstoff der Fügeteile darf dabei nicht schmelzen.

Das MIG-Löten löst als Fügeverfahren an Karosserien in vielen Fällen das MSG-Schweißen ab. Und einige Automobilhersteller empfehlen bzw. schreiben vor, die Karosserie mit Hilfe des MIG-Lötens instand zu setzen.

Voraussetzungen für das MIG-Löten:
- Die Schmelztemperatur des Lötdrahts liegt unterhalb der Schmelztemperatur des Werkstoffs der Fügeteile.
- Die Energie des Lichtbogens muss nur den Lötdraht und nicht den Werkstoff der Fügeteile schmelzen; das erreicht man durch:
  - eine weit nach unten regelbare stabile Stromstärke und einen Impulslichtbogen oder einen Kurzlichtbogen
  - das Schutzgas Argon, wodurch nur wenig Wärme in die Fügeteile eingebracht wird
  - Lötdraht aus SG-CuSi3 oder SG-CuAl8 mit einer Schmelztemperatur von ca. 1000 °C (Schmelztemperatur von Stahl beträgt ca. 1500 °C)
- Die Oxidation des Lötbereiches während des MIG-Lötens muss verhindert werden.
- Das MIG-Löten ist ein flussmittelfreies Löten; das Schutzgas Argon verhindert den Luftzutritt und damit die Oxidation.

Vorteile des MIG-Lötens gegenüber dem MSG-Schweißen an Karosserien mit Stahlblechen mit hoher Streckgrenze und mit verzinkten Blechen sind:
- Aufgrund der niedrigen MIG-Löttemperatur ergeben sich keine Festigkeitsverluste und die Bleche verziehen sich nicht so stark.
- Bei verzinkten Blechen gibt es nur einen geringen Abbrand in der Randzone; der Abbrand wird durch die kathodische Schutzwirkung der Eisen-Zink-Werkstoffpaarung ausgeglichen; Zink gibt laufend Zinkionen an das Eisen ab und überbrückt so Abbrandzonen von 1 mm bis 2 mm.
- Die Lötnaht ist korrosionsbeständig.
- Das Löten ist nahezu spritzerfrei, dadurch wenig Nacharbeit.
- Die Lötverbindung hat eine hohe Festigkeit.
- Es können größere Spalte zwischen den Fügeteilen überbrückt werden.
- An der gegenüberliegenden Blechseite bleibt die Verzinkung erhalten.

Die Verzinkung bleibt deshalb erhalten, weil:
- die Löttemperatur niedrig ist
- durch die stechende Position des Brenners sich der Lichtbogen zwischen Lötdraht und Werkstoff der Fügeteile aufbaut, und nicht zwischen Lötdraht und Zinkschicht
- durch einen „Entgasungsspalt" die Zinkdämpfe entweichen können; deshalb sollen z. B. die parallelen Bleche von Überlappungsstößen bis 2 mm Abstand zueinander haben

GEMEINSAMES BEIDER FACHRICHTUNGEN

Kleben

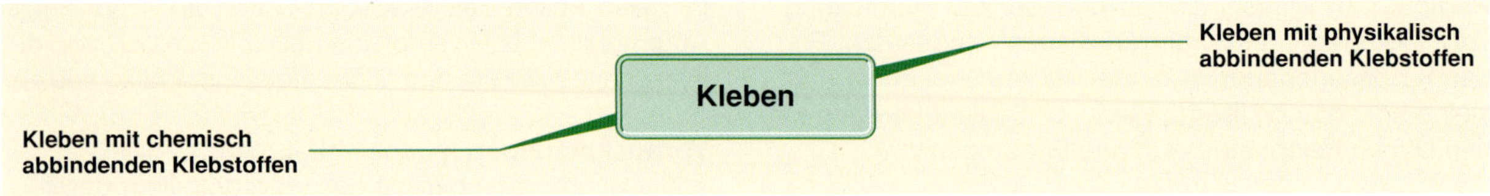

1 Kleben

Prinzip des Klebens

Kleben ist das Fügen von Fügeteilen aus gleichem oder unterschiedlichem Werkstoff mit einem nichtmetallischen Klebstoff. Es entsteht eine unlösbare Verbindung, die nur mit Beschädigung oder Zerstörung der Fügeteile oder der Klebschicht wieder zu trennen ist.

Die Klebverbindung wird zusammengehalten durch Adhäsion[1] und Kohäsion[2], siehe Bild → 2.

Der Klebstoff muss in die Bearbeitungsriefen eindringen und die gesamte Fügefläche benetzen. Darum müssen Fett, Staub, Oxide u. a. mechanisch oder chemisch beseitigt werden. Zusätzlich können Haftvermittler (Primer) verwendet werden.

Es sind auf jeden Fall die Angaben vom Hersteller des Klebers zu beachten.

Bei einer einwandfreien Klebverbindung ist die Adhäsion größer als die Kohäsion.

Deshalb gilt:
Je gründlicher die Vorbereitung, umso größer ist die Adhäsion!

In diesem Kapitel werden behandelt:
- Klebverfahren
- Beanspruchung und Gestaltung von Klebverbindungen
- Anwendung des Klebens im Karosserie- und Fahrzeugbau
- Arbeitssicherheit beim Kleben

Klebverfahren

Nach DIN 8593-8 wird das Kleben in zwei Gruppen eingeteilt, je nachdem, wie der Klebstoff abbindet (verfestigt).

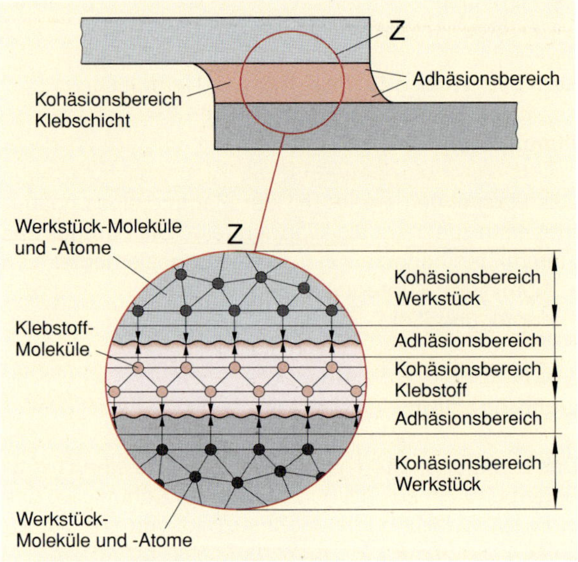

2 Zusammenhalt der Klebverbindung

Danach gibt es das Kleben mit, vgl. Bild → 1:
- physikalisch abbindenden Klebstoffen
- chemisch abbindenden Klebstoffen

Kleben mit physikalisch abbindenden Klebstoffen

Beim Kleben mit physikalisch abbindenden Klebstoffen erfolgt das Abbinden durch Abkühlen oder Verdunsten von Lösungs- oder Dispersionsmittel.

Werden die Klebstoff-Filme durch äußere Einwirkung klebfähig gemacht, also aktiviert, nennt man es **Aktivierkleben**.

Die häufigste Anwendung ist das **Wärmeaktivierverfahren**, es wird auch als **Schmelzkleben** bezeichnet.

Ein lösemittelfreier Klebstoff, der bei Raumtemperatur fest ist, wird erwärmt und als Schmelze auf die Fügeteile aufgetragen (appliziert). Bei Abkühlung auf Raumtemperatur erfolgt das Abbinden.

[1] Adhäsion: Flächenhaftung zwischen der Klebschicht und den Fügeteilen
[2] Kohäsion: innere Festigkeit; Kräfte, die die Klebschicht zusammenhalten

Die Schmelzklebstoffe werden auch als **Hotmelts** bezeichnet.

Sie gibt es als:
- thermoplastische Hotmelts
- reaktive Hotmelts

Thermoplastische Hotmelts basieren auf Thermoplaste; sie werden durch Erwärmung instabil und können so auch wieder gelöst werden.

Reaktive Hotmelts basieren auf Duroplaste, d. h., sie schmelzen und erstarren nur im unvernetzten Zustand. Nachdem ein Härter aktiviert ist, vernetzen sie dreidimensional; danach ist der Klebstoff nicht mehr schmelzbar.

Reaktive Hotmelts:
- haften gut auf beöltem Blech und können durchgeschweißt werden
- sind resistent gegen Reinigungs- und Phosphatierungsbäder und gegen Lacke
- büßen nicht an Festigkeit ein, wenn sie erwärmt werden, z. B. beim Aushärten der Grundierung und des Lacks bei der Automobilherstellung

Kleben mit chemisch abbindenden Klebstoffen

Beim Kleben mit chemisch abbindenden Klebstoffen bindet der Klebstoff durch eine chemische Reaktion ab; deshalb wird dieses Kleben auch **Reaktionskleben** genannt.

Chemisch reagierende Systeme enthalten kleine Ausgangsmoleküle, die in der Reaktionsphase große Makromoleküle bilden. Dies führt zur Verfestigung des Klebstoffs. Die Makromoleküle werden durch Polymerisation, Polyaddition und Polykondensation gebildet.

Die chemische Reaktion wird durch Härter eingeleitet.

Nach dem Zeitpunkt der Zugabe des Härters zum Klebstoff unterscheidet man, siehe Bild → 1:
- Einkomponentenklebstoff
- Zwei- oder Mehrkomponentenklebstoff

Im **Einkomponentenklebstoff** sind alle Bestandteile enthalten, die zum Kleben erforderlich sind, einschließlich der Härter. Die chemische Reaktion wird während der Anwendung aktiviert, z. B. durch Wasser und/oder Luftfeuchtigkeit, UV-, Elektronen-, Wärmestrahlen, Wärme, Druck, Luftsauerstoff, Luftabschluss und Metallberührung oder mechanisches Aufbrechen von mikroverkapseltem Härter.

Chemisch abbindende Klebstoffe (Reaktionsklebstoffe)

Einkomponentenklebstoff

k-w[1]	Name
k	Cyanacrylat
k	Diacrylsäureester
k	Silikon
k/w	Polyurethan
k/w	Acrylester
w	Phenolharz
w	Epoxid-Phenolharz
w	Epoxid-Nylonharz
w	Polybenzimidazolen
w	Polyimiden

Zwei- oder Mehrkomponentenklebstoff

k-w[1]	Name
k	Polyurethan
k/w	Epoxidharz
k/w	Polyisozyanat
k/w	Polyester
k/w	Mischpolymerisat

[1] k-w = kaltaushärtend – warmaushärtend
Kaltaushärtende Klebstoffe müssen bei Raumtemperatur 2 Stunden bis 8 Stunden fixiert werden, um während der Aushärtung Verschiebungen zu vermeiden.
Warmaushärtende Klebstoffe erreichen bei Temperaturen von 40 °C bis 60 °C bereits nach 40 min bis 60 min eine ausreichende Festigkeit.
Einige Klebstoffe vertragen Temperaturen von 90 °C bis 180 °C.
Das Abbinden dauert dann nur einige Minuten

1 Chemisch abbindende Klebstoffe

Beim **Zwei- oder Mehrkomponentenklebstoff** liegen die reaktionsfähigen Komponenten getrennt vor und müssen erst vor dem Auftragen des Klebstoffs gemischt werden.

Die reaktionsfähigen Komponenten sind:
- Klebstoff
- Härter
- Beschleuniger oder Verzögerer (nur beim Mehrkomponentenklebstoff)

Bei Zwei- oder Mehrkomponentenklebstoffen ist die Topfzeit[1] einzuhalten, sonst werden die Fügeflächen nicht ausreichend mit Klebstoff benetzt.

Es gibt auch Zweikomponentenklebstoffe, bei denen Klebstoff und Härter nicht gemischt, sondern lediglich getrennt auf die Klebefläche aufgetragen werden. Vereinigen sich die Fügeteile, vermischen sich die beiden Komponenten nur gering; das leitet dann die chemische Reaktion ein.

[1] Topfzeit: Zeit der Verwendbarkeit nach dem Mischen

Beanspruchung und Gestaltung von Klebverbindungen

Bei Klebverbindungen an ebenen Flächen sind folgende Beanspruchungen von Bedeutung:
- Zugbeanspruchung
- Druckbeanspruchung
- Zugscherbeanspruchung
- Schälbeanspruchung

Die **Zugbeanspruchung** soll vermieden werden, weil die Zugfestigkeit des abgebundenen Klebers in der Regel kleiner ist, als der Konstruktionswerkstoff, siehe Bild → 1a.

Die **Druckbeanspruchung** ist bei Klebeverbindungen problemlos, siehe Bild → 1b.

Die **Zugscherbeanspruchung** hat bei Klebungen die größte Bedeutung, siehe Bild → 1c und Bild → 2. Die Kraftverteilung ist nicht gleichmäßig: Die Spannungsspitzen beeinflussen das Bruchverhalten an den Überlappungsenden im Wesentlichen, siehe Bild → 3. Für konstruktive Berechnungen müssen die Spannungsverhältnisse bekannt sein. Sie sind durch Versuche zu ermitteln oder aufgrund von Erfahrungswerten mit entsprechenden Sicherheitszahlen zu berücksichtigen.

Die **Schälbeanspruchung** ist für die Klebeverbindung die ungünstigste Beanspruchung, siehe Bild → 1d. Sie muss auf jeden Fall vermieden werden. In Bild → 4 sind einige Beispiele aufgeführt, wie durch konstruktive Maßnahmen der Schälbeanspruchung entgegengewirkt werden kann.

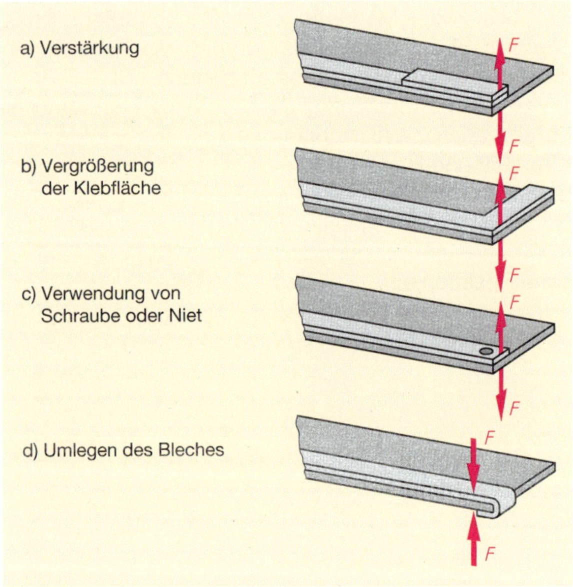

4 Maßnahmen, um Schälbeanspruchung zu vermeiden

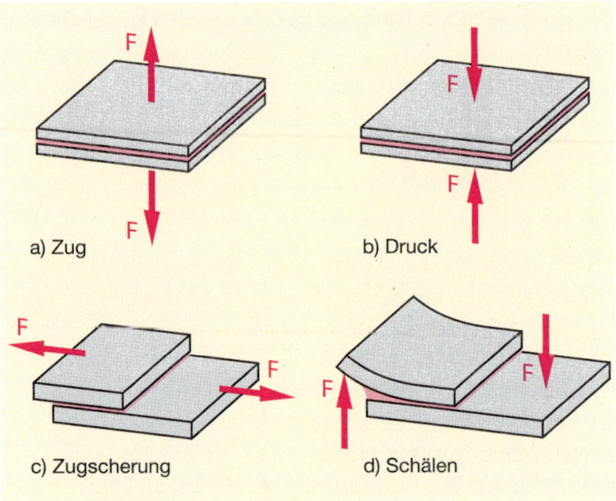

1 Beanspruchung bei Klebeverbindungen

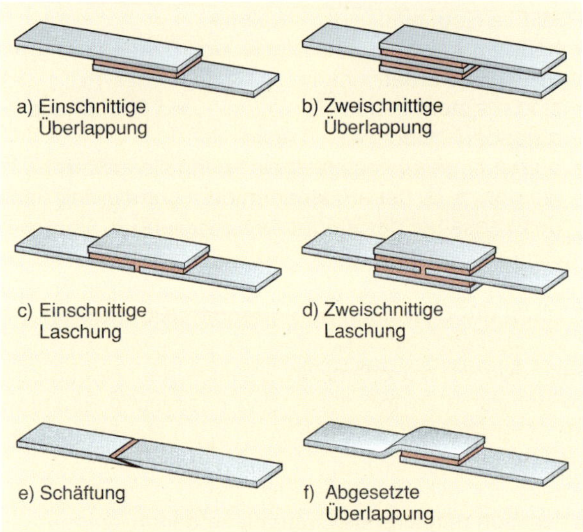

2 Klebverbindungen mit Zugscherbeanspruchung

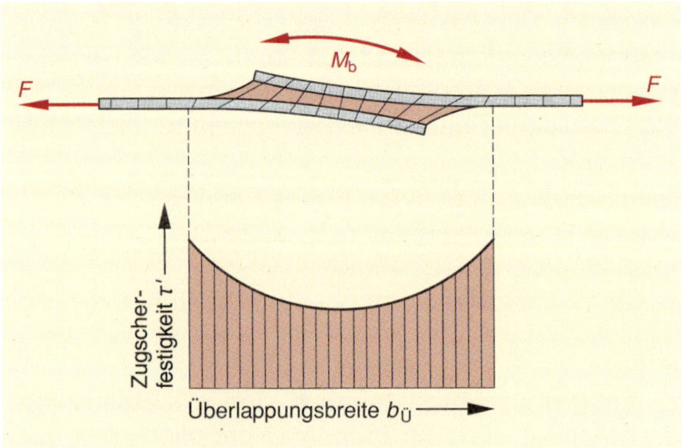

3 Spannungsverteilung in der Klebschicht

Anwendung des Klebens im Karosserie- und Fahrzeugbau

Im Karosserie- und Fahrzeugbau wird Klebstoff verwendet zum:
- Kleben
- Abdichten

Das Abdichten wird wie das Kleben betrachtet, denn die Wirkung ist ähnlich:
- Kleber dichtet und
- Dichtmasse klebt.

Vorteile des Klebens sind:
- Fügeteile mit unterschiedlichen Werkstoffen
- Fügeteile mit unterschiedlicher Dicke
- wärmearmes Fügen
- relativ gleichmäßige Kraftübertragung
- hohe Schwingfestigkeit
- Erhöhung der Steifigkeit
- Toleranz ausgleichend
- dichtende Verbindung
- Verhinderung von Korrosion
- kombinierbar mit anderen Fügeverfahren

Aufgrund dieser Vorteile wird das Kleben verwendet in den Bereichen:
- Pkw-Fertigung
- Nkw-Fertigung
- Spezialfahrzeugbau
- Instandsetzung

Bei der **Pkw-Fertigung** werden hohe Anforderungen an den Klebstoff gestellt; die Klebstoffe müssen:
- auf unterschiedliche Werkstoffoberflächen und unterschiedliche Beschichtungen kleben
- gegen Reinigungs- und Phosphatierbäder und gegen Lacke beständig sein
- gegen Temperaturen, die beim Aushärten der Grundierung und der Lacke erforderlich sind, beständig sein
- zum Punktschweißen und Druckfügen geeignet sein
- alterungsbeständig entsprechend der Fahrzeuglebensdauer sein
- nicht glashart, sondern bedingt elastisch sein
- recyclingfähig (ungiftig bei Verbrennung) sein

Die vorgenannten Anforderungen können von modernen Klebstoffen erfüllt werden.
Durch Kleben in Kombination mit dem Punktschweißen und dem Druckfügen nimmt die Torsionssteifigkeit erheblich zu.

1 Kleber auftragen, um Sandwich-Platten auf einen Pritschenunterbau aus Stahl zu kleben

Bei der **Nkw-Fertigung** werden immer mehr leichte, korrosionsbeständige und hochfeste Werkstoffe wie Aluminium und Kunststoff eingesetzt. Diese Werkstoffe lassen sich mit mechanischen Fügetechniken nicht oder nur schwer verbinden. Klebstoffe sind hierfür besonders geeignet, siehe Bild → 1. Sie gleichen die unterschiedlichen Wärmedehnungen aus, besitzen dynamische Festigkeit und verhindern Kontaktkorrosion. Optisch schöne Flächen entstehen, weil die Außenbleche ohne Wärmeeinfluss gefügt werden können.

Beim **Spezialfahrzeugbau** werden z. B. Kranken- und Bestattungsfahrzeuge, Wohnmobile, Verkaufsfahrzeuge, Pferdeanhänger, Kleintransportern gefertigt. Dabei können beispielsweise Seitenwände, Dach, Fußboden, Einrichtungen geklebt werden.

Das Kleben bietet sich im Spezialfahrzeugbau besonders an, weil häufig unterschiedliche Werkstoffe miteinander gefügt werden.

Bei der **Instandsetzung** wird das Kleben u. a. für das Fügen von Reparaturblechen, bei der Abschnittsreparatur und beim Auswechseln geklebter Scheiben verwendet.

Achtung:
Bei der Instandsetzung von tragenden Bereichen der Karosserie sind auf jeden Fall die Vorschriften des Fahrzeugherstellers zu beachten.

GEMEINSAMES BEIDER FACHRICHTUNGEN

Arbeitssicherheit beim Kleben

Beim Umgang mit Klebstoffen sind zur Arbeitssicherheit zu beachten:
- technische und organisatorische Maßnahmen
- persönliche Schutzmaßnahmen

Technische und organisatorische Maßnahmen beim Kleben:
- Klebstoffe im geschlossenen System verarbeiten, möglichst von der Rohstoffanlieferung bis zum Auftragen
- Schadstoffe direkt am Arbeitsplatz absaugen
- ausreichende Raumbelüftung
- Ordnung und Sauberkeit am Arbeitsplatz
- Empfehlungen, Hinweise und Anleitungen der Hersteller beachten
- Mitarbeiter einweisen
- explosionsfähige Gemische vermeiden

Persönliche Schutzmaßnahmen beim Kleben:
- Haut schützen durch zweckentsprechende Handschuhe, Schutzsalbe, Schutzkleidung, geeignete Mittel zur Hautpflege
- Augen schützen durch leichte Schutzbrille, geschlossene Schutzbrille oder Schutzschild
- Atemschutzgeräte

Weitere Informationen zur Arbeitssicherheit siehe Kap. 11.

2.10 Korrosion und Korrosionsschutz

Allgemeines zur Korrosion

Korrosion[1] beschreibt die Reaktion eines Metalls mit seiner Umgebung. Es kommt dabei zu einer Veränderung der Metalloberfläche.

Korrosion ist ein natürlicher Vorgang. Viele Metalle kommen in der Natur nicht in reiner Form vor, sondern als Erz. Mit viel Aufwand und Energie wird aus Erz das reine Metall gewonnen, z. B. Beispiel entsteht im Hochofen aus Eisenerz reines Eisen.

Das reine Metall will aber in seinen ursprünglichen Zustand zurück, es will sich mit anderen Stoffen verbinden; dieser Vorgang heißt Korrosion.

Zur Korrosion ist Sauerstoff notwendig; Wasser und Salz beschleunigen die Korrosion. Es können z. B. Radschrauben korrodieren, wenn das Fahrzeug am Nordseestrand geparkt wird, oder im Winter nach einer Fahrt auf Straßen, die mit Salz gestreut sind.

Bei Fahrzeugen tritt Korrosion auf durch:
- reaktionsfreudige Stoffe
- galvanische Elemente

Korrosion durch reaktionsfreudige Stoffe

Die Korrosion durch reaktionsfreudige Stoffe wird auch **chemische Korrosion** genannt. Zu den reaktionsfreudigen Stoffen zählen z. B. Sauerstoff, Salze und Säuren; aber auch Abgase bilden in Verbindung mit Wasserdampf Säuren.

Reaktionsfreudige Stoffe lassen Metalle korrodieren. Am heftigsten korrodieren unedle Metalle. Welche Metalle unedel sind, zeigt die elektrochemische Spannungsreihe, siehe Bild ➔ 1. So ist z. B. Gold ein sehr edles Metall; es korrodiert nicht, es bleibt immer glänzend hell und wird nicht einmal von den meisten Säuren angegriffen.

Schutz vor Korrosion durch reaktionsfreudige Stoffe:
- Oberfläche beschichten mit Öl, Fett, Farbe, Kunststoff oder Metall (Zink, Zinn), um den Zutritt der Luftatmosphäre zu verhindern
- hochlegierte Stähle verwenden; Cr-Ni bildet auf Stahl eine dichte Schicht, die vor Korrosion schützt

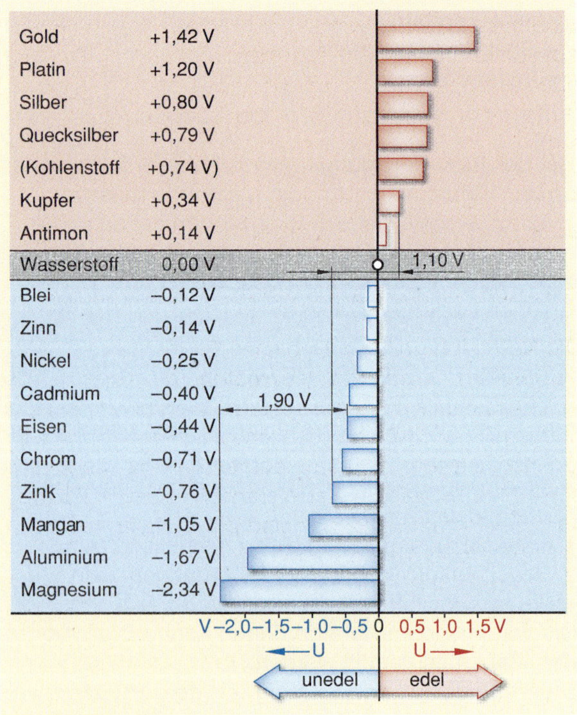

1 Elektrochemische Spannungsreihe

[1] Korrosion von corrodere (lat.): zerfressen, zernagen

1 **Feuerverzinkter und geschliffener Aufbau**

Für einen hochwertigen Korrosionsschutz im Nutzfahrzeugbau werden die meisten Stahlbauteile oder komplette Aufbaugruppen feuerverzinkt, siehe Bild ➔ 1.

An Stellen, wo weiterhin Bewegungen zwischen Fahrgestellrahmen und Hilfsrahmen auftreten, werden diese mit Wachs konserviert, z. B. schubweiche Verbindungen (Konsole), siehe ➔ 2. Je nach Fahrgestellhersteller ist dieses zusätzlich in der Aufbaurichtlinie geregelt.

Sichtbare Bauteile werden zur Feuerverzinkung aus optischen Gründen z. T. zusätzlich lackiert. Die Unebenheiten, welche durch die Feuerverzinkung aufgetreten sind, werden ggf. vor der Lackierung beschliffen.

Beim Lackieren ist es wichtig, dass der Lackaufbau für einen feuerverzinkten Untergrund geeignet ist.

Korrosion durch galvanische Elemente

Die Korrosion durch galvanische Elemente wird auch als **elektrochemische Korrosion** bezeichnet. Sie kann ebenfalls mit der elektrochemischen Spannungsreihe erklärt werden, siehe Bild ➔ 1, Seite 106: Ein galvanisches Element entsteht, wenn zwei verschiedene Metalle in eine elektrisch leitende Flüssigkeit (Elektrolyt) eintauchen und die Metalle elektrisch miteinander verbunden sind.

Je weiter zwei Metalle in der elektrochemischen Spannungsreihe auseinander liegen, umso stärker ist die Korrosion.

2 **Korrosionsschutz an einer Konsole**

Beispiel:
Ein Streifen aus Zink und ein Streifen aus Kupfer tauchen in salzhaltiges Wasser. Dann ist
- Zink das unedle Metall und bildet die sogenannte Kathode,
- Kupfer das edle Metall und wird zur Anode,
- das salzhaltige Wasser der Elektrolyt.

Werden beide Metallstreifen elektrisch verbunden, oder berühren sie sich, passiert Folgendes, siehe Bild ➔ 3:
- Die Zinkatome geben Elektronen ab, es entstehen Zn^{2+}-Ionen, Elektronenabgabe wird als Oxidation bezeichnet, Zink korrodiert und wird zerstört.
  $Zn \rightarrow Zn^{2+} + 2e^-$
- Die Elektronen wandern über den metallischen Kontakt zum Kupferstreifen; es fließt elektrischer Strom.
- Die Zn^{2+}-Ionen werden vom Elektrolyten aufgenommen, ersetzen teilweise die H^+-Ionen.
- Die ersetzten H^+-Ionen nehmen am Kupferstreifen die Elektronen auf, die vom Zink abgegeben wurden. Es entsteht Wasserstoff, der in Bläschen aus dem Elektrolyten entweicht.
  $2\,H^+ + 2e^- \rightarrow H_2\uparrow$

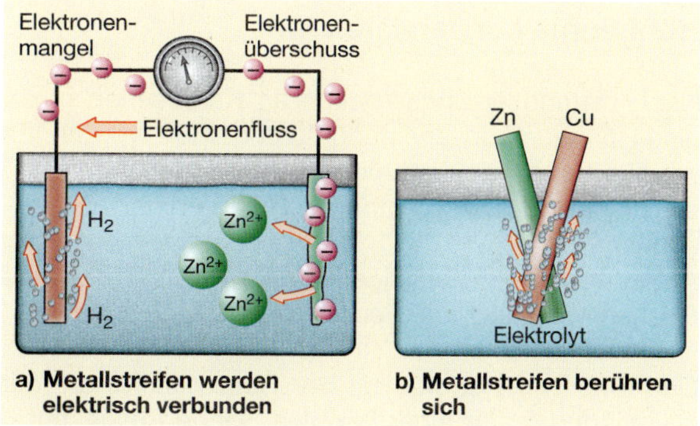

3 **Galvanisches Element**

An Fahrzeugen kann Korrosion durch galvanische Elemente auftreten als:
- Kontaktkorrosion
- interkristalline Korrosion

Kontaktkorrosion kann z. B. an der Leichtmetallfelge auftreten, wenn die Radschraube aus Stahl die Leichtmetallfelge direkt berührt und ein Elektrolyt hinzukommt. Als Elektrolyt genügt schon die Luftfeuchtigkeit.

Interkristalline Korrosion kann bei Legierungsmetallen auftreten, die für die Karosserien verwendet werden. Zwischen den Korngrenzen der unterschiedlichen Metallkristallite kommt es zur interkristallinen Korrosion, wenn ein Elektrolyt hinzukommt. Als Elektrolyt genügt schon die Luftfeuchtigkeit, siehe Bild ➔ 1.

Schutz vor Korrosion durch galvanische Elemente:
- Oberfläche beschichten mit Öl, Fett, Farbe, Kunststoff oder Metall (Zink, Zinn), um den Zutritt des Elektrolyten zu verhindern.
- Elektrisch nicht leitende Zwischenlage verwenden, z. B. Kunststoff, siehe Bild ➔ 2.
- Metalle auswählen, die gleich sind oder in der elektrochemischen Spannungsreihe nahe beieinanderliegen.
- Opferanode anbringen.

Die Opferanode ist ein drittes unedles Metall; sie ist verbunden mit den zu schützenden Metallen. Kommen jetzt alle drei Metalle mit dem Elektrolyt in Berührung, wird nur das unedle Metall zerstört – das unedle Metall wird „geopfert".

Beispiel:
Bei einer Stahl-Aluminium-Verschraubung kann als Opferanode eine Scheibe aus Magnesium dienen.

Hohlräume konservieren

Nach Instandsetzungsarbeiten an Karosserien muss eine Hohlraumkonservierung durchgeführt werden. Es werden Konservierungsmittel auf Öl- oder Wachsbasis eingesetzt. Diese enthalten Rosthemmer und Lösungsmittel.
Aufgrund guter Kriecheigenschaften werden kleinste Spalten ausgefüllt und Feuchtigkeit unterwandert.

Das Einbringen erfolgt mit der Spritzpistole, die mit Hakensonde oder einer flexiblen Sonde ausgestattet ist.

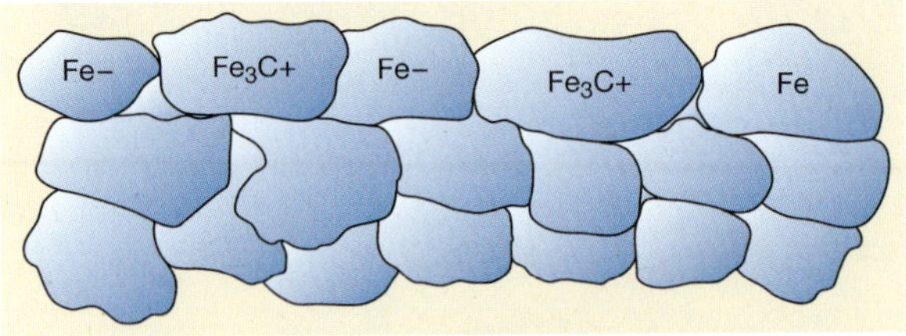

1 Oberfläche mit Fe- und Fe_3C- Kristallite

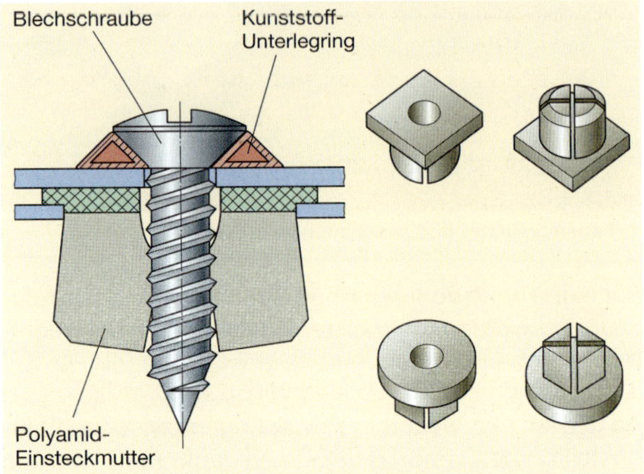

2 Schutz vor Korrosion durch eine elektrisch nicht leitende Zwischenlage

3 Hohlraumkonservierung

Die Sonde wird durch vorhandene Karosserieöffnungen eingeführt und beim Sprühen langsam herausgezogen, siehe Bild ➔ 3.

2.11 Unfallverhütung beim Arbeiten auf Leitern, Tritten und Gerüsten

Unfallverhütungsvorschriften werden von den Berufsgenossenschaften verfasst und herausgegeben und sollen helfen, Arbeitsunfälle zu vermeiden.

Die größten Gefahren für den Fahrzeugbauer bestehen beim:
- Arbeiten auf Leitern und Tritten, siehe Kap. 2.11.1
- Arbeiten auf Gerüsten, siehe Kap. 2.11.2

Weitere Informationen zum Arbeitsschutz siehe Kap. 11.

Unfallverhütung beim Arbeiten auf Leitern und Tritten

Leitern und Tritte sind notwendig, damit der Fahrzeugbauer hoch gelegene Stellen erreichen kann.

Achtung:
Nicht auf Tische, Stühle, Hocker, Kisten oder Regale steigen.

Leitern sind Aufstiege mit Stufen oder Sprossen, die mit Wangen oder Holmen verbunden sind, siehe Bild → 1:

Tritte sind Aufstiege mit einer Höhe bis zu 1 m. Sie haben in der Regel bis zu vier Stufen; die oberste Fläche ist zum Betreten vorgesehen.

Leitern und Tritte sind gefährliche Arbeitsgeräte.

Beim Besteigen von Leitern oder Tritten entstehen mehr Unfälle als beim Umgang mit anderen Arbeitsmitteln. Stürzt ein Mitarbeiter von einer Leiter, kann das seine Gesundheit bleibend beeinträchtigen – schon bei einem Sturz aus geringer Höhe.

Deshalb sollen Leitern und Tritte nur dann benutzt werden, wenn der Einsatz anderer, sicherer Arbeitsmittel nicht gerechtfertigt ist, z. B. wegen
- geringer Gefährdung,
- geringer Dauer der Benutzung,
- baulicher Gegebenheiten, die nicht zu ändern sind.

Leitern und Tritte sind im Allgemeinen durch ihre Bauart gegen Umfallen, Abrutschen und Umkanten gesichert.

1 Leiter

Im Fahrzeugbau werden meist Stufen-Stehleitern aus Aluminium eingesetzt. Sie bestehen aus durchbiegestabilen Profilen, sind auf den Trittflächen geriffelt und somit trittsicher, und sie stehen sicher und verwindungsfrei. Leitern und Tritte aus Aluminium sind leicht und deshalb gut zu transportieren.

Werden Leitern benutzt, sind zu beachten:
- Leitern vor jeder Benutzung auf ordnungsgemäßen Zustand überprüfen; schadhafte Leitern nicht benutzen, sondern den Vorgesetzten informieren.
- Anlegeleitern gegen Abrutschen und Kippen sichern; Leitern rechtzeitig umsetzen, um ein weites seitliches Hinausbeugen zu vermeiden.
- Stehleitern nicht als Anlegeleitern benutzen.
- Von Stehleitern nicht auf andere hochgelegene Arbeitsplätze oder Bühnen übersteigen.

Weitere Informationen finden Sie in der Informationsschrift der Berufsgenossenschaft BGI 694 „Handlungsanleitung für den Umgang mit Leitern und Tritten".

Unfallverhütung beim Arbeiten auf Gerüsten

Im Fahrzeugbau werden mitunter Gerüste benötigt, siehe Bild → 1 und Bild → 2. Hier sind besonders die Regeln der Berufsgenossenschaft (BGR) für Sicherheit und Gesundheit bei der Arbeit einzuhalten. Die anzuwendende Regel ist in BGR 157 Fahrzeug-Instandhaltung näher erläutert. Zu Sicherheit und Gesundheit bei der Arbeit sind von Bedeutung die Kap. 4.9 *„Hoch gelegene Arbeitsplätze"* und Kap. 5.7 *„Arbeiten an Fahrzeugen mit Absturzgefahr"*.

Bei der Instandhaltung von Fahrzeugen müssen geeignete Einrichtungen mit Absturzsicherungen vorhanden sein, wenn die Absturzhöhe mehr als 1 m beträgt.
Geeignete Einrichtungen sind z. B. Arbeitsbühnen, Gerüste, Podeste.
Absturzsicherungen sind z. B. Geländer.

Fahrbare Gerüste müssen gegen unbeabsichtigtes Verfahren gesichert sein und dürfen nur langsam und möglichst nur in Längsrichtung verfahren werden.

Wegen der Kippgefahr müssen fahrbare Arbeitsbühnen (Fahrgerüste) verlassen werden, erst dann dürfen sie verfahren werden.

Hoch gelegene Arbeitsplätze müssen sicher erreicht werden können.
Das ist gewährleistet, wenn z. B. feste Treppen, Laufstege, Aufzüge eingebaut sind.

Werden wiederkehrende Arbeiten durchgeführt, müssen Einrichtungen ständig vorhanden sein, von denen aus sicher gearbeitet werden kann.
Wiederkehrend sind z. B. Arbeiten, die sich aus festgelegten Wartungsintervallen ergeben.

Ständig vorhandene Einrichtungen sind z. B. ortsbewegliche oder ortsfeste Arbeitsbühnen.
Die Länge der Arbeitsbühnen für wiederkehrende Arbeiten muss mindestens den Bereich überdecken, der für die Instandhaltung notwendig ist.

Der Spalt zwischen der Außenkante der ortsfesten Arbeitsbühne und dem Fahrzeug darf für die Dauer der Instandhaltung 0,2 m nicht überschreiten.

Zugangstreppen zu ortsfesten Arbeitsbühnen müssen mindestens eine lichte Breite von 0,875 m aufweisen.

Gerüste müssen so gebaut, bemessen, geschützt und verwendet werden, dass niemand abstürzt.
Andere Personen müssen vor herabfallenden Gegenständen geschützt werden.

Hinweis: Hier handelt es sich um ein Layher-Zifa-Gerüst mit der Standhöhe 1,61 m; somit sind nicht erforderlich:
- Knieleiste und Bordbrett
- 3-teiliger (vollständiger) Seitenschutz (erst bei $h \geq 2$ m)

1 Fahrbares Gerüst

2 Arbeitsgerüst

Auf dem Gerüst müssen Material und Ausrüstung so angeordnet werden bzw. gelagert werden, dass sie nicht verrutschen oder umstürzen können.
Gegebenenfalls müssen überdachte Durchgänge vorgesehen werden oder der Zugang zum Gefahrenbereich muss ausgeschlossen werden.

Behelfsgerüste mit einer Gerüstbelaghöhe von mehr als 1 m sind für Arbeiten am Fahrzeug nicht zulässig.

Eine Instandhaltung mit geringem Umfang darf von einer Leiter aus durchgeführt werden (BGR 157, 5.7.8).

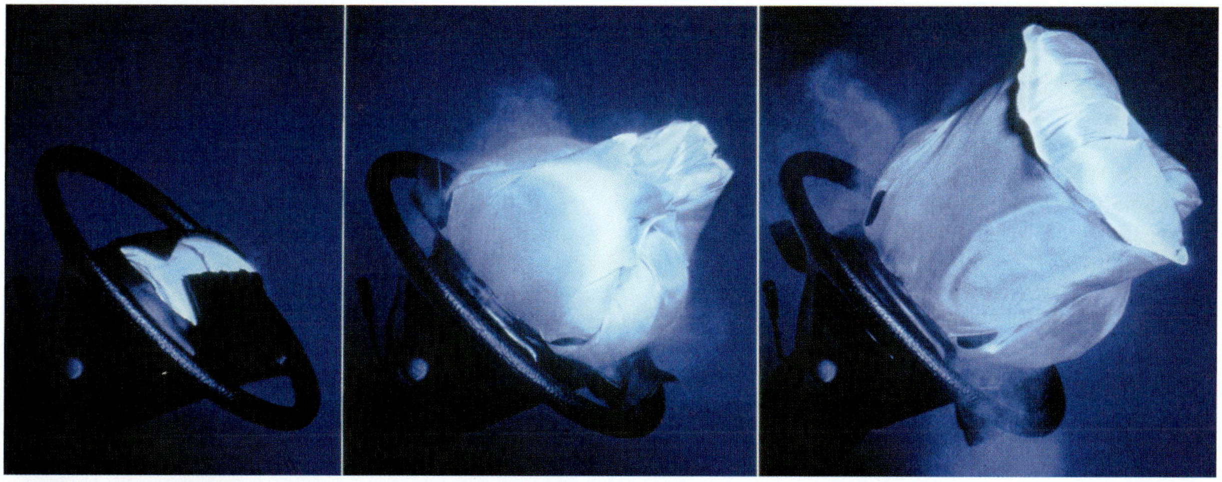

1 Entfalten eines Airbags

2.12 Pyrotechnische Systeme in Kraftfahrzeugen ein- und ausbauen

Pyrotechnische Systeme in Kraftfahrzeugen

Zu den pyrotechnischen Systemen gehören Gurtstraffer und Airbags; sie gehören zur Standard-Ausrüstung von Kraftfahrzeugen. Sie enthalten einen Explosivstoff, der eine kontrollierte Explosion auslöst, wodurch sich z. B. der Airbag innerhalb von Millisekunden zu voller Größe entfaltet, siehe Bild ➔ 1.

Achtung:
Pyrotechnische Treibsätze fallen unter das **Sprengstoffgesetz**.

In diesem Kapitel werden behandelt:
- Sicherer Umgang mit Airbag und Gurtstraffer
- Entsorgung
- Sicherheitshinweise

Sicherer Umgang mit Airbag und Gurtstraffer

Airbag und Gurtstraffer enthalten pyrotechnische Treibsätze und Hochdruckpatronen. Der Umgang ist für den Karosserie- und Fahrzeugbaumechaniker nicht ganz ungefährlich: Versehentliches Auslösen oder unsachgemäße oder fahrlässige Handhabung kann zu schweren oder sogar tödlichen Verletzungen führen.

Deshalb sind Vorschriften zu beachten:
- zum Umgang oder Verkehr zum Ein- und Ausbau
- zum Deaktivieren/Aktivieren
- zur Lagerung

Der **Umgang oder Verkehr** mit pyrotechnischen Treibsätzen muss der zuständigen Behörde angezeigt werden; das ist das Gewerbeaufsichtsamt oder das Amt für Arbeitsschutz.

Der **Ein- und Ausbau** von pyrotechnischen Treibsätzen darf nur von geschulten Mitarbeitern ein- und ausgebaut werden. Die Schulung der Mitarbeiter führt der Automobilhersteller durch oder ein entsprechendes Institut. Ein Nachweis über die durchgeführte Schulung muss im Betrieb vorliegen und ist der zuständigen Behörde auf Verlangen vorzuzeigen. An ungeschulte Privatpersonen dürfen z. B. Airbag-Einheiten nicht ausgehändigt werden, auch nicht als Ersatzteilkauf. Es dürfen nur Airbag- und Gurtstraffer-Einheiten eingebaut werden, die von der Bundesanstalt für Materialforschung und -prüfung (BAM) zugelassen sind.

Achtung:
Bei Karosseriearbeiten, insbesondere bei Ausbeularbeiten, muss die Airbaganlage gegen unbeabsichtigtes Auslösen gemäß Herstellervorschrift gesichert werden.

Der Karosserie- und Fahrzeugbaumechaniker muss deshalb
- vor Beginn der Arbeiten die Airbags deaktivieren
- nach den Arbeiten wieder aktivieren

Airbag deaktivieren erfolgt in vier Schritten:
- Lenkrad so stellen, dass die Räder geradeaus zeigen
- Zündung ausschalten (OFF)
- das negative Batteriekabel (Massekabel) von der Batterie abklemmen bzw. alle Sicherungen, welche Strom an das Airbag-Steuergerät liefern, herausnehmen (Airbag-Stromlaufplan)
- 1 Minute warten, bevor die Arbeiten am System begonnen werden

Um den **Airbag zu aktivieren**:
- Zündung ausschalten (OFF)
- das negative Batteriekabel (Massekabel) an die Batterie wieder anklemmen bzw. alle Sicherungen, welche Strom an das Airbag-Steuergerät liefern, wieder einsetzen (Airbag-Stromlaufplan)
- Zündschalter in Stellung ON, die Airbag-Kontrollleuchte blinkt und erlischt dann
- Diagnosesystemprüfung am Fahrzeug durchführen, wenn die Airbag-Kontrollleuchte nicht wie vorgeschrieben funktioniert

Die **Lagerung** von pyrotechnischen Treibsätzen ist nur in Räumen erlaubt, die ausschließlich gewerblich genutzt werden. Eine spezielle Lagergenehmigung ist bei Kleinmengen nicht erforderlich.

Weitere Sicherheitsmaßnahmen sind:
- Elektrische Prüfungen an Airbag- und Gurtstraffersystemen dürfen nur mit Geräten durchgeführt werden, die vom Fahrzeughersteller zugelassen sind.
- Vor dem Abziehen von Airbag-Steckern muss das Batterie-Massekabel (Minuspol) abgeklemmt werden; danach ist mindestens 15 Minuten zu warten (Entladung des Spannungsspeichers).
- Nach Beendigung der Arbeiten an Airbag oder Gurtstraffern ist die Warnleuchte auf Funktion zu prüfen.

Entsorgung von Airbags und Gurtstraffern

Airbags und Gurtstraffer sind explosionsgefährliche Körper und enthalten gesundheitsgefährdende Materialien. Ungezündete Airbags und Gurtstraffer sind daher eine Gefahr für Mensch und Umwelt.

Deshalb dürfen gebrauchte, ungezündete Airbag-Einheiten:
- nicht in den normalen Schrott oder Abfall entsorgt werden
- nicht wieder verwendet werden

Airbags und Gurtstraffer müssen entsorgt werden, wenn das Fahrzeug einen Unfall hatte oder verschrottet werden soll.

Bei der Entsorgung des Airbags ist zu unterscheiden, ob das Fahrzeug
- verschrottet oder
- repariert werden soll.

Soll das **Fahrzeug verschrottet werden**, werden intakte Airbags im Fahrzeug gezündet; die gezündeten Airbags können bei der Entsorgung im Fahrzeug verbleiben.

Ist ein **Fahrzeug verunglückt und soll repariert werden**, ist wie folgt vorzugehen:
- Airbag und Gurtstraffer sind nicht ausgelöst:
  - Sind Airbag und Gurtstraffer elektrisch und mechanisch in Ordnung, verbleiben sie im Fahrzeug.
  - Sind sie beschädigt, müssen sie ausgebaut werden; sie dürfen keinesfalls im Fahrzeug gezündet werden. Die defekten Module werden an den Fahrzeughersteller zurückgeliefert.
- Airbag und Gurtstraffer sind ausgelöst:
  Dann werden die Module ausgebaut und dem Schrott zugeführt:
  - Module in den Metallschrott
  - Steuergerät in den Elektroschrott
  - Quecksilberschalter in den Sondermüll

  Danach muss der Innenraum gründlich gereinigt werden, z. B. mit Seifenlauge.

Länderspezifische gesetzliche Vorschriften bzw. darauf basierende Rechtsprechungen, die über diese Hinweise hinausgehen, sind in jedem Fall zu beachten bzw. dieser Anleitung überzuordnen.

Sicherheitshinweise

Der unverbrannte bzw. ungezündete Explosivstoff in Airbags ist explosionsgefährlich und brennbar, mitunter auch giftig und somit gesundheitsschädlich.

Bei Arbeiten an ausgelösten Airbags sind Atemschutzmaske und Handschuhe tragen.

Weitere Sicherheitshinweise:
- Zündquellen vermeiden.
- Explosivstoff nicht einatmen, verschlucken oder berühren.
- Bei Vergiftungen durch Verschlucken den Betroffenen, sofern dieser bei Bewusstsein ist, zum Erbrechen bringen und sofort für eine ärztliche Behandlung sorgen.
- Bei Augenkontakt, diese mindestens 15 Minuten mit fließendem Wasser ausspülen und sofort für eine ärztliche Behandlung sorgen.
- Wird der Airbag im Fahrzeug gezündet, sind
  - Diese auf einem freien Plätzen durchzuführen Türen und Fenster des Fahrzeugs geschlossen zu halten
  - Augen- und Gehörschutz zu tragen
  - die Schallentwicklung bei evtl. betroffenen Personen anzuzeigen
  - die Sicherheitsabstände lt. Hersteller einzuhalten
  - auf hohe Temperatur (ca. 400 °C) zu achten, Brandverletzungen!

Übungen:

1. Unterteilen Sie das Kraftfahrzeug in seine vier Hauptgruppen.
2. Aus welchen Untergruppen besteht die Hauptgruppe Fahrzeugaufbau?
3. Wie wird die Anhängevorrichtung in das Gesamtsystem Fahrzeug eingeordnet?
4. Welche Bedeutung haben Herstellervorschriften für den Karosserie- und Fahrzeugbaumechaniker?
5. Welchen Sinn erfüllt die Betriebserlaubnis?
6. Was muss der Karosserie- und Fahrzeugbaumechaniker beim Anbau von Fahrzeugteilen beachten, damit die Fahrzeugbetriebserlaubnis nicht erlischt?
7. Unterscheiden Sie Lehren und Messen.
8. Beschreiben Sie das Messen mit dem Messschieber mit linearer Skala $^1/_{20}$-Nonius.
9. Nennen Sie die Vorteile des Lehrens gegenüber dem Messen an einem Beispiel.
10. Erklären sie die vektorielle Addition von Kräften.
11. Nennen Sie die Kräfte, die zum Rückverformen wichtig sind.
12. Welche Größen beeinflussen ein Drehmoment?
13. Erklären Sie das statische Gleichgewicht an einem eingespannten Träger.
14. Beschreiben Sie den Begriff Festigkeit?
15. Zeichnen Sie das Spannungs-Dehnungs-Diagramm eines Stahls und erklären Sie die Begriffe Streckgrenze und Zugfestigkeit.
16. Durch welche Prüfverfahren können unter Werkstattbedingungen Werkstofffehler festgestellt werden?
17. Wie kann eine Schweißnaht unter Werkstattbedingungen geprüft werden?
18. Beschreiben Sie den Zugversuch und skizzieren Sie die Spannungs-Dehnungs-Diagramme für unlegierten und legierten Stahl.
19. Welche Anreißwerkzeuge eignen sich bei Aluminiumblechen, die abgekantet werden sollen?
20. Welche nachteilige Wirkung kann ein Anriss haben?
21. Welche Wirkungen haben beim Bohrer Freiwinkel und Keilwinkel?
22. Mit welcher maximalen Drehzahl darf mit einem Bohrer (d = 6 mm) Aluminium gebohrt werden?
23. Nennen Sie die einzelnen Bereiche des Schneidenteils eines Spiralbohrers und erklären Sie deren Wirkungen.
24. Warum bohrt man für ein Innengewinde den Kernlochdurchmesser etwas größer, als der Kerndurchmesser des Gewindes sein wird?
25. Nennen Sie Maßnahmen zur Unfallverhütung beim Fräsen.
26. Warum verwendet man zum Schleifen harter Werkstoffe eine weiche Schleifscheibe?
27. Was bedeutet die Aussage: „Trennscheiben sind selbstschärfend“?
28. Nennen Sie Maßnahmen zur Unfallverhütung beim Trennschleifen.
29. Beschreiben Sie mit Hilfe des Kräfteparallelogramms die Kraftübersetzung des Keils.
30. Nennen Sie Maßnahmen der Arbeitssicherheit beim Scherschneiden.
31. Warum muss beim Biegen mit kleinem Biegeradius die Walzrichtung beachtet werden?
32. Wie kann die Querschnittsform von Profilen beim Biegen erhalten bleiben?
33. Beschreiben Sie das spanlose Gewindeformen am Beispiel einer einfachen Verschraubung mit einem Durchgangsloch und einem Kernloch.
34. Warum wird das Fließbohren angewendet?
35. Nennen Sie Anwendungsbereiche des Fließbohrens.
36. Was bedeuten die lesbaren Zahlen 8.8 auf einem Schraubenkopf?
37. Welchen Zweck erfüllt der Drehmomentschlüssel für eine Schraubenverbindung?
38. Nennen Sie konstruktive Maßnahmen zur Schraubensicherung?
39. Erklären Sie die chemische Korrosion am Beispiel einer Pkw-Karosserie
40. An welchen Bauteilen eines Pkws kann es zur Kontaktkorrosion kommen und warum ist das so?
41. Welche Arten des Zusammenhaltes sind beim Fügen möglich?
42. Welche Vorteile haben lösbare Verbindungen im Karosserie- und Fahrzeugbau?
43. Nennen Sie Nachteile von lösbaren Verbindungen.
44. Beschreiben Sie drei Falzarten.
45. Wie können Falzverbindungen vor Korrosion geschützt werden?
46. Nennen Sie Beispiele aus dem Karosserie- und Fahrzeugbau, wo Vollniete eingesetzt werden.
47. Was ist beim Nieten unterschiedlicher Werkstoffpaarungen zu beachten?
48. Warum werden bei stark beanspruchten Nietverbindungen die Nietlöcher aufgerieben?
49. Was verstehen Sie unter indirekter Nietung?
50. Wie funktioniert der Nietvorgang eines Schließringbolzens?

51. Erklären Sie die Merkmale der verschiedenen Brucharten von Blindniete mit Sollbruchdorn.
52. Weshalb werden Planbruch-Blindniete auch als hochfeste Blindniete bezeichnet?
53. Nennen Sie die Nachteile des Schweißens.
54. Nennen Sie Anwendungsbeispiele für verschiedene Schweißnahtarten.
55. Welche Vorteile hat eine unterbrochene Schweißnaht?
56. Was verstehen Sie unter Luftverunreinigung beim Schweißen?
57. Warum kann man das Press-Verbindungsschweißen auch als Widerstandspressschweißen bezeichnen?
58. Für welche Schweißarbeiten eignen sich besonders wassergekühlte Punktschweißelektroden?
59. Wie kann die Verbindungsfestigkeit von Schweißpunkten geprüft werden?
60. Welche Hauptaufgabe hat das Schutzgas beim Schutzgasschweißen?
61. Welche Eigenschaften hat ein inertes Gas?
62. Welche Gase kommen beim WIG-Schweißen vorwiegend zum Einsatz?
63. Beschreiben sie die kathodische Reinigung beim WIG-Schweißen von Aluminium.
64. Erklären Sie mit Skizze das Prinzip des Plasmaschweißens.
65. Wie unterscheidet sich das MIG- vom MAG-Schweißen?
66. Beschreiben Sie den Sprühlichtbogen und nennen Sie seine Verwendung.
67. Beschreiben Sie das neutrale Schweißen und nennen Sie Anwendungsbeispiele.
68. Wodurch wird der Zusammenhalt der Verbindung beim Löten gewährleistet?
69. Welche Aufgaben erfüllen Flussmittel beim Löten?
70. Beschreiben Sie das Verzinnen von Stahlblech.
71. Wie wird die Verbindungsschicht zum Verzinnen von Aluminium hergestellt?
72. Nennen Sie Vorteile von Hartlötverbindungen.
73. Welche Bedeutung hat die Benetzung für die Adhäsion beim Kleben?
74. Welcher Zusammenhang besteht zwischen der Oberflächenvorbereitung und der Klebfestigkeit?
75. Was verstehen Sie unter Kleben mit chemisch abbindenden Klebstoffen?
76. Welche Beanspruchungen sind für Klebverbindungen günstig und welche sollten vermieden werden?
77. Nennen Sie Beispiele für die Anwendung der Klebtechnik an einer Pkw-Karosserie.
78. Nennen und begründen sie Beispiele für die Anwendung des Klebens an Nkw-Karosserien.
79. In welche Maßnahmengruppen können die Arbeitssicherheitsmaßnahmen beim Umgang mit Klebstoffen eingeteilt werden?
80. Was müssen Sie zur Unfallverhütung beachten, wenn Sie auf einem Gerüst arbeiten?
81. Welche Gefahr geht von einem Airbag aus? Was müssen Sie beachten?

3 Elektrische und elektronische Systeme

In diesem Kapitel werden behandelt:

3.1 Atome und elektrischer Strom

Atommodell

Allgemeines zum Atommodell

Atome sind Grundbausteine der Materie; alle Gegenstände (Körper) bestehen aus Atomen. Der Begriff **Atom** stammt vom griechischen Philosophen Demokrit[1] und bedeutet: kleinstes unteilbares Teilchen.

Ein Atom ist die kleinste Einheit, in die sich Materie mit chemischen oder mechanischen Mitteln zerlegen lässt. Atome sind so klein, dass sie nur sehr schwer sichtbar gemacht werden können.

Deswegen hat man ein Modell entwickelt; ein bekanntes ist das **bohrsche Atommodell**[2], vgl. Bild → 1.

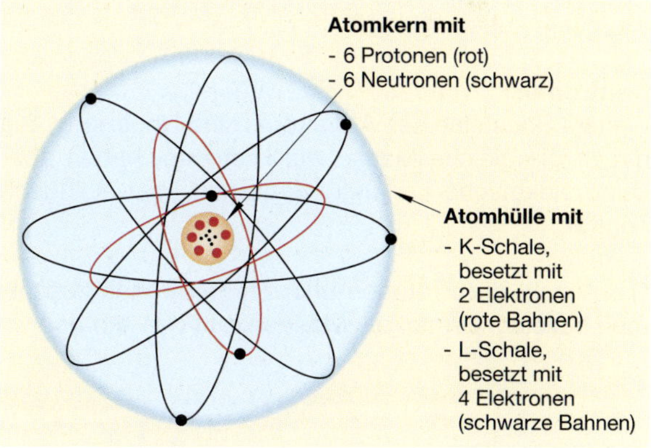

1 Bohrsches Atommodell des Kohlenstoffatoms

Man kann bei diesem Atommodell das Atom mit dem Planetensystem vergleichen:
- Der Atomkern in der Mitte entspricht der Sonne.
- Um den Atomkern kreisen die Elektronen, ähnlich wie Planeten um die Sonne.

[1] Demokrit: lebte ca. 460 v.Chr.G. bis ca. 370 v.Chr.G. (v.Chr.G. = vor Christus Geburt)

[2] bohrsches Atommodell: benannt nach Niels Bohr (1865-1962), dänischer Physiker

Danach besteht ein Atom aus:
- Atomkern
- Atomhülle

Atomkern

Der Atomkern ist positiv geladen. Er stellt die Hauptmasse des Atoms dar.

Ein Atomkern besteht aus, siehe Bild → 1, Seite 115:
- Protonen
- Neutronen

Protonen
Protonen sind elektrisch positiv geladen, d. h., jedes Proton enthält eine positive elektrische Ladung. Die Anzahl der Protonen eines Atomkerns bezeichnet man auch als die **Ordnungszahl** oder **Kernladungszahl** eines Atoms.

Da Protonen elektrisch positiv geladen sind, müssten sie sich im Atomkern abstoßen.

Denn es gilt, siehe Bild → 1:
- Gleichartige Ladungen stoßen sich ab.
- Ungleichartige Ladungen ziehen sich an.

Die Protonen im Atomkern stoßen sich auch ab, aber eine größere Kraft wirkt dieser Abstoßung entgegen. Es ist die **Kernkraft**, die dafür sorgt, dass Kernteilchen sich gegenseitig anziehen, und die somit den Atomkern zusammenhält.

Neutronen
Weitere Bausteine des Atomkerns sind Neutronen. Sie haben die gleiche Masse wie Protonen, haben aber keine elektrische Ladung. Neutronen sind elektrisch neutral.

Die Anzahl der Protonen und der Neutronen zusammen bezeichnet man als **Massenzahl** des Atoms.

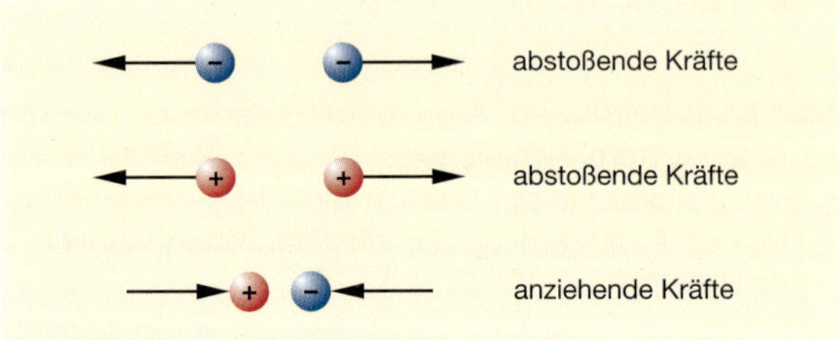

1 Kräfte elektrischer Ladungen

Atomhülle

Der Atomkern wird von Elektronen umkreist; jedes Elektron kreist auf einer Elektronenbahn um den Atomkern, siehe Bild → 2. Die Elektronen sind negativ geladen.

Elektronen, deren Elektronenbahnen den gleichen Durchmesser haben, bilden eine **Elektronenschale**. Elektronen mit dem kleinsten Abstand bilden die K-Schale.

Es sind bis zu sieben Elektronenschalen möglich:
- K-Schale: max. 2 Elektronen
- L-Schale: max. 8 Elektronen
- M-Schale: max. 18 Elektronen
- N-Schale: max. 32 Elektronen
- O-Schale: max. 50 Elektronen
- P-Schale: max. 72 Elektronen
- Q-Schale: max. 98 Elektronen

Alle Elektronenschalen bilden die **Atomhülle**.

Wenn ein Atom so viele Elektronen besitzt wie Protonen, ist es elektrisch neutral – es ist ein vollständiges Atom.

Beispiel:
Das Kupferatom Cu hat 29 positiv geladene Protonen und 29 negativ geladene Elektronen, vgl. Bild → 2. Somit ist das Kupferatom elektrisch neutral.

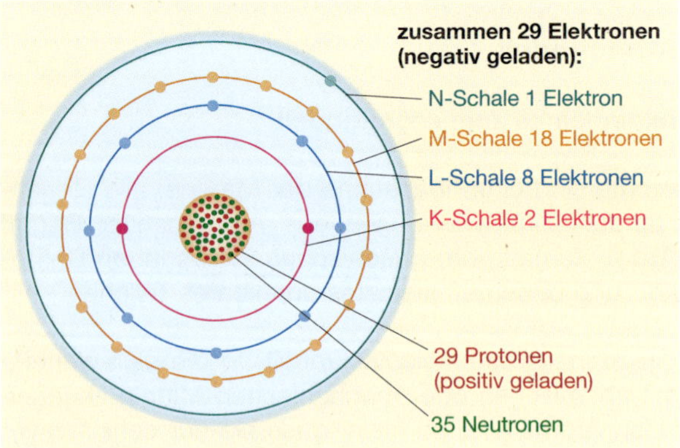

2 Modell des Kupferatoms

Entstehung des elektrischen Stroms

Die Elektronen bewegen sich auf einer Kreisbahn mit einer Geschwindigkeit von ca. 2200 km/s. Dabei entstehen sehr hohe Fliehkräfte. Die Anziehungskraft der ungleichnamigen elektrischen Ladungsträger (positiver Kern und negative Elektronen) hält die Elektronen auf ihrer Bahn, da die Anziehungskräfte genauso groß sind wie die Fliehkräfte.

Elektronen,
- die auf der inneren Schale sitzen (Kernnähe), sind fest an den Kern gebunden,
- die sich auf der äußeren Schale befinden, haben aufgrund ihrer Entfernung zum Kern eine weniger feste Bindung.

Elektronen auf der äußeren Schale werden **Valenzelektronen** genannt. Sie können sich aus der Schale lösen; somit wird das elektrische Verhalten eines Stoffes wesentlich bestimmt.

Löst sich ein Elektron aus dem neutralen Atom heraus, wird dem Atom eine negative Ladung entzogen: **Elektronenmangel**. Somit sind die positiv geladenen Protonen in der „Überzahl" und das Atom erhält eine positive Überschussladung. Es verliert seine elektrische Neutralität und ist positiv geladen. Positiv geladene Atome nennt man **positive Ionen**.

Ein neutrales Atom kann auch ein Elektron aufnehmen: **Elektronenüberschuss**; dann ist das Atom negativ geladen. Negativ geladene Atome nennt man **negative Ionen**.

Bei der Erzeugung elektrischer Spannung werden unter Energieaufwand die positiven und negativen Ladungsträger voneinander getrennt.

Hierbei entstehen zwei Pole:
- positiver Pol: Elektronenmangel
- negativer Pol: Elektronenüberschuss

Wenn an zwei Polen ein Unterschied an elektrischer Ladung besteht, entsteht elektrische Spannung, siehe Bild → 1.

Wird der negative Pol über eine elektrische Leitung mit dem positiven Pol verbunden, versuchen die Atome, ihren elektrisch neutralen Zustand anzunehmen; sie haben das Bestreben, sich auszugleichen. Die Elektronen fließen – es fließt elektrischer Strom.

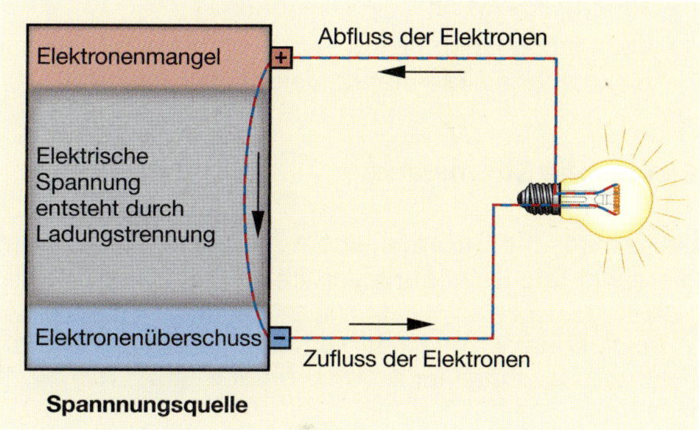

1 Elektronenbewegung im Stromkreis

3.2 Elektrische und elektronische Grundgrößen

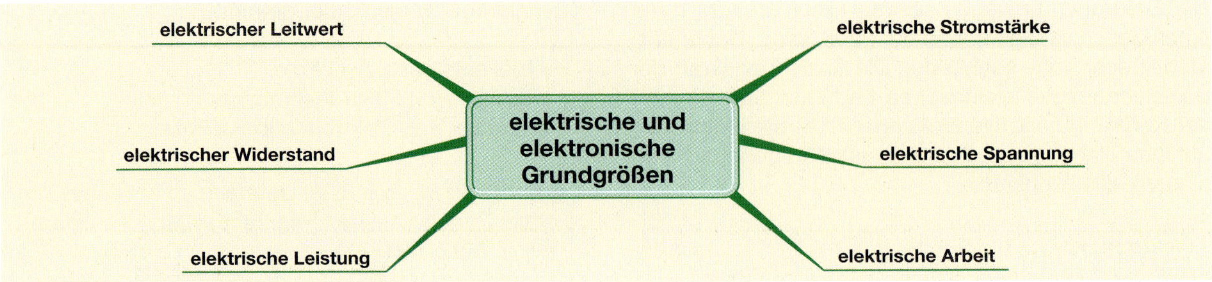

1 Elektrische und elektronische Grundgrößen

Zu den elektrischen und elektronischen Grundgrößen zählen, vgl. Bild 1:
- elektrische Stromstärke
- elektrische Spannung
- elektrische Arbeit
- elektrische Leistung
- elektrischer Widerstand, elektrischer Leitwert

Elektrische Stromstärke

Der elektrische Strom in einem metallischen Leiter ist die gerichtete Bewegung von freien Elektronen.

Die elektrische Stromstärke hat das Formelzeichen I, ihre Maßeinheit ist A (Ampere).

Wird ein Stromkreis geschlossen, bewegen sich die Elektronen vom Minuspol zum Pluspol; das ist die **physikalische Stromrichtung** oder **Elektronenstromrichtung**, siehe Bild → 2.

Im letzten Jahrhundert waren die Zusammenhänge der Elektrizitätslehre nicht so bekannt. Damals wurde die positiv **konventionelle** oder auch **technische Stromrichtung** festgelegt. Danach fließt der Strom
- außerhalb der Spannungsquelle: vom Pluspol zum Minuspol, siehe Bild → 2,
- innerhalb der Spannungsquelle: vom Minuspol zum Pluspol.

Ein einfacher Stromkreis besteht aus, siehe Bild → 2:
- Schalter
- elektrischen Leitungen
- Verbraucher
- Spannungsquelle

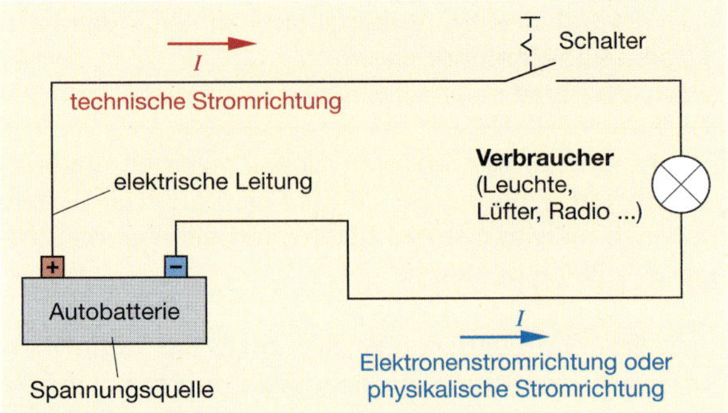

2 Einfacher Stromkreis und Stromrichtungen

Es werden drei Arten von elektrischem Strom unterschieden:
- Gleichstrom
- Wechselstrom
- Mischstrom

Als **Gleichstrom** wird ein elektrischer Strom bezeichnet, dessen Stärke und Richtung sich nicht ändert, siehe Bild → 1a, Seite 119. Das Kürzel ist **DC**[1]. Gleichstrom wird verwendet z. B. in Batterien, Akkus, elektronischen Schaltungen.

Wechselstrom ist elektrischer Strom, der seine Richtung und Stärke in regelmäßiger Wiederholung ändert, siehe Bild → 1b, Seite 119. Das Kürzel ist **AC**[2]. Wechselstrom ist der Strom im Energienetz; damit werden z. B. Bohr- und Schleifmaschinen angetrieben, aber auch Kühlschrank, Fön, Waschmaschine usw.

Der **Mischstrom** hat einen Anteil Gleichstrom und einen Anteil Wechselstrom, siehe Bild → 1c, Seite 119. Das Kürzel ist **UC**[3].

1 DC = direct current (engl.): Gleichstrom
2 AC = alternating current (engl.): Wechselstrom
3 UC = universal current (engl.): Mischstrom

Elektrische Spannung

Elektrische Spannung entsteht durch Ladungstrennung. Die unterschiedlichen Ladungen haben das Bestreben, sich auszugleichen.

Die elektrische Spannung hat das Formelzeichen U, ihre Maßeinheit ist V (Volt).

Elektrischer Strom kann nur fließen, wenn eine elektrische Spannung vorhanden und der Stromkreis geschlossen ist.

An den Polen einer Spannungsquelle befinden sich unterschiedliche Ladungen:
- am Minuspol herrscht Elektronenüberschuss
- am Pluspol herrscht Elektronenmangel

Es gibt drei Arten elektrischer Spannung:
- Gleichspannung
- Wechselspannung
- Mischspannung

Die **Gleichspannung** hat zu jedem Zeitpunkt
- dasselbe Vorzeichen und
- denselben Betrag, siehe Bild ➔ 2a.

Die **Wechselspannung** wechselt ständig seine Polarität, siehe Bild ➔ 2b.

Die **Mischspannung** hat einen Anteil Gleichspannung und einen Anteil Wechselspannung, siehe Bild ➔ 2c.

Elektrische Spannung kann erzeugt werden mittels:
- Induktion (Generator, Zündspule)
- chemischer Umsetzung (Bleiakku, Batterie)
- Thermoelement (Temperaturfühler für Öltemperatur)
- Piezospannung (Klopfsensor, Saugrohrdruckfühler)
- statische Aufladung
- Fotovoltaik

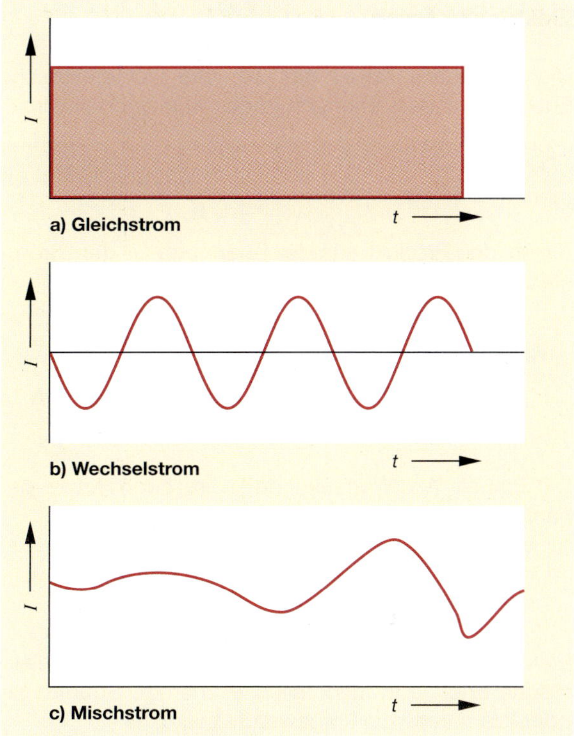

1 Arten von elektrischem Strom

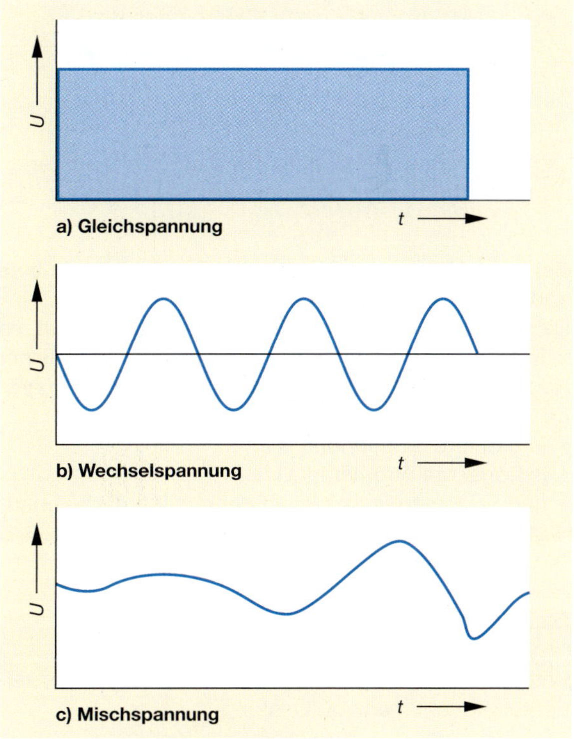

2 Arten von elektrischer Spannung

Elektrische Arbeit

Die elektrische Arbeit gibt an, wie viel elektrische Energie in andere Energieformen umgewandelt wird.

Die elektrische Arbeit hat das Formelzeichen *W*, ihre Maßeinheit ist Ws.

Sie ist das Produkt aus der Spannung *U*, der Stromstärke *I* und der Zeit *t*:

$$W = U \cdot I \cdot t$$

W elektrische Arbeit in Ws
U elektrische Spannung in V
I elektrische Stromstärke in A
t Zeit in s

Die Einheit Ws (Wattsekunde[1]) wird auch Joule[2] genannt. Es gelten die Zusammenhänge:

1 V · 1 A · 1 s = 1 Ws = 1 J
1 Wh = 3600 Ws
1 kWh = 1000 Wh

Elektrische Arbeit wird überall da verrichtet, wo elektrische Energie in mechanische Energie, Strahlungs- oder Wärmeenergie umgewandelt wird.

Beispiele:
- Beim Elektromotor eines Elektroautos wird elektrische Energie in mechanische Energie umgewandelt.
- Ein Starter wandelt elektrische Energie in Bewegungsenergie um.
- Bei Scheinwerferleuchten wird elektrische Energie in Strahlungsenergie umgewandelt.

Bei jeder Umwandlung von einer Energieform in eine andere entsteht als „Abfallprodukt" Wärme.
Diese Wärme wird aber auch gezielt umgewandelt, so z. B. bei einem Tauchsieder, Wasserkocher oder einer Kochplatte. Die elektrische Arbeit ist dabei umso größer,
- je größer die Spannung ist,
- je höher die Stromstärke ist
- und je länger die Zeit ist, in der das Gerät die Energie nutzt.

Elektrische Leistung

Wird eine bestimmte Arbeit in einer gewissen Zeit verrichtet, spricht man von Leistung.

Die elektrische Leistung hat das Formelzeichen *P*, ihre Maßeinheit ist W.

[1] Watt: benannt nach James Watt (1736 – 1819), englischer Ingenieur
[2] Joule (sprich dschul): benannt nach James Joule (1818 – 1889), englischer Physiker

Verbraucher	P^1 in W
Fernlicht	120
Tagfahrlicht LED	8
Bremslicht	50
Navigation	15
Mobiltelefon	4
IPOD	2
Heckscheibenheizung	185
Heckscheibenwischer	35
Beheizte Außenspiegel	30
Scheibenwischer	80

[1] Je nach Ausstattungsvariante können sich diese Werte verändern.

1 Elektrische Leistung *P* – Beispiele

$$P = \frac{W}{t}$$

P elektrische Leistung in W
W elektrische Arbeit in Ws
t Zeit in s

Nach Kap. 3.2.1.3 gilt: $W = U \cdot I \cdot t$.
Aus beiden Formeln erhält man:

$$P = \frac{U \cdot I \cdot t}{t}$$

$$P = U \cdot I$$

P elektrische Leistung in W
U elektrische Spannung in V
I elektrische Stromstärke in A

Es gelten die Zusammenhänge:

1 V · 1 A = 1 W
1 mW = 0,001 W
1 kW = 1000 W

Gängige Werte für die elektrische Leistung *P* von elektrischen Verbrauchern in einem Kraftfahrzeug sind in Bild → 1 aufgeführt.

Elektrischer Widerstand und elektrischer Leitwert

Wenn elektrischer Strom durch einen Leiter fließt, bewegen sich Elektronen durch den Leiter. Auf ihrer „Wanderung" durch den Leiter stoßen sie mit den fest stehenden Atomrümpfen zusammen, siehe Bild → 2. Dadurch werden die Elektronen an ihrer Bewegung gehindert. So setzt jeder Leiter oder Verbraucher dem Strom einen elektrischen Widerstand entgegen.

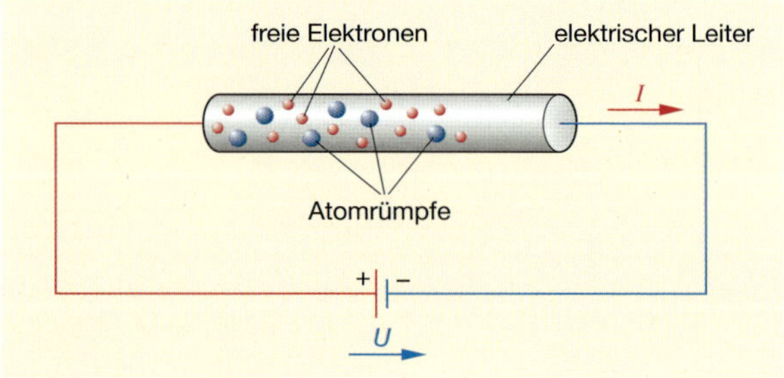

2 Elektrischer Widerstand

Der elektrische Widerstand hat das Formelzeichen R, seine Maßeinheit ist Ω (Ohm[1]).

Es gilt:

$$1\,\Omega = \frac{1\,\text{V}}{1\,\text{A}}$$

Der Widerstand einer Leitung ist
- groß, wenn die Atomrümpfe eng beieinanderliegen und dadurch die Elektronen in ihrer Bewegung stark behindert werden,
- klein, wenn die Atomrümpfe weit auseinander liegen und dadurch die Elektronen in ihrer Bewegung kaum behindert werden.

Aus dem elektrischen Widerstand lässt sich der elektrische Leitwert bestimmen.
Der **elektrische Leitwert** beschreibt die Fähigkeit eines Leiters bezüglich seiner Eigenschaft, den elektrischen Strom gut oder schlecht durchzulassen (zu leiten).

Das Formelzeichen für den elektrischen Leitwert ist G, die Einheit wird mit S (Siemens) angegeben.

Der elektrische Leitwert ist der Kehrwert des elektrischen Widerstandes.

$$G = \frac{1}{R}$$

G elektrischer Leitwert in S
R elektrischer Widerstand in Ω

3.3 Ohmsches Gesetz

Das ohmsche Gesetz[1] stellt den Zusammenhang her zwischen:
- elektrischem Widerstand
- elektrischer Stromstärke
- elektrischer Spannung

Dazu folgender Versuch:
Der elektrische Widerstand eines Leiters beträgt $R = 50\ \Omega$, siehe Bild → 1a. Es werden unterschiedliche elektrische Spannungen U eingestellt; bei jeder elektrischen Spannung wird die elektrische Stromstärke gemessen.

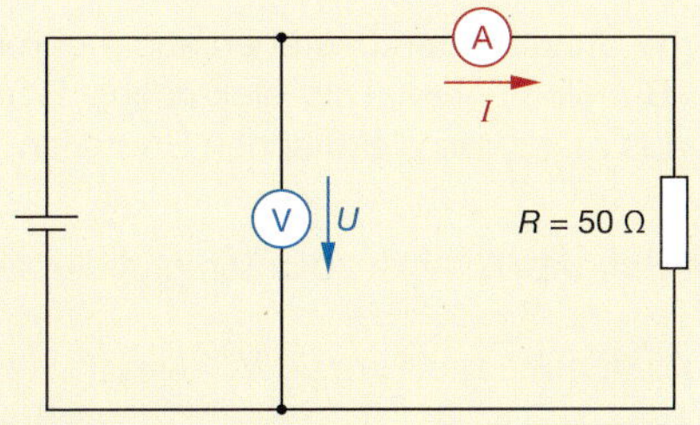

a) Messaufbau

R in Ω	U in V	I in A
50	10	0,2
50	20	0,4
50	30	0,6
50	40	0,8

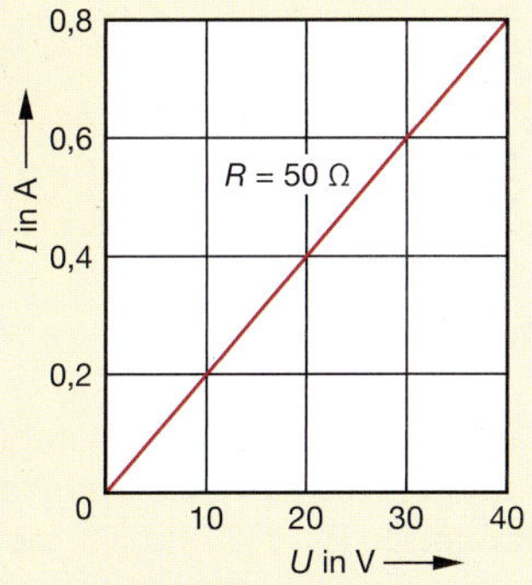

b) Messergebnis

1 Messung der elektrischen Stromstärke bei konstantem elektrischen Widerstand und unterschiedlichen elektrischen Spannungen

Ergebnis, siehe Bild → 1b:
Bei konstantem elektrischen Widerstand R nimmt die elektrische Stromstärke I mit steigender elektrischer Spannung U linear zu.

Die elektrische Stromstärke ist der elektrischen Spannung proportional.

Dieser Zusammenhang lässt sich mit der Formel des ohmschen Gesetzes beschreiben:

$$R = \frac{U}{I}$$

R elektrischer Widerstand in Ω
U elektrische Spannung in V
I elektrische Stromstärke in A

[1] benannt nach Georg Simon Ohm (1789 – 1854), deutscher Physiker

GEMEINSAMES BEIDER FACHRICHTUNGEN

3.4 Elektrische Schaltungen

Elektrische Schaltungen bestehen aus mehreren elektrischen Bauelementen. Das elektrische Bauelement besteht aus mehreren elektrischen Bauteilen.

Bei der Schreibweise ist zu unterscheiden zwischen R1 und R_1:
- R1 bezeichnet das Bauteil „Widerstand R1"
- Das Bauteil R1 setzt dem elektrischen Strom den Widerstand R_1 entgegen, z. B. $R_1 = 50\ \Omega$.

Es gibt:
- Reihenschaltung
- Parallelschaltung
- gemischte Schaltung

Reihenschaltung

Die Reihenschaltung besteht aus mehreren Widerständen, die in Reihe geschaltet sind, z. B. drei Widerstände R1, R2 und R3, siehe Bild ➔ 1. Die Widerstände sind hintereinander angeordnet; deshalb nennt man diese Schaltung auch **Hintereinanderschaltung**.

Für die Reihenschaltung in Bild ➔ 1 gilt:
- $R = R_1 + R_2 + R_3$
- $I_1 = I_2 = I_3 = I$
- $U_1 + U_2 + U_3 = U$

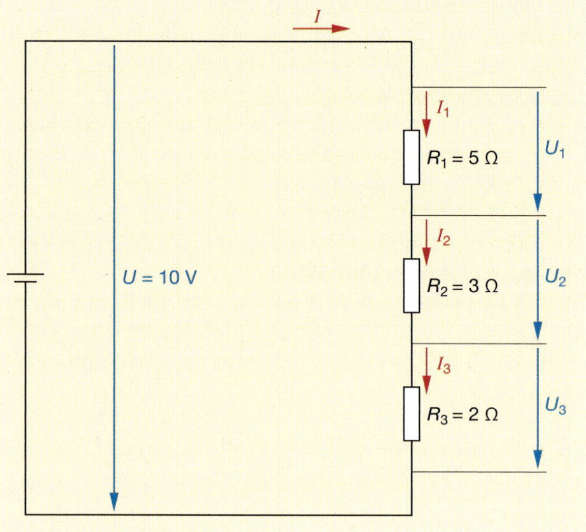

1 Reihenschaltung

Beispiel:
Berechnen Sie für Bild ➔ 1:
- Gesamtwiderstand R
- die elektrischen Stromstärken I, I_1, I_2 und I_3
- die elektrischen Spannungen U_1, U_2 und U_3

Geg.: $U = 10\ \text{V}$, $R_1 = 5\ \Omega$, $R_2 = 3\ \Omega$, $R_3 = 2\ \Omega$
Ges.: $R, I, I_1, I_2, I_3, U_1, U_2, U_3$

Lösung:

$$\boxed{R = R_1 + R_2 + R_3}$$

$$R = 5\ \Omega + 3\ \Omega + 2\ \Omega$$
$$\underline{\underline{R = 10\ \Omega}}$$

Nach dem ohmschen Gesetz ist:

$$R = \frac{U}{I} \quad \text{dann ist}$$

$$I = \frac{U}{R} = \frac{10\ \text{V}}{10\ \Omega}$$
$$\underline{\underline{I = 1\ \text{A}}}$$

Da $I = I_1 = I_2 = I_3$, ergibt sich:

$$\underline{\underline{I_1 = 1\ \text{A}}} \quad \underline{\underline{I_2 = 1\ \text{A}}} \quad \underline{\underline{I_3 = 1\ \text{A}}}$$

Nach dem ohmschen Gesetz ist:

$$R = \frac{U}{I} \quad \text{dann ist}$$

$$\boxed{U = R \cdot I}$$

$$U_1 = R_1 \cdot I = 5\ \Omega \cdot 1\ \text{A}$$
$$\underline{\underline{U_1 = 5\ \text{V}}}$$

$$U_2 = R_2 \cdot I = 3\ \Omega \cdot 1\ \text{A}$$
$$\underline{\underline{U_2 = 3\ \text{V}}}$$

$$U_3 = R_3 \cdot I = 2\ \Omega \cdot 1\ \text{A}$$
$$\underline{\underline{U_3 = 2\ \text{V}}}$$

Zur Probe:

$$\boxed{U = U_1 + U_2 + U_3}$$

$$U = 5\ \text{V} + 3\ \text{V} + 2\ \text{V}$$
$$\underline{U = 10\ \text{V}}$$

Parallelschaltung

Bei der Parallelschaltung sind z. B. zwei Widerstände R1 und R2 parallel geschaltet, siehe Bild ➔ 1.

Für die Parallelschaltung in Bild ➔ 1 gilt:

- $R = \frac{R1 \cdot R2}{R1 + R2}$
- $I = I_1 + I_2$
- $U_1 = U_2 = U$

Beispiel:
Berechnen Sie für Bild ➔ 1:

- Gesamtwiderstand R
- die elektrischen Spannungen U_1, U_2
- die elektrischen Stromstärken I, I_1, I_2

Geg.: $U = 10\ \text{V}$, $R_1 = 50\ \Omega$, $R_2 = 25\ \Omega$ Ges.: R, U_1, U_2, I, I_1, I_2

Lösung:

$$R = \frac{R_1 \cdot R_2}{R_1 + R_2}$$

$$= \frac{50\ \Omega \cdot 25\ \Omega^2}{50\ \Omega + 25\ \Omega}$$

$$= \frac{1250\ \Omega^2}{75\ \Omega}$$

$$R = 17\ \Omega$$

Da $U = U_1 = U_2$, ergibt sich:

$U_1 = 10\ \text{V}$ $U_2 = 10\ \text{V}$

Nach dem ohmschen Gesetz ist:

$R = \frac{U}{I}$ dann ist

$$I = \frac{U}{R}$$

$$I = \frac{10\ \text{V}}{17\ \Omega}$$

$$I = 0{,}6\ \text{A}$$

$$I_1 = \frac{U_1}{R_1} = \frac{10\ \text{V}}{50\ \Omega}, \quad I_1 = 0{,}2\ \text{A}$$

$$I_2 = \frac{U_2}{R_2} = \frac{10\ \text{V}}{25\ \Omega}, \quad I_2 = 0{,}4\ \text{A}$$

Zur Probe:

$$I = I_1 + I_2$$

$$I = 0{,}2\ \text{A} + 0{,}4\ \text{A}$$

$$I = 0{,}6\ \text{A}$$

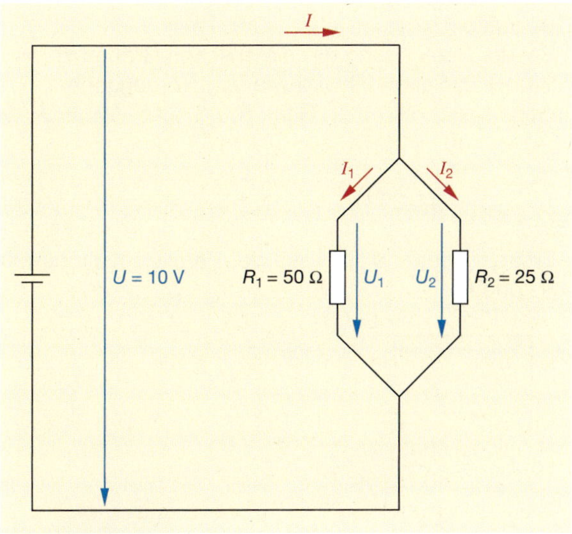

1 Parallelschaltung

Gemischte Schaltung

Eine gemischte Schaltung ist der Zusammenschluss einer oder mehrerer Reihen- und Parallelschaltungen. In Bild ➔ 2 besteht die gemischte Schaltung aus einer Parallelschaltung der Widerstände R1 und R2 und dem in Reihe liegenden Widerstand R3.

Die Berechnung der Stromstärken und Spannungen erfolgt mit den Formeln der jeweiligen Schaltung. Für Widerstände, die in Reihe geschaltet sind, wird ein Ersatzwiderstand berechnet.

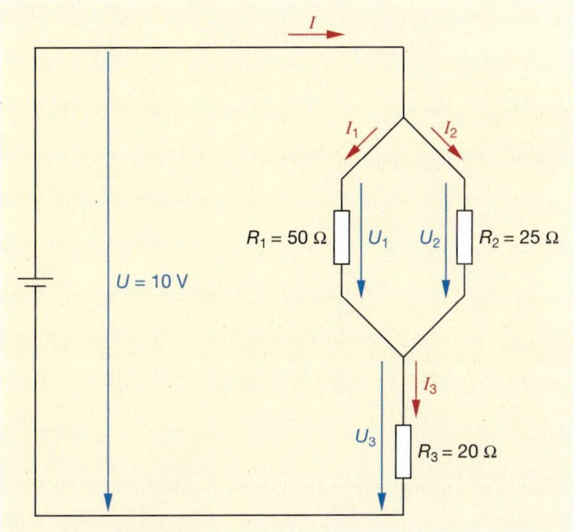

2 Gemischte Schaltung

Beispiel:
Bei der Berechnung der elektrischen Größen in Bild → 2, Seite 123 wird wie folgt vorgegangen:

Geg.: $U = 10\ \text{V}$ Ges.: R, I, U_1, U_2, U_3, I_1, I_2, I_3

$R_1 = 50\ \Omega$

$R_2 = 25\ \Omega$

$R_3 = 25\ \Omega$

Ersatzwiderstand $R_{1,2}$ aus der Parallelschaltung mit R_1 und R_2:

$$\boxed{R_{1,2} = \frac{R_1 \cdot R_2}{R_1 + R_2}}$$

$$R_{1,2} = \frac{50\ \Omega \cdot 25\ \Omega}{50\ \Omega + 25\ \Omega}$$

$$\underline{\underline{R_{1,2} = 16{,}7\ \Omega \approx 17\ \Omega}}$$

Gesamtwiderstand aus der Reihenschaltung $R_{1,2}$ und R_3, siehe Bild → 1:

$$\boxed{R = R_{1,2} + R_3}$$

$$R = 17\ \Omega + 25\ \Omega$$

$$\underline{\underline{R = 42\ \Omega}}$$

Nach dem ohmschen Gesetz ist:

$$R = \frac{U}{I} \quad \text{dann ist}$$

$$\boxed{I = \frac{U}{R}}$$

$$I = \frac{10\ \text{V}}{42\ \Omega}$$

$$\underline{\underline{I = 0{,}24\ \text{A}}}$$

Nach dem ohmschen Gesetz ist:

$$R = \frac{U}{I} \quad \text{dann ist}$$

$$\boxed{U = R \cdot I}$$

$$U_{1,2} = R_{1,2} \cdot I$$

$$= 16{,}7\ \Omega \cdot 0{,}24\ \text{A}$$

$$\underline{\underline{U_{1,2} = 4{,}0\ \text{V}}}$$

Die Widerstände U1 und U2 sind parallel geschaltet, sodass:

$$\boxed{U_1 = U_2 = U_{1,2}}$$

$$\underline{\underline{U_1 = 4{,}0\ \text{V}}} \qquad \underline{\underline{U_2 = 4{,}0\ \text{V}}}$$

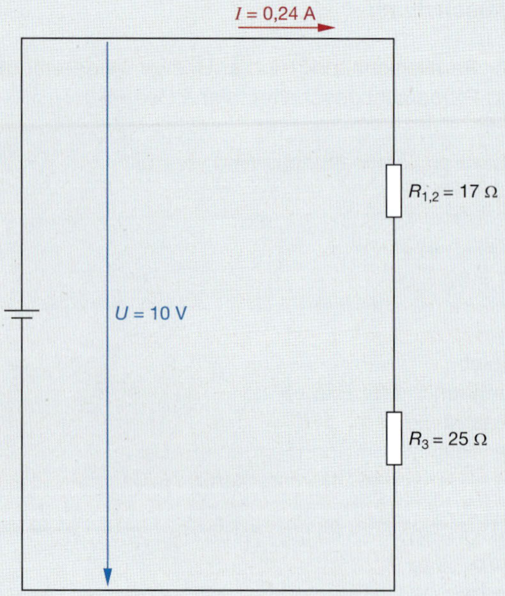

1 Ersatzwiderstand $R_{1,2}$

Der Widerstand U3 ist dazu in Reihe geschaltet:

$$\boxed{U = U_{1,2} + U_3}$$

$$U_3 = U - U_{1,2}$$

$$= 10\ \text{V} - 4{,}0\ \text{V}$$

$$\underline{\underline{U_3 = 6\ \text{V}}}$$

Nach dem ohmschen Gesetz ist:

$$R = \frac{U}{I} \quad \text{dann ist}$$

$$\boxed{I_1 = \frac{U_{1,2}}{R_1}}$$

$$I_1 = \frac{4{,}0\ \text{V}}{50\ \Omega}$$

$$\underline{\underline{I_1 = 0{,}08\ \text{A}}}$$

Für die Parallelschaltung gilt:

$$\boxed{I = I_1 + I_2}$$

$$I_2 = I - I_1$$

$$= 0{,}24\ \text{A} - 0{,}08\ \text{A}$$

$$\underline{\underline{I_2 = 0{,}16\ \text{A}}}$$

Für die Reihenschaltung gilt:

$$\boxed{I_3 = I}$$

$$\underline{\underline{I_3 = 0{,}24\ \text{A}}}$$

3.5 Elektrische Bauelemente

3.5.1 Arten elektrischer Bauelemente

Elektrische Bauelemente sind kleine Einheiten, die nicht weiter zerlegt werden können, ohne ihre Funktion zu verlieren.
Elektrische Bauelemente dienen der Wandlung, Speicherung, Weiterleitung von elektrischer Spannung oder elektrischem Strom. Sie können aber auch elektrische Größen in nichtelektrische Größen umwandeln, z. B. in Licht, Schall, Magnetismus, Kraft, Wärme.

Beispiele für elektrische Bauelemente sind:
- Schalter und Taster, siehe Kap. 3.5.2
- Kondensator, siehe Kap. 3.5.3
- Spule, siehe Kap. 3.5.4
- Relais, siehe Kap. 3.5.5
- Transformator, siehe Kap. 3.5.6
- Sicherung, siehe Kap. 3.5.7
- elektrische Leitung und Steckverbinder, siehe Kap. 3.5.8
- Leuchtmittel, siehe Kap. 3.5.9
- Zündkerze, siehe Kap. 3.5.10
- Hupe, siehe Kap. 3.5.11
- Batterie, siehe Kap. 3.5.12

3.5.2 Elektrische Schalter und Taster

Elektrische Schalter und Taster unterbrechen (öffnen) oder verbinden (schließen) den elektrischen Stromkreis.
Ein **Schalter** rastet nach seiner Betätigung mechanisch ein und verbleibt in dieser Stellung.

Beispiel:
Die Innenbeleuchtung bleibt so lange in Betrieb, bis der Schalter wieder ausgeschaltet wird.

Der **Taster** kehrt nach der Betätigung wieder in seine Ausgangsposition zurück; er verbindet die Kontakte nur so lange, wie er betätigt ist.

Beispiel:
Die Fenster öffnen oder schließen nur, solange der Taster betätigt wird.

Elektrische Schalter und Taster werden unterschieden in, siehe Bild → 1:
- Öffner
- Schließer
- Wechsler

Kontaktarten bei Schalter und Taster

Kontaktart	Der Kontakt	Schaltkontakt nicht betätigt	Schaltkontakt betätigt	Anwendung
Schließer	schließt bei Betätigung	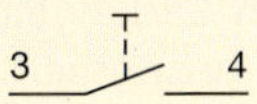	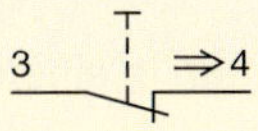	Fensterhebertaster
Öffner	öffnet bei Betätigung	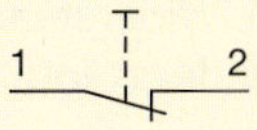	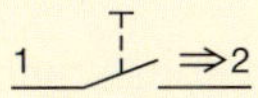	Durch Öffnen der Tür, die mit diesem Kontakt überwacht wird, löst die Alarmanlage aus (Ruhestromkreis-Prinzip)
Wechsler	wechselt bei Betätigung	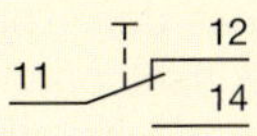	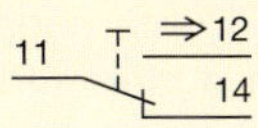	Außenspiegelverstellung Schalter für rechts oder links

1 Elektrische Schalter und Taster

Der Wechsler stellt in jeder Schaltposition einen Kontakt her. Der gemeinsame Mittelanschluss 11 wird in der Ruhestellung mit 12 und in der anderen Stellung mit 14 verbunden. Somit kann der Mittelanschluss „wechselweise“ mit dem Schließer oder Öffner verbunden werden.

Die Anschlussbezeichnung für Kontakte ist:
- An der ersten Stelle steht die Ordnungsziffer, mit der die Kontakte fortlaufend nummeriert werden.
- An der zweiten Stelle steht die Funktionsziffer, die die Aufgabe des jeweiligen Kontaktes angibt, z. B. Funktionsziffern
  - für Öffner: 1 und 2
  - für Schließer: 3 und 4

Beispiele:
- Der erste Schließerkontakt eines Schalters hat die Anschlussbezeichnung 13 und 14, der zweite Schließerkontakt 23 und 24.
- Der erste Öffnerkontakt eines Schalters hat die Anschlussbezeichnung 11 und 12, der zweite Öffnerkontakt 21 und 22.

3.5.3 Kondensator

Der Kondensator speichert elektrische Ladung. Er besteht aus zwei gleich großen Metallplatten, die durch einen Isolator getrennt sind, siehe Bild → 1. Der Isolator soll verhindern, dass sich die Metallplatten berühren.

Isolator kann sein:
- Luft; dann stehen sich die Metallplatten in einem gewissen Abstand gegenüber
- dielektrische Folie

Eine dielektrische[1] Folie ist eine dünne Kunststofffolie.

Wird elektrische Spannung an den Kondensator gelegt, nimmt die Oberfläche der einen Platte negative Ladungsträger auf, die Oberfläche der anderen Platte positive Ladungsträger; der Kondensator speichert somit elektrische Ladung.

Kondensatoren lassen **Gleichstrom** nicht durch: Die Elektronen können infolge des dazwischenliegenden Isolators nicht von der einen Platte zur anderen gelangen.

Für Gleichstrom ist der Kondensator ein unendlich großer Widerstand.

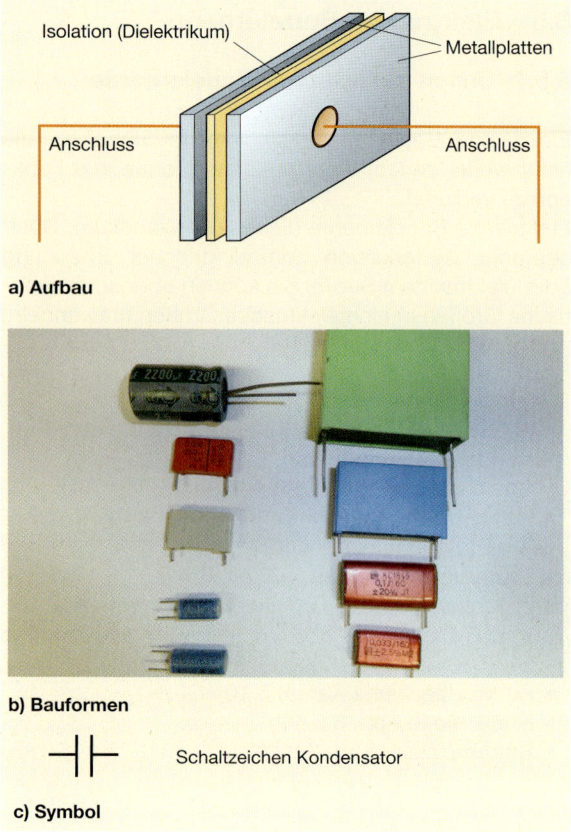

1 Kondensator

Kondensatoren lassen aber **Wechselstrom** fließen. Zwar kann der Strom auch hier nicht direkt durch den Isolator hindurch, jedoch entsteht durch das wechselseitige Auf- und Entladen der Platten die Fiktion, als würden Ladungsträger durch den Kondensator hindurchtransportiert.

Für Wechselstrom stellt der Kondensator einen gewissen Widerstand dar, der sogenannte **kapazitive Blindwiderstand X_C** mit der Einheit Ω (Ohm).

Der kapazitive Blindwiderstand ist abhängig von der Kapazität des Kondensators und von der Frequenz der Wechselspannung:
- niedrige Frequenz → großer kapazitiver Blindwiderstand
- hohe Frequenz → geringer kapazitiver Blindwiderstand

Die Kapazität C wird in Farad[2] (F) angegeben.

Die Einheit 1 F = 1 As/V ist für die Praxis zu groß; man verwendet deshalb kleinere Einheiten:

$1\ \text{mF} = 10^{-3}\ \text{F}$
$1\ \mu\text{F} = 10^{-6}\ \text{F}$
$1\ \text{nF} = 10^{-9}\ \text{F}$
$1\ \text{pF} = 10^{-12}\ \text{F}$

[1] dielektrisch (griech.): elektrisch nichtleitend
[2] Farad: benannt nach dem engl. Physiker und Chemiker Michael Faraday (1791–1867)

Parallelschaltung von Kondensatoren
Schaltet man mehrere Kondensatoren parallel, so vergrößert sich die Plattenoberfläche – die gesamte Kapazität wird größer.

$$C_{ges} = C_1 + C_2 + C_3 + \ldots + C_n$$

Reihenschaltung von Kondensatoren
Schaltet man mehrere Kondensatoren in Reihe, vergrößert sich der Plattenabstand und die Gesamtkapazität wird kleiner.

$$C_{ges} = \frac{1}{C_1} + \frac{1}{C_2} + \frac{1}{C_3} + \ldots + \frac{1}{C_n}$$

Ein Kondensator kann zur Pufferung der Versorgungsspannung dienen. Wenn z. B. ein leistungsstarker Audioverstärker und ein Steuergerät über eine Leitung an einem Massepunkt angeschlossen werden, kann im ungünstigen Fall ein Spannungsfall so tief sein, dass das Steuergerät ein Reset auslöst. Ein Kondensator puffert die Versorgungsspannung und gleicht Spannungseinbrüche aus.

3.5.4 Spule

Eine Spule hat die Aufgabe, eine bestimmte Induktivität zu erzeugen. Die Induktivität L ist eine bauliche Größe und hat die Einheit H (Henry[1]).

Eine Induktivität kann:
- primär eingesetzt werden, z. B. als Drosselspule (Stromstärkebegrenzer), Filterspule (Frequenzweiche)
- sekundär eingesetzt werden, z. B. Transformator, Zugmagnet, Relaisspule, Hupe

Die Spule besteht aus:
- Leitungsdraht
- Spulenkörper
- Spulenkern

In der Spule ist der **Leitungsdraht** in sehr vielen Windungen um einen **Spulenkörper** übereinander gewickelt, siehe Bild ➔ 1. Der Spulenkörper besteht aus Kunststoff und stabilisiert den Draht.

Häufig befindet sich in der Spule ein **Spulenkern**, durch den das Magnetfeld zusätzlich verstärkt wird.

[1] Henry: benannt nach dem US-amerikanischen Physiker Joseph Henry (1797–1878)

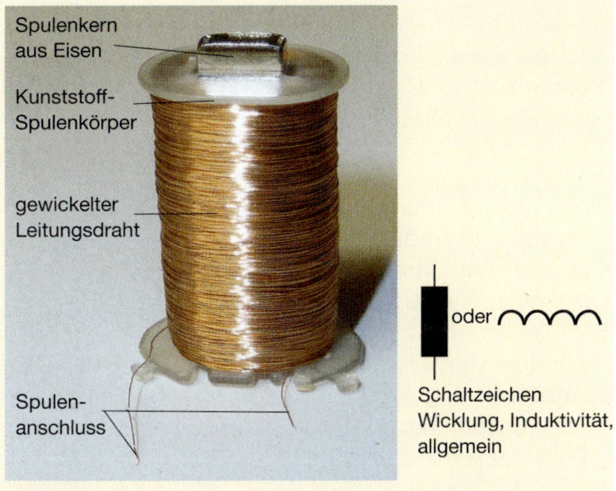

a) Aufbau   b) Symbol

1 Spule

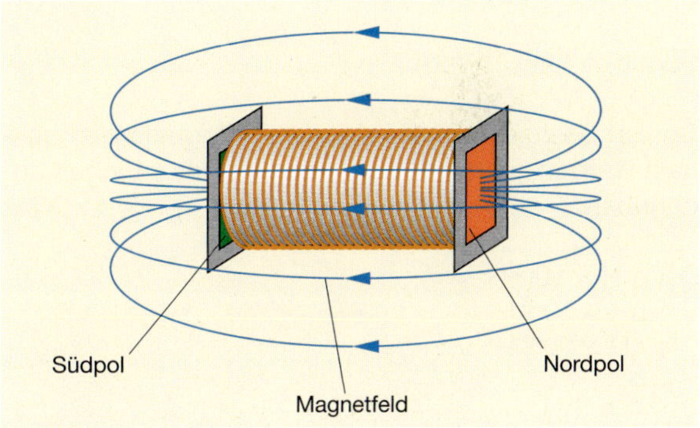

2 Spule mit Magnetfeld

Der Spulenkern kann aus Eisen sein oder aus elektrisch schlecht oder nicht leitendem, ferrimagnetischem keramischen Werkstoff (Ferrit).

Fließt Strom durch die Spule, entsteht um jede einzelne Wicklung ein Magnetfeld. Die einzelnen Magnetfelder überlagern sich zu einem intensiven Gesamtfeld, siehe Bild ➔ 2. Die Stärke des Magnetfeldes ist abhängig von der Anzahl der Windungen und vom Material des Spulenkerns.

Beim **Ausschalten** des Stromkreises wird in der Spule eine hohe Spannung induziert. Das zusammenfallende Magnetfeld induziert in der Spule selbst eine Spannung, die **Selbstinduktionsspannung** genannt wird.

Beim **Einschalten** einer Spule erreicht die Stromstärke nicht sofort ihren vollen Wert. Das Magnetfeld wird erst durch die Stromstärke aufgebaut. Dieses aufgebaute Magnetfeld bewirkt aber wiederum eine Selbstinduktionsspannung, die der angelegten Spannung entgegen wirkt.

GEMEINSAMES BEIDER FACHRICHTUNGEN

Lenzsche[1] Regel:
Der durch eine Induktionsspannung hervorgerufene Strom ist stets so gerichtet, dass er der Ursache der Induktion entgegen wirkt.

Die Selbstinduktionsspannung ist umso größer,
- je größer die Induktivität L ist,
- je größer die Stromänderung ΔI ist,
- je kleiner die Zeit Δt der Stromänderung ist.

Die Induktivität L wächst mit dem Quadrat der Windungszahl, hängt von der Bauform der Spule und von den Eigenschaften der Spule ab (Eisenkern, Material).

Eine Spule hat eine Induktivität L von 1 H, wenn bei einer gleichförmigen Stromänderung von 1 A in 1 s die Spannung 1 V induziert wird.

Somit ist 1 H = 1 Vs/A.

Spulen besitzen oft nur eine kleine Induktivität; deshalb werden sie in mH oder noch kleinerer Einheit angegeben.

1 mH = 10^{-3} H
1 µH = 10^{-6} H
1 nH = 10^{-9} H

Jede Spule hat einen
- ohmschen Widerstand
- induktiven Blindwiderstand

Der **ohmsche Widerstand** entsteht durch die Leitungslänge des aufgewickelten Drahts der Windungen. Der ohmsche Widerstand ist bei Wechsel- sowie bei Gleichspannung gleich groß. Man kann den ohmschen Widerstand mit einem Widerstandsmessgerät messen. Das Messgerät zeigt dann den Leiterwiderstand an.

Der **induktive Blindwiderstand** ist der Widerstand, den eine Spule hat, die an Wechselspannung angeschlossen ist.

$$X_L = \omega \cdot L$$

mit $\omega = 2\pi f$

X_L induktiver Blindwiderstand in Ω
ω Kreisfrequenz in Hz
f Frequenz des Wechselstroms in Hz
L Induktivität in H

Die Spule hat im Gleichstromkreis einen geringeren Widerstand als im Wechselstromkreis. Er ist abhängig von der Frequenz des angelegten Wechselstroms, hat das Symbol X_L und die Einheit Ω. Grund für den größeren Widerstand bei Wechselspannung ist die Selbstinduktionsspannung (siehe lenzsche Regel).

Es gilt:
- Je niedriger die Frequenz → desto kleiner ist der induktive Blindwiderstand.
- Je höher die Frequenz → desto größer ist der induktive Blindwiderstand.

Die Spule verhält sich genau entgegengesetzt wie der Kondensator.

3.5.5 Relais

Relais sind elektromagnetische Schalter; sie werden auch als **fernbetätigte Schalter** bezeichnet.

Ein Relais besteht aus, siehe Bild → 1:
- Anschluss für Steuerspannung
- Spule
- Anker
- Arbeitskontakten

Wird an die Spule des Relais eine Spannung angelegt, entsteht ein elektromagnetisches Feld, die Spule zieht den Anker an, der Kontakt schließt, siehe Bild → 1.
Mit einem kleinen Steuerstrom (ca. 0,2 A) können große Arbeitsströme (bis 100 A) geschaltet werden.
Es gibt verschiedene Sonderformen von Relais wie Zeitrelais, Blinkrelais.

Vorteile von Relais sind:
- kleiner Querschnitt für Steuerleitungen und somit kleine Schalter (Bauform)
- geringe Masse
- geringe Kosten, da die Leitungslänge für den Arbeitsstrom kürzer werden kann, das Relais wird nahe zum Verbraucher gesetzt.
- Verbraucher mit großem Anlaufstrom sind problemlos zu schalten (Starter, Glühlampen)

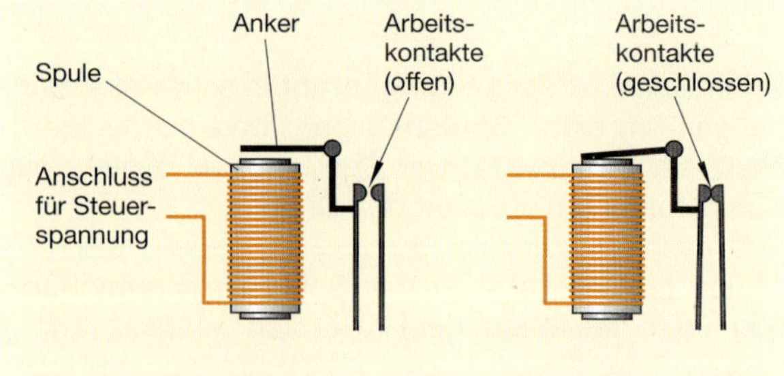

a) Arbeitskontakte offen **b) Arbeitskontakte geschlossen**

1 Relais – Bauteile und Arbeitsweise

[1] Heinrich Lenz, russischer Physiker, 1804 – 1865

3.5.6 Transformator

Ein Transformator hat die Aufgabe, Wechselspannung zu erhöhen oder zu verringern.

Er besteht aus zwei Spulen, die einander gegenüberstehen, aber nicht leitend miteinander verbunden sind, siehe Bild → 1:
- Primärspule
- Sekundärspule

Beim Einschalten baut die Primärspule ein Magnetfeld auf, das die Sekundärspule durchwandert. Dabei wird in der Sekundärspule ein Induktionsstrom erzeugt, solange das Magnetfeld sich aufbaut.

> Generatorprinzip:
> Magnetismus + Bewegung → elektrischer Strom

Die ständige Stromänderung des Wechselstroms führt zu einer ständigen Änderung des Magnetfelds der Primärspule.

Dabei wird in der Sekundärspule ständig ein Induktionsstrom erzeugt. Ein ständiger Energietransport durch einen Transformator ist also nur bei Wechselstrom möglich.

Die Primärspannung ist exakt so hoch wie das Verhältnis der Windungszahl der Sekundärspule zur Primärspule.

$$\frac{U_1}{U_2} = \frac{N_1}{N_2} = \frac{I_2}{I_1}$$

U_1, U_2 Primärspannung, Sekundärspannung
N_1, N_2 Anzahl Primärwindungen, Sekundärwindungen
I_1, I_2 Strom Primärspule, Sekundärspule

> Beispiel:
> Ein Transformator hat 10 Windungen an der Primärspule und 10 000 Windungen an der Sekundärspule. Die Primärspannung beträgt 12 V. Dann erzeugt der Transformator in der Sekundärspule eine Sekundärspannung von:
>
> $$U_2 = \frac{N_2}{N_1} \cdot U_1 = \frac{10\,000}{10} \cdot 12\text{ V} = 12\,000\text{ V}$$

Wird ein Transformator nicht mit einem Verbraucher belastet, dann ist die Betriebsspannung U_B (Nennspannung) höher als bei Belastung mit einem Verbraucher. Diese Spannung ohne Belastung nennt man **Leerlaufspannung U_0**.

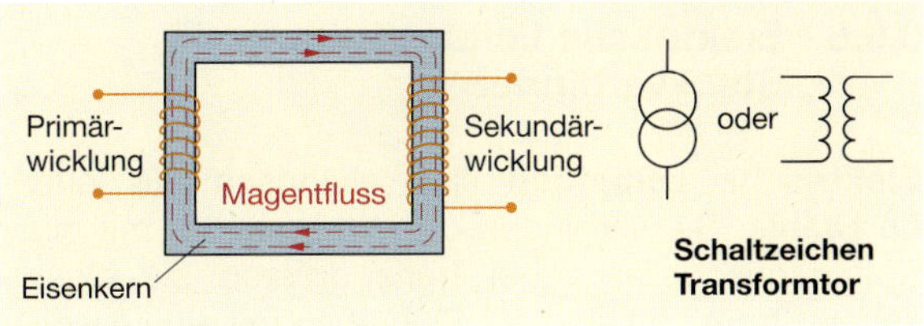

1 Prinzipaufbau Transformator

$$U_B = U_0 - \Delta U$$

U_B Betriebsspannung, Nennspannung
U_0 Leerlaufspannung
ΔU Spannungsverluste, die entstehen durch Ummagnetisieren, Eisenverluste

Die Leerlaufspannung ist immer höher, damit der Transformator bei seiner Nennleistung (Angabe auf dem Typenschild) die Nennspannung hat.
Der Karosserie- und Fahrzeugbaumechaniker findet den Transformator in der Zündspule, wo aus einer niederen Spannung eine Hochspannung transformiert wird.

3.5.7 Sicherung

Sicherungen schützen den Stromkreis vor Überlastung und Kurzschluss; ohne Sicherung könnten Leitungen verschmoren oder sogar brennen. Sicherungen sind in den Stromkreis in Reihe geschaltet.

In Kraftfahrzeugen werden immer Schmelzsicherungen verwendet – am häufigsten kommen Flachstecksicherungen zum Einsatz. Der Schmelzdraht ist in das farbcodierte Gehäuse eingelassen, siehe Bild → 2.
Bei zu großer Stromstärke schmilzt der Schmelzdraht durch und unterbricht den Stromkreis.
Flachstecksicherungen gibt es für verschiede Nennströme. Die Werte werden auf die Flachstecksicherungen aufgedruckt oder über einen Farbcode ersichtlich gemacht, siehe Bild → 2b.

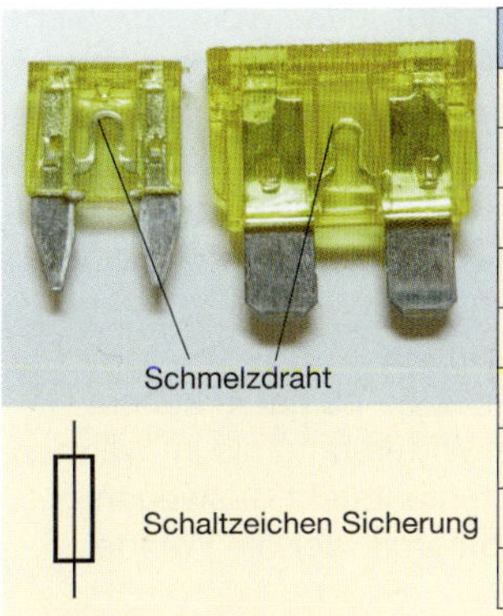

a) Für Nennstrom = 20 A (Kennfarbe GELB)

Nennstrom	Kennfarbe
3 A	violett
4 A	rosa
5 A	hellbraun
7,5 A	braun
10 A	rot
15 A	hellblau
20 A	gelb
25 A	weiß
30 A	hellgrün

b) Kennfarben

2 Flachstecksicherungen

3.5.8 Elektrische Leitungen und Steckverbinder

Elektrische Leitungen sind elektrisch gut leitende Drähte. Sie verbinden den Verbraucher mit einer Spannungsquelle; dabei transportieren sie elektrischen Strom und sind zur Sicherheit mit einem isolierenden Schutzmantel versehen.

Steckverbinder verbinden die elektrischen Leitungen untereinander und mit Bauteilen. So kann elektrischer Strom von einer elektrischen Leitung auf eine andere elektrische Leitung oder auf ein elektrisches Bauteil übertragen werden.

Weitere Informationen siehe Kap. 3.12.

3.5.9 Leuchtmittel

Leuchtmittel **(Lampen)** machen
- dem Fahrer bei schlechten Licht- und Witterungsbedingungen die Straße sichtbar und
- das Fahrzeug und Verkehrssituationen für andere Verkehrsteilnehmer erkennbar.

Leuchtmittel helfen somit, Gefahren zu erkennen und Unfälle zu vermeiden.
Außerdem kann der Fahrer im Fahrzeuginnenraum die Bedien- und Schaltelemente und die optischen Informationen besser erkennen.

Man unterscheidet Leuchtmittel in:
- Metalldrahtlampen
- Halogenlampen
- Gasentladungslampen
- Neon-Gasentladungslampen
- HP-Lampen
- Leuchtdioden

Metalldrahtlampen
Bei der Metalldrahtlampe ist der Leuchtkörper ein Glühdraht oder eine Wendel aus Wolfram, siehe Bild ➔ 1. Deshalb wird sie auch **Glühlampe** genannt. Aus dem umgebenden Glaskolben wurde die Luft evakuiert; dafür sind geringe Mengen von Stickstoff und Krypton eingefüllt. Dadurch kann die Wärme vom Glühdraht bzw. von der Wendel besser abgeführt werden.

Nachteile der Metalldrahtlampen:
- Wolfram ist ein Kaltleiter, d. h., es hat in kaltem Zustand einen kleineren Widerstand als im warmen Zustand; beim Einschalten entsteht deswegen kurzzeitig ein hoher Stromstoß, der die Wendel zerstören kann.
- Bei der hohen Temperatur der Wendel kann Wolfram abdampfen und den Glaskolben von innen schwärzen; dadurch wird die Lichtausbeute vermindert.

1 Glühlampe

In Kraftfahrzeugen werden Metalldrahtlampen eingesetzt in Bremslicht, Schlussleuchte, Blinklicht; Nebelscheinwerfer, Rückfahrleuchte.

Halogenlampen
Halogenlampen sind Glühlampen, die ein Füllgas mit Halogenzusätzen (Brom, Jod) enthalten. Halogenlampen unterscheiden sich im Betriebsverhalten von Metalldrahtlampen durch:
- höhere Temperatur des Glühdrahts und des Glaskolbens
- höheren Innendruck der Gasfüllung (bis etwa 40 bar)
- größere Lichtausbeute wegen der höheren Temperatur des Glühdrahts

Der Kolben der Halogenlampe besteht aus Quarzglas. Er hat sehr kleine Abmessungen, damit er sich im Betrieb bis auf etwa 300 °C erwärmen kann. Die verdampften Wolframpartikel durchlaufen einen chemischen Prozess und setzen sich wieder auf der heißesten Stelle des Glühdrahts ab (Kreisprozess). So bleibt der Glaskolben klar, da sich dort kein verdampfendes Wolfram absetzen kann.

Einsatzbereich von Halogenlampen:
- H4-Fern-, Abblendlicht, siehe Bild ➔ 2
- Nebelscheinwerfer

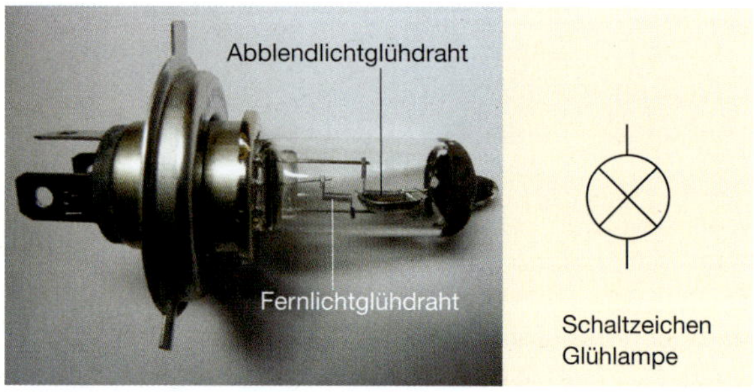

2 Halogenlampe H4 für Fern- und Abblendlicht

Gasentladungslampen

In einem kleinen, kugelförmigen Glaskolben befinden sich in einem Xenon-Gas-Gemisch zwei Elektroden, siehe Bild ➔ 1. Deshalb werden sie auch **Xenon-Lampen** genannt, ein anderer Hersteller nennt sie **D2R-** oder **D2S-Lampen** oder **Litronic**. Zwischen den Elektroden wird durch einen Hochspannungsimpuls ein Lichtbogen gezündet.

Achtung:
Hochspannung ca. 10 000 Volt beim Zünden.

Die Vorteile der Gasentladungslampe gegenüber der Halogenlampe sind:

- bessere Straßenausleuchtung
- geringere Leistungsaufnahme (35 W anstelle 55 W)
- Lichtleistung unabhängig von der Bordspannung
- geringere Wärmeentwicklung
- 5-fach höhere Lebensdauer
- Lichtfarbe ähnelt dem Tageslicht

Einsatzbereich:

- H1-Abblendlicht
- Fernlicht

Neon-Gasentladungslampen

Neon-Gasentladungslampen sind Gasentladungslampen, die eine diffuse gasförmige Neonplasma-Lichtquelle enthalten. Neonlampen erzeugen rotes Licht und können deshalb als ungefiltertes Fahrzeug-Stopplicht eingesetzt werden. Typische Neonlampen haben die Form einer lange Röhre mit einem Durchmesser von 1 cm bis 2 cm, siehe Bild ➔ 2. Sie erreichen in etwa 0,2 ms die volle Leuchtstärke; deswegen werden sie überwiegend in Zusatzbremsleuchten verwendet.

HP-Lampe (High Performance)

HP-Lampen (High Performance) haben eine Länge von 30 mm Länge und einen Durchmesser von 16,6 mm. Damit sind sie nur etwa halb so groß wie die heutigen Glühlampen für das Brems- und Rücklicht, siehe Bild ➔ 3. So lassen sich die Gehäuse der Heckleuchten verkleinern, was sich einerseits positiv auf das Kofferraumvolumen auswirkt und andererseits den Designern neue Möglichkeiten bei der Heckgestaltung gibt.

Die HP-Lampe besteht aus einem rundum geschlossenen Glaskolben, der mit Xenongas gefüllt ist. Dadurch erreicht sie mit der Leistung von 16 W die gleichen Lichtwerte wie eine konventionelle Glühlampe mit 21 W. Außerdem leuchtet sie beim Tritt aufs Bremspedal eher auf, sodass nachfolgende Autofahrer schneller gewarnt werden.

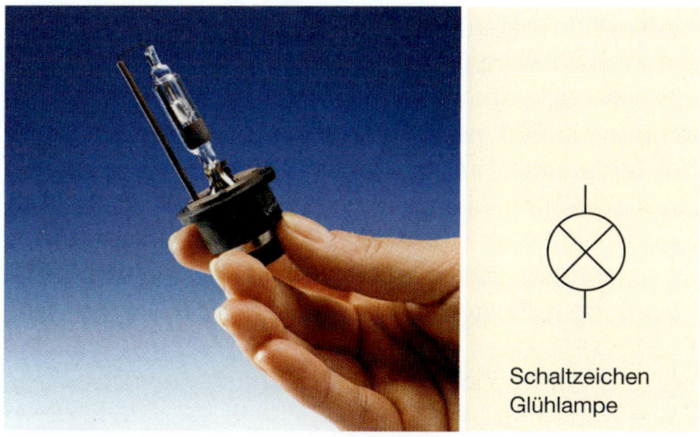

1 Gasentladungslampe

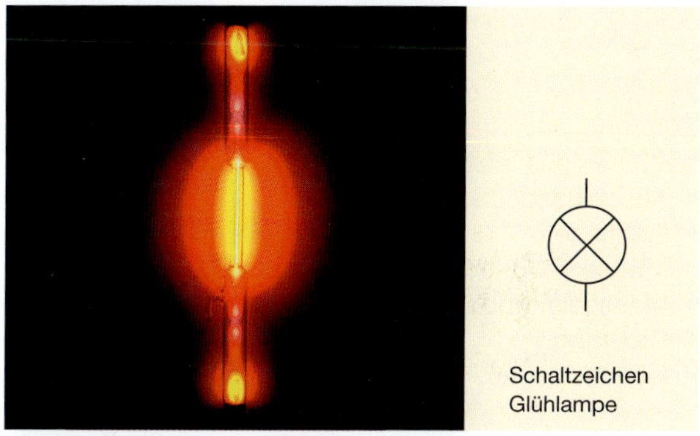

2 Neon-Gasentladungslampe

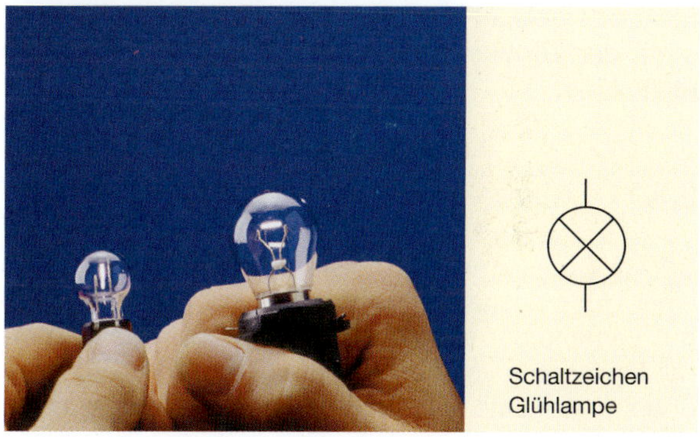

3 HP-Lampe (links) im Vergleich zur herkömmlichen Glühlampe

Durch den Einsatz von Xenongas hat die HP-Lampe ungefähr die 12-fache Lebensdauer von herkömmlichen Glühlampen.

LED

LED (**L**ight **E**mitting **D**iode) ist eine **Leuchtdiode,** bestehend aus einem 0,1 mm bis 1 mm kleinen Halbleiterkristall, der auf einem Reflektor sitzt. Entsprechend der erforderlichen Beleuchtungsstärke und der gewünschten Lichtfarbe wird eine bestimmte Anzahl von Dioden zu einer Baueinheit zusammengeschaltet. Leuchtdioden haben eine Lebensdauer von ca. 10 000 h.

GEMEINSAMES BEIDER FACHRICHTUNGEN

Sie werden insbesondere für Bremsleuchten verwendet, da sie ihre maximale Leuchtkraft in ca. 1 ms erreichen (Metalldrahtlampen brauchen 200 ms, Halogenlampen ca. 200 ms). Weiterhin finden sie Verwendung bei Tagfahrlicht, in Scheinwerfern und hochgesetzten Bremsleuchten, siehe Bild ➔ 1.

Im Innenraum dienen sie zur Sichtfeld-Hintergrundbeleuchtung (Display).

Weitere Informationen zu Beleuchtungseinrichtungen siehe Kap. 3.19.

1 LED im Scheinwerfer

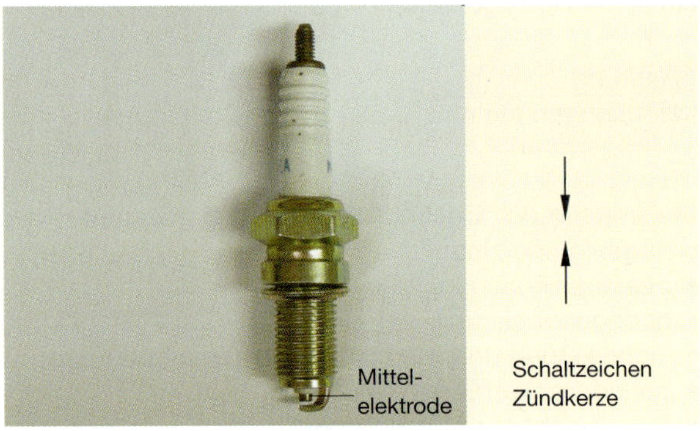

2 Zündkerze

3.5.10 Zündkerze

Zündkerzen werden in normalen Ottomotoren zur Zündung des Kraftstoff-Luft-Gemischs benötigt. Sie bestehen aus, siehe Bild ➔ 2:
- Anschlussbolzen
- Gehäuse
- Mittelelektrode
- Masseelektrode
- Dichtring
- Isolator außen, damit kein Kurzschluss entsteht

Die Zündspule erzeugt eine Spannung bis 40 000 Volt, die über die Zündkabel zur Zündkerze und somit zur Elektrode geleitet wird. Zwischen den Elektroden entsteht der Zündfunke. Der komplette Vorgang dauert etwa 2 ms.

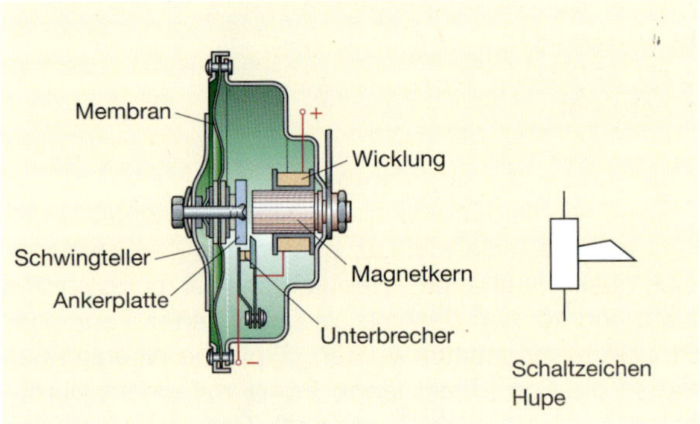

3 Hupe

3.5.11 Hupe

StVZO § 55 schreibt vor, dass alle Kraftfahrzeuge mit einer Hupe ausgerüstet sein müssen. Die Hupe muss gut vernehmbar sein, die Lautstärke darf aber in einer Entfernung von 7 m den Wert von 105 dB(A) nicht übersteigen. Eine Folge von Klängen ist nicht zulässig.

In einer Hupe befindet sich ein Magnetkern mit Wicklung, siehe Bild ➔ 3. Durch Betätigen des Hupentasters magnetisiert sich die Spule und zieht die Ankerplatte, die an einer schwingungsfähigen Membran befestigt ist, an. An der Ankerplatte ist der Unterbrecher befestigt. Bewegt sich die Ankerplatte mit stark periodischen Schwingungen, gibt ein mit dem Anker verbundener Schwingteller entsprechende akustische Signale ab.

Wenn die Ankerplatte ganz angezogen hat, betätigt sie einen Unterbrecher, der den Stromkreis zur Spule unterbricht; dann wird
- die Wicklung spannungslos,
- kein Magnetfeld mehr erzeugt und
- die Ankerplatte geht in ihre Ausgangsstellung zurück.

Wenn der Hupentaster noch gedrückt ist,
- ist die Ankerplatte in ihrer Ausgangsstellung,
- schließt der Unterbrecher und
- die Wicklung bekommt wieder Spannung – sie magnetisiert sich.

Die Ankerplatte zieht wieder an.

3.6 Elektronische Bauelemente

3.6.1 Einteilung elektronischer Bauelemente

Elektronische Bauelemente beruhen auf Halbleiterwerkstoffen. Als Halbleiterwerkstoffe verwendet man die Grundstoffe Silizium und Germanium. Durch Zusetzen von Fremdstoffen oder durch elektrische und magnetische Felder sowie mechanische Schwingungen, Licht, Wärme und Kräfte lässt sich die Leitfähigkeit des Halbleiters ändern.

Elektronische Bauelemente kann man in zwei Gruppen unterteilen:
- passive Bauelemente, siehe Kap. 3.6.2
- aktive Bauelemente, siehe Kap. 3.6.3

3.6.2 Passive Bauelemente

Passive Bauelemente sind elektronische Bauelemente, die das Nutzsignal nicht verstärken und Bauteile nicht steuern können.

Die wichtigsten passiven Bauelemente für den Karosserie- und Fahrzeugbaumechaniker sind:
- elektrischer Widerstand
- Heißleiter
- Kaltleiter
- lichtabhängiger Widerstand
- spannungsabhängiger Widerstand
- Diode
- Z-Diode

Elektrischer Widerstand

Der elektrische Widerstand hat die Aufgabe, in Schaltungen hohe elektrische Spannung und elektrische Stromstärke zu begrenzen bzw. bestimmte Werte zu erreichen.

Im Innern des Leiters bewegen sich freie Ladungsträger. Dabei stoßen sie auf Atome – die Bewegung wird behindert, sodass ein Widerstand entsteht, der die elektrische Stromstärke begrenzt.

In der Elektronik spielen Widerstände eine sehr große Rolle. Neben den klassischen Widerständen hat jedes andere Bauteil einen Widerstandswert, der in Schaltungen Einfluss auf die elektrische Spannung und elektrische Stromstärke nimmt.

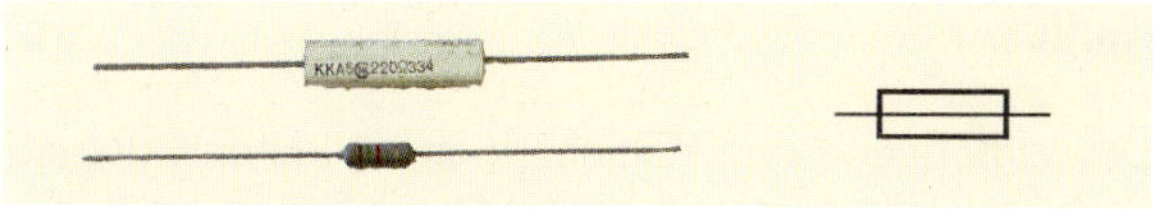

1 Elektrischer Festwiderstand

Widerstände werden nach ihrer Funktion unterschieden; es gibt:
- Festwiderstände, siehe Bild → 1
- mechanisch veränderbare Widerstände (Dreh-, Schiebe-Potenziometer)
- physikalisch veränderbare Widerstände (temperatur-, licht-, spannungsabhängig)

Bei der Schreibweise ist zu unterscheiden zwischen R1 und R_1:
- R1 bezeichnet das Bauteil „Widerstand R1“
- Das Bauteil R1 setzt dem elektrischen Strom den Widerstand R_1 entgegen, z. B. $R_1 = 50\ \Omega$.

Weitere Informationen zum elektrischen Widerstand siehe Kap. 3.2.

Heißleiter

Heißleiter besitzen einen negativen Temperaturkoeffizienten[1]; deshalb werden sie auch **NTC** (**N**egativer **T**emperatur **C**oeffizient) genannt. Die Leitfähigkeit von Heißleitern ist im heißen Zustand größer als im kalten Zustand, d. h., der elektrische Widerstand ist im kalten Zustand größer als im warmen Zustand. Der NTC ist ein Temperatursensor[2].

Der Widerstand eines Heißleiters wird kleiner, je höher die Temperatur ist.

Bei den Heißleitern muss man auf den Temperaturbereich achten. Einige können hohe Temperaturen schadlos überstehen, wie z. B. in einer Flamme gehalten zu werden. Andere Heißleiter lösen sich bereits in Einzelteile auf, wenn sie länger in der prallen Sonne liegen.

In Kraftfahrzeugen werden Heißleiter eingesetzt als Temperatursensoren von Ansaugluft, Öl, Außen- und Innentemperatur, siehe Bild → 1, Seite 134. Welche Typen eingesetzt werden, hängt davon ab, welchen Zweck die entsprechende Schaltung erfüllen soll.

[1] Temperaturkoeffizient (deutsch:Temperaturbeiwert) beschreibt die relative Änderung einer Materialeigenschaft oder eines Bauteils in Abhängigkeit von der Änderung der Temperatur gegenüber einer festgelegten Referenztemperatur.
[2] Sensor (lat.): Messfühler

Kaltleiter

Der Widerstand von Kaltleitern ist im kalten Zustand geringer als im warmen Zustand – sie haben einen positiven Temperaturkoeffizienten. Deswegen werden sie auch **PTC** (**P**ositiver **T**emperatur **C**oeffizient) genannt.

Der Widerstand eines Kaltleiters wird größer, je höher die Temperatur ist.

Kaltleiter werden in Kraftfahrzeugen als Heizelement eingesetzt; sie regeln die Heizleistung selbst:
Die Temperatur erhöht sich → der Widerstand wird größer → bei gleichbleibender Spannung wird die Stromstärke geringer → die Heizleistung lässt nach.

In Kraftfahrzeugen werden Kaltleiter eingesetzt für Zusatzheizung, Dieselkraftstoffvorwärmung und Scheibenwaschdüsen-Heizung, siehe Bild → 2.

Lichtabhängiger Widerstand

Der lichtabhängige Widerstand wird auch **LDR** (**L**ight **D**ependent **R**esistor) oder **Fotowiderstand** genannt. Er ist die einfachste Form eines Sensors.

Je heller es ist, desto kleiner ist der elektrische Widerstand.

Lichtabhängige Widerstände reagieren aber nur langsam auf Lichtwechsel, womit sie nur für die reine Lichtmessung geeignet sind. Sollen schnelle Lichtveränderungen ermittelt werden, nimmt man andere Elemente, z. B. die Fotodiode oder den Fototransistor.

In Kraftfahrzeugen kann der lichtabhängige Widerstand etwa für eine Tag/Nacht-Erfassung zur automatischen Steuerung der Scheinwerfer eingesetzt werden, für das umgebungslichtgesteuerte „Dimmen" der Instrumente und in Sichtfeldern (Displays), siehe Bild → 3.

Spannungsabhängiger Widerstand

Spannungsabhängige Widerstände werden auch **Varistoren** oder **VDR** (**V**oltage **D**ependent **R**esistor) genannt. Sie haben im Ruhezustand einen hohen elektrischen Widerstand. Der elektrische Widerstand nimmt stark ab, wenn eine gewisse elektrische Spannung überschritten wird.

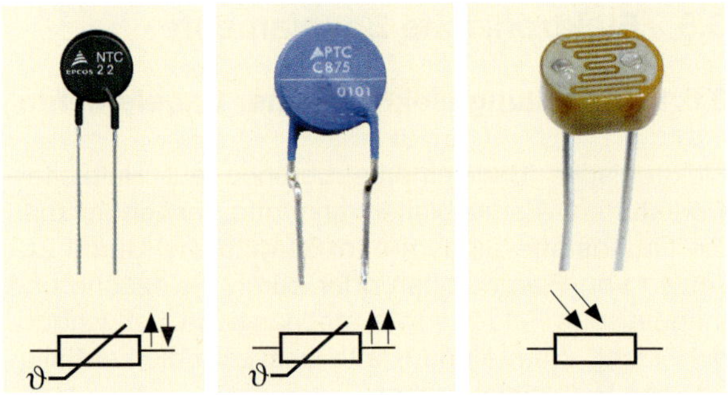

1 Heißleiter **2 Kaltleiter** **3 Lichtabhängiger Widerstand**

4 Spannungsabhängiger Widerstand

Spannungsabhängige Widerstände können während kurzer Zeit eine sehr große elektrische Leistung absorbieren; deshalb werden sie vorwiegend zum Schutz vor Überspannungen eingesetzt, z. B. um empfindliche Schaltungen zu schützen gegen:
- elektrostatische Entladung
- Einwirkung von Blitzschlägen
- Überspannungen beim Ausschalten von Induktivitäten

Bild → 4 zeigt einen spannungsabhängigen Widerstand und sein Symbol.

Diode

Die Diode besitzt zwei Anschlüsse, siehe Bild → 5:
- Anode
- Kathode

Eine Seite der Diode ist mit einem Ring markiert; das ist der Anschluss der Kathode, siehe Bild → 5.

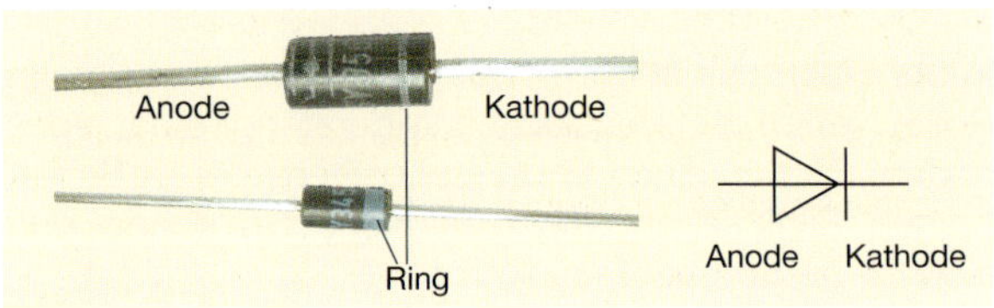

5 Dioden

Dioden bestehen aus, siehe Bild → 1:
- P-Leiter
- N-Leiter

P-Leiter sind Halbleiterwerkstoffe, die Elektronenmangel aufweisen. Sie haben Elektronen als Ladungsträger und sind positiv geladen.

N-Leiter sind Halbleiterwerkstoffe, die Elektronenüberschuss besitzen. Sie haben Löcher als Ladungsträger und sind negativ geladen.

Die Grenze zwischen P-Leiter und N-Leiter bildet den **PN-Übergang**. Dort wandern die freien Elektronen des N-Leiters in die grenznahen Löcher des P-Leiters. Dadurch befinden sich im PN-Übergang keine freien Ladungsträger mehr; so kann der PN-Übergang von weiteren Elektronen nicht mehr überwunden werden; der PN-Übergang bildet eine Sperrschicht. Außerhalb der **Sperrschicht** bleiben Löcher und Elektronen weiterhin getrennt.

Wird von außen elektrische Gleichspannung an die Diode angelegt, verändert sich die Sperrschicht, je nach Polarität der Spannung:
- Wird an die Anode (P-Leiter) positive Spannung angelegt und an die Kathode (N-Leiter) negative Spannung, drückt es die Sperrschicht zusammen, weil sich gleiche Ladungen abstoßen – die Diode ist leitend, sie lässt Elektronen durch, siehe Bild → 2a.
- Wird an die Anode (P-Leiter) negative Spannung angelegt und an die Kathode (N-Leiter) positive Spannung, zieht es die Sperrschicht auseinander; die Diode sperrt, siehe Bild → 2b.

Dioden können verwendet werden, z. B.:
- zum Gleichrichten
- zum Entkoppeln
- als Freilaufdiode

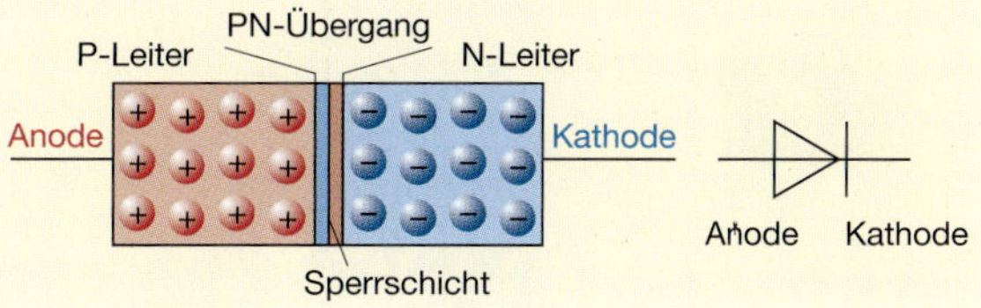

1 Diode – Aufbau

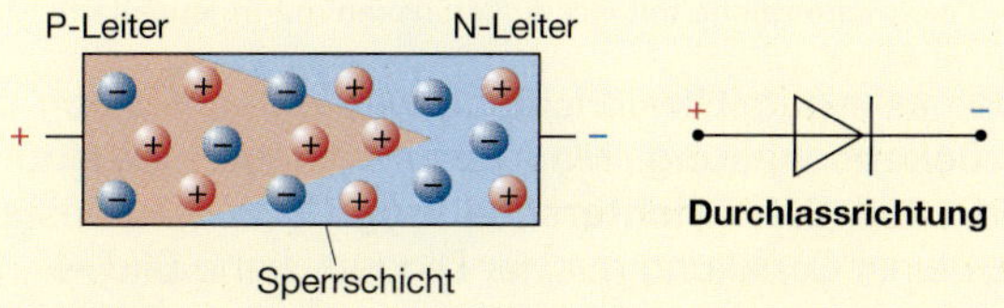

a) Durchlassrichtung

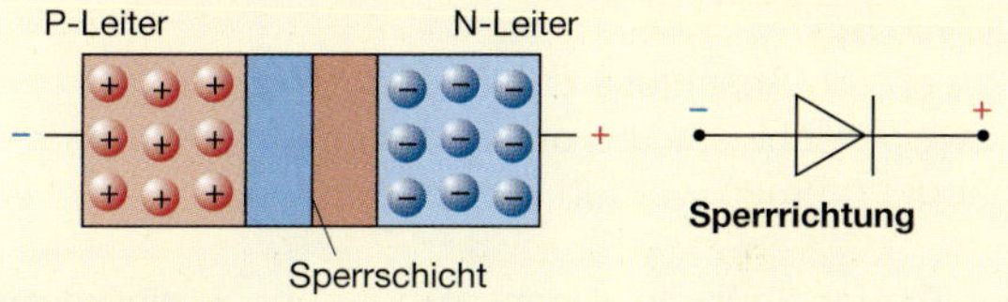

b) Sperrrichtung

2 Dioden in Durchlassrichtung und Sperrrichtung

Dioden zum Gleichrichten

Dioden zum Gleichrichten wandeln eine Wechselspannung in Gleichspannung um; deshalb werden sie **Gleichrichterdioden** genannt.

Die einfachste Art ist die Schaltung mit einer Diode; sie wird auch **Einwegschaltung** genannt, siehe Bild → 3. Bei der Einpuls-Einwegschaltung wird eine Diode in den Stromkreis eingebaut. Die Diode lässt nur die positive Halbwelle (rot) passieren und sperrt die negative Halbwelle. Damit geht die negative Halbwelle (blau) allerdings auch verloren, sodass diese Art der Gleichrichtung nur bei sehr einfachen Anwendungen mit kleiner Leistung angewendet wird.

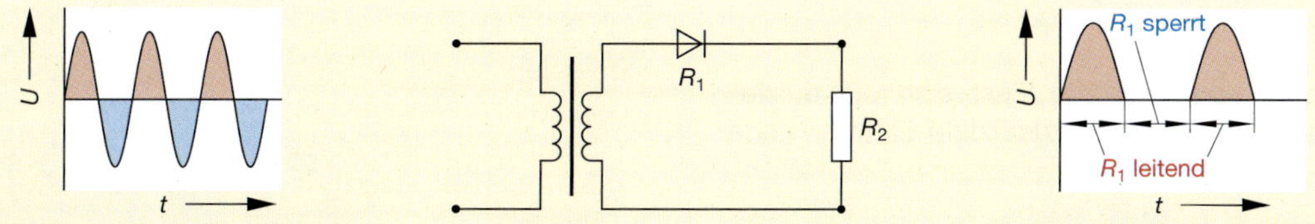

a) Eingangsspannung (Wechselstrom) **b) Schaltung** **c) Ausgangsspannung (Gleichstrom)**

3 Einwegschaltung mit Gleichrichterdiode

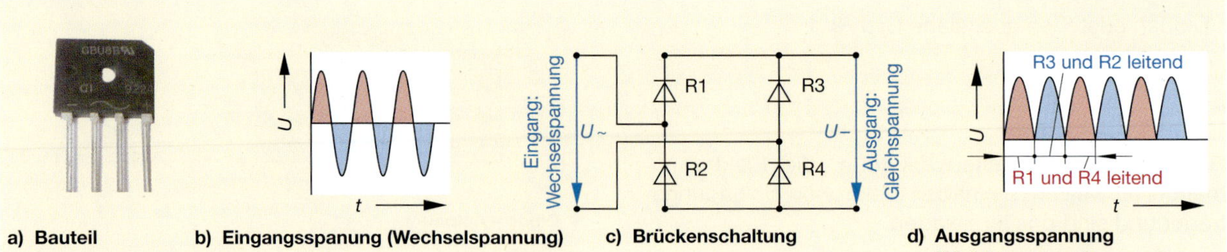

a) **Bauteil** b) **Eingangsspanung (Wechselspannung)** c) **Brückenschaltung** d) **Ausgangsspannung (Gleichspannung)**

1 Gleichrichterdiode mit vier Anschlüssen mit Innenschaltbild

Eine sehr gute Gleichrichtung wird erreicht durch die **Brückenschaltung**. Man nennt sie auch **Zweipuls-Brücken-Gleichrichterschaltung B2**. Sie besteht aus einer Schaltung mit vier Dioden, siehe Bild ➔ 1c.

Die Brückenschaltung ist in einem Gehäuse integriert; aus dem Gehäuse ragen vier Anschlüsse, siehe Bild ➔ 1a:

- zwei zum Anschluss der Wechselspannung
- zwei Anschlüsse, an denen die Gleichspannung abgenommen werden kann.

Der Eingang für die Wechselspannung befindet sich zwischen den Diodenpaaren (R1/R2 und R3/R4).

Durch die Anordnung der Halbleiterdioden in der Schaltung fließt der Wechselstrom in zwei verschiedenen Wegen durch die Schaltung, es werden somit beide Wechselstromhalbwellen genutzt. Durch die Brückenschaltung wird die Halbwelle (blau), die in der Einwegschaltung „verloren geht", nach oben geklappt, siehe Bild ➔ 1d.

Die Ausgangsspannung ist eine Gleichspannung, d. h., sie hat immer einen positiven Wert. Jedoch ändert sich ständig ihr Betrag innerhalb des Bereiches 0 und Maximalwert, siehe Bild ➔ 1d. Man nennt eine solche Gleichspannung eine **pulsierende Gleichspannung**.

Der Vorteil der Brücken-Gleichrichterschaltung gegenüber der Einwegschaltung ist die bessere Gleichrichtung der Wechselspannung, vgl. Bild 3c, Seit 135 mit Bild 1d.

Mit Hilfe eines Kondensators lässt sich die pulsierende Gleichspannung noch zusätzlich glätten, siehe Bild ➔ 2.

Dioden, die entkoppeln

Dioden, die entkoppeln, verhindern, dass ein niederes Spannungsnetz ($U = 5$ V), das für die Elektronikbauteile benötigt wird, sich rückkoppelt mit einem höheren Spannungsnetz ($U = 14$ V).

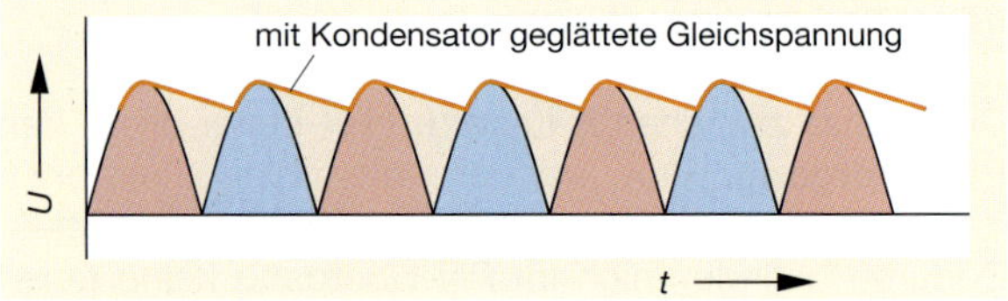

2 Gleichspannung – geglättet vom Kondensator

Freilaufdioden

Freilaufdioden verhindern, dass beim Abschalten von Spulen eine zu hohe Spannung ins Bordnetz gelangt und hochfrequente Spannung den Radio- und TV-Empfang im Fahrzeug stört.

Z-Diode

Die Z-Diode (**Zener-Diode**[1]) ist eine Silizium-Halbleiterdiode, die in Sperrrichtung betrieben wird. Sie wird von den Herstellern für feste Zener-Spannungen von 1 V bis ca. 160 V gebaut.

Beispiel:
- Zener-Diode mit einer Zener-Spannung von 5,6 V in Sperrrichtung:
- bei einer angelegten Spannung ≤ 5,6 V: Z-Diode sperrt
- bei einer angelegten Spannung > 5,6 V: die Z-Diode wird leitend

Man kann das vergleichen mit einem Stauwehr (= Diode) in einem Fluss (= Spannung).

Beispiel:
Das Wehr ist 5,6 m hoch.
- Solange der Wasserspiegel des Flusses unter 5,6 m bleibt, sperrt das Stauwehr den Wasserfluss.
- Hat der Wasserspiegel die Höhe von 5,6 m erreicht, läuft weiter zufließendes Wasser über das Wehr hinweg.

[1] Zener-Diode: benannt nach dem amerikan. Physiker Clarence Melvin Zener (1905-1993)

Ab der Z-Spannung wird die Sperrschicht von Elektronen durchbrochen; deshalb wird die Z-Spannung auch **Durchbruchspannung** genannt. Die Diode leitet dann den Strom mit fast konstanter Durchbruchspannung.

In Durchlassrichtung arbeitet die Z-Diode wie eine normale Diode.

Am Gehäuse kann man die Z-Diode nicht von einer normalen Diode unterscheiden. Auch der Ring zur Kennzeichnung des Kathoden-Anschlusses ist vorhanden, siehe Bild → 1. Erst an der Bezeichnung auf dem Gehäuse kann man erkennen, dass es sich um eine Z-Diode handelt.

Z-Dioden werden zur Stabilisierung von pulsierender Gleichspannung verwendet, z. B. wird zum Schutz einer KE-Jetronic, Bosch – ABS ein Überspannungsschutzrelais mit Z-Diode eingebaut.

3.6.3 Aktive Bauelemente

Aktive Bauelemente verstärken ein Nutzsignal oder erlauben eine Steuerung.

Wichtige aktive Bauelemente für den Karosserie- und Fahrzeugbaumechaniker sind:
- Transistoren
- Thyristoren

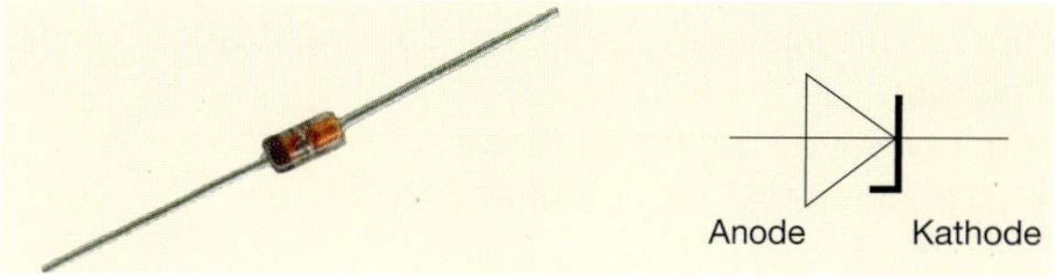

1 Z-Diode

Transistoren

Ein Transistor ist ein elektronisches Halbleiterbauelement, das zum Schalten und Verstärken von elektrischem Strom verwendet wird. Die Bezeichnung ist eine Kurzform für die englische Bezeichnung „**transi**ent res**istor**", die den Transistor als einen durch Strom steuerbaren Widerstand beschreibt.

Die wichtigsten Transistoren sind die **Bipolar-Transistoren**. Sie bestehen aus drei dünnen Halbleiterschichten, die übereinandergelegt sind:
- Die mittlere Schicht ist im Vergleich zu den beiden anderen Schichten sehr dünn und hat die Bezeichnung **Basis (B)** und ist die Steuerelektrode oder auch der Steuereingang des Transistors.
- Die beiden Außenschichten werden **Kollektor (C)** und **Emitter (E)** genannt.

Die Schichten sind mit metallischen Anschlüssen versehen, die aus dem Gehäuse herausführen, siehe Bild → 2.

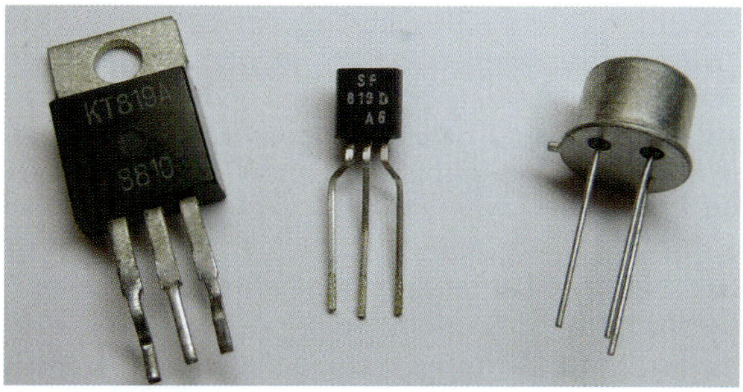

2 Transistoren

Bipolar-Transistoren besitzen Ladungsträger beider Polarität:
- n: negative Ladung = Löcher
- p: positive Ladung = Elektronen

Man unterscheidet bei Bipolar-Transistoren zwischen:
- npn-Schichtfolge
- pnp-Schichtenfolge

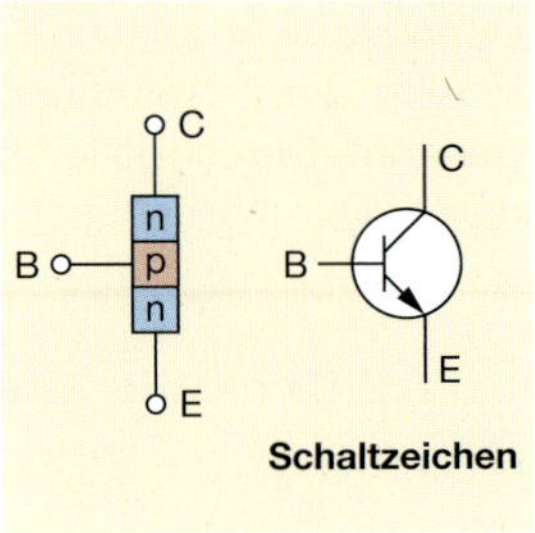

1 npn-Transistor

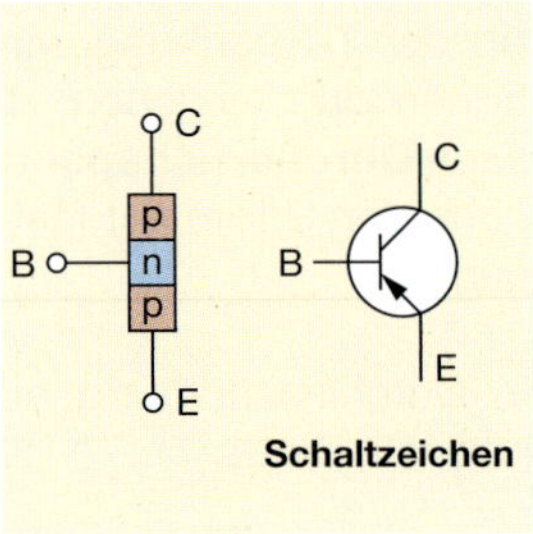

2 pnp-Transistor

Der **npn-Transistor** besteht aus zwei n-leitenden Schichten (Kollektor und Emitter); dazwischen liegt eine dünne p-leitende Schicht (Basis), siehe Bild → 1.

Der **pnp-Transistor** besteht aus zwei p-leitenden Schichten (Kollektor und Emitter). Dazwischen liegt eine dünne n-leitende Schicht (Basis), siehe Bild → 2.

Transistoren werden vorwiegend eingesetzt:
- in integrierten Schaltungen (IC)
- als Leistungsschalter in Endstufen
- in Mikrocontroller- und Logikbausteinen
- als Verstärker

Sie werden nur selten als einzelne Bauelemente eingesetzt.

Thyristor

Der Thyristor ist ein Silizium-Halbleiterbauelement mit zwei Arbeitszuständen. Er hat die Eigenschaften eines schnellen elektronischen Schalters und eines Verstärkers, der mit einer geringen Steuerleistung, meist einem kleinen Steuerimpuls, eine große Leistung schaltet.

Der innere Aufbau entspricht einer mehrfachen p-n-Schicht-Folge.

Der Thyristor besitzt drei Elektrodenanschlüssen, siehe Bild → 3:
- Anode
- Kathode
- Gate

Anode und Kathode bilden den Hauptstromweg und das Gate dient als Steuerelektrode.

Es gibt zwei wichtige Gruppen von Thyristoren, siehe Bild → 3:
- p-Gate-Thyristor
- n-Gate-Thyristor

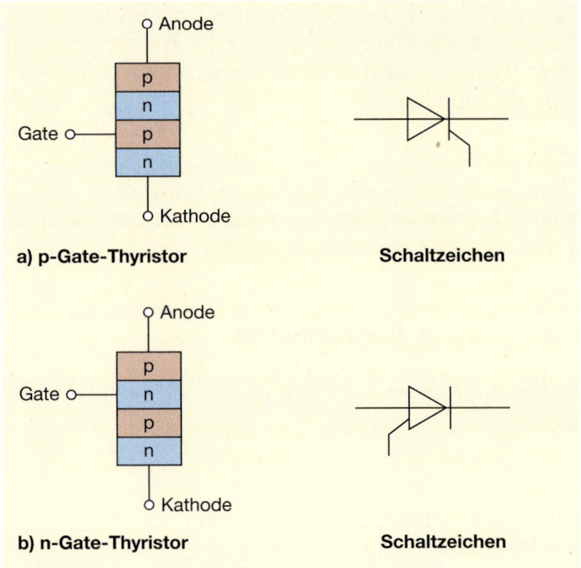

3 Thyristor

Thyristoren können wie ein Schalter ein- und ausgeschaltet werden. Sie sind im Ausgangszustand nicht leitend und können durch einen kleinen Gatestrom eingeschaltet werden. Nach dem Einschalten bleibt der Thyristor auch ohne Gate-Strom leitend (eingeschaltet).

Ein leitender Thyristor kann nur ausgeschaltet (gelöscht) werden,
- wenn der Haltestrom unterschritten wird,
- durch Abschalten des Laststromkreises,
- durch Umpolen des Laststromkreises.

Thyristoren findet man in Steuer- und Regelschaltungen, in der Antriebssteuerung und Drehzahlregelung elektrischer Motoren sowie der Helligkeits- und Temperatur-Steuerung oder -Regelung.

3.7 Elektrische und elektronische Baugruppen

Eine elektrische oder elektronische Baugruppe ist die Zusammenschaltung verschiedener elektrischer bzw. elektronischer Bauelemente.

Jedoch enthält jede Baugruppe elektrische und auch elektronische Bauelemente, sodass umgangssprachlich nur einer der beiden Begriffe benutzt wird:
- elektrische Baugruppe oder
- elektronische Baugruppe

Beides ist korrekt.

Beispiele für elektronische Baugruppen:
- einfache Innenbeleuchtung mit Schalter
- elektrische Sitzheizung (Schalter, Heizung, Leitung, Sicherung, ...)
- elektrische Fensterheber (Schalter, Fensterhebermotor, Leitung, Sicherung, ...)
- Heckscheibenheizung (Schalter, Heckscheibenheizung, Leitung, Sicherung, ...)
- Innenbeleuchtung mit Dimmerfunktion
- automatisch abblendender Innenspiegel
- Lambdasonde
- einfache Klimaregelung mit Temperatursensor
- Drehstromgenerator mit Regler
- Ultraschallsensor
- multifunktionaler Spannungsregler

3.8 Elektronische Systeme

Elektronische Systeme sind Bauelemente, Baugruppen oder andere elektronische Systeme, die über ein Steuergerät miteinander verbunden sind. Diese Verbindungen werden über eine oder mehrere BUS-Leitungen hergestellt.

Rein elektrische Systeme gibt es nicht mehr; sie sind heute mit elektronischen Bauelementen ausgestattet.

Aus diesem Grund werden sie alle „elektronische Systeme" genannt.

Elektronische Systeme im Kraftfahrzeug bewirken:
- geringere Gesamtmasse
- mehr Motorleistung
- weniger Kraftstoffverbrauch
- erhöhte Sicherheit
- besseren Komfort

Der Anteil elektronischer Systeme im Kraftfahrzeug stieg in den letzten Jahren stark an.

Beispiel:
In heutigen Mittelklasseautos sind weit über fünfzig verschiede elektronische Systeme eingebaut, die zum Teil miteinander verknüpft sind.

Und ihre Anzahl wird weiter zunehmen.

Beispiele für elektronische Systeme:
- Parktronic-System
- Nachtsicht-Assistent
- Bremsassistent
- Navigationssysteme
- Diebstahlschutzanlagen
- Fahrersicherheitssysteme (ABS, ASR, ESP)
- Kurvenlicht
- automatische Leuchtweitenregulierung
- elektromotorische Servolenkung

3.9 Elektrische Schaltzeichen

Da sich sehr viele Stromkreise in einem Auto befinden, kann man die Bauteile nicht mehr bildlich darstellen. Es werden genormte Symbole für diese Bauteile verwendet.
Diese Symbole werden auch Schaltzeichen genannt. Sie sind in DIN EN 60 617 – *Grafische Symbole* festgelegt, Auszüge siehe Bild → 1, Seite 140 bis Bild → 1, Seite 142.

Schaltzeichen dienen dazu, den Zusammenhang zwischen den einzelnen elektrischen Bauteilen übersichtlich darzustellen.

Nr.	Schaltzeichen Symbol	Beschreibung
03-01-06		Verbindung, bewegbar
03-01-07	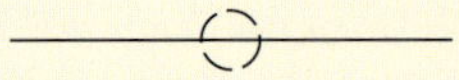	Leiter, geschirmt Das Symbol für Kabel, Schirm oder Verdrillung wird oben, unten oder neben der vermischten Gruppe von Leitersymbolen dargestellt. Das Symbol über eine leitende Linie mit den Darstellungen der Leiter innerhalb des Schirmes, Kabels oder Verdrillung verbunden sein.
03-01-08	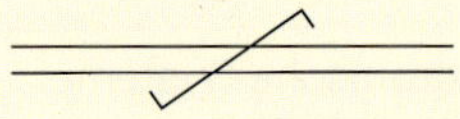	Verbindung, verdrillt, zwei Verbindungen dargestellt Es gilt die Regel zum Symbol 03-01-07
03-02-01		Kreuzungspunkt Verbindungspunkt
03-02-02		Anschluss (z.B. Klemme)
03-02-03		Anschlussleiste Anschlussbezeichnungen dürfen angegeben werden
03-02-04	Form 1 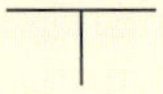	T-Verbindung
03-02-05	Form 2 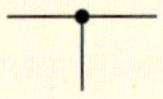	Das Symbol 03-02-04 ist mit dem Kreuzungs-, Verbindungspunkt gezeigt.
03-02-06	Form 1 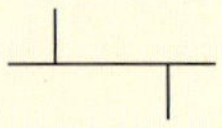	Doppelabzweig von Leitern
03-02-07	Form 2 	Schaltzeichen 03-02-04 dargestellt mit Verbindungspunkt
03-03-01	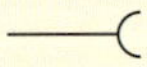	Buchse (von einer Steckdose oder Steckverbindung) Pol einer Steckbuchse In einer einpoligen Darstellung repräsentiert das Symbol die Buchse einer Vielfachsteckverbindung.
03-03-03		Stecker (für eine Steckdose oder Steckverbindung) Pol eines Steckers In einer einpoligen Darstellung repräsentiert das Symbol den Stecker einer Vielfachsteckverbindung.
03-03-05	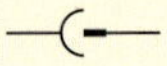	Buchse und Stecker Es gelten die Regeln des Symbols 03-03-01 und 03-03-03
03-03-07	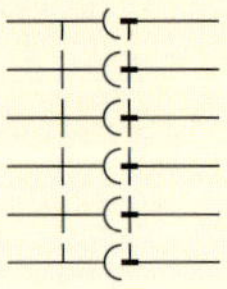	Buchse und Stecker allpolige Darstellung. Das Symbol ist mit sechs Buchsen und sechs Steckern in allpoliger Darstellung dargestellt.

1 Schaltzeichen für Leiter und Verbinder, Auszug aus DIN EN 60 617-3

Nr.	Schaltzeichen Symbol	Beschreibung
07-02-01	Form 1 	Schließer
07-02-02	Form 2 	Dieses Schaltzeichen darf auch als allgemeines Symbol für einen Schalter angewendet werden.
07-02-03		Öffner
07-02-04		Wechsler mit Unterbrechung
07-02-05		Wechsler mit Mittelstellung Aus
07-05-01	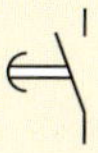	Schließer, schließt verzögert, wenn das Gerät, dessen Bestandteil er ist, aktiviert wird Anzugverzögerter Öffner
07-05-02	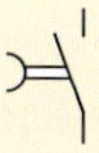	Schließer, öffnet verzögert, wenn das Gerät, dessen Bestandteil er ist, deaktiviert wird Abfallverzögerter Schließer
07-07-01	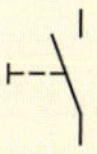	Handbetätigter Schalter, allgemein
07-07-02	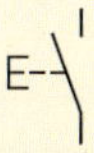	Druckschalter, Schließer mit selbsttätigem Rückgang
07-07-03	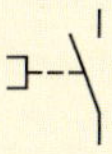	Zugschalter, Schließer mit selbsttätigem Rückgang
07-07-04	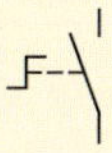	Drehschalter, Schließer ohne selbsttätigen Rückgang
07-21-01		Sicherung, allgemein
07-26-01	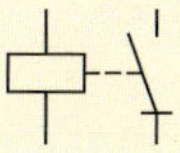	Elektronisches Relais, allgemein, dargestellt mit einem Öffner als Halbleiter Ein Kennzeichen zur Erläuterung des Antriebs kann hinzugefügt werden
07-26-02	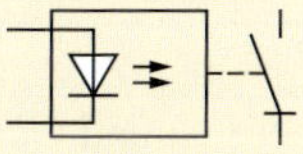	BEISPIEL: Elektronisches Relais, betätigt durch LED, dargestellt mit Schließer als Halbleiter
07-A4-03 (07-24-03)	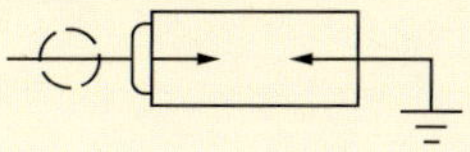	Zündkerze

1 Schaltzeichen für Schalt- und Schutzeinrichtungen, Auszug aus DIN EN 60 617-7

Nr.	Schaltzeichen Symbol	Beschreibung
08-10-01		Lampe allgemein Leuchtmelder, allgemein Ist die Angabe der Farbe erwünscht, wird in der Nähe des Symbols eine der folgenden Kennungen angegeben: RD = rot, BU = blau YE = gelb, WH = weiß GN = grün Ist die Angabe der Lampenart erwünscht, wird in der Nähe des Symbols eine der folgenden Kennungen angegeben: Ne = Neon, EL = Lumineszenz Xe = Xenon, ARC = Lichtbogen Na = Natriumdampf, FL = Fluoreszenz Hg = Quecksilber, IR = Infrarot I = Jod, UV = Ultraviolett IN = Glühfaden, LED = Leuchtdiode
08-10-02	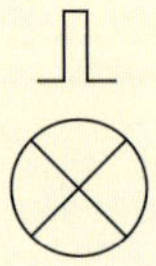	Leuchtmelder, blinkend

1 Schaltzeichen für Mess-, Melde- und Signaleinrichtungen, Auszug aus DIN EN 60 617-8

3.10 Klemmenbezeichnung von elektrischen Bauteilen in Kraftfahrzeugen

Die in der Norm DIN 72 552 festgelegten Klemmenbezeichnungen sollen ein fehlerfreies Anschließen der Leitungen an den Geräten und ein reparaturfreundliches Arbeiten ermöglichen, siehe Bild ➔ 2.

Die Klemmenbezeichnung sind nicht gleichzeitig Leitungsbezeichnungen, da an jedes Ende einer Leitung Geräte mit unterschiedlicher Klemmenbezeichnung angeschlossen werden können.

Klemme	Funktion	Klemme	Funktion
1	Zündspule, Zündverteiler, Niederspannung	**56**	Scheinwerfer
1a, 1b	Zündverteiler mit zwei getrennten Stromkreisen	**56a**	Fernlicht und Fernlichtkontrolle
2	Magnetzünder, Kurzschlussklemme	**56b**	Ausgangsklemme Abblendlicht
4	Zündspule, Zündverteiler, Hochspannung	**57**	Standlicht Kraftrad
15	Plus geschaltet	**57a**	Parklicht
17	Starten Glühanlage	**58**	Schluss-, Kennzeichen- und Instrumentenbeleuchtung
19	Vorglühen Glühanlage	**75**	Radio, Zigarettenanzünder
30	Plus von Batterie direkt	**85**	Relais Wicklung Minus
31	Rückleitung an Batterie Minus oder Masse	**86**	Relais Wicklung Plus
49	Blinkgeber Eingang	**87**	Eingang Öffner und Wechsler
49a	Blinkgeber Ausgang	**87a**	Ausgang Öffner und Wechsler
50	Anlasser Magnetschalter	**88**	Eingang Schließer
53	Wischermotor Eingang Plus	**88a**	Ausgang Schließer und Wechsler
54	Bremslicht	**C**	Blinkerkontrolle
55	Nebelscheinwerfer		

2 Klemmenbezeichnung und deren Funktion, Auszug aus DIN 72 552

3.11 Kennzeichnung von elektrischen Geräten in Kraftfahrzeugen

Die Kennzeichnung nach DIN EN 81 346 soll zu einer eindeutigen, international verständlichen Identifizierung von Geräten, Anlagen und Bauteilen beitragen; Bild ➔ 1 zeigt einen Auszug.

Beispiel: Generator G2, Klemme 15

Kennzeichnung laut Norm: – G 2 : 15

- Vorzeichen (kann entfallen bei eindeutiger Zuordnung) ← –
- Kennbuchstabe für Art (siehe unten) ← G
- Zählnummer (der x... Generator) ← 2
- Anschluss (hier Klemme 15) ← 15

Kennbuchstabe	Vorgesehener Zweck	Beispiel für typische elektrische Komponente
B	Umwandeln nichtelektrischer Größen in elektrische Größen und umgekehrt	Stromwandler, Fotozelle, Näherungsschalter, Druckschalter, Luftmengenmesser, Öldruckschalter, Lambda-Sonde
C	Speichern von Energie	Kondensator, Festplatte, Arbeitsspeicher, Speicherbatterie
E	Liefern von Strahlungs- oder Wärmeenergie	Leuchte, Klimaanlage, Zündkerze, Scheinwerfer
F	Schutz von Personen, Einrichtungen vor gefährlichen oder unerwünschten Zuständen	Sicherung, Überspannungsableiter, thermischer Überlastauslöser,
G	Stromversorgung	Generator, Brennstoffzelle, Solarzelle, Dynamo
K	Verarbeiten von Signalen oder Informationen	Regler, Mikroprozessor, Transistor, Zeitrelais, Analogbaustein, Schaltrelais
M	Bereitstellung mechanischer Energie	Elektromotor, Stellantrieb, Betätigungsspule, Linearmotor
P	Darstellung von Informationen	Signallampe, Spannungsmesser, Stromstärkemesser, Uhr, Klingel, Durchflussmesser, Manometer,
Q	Kontrolliertes Schalten eines elektrischen Flusses	Schütz, Motoranlasser, Leistungstransistor, Thyristor, Elektrokraftstoffpumpe, Leuchtweitenregler, Einspritzmagnetventil
R	Begrenzen von elektrischer Energie, Information	Diode, Drosselspule, Widerstand, Heizwiderstand, Heißleiter, Kaltleiter
S	Umwandeln einer manuellen Betätigung in ein zur Weiterverarbeitung bestimmtes Signal	Steuerschalter, Taster, Zündunterbrecher, Wahlschalter
T	Umwandeln von Energie unter Beibehaltung der Energieart	AC/DC-Umformer, Zündspule, Verstärker
W	Leiten von Energie und Signalen	Datenbus, Leitung, Masse-Sammelleiter, Lichtwellenleiter, Antenne
X	Verbinden	Stecker, Klemme, Anschlussverteiler

1 Kennzeichnung elektrischer Geräte, Auszug aus DIN EN 81 346

3.12 Elektrische Leitungen

In diesem Kapitel werden behandelt:
- Kabelbaum und elektrische Leitungen
- Verbindungen elektrischer Leitungen
- Querschnitt elektrischer Leitungen
- elektrische Leitungen verlegen
- Schutz der elektrischen Leitungen
- Bezeichnung elektrischer Leitung
- Farbkennzeichnung von Leitungen in Kraftfahrzeugen

Kabelbaum und elektrische Leitungen

Elektrische Leitungen sind elektrisch gut leitende Drähte, meist aus weichgeglühtem Kupfer oder Aluminium. Sie verbinden den Verbraucher mit einer Spannungsquelle; dabei transportieren sie elektrischen Strom und sind zur Sicherheit mit einem isolierenden Schutzmantel versehen.

Elektrische Leitungen übertragen elektrischen Strom mit hoher Stromstärke, z. B. bei der Zündspule, aber auch elektrischen Strom mit geringer Stromstärke, z. B. analoge Signale des Motorsteuergeräts.

Einzelne elektrische Leitungen werden nur über kurze Strecken verlegt. Über längere Strecken werden mehrere Leitungen zu einem **Kabelbaum**[1] verlegt, siehe Bild → 1.

Der Name Kabelbaum kommt im übertragenen Sinn vom biologischen Baum. Wie bei einem Baum gehen auch vom Hauptstrang des Kabelbaums viele Verzweigungen auf Nebenstränge ab. An diese einzelnen Nebenstränge werden über Steckverbinder Aktoren, Steuergeräte, elektrische Einrichtungen oder auch weitere Kabelbäume angeschlossen.

Beispiel:
Der Kabelbaum in einem Mittelklasse-Pkw besteht aus ca. 700 verschiedenen Leitungen mit einer Gesamtlänge von ca. 1,5 km.

Mit Hilfe eines Kabelbaums werden Energie und Signale innerhalb des Kraftfahrzeugs verteilt.

1 Kabelsatz verlegen und befestigen

An elektrische Leitungen und ihre Verbindungen, die im Motorraum liegen, werden besondere Anforderungen gestellt. Sie müssen auch standhalten bei:
- hoher Luftfeuchtigkeit, Wasser
- thermischen Einflüssen von –40 °C bis +155 °C (Schnee, Eis, Motorwärme, Außentemperatur)
- chemischen Einflüssen (Salz, Schwefeldioxid, Benzindämpfe, Öle, Fette)
- mechanischen Einflüssen (Schwingungen, Steinschlag, Sand, Staub)
- elektrischen Einflüssen (Störfelder)

Deshalb besitzen heutige Fahrzeuge zwei Kabelbäume: einen für den Motor und einen, der in der Karosserie und im Fahrzeugaufbau verlegt wird.

Verbindungen elektrischer Leitungen

Soll elektrischer Strom von einer elektrischen Leitung auf eine andere elektrische Leitung oder auf ein elektrisches Bauteil übertragen werden, muss die Leitung mit der anderen Leitung bzw. dem Bauteil verbunden werden. In Kraftfahrzeugen werden dafür Steckverbindungen verwendet.

Steckverbindungen können einfach zusammengesteckt und wieder gelöst werden. Das hat den Vorteil, dass Bauteile reparaturfreundlich ausgetauscht werden können.

Steckverbindungen findet der Karosserie- und Fahrzeugbaumechaniker in verschiedenen Varianten vor:
- niederpolig
- hochpolig

[1] Der Begriff Kabelbaum ist hier eigentlich falsch definiert. Da sich der „Kabelbaum" aus Leitungen zusammensetzt, müsste der Kabelbaum normalerweise „Leitungsbaum" heißen. Aber umgangssprachlich hat sich der „Kabelbaum" etabliert.

Niederpolige Steckverbindungen bestehen in der Regel aus 1 bis 10 Polen und werden von Hand zusammengefügt. Diese haben ihr Einsatzgebiet in der Verbindung von Aktoren (Einspritzventile) und Sensoren, siehe Bild → 1.

Hochpolige Steckverbindungen haben zwischen 10 und 150 Pole. Sie werden durch Schieber oder Hebel mechanisch zusammengefügt. Ihr hauptsächliches Einsatzgebiet sind Anschlüsse für Steuergeräte, siehe Bild → 2.
Die Verbindungen elektrischer Leitungen sind denselben Belastungen ausgesetzt wie die Leitungen selbst; deshalb werden an sie die gleichen Anforderungen gestellt.

Weiterhin sollen die Verbindungen elektrischer Leitungen
- leicht steckbar sein,
- mechanisch gekennzeichnet sein, um Verwechslungen zu vermeiden,
- gut isoliert sein,
- gegen Vertauschen gesichert sein, damit die Stecker, die ein anderes Spannungspotenzial besitzen, untereinander nicht vertauscht werden können,
- gegen Verdrehen gesichert sein, damit der Stecker nur in eine Richtung in die zugehörige Buchse gesteckt werden kann; dies wird durch eine Pin-Geometrie erreicht.

Damit die Steckverbindungen den elektrischen Strom gut übertragen, sind die Kontaktstellen mit einer besonderen Kontaktbeschichtung wie Gold, Silber oder Zinn überzogen. So wird der Übergangswiderstand gering gehalten. Nutzt sich die Kontaktlegierung ab, entsteht an der Kontaktstelle eine Oxidationsschicht. Die Oxidationsschicht kann begünstigt werden durch Umwelteinflüsse wie wechselnde Temperaturen und Feuchtigkeit; dadurch
- steigt der ohmsche Widerstand,
- wird die Kontaktstelle bei höherer Stromstärke thermisch überlastet,
- kann der Leitungsverbinder sogar abbrennen,
- wird der Stromfluss unterbrochen,
- erkennt die Fahrzeugsteuerung oft einen Plausibilitätsfehler und die Steuerung geht auf Fehlermodus.

Querschnitt elektrischer Leitungen

Der Querschnitt einer elektrischen Leitung wird festgelegt aufgrund zulässiger Spannungsabfälle, Einsatzort und Umgebungstemperatur. Die untere Querschnittsgrenze wird durch die mechanische Festigkeit der Leitung vorgegeben. Üblicherweise wird keine Leitung mit einem Querschnitt kleiner als 0,5 mm² eingesetzt; mit Zusatzmaßnahmen, die die mechanische Festigkeit erhöhen, wie z. B. Abstützungen, Schutzrohr oder Zugentlastung, ist ein kleinerer Querschnitt auch möglich.

1 Niederpolige Steckverbindung am elektrischen Lüfterantrieb für Kühler

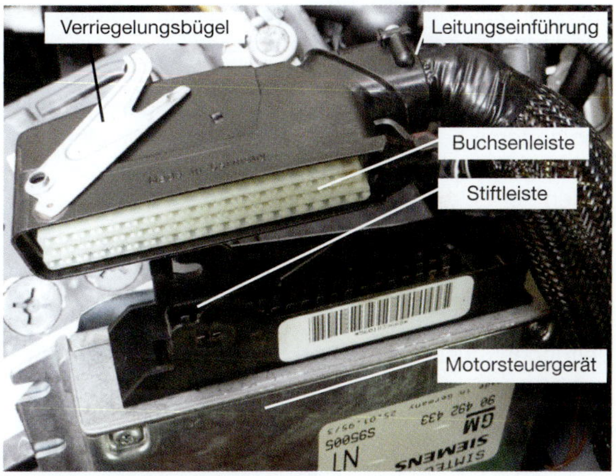

2 Hochpolige Steckverbindung für das Motorsteuergerät

Nennquerschnitt in mm^2	zul. Stromdichte in $\frac{A}{mm^2}$	zul. Dauerstrom in A
0,50	10	5
0,75	10	7
1,00	10	10
1,50	10	15
2,50	10	25
4,00	10	40
6,00	6	36
10,00	6	60
16,00	6	96
25,00	4	100
35,00	4	140
50,00	4	200
70,00	3	210
95,00	3	285
120,00	3	360

3 Elektrische Kupferleitungen für Kraftfahrzeuge (einadrig, unverzinnt, PVC-isoliert)

Bild → 3 zeigt den Querschnitt von elektrischen Leitungen, die in Kraftfahrzeugen Verwendung finden.

Elektrische Leitungen verlegen

Werden elektrische Leitungen verlegt, muss darauf geachtet werden, dass keine Beschädigungen und Leitungsbruch entstehen. Dies kann man erreichen, wenn die Leitungen nahe am Stecker abgestützt und befestigt werden, Beispiel siehe „Leitungseinführung“ in Bild → 2, Seite 145.

Ein großes Problem ist die elektromagnetische Verträglichkeit (**EMV**):
Nach dem EMV-Gesetz (EMVG), § 2, Abs. 9, ist EMV definiert als „die Fähigkeit eines Gerätes, in der elektromagnetischen Umwelt zufriedenstellend zu arbeiten, ohne dabei selbst elektromagnetische Störungen zu verursachen, die für andere in dieser Umwelt vorhandene Geräte unannehmbar wären“.

Bei EMV-Problemen sollten die Leitungen getrennt von anderen Leitungen verlegt werden. Eine einfache, kostengünstige EMV-Schutzmaßnahme ist das Verdrillen der Leitungen.

Schutz der elektrischen Leitungen

Leitungen müssen gesichert werden gegen Berührungen mit:
- heißen Oberflächen
- scharfen Kanten

Falls die Leitung scheuert, können Kurzschluss oder Fehlermeldungen entstehen. Solche Fehlerquellen sind schwer zu finden, da sich die Leitung ständig bewegt und der Fehler dadurch sporadisch vorkommt.

Deshalb muss die Leitung an „kritischen“ Stellen geschützt werden mit Klebeband, Isolierrohr oder Kabelkanal.

Bezeichnungen elektrischer Leitungen

Elektrische Leitungen werden nach DIN 76 722 und ISO 6722 bezeichnet.

Art der Leitung
FL: Fahrzeugleitung

Besondere Konstruktionsmerkmale
R: Isolierung, reduzierte Wanddicke nach ISO 6722
U: Isolierung, ultrareduzierte Wanddicke nach ISO 6722
S: Isolierung, verstärkte Wanddicke
F: Flachleitung, allgemein
Z: mehradrige, auftrennbare Leitung

Leiterwerkstoffe
AL: Aluminium
W: Widerstandsleiter
CCA: Aluminium, kupferplattiert
CCS: Stahl, kupferplattiert
M: sonstige Leiterwerkstoffe

Isolations- und Mantelwerkstoffe
Y: PVC 85 °C bis 105 °C / 3000 h
YW: PVC, wärmebeständig 105 °C / 3000 h
YK: PVC, kälteflexibel 85 °C / 3000 h
4Y: Polyamid 100 °C / 3000 h
51Y: PFA 250 °C / 3000 h
6Y: FEP 200 °C / 3000 h
7Y: ETFE 150 °C / 3000 h
9Y: Polypropylen 125 °C / 3000 h
11Y: Polyurethan 125 °C / 3000 h
31Y: TPE 125 bis 150 °C / 3000 h
2G: vernetztes Silikon 200 °C / 3000 h

Nicht extrudierte Umhüllungen
B: Folienschirm
D: Kupferdraht-Umspinnung
C: Kupferdraht-Geflecht
G: Glasfaser-Geflecht
L: Lackierung

Leiteraufbauten und Oberflächenbeschichtungen
A: symmetrischer Leiteraufbau nach ISO 6722
B: unsymmetrischer Leiteraufbau nach ISO 6722
SN: verzinnte Kupferdrähte
NI: vernickelte Kupferdrähte
AG: versilberte Kupferdrähte

Beispiel:

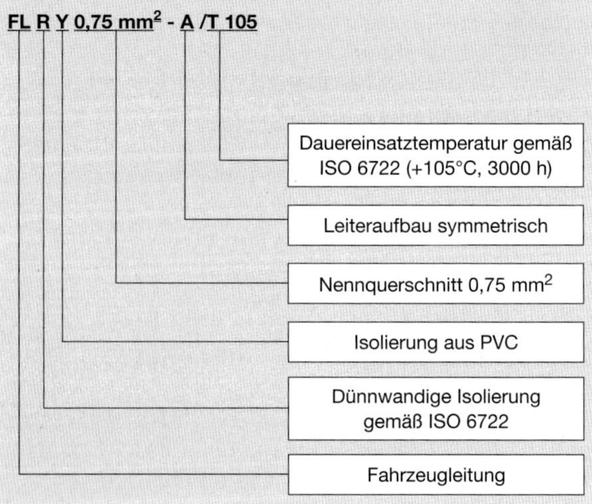

Farbkennzeichnung von Leitungen in Kraftfahrzeugen

Damit eine einfache Fehlersuche oder Reparatur durchgeführt werden kann, müssen die einzelnen Leitungen auseinandergehalten werden. Es wird ein Farbsystem verwendet, mit welchem die einzelnen Leitungen gekennzeichnet sind, siehe Bild → 1.

Viele Leitungen sind zweifarbig:
- Erste Farbe (**Grundfarbe**) dient zur Feststellung des Verwendungszwecks.
- Zweite Farbe (**Kennfarbe**) dient zur Identifizierung der speziellen Leitung (z. B. Fernlicht links/rechts).

Die Kennfarbe ist meist als Linie oder in Form von Ringen auf der Leitung angebracht.

Für die Blink- und Lichtanlage sind die wichtigsten Leitungen gekennzeichnet wie in Bild → 2.

Farbe	Abkürzung	Verwendungszweck
hellblau	hb	Kontroll- und Signalleuchte
braun	br	Masse
gelb	ge	Abblendlicht
grün	gn	Zündspulen zu Unterbrechern
grau	gr	Schluss-, Begrenzungs- und Kennzeichenbeleuchtung
lila	li	Kennfarbe
rot	rt	Anlasser zur Lichtmaschine, Zünd- und Lichtschalter, sowie Verbraucher/Sicherungen, die direkt an Klemme 30 liegen
schwarz	sw	Batterie zum Anlasser sowie Zünd- zu Lichtschalter, Zündung allgemein
weiß	ws	Fernlicht

1 Kennzeichnung und Funktion von Fahrzeugleitungen, Auszug aus DIN 72 551

Leiter-Grundfarbe	Leiter-Kennfarbe	Kurzzeichen	Funktion
weiß	–	ws	Fernlicht rechts
weiß	schwarz	ws/sw	Fernlicht links
schwarz	–	sw	Plus geschaltet über Zündschloss
schwarz	weiß	sw/ws	Fahrtrichtungsanzeiger links
schwarz	grün	sw/gn	Fahrtrichtungsanzeiger rechts
schwarz	weiß-grün	sw/ws/gn	Fahrtrichtungsschalter
schwarz	rot	sw/rt	Bremsleuchte
schwarz	gelb	sw/ge	Hupe
schwarz	gelb-rot	sw/ge/rt	heizbare Heckscheibe
schwarz	violett	sw/vio	Scheibenwischer
rot	–	rt	Dauerplus
blau	weiß	bl/ws	Fernlichtkontrolle
blau	grün	bl/gn	Öldruckkontrolle
blau	schwarz	bl/sw	Tankanzeige
gelb	–	ge	Abblendlicht rechts
gelb	schwarz	ge/sw	Abblendlicht links
grau	–	gr	Standlicht / Rücklicht rechts
grau	schwarz	gr/sw	Standlicht / Rücklicht links
grau	rot	gr/rt	Instrumentenbeleuchtung
braun	–	br	Masse

2 Kennzeichnung und Funktion der Leitungen für Blink- und Lichtanlagen

3.13 Schaltpläne

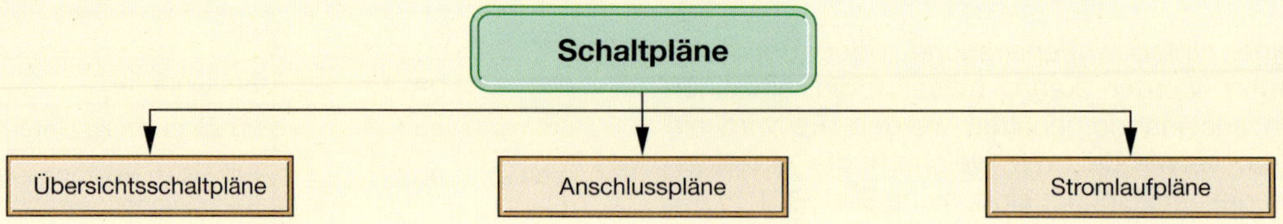

1 Schaltpläne

Allgemeines über Schaltpläne

Ein Kfz, das in heutiger Zeit gebaut wird, hat sehr viele elektrische und elektronische Bauelemente, Baugruppen und Systeme. Um diese komplexen elektronischen Systeme leicht prüfen und instand setzen zu können, ist es notwendig, eine Übersicht über die elektronische Anlage zu erhalten. Dies geschieht in Form von Schaltplänen.

Die Funktionen der einzelnen Bauteile und Baugruppen elektrischer und elektronischer Systeme werden in den Schaltplänen mit Hilfe von Schaltzeichen zeichnerisch dargestellt.

An einen Schaltplan werden verschiedene Forderungen gestellt:

- Er muss normgerecht sein (Schaltzeichen, Klemmenbezeichnung, Abschnittskennzeichnung).
- Stromwege müssen ihrer Wirkung nach immer von links nach rechts und von oben nach unten angeordnet sein.
- Er wird im stromlosen Zustand gezeichnet, d. h., kein Schalter ist betätigt.

Damit soll sichergestellt sein, dass die Schaltpläne international gelesen werden können. Diese Forderungen werden erfüllt, indem die Schaltpläne der Elektrotechnik nach DIN EN 81 346-2 und DIN 60 617 erstellt werden. Die Klemmenbezeichnung der Kfz-Bauteile erfolgt nach DIN 72 552.

Schaltpläne kann man wie folgt unterscheiden, vgl. Bild → 1:

- Übersichtsschaltplan
- Anschlussplan
- Stromlaufplan

Übersichtsschaltplan

In einem Übersichtsschaltplan (**Blockschaltplan**) werden nur wesentliche Bauteile dargestellt durch Zeichen wie Kreise, Rechtecke, siehe Bild → 2. Er soll zu einem schnellen Überblick über Aufgabe, Aufbau und Funktion einer elektrischen Anlage oder eines Teilbereichs führen. Der Übersichtsschaltplan wird meist in einpoliger Darstellung gezeichnet und stellt die Zusammenhänge der elektronischen Bauelemente, Geräte und Baugruppen dar.

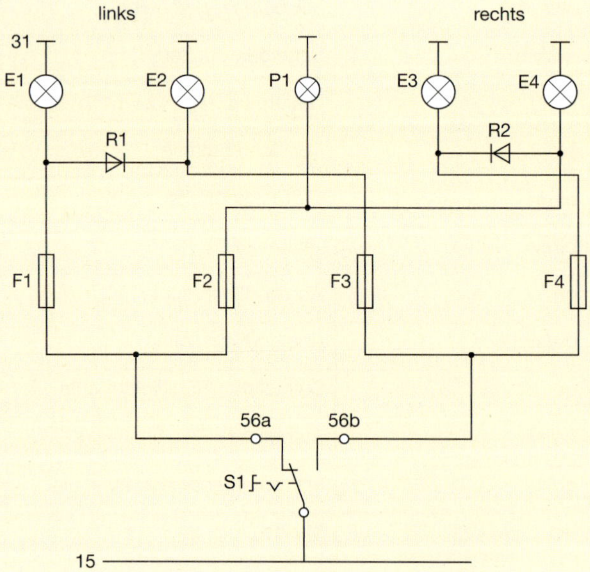

Gerätekennzeichnung:

E1, E4	Fernlicht
E2, E3	Abblendlicht
P1	Fernlichtkontrollleuchte
S1	Abblendlichtschalter
F1 - F4	Sicherung
R1, R2	Diode

Klemmenbezeichnung:

15	geschaltetes Plus
56	Scheinwerferlicht
56a	Fernlicht
56b	Abblendlicht
31	Masse

2 Übersichtsschaltplan von einem 4-Scheinwerfer-System, vereinfacht

Anschlussplan

Der Anschlussplan zeigt die Anschlussstellen der elektrischen Bauteile und Geräte.

Es gibt Anschlusspläne in:
- zusammenhängender Darstellung
- aufgelöster Darstellung

Im **Anschlussplan in zusammenhängender Darstellung** werden die einzelnen elektrischen Geräte mit den Leitungen und Klemmenbezeichnungen gezeigt, vgl. Bild ➔ 1a.
Im **Anschlussplan in aufgelöster Darstellung** entfallen die Verbindungsleitungen von Gerät zu Gerät, vgl. Bild ➔ 1b. Die von einem Gerät abgehenden Anschlüsse erhalten einen Zielhinweis. Dieser Zielhinweis besteht aus dem Kennzeichen des Zielgerätes und der Anschlussbezeichnung.

Stromlaufplan

Der Stromlaufplan ist die ausführliche Darstellung mit den einzelnen Stromwegen.

Nach DIN EN 81 346-2 gibt es Stromlaufpläne in:
- zusammenhängender Darstellung
- aufgelöster Darstellung

Beim **Stromlaufplan in zusammenhängender Darstellung** werden alle Teile eines Gerätes unmittelbar zusammenhängend dargestellt, siehe Bild ➔ 2. Diese Darstellung wird für Schaltungen benutzt, die einfach und nicht sehr umfangreich sind. Bei großen, komplexen Schaltungen wird diese Darstellung nicht benutzt, weil die Übersicht verloren geht.

Beim **Stromlaufplan in aufgelöster Darstellung** sind Teile von Geräten getrennt dargestellt; es wird hier auf die räumliche Zusammengehörigkeit einzelner Bauteile und Geräte keine Rücksicht genommen, siehe Bild ➔ 1, Seite 150. Die Zusammengehörigkeit der Geräte und Bauteile ist durch eine Kennzeichnung gegeben. Diese erfolgt nach DIN EN 81 346-2.

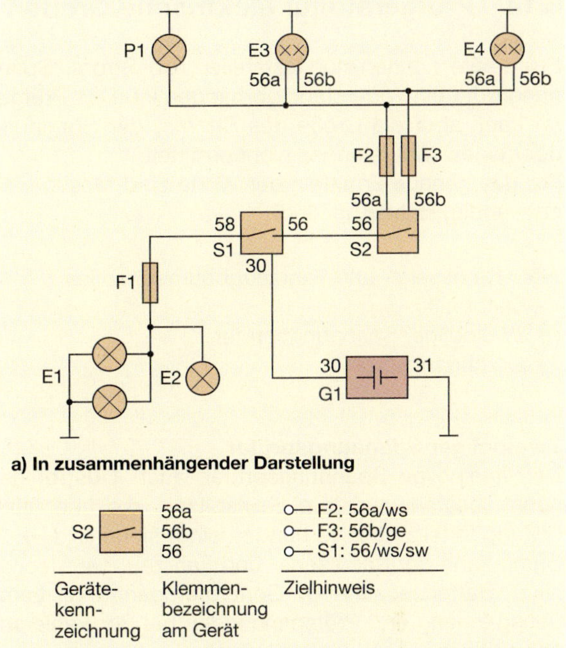

a) In zusammenhängender Darstellung

b) In aufgelöster Darstellung, Beispiel: Abblendschalter

1 Anschlussplan

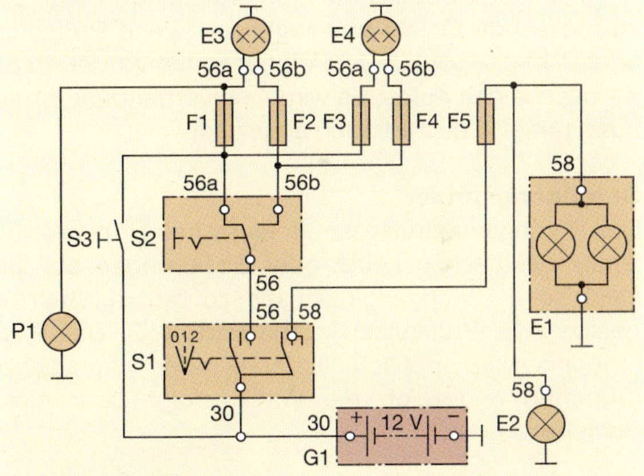

E1 Instrumentenbeleuchtung
E2 Kennzeichenleuchte
E3 Fern-Abblendscheinwerfer links
E4 Fern-Abblendscheinwerfer rechts
F1...F5 Sicherungen
G1 Batterie
P1 Fernlichtanzeigeleuchte
S1 Lichtschalter
S2 Abblendschalter
S3 Lichthupentaster

2 Stromlaufplan in zusammenhängender Darstellung

GEMEINSAMES BEIDER FACHRICHTUNGEN

3.14 Prüfgeräte für elektrische Größen

Prüfgeräte können nur feststellen, ob Strom, Spannung oder ein Widerstand vorhanden ist. Das Prüfgerät kann aber die Größe des Stroms, der Spannung oder eines Widerstandes nicht ermittelt.
Für das genaue Ermitteln der Werte sind Messgeräte notwendig, siehe Kap. 3.15.

Der Karosserie- und Fahrzeugbaumechaniker arbeitet mit:
- zweipoliger Spannungsprüfer
- Durchgangsprüfer

Zweipoliger Spannungsprüfer

Der zweipolige Spannungsprüfer, auch **Duspol** genannt, besteht aus zwei Prüfspitzen, die über eine Leitung miteinander verbunden sind, siehe Bild → 2. Damit kann der Karosserie- und Fahrzeugbaumechaniker Batteriespannung, Generatorspannung, Lampenspannung und Prüfspannungen bei der Fehlersuche prüfen; er kann feststellen, ob eine Spannung am Gerät oder Bauteil ansteht oder nicht.

Der zweipolige Spannungsprüfer ist in der Handhabung einfach zu bedienen: Eine Prüfspitze wird an das zu messende Objekt angelegt, die zweite Prüfspitze an das Massepotenzial (–Pol) der Batterie oder an die Karosserie des Autos. Es wird eine vorhandene Spannung mittels Leuchtdioden angezeigt.

Durchgangsprüfer

Der Durchgangsprüfer ist ein einfaches Prüfgerät um einen elektrischen Leiter oder Sicherungen auf ihre elektrische Durchgängigkeit hin zu prüfen. Auch er besitzt zwei Prüfspitzen, siehe Bild → 3. Das Prüfergebnis wird optisch (Lampe) oder akustischen (Summer) angezeigt; die Wahl erfolgt über einen Schiebeschalter.

Mit dem Durchgangsprüfer werden Glühlampen, Sicherungen, Verdrahtungen und Leitungsnetze geprüft. Dazu werden die beiden Prüfspitzen an das zu prüfende Objekt angelegt.

Achtung:
Der Prüfling muss spannungsfrei sein.

Ist der Widerstand zwischen den beiden Messspitzen
- gering, besteht Kurzschluss und der Summer gibt ein akustisches Signal oder die Prüflampe leuchtet,
- groß, ist eine Sicherung durchgebrannt; Summer oder Prüflampe geben kein Signal.

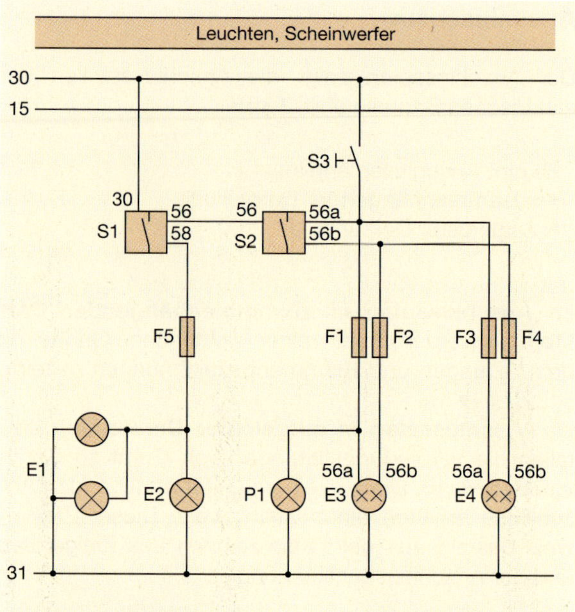

E1 Instrumentenbeleuchtung	P1 Fernlichtanzeigeleuchte
E2 Kennzeichenleuchte	S1 Lichtschalter
E3 Fern-Abblendscheinwerfer links	S2 Abblendschalter
E4 Fern-Abblendscheinwerfer rechts	S3 Lichthupentaster
F1...F5 Sicherungen	

1 Stromlaufplan in aufgelöster Darstellung

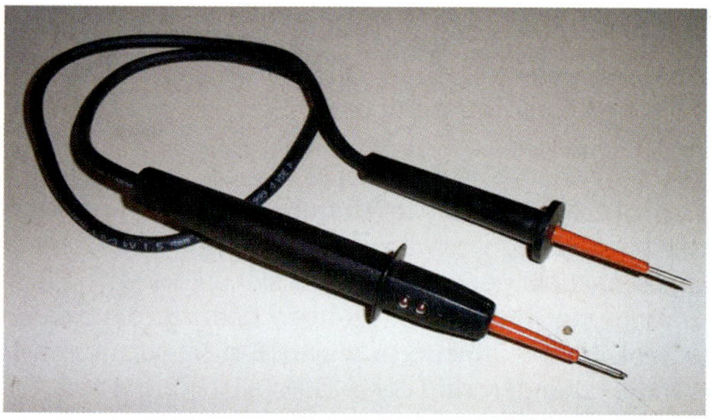

2 Zweipoliger Spannungsprüfer

3 Durchgangsprüfer

3.15 Messgeräte für elektrische Größen

3.15.1 Einteilung der Messgeräte für elektrische Größen

Messgeräte können die Größe von Stromstärke, Spannung oder Widerstand ermitteln. Beim Messen wird eine physikalische Größe mit einem Messgerät erfasst und ein Messwert ermittelt. Der Messwert setzt sich aus Zahlenwert und Maßeinheit zusammen. Die Maßeinheit repräsentiert die physikalische Größe.

Die Anzeige der Messgröße kann erfolgen:
- analog
- digital

Analoge Messgeräte
Bei einem analogen Messgerät wird der Messwert über den Ausschlag eines Zeigers angezeigt, siehe Bild → 1a.

Vorteile analoger Messgeräte:
- Überwachung von kleinsten Messgrößenänderungen
- Messwertänderungen sind leichter abzulesen
- pulsierende Spannungen lassen sich besser beobachten
- sie sind durch Zeigerausschlag besser zu beobachten

Nachteile analoger Messgeräte:
- geringe Messgenauigkeit
- Ablesefehler durch Parallaxe (verschiedene Position des Ablesers)
- manuelle Messbereichsänderung
- Messbereich und Skala machen das Messen unübersichtlich
- empfindliche Messwerke z. B. durch magnetische Felder (in der Nähe von Zündspulen können Werte verfälscht werden)
- mechanisch empfindlich (stoßempfindlich)
- Messlage beachten
- bei der Verpolung der Messleitung besteht Gefahr für das Messwerk (Zeiger schlägt in die falsche Richtung aus)
- bei falscher Messbereichseinstellung (zu kleiner Messbereich) kann das Messwerk beschädigt werden

Digitale Messgeräte
Digitale Messgeräte stellen den Messwert als Zahl dar, siehe Bild → 1b.

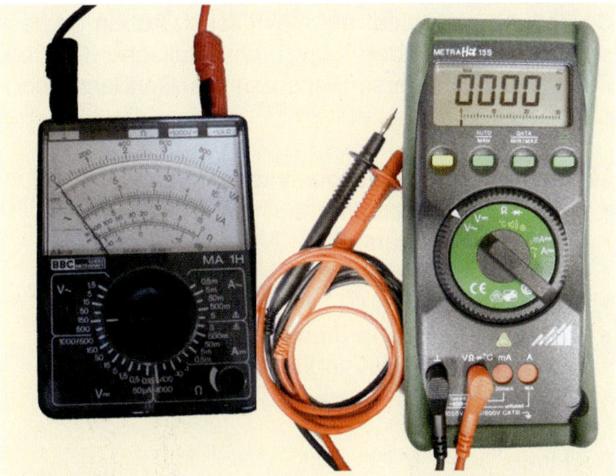

1 Vielfachmessgerät

Vorteile digitaler Messgeräte:
- kaum Ablesefehler
- automatische Polaritätserkennung; in der Digital-Anzeige wird die Polarität mit einem – oder + vor dem Messwert angezeigt
- automatische Messbereichserkennung
- weniger empfindlich
- größere Genauigkeit
- preiswerter in der Herstellung wegen des geringeren mechanischen Anteils

Nachteile digitaler Messgeräte:
- für Display ist Batterie oder Netzteil notwendig
- kurzzeitig hohe Spannungsimpulse können das Messwerk zerstören

Der Karosserie- und Fahrzeugbaumechaniker arbeitet meist mit digitalen Messgeräten, da diese Messgeräte einfach zu handhaben sind.

Digitale Messgeräte, die der Karosserie- und Fahrzeugbaumechaniker verwendet, sind:
- Vielfachmessgerät, siehe Kap. 3.15.2
- Zangenamperemeter, siehe Kap. 3.15.3
- Vielfach-Zangenmessgerät, siehe Kap. 3.15.4
- Batterietester, siehe Kap. 3.16.2.2

3.15.2 Vielfachmessgerät

Ein Vielfachmessgerät ist ein Messgerät, mit dem hauptsächlich elektrische Größen im Wechselstromkreis als auch im Gleichstromkreis gemessen werden können. Die zu messende Größe wird vor der Messung über den Messbereichsschalter eingestellt.

So können aber nicht nur elektrische Größen gemessen werden, sondern auch physikalische Größen. Dazu werden diverse Sensoren als Sonderzubehör angeboten.

Mit einem Vielfachmessgerät kann man messen:
- elektrische Stromstärke
- elektrische Spannung
- elektrischer Widerstand
- Durchgangsprüfung
- Transistor-, Diodenprüfung
- Frequenz, Kapazität, Induktivität
- mit Hilfe externer Sensoren:
  - Temperatur
  - Lichtstärke
  - Luftfeuchtigkeit
  - Schall

Da das Vielfachmessgerät so multifunktional ist, wird es auch **Multimeter** genannt.

Allgemeine Regeln für den Umgang mit dem Vielfachmessgerät:
- Betreiben Sie das Multimeter nur mit eingelegten Batterien oder Akkus. Gefährliche Spannungen werden sonst nicht signalisiert und Ihr Gerät kann beschädigt werden.
- Das Multimeter darf nur von Personen bedient werden, die in der Lage sind, Berührungsgefahren zu erkennen und Sicherheitsvorkehrungen zu treffen.
- Fassen Sie die Prüfspitzen beim Prüfen nur hinter dem Fingerschutz an. Berühren Sie keinesfalls die metallischen Prüfspitzen.
- Rechnen Sie damit, dass an Messobjekten (z. B. an defekten Geräten) unvorhergesehene Spannungen auftreten können. Kondensatoren können z. B. gefährlich geladen sein.
- Vor dem Anschluss des Messgerätes den Messbereichsschalter auf die gewünschte Messgröße (V~, V-, Ω, A und mA) einstellen.
- Sind die zu messenden Werte unbekannt, Messbereichsschalter immer auf den größten Messbereich stellen; danach auf den kleineren Messbereich umschalten.
- Messleitungen immer zuerst an das Messgerät anschließen, dann an das Prüfobjekt.
- Beim Messen von Gleichspannung und Gleichstrom auf die richtige Polung achten; der Minuspol kommt an die Buchse ⊥; vgl. Bild ➔ 1b, Seite 151, schwarze Leitung.
- Bei analogen Messgeräten Gebrauchslage beachten.
- Bei Widerstandsmessung darf das zu messende Bauteil nicht unter Spannung stehen.
- Beim Ablegen des Messgeräts den Messbereichsschalter immer auf den höchsten Wechselspannungsbereich schalten.

Fehler	Vertauschen der Messanschlüsse (+ und -)	zu großer Messbereich	zu kleiner Messbereich
	Minuszeichen vor dem Messwert	ungenaues Ergebnis	kein Ergebnis, Anzeige OL
Anzeige			

1 Probleme beim Messen mit dem Vielfachmessgerät

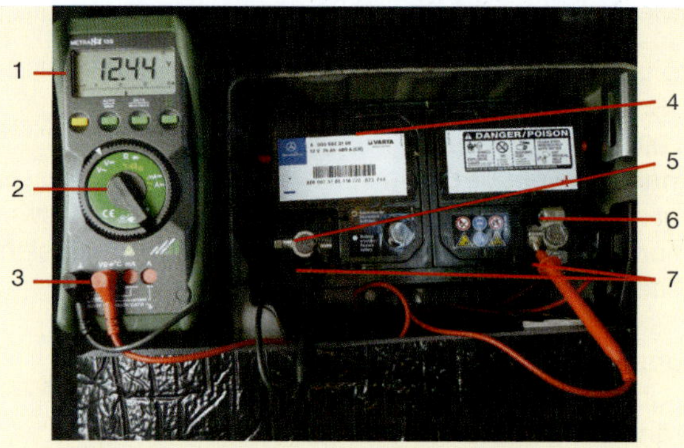

1 Digitalanzeige 12,44 Volt Gleichspannung
2 Messbereichsumschalter
3 Messleitungen
4 12-V-Starterbatterie
5 -Pol Batterie
6 +Pol Batterie
7 Prüfspitzen

2 Batteriespannung messen mit dem Vielfachmessgerät

Werden diese Regeln nicht beachtet, gibt es Probleme, siehe Bild ➔ 1. Es kann sogar das Messgerät zerstört werden.

Spannung messen mit dem digitalen Vielfachmessgerät

Mit dem digitalen Vielfachmessgerät kann der Karosserie- und Fahrzeugbaumechaniker Batteriespannung, Generatorspannung, Lampenspannung und Prüfspannungen bei der Fehlersuche messen.

Dafür wird die rote Messleitung in die Anschlussbuchse für Spannung V gesteckt, die schwarze Messleitung in die Buchse ⊥ , siehe Bild ➔ 1b, Seite 151. Der Messbereichsschalter wird auf V~ (Wechselstrom) oder V- (Gleichstrom) gestellt. Dann werden die Messleitungen an das Prüfobjekt angeschlossen.

Beispiel Batterie:
Das Messgerät wird parallel zum Messort angeschlossen, siehe Bild ➔ 2.

Die Batteriespannung kann auch mit dem Batterietester gemessen werden, vgl. Kap. 3.16.2.2.

Stromstärke messen mit dem digitalen Vielfachmessgerät

Mit dem digitalen Vielfachmessgerät misst der Karosserie- und Fahrzeugbaumechaniker die elektrische Stromstärke, um den Entladestrom der Batterie oder den Lampenstrom zu prüfen oder er misst die Prüfströme bei der Fehlersuche. Dann wird das Vielfachmessgerät als Amperemeter eingestellt. Dafür wird die rote Messleitung in die Anschlussbuchse für Stromstärke mA oder A gesteckt, die schwarze Messleitung in die Buchse ⊥, siehe Bild → 1b, Seite 151. Mit dem Messbereichsschalter wird die entsprechende Einstellung A bzw. mA gewählt.

Vorgehen:
- Schalten Sie zuerst die Stromversorgung zum Messkreis bzw. zum Verbraucher ab.
- Stellen Sie den Drehschalter entsprechend dem zu messenden Strom auf A bzw. mA.
- Schließen Sie das Messgerät sicher (ohne Übergangswiderstand) in Reihe zum Verbraucher an.
- Schalten Sie die Stromversorgung des Schaltkreises wieder ein.
- Lesen Sie die Anzeige ab.
- Schalten Sie die Stromversorgung zum Messkreis bzw. zum Verbraucher wieder ab.
- Entfernen Sie die Messspitzen von der Messstelle.
- Stellen Sie den Normalzustand des Messkreises wieder her.

Der Stromkreis muss aufgetrennt werden, weil die Stromstärke in Reihe gemessen wird, vgl. Kap. 3.4.

Widerstand messen mit dem digitalen Vielfachmessgerät

Mit dem digitalen Vielfachmessgerät misst der Karosserie- und Fahrzeugbaumechaniker den elektrischen Widerstand, um Temperaturfühler, Sicherungen, Einspritzventile, Zündspulen oder Leuchten zu prüfen. Dann wird das Vielfachmessgerät als Widerstandsmessgerät (Ohmmeter) verwendet.

Vorgehen:
- Trennen Sie die Stromversorgung vom Stromkreis des zu messenden Geräts.
- Überzeugen Sie sich mit Hilfe der Spannungsmessung, dass das Messobjekt spannungsfrei ist; Fremdspannungen verfälschen das Messergebnis!
- Stellen Sie den Drehschalter auf „Ω".
- Schließen Sie den Prüfling an.

Das zu messende Bauteil muss aus der Schaltung getrennt werden, sonst werden die Messwerte verfälscht, da sich der Widerstand des Bauteils aus dem Gesamtwiderstand der Schaltung ergibt; vgl. Kap. 3.4, Parallelschaltung von Widerständen.

Durchgang prüfen mit dem digitalen Vielfachmessgerät

Vorgehen:
- Trennen Sie die Stromversorgung vom Stromkreis des zu messenden Geräts und entladen Sie alle Hochspannungskondensatoren.
- Überzeugen Sie sich, dass das Messobjekt spannungsfrei ist; Fremdspannungen verfälschen das Messergebnis!
- Stellen Sie den Drehschalter auf 🔊.
- Schließen Sie die zu prüfende Durchgangsstelle wie abgebildet an.

Bei Durchgang bzw. Kurzschluss gibt das Multimeter einen Dauerton ab.

3.15.3 Zangenamperemeter

Mit dem Zangenamperemeter kann die elektrische Stromstärke gemessen werden, ohne den Stromkreis aufzutrennen. Durch die Zangen des Zangenamperemeters wird der Leiter durchgeführt, siehe Bild → 1.

Bei Strommesszangen ist auf die Stromrichtung zu achten, die durch den Leiter fließt. An der Strommesszange ist die Stromrichtung durch einen Pfeil vermerkt. Wird die Stromrichtung verwechselt, wird der angezeigte Messwert mit einem – (Minus) vor dem Messwert angezeigt.

Um Wechselstrom zu messen, wird das Transformator-Prinzip eingesetzt (Induktion). Der bewegliche und der feste Teil der Zange bilden dabei den Trafokern. Die „Primärwicklung" ist der zu messenden Leiter, die Sekundärwicklung ist als Spule im Messgerät eingebaut.

Beim Messen von Gleichstrom ist obiges Prinzip nicht möglich. Hier werden Hallsensoren oder aber magnetfeldabhängige Widerstände eingesetzt.

1 Zangenamperemeter

3.15.4 Vielfach-Zangenmessgerät

Das Vielfach-Zangenmessgerät vereinigt die Vorteile eines Vielfachmessgerätes und die eines Zangenamperemeters, siehe Bild ➔ 1. Es können Gleichspannung und Wechselspannung gemessen werden.

Vorgehen:
- Messart-Wahlschalter auf „V“ stellen
- schwarze Messleitung in die „COM“-Buchse
- rote Messleitung in die „V/Ω“–Buchse
- Prüfspitzen ans Prüfobjekt
- Messwert von der Anzeige ablesen

Bei der Stromstärkemessung:
- Messart-Wahlschalter auf „A“
- Stromzange öffnen, Stromleiter umschließen und Zange vollständig schließen
- Messwert von der Anzeige ablesen

1 Vielfach-Zangenmessgerät

3.16 Energieversorgungsanlage

Die Energieversorgungsanlage in einem Fahrzeug besteht aus:
- Generator, siehe Kap. 3.16.1
- einer oder mehreren Batterien, siehe Kap. 3.16.2
- elektrischen Verbrauchern, siehe Kap. 3.7 und 3.8

3.16.1 Generator

Der Generator ist ein Energiewandler; er wandelt mechanische Energie in elektrische Energie. Er wird auch **Lichtmaschine** oder **Lima** genannt. Bei laufendem Motor liefert der Generator die gesamte Energie für das Bordnetz und lädt auch die Batterie.

Generatoren bestehen aus:
- Ständer mit Ständerwicklung, dem **Stator**
- Magnet bzw. Erregerwicklung, dem **Läufer**

Das Prinzip aller Generatoren beruht auf der **elektromagnetischen Induktion**: Ein Magnetfeld erzeugt in einer Spule elektrische Spannung, wenn sich der magnetische Fluss ändert.

In einem Generator wird Strom erzeugt, indem der Läufer mit Hilfe des Fahrzeugmotors über einen Keilriemen angetrieben wird.

Dies wird erläutert an den Beispielen:
- Gleichstromgenerator
- Drehstromgenerator

Gleichstromgenerator

Bis in die 1970er Jahre wurden Lichtmaschinen als Gleichstromgeneratoren ausgeführt. Im Stator wird durch die vom Erregerstrom durchflossenen Magnetspulen das Erregerfeld gebildet, in dem sich der Rotor dreht und dabei Wechselstrom erzeugt. Dieser wird durch den auf der Rotorwelle angeordneten Kollektor gleichgerichtet und über Kohlebürsten abgeleitet. Beispielhafte Arbeitsweise eines Gleichstromgenerators, siehe Bild ➔ 2.

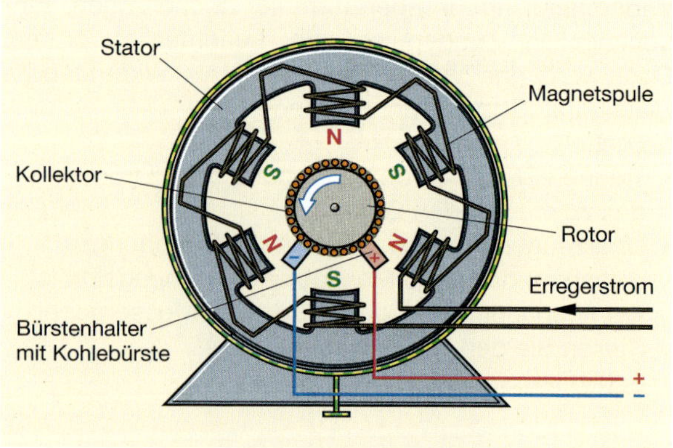

2 Arbeitsweise eines Gleichstromgenerators

Die erzeugte Spannung ist umso größer,
- je stärker das Magnetfeld der Magnetspulen (Erregerspulen) ist und
- je schneller sich der Rotor dreht.

Vorteile von Gleichstromgeneratoren sind:
- keine zusätzliche Gleichrichtung nötig
- ohne Steuerelektronik als Motor zum Anlassen zu verwenden
- als Anlassgenerator in manchen Hybridfahrzeugen

Nachteile von Gleichstromgeneratoren:
- Starker Verschleiß der Kohlebürsten, da sie den vollen Ausgangsstrom des Generators übertragen müssen.
- Durch den Kollektor ist die maximal zulässige Drehzahl des Gleichstromgenerators kleiner als die von Drehstromgeneratoren.
- Durch das geringere Übersetzungsverhältnis des Antriebs durch den Fahrzeugmotor ist die Folge, dass erst bei höherer Motordrehzahl nennenswerte elektrische Leistung produziert wird. Bei ungünstigen Betriebsbedingungen mit großer Anzahl von eingeschalteten elektrischen Verbrauchern im Fahrzeug und häufig niedriger Drehzahl der Lichtmaschine führt das zur Entladung der Fahrzeugbatterie.

Wegen dieser Nachteile werden heute in Kraftfahrzeugen bevorzugt Drehstromgeneratoren eingesetzt.

Drehstromgenerator

Drehstromgeneratoren arbeiten ähnlich wie Gleichstromgeneratoren.

Jedoch werden:
- in drei Ständerwicklungen Spannungen erzeugt
- als Magnet ein Elektromagnet verwendet, die sogenannte Erregerwicklung

Die **drei Ständerwicklungen** sind jeweils um 120° versetzt und in einem Gehäuse (Stator) angeordnet, siehe Bild ➔ 1. Sie sind an einem Ende miteinander verbunden zur Sternschaltung (grüne/gelbe Linie in Bild 2).

Sobald durch die **Erregerwicklung** Strom fließt, erzeugt sie ein Magnetfeld. Durch die Drehung des Läufers mit der Erregerwicklung dreht sich auch das Magnetfeld. Dadurch wird in jeder der drei Ständerwicklungen jeweils eine elektrische Spannung erzeugt (induziert). Die drei erzeugten Ströme werden zusammengeführt zum Drehstrom, siehe Bild ➔ 2.

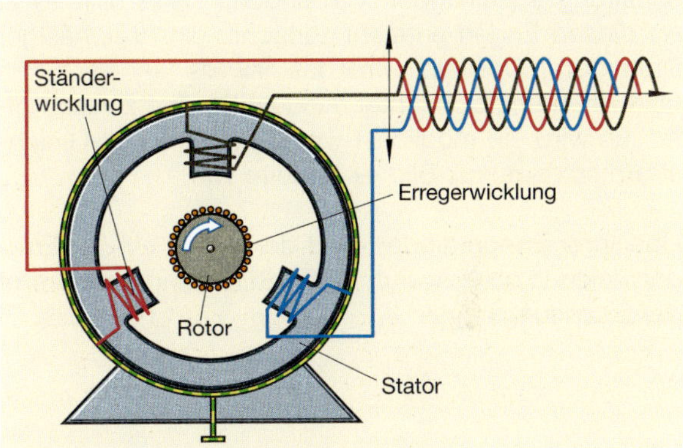

1 Arbeitsweise eines Drehstromgenerators

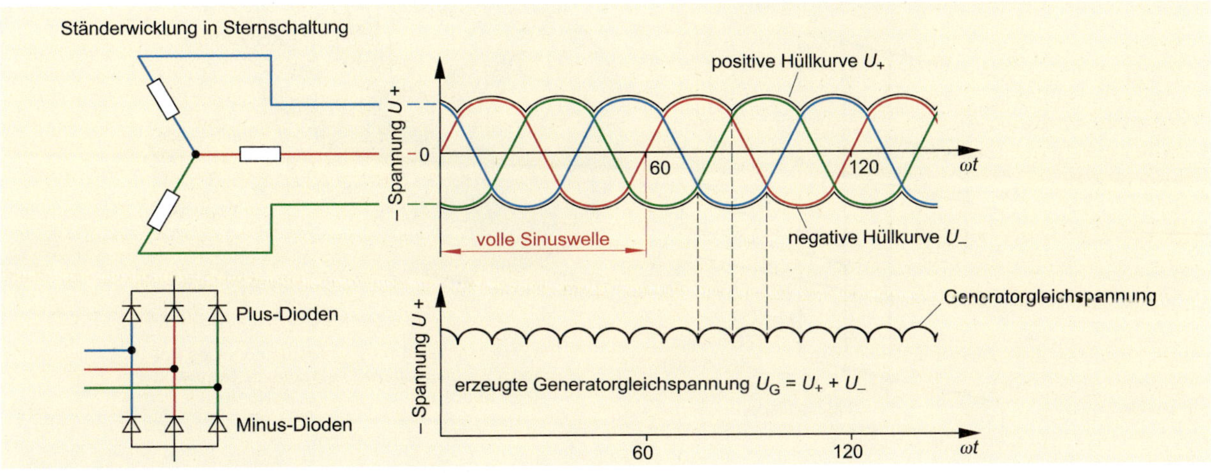

2 Gleichrichtung des Drehstroms

Der Drehstrom wird in Gleichstrom umgewandelt, weil die Batterie nur mit Gleichstrom geladen werden darf und die Verbraucher ebenfalls für Gleichstrom ausgelegt sind. Zur Gleichrichtung wird ein **Brückengleichrichter** mit Dioden verwendet, siehe Bild → 2, Seite 155.

Weitere Informationen zu Gleichrichterdioden siehe Kap. 3.6.2

Heute kommen dafür **Klauenpolgeneratoren** zum Einsatz, siehe Bild → 1. Mit dem Läufer rotiert ein magnetisches Feld mit je sechs wechselseitig folgenden Nord- und Südpolen. Dieses Feld wird wesentlich unterstützt durch eine Wicklung, die über zwei Schleifringe (Rotor mit Klauenpolen) und Kohlebürsten mit dem Minuspol bzw. dem elektronischen Spannungsregler verbunden ist.

Dadurch kann der Spannungsaufbau in drei Ständerwicklungen gesteuert werden, die jeweils um 120° versetzt im Ständer angeordneten. Der elektronische Spannungsregler hält die erzeugte Generatorspannung konstant.

Die Ständerwicklungen sind an einem Ende zur Sternschaltung miteinander verbunden, siehe Bild → 2. An diesen Enden entsteht zunächst ein dreiphasiger Drehstrom. Deshalb wird das jeweils andere Ende über Brückengleichrichter mit dem Bordnetz verschaltet. Es wird ein möglichst wenig pulsierender Gleichstrom erzeugt, vgl. Bild → 2, Seite 155.

Über drei Erregerdioden wird der Strom für die Erregerwicklung abgezweigt. Deren Steuerung übernimmt der Spannungsregler.

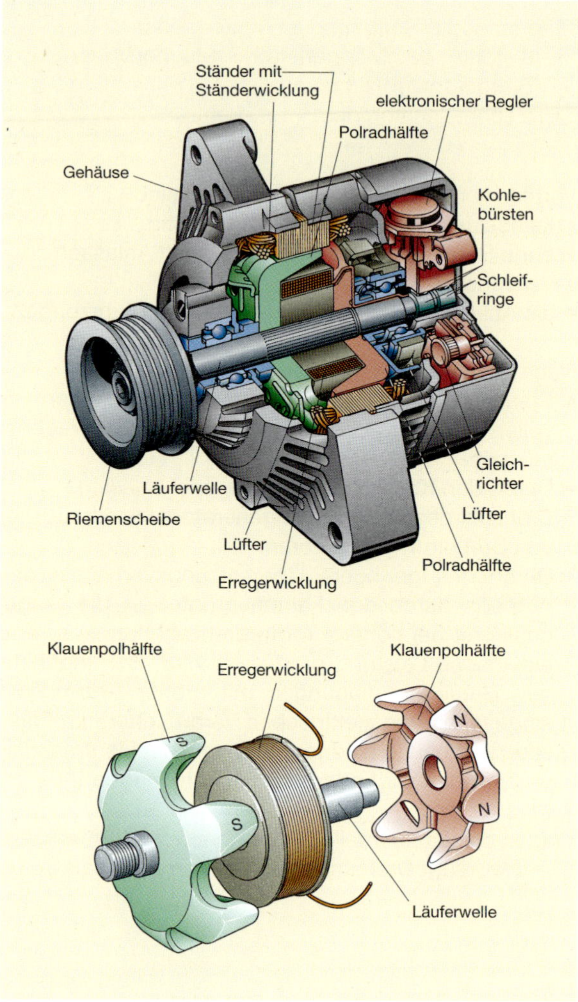

1 Klauenpolgenerator

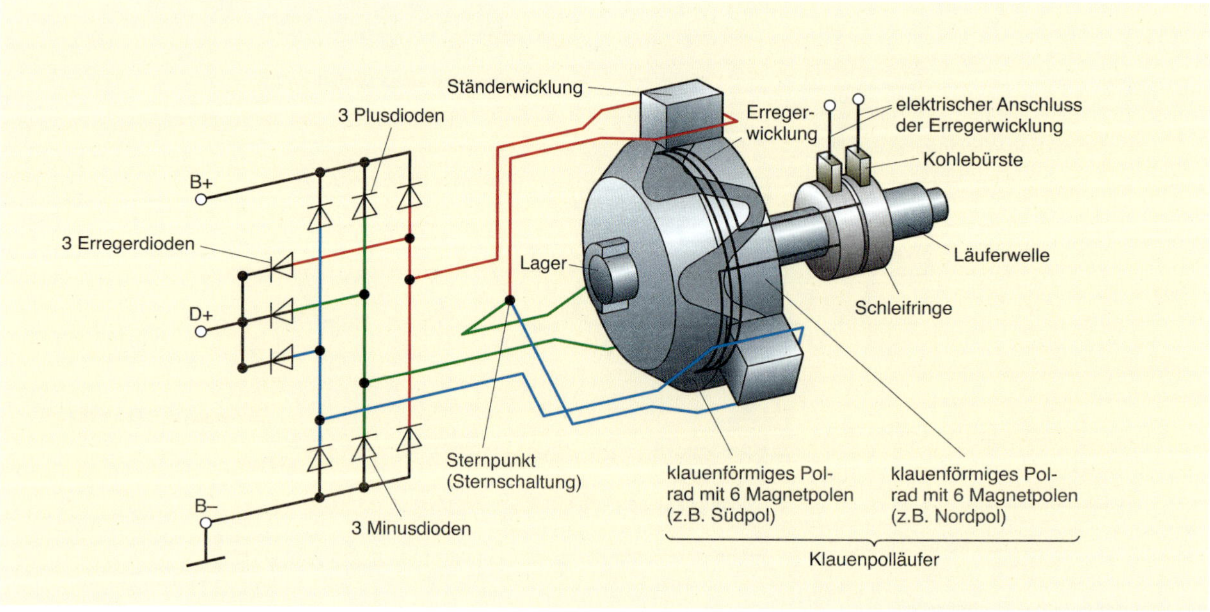

2 Drehstromgeneratorläuferwelle, Ständerwicklung und elektrische Gleichrichtung eines Klauenpolgenerators

3.16.2 Batterie

Unter einer elektrischen Batterie versteht man ein elektrisches Bauelement, das elektrische Energie speichert. Batterien werden auch **Akkumulator** genannt, oder kurz: **Akku**.

Für Kraftfahrzeuge gibt es zwei unterschiedliche Batterien:
- als Traktionsbatterie, siehe Kap. 3.16.2.1
- als Starterbatterie, siehe Kap. 3.16.2.2

3.16.2.1 Traktionsbatterien

Traktionsbatterien sind Batterien für den Fahrantrieb bei Fahrzeugen mit Elektromotor. Fahrzeuge mit Elektromotor werden zunehmend eine Alternative zum klassischen Kfz mit Verbrennungsmotor.

Der Elektromotor wird mit hoher Spannung betrieben – man spricht von **Hochvoltsystemen** (HV-Systemen) bzw. **HV-Fahrzeugen**. Deshalb werden Traktionsbatterien auch als Hochvoltbatterien (HV-Batterien) bezeichnet. Bild → 2 zeigt eine **Lithium-Ionen-Batterie**, wie sie derzeit oft verwendet wird.

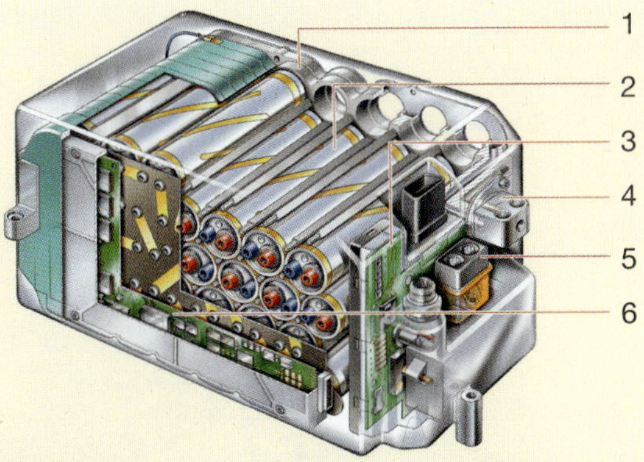

1 Kühlmodul
2 Lithium-Ionen-Zellen
3 Batterie-Management-System
4 Kältemittelanschluss
5 Hochvoltanschluss
6 Zellspannungsüberwachung

1 Batteriezelle für die Traktionsbatterie eines Pkws

Sie bestehen aus mehreren Zellmodulen, die aus einzelnen Lithium-Ionen-Zellen zusammengesetzt sind, siehe Bild → 1.
Die Traktionsbatterie ist im Fahrzeugboden des Kofferraums oder des Fahrzeuginnenraums angeordnet oder, bei Elektro-Lkws, im Fahrgestellrahmen, siehe Bild → 1, Seite 158.

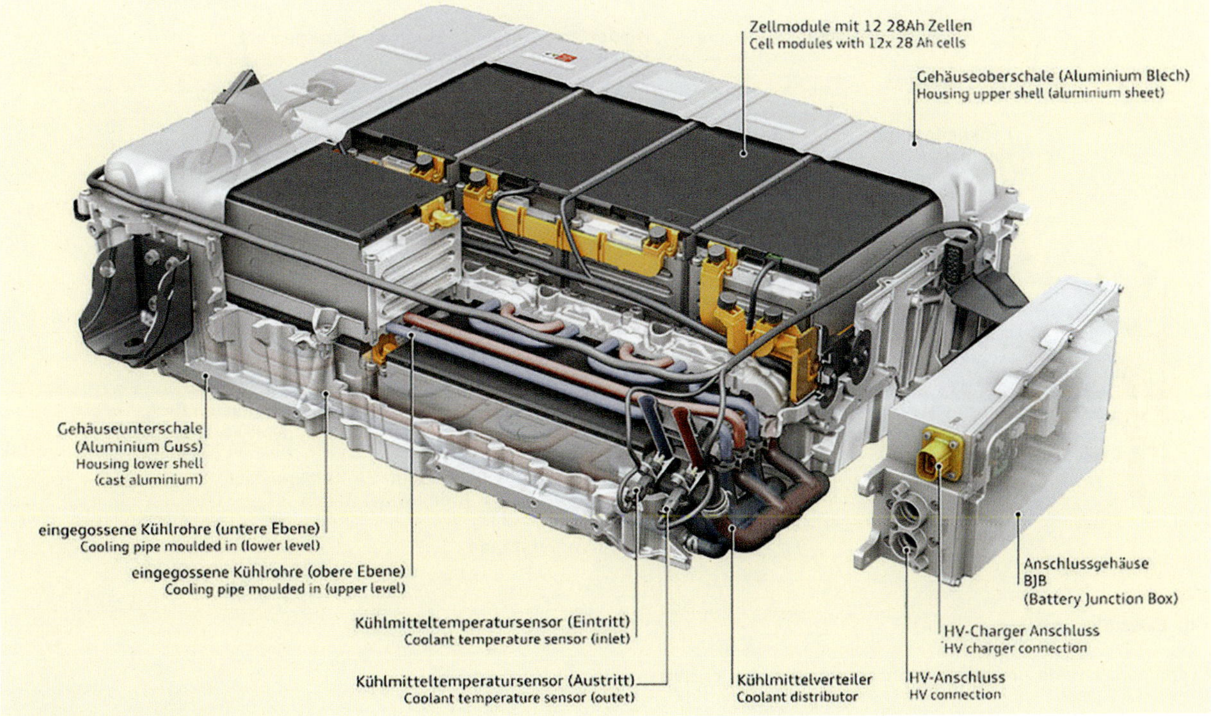

2 Lithium-Ionen-Batterie

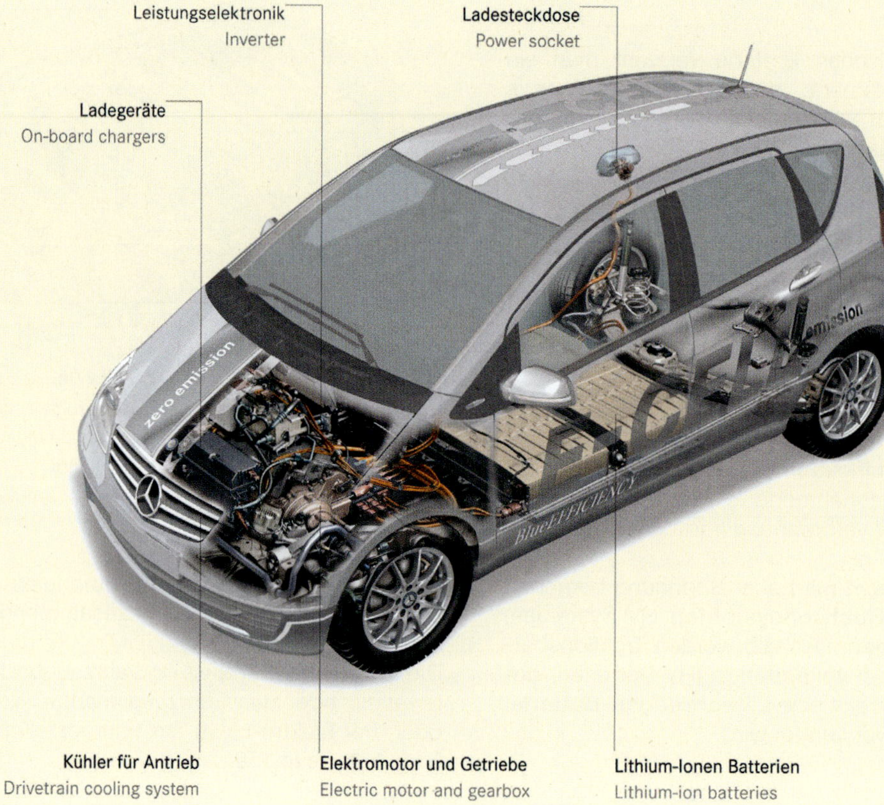

a) Eines Pkws

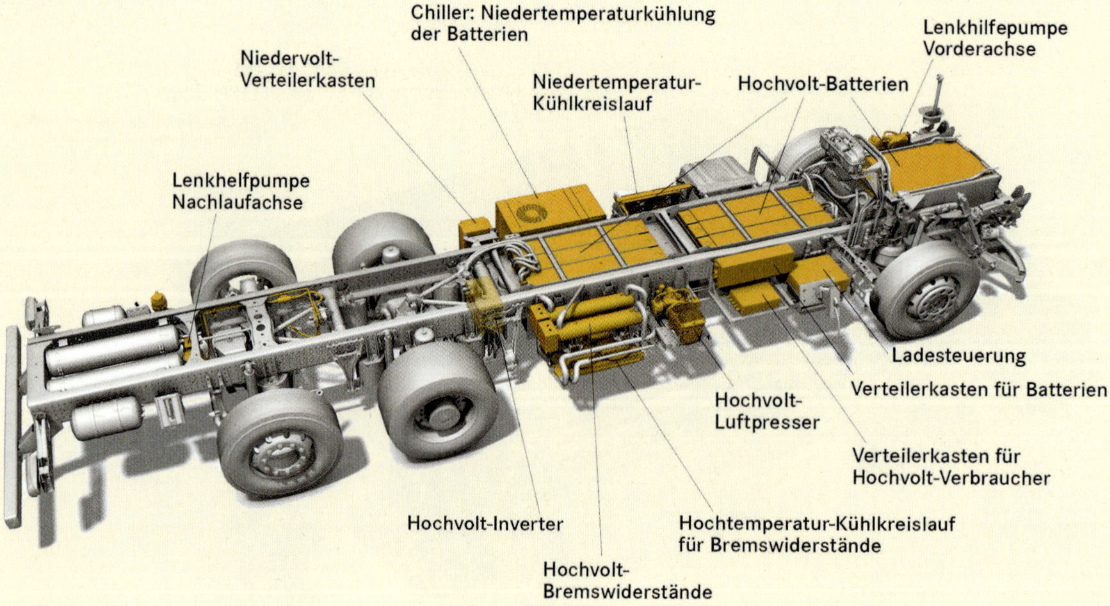

b) Eines Elektro-Lkws

1 Traktionsbatterie, eingebaut im Fahrzeugboden des Innenraums

Zum Vergleich: In der Elektrotechnik wurden bereits früher die Spannungsbereiche Niederspannung und Hochspannung definiert, siehe Bild ➔ 1.

Um die erforderliche elektrische Leistung bereitzustellen, müssen Speicher wie Traktionsbatterien verbaut werden, die mit wesentlich höheren Spannungen als den bislang in Kraftfahrzeugen üblichen 12 V oder 24 V arbeiten. Zum Beispiel besteht eine herkömmliche 12-V-Batterie aus sechs Zellen. Jede dieser Zellen besitzt eine Nennspannung von 2,12 V. In Reihe geschaltet, ergibt sich eine Gesamtspannung der Batterie zu, siehe Bild ➔ 2:

$$U_{ges} = U_1 + U_2 + U_3 + U_4 + U_5 + U_6$$
$$\underline{U_{ges} = 12{,}72\ \text{V}}$$

Unterbricht man die Verbindung der Zellen zwischen U_3 und U_4, so beträgt die Gesamtspannung $U_{ges} = 0$, siehe Bild ➔ 3. Diese Art der Unterbrechung wird beim Freischalten von HV-Anlagen genutzt, zum Beispiel durch einen Trennstecker.

Ladestecker

Bild ➔ 4 zeigt den **Ladestecker Typ-2** nach ICE 62196 und seine Anschlüsse. Der Ladestecker Typ 2 ist in Europa als Standard-Ladestecker für das Laden mit Wechselstrom definiert. Mit ihm können Batterien an 230-V-Steckdosen und an 400-V-Steckdosen geladen werden.

Der Widerstand zwischen CP und PE gibt der Ladestation den maximalen Strom an, der von ihr an das Fahrzeug abgegeben werden kann.

Schnellladesysteme

Schnellladevorgänge erfolgen mit hohen Strömen und verkürzen dadurch die Ladezeiten erheblich. Für das Schnellladen mit Gleichstrom ist in der EU der Standard **Combined Charging System (CCS)** eingeführt. Bild ➔ 5 zeigt einen Anschluss für normales Laden und Schnellladen.

5 **Anschluss für normales und schnelles Laden mit Gleichstrom**

Bezeichnung	Gleichspannung in V	Wechselspannung in V
Niederspannung	≤ 1500	
Mittelspannung[1]	1000 … 30 000	
Hochspannung	> 1000	1000 … 30 000
Höchstspannung1	100 000 … 500 000	
HV-Anlagen in Fahrzeugen	60 … 1500	30 … 1000

1 Die Angaben für Mittelspannung und Höchstspannung sind nicht genau festgelegt.

1 **Bereiche von elektrischer Spannung**

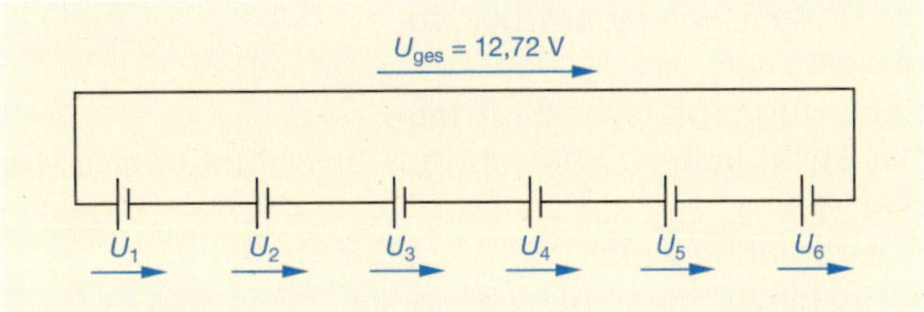

2 **Reihenschaltung von sechs Zellen zu einer 12-V-Batterie**

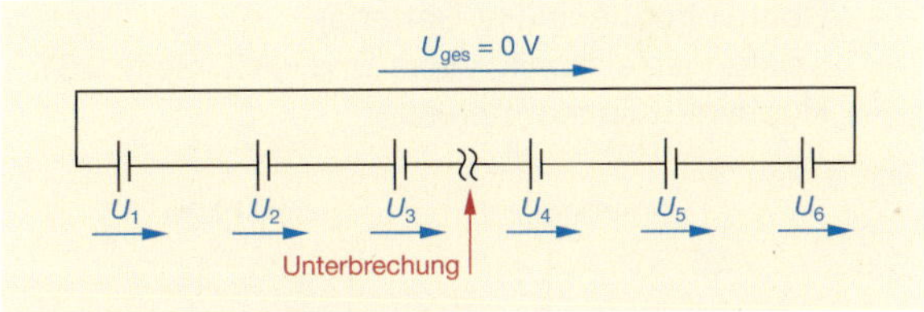

3 **Unterbrechung des Stromkreises in der Reihenschaltung**

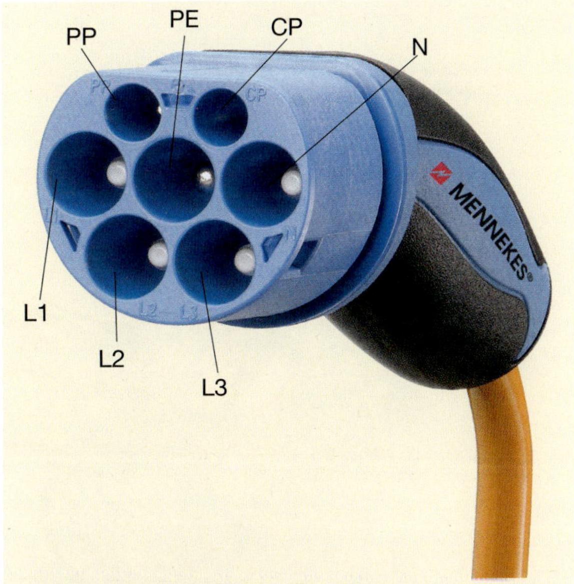

Es bedeuten (von oben links im Uhrzeigersinn):
PP = Proximity: Kontakt zum Austausch von Steuersignalen zwischen E-Fahrzeug und Stromtankstelle
PE = Earth: Schutzkontakt, Masse
CP = Control Pilot: Kontakt zur Feststellung der Anwesenheit des Steckers
N: Neutralleiter
L3, L2, L1: Außenleiter-Kontakte, Wechselstromanschlüsse

4 **Ladestecker Typ 2 für das Laden mit Wechselstrom**

HV-Fahrzeuge werden unterteilt in Fahrzeuge mit:
- Elektroantrieb
- Hybridantrieb

Fahrzeuge mit Elektroantrieb

Beim Elektroantrieb wird elektrischer Strom aus dem Netz in der Batterie gespeichert, siehe Bild ➔ 1. Die Batterie gibt den Strom an den Elektromotor ab, der die Räder der Antriebsachse antreibt.
Beim Bremsen wird ein Teil der Bremsenergie in elektrische Energie umgewandelt – ähnlich wie beim Dynamo. Diese elektrische Energie wird dafür verwendet, die Batterie wieder aufzuladen.

Fahrzeuge mit Hybridantrieb

Der Hybridantrieb[1] besteht aus zwei Motoren, siehe Bild ➔ 2:
- Verbrennungsmotor und Kraftstofftank
- Hochvoltsystem, bestehend aus, siehe Bild ➔ 2 und Bild ➔ 1, Seite 161:
  - Elektromaschine (E-Maschine)
  - Hochvoltbatterie (HV-Batterie)
  - Leistungselektronik, siehe Bild ➔ 2, Seite 161
  - Hochvolt-Klimakompressor

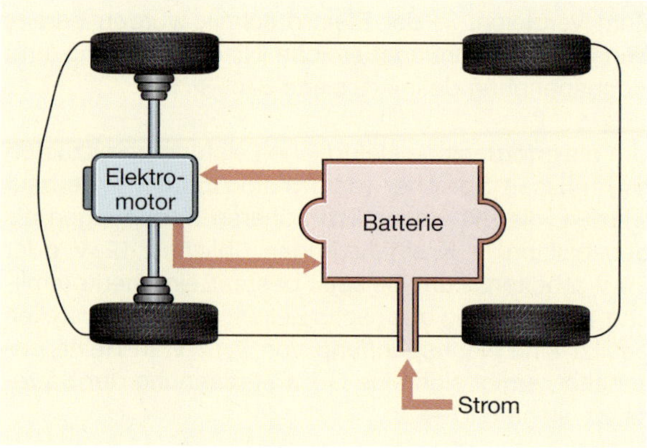

1 Fahrzeug mit Elektroantrieb

Weitere Informationen zum Hybridantrieb siehe Kap. 18.4.5.

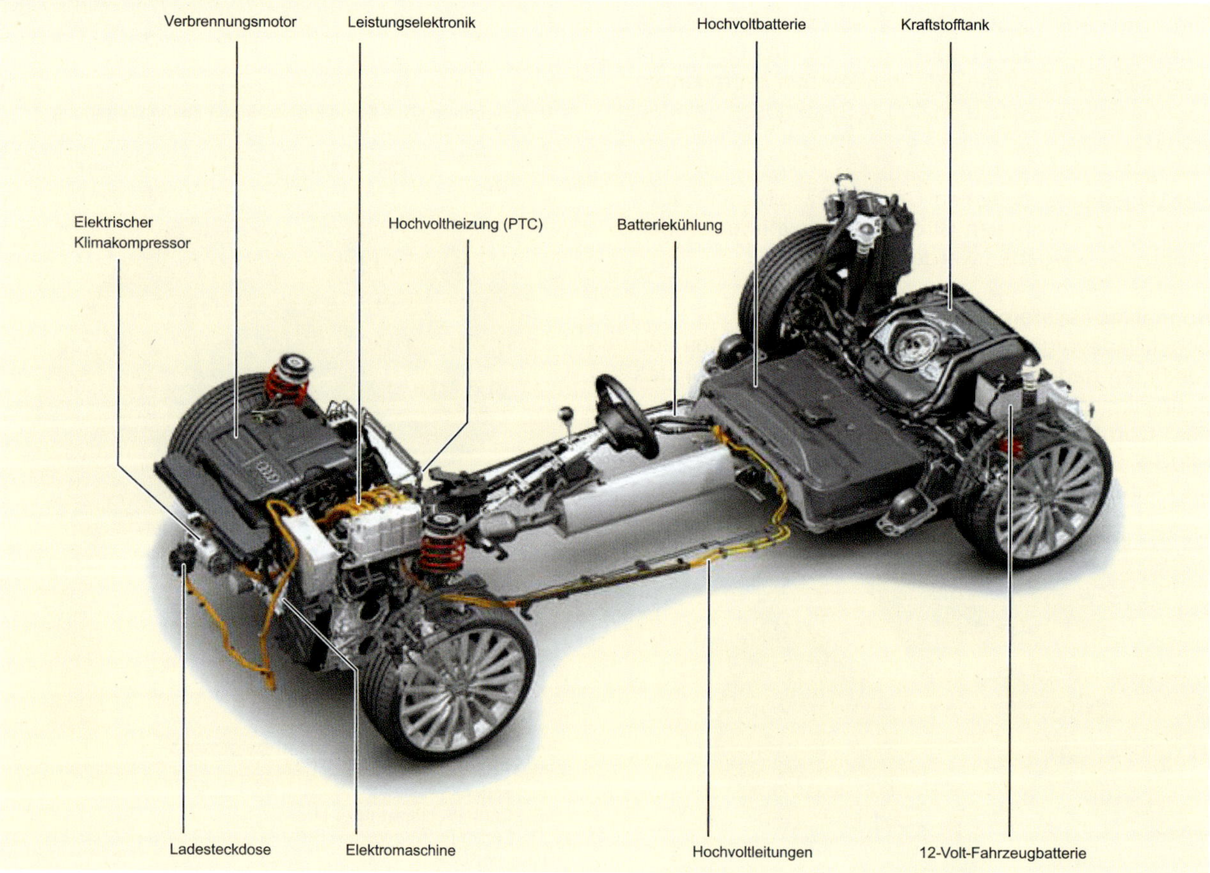

2 Übersicht der Hybrid-Komponenten

[1] Hybrid (lat.): von zweierlei Herkunft

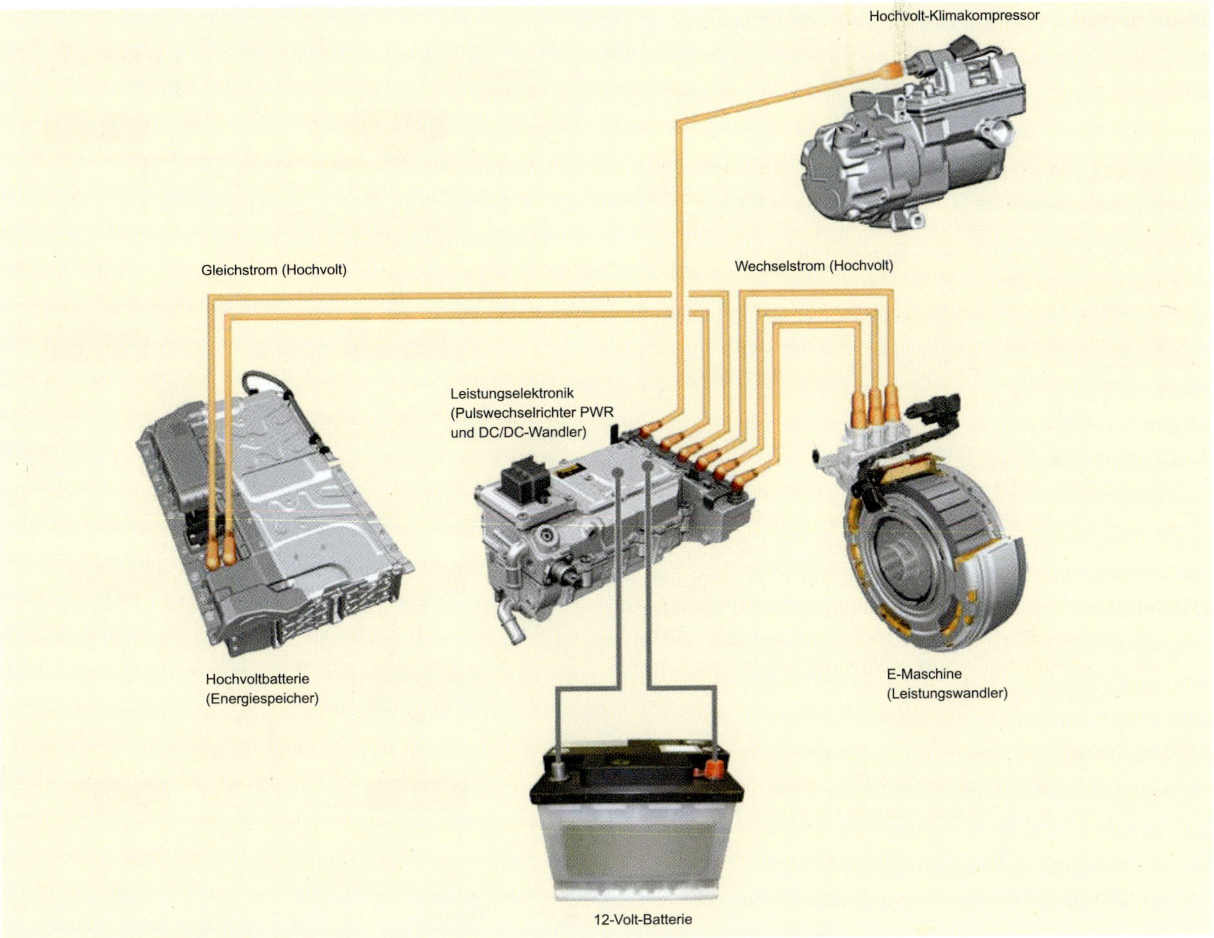

1 Übersicht Hochvoltsystem

Die E-Maschine arbeitet nach dem Wechselstromprinzip. Und sie arbeitet, je nach Fahrzustand:

- als Motor oder
- als Generator

Fahrzeuge mit HV-Anlagen sind daher mit Gleichrichtern und Wechselrichtern ausgestattet, sog. **Stromwandlern** bzw. der Leistungselektronik, siehe Bild → 2:

- Gleichrichter sind erforderlich, um die von der E-Maschine gelieferte elektrische Energie in Gleichstrom umzuwandeln. Der Gleichstrom wird in der Batterie gespeichert.
- Wechselrichter wandeln Gleichstrom aus der Batterie in Wechselstrom um, der zum Antrieb der E-Maschine genutzt wird.

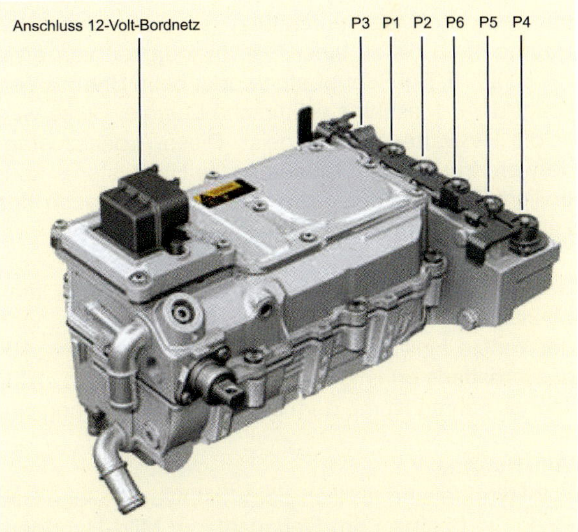

P1	Anschluss – Hochvoltbatterie (HV-Plus)
P2	Anschluss – Hochvoltbatterie (HV-Minus)
P3	Anschluss – Klimakompressor
P4	Anschluss – Fahrmotor für Elektroantrieb (U)
P5	Anschluss – Fahrmotor für Elektroantrieb (V)
P6	Anschluss – Fahrmotor für Elektroantrieb (W)

2 Leistungselektronik (Beispiel)

Hybridantriebe können wie folgt eingeteilt werden:

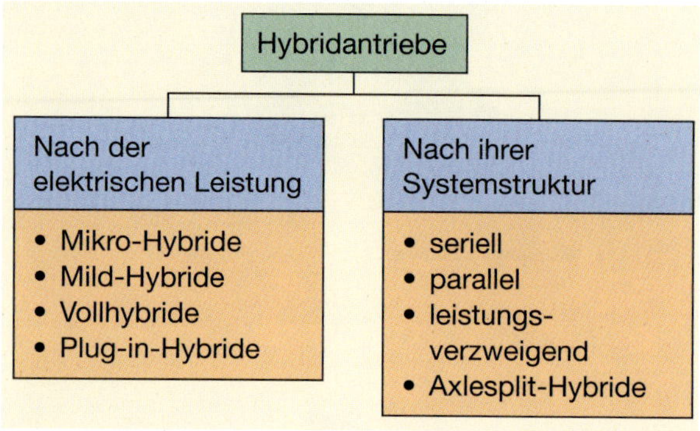

Mikro-Hybride

Mikro-Hybride sind ausgestattet mit einer Start-Stopp-Automatik und einem System zur Bremsenergie-Rückgewinnung. Sie sind keine echten Hybride – das Fahren mit Elektroantrieb ist nicht möglich. Wiedergewonnene Energie wird nicht zum Antrieb des Fahrzeugs genutzt, sondern lediglich, um die 12-V-Batterie aufzuladen. Dadurch wird ein etwas geringerer Kraftstoffverbrauch erzielt.

Mild-Hybride

Mild-Hybride sind im Sinne der ECE R 85 echte Hybride. Sie besitzen zwei Energiewandlersysteme, siehe Bild → 1:

- Kraftstofftank/Verbrennungsmotor
- HV-Batterie/Elektromaschine (E-Maschine)

Beim Anfahren oder Beschleunigen treibt die E-Maschine zusammen mit dem Verbrennungsmotor das Fahrzeug an. Meist unterstützt die E-Maschine den Hauptantrieb bis zu einer Geschwindigkeit von etwa $v = 60$ km/h. Bei Schubbetrieb oder beim Bremsen erzeugt die E-Maschine elektrische Energie. Diese wird in die HV-Batterie eingespeist. Diese Arbeitszustände werden von der Steuerung des HV-Systems kontrolliert. So kann der gesamte Energieverbrauch des Fahrzeugs optimiert werden.

Das Betriebsverhalten des Verbrennungsmotors kann ebenfalls zum Beispiel durch bestimmte Steuerungen der Ventile hinsichtlich des Verbrauchs und des Abgasverhaltens günstig beeinflusst werden. Rein elektrisches Fahren ist mit dem Mild-Hybrid nicht möglich.

Voll-Hybride

Voll-Hybride sind ähnlich dem Mildhybrid, siehe Bild → 1: Sie besitzen, im Gegensatz zu Mild-Hybriden, einen leistungsstarken Elektromotor ab etwa 15 kW und eine leistungsfähige HV-Batterie. Damit ist ein rein elektrisches Fahren möglich.

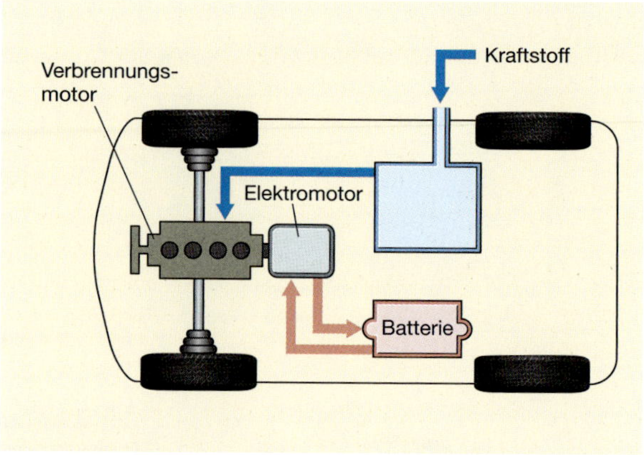

1 Mild-Hybrid und Voll-Hybrid

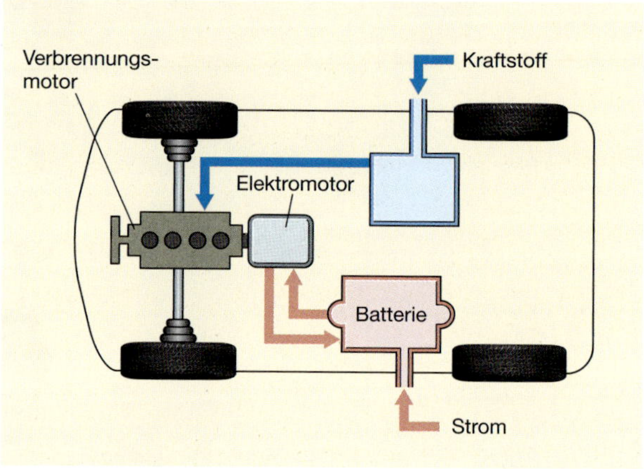

2 Plug-in-Hybrid

Plug-in-Hybride

Plug-in-Hybride[1] sind wie Vollhybride aufgebaut. Sie verfügen über eine HV-Batterie mit einer höheren Kapazität. Diese kann zusätzlich von außen per Steckdose aufgeladen werden, siehe Bild → 2.

Wesentliche Merkmale der Plug-in-Technik:

- Je nach Fahrsituation arbeiten Verbrennungsmotor und E-Maschine entweder einzeln oder gemeinsam.
- Die größere Kapazität der HV-Batterie lässt im E-Modus eine größere Reichweite und höhere Geschwindigkeiten zu.
- Die Rückgewinnung der Bremsenergie kann zum teilweisen Wiederaufladen der HV-Batterie genutzt werden.
- Start-Stopp-Funktionen sind möglich.
- Rein elektrisches Fahren über längere Strecken bis ca. 50 km und mit einer Höchstgeschwindigkeit von $v = 120$ km/h sind möglich.
- Der Fahrer kann, je nach Ausstattung des Fahrzeugs, wählen zwischen:
  - rein elektrischem Betrieb oder Hybridbetrieb
  - einer energiesparenden oder sportlichen Fahrweise

[1] plug in (engl.): einstecken

Serielle Hybride

Beim seriell angeordneten Hybridantrieb hat einer der beiden Energiewandler keine mechanische Verbindung zur Antriebsachse. Meist treibt der Verbrennungsmotor einen elektrischen Generator an, der den Elektromotor antreibt oder die Batterie lädt, siehe Bild ➔ 1. So kann die Batterie zusätzlich Strom liefern, wenn kurzzeitig eine höhere Leistung gefordert wird. Dieser Antrieb ist vergleichbar mit dem **dieselelektrischen Antrieb,** wie er z. B. in einigen Traktoren eingesetzt wird.

Zu den seriellen Hybriden kann auch der **Range Extender**[1] gezählt werden. Fahrzeuge mit Range Extender sind Elektrofahrzeuge, die zusätzlich über einen Verbrennungsmotor verfügen, siehe Bild ➔ 2. Der Reichweitenverlängerer ist in diesem Fall der Verbrennungsmotor, meist ein Dieselmotor, der die Batterie zusätzlich auflädt. Er wird bei konstanter Drehzahl im günstigsten Bereich von Kraftstoffverbrauch und Abgasverhalten betrieben.

Parallel-Hybrid

Beim Parallel-Hybrid sind Verbrennungsmotor und E-Maschine parallel angeordnet. Es gibt Parallelhybride:

- ohne Trennkupplung
- mit Trennkupplung

Beim Parallel-Hybrid ohne Trennkupplung sind der Verbrennungsmotor und die E-Maschine über ein Getriebe und Antriebswellen mit den angetriebenen Rädern verbunden, siehe Bild ➔ 3. So können beide ihre Antriebsenergie in den Antriebsstrang einleiten. Es kann auch nur der Verbrennungsmotor oder nur die E-Maschine antreiben. Die E-Maschine kann auch als Starter arbeiten.

Beim Parallel-Hybrid mit Trennkupplung befindet sich die Trennkupplung zwischen Verbrennungsmotor und Getriebe. Sie wird automatisch betätigt und stellt sicher, dass sich der Verbrennungsmotor nicht mitdreht, wenn die E-Maschine betrieben wird (Schleppmoment).

Leistungsverzweigende Hybride

Leistungsverzweigend angeordnete Hybride sind **Misch-Hybride:** Während der Fahrt kombinieren sie den seriellen und den parallelen Hybridantrieb. Je nach Betriebsart und Fahrzustand kann der Verbrennungsmotor, vgl. Bild ➔ 4

- gemeinsam mit dem Generator nur die Batterie laden und den Elektromotor antreiben (serieller Hybridantrieb) oder
- mechanisch mit den Antriebswellen gekoppelt sein (paralleler Hybridantrieb).

[1] Range Extender (engl.): Reichweitenverlängerer

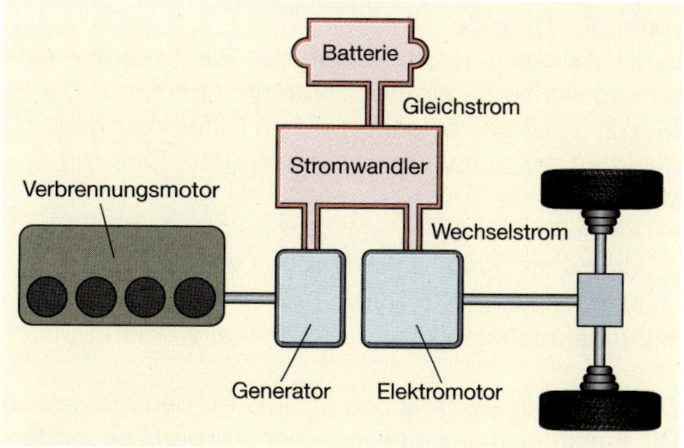

1 Serieller Hybrid

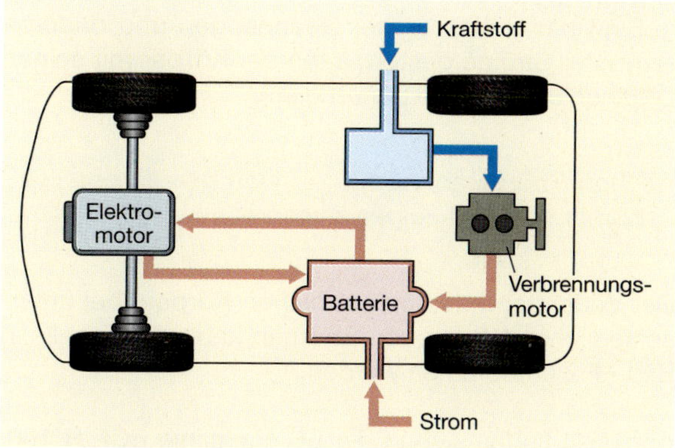

2 Range Extender

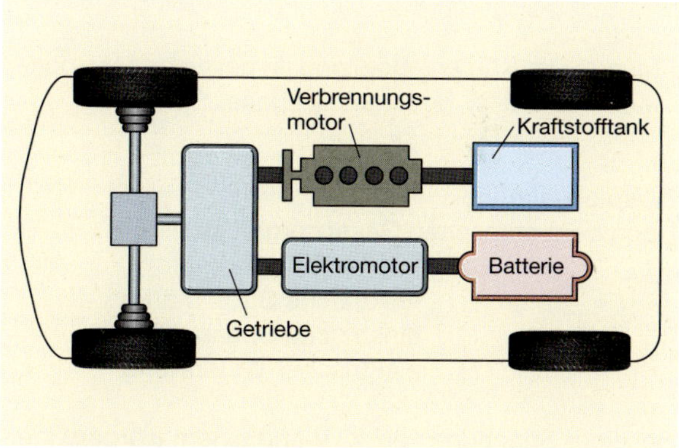

3 Parallelhybrid ohne Trennkupplung

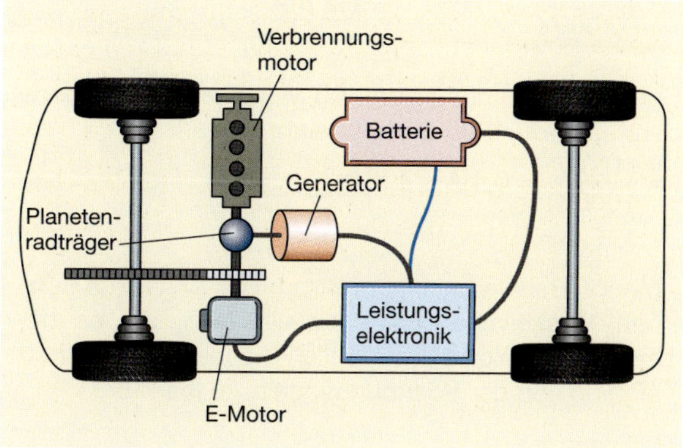

4 Leistungsverzweigender Hybrid

Axlesplit-Hybride

Beim Axlesplit-Hybrid[1] treibt der Elektromotor eine andere Achse an als der Verbrennungsmotor. Die E-Maschine ist gemeinsam mit dem Differenzialgetriebe direkt an der Hinterachse verbaut, siehe Bild ➔ 1.

Vorteile:

- Die kinetische Energie aus Bremsvorgängen kann zurückgewonnen werden; damit wird die Batterie aufgeladen.
- Ein Allradantrieb kann zugeschaltet werden.

Gefahren des elektrischen Stroms für den Menschen

Die Funktionen des menschlichen Körpers, besonders seine Bewegungen, werden durch kleine elektrische Impulse gesteuert. Werden diese Impulse durch äußere Einwirkung elektrischer Spannungen und dadurch erzeugter Ströme gestört, kann der Körper mit seinen Organen unkontrollierbar reagieren.

Schon Ströme ab 0,5 mA können bereits deutlich spürbar sein und Folgen zeigen.

Der Widerstand des menschlichen Körpers bei unterschiedlichen Wegen von Strömen kann der Tabelle in Bild ➔ 2 entnommen werden.

Angaben finden sich in der EU-Richtlinie ECE R 100, in der sicherheitstechnische Anforderungen an den Elektroantrieb von Straßenfahrzeugen festgelegt sind.

Merke: Der Körperwiderstand ist bei niedriger Spannung wesentlich höher als bei hoher Spannung.

Beispielrechnung:
Nach dem ohmschen Gesetz ergibt sich:

$$I = \frac{U}{R}$$

I elektrische Stromstärke
U elektrische Spannung
R elektrischer Widerstand

Bei einer Spannung von 12 V und einem Körperwiderstand von 60 000 Ω ergibt sich:

$$I = \frac{12\ \text{V}}{60\,000\ \Omega} = 0{,}002\ \text{A} = \underline{0{,}2\ \text{mA}}$$

Bei einer Spannung von 400 V und einem Körperwiderstand von 1000 Ω ergibt sich:

$$I = \frac{400\ \text{V}}{1000\ \Omega} = 0{,}4\ \text{A} = \underline{400\ \text{mA}}$$

Merke: Bereits bei einem Strom von I = 50 mA können Muskelverkrampfungen eintreten, die es der betroffenen Person unmöglich machen, sich selbstständig von der Spannungsquelle zu lösen.

[1] Axlesplit (engl.): getrennte Achsenantriebe

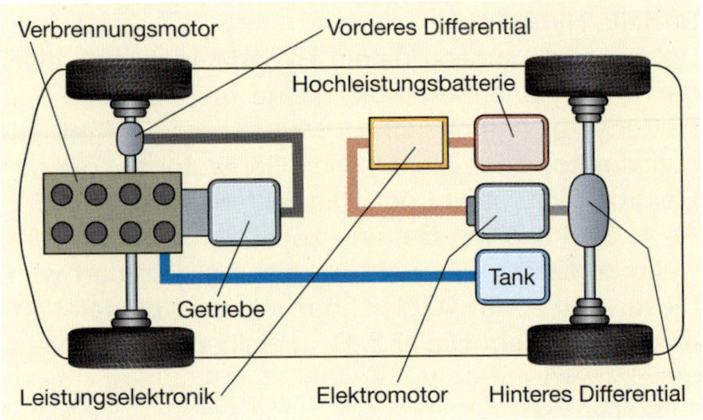

1 Axlesplit-Hybrid

Weg des Stroms	Körperwiderstand R in Ω
von einer Hand zur anderen Hand	1000
von Hand zur Brust	450
von Hand zum Fuß	1000

2 Körperwiderstand des menschlichen Körpers bei unterschiedlichen Wegen des elektrischen Stroms

3 Warnschild für Hochvoltanlagen

Deshalb sind HV-Anlagen mit einem Warnschild gekennzeichnet, siehe Bild ➔ 3.

Anforderungen an Karosserie- und Fahrzeugbaumechaniker

Arbeiten an HV-Anlagen dürfen nur durch qualifizierte Personen ausgeführt werden. Für diese Arbeiten gibt es drei Qualifizierungsstufen.

Qualifizierungsstufe 1:
Die Mitarbeiter werden über die Gefahren im Umgang mit HV-Fahrzeugen informiert. Es wird empfohlen, außer Karosserie- und Fahrzeugbauern auch beispielsweise Verkaufspersonal zu schulen.
Technisches Personal ist nach Absolvieren der Qualifizierungsstufe 1 berechtigt, Arbeiten auszuführen, die nicht mit dem HV-System des Fahrzeugs/der Maschine in Verbindung stehen. Diese Personen dürfen also beispielsweise an der Karosserie arbeiten, Service-Dienstleistungen ausführen, Reifen wechseln und Ähnliches.

Qualifizierungsstufe 2:
Nach Absolvieren der Qualifikationsstufe 2 ist der Mitarbeiter berechtigt, folgende Arbeiten auszuführen:
- HV-Systeme freischalten und in Betrieb nehmen
- HV-Komponenten ausbauen und tauschen

Qualifizierungsstufe 3:
Inhaber der Qualifizierungsstufe 3 sind berechtigt, an HV-Systemen zu arbeiten, die unter Spannung stehen. Stellt ein Inhaber der Qualifizierungsstufe 2 beim Freischalten fest, dass noch eine Spannung anliegt, so muss die Fehleruntersuchung von einem Mitarbeiter mit Qualifizierungsstufe 3 durchgeführt werden.

Sicherheitsmaßnahmen
Sicherheitsmaßnahmen, bevor an Fahrzeugen/Maschinen mit HV-Anlagen gearbeitet werden kann:
- HV-Anlagen müssen spannungsfrei geschaltet werden; an Bauteilen, an denen gearbeitet werden soll, darf keine Spannung anliegen. Dafür ist der Trennstecker, auch **Wartungsstecker** genannt, zu ziehen, siehe Bild ➔ 1. Der Karosserie- und Fahrzeugbaumechaniker trägt dabei spezielle Handschuhe, die elektrisch isolieren und temperaturresistent sind, siehe Bild 1a, Seite 166. Die Kontakte sind im Gehäuse des Steckers zurückversetzt, damit sich beim Abziehen des Steckers kein Lichtbogen zwischen den Kontakten bilden kann.
- HV-Anlage gegen Wiedereinschalten sichern; spannungsfrei geschaltetes Fahrzeug kennzeichnen.

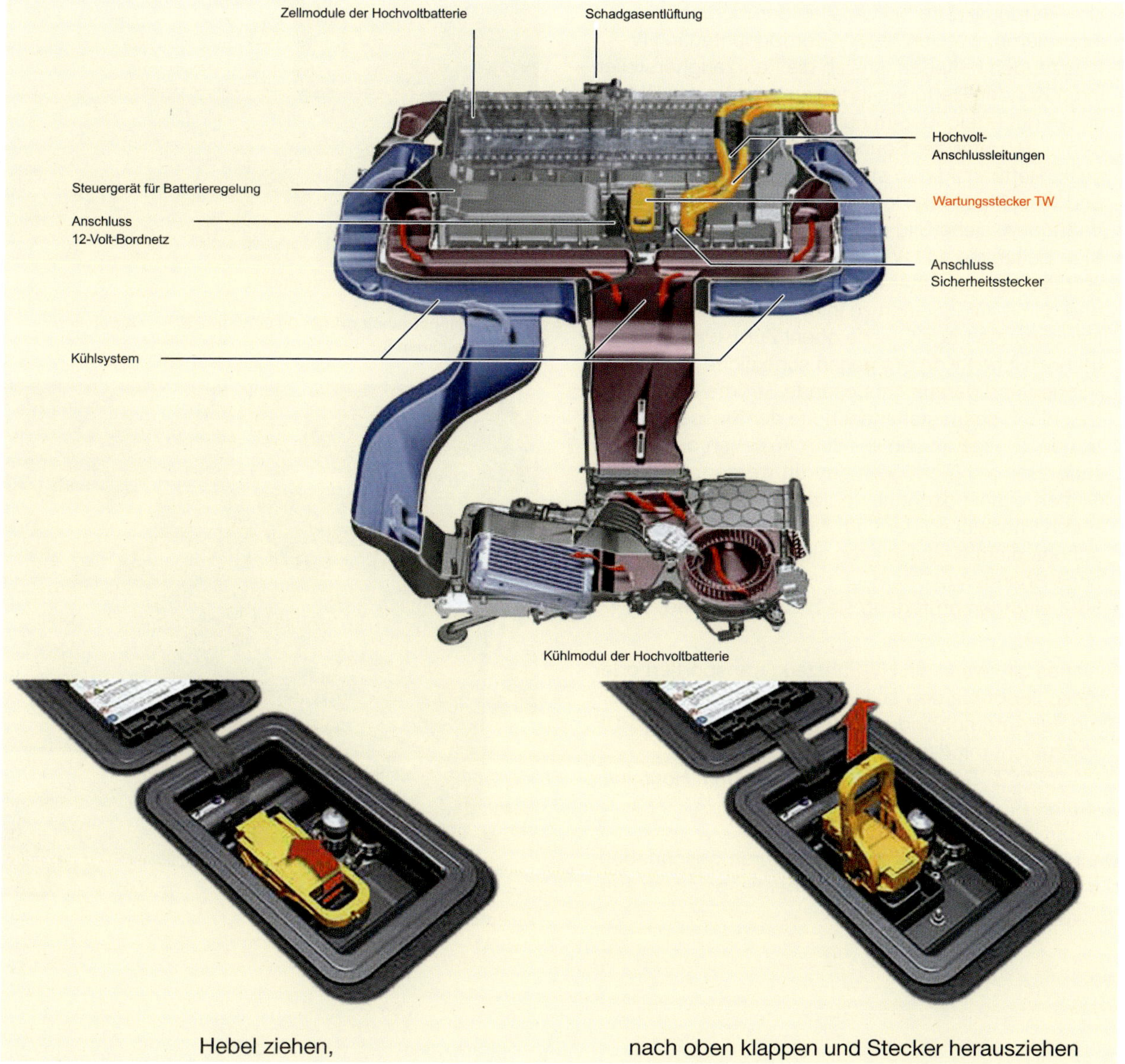

1 Wartungsstecker

- Arbeitsplätze, an denen an HV-Fahrzeugen gearbeitet wird, sind durch Absperrbänder kenntlich zu machen. In manchen Firmen werden solche Arbeiten in getrennten Boxen durchgeführt.
- Spannungsfreiheit feststellen, prüfen; Aufsteller auf dem Fahrzeug zeigen an, ob es spannungsfrei geschaltet ist, siehe Bild → 1.
- Fahrzeug erden und kurzschließen, falls erforderlich/sinnvoll; Betriebsvorschriften beachten!
- Bauteile, die unter Spannung stehen, gegen versehentliche Berührung sichern, beispielsweise durch Abdecken.
- Aus Sicherheitsgründen auch die 12-Volt-Batterie abklemmen.
- Potenzialausgleichsprüfung; die schwarze Messspitze wird dabei an die Karosserie gehalten, die rote an das Gehäuse des HV-Bauteils, siehe Bild → 2. Dabei darf kein Übergangswiderstand messbar sein.
- Um Rettungskräfte bei Unfällen darüber zu informieren, wo sich die HV-Komponenten in HV-Fahrzeugen befinden, stellen die Fahrzeughersteller ihren Kunden Rettungskarten zur Verfügung. Diese sollen gut erreichbar im Fahrzeug mitgeführt werden, z. B. unter der Sonnenblende auf der Fahrerseite. Rettungskarten stehen auf Herstellerseiten und verschiedenen Portalen zum Download zur Verfügung, siehe Bild → 1, Seite 167.
- Mitarbeiter, die an HV-Fahrzeugen arbeiten, sind verpflichtet, sich über Maßnahmen zur Sicherheit und damit zur Isolation zu informieren. Unbedingt Handschuhe tragen, siehe oben! Zur Isolation des menschlichen Körpers gegen schädliche Spannungen und daraus entstehende Ströme sind zum Beispiel Sicherheitshandschuhe der Klasse 0 zu tragen. Diese müssen vor dem Anziehen durch Aufblasen auf Dichtigkeit geprüft werden. Sind die Sicherheitshandschuhe undicht, zeigt sich das durch Entweichen der Luft. Nur wenn die Handschuhe dicht sind, isolieren sie gegen die elektrische Spannung.
- HV-Leitungen prüfen, ob sie beschädigt sind.

Gleiches gilt, wenn ein HV-Fahrzeug transportiert oder abgeschleppt werden soll. Speziell dazu hat der Verband der Automobilindustrie (VDA) ein Download-PDF veröffentlicht mit dem Titel:
„Unfallhilfe & Bergen bei Fahrzeugen mit Hochvolt-Systemen“.

Darin werden die potenziellen Gefahren beschrieben, die von HV-Komponenten und -Energiespeichern ausgehen.

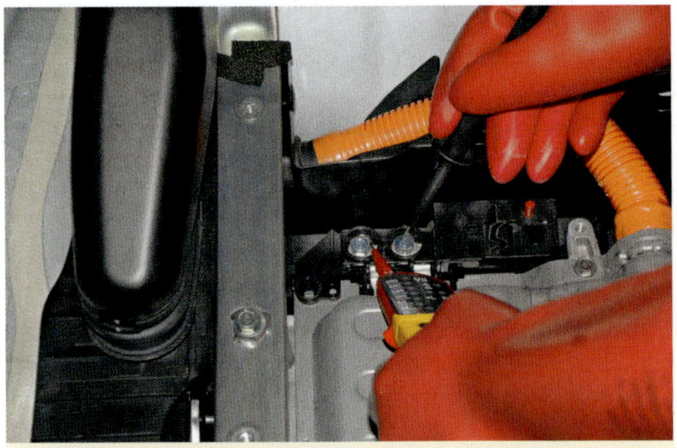

a) Spannungsfreiheit prüfen

b) Mit Aufstellern kennzeichnen

1 Spannungsfreiheit prüfen (a) und mithilfe von Aufstellern kennzeichnen (b)

2 Potenzialausgleichsprüfung

e-up!
(ab 2013)

Antrieb und Hochvoltsystem deaktivieren

Antrieb und Hochvoltsystem deaktivieren
(Motorraum zugänglich)

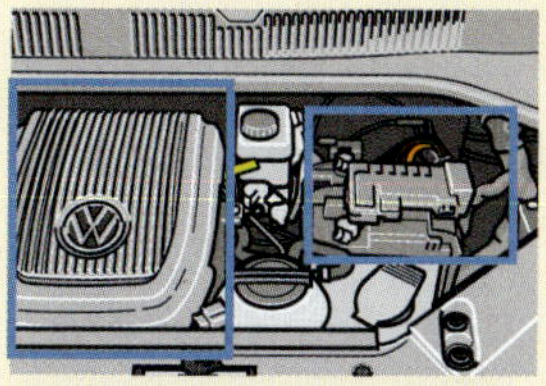

1. **12-V-Batterie abklemmen**
2. **Designabdeckung entfernen**

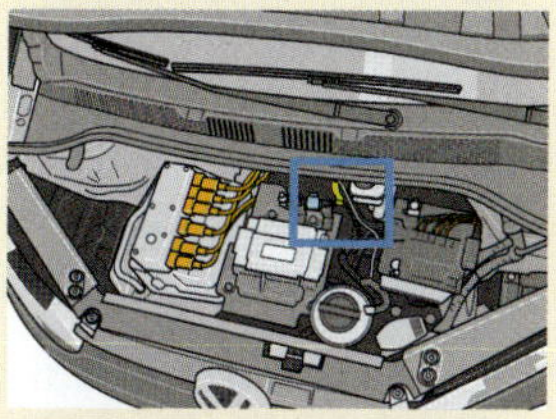

3. **Rettungstrennstelle lokalisieren**

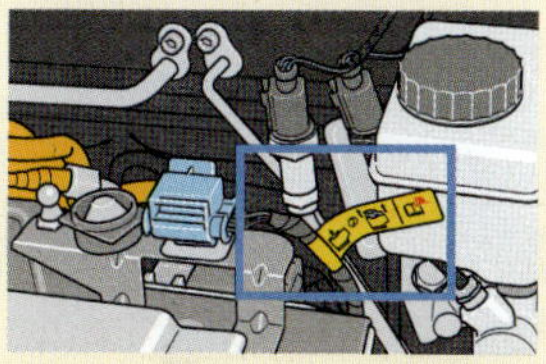

4. **Rettungstrennstelle öffnen**
   Vorgehensweise ist auf dem Label beschrieben!

Das Hochvoltsystem ist nach dem Deaktivieren innerhalb von ca. 20 Sekunden spannungsfrei. Die passiven Sicherheitssysteme wie Airbags und Gurtstraffer sind dann deaktiviert.

U

e-up! (ab 2013)

An der Ladesäule angeschlossenes Fahrzeug

Fahrzeug entriegeln. Das Ladekabel vom Fahrzeug trennen und ggf. bei schweren Unfällen das Hochvoltsystem des Fahrzeugs deaktivieren (siehe unter „Fahrzeug deaktivieren“)!

Stand: 11/2013, Volkswagen AG Seite 3 von 3

1 Auszug aus einer Rettungskarte

3.16.2.2 Starterbatterie

Früher diente die Batterie ausschließlich zum Starten des Motors. Deshalb wird diese Batterie auch heute noch Starterbatterie genannt. In modernen Kraftfahrzeugen sind viele weitere elektrische Bauelemente eingebaut, die bei stehendem Motor ebenfalls von der Batterie mit elektrischem Strom versorgt werden. „Läuft" der Motor, übernimmt der Generator die Stromversorgung und lädt zusätzlich die Starterbatterie auf.

Das Anlassen eines Verbrennungsmotors durch den elektrischen Anlassermotor erfordert kurzzeitig hohen Strom von mehreren hundert Ampere bis zu tausend Ampere. Die Batterie muss in der Lage sein, diesen Strom zu liefern.
Im Winter sind die Anforderungen an eine Batterie besonders hoch. Entgegen der allgemeinen Meinung mag es die Batterie lieber kalt. Für die Lebensdauer bedeutet das, dass die Batterie im heißen Sommer mehr verschleißt als im kalten Winter. Jedoch wird ihr beim Start im Winter, unter anderem durch die Zähflüssigkeit des kalten Motoröls, deutlich mehr abverlangt als im Sommer. Daher kommt es oft erst im Winter zum Ausfall.

Eine Batterie besteht im Wesentlichen aus, siehe Bild → 1:
- einem säurefesten Gehäuse
- Platten aus Blei:
  - Plusplatten, die miteinander verbunden sind und einen positiven Plattensatz bilden
  - Minusplatten, die miteinander verbunden sind und einen negativen Plattensatz bilden

Jeweils vier Plusplatten und vier Minusplatten sind dicht ineinander geschachtelt und ergeben einen **Plattenblock**. Dazwischen befinden sich Separatoren (Isolatoren), die verhindern, dass sich die Platten berühren – sie verhindern Kurzschluss.

Jeder Plattenblock weist eine Nennspannung von 2,11 V auf. In Reihe geschaltet, ergeben
- drei Plattenblöcke: 6 V
- sechs Plattenblöcke: 12 V
- zwei (baugleiche) 12-Volt-Batterien: 24 V

Zwischen den Zellen ist eine Füllung aus 38-prozentiger Schwefelsäure (H_2SO_4) und destilliertem Wasser als Elektrolyt. Dieser Elektrolyt ist eine Strom leitende Flüssigkeit und dient als Ionenleiter.

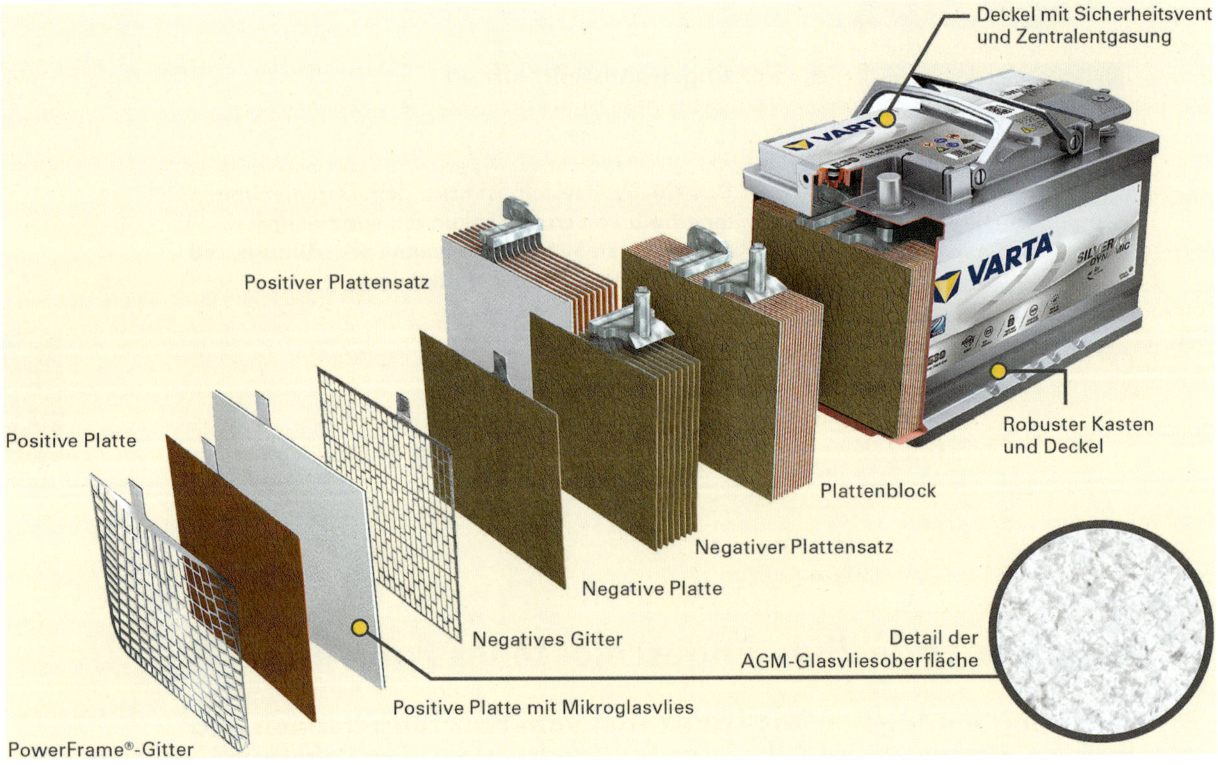

1 Wartungsfreie 12-V-Batterie

Die Anschlüsse und Plattenverbinder bestehen u. a. bei Starterbatterien aus metallischem Blei.

Batterien werden in zwei Bauarten unterteilt:
- geschlossene Batterie
- verschlossene Batterie

Die **geschlossene Batterie** enthält Schwefelsäure als Elektrolyt. Die Schwefelsäure ist frei beweglich, die entstehenden Gase können durch Öffnungen im Deckel entweichen. Entstehendes Gas kann nur austreten, wenn ein gewisser Wert den Druck übersteigt. Das Nachfüllen von Schwefelsäure ist nicht möglich.

Die **verschlossene Batterie** ist der Elektrolyt in einem Glasvlies (**AGM-Batterie**[1]) festgesaugt, wie in Bild ➔ 1, Seite 168, oder in gelierter Form (**Gel-Batterie**[2]). Beide Arten Elektrolyt sind fest und können sich nicht frei bewegen.

Die AGM-Batterie ist für die Start-Stopp-Funktion gut geeignet, weil sie viele Vorteile hat: Sie ist auslaufsicher, wartungsfrei und rüttelfest, sie besitzt eine sehr gute Startkraft, auch bei geringem Ladezustand, sie bietet eine hohe Zyklenfestigkeit (wiederholtes Auf- und Entladen) und hohe Lebensdauer.

Außerdem ist die AGM-Batterie wieder schnell aufladbar; somit kann sie auch bei weiteren kraftstoffsparenden Technologien eingesetzt werden, z. B. bei der Bremsenergie-Rückgewinnung (Rekuperation), wo ein Teil der Bewegungsenergie des Fahrzeugs in elektrische Energie umgewandelt wird, die in die Batterie eingespeist wird. Oder beim temporären Entkoppeln des Generators (passiver Boost), um die gesamte Motorleistung für die Beschleunigung des Fahrzeugs nutzen zu können.

Batterien verbrauchen Wasser und müssen gewartet werden. Hinsichtlich der Wartung werden Batterien unterteilt in:
- konventionelle Batterie
- wartungsarme Batterie
- wartungsfreie Batterie
- absolut wartungsfreie Batterie (AGM-Batterie, Gel-Batterie)

Jedes Fahrzeug benötigt eine Batterie, die auf die unterschiedlichen Anforderungen genau abgestimmt ist. Ein wichtiges Auswahlkriterium ist die Kapazität und die Spannung, die benötigt wird.

Die Kapazität einer Batterie wird in Amperestunden (Ah) angegeben.

[1] AGM = Absorberbent Glass Mat: der flüssige Elektrolyt wird durch ein Glasvlies gebunden, sodass er nicht mehr flüssig ist

[2] Gel-Batterie: Durch Zugabe von Kieselsäure zur Schwefelsäure entsteht ein gelartiger Elektrolyt

Beispiel:
Wenn auf einer Batterie steht: 36 Ah, dann kann die Batterie: 36 Stunden lang eine Stromstärke von 1 A liefern oder 1 Stunde lang eine Stromstärke von 36 A liefern.

Beispiele für die Kapazität von Starterbatterien
- Motorroller: 50 cm^3: 6 Ah (12/6 V)
- Motorrad: 6 Ah bis 19 Ah (12/6 V)
- Kleinwagen: 36 Ah (12 V)
- Pkw (Kompaktklasse): 50 Ah (12 V)
- Pkw (Mittelklasse): 70 Ah (12 V)
- Pkw (Oberklasse): 120 Ah (12 V) und mehr (12 V, 24 V)
- Lkw (bis 7,5 t): 175 Ah und mehr (12 V, 24 V)
- Lkw (ab 7,5 t): bis 225 Ah

Achtung:
Wird die Batterie getauscht, muss die neue Batterie die gleichen Eigenschaften besitzen.

Beispiele:
- Für eine Gel-Batterie muss wieder eine Gel-Batterie verbaut werden, denn Lade- und Entladeverfahren sind auf diesen Batterietyp ausgelegt.
- Die Batterien, die im Innenraum verbaut war, muss auch wieder eine explosionsgeschützte sein.

Wird eine falsche Batterie eingebaut,
- führt dies schnell zu Leistungsverlust und stark verkürzter Lebensdauer der Batterie,
- kann das Fahrzeug beschädigt werden und
- es kann die Gesundheit der Insassen gefährden.

Den Ladezustand einer Batterie kann man feststellen an der
- Klemmenspannung
- Säuredichte

Die **Klemmenspannung** wird mit einem Multimeter gemessen. Anhand der gemessenen Spannung kann der ungefähre Ladezustand abgelesen werden, siehe Bild ➔ 1.

ungefährer Ladezustand in %	Klemmenspannung in V	Säuredichte in g/cm^3
100	12,7	1,28
75	12,45	
50	12,24	1,18
25	12,06	
0	> 10,5	1,05

1 Ladezustände einer Batterie

GEMEINSAMES BEIDER FACHRICHTUNGEN

Die **Säuredichte** kann bei Batterien gemessen werden, deren Batteriezellen mit Stopfen verschlossen sind (**geschlossene Batterien**). Von jeder Batteriezelle wird die Konzentration der Schwefelsäure in der Batterieflüssigkeit gemessen als spezifische Masse in kg/dm^3. Dazu wird ein Säureprüfer (Ladespindel, Säureheber) verwendet, auf dem sich eine entsprechende Skala befindet, siehe Bild → 1. Beim Entladen der Batterie sinkt die Säuredichte, siehe Bild → 1, Seite 169.

Achtung:
Beim Messen der Säuredichte müssen die Zellen geöffnet und eine Probe des Elektrolyten angesaugt werden. Das ist nur bei ausreichender Erfahrung zu empfehlen. Unbedingt die UVV beachten. Bedienungsanleitung des Säureprüfers beachten.

Bei einer wartungsfreien, vollgekapselten Batterie ist diese Prüfung nicht möglich.

Gründe für eine defekte Batterie können sein:
- Tiefentladung
- Überladung
- Schlammbildung
- Zellenschluss
- Zellenausfall

Tiefentladung
Tiefentladung entsteht, wenn von der Batterie die gesamte Kapazität entnommen wird (Ladezustand = 0 %), weil:
- Verbraucher noch in Betrieb sind, nachdem der Motor abgeschaltet wurde (Beleuchtung, Standheizung-Gebläße)
- sich Steuergeräte nicht abschalten, wenn die Zündung ausgeschaltet ist, z. B. durch einen defekten Sensor
- die Batterie während der Fahrt nicht durch den Generator geladen wird
- der Batterie in kurzer Zeit sehr viel Strom entnommen und in Wärme umgesetzt, z. B. bei einem Kurzschluss in der elektrischen Anlage
- mehr Strom verbraucht wird, als vom Generator geliefert werden kann; besonders im Winter sollte bei Kurzstreckenfahrten auf Heckscheibenheizung, Sitzheizung, Radio, TV, DVD, Kühlschrank, -box verzichtet werden
- sich die Batterie selbst entlädt; eine Batterie verliert täglich bis zu 1 % Ladung durch **Selbstentladung**.

Bei jeder Tiefentladung wird die Batterie geschädigt; je länger sie entladen ist, umso mehr wird sie geschädigt. Bei jeder Tiefentladung verliert die Batterie ein bisschen ihrer Leistung. Somit verringert sich die Lebensdauer.

1 Säureprüfer

Überladung
Überladung bedeutet, dass eine Batterie, die zu 100 % geladen ist, weiter geladen wird. Dies geschieht, wenn der Generatorregler defekt ist. Dann wird die Batterie regelrecht „gekocht".

Bei der Überladung kommt es zur **Gasung** der Batterie. Bei Gasung wird das Wasser, das in der verdünnten Schwefelsäure enthalten ist, elektrolytisch zersetzt – es entstehen Sauerstoff und Wasserstoff, die zusammen hochexplosives Knallgas bilden.

Achtung Explosionsgefahr:
In der Nähe von Batterien sind daher Funken, offenes Licht und heiße oder glühende Gegenstände zu vermeiden.

Weitere Sicherheitshinweise siehe Bild → 1, Seite 171.

Schlammbildung
Durch das ständige Laden und Entladen der Batterie während des Betriebs werden die eingepressten Stoffe Blei, Bleidioxid oder Bleisulfat ständig chemisch verändert. Dadurch lockert sich allmählich die Pressung. Ähnliches geschieht durch Erschütterungen beim Fahren. Die eingepressten Stoffe fallen aus und bilden einen Bodensatz (Bleischlamm). Diese Erscheinung wird in der Umgangssprache als **Verschlammung der Zellen** bezeichnet. Dabei verliert die Batterie gleichzeitig Kapazität.

Eine Starterbatterie hat eine Lebensdauer von ca. 5 bis 8 Jahren.

Zellenschluss
In Starterbatterien mit flüssigem Elektrolyt sind am Boden Mulden vorhanden, in denen sich der Schlamm sammelt. Irgendwann sind die Mulden voll oder die Batterie wird schräg transportiert und hingestellt – dann berührt der Bodensatz die Minus- und Plusplatten und es kommt zum Kurzschluss in einer oder mehreren Zellen. Man bezeichnet die Batterie dann auch als **„zusammengefallen"**; das bedeutet das Ende der Lebensdauer der Batterie.

Zellenausfall

Ferner wandeln sich im Laufe der Nutzung die positiven Bleigitter in Bleidioxid um, genannt **Gitterkorrosion**. Ab einer gewissen Schwelle unterbricht die Gitterkorrosion die Stromableiter, der sogenannte **Plattenbruch** – dann fällt die Zelle der Batterie plötzlich aus.

Sicherheitshinweise

Bild ➔ 1 zeigt Hinweise zum sicheren Umgang mit Batterien.

3.16.2.3 Batterietester

Eine 12-V-Starterbatterie kann mit einem tragbaren Batterietester geprüft werden, siehe Bild ➔ 2.
Zum Prüfen werden die beiden Anschlüsse des Testgerätes an die Batterie geklemmt. Nach Einschalten des Gerätes werden Batteriespannung, Startleistung und Batteriezustand angezeigt.

Der Batterietester kann auch eingesetzt werden, um bei Generatoren mit 12 V Nennspannung die Reglerspannung zu messen und den Diodenzustand zu prüfen.
Die Spannungsversorgung des Testers erfolgt aus der zu prüfenden Batterie.
Der Batterietester verfügt über eine übersichtliche 8-zeilige LCD-Anzeige mit Hintergrundbeleuchtung und dokumentiert die Testergebnisse auf einem Thermodrucker.

Vorteile des Batterietesters:

- Versorgung des Testers erfolgt aus der zu prüfenden Batterie mit Schutz gegen Verpolung und Überspannung
- Schutz gegen senkrecht fallendes Tropfwasser (Schutzart IP 31)
- nicht belastender Test von 12-V-Starterbatterien in 10 s
- menügeführte Bedienung
- automatischer Testablauf
- eindeutige Testaussagen → Batterie o. k. → Batterie defekt
- netzunabhängige, 8-zeilige Anzeige mit Hintergrundbeleuchtung
- optionaler Thermodrucker zum Drucken der Testergebnisse
- einfache Handhabung

Die Batteriespannung kann ebenfalls mit dem Vielfachmessgerät gemessen werden, vgl. Kap. 3.15.2.

Zum Austauschen der Fahrzeugbatterie siehe 2. US, 31702 Seite 12.

Zeichen	Hinweise
	Halten Sie Kinder von Säure und Batterien fern!
	Bei der Ladung von Batterien entsteht ein (hochexplosives) Knallgasgemisch.
	Feuer, Funken, offenes Licht sind zu vermeiden und Rauchen ist verboten. Vermeiden Sie Funkenbildung beim Umgang mit Kabeln und elektrischen Geräten sowie durch elektrostatische Entladung. Vermeiden Sie Kurzschlüsse!
	Batteriesäure ist stark ätzend, tragen Sie deshalb Schutzhandschuhe und Augenschutz. Batterien dürfen nicht gekippt werden, da aus den Entgasungsöffnungen Säure austreten kann.
	Tragen Sie einen Augenschutz!
	Erste Hilfe: Spülen Sie Säurespritzer im Auge sofort einige Minuten mit klarem Wasser. Suchen Sie danach unverzüglich einen Arzt auf. Säurespritzer auf Haut oder Kleidung müssen sofort mit Säureumwandler oder Seifenlauge neutralisiert und mit viel Wasser nachgespült werden.
	Setzen Sie Batterien nicht ungeschützt dem direkten Tageslicht aus. Entladene Batterien können einfrieren; deswegen: Batterien frostfrei lagern!
	Entsorgung: Geben Sie Altbatterien bei einer Sammelstelle ab!

1 Sicherheitshinweise beim Umgang mit Batterien

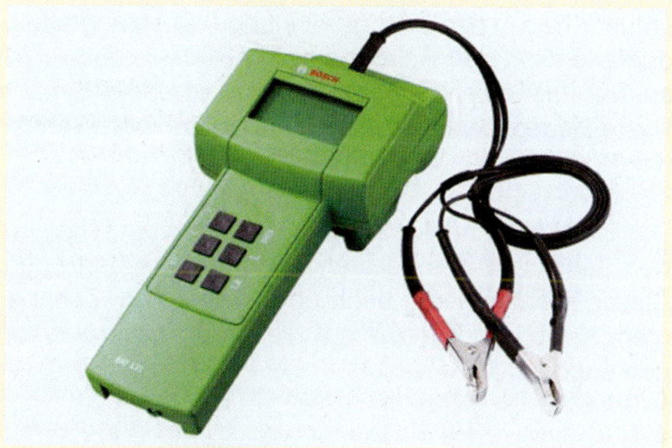

2 Batterietester mit Drucker

3.17 Starteranlage

Bauteile der Starteranlage

Die Verbrennungsmotoren in Kraftfahrzeugen benötigen zum Anlauf eine Startunterstützung – eine Starteranlage.

Verbrennungsmotoren benötigen eine gewisse Startdrehzahl:
- bei Ottomotoren: 60 $^1/_{min}$ bis 100 $^1/_{min}$
- bei Dieselmotoren: 80 $^1/_{min}$ bis 200 $^1/_{min}$

Die Startdrehzahl ist notwendig, damit der Verbrennungsmotor eigenständig „laufen" kann. Beim Ottomotor wird damit das nötige Benzin-Luft-Gemisch erzeugt, beim Dieselmotor wird die Selbstzündertemperatur erreicht.

Eine Starteranlage besteht aus:
- Starter
- Schalt- und Steuergeräten
- Batterie
- Verkabelung

Starter

In Kraftfahrzeugen ist meist der **Schub-Schraubtrieb-Starter** eingebaut. Er besteht aus, siehe Bild → 1:
- Elektromotor
- Einrückrelais
- Einspurvorrichtung

Einspuren nennt man den Vorgang, den das Ritzel macht, um an den Zahnkranz einzurasten.

Der Elektromotor ist ein Gleichstrommotor. Seine Drehzahl wird ohne Untersetzung direkt auf die Einspurvorrichtung übertragen.

Über das Zündschloss wird das Einrückrelais angesteuert. Das in der Einzugswicklung (13) erzeugte Magnetfeld zieht den Relaisanker mit Rückstellfeder (14) an, der das Ritzel (17) mit dem Einrückhebel (15) nach vorne gegen den Anschlagring (19) schiebt (Schubweg).

Das Drehmoment des Starters wird über ein Ritzel auf den Zahnkranz des Verbrennungsmotors übertragen. Dieses Moment kann auch über Keilriemen, Zahnriemen, Ketten oder direkt auf die Kurbelwelle übertragen werden.

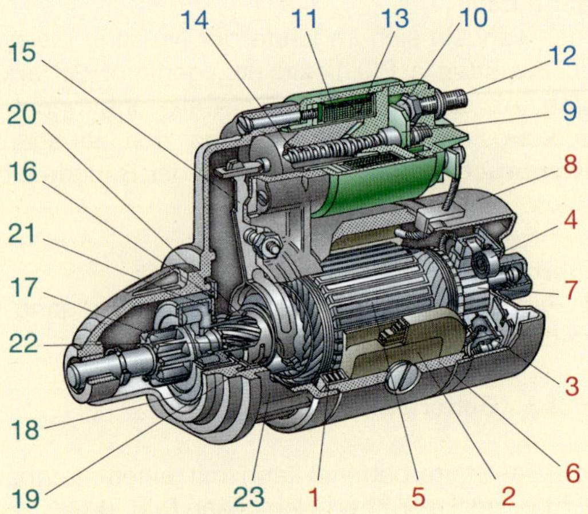

Elektromotor, bestehend aus:
- Erregerwicklung (1)
- Polschuh (2)
- Kohlebürste (3)
- Bürstenfeder (4)
- Anker (5)
- Polgehäuse (6)
- Kollektor (7)
- Kollektorlager (8)

Einrückrelais, mit:
- Kontaktbrücke (9)
- Kontakt (10)
- Haltewicklung (11)
- Anschlussbolzen (12)
- Einzugswicklung (13)
- Rückstellfeder (14)

Einspurvorrichtung, bestehend aus:
- Einrückhebel (15)
- Bremsscheibe (16)
- Ritzel (17)
- Rollenfreilauf (18)
- Anschlag (19)
- Einspurfeder (20)
- Mitnehmer (21)
- Steilgewinde auf Ankerwelle (22)
- Führungsring (23)

1 Schub-Schraubtrieb-Starter

Beim Start muss das Ritzel in den Zahnkranz einspuren. Im Idealfall trifft ein Zahn des Ritzels der Einspurvorrichtung auf eine Zahnlücke des Zahnkranzes vom Verbrennungsmotor, wodurch die Verbindung zwischen Starter und Verbrennungsmotor hergestellt wird.

Bei der Bewegung des Ritzels in Richtung Zahnkranz schließt der Anker mit Rückstellfeder (14) der Einzugswicklung (13) über die Kontaktbrücke (9) den Hauptstromkreis des Startermotors (Gleichstrom-Elektromotor). Dieser beginnt sich zu drehen und treibt über das Ritzel den Zahnkranz des Verbrennungsmotors an. Dadurch beginnt der Verbrennungsmotor, sich zu drehen.

Der Elektromotor kann kurz vor Anlauf des Verbrennungsmotors, also zu Beginn des Startvorgangs, weit über 100 A Strom aufnehmen. Er hat keine Kühlrippen und darf nur für kurze Zeit betrieben werden.

Beim Loslassen des Zündschlüssels wird der Strom für das Einrückrelais unterbrochen.
Die Rückstellfeder (14) drückt den Relaisanker zurück – dadurch wird die Kontaktbrücke geöffnet. Die Rückstellfeder sorgt für ein Ausspuren des Ritzels. Der Starter läuft aus und ist wieder in Ausgangsstellung.

Nach dem Anspringen kann der Verbrennungsmotor im Selbstlauf schnell auf hohe Drehzahl beschleunigen. Ein Rollenfreilauf hebt dann den Kraftschluss zwischen Ritzel und Anker auf, um den Anker vor Überdrehzahl und den damit verbundenen Fliehkräften zu schützen.

Schalt- und Steuergeräte in Starteranlagen

Starteranlagen für Pkws

Die Schaltung von Starteranlagen für Pkws ist relativ einfach aufgebaut. Es ist akustisch nachzuvollziehen, dass der Motor nach erfolgreichem Starten läuft. Ein unbeabsichtigtes Starten des Motors ist unwahrscheinlich.

Deshalb sind in Pkws keine Schutz- und Überwachungsgeräte für den Startvorgang erforderlich. In vielen neueren Autos sind Zündstartschalter mit Wiederholsperre eingebaut, um das versehentliche Starten bei schon laufendem Motor zu verhindern.

Starteranlagen für Nutzfahrzeuge

Nutzfahrzeuge haben Starteranlagen mit Nennspannung von 12 V bis 24 V. Bei Starteranlagen, die keine akustische Zustandsbestimmung des Verbrennungsmotors zulassen, z. B. Omnibusse mit Heckmotor, muss ein wirksamer Schutz für den Starter und den Zahnkranz vorhanden sein.

Die elektronische Startsperre schützt die Starteranlage in mehrfacher Hinsicht; sie
- schaltet nach erfolgreichem Start den Starter ab,
- lässt ein Wiederstarten bei laufendem Motor nicht zu,
- sperrt bei auslaufendem Motor,
- sperrt nach Fehlstart, wenn kein Motorselbstlauf eingetreten ist (Sperrzeit-Motorsteuergerät).

3.18 Bordnetze

Bestandteile von Bordnetzen

Das Bordnetz eines Kraftfahrzeugs besteht aus drei Hauptkomponenten:
- einer oder mehreren Batterien
- Generator
- elektrische und elektronische Energieverbraucher

Die **Batterie** als Energiespeicher liefert Energie, um
- den Fahrzeugmotor über den Starter zu starten,
- elektrische und elektronische Verbraucher des Bordnetzes mit Energie zu versorgen

Weitere Informationen zur Batterie siehe Kap. 3.16.2.

Der **Generator** ist der Energiewandler. Bei laufendem Motor liefert er die Energie für **elektrische und elektronische Energieverbraucher** sowie zum Laden der Batterie. Bei fehlender oder unzureichender Generatorleistung (Motorstillstand, Leerlauf) übernimmt die Batterie die Energieversorgung der Verbraucher.

Beim Fahren können also zwei Fälle vorkommen:
- Die angeforderte Leistung des Bordnetzes ist kleiner als die lieferbare Leistung des Generators, d. h., die Batterie wird ausreichend aufgeladen.
- Die angeforderte Leistung des Bordnetzes ist höher als die lieferbare Leistung des Generators, d. h., die Batterie wird entladen – die Spannung bricht ein. In diesem Fall erreicht die Bordnetzspannung den Wert der Batteriespannung bzw. einen niedrigeren.

Für einen zuverlässigen Bordnetzbetrieb ist eine genaue Abstimmung zwischen Batterie, Generator und Verbrauchern notwendig.

Die Batterie muss ständig geladen werden, unabhängig von Fahrzyklus und Fahrergewohnheiten.

In diesem Kapitel werden behandelt:
- Ein-Batterie-Bordnetz
- Zwei-Batterien-Bordnetz
- Bordnetze für Nutzfahrzeuge
- weitere Komponenten für Bordnetze

Ein-Batterie-Bordnetz

Im Ein-Batterie-Bordnetz ist nur eine Batterie verantwortlich für den Startvorgang und für die Bordnetzversorgung, siehe Bild ➔ 1.

Während des Startens wird der Batterie ein hoher Strom entnommen, ca. 300 A bis 500 A. Der mit dem Starten verbundene Spannungsabfall an der Batterie sollte möglichst gering sein, um die elektronischen Bauteile zu schonen.

Im Fahrbetrieb fließen im Vergleich zum Startvorgang geringe Ströme. Für eine funktionsfähige Stromversorgung sind der Generator und die Kapazität der Batterie maßgebend.

Das Ein-Batterie-Bordnetz ist derzeit am meisten verbreitet, da es kostengünstig ist.

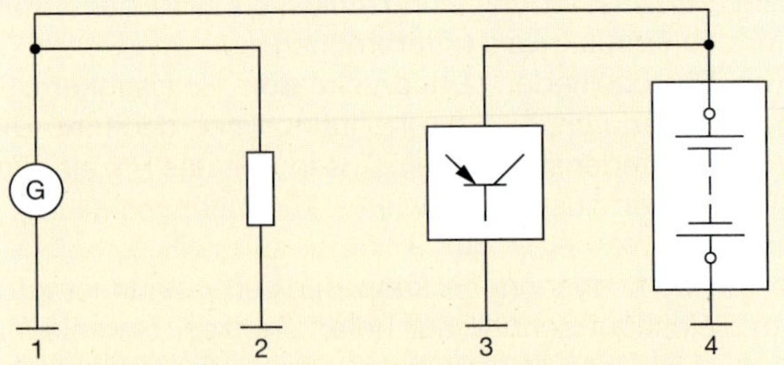

1 Generator
2 Verbraucher mit hoher Leistungsaufnahme
3 Verbraucher mit geringer Leistungsaufnahme
4 Batterie

1 Ein-Batterie-Bordnetz

Zwei-Batterien-Bordnetz

Das Zwei-Batterien-Bordnetz besteht aus:
- zwei Batterien:
  - Starterbatterie
  - Versorgerbatterie
- einem Lade-Trenn-Modul

Die **Starterbatterie** gewährleistet ein sicheres Starten des Motors, auch bei einem niedrigen Ladezustand der Versorgerbatterie im Bordnetz, siehe (2) in Bild ➔ 2. Sie verhindert damit einen großen Spannungseinbruch an den Verbrauchern. Die Starterbatterie sollte nie von den Verbrauchern belastet werden und dient ausschließlich zum Starten des Fahrzeugs. Die Starterbatterie ist auf eine hohe Leistungsdichte ausgelegt (hohe Leistung bei geringer Masse); so kann sie vom Volumen her klein sein und in die Nähe des Starters eingebaut werden.

Die **Versorgerbatterie** ist ausschließlich für die Versorgung des Bordnetzes mit Strom vorgesehen (ohne Starter), siehe (7) in Bild ➔ 2. Alle Bordnetzverbraucher werden durch sie mit Strom versorgt.

Die Kapazität der Versorgerbatterie richtet sich nach den
- möglich eingeschalteten Verbrauchern,
- den Verbrauchern bei stehendem Motor, z. B. Diebstahlwarnanlage und
- der zulässigen Entladetiefe der Batterie.

Starterbatterie und Versorgerbatterie sind über ein **Lade-Trenn-Modul** miteinander gekoppelt. Das Lade-Trenn-Modul wird auch **Bordnetzsteuergerät (BN-SG)** genannt, siehe (3) in Bild ➔ 2.

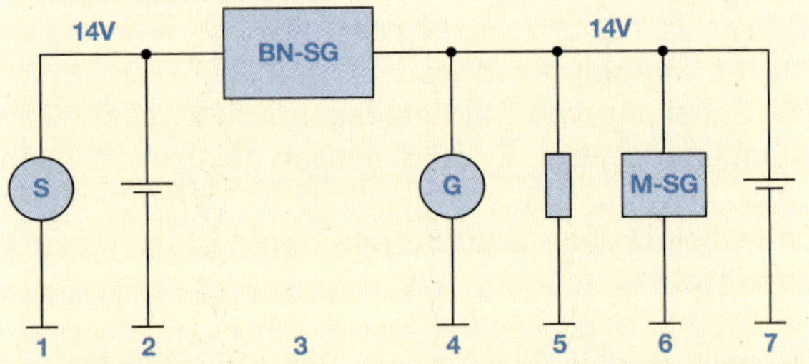

a) Schema

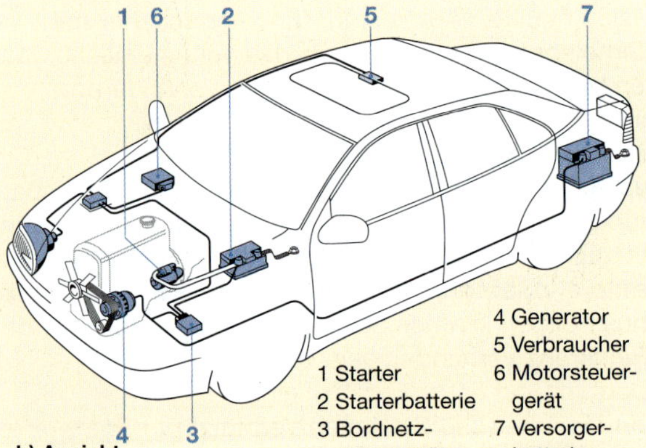

b) Ansicht
1 Starter
2 Starterbatterie
3 Bordnetzsteuergerät
4 Generator
5 Verbraucher
6 Motorsteuergerät
7 Versorgerbatterie

2 Zwei-Batterien-Bordnetz

Dieses Modul dient zur Ladung der Starterbatterie. Es reduziert den Ladestrom auf wenige Ampere und verhindert den Kurzschluss zwischen den Batterien.

Im Lade-Trenn-Modul befindet sich ein Relais. Das Relais wird geschlossen, wenn die Versorgerbatterie leer ist und sie die Spannung nicht gewährleisten kann, die zum Betrieb der Komponenten erforderlich ist. Nach dem Schließen des Relais fließt von der Starterbatterie zur Versorgerbatterie ein hoher Ausgleichstrom. Diese direkte Verbindung ist jedoch nur für den Notfall.

In einer weiteren möglichen Ausführung schaltet das Lade-Trenn-Modul für den Start des Motors diejenigen Verbraucher auf die jeweils volle Batterie, die für den Start relevant sind.

Der Einsatz eines Zwei-Batterien-Bordnetzes kann verschiedene Gründe haben:
- Die Bordnetzlast ist hoch dimensioniert und es besteht die Gefahr, dass die Ladebilanz der Batterie nicht immer positiv wird (mittlerer Ladezustand niedrig).
- Der Einbau einer großen Batterie ist aufgrund des Raummangels im Motorraum nicht möglich, wodurch die Startfähigkeit gefährdet sein könnte.

Nachteile des Zwei-Batterien-Bordnetzes:
- teuerer als das Ein-Batterie-Bordnetz
- zusätzliche Masse
- Lade-Trenn-Modul erforderlich

Bordnetze für Nutzfahrzeuge

Viele Nutzfahrzeuge haben eine kombinierte 12-Volt-/24-Volt-Anlage.

Die Versorgungsspannung der Verbraucher kann also sein:
- 12 V oder
- 24 V

Generator, Batterie und Verbraucher sind für eine **Spannung von 12 V** ausgelegt.
Im normalen Betrieb sind zwei 12-Volt-Batterien **parallel geschaltet**: Somit wird das Bordnetz mit 12 V versorgt.

Um größere Leistung abzugeben, wird der Starter mit einer **Nennspannung von 24 V** betrieben. Beim Betätigen des Starters schaltet ein Batterie-Umschalt-Relais automatisch beide 12-Volt-Batterien **in Reihe**. Dadurch steht dem Starter eine Spannung von 24 V zur Verfügung. Alle anderen Verbraucher werden auch weiterhin mit 12 V versorgt.

Nach Ausschalten des Starters schaltet das Batterie-Umschalt-Relais die Batterien wieder parallel. Im Fahrbetrieb lädt der 12-Volt-Generator beide Batterien wieder auf.

Bei diesem Bordnetz sind zu beachten:
- Die Kapazität der Batterien sollte gleich sein, damit ein gleichmäßiges Laden und Entladen erreicht wird.
- Die Anschlusskabel der Batterien sollten die gleiche Länge und den gleichen Querschnitt haben.

Weitere Komponenten im Bordnetz

In Bordnetzen von Lkws können noch weitere Schalter und Relais zum Einsatz kommen. Sie sind zum Teil auch in Pkw-Bordnetzen eingesetzt, und stehen dort als Sonderausstattung zur Verfügung.

Solche Komponenten sind:
- Batteriehauptschalter
- Batterietrennschalter
- Batterietrennrelais
- DC-AC-Spannungswandler
- DC-DC-Spannungswandler

Batteriehauptschalter

Batteriehauptschalter werden überwiegend in militärischen Fahrzeugen und Baufahrzeugen eingebaut, siehe Bild ➔ 1. Sie trennen die Batterie vollständig vom Bordnetz. So wird ausgeschlossen, dass
- wegen eines Isolationsfehlers an einer Leitung Kurzschluss oder Kriechstrom entsteht, wodurch die Batterie entladen wird, oder
- durch die entstehende Wärme ein Brand entsteht.

Wird der Zündschlüssel aus dem Zünd-Start-Schalter abgezogen, werden die elektrischen Leitungen stromlos, die vom Zünd-Start-Schalter zu Zündanlage, Steuergeräten, Heizungsgebläse usw. führen. Die Leitungen zu Starter, Zünd-Start-Schalter, Sicherungsverteiler und Lichtschalter stehen jedoch weiter unter Spannung.

Der Batteriehauptschalter wird in die Masseleitung (Minuspol) der Batterie eingebaut, und zwar in unmittelbarer Nähe der Batterie. Er ist von außen zugänglich und wird oft im Batteriekasten untergebracht.

Es gibt Batteriehauptschalter mit abziehbarem Schalthebel. Sie sind z. B. bei Gabelstaplern gesetzlich vorgeschrieben. Dadurch wird verhindert, dass das Fahrzeug von Unbefugten in Gang gesetzt wird. Gleichzeitig dienen diese Schalter als Diebstahlschutz.

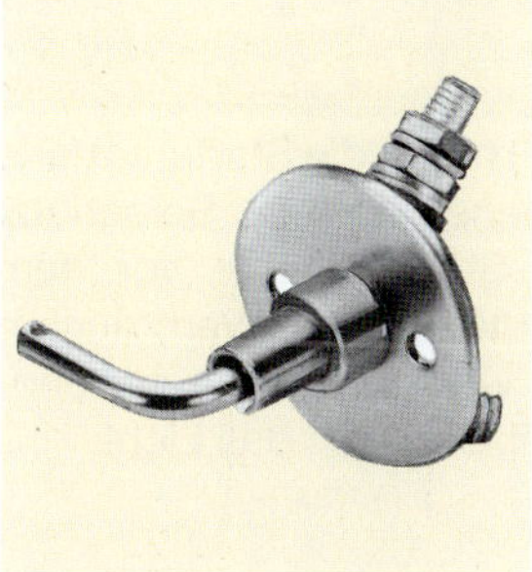

1 Batteriehauptschalter

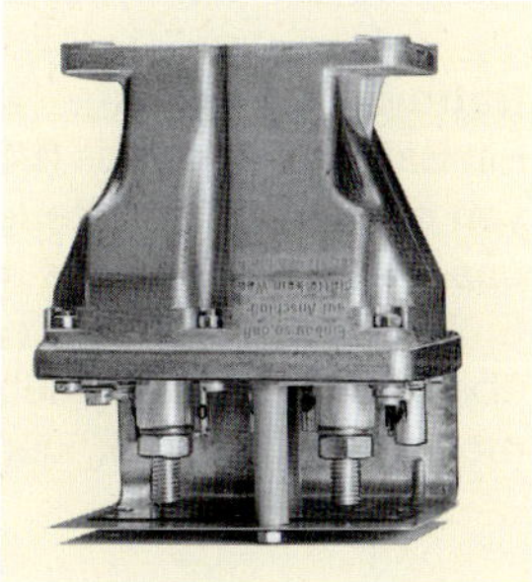

2 Batterierelais

GEMEINSAMES BEIDER FACHRICHTUNGEN

Bei Nutzfahrzeugen mit zwei oder mehr Batterien oder bei Fahrzeugen mit 24-Volt-Starteranlagen wird anstelle des handbetätigten Batteriehauptschalters ein Batterierelais eingesetzt. Das **Batterierelais** ist ein elektromagnetischer Schalter und wird in die Nähe der Batterien eingebaut, siehe Bild → 2, Seite 175.

Batterierelais werden vom Fahrersitz aus über einen Schalter betätigt; der Schalter steuert das Relais. Die Kontakte des Batterierelais werden in die PLUS-Leitung der elektrischen Anlage eingebaut.

Batterietrennschalter
Der Batterietrennschalter steuert ein Batterierelais an, das wiederum trennt das gesamte Bordnetz von der Batterie; er ist bei Fahrzeugen für den Transport bestimmter Gefahrgüter vorgeschrieben. So soll verhindert werden, dass sich bei einem Unfall freiwerdende gefährliche Stoffe entzünden oder explodieren; weitere Informationen siehe ADR[1].

Deshalb muss der Batterietrennschalter
- für den Fahrer leicht zugänglich sein, sich also im Fahrerhaus befinden,
- deutlich gekennzeichnet sein, z. B. roter Drehknopf, siehe Bild → 1,
- gesichert sein gegen unbeabsichtigte Betätigung, z. B. mit einer
  - Schutzabdeckung,
  - durch eine komplexe Bewegung zu betätigenden Einrichtung oder
  - anderen geeigneten Vorrichtung.

Sinnvoll sind auch zusätzliche Betätigungseinrichtungen außen am Fahrzeug; so können Hilfskräfte die Elektrik von außen stromlos schalten. Sie müssen aber deutlich durch ein Hinweiszeichen gekennzeichnet und gegen unbeabsichtigte Betätigung geschützt sein.

Der Batterietrennschalter schaltet ein **Batterierelais**, das das Bordnetz auch unter Last sicher trennt bzw. zusammenschaltet. Das Batterierelais muss so nahe wie möglich an der Batterie angebracht sein.

Batterietrennrelais
Ein Batterietrennrelais (**BSR**[2]) trennt die Starterbatterie von der Versorgerbatterie, siehe Bild → 2. So schützt das Batterietrennrelais die Starterbatterie vor dem Entladen, wenn bei stehendem Motor Verbraucher über längere Zeit betrieben werden, z. B. bei Wohnmobilen die Kühlbox, der Kühlschrank, das Licht.

1 Batterietrennschalter

2 Batterietrennrelais

Dafür sind die Minuspole der Starterbatterie und der Versorgerbatterie direkt mit der Masse verbunden und der Pluspol der Verbraucherbatterie wird durch den Schließerkontakt des Batterietrennrelais geschaltet.

Alternativ verfügen einige Batterietrennrelais über eine Spannungsüberwachung: Wird bei laufendem Motor eine Spannung von über 13,3 V erreicht, zieht das Batterietrennrelais an und die Zweitbatterie wird zusätzlich zur Primärbatterie geladen. Schaltet man den Motor aus, so fällt die Bordspannung unter 12,8 V und das BSR trennt die Starterbatterien von der Versorgerbatterie.

DC-AC-Spannungswandler
DC-AC-Spannungswandler[3] wandeln 12-Volt- oder 24-Volt-Gleichspannung um in 230-Volt-Wechselspannung; deshalb werden sie auch **Wechselrichter** genannt, siehe Bild → 3. Sie werden für den Betrieb von 230-Volt-Geräten benötigt, z. B.
- im Rettungsdienst: EKG- und Beatmungsgeräte
- bei der Feuerwehr: Ladehalterungen für Akkugeräte und Computer der Einsatzleitung
- im Kommunal- und Straßenbau: Elektrowerkzeuge und SPS-Steuerung[4] für Hubmasten, Kranausleger
- im Wohnmobil: Videorekorder, Klimaanlage, Fernseher, Stereoanlage, Kaffeemaschine

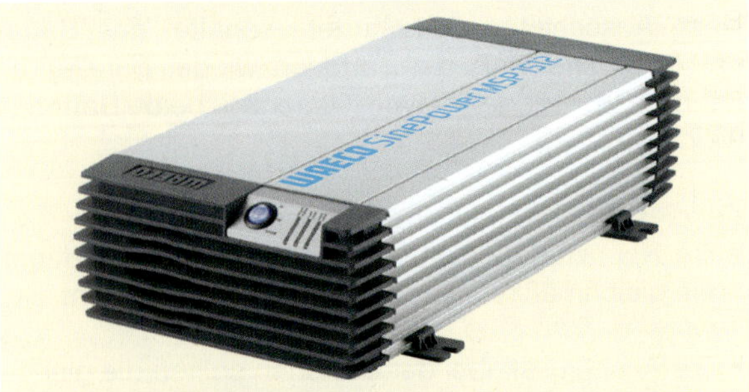

Eingangsspannung: Gleichspannung 12 V / 24 V
Ausgangsspannung: Wechselspannung 230 V

3 DC-AC-Spannungswandler

[1] ADR: europäisches Übereinkommen über die internationale Beförderung gefährlicher Güter auf der Straße
[2] BSR = battery sensitive relay (engl.): Batterie-Sensor-Relais
[3] DC = direct current (engl.): Gleichstrom, AC = alternating current (engl.): Wechselstrom, vgl. Kap. 3.2
[4] SPS = speicherprogrammierbare Steuerung

Die Elektronik des Spannungswandlers lässt das Gerät bei zu niedriger Batteriespannung abschalten. So kann die Starterbatterie von angeschlossenen Geräten nicht entleert werden.

DC-DC-Spannungswandler

DC-DC Spannungswandler formen Gleichspannung in eine höhere oder in eine niedrigere Gleichspannung um, siehe Bild ➔ 1.
So können 12-Volt-Geräte auch im 24-Volt-Bordnetz betrieben werden.

Beispiele:
Autoradios, Funkgeräte oder Handyadapter werden als 12-Volt-Ausführung in großer Vielfalt angeboten. Gleiche Geräte für 24-Volt-Versorgungsspannung sind unverhältnismäßig teuer bei deutlich geringerem Angebot.

DC-DC-Spannungswandler wandeln aber auch 24-Volt-Gleichspannung in 12-Volt-Gleichspannung um.

3.19 Beleuchtungs- und Signaleinrichtungen

In diesem Kapitel werden behandelt:
- Arten von Beleuchtungs- und Signaleinrichtungen, siehe Kap. 3.19.1
- Scheinwerfer für Fern- und Abblendlicht, siehe Kap. 3.19.2
- zusätzliche Scheinwerfer, siehe Kap. 3.19.3
- Warn- und Signalleuchten, siehe Kap. 3.19.4
- Anbau von Beleuchtungs- und Signaleinrichtungen, siehe Kap. 3.19.5

3.19.1 Arten von Beleuchtungs- und Signaleinrichtungen

Beleuchtungseinrichtungen sind Scheinwerfer und Leuchten an der Fahrzeugfront und am Fahrzeugheck; sie werden auch **lichttechnische Einrichtungen** genannt.

Zu den Scheinwerfern und Leuchten an der Fahrzeugfront gehören:
- Scheinwerfer für Fernlicht und Abblendlicht
- Nebelscheinwerfer
- Zusatz-Fernlicht-Scheinwerfer
- Fahrtrichtungsanzeiger
- Parkleuchte
- Begrenzungsleuchten
- Umrissleuchten
- Tagfahrleuchten

1 DC-DC-Spannungswandler

Zu den lichttechnischen Einrichtungen am Fahrzeugheck gehören:
- Bremsleuchten
- Schlussleuchten
- Nebelschlussleuchte
- Fahrtrichtungsanzeiger
- Parkleuchte
- Umrissleuchten
- Rückfahrscheinwerfer
- Kennzeichenleuchte

3.19.2 Scheinwerfer für Fern- und Abblendlicht

In diesem Kapitel werden behandelt:
- Aufbau der Scheinwerfer
- Arten von Scheinwerfern
- Scheinwerfer-Systeme
- Leuchtweitenregelung
- Kurvenlicht
- Scheinwerferreinigungsanlage
- Scheinwerfer einstellen
- Ursachen von Mängeln an Scheinwerfern

Aufbau der Scheinwerfer

Ein Scheinwerfer besteht aus:
- Gehäuse
- Lichtquelle
- Reflektor
- Abschlussscheibe

Gehäuse

Das Gehäuse nimmt den Reflektor, die Streuscheibe und das Leuchtmittel mit Fassung auf. In einem Gehäuse können mehrere Lichtquellen und Reflektorarten untergebracht sein.

Lichtquelle
Die Lichtquelle ist eine Lampe, die Lichtstrahlen aussendet. In Scheinwerfern werden als Lichtquelle folgende Lampen verwendet:
- Metalldrahtlampen
- Halogenlampen
- Gasentladungslampen
- LED

Diese Lampen sind bereits in Kap. 3.5.9 beschrieben.

Reflektoren
Reflektoren werfen das auftreffende Licht der Lichtquelle zurück – sie reflektieren es.

Dabei gilt das Gesetz der Reflexion:
Einfallwinkel = Ausfallwinkel

Reflektoren sind so gekrümmt, dass sie das Licht der Lichtquelle gezielt auf die Fahrbahn bringen. Sie bestehen im Allgemeinen aus Stahlblech oder Kunststoff.

Reflektoren können geformt sein zu:
- Paraboloid
- Ellipsoid
- Freiformfläche

Das **Paraboloid** hat nur einen Brennpunkt. Befindet sich die Lichtquelle in diesem Brennpunkt, werden die Lichtstrahlen parallel zueinander und parallel zur Reflektorachse reflektiert, siehe Bild ➔ 1a.

Befindet sich die Lichtquelle nicht im Brennpunkt des Paraboloids, verlaufen die Lichtstrahlen zwar ebenfalls parallel zueinander, sind aber zur Reflektorachse geneigt, siehe Bild ➔ 1b.

Das **Ellipsoid** hat zwei Brennpunkte. Werden Lichtstrahlen vom ersten Brennpunkt des Ellipsoids abgestrahlt, treffen sie im zweiten Brennpunkt wieder aufeinander, siehe Bild ➔ 2a.

Im Ellipsoid-Scheinwerfer werden die Lichtstrahlen mit Hilfe einer Linse in die gewünschte Richtung gelenkt.

Für das Abblendlicht werden zwischen den Brennpunkten die unteren Lichtstrahlen mit einer Blende unterdrückt, siehe Bild ➔ 2b. Die Kante der Blende erzeugt eine exakte Hell-dunkel-Grenze.

Bei **Freiformflächen** setzt sich der Reflektor aus mehreren unterschiedlich geformten Teilflächen zusammen, siehe Bild ➔ 3.

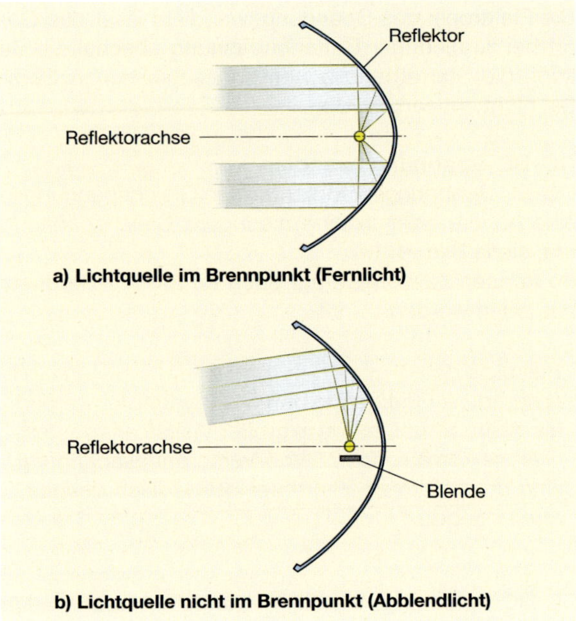

1 Reflektor mit der Form eines Paraboloids

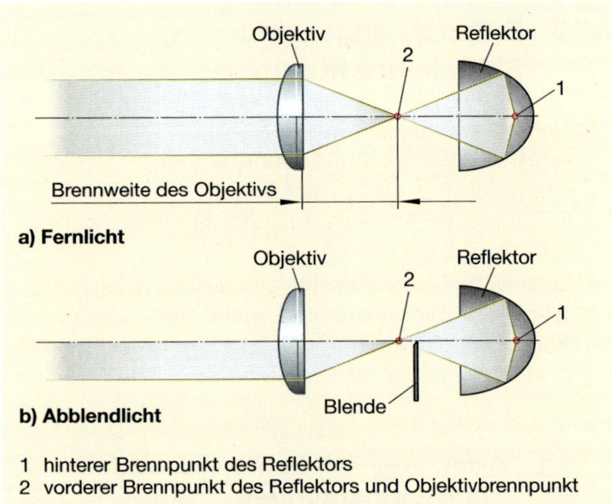

2 Reflektor mit der Form eines Ellipsoids

3 Reflektor mit Freiformflächen mit klarer Abschlussscheibe

Die Teilflächen werden mit Hilfe mathematischer Verfahren optimiert; dadurch kann die Bauform der Scheinwerfer kleiner werden. Scheinwerfer mit Freiformflächen leuchten zudem die Fahrbahn besser aus. Solche Reflektoren werden **Freiformflächenreflektoren** oder einfach **Freiflächenreflektoren** genannt, aber auch **Stufenreflektoren**.

Abschlussscheibe

Scheinwerfer mit Paraboloid- und Ellipsoid-Reflektor haben als Abschlussscheibe eine **Streuscheibe**. Die Streuscheibe hat an ihrer Innenseite Linsen, Prismen und Planflächen angeordnet, die das Licht brechen, siehe Bild ➔ 1b. So werden die parallelen Lichtstrahlen gestreut oder gebündelt, um die Fahrbahn besser auszuleuchten, siehe Bild ➔ 1c. Die Außenseite ist glatt, damit Schmutz sich nicht absetzen kann.
Bei Scheinwerfern mit Freiflächen-Reflektor ist die Abschlussscheibe klar, weil bereits der Reflektor das Licht auf die Fahrbahn verteilt, siehe Bild ➔ 3, Seite 178. Bei neueren Scheinwerfern besteht die Abdeckscheibe aus Kunststoff – so sind sie leichter.

Arten von Scheinwerfern

Es gibt drei Arten von Scheinwerfern:
- Reflexions-Scheinwerfer
- Projektions-Scheinwerfer
- Reflexions-/Projektions-Scheinwerfer

Reflexions-Scheinwerfer

Reflexionsscheinwerfer sind Scheinwerfer, die die Lichtstrahlen vom Reflektor direkt auf die Straße reflektieren.

Reflexionsscheinwerfer gibt es als:
- Paraboloid-Scheinwerfer
- Freiflächen-Scheinwerfer

Bei **Paraboloid-Scheinwerfern** hat der Reflektor die Form eines Paraboloids; die Abschlussscheibe ist eine Streuscheibe.

Die Lichtquelle kann sein:
- Halogenlampe H4
- Xenon-Lampe (Gasentladungslampe)
- LEDs

In der Halogenlampe H4 sind zwei Glühdrähte hintereinander so angeordnet, dass
- der Glühdraht für Fernlicht sich im Brennpunkt befindet, siehe Bild ➔ 2a,
- der Glühdraht für Abblendlicht vor dem Brennpunkt angeordnet ist; das Licht wird nach unten abgeschirmt, siehe Bild ➔ 2b.

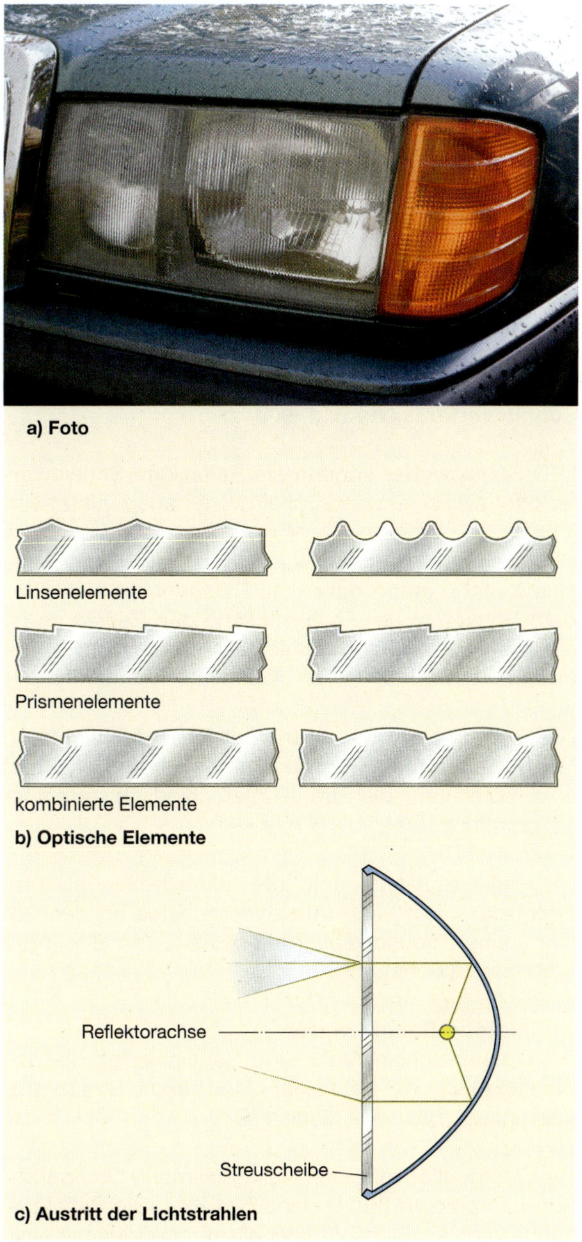

a) Foto
b) Optische Elemente
c) Austritt der Lichtstrahlen

1 Streuscheibe

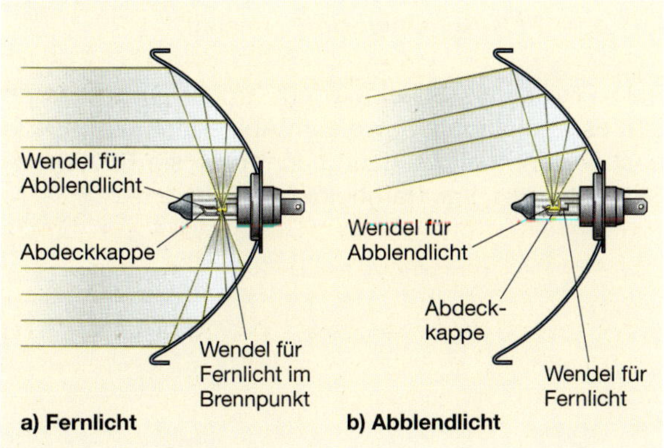

a) Fernlicht
b) Abblendlicht

2 Paraboloid-Scheinwerfer

Wird eine Xenon-Lampe verwendet, wird sie im Reflektor hin- und hergeschoben, siehe Bild → 1:
- Fernlicht: Xenon-Lampe befindet sich im Brennpunkt des Paraboloids
- Abblendlicht: Xenon-Lampe wird zur Abschlussscheibe hin verschoben

Solche Scheinwerfer werden **Bi-Xenon-Scheinwerfer**[1] genannt.

Scheinwerfern mit LEDs als Lichtquelle werden auch **LED-Scheinwerfer** genannt. Wenn alle Scheinwerfer mit LEDs bestückt sind, nennt man sie **Voll-LED-Scheinwerfer**, siehe Bild → 2.

LED-Scheinwerfer können als Reflexions-Scheinwerfer oder als Projektions-Scheinwerfer ausgeführt sein.

Bei **Freiflächen-Scheinwerfern** ist die Lichtquelle eine Xenon-Lampe oder eine Halogenlampe H7. Jedem Bereich in der Freiformfläche des Reflektors ist ein Bereich der Fahrbahnausleuchtung direkt zugeordnet.

Die Flächen sind so ausgerichtet, dass das Licht von jedem Segment nach unten auf die Straße reflektiert wird. Somit kann die Straße unterschiedlich stark ausgeleuchtet werden, siehe Bild → 3.

Die Reflektorfläche lenkt die Lichtstrahlen ab und streut das Licht – die Abschlussscheibe ist deshalb klar (keine Streuscheibe!); sie besteht aus Glas oder kratzfestem Kunststoff.

Projektions-Scheinwerfer
Projektions-Scheinwerfer sind Scheinwerfer, die das erzeugte Licht mit Hilfe einer Linse auf die Straße projizieren, vgl. Bild → 2, Seite 178.

Als Lichtquelle dient eine Halogenlampe H3, eine Xenon-Lampe oder LEDs, siehe Bild → 4. Die Reflektorfläche kann ein Ellipsoid oder eine Freiformfläche sein. Projektions-Scheinwerfer mit Ellipsoid-Reflektor werden auch **Ellipsoid-Scheinwerfer**, **DE-Scheinwerfer**[2] oder **PES-Scheinwerfer**[3] genannt.

Bei Projektions-Scheinwerfern mit Xenon-Lampe gibt es Ausführungen, wo zum Abblenden die Blende hochgeklappt wird – dann nennt man sie **Bi-Xenon-Scheinwerfer**, vgl. Paraboloid-Scheinwerfer.

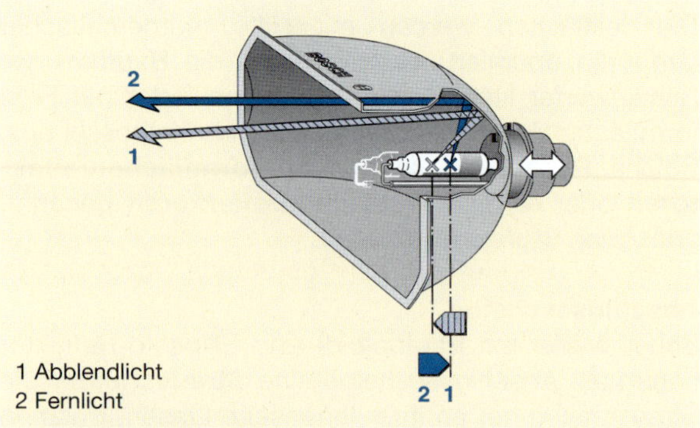

1 **Bi-Xenon-Scheinwerfer**

2 **Voll-LED-Scheinwerfer**

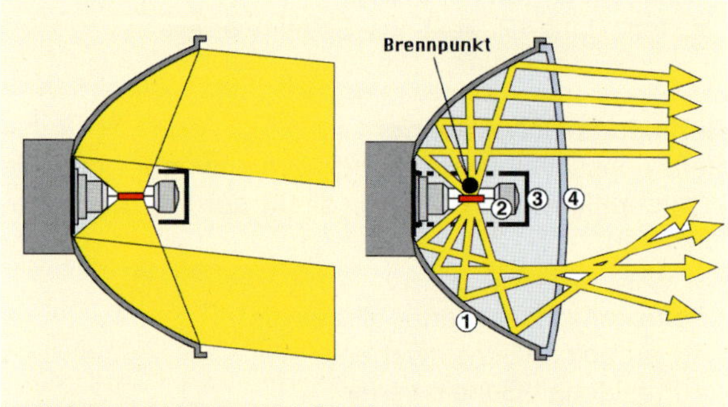

3 **Freiflächen-Scheinwerfer**

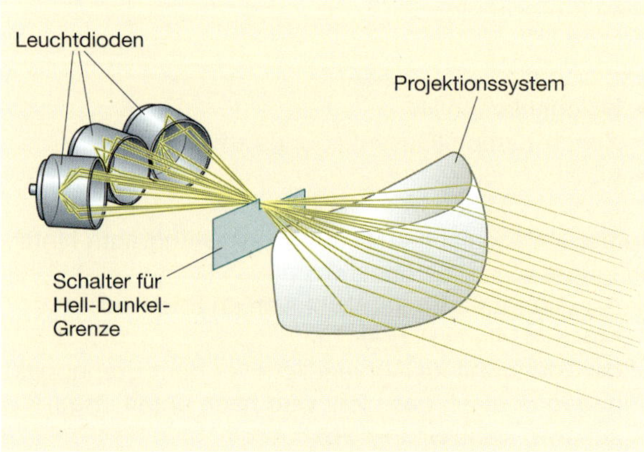

4 **LED-Projektions-Scheinwerfer (Abblendlicht)**

[1] Bi… (lat.): Zwei…, Doppelt…
[2] DE: dreiachsiger Ellipsoid
[3] PES: Poly-Ellipsoid-System

Reflexions-/Projektions-Scheinwerfer
Der Reflexions-/Projektions-Scheinwerfer ist ein Scheinwerfer mit Xenon-Lampe, der gleichzeitig Reflexionssystem und Projektionssystem nutzt; er wird auch **PES-PLUS-Scheinwerfer** genannt, siehe Bild ➔ 1. Der untere Teil des Reflektors hat eine andere Brennweite als der obere Teil, wodurch das Licht unter der Blende hindurchleuchtet und das Vorfeld besser ausleuchtet.
Beim sogenannten **PES-PLUS-Scheinwerfer mit Ringreflektor** wird diese Ausleuchtung nochmals verbessert. Zudem ist die psychologische Blendwirkung auf den Gegenverkehr nochmals verringert.

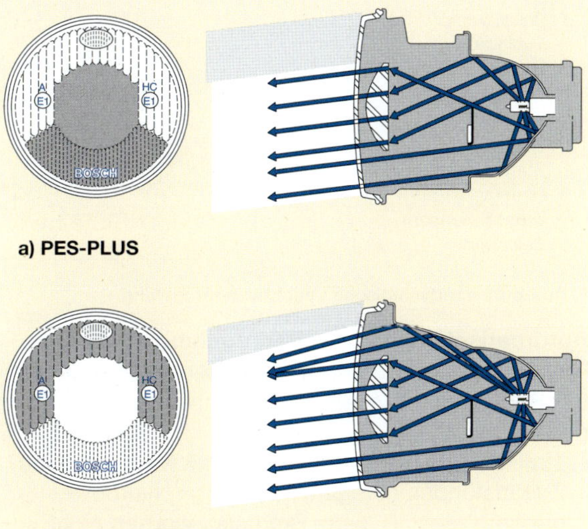

a) PES-PLUS
b) PES-PLUS mit Ringsektor

1 Reflexions-/Projektions-Scheinwerfer

Scheinwerfer-Systeme
Für Fahrzeuge mit mehr als 1000 mm Breite (auch Krad) sind zwei Scheinwerfer für Abblendlicht und mindestens zwei Scheinwerfer (auch vier zulässig) für Fernlicht vorgeschrieben.

Hieraus ergeben sich verschiedene Kombinationen:
- Zwei-Scheinwerfersystem
- Vier-Scheinwerfersystem
- Sechs-Scheinwerfersystem

Bei einem **Zwei-Scheinwerfersystem** wird ein gemeinsamer Reflektor für Fernlicht und Abblendlicht benutzt, z. B. in Kombination mit der H4-Lampe mit zwei Lichtquellen, siehe Bild ➔ 2a.

Beim **Vier-Scheinwerfersystem** dient ein Scheinwerferpaar nur für Fernlicht; das zweite Scheinwerferpaar leuchtet
- entweder für Abblendlicht und für Fernlicht; dann leuchtet das Fernlicht mit vier Scheinwerfern, oder
- nur für Abblendlicht, dann leuchtet das Fernlicht mit nur mit zwei Scheinwerfern, siehe Bild ➔ 2b.

Beim **Sechs-Scheinwerfersystem** ist zusätzlich zum Vier-Scheinwerfersystem ein Nebelscheinwerfer in den Hauptscheinwerfer integriert, siehe Bild ➔ 2c.

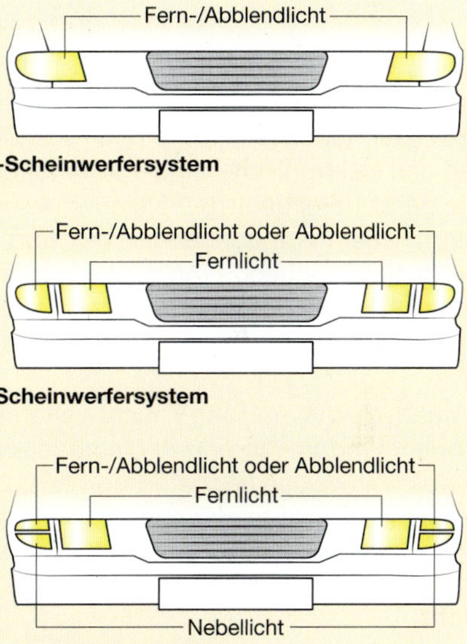

a) Zwei-Scheinwerfersystem
b) Vier-Scheinwerfersystem
c) Sechs-Scheinwerfersystem

2 Scheinwerfersysteme

Leuchtweitenregelung

Die Leuchtweitenregelung verändert den Neigungswinkel des Abblendlichts. Das ist nötig nach Beladung des Fahrzeugs, beim Bremsen/Beschleunigen oder bei Bergauf-/Bergab-Fahrt. Mit Hilfe der Leuchtweitenregelung bleibt die Sichtweite erhalten und Gegenverkehr und vorausfahrende Fahrzeuge werden nicht geblendet. Alle Fahrzeuge, die seit dem 1. 1. 1990 neu in den Verkehr gekommen sind, müssen mit einer Leuchtweitenregelung ausgestattet sein.

Leuchtweitenregelungen gibt es in den Ausführungen:
- manuell
- automatisch

Manuelle Leuchtweitenregelung
Die manuelle Leuchtweiten-„Regelung“ ist eigentlich eine Steuerung, denn der Fahrer muss einen Schalter betätigen, um die Leuchtweite einzustellen – es wird also nicht geregelt. Der Umschalter ist im Armaturenbrett angebracht; bei Fahrzeugen, die vor 1990 zugelassen wurden, kann er auch direkt am Scheinwerfer sein.

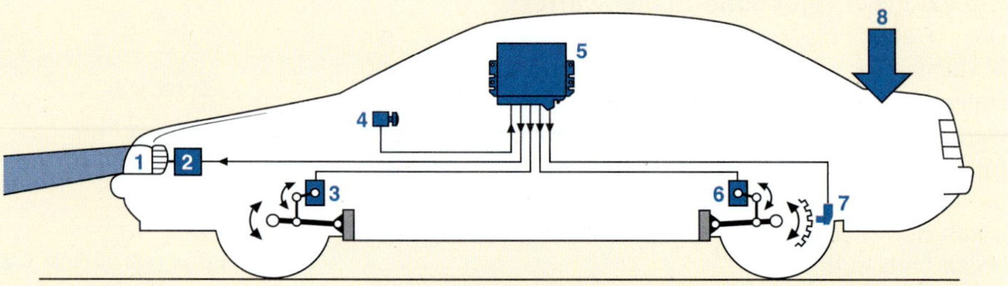

1 Automatisch-dynamische Leuchtweitenregelung

Automatische Leuchtweitenregelung

Die automatische Leuchtweitenregelung ist eine „echte" Regelung; sie stellt die Leuchtweite ohne Zutun des Fahrers ein. Sie gibt es als

- statisches System: Der Nickwinkel wird in großen Zeitabständen geregelt; kurzzeitige Nickbewegungen, wie z. B. beim Bremsen, werden nicht ausgeregelt.
- dynamisches System: Es reagiert innerhalb von 300 ms, kann also auch kurzzeitige Nickbewegungen ausregeln.

Bei der **automatisch-dynamischen Leuchtweitenregelung** erfassen die Sensoren (3) und (6) den Neigungswinkel der Karosserie, siehe Bild → 1. Die Werte werden an das elektronische Steuergerät (5) gegeben; das Steuergerät berechnet den Neigungswinkel, vergleicht ihn mit dem vorgegebenen Wert und gibt bei Abweichung entsprechende Ansteuersignale an die Stellmotoren (2). Die Stellmotoren stellen dann die Scheinwerfer ein.

Die automatisch-dynamische Leuchtweitenregelung bietet für den Fahrer und die anderen Verkehrsteilnehmer den höchsten Komfort; bei Xenon-Licht ist sie vorgeschrieben.

Kurvenlicht

Kurvenlicht bedeutet, dass das Abblendlicht beim Durchfahren einer Kurve immer die Fahrbahn ausleuchtet – nicht nur den Fahrbahnrand. Dadurch erhöht sich die Reichweite des Abblendlichts in Kurven; Radfahrer, Hindernisse und Fußgänger werden besser wahrgenommen.

Kurvenlicht kann sein:
- statisch
- dynamisch

Statisches Kurvenlicht

Beim statischen Kurvenlicht wird zum Abblendlicht ein weiterer Scheinwerfer zugeschaltet; das kann der Nebelscheinwerfer sein oder ein zusätzlicher Scheinwerfer.

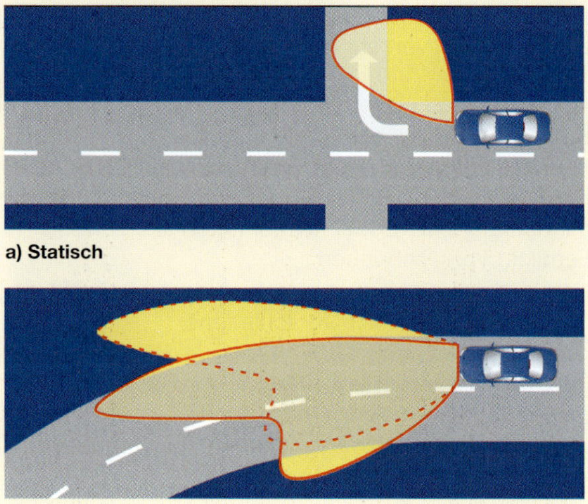

a) Statisch

b) Dynamisch

2 Kurvenlicht

Das Ein- und Ausschalten des weiteren Scheinwerfers geschieht nicht schlagartig, sondern durch Auf- und Abdimmen. Statisches Kurvenlicht hat Vorteile gegenüber dem dynamischen Kurvenlicht beim Abbiegen, deshalb wird es auch **Abbiegelicht** genannt, siehe Bild → 2a. Auch beim Rangieren, Einparken und beim Befahren von Serpentinen wird die Fahrbahn besser ausgeleuchtet.

Dynamisches Kurvenlicht

Beim dynamischen Kurvenlicht werden bei Kurvenfahrt die Scheinwerfer gedreht, oder nur die Linse – in Abhängigkeit von Lenkwinkel und Geschwindigkeit. Deshalb wird es auch **adaptives**[1] **Kurvenlicht** genannt. Dynamisches Kurvenlicht verbessert vor allem während der Fahrt in lang gezogenen Kurven die Sicht, siehe Bild → 2b. Zum Abbiegen, Rangieren oder Einparken wird in manchen Fahrzeugen zusätzlich statisches Kurvenlicht aktiviert.

[1] adaptieren (lat.): anpassen

Scheinwerfer-Reinigungsanlage

Scheinwerfer-Reinigungsanlagen haben die Aufgabe, den Schmutz auf den Abschlussscheiben der Hauptscheinwerfer zu beseitigen. Dadurch wird gewährleistet, dass das Licht der Scheinwerfer auf die Straße gerichtet ist, und nicht von Schmutzpartikeln abgelenkt wird und den Gegenverkehr blendet.

Bei Xenon-Scheinwerfern ist die Scheinwerfer-Reinigungsanlage gesetzlich vorgeschrieben.

Scheinwerfer-Reinigungsanlagen können mit einem Schmutzsensor ausgestattet sein; dann werden die Abschlussscheiben automatisch gereinigt, ohne dass der Fahrzeugführer eingreifen muss.

Scheinwerfer-Reinigungsanlagen gibt es als:
- Wischer-Wasch-Anlage
- Hochdruck-Waschanlage

Wischer-Wasch-Anlagen sind ähnlich der Reinigungsanlagen für die Frontscheibe: Wischwasser wird aus dem Behälter der Frontscheiben-Waschanlage entnommen und auf die Scheinwerfer gespritzt; ein Wischhebel mit Wischgummi bewegt sich hin und her und säubert die Abschlussscheiben. Dann müssen jedoch die Abschlussscheiben aus Glas sein – Kunststoff würde schnell zerkratzen.

Hochdruck-Waschanlagen sprühen Reinigungswasser mit Hochdruck auf die Abschlussscheibe und sprengen so den Schmutz weg, siehe Bild → 1. Es gibt:
- fest installierte Anlagen
- Teleskopanlagen, die aus der Stoßstange ausfahren, reinigen und wieder in die Stoßstange zurückkehren

Scheinwerfer einstellen

Die korrekte Einstellung der Scheinwerfer soll erreichen, dass die Fahrbahn gut ausgeleuchtet wird und entgegenkommende und vorausfahrende Verkehrsteilnehmer nicht geblendet werden.

Das Einstellen des Fernlichts und des Abblendlichts sollte zu jedem Kundendienst gehören.

Dazu muss das Scheinwerferlicht eingestellt werden:
- die Neigung zur ebenen Grundfläche
- die Richtung zur senkrechten Fahrzeugmittelebene

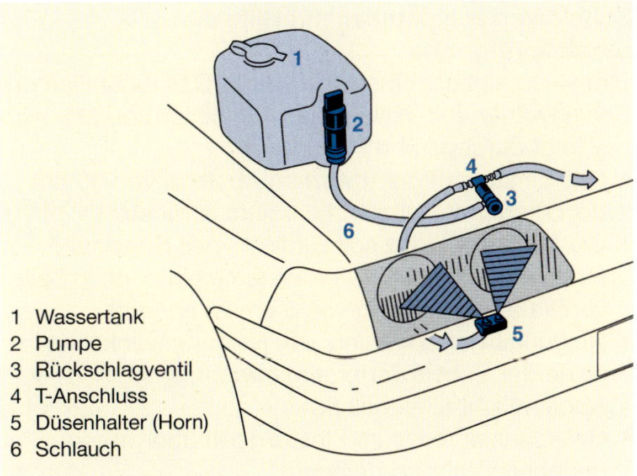

1 Hochdruck-Scheibenwaschanlage

Bei Änderungen am Fahrzeug, die die Scheinwerfereinstellung beeinflussen, sind die Scheinwerfer neu einzustellen, z. B. nach einem Reifenwechsel, Austausch einer Federung oder einer Lampe.

Scheinwerfer müssen einzeln eingestellt werden, andere Scheinwerfer sind auszuschalten oder abzudecken.
Vor dem Einstellen der Scheinwerfer sind:
- Reifendruck nach Vorschrift einzustellen
- Fahrzeug auf eine ebene Fläche zu stellen
- der Pkw mit einer Person oder 75 kg auf dem Fahrersitz zu beladen (Lkw unbelastet)
- Fahrzeug einige Meter zu rollen, damit sich die Federung ausgleicht

Scheinwerfer können eingestellt werden:
- mit Hilfe eines Diagnosetesters
- mit Hilfe eines Einstellprüfgeräts
- ohne Einstellprüfgerät

Scheinwerfer einstellen mit Hilfe eines Diagnosetesters

Scheinwerfer mit automatischer Leuchtweitenregulierung benötigen zum Einstellen der Scheinwerfer einen Diagnosetester. Mit diesem werden die Scheinwerfer eingestellt und diagnostiziert.
Mit dem Diagnosetester hat der Karossiere- und Fahrzeugbaumechaniker eine Vielzahl von Diagnosemöglichkeiten: angefangen vom Auslesen und Löschen der Fehlercodes, bis hin zur Anzeige der Istdaten.
Fällt bei der Überprüfung der Scheinwerfer auf, dass die Hell-/dunkel-Grenze nicht in Ordnung ist, kann mit Hilfe des Diagnosetesters überprüft werden, ob ein Fehler im System vorhanden ist, oder ob sich bestimmte Parameter noch im Sollbereich befinden.
Ist z. B. ein Achssensor defekt und wird dieser ausgetauscht, ist eine Grundeinstellung (Kalibrierung) des Systems notwendig.

Scheinwerfer einstellen mit Hilfe eines Einstellprüfgeräts

Bild ➔ 1 zeigt ein Einstellprüfgerät. Das Einstellen der Scheinwerfer mit Hilfe eines Einstellprüfgeräts wird wie folgt durchgeführt:

- Das Einstellprüfgerät wird im Abstand von 30 cm bis 70 cm parallel zum Fahrzeug aufgestellt.
- Die Mitte der Linse soll zur Mitte des Scheinwerfers hin ausgerichtet werden (eine horizontale bzw. vertikale Abweichung von 3 cm ist erlaubt).
- Neigungswinkel wählen; der Neigungswinkel ist in Nähe der Scheinwerfer angebracht, siehe Bild ➔ 2.
- Abblendlicht einschalten.
- Hell-Dunkelgrenze im Einstellgerät überprüfen, gegebenenfalls korrigieren.
- Fernlicht einschalten; der Spot muss zentral liegen.
- Hell-dunkel-Grenze prüfen

Während der Prüfung ist das Gerät immer parallel zu führen. Nach dem Einstellen der Scheinwerfer sollte auch der Zustand von Streuscheibe, Glühlampe und Reflektor überprüft werden.

Scheinwerfer einstellen ohne Einstellprüfgerät

Beim Einstellen der Scheinwerfer ohne Prüfgerät wird das Fahrzeug 10 Meter vor einer Prüffläche platziert, siehe Bild ➔ 3. Die Prüffläche ist eine weiße Wand; sie muss senkrecht zur Standfläche und rechtwinklig zur Längsmittelebene des Fahrzeugs sein.

Zum Prüfen werden

- die Mittelachse (*H* in Bild 3) des Scheinwerfers auf die weiße Wand übertragen (markiert),
- je nach Fahrzeugtyp der entsprechende Neigungswinkel des Scheinwerferlichts ermittelt und angezeichnet;
  Beispiel: Neigungswinkel = 1,0 % → bei 10 m Entfernung ist h = 10 cm,
- überprüft, ob Linie und Scheinwerferlicht übereinstimmen, und bei Bedarf korrigiert.

Seit 1. Januar 2018 gibt es eine neue Richtlinie für die Überprüfung der Einstellung der Scheinwerfer von Kraftfahrzeugen bei der Hauptuntersuchung nach § 29 StVZO (HU-Scheinwerfer-Prüfrichtlinie).

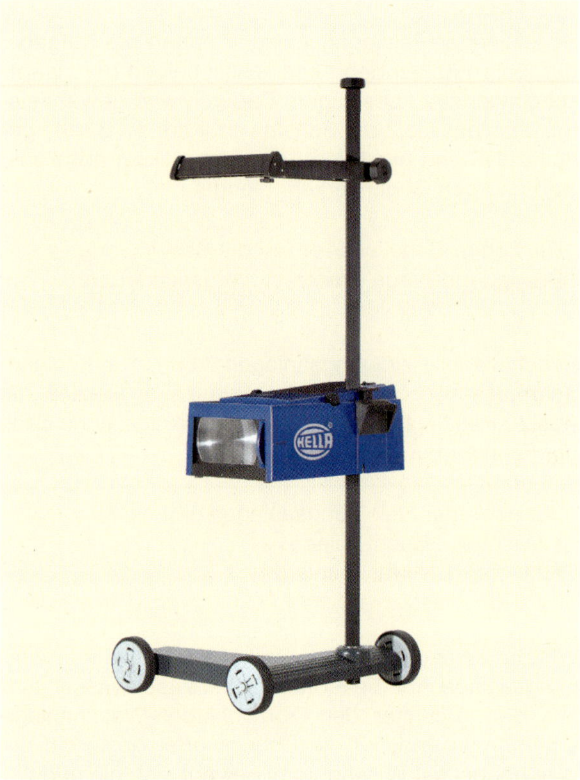

1 Scheinwerfereinstellgerät

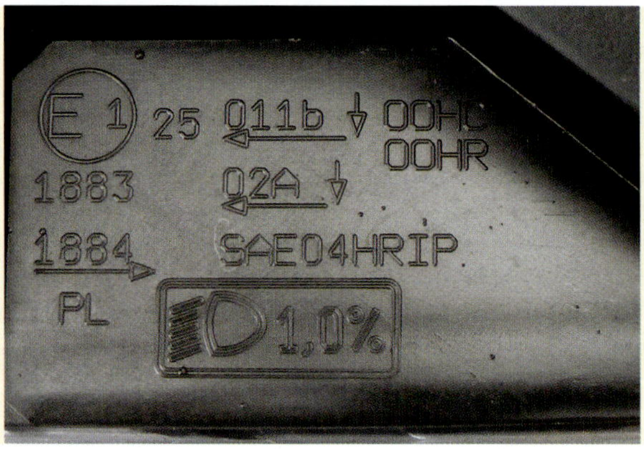

2 Neigungswinkel, hier 1,0 %

H Höhe der Scheinwerfermitte über der Standfläche
h Höhe des Trennstrichs der Prüffläche unter *H*

3 Einstellen ohne Einstellgerät

Ursachen von Mängeln an Scheinwerfern

Treten Mängel an Scheinwerfern auf, kann das folgende Ursachen haben:
- Spannungsfall an den Leuchten
- Alter der Glühlampe
- Streu- bzw. Abschlussscheibe ist getrübt
- Feuchtigkeit im Scheinwerfer

Spannungsfall an den Leuchten kann entstehen, wenn die Steckverbindungen korrodiert sind, vgl. auch Kap. 3.12.

Altert die Glühlampe, verliert sie an Lichtleistung. Beim Austausch von Glühlampen können auch lichtstärkere eingesetzt werden bei gleicher elektrischer Leistung (Watt).

Streu- oder Abschlussscheibe kann getrübt sein durch Steinschlag; die winzigen Einschläge brechen das Licht und verursachen eine erhöhte Eigenblendung. Auch falsche Reinigungsmittel zerkratzen die Oberfläche der Streu- oder Abschlussscheibe und trüben sie. Bei völlig zerkratzten klaren Abschlussscheiben hilft nur der Wechsel des kompletten Scheinwerfers.
Durch **Eindringen von Feuchtigkeit** in den Scheinwerfer kann seine Leistung stark gemindert werden, der Reflektor kann matt werden, Korrosion wird begünstigt.

3.19.3 Zusätzliche Scheinwerfer

Zusätzliche Scheinwerfer an Kraftfahrzeugen sind:
- Rückfahrscheinwerfer
- Nebelscheinwerfer
- zusätzliche Fernscheinwerfer
- Arbeitsscheinwerfer
- Suchscheinwerfer

Rückfahrscheinwerfer

Rückfahrscheinwerfer leuchten die Fahrbahn nach hinten aus. Außerdem zeigen sie den nachfolgenden Verkehrsteilnehmern, dass das Fahrzeug rückwärtsfährt.

Kraftfahrzeuge müssen ab 1. 1. 1987 hinten mit einem oder zwei Rückfahrscheinwerfern für weißes Licht ausgerüstet sein.

Die Rückfahrscheinwerfer dürfen nur leuchten:
- bei eingelegtem Rückwärtsgang **und**
- wenn die Einrichtung zum Anlassen oder Stillsetzen des Motors sich in der Stellung befindet, in der der Motor arbeiten kann, z. B. bei „Zündung ein".

Nur wenn **beide** Voraussetzungen gegeben sind, dürfen die Rückscheinwerfer leuchten.
Anordnung der Rückfahrscheinwerfer siehe Bild → 1.

Nebelscheinwerfer

Nebelscheinwerfer verbessern die Sicht des Kraftfahrers bei Nebel, Regen oder Schneefall. Sie dürfen aber nur bei diesen Verhältnissen eingeschaltet werden.
Sie können gemeinsam mit dem Abblendlicht bzw. Fernlicht die Fahrbahn ausleuchten. Bei zwei Nebelscheinwerfern genügen auch zusätzlich die Begrenzungsleuchten.
Anordnung der Nebelscheinwerfer siehe Bild → 2.

Zusätzliche Fernscheinwerfer

Bei dem Anbringen zusätzlicher Scheinwerfer muss man unterscheiden zwischen StVZO und EG-Recht; es bestehen große Unterschiede: Scheinwerferanbauten sind zum Teil in der StVZO verboten, aber in der EG-Richtlinie erlaubt.
So sind nach StVZO erlaubt, dass maximal vier Fernscheinwerfer leuchten, siehe Bild → 3.

Aber Achtung:
Da sich die Gesetzeslage ständig ändert, ist es sinnvoll, vor Beginn der Arbeit beim TÜV bzw. bei der DEKRA nachzufragen, was erlaubt ist.

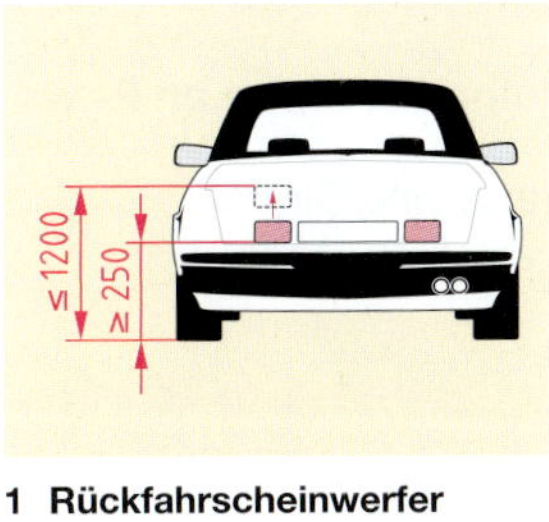

1 Rückfahrscheinwerfer

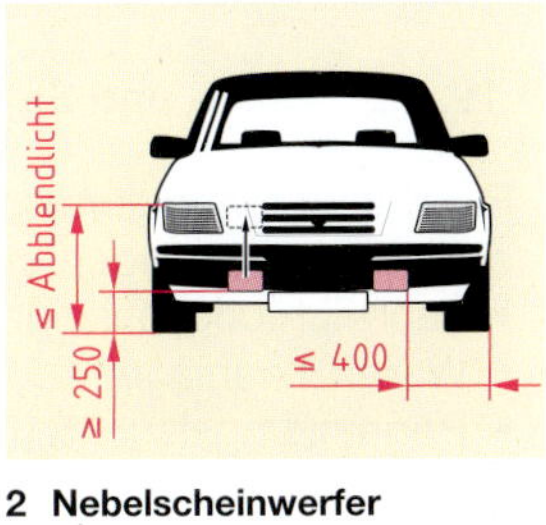

2 Nebelscheinwerfer

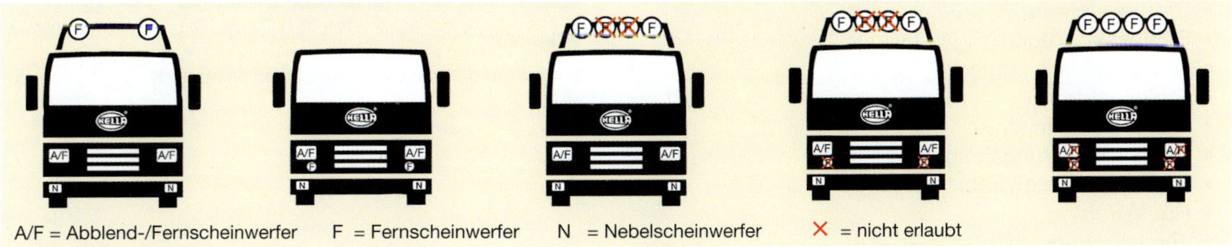

3 Zusätzliche Fernscheinwerfer

Arbeitsscheinwerfer

Arbeitsscheinwerfer dienen der Beleuchtung von Arbeitsgeräten und Arbeitsstellen, siehe Bild → 1. Sie dürfen an mehrspurigen Fahrzeugen und an Arbeitsmaschinen und land- oder forstwirtschaftlichen Zugmaschinen angebracht sein. Arbeitsscheinwerfer dürfen während der Fahrt nicht leuchten, ausgenommen bei einigen Fahrzeugen zum Straßenbau, zur Straßenreinigung oder zur Müllabfuhr. Sie dürfen andere Verkehrsteilnehmer nicht blenden.

Suchscheinwerfer

Suchscheinwerfer dürfen nur kurzzeitig benutzt werden, etwa zum Aufhellen eines Wegweisers. Sie dürfen aber nicht zum Beleuchten der Fahrbahn verwendet werden. Der Suchscheinwerfer darf nur zugleich mit den Schlussleuchten und der Kennzeichenbeleuchtung einschaltbar sein. Er ist auch am Krad zulässig.

1 **Arbeitsscheinwerfer an einer Baumaschine**

3.19.4 Warn- und Signaleinrichtungen

3.19.4.1 Allgemeines zu Warn- und Signaleinrichtungen

Warn- und Signaleinrichtungen sollen Signale abgeben, um andere Verkehrsteilnehmer zu warnen oder sie auf etwas aufmerksam zu machen, z. B. auf beabsichtigtes Abbiegen oder auf die Größe des Fahrzeugs.

Dieses Kapitel ist gegliedert nach Warn- und Signaleinrichtungen an:
- Pkws, siehe Kap. 3.19.4.2
- Nutzkraftwagen, siehe Kap. 3.19.4.3
- Anhängern und Sattelanhängern, siehe Kap. 3.19.4.4

3.19.4.2 Warn- und Signaleinrichtungen an Pkws

Pkws sind mit folgenden Warn- und Signaleinrichtungen ausgerüstet, vgl. Bild → 2:
- Fahrtrichtungsanzeiger
- Warnblinkanlage
- Begrenzungsleuchten
- Tagfahrleuchten
- Einrichtungen für Warnzeichen
- Bremsleuchten
- Schlussleuchten
- Nebelschlussleuchte
- Parkleuchten
- Kennzeichenleuchte
- Seitenmarkierungsleuchten
- Rückfahrscheinwerfer
- Rückstrahler
- Türsicherungsleuchten
- Kennleuchten mit blauem oder gelbem Blinklicht

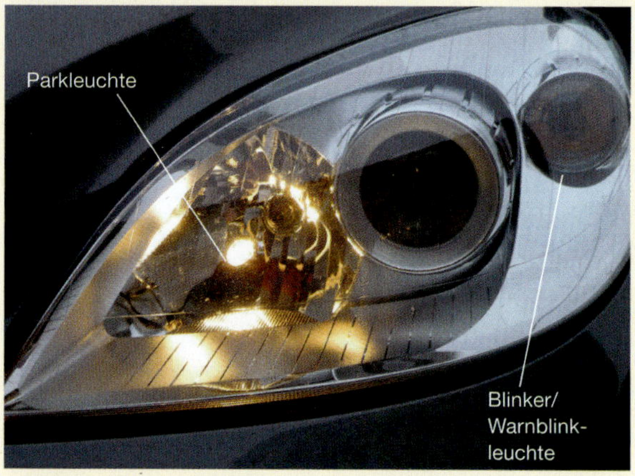

a) Vorn

b) Hinten

2 **Warn- und Signaleinrichtungen an einem Pkw**

Fahrtrichtungsanzeiger

Fahrtrichtungsanzeiger geben blinkende Signale ab für Fahrtrichtungs- oder Spurwechsel; sie werden auch **Blinker** genannt.

Es sind vorn und hinten je zwei Leuchten für Fahrtrichtungsanzeiger vorgeschrieben; Anbaumaße siehe Bild ➔ 1. Zusätzlich dürfen an beiden Längsseiten Fahrtrichtungsanzeiger angebracht sein.

Anforderungen an die Funktion der Fahrtrichtungsanzeiger von zweispurigen Fahrzeugen:

- Die Leuchten sind elektrisch überwacht, eine Funktionskontrolle ist vorgeschrieben.
- Es ist nur gelbes Licht zulässig; die Farbe der Funktionskontrolle ist frei wählbar.
- Die Blinkfrequenz beträgt 1,5±0,5 Hz; das bedeutet: 60 Mal bis 120 Mal je Minute.
- Beim Einschalten muss innerhalb von 1,5 s Licht abgestrahlt werden.
- Alle Blinkleuchten auf einer Seite müssen synchron blinken.
- Der Ausfall einer Blinkleuchte muss durch eine Kontrollleuchte oder eine andere Blinkfrequenz angezeigt werden.

Die Fahrtrichtungsanzeiger werden meist auch als Warnblinker genutzt.

Warnblinkanlage

Warnblinklicht soll auf liegen gebliebene Fahrzeuge aufmerksam machen. Außerdem wird das Warnblinklicht eingeschaltet, wenn ein liegen gebliebenes Fahrzeug abgeschleppt wird.

Deshalb müssen alle Fahrzeuge, die mit Fahrtrichtungsanzeigern ausgerüstet sind, auch eine Warnblinkanlage haben. Beim Warnblinken blinken alle Leuchten synchron.

Meist werden dafür die Fahrtrichtungsanzeiger verwendet. Bild ➔ 2 zeigt den Schaltplan einer Blinkanlage für Richtungs- und Warnblinken.

Eine Kontrollleuchte am Armaturenbrett muss mit rotem Licht anzeigen, dass das Warnblinklicht eingeschaltet ist.

Begrenzungsleuchten

Begrenzungsleuchten sollen die seitliche Begrenzung des Fahrzeugs kenntlich machen.

Kraftfahrzeuge mit einer Breite ≥ 1000 mm müssen mit zwei Begrenzungsleuchten ausgerüstet sein.

Begrenzungsleuchten müssen auch bei Fernlicht und Abblendlicht ständig leuchten; sie dürfen nach vorn nur weißes Licht abstrahlen.

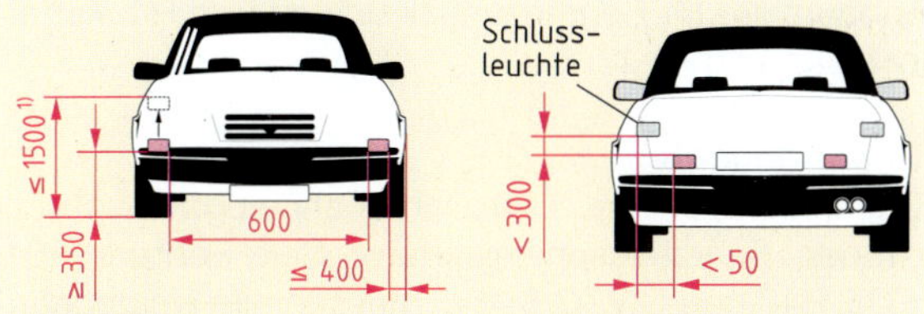

a) Vordere Fahrtrichtungsanzeiger
b) Hintere Fahrtrichtungsanzeiger
c) Seitliche Fahrtrichtungsanzeiger

Maße in mm
1 < 2100 mm, wenn die Art des Fahrzeugaufbaus die Einhaltung der maximlen Höhe nicht zulässt
2 oder 2500 mm
3 oder 2300 mm jeweils, wenn die Art des Fahrzeugaufbaus die Einhaltung der maximalen Maße nicht zulässt

1 Fahrtrichtungsanzeiger am Pkw

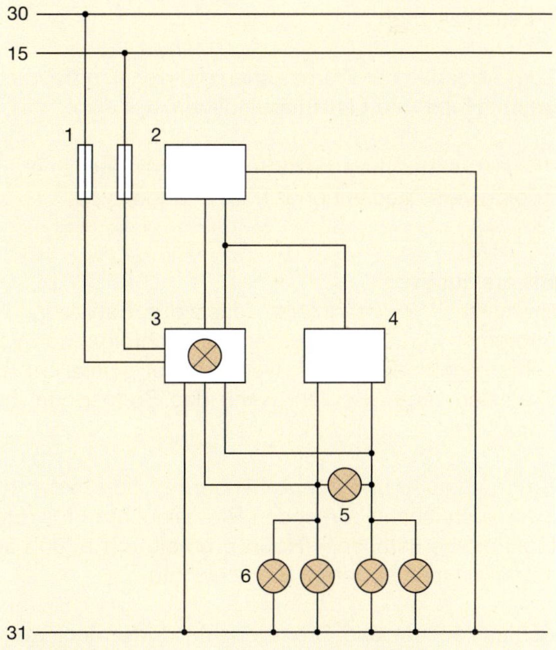

1 Sicherungen
2 Warnblinkgeber
3 Warnblinkschalter mit Einschalterkontrolle
4 Blinkerschalter
5 Kontrollleuchte
6 Blinkleuchten

2 Blinkanlage eines Pkws für Richtungs- und Warnblinken

Sie können auch mit anderen vorderen Leuchten (oder einem Scheinwerfer) zusammengebaut sein, dürfen aber nicht mit diesen kombiniert werden.

So können sie auch leuchten, wenn das Fahrzeug steht und die Hauptscheinwerfer ausgeschaltet sind; deshalb werden sie auch als **Standlicht** bezeichnet.

Anbaumaße für Begrenzungsleuchten und Rückstrahler siehe Bild → 1.

Tagfahrleuchten
Tagfahrlicht ist eine zusätzliche Fahrzeugbeleuchtung zu den Fahrzeugscheinwerfern. Seit Februar 2011 (ECE R48 und StVZO § 49a) müssen alle Neufahrzeuge mit Tagfahrlicht ausgestattet sein.

Tagfahrleuchten sind lichtschwach, können somit nicht als Abblendlicht und Fernlicht dienen. Es werden vorwiegend LEDs eingesetzt; diese verbrauchen wenig Energie und sind langlebig.

Tagfahrlicht wird automatisch
- eingeschaltet beim Einschalten der Zündung,
- abgeschaltet, wenn die Hauptbeleuchtung eingeschaltet wird[1].

Einrichtungen für Warnzeichen
Warnzeichen sind kurze Signale als:
- Schallzeichen
- Leuchtzeichen

Zum Abgeben der Warnzeichen müssen Kraftfahrzeuge mit **Hupe** und **Lichthupe** ausgerüstet sein.

Die Hupe darf aber nicht Schallzeichen aus einer Folge verschieden hoher Töne abgeben.

Bremsleuchten
Bremsleuchten informieren, dass das Fahrzeug abgebremst wird. Dann müssen die nachfolgenden Verkehrsteilnehmer ihre Fahrweise darauf einstellen. Die Bremsleuchten leuchten, wenn das Bremspedal betätigt wird.

Kraftfahrzeuge und ihre Anhänger müssen hinten mit zwei ausreichend wirkenden Bremsleuchten für rotes Licht ausgerüstet sein (**Hauptbremsleuchte**) und zusätzlich mit einer dritten Bremsleuchte.

Schlussleuchte und Bremsleuchte dürfen ineinander gebaut sein; dann muss aber die Bremsleuchte stärker leuchten (tatsächliches Lichtstärkenverhältnis der einzelnen Leuchten = 1 : 5).

Anordnung der Bremsleuchten siehe Bild → 2.

Schlussleuchten
Schlussleuchten sind am Heck des Fahrzeugs angebracht für die nachfolgenden Verkehrsteilnehmer; sie müssen mit den Begrenzungsleuchten brennen.

[1] Ausnahme: Tagfahrlicht wird nicht abgeschaltet, wenn die LED-Tagfahrleuchten im Hauptscheinwerfer untergebracht sind.

Abstand	Anbaumaße in mm
vom äußersten Fahrzeugumrisspunkt zur Begrenzungsleuchte	400
von der Fahrbahn zum untersten Punkt der Begrenzungsleuchte	350
von der Fahrbahn zum obersten Punkt der Begrenzungsleuchte	1500

1 Anbaumaße für Begrenzungsleuchten

1 zusätzlich hochgesetzte Bremsleuchte
2 (Haupt-) Bremsleuchte

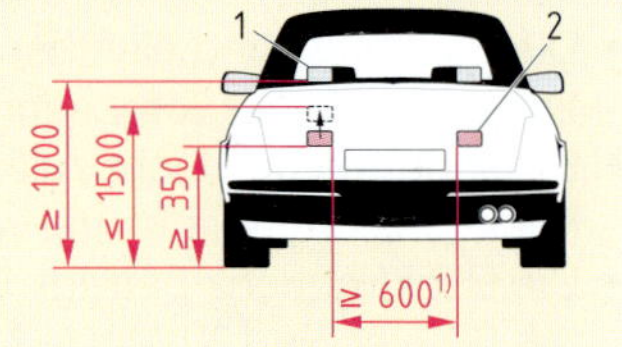

Maße in mm

[1] ≥ 400 mm, wenn Fahrzeugbreite < 1300 mm

2 Anordnung der Bremsleuchten

Es sind für alle Fahrzeuge zwei Schlussleuchten für rotes Licht vorgeschrieben; zwei weitere Schlussleuchten sind zulässig.

Schlussleuchten sollen möglichst weit voneinander angebracht sein; der äußerste Punkt der leuchtenden Fläche darf nicht mehr als 400 mm von der breitesten Stelle des Fahrzeugumrisses entfernt sein.

Beim gemeinsamen Einbau der Hauptbremsleuchte und der Schlussleuchte muss das tatsächliche Lichtstärkenverhältnis der Einzelfunktion mindestens 5 : 1 betragen, vgl. oben.

Nebelschlussleuchten
Die Nebelschlussleuchte ist eine Leuchte, die das Fahrzeug bei dichtem Nebel von hinten besser erkennbar macht. Sie strahlt rotes Licht ab und darf aber nur eingeschaltet werden, wenn durch Nebel die Sichtweite weniger als 50 m beträgt.

Es sind auch zwei Nebelschlussleuchten zulässig.

Nebelschlussleuchten müssen so geschaltet sein, dass sie nur dann leuchten können, wenn die Scheinwerfer für Fernlicht, für Abblendlicht oder die Nebelscheinwerfer oder eine Kombination dieser Scheinwerfer eingeschaltet sind. Sind Nebelschlussleuchten eingeschaltet, muss dies dem Fahrzeugführer durch eine Kontrollleuchte für gelbes Licht angezeigt werden.

Nebelschlussleuchten sind separat ein- und auszuschalten, d. h. unabhängig von Nebelscheinwerfern, Fernlicht oder Abblendlicht.

Anordnung der Nebelschlussleuchten siehe Bild → 1.

Parkleuchten
Parklicht muss eingeschaltet werden, wenn ein Fahrzeug auf nicht ausreichend beleuchteten Flächen innerorts hält.

Parkleuchten zeigen die seitliche Begrenzung eines geparkten Fahrzeugs an. Sie müssen leuchten können, ohne dass andere Leuchten oder Scheinwerfer eingeschaltet werden. In den meisten Fällen wird die Funktion der Parkbeleuchtung von der Schluss- und der Begrenzungsleuchte der Fahrbahn zugewandten Seite übernommen.

Es können aber auch eine nach vorn wirkende Parkleuchte für weißes Licht und eine nach hinten wirkende Parkleuchte für rotes Licht für die der Fahrbahn zugewandten Seite verwendet werden.

Kennzeichenleuchte
Das hintere Kennzeichen muss auch bei Dunkelheit auf 25 m lesbar sein; deshalb muss es beleuchtet sein. Die Kennzeichenleuchte wird gleichzeitig mit den Hauptscheinwerfern ein- und ausgeschaltet.

Alternativ kann auch ein selbstleuchtendes Kennzeichen am Fahrzeug montiert werden – dieses muss bei Dunkelheit auf 20 m lesbar sein.

Seitenmarkierungsleuchten
Auch Pkws dürfen mit Seitenmarkierungsleuchten ausgestattet sein. Seitenmarkierungsleuchten stellen bei Dunkelheit den Fahrzeugumriss besser dar. Sie leuchten in gelber oder roter Farbe und sind meist gekoppelt mit dem Schlusslicht.

Informationen zu Seitenmarkierungsleuchten siehe Kap. 3.19.4.3.

Rückfahrscheinwerfer
Rückfahrscheinwerfer leuchten die Fahrbahn nach hinten aus und signalisiert den nachfolgenden Verkehrsteilnehmern, dass das Fahrzeug rückwärtsfährt. Sie sind bereits in Kap. 3.19.3 beschrieben.

Rückstrahler
Zweispurige Kraftfahrzeuge müssen an der Rückseite mit zwei runden oder rechteckigen, roten Rückstrahlern ausgerüstet sein. Dreieckige Rückstrahler sind an Kraftfahrzeugen nicht zulässig; die sind für Anhänger vorgeschrieben.

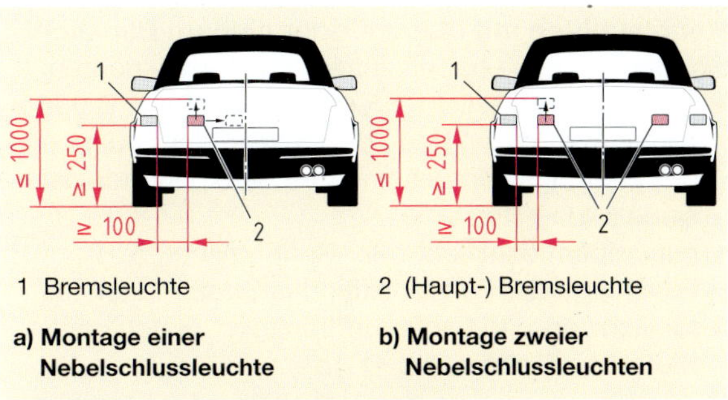

1 Anordnung der Nebelschlussleuchten

2 Türsicherungsleuchte

Ein Rückstrahler muss so angebracht sein, dass die leuchtende Fläche nicht mehr als 400 mm vom äußersten Fahrzeugumrisspunkt und der höchste Punkt nicht höher als 900 mm von der Fahrbahn entfernt ist.

Ist dies nicht möglich, sind zwei zusätzliche Rückstrahler zu befestigen:
- das erste Paar so tief wie möglich und nicht mehr als 400 mm von der breitesten Stelle des Fahrzeugumrisses entfernt
- das zweite Paar möglichst weit auseinander und höchstens 900 mm über der Fahrbahn

Türsicherungsleuchten
Manche Pkws haben Türsicherungsleuchten. Türsicherungsleuchten sind rote rückstrahlende Leuchten an der hinteren Schmalseite der Fahrzeugtür, siehe Bild → 2. Sie leuchten nach hinten und warnen den von hinten kommenden Verkehr vor einer geöffneten Tür, die über den sonstigen Fahrzeugumriss hinaus steht.

Zulässig sind auch reflektierende Klebestreifen.

Kennleuchten mit blauem oder gelbem Blinklicht
Sonderfahrzeuge haben zusätzliche Kennleuchten

- mit blauem Blinklicht oder Rundumlicht: z. B. Fahrzeuge der Polizei, des Zolldienstes, der Feuerwehr, des Rettungsdienstes und des Blutspendedienstes, siehe Bild → 1a
- mit gelbem Blinklicht oder Rundumlicht: z. B. Fahrzeuge der Pannenhilfe, des Straßendienstes, für Schwer- und Großraumtransport, Safetycar im Motorsport, siehe Bild → 1b

3.19.4.3 Warn- und Signaleinrichtungen an Nutzkraftwagen

Nutzkraftwagen haben die gleichen Warn- und Signaleinrichtungen wie Pkws; allerdings haben sie keine dritte Bremsleuchte.

Zusätzlich haben Nutzkraftwagen, siehe Bild → 2:

- weitere Fahrtrichtungsanzeiger
- Umrissleuchten
- Seitenmarkierungsleuchten und Rückstrahler
- Kennleuchten mit blauem oder gelbem Blinklicht
- Sicherheitskennzeichnung an Fahrzeugen für den Straßendienst oder die Müllabfuhr
- Leuchten, Rückstrahler und Warntafeln an Anbaugeräten
- Heckmarkierungstafeln
- Leuchten und Warnmarkierungen an Hubladebühnen
- Rückfahrwarner
- Konturmarkierung
- Warntafeln für Gefahrguttransport

Zusätzliche Fahrtrichtungsanzeiger
An beiden Längsseiten **müssen** zusätzliche Fahrtrichtungsanzeiger angebracht sein bei

- Kraftfahrzeugen, die länger sind als 6 m,
- Kraftfahrzeugen und Sattelanhängern mit einer zulässigen Gesamtmasse > 3,5 t.

Ist das Fahrzeug kürzer als 6 m, **dürfen** an den Fahrzeuglängsseiten Fahrtrichtungsanzeiger angebracht sein.

Kraftomnibusse, die für die Schülerbeförderung eingesetzt werden, müssen an der Rückseite zwei zusätzliche Blinkleuchten haben, die so hoch und so weit außen wie möglich angeordnet sind.

Umrissleuchten
Umrissleuchten sollen die Breite des Fahrzeugs kenntlich machen. Sie sind hinten am Fahrzeug angebracht, an beiden Seiten möglichst weit außen, siehe Bild → 2b.

a) Mit blauem Blinklicht

b) Mit gelbem Blinklicht

1 Kennleuchten

a) Vorn

b) Hinten

2 Warn- und Signaleinrichtungen an einem Omnibus

a) Mit blauem Blinklicht

b) Mit gelbem Blinklicht

1 Kennleuchten an Lkws

Fahrzeuge mit einer Breite > 2100 mm **müssen** zwei Umrissleuchten haben, das gilt nicht für land- oder forstwirtschaftliche Zug- und Arbeitsmaschinen, ihre Anhänger und deren Anbaugeräte und Anhängegeräte.

Fahrzeuge mit einer Breite > 1800 mm bis 2100 mm **dürfen** mit Umrissleuchten ausgerüstet sein.

Der Abstand zur Begrenzungs- bzw. Schlussleuchte muss mindestens 20 cm betragen.

Umrissleuchten müssen abstrahlen
- nach vorn: weißes Licht
- nach hinten: rotes Licht

Seitenmarkierungsleuchten und Rückstrahler

Seitenmarkierungsleuchten sind meist gekoppelt mit dem Schlusslicht und stellen bei Dunkelheit den Fahrzeugumriss besser dar.

Fahrzeuge mit einer Länge > 6 m müssen an den Längsseiten mit Seitenmarkierungsleuchten ausgerüstet sein.

Seitenmarkierungsleuchten sind mit Rückstrahlern kombiniert und leuchten in gelber Farbe, siehe Bild → 2, Seite 190. Ist die hintere Seitenmarkierungsleuchte mit der Schlussleuchte, Umrissleuchte, Nebelschlussleuchte oder Bremsleuchte zusammengebaut, kombiniert oder ineinander gebaut oder bildet sie den Teil einer gemeinsam leuchtenden Fläche mit dem Rückstrahler, so darf sie auch rot sein.

Kennleuchten mit blauem oder gelbem Blinklicht

Sonderfahrzeuge haben zusätzliche Kennleuchten
- mit blauem Blinklicht (Rundumlicht): z. B. Fahrzeuge der Polizei oder Feuerwehr, siehe Bild → 1a
- mit gelbem Blinklicht (Rundumlicht): Fahrzeuge z. B. der Müllabfuhr, mit ungewöhnlicher Breite oder Länge, des Straßendienstes, siehe Bild → 1b

Leuchten, Rückstrahler und Warntafeln an Anbaugeräten

Ragen Anbaugeräte seitlich mehr als 400 mm über den äußersten Punkt der leuchtenden Flächen der Begrenzungs- oder der Schlussleuchten hinaus, müssen sie ausgerüstet sein mit:
- Begrenzungsleuchten
- Schlussleuchten
- Rückstrahlern
- rot-weißen Park-Warntafeln, Folien oder Tafeln nach vorn und hinten

Ragen Anbaugeräte mehr als 1000 mm über die Schlussleuchten des Fahrzeugs nach hinten hinaus, müssen sie ausgerüstet sein mit
- Schlussleuchte
- Rückstrahler
- rot-weißen Park-Warntafeln, Folien oder Tafeln hinten

Die Leuchten und Rückstrahler dürfen abgenommen sein, wenn Beleuchtung nicht notwendig ist – sie müssen aber im Fahrzeug mitgeführt werden.

Leuchten und Warnmarkierungen an Hubladebühnen

Hubladebühnen müssen mit gut sichtbaren rot-weißen, retroflektierenden Warnmarkierungen am hinteren Ende des Fahrzeugs kenntlich gemacht sein. Während ihres Betriebs müssen zwei Blinkleuchten gelbes Licht abstrahlen, siehe Bild → 2.

2 Leuchten an Hubladebühnen

Rückfahrwarner
An Erdbaumaschinen und Lastkraftwagen, bei denen der Fahrer unzureichende Sicht hat nach hinten, werden oft akustische Warneinrichtungen angebaut, um die Sicherheit beim Rückwärtsfahren zu erhöhen.

Allerdings verbessern solche Rückfahrwarner nicht die Sicht und sie erhöhen somit auch nicht die Betriebssicherheit. Der Fahrer darf sich nicht darauf verlassen, dass andere Verkehrsteilnehmer auf Rückfahrwarner reagieren – falls erforderlich, hat er sich einweisen zu lassen (StVO § 9).

3.19.4.4 Warn- und Signaleinrichtungen an Anhängern und Sattelanhängern

Anhänger und Sattelanhänger müssen mit den gleichen Warn- und Signaleinrichtungen ausgerüstet sein wie die Rückseite und die Längsseiten des Pkws bzw. Lkws.

Weitere Festlegungen gibt es zu:
- Begrenzungsleuchten
- Spurhalteleuchte

Begrenzungsleuchten
Ragen Anhängefahrzeuge seitlich mehr als 400 mm über das Zugfahrzeug hinaus, müssen sie vorn Begrenzungsleuchten führen. Anhängefahrzeuge, die weniger als 400 mm über das Zugfahrzeug hinausragen, dürfen vorn zwei weiße Rückstrahler haben, die jedoch nicht dreieckig sein dürfen; Anbaumaße siehe Bild ➔ 1.

Spurhalteleuchte
Spurhalteleuchten sind am hinteren Ende der beiden Längsseiten angebracht und zeigen dem Fahrer an, wie sich der Anhänger bewegt, z. B. in Kurven oder beim Rangieren. Dafür darf auf jeder Seite eine nach vorn wirkende Leuchte für weißes Licht angebracht sein.

3.19.5 Anbau von Beleuchtungseinrichtungen

In diesem Kapitel werden behandelt:
- allgemeine Grundsätze zum Anbau
- Prüfzeichen
- elektrische Schaltung

Anbaumaß	Maße in mm
vom äußersten Fahrzeugumrisspunkt – zur Begrenzungsleuchte – zum Rückstrahler	 400 150
von der Fahrbahn zum unterstem Punkt – der Begrenzungsleuchte – des Rückstrahlers	 350 350
von der Fahrbahn zum obersten Punkt – der Begrenzungsleuchte – des Rückstrahlers	 1500 900 (1500)[1]

[1] 1500 mm bauartbedingt

1 Anbaumaße für Begrenzungsleuchten und Rückstrahler an Anhängefahrzeugen

Allgemeine Grundsätze zum Anbau von Beleuchtungseinrichtungen

Grundsätzlich sind Beleuchtungs- und Lichtsignaleinrichtungen so anzubauen, dass unter normalen Gebrauchsbedingungen die vorgeschriebenen Eigenschaften nicht beeinträchtigt werden. Insbesondere muss eine unbeabsichtigte Verstellung der Leuchten ausgeschlossen sein. Höhe und Ausrichtung der Leuchten beziehen sich auf ein unbeladenes Fahrzeug, welches auf einer ebenen, horizontalen Fläche aufgestellt ist. Beleuchtungseinrichtungen müssen
- vorschriftsmäßig und fest angebracht sein,
- ständig betriebsbereit sein,
- nicht verdeckt sein (nur Nebelscheinwerfer dürfen mit Kappen abgedeckt werden).

Für den Anbau der Beleuchtungs- und Lichtsignaleinrichtungen gelten folgende Vorschriften der StVZO:
- § 49a: Lichttechnische Einrichtungen, allgemeine Grundsätze
- § 50: Scheinwerfer für Fern- und Abblendlicht
- § 51: Begrenzungsleuchten, vordere Rückstrahler, Spurhalteleuchten
- § 51a: Seitliche Kenntlichmachung
- § 51b: Umrissleuchten
- § 51c: Parkleuchten, Park-Warntafeln
- § 52: Zusätzliche Scheinwerfer und Leuchten
- § 52a: Rückfahrscheinwerfer
- § 53: Schlussleuchten, Bremsleuchten, Rückstrahler
- § 53a: Warndreieck, Warnleuchte, Warnblinkanlage
- § 53b: Ausrüstung und Kenntlichmachung von Anbaugeräten und Hubladebühnen
- § 53c: Tarnleuchten
- § 53d: Nebelschlussleuchten
- § 54: Fahrtrichtungsanzeiger
- § 54a: Innenbeleuchtung in Kraftomnibussen
- § 54b: Windsichere Handlampe

Außerdem gelten harmonisierte Vorschriften der EU bzw. Regelungen der ECE:

- EGV 661/2009 für Kraftfahrzeuge und Anhänger
- EUV 167/2013 für Zugmaschinen mit Luftbereifung und einer bauartbedingten Höchstgeschwindigkeit zwischen 6 km/h und 40 km/h
- EUV 168/2013 für zweirädrige oder dreirädrige Kraftfahrzeuge
- ECE R 48 für Kraftfahrzeuge und Anhänger
- ECE R 53 für Krafträder

Bestehen keine besonderen Vorschriften, so müssen die Leuchten eines gleichen Leuchtenpaars

- symmetrisch zur Längsmittelebene am Fahrzeug angebracht sein; an Fahrzeugen mit asymmetrischer Außenform sind diese Bedingungen so weit wie möglich einzuhalten,
- annähernd die gleichen fotometrischen Eigenschaften aufweisen.

Bestehen keine besonderen Vorschriften, so darf:

- keine Leuchte Blinklicht ausstrahlen, ausgenommen die Fahrtrichtungsanzeiger und das Warnblinklicht
- kein rotes Licht, das zu Verwechslungen führen könnte, von einer Leuchte nach vorn ausgestrahlt werden
- kein weißes Licht, das zu Verwechslungen führen könnte, von einer Leuchte nach hinten ausgestrahlt werden; Ausnahme: Rückfahrscheinwerfer

Beleuchtungseinrichtungen zur Innenbeleuchtung des Fahrzeugs werden nicht berücksichtigt.

Prüfzeichen an Beleuchtungseinrichtungen

Beleuchtungseinrichtungen müssen durch eine Bauartprüfung nach StVZO zugelassen sein; sie besitzen dann ein **Prüfzeichen**:

- ein nationales Prüfzeichen, z. B. 〰 K
- ein internationales Prüfzeichen (E1) als ECE-Prüfzeichen, weitere ECE-Prüfzeichen siehe Bild ➔ 1
- e1 als EG-Prüfzeichen

Alle Bauteile mit E-Zeichen sind in der gesamten EU zugelassen. Der Verwendungsbereich ist einzuhalten.

So dürfen z. B. Rückfahrscheinwerfer, auch mit Prüfzeichen, nicht als Nebelscheinwerfer eingebaut werden.

Die nationalen und europäischen Prüfzeichen sind auf der Scheibe der Beleuchtungseinrichtung angebrach. Damit ist jede lichttechnische Funktion der Beleuchtungsanlage festgelegt und das Prüfzeichen bestätigt, dass die Anlage dieser Funktion auch entspricht.

ECE-Prüfzeichen	Land
E1	Deutschland
E2	Frankreich
E3	Italien
E4	Niederlande
E5	Schweden
E6	Belgien
E7	Ungarn
E8	Tschechien
E9	Spanien
E10	ehemaliges Jugoslawien
E11	Großbritannien
E12	Österreich
E13	Luxemburg
E14	Schweiz

1 Bedeutung der ECE-Prüfzeichen

C	Material für die Kontur-/Streifenmarkierung (ECE-R104)
D	Material für charakteristische Markierungen/Grafiken (ECE-R104)
E	Material für charakteristische Markierungen/Grafiken für größere Flächen (ECE-R104)
IA	Rückstrahler, nicht dreieckig
IIIA	Rückstrahler, dreieckig
RF, RR	Heckmarkierungstafeln
top	oben

2 Passive lichttechnische Einrichtungen – Bezeichnungen und Symbole

Außer den Prüfzeichen sind weitere Bezeichnungen und Symbole auf aktiven und passiven lichttechnischen Einrichtungen angebracht, siehe Bild ➔ 2 und Bild ➔ 1, Seite 194.

Elektrische Schaltung von Beleuchtungseinrichtungen

Die elektrische Schaltung muss wie folgt ausgeführt sein:

1. Die Begrenzungsleuchten, Schlussleuchten, Seitenmarkierungsleuchten und Kennzeichenleuchte dürfen nur gleichzeitig ein- und ausgeschaltet werden können. Ausnahme: Sie werden als Parkleuchte verwendet.
2. Die Scheinwerfer für Fernlicht, Abblendlicht und Nebelscheinwerfer dürfen nur dann eingeschaltet werden können, wenn die Leuchten in Punkt 1 ebenfalls eingeschaltet sind. Ausnahme: Sie werden als Lichthupe verwendet.

Ein Beispiel zum Installieren von Arbeitsscheinfern siehe 2. US, 31702, Seite 38.

Symbol	Bezeichnung
< - - - >	Anbaurichtung
	Auf Scheinwerfern für Linksverkehr, waagrechter Pfeil, der von vorn gesehen nach rechts zeigt, nach der Straßenseite, auf der sich der Verkehr bewegt.
	Scheinwerfer für beide Verkehrsrichtungen.
A	Begrenzungs- bzw. Umrissleuchte (nach vorn wirkend)
AR	Rückfahrscheinwerfer
… AS …	Scheinwerfer der Klasse „A" für symmetr. Abbl.-/Fernlicht
B	Nebelscheinwerfer (früher auch für Nebelschlussleuchte)
… B …	Scheinwerfer der Klasse „B" für symmetr. Abbl.-/Fernlicht
C, DC, HC	Scheinwerfer für Abblendlicht
D, D2S, D2R	Scheinwerfer mit Gasentladungslichtquelle
F	Nebelschlussleuchte
R	Scheinwerfer für Fernlicht Umrissleuchte nach hinten wirkend Schlussleuchte

Symbol	Bezeichnung
RL	Tagfahrleuchte
.. H ..	Scheinwerfer mit Halogenglühlampe
L	Kennzeichenleuchte
MB	Scheinwerfer für Fern- und Abblendlicht für Krafträder
.. D	als Einzelleuchte oder auch in einer Baugruppe verwendbar
.. PL	Kunststoffabschlussscheibe
SM1, SM2	Seitenmarkierungsleuchten
S1, S2	Ein-, Zweipegelbremsleuchte
S3	zusätzliche zentrale Bremsleuchte
1, 1a, 1b, 11	nach vorn wirkende Fahrtrichtungsanzeiger
2a, 2b, 12	nach hinten wirkende Fahrtrichtungsanzeiger
3, 4, 31	vorn seitliche Fahrtrichtungsanzeiger
5	seitliche Fahrtrichtungsanzeiger
6	seitliche lichtstarke Fahrtrichtungsanzeiger

1 Aktive lichttechnische Einrichtungen – Bezeichnungen und Symbole

3.20 Kontrollleuchten

Kontrollleuchten informieren den Fahrer darüber, ob

- eine Einrichtung eingeschaltet ist,
- eine Wirkung eingetreten ist,
- ein Zustand ordnungsgemäß ist.

Dazu werden Anzeiger, Symbole oder Multifunktionsanzeigen verwendet, Beispiele siehe Bild → 2.

Symbol	Farbe des Kontroll-lichts	Bedeutung	Symbol	Farbe des Kontroll-lichts	Bedeutung
	Grün	Lichthauptschalter		Gelb	Vorglüheinrichtung
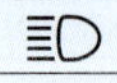	Blau	Scheinwerfer für Fernlicht		Rot	Funktionsstörung der Bremsanlage
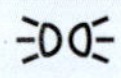	Grün	Begrenzungsleuchten		Gelb	Kraftstofftankfüllstand
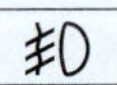	Grün	Nebelscheinwerfer	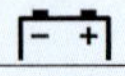	Rot	Batterieladezustand
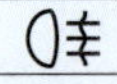	Gelb	Nebelschlussleuchte	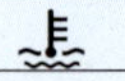	Rot	Temperatur der Motorkühlflüssigkeit
		Leuchtweitenregler für Scheinwerfer	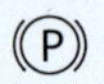	Rot	Feststellbremse
	Rot	Warnblinkanlage			Heckscheibenwischer und -wascher
		Scheibenwischer und Scheibenwascher			vordere Fahrzeughaube (Motorhaube)
		Windschutzscheiben-entfeuchtungs- und -entfrostungsanlage		Rot	Rückhalteeinrichtung
		Lüftungsgebläse			unverbleiter Ottokraftstoff

2 Kontrollleuchten – Symbole und Anzeiger

3.21 Elektrische Komfortsysteme

Bei einfachen Komfortsystemen wird die mechanische Bedienung durch einen Elektromotor ersetzt. Das Ein- und Ausschalten des Motors erfolgt durch Betätigung eines Tasters oder Schalters.

Beispiele sind die elektrische Bedienung der:
- Fensterheber, siehe Kap. 3.21.1
- Dachöffnung, siehe Kap. 3.21.2
- Sitzverstellung, siehe Kap. 3.21.3
- Spiegelverstellung, siehe Kap. 3.21.4

3.21.1 Elektrische Bedienung der Fensterheber

Der wohl weit verbreitetste Komfort ist das Öffnen und Schließen der Fenster mit einem elektrischen Fensterheber. Dies wird realisiert mit einem Gleichstrom-Elektromotor mit Rechts-links-Lauf.

Je nachdem, wie groß der Bauraum ist, der in der Tür zur Verfügung steht, sind eingebaut:
- Armfensterheber
- Seilfensterheber

Armfensterheber
Der Fensterheberantrieb treibt über ein Ritzel ein Zahnsegment an, das mit einem Gelenkgetriebe verbunden ist, siehe Bild → 1a. Dieses System zeichnet sich durch einen hohen Systemwirkungsgrad aus. Nachteilig sind der benötigte Bauraum und die Masse.

Seilfensterheber
Der Fensterheberantrieb treibt über eine Seiltrommel ein Seilzuggetriebe an, siehe Bild → 1b. In den Vordertüren sind meist Systeme mit zwei Führungsschienen eingesetzt, in den Hintertüren vorzugsweise Systeme mit einer Führungsschiene. Wesentlicher Vorteil der Seilfensterheber ist die gute Führung der Scheibe.

Der Fensterheberantrieb besteht aus, siehe Bild → 2:
- Gleichstrommotor
- Untersetzungsgetriebe aus Schnecke und Schraubrad
- Steuergerät

Das **Steuergerät** wertet die Signale des Hall-Sensors oder der elektrischen Stromstärke aus.

Die Fensterheberantriebe sind mit einem Steuergerät ausgerüstet, sinnvolle Funktionen ermöglicht wie:
- Automatik-Betrieb (Öffnen, Schließen)
- Komfortschließen
- Schließkraftbegrenzung

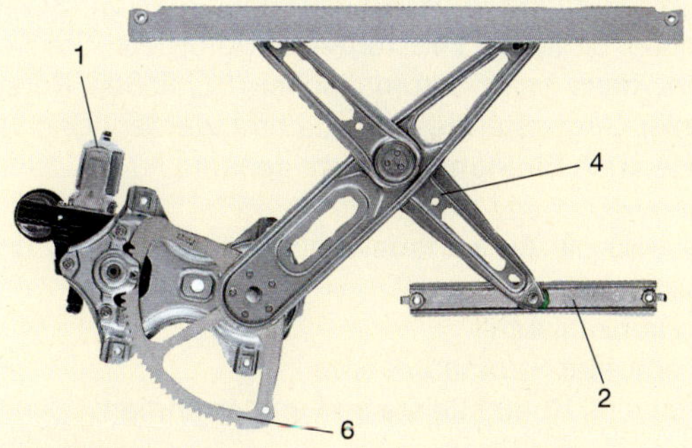

a) Armfensterheber

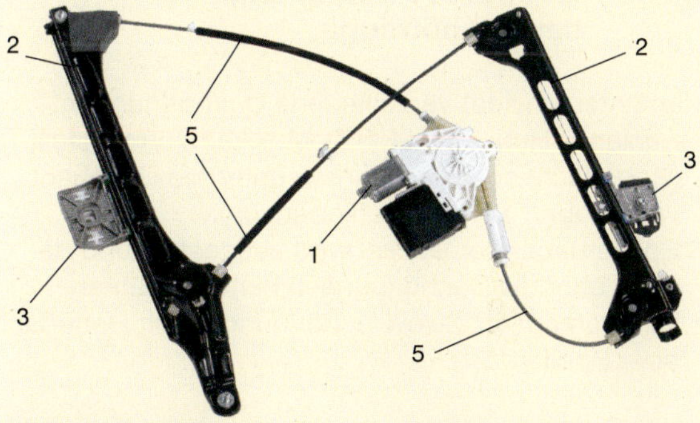

b) Seilfensterheber

1 Fensterheberantrieb
2 Führungsschiene
3 Mitnehmer
4 Gelenkgetriebe
5 Antriebsseil
6 Zahnsegment

1 Fensterheber

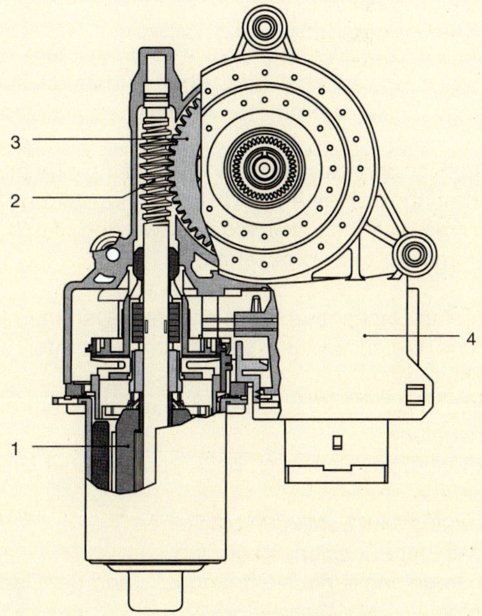

1 Motor
2 Schnecke
3 Schraubrad
4 Steuergerät

2 Fensterheberantrieb

Die Schließkraftbegrenzung wird nach § 30 StVZO für elektrisch bediente Fensterheber gefordert. Sie verhindert, dass beim automatischen Schließen Personen oder Gegenstände eingeklemmt werden; deshalb wird sie auch **Einklemmschutz** genannt.

Dabei wird die Aufwärtsbewegung des Fensters umgekehrt:
- bei Drehzahlabfall
- bei erhöhter Stromaufnahme
- durch eine Kontaktleiste im Fensterrahmen

3.21.2 Elektrische Bedienung der Dachöffnung

Man unterscheidet verschiedene Dachöffnungen:
- Schiebe-/Hub-Dach: Ein Deckel kann ausgestellt (Hebedach) oder nach hinten unter die Dachhaut verschoben werden (Schiebedach).
- Spoilerdach: Der Deckel wird ausgestellt und danach über die Dachhaut nach hinten gefahren.
- Panoramadach: zwei Dachöffnungen mit Hebedach oder Spoilerdach.

Weitere Informationen zu Dachöffnungen siehe Kapitel 13.4.3.4.

Dachantrieb
Der Dachantrieb besteht aus einem Gleichstrommotor mit Schneckengetriebe sowie einem Steuergerät; beim Panoramadach sind es bis zu drei Dachantriebe mit unterschiedlichen Verstellmöglichkeiten.

Der Deckel der Dachöffnung wird über zug- und drucksteife Bedienkabel oder über Kunststoff-Zahnbänder mit Gleichstrommotor verstellt.

Bei Ausfall der elektrischen Verstellung kann die Dachöffnung über eine Handverstellung, die am Antrieb vorgesehen ist, geschlossen werden. Auch ein Einklemmschutz ist vorgesehen.

Häufig sind Dachantriebe mit anderen Systemen vernetzt und bieten dadurch zusätzlichen Komfort und Sicherheit wie:
- Öffnen und Schließen zusammen mit der Zentralverriegelung
- automatisches Schließen bei Erkennen einer Unfallgefahr
- automatisches Schließen bei Regen
- vorwählbare Positionssteuerung
- Klimaregelung je nach Öffnungszustand der Dachöffnung

3.21.3 Elektrische Bedienung der Sitzverstellung

Die elektrische Sitzverstellung bietet einen großen Bedienungskomfort, wird aber auch wegen ihres geringeren Platzbedarfs oder bei erschwerter Zugänglichkeit der Bedienelemente der verschiedenen Verstellebenen bevorzugt.

Bis zu zehn Motoren verstellen:
- Sitzfläche in der Höhe; vorn und hinten
- den Sitz in Längsrichtung
- Sitzkissentiefe und -breite
- Neigung der Rückenlehne
- Lordosen
- Höhe der Kopfstütze
- Lehnenbreite

Die Sitzverstellung erfolgt über Getriebe und Wellen. Bei modernen Sitzkonzepten ist nicht nur der Beckengurt am Sitzgestell befestigt, sondern auch der Schultergurt einschließlich Höhenverstellung, Gurtaufroller und Gurtstraffer an der Sitzlehne. Dieser Sitzaufbau gewährleistet einen optimalen Gurtverlauf für unterschiedliche Insassengröße und für alle einstellbaren Sitzpositionen.

Wenn die Sitzverstellung eine Speicherfunktion besitzt, erfolgt die Lagerückmeldung durch Potenziometer oder Hallsensoren an ein Steuergerät. Das Steuergerät wertet die Betätigung der Schalter aus und regelt die Elektromotoren.

3.21.4 Elektrische Bedienung der Spiegelverstellung

Das Einstellen der Außenspiegel ist vor Fahrtantritt eine der wichtigsten Tätigkeiten, die ein Fahrer zu machen hat. Schwierigkeiten entstehen immer beim manuellen Einstellen des Außenspiegels auf der Beifahrerseite.

Deshalb haben viele Fahrzeuge elektrisch verstellbarer Außenspiegel: Das Spiegelglas wird mithilfe von zwei Gleichstromelektromotoren verstellt. Über Schneckenräder und Stellschrauben wird die Drehbewegung auf das Spiegelglas umgesetzt.

3.22 Zusätzliche elektronische Systeme in Fahrzeugen

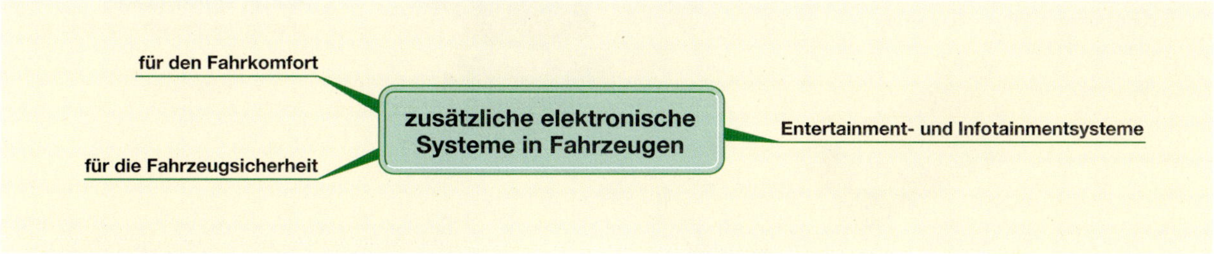

1 Zusätzliche elektronische Systeme in Fahrzeugen

Zusätzliche elektronische Systeme in Fahrzeugen dienen, siehe Bild → 1:

- der Fahrsicherheit, siehe Kap. 3.22.1
- dem Fahrkomfort, siehe Kap. 3.22.2
- dem Entertainment und Infotainment, siehe Kap. 3.22.3

3.22.1 Elektronische Systeme für die Fahrsicherheit

Einteilung der elektronischen Systeme für die Fahrsicherheit

Die Fahrzeuge bekommen durch moderne und komfortable **Fahrerassistenzsysteme** „Sinne“ und können auf Verkehrs- und Straßensituationen reagieren. So wird der Fahrer unterstützt in der Wahrnehmung, er wird weniger abgelenkt und weniger belastet – der Fahrer kann sich besser auf seine Aufgaben im Verkehr zu konzentrieren. Diese Systeme verbessern somit die Fahrsicherheit und werden deshalb auch **Sicherheitselektronik** genannt.

Ergebnis:
Die Zahl der Unfallopfer sinkt ständig.

Die Sicherheitselektronik in Fahrzeugen kann unterteilt werden in Systeme für die:

- passive Fahrzeugsicherheit
- aktive Fahrzeugsicherheit

Elektronische Systeme für die passive Fahrzeugsicherheit

Passive Fahrzeugsicherheit fasst alle konstruktiven Maßnahmen zusammen, die dazu dienen, bei einem Unfall alle Verkehrsteilnehmer bestmöglich vor Verletzungen zu schützen.

Elektronische Systeme für die passive Fahrzeugsicherheit werden eingesetzt bei:

- Insassenerkennungssystemen
- Fußgängerschutzsystemen

Insassenerkennungssysteme

Insassenerkennungssysteme sind Sensoren, die dafür sorgen, dass die Airbags in Abhängigkeit von der Masse der Insassen ausgelöst werden. So können auch Kinder besser vor Verletzungen geschützt werden.

Die im Sitz integrierten Sensoren messen die jeweils aufliegende Masse – jeder Sensor bis auf 150 Gramm genau, siehe Bild → 2. Dabei wird im Sensor eine metallische Feder verformt; diese Verformung wird als elektrisches Signal an die Airbag-Steuereinheit weitergeleitet.

Der Bordrechner ermittelt daraus die aktuelle Sitzbelegung und unterscheidet nach der Masse – vom Kleinkind bis zum 95-Kilogramm-Mann.

Zeitpunkt und Stärke der Airbag-Aktivierung werden dann bei einem Unfall entsprechend dieser Sitzbelegung für den Insassen individuell angepasst.

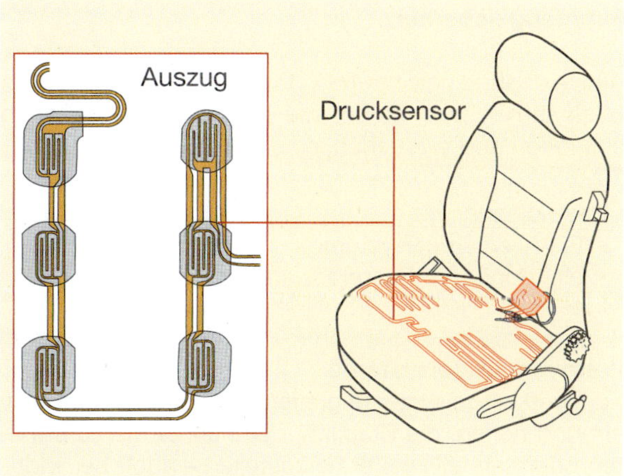

2 Insassenerkennungssystem

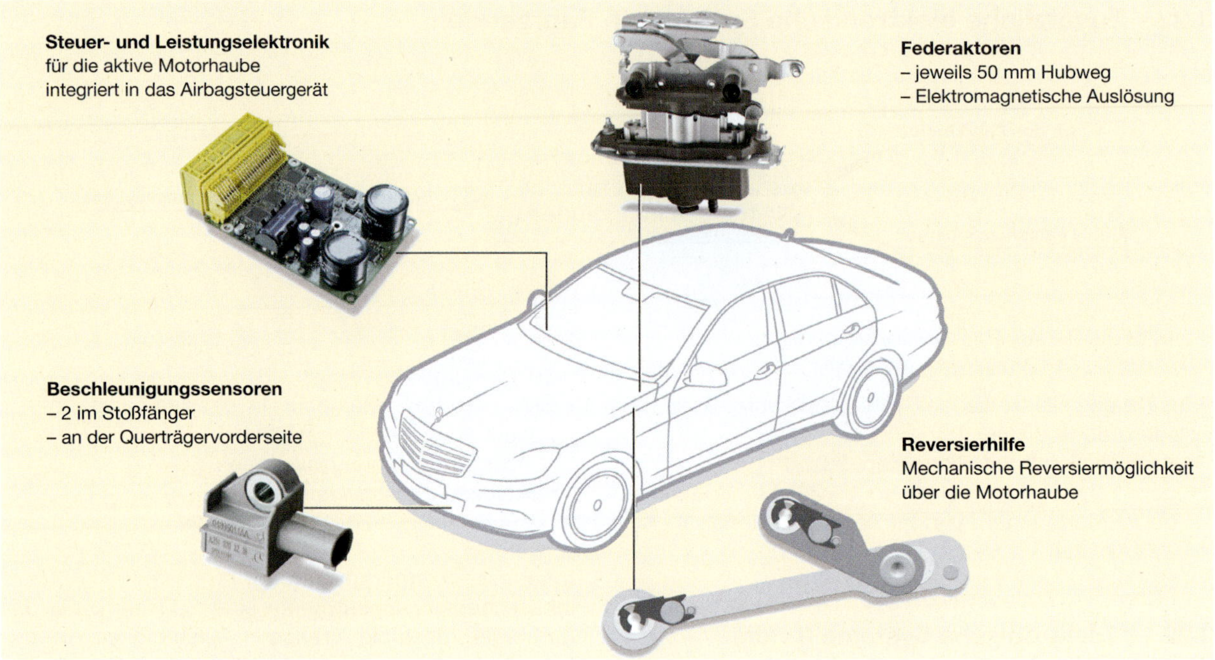

1 Motorhaubenaufsteller mit Federaktoren

Fußgängerschutzsysteme

Zum Schutz von Fußgängern wurden Motorhaubenaufsteller mit Federn, Druckluft oder Pyrotechnik entwickelt, siehe Bild → 1.

Bei einem Unfall wird die Motorhaube blitzschnell angehoben, sodass sich die Knautschzone vergrößert. So nimmt die Motorhaube den größten Teil der Aufprallenergie auf und vermindert die Belastung auf den Fußgänger.

Weitere Informationen zum Aufprallschutz für Fußgänger siehe Kap. 13.12.2.

Elektronische Systeme für die aktive Fahrzeugsicherheit

Aktive Fahrzeugsicherheit fasst alle konstruktiven Maßnahmen zusammen, die in das Fahrgeschehen eingreifen und versuchen, einen Unfall zu verhindern.

Dazu dienen:
- Fahrwerksregelsysteme
- elektronischer Fahrerassistent

Fahrwerksregelsysteme

Fahrwerksregelsysteme greifen im Grenzbereich aktiv ein und helfen, die Stabilität des Fahrzeugs zu erhalten oder schnell wieder herzustellen – auch bei widrigen Fahrbahnverhältnissen.

Elektronischer Fahrerassistent

Unter dem Begriff elektronischer Fahrerassistent (**FAS**) sind Systeme zusammengefasst, die
- lebensbedrohliches Auffahren verhindern,
- das Fahrlicht unaufgefordert der jeweiligen Straßensituation anpassen oder
- beim Einparken ein drittes Auge auf die Lücke werfen.

Elektronische Fahrerassistenten machen das Fahren sicherer.

Zu den elektronischen FAS gehören:
- Reifendruck-Kontrollsystem
- Spurassistenzsysteme
- Abstandsregeltempomat
- vorausschauendes Notbremssystem
- Müdigkeitsassistent
- Fernlichtassistent
- dynamischer Fernlichtassistent
- adaptives Fahrlicht
- Verkehrszeichenerkennung
- Nachtsichtassistent
- Totwinkelassistent
- Parkassistent
- Fahrzeug-Fahrzeug-Kommunikationssystem

Reifendruckkontrollsysteme RDKS (engl.: Tire Pressure Monitoring System TPMS) kontrollieren den Luftdruck in den Reifen von Kraftfahrzeugen. Es gibt sie als

- indirektes System: Es wird die Drehzahl der Räder gemessen und miteinander verglichen. Verringert sich der Luftdruck in einem Reifen, verringert sich auch der Abrollumfang, das Rad dreht sich schneller als die anderen. Dann wird der Fahrer durch eine Meldung am Display gewarnt.
- direktes System: In jedem Rad ist ein Sensor eingebaut, der den Luftdruck und die Temperatur misst. Die Daten werden per Funk an den Empfänger gesendet, verarbeitet und am Display dem Fahrer angezeigt.

Ein **Spurassistenzsystem** verhindert, dass der Fahrer unbeabsichtigt die eigene Fahrspur verlässt. Dafür gibt es:

- Spurverlassenswarnung (**Lane Departure Warning**)
- Spurhalteassistent (**Lane Keeping Support**)

Beide Funktionen sind ab einer Geschwindigkeit von etwa 60 km/h aktiv. Innerhalb der Systemgrenzen „suchen" sie mit Hilfe einer Videokamera Fahrbahnmarkierungen vor dem Fahrzeug, indem sie Kontrastunterschiede zwischen Straßenbelag und Begrenzungslinien auswerten, siehe Bild ➔ 1.
Die Funktionen können bis zu vier Fahrspuren erkennen. Selbst wenn kurzzeitig die Markierung auf einer Seite fehlt, bleiben die Funktionen einsatzbereit.

Der **Abstandsregeltempomat ART** entlastet den Fahrer auf Fernstraßen und Autobahnen. Zu diesem Zweck tastet ein Abstandssensor alle 50 Millisekunden die Umgebung vor dem Fahrzeug ab. In einer Entfernung von maximal 150 m misst er mit drei Radarkeulen Abstand und Relativgeschwindigkeit vorausfahrender Fahrzeuge auf 0,7 km/h genau.
Fährt z. B. wie in Bild ➔ 2 ein Pkw vor einem Lkw und wird langsamer, erkennt dies der ART und bremst den Lkw automatisch ab, bis ein Abstand erreicht ist, den der Fahrer vorgewählt hat. Diesen Abstand hält der ART dann konstant ein. Beschleunigt der Pkw oder wechselt der Lkw auf eine freie Spur, beschleunigt auch die ART den Lkw automatisch wieder auf die zuvor eingestellte Geschwindigkeit.
Der ART unterstützt den Fahrer, vor allem bei mittlerem bis dichtem Verkehr auf Fernstraßen, und nimmt ihm Anpassungs-Bremsungen weitgehend ab. Die Verzögerung ist dabei auf ca. 20 % der maximalen Bremskraft begrenzt.
Fährt kein Fahrzeug voraus, arbeitet der ART wie ein Tempomat.

Vorausschauendes Notbremssystem können Auffahrunfälle verhindern. Auffahrunfälle passieren wegen Unachtsamkeit oder Ablenkung.

1 **Spurassistent**

2 **Abstandsregelsystem**

3 **Vorausschauendes Notbremssystem**

Bei 80 km/h legt ein Fahrzeug in 1 s mehr als 22 m zurück.

Der Bremsvorgang muss deshalb so früh wie möglich und mit optimaler Bremsleistung eingeleitet werden. Es wurde daher das vorausschauende Notbremssystem entwickelt.
Erkennt der Abstandsregeltempomat die drohende Kollision mit einem Hindernis,

- wird der Fahrer zuerst optisch und akustisch gewarnt,
- reagiert der Fahrer nicht, erfolgt eine Teilbremsung mit ca. 30 % Bremsleistung,
- erst danach erfolgt die Vollbremsung.

So wird die Aufprallgeschwindigkeit verringert – die Unfallfolgen werden drastisch gemindert, siehe Bild ➔ 3.

GEMEINSAMES BEIDER FACHRICHTUNGEN

1 Müdigkeitsassistent

Langes, monotones Fahren auf der Autobahn ist ermüdend und führt schnell zu nachlassender Konzentration und Müdigkeit: Der Fahrer lenkt kurzzeitig nicht, dann aber korrigiert er abrupt. Der **Müdigkeitsassistent (Driver Drowsiness Detection)** erkennt dies, indem er mit Hilfe der Lenkwinkelinformationen das Lenkverhalten des Fahrers ständig analysiert.

Der Bordrechner kombiniert die Häufigkeit und Stärke dieses Reaktionsmusters mit weiteren Daten wie Fahrgeschwindigkeit, Uhrzeit oder Blinkverhalten und berechnet daraus einen Müdigkeitsindex, siehe Bild → 1. Übersteigt dieser einen gegebenen Wert, wird der Fahrer in Form eines optischen und/oder akustischen Signals vor Ermüdung und der Gefahr eines Sekundenschlafs gewarnt.

Der **Fernlichtassistent** soll das Auf- und Abblenden bei Dunkelheit automatisieren, das heißt dem Fahrer die Entscheidung über die Benutzung des Fernlichts abnehmen. An der Rückseite des inneren Rückspiegels ist eine Kamera installiert, die die Straßenlage analysiert. Bei erlaubter Situation schaltet der Bordrechner das Fernlicht ein, oder wieder aus, wenn Gegenverkehr kommt oder man sich einem vorausfahrenden Fahrzeug nähert, siehe Bild → 2. Auch in beleuchteten Ortschaften erkennt der Fernlichtassistent die jeweiligen Lichtverhältnisse und reagiert entsprechend.

Das hat mehrere Vorteile:

- Das System kann schneller auf Gegenverkehr reagieren.
- Der Fahrer kann sich bei der ohnehin oft stresslastigen Nachtfahrt besser konzentrieren.
- Das Fernlicht wird optimal eingeschaltet, denn der Fernlichtassistent schaltet effektiv.
- Eine Blendung des Gegenverkehrs wird vermindert.

Beim **dynamischen Fernlichtassistenten** werden vorausfahrende oder entgegenkommende Fahrzeuge einfach aus dem Lichtkegel ausgeblendet, siehe Bild → 2.

2 Fernlichtassistent

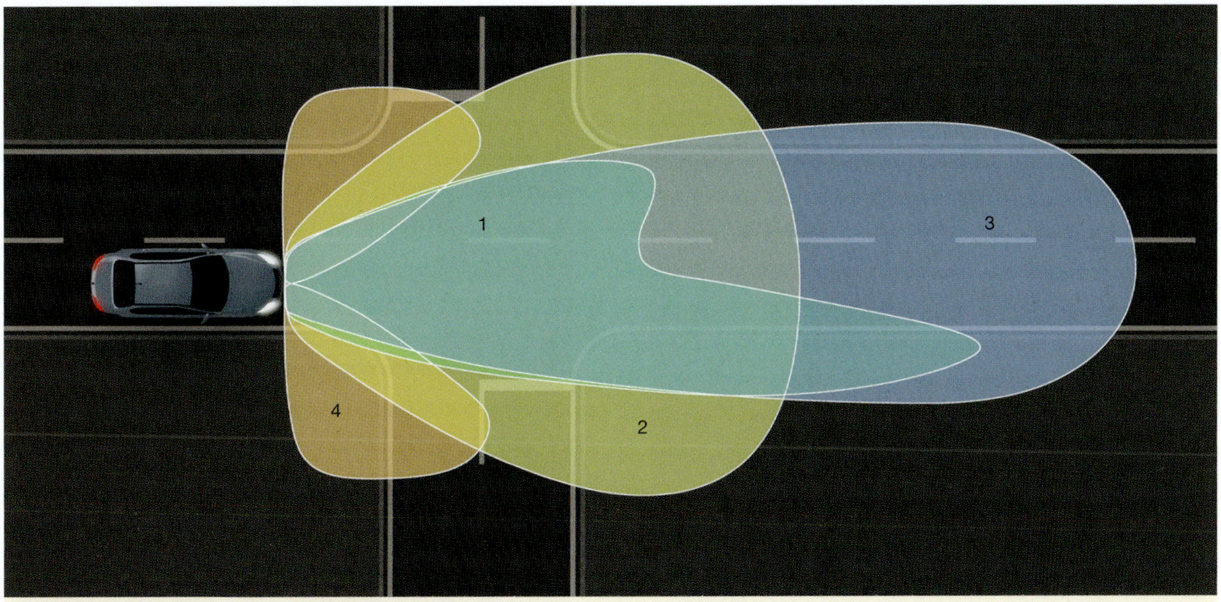

Licht für: 1 Landstraße, 2 Stadt, 3 Autobahn, 4 Kreuzung

1 Adaptives Fahrlicht

An der Windschutzscheibe ist eine Kamera mit Bildverarbeitungssoftware angebracht.

Über diese Kamera werden Straßenbeleuchtung und andere Verkehrsteilnehmer erfasst. Mit Hilfe dieser Informationen wird eine walzenförmige Blende zwischen Lichtquelle und Projektionslinse des Scheinwerfers so gesteuert, dass andere Verkehrsteilnehmer aus dem Scheinwerferkegel ausgespart werden.

Wenn keine Verkehrsteilnehmer in Sichtweite sind, wird die Walze wieder so gesteuert, dass die Scheinwerfer den vollständigen Fahrbahnbereich ausleuchten.

Das **adaptive Fahrlicht** „erkennt" aufgrund der erfassten Geschwindigkeit und der Daten des Navigationssystems die vorhandene Fahrsituation und passt das Licht automatisch an. Dafür stehen verschiedene Lichtfunktionen bereit, die aus unterschiedlichen Licht-Assistenten zusammengesetzt sind wie dynamisches Kurvenlicht, statisches Abbiegelicht, LED-Tagfahrlicht, Fernlichtassistent.

Je nach Fahrsituation werden diese automatisch aktiviert, siehe Bild ➔ 1:

- 3 km/h bis 30 km/h – **Kreuzungslicht**: Zur besseren Ausleuchtung nach links und rechts werden bei niedriger Geschwindigkeit die Scheinwerfer um 8° nach außen geschwenkt.
- 30 km/h bis 55 km/h – **Stadtlicht**: Wird eine Straßenbeleuchtung erkannt, schaltet das adaptive Licht auf ein Lichtprofil um, das dem Stadtverkehr angepasst ist.
- 55 km/h bis 100 km/h – **Landstraßenlicht**: Der rechte Fahrbahnrand wird so weit ausgeleuchtet, dass potenzielle Gefahrenquellen – z. B. wechselndes Wild – schon aus weiter Entfernung zu erkennen sind.
- ab 100 km/h – **Autobahnlicht**: Leuchtkraft und Reichweite der Scheinwerfer wird erhöht bis auf eine Weite von 145 m.
- **Schlechtwetterlicht**: Bei Regen wird die Ausleuchtung reduziert, um die Reflexion zu vermindern.

Die automatische **Verkehrszeichenerkennung** „erkennt" mit Hilfe einer Kamera alle Verkehrsschilder mit rotem Ring um die schwarzen oder dunkelblauen Ziffern; ebenso elektronische Wechselzeichen in den Verkehrsleitsystemen. Werden typische Eigenschaften eines Verkehrsschildes im Bild der Kamera erkannt, so werden diese mit den hinterlegten Verkehrszeichen des Navigationsgerätes verglichen und bei Übereinstimmung angezeigt, beispielsweise 80 km/h, siehe Bild ➔ 2. Gute Systeme zeigen nach Erkennung eines Aufhebungsschildes die aktuell auf dieser Straße zulässige Höchstgeschwindigkeit an.

2 Verkehrszeichenerkennung

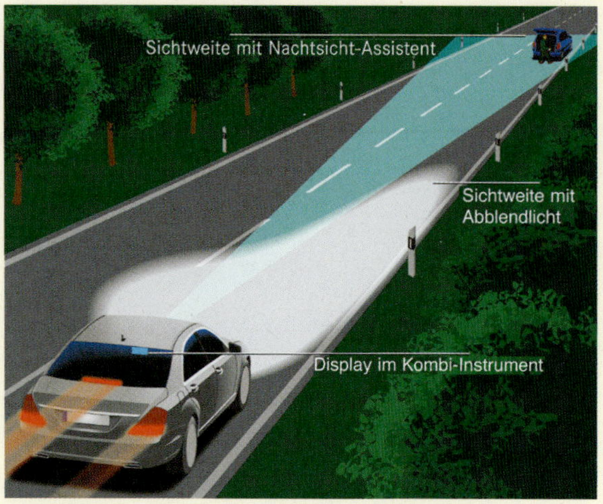

1 Nachtsichtassistent: Sichtweite mit Infrarotlicht

2 Nachtsichtassistent: Fußgängermarkierung im Display

Der **Nachtsichtassistent** macht die Nachtfahrt für alle Verkehrsteilnehmer sicherer. Ein separater Scheinwerfer beleuchtet die Fahrbahn mit unsichtbarem, blendfreiem Infrarotlicht, siehe Bild → 1. Eine auf dieses Licht spezialisierte Kamera an der Frontscheibe überträgt das Geschehen vor dem Auto auf ein Display auf der Instrumententafel. Eine Graustufen-Darstellung zeigt Fußgänger, Radfahrer und Hindernisse frühzeitig und deutlich; Fußgänger werden auf der Displayanzeige zusätzlich markiert, siehe Bild → 2.

Der **Totwinkelassistent** nutzt Radar-Technik, um den Bereich unmittelbar neben und hinter dem Auto zu überwachen, siehe Bild → 3a. Auf diese Weise erkennen sie, wenn auf der Parallelspur ein anderes Fahrzeug sich im „toten Winkel" des Außenspiegels befindet. In solchen Situationen informiert das System den Autofahrer durch ein rotes Warnsignal im Glas des Außenspiegels, siehe Bild → 3b. Übersieht der Fahrer diesen Hinweis und betätigt zum Spurwechsel den Blinker, ertönt zusätzlich ein Warnsignal.

Der aktive **Parkassistent** findet automatisch die passende Parklücke und manövriert das Fahrzeug dann in wenigen Sekunden sicher und bequem dort hinein, siehe Bild → 4. Der Fahrer muss dafür nicht mal das Lenkrad berühren. Das System übernimmt automatisch die Lenkraddrehung, und in wenigen Zügen ist das Fahrzeug parallel zur Fahrtrichtung eingeparkt. Außerdem sichert es gegen Kollision beim Rückwärtsfahren.

a) Radar-Technik

b) Rotes Warnsignal im Glas des Außenspiegels

3 Totwinkelassistent

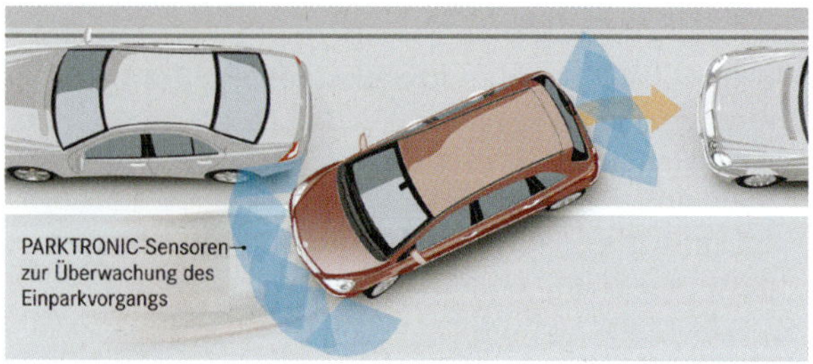

4 Parkassistent

Fahrzeug-Fahrzeug-Kommunikationssysteme warnen andere Autofahrer vor Gefahren, die sie selbst noch nicht erkennen können. Zum Beispiel werden Autofahrer bereits informiert, wenn sich eine Gefahrenstelle hinter der nächsten Kurve befindet, siehe Bild → 1. Die Information wird von Auto zu Auto sowie von Auto zu Infrastruktur mit Hilfe der WLAN-Funktechnik[1] gesendet; die Autos sind Sender, Empfänger oder Vermittler zugleich.

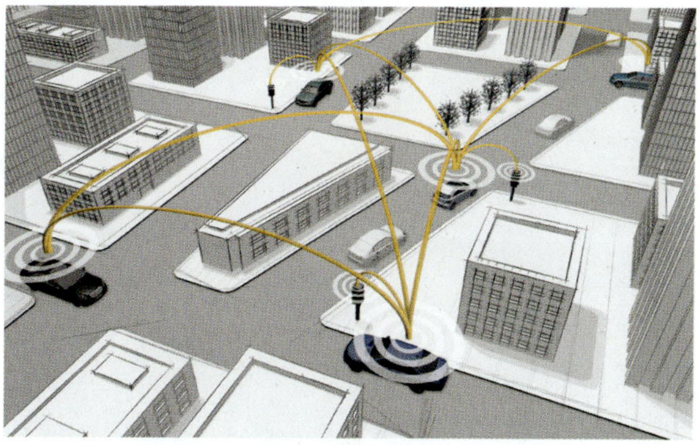

1 Fahrer-Fahrer-Kommunikationssystem

Assistenzsysteme in der Werkstatt justieren

Werden Veränderungen an Fahrzeugbaugruppen vorgenommen, die sich auf die Position der verschiedenen Sensoren auswirken, ist deren Neujustage zwingend erforderlich. So verändert sich zum Beispiel bei Karosseriemontagearbeiten die Lage der ACC[2]-Sensoren und beim Wechsel der Frontscheibe die Lage der Frontkameras.
Auch Arbeiten am Fahrwerk wirken sich auf die Messgenauigkeit aus. Hier ist die Hinterachse als spurführende Achse besonders wichtig.

Im Folgenden wird exemplarisch die **Justage der Frontkamera** vorgestellt. Diese Arbeit gehört zu den häufigsten Justagearbeiten im Werkstattalltag.

Zur **Vorbereitung** gehören folgende Arbeiten:
- Fahrzeug steht auf einer ebenen Standfläche
- Fahrwerksgeometrie in Ordnung (Achsvermessung)
- Lenkrad in Geradeausstellung
- Reifendruck ist in Ordnung
- Fahrzeug vollgetankt > 90 %
- Fahrzeug ist unbeladen
- Reserverad (wenn vorhanden) und Bordwerkzeug
- Servicevorschriften des Herstellers beachten

Beispiel 1
Justage mit dem CSC-Tool der Fa. Hella Gutmann und dem Diagnosegerät Mega Macs 66:
- Fahrzeug und Einstelltafel stehen auf einer geraden Standfläche; Höhenstand prüfen
- Diagnosegerät anschließen und das Einstellprogramm wählen, siehe Bild → 2
- die fahrzeugspezifischen Anweisungen lesen
- die richtige Justagetafel montieren (lt. Diagnosegerät)
- den Abstand der Tafel vor dem Fahrzeug nach Vorgabe ausrichten
- die Laser an der Hinterachse montieren und ausrichten, siehe Bild → 1, Seite 204
- die Laser auf die vorderen Skalen richten und die Tafel auf gleichen Wert einstellen
- die Laser auf die Spiegel richten und an den hinteren Skalen den gleichen Wert einstellen (Ausrichtung der Hochachse)
- die Tafel feststellen und dann mit dem Lineal die Tafel in der Höhe justieren (Wert lt. Diagnosegerät) Libellen in *x*- und *y*-Achse prüfen.
- die weitere Justage wird jetzt vom Diagnosegerät durchgeführt
- die Dokumentation der Justage im Diagnosegerät ausdrucken

[1] WLAN = Wireless Local Area Network (engl.): drahtloses lokales Netz
[2] ACC = Adaptive Cruise Control (engl.): Abstandsregeltempomat

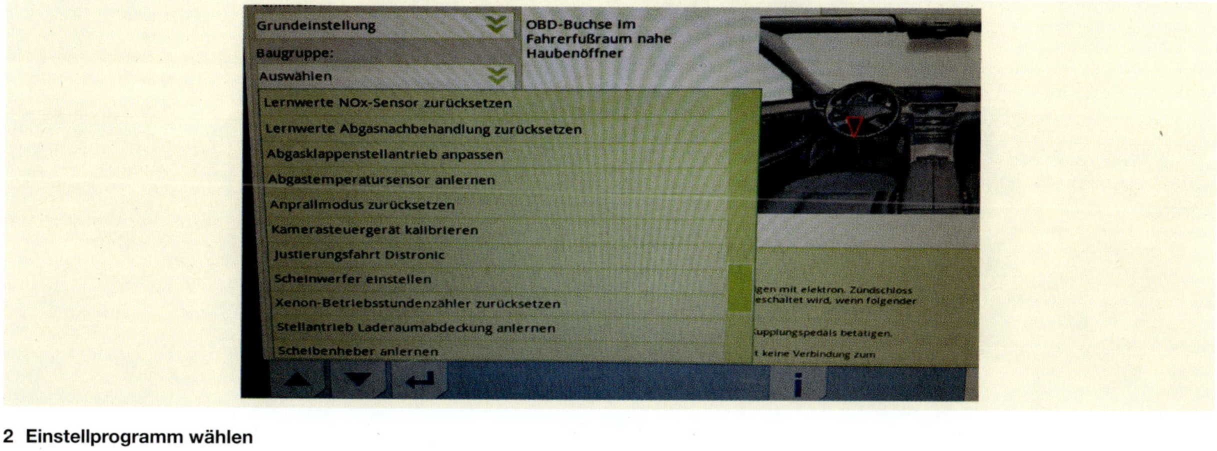

2 Einstellprogramm wählen

1 **Laser an der Hinterachse montieren und ausrichten**

Beispiel 2

Justage mit Herstellergeräten Einstelltafel Fa. Beissbarth, 3D-Achsmessgerät Bosch FWA 4630 und Diagnosegerät

- Vorbereitung des Fahrzeuges wie unter 1.
- Felgenschlagkompensation durchführen
- die vorderen Reflektoren demontieren
- die Justagevorrichtung im vom Hersteller vorgegebenen Abstand ausrichten, z. B. 150 cm
- die Höhe der Achsmessbühne messen (Offset) und die Fahrzeughöhe messen, hier: Unterkante des Kotflügels zur Standfläche
- die Höhe der Tafel auf den vom Achsmessgerät vorgegebenen Wert kurbeln, siehe Bild ➔ 1, Seite 205
- die Libellen in *x*- und *y*-Achse prüfen, Tafel auf Standfläche blockieren
- Feinjustage der Tafel nach Anzeige zusätzlich in der Hochachse, siehe Bild ➔ 2, Seite 205
- Die Kamerajustage erfolgt nach Eingabe der Fahrzeughöhe durch den Diagnosetester; hierbei die Herstellerangaben beachten
- Protokoll erstellen, festgehalten werden Nickwinkel, Gierwinkel und Wankwinkel, Justagedatum und Kilometerstand, Bild ➔ 3, Seite 205

2 **Messstand für Beispiel 2**

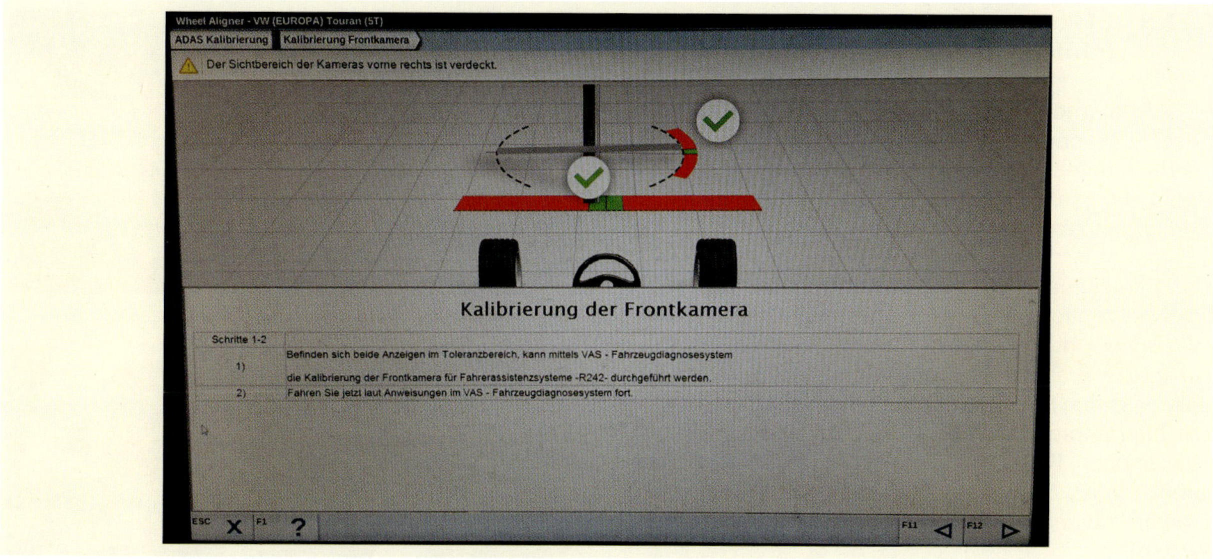

1 Ausrichtung der Tafel im Programm des Achsmessgerätes

2 Ausrichtung der Tafel zum 3D-Achsmesstand

Statische Kalibrierung: Nickwinkel:	0,35°
Statische Kalibrierung: Gierwinkel:	0,48°
Statische Kalibrierung: Wankwinkel:	0,25°

3 Ergebnis der Korrekturwerte im Diagnosegerät

3.22.2 Elektronische Systeme für den Fahrkomfort

Der Komfort für die Insassen wird heute mit Hilfe moderner Fahrzeugelektronik verbessert. Die elektronischen Systeme werden auch **Komfortelektronik** genannt.

Elektronische Systeme dafür sind:
- Keyless-Go
- Memoryfunktionen

Keyless-Go bedeutet „Fahren ohne Schlüssel“. Es ist ein automatisches System, bei dem das Fahrzeug ohne Benutzung eines Autoschlüssels entriegelt wird und durch Betätigen des Startknopfes startet. Statt eines Fahrzeugschlüssels gibt es eine Chipkarte, die Signale mit dem Auto austauscht.

Mit der **Memoryfunktion** werden für den Fahrer individuelle Einstellungen wie Sitzposition, Spiegeleinstellung automatisch vorgenommen.

Dafür sind die elektronischen Komponenten vernetzt:
- Klimaelektronik
- Lenkradelektronik
- Sitz (Verstellung und Klimatisierung)
- Tür- und Klappenelektronik
- Zugangskontrolle zum Fahrzeug

3.22.3 Elektronische Systeme für Infotainment und Entertainment

Ein **Infotainmentsystem** im Automobil stellt verschiedene Funktionen zum Komfort und zur Fahrzeugsicherheit bereit, das **Entertainmentsystem** umfasst Radio, Fernseher, Telefon, Internet. Beide Systeme sind eng miteinander verbunden.

Das Infotainment- und Entertainmentsystem ermöglicht die zentrale Steuerung dieser Bereiche mit den jeweiligen Unterfunktionen und zeigt weiterhin verschiedene Status-, Fahrzeug- und Statistikinformationen in einem Display an. Die einzelnen Applikationen wie Internetbrowser (IE5), Navigation, elektronisches Fahrtenbuch, Radio, CD, MP3-Player, DVD-Player, Telefon, E-Mail, SMS werden als Komponenten in das System integriert und ermöglichen einen modularen Ausbau.

Zu einem modernen Infotainment- und Entertainmentsystem werden benötigt:

- Haupteinheit
- Bildschirm
- Benutzerschnittstelle
- DVD-Laufwerk
- Bluetooth
- DVB-T-Geräte

Die **Haupteinheit (Head Unit)** hat die Abmessungen eines DIN-Autoradios. In der Pentium-Klasse enthält sie einen vollständigen Multimedia-PC mit den üblichen PC-Schnittstellen. Zusätzlich befinden sich die notwendigen Komponenten für die Darstellung der Infotainmentfunktionen im Gerät, wie z. B. Radiotuner, GPS, GSM / GPRS, zwei CAN-Schnittstellen und eine 4 × 20 W Audioendstufe.

Der **Bildschirm (Display)** ist ein Flachbildschirm oder Display in der Mittelkonsole, siehe Bild → 1. Er enthält unter anderem die Anzeigen für Radio, Klimaanlage und Navigation. Manche Haupteinheiten besitzen ein zweites Display im Kombiinstrument, andere steuern weitere Bildschirme in den Rückenlehnen von Fahrer und Beifahrer an, welche meist der Unterhaltung der Fondpassagiere durch die Anzeige von Videoquellen dienen (**Rear Seat Entertainment**).

Benutzerschnittstelle ist die **Bedieneinheit**, Beispiel siehe Bild → 1a. Die Bedienung erfolgt durch den Fahrer über Dreh-Drück-(Schiebe-)Steller und/oder Tasten oder – meist optional – über Spracheingabe für die wichtigsten Funktionen.

a) In der Mittelkonsole und Bedieneinheit

b) An der Rückenlehne des Beifahrersitzes

1 Bildschirm

Ein **DVD-Laufwerk** nimmt Audio-CDs und Audio/Video-DVDs auf. Meist werden auch die Kartendaten für die Navigation oder Firmware-Updates der Haupteinheit über dieses Laufwerk eingelesen. Neuere Systeme verfügen zusätzlich über eine integrierte Festplatte; auf dieser sind die Kartendaten für das Navigationssystem hinterlegt und der Benutzer kann Musiktitel darauf speichern.

Mit **Bluetooth**[1] kann ein MP3-Player, z. B. iPod, über eine Bluetooth-Schnittstelle am Gerät Daten kabellos an das dafür vorgesehene Autoradio senden. Außerdem kann ein bluetoothfähiges Handy an eine im Auto eingebaute Freisprecheinrichtung gekoppelt werden, ohne lästige Kabel im Auto verlegen zu müssen.

DVB-T-Geräte[2] machen es möglich, bei Geschwindigkeiten von bis zu 140 km/h digitales Fernsehen im Auto zu empfangen. Der Empfang wird durch einen im Auto verbauten Tuner gewährleistet, dieser funktioniert wie ein normaler DVB-T-Receiver, den man zu Hause im Wohnzimmer stehen hat. Des Weiteren wird noch eine externe Antenne am Auto benötigt. Das Display kann entweder ein extra angebrachtes Display sein, oder kombiniert mit einem Navigationssystem.

[1] Bluetooth (engl.): Industriestandard für die Übertragung von Daten auf kurzer Entfernung

[2] DVB-T = Digital Video Broadcasting – Terrestrial (engl.): digitales Fernsehen mit Hilfe einer Antenne

3.23 Datenübertragungssysteme in Kraftfahrzeugen

Elektrische und elektronische Systeme im modernen Fahrzeug müssen vielfach miteinander kommunizieren. Die steigende Anzahl an Systemen erhöht jedoch den Bedarf an auszutauschender Information untereinander.

Um die großen Datenmengen aus den unterschiedlichsten Quellen übertragen zu können, werden BUS-Systeme[1] eingesetzt.
Vorteile von BUS-Systemen gegenüber herkömmlicher Verdrahtung:
- weniger Kabel werden benötigt (Einsparung von Masse und Kosten)
- geringere Anzahl von Steckverbindungen (Zuverlässigkeit wird erhöht)
- einfache Fahrzeugmontage
- Mehrfachbenutzung von Sensorsignalen
- schnelle Erweiterung von Systemkomponenten an den BUS

In diesem Kapitel werden behandelt:
- Übersicht über Datenübertragungssysteme, siehe Kap. 3.23.1
- Aufbau eines CAN-BUS, siehe Kap. 3.23.2
- Datenübertragung im CAN-BUS, siehe Kap. 3.23.3
- Instandhaltung CAN-BUS, siehe Kap. 3.23.4

3.23.1 Übersicht über Datenübertragungssysteme in Kraftfahrzeugen

In einem Kraftfahrzeug kommen folgende Übertragungssysteme zum Einsatz, vgl. Bild → 1:
- LIN-BUS
- CAN-BUS
- Flexray
- MOST-BUS
- Bluetooth

LIN-BUS
Bei geringer Übertragungsgeschwindigkeit von Daten (≤ 20 kBit/s) kommt zunehmend der kostengünstige LIN-BUS[2] zum Einsatz. Hierbei handelt es sich um ein Eindrahtsystem für einfache Komfortfunktion.

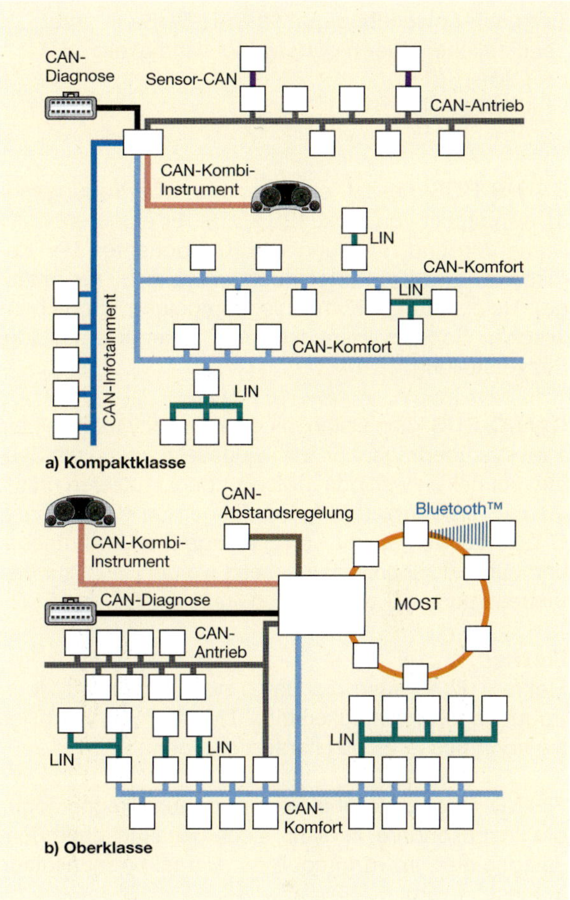

1 Datenübertragungssysteme in einem Pkw

Der LIN-BUS verbindet Steuergeräte, die sich innerhalb eines begrenzten Bauraums (zum Beispiel Fahrzeugdach) befinden, und wird auch als lokales Subsystem bezeichnet. Der Datenaustausch zwischen den einzelnen LIN-Systemen erfolgt über jeweils ein Steuergerät, das an den CAN-BUS angebunden ist.

CAN-BUS
Am weitesten verbreitet ist der CAN-BUS[3]. In der Regel werden in einem Fahrzeug ein oder mehrere CAN-BUS eingesetzt. Die Übertragung der Daten erfolgt über verdrillte Kupferleitungen, an die Steuergeräte der verschiedenen Systeme angeschlossen werden.

[1] BUS = Binary Unit System (engl.): binäre Systembaugruppe
[2] LIN = Local Interconnect Network (engl.):
[3] CAN = Controller Area Network (engl.): Netzwerkkontrollsystem

Je nach Anwendung gibt es CAN-BUS mit unterschiedlicher Übertragungsgeschwindigkeit:
- CAN-B-BUS
- CAN-C-BUS

CAN-B-BUS besitzt eine geringe Übertragungsgeschwindigkeit von max. 125 kBit/s. Er eignet sich zur Steuerung und Regelung von Komponenten der Karosserie- und Komfortelektronik, wie z. B. für Anzeige, Beleuchtung, Klimaanlagenregelung, Scheibenwischer, Scheinwerfereinstellung, Spiegelverstellung, Sitzverstellung.

CAN-C-BUS kann Daten mit einer Geschwindigkeit bis 1 MBit/s übertragen. Er wird eingesetzt, wenn ein System schnell (in wenigen Millisekunden) reagieren muss; oft auch als **echtzeitfähig** bezeichnet. So können CAN-C-BUS zur Vernetzung von Steuergeräten im Antriebs- und Fahrwerksbereich eingesetzt werden, z. B. zur Getriebesteuerung, Fahrwerksregelung, in ABS und ESP.

Flexray
Flexray[1] übertragen die Daten noch schneller: Übertragungsgeschwindigkeit bis 20 MBit/s. Somit erfüllen sie noch besser Echtzeitanforderungen.

Flexray (engl.): ist eine Kommunikationstechnologie, die insbesondere in sehr sicherheitskritischen Einsatzgebieten im Automobil zur Datenkommunikation eingesetzt wird

MOST-BUS
MOST-BUS[2] können Daten mit einer Geschwindigkeit von 21 MBit/s übertragen. Verschiedene Fahrzeughersteller, Zulieferer und Softwareunternehmen haben sich zusammengeschlossen und mit dem MOST-BUS ein optisches Datenübertragungssystem mit Lichtwellenleitern realisiert.

Mit Hilfe von MOST-BUS werden Daten störungsfrei ausgetauscht zwischen diversen Infotainment-Anwendungen wie TV-Empfang, DVD/Video, DAB, Internet, Navigation oder Telematik.

Vorteil von MOST gegenüber analoger Kabel, ist die bessere Audioqualität. Außerdem können Kontrollbefehle und bis zu 15 Stereokanäle parallel übertragen werden.

Bluetooth
Bluetooth[3] ist ein Kurzstreckenfunk – somit entfallen die Verbindungskabel. Daten können mit einer Geschwindigkeit bis 3 MBit/s übertragen werden. Bluetooth wird vorwiegend für die Datenübertragung im Multimediabereich eingesetzt, wie z. B. für Mobiltelefon, Headset, Computer und Navigationsgerät.

3.23.2 Aufbau eines CAN-BUS

Ein CAN-BUS besteht aus folgenden Teilen, vgl. Bild → 1:
- CAN-Microcontroller
- CAN-Controller
- CAN-Transreceiver
- Daten-BUS-Abschlusswiderstand (R)
- Daten-BUS-Leitung

Der **CAN-Controller** verbindet den Microcontroller mit dem CAN-Transreceivers. Er soll innerhalb des jeweiligen Steuergerätes
- die Daten, die vom Microcontroller zum Senden bereitgestellt werden, aufarbeiten und an den CAN-Transreceiver weitergeben und
- Daten vom Transreceiver empfangen, prüfen und an den Microcontroller weitergeben.

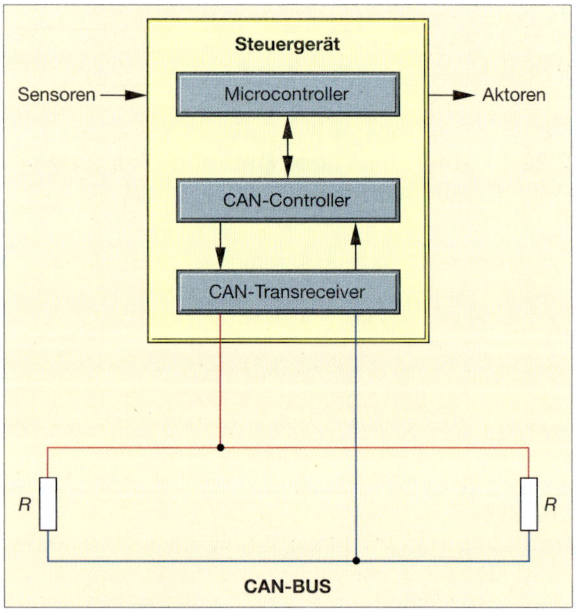

1 Aufbau CAN-BUS

[1] Flexray (engl.): ist eine Kommunikationstechnologie, die insbesondere in sehr sicherheitskritischen Einsatzgebieten im Automobil zur Datenkommunikation eingesetzt wird

[2] MOST = Media Oriented Systems Transport (engl.): ist ein Daten-BUS, der in der Automotive-Technik für das Infotainment eingesetzt wird

[3] Bluetooth: Industriestandard zur Vernetzung mobiler Geräte

Beim Prüfen wird gleichzeitig ermittelt, ob die Daten überhaupt für dieses Steuergerät bestimmt sind. Ist dies nicht der Fall, werden die Daten nicht an den Microcontroller weitergeleitet.

Die Prozessabläufe werden vom Hersteller durch die Betriebssoftware des CAN-Controllers festgelegt.

Die Bezeichnung **Transreceiver** ist eine Zusammensetzung aus den Begriffen:
- Transmitter = Sender
- Receiver = Empfänger

Bild ➔ 1 zeigt Bauteile eines CAN-BUS-Systems, das im Pkw eingesetzt wird zum Richtungsblinken:
- Der Fahrer betätigt den Blinkerhebel (Blinken links); das Signal (links blinkend) wird an das Lenksäulensteuergerät (2) gesendet.
- Das Lenksäulensteuergerät wertet das Blinksignal aus.
- Der CAN-Komfort sendet diese Information an das Bordnetzsteuergerät (3); hier wird die Blinkart festgelegt (normales oder schnelles Blinken bei Lampenausfall).
- Über separate Leitungen werden die Blinkleuchten links vorn (4) und links hinten (5) angesteuert.
- Das Bordnetzsteuergerät sendet die Blinkinfo an den CAN-Komfort.
- Das Gateway (6) sendet diese Blinkinfo an den CAN-Kombi; daraufhin blinkt am Kombiinstrument (9) die Kontrollleuchte.
- Bei Fahrzeugen mit Anhängerkupplung geht die Blinkinfo über den CAN-Komfort zum Steuergerät für die Anhängererkennung (7); diese steuert dann die Blinkleuchte am Anhänger (8) an.

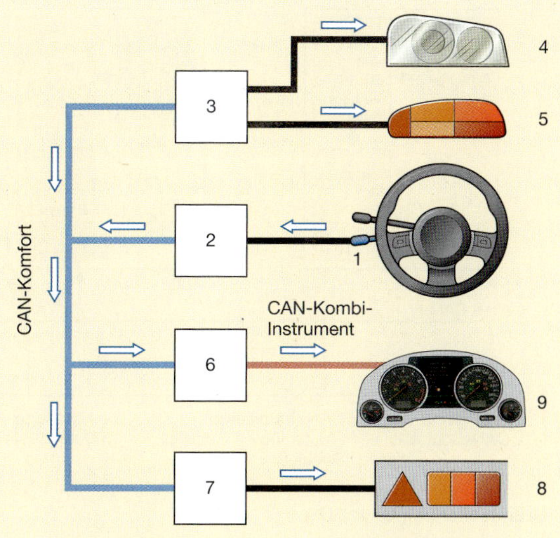

1 Blinkerhebel
2 Lenksäulensteuergerät
3 Bordnetzsteuergerät
4, 5 Blinkleuchten
6 Gateway
7 Steuergerät für Anhängererkennung
8 Blinkleuchte am Anhänger
9 Kombiinstrument

1 Bauteile eines CAN-BUS an einem Pkw

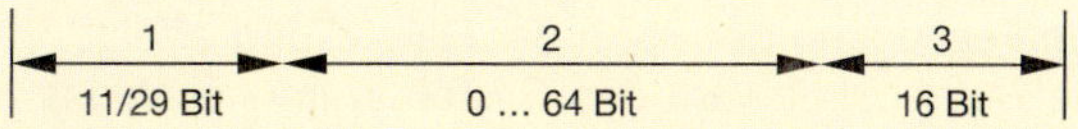

1 Identifier
2 Daten
3 Prüfsumme

In der elektronischen Datenverarbeitung wird der Begriff Bit (= binary digit) u. a. als Maßeinheit für die Datenmenge benutzt. Dabei ist 1 Bit die kleinste darstellbare Datenmenge, die beispielsweise durch eine Binärziffer (0 oder 1) dargestellt werden kann.

2 Struktur Datensatz

3.23.3 Datenübertragung im CAN-BUS

Die Daten, die die CAN-Transceiver der einzelnen Steuergeräte über die Datenleitungen senden oder empfangen, müssen einer genormten Struktur entsprechen. Diese wird als **Data Frame** (= Datenrahmen) bezeichnet.

Entsprechend der Norm besteht ein Datensatz aus folgenden Hauptgruppen, siehe Bild ➔ 2:
- Identifier
- Daten
- Prüfsumme

Jeder Datensatz der innerhalb des CAN-BUS übertragen werden soll, bekommt einen Identifier (= elektronischen Namen). Dieser ist 11- oder 29-stellig und hat an jeder Stelle entweder die Binärziffer 0 oder 1. Die Festlegung der **Identifier** für die einzelnen Datensätze (z. B. Motordrehzahl oder -temperatur) erfolgt über die Betriebssoftware des Systems.

Die zugehörige Information (z. B. Istwert der Motordrehzahl oder -temperatur) wird in der Gruppe **Daten** ebenfalls durch die Binärziffern 0 oder 1 dargestellt. Die Festlegung der Form der Darstellung und die Anzahl der notwendigen Stellen (= Bits) erfolgt über die Betriebssoftware des Systems.

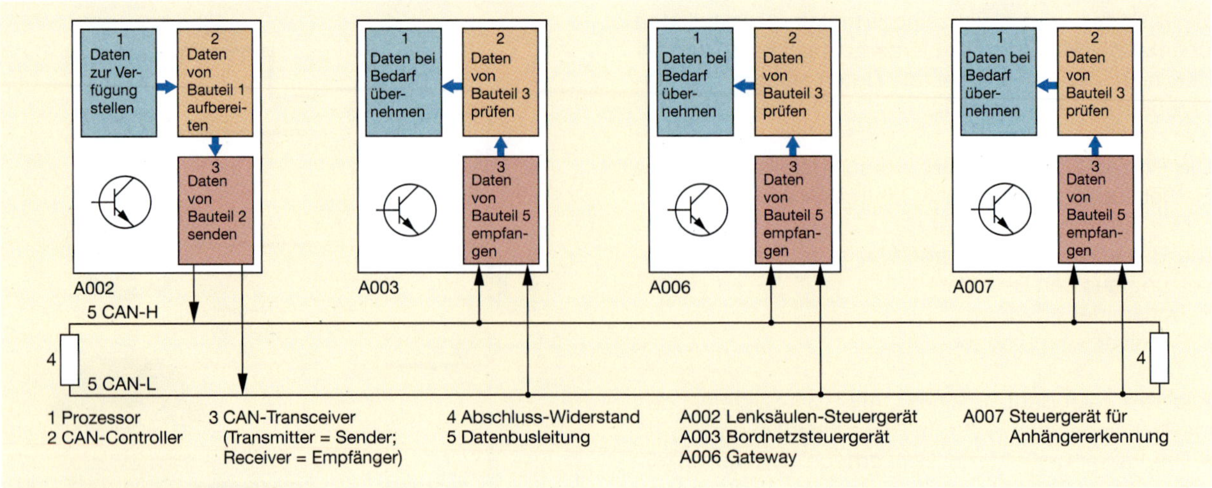

1 Grundschaltung CAN-BUS

Zum Abschluss erhält jeder Datensatz eine 16-stellige **Prüfsumme**, die ebenfalls durch die Binärziffern 0 oder 1 dargestellt wird. An dieser können sowohl das sendende als auch das empfangende Steuergerät erkennen, ob der Datensatz vollständig und damit fehlerfrei übertragen wurde.

Die Festlegung der Form der Darstellung erfolgt über die Betriebssoftware des Systems. Im Anschluss an die Prüfsumme wird der Datensatz durch eine 7-stellige Endkennung, die jeweils durch die Binärziffer 1 dargestellt wird, abgeschlossen.
In den Gruppen Identifier und Prüfsumme sind laut Norm noch zusätzliche Details festgelegt, die an dieser Stelle nicht weiter erläutert werden sollen, da sie ausschließlich für den Programmierer von Bedeutung sind.

Im Abstand von 20 ms versuchen die einzelnen Steuergeräte ihre codierten Daten zu senden. Die Reihenfolge ist durch die Struktur der jeweiligen Identifier festgelegt. Während des Sendens von einem Steuergerät werden die anderen am System angeschlossenen Steuergeräte automatisch auf Empfang gestellt, siehe Bild → 1. Diese Festlegung erfolgt über die Betriebssoftware des Systems. Die Datenübertragungsgeschwindigkeit liegt zwischen 125 kbit/s bis 1 Mbit/s.

Die Grundspannung der Datenleitungen CAN_H und CAN_L beträgt 2,5 V, siehe Bild → 2.
Die codierten Daten erzeugen Rechteckimpulse in der Datenleitung. An den Stellen, an denen der Datensatz die Binärziffer 0 enthält, liegt die Signalspannung sowohl auf der CAN_H-Leitung als auch der CAN_L-Leitung bei 2,5 V, siehe Phase a in Bild → 3.

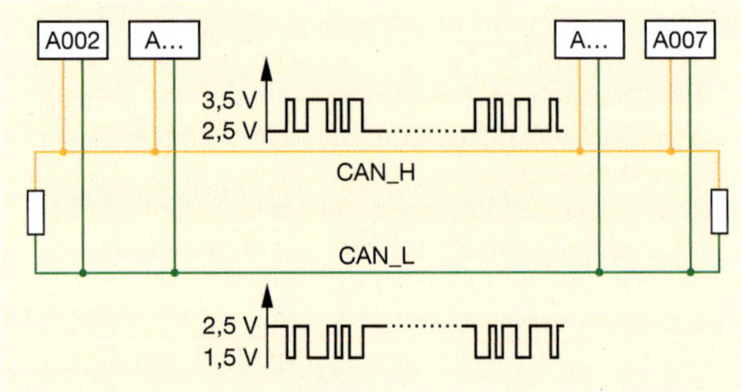

2 Datenübertragung CAN-BUS

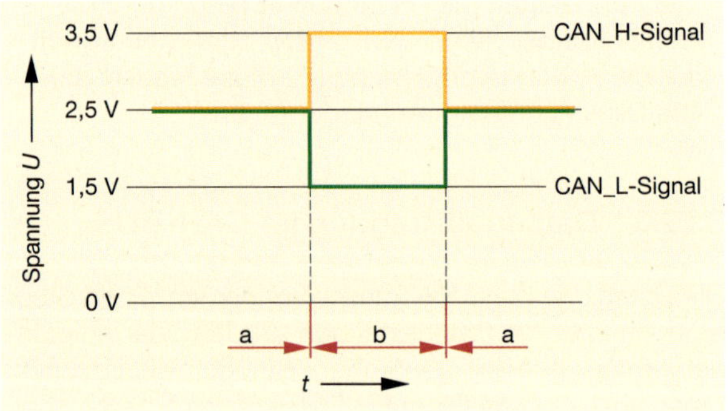

3 Phasen der Datenübertragung im CAN-BUS

Jedes Mal, wenn der Datensatz die Binärziffer 1 an einer Stelle enthält, steigt die Signalspannung in der CAN_H-Leitung auf 3,5 V und sinkt in der CAN_L-Leitung auf 1,5 V, siehe Phase b in Bild → 3. Zur Datensatzerkennung werden die Steuergeräte auf Empfang geschaltet. So werten sie in den einzelnen Phasen die Differenz der Spannung zwischen der CAN_H-Leitung und der CAN_L-Leitung aus.

Die Differenz der Spannung ΔU beträgt
- in der Phase a: ΔU = 0 V
- in der Phase b: ΔU = 2 V

Das Signal auf der CAN_H-Leitung wird auf der CAN_L-Leitung in umgekehrter Form dargestellt. Die Abschlusswiderstände am Ende der Datenleitungen verhindern ein Rückprallen (= Echo) des Signals.

Die Datenübertragung über das CAN-BUS-System bietet Vorteile:
- geringer Kabelaufwand
- geringe Störanfälligkeit

Dieses wird in Bild ➔ 1 näher veranschaulicht. Da die Datenleitungen CAN_H und CAN_L miteinander verdrillt sind, wirkt eine externe Störspannung (z. B. hervorgerufen durch Induktion beim Schalten von Magnetventilen) sowohl auf das Signal der CAN_H-Leitung als auch auf das Signal der CAN_L-Leitung. Dieses wird in der Phase b in Bild ➔ 1 dargestellt. Die Signalspannung CAN_H steigt auf 4,2 V an. Gleichzeitig erhöht sich die Signalspannung CAN_L durch den Störvorgang auf 2,2 V.
Zur Datensatzerkennung werden die Steuergeräte auf Empfang geschaltet. So werten sie in den einzelnen Phasen die Differenz der Spannung zwischen der CAN_H-Leitung und der CAN_L-Leitung aus. Diese beträgt in der Phase b auch an der Störstelle ΔU = 2 V. Die Störung führt zu keiner Signalverfälschung.

3.23.4 Instandhaltung des CAN-BUS

Wartung

Regelmäßige Wartung ist am CAN-BUS nicht erforderlich. Funktionsstörungen an den Bauteilen des Systems werden in Form von Fehlercodes in einem der beteiligten Steuergeräte abgelegt. Diese werden auf einem Display des Fahrerinformationssystems im Zahlen- oder Textformat angezeigt.
Zusätzlich besteht häufig die Möglichkeit der Anzeige des Fehlerspeichers über eine Schnittstelle mit einem Diagnosesystem (z. B. Laptop mit Prüfsoftware).

Zur Datensatzerkennung werden die Steuergeräte auf Empfang geschaltet. So werten sie in den einzelnen Phasen die Differenz der Spannung zwischen der CAN_H-Leitung und der CAN_L-Leitung aus.

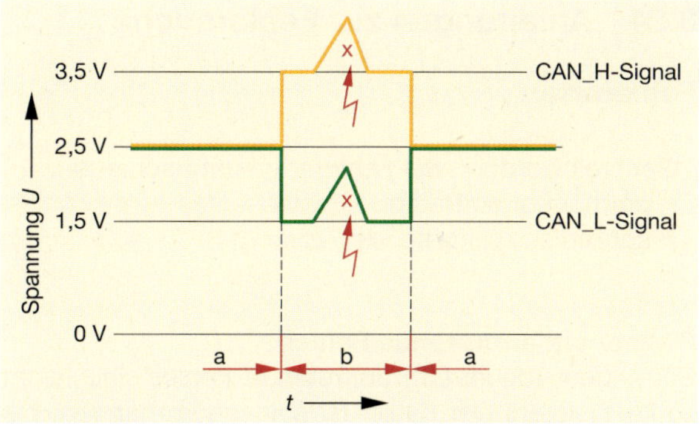

1 Störsicherheit der Datenübertragung im CAN-BUS

Instandsetzung

Funktionsstörungen können in diesem System in folgenden Bereichen auftreten:
- Unterbrechung oder Kurschluss der Daten-BUS-Leitungen
- Abschlusswiderstände defekt oder nicht vorhanden
- Spannung der CAN_H-Leitung außerhalb der Grenzwerte (2,5 V bis 3,5 V)
- Spannung der CAN_L-Leitung außerhalb der Grenzwerte (1,5 V bis 2,5 V)
- einzelne Steuergeräte spannungslos

Fehlerhafte Daten-BUS-Leitungen und Abschlusswiderstände können durch Widerstandsmessungen mithilfe eines Multimeters ermittelt werden. Die Versorgungsspannung einzelner Steuergeräte bzw. der Spannungspegel der Datenleitungen können ebenfalls mit einem Multimeter geprüft werden.

Dabei ist zu beachten:
Messverfahren und Sollwerte für die Fehlersuche bzw. zulässige Instandsetzungen müssen den Werkstattinformationen (Schaltpläne, Datentabellen und Reparaturanweisungen) des jeweiligen Herstellers entnommen werden.

GEMEINSAMES BEIDER FACHRICHTUNGEN

3.24 Anleitungen zur Fehlersuche

Fehlerarten

Generell werden zwei Fehlerarten unterschieden:
- permanent auftretende Fehler
- sporadisch auftretende Fehler

Permanent auftretende Fehler
Permanent (dauerhaft) auftretende Fehler sind leicht zu lokalisieren: Der Fehler ist solange vorhanden, bis die Ursache gefunden und behoben ist.

Beispiel:
Ausfall des Scheinwerfers wegen einer ausgelösten Sicherung.

Sporadisch auftretende Fehler
Sporadisch (temporär) auftretende Fehler treten zeitweise unter bestimmten Betriebsbedingungen auf wie Temperatur, Feuchtigkeit, Fahrtrichtung, Drehzahl, Belastung.

Beispiel:
Zeitweiser Ausfall eines Drehzahlgebersignals durch Spritzwasser in der Steckverbindung.

Hier ist die Fehlersuche sehr schwierig: Oft muss man die Bedingungen, die den Fehler hervorrufen, erst finden und simulieren. Danach kann man die eigentliche Fehlersuche beginnen.

Diagnoseschritte

Bei älteren Fahrzeugen besteht die Steuerung oftmals aus einem einzigen Steuergerät.

An diesem Steuergerät sind mehrere Sensoren und Aktoren angeschlossen; es ist nicht mit anderen Systemen verbunden, sodass sich eine Fehlfunktion auf das Steuergerät und die angeschlossenen Geräte beschränkt. Fehler lassen sich in einem so geschlossenen System relativ leicht diagnostizieren. Man prüft einfach die Aktoren und Sensoren einzeln und hat so das System schnell durchgeprüft.

In neueren Fahrzeugen sind mehrere elektronische Systeme untereinander verbunden, es findet ein reger Datenaustausch statt. Störungen in vernetzten Systemen sind häufig schwer zu lokalisieren: Steuergeräte beeinflussen sich bei bestimmten Regelvorgängen gegenseitig.

Verstärkt wird das Ganze durch den Einsatz der Bus-Technologie. Mitunter kann man nicht eindeutig ein bestimmtes Steuergerät als Fehlerquelle ausmachen.

Viele Fahrzeugstörungen werden im Fehlerspeicher eingetragen und können später bei der Fehlerermittlung abgefragt werden.

Die Eintragungen im Fehlerspeicher sind jedoch nicht immer exakt:
- Sehr oft tritt ein Fehler auf, der zuerst nicht im Fehlerspeicher registriert wird, sondern es wird der Folgefehler im Fehlerspeicher abgelegt.
- Mechanische Fehler werden oftmals nicht erkannt und somit auch nicht im Fehlerspeicher abgelegt.

Um einen Fehler zu finden, ist es ratsam, strukturiert (geordnet) vorzugehen.

Hierfür gibt es eine logische Vorgehensweise:
- Informationen und Fehlersymptome sammeln
- Fehler eingrenzen
- Prüfen
- Fehler Ursache ermitteln
- Fehler beheben
- Funktion kontrollieren

Informationen und Fehlersymptome sammeln
Durch gezielte Fragestellung sollen möglichst viele Informationen zum vorliegenden Fehler erkundet werden, z. B.:
- Wie wirkt sich der Fehler auf die Funktion des Systems aus? Wie zeigt sich der Fehler?
  Beispiele:
  – Motor ruckelt.
  – Geräusche beim Schaltvorgang.
  – Fahrzeug zieht nach links.
- Wann ist der Fehler das erste Mal aufgetreten?
- Wie häufig tritt der Fehler auf?
- Wo ist der Fehler zum ersten Mal aufgetreten?
  Beispiele:
  – Bei der Fahrt bergauf – bergab?
  – In Kurven?
  – Beim Bremsen – beim Beschleunigen?
- Sind weitere Fehler aufgetreten?
- Ist der Fehler spontan aufgetreten, oder gab es schon länger Veränderungen am Fahrzeug?
- Ist eine Fehlbedienung des Fahrers ausgeschlossen?

Fehler eingrenzen
Um den Fehler weiter eingrenzen zu können, sind manchmal
- eine Probefahrt notwendig,
- im Fehlerspeicher abgelegte Fehlercodes auszulesen.
- aus normalen Fahr- und Arbeitsgeräuschen eine Fehlfunktion zu erkennen; in solchen Fällen kann ein Vergleich mit einem Referenzfahrzeug helfen.

Anhand der gesammelten Informationen versucht der Karosserie- und Fahrzeugbaumechaniker, den Fehler auf einzelne Baugruppen oder Systeme einzugrenzen.

Prüfen
Es wird zunächst eine Sichtprüfung durchgeführt:
- Lose oder korrodierte Steckverbindungen?
- Ausgelöste Sicherungen?
- Undichtigkeit und Schlauchschellen?
- Mangelhafte Füllstände bei Öl, Wasser, Kühlmittel, Benzin?
- Masseanschlüsse sauber und fest angeschlossen?
- Beschädigte elektrische Leitungen?
- Risse und fester Sitz der Schläuche?

Kann durch die Sichtprüfung der Fehler nicht weiter ermittelt werden, muss der Karosserie- und Fahrzeugbaumechaniker mit Mess- und Prüfgeräten den Fehler weiter eingrenzen.

Fehlerursache ermitteln
Es ist nicht sinnvoll, das defekte Bauteil auszutauschen, sondern es muss auch die Ursache für den Fehler gefunden werden. Es besteht sonst die Gefahr, dass der Kunde nach kurzer Zeit mit demselben Feh ler erneut die Werkstatt aufsuchen muss. Daher ist es wichtig, die Fehlerursache zu ermitteln, d. h. den Grund zu finden, warum das Bauteil ausgefallen ist.

Beispiel:
Eine Kabeleinführung ist beschädigt; dadurch ist die Isolierung der Leitung durchgesteuert und es gibt einen Kurzschluss auf das Steuergerät.
Das Steuergerät wird ersetzt aber die beschädigte Leitung wurde nicht ausgetauscht.

Es ist eine Frage der Zeit, bis sich der gleiche Fehler wieder einstellt oder das Bauteil sogar schon bei der Funktionskontrolle wieder kaputt geht.

Fehler beheben
Nach Ermittlung der Fehlerursache muss der Karosserie- und Fahrzeugbaumechaniker den Fehler nach Anweisung des Fahrzeugherstellers beheben.

Funktion kontrollieren
Um die Qualität der durchgeführten Arbeiten und die Kundenzufriedenheit zu erhöhen, muss nach Abschluss der Arbeiten das Ergebnis kontrolliert werden.

Vor der Übergabe des Fahrzeugs an den Kunden muss der Karosserie- und Fahrzeugbaumechaniker eine sorgfältige und gewissenhafte Kontrolle aller ausgeführten Arbeiten durchführen.

Bei der Kontrolle werden überprüft und durchgeführt:
- die Fehlerbeseitigung, Funktionskontrolle
- Fehlerspeicher auslesen, protokollieren, löschen
- Grundeinstellungen durchführen (Uhr, Fensterheber)
- Fahrzeug gereinigt
- Probefahrt gemacht
- erneut Fehlerspeicher auslesen

Dann kann das Fahrzeug mangelfrei dem Kunden übergeben werden.

3.25 Elektrische und elektronische Systeme prüfen

Vor der ersten Inbetriebnahme und nach einer Änderung oder Instandsetzung von elektrischen und elektronischen Einrichtungen sind die Systeme zu prüfen.

Diese Prüfung besteht aus:
- Sichtkontrolle
- Funktionskontrolle

Sichtkontrolle an elektrischen und elektronischen Systemen

Sichtkontrolle ist der wichtigste Teil der Prüfung an neu installierten oder reparierten elektrischen und elektronischen Systemen. Äußerliche Schäden und Mängel an Betriebsmitteln und Installationsfehler sollen festgestellt werden. Außerdem müssen Schaltpläne, Betriebsanleitungen und Beschriftung von Stromkreisen und Typenschilder vorhanden sein. Besonders ist festzustellen, ob der Schutz gegen direktes Berühren aktiver Teile (Zündanlagen, Hochspannung) vorhanden und die Schutzmaßnahmen bei indirektem Berühren nicht fehlerhaft sind. Der Querschnitt, die Verlegung, der Anschluss und die Kennzeichnung von elektrischen Leitern sind zu prüfen.

Vor Erproben elektrischer Anlagen und Betriebsmittel sind bei abgeschalteter Anlage zu besichtigen:

- richtige Auswahl der Betriebsmittel, insbesondere der Kabel und Leitungen
- Leitungsverlegung begutachten
- Eignung der elektronischen Systeme für den Verwendungszweck prüfen, z. B. darf ein Nebelscheinwerfer nicht als Rückfahrscheinwerfer verwendet werden
- Einhaltung der Schutzbereiche, z. B. EX-Bereiche
- Vorhandensein von geeigneten, an richtiger Stelle angeordneten Trenn- und Schaltgeräten
- leichte Zugänglichkeit zur Bedienung und Wartung
- Betriebsmittel auf sichtbare Schäden kontrollieren
- Kennzeichnung der Betriebsmittel kontrollieren wie Stromkreise, Sicherungen, Schalter, Klemmen
- Maßnahmen zum Schutz gegen direktes Berühren, z. B. Abdeckungen
- Sicherheitseinrichtungen prüfen
- Brandabschottung kontrollieren
- Wärme erzeugende Betriebsmittel begutachten
- Masseverbindung der Masseanschlüsse prüfen
- Vorhandensein und Vollständigkeit von Schaltungsunterlagen, Warnhinweisen
- ordnungsgemäße Klemmenverbindungen

Funktionskontrolle

Durch die Funktionskontrolle ist z. B. festzustellen, ob Schutzeinrichtungen sowie Melde- und Anzeigeeinrichtungen funktionieren und die elektrischen und elektronischen Systeme ordnungsgemäß arbeiten. Aber vor allem die neu installierten Bauteile müssen funktionieren und dürfen die Funktion der anderen Bauteile nicht beeinträchtigen.

> Beispiel:
> Nach dem Einbau einer neuen Glühlampe für die Nebelschlussleuchte wird bei der Funktionskontrolle festgestellt, dass die Nebelschlussleuchte immer noch defekt ist.
> Eine weitere Fehlersuche hat ergeben, dass der Masseanschluss der Nebelschlussleuchte stark oxidiert ist. Nach Erneuern des Masseanschlusses wurde eine erneute Funktionskontrolle durchgeführt und festgestellt, dass die Nebelschlussleuchte wieder funktioniert.

Falls ein weiterer Fehler bei der Funktionskontrolle festgestellt wird, ist die Funktionskontrolle nach Beheben des Fehlers zu wiederholen.

Daher ist es wichtig, alle Funktionen am Fahrzeug zu prüfen, wenn nachträglich Veränderungen vorgenommen wurden.

3.26 Gefahren beim Messen und Prüfen elektrischer Systeme

Arbeitet der Karosserie- und Fahrzeugbaumechaniker mit Mess- und Diagnosegeräten an elektrischen Systemen und Anlagen in Kraftfahrzeugen, besteht die Gefahr, dass er mit elektrischem Strom in Berührung kommt. Die größte Gefahr geht von losen Steckverbindern aus oder von der Isolation, die beschädigt wurde durch einen Marderbiss oder durch Einwirkung von Hitze, Kälte, Benzindämpfe usw.

Dann kann die elektrische Spannung überschlagen und den Karosserie- und Fahrzeugbaumechaniker verletzen. Besonders hohe Spannungen führen:

- Zündspulen: 8000 V bis 30 000 V
- Lichtanlagen: 10 000 V bis 20 000 V

Systeme, die solche hohen elektrischen Spannungen führen, sind mit einem Warnschild gekennzeichnet, siehe Bild → 1.

Schlägt die elektrische Spannung auf den Karosserie- und Fahrzeugbaumechaniker über, besteht die Gefahr von Muskellähmung, Nervenlähmung, Verbrennungen, Herzkammerflimmern, Herzstillstand und Tod, vgl. Kap. 3.16.2.1.

> Deshalb dürfen
> - Prüf-, Einstell- und Reparaturarbeiten in der Kfz-Elektronik nur von ausgebildetem Fachpersonal oder nur unter deren Anleitung vorgenommen werden,
> - bei eingeschalteter Zündung keine spannungsführenden Teile der Zündanlage berührt werden.

Das bedeutet, dass Arbeiten am Motor und an der Zündanlage nur bei stehendem Motor und ausgeschalteter Zündung durchgeführt werden dürfen, z. B. beim:

- Anschließen von Testgeräten
- Austauschen von Teilen der Zündanlage
- Anschließen von ausgebauten Aggregaten zum Prüfen auf dem Prüfstand

1 Warnschild für Hochspannung

3.27 Sicherheitsmaßnahmen beim Anschließen von Messtechnik

Vor dem Anschließen und Bedienen von Mess- und Diagnosegeräten ist die Bedienungsanweisung des Geräts sorgfältig durchzuarbeiten, um Unsicherheiten und damit verbundene Sicherheitsrisiken von vornherein auszuschließen.

Achtung:
Mess- und Diagnosegeräte sind kein Spielzeug.

Sicherheitsmaßnahmen beim Anschließen von Mess- und Diagnosegeräten:

- Nur Verlängerungsleitungen mit Schutzkontakt verwenden.
- Beim Anschluss von netzbetriebenen Mess- und Diagnosegeräten muss dieses vor dem Anschluss an das Fahrzeug mit dem Schutzleiter (Schutzkontaktsteckdose) verbunden und eingeschaltet sein.
- Niemals Fahrzeugmotor bzw. Zündung einschalten, bevor das Mess- und Diagnosegerät mit Motor-Masse bzw. B- verbunden ist.
- Die Messleitungen sind so zu verlegen, dass die einzelnen Leitungsstränge nicht auf heißen Teilen des Motors aufliegen; insbesondere nicht zu nahe an die Auspuffanlage kommen oder gar den Auspuff berühren.
- Außerdem muss darauf geachtet werden, dass die Anschlussleitungen nicht zu nahe an rotierende Teile verlegt werden.
- Starke mechanische Beanspruchungen auf das Mess- und Diagnosegerät, wie z. B. Druck oder Vibration, sind zu vermeiden.
- Wird der Prüfanschluss durch handelsübliche Steckverbindungen hergestellt (keine fahrzeugspezifischen Steckverbindungen vorhanden), so ist unbedingt auf einen festen Sitz der Verbindung zu achten, sodass sie nicht durch Vibration gelöst werden kann (Kurzschluss).
- Den Prüfanschluss niemals mit Stecknadeln, Büroklammern u. Ä. vornehmen. Dadurch erhöht sich die Unfallgefahr und elektronische Steuergeräte können durch Kurzschluss zerstört werden.
- Normale Vielfachmessgeräte dürfen nicht auf der Hochspannungsseite von Geräten wie Motorzündung oder XENON-Steuergerät eingesetzt werden, da diese Messgeräte nur bis 1000 V ausgelegt sind. Es besteht die Gefahr eines Stromschlags und das Messgerät wird zerstört.
- Bei Arbeiten an Spannungen mit mehr als 50 V AC bzw. 120 V DC besteht die Gefahr eines Stromschlages; deshalb Vorsicht!
- Vor der Messung von Widerstand, Kapazität, Durchgang oder Diodenkennwerten muss der Strom des Stromkreises abgeschaltet und alle Kondensatoren entladen werden.
- Mess- und Diagnosegeräte dürfen nicht an einem feuchten Ort stehen, keinem Niederschlag, Spritzwasser, Staub oder ständiger direkter Sonnenbestrahlung ausgesetzt sein.

3.28 Arbeitssicherheit beim Umgang mit elektrischen Bauteilen

In diesem Kapitel werden behandelt:

- Gefahren des elektrischen Stroms, siehe Kap. 3.28.1
- Regeln zum sicheren Umgang mit elektrischem Strom, siehe Kap. 3.28.2
- Maßnahmen nach einem Unfall durch elektrischen Strom, siehe Kap. 3.28.3

3.28.1 Gefahren des elektrischen Stroms

Die Gefahren des elektrischen Stroms sind in jeder Kfz-Werkstatt vorhanden. Dort arbeitet der Karosserie- und Fahrzeugbaumechaniker mit vielen elektrischen Geräten und Anlagen, z. B. mit Einhand-Winkelschleifer, E-Schweißgerät, Hebebühne, Bohrmaschine oder auch an leistungsgesteigerten Zündsystemen. Solange diese Geräte und Anlagen fachgerecht gehandhabt, gewartet und instand gehalten werden, besteht für den Benutzer keine Gefahr.
Bei einem Fehler jedoch (z. B. Isolationsfehler) fließt über den Körper (Benutzer) ein Strom zur Erde, siehe Bild ➔ 1. Diesen Strom nennt man **Fehlerstrom**.

Der elektrische Strom ist für den Menschen umso gefährlicher,

- je größer die Stromstärke ist und
- je länger die Stromstärke auf den Körper wirkt

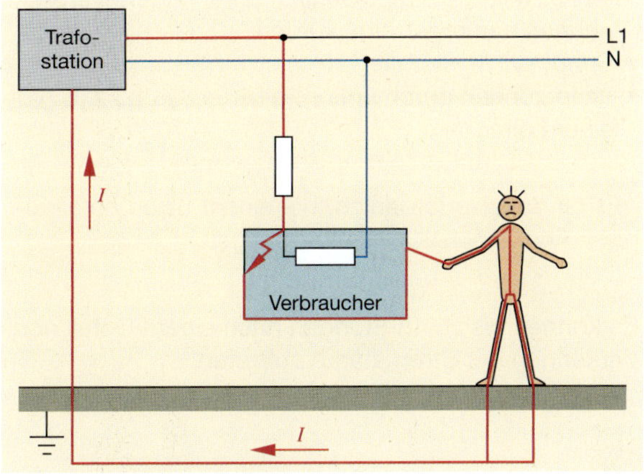

1 Isolationsfehler / Fehlerstrom

GEMEINSAMES BEIDER FACHRICHTUNGEN

Bereich	Körperreaktionen
*	keine Reaktionen des Körpers
A	keine gefährliche Wirkung
B	Gefahr von Herzkammerflimmern
C	Herzkammerflimmern möglich (tödliche Stromwirkungen wahrscheinlich)

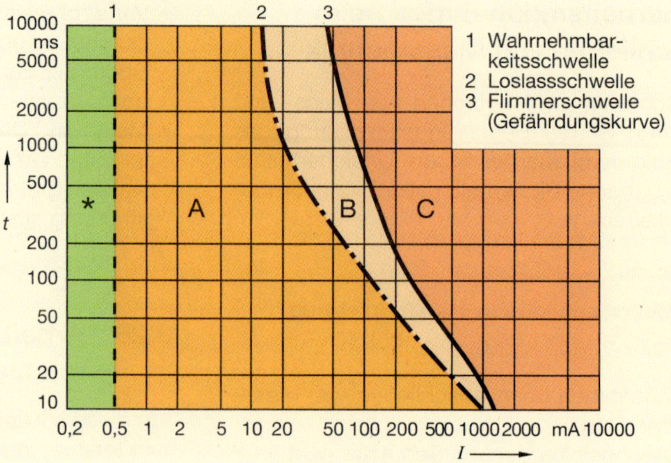

1 Wirkungsbereich eines 50-Hz-Wechselstroms

Ist bei einer elektrischen Spannung von 230 V und 50 Hz die **Stromstärke größer** als 30 mA, kann das lebensgefährlich werden, siehe Bild ➔ 1. Dann ist die Loslass-Schwelle erreicht; d. h., die Muskeln verkrampfen und lassen sich durch den eigenen Willen nicht mehr lösen. Dies führt zu einem „Festhalten" der Stromquelle.

Dann **wirkt die Stromstärke länger** auf den Körper ein.

Die höchstzulässige Berührungsspannung für den Menschen beträgt bei
- Wechselspannung: 50 V
- Gleichspannung: 120 V

Beim Überschreiten der Grenzwerte besteht die Gefahr, dass gefährliche Wirkungen auf den Menschen entstehen:
- Muskellähmung
- Nervenlähmung
- Herzkammerflimmern, Herzstillstand und Tod
- Verbrennungen
- Vergiftungen durch Zersetzung von Blut und Zellflüssigkeit, die hauptsächlich durch innere Verbrennungen hervorgerufen wurden
- Schock
- Verletzungen durch unkontrollierten Sturz, z. B. von einer Leiter

Es ist daher erforderlich, bei einem Stromunfall einen Arzt aufzusuchen.

Es können bis zu 48 Stunden nach einem Unfall noch Wirkungen der Stromstärke auftreten.

3.28.2 Regeln zum sicheren Umgang mit elektrischem Strom

Beim Umgang mit elektrischem Strom sind folgende Vorschriften zu beachten:
- VDE 0105: *Betrieb von elektrischen Anlagen – Teil 100: Allgemeine Festlegungen*
- BGV A 3; VBG 4: *Elektrische Anlagen und Betriebsmittel*

Danach ist die Anlage:
1. freizuschalten
2. gegen Wiedereinschalten zu sichern
3. Spannungsfreiheit festzustellen
4. zu erden und kurzzuschließen und
5. benachbarte, unter Spannung stehende Teile sind abzudecken oder abzuschranken

Soll die Anlage wieder unter Spannung gesetzt werden, ist in umgekehrter Reihenfolge vorzugehen.

Viele Arbeitsunfälle können durch vorbeugende Sicherheitsmaßnahmen verhindert werden, z. B.:
- elektrische Geräte (Winkelschleifer, Bohrmaschinen ...) dürfen nicht in Betrieb genommen werden, wenn die Anschlussleitung defekt ist.
- Schutzeinrichtung (z. B. RCD= FI-Schutzschalter) auf Funktion prüfen.

Ordnung am Arbeitsplatz ist das oberste Gebot zur Unfallverhütung. Handhabung, Wartung und Instandhaltung von Elektrogeräten erfordern besondere Sorgfalt. Bei ihrer Verwendung dürfen auch andere Personen nicht gefährdet werden. Außerdem bilden sie eine große Gefahrenquelle, wenn sie defekt benutzt werden.
Weitere Informationen zum Arbeitsschutz siehe Kap. 11, zur Unfallverhütung siehe Kap. 2.11.

3.28.3 Maßnahmen nach einem Unfall durch elektrischen Strom

Ist es trotz aller Vorsicht zu einem Unfall durch elektrischen Strom gekommen, sind Ruhe und Umsicht notwendig.

Folgende Sofortmaßnahmen sind einzuleiten und in dieser Reihenfolge durchzuführen:

1. Stromkreis unterbrechen oder Verletzen mit einem nicht leitenden Gegenstand (Holzstiel) von der Spannung trennen, etwa durch:
   - Notausschalter betätigen
   - Netzstecker ziehen
   - Sicherung entfernen
2. brennende Kleider löschen
3. Rettungsdienst benachrichtigen mit den Antworten auf die Fragen:
   - WO ist es passiert?
   - WAS ist passiert?
   - WIE VIELE sind verletzt/betroffen?
   - WELCHE Verletzungen liegen vor?
   - WARTEN auf Rückfragen
4. Erste-Hilfe-Maßnahmen einleiten (Puls- und Atemkontrolle, bei Atem- oder Herzstillstand Wiederbelebungsmaßnahmen vornehmen)

3.29 Entsorgung elektrischer und elektronischer Bauteile und Geräte

Beim Entsorgen von elektrischen oder elektronischen Bauteilen sind die Abfallverzeichnis-Verordnung (AVV) und das Kreislaufwirtschafts- und Abfallgesetz (KrW/AbfG) zu beachten.
Dort wird die ordnungsgemäße Entsorgung festgelegt; danach sollen Abfälle vermieden, verwertet, getrennt sortiert und entsorgt werden, vgl. Kap. 11.2.

Alte Verpackungen werden als Altpapier und Kunststoffabfall getrennt in Behältern gesammelt. So können diese Abfälle abgeholt und wiederverwertet werden – das schont die Umwelt.

Elektrische und elektronische Bauteile und Geräte enthalten Metalle wie Kupfer, Aluminium, Gold und Silber, aber auch Metalle der Seltenen Erden[1]. Die Metalle der Seltenen Erden wurden aus Bodenschätzen mit großem Aufwand (Energie) hergestellt und verarbeitet. Inzwischen haben sich Firmen auf die Wiedergewinnung dieser Rohstoffe spezialisiert.

Auch wirtschaftliche Aspekte sind neben den Umweltgesichtspunkten von Bedeutung:
Steigende Preise an der Metallbörse machen das Recycling von Elektroschrott kommerziell attraktiv.

Eine Tonne Elektroschrott enthält nicht selten bis zu 200 Gramm reines Gold, dazu Silber, Platin, Lithium und Metalle der Seltenen Erden – Rohstoffe, die in einem Hochtechnologieland wie Deutschland begehrt sind.

Beispiele:
- Kabelschrott ist rund 2000 Euro je Tonne wert.
- In Steuerplatinen sind einige Teile vergoldet.
- In manchen Bauteilen sind Silber und ein wenig Palladium enthalten.
- Katalysatoren enthalten Edelmetalle wie Platin und Rhodium.

Besonders wertvolle Computerchips werden sogar getrennt aufgearbeitet.

Elektrische und elektronische Bauteile und Geräte können grundsätzlich über zwei Verfahren entsorgt werden:
- Der Hersteller der Teile stellt Sammelbehälter auf und lässt diese abholen.
- Die Werkstatt stellt Abfallbehälter auf und lässt diese von autorisierten Firmen abholen.

Es werden z. B. Steuergeräte, Relais in den Gewerbemüll entsorgt.

Achtung:
Gefahrstoffe werden gesondert in Gefahrgutbehältern gelagert und gesondert abgeholt von autorisierten Abfallentsorgern.

Das betrifft z. B.:
- öl-, benzin- oder säurebenetzte elektrische oder elektronische Bauteile und Geräte wie Sensoren oder Getriebe
- quecksilberhaltige Schalter

[1] Metalle der Seltenen Erden: Metalle, die in seltenen Mineralien vorkommen und aus diesen in Form ihrer Oxide (früher: Erden) isoliert werden. Die Metalle sind allerdings nicht selten; selbst das seltenste Element der Seltenen Erden (Thulium) ist immer noch nicht so selten wie Gold oder Platin. Allerdings lagern die meisten Seltenen Erden in China.

Übungen:

1. Was sind Neutronen?
2. Nennen Sie die elektrischen und elektronischen Grundgrößen.
3. Was gibt die elektrische Arbeit an?
4. Was ist der Unterschied zwischen Reihenschaltung und Parallelschaltung?
5. Nennen Sie den Unterschied zwischen Taster und Schalter.
6. Aus welchen Teilen besteht eine Spule?
7. Nennen Sie die Aufgaben einer Sicherung.
8. Welche Leuchtmittel werden in Fahrzeugen eingesetzt?
9. Was versteht man unter LED?
10. Aus welchen Bauteilen besteht eine Starterbatterie?
11. Warum muss beim Tausch der Starterbatterie die neue gleich sein wie die alte, die vorher eingebaut war?
12. Woran erkennen Sie den Ladezustand einer Starterbatterie?
13. Was versteht man bei einer Starterbatterie unter „Tiefentladung"?
14. Wie verhält sich ein Heißleiter bei Erwärmung?
15. Wie verhält sich ein Kaltleiter bei Erwärmung?
16. Wie muss man die Spannung an eine Diode anlegen, damit sie leitend wird?
17. Wie heißen die Anschlüsse bei Transistoren?
18. Wozu werden elektrische Schaltzeichen benötigt und warum sind sie genormt?
19. Weshalb sind die Leitungen farblich gekennzeichnet?
20. Welche Schaltpläne gibt es?
21. Zeichnen Sie den Übersichtsschaltplan eines 4-Scheinwerfer-Systems.
22. Nennen Sie den Unterschied zwischen einem Prüfgerät und einem Messgerät.
23. Welche Vorteile hat ein digitales Vielfachmessgerät gegenüber einem analogen Vielfachmessgerät?
24. Welche Bauteile gehören zur Energieversorgungsanlage?
25. Warum werden in Kraftfahrzeugen keine Gleichstromgeneratoren eingesetzt?
26. Beschreiben Sie die Arbeitsweise eines Drehstromgenerators.
27. Wie erfolgt die Gleichrichtung des Drehstroms im Drehstromgenerator?
28. Nennen Sie die Baugruppen der Starteranlage.
29. Beschreiben Sie das Einspuren beim Schub-Schraubtrieb-Starter.
30. Was sind die Hauptkomponenten eines Bordnetzes?
31. Welche Aufgabe hat das Lade-Trenn-Modul eines Zwei-Batterien-Bordnetzes?
32. Wie unterscheidet sich das Bordnetz von Nutzfahrzeugen von dem für Pkws?
33. Welche Aufgaben haben:
    a) Batteriehauptschalter,
    b) Batterietrennschalter
    c) Batterietrennrelais
    d) DC-AC-Spannungswandler
    e) DC-DC-Spannungswandler?
34. Nennen Sie die Arten von Beleuchtungs- und Signaleinrichtungen.
35. Woraus besteht ein Scheinwerfer?
36. Welche Formen von Reflektor gibt es für Scheinwerfer? Erklären Sie die unterschiedlichen Formen.
37. Warum haben Scheinwerfer mit Freiflächen-Reflektor eine klare Abschlussscheibe?
38. Wie unterscheiden sich Reflexions-Scheinwerfer von Projektions-Scheinwerfern?
39. Erklären Sie die automatische Leuchtweitenregelung.
40. Was ist ein Kurvenlicht und welche Arten gibt es? Erklären Sie diese Arten.
41. Beschreiben Sie, wie Scheinwerfer mit Hilfe eines Einstellprüfgerätes eingestellt werden.
42. Nennen Sie Mängel an Scheinwerfern.
43. Welche zusätzlichen Scheinwerfer dürfen an Kraftfahrzeugen angebracht sein?
44. Nennen Sie die Warn- und Signaleinrichtungen an Nutzfahrzeugen.
45. Beschreiben Sie den Seilfensterheber.
46. Erklären Sie den Begriff Fahrassistenzsysteme.
47. Welche Aufgabe hat das Insassenerkennungssystem?
48. Nennen Sie acht elektronische Fahrerassistenzsysteme und erklären Sie die Funktion.
49. Erklären Sie das adaptive Fahrlicht.
50. Wozu wird ein CAN-BUS benötigt? Beschreiben Sie den Aufbau und die Wirkungsweise.
51. Beschreiben Sie, wie bei der Suche von Fehlern in elektrischen und elektronischen Systemen vorgegangen wird.
52. Beschreiben Sie die Sichtkontrolle nach dem Anbau von Zusatzscheinwerfern.
53. Warum ist Elektroschrott so wertvoll?

4 Hydraulische und pneumatische Systeme

In diesem Kapitel werden behandelt:
- Systeme und Teilsysteme, siehe Kap. 4.1
- Betriebsstoffe in Hydraulik- und Pneumatikanlagen, siehe Kap. 4.2
- Steuern und Regeln technischer Systeme, siehe Kap. 4.3
- Information und Signal, siehe Kap. 4.4
- Sensoren, Aktoren und E-V-A-Prinzip, siehe Kap. 4.5
- Grundschaltungen der Steuerungs- und Regelungstechnik, siehe Kap. 4.6
- Symbole und logische Verknüpfungen, siehe Kap. 4.7
- Reparaturleitfäden, Funktionsschemata, Fehlersuchpläne, siehe Kap. 4.8
- Arbeitssicherheit und Unfallverhütung beim Umgang mit hydraulischen und pneumatischen Anlagen, siehe Kap. 4.9

4.1 Systeme und Teilsysteme

Moderne Kraftfahrzeuge verfügen über eine Vielzahl von Steuerungen und Regelungen. Die Notwendigkeit ergibt sich einerseits aus den Ansprüchen der Kunden hinsichtlich Komfort und Sicherheit, und andererseits dringend erforderlicher Maßnahmen zur Einsparung fossiler Energieträger und zum Umweltschutz durch Verringerung von Schadstoffen in den Abgasen.

Jede Steuerung und jede Regelung sind Teilsysteme im System Kraftfahrzeug, Informationen zum „System Kraftfahrzeug“ siehe Kap. 2.1.

Und jedes Teilsystem besteht aus weiteren Teilsystemen oder/und aus Elementen; dies nennt man **Struktur des (Teil-)Systems**.

Beispiel:
Das Teilsystem Klimaautomatik besteht aus den Teilsystemen, vgl. Bild → 1:
- Kompressor mit den Elementen: Kolben, Taumelscheibe, Feder usw.
- Kondensator mit den Elementen Kühlschlangen, Halterung, Metallgitter usw.
- Sammler mit Trockner mit den Elementen Gehäuse, Filtersieb, Trocknerpatrone, Anschlüsse usw.
- Expansionsventil mit den Elementen Membran, Kugelventil, Thermofühler, Feder usw.
- Verdampfer, mit den Elementen Verdampferlamellen, Kältemittelröhren
- Gebläse mit den Elementen Lüfterrad, Lüftergitter, Lüfterwelle usw.

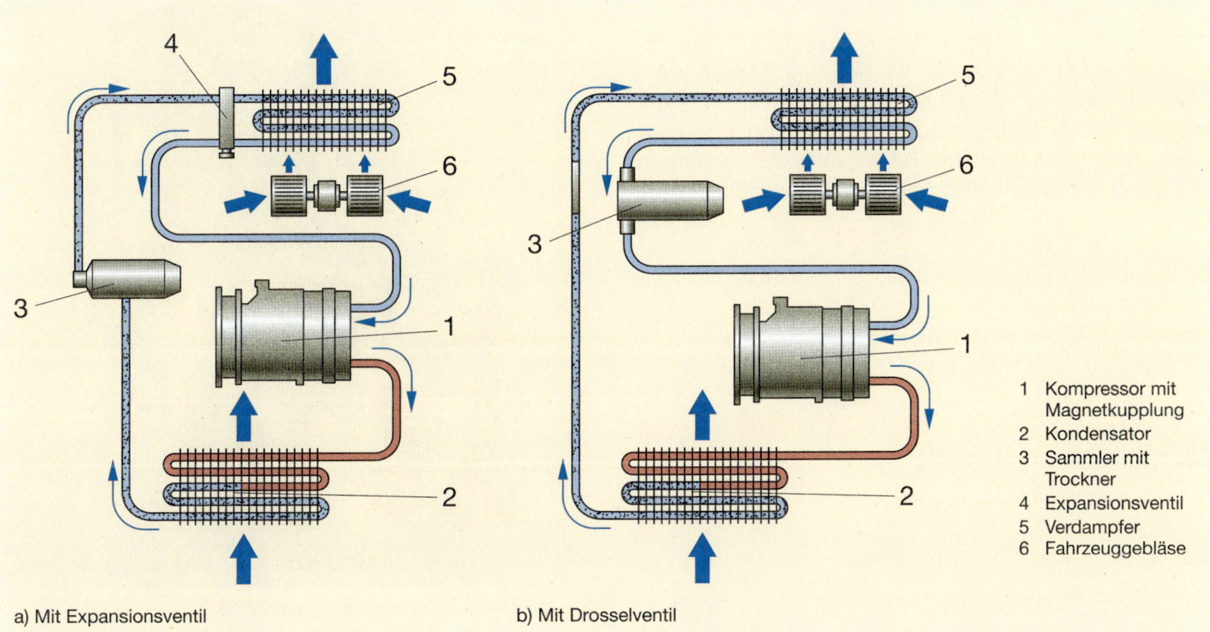

1 Teilsystem Klimaautomatik

Jedes System empfängt aus seiner Umgebung konkrete Informationen. Diese Informationen stellen die Eingangsgrößen dar.

Genauso sendet jedes System Informationen an seine Umgebung. Diese Größen wiederum stellen **Ausgangsgrößen** dar.

Beispiel:
Ausgangsgrößen der Klimaautomatik sind:
- Anpassung der Innenraumtemperatur an die vorgegebenen Werte unter Berücksichtigung von Korrekturfaktoren
- Anpassung des Gebläseluftstroms in Intensität und Richtung
- Kältemitteldurchsatz im Klimakompressor

4.2 Betriebsstoffe in Hydraulik- und Pneumatikanlagen

Systeme der Steuerungs- und Regelungstechnik funktionieren im Wesentlichen auf der Grundlage der Elektrotechnik, Pneumatik und Hydraulik sowie diverser Kombinationen physikalischer Teilgebiete. Zur Erfüllung der Steuerungs- und Regelungsaufgaben benötigen die technischen Systeme Energie.

Unter **Energie** versteht man das gespeicherte Vermögen, Arbeit zu verrichten. Die in der Natur vorhandene Primärenergie wie Wind-, Wasser- und Sonnenenergie ist in der vorliegenden Form für die Steuerungs- und Regelungstechnik nur bedingt einsetzbar.

Deshalb muss diese Primärenergie zunächst in elektrische Energie umgewandelt werden. Für Steuerungen oder Regelungen, die auf dieser Basis arbeiten, steht dann schon der Betriebsstoff zur Verfügung. Pneumatische und hydraulische Steuerungen und Regelungen hingegen brauchen zusätzliche Betriebsstoffe.

So werden unterschieden:
- Betriebsstoffe in Pneumatikanlagen, siehe Kap. 4.2.2
- Betriebsstoffe in hydraulischen Anlagen, siehe Kap. 4.2.3

Betriebsstoffe in Pneumatikanlagen

In Pneumatikanlagen[1] wird als Betriebsstoff Luft verwendet. Luft ist in unserer Umwelt ausreichend vorhanden; sie muss aber für Steuerungen und Regelungen aufbereitet werden, denn die Luft der Umgebung enthält Wasserdampf und Schmutzpartikel.

Wasser und Schmutz müssen aus der Luft entfernt werden, da sie die pneumatische Anlage beschädigen können:
- Wasser führt:
  - zu Korrosion in der Pneumatikanlage,
  - zum Unterbrechen von Schmierfilmen,
  - zu elektrochemischer Korrosion, wenn verschiedene Metalle in den Baugruppen verarbeitet wurden und/oder
  - zu Eisbildung und daraus resultierenden Frostschäden im Druckluftnetz
- Staub und andere Partikel führen zu Abrieb, aber auch zu Korrosion, wenn es sich um chemisch aggressive Partikel handelt.

Dafür wird eine Druckluft-Aufbereitungseinheit verwendet, die die Luft filtert, trocknet und meist auch den Luftdruck begrenzt, siehe Bild → 1.

1 Druckluft-Aufbereitungseinheit für Nkws

[1] Pneumatik: Lehre vom Verhalten der Gase; deren Anwendung in der Technik

Bei der Aufbereitung der Druckluft, insbesondere älteren Anlagen, kommt vielfach noch ein Öler zum Einsatz. Dieser reichert die Druckluft mit Öl-Nebel an; dadurch wird die Reibung in den Ventilen und an den Zylinderwandungen herabgesetzt.

Moderne Pneumatikkomponenten bestehen aus geeigneten Werkstoffpaarungen, die auf eine Öl-Zugabe bereits verzichten können. Dadurch können Umweltgefahren ausgeschlossen werden.

Betriebsstoffe in Hydraulikanlagen

In hydraulischen[1] Steuerungs- und Regelungsanlagen werden zur Übertragung von Kräften und zur Verrichtung von Arbeit Flüssigkeiten eingesetzt.

Die am häufigsten eingesetzten Hydraulikflüssigkeiten werden auf Mineralölbasis mit entsprechenden Additiven[2] hergestellt; deshalb werden sie auch **Hydrauliköle** genannt. Darüber hinaus können auch Pflanzenöle auf Rapsölbasis zum Einsatz kommen, die durch die Möglichkeit eines schnellen biologischen Abbaus umweltverträglich sind.

Wichtig!
Bei der Verwendung von Hydraulikölen sind in jedem Fall die Vorschriften der Maschinenhersteller genau zu beachten!

Betriebsstoffe von Hydraulik- und Pneumatikanlagen entsorgen

Hydrauliköle und andere Schmierstoffe weisen lange Nutzungszeiten von zum Teil mehreren Jahren auf (belastungsabhängig). Bei Instandhaltungs- und Wartungsarbeiten werden die Betriebsstoffe intervallmäßig gewechselt.
Hydrauliköle sind in jedem Fall als gefährliche Abfälle (Sonderabfälle) anzusehen und entsprechend zu behandeln. Die verschiedenen Hydrauliköle sind nach ihrer Art getrennt zu sammeln.
Vorschriften zur Sammlung und Entsorgung von Altölen sind in der Altölverordnung (AltölV) festgeschrieben. In dieser Verordnung werden Altöle Sammelkategorien zugeordnet.
Die Sammelkategorien richten sich nach der Abfallverzeichnis-Verordnung AVV[3].

Diese Verordnung gilt für die
- Bezeichnung von Abfall und
- Einstufung von Abfällen nach ihrer Gefährlichkeit

Bezeichnung von Abfall
Die Abfälle werden mit einem sechsstelligen **Abfallschlüssel** gekennzeichnet und den Abfallarten zugeordnet: **XX YY ZZ**

Es bedeuten:
XX: Nummer des Verzeichniskapitels
YY: Hauptbezeichnung der Art des Abfalls
ZZ: Unterbezeichnung der Art des Abfalls

Beispiel: **13 01 11**
Es bedeuten:
13: Ölabfälle und Abfälle aus flüssigen Brennstoffen
13 01: Abfälle von Hydraulikölen
13 01 11: synthetische Hydrauliköle

Einstufung von Abfällen nach ihrer Gefährlichkeit
Als potenziell gefährlich werden Abfälle eingestuft, wenn sie:
- einen Flammpunkt ≤ 55 °C haben
- gesundheitsschädliche, giftige, ätzende, reizende, krebserzeugende, fortpflanzungsgefährdende oder erbgutverändernde Eigenschaften aufweisen

Gemäß Altölverordnung werden Hydrauliköle Sammelkategorien zugeordnet, siehe Bild → 1. Hydrauliköle der Sammelkategorien 1 und 2 werden von darauf spezialisierten Unternehmen zu sogenannten Basisölen wieder aufgearbeitet und anschließend energetisch genutzt. Sollte sich eine Wiederaufbereitung in einer Zweitölraffinerie aufgrund von Verschmutzungen nicht anbieten, werden diese Öle einer Sonderabfallverbrennung zugeführt.

Sammelkategorie	Abfallschlüssel	Art des Hydrauliköls
1	13 01 10	nicht chlorierte Hydrauliköle auf Mineralölbasis
2	13 01 11	synthetische Hydrauliköle
	13 01 13	andere Hydrauliköle
3	13 01 01	Hydrauliköle, die PCB[1] enthalten, mit einem PCB-Gehalt von nicht mehr als 50 mg/kg
	13 01 09	chlorierte Hydrauliköle auf Mineralölbasis
4	13 01 12	biologisch leicht abbaubare Hydrauliköle

[1] PCB = polychlorierte Biphenyle: giftige und krebsauslösende chemische Chlorverbindungen, durch die Stockholmer Konvention vom 22. Mai 2001 weltweit verboten

1 Zuordnung von Abfallschlüsseln zu einer Sammelkategorie, aus Altölverordnung, Anlage 1 (zu § 2 Abs. 2 und § 4 Abs. 3 und 6)

[1] Hydraulik: Lehre von der Bewegung der Flüssigkeiten; deren technische Anwendung
[2] Additive: Stoffe, die Produkten zugesetzt werden, um bestimmte Eigenschaften zu erreichen und/oder zu verbessern.
[3] AVV: Verordnung über das Europäische Abfallverzeichnis (Abfallverzeichnis-Verordnung) 2001/2012

Generell von der Aufbereitung ausgeschlossen sind Hydrauliköle, die PCB (mehr als 20 mg/kg) enthalten.

Aufgrund ihrer Gefährlichkeit müssen sie immer der Sonderabfallverbrennung zugeführt werden.

Hydrauliköle und andere Öle müssen zur Entsorgung:
- sortenrein nach Abfallschlüssel und vorgesehenem Verwertungs- bzw. Entsorgungsweg getrennt werden
- in flüssigkeitsdichten Behältern gelagert werden; die Sammelbehälter sind mit Stoffnamen, Abfallschlüssel und Gefahrensymbol zu kennzeichnen

Der Lagerraum muss Auffangwannen und einen flüssigkeitsdichten Boden aufweisen. Unbefugten ist der Zutritt zu diesen Räumen zu verwehren.
Für die jeweiligen Bundesländer gelten die Verordnungen über Anlagen zum Umgang mit wassergefährdenden Stoffen und über Fachbetriebe (VAwS).

4.3 Steuern und Regeln technischer Systeme

Steuern technischer Systeme

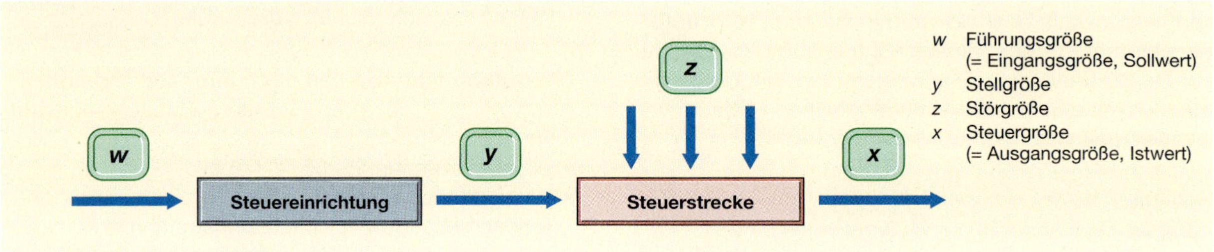

1 Steuerung – Blockschaltbild

Steuern ist ein Vorgang, bei dem eine oder mehrere Eingangsgrößen die Ausgangsgröße beeinflussen. Die Ausgangsgröße wird nicht überwacht und nicht „nachgebessert“, siehe Bild ➔ 1.

Die **Steuereinrichtung** ist die Gesamtheit aller Geräte und Funktionen, die zur technischen Umsetzung der Steuerung benötigt werden.

Die **Steuerstrecke** stellt den Prozess dar, der beeinflusst werden soll.

Steuerungsgrößen sind:
- Führungsgröße *w*: Vorgabewert der Steuerung, er wird auch **Sollwert** genannt
- Stellgröße *y*: Ausgangssignal der Steuereinrichtung und gleichzeitig Eingangssignal der Steuerstrecke; sie ändert sich
  - in einem vorgegebenen Wertebereich (= **Stellbereich**)
  - mit einer Geschwindigkeit (= **Stellgeschwindigkeit**)
  - in einer gewissen Zeit (= **Stellzeit**)
- Steuergröße *x*: die zu steuernde technische oder physikalische Größe in der Steuerstrecke; ihr Momentanwert wird **Istwert** genannt
- Störgröße *z*: Größe, die in unvorhergesehener Weise von außen in den Steuervorgang eingreift und ihn beeinträchtigt

Aus Bild ➔ 1 kann man erkennen, dass der Informations- und Energiefluss nur in einer Richtung verläuft. Die einzelnen Elemente des Systems wirken nur auf das Element ein, das im Wirkungsablauf nachfolgt; man spricht vom **offenen Wirkungsablauf**.

Eine Steuerung funktioniert nur dann einwandfrei, wenn keine Störungen auf die Steuerstrecke einwirken.

Treten Störgrößen auf, entfernt sich der Wert der gesteuerten Größe vom gewünschten Wert und nähert sich diesem erst dann wieder an, wenn die Störung beseitigt ist.

Beispiel:
Der Beifahrer in einem Pkw (ohne Klimaautomatik) möchte rauchen und erkundigt sich beim Fahrer und bei weiteren Mitreisenden, ob sie dies stören würde. Sie zeigen sich nicht erfreut, stimmen aber dennoch zu und bitten den Beifahrer, das Fenster einen kleinen Spalt zu öffnen, siehe Bild → 1.

Dabei sind:
- Temperaturstellschalter, Gebläsestufe, Klappen für einstellbare Belüftungstemperatur = **Steuereinrichtung**
- Temperatur im Fahrgastraum = **Steuerstrecke**
- Temperaturvorgabe per Stellschalter am Armaturenbrett = **Führungsgröße**
- vorgewählte Lufttemperatur im Fahrgastraum = **Sollwert**
- Stellung der Klappen für einstellbare Belüftungstemperatur = **Stellgröße**
- Öffnungswinkel der Klappen = **Stellbereich**
- Geschwindigkeit, mit der die Klappen verstellt werden = **Stellgeschwindigkeit**
- Zeitdauer des Verstellvorganges = **Stellzeit**
- Fensteröffnung, starke Sonneneinstrahlung usw. = **Störgröße**
- Momentanwert der Lufttemperatur im Fahrgastraum = **Istwert**
- Lufttemperatur im Fahrgastraum = **Steuergröße**

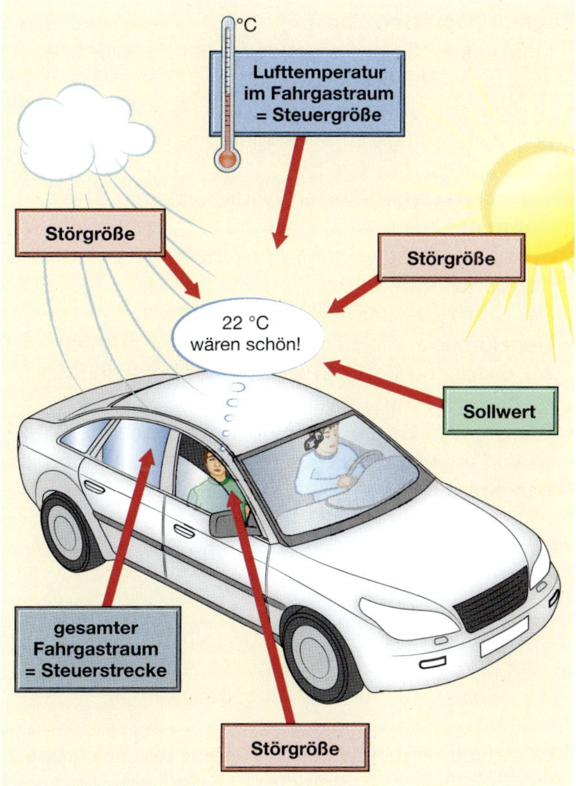

1 Steuerung – Beispiel

Regeln technischer Systeme

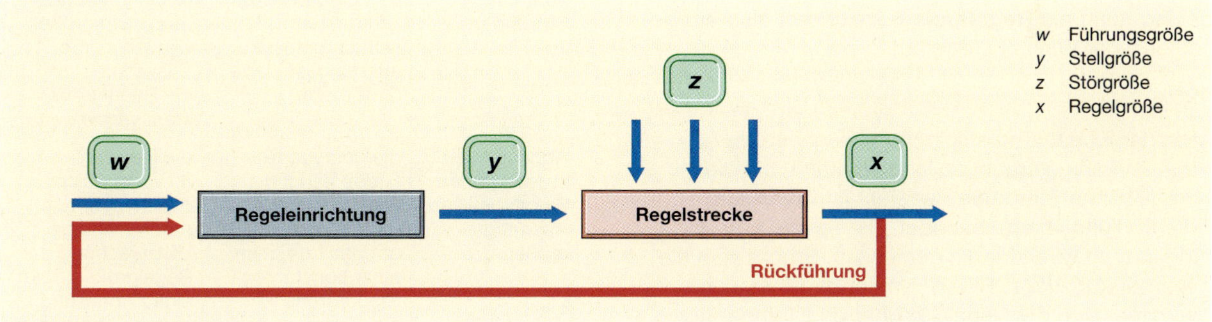

2 Regelung – Blockschaltbild

Regeln ist ein Vorgang, bei dem die Regelgröße x ständig mit der Führungsgröße w verglichen wird, siehe Bild → 2.

Die **Regeleinrichtung** ist die Gesamtheit aller Bauteile im Wirkungsweg, die zur Beeinflussung der Regelstrecke mittels Stellglied dienen.

Die **Regelstrecke** ist der Teil des Wirkungsweges, der die aufgabengemäß zu beeinflussenden Bauteile enthält.

Regelungsgrößen sind:

- Führungsgröße *w*: Vorgabewert der Regelung, er wird auch **Sollwert** genannt
- Stellgröße *y*: Ausgangssignal der Regeleinrichtung und gleichzeitig Eingangssignal der Regelstrecke; sie ändert sich
  - in einem vorgegebenen Wertebereich (= **Stellbereich**)
  - mit einer Geschwindigkeit (= **Stellgeschwindigkeit**)
  - in einer gewissen Zeit (= **Stellzeit**)
- Regelgröße *x*: die zu steuernde technische oder physikalische Größe in der Regelstrecke; ihr Momentanwert wird Istwert genannt
- Störgröße *z*: Größe, die in unvorhergesehener Weise von außen in den Regelvorgang eingreift und ihn beeinträchtigt

Weicht die Regelgröße von der Führungsgröße ab, ergibt sich die Regelabweichung x_w.

$$x_w = x - w$$

x_w Regelabweichung
x Regelgröße
w Führungsgröße

Gibt es eine Regelabweichung infolge der Störgröße *z*, wird die Regelgröße verändert und der neue Wert wird wiederum mit der Führungsgröße verglichen.

Dieser Vorgang wird so oft wiederholt, bis die Regelabweichung $x_w = 0$.

Das ist ein ständiger Kreislauf; deshalb wird eine Regelung auch als **Regelkreis** bezeichnet; also ein geschlossener Wirkungskreislauf.

Beispiel:
Bei der Klimaautomatik im Fahrzeug wird die Luft im Fahrgastraum so lange gekühlt, bis die vorgewählte Temperatur erreicht ist; dann wird die Kühlung vorerst beendet. Die Temperatur im Innenraum wird ständig gemessen. Erhöht sich die Temperatur, weil z. B. ein Fenster geöffnet wurde, wird dies von der Regelung über den Temperaturfühler erkannt und die Kühlleistung entsprechend erhöht.

Dabei sind:

- Bauteile zur Beeinflussung der Temperatur im Fahrgastraum = **Regeleinrichtung**
- Luftausströmer im Fahrgastraum = **Regelstrecke**
- Temperaturvorgabe per Stellschalter am Armaturenbrett = **Führungsgröße**
- vorgewählte Lufttemperatur im Fahrgastraum = **Sollwert**
- Stellung der Klappen für einstellbare Belüftungstemperatur = **Stellgröße**
- Öffnungswinkel der Klappen = **Stellbereich**
- Geschwindigkeit, mit der die Klappen verstellt werden = **Stellgeschwindigkeit**
- Zeitdauer des Verstellvorganges = **Stellzeit**
- Lufttemperatur im Fahrgastraum = **Regelgröße**
- Momentanwert der Lufttemperatur im Fahrgastraum = **Istwert**
- Fensteröffnung, starke Sonneneinstrahlung usw. = **Störgröße**
- Unterschied zwischen Sollwert und Istwert = **Regelabweichung**

Vergleich zwischen Steuern und Regeln

Bild → 1 zeigt die wesentlichen Unterschiede zwischen einer Steuerung und einer Regelung.

	Steuerung	Regelung
Wirkungsablauf	offener Wirkungsablauf in einer Steuerkette	geschlossener Wirkungsablauf in einem Regelkreis
Auswirkung auftretender Störungen	innerhalb der Steuerung auftretende Störgrößen wirken sich unmittelbar auf die gesteuerte Größe aus	innerhalb der Regelung auftretende Störgrößen werden in ihrer Auswirkung auf die Regelgröße stark vermindert
Abhängigkeit zwischen den Eingangs- und Ausgangsgrößen	die gesteuerte Größe hängt nur von den Führungs- und Störgrößen ab, das Erreichen einer konstanten Steuergröße ist nicht garantiert	die Regelgröße verhält sich dynamisch, d. h., durch ständige Überwachung der Regelgröße erfolgt eine Anpassung an die Führungsgröße

1 Vergleich zwischen Steuern und Regeln

4.4 Information und Signal

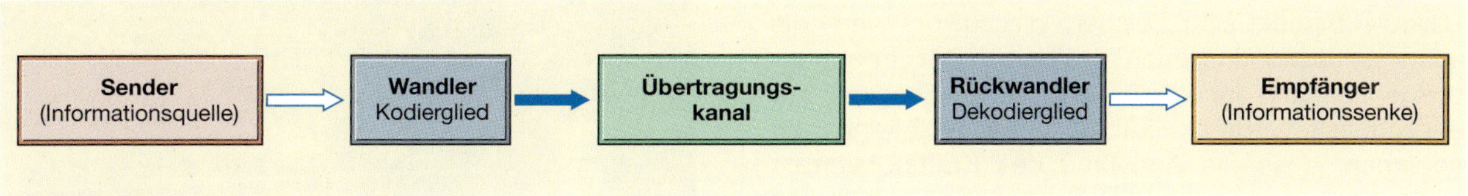

1 Informationsübertragung

Information

Der Begriff Information ist abgeleitet vom lateinischen Wort „informare", was so viel bedeutet wie formen, gestalten, darstellen, Auskunft über etwas geben.

Information ist also eine Mitteilung, um
- eine Ungewissheit über ein Ereignis zu beseitigen,
- einen Zustand, eine Erscheinung oder einen Vorgang zu verstehen.

Informationen selbst sind nicht gegenständlich, aber an einen stofflichen oder energetischen Träger gebunden. Sie können ausgetauscht werden zwischen:
- Mensch – Mensch
- Mensch – Technik
- technischen Systemen

Man spricht vom **Informationsaustausch** oder von **Kommunikation**.

Als Informationsübertragung bezeichnet man einen Vorgang, der Informationen von einem Sender, der Informationsquelle, zu einem Empfänger, der Informationssenke, übermittelt, siehe Bild → 1.

Für den Informationsaustausch ist ein Übertragungsweg erforderlich. Die Übermittlung von Informationen erfolgt von einem Sender über einen Übertragungskanal zu einem Empfänger, vgl. Kap. 9.

Die Informationsübertragung kann unter anderem durch Veränderung physikalischer Größen erfolgen, in der Steuerungs- und Regelungstechnik beispielsweise mittels:
- mechanischem Druck
- elektrischer Spannung und elektrischem Strom
- Lichtwellen
- Schallwellen
- Magnetfelder

Für die Informationsübertragung werden Signale genutzt.

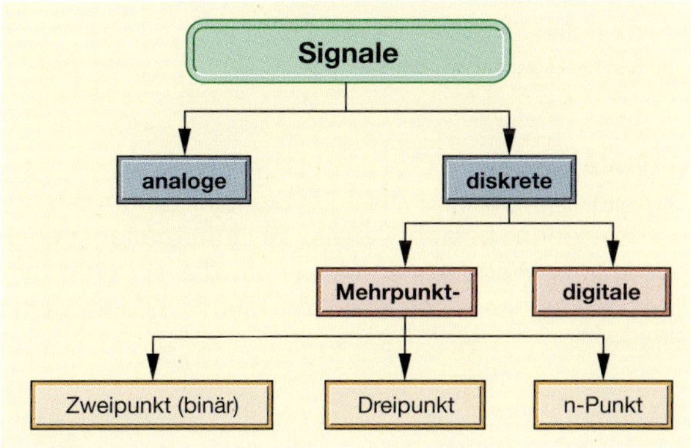

2 Signale

Signal

Der Begriff Signal ist abgeleitet vom lateinischen Wort „significatio" (Bezeichnung) und „signum" (Zeichen). Unter Signal versteht man also ein Zeichen mit einer bestimmten Bedeutung.
Ein Signal überträgt eine Information über den Werteverlauf einer signalisierten Größe (z. B. Drehzahl). Es wird durch eine physikalische Größe getragen (z. B. die Stromstärke) und stellt eine Zeitfunktion des Signalträgers dar (z. B. zeitlicher Verlauf der Stromstärke).

Signale können sein, vgl. Bild → 2:
- analog
- diskret

Analoge Signale

Analoge Signale sind Zeichen, die sowohl wert- als auch zeitkontinuierlich auftreten. Der Informationsgehalt kann innerhalb festgelegter Grenzen jeden beliebigen Wert annehmen. Die Grenzen sind in der Regel technisch bedingt. So können beispielsweise bei der Tank-Füllstandanzeige die Werte nur zwischen 0 und dem maximalen Tankinhalt liegen, siehe Bild → 1, Seite 226.

Diskrete Signale

Diskrete Signale sind Zeichen, die sowohl wert- als auch zeitdiskontinuierlich auftreten. Der Informationsgehalt kann innerhalb festgelegter Grenzen nur endlich viele Werte annehmen. In Bild → 2 kann man erkennen, dass die Abnahme des Kraftstoffvorrats durch die Änderung der LED-Darstellung nur in Stufen angezeigt wird.

Diskrete Signale gibt es als, vgl. Bild → 2, Seite 225:
- digitales Signal
- Mehr-Punkt-Signal

Digitale Signale

Digitale Signale sind diskrete Signale, deren Besonderheit darin besteht, dass ihr Informationsgehalt nur solche Werte annehmen kann, die ein ganzzahliges Vielfaches einer kleinsten Einheit bilden, siehe Bild → 3.

Beispiel
Bei der Digitaluhr bildet die Sekunde die kleinste Einheit. Die Uhr zeigt nur Werte an, die ein ganzzahliges Vielfaches der Sekunde darstellen, es können also keine Teile von Sekunden abgelesen werden.

Mehr-Punkt-Signale

Mehrpunktsignale sind alle nichtdigitalen diskreten Signale, deren Werteanzahl ≥ 2 ist.

Mehrpunktsignale gibt es als, vgl. Bild → 2, Seite 223:
- Zwei-Punkt-Signal
- Drei-Punkt-Signal
- n-Punkt-Signal

Bei **Zwei-Punkt-Signalen** kann der Informationsgehalt nur zwei Werte annehmen; sie werden auch **binäre Signale** genannt.
Beide Signalwerte unterscheiden sich deutlich voneinander und werden zumeist mit „1“ und „0“ bezeichnet, unabhängig vom tatsächlichen Wert der physikalischen Größe. Vergleichbar ist dieser Sachverhalt mit den Rundungsregeln in der Mathematik.

Beispiel:
Die elektrische Spannung U = 0,031 V kann dem Signalwert „0“ entsprechen, während im selben Vorgang U = 0,085 V dem Signalwert „1“ zuzuordnen ist, siehe Bild → 4.
In diesem Fall liegt der Wertebereich des Zwei-Punkt-Signals zwischen 0 V und 0,1 V.

1 **Analoge Tank-Füllstandsanzeige**

2 **Diskretes Signal für die Tankanzeige in einem Pkw mit Erdgas-Antrieb**

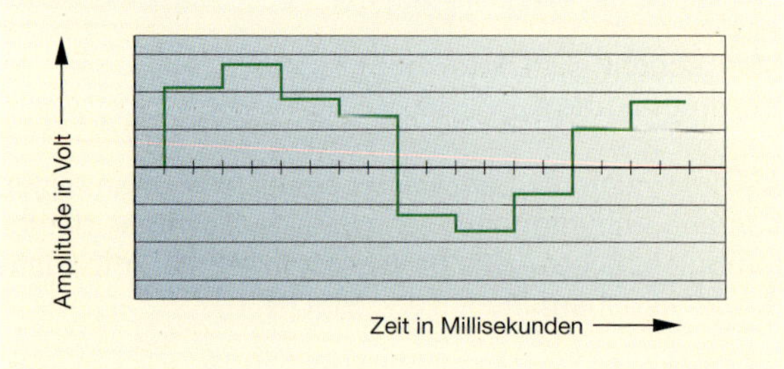

3 **Digitales Signal**

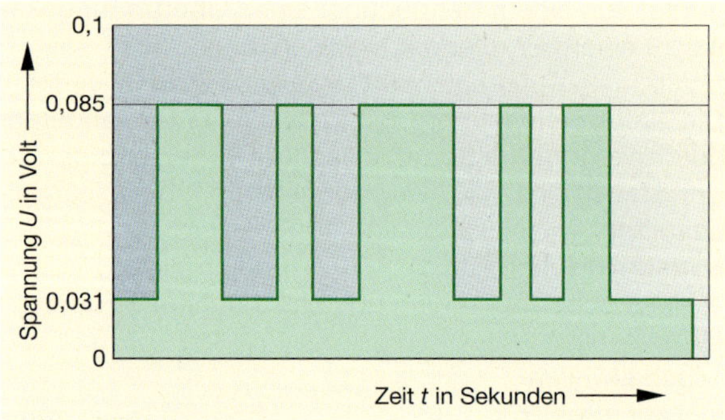

4 **Zwei- Punkt-Signale**

Drei-Punkt-Signale sind Signale, deren Informationsgehalt drei verschiedene Werte annehmen kann.

Die **n-Punkt-Signale** sind Signale, deren Informationsgehalt mehr als drei verschiedene Werte annehmen kann.

4.5 Sensoren und Aktoren

Sensor

Der Begriff Sensor ist von dem lateinischen Wort „sentire“ abgeleitet und bedeutet „fühlen“ oder „empfinden“.

Ein Sensor ist demnach ein Bauteil, das bestimmte technische, physikalische oder chemische Größen qualitativ oder quantitativ erfasst und meist auch in weiter verarbeitbare Größen umformt.

Beispiel:
Ein Reifendrucksensor erfasst Druck und Temperatur im Reifen und gibt diese Informationen per Funk an ein Steuergerät der Fahrzeugelektronik weiter.

Man unterscheidet:
- aktive Sensoren
- passive Sensoren

Aktive Sensoren erzeugen aufgrund ihres Wirkprinzips ein elektrisches Signal. Ein typischer aktiver Sensor ist der Drehzahlfühler des Antiblockiersystems; er arbeitet nach dem Induktionsprinzip.

Passive Sensoren enthalten sogenannte passive Bauteile, deren Parameter durch den Einfluss der aufzunehmenden Größe verändert werden. Ein typischer passiver Sensor ist der Kühlwassertemperaturfühler. Er gehört zur Gruppe der Thermistoren (temperaturabhängige Widerstände, Halbleiterbauelemente), denen es eigen ist, dass sie ihren Widerstandswert in Abhängigkeit von der Temperatur verändern.

Aktor

Unter einem Aktor versteht man ein Bauteil oder eine Baugruppe, die eine Eingangsgröße in eine gleiche oder andersgeartete Ausgangsgröße umwandelt, um einen gewünschten Effekt zu erzielen.
Aktoren sind meist Stellglieder und setzen die vom Steuergerät ausgegebenen elektrischen Signale in beispielsweise kinetische Energie (Bewegungsenergie) um. Somit stellen Aktoren in der Steuerungs- und Regelungstechnik das Gegenstück zu den Sensoren dar.

4.6 E-V-A-Prinzip

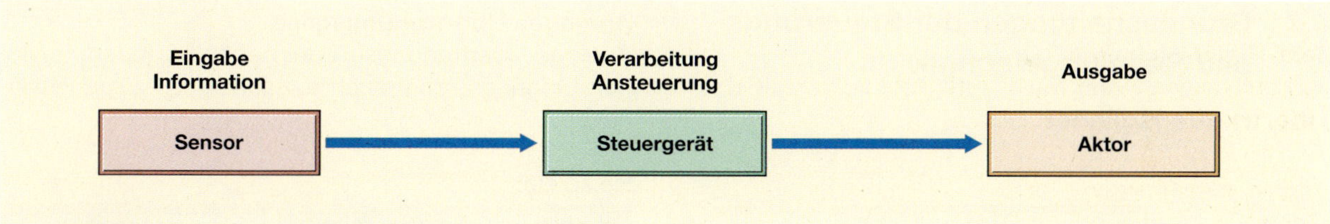

1 E-V-A-Prinzip

Alle Steuerungs- und Regelungssysteme arbeiten nach dem E-V-A-Prinzip der Informationsverarbeitung.

E-V-A steht für, siehe Bild → 1:
- **E**ingabe
- **V**erarbeitung
- **A**usgabe

Eingabe
Bei der Eingabe handelt es sich stets um Sensoren, die auch als Signalgeber (oder nur: Geber), Fühler oder Messwertaufnehmer bezeichnet werden.

Verarbeitung
Die Verarbeitung der elektrischen Signale erfolgt durch ein Steuergerät. Das Steuergerät ist ein Mikrocomputer, der auf der Grundlage seiner Software (mathematische Formeln, Kennfelder) Entscheidungen über die notwendigen Schritte trifft und die Aktoren ansteuert.

Ausgabe
Auf der Ausgabeseite befinden sich die Aktoren (Stellglieder), die die Entscheidungen des Steuergerätes umsetzen. Sowohl Sensoren als auch Aktoren können, je nach Einsatzgebiet, analog, binär oder digital arbeiten.

Am Beispiel einer Ladebordwand soll das E-V-A-Prinzip noch einmal verdeutlicht werden, siehe Bild → 1, Seite 228.

Eingabe		Verarbeitung	Ausgabe	
Sensor	**Informationsgehalt des Signals**		**Aktor**	**Aktivität**
Schalter im Fahrerhaus	unbetätigt/betätigt	**Steuergerät**	Schaltkontakt	Stromkreis zum Bedienelement wird **geschlossen**, rotes Kontrollsignal leuchtet auf
Bedieneinheit am Fahrzeugaufbau **Öffnen**	linker Hebel nach unten, rechter Hebel nach oben		Magnetventil Neigezylinder	Umschaltung des Ventils auf LBW **öffnen**, Volumenstrom zum Neigezylinder
Senken	beide Hebel nach unten		Magnetventil Hubzylinder	Umschaltung des Ventils auf LBW **senken**, Volumenstrom zum Hubzylinder
Heben	beide Hebel nach oben		Magnetventil Hubzylinder	Umschaltung des Ventils auf LBW **heben**, Volumenstrom zum Hubzylinder
Schließen	linker Hebel nach oben, rechter Hebel nach unten		Magnetventil Neigezylinder	Umschaltung des Ventils auf LBW **schließen**, Volumenstrom zum Neigezylinder
Schalter im Fahrerhaus	unbetätigt/betätigt		Schaltkontakt	Stromkreis zur Bedieneinheit wird geöffnet, rotes Kontrollsignal erlischt → Bedienelement am Fahrzeugaufbau funktionslos

1 E-V-A-Prinzip am Beispiel Ladebordwand

4.7 Grundschaltungen der Steuerungs- und Regelungstechnik

Übertragungsglieder

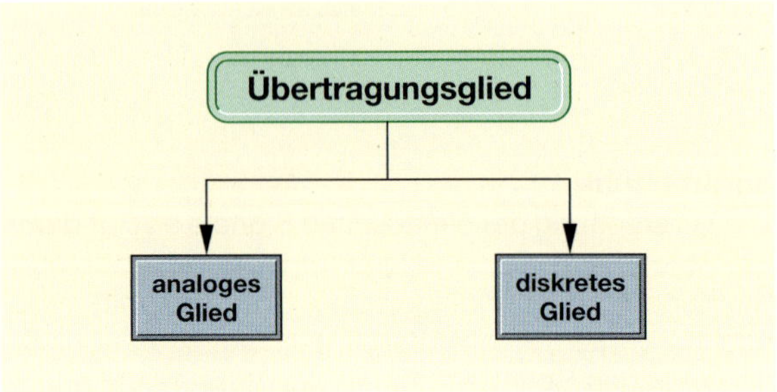

2 Übertragungsglieder der Steuerungs- und Regelungstechnik

Die Verarbeitung der Signale erfolgt in den Übertragungsgliedern. Jedes Übertragungsglied ist in der Lage, mindestens ein Eingangssignal zu empfangen und ein Ausgangssignal abzugeben. Übertragungsglieder sind stets rückwirkungsfrei.

Man unterscheidet dabei, vgl. Bild → 2:
- analoges Übertragungsglied
- diskretes Übertragungsglied

Analoges Übertragungsglied
Analoge Übertragungsglieder geben bei jedem analogen Eingangssignal auch ein analoges Ausgangssignal ab.

Beispiele:

Übertragungsglied	Eingangssignal x_e	Ausgangssignal x_a
Getriebe	Eingangsdrehzahl	Ausgangsdrehzahl
Ventil	Ventilhub	durchströmendes Hydrauliköl

Diskretes Übertragungsglied
Diskrete Übertragungsglieder geben unabhängig vom Typ des Eingangssignals stets nur diskrete Ausgangssignale ab. Diese können sowohl binäre als auch 3-Punkt- oder n-Punkt-Signale sein.

Beispiele:

Übertragungsglied	Eingangssignal x_e	Ausgangssignal x_a
Bimetallschalter	Temperatur	Schaltzustand (1 oder 0)
ABS-Steuergerät	Drehzahlinformation vom Drehzahlfühler	Steuerstromstärke für Magnetventil 0 A – 2 A – 5 A

Arten von Grundschaltungen der Steuerungs- und Regelungstechnik

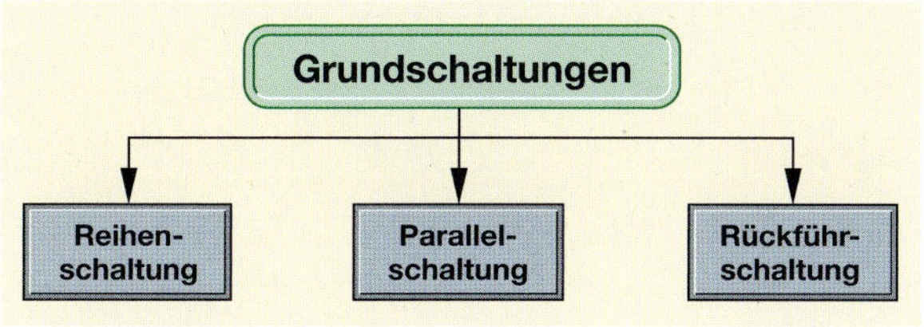

1 **Arten der Grundschaltungen**

Zur Umsetzung der Signalverarbeitung und damit des E-V-A-Prinzips sind bestimmte Grundschaltungen erforderlich, die bedarfsgerecht verändert werden können. Dabei versteht man unter einer Grundschaltung eine Verknüpfung, die zwischen zwei Übertragungsgliedern immer wieder auftritt.

Grundschaltungen der Steuerungs- und Regelungstechnik werden unterschieden in, vgl. Bild → 1:
- Reihenschaltung
- Parallelschaltung
- Rückführschaltung

Reihenschaltung

Die Übertragungsglieder werden so miteinander verknüpft, dass sich das Eingangssignal des zweiten Übertragungsgliedes aus dem Ausgangssignal des ersten Übertragungsgliedes ergibt.

$$x_{a1} = x_{e2}$$

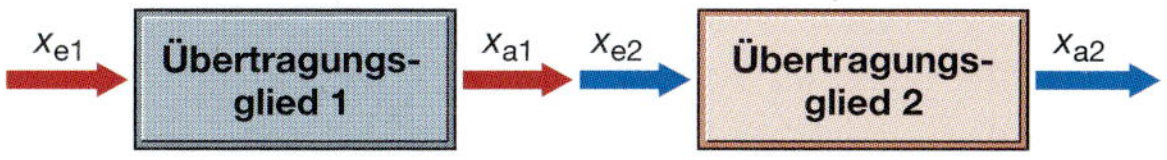

Parallelschaltung

Bei der Parallelschaltung haben beide Übertragungsglieder gleiche Eingangssignale, die Ausgangssignale werden kumulativ, d. h. durch Addition, zusammengeführt.

$$x_{e1} = x_{e2} = x_e$$

$$x_{a1} + x_{a2} = x_a$$

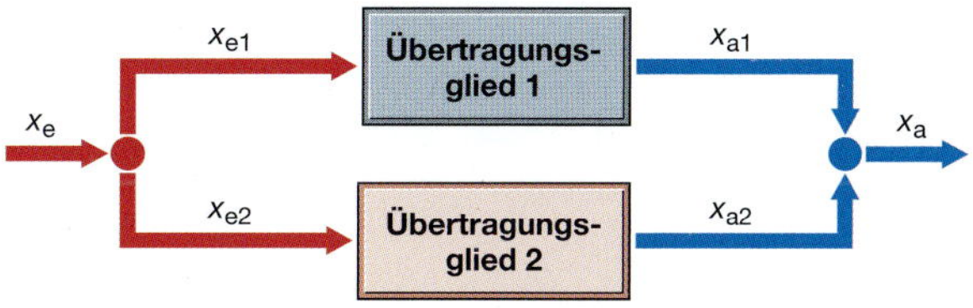

Rückführschaltung

Das Ausgangssignal des ersten Übertragungsgliedes stellt sowohl Ausgangssignal der Gesamtschaltung als auch Eingangssignal des zweiten Übertragungsgliedes dar. Das Ausgangssignal des zweiten Übertragungsgliedes wird im Vergleichsglied zum Gesamteingangssignal addiert oder subtrahiert und beeinflusst somit das Verhalten der Gesamtschaltung.

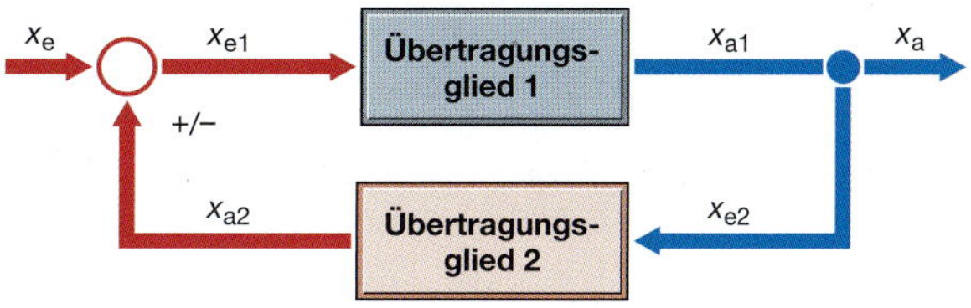

4.8 Symbole und logische Verknüpfungen

Logische Verknüpfungen

2 **Logische Verknüpfungen**

Für den logischen und folgerichtigen Ablauf einer Steuerung oder Regelung müssen stets mehrere Signale miteinander verknüpft werden.

Dies geschieht mit Hilfe von, vgl. Bild → 2:
- Grundfunktionen
- Erweiterungsfunktionen

Logische Grundfunktionen

Es stehen drei logische Grundfunktionen zur Verfügung, vgl. Bild → 2, Seite 229:

- NICHT-Funktion
- UND-Funktion
- ODER-Funktion

NICHT-Funktion

Die NICHT-Funktion beinhaltet die Negation[1] eines Eingangssignals. Man verwendet diese Funktion stets dann, wenn der Zustand eines Signals umgekehrt werden soll. So kann eine Aufgabe darin bestehen, ein Ereignis eintreten zu lassen, wenn die vorgegebene Bedingung nicht erfüllt ist.

Beispiel:
Die Lampen im Fahrgastraum eines Pkws sollen dann leuchten, sobald einer der Türtaster nicht betätigt ist (S1 = 0). Wird die Tür wieder geschlossen, der Taster also betätigt (S1 = 1), soll die Beleuchtung im Fahrzeug evtl. zeitverzögert wieder verlöschen. Diese Schaltung realisiert eine NICHT-Funktion.

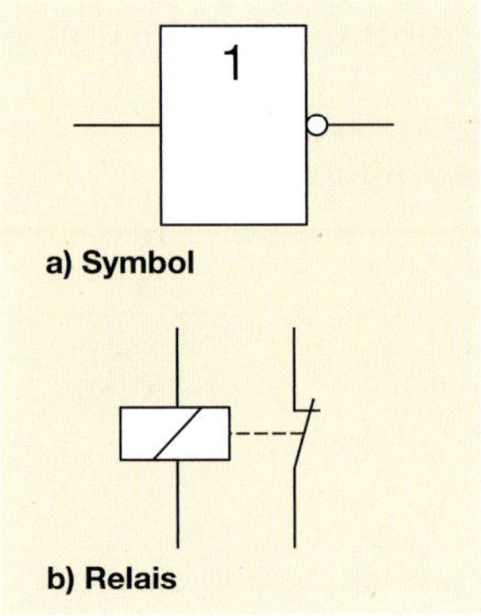

1 NICHT-Funktion

2 UND-Funktion

Das Symbol der NICHT-Funktion ist in der europäischen Variante ein Rechteck, mit der Aufschrift „1“ und einem Kringel am Ausgang, siehe Bild → 1a.

Die praktische Umsetzung der NICHT-Funktion lässt sich z. B. mit einem Öffner-Relais verwirklichen, siehe Bild → 1b. Der Kontakt eines Öffner-Relais bleibt so lange geschlossen, bis an die Spule des Relais eine Spannung angelegt wird.

UND-Funktion

Bei der UND-Funktion tritt das gewünschte Ereignis (= Ausgangssignal) nur dann ein, wenn an allen Eingängen ein Signal anliegt.
Vielfach verwendet werden UND-Bausteine für die Realisierung von Sicherheitsschaltungen.

Beispiel:
Ein Fahrzeug, das über einen Startknopf für das Einschalten der Zündung bzw. zum Start des Verbrennungsmotors verfügt, lässt sich nur dann in Betrieb setzen, wenn

- das Bremspedal getreten
- und der Startknopf gleichzeitig betätigt werden.

Als Symbol wird auch hier ein Rechteck verwendet. Es enthält die Aufschrift „&“, verfügt über standardmäßig zwei Eingänge und einen Ausgang, wobei auch mehrere Eingänge möglich sind, siehe Bild → 2.

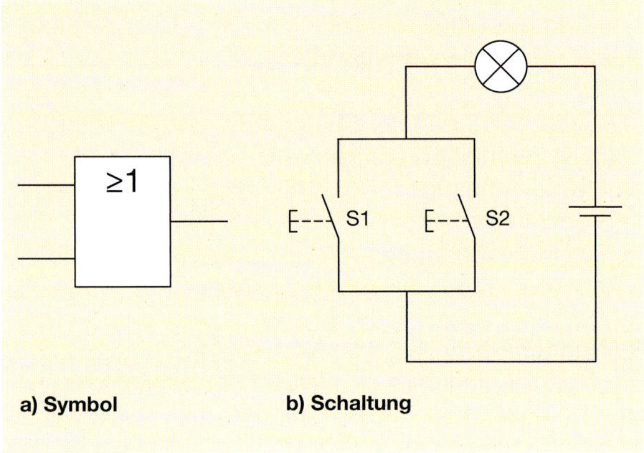

3 ODER-Funktion

ODER-Funktion

Kommt ein ODER-Glied zum Einsatz, tritt das gewünschte Ereignis schon dann ein, wenn mindestens an einem Eingang ein Signal anliegt.

Beispiel:
Bei der Zentralverriegelung eines Fahrzeuges werden alle Türen verschlossen, wenn

- im Fahrgastraum der entsprechende Schalter betätigt wird
- oder der Verriegelungsknopf an der Fernbedienung betätigt wird.

Als Symbol wird wiederum ein Rechteck verwendet; die Aufschrift lautet: „≥ 1“, siehe Bild → 3a. Damit wird verdeutlicht, dass bei einer oder mehreren „1“ an den Eingängen der Ausgang ebenfalls mit einer „1“ belegt ist.
In der Praxis werden ODER-Schaltungen u. a. dafür genutzt, technische Anlagen von verschiedenen Stellen aus (Schalter S1 und Schalter S2) in Betrieb zu setzen, siehe Bild → 3b.

[1] Die Negation verneint eine Aussage.

Logische Erweiterungsfunktionen

Mit den Erweiterungsfunktionen ist es möglich, zusätzliche Schaltungsfunktionen ohne großen Aufwand zu realisieren.

> Zu den logischen Erweiterungsfunktionen zählen, siehe Bild ➔ 2, Seite 229:
> - NAND-Funktion
> - NOR-Funktion

NAND und NOR enthalten eine Negation.

NAND-Funktion

NAND-Funktion bedeutet, dass einem UND-Glied ein Negator nachgeschaltet ist:
NAND = not and = negiertes UND

Eine NAND-Verknüpfung gibt am Ausgang nur
- dann 0 aus, wenn alle Eingänge 1 sind, oder
- dann 1 aus, wenn mindestens ein Eingang 0 ist.

NOR-Funktion

NOR-Funktion bedeutet, dass einem ODER-Glied ein Negator nachgeschaltet ist:
NOR = not or = negiertes ODER

Eine NOR-Verknüpfung gibt nur dann am Ausgang = 1, wenn beide Eingänge = 0 sind.

Symbole und logische Gleichungen

Die logischen Gleichungen gehen zurück auf die Erkenntnisse von George Boole[1]. Er hat in der boolschen Algebra die Grundlagen der logischen Operatoren UND, ODER, verallgemeinert. Heute nutzt man seine Erkenntnisse in der technischen Informatik, indem man die Eingangssignale durch UND, ODER oder NICHT, zu einem einzigen logischen Ergebnis umwandelt, dem Ausgangsignal.
Zur Realisierung einer booleschen Funktion kommt ein sogenanntes Logikgatter zum Einsatz, siehe Schaltbelegungstabelle in Bild ➔ 1. Die Schaltung wird hierbei zumeist mit Dioden und Transistoren umgesetzt. Die Eingangssignale, z. B. x_{e1} bzw. x_{e2}, sind verschiedene Spannungen, die an einem oder mehreren Leitungseingängen des Gatters angelegt werden. Die Spannungen repräsentieren die logischen Zustände und werden im Allgemeinen mit „0" oder „1" bezeichnet.

Für die Verknüpfungen werden verwendet:
- UND: ∧
- ODER: ∨
- NICHT: ¯ (Die Negation in NICHT, NAND und NOR wird in der logischen Gleichung mit einem Strich über der jeweiligen Größe symbolisiert, siehe Bild ➔ 2.)

Funktion	Logisches Symbol	Logische Gleichung	Schaltbelegungstabelle
NICHT	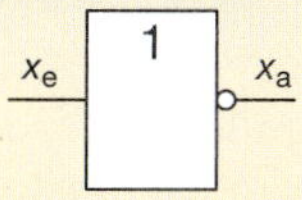	$x_a = \overline{x}_e$	x_e / x_a: 1 / 0 0 / 1
UND	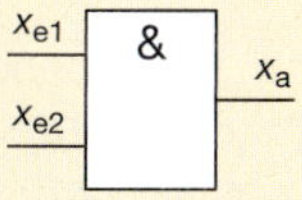	$x_a = x_{e1} \wedge x_{e2}$	x_{e1} / x_{e2} / x_a: 0 / 0 / 0 1 / 0 / 0 0 / 1 / 0 1 / 1 / 1
ODER	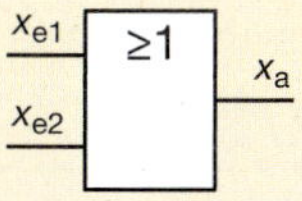	$x_a = x_{e1} \vee x_{e2}$	x_{e1} / x_{e2} / x_a: 0 / 0 / 0 1 / 0 / 1 0 / 1 / 1 1 / 1 / 1

1 Symbole und logische Gleichungen der logischen Grundfunktionen

Funktion	Logisches Symbol	Logische Gleichung	Logische Gleichung
NAND	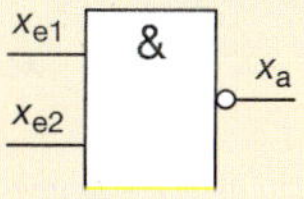	$x_a = x_{e1} \wedge \overline{x}_{E2}$	x_{e1} / x_{e2} / x_a: 0 / 0 / 1 1 / 0 / 1 0 / 1 / 1 1 / 1 / 0
NOR	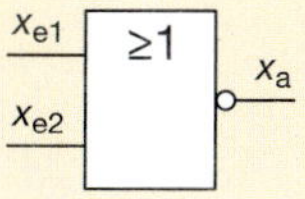	$x_a = x_{e1} \vee \overline{x}_{E2}$	x_{e1} / x_{e2} / x_a: 0 / 0 / 1 1 / 0 / 0 0 / 1 / 0 1 / 1 / 0

2 Symbole und logische Gleichungen der logischen Erweiterungsfunktionen

[1] George Boole (1815-1864): englischer Mathematiker, Logiker und Philosoph

Die Ausgangssignale dieser Gatter, z. B. x_a, können wiederum als Eingangssignale für andere Gatter verwendet werden. Dadurch wird es möglich, vielseitige Schaltungen zu erstellen.

Bei allen logischen Funktionen hängt die Anzahl der möglichen Kombinationen N der Eingangssignale und deren Verarbeitung zu einem Ausgangssignal von der Anzahl der Eingangsvariablen n ab:

$$N = 2^n$$

N Anzahl der möglichen Kombinationen
n Anzahl der Eingangsvariablen

Beispiel:
Bei drei verschiedenen Eingangsvariablen ergeben sich somit $2^3 = 8$ mögliche Kombinationen.

Anwendungen der logischen Verknüpfungen

Anwendung einer logischen UND-Verknüpfung

Die Anwendung der logischen UND-Verknüpfung wird im Folgenden am Beispiel der automatischen Funktion des **Heck-Scheibenwischers** erklärt. Dieser schaltet sich ohne zusätzliche Aktion des Fahrzeugführers immer dann automatisch ein, wenn nachfolgende Bedingungen (= Eingangsgrößen) erfüllt sind.

Eingangsgrößen:
- x_{e1}: Zündung eingeschaltet
- x_{e2}: Rückwärtsgang eingelegt
- x_{e3}: Regensensor aktiviert
- x_{e4}: es regnet

Ausgangsgröße:
x_a: Heckscheibenwischer arbeitet

Als logische Funktionsgleichung lässt sich dieser Sachverhalt folgendermaßen darstellen:

$$x_{e1} \wedge x_{e2} \wedge x_{e3} \wedge x_{e4} = x_a$$

Daraus ergibt sich folgende Schaltbelegungstabelle:

x_{e1}	x_{e2}	x_{e3}	x_{e4}	x_a
0	0	0	0	0
0	0	0	1	0
0	0	1	0	0
0	0	1	1	0
0	1	0	0	0
0	1	0	1	0
0	1	1	0	0
0	1	1	1	0
1	0	0	0	0
1	0	0	1	0
1	0	1	0	0
1	0	1	1	0
1	1	0	0	0
1	1	0	1	0
1	1	1	0	0
1	1	1	1	1

Anwendung einer logischen ODER-Verknüpfung

Aus der Schaltung der Innenbeleuchtung eines Fahrzeugs (2-Türer) ergibt sich folgender Sachverhalt:
Der Fahrgastraum wird beleuchtet, wenn
- entweder die linke Tür
- oder die rechte Tür geöffnet
- oder der Schalter im Fahrgastraum betätigt wird.

Eingangsgrößen:
- x_{e1}: Tür links
- x_{e2}: Tür rechts
- x_{e3}: Beleuchtungsschalter im Fahrgastraum

Ausgangsgröße:
x_a: Lampen im Fahrgastraum leuchten

Als logische Funktionsgleichung lässt sich dieser Sachverhalt folgendermaßen darstellen:

$$x_{e1} \vee x_{e2} \vee x_{e3} = x_a$$

Nun ergibt sich folgende Schaltbelegungstabelle:

x_{e1}	x_{e2}	x_{e3}	x_a
0	0	0	0
0	0	1	1
0	1	0	1
0	1	1	1
1	0	0	1
1	0	1	1
1	1	0	1
1	1	1	1

4.9 Reparaturleitfäden, Funktionsschemata, Fehlersuchpläne

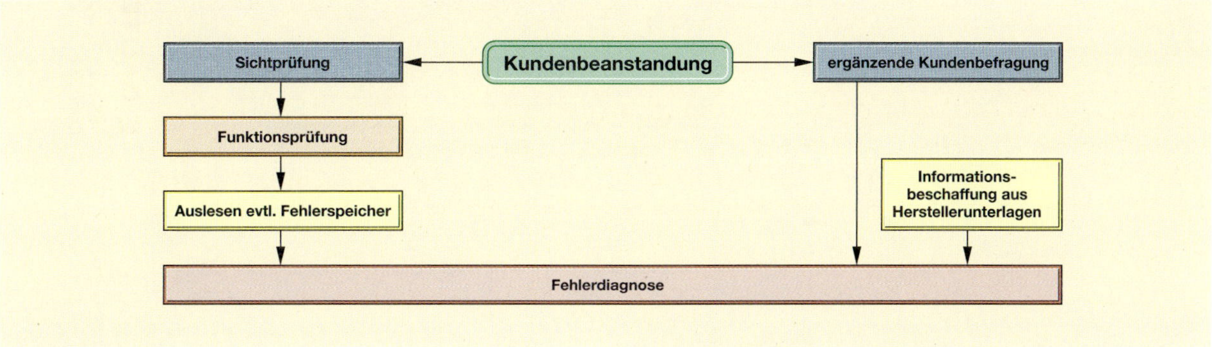

1 Fehlersuche

Störungen an den technischen Systemen eines Kraftfahrzeugs sind nicht nur für den Kunden unangenehm und ärgerlich, sondern können auch die Betriebs- und Verkehrssicherheit des Fahrzeuges erheblich einschränken.

Im Störungsfall ist es wichtig, rasch eine sichere Fehlerdiagnose zu stellen. Dazu bedarf es einer systematischen Fehlersuche und eines einheitlichen Diagnosekonzepts, siehe Bild ➔ 1.

Grundlage dessen sind Prüfanleitungen, Fehlersuchpläne und Schaltpläne, Beispiele siehe Bild ➔ 1 und Bilder ➔ Seiten 234 bis 236.

Prinzipielle Vorgehensweise bei der Fehlersuche
Nach Erstellen einer verlässlichen Fehlerdiagnose ist eine Instandsetzung des Fahrzeuges bzw. einzelner Bauteile oder Aggregate möglich. Die Fahrzeug- und Zubehörhersteller geben den Werkstätten Reparaturleitfäden in die Hand. Diese enthalten neben Erläuterungen zum Reparaturablauf auch diverse Funktionsschemata, wie Zeichnungen und Schaltpläne, die die Wirkzusammenhänge verdeutlichen.

Unter der Bezeichnung „Reparaturleitfaden" stellen die Hersteller den Werkstätten Unterlagen zur Verfügung, die die Reparatur und Instandhaltung von Fahrzeugen und/oder Aufbauten beschreiben, siehe Bild ➔ 2. Darin werden alle Wartungs-, Einstell- und Reparaturarbeiten in Text und Bild dokumentiert. In der Vergangenheit wurden diese Reparaturleitfäden in gedruckter Form als Buch oder Lose-Blatt-Sammlung herausgegeben.
Durch die Vielzahl unterschiedlicher Systeme, die Schnelllebigkeit und vielfältige Innovationen in der Technik und nicht zuletzt die Entwicklung moderner Kommunikationsmittel gehört dieses inzwischen der Vergangenheit an.

Auszug aus Prüfbuch

DAUTEL

Durchzuführende Prüfungen (soweit zutreffend)			2010 *	Jahr – Kontrolle
11. Hubzylinder	11.1 Zylinderrohr mit Zylinderfuß	Risse	√	
		Korrosion	√	
		Anschlüsse	√	
		Dichtigkeit	√	
	11.2 Kolbenstange, ggf. Schutzrohr	Korrosion	√	
		Chromschäden	√	
		Riefen	√	
		Verschmutzung	√	
	11.3 Elektrohydraulisches Sitzventil	Zustand	√	
		Funktion	√	
		Anzugsmoment	√	
12. Neigzylinder	12.1 Zylinderrohr mit Zylinderfuß	Risse	√	
		Korrosion	√	
		Anschlüsse	√	
		Dichtigkeit	√	
	12.2 Kolbenstange mit Stangenkopf und Faltenbalg	Chromschäden	√	
		Riefen	√	
		Korrosion	√	
		Verschmutzung	√	
		Einstellung	√	
		Stangenkopf-Sicherung	√	
	12.3 Elektrohydraulisches Sitzventil	Zustand	√	
		Funktion	√	
		Anzugsmoment	√	
13. Sonstige Zylinder	13.1 Druckübersetzer	Zustand	√	
	13.2 Verschiebezylinder	Zustand	√	
	13.3 Stützzylinder	Zustand	√	
	13.4 Faltzylinder	Zustand	√	

2001345.02 - Ausgabe 10/2010 5

2 Ablaufplan einer turnusmäßigen Wartung

Heute werden die Informationen den Reparaturbetrieben meist über einen passwortgeschützten Zugang zum Intranet der Hersteller angeboten. Dieses Verfahren erweist sich als sehr vorteilhaft für den Reparateur: Aktualisierungen und Ergänzungen der Reparaturanleitungen stehen kurzfristig allen zugangsberechtigten Werkstätten zur Verfügung.

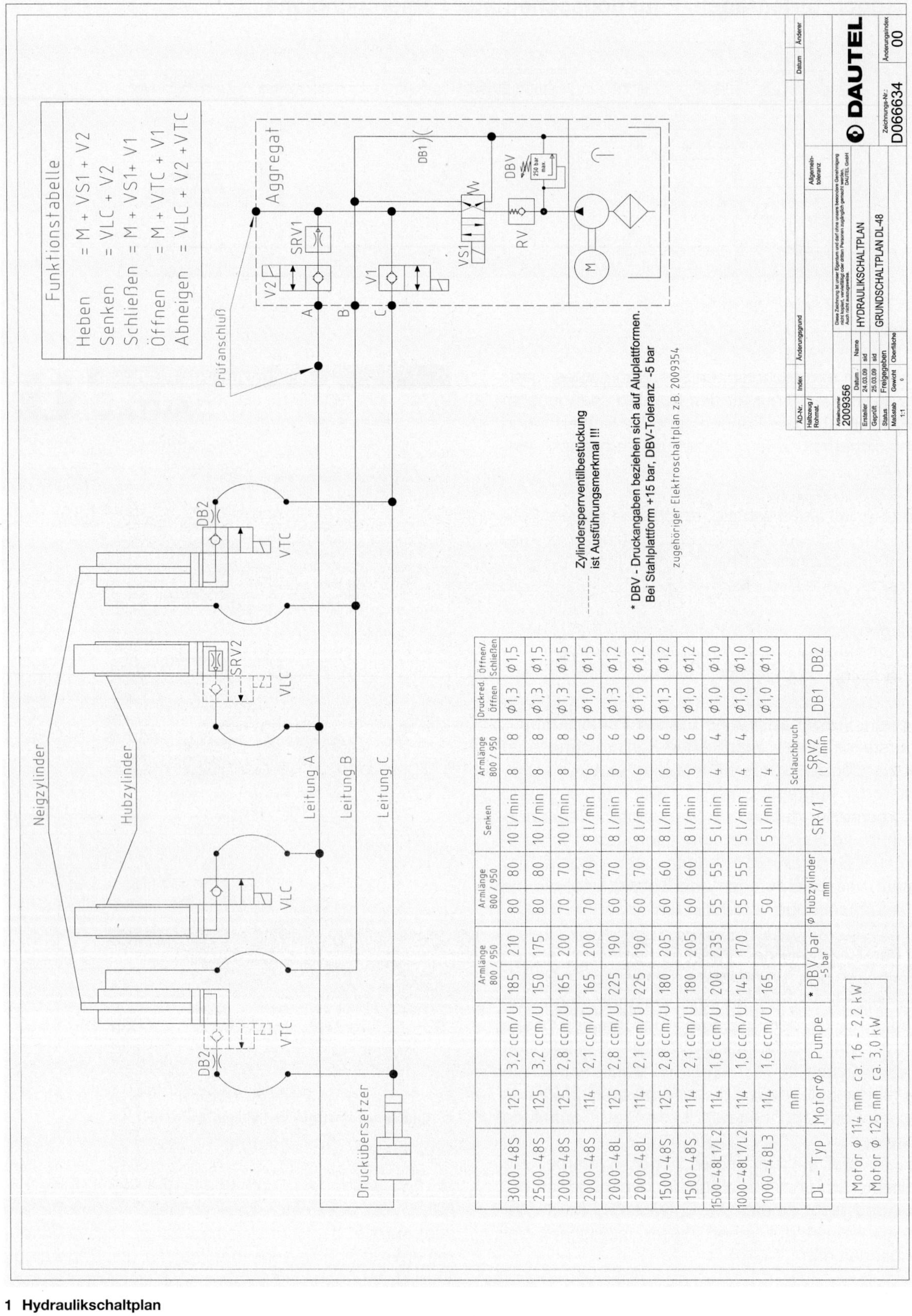

DL - Typ	Motor Ø (mm)	Pumpe	* DBV bar -5 bar, Armlänge 800	950	Ø Hubzylinder mm, Armlänge 800	950	SRV1 Senken	SRV2 l/min Schlauchbruch, Armlänge 800	950	DB1 Druckred Öffnen	DB2 Öffnen/Schließen
3000-48S	125	3,2 ccm/U	185	210	80	80	10 l/min	8	8	Ø1,3	Ø1,5
2500-48S	125	3,2 ccm/U	150	175	80	80	10 l/min	8	8	Ø1,3	Ø1,5
2000-48S	125	2,8 ccm/U	165	200	70	70	10 l/min	8	8	Ø1,3	Ø1,5
2000-48S	114	2,1 ccm/U	165	200	70	70	8 l/min	6	6	Ø1,0	Ø1,5
2000-48L	125	2,8 ccm/U	225	190	60	70	8 l/min	6	6	Ø1,3	Ø1,2
2000-48L	114	2,1 ccm/U	225	190	60	70	8 l/min	6	6	Ø1,0	Ø1,2
1500-48S	125	2,8 ccm/U	180	205	60	60	8 l/min	6	6	Ø1,3	Ø1,2
1500-48S	114	2,1 ccm/U	180	205	60	60	8 l/min	6	6	Ø1,0	Ø1,2
1500-48L1/L2	114	1,6 ccm/U	200	235	55	55	5 l/min	4	4	Ø1,0	Ø1,0
1000-48L1/L2	114	1,6 ccm/U	145	170	55	55	5 l/min	4	4	Ø1,0	Ø1,0
1000-48L3	114	1,6 ccm/U	165		50		5 l/min	4		Ø1,0	Ø1,0

1 Hydraulikschaltplan

BÄR Cargolift®

Störung und Behebung

5.2.3 Druckprüfung

Zur Prüfung des Druckes ist ein Manometer am Prüfanschluß anzuschließen.

Zur Prüfung des Druckes kann die Funktion Heben durch Gegenfahren an den Aufbau oder die Funktion Schließen bei bereits ganz geschlossener Plattform verwendet werden. Der Druck ist stufenlos verstellbar.

Niemals die Verstellschraube ganz eindrehen – dadurch wird das Ventil blockiert, und die Pumpe kann zerstört werden. Nach Reparaturen an der Hydraulik (Zylinderwechsel, Ventilwechsel, Schlauchwechsel) empfehlen wir, auch das Öl zu wechseln.

Flutec „FL“:

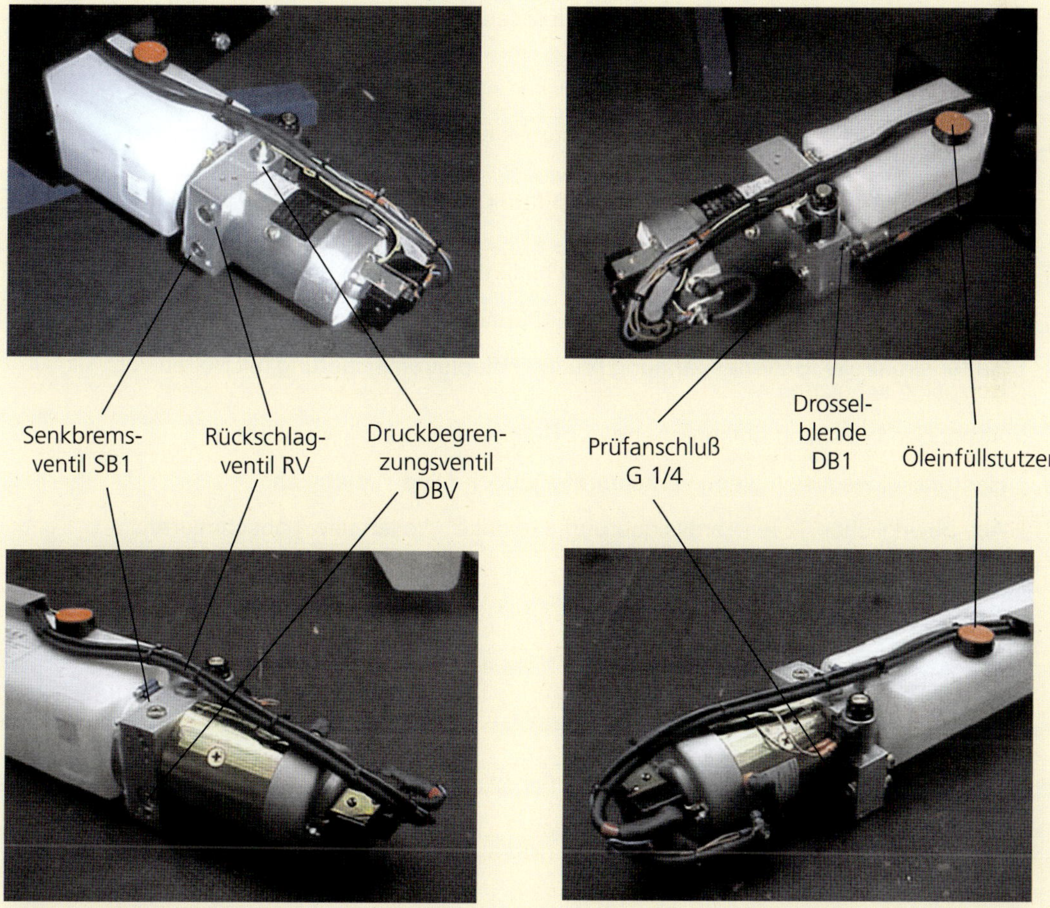

Haldex „HA“:

40 01.124177 10/2010

1 Auszug aus einer Betriebsanleitung

	Nachweis für durchgeführte Wartungsarbeiten Der Nachweis ist unter Angabe der Blatt-Nr. im Verzeichnis einzutragen.	Blatt-Nr. ______ F-Nr. LBW

Folgende Wartungsarbeiten sind jeweils jährlich bzw. bei Zweischichtbetrieb halbjährlich usw., nach der ersten Inbetriebnahme durch einen von DAUTEL autorisierten Fachbetrieb durchzuführen. Die Wartungsarbeiten berühren nicht die vorgeschriebenen jährlichen Prüfungen nach CE bzw. BGR 500.

Bei Inanspruchnahme der Gewährleistung nach 12 Monaten ist eine Kopie und Nachweis der durchgeführten Wartungsarbeiten, ausschließlich durch einen DAUTEL-Servicepartner beizufügen. Prüfungen durch die DEKRA, TÜV oder andere Prüforganisationen werden nicht akzeptiert.

- ☐ Hydraulikanlage, Verschraubungen und Leitungen auf festen Sitz und Dichtigkeit prüfen, beschädigte Schläuche sofort erneuern, spätestens jedoch nach 6 Jahren.
- ☐ Schrauben und Muttern auf festen Sitz prüfen (Aufhängeplatten, Bolzensicherung, Anschlußkopf usw.).
- ☐ Zylinder auf Dichtigkeit prüfen.
- ☐ Kabelverschraubungen in der Außenbedienung nachziehen.
- ☐ Lager reinigen und mit Sprühfett oder Fettpresse abschmieren, bei hartem Einsatz öfter, Lagerverschleiß prüfen.
- ☐ Einstellung der Neigzylinder überprüfen, Sicherungsschraube auf festen Sitz prüfen.
- ☐ Antriebseinheit auf Dichtigkeit der Hydraulikleitungen und Kabeleinführungen überprüfen.
- ☐ Warnleuchten Funktionskontrolle durchführen, Warnflaggen auf Verschleiß prüfen.
- ☐ Fußschalter und Handschalter auf Verschleiß und Funktion prüfen.
- ☐ Laufgeräusche E-Motor, bei bedarf Kohlebürste des E-Motors prüfen.
- ☐ Batteriekontrolle, Batteriespannung prüfen, Hauptstromsicherung mit Polfett vor Korrosion schützen.
- ☐ Anhängerladeleitung entsprechend der Betriebsanleitung kontrollieren.
- ☐ Hydrauliköl wechseln wenn verschmutzt, jedoch mind. 1xJährlich.
- ☐ Alle beweglichen Teile (Abrollsicherung, Gelenke, Wellen usw.) abschmieren.
- ☐ Lackschäden ausbessern.

Nr.2013404.00

Wartung durchgeführt:

Firma / Anschrift	Name des Sachkundigen (Druckbuchstaben)
	Berufsbezeichnung
	Unterschrift Sachkundiger
	Ort, Datum

1 Nachweis über Wartungsarbeiten

4.10 Arbeitssicherheit und Unfallverhütung beim Umgang mit hydraulischen und pneumatischen Anlagen

Gefährdungen

In hydraulischen und pneumatischen Anlagen wirken große Kräfte, die in jedem Fall ein Gefahrenpotenzial in sich tragen. Deshalb ist sowohl beim Betrieb dieser Anlagen als auch bei der Instandsetzung erhöhte Aufmerksamkeit geboten und die Einhaltung aller Sicherheitsvorschriften Grundvoraussetzung.
Im Wesentlichen können folgende Gefährdungen auftreten:

- Teile der Anlage können wegfliegen oder platzen wegen:
  - Materialermüdung
  - zu hohem Betriebsdruck
  - zu schwach ausgelegten Bauteilen
  - Abreißen von Hydraulikschläuchen
- Druckmedium kann unkontrolliert austreten bei:
  - beschädigten Hydraulikschläuchen
  - unbeabsichtigtem Lösen von Verbindungselementen
  - Undichtigkeiten
  - unzulässig hohem Druck
- Maschine kann sich unkontrolliert bewegen wenn:
  - Bauteile versagen
  - die Maschine fehlerhaft bedient wird
  - Restenergie (Luftdruck, Öldruck) vorhanden ist
  - Ventile verstopft sind, weil z. B. die Hydraulikflüssigkeit verunreinigt ist

Arbeitsschutz beim Umgang mit hydraulischen und pneumatischen Anlagen

Zur Vermeidung platzender oder wegfliegender Anlageteile sind regelmäßig:

- Inspektionen der Anlage durchzuführen
- die Betriebsdrücke zu kontrollieren
- auf ungewöhnliche und übermäßige Geräusche zu achten
- kleine Leckstellen sofort zu beseitigen
- nur für den jeweiligen Druck und die Anlage insgesamt zugelassene Normteile zu verwenden
- Hydraulikschläuche laufend zu prüfen
- Hydraulikschläuche vorbeugend turnusmäßig zu tauschen

Bei Wartungs- und Instandsetzungsarbeiten sind unkontrollierte Maschinenbewegungen weitgehend zu vermeiden durch

- Druckversorgung abschalten
- vorhandene Druckspeicher entleeren
- Restenergie abbauen
- Lasten absenken
- angehobene Teile sichern gegen unbeabsichtigte Bewegung durch mechanische Feststellung
- wenn möglich, Zylinder in sichere Endlage stellen usw.

Ausgelaufene Hydraulikflüssigkeit ist sofort und vollständig zu entfernen. Dazu verwenden Sie Ölbindemittel, Ölsaugtücher und evtl. Pumpen. Tragen Sie dafür Sorge, dass die gebundene Hydraulikflüssigkeit über eigens dafür vorgesehene Entsorgungsbehältnisse beseitigt wird.

Achten Sie darauf, dass auch Hallenböden und Laufwege entsprechend abgestumpft werden.

Bei **Druckluftanlagen** ist auf die Geräuschemission zu achten. In jedem Fall sind die vorgeschriebenen Schalldämpfer einzusetzen. Dabei sind die Vorschriften der jeweiligen Berufsgenossenschaften zu beachten.

Übungen:

1. Wodurch unterscheiden sich Steuerungen und Regelungen grundsätzlich?
2. Beurteilen Sie, ob es sich bei folgenden Komponenten des Kraftfahrzeuges um eine Steuerung oder eine Regelung handelt.
   Setzen Sie Kreuze in das entsprechende Feld.

Komponente	Steuerung	Regelung
ESP		
Klimaanlage		
Scheibenwaschanlage		
ABS		

3. In welcher Beziehung zueinander stehen Information und Signal?
4. Unterscheiden Sie zwischen diskretem und digitalem Signal.
5. Erklären Sie das E-V-A-Prinzip an einem konkreten Beispiel aus Ihrer beruflichen Praxis!
6. Welche besonderen Gefährdungen treten bei Arbeiten an hydraulischen oder pneumatischen Anlagen auf?
7. Nennen Sie drei Maßnahmen, die der Vermeidung unkontrollierter Maschinenbewegungen bei Wartungs- und Instandsetzungsarbeiten dienen.
8. Nennen Sie drei Maßnahmen zur Vermeidung von Leckagen an Hydraulikanlagen.
9. Welche Abfallarten werden als potenziell gefährlich eingestuft?
10. Warum sind PCB-haltige Hydrauliköle von der Wiederaufbereitung ausgeschlossen?

5 Fahrzeugteile aus Metall planen und herstellen

In diesem Kapitel werden behandelt:
- Geometrische Grundkonstruktionen, siehe Kap. 5.1
- Kurven bemaßen, siehe Kap. 5.2
- Fahrzeuge und Karosserien zeichnerisch darstellen, siehe Kap. 5.3
- Materialbedarf und Materialkosten, siehe Kap. 5.4
- Metalle, siehe Kap. 5.5
- Halbzeuge aus Metall, siehe Kap. 5.6
- Fertigteile, siehe Kap. 5.7
- Ressourcen nutzen, Recycling, siehe Kap. 5.8

5.1 Geometrische Grundkonstruktionen

In diesem Kapitel werden behandelt:
- Ellipse konstruieren, siehe Kap. 5.1.1
- Parabel konstruieren, siehe Kap. 5.1.2
- Hyperbel konstruieren, siehe Kap. 5.1.3

5.1.1 Ellipse konstruieren

Bei der zeichnerischen Darstellung einer Karosserie können auch Ellipsen entstehen.

Eine **Ellipse** ist eine Kurve, bei der die Summe der Entfernungen von den Brennpunkten F_1 und F_2 bis zu einem beliebigen Punkt der Kurve immer gleich der großen Achse 2*a* ist, siehe Bild → 1.

Die Brennpunkte liegen auf der großen Achse und ergeben sich durch einen Zirkelschlag um C und D mit dem Radius *a*. Größter Durchmesser der Ellipse ist die große Achse 2*a*, kleinster Durchmesser ist die kleine Achse 2*b*. Eine Ellipse kann konstruiert werden, wenn die große und die kleine Achse bekannt sind.

Die Konstruktion der Ellipse kann erfolgen mit Hilfe der:
- Kreiskonstruktion
- Fadenkonstruktion
- Korbbogenkonstruktion

Vorgestellt wird hier die Kreiskonstruktion.

Ellipse konstruieren mit Hilfe der Kreiskonstruktion, vgl. Bild → 2:
1. Um M werden der Umkreis mit dem Radius *a* und der Innenkreis mit dem Radius *b* geschlagen.
2. Jetzt zieht man beliebig viele Durchmesser durch M.
3. Von den Schnittpunkten der Durchmesser mit dem Umkreis werden Senkrechte gezeichnet.
4. Von den Schnittpunkten der Durchmesser mit dem Innenkreis werden Waagerechte gezeichnet.
5. Die Schnittpunkte der Senkrechten mit den Waagerechten ergeben die Punkte der Ellipse.
6. Punkte der Ellipse verbinden.

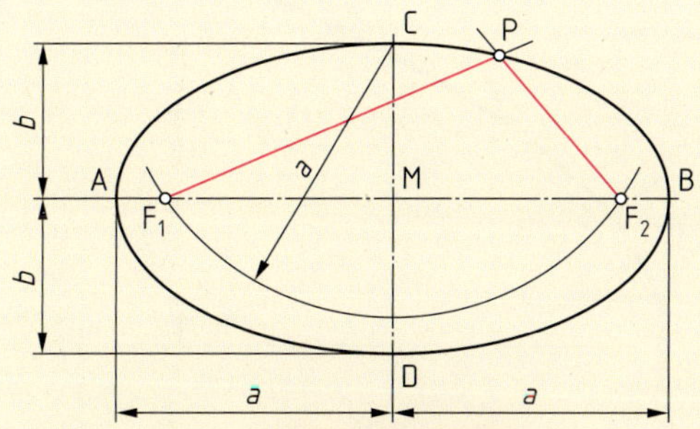

$$\overline{F_1P} + \overline{F_2P} = 2a$$

a	großer Radius	A, B	Endpunkt der großen Achse
b	kleiner Radius	C, D	Endpunkt der kleinen Achse
F_1, F_2	Brennpunkt	P	Kurvenpunkt
M	Mittelpunkt		

1 **Bezeichnungen an einer Ellipse**

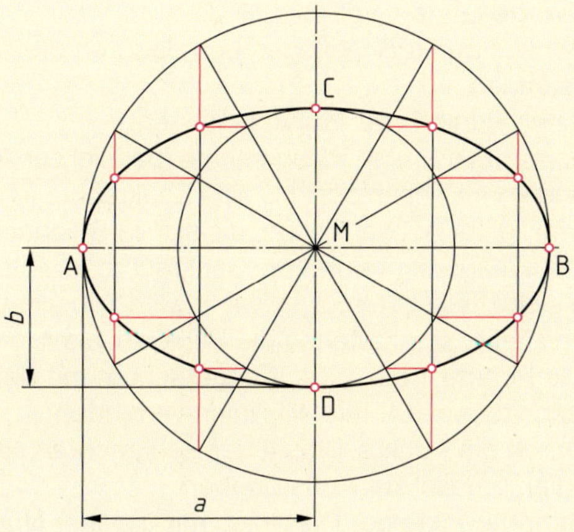

2 **Kreiskonstruktion einer Ellipse**

5.1.2 Parabel konstruieren

Die **Parabel** ist eine Kurve, bei der jeder beliebige Punkt der Kurve P von der Leitlinie L und dem Brennpunkt F den gleichen Abstand hat, siehe Bild ➔ 1.
Die Tangente am Punkt P ist die Winkelhalbierende zwischen den Strecken

- vom Brennpunkt F zu Punkt P und
- von der Leitlinie L zu Punkt P.

Alle Linien vom Brennpunkt F zu den beliebigen Punkten der Parabel heißen **Brennstrahlen**. Der Scheitelpunkt S der Parabel liegt in der Mitte zwischen der Leitlinie L und dem Brennpunkt F. Der Abstand der Punkte C und D ist doppelt so groß wie der Abstand des Brennpunktes F von der Leitlinie L.

Von den Möglichkeiten, eine Parabel zu konstruieren, werden hier vorgestellt die Konstruktion mit:

- Leitlinie und Brennpunkt
- Scheitelpunkt und einem Punkt P der Kurve
- Scheitelpunkt und Parabelbreite
- Tangenten

Parabel konstruieren mit Leitlinie und Brennpunkt
Die Konstruktion wird durchgeführt, vgl. Bild ➔ 2:

- Die Leitlinie L und den Brennpunkt F festlegen.
- Scheitelpunkt S in der Mitte zwischen L und F kennzeichnen
- Zu L Parallelen zeichnen.
- Jeweils mit dem Abstand der Parallelen von der Leitlinie L um den Brennpunkt F Kreisbögen schlagen (in Bild 2: a und a_1)
- Die Schnittpunkte C, C_1 usw. und D, D_1 usw. mit den Parallelen ergeben die Punkte der Parabel
- Punkte der Parabel verbinden.

Parabel konstruieren mit Scheitelpunkt und einem Punkt der Kurve
Für den Kurvenverlauf an Karosserien genügt es, nur eine halbe Parabel zu konstruieren. Dabei wird wie folgt vorgegangen, vgl. Bild ➔ 3:

1. Scheitelpunkt S festlegen und dadurch die Achse zeichnen.
2. Einen Punkt P der Kurve festlegen.
3. Vom Punkt P eine Waagerechte (parallel zur Achse) und vom Scheitelpunkt S eine Senkrechte (rechtwinklig zur Achse) ziehen, die sich in B schneiden.
4. Die Waagerechte und die Senkrechte jeweils in gleiche Teile teilen, z. B. wie in Bild 3 in vier gleiche Teile; so entstehen die Punkte 1 bis 4.
5. Die Punkte 1 bis 4 der Waagerechten mit dem Scheitelpunkt S mit Hilfslinien verbinden.
6. Durch die Punkte 1 bis 4 der Senkrechten Hilfslinien parallel zur Achse ziehen.
7. Schnittpunkte der Hilfslinien mit gleicher Nummer ergeben die Punkte der Parabel.
8. Punkte der Parabel verbinden.

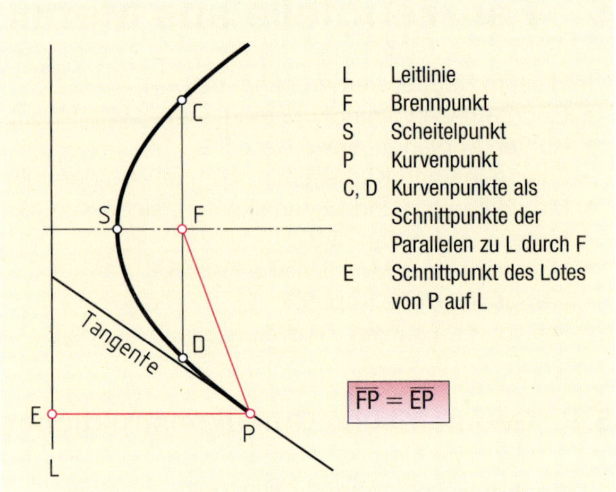

1 Bezeichnungen an einer Parabel

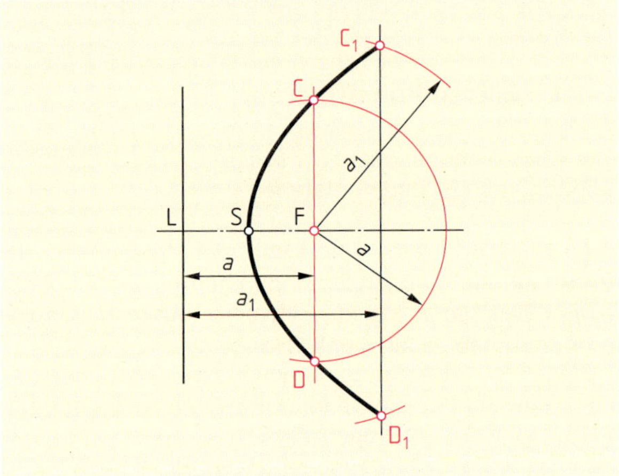

2 Parabel konstruieren mit Leitlinie und Brennpunkt

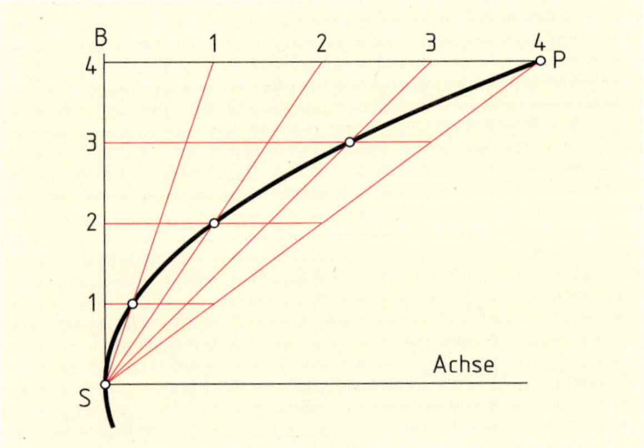

3 Parabel konstruieren mit Scheitelpunkt und einem Kurvenpunkt

Parabel konstruieren mit Scheitelpunkt und Parabelbreite

Diese Konstruktion ergibt eine schlanke Parabel, die vielfach als Formlinie verwendet wird, vgl. Bild → 1:

1. Scheitelpunkt S festlegen und dadurch die Achse zeichnen.
2. Parallele mit Abstand *b* (= halbe Parabelbreite) zur Achse zeichnen (= Waagerechte).
3. Vom Scheitelpunkt S eine Senkrechte (rechtwinklig zur Achse) ziehen.
4. Die Senkrechte und die Waagerechte schneiden sich in B.
5. Die Senkrechte in gleiche Teile teilen, z. B. wie in Bild 1 in vier gleiche Teile; so entstehen die Punkte 1 bis 4.
6. Durch die Punkte 1 bis 4 Hilfslinien parallel zur Achse ziehen.
7. Die Waagerechte teilen. Achtung: Teilung der Waagerechten im Quadrat zur Teilung der Senkrechten! Durch die Punkte 1 bis 4 Hilfslinien parallel zur Senkrechten ziehen.
8. Schnittpunkte der Hilfslinien mit gleicher Nummer ergeben die Punkte der Parabel.
9. Punkte der Parabel verbinden.

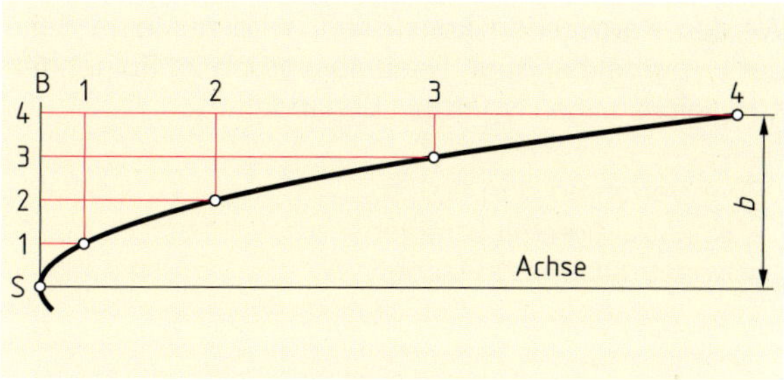

1 Parabel konstruieren mit Scheitelpunkt und Parabelbreite

Parabel konstruieren mit Tangenten

Diese Konstruktion wird auch als **Hüllenkonstruktion** bezeichnet. Vorgehen, vgl. Bild → 2:

1. Einen Ausgangspunkt 0 bestimmen.
2. Bestimmungstangenten unter dem gewünschten Winkel α zeichnen.
3. Endpunkte der Parabel P_1 und P_2 auf den Bestimmungstangenten festlegen.
4. Die Abstände von 0 und P_1 sowie von 0 und P_2 in gleiche Teile teilen, z. B. wie in Bild 2 in vier gleiche Teile; so entstehen die Punkte 1 bis 4 auf jeder Bestimmungstangente.
5. Punkte mit gleicher Nummer durch eine Hilfslinie verbinden; die Hilfslinien sind die Tangenten der Parabel – es entsteht eine Umhüllung für die Parabel.
6. Parabel in die Umhüllung einzeichnen.

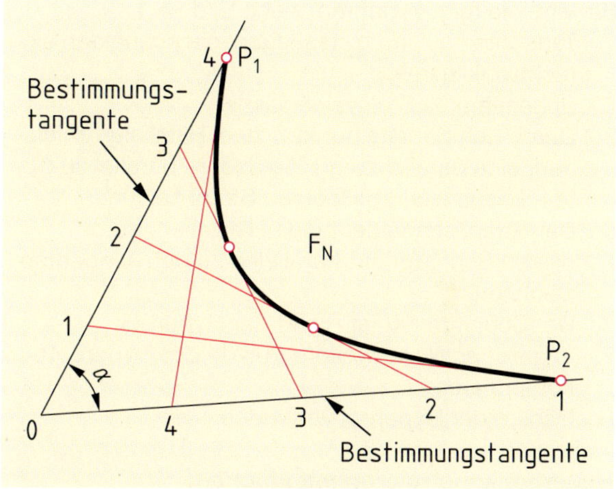

2 Parabel konstruieren mit Tangenten

5.1.3 Hyperbel konstruieren

Die **Hyperbel** besteht aus zwei getrennten Kurven mit je einem Brennpunkt, siehe Bild → 3. Die Differenz der Abstände eines jeden Punktes der Hyperbel zu ihrem Brennpunkt ist immer gleich groß; so groß wie der Abstand 2*a* der beiden Scheitelpunkte.

Die Tangenten der Hyperbel g_1 und g_2 sind Asymptoten[1]. Bilden die Tangenten in ihrem Schnittpunkt M einen rechten Winkel, dann sind die Hyperbeln gleichseitig.

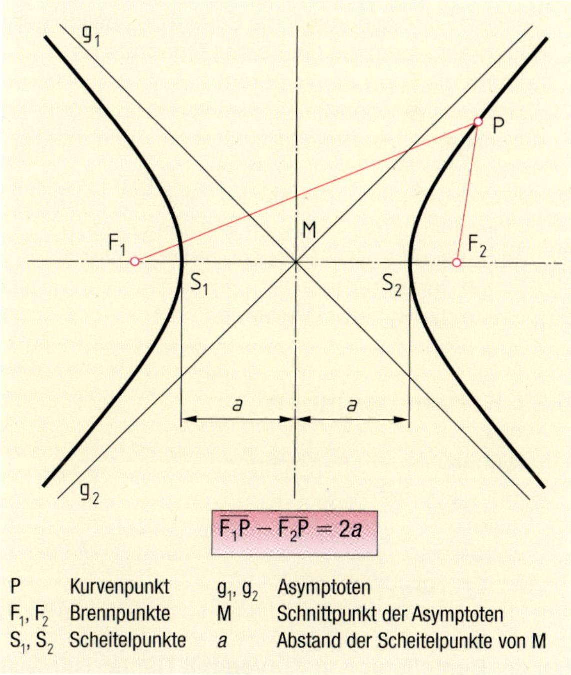

3 Bezeichnungen an einer Hyperbel

[1] Asymptote (griech.): Gerade, der sich eine ins Unendliche verlaufende Kurve beliebig nähert, ohne sie zu erreichen

Werden Karosserien konstruiert, wird nur eine Seite der Hyperbel benötigt. Deshalb werden im Folgenden nur gleichseitige Hyperbeln behandelt.

Zwei Verfahren sind üblich:
- Konstruktion mit Strahlen
- Konstruktion mit Flächen

Hyperbel konstruieren mit Strahlen

Hier müssen die Tangenten g_1 und g_2 und der Scheitelpunkt S gegeben sein.

Es wird wie folgt verfahren, siehe Bild → 1:

1. Tangenten g_1 und g_2 festlegen; sie schneiden sich rechtwinklig in M.
2. Scheitelpunkt S einzeichnen.
3. Durch den Scheitelpunkt S zwei Hilfslinien zeichnen, eine parallel zu g_1, die andere parallel zu g_2
4. Von M aus einen beliebigen Strahl zeichnen.
5. Der Strahl schneidet beide Hilfslinien; durch diesen Schnittpunkt Parallelen zu den Tangenten zeichnen.
6. Der Schnittpunkt ist Punkt der Hyperbel.
7. In gleicher Weise weitere Punkte der Hyperbel konstruieren.
8. Punkte der Hyperbel verbinden.

Hyperbel konstruieren mit Flächen

Hier muss der Scheitelpunkt der Hyperbel bekannt sein. Mit Hilfe eines Rechners wird die Hyperbel wie folgt konstruiert, vgl. Bild → 2:

1. An den Scheitelpunkt S die Ecke eines beliebigen Quadrats legen; die Größe des Quadrats bestimmt die Form der Hyperbel.
2. Der Eckpunkt, der dem Scheitelpunkt S gegenüberliegt, ist der Schnittpunkt M der Tangenten g_1 und g_2, die jetzt gezeichnet werden.
3. Von M aus weitere Rechtecke zeichnen, die denselben Flächeninhalt haben wie das Quadrat.
4. Die Eckpunkte, die M gegenüberliegen, sind Punkte der Hyperbel.
5. Punkte der Hyperbel verbinden.

5.2 Kurven bemaßen

Im Karosserie- und Fahrzeugbau werden Kurven bevorzugt bemaßt mit:
- Raster
- Koordinaten
- Maßbezugsebene

Bei der **Bemaßung von Kurven mit Raster** ist meist ein Abstand des Rasters von 100 mm zu finden, siehe Bild → 3.

Für kleinere Bauteile oder bei engen Kurven wird ein entsprechend kleineres Raster gewählt.

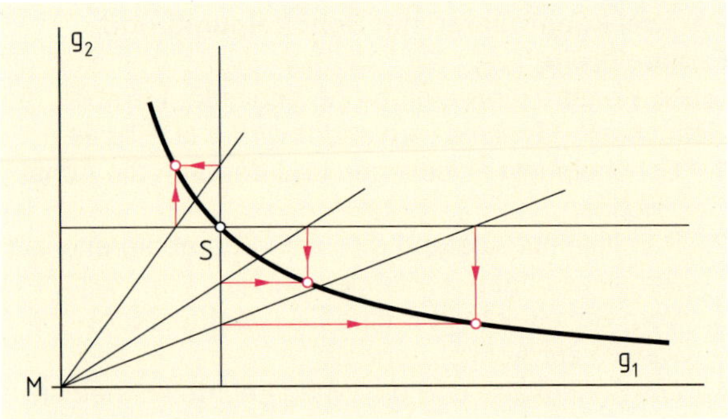

1 **Gleichseitige Hyperbel konstruieren mit Strahlen**

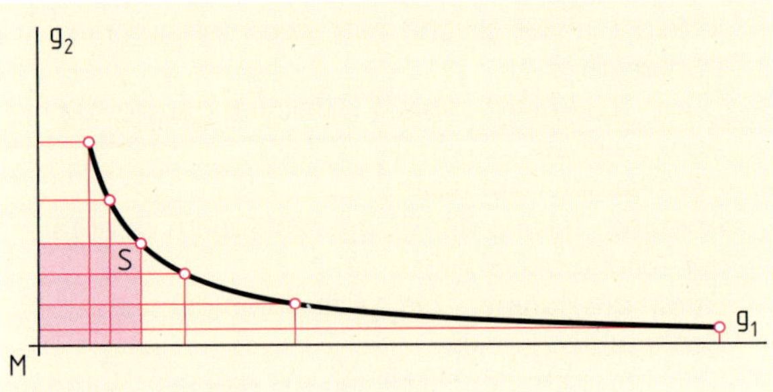

2 **Gleichseitige Hyperbel konstruieren mit Flächen**

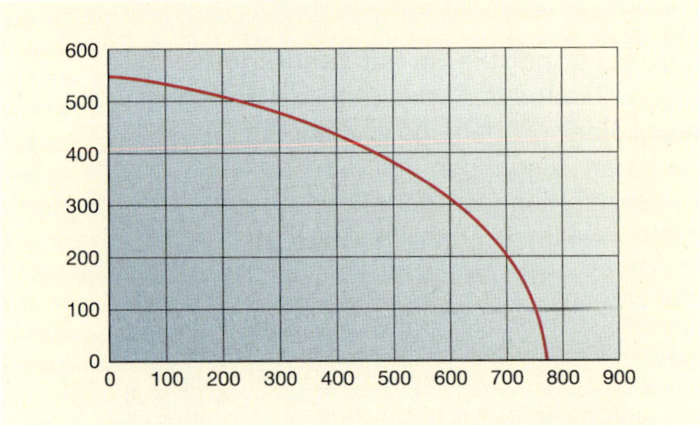

3 **Bemaßung geometrisch beliebiger Kurven mit Raster, hier Abstand 100 mm**

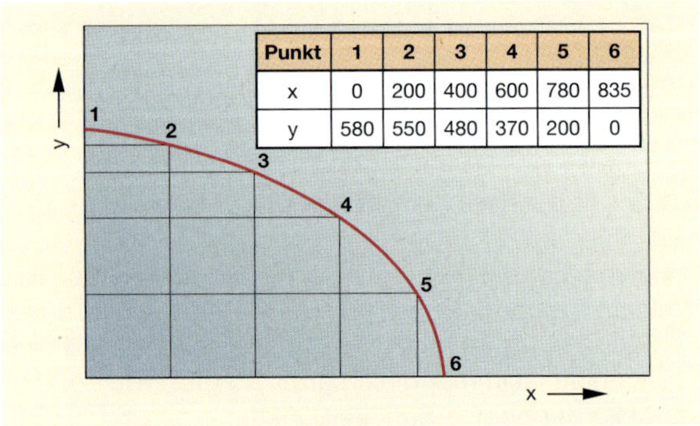

Punkt	1	2	3	4	5	6
x	0	200	400	600	780	835
y	580	550	480	370	200	0

4 **Bemaßung geometrisch beliebiger Kurven mit Koordinaten**

Bei der **Bemaßung von Kurven mit Koordinaten** sind die Maße der Kurve als Koordinaten in einer Tabelle angegeben, siehe Bild → 4. Das ist übersichtlich für Kurven, für die viele Punkte vorgegeben sind.

Die **Bemaßung von Kurven mit Maßbezugsebene** verwendet man für die Darstellung von flachen Kurven, die mit nur wenigen Punkten gezeichnet werden können, siehe Bild ➔ 1.

Die Maßbezugsebene (**MBE**) für die Maße einer Zeichnung wird festgelegt, weil die Maßeintragung funktionsbezogen, fertigungsbezogen oder prüfbezogen sein soll. Bezugsebenen können Bezugslinien, Mittellinien oder Werkstückkanten sein. Die Bemaßung geht immer von diesen Maßbezugsebenen aus.

Weitere Informationen zur MBE siehe Kap. 5.3.3.

5.3 Fahrzeuge und Karosserien zeichnerisch darstellen

Bei Fahrzeugen und Karosserien können gezeichnet werden in:
- Ansichten, siehe Kap. 5.3.1
- Technische Zeichnungen, siehe Kap. 5.3.2
- Karosserieplan und Maßbezugssystem, siehe Kap. 5.3.3
- Lehnung, Fallung oder Zug, siehe Kap. 5.3.4
- Leitlinien und Formlinien, siehe Kap. 5.3.5
- Skizzen, siehe Kap. 5.3.6
- Computerzeichnungen, siehe Kap. 5.3.7
- Austragung, siehe Kap. 5.3.8
- Abwicklung, siehe Kap. 5.3.9
- Stücklisten, siehe Kap. 5.3.10
- Anordnungspläne, siehe Kap. 5.3.11

5.3.1 Ansichten bei der Darstellung von Fahrzeugen

Für die Darstellung von Fahrzeugen werden verwendet:
- Vorderansicht
- Seitenansichten
- Draufsicht

Die **Vorderansicht** wird auch **Aufriss** (Abk. AR) genannt. Bei Straßenfahrzeugen wird in der Vorderansicht meist die linke Seitenfläche gezeichnet. Das Fahrzeug steht dann in der Fahrtrichtung nach links. Ausnahme: Omnibusse werden auch in Fahrtrichtung nach rechts dargestellt, weil die rechte Seitenfläche wegen der Türen größere Aussage hat.

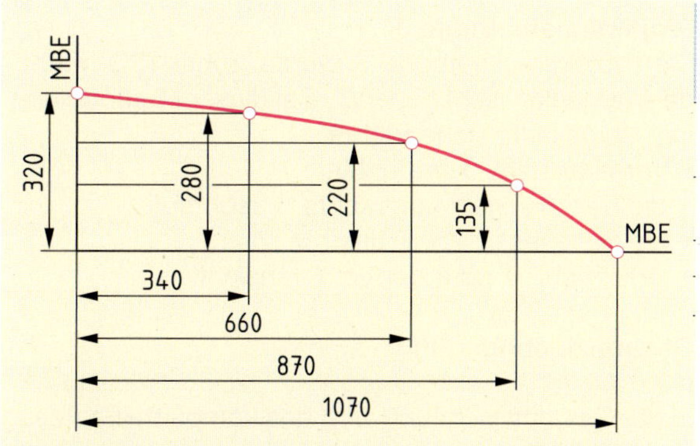

TRIP-Stähle	650 … 1000	> 300	35 … 80

1 Bemaßung geometrisch beliebiger Kurven mit Maßbezugsebene

Die **Seitenansichten** (**Seitenrisse**, SR) werden in der Regel nur zur Hälfte gezeichnet, wenn sie symmetrisch sind.

Dies gilt ebenso für die **Draufsicht** (**Grundriss**, GR).

Anordnung der Fahrzeugansichten

Als Anordnung der Fahrzeugansichten stehen zwei Methoden zur Auswahl:
- Projektionsmethode 1
- Projektionsmethode 3

Projektionsmethode 1
Die Projektionsmethode 1 wurde früher **ISO-Methode E** (europäisch) genannt. Bei dieser Methode werden angeordnet, siehe Bild ➔ 2:
- Vorderansicht → in der Mitte
- die Seitenansicht von rechts → links
- die Seitenansicht von links → rechts
- Draufsicht → unter der Vorderansicht

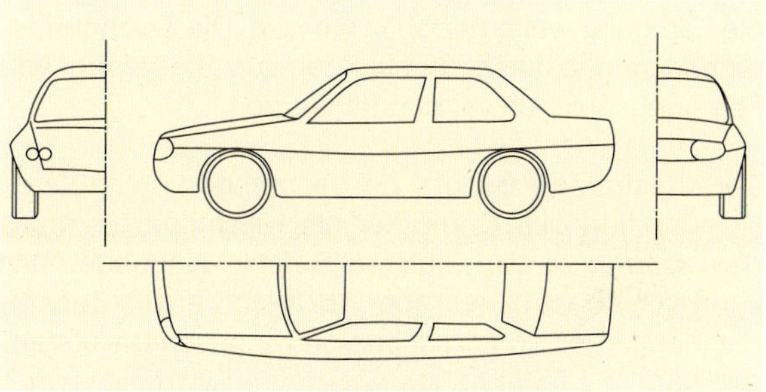

2 Fahrzeug nach Projektionsmethode 1 dargestellt

Projektionsmethode 3
Die Projektionsmethode 3 wurde früher ISO-Methode A (amerikanisch) genannt. Bei dieser Methode werden dargestellt, siehe Bild → 1
- Vorderansicht → in der Mitte
- die Seitenansicht von rechts → rechts
- die Seitenansicht von links → links
- Draufsicht → über der Vorderansicht

Gesamtzeichnungen

In der Gesamtzeichnung wird das komplette Fahrzeug dargestellt.

Pkw-Karosserien werden als Gesamtzeichnung in der Regel im Maßstab 1 : 1 ausgeführt. Der Konstrukteur kann so in wahrer Größe harmonische Kurvenverläufe sicher festlegen, die dann für den Prototypen-, Modell- oder Werkzeugbau direkt aus der Zeichnung abzunehmen sind. Es entstehen so Zeichnungen bis zu einer Größe von 2 m × 8 m. Um die erforderlichen Toleranzen bei dieser Blattgröße einhalten zu können, wird auf verzugsfreier Zeichenfolie gezeichnet.

Bei **Omnibus- und Lkw-Karosserien** werden nur einzelne komplizierte Bereiche oder Karosserieteile im Maßstab 1 : 1 dargestellt. Die Gesamtzeichnung erfolgt im Maßstab 1 : 2, 1 : 5 oder 1 : 10. Für die Fertigung muss dann allerdings eine vollständige, detaillierte Bemaßung erfolgen, damit Modelle und Werkzeuge hergestellt werden können.

Moderne Konstruktions- und Produktionstechniken

Bei Einsatz moderner Konstruktions- und Produktionstechniken wie CAD[1], CAM[2] oder CIM[3] ist die Zeichnung häufig nur eine bildliche Darstellung mit Maßtabellen, die über elektronische Datenträger an die Fertigung weitergegeben werden. Die Zeichnungsdaten können auch unmittelbar zur Steuerung von Fertigungsanlagen verwendet werden.

Der Konstrukteur benutzt bei der rechnerunterstützten Konstruktion den Computer als Hilfsmittel: Er muss dem Computer die richtigen Befehle eingeben. Das kann der Konstrukteur aber nur, wenn er die Zusammenhänge der Konstruktion von Karosserien verstanden hat.

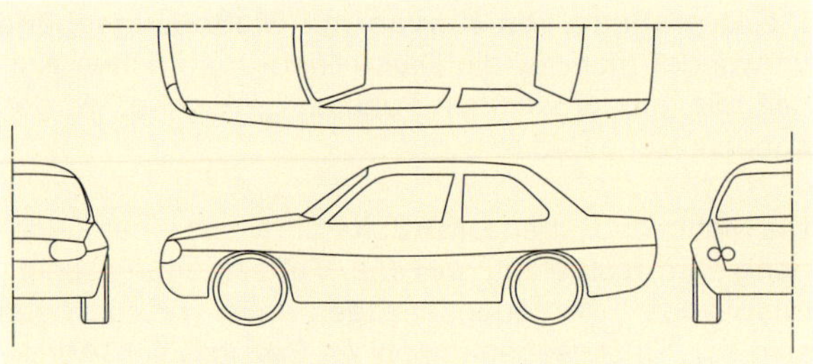

1 Fahrzeug nach Projektionsmethode 3 dargestellt

5.3.2 Technische Zeichnungen

Der Karosserie- und Fahrzeugbaumechaniker stellt Bauteile her, repariert sie und demontiert und montiert Baugruppen. Diese Arbeiten kann er nur fachgerecht durchführen, wenn er technische Zeichnungen lesen und verstehen kann, Grundregeln siehe Kap. 2.3. Technische Zeichnungen werden mit Hilfe von Projektionen erstellt.

Die **Projektion** ist dem Sehen mit dem menschlichen Auge nachempfunden. Hierbei wird der gesehene Gegenstand über Projektionsstrahlen (Lichtstrahlen) auf der Netzhaut des Auges abgebildet.

Mit Hilfe einer Projektion kann ein dreidimensionaler Körper in einer zweidimensionalen Zeichenebene abgebildet werden.

Es werden zwei Projektionsarten unterschieden, siehe Bild → 1, Seite 245
- Zentralprojektion
- Parallelprojektion

Bei der **Zentralprojektion** betrachtet man den Gegenstand von einem Punkt aus, dem Betrachtungsstandpunkt. Die Projektionsstrahlen verlaufen zentral vom Betrachtungsstandpunkt zum Gegenstand. Dadurch entsteht auf der Zeichenebene eine perspektivische Darstellung des Gegenstandes.
Die Zentralprojektion ist wichtig für künstlerische Darstellungen. Sie ist für den Karosserie- und Fahrzeugbaumechaniker nicht von Bedeutung.

Wichtig ist dagegen für den Karosserie- und Fahrzeugbaumechaniker die **Parallelprojektion**. Bei ihr liegt der Betrachtungsstandpunkt im Unendlichen. Die Projektionsstrahlen verlaufen parallel zueinander und treffen rechtwinklig oder schiefwinklig auf die Projektionsebene.

[1] CAD = Computer Aided Design (engl.): rechnerunterstütztes Konstruieren
[2] CAM = Computer Aided Manufactoring (engl.): rechnerunterstützte Fertigung
[3] CIM = Computer Integrated Manufactoring (engl.): rechnerunterstützte integrierte Fertigung

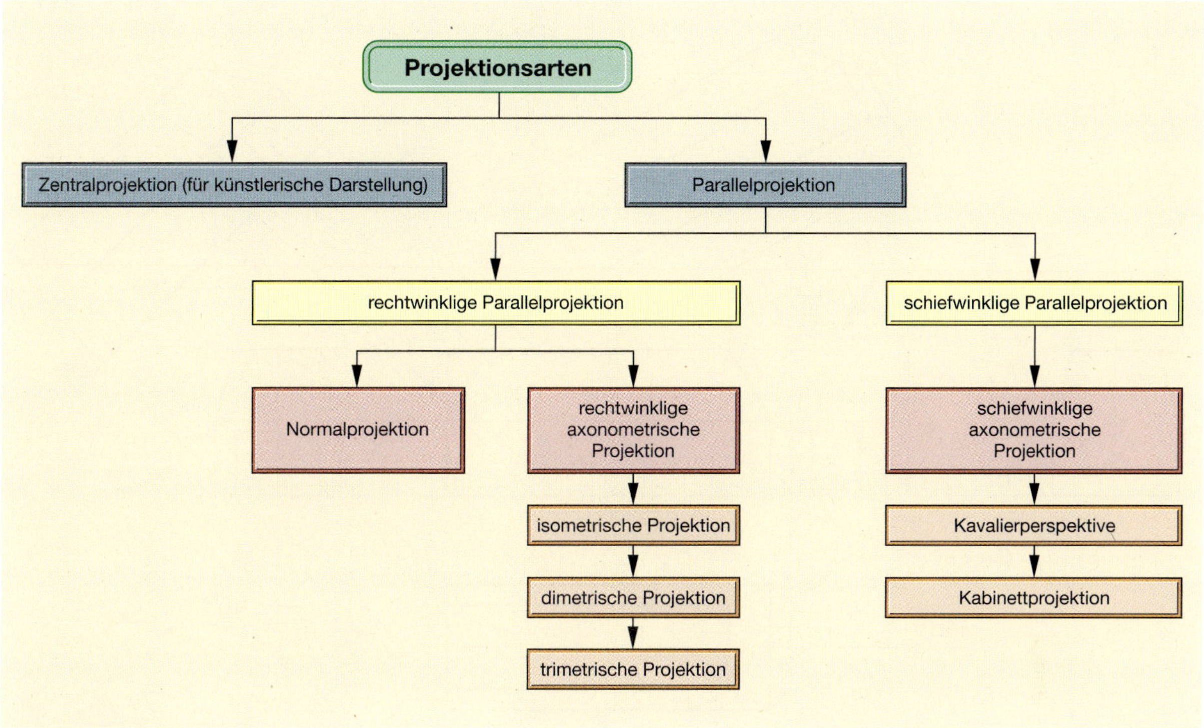

1 Projektionsarten

Für die bildliche Darstellung liegt eine Kante oder Fläche des Körpers in der Abbildungsebene. Diese Kante oder Fläche wird in wahrer Größe dargestellt.

Für den Karosserie- und Fahrzeugbaumechaniker sind folgende Parallelprojektionen wichtig, siehe Bild → 1:
- Normalprojektion
- isometrische Projektion
- Kavalierperspektive

Die **Normalprojektion** stellt Körper, Flächen und Strecken maßgerecht dar. Dafür werden drei Projektionsebenen verwendet, die senkrecht zueinander stehen, siehe Bild → 2:
- Vorderansicht, auch Aufriss, AR
- Draufsicht, auch Grundriss, GR
- Seitenansicht, auch Seitenriss, SR

Die Projektion der Vorderansicht erfolgt direkt in die Zeichenebene. Die Draufsicht und die Seitenansicht werden jeweils um 90° in die Ebene der Vorderansicht geklappt.

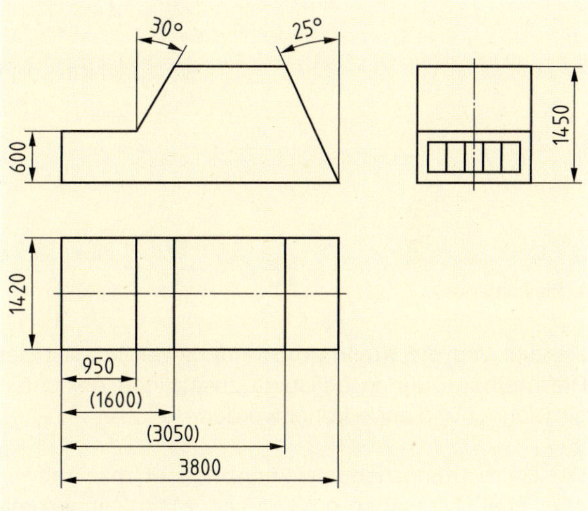

2 Normalprojektion

Komplizierte Bauteile, wie Karosserien und Aufbauten, bei denen alle Seiten unterschiedlich sein können, machen es erforderlich, zusätzliche Ansichten in der Normalprojektion darzustellen.

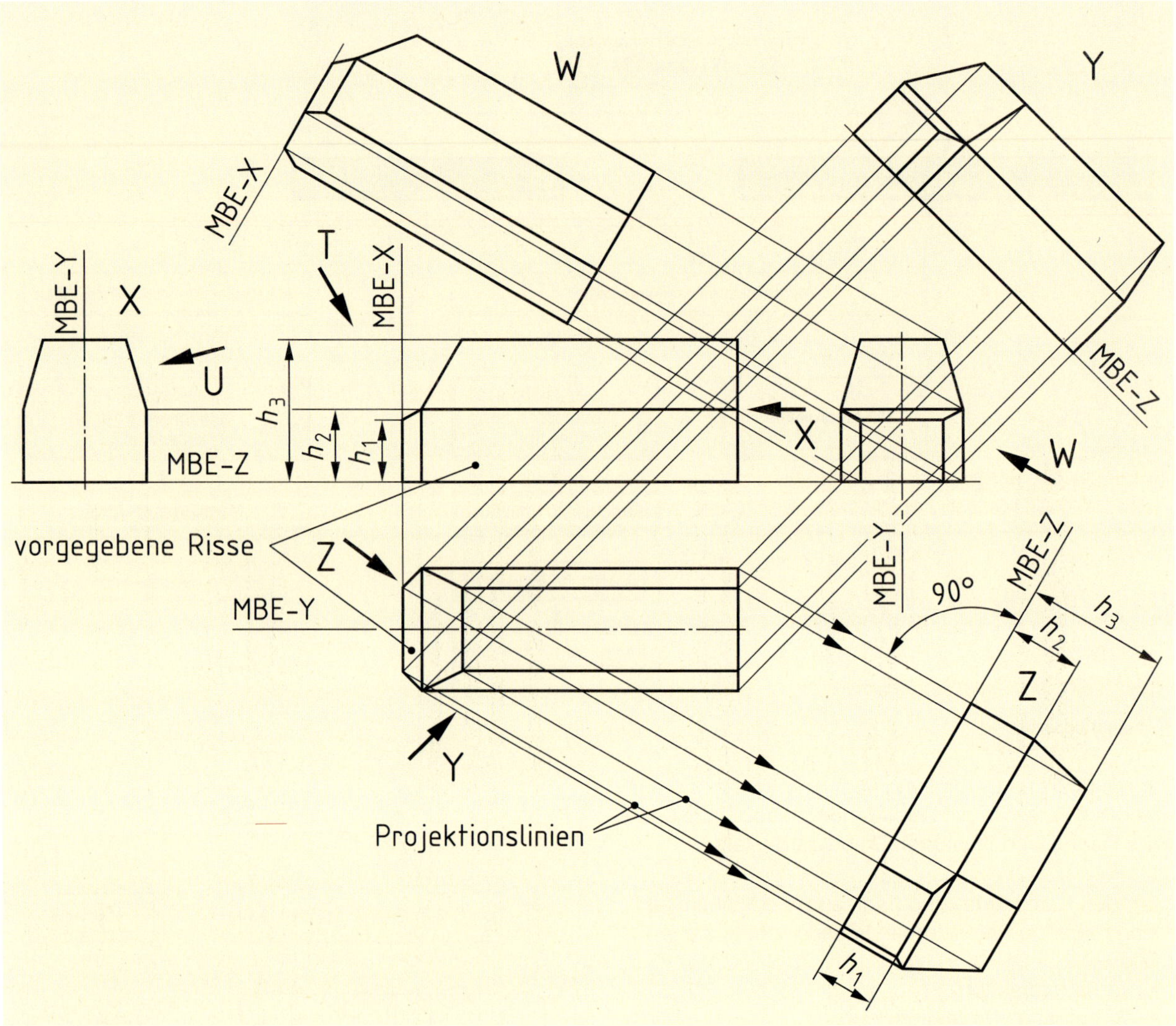

1 Pfeilmethode

Hierbei wird die **Pfeilmethode** angewendet. Mit der Pfeilmethode dürfen beliebige zusätzliche Ansichten gezeichnet und angeordnet werden.

Die Betrachtungsrichtung kennzeichnet man mit einem Pfeil (1,5-mal so groß wie ein Maßpfeil) und mit Großbuchstaben, siehe Bild → 1. Als Großbuchstaben sollten die letzten Buchstaben des Alphabets genommen werden. Die zusätzliche Ansicht kippt man aus der angegebenen Betrachtungsrichtung um 90° in die Zeichenebene.

Bei der bildlichen Darstellung durch **isometrische Projektion** werden wesentliche Ansichten mit großer Maßgenauigkeit von drei Seiten gezeigt, siehe Bild → 2. Es werden Länge, Höhe und Breite in wahrer Größe gezeichnet.

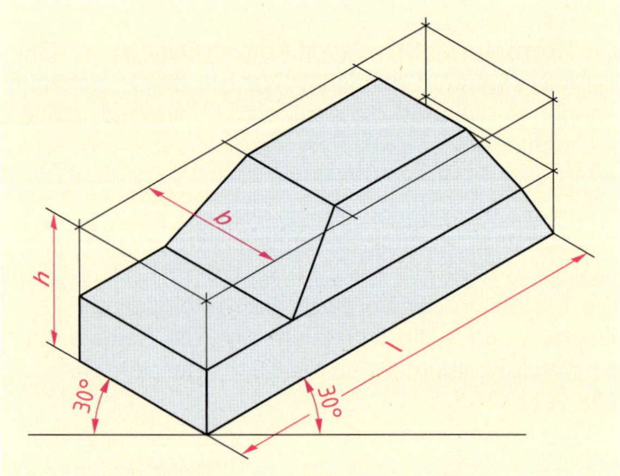

2 Isometrische Projektion

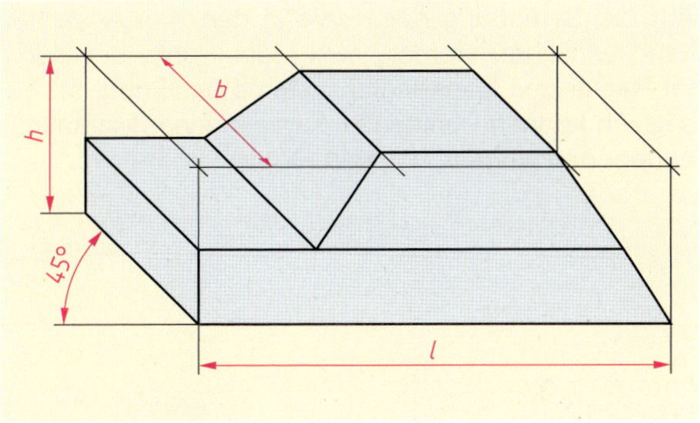

1 Kavalierperspektive

Bei der bildlichen Darstellung durch **Kavalierperspektive** wird eine Fläche des Körpers in die Abbildungsebene gelegt, siehe Bild ➔ 1. Hierbei werden dann, wie bei der isometrischen Projektion, Länge, Höhe und Breite in wahrer Größe gezeichnet.

Die bildliche Darstellung liefert sehr anschauliche Bilder, die auch für ungeübte Personen zum Lesen von technischen Zeichnungen geeignet sind. Der Nachteil ist, dass die Bilder im Allgemeinen verzerrt sind.

Für technische Zeichnungen, nach denen gefertigt werden soll, hat in den meisten Fällen die maßgerechte Zeichnung den Vorrang vor der bildlichen Darstellung.

5.3.3 Karosserieplan und Maßbezugssystem

Zeichnen im Karosserieplan

Karosserien, insbesondere von Pkws, haben harmonisch geformte Flächen wegen der Aerodynamik und wegen des Designs. Dadurch entstehen bei der zeichnerischen Darstellung Kurven, die eindeutig bestimmt sein müssen. Eine übliche Darstellung ist das Zeichnen im Karosserieplan.

Im Karosserieplan wird eine dreidimensionale Kurve oder ein Fahrzeug im dreiachsigen Koordinatensystem dargestellt. Die Projektion der dreidimensionalen Kurve oder des Fahrzeuges auf die drei Ebenen des Koordinatensystems ergeben die drei Ansichten: Vorderansicht, Seitenansicht und Draufsicht.

Das Zeichnen im Karosserieplan wird gezeigt an:
- einer dreidimensionalen Kurve
- Fahrzeugen mit Maßbezugssystem

Dreidimensionale Kurve im Karosserieplan

Soll eine dreidimensionale Kurve gezeichnet und die Maße festgelegt werden, so stellt man sich diese Kurve in einem dreiachsigen Koordinatensystem vor, siehe Bild ➔ 2.

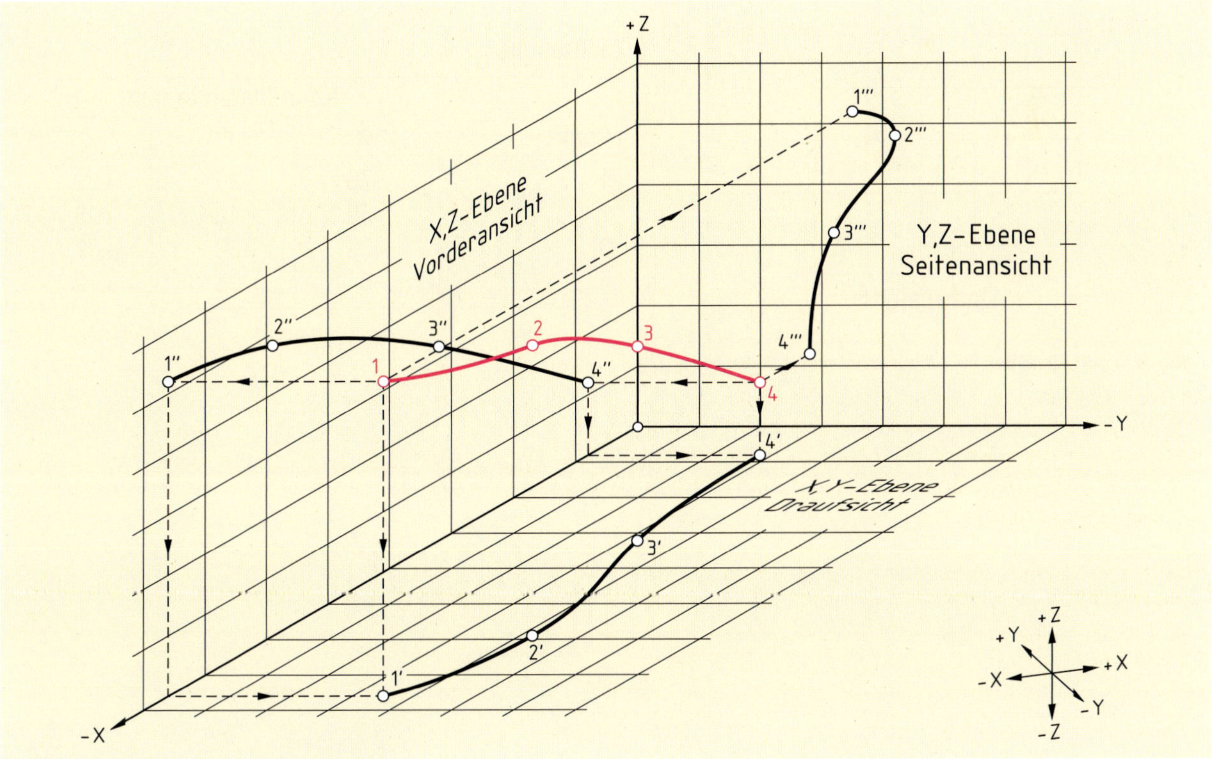

2 Kurve im dreiachsigen Koordinatensystem

Die Darstellung der Kurve in drei Ansichten erfolgt durch Projektion in drei Projektionsebenen, siehe Bild ➔ 1:

- X-Z-Ebene (Vorderansicht)
- Y-Z-Ebene (Seitenansicht)
- X-Y-Ebene (Draufsicht)

Auf die Bemaßung der Kurve in den drei Ansichten kann verzichtet werden, weil jeder Punkt der Kurve im Raster des Koordinatensystems bestimmt ist. Zusätzlich können Punkte der Kurve in einer Maßtabelle angegeben werden, vgl. Bild ➔ 1

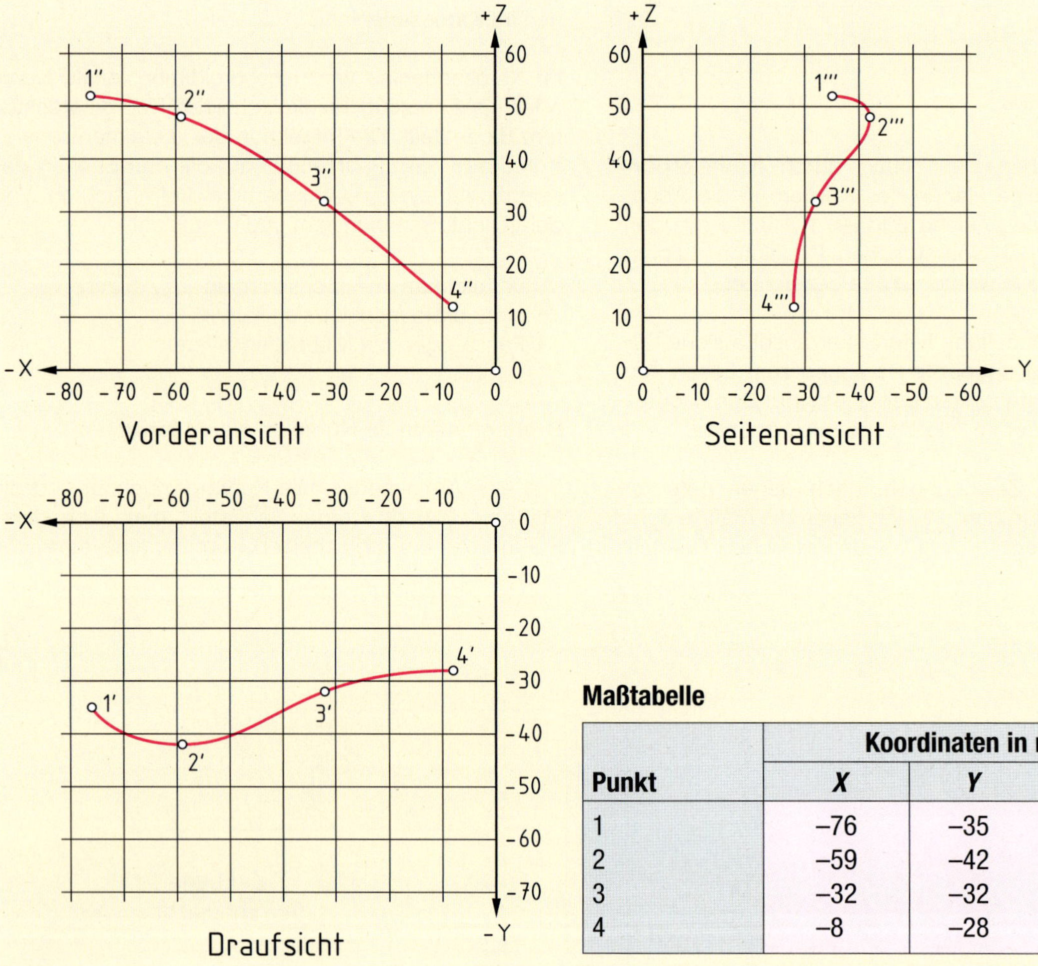

Maßtabelle

Punkt	Koordinaten in mm		
	X	***Y***	***Z***
1	–76	–35	+52
2	–59	–42	+48
3	–32	–32	+32
4	–8	–28	+12

1 Kurve in drei Ansichten im Karosserieplan mit Maßtabelle

Fahrzeug im Karosserieplan mit Maßbezugssystem

Ein Fahrzeug wird im Karosserieplan nach der gleichen Technik dargestellt wie die Kurve in Bild → 2, Seite 247 und Bild → 1: Das gesamte Fahrzeug wird im dreiachsigen Koordinatensystem betrachtet.

Das **Maßbezugssystem** für Fahrzeuge gibt an, wo die Maßbezugsebenen liegen. Die Maßbezugsebenen werden im Koordinatensystem durch drei **Nullebenen** (Nullschnitte) gekennzeichnet:

- X-Nullebene (senkrechte Ebene)
- Y-Nullebene (Längs-Mittel-Ebene)
- Z-Nullebene (waagerechte Ebene)

Beim Pkw gehen, vgl. Bild → 1:
- X-Nullebene und Z-Nullebene durch Mitte Vorderrad
- Y-Nullebene liegt in der Karosseriemitte

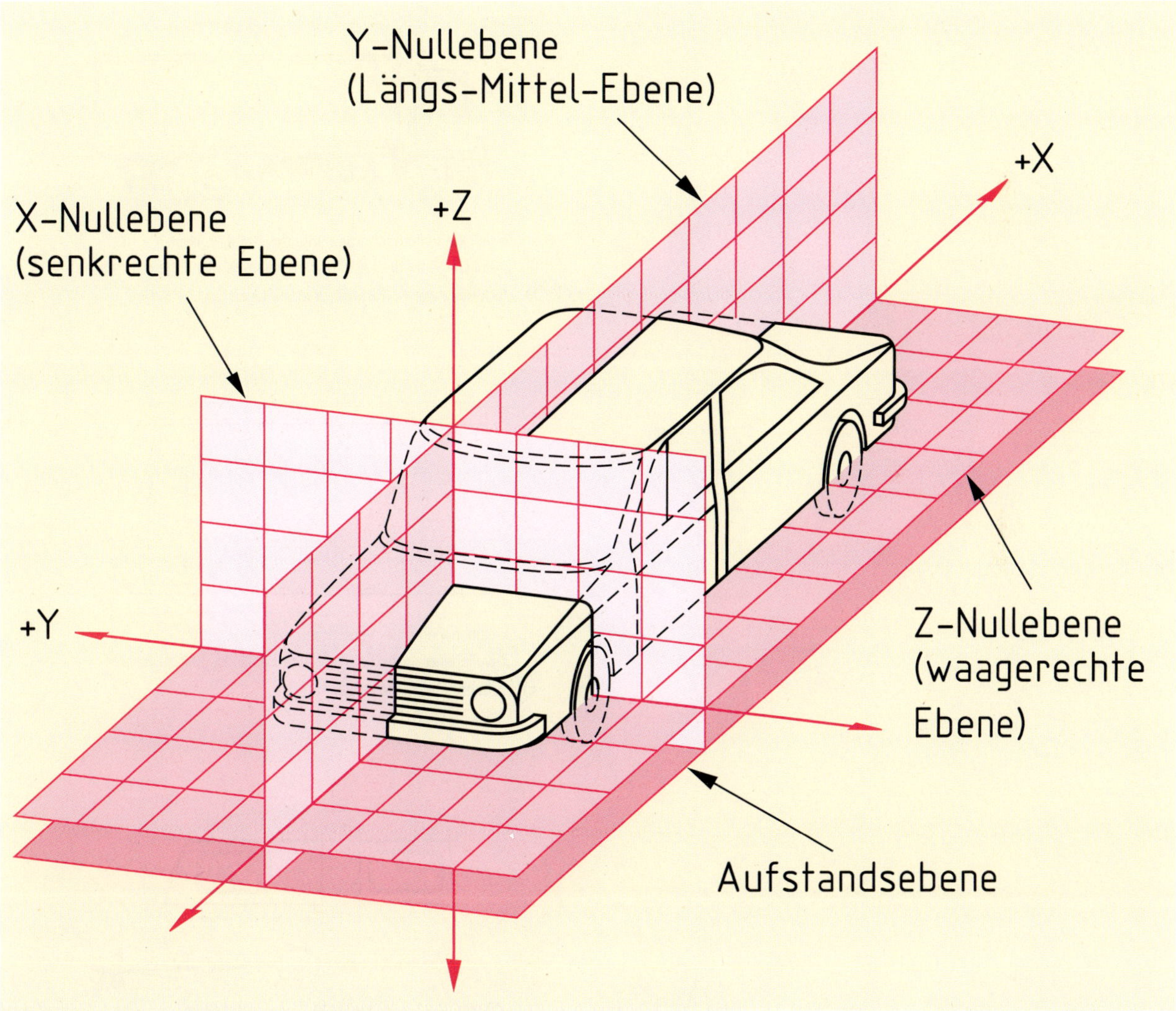

1 Nullebenen (Maßbezugsebenen) eines Pkws im dreiachsigen Koordinatensystem

Übliche Nullebenen (Maßbezugsebenen) für **andere Fahrzeuge** sind in Bild ➔ 1 dargestellt. Die Y-Nullebene liegt hier auch jeweils in der Karosseriemitte.

Für die Darstellung im Karosserieplan verwendet man ein Liniennetz mit dem Rastermaß von 100 mm. Das Fahrzeug wird dann nach der Projektionsmethode 3 gezeichnet, vgl. Kap. 5.3.1.

X-Nullebene an der Vorderkante des Fahrerhauses
Z-Nullebene an der Fußbodenoberkante des Fahrerhauses

a) Nullebenen am Fahrerhaus eines Lkw mit Pritsche

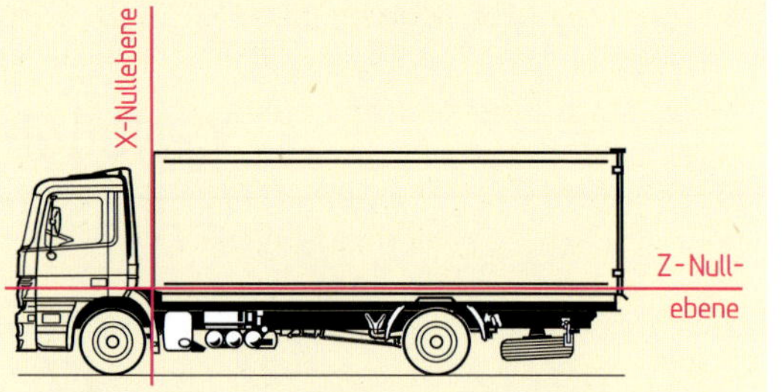

X-Nullebene an der Vorderkante des Kofferaufbaus
Z-Nullebene an der Ladeflächenoberkante des Kofferaufbaus

b) Nullebene am Kofferaufbau eines Lkw

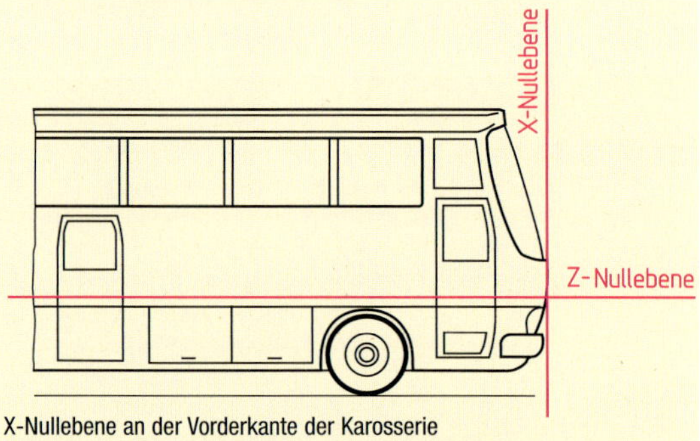

X-Nullebene an der Vorderkante der Karosserie
Z-Nullebene an der Fußbodenoberkante des Reisebusses

c) Nullebenen am Reisebus

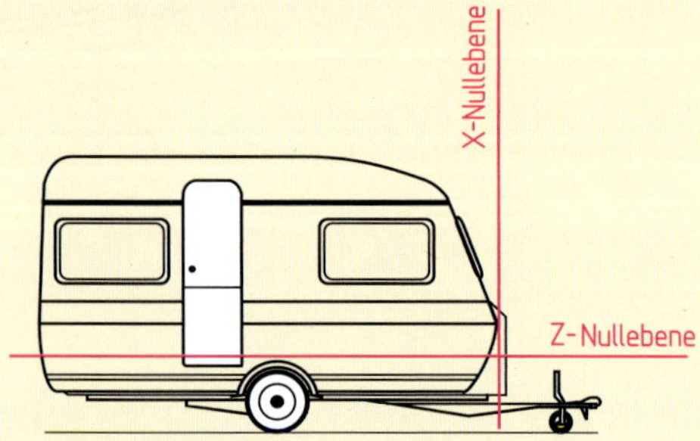

X-Nullebene an der Vorderkante der Karosserie
Z-Nullebenen an der Fußbodenoberkante des Wohnwagens

d) Nullebene am Wohnwagen

1 Nullebenen verschiedener Fahrzeuge

Grundlage für die Konstruktion ist
- ein Modell, von dem die erforderlichen Maße abgenommen und übertragen werden, oder
- Entwurfszeichnungen in Verbindung mit einem Lastenheft, in dem Rahmendaten festgelegt sind.

Die Maße der Kurven werden punktförmig übertragen. Aus den Punkten kann eine harmonische Kurve gezeichnet werden, indem sie geglättet wird, siehe Bild ➔ 1.

Hierzu verwendet man Straklatten. **Straklatten** sind biegsame Latten, die mit Hilfe von Strakgewichten in der gewählten Form gehalten werden, siehe Bild ➔ 2. Das Zeichnen von Kurven mit Hilfe von Straklatten wird auch als **Straken** bezeichnet und die entstandene Kurve nennt man **Strak**.

Im Karosserie- und Fahrzeugbau sind Kurven nur dann harmonisch, wenn sie straken.

Fahrzeuge werden im Maßstab 1 : 1 in den Karosserieplan gezeichnet. Um die erforderlichen Ansichten und damit auch alle Einzelheiten und Kurvenverläufe näher zusammenzubringen, zeichnet man sie auch ineinander, siehe Bild ➔ 3. Diese Anordnung heißt **verschachtelte Darstellung**.

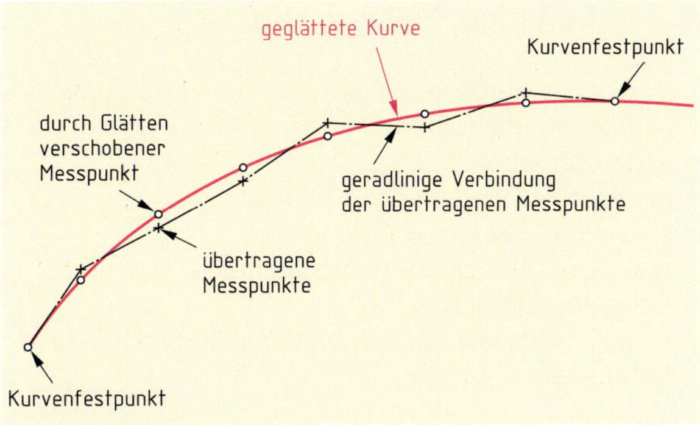

1 Kurve glätten

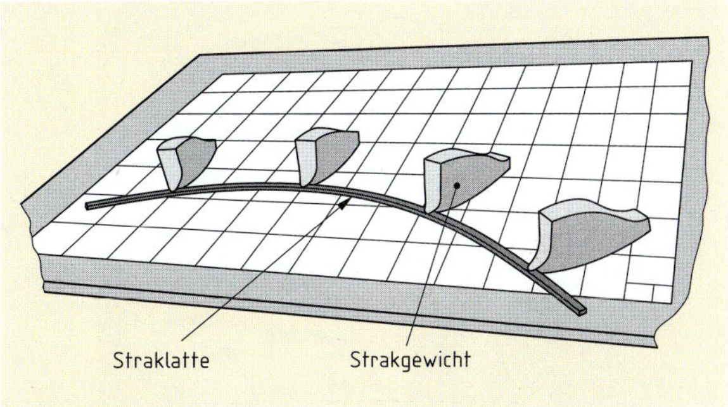

2 Kurve straken

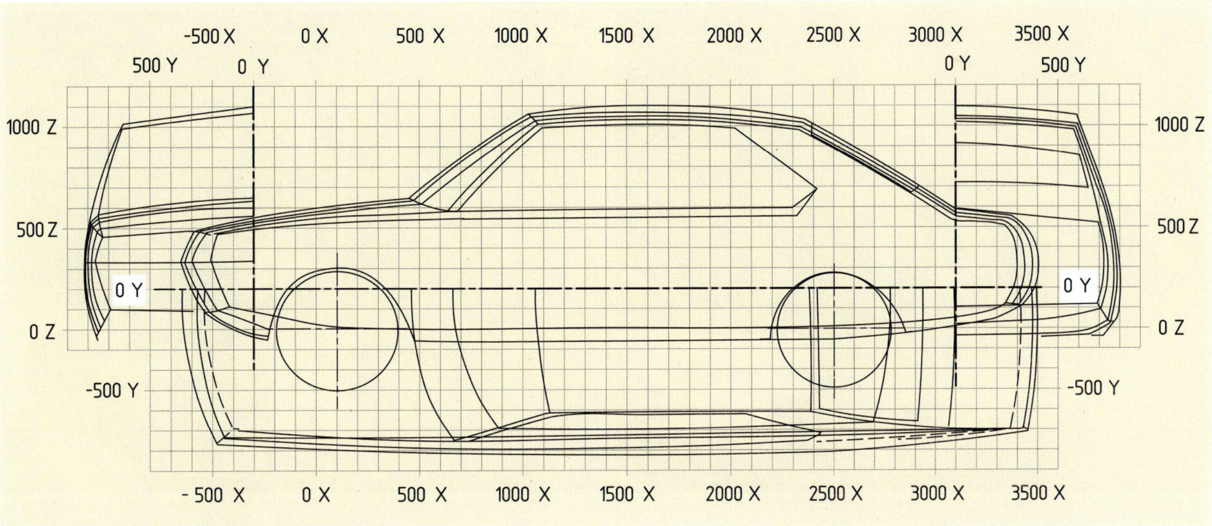

3 Verschachtelte Darstellung eines Fahrzeugs

GEMEINSAMES BEIDER FACHRICHTUNGEN

5.3.4 Lehnung, Fallung, Zug

Bei Fahrzeugkarosserien gibt es ebene oder gewölbte Oberflächen, die folgende Lagen haben können:

- senkrecht eben
- senkrecht eben geneigt = Lehnung
- senkrecht gewölbt = Fallung
- waagerecht eben zur Fahrzeuglängsachse und Fahrzeugquerachse
- waagerecht gewölbt zur Fahrzeuglängsachse und Fahrzeugquerachse = Zug

Die **Lehnung** wird angegeben als Maß (in mm) der geradlinigen Abweichung von der Senkrechten, siehe Bild ➔ 1c.

Die **Fallung** wird angegeben als Maß (in mm) der kurvenförmigen Abweichung von der Senkrechten, siehe Bild ➔ 1d.

Der **Zug** wird angegeben als Maß (in mm) der kurvenförmigen Abweichung von der Fahrzeuglängsachse oder Fahrzeugquerachse, siehe Bild ➔ 1b.

a) **Fahrzeug**
b) **Zug am Fahrerhaus**
c) **Lehnung am Aufbau**
d) **Fallung am Fahrerhaus**

1 Lehnung, Fallung, Zug an einem Feuerwehrfahrzeug

5.3.5 Leitlinien und Formlinien

Bei der Darstellung des Fahrzeugs im Karosserieplan unterscheidet man als wesentliche Linienführung:
- Leitlinien
- Formlinien

Als **Leitlinien** bezeichnet man die markanten Linien in Längsrichtung der Karosserie, siehe Bild → 1. Ihr Verlauf wird in der Vorderansicht und in der Draufsicht festgelegt.

Die **Formlinien** sind die markanten Linien, die in Querrichtung zur Karosserie verlaufen, siehe Bild → 1. Sie werden in den Seitenansichten bestimmt.

Damit die Karosserie gefällig wirkt, müssen die Leitlinien und die Formlinien in ihrer Krümmung zueinanderpassen. Das ist dann der Fall, wenn bei der Konstruktion jeweils proportionale Leitlinien und jeweils proportionale Formlinien entstehen (vgl. Kap. 5.3.8). Das ist die Voraussetzung für harmonisch gewölbte Karosserieflächen.

In Kap. 5.3.8 ist das konstruktive Auffinden und Austragen proportionaler Linien beschrieben.

Proportionale Kurven können auch rechnerisch bestimmt werden. Grundlage ist:
Eine Kurve ist dann proportional zu einer anderen Kurve, wenn das Verhältnis Breite zu Höhe gleich ist, Beispiel aus Bild → 1:

$$b_1 : h_1 = b_1' : h_1'$$

b_1 Breite der Kurve
h_1 Höhe der Kurve
b_1' Breite der proportionalen Kurve
h_1' Höhe der proportionalen Kurve

Durch Umstellung ergibt sich:

$$h_1' = \frac{b_1'}{b_1} \cdot h_1$$

Das Verhältnis der Breiten $b_1' : b_1$ wird für die Berechnung der einzelnen Koordinaten als Konstante verwendet.

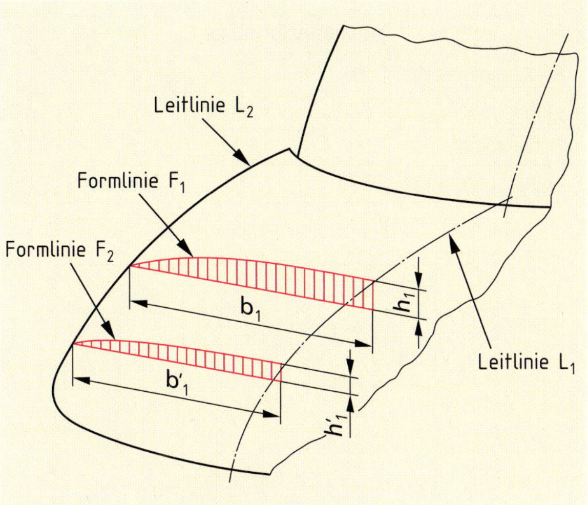

1 Leitlinien und Formlinien einer Karosserie

Beispiel für die Berechnung einer proportionalen Formlinie:
In Bild → 1, ist die Formlinie F_1 gegeben.
Gesucht ist die proportionale Formlinie F_2, wenn $b_1' = 570$ mm ist.

Geg.: $b_1 = 700$ mm
$b_1' = 570$ mm
$h_2 = 115$ mm
$b_2 = 300$ mm

Ges.: b_2', h_2'

Lösung:

$$\frac{b_1'}{b_1} = \frac{570\text{ mm}}{700\text{ mm}}$$

$$b_2' = \frac{b_1'}{b_1} \cdot b_2 \qquad h_2' = \frac{b_1'}{b_1} \cdot h_2$$

$$b_2' = \frac{570\text{ mm}}{700\text{ mm}} \cdot 300\text{ mm} \qquad h_2' = \frac{570\text{ mm}}{700\text{ mm}} \cdot 115\text{ mm}$$

$$b_2' = 244{,}3\text{ m} \qquad h_2' = 93{,}6\text{ mm}$$

In gleicher Weise werden weitere Breiten- und Höhenkoordinaten der proportionalen Formlinie F_2 errechnet, siehe Bild → 1, Seite 254, rechte Tabelle.

Nach der Berechnung der einzelnen Koordinaten kann die proportionale Formlinie F_2 gezeichnet werden, siehe Bild → 1, Seite 254, rechte Kurve.

Ausgangsformlinie F_1				
Breitenkoordinate	b_1	b_2	b_3	b_4
Maß in mm	700	300	500	600
Höhenkoordinate	h_1	h_2	h_3	h_4
Maß in mm	125	115	85	58

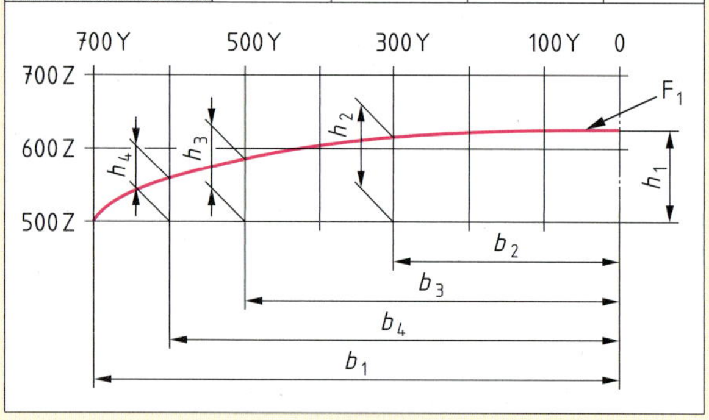

Proportionale Formlinie F_2				
Breitenkoordinate	b'_1	b'_2	b'_3	b'_4
Maß in mm	570	244,3	407,1	488,6
Höhenkoordinate	h'_1	h'_2	h'_3	h'_4
Maß in mm	101,8	93,6	69,2	47,2

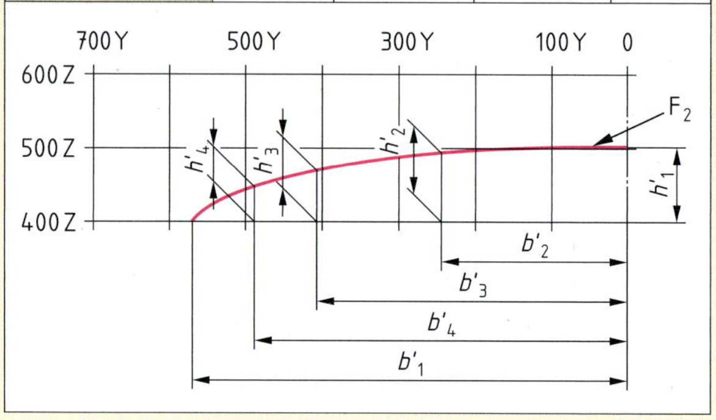

1 Leitlinien und Formlinien einer Karosserie

5.3.6 Skizzen

Die Handskizze wird vereinfacht auch nur **Skizze** genannt. Sie wird freihändig gezeichnet, das heißt, sie wird ohne Lineal und ohne Zirkel und nicht in einem bestimmten Maßstab erstellt.

Trotzdem sollte die Skizze annähernd den tatsächlichen Proportionen entsprechen und nach den Regeln des technischen Zeichnens dargestellt werden. Mit Skizzen wird entweder eine bildliche Darstellung oder eine Darstellung einzelner Ansichten von Bauteilen oder Baugruppen gezeichnet. Daher braucht man viel Übung und entsprechende Grundkenntnisse.

Skizzen in technischen Berufen werden verwendet:

- zur Erklärung einer umfangreichen technischen Zeichnung
- zur Darstellung von einfachen Bauteilen und Zuschnitten
- zur Vorbereitung von Schaltplänen
- zum Entwurf (Design) von Fahrzeugteilen oder ganzer Fahrzeuge, siehe Bild → 2

Bei rechnerunterstützter Konstruktion wird das Fahrzeug auf dem Bildschirm entworfen. Der Designer (Gestalter) zeichnet die Entwürfe für ein neues Fahrzeug in Form von Skizzen, siehe Bild → 3. Hierbei muss er neben seiner Vorstellung für eine optisch gut gelungene Karosserieform technische Voraussetzungen berücksichtigen wie vorgegebene Außenmaße, Aerodynamik und Platzbedarf für Triebwerk, Insassen, Gepäck.

2 Handskizze von einem Pkw

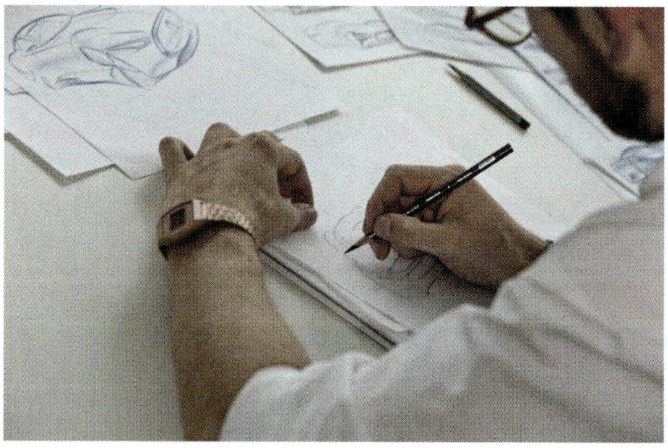

3 Skizze anfertigen

1 Skizze in den Computer übertragen

2 Designentwicklung diskutieren

5.3.7 Computerzeichnungen

Wenn die Skizze vom Designer fertiggestellt ist, wird sie mit dem elektronischen Zeichenstift in den Computer übertragen, siehe Bild → 1.

Die Design-Entwicklung am Computer und an Modellen wird von Designern und Technikern diskutiert, bis eine endgültige Einigung erfolgt, siehe Bild → 2.

Mit Hilfe moderner elektronischer Systeme wird aus der Design-Entwicklung die Karosseriezeichnung als Grundlage für die Fertigung entstehen, siehe Bild → 3.

Das Fahrzeug wird dann auf einer Zeichenmaschine (Plotter) ausgedruckt.
Nach der Zeichnung wird ein Modell gefertigt, welches noch bearbeitet wird.
Vom Modell werden dann die Koordinaten abgetastet und auf Datenträger gespeichert, siehe Bild → 4.

3 Karosseriezeichnung

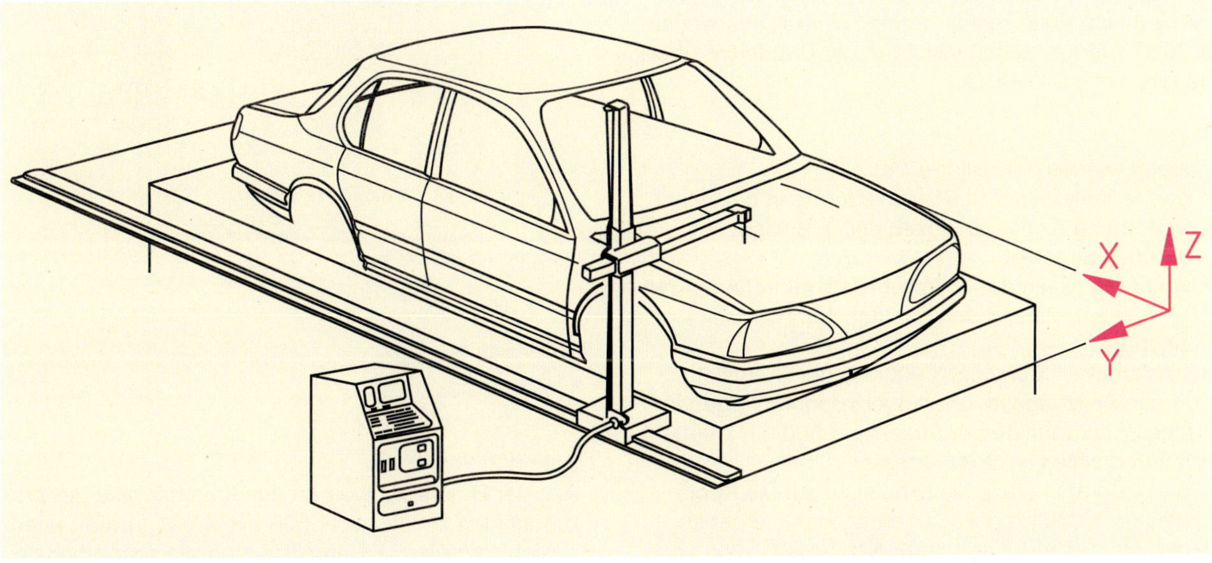

4 Pkw-Karosserie automatisch messen

GEMEINSAMES BEIDER FACHRICHTUNGEN

5.3.8 Austragung

5.3.8.1 Verteiler für Austragungen

Austragung ist ein technisches Zeichnen zur Bestimmung von gewölbten Flächen. Mit verschiedenen zeichnerischen Verfahren (**Verteiler**) werden Punkte ermittelt, durch deren Verbindung proportionale Linien zu gegebenen Fallungen oder Zügen an gewölbten Karosserieteilen entstehen. Mit Hilfe der proportionalen Linien können dann Schablonen und Modelle hergestellt werden.

Für die Austragung von gewölbten Flächen können angewendet werden:
- Spitzverteiler
- Stumpfverteiler
- Winkelverschiebung
- Strahlensystem

Im Folgenden sind beschrieben:
- Spitzverteiler, siehe Kap. 5.3.8.2
- Stumpfverteiler, siehe Kap. 5.3.8.3

5.3.8.2 Spitzverteiler

Der Spitzverteiler eignet sich für die Konstruktion von proportionalen Linien von schwach gewölbten Flächen.

Beispiel: Beblechung einer Klappe
Die Fallung für X 1000 und die Züge für Z 100 und Z 400 müssen bekannt sein.

Schritt 1:
Für die Konstruktion der proportionalen Linien werden zunächst die Punkte 1 und 2 vom Kurvenverlauf X 1000 aus der Seitenansicht in die Draufsicht übertragen, siehe Bild → 1a.

Schritt 2:
Danach werden, vgl. Bild → 1b:
- der Zentralpunkt Z des Spitzverteilers in beliebiger Entfernung rechts außerhalb der Draufsicht auf Y 1000 festgelegt
- von Z die Linien des Spitzverteilers an Schnittpunkt X 1000/Y 1100 und den Punkten 1 und 2 gezeichnet
- die Strecken X 600 bis X 900 aus der Draufsicht in den Spitzverteiler übertragen; dadurch ergeben sich Schnittpunkte der Strecken X 600 bis X 900 mit den Linien im Spitzverteiler
- die Schnittpunkte in die Draufsicht auf die Koordinaten X 600 bis X 900 übertragen; sie ergeben die Punkte für die proportionalen Linien Z 200 und Z 300

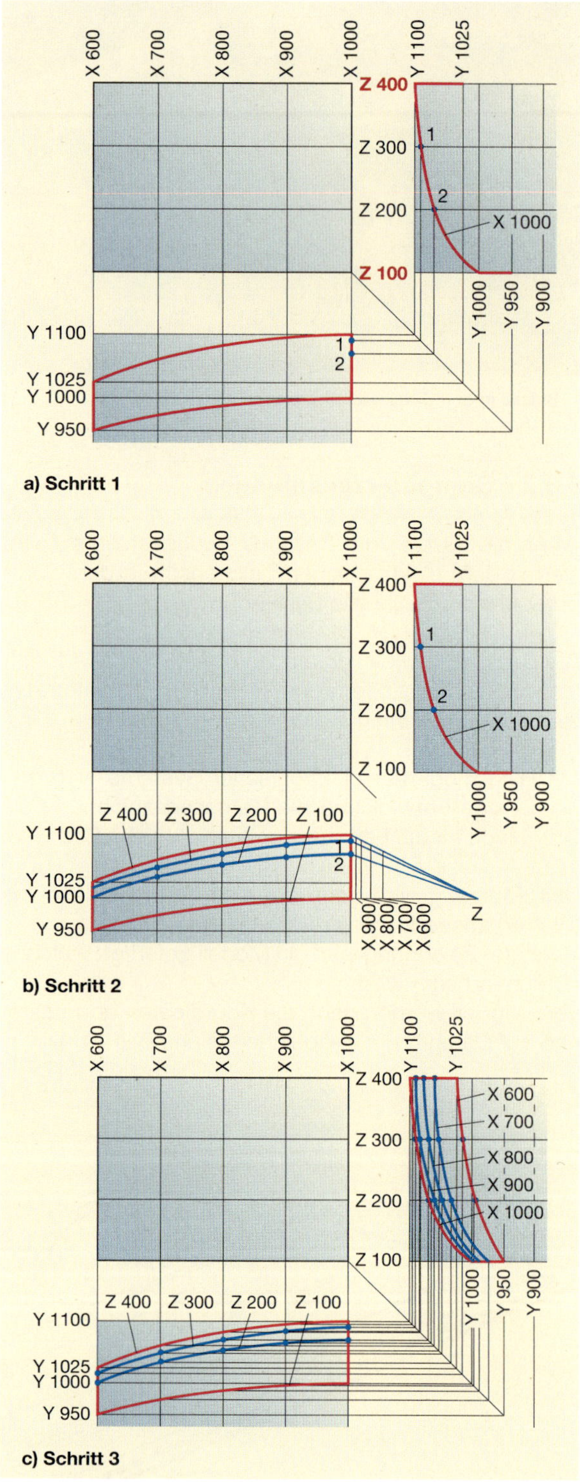

1 Spitzverteiler

Schritt 3:
Aus der Draufsicht werden die Schnittpunkte der proportionalen Linien mit X 600 bis X 900 in die Seitenansicht projiziert. Es ergeben sich die proportionalen Linien X 600 bis X 900, siehe Bild → 1c.

5.3.8.3 Stumpfverteiler

Der Stumpfverteiler eignet sich für die Konstruktion von proportionalen Linien für die Bestimmung von schwach und stärker gewölbten Flächen.

Beispiel:
Gleiche Beblechung der Klappe wie in Kap. 5.3.8.2
Die Fallungen für X 600 und X 1000 und die Züge für Z 100 und Z 400 müssen bekannt sein.

Schritt 1:
Für die Konstruktion der proportionalen Linien werden zunächst die Punkte 1 und 2 vom Kurvenverlauf X 1000 und die Punkte 3 und 4 vom Kurvenverlauf X 600 aus der Seitenansicht in die Draufsicht übertragen, siehe Bild ➔ 1a.

Schritt 2:
Danach werden, vgl. Bild ➔ 1b:
- die Strecke X 600 der Draufsicht in beliebiger Entfernung rechts außerhalb der Draufsicht projiziert
- die Endpunkte der projizierten Strecke X 600 mit den Endpunkten der Strecke X 1000 zum Stumpfverteiler verbunden
- die Strecken X 700 bis X 900 aus der Draufsicht in den Stumpfverteiler übertragen; dadurch ergeben sich Schnittpunkte der Strecken X 700 bis X 900 mit den Linien im Stumpfverteiler
- die Schnittpunkte in die Draufsicht auf die Koordinaten X 700 bis X 900 übertragen; sie ergeben die Punkte für die proportionalen Linien Z 200 und Z 300

Schritt 3:
Aus der Draufsicht werden die Schnittpunkte der proportionalen Linien mit X 700 bis X 900 in die Seitenansicht projiziert. Es ergeben sich die proportionalen Linien X 700 bis X 900, siehe Bild ➔ 1c.

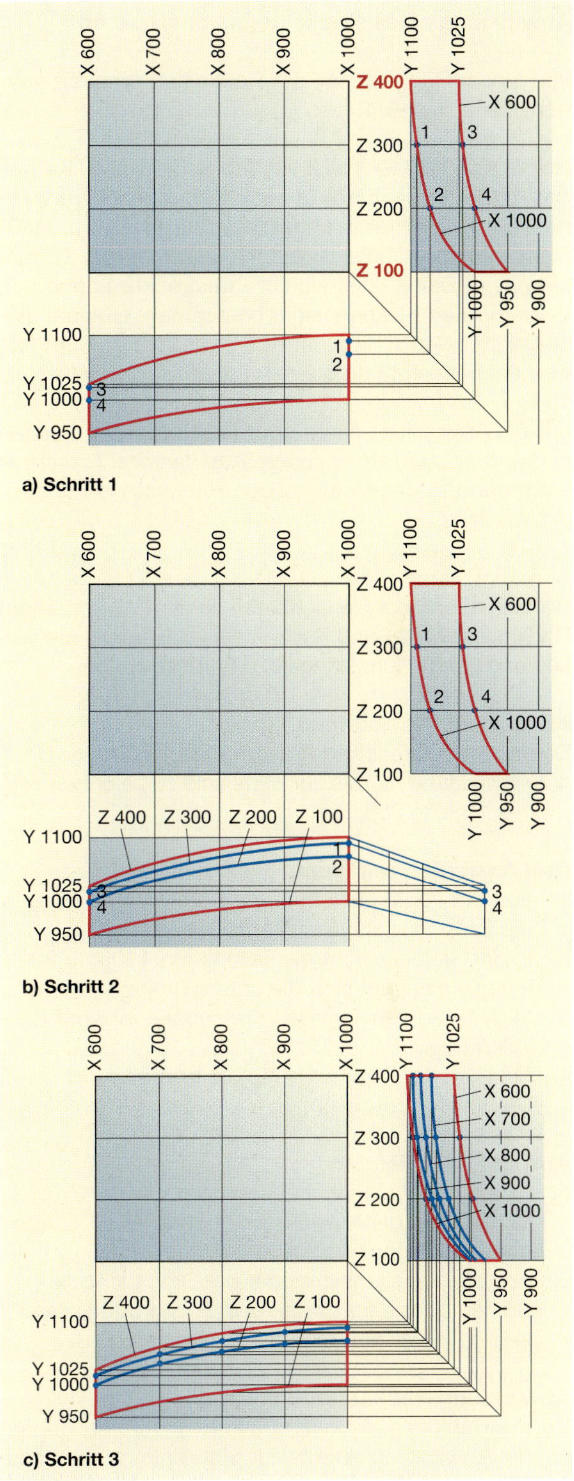

1 Stumpfverteiler

5.3.9 Abwicklungen konstruieren

Abwicklungen

Unter Abwicklung versteht man die auseinandergeklappte Oberfläche eines Gegenstandes. Gleichzeitig versteht man aber auch unter dem Begriff Abwicklung das Konstruktionsverfahren und die zeichnerische Darstellung.
Für den Karosserie- und Fahrzeugbaumechaniker ist die Abwicklung die ebene Fläche eines dreidimensionalen Karosserieteils aus Blech. Die Abwicklung ist immer dann erforderlich, wenn ein Karosserieneuteil hergestellt werden muss. Sie ergibt den Blechbedarf.
Für die Herstellung des Karosserieneuteils muss das Blech immer etwas größer sein als die Abwicklung, damit eine genaue Anpassung durch Zuschnitt erfolgen kann.

Abwicklung eines Radkastens konstruieren

Von einem Radhaus soll der Radkasten erneuert werden, siehe Bild → 1.

Hinweis: In Bild → 1b ist für den Schnitt des Bleches das sogenannte **Eisenbahnschienenprofil** verwendet. Es soll so gezeichnet werden, dass im Maßstab 1 : 1 die schwarz-weißen Raster jeweils 10 mm lang sind. Damit lässt sich die gestreckte Länge von umgeformten Blechen leicht bestimmen. Obwohl diese Darstellung nicht genormt ist, wird sie im Karosserie- und Fahrzeugbau oft verwendet.

Für die Abwicklung ist es erforderlich, den Radkasten in drei Ansichten zu zeichnen. Aus den drei Ansichten kann dann die Abwicklung des Radkastens konstruiert werden.

Achtung:
Bei Bemaßung der Flanschbreite an den Abwicklungen Radkastenoberteil und Radkastenrückwand ist die Verkürzung bei Kantungslängen zu berücksichtigen.

Abwicklung Radkastenoberteil
Da das Radkastenoberteil symmetrisch ist, genügt es, die Abwicklung nur bis zur Mittellinie zu zeichnen, vgl. Bild → 1, Seite 259.

Drei Ansichten zeichnen:
1. Von der Vorderansicht aus die äußeren Umrisse in die Seitenansicht und Draufsicht projizieren.
2. In der Seitenansicht die Fallung mit 110 mm festlegen – es ergibt sich die untere Breite = 140 mm.
3. In der Vorderansicht den Kreisbogen in zwölf Teile teilen.
4. Mit Hilfe der Zwölferteilung die Kontur in die Draufsicht projizieren.

Abwicklung zeichnen:
5. Länge der Umfangsstrecken $\overline{ab}$ bis $\overline{fg}$ der Zwölferteilung in die Abwicklung übertragen → Länge der Abwicklung.
6. Aus der Seitenansicht oder der Draufsicht die Breiten $\overline{aa'}$ bis $\overline{gg'}$ in die Abwicklung übertragen.
7. In der Abwicklung die Punkte verbinden.

Abwicklung Radkastenrückwand
Da die Radkastenrückwand symmetrisch ist, genügt es, die Abwicklung nur bis zur Mittellinie zu zeichnen. Aus Bild → 1d, Seite 259 ist zu ersehen, dass die Radkastenrückwand innerhalb des Radkastenoberteiles liegt. Es muss die Materialdicke t = 1 mm vom Außenradius R = 400 mm abgezogen werden.

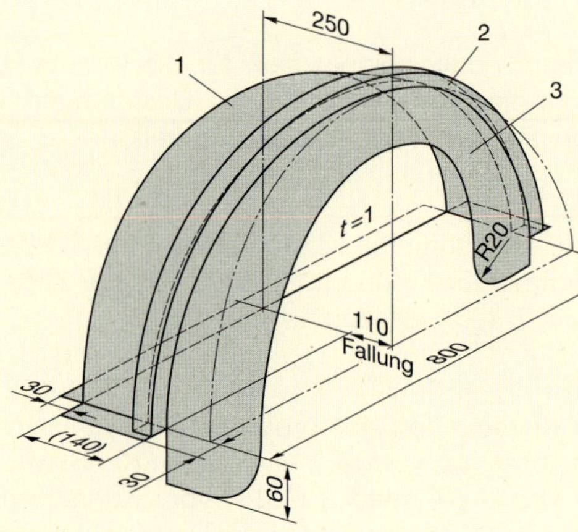

a) Bildliche Darstellung

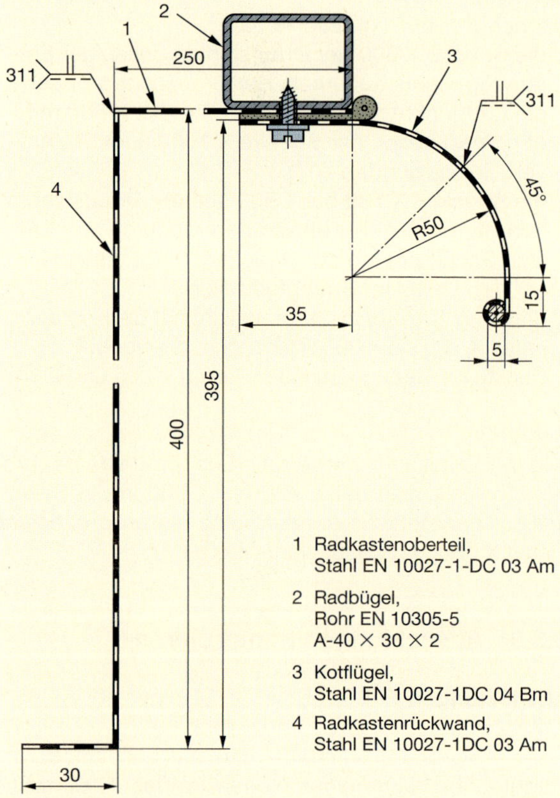

b) Schnitt des Radhauses

1 Radhaus

Damit erhält man den Radius R = 399 mm für die Radkastenrückwand, vgl. Bild → 1, Seite 259:
1. Einen ¼-Kreisbogen mit R = 399 mm zeichnen.
2. Flanschbreite = 29 mm unten an den ¼-Kreisbogen zeichnen, s. o.

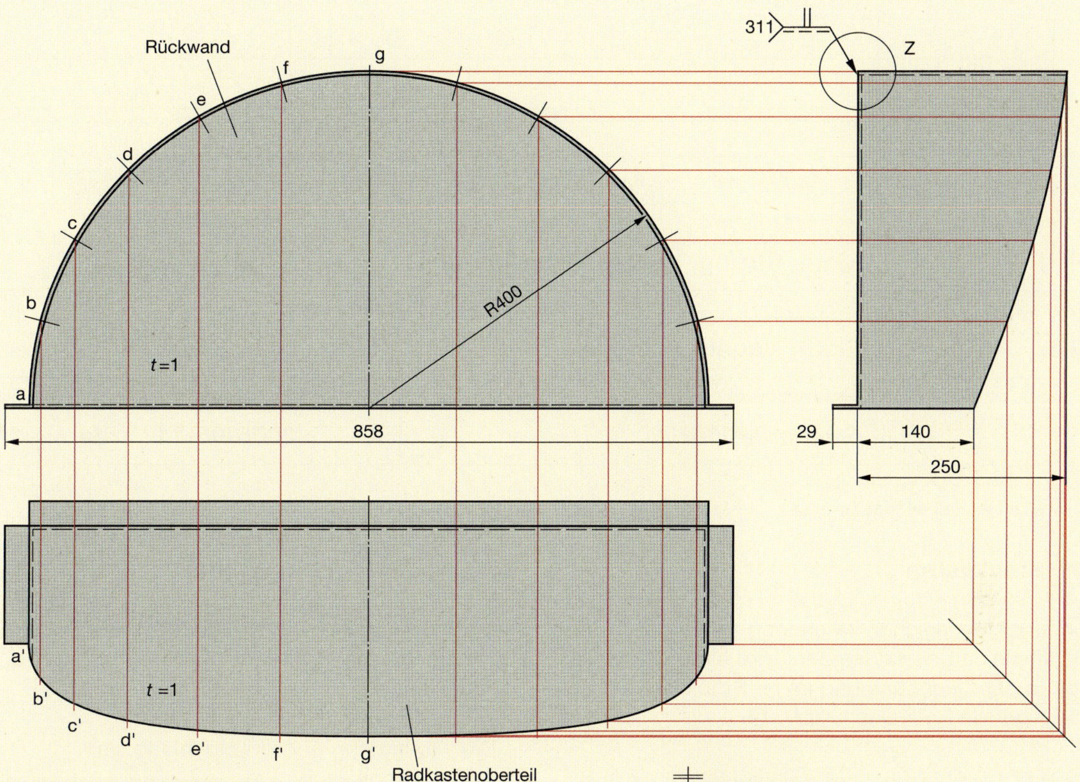

a) Radkasten in drei Ansichten

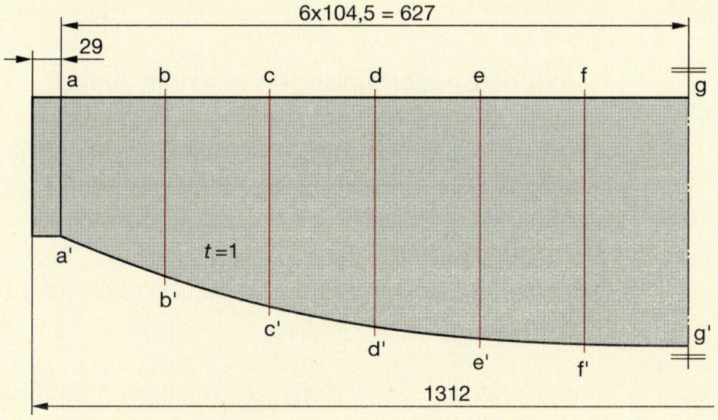

b) Abwicklung Radkastenoberteil

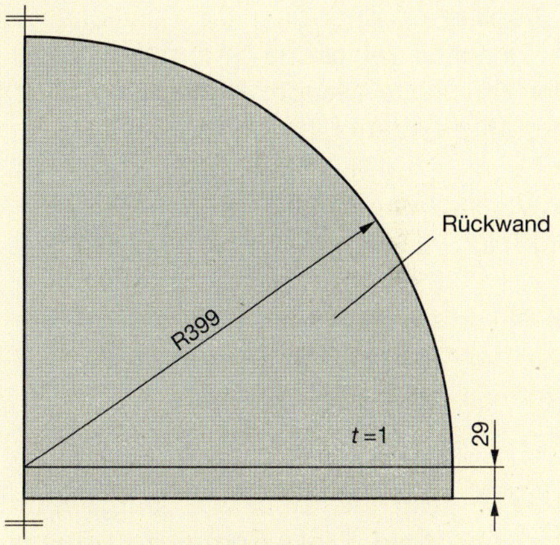

c) Abwicklung Radkastenrückwand

Maßtabelle:

Breite	Maß in mm
$\overline{aa'}$	140
$\overline{bb'}$	180
$\overline{cc'}$	212
$\overline{dd'}$	225
$\overline{ee'}$	240
$\overline{ff'}$	248
$\overline{gg'}$	250

Stahl EN 10027-1 - DC 03 Am

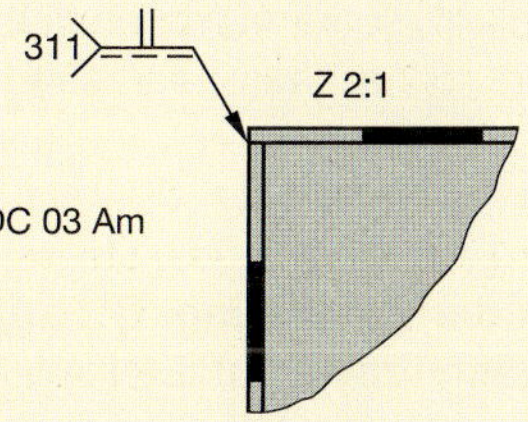

d) Einzelheit „Fügen Radkastenoberteil und Radkastenrückwand"

1 Radkasten

Pos.	Menge	Einheit	Benennung	Sachnummer/Norm-Kurzbezeichnung	Bemerkung
3					
2					
1					

verantwortliche Abt. **KON 1**	Technische Referenz **Maria Strung**	Dokumentenart **Gesamtzeichnung**		Dokumentenstatus **freigegeben**		
Ingenieurbüro **Müller**	Erstellt durch **Erwin Nagel**	Titel. zusätzlicher Titel **Düse** **Ventil**	Sachnummer **V 300 12**			
	Genehmigt von: **Gunnar Müller**		Änd. **A**	Ausgabedatum **2005-05-11**	Spr. **de**	Blatt **1/3**

1 Stückliste, aufgesetzt auf das Grundschriftfeld

5.3.10 Stücklisten

Wenn in einer technischen Zeichnung zwei oder mehrere Einzelteile dargestellt werden, wird eine Stückliste benötigt. In der Zeichnung und in der Stückliste erhalten die Einzelteile Positionsnummern.

Die Stückliste ordnet über die Positionsnummern jedem Einzelteil zahlreiche Informationen zu. So wird in der Stückliste Menge, Benennung, Sachnummer, Werkstoff zu jedem Einzelteil aufgeführt.

Alle technischen Zeichnungen erhalten ein genormtes Schriftfeld.

Die Stückliste kann sein:
- auf das Grundschriftfeld aufgesetzt
- von der Zeichnung getrennt

Bild ➔ 1 zeigt die Stückliste, **aufgesetzt auf das Grundschriftfeld**. Diese Form wird verwendet, wenn genügend Zeichenblattfläche vorhanden ist. Die Reihenfolge der Positionen in der Stückliste ist von unten nach oben festgelegt, so kann man beliebig Einzelpositionen ergänzen, ohne dass Leerzeilen vorgesehen sein müssen.

In der Praxis wird oft eine Stückliste verwendet, die **getrennt ist von der Zeichnung**. Bei solchen Stücklisten wird das Schriftfeld auf DIN-A4-Papierformat unten angeordnet und die Stückliste oben. Die Reihenfolge der Positionen ist von oben nach unten festgelegt.

5.3.11 Anordnungspläne

Anordnungspläne sind Bestandteile von Herstellervorschriften für die Montage- oder Demontage von Fahrzeugteilen.

Die wichtigsten Anordnungspläne sind:
- Explosionszeichnung
- Montageanleitung

In **Explosionszeichnungen** sind die Einzelteile bildlich und damit sehr anschaulich dargestellt. Weiterhin wird durch die besondere Anordnung der Einzelteile („explodierend") ein Hinweis auf den Anbauort und die Anbaufolge gegeben.

Weitere Informationen zu Explosionszeichnungen siehe Kap. 2.3.2.

Eine weitere Möglichkeit von Anordnungsplänen als **Montageanleitung** in einer Herstellervorschrift sind Zeichnungen in Normalprojektion mit Textergänzung.

Weitere Informationen zu Montageanleitungen siehe Kap. 2.3.2.

5.4 Materialbedarf und Materialkosten

Materialbedarf

Der Materialbedarf gibt an, wie viele Halbzeuge, Fertigteile und Normteile für die Ausführung eines Auftrages verarbeitet werden. Der Materialbedarf ist aus der Stückliste zu ersehen.

Karosserie- und Fahrzeugbaubetriebe, die mehrere ähnliche Aufträge oder Serien anbieten, können mit Erfahrungswerten kalkulieren.

Beispiel:
Die Abmessungen der Profile für den Unterbau eines Kofferaufbaus sind in der technischen Zeichnung und der Stückliste festgehalten; so muss bei Folgeaufträgen der Materialbedarf nicht immer neu ermittelt werden.

Materialkosten

Die Materialkosten ergeben sich aus dem Einkaufspreis und den betriebsbedingten Aufschlägen; sie sind neben den Arbeitskosten eine wichtige Größe für Angebotspreis.

Materialkosten können angegeben werden als:
- Stückpreis
- Preis je Masseneinheit
- Pauschalpreis

Die Materialkosten können als **Stückpreise** ermittelt werden.

Eine andere Möglichkeit, insbesondere bei Halbzeugen wie Metallprofilen, ist der **Preis je Masseneinheit**. So kann z. B. bei Stahlprofilkonstruktionen der Angebotspreis in €/kg errechnet werden.

Diese Möglichkeit bietet sich aus zwei Gründen an:
- Von Metallprofilen ist die längenbezogene Masse in kg/m in Tabellen angegeben; so kann über die Profillänge die Masse in kg bestimmt und der Preis auch in €/kg angegeben werden.
- Konstruktionen aus Stahlprofilen, die feuerverzinkt werden, wiegt man vor dem Verzinken, weil der Preis für das Verzinken über die Gesamtmasse in kg bestimmt wird. So hat man eine zusätzliche Kontrolle der Gesamtmasse.

Bei Folgeaufträgen für Konstruktionen aus Stahlprofilen kann für Befestigungselemente ein **Pauschalpreis** für Materialkosten angegeben werden.

5.5 Metallische Werkstoffe für Karosserien

5.5.1 Metalle

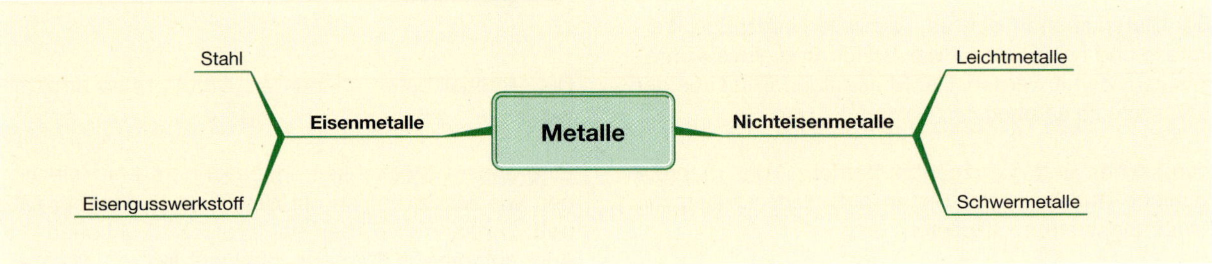

1 Metalle

Im Karosserie- und Fahrzeugbau werden viele unterschiedliche Metalle verwendet. Um einen Überblick über die Metalle zu erhalten, teilt man sie in Gruppen ein, siehe Bild ➔ 1.

Kristallgitter in Metallen

Metalle werden im Hochofen aus Erz geschmolzen. Durch Zugabe von Schrott können die natürlichen Vorkommen geschont werden; somit sind Metalle umweltfreundliche Werkstoffe.
Wenn ein Metall aus dem schmelzflüssigen Zustand abkühlt und fest wird, bilden die Metallionen eine regelmäßige räumliche Struktur; das **Kristallgitter**; Informationen zu Atomen siehe Kap. 3.1.

Für Metalle sind drei Kristallgitter bedeutsam, siehe Bild ➔ 2:

- kubisch-raumzentriertes Kristallgitter (krz-Kristallgitter)
- kubisch-flächenzentriertes Kristallgitter (kfz-Kristallgitter)
- hexagonales Kristallgitter (hex-Kristallgitter)

Zwischen den Metallionen bewegen sich die abgegebenen Elektronen der äußeren Elektronenschalen der Atome als freie Elektronen. Die freien Elektronen sind die Ursache für die elektrische Leitfähigkeit und die Wärmeleitfähigkeit.

Durch die Struktur der Kristallgitter sind Metalle fest und gleichzeitig verformbar.

Von den Metallen hat Eisen als Konstruktionswerkstoff die größte wirtschaftliche und technische Bedeutung.

Daher sind die Metalle weiter unterteilt in, vgl. Bild ➔ 1:

- Eisenmetalle
- Nichteisenmetalle

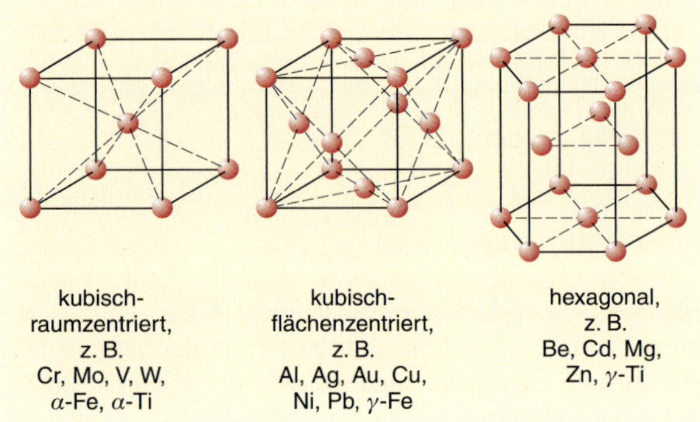

2 Kristallgitter

Eisenmetalle

Bestandteile der Eisenmetalle
Eisenmetalle werden aus Eisenerz und Schrott gewonnen; Schrott hat einen Anteil von 55 % bis 60 %.

Eisenmetalle bestehen aus Eisen und Legierungselementen; das wichtigste Legierungselement ist Kohlenstoff.

Weitere wichtige Legierungselemente sind:

- Chrom: erhöht die Korrosionsbeständigkeit, Druckfestigkeit, Zugfestigkeit, Verschleißfestigkeit
- Mangan: erhöht die Streckgrenze, Zugfestigkeit, Zähigkeit, Verschleißfestigkeit
- Molybdän: erhöht die Korrosionsbeständigkeit, Verschleißfestigkeit, Streckgrenze, Festigkeit
- Nickel: erhöht die Streckgrenze, Kerbschlagzähigkeit, Korrosionsbeständigkeit, Zähigkeit
- Vanadium: erhöht die Streckgrenze, Zugfestigkeit, Warmfestigkeit, Schneidhaltigkeit
- Wolfram: erhöht die Streckgrenze, Zugfestigkeit, Zähigkeit, Härte, Verschleißfestigkeit

Eisenmetalle können nach der Höhe des Kohlenstoffanteils unterteilt werden in, vgl. Bild ➔ 1:

- Stahl
- Eisen-Gusswerkstoffe

Stahl

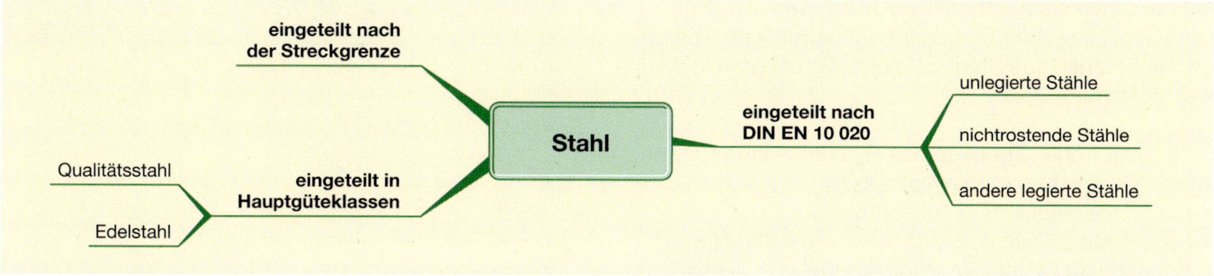

1 Stahl – Einteilung

Stahl wird aus Stahlroheisen geschmolzen und hat einen Kohlenstoffgehalt bis 2 %.

Die Stähle können eingeteilt werden, siehe Bild ➔ 1:
- nach DIN EN 10 020
- in Hauptgüteklasse
- nach der Streckgrenze

Stähle, eingeteilt nach DIN EN 10 020

DIN EN 10 020 unterteilt die Stähle in, siehe Bild ➔ 1:
- unlegierte Stähle
- nichtrostende Stähle
- andere legierte Stähle

Beim **unlegierten Stahl** ist der Anteil jedes der Legierungselemente kleiner als in Bild ➔ 2 angegeben. Die Bezeichnung „unlegierter Stahl" ist verwirrend, denn Stahl hat immer einen Kohlenstoffanteil bis maximal 2 % – Stahl ist also in jedem Fall eine Eisen-Kohlenstoff-Legierung.

Nichtrostender Stahl hat einen Legierungsbestandteil von Chrom mindestens 10,5 % und Kohlenstoff höchstens 1,2 %.

Zu den **anderen legierten Stählen** gehören diejenigen Stähle, die
- mindestens ein Legierungselement besitzen, dessen Masseanteil größer ist als in Bild ➔ 2 angegeben und
- nicht zu den nichtrostenden Stählen zählen.

Stähle, eingeteilt in Hauptgüteklassen

Stahl lässt sich einteilen nach Hauptgüteklassen in, vgl. Bild ➔ 1:
- Qualitätsstahl
- Edelstahl

Legierungs-element	Kurz-zeichen	Grenzwert des Massenanteils in %
Aluminium	Al	0,30
Bor	B	0,0008
Bismut	Bi	0,10
Cobalt	Co	0,30
Chrom	Cr	0,30
Kupfer	Cu	0,40
Lanthanide	La	0,10
Mangan	Mn	1,65
Molybdän	Mo	0,08
Niob	Nb	0,06
Nickel	Ni	0,30
Blei	Pb	0,40
Selen	Se	0,10
Silicium	Si	0,60
Tellur	Te	0,10
Titan	Ti	0,05
Vanadium	V	0,10
Wolfram	W	0,30
Zirconium	Zr	0,05

2 Grenzwerte für Legierungen in unlegiertem Stahl

Qualitätsstahl ist eine Bezeichnung für legierte oder unlegierte Stähle, für die im Allgemeinen festgelegte Anforderungen bestehen. Festgelegte Anforderungen sind z. B. Zähigkeit, Korngröße, Umformbarkeit.

Edelstahl ist eine Bezeichnung für legierte oder unlegierte Stähle mit besonderem Reinheitsgrad und damit verbesserten Eigenschaften. Verbesserte Eigenschaften sind z. B. hohe Streckgrenze, Härtbarkeit, kontrollierte Wärmeausdehnung oder besonderer elektrischer Widerstand.

Stähle, eingeteilt nach der Streckgrenze

Wird ein Bauteil durch Zugkräfte belastet, entsteht im Werkstoff eine Zugspannung. Durch diese Zugspannung verformt sich ein Bauteil aus Metall zunächst elastisch und ab einer Belastungsgrenze plastisch. Diese Belastungsgrenze ist wird als **Streckgrenze** R_e bezeichnet.

Die Streckgrenze R_e ist eine Kenngröße der Metalle, die im Zugversuch ermittelt wird; vgl. Kap. 2.7.2.
Der Karosserie- und Fahrzeugbaumechaniker arbeitet oft mit Blechen aus Stahl mit hoher Streckgrenze zum Kaltumformen.

Stähle mit hoher Streckgrenze R_e zum Kaltumformen werden in drei Gruppen eingeteilt:
- hochfeste Stähle: $R_e \leq 300$ N/mm²
- höherfeste Stähle: $R_e > 300$ N/mm² bis 800 N/mm²
- höchstfeste Stähle: $R_e > 800$ N/mm²

Im Karosserie- und Fahrzeugbau werden die Stähle nach der Streckgrenze bezeichnet, da die Höhe der Streckgrenze von wesentlicher Bedeutung ist.

Bei der Instandsetzung von Karosserieteilen aus Stählen mit hoher Streckgrenze ist zu beachten, dass bei der Rückverformung:
- hoher Kraftaufwand nötig ist
- das Bauteil stark rückfedert wegen der hohen Streckgrenze (= große Beulsteifigkeit)
- bei scharfkantiger Beschädigung sich Risse bilden können,
- mit Wärme Herstellerangaben zu beachten sind, weil sich durch Wärme die Festigkeit in diesen Blechen verringert

Stähle mit hoher Streckgrenze zum Kaltumformen sind:
- mikrolegierte Stähle
- phosphorlegierte Stähle
- IF-Stähle
- DP-Stähle
- Bake-Hardening-Stähle
- TPN-Stähle
- TWIP-/TRIP-Stähle

Mikrolegierte Stähle
Mikrolegierte Stähle haben einen sehr geringen Kohlenstoffgehalt und enthalten kleine Mengen Mn, Si, P, S, Al, V, Ti, Mo und B, vgl. Bild ➔ 2, Seite 263. Sie erhalten ihre besonderen mechanischen Eigenschaften durch unterschiedliche Kombination und Mengen der Legierungselemente und durch Wärmebehandlung bei der Herstellung.

Mikrolegierte Stähle besitzen eine hohe Festigkeit, lassen sich gut verformen und gut schweißen, siehe Bild ➔ 1. Sie eignen sich besonders für tragende Karosserieteile.

Achtung:
Wird Stahl mit hoher Streckgrenze z. B. beim Rückverformen über 580 °C erwärmt, vermindert sich wieder die Festigkeit.

Stahlsorte	Zugfestigkeit R_m in $\frac{N}{mm^2}$ (MPa)	Streckgrenze R_e in $\frac{N}{mm^2}$ (MPa)	Bruchdehnung A in % (l_0 = 80 mm)
mikrolegierte Stähle	330 … 950	220 … 700	30 … 10
phosphorlegierte Stähle	340 … 500	220 … 360	30 … 26
IF-Stähle	300 … 390	140 … 220	48 … 37
DP-Stähle	400 … 900	200 … 600	26 … 8
Bake-hardening-Stähle	340 … 900	220 … 600 270 … 650[1]	30 … 8
TPN-Stähl	900	> 750	>15
TWIP-Stähle TRIP-Stähle	650 … 1000	> 300	35 … 80

[1] Streckengrenzenerhöhung nach Umformung und Erwärmung auf 170 °C/20 min

1 Mechanische Eigenschaften für Blech aus Stahl mit hoher Streckgrenze zum Kaltumformen

Phosphorlegierte Stähle
Phosphorlegierte Stähle haben neben den anderen Mikrolegierungselementen einen hohen Phosphorgehalt. Durch Phosphor bilden sich im Ferritgitter Mischkristalle. Die Gitter verzerren sich, wodurch sich Streckgrenze und Zugfestigkeit erhöhen, vgl. Bild ➔ 1.
Phosphorlegierte Stähle lassen sich beim Tief- und Streckziehen gut umformen; deshalb sind sie als kaltgewalzte Flacherzeugnisse in Karosserien eingesetzt.

IF-Stähle
Bei IF-Stählen[1] werden Kohlenstoff- und Stickstoffatome, die sich auf Zwischengitterplätzen befinden, mit Titan und/oder Niob gebunden, sodass eine Mikrolegierung mit TiCN und NbCN entsteht. Die Mikrokristalle verfestigen sich; deshalb lassen sich IF-Stähle gut umformen, vgl. Bild ➔ 1. IF-Stähle werden für schwierige Ziehteile eingesetzt wie Kotflügel oder Innenteile von Tür, Motorhaube und Kofferraumdeckel.

DP-Stählen
DP-Stähle[2] sind mikrolegierte Stähle, die beim Walzen erwärmt und danach schnell abgekühlt wurden. So hat sich ein zweiphasiges Gefüge gebildet mit einem Anteil
- Martensit: für hohe Festigkeit, vgl. Bild ➔ 1
- Ferrit: für gute Umformbarkeit

DP-Stahl zeichnet sich aus durch starke Kaltverfestigung schon bei kleinem Verformungsgrad (> 5 %). Er eignet sich besonders für die Herstellung von großflächigen Ziehteilen. Der DP-Stahl ist der wärmeempfindlichste Stahl mit hoher Streckgrenze: Schon bei einer Temperatur von t = 300 °C verringert sich die Festigkeit erheblich.

[1] IF-Stahl = Interstitialfree-Stahl (engl.): Stahl mit geringem Gehalt an interstitiell (als Zwischengitteratom) eingelagerten Legierungselementen

[2] DP-Stahl = Dualphasen-Stahl: Stahl mit Gefüge aus einer weichen Matrix (Ferrit), in die eine Zweitphase (Martensit) eingelagert ist, die die Festigkeit steigert

Bake-Hardening-Stahl

Bake-Hardening-Stahl[1] lässt sich nach der Anlieferung gut verformen; verfestigt wird er dann beim Walzen. Außerdem erhöht sich die Streckgrenze (und somit die Festigkeit) um ca. 50 N/mm², wenn die Karosserie erwärmt wird, um den Lack bei t = 170 °C einzubrennen, vgl. Bild ➔ 1, Seite 264.

TPN-Stähle

TPN-Stähle[2] besitzen eine hohe Festigkeit und lassen sich gut umformen, vgl. Bild ➔ 1, Seite 264. Sie werden dann noch beim Umformen kaltverfestigt, dann wird Austenit umgewandelt in harten Martensit.

Aufgrund dieser Eigenschaft ist TPN-Stahl gut geeignet für solche Karosserieteile, die sich bei einem Crash stark verformen.

Diese Bauteile müssen dann nicht mehr größer dimensioniert sein – so wird der Leichtbau der Karosserie gefördert.

TWIP-/TRIP-Stähle

TWIP-Stähle[3] und TRIP-Stähle[4] sind stark verformbar, verfestigen sich aber beim Verformen. Die TWIP-Stähle und TRIP-Stähle können bei einem Crash deutlich mehr Energie aufnehmen als übliche Stahlsorten oder als Aluminiumlegierungen; sie haben ein hohes Energieabsorptionsverhalten. Das trägt zum Insassenschutz bei.

Die Bauteile der Karosserie können dann dünner konstruiert werden – das fördert den Leichtbau.

Bezeichnung von Stahl

Bei der Bezeichnung von Stahl verwendet man zwei unterschiedliche Systeme:
- nach Werkstoffnummern
- nach Kurzzeichen

Die **Bezeichnung nach Werkstoffnummern** ist in DIN EN 10 027-2 genormt. Jede Stahlsorte erhält eine Werkstoffnummer, die sich aus Werkstoffhauptgruppen-, Stahlgruppen- und Zählnummer zusammensetzt. Sie gilt zusätzlich zu den Kurznamen der Stähle.

Beispiel:
EN 10025-1 – 1.0038
Es bedeuten:
EN 10025-1: DIN-EN-Nr.
1: Werkstoffhauptgruppen-Nr. (1=Stahl)
00: Stahlgruppen-Nr.
38: Zählnummer = S235JR (Kurzname)

Die Bezeichnung nach Werkstoffnummern ist für die elektronische Datenverarbeitung sehr gut geeignet.

Die **Bezeichnung nach Kurzzeichen** ist genormt in DIN EN 10 027-1.

Die Kurzzeichen enthalten Hinweise auf:
- die Verwendung und die mechanischen oder physikalischen Eigenschaften der Stähle, siehe Bild ➔ 1, Seite 266
- die chemische Zusammensetzung der Stähle, siehe Bild ➔ 1, Seite 267

Es werden vier Untergruppen unterschieden:
- unlegierte Stähle mit Mn-Gehalt < 1 %
- unlegierte Stähle mit Mn-Gehalt > 1 % und legierte Stähle mit Legierungsgehalt je Element < 5 %
- legierte Stähle mit Legierungsgehalt je Element > 5 %
- Schnellarbeitsstähle

GEMEINSAMES BEIDER FACHRICHTUNGEN

[1] Bake-Hardening-Stahl: Stahl, der sich durch Backen (Erwärmen) verfestigt (hardening)

[2] TPN-Stahl = Three Phases mit Nano-Ausscheidung: Stahl mit bainitisch/ferritischem Gefüge + eingelagertem Restaustenit + Ausscheidungen, die nur einige Nanometer groß sind

[3] TWIP = Twinning Induced Plasticity (engl.): durch Zwillingsbildung bewirkte Plastizität

[4] TRIP = Transformation Induced Plasticity (engl.): durch Umwandlung bewirkte Plastizität

Hauptsymbole		Zusatzsymbole		
		Stähle für den Stahlbau		
Buchstabe	**Eigenschaften**	**Für Stahl**		**Für Stahlerzeugnisse**
		Gruppe 1	**Gruppe 2**	
G = Stahlguss (wenn erforderlich) S = Stähle für den Stahlbau	n n n = Mindeststreckgrenze (R_e) in N/mm² für die geringste Erzeugnisdicke	**Kerbschlagarbeit in Joule** – **27 J / 40 J / 60 J** – **Prüftemp. °C** JR / KR / LR / + 20 J0 / K0 / L0 / 0 J2 / K2 / L2 / – 20 J3 / K3 / L3 / – 30 J4 / K4 / L4 / – 40 J5 / K5 / L5 / – 50 J6 / K6 / L6 / – 60 M = thermomechanisch gewalzt N = normalgeglüht oder normalisierend gewalzt Q = vergütet G = andere Merkmale, wenn erforderlich mit 1 oder 2 Ziffern	C = mit besonderer Kaltumformbarkeit D = für Schmelztauchüberzüge E = für Emaillierung F = zum Schmieden H = Hohlprofile L = für tiefere Temperaturen M = thermomechanisch gewalzt N = normalgeglüht oder normalisierend gewalzt O = für Offshore P = Spundwandstahl Q = vergütet S = für Schiffsbau T = für Rohre W = wetterfest	Tabellen 1, 2, 3 (Bild 1, Seite 267)
		Maschinenbaustähle		
E = Maschinenbaustähle	n n n = Mindeststreckgrenze (R_e) in N/mm² für die geringste Erzeugnisdicke	G = andere Merkmale, wenn erforderlich mit 1 oder 2 Ziffern	C = mit besonderer Kaltumformbarkeit	Tabelle 3 (Bild 1, Seite 267)
		Stähle für Druckbehälter		
G = Stahlguss (wenn erforderlich) P = Druckbehälterstähle	n n n = Mindeststreckgrenze (R_e) in N/mm² für die geringste Erzeugnisdicke	M = thermomechanisch gewalzt N = normalgeglüht oder normalisierend gewalzt Q = vergütet B = Gasflaschen S = einfache Druckbehälter T = Rohre G = andere Merkmale, wenn erforderlich mit 1 oder 2 nachfolgenden Ziffern	H = Hochtemperatur L = Tieftemperatur R = Raumtemperatur X = Hoch- und Tieftemperatur	Tabellen 1, 2, 3 (Bild 1, Seite 267)
		Flacherzeugnisse zum Kaltumformen (mit Ausnahme der höherfesten Stähle)		
D = Flacherzeugnisse zum Kaltumformen	C n n = kaltgewalzt, gefolgt von einer zweistelligen Kennzahl n n D n n = warmgewalzt, bestimmt für unmittelbare Kaltumformung, gefolgt von einer zweistelligen Kennzahl n n X n n = Art des Walzens (warm oder kalt) nicht vorgeschrieben, gefolgt von einer zweistelligen Kennzahl n n	D = für Schmelztauchüberzüge EK = für konventionelle Emaillierung ED = für Direktemaillierung H = für Hohlprofile T = für Rohre an = chemische Symbole für vorgeschriebene zusätzliche Elemente, z.B. Cu, falls erforderlich zusammen mit einer zweistelligen Zahl, die den mit 10 multiplizierten Mittelwert der vorgeschriebenen Spanne des Gehalts (auf 0,1 % gerundet) des Elementes angbit G = andere Merkmale, wenn erforderlich mit 1 oder 2 nachfolgenden Ziffern		Tabellen 2, 3 (Bild 1, Seite 267)
		Kaltgewalzte Flacherzeugnisse aus höherfesten Stählen zum Kaltumformen		
H = kaltgewalzte Flacherzeugnisse aus höherfesten Stählen zum Kaltumformen	n n n = Mindeststreckgrenze (R_e) in N/mm² T n n n = Mindestzugfestigkeit (R_m) in N/mm²	M = thermomechanisch gewalzt und kaltgewalzt B = Bake hardening P = Phosphorlegiert X = Dualphase Y = Interstitialfree steel (F-Stahl) G = andere Merkmale, wenn erforderlich mit 1 oder 2 nachfolgenden Ziffern	D = für Schmelztauchüberzüge	Tabelle 2 (Bild 1, Seite 267)

1 Kurznamen für Stähle nach ihren mechanischen oder physikalischen Eigenschaften

Symbol	Bedeutung
Tabelle 1: Symbole für besondere Anforderungen	
+ C	Grobkornstahl
+ F	Feinkornstahl
+ H	mit besonderer Härtbarkeit
+ Z15	Mindest-Brucheinschnürung senkrecht zur Oberfläche 15 %
+ Z25	Mindest-Brucheinschnürung senkrecht zur Oberfläche 25 %
+ Z35	Mindest-Brucheinschnürung senkrecht zur Oberfläche 35 %
Tabelle 2: Symbole für die Art des Überzuges	
+ A	feueraluminiert
+ AR	Aluminium-walzplattiert
+ AS	mit einer Al-Si-Legierung überzogen
+ AZ	mit einer Al-Zn-Legierung überzogen (> 50 % Al)
+ CE	elektrolytisch spezialverchromt (ECCS)
+ CU	Kupferüberzug
+ IC	anorganische Beschichtung
+ OC	organische Beschichtung
+ S	feuerverzinnt
+ SE	elektrolytisch verzinnt
+ T	schmelztauchveredelt mit einer Blei-Zinn-Legierung (Terne)
+ TE	elektrolytisch mit einer Blei-Zinn-Legierung überzogen
+ Z	feuerverzinkt
+ ZA	mit einer Zn-Al-Legierung überzogen (> 50 % Zn)
+ ZE	elektrolytisch verzinkt
+ ZF	diffusionsgeglühte Zinküberzüge (galvannealed, mit diffundiertem Fe)
+ ZN	Zink-Nickel-Überzug (elektrolytisch)
Tabelle 3: Symbole für den Behandlungszustand	
+ A	weichgeglüht
+ AC	geglüht zur Erzielung kugeliger Karbide
+ AT	lösungsgeglüht
+ C	kaltverfestigt (z. B. durch Walzen oder Ziehen)
+ Cnnn	kaltverfestigt auf eine Mindestzugfestigkeit von n n n $\frac{N}{mm}$
+ CR	kaltgewalzt
+ HC	warm-kalt-geformt
+ LC	leicht kalt nachgezogen bzw. leicht nachgewalzt (Skin passed)
+ M	thermomechanisch gewalzt
+ N	normalgeglüht oder normalisierend gewalzt
+ NT	normalgeglüht und angelassen
+ Q	abgeschreckt
+ QA	luftgehärtet
+ QO	ölgehärtet
+ QT	vergütet
+ QW	wassergehärtet
+ S	behandelt auf Kaltscherbarkeit
+ T	angelassen
+ U	unbehandelt

1 Tabelle für Stahlerzeugnisse zu Bild 1, Seite 266

Stahl für Karosserien

Stahl hat eine höhere Dichte als Aluminium, Magnesium oder Kunststoff, ist aber fester und steifer. Dadurch kann die Dicke der Karosseriebleche aus Stahl dünner sein – im besten Fall ist eine Karosserie aus Stahl auch nicht schwerer als aus anderen Werkstoffen.
Und Stahl hat weitere Vorteile; Stahl ist:

- billig herzustellen
- weich und kann nach einem Unfall wieder rückverformt werden
- gut wiederzuverwerten, im Vergleich zu manchen Kunststoffen

Deshalb ist Stahl heute immer noch der wichtigste Konstruktionswerkstoff in der modernen Fahrzeugtechnik. Doch herkömmliche Tiefziehstähle verlieren zunehmend an Bedeutung. Stattdessen werden hoch-, höher- und ultrahochfeste Stahllegierungen bevorzugt, weil sie bei geringer Masse eine hohe Festigkeit erreichen. Das sind vor allem:

- IF-Stahl
- DP-Stahl
- TRIP-Stahl
- TWIP-Stahl

Der Trend geht jedoch dahin, Karosserien aus einer Kombination von Stahl, Leichtmetall und Kunststoff herzustellen. Beispiel siehe Bild → 2.

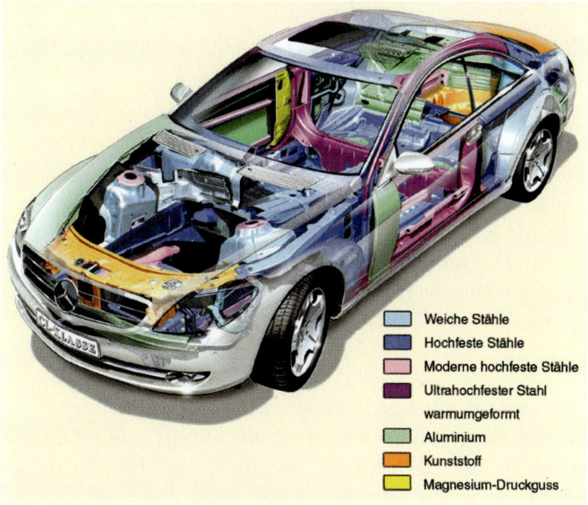

2 Werkstoffe einer Karosserie – Beispiel

Eisen-Gusswerkstoffe

1 Eisen-Gusswerkstoffe – Einteilung

Eisen-Gusswerkstoffe sind Eisen-Kohlenstoff-Legierungen mit über 2 % Kohlenstoffgehalt – die meisten Eisen-Gusswerkstoffe enthalten 3 % bis 4 % Kohlenstoff.

Wenn Eisen vom schmelzflüssigen Zustand fest wird und das Gussteil weiter abkühlt, verkleinert sich sein Volumen; es schwindet. **Schwindung** (Schwindmaß) ist eine Materialkenngröße, die die gleichmäßige Abnahme des Volumens angibt, wenn sich das Gussteil von Schmelztemperatur bis auf Raumtemperatur abkühlt.

Die Schwindung der Eisen-Gusswerkstoffe beträgt ca. 1 %.

Bei der Erstarrung der Schmelze scheidet der Kohlenstoff als Grafit im Gefüge aus.

Eisen-Gusswerkstoffe werden benannt und unterschieden nach der Grafitbildung im Gefüge, vgl. Bild → 1:

- Gusseisen mit Lamellengrafit
- Gusseisen mit Kugelgrafit
- Temperguss
- Stahlguss

Gusseisen mit Lamellengrafit

Gusseisen mit Lamellengrafit wird auch graues Gusseisen (früher: **Grauguss**) genannt, weil die Bruchfläche durch den Lamellengrafit grau erscheint, siehe Bild → 2.

Gusseisen mit Lamellengrafit kann kaum Zugkräfte übertragen. Wird das Gussteil durch Zug belastet, entstehen durch die Form der Lamellen Spannungsspitzen und eine Kerbwirkung im Werkstoff. Dadurch kommt es zu Haarrissen und letztlich zur Zerstörung des Gussteils.

Bauteile aus Gusseisen mit Lamellengrafit dürfen keiner hohen Zugbelastung ausgesetzt werden.

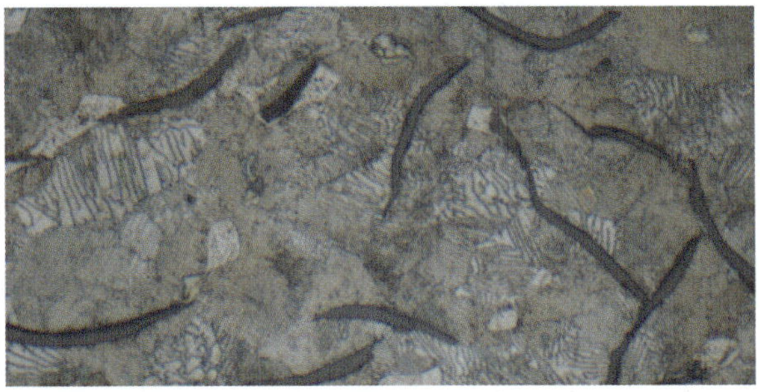

2 Gusseisen mit Lamellengrafit

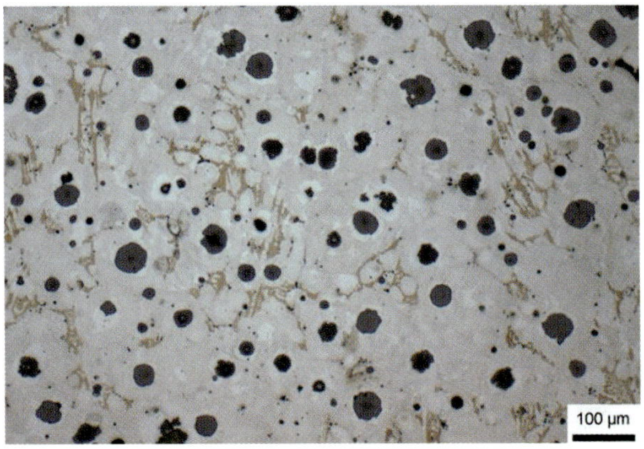

3 Gusseisen mit Kugelgrafit

Die Druckfestigkeit des Gusseisens mit Lamellengrafit ist jedoch deutlich höher als die Zugfestigkeit, da der Lamellengrafit nicht zusammendrückbar (inkompressibel) ist. Weiterhin wirkt der Lamellengrafit schwingungsdämpfend. Daher wird Gusseisen mit Lamellengrafit auch für Bauteile eingesetzt, die nur eine niedrige Eigenschwingung haben dürfen und mechanische Schwingungen dämpfen müssen.

Gusseisen mit Kugelgrafit

Gusseisen mit Kugelgrafit entsteht, indem Mangan und Cer zur Gusseisenschmelze zugegeben werden. Der Kohlenstoff fällt dann nicht als Lamellen aus, sondern kugelförmig, siehe Bild → 3.

Der Kugelgrafit erzeugt keine Kerbwirkung. Deshalb können vom Gusseisen mit Kugelgrafit hohe Zugbelastungen aufgenommen werden. Dieses Gusseisen weist ähnliche Festigkeit auf wie Stahl. Die Dämpfung von Schwingungen ist allerdings geringer als bei Bauteilen aus Gusseisen mit Lamellengrafit.

Temperguss

Temperguss wird schnell aus der Schmelze abgekühlt. Die Kohlenstoffatome werden daher nicht als Grafit ausgeschieden, sondern sind im Zementit (Eisen-Kohlenstoff-Verbindung Fe_3C) gebunden.
Anschließend erfolgt ein längeres Glühen bei einer Temperatur um 1000 °C (Tempern). Dadurch werden ähnliche mechanische Eigenschaften erreicht wie beim Gusseisen mit Kugelgrafit.

Nach dem Temperverfahren wird unterschieden in:
- schwarzer Temperguss
- weißer Temperguss

Schwarzer Temperguss wird in neutraler Umgebung getempert, z. B. im Schutzgasofen oder mit Sandabdeckung. So wird verhindert, dass der Luftsauerstoff den Kohlenstoff aus dem Temperguss entzieht. Durch das Tempern fällt der Kohlenstoff aus dem Zementit aus und bildet im gesamten Querschnitt Grafitflocken (Temperkohle), siehe Bild → 1. Diese Temperkohle erzeugt keine Kerbwirkungen und ist der Grund für die hohe mechanische Festigkeit, ähnlich wie beim Kugelgrafit.

Weißer Temperguss wird in Mitteln getempert, die Sauerstoff abgeben, z. B. in Pulver oder Gas. Durch den Sauerstoff werden dem Gussteil in den Rändern Kohlenstoffatome entzogen. Die Tiefe des Kohlenstoffentzuges wird durch die Temperzeit gesteuert. Es entstehen Randbereiche am Gussteil, die so kohlenstoffarm sind wie bei Stahl, siehe Bild → 2. Weißer Temperguss ist gut schweißbar.

Stahlguss

Stahl kann zu Formstücken vergossen werden – der Stahlguss. Man verwendet ihn für Stahlbauteile mit komplizierter Form, die nicht durch Schmieden oder nur als aufwendige Schweißkonstruktionen hergestellt werden können.

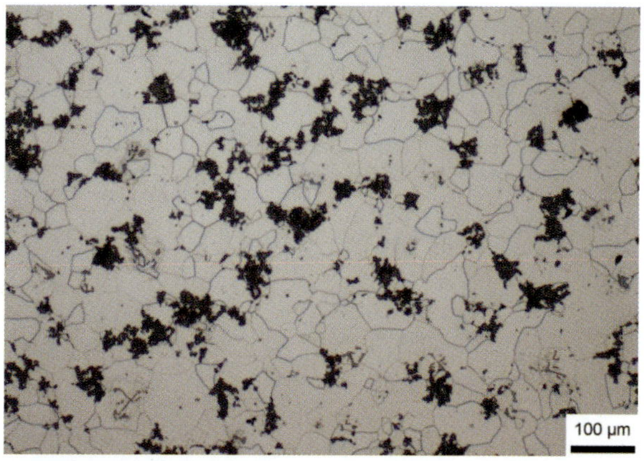

1 Schwarzer Temperguss

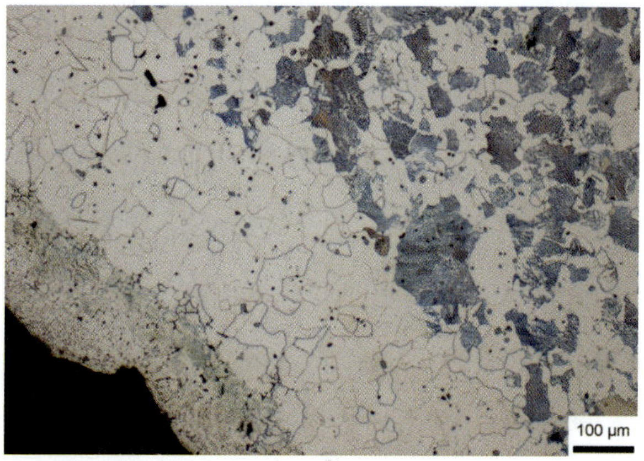

2 Weißer Temperguss

Grundsätzlich können alle Stahlsorten zu Stahlguss vergossen verwendet werden. Die Eigenschaften ergeben sich dann im Wesentlichen aus den Anteilen der verschiedenen Legierungsbestandteile.

Bauteile aus Stahlguss haben eine Schwindung von 1,6 % bis 2,5 %, sodass im Werkstoff hohe Spannungen entstehen; es kann sogar zu Spannungsrissen kommen.

Deshalb müssen Bauteile aus Stahlguss immer wärmebehandelt werden.

Nichteisenmetalle

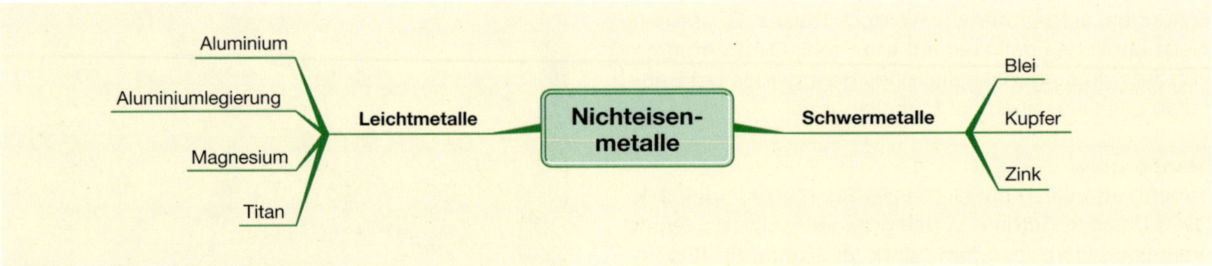

1 Häufig verwendete Nichteisenmetalle

Einteilung der Nichteisenmetalle

Nichteisenmetalle sind unlegierte und legierte Metalle, bei denen Eisen nicht der Hauptlegierungsbestandteil ist. Man bezeichnet Nichteisenmetalle auch als **NE-Metalle**.

Die Nichteisenmetalle werden nach ihrer Dichte unterteilt in, siehe Bild ➔ 1:
- Leichtmetalle
- Schwermetalle

Leichtmetalle

Leichtmetalle haben eine Dichte von $\rho < 5$ kg/dm^3. Sie werden überwiegend als legierte Metalle für die Herstellung von Bauteilen verwendet.

Im Vergleich zu Stahlkonstruktionen ergibt sich hohe Masseeinsparung bei ähnlicher Festigkeit.

Häufig verwendete Leichtmetalle sind, vgl. Bild ➔ 1:
- Aluminium
- Aluminiumlegierung
- Magnesium
- Titan

Aluminium
Aluminium wird unter hohem Energieaufwand aus Bauxit gewonnen. Das Einschmelzen von Aluminiumschrott erfordert dagegen nur einen Bruchteil des Energieaufwandes der Erstgewinnung; daher ist das Recycling sehr wichtig.

Aluminiumlegierungen haben Legierungselemente wie Kupfer (Cu), Magnesium (Mg), Silizium (Si) und Zink (Zn).

Es werden unterschieden:
- aushärtbare Aluminiumlegierungen, z. B. AlMgSi..., AlMgCu..., AlMgZn..., AlCuTi..., bei denen die Festigkeit durch eine Wärmebehandlung gesteigert werden kann
- nicht aushärtbare Aluminiumlegierungen

Eigenschaften von Aluminiumlegierungen:
- Dichte $\rho = 2{,}7$ kg/dm^3 bis 2,8 kg/dm^3
- Schmelztemperatur $t_S = 658$ °C
- korrosionsbeständig, da Aluminium eine dichte Oxidschicht bildet
- gut verformbar
- einfache spanabhebende Verarbeitung
- guter Strom- und Wärmeleiter
- schweißbar und lötbar, jedoch mit Einschränkungen:
  - Oxidhaut muss beseitigt werden
  - bei ausgehärteten Aluminiumlegierungen verringert sich an der Schweißnaht die Festigkeit um mehr als 50 %; dann muss eine andere Fügetechnik gewählt werden, z. B. Nieten oder Kleben

Verwendung von Aluminiumlegierungen:
- Bleche, Profile für Fahrzeug- und Flugzeugbau
- Getriebe, Motorblock, Armaturen, Niete

Aluminiumlegierungen werden bezeichnet nach:
- numerische Bezeichnung
- Werkstoff-Kurzzeichen
- Werkstoffnummer

Aus der Werkstoffnummer und aus der **numerischen Bezeichnung** lassen sich nicht direkt die Legierungsbestandteile der Aluminiumlegierung ablesen, vgl. Bild ➔ 1, Seite 271. Diese Bezeichnungssysteme sind aber für die elektronische Datenverarbeitung sehr gut geeignet.

Die Bezeichnung nach **Werkstoff-Kurzzeichen** gibt direkt den Anteil der Legierungsbestandteile an, vgl. Bild ➔ 1, Seite 271.

Die Bezeichnung nach **Werkstoffnummern** ist in DIN 17 007-4 genormt. Für Leichtmetalle steht als Werkstoffhauptgruppennummer die Ziffer 3, gefolgt von sechs Ziffern für Legierungselemente und Eigenschaften.

Aluminium für Karosserien

Aluminium und Aluminiumlegierungen sind als Werkstoff für Karosserien gut geeignet. Bei der Herstellung von Aluminium wird zwar sehr viel Energie benötigt, doch die Ökobilanz bei Karosserien aus Aluminium ist äußerst günstig, da Aluminium:

- leichter ist als Stahl; ein leichter Pkw verbraucht weniger Kraftstoff
- gut wiederverwertet werden kann

Einige Karosserien der Oberklasse und von Sportwagen bestehen aus einem großen Anteil Aluminium, Beispiel siehe Bild → 2.

Die meisten Karosserien bestehen derzeit aus einer Kombination verschiedener Stähle, Aluminium und Kunststoff, vgl. Bild → 2, Seite 267. Allerdings ist dabei zu beachten, dass an den Berührungsstellen unterschiedlicher Elemente elektrochemische Korrosion auftritt – diese Korrosion muss mit Hilfe entsprechender Maßnahmen verhindert werden.

Derzeit wird an leichten Werkstoffen sehr viel entwickelt und geforscht, sodass in Zukunft Aluminium und Aluminiumlegierungen in Pkws in noch größerem Maße eingesetzt werden.

Magnesium

Magnesium (Mg) kann ebenfalls als Konstruktionswerkstoff verwendet werden. Es ist mit einer Dichte von 1,74 g/cm^3 der leichteste verfügbare metallische Konstruktionswerkstoff.

Zum Vergleich:
Ein Bauteil aus Magnesium ist um bis zu 75 % leichter als ein gleiches Bauteil aus Stahl und immer noch 40 % leichter als ein gleiches Bauteil aus Aluminium.

Gleichzeitig besitzt Magnesium eine hohe Festigkeit, hohes Schwingungsdämpfungsvermögen; es kann elektro-magnetische Strahlung gut abschirmen und es ist sehr gut bearbeitbar und sehr gut recyclierbar.

Jedoch:
Der Energieaufwand für die Gewinnung von Magnesium ist hoch.

Numerische Bezeichnung	Werkstoff-Kurzzeichen	Eigenschaft	Verwendung Karosserie
EN AW-5005A	EN AW-AlMg1	n. a.	Innenteil
EN AW-5754	EN AW-AlMg3	n. a.	Innenteil
EN AW-5083	EN AW-AlMg4,5Mn0,7	n. a.	Innenteil
EN AW-2017A	EN AW-AlCu4MgSi	a	Außenteil
EN AW-7020	EN AW-AlZn4,5Mg1	a	Außenteil
EN AW-7022	EN AW-AlZnMg3Cu	a	Außenteil
EN AW-7075	EN AW-AlZn5,5MgCu	a	Außenteil

n. a. = nicht aushärtbar, a = aushärtbar

1 Aluminiumlegierungen für Karosserieteile (Auszug)

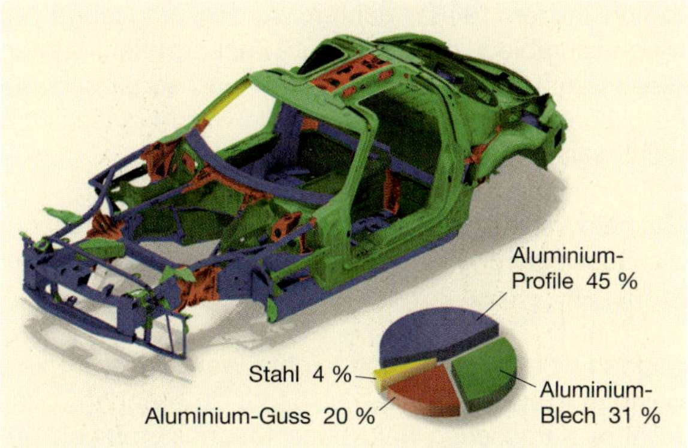

2 Karosserie eines Sportwagens, vorwiegend aus Aluminium

Im kalten Zustand ist Magnesium sehr spröde und leicht brüchig; bei über 250 °C werden dann aber im Werkstoff neue Gleitebenen aktiviert, was zu einer deutlich besseren Formbarkeit führt.
Magnesium ist recht teuer und wird bisher als Werkstoff vor allem in der Luft- und Raumfahrttechnik und in Kraftfahrzeugen angewendet für:

- Getriebegehäuse und Motorblöcke
- Druckguss-Bauteile
- Hochleistungskomponenten, z. B. für Renn- oder Sportwagen

Hauptsächliche Verwendung findet Magnesium als Legierungsmetall für Aluminium.
Aufgrund fortgeschrittener Technik und dem Zwang zum Leichtbau wird zzt. auch am industriellen Einsatz von Magnesium-Blech geforscht. Sobald das Umformvermögen und die Korrosionsbeständigkeit gesteigert werden, kann Magnesium in größerem Umfang auch in Automobilkarosserien eingesetzt werden.

Magnesium für Karosserien

Bauteile aus Magnesium sind für den Leichtbau sehr gut geeignet, denn sie sind um 40 % leichter als Bauteile aus Aluminium. Noch größer ist der Vorteil gegenüber Stahl-Bauteilen: Magnesium ist um 75 % leichter als Stahl – und das bei gleicher Festigkeit.

Weitere Vorteile von Magnesium sind:
Es ist auf der Erde in fast unbegrenzter Menge vorhanden; selbst Meerwasser enthält Magnesium. Und Magnesium kann vollständig wiederverwertet werden.

Die Nachteile von Magnesium sind:
- seine Herstellung ist teuer
- es ist anfällig für Korrosion

Schon in den 1940er Jahren wurden Flugzeuge mit Magnesiumblech gefertigt. Gute Facharbeiter konnten diese Bleche umformen, dengeln[1] und sogar schweißen. Doch wegen seiner Nachteile wurde dieser Weg nicht weiterverfolgt.

Deshalb wird Magnesium in Fahrzeugen derzeit nur als Gusslegierung eingesetzt; Beispiel Frontendträger in Bild ➔ 2, Seite 267 und Bild 3, Seite 279.

Jedoch werden in Zukunft leichte Werkstoffe in Pkws bevorzugt eingesetzt; so ist damit zu rechnen, dass für ihre Karosserien bald auch Magnesiumblech genutzt wird – einzelne Beispiele gibt es bereits, siehe Bild ➔ 1.

Titan

Titan wird aus Titaneisen und Titandioxid unter hohem Energieaufwand gewonnen. Es wird überwiegend als Titanlegierung verwendet. Legierungselemente sind: Aluminium (Al), Chrom (Cr), Eisen (Fe), Kohlenstoff (C), Mangan (Mn), Molybdän (Mo), Sauerstoff (O), Stickstoff (N), Kupfer (Cu), Tantal (Ta), Vanadium (V).

Eigenschaften von Titanlegierungen:
- Dichte $\rho = 4{,}5\ \text{kg/dm}^3$ bis $4{,}6\ \text{kg/dm}^3$
- Schmelztemperatur $t_S = 1670\ °C$
- korrosionsbeständig
- gut verformbar

Verwendung von Titanlegierungen:
- Bauteile für Fahrzeug- und Flugzeugbau
- Treibstoffbehälter, Auskleidungen, Fahrwerksteile, Beplankung

1 Rennwagen mit Verkleidung aus Magnesiumblech

Schwermetalle

Schwermetalle haben eine Dichte von $\rho > 5\ \text{kg/dm}^3$. Sie werden als Reinmetalle und als legierte Metalle verwendet.

Häufig verwendete Schwermetalle sind, vgl. Bild ➔ 1, Seite 270:
- Blei
- Kupfer
- Zink

Blei

Blei wird aus Bleiglanz gewonnen.

Blei ist giftig, es gehört zu den gesundheitsgefährdenden Stoffen.

Eigenschaften von Blei und Bleilegierungen:
- Dichte $\rho = 11{,}3\ \text{kg/dm}^3$
- Schmelztemperatur $t_S = 327\ °C$
- korrosionsbeständig
- gut verformbar
- Abschirmung gegen Röntgenstrahlen und radioaktive Strahlen

Blei- und Bleilegierungen werden wegen der Gesundheitsgefährdung nach Möglichkeit durch andere Werkstoffe ersetzt.

[1] dengeln: ein dünnes Blech durch Hämmern austreiben

Kupfer

Kupfer wird aus Kupferglanz, Buntkupfererz und Kupferkies gewonnen. Als Werkstoff werden reines Kupfer und Kupferlegierungen verwendet.

Kupfer lässt sich leicht umformen; im umgeformten Bereich kommt es zur Kaltverfestigung, die durch Weichglühen bei einer Temperatur von 400 °C bis 600 °C wieder rückgängig gemacht werden kann.

Eigenschaften von Kupfer:
- Dichte $\rho = 8{,}9\ kg/dm^3$
- Schmelztemperatur $t_S = 1083\ °C$
- korrosionsbeständig
- gut verformbar
- guter elektrischer Leiter
- guter Wärmeleiter

Verwendung von Kupfer
- Stromkabel, elektrische Kontakte
- Wärmetauscher, Lötkolben

Kupfer ist Bestandteil der bekannten Legierungen:
- Messing
- Bronze

Messing ist eine Kupfer-Zink-Legierung; es ist gut gießbar, gut spanend zu bearbeiten und korrosionsbeständig. Aus Messing werden Rohre, Armaturen, Schlossteile und Beschläge hergestellt.

Bronze ist eine Kupfer-Zinn-Legierung; sie ist besonders korrosionsbeständig und besitzt gute Gleiteigenschaften. Aus Bronze werden Gleitlager, Ventil- und Pumpengehäuse gefertigt.

Zink

Zink wird aus Zinkblende gewonnen. Als Werkstoff wird unlegiertes und legiertes Zink verwendet.
Zink ist ein niedrig schmelzendes Schwermetall mit geringer Festigkeit und guten Gieß- und Korrosionseigenschaften.

Eigenschaften von Zink:
- Dichte $\rho = 7{,}14\ kg/dm^3$
- Schmelztemperatur $t_S = 418\ °C$
- korrosionsbeständig

Verwendung von Zink:
- Druckgussteile für komplizierte
- Formen
- Beschichtung von Stahlteilen
- Legierungswerkstoff für Messing

5.5.2 Halbzeuge aus Metall

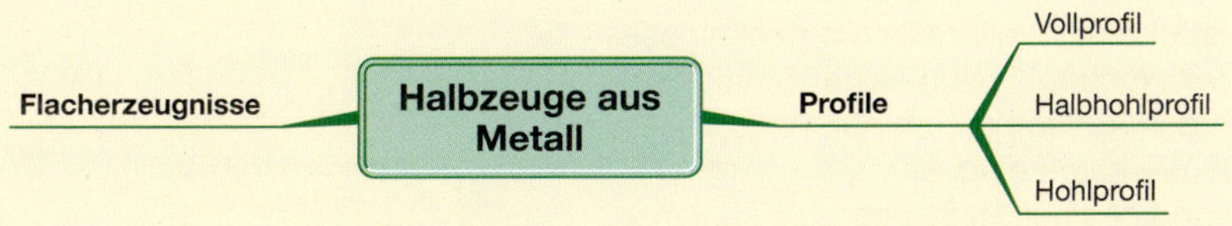

1 Halbzeuge aus Metall

Halbzeuge sind Produkte, die bei der Werkstoffherstellung eine Form erhalten, sodass sie für die Weiterverarbeitung zu Bauteilen geeignet sind. Halbzeuge sind Bleche, Tailored Blanks, Profile, Rohre, Drähte u. a. Sie sind genormt, dadurch werden Serienfertigung und Instandsetzung wirtschaftlich.

Bei Halbzeugen werden unterschieden, vgl. Bild → 1:
- Flacherzeugnisse
- Profile

Flacherzeugnisse aus Metall

Flacherzeugnisse sind Halbzeuge,
- die einen rechteckigen Querschnitt aufweisen und
- bei denen die Breite und Länge erheblich größer ist als die Dicke.

Die Oberfläche ist meist glatt; sie kann aber auch gemustert sein.
Werden Flacherzeugnisse aus Stahl als ebene Tafeln hergestellt, so werden sie als **Blech** bezeichnet.

Profile aus Metall

Profile sind lang gestreckte Bauteile mit nahezu unbegrenzter Querschnittsform.

Profile gibt es als:
- Vollprofil
- Halbhohlprofil
- Hohlprofil

Vollprofile sind Stangen und offene Profile mit einfacher geometrischer Form, Beispiele siehe Bild ➔ 1a.

Halbhohlprofile sind offene Profile mit komplizierter geometrischer Form, bei der die Stege dicht beieinanderliegen, Beispiele siehe Bild ➔ 1b.

Hohlprofile sind geschlossene Profile unterschiedlicher geometrischer Form, Beispiele siehe Bild ➔ 1c.

Die Form des Querschnitts oder die Verwendung wird häufig für die Profilbezeichnung verwendet, z. B. U-Profil, Z-Profil, Querprofil, Türrahmenprofil.

Profile, die im Karosserie- und Fahrzeugbau verwendet werden, müssen folgende Eigenschaften haben:
- sie müssen sich an die Karosseriestruktur anpassen können
- hohe Steifigkeit

Die Steifigkeit verhindert die Durchbiegung bzw. das Knicken oder Beulen der Profile bei Belastung. Die Steifigkeit wird durch das Flächenmoment 2. Grades bestimmt, Beispiele siehe Bild ➔ 2.

Aus dem Berechnungen in Bild ➔ 2 geht hervor: Verwendet man statt eines Vollprofils ein geschlossenes, quadratisches Hohlprofil mit gleicher Steifigkeit,
- vergrößert sich das Außenmaß um nur 10 %,
- wird aber 60 % Werkstoff eingespart,
- beträgt die Wanddicke nur 10 % des Vollprofilaußenmaßes,
- ist das Widerstandsmoment *W* des Hohlprofiles nur ca. 3 % kleiner.

Achtung:
- Für torsionssteife Gerippestrukturen sind nur geschlossene Profile zu verwenden,
- für torsionsweiche Gerippestrukturen nur offene Profile.

Denn das Flächenmoment 2. Grades ist bei einem geschlossenen Profil deutlich größer als bei einem offenen Profil, das Torsionsträgheitsmoment sogar um ca. das 40- bis 70-Fache.

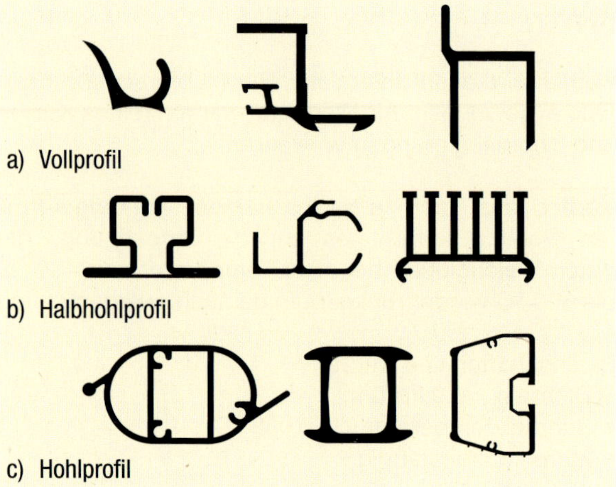

1 Leichtmetallprofile

geg.: Vollprofil nach Skizze, $l = 20$ mm
ges.: I, W und A

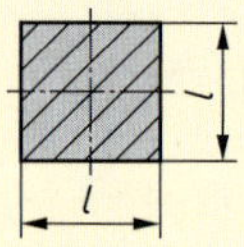

Lösung:

$$I = \frac{l^4}{12}$$
$$I = \frac{(20\,\text{mm})^4}{12}$$
$$\underline{\underline{I = 13\,333{,}3\ \text{mm}^4}}$$

$$W = \frac{l^3}{6}$$
$$W = \frac{(20\,\text{mm})^3}{6}$$
$$\underline{\underline{W = 1333\ \text{mm}^3}}$$

$$A = l^2$$
$$A = (20\,\text{mm})^2$$
$$\underline{\underline{A = 400\ \text{mm}^2}}$$

geg.: Hohlprofil nach Skizze, $t = 2$ mm, $I = 13\,333{,}3$ mm⁴
ges.: l, W und A

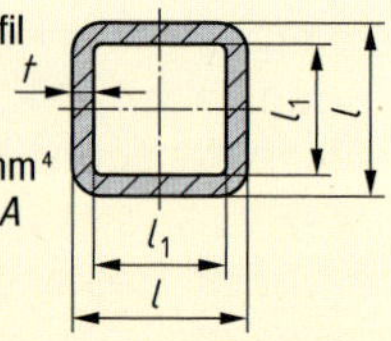

Lösung:

$$I = \frac{2}{3}\, l^3\, t$$
$$l = \sqrt[3]{\frac{3}{2}\,\frac{I}{t}} = \sqrt[3]{\frac{3 \cdot 13\,333{,}3\ \text{mm}^4}{2 \cdot 2\ \text{mm}}}$$
$$\underline{\underline{l = 21{,}54\ \text{mm}}}$$
gewählt: $\underline{\underline{l = 22\ \text{mm}}}$

$$W = \frac{4}{3}\, l^2\, t$$
$$W = \frac{4}{3}\,(22\,\text{mm})^2\ 2\,\text{mm}$$
$$\underline{\underline{W = 1290\ \text{mm}^3}}$$

$$A = l^2 - l_1^2$$
$$A = (22\,\text{mm})^2 - (18\,\text{mm})^2$$
$$\underline{\underline{A = 160\ \text{mm}^2}}$$

I Flächenmoment 2. Grades
A Querschnittsfläche
t Wanddicke
W Widerstandsmoment
l Außenmaß
l_1 Innenmaß

2 Steifigkeit eines Vollprofils und eines Hohlprofils

Im Karosserie- und Fahrzeugbau werden eingesetzt:
- Bleche aus Stahl
- Bleche aus Leichtmetall
- Profile aus Stahl
- Profile aus Leichtmetall

Bleche aus Stahl

Bleche aus Stahl können auch mit korrosionsschützendem Metall überzogen sein wie Zink oder Zink-Aluminium.

Sie können eingeteilt werden nach:
- Blechdicke
- Umformtemperatur beim Walzen
- Streckgrenze
- Tailored Blanks
- Tailored Rolled Blanks

Bleche aus Stahl, eingeteilt nach ihrer Dicke

Die Einteilung der Bleche aus Stahl nach ihrer Dicke *t* ist sehr verbreitet:
- Feinblech: $t < 3$ mm
- Mittelblech: $t = 3$ mm bis 4,75 mm
- Grobblech: $t > 4,75$ mm

Jedoch ist diese Einteilung in der Blech-Normung nicht mehr vorgesehen.

Bleche aus Stahl, eingeteilt nach der Umformtemperatur beim Walzen

Einteilung der Bleche nach der Umformtemperatur beim Walzen:
- warmgewalzte Bleche
- kaltgewalzte Bleche

Warmgewalzte Bleche
Warmgewalzte Bleche sind Bleche aus legiertem oder unlegiertem Stahl, die in einem Warmwalzwerk gewalzt werden. Sie eignen sich für innen liegende Karosserieteile, Bremsbelagträgerplatten und andere Konstruktionselemente.
Warmgewalzte Bleche aus weichem Stahl zum Kaltumformen haben eine Dicke $t > 1,5$ mm bis 8,0 mm. Sie sind gut tiefziehbar; deshalb bezeichnet man sie auch als **warmgewalzte Tiefziehbleche**. Sie gibt es in vier Stahlsorten DD 11 bis DD 14, siehe Bild ➔ 1.

Kaltgewalzte Bleche
Kaltgewalzte Bleche werden im Kaltwalzwerk gewalzt, die dabei entstehende Kaltverfestigung wird durch Rekristallisationsglühen beseitigt. Kaltgewalzte Bleche aus weichem Stahl zum Kaltumformen werden **kaltgewalzte Tiefziehbleche** genannt; ihre mechanischen Eigenschaften sind in Bild ➔ 1 aufgeführt.

Der Karosserie- und Fahrzeugbaumechaniker bearbeitet kaltgewalzte Tiefziehbleche, wenn er Karosserieteile herstellt oder sie instand setzt.

Stahlsorte		Zugfestigkeit R_m in $\frac{N}{mm^2}$ MPa	Streckgrenze R_e in $\frac{N}{mm^2}$ MPa	Bruchdehnung A in % (l_0 = 80 mm)
DC 01	kaltgewalzt	270 … 410	≤ 280[1]	28
DC 03	kaltgewalzt	270 … 370	≤ 240[1]	34
DC 04	kaltgewalzt	270 … 350	≤ 210[1]	38
DC 05	kaltgewalzt	270 … 330	≤ 180[1]	40
DC 06	kaltgewalzt	270 … 350	≤ 180[2]	38
DD 11	warmgewalzt	≤ 440	≤ 360[3]	25
DD 12	warmgewalzt	≤ 420	≤ 340[3]	27
DD 13	warmgewalzt	≤ 400	≤ 320[3]	30
DD 14	warmgewalzt	≤ 380	≤ 300[3]	33

Die angegebenen Streckgrenzen sind Maximalwerte bei Lieferung, die sich durch Alterung verändern,deshalb können für Konstruktionszwecke folgende Werte angenommen werden:
[1] 140 $\frac{N}{mm^2}$ [2] 120 $\frac{N}{mm^2}$ [3] 170 $\frac{N}{mm^2}$

1 Mechanische Eigenschaften von kalt- und warmgewalzten Tiefziehblechen

Bleche aus Stahl mit hoher Streckgrenze

Bleche aus Stahl mit hoher Streckgrenze zum Kaltumformen begünstigen den Leichtbau der Kraftfahrzeuge. Allein im Hinblick auf die Karosserie, die ein Viertel der Fahrzeugmasse ausmacht, kann der Kraftstoffverbrauch und damit die Emission der Abgase deutlich vermindert werden.

Bleche mit höherer Streckgrenze und Zugfestigkeit
- können weniger dick sein,
- besitzen trotzdem bessere Beuleigenschaften und
- können Energie besser absorbieren.

Bleche aus Stahl mit hoher Streckgrenze zum Kaltumformen werden verwendet in:
- Pkw-Karosserien
- Nkw-Aufbauten, Anhängern
- Auskleidungen zum Verschleißschutz an Mulden

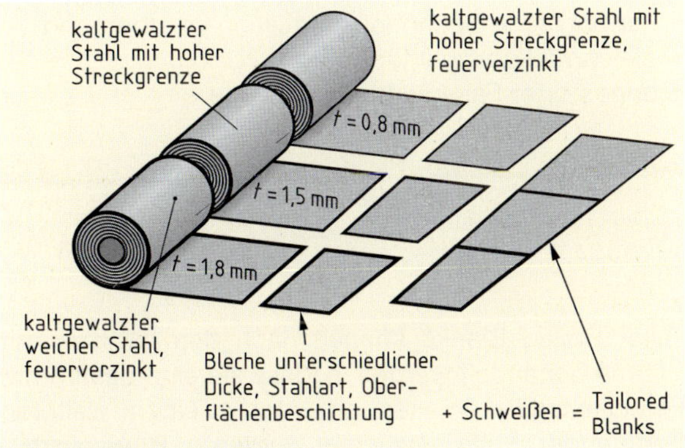

2 Tailored Blanks – Beispiele

Tailored Blanks

Tailored Blanks[1] sind Blechzuschnitte, die aus Einzelblechen unterschiedlicher Stahlart, Dicke und Oberflächenbeschichtung bestehen können, siehe Bild ➔ 2, Seite 275.
Sie werden überwiegend stumpf im Laserschweißverfahren oder auch als Quetschnaht im Widerstands-Überlapp-Naht-Schweißverfahren gefügt.
Tailored Blanks sind immer genau auf den jeweiligen Anwendungsfall zugeschnitten:

- Bereiche, die bei der Fertigung stark verformt werden, bestehen aus weichem Stahl; Stähle mit hoher Streckgrenze werden dort eingeschweißt, wo im Bauteil hohe Festigkeit erforderlich ist.
- Bei unterschiedlicher Beanspruchung werden Bleche verschiedener Dicke verwendet.
- An Stellen der Karosserie, die korrosionsgefährdet sind, können Tailored Blanks mit zum Teil beschichteten Blechen eingesetzt werden.

Weitere Beispiele siehe Bild ➔ 1.
Aus der Verwendung von Tailored Blanks im Karosserie- und Fahrzeugbau ergeben sich folgende Vorteile:

- Masse wird reduziert
- Anzahl der Teile wird verringert
- Maßgenauigkeit wird erhöht
- Korrosionsverhalten wird verbessert, da weniger Überlappungen

Tailor Rolled Blanks

Tailor Rolled Blanks[2] sind eine Weiterentwicklung der Tailored Blanks, nur besteht das Blech nicht aus unterschiedlichen Blechzuschnitten, sondern aus einem einzigen Blech, das in bestimmten Bereichen unterschiedliche Blechdicke aufweist.
Die unterschiedlichen Blechdicken werden bereits beim Walzen erzeugt. Der Übergang von einer Blechdicke zur anderen ist gleichmäßig. Die Folgen sind:

- harmonische Spannungsverteilung im Übergang
- gleichmäßige Oberfläche
- ungestörter Faserverlauf im Gefüge

> Im Gegensatz zu den Tailored Blanks gibt es bei Tailor Rolled Blanks keine Schweißnaht, die das Gefüge beeinträchtigt.

Tailor Rolled Blanks können nach dem Walzen mit Wärme behandelt werden, sodass sie eine bestimmte Festigkeitsgüte erhalten, oder/und in einem weiteren Fertigungsschritt beschichtet werden, z. B. verzinkt.
Tailor Rolled Blanks haben dieselben Vorteile wie die Tailored Blanks, siehe oben.

---

[1] Tailored Blanks (engl.): maßgeschneidertes Halbzeug

[2] Tailor Rolled Blanks (engl.): gewalztes maßgeschneidertes Halbzeug

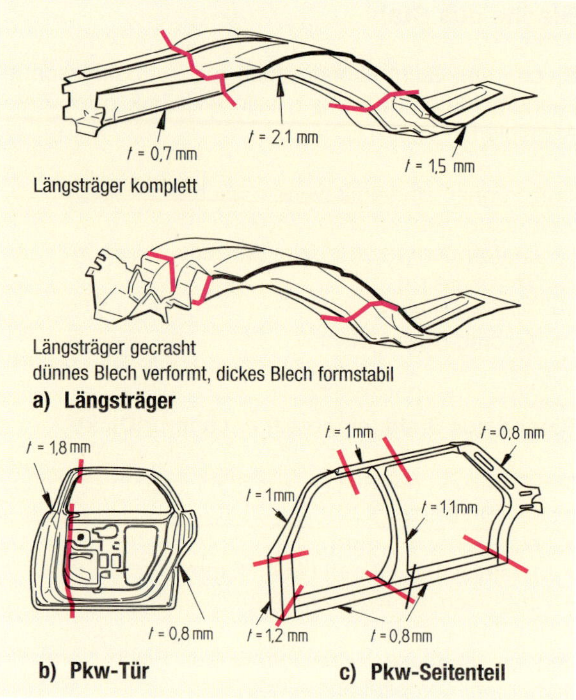

1 Pkw-Karosserieteile aus Tailored Blanks

Bezeichnung der Bleche aus Stahl

> Die Bezeichnung der Bleche und Bänder aus Stahl setzt sich zusammen aus Angaben:
> - zu den Abmessungen
> - zur Stahlsorte

Angaben zu den **Abmessungen**:

- Bezeichnung des Halbzeugs (Blech, Band)
- Normblattnummer (ohne „DIN")
- Nenndicke in mm
- Kennbuchstabe S bei eingeschränktem Grenzabmaß der Dicke (bei kaltgewalzten Flacherzeugnissen)
- Nennbreite in mm
- Kennbuchstabe S bei eingeschränktem Grenzabmaß der Breite (bei kaltgewalzten Flacherzeugnissen)
- Kennbuchstabe GK bei Blech oder Band mit geschnittenen Kanten (bei warmgewalzten Flacherzeugnissen)
- Nennlänge in mm (nur bei Blech und Stab)
- Kennbuchstabe S bei eingeschränktem Grenzabmaß der Länge (bei kaltgewalzten Flacherzeugnissen)
- Grenzabmaß der Breite bei Dicke > 10 mm (bei warmgewalzten Flacherzeugnissen)
- Kennbuchstabe FS bei eingeschränkter Grenzabweichung der Ebenheit (bei kaltgewalzten Flacherzeugnissen)
- zusätzliche eingeschränkte Grenzabweichungen können bei Bestellung angegeben werden

Angaben zur **Stahlsorte**:
- Bezeichnung des Werkstoffs, vgl. Kap. 5.5.1
- Normblattnummer (ohne „DIN“)
- Kurzname
- Oberflächenart und -güte

Bild ➔ 1 zeigt je ein Beispiel zur Bezeichnung eines Bleches und eines Bandes aus Stahl.

Bleche aus Leichtmetall

Die wichtigsten Bleche aus Leichtmetall sind **Bleche aus Aluminiumlegierung**.

Bleche aus Aluminiumlegierung haben folgende Eigenschaften:
- geringe Masse bei hoher Stabilität;
- dadurch Masseersparnis von 40 % bis 50 % gegenüber einer Stahlkarosserie
- weitgehend korrosionsbeständig
- ungiftig
- gut recycelbar
- dekoratives Aussehen

Nachteil von Blechen aus Aluminiumlegierungen:
- Aluminium ist gefährdet durch elektrochemische Korrosion
- höhere Materialkosten als Stahl

Bleche aus Aluminiumlegierungen werden verwendet als Pressteile in der Karosserie, z. B. Türen, Klappen, Kotflügel, Dachhaut, oder als Blech für Fahrzeugaufbauten.
Am industriellen Einsatz von **Blechen aus Magnesium** wird derzeit noch geforscht; sie werden bisher nur in geringem Umfang eingesetzt.

Profile aus Stahl

Im Karosserie- und Fahrzeugbau werden Profile verwendet aus:
- kaltgewalztem Stahlblech
- warmgewalztem Stahlblech
- Stahl mit hoher Streckgrenze

Profile aus kaltgewalztem Stahlblech

Profile aus kaltgewalztem Band; für den Karosserie- und Fahrzeugbau beträgt die Wanddicke ≤ 3 mm. Sie werden auch **Kaltprofile** genannt.

Blech EN 10131 – 0,80×1000×1500 Stahl EN 10130 + A1 – DC 04 – B – m	
Band EN 10131 – 0,60 S×1500 S Stahl EN 10268 - H 400 LA – B – g	
Blech, Band	Halbzeugbezeichnung
EN 10131	kaltgewalzte Flacherzeugnisse ohne Überzug aus weichen Stählen sowie aus Stählen mit höherer Streckgrenze zum Kaltumformen, Grenzabmaße und Formtoleranzen
0,80×1000×1500	Dicke×Breite×Länge in mm
0,60S×1500S	Dicke×Breite in mm, S eingeschränkte Grenzabmaße, Maß- und Formgenauigkeit nach EN 10131
Stahl	Werkstoffbezeichnung
EN 10130 + A1	kaltgewalzte Flacherzeugnisse aus weichen Stählen zum Kaltumformen, Technische Lieferbedingungen (s. Bild 1, Seite 264)
EN 10268	kaltgewalzte Flacherzeugnisse mit hoher Streckgrenze zum Kaltumformen aus mikrolegierten Stählen, Technische Lieferbedingungen
H 400 LA	kaltgewalztes Flacherzeugnis mit hoher Streckgrenze zum Kaltumformen (kaltgewalztes Tiefziehblech) LA (Low Alloy) = mikrolegiert (s. Bild 1, Seite 262)
B	Oberflächenart B (die bessere Seite muss so fehlerfrei sein, dass das einheitliche Aussehen einer Qualitätslackierung oder eines elektrolytisch aufgebrachten Überzuges nicht beeinflusst wird
m	Oberflächenausführung matt
g	Oberflächenausführung glatt

1 Bezeichnung eines Bleches und eines Bandes aus Stahl

Kaltprofile können sein:
- offene Profile
- geschlossene Profile

Offene Kaltprofile werden aus kaltgewalztem Band zum fertigen, offenen Profil geformt.

Bei der Herstellung **geschlossener Kaltprofile** (Hohlprofile) wird aus dem kaltgewalzten Band zunächst ein Rohr geformt und dann verschweißt. Das Rohr wird dann durch Kaliberwalzen (Profilformwalzen) zum gewünschten Querschnitt geformt.

Durch das Kaltumformen der offenen und geschlossenen Kaltprofile werden die Biegebereiche kaltverfestigt, sodass sich die Profilsteifigkeit erhöht. Das spart Masse und trägt zum Leichtbau bei; deshalb werden diese Profile auch als **Stahl-Leichtbauprofile** bezeichnet.

GEMEINSAMES BEIDER FACHRICHTUNGEN

Die Benennung erfolgt nach ihrer Form oder ihrer Verwendung oder es handelt sich um Sonderprofile, siehe Bild → 1.

Für Kaltprofile sind in Profilhandbüchern und in Katalogen alle Abmessungen, das Flächenmoment 2. Grades und das Widerstandsmoment angegeben. Deshalb erhält das Kaltprofil in Konstruktionszeichnungen nur eine Positionsnummer, die in der Stückliste mit der Profilkurzbezeichnung und -länge erläutert wird. Der Querschnitt von Sonderprofilen wird bemaßt.

Profile aus warmgewalztem Stahlblech

Für die Gerippestruktur von Nkws sind u. a. auch Profile mit Wanddicke größer als 3 mm erforderlich. Diese werden dann ebenfalls überwiegend durch Kaltprofilierung hergestellt. Ausgangsmaterial ist hierfür allerdings warmgewalztes Band, weil nur damit die erforderliche Dicke zur Verfügung gestellt werden kann.
Die Kaltprofilierung erfolgt auf der Abkantpresse oder in einer Profilieranlage mit Profilrollenpaaren. Auf diese Weise werden, wie bei den dünnwandigen Profilen, die Kaltverfestigung und die Anpassungsfähigkeit zum Leichtbau genutzt.

Die dickwandigen Profile sind überwiegend Sonderprofile, siehe Bild → 2. Sie müssen in Konstruktionszeichnungen bemaßt werden.

Profile aus Stahl mit hoher Streckgrenze

Bei einem Profil aus Stahl mit hoher Streckgrenze können die Wände dünner sein als bei einem vergleichbaren Kaltprofil oder einem Stahlprofil aus warmgewalztem Band. Das begünstigt den Leichtbau zusätzlich, Beispiel siehe Bild → 3.

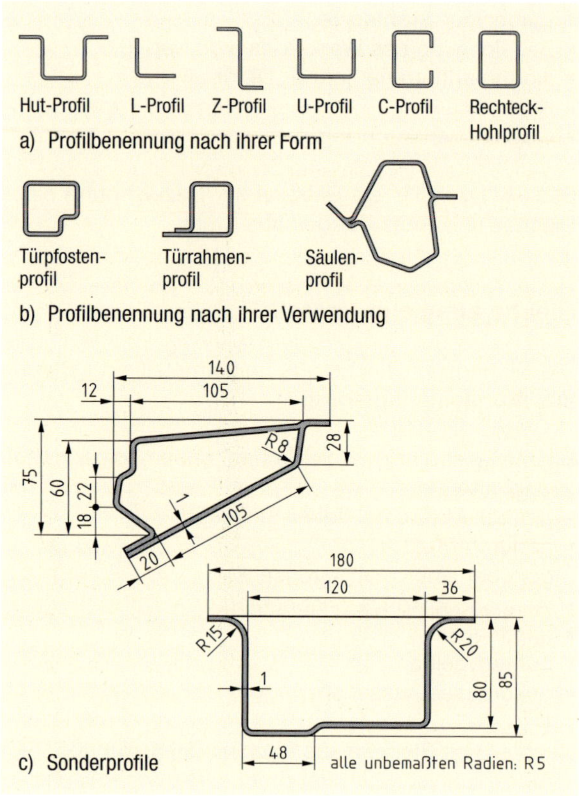

1 Stahl-Leichtbauprofile

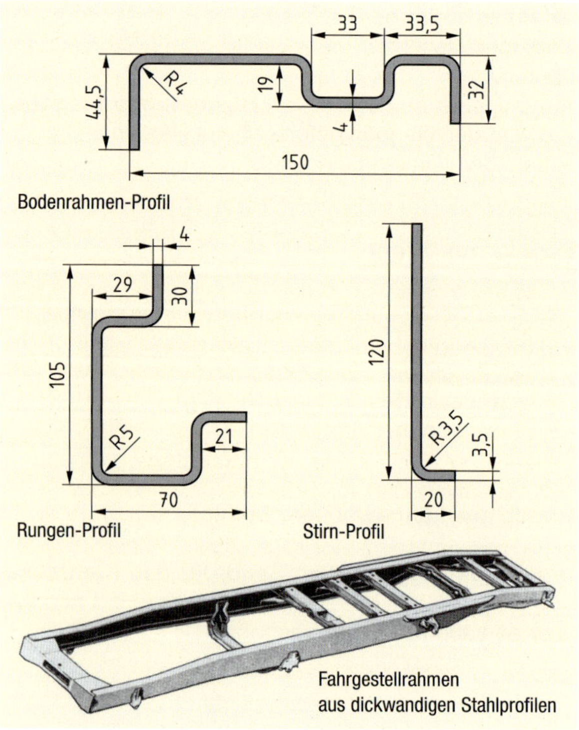

2 Kaltprofilierte Stahlprofile aus warmgewalztem Band

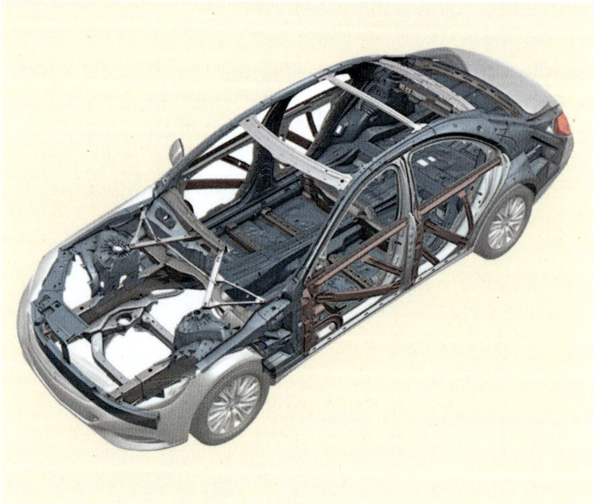

3 Karosserie mit Profilen aus Stahl mit hoher Streckgrenze

Tailored Blanks wurden weiterentwickelt zu Profilen, die als **Tailored Tubes** bezeichnet werden. Tailored Tubes sind rohrförmige Bauteile in Karosserien, sie haben unterschiedliche Wandstärken und beliebige Querschnittsformen. Durch diese Rohrstrukturen wird die Steifigkeit der Karosserien erhöht. Die Tailored Tubes werden für Karosseriegerippe eingesetzt.

Die Tailored Tubes werden durch Innenhochdruck-Umformverfahren (IHU) hergestellt, deshalb werden sie auch als **IHU-Profile** bezeichnet.

Profile aus Leichtmetall

Profile aus Leichtmetall werden auch **Leichtmetallprofile** genannt oder **Strangpressprofile**, weil sie durch Strangpressen hergestellt werden. Sie bestehen überwiegend aus aushärtbaren Aluminium-Legierungen. Davon verwendet man im Karosserie- und Fahrzeugbau hauptsächlich mittelfeste AlMgSi-Legierungen, siehe Bild ➔ 1.

Bezeichnung mit chemischem Symbol EN 573-3	**Zustand**[1]	**Bezeichnung mit Nummern** EN 573-3	**Zugfestigkeit** R_m in $\frac{N}{mm^2}$	**Streckgrenze** $R_{p0,2}$ in $\frac{N}{mm^2}$	**Bruchdehnung** A_5 in %
EN AW-Al99,9MgSi		EN AW 6401-T6	240	195	14
EN AW-AlMgSi	F22	EN AW 6060-T6	215	160	12
EN AW-AlMgSi	F25	EN AW 6060-T6	245	195	10
EN AW-AlMgSiMn	F25	EN AW 6106-T6	250	200	10
EN AW-AlMg1SiCu	F26	EN AW 6061-T6	260	240	9
EN AW-AlMgSiMg(A)	F27	EN AW 6005A-T6	270	225	8
EN AW-AlSi1MgMn	F31	EN AW 6082-T6	310	260	10
EN AW-AlZn4,5Mg1	F35	EN AW 7020-T7	350	290	10

[1] F: Kaltverfestigung- oder Aushärtezustand, Zahl auf 10 N gerundete Zugfestigkeit in $\frac{daN}{mm^2}$

1 Aluminium-Knetlegierungen für den Karosserie- und Fahrzeugbau

Werden Leichtmetallprofile verwendet anstelle von Stahlprofilen, ergibt das eine Masseeinsparung von 30 % bis 50 %.

5.5.3 Fertigteile aus Metall

2 Fertigteile

Fertigteile sind Bauteile oder Baugruppen, die der Karosserie- und Fahrzeugbaumechaniker nicht selber herstellt, sondern als Zulieferteil einkauft. Im Karosserie- und Fahrzeugbau sind sie oft aus Leichtmetall hergestellt, um Fahrzeugmasse einzusparen.

Fertigteile sind, vgl. Bild ➔ 2:
- Strangpressprofile aus Aluminiumlegierungen
- Druckgussteile aus Aluminiumlegierung
- Druckgussteile aus Magnesium

Strangpressprofile aus Aluminiumlegierungen
Für die Anwendung von Strangpressprofilen aus Aluminiumlegierungen für Aufbauten sind Systemelemente entwickelt worden. Hierbei handelt es sich um Spezialprofile in zugeschnittenen Längen oder um fertige Baugruppen für komplette Aufbaubereiche wie Pritschenbordwand, Ladebordwand, Fahrzeugboden, Seitenwand, Stirnwand, Rückwand mit Türportal, Dach.

Diese Strangpressprofile sind mit ihren speziellen Fügevorrichtungen als Elemente eines **Baukastensystems** zu bezeichnen.

Druckgussteile aus Aluminiumlegierung
Druckgussteile aus Aluminiumlegierung werden eingesetzt, um die Masse bei Pkw-Karosserien zu reduzieren. So werden Karosseriegerippe aus Strangpressprofilen in Verbindung mit Druckgussknoten aus Aluminiumlegierungen hergestellt.

Druckgussteile aus Magnesium
Aufgrund der Vorteile von Magnesium werden in Pkw-Karosserien auch Druckgussteile aus Magnesium verwendet, Beispiel siehe Bild ➔ 3.

3 Druckgussteil aus Magnesium

5.6 Ressourcen nutzen, Recycling

Kfz-Recycling

In Deutschland sind ca. 46 Millionen Kraftfahrzeuge zugelassen. Davon werden jährlich ca. 3 Millionen stillgelegt, von denen etwa die Hälfte als „Gebrauchtwagen" ins Ausland gebracht und dort noch lange Zeit gefahren werden.
Die andere Hälfte der stillgelegten Kraftfahrzeuge wird recycelt, weil die Werkstoffe in den Kraftfahrzeugen wirtschaftlich wertvoll sind. Jedes Kraftfahrzeug besteht aus rund 10 000 Einzelteilen und 40 verschiedenen Werkstoffen. Die Masseanteile sind etwa:
- Stahlschrott: 75 %
- NE-Metalle: 25 %

Stahlschrott und NE-Metalle werden recycelt; die Nichtmetalle wie Kunststoffe, Gummi, Glas und Textilien werden ebenfalls recycelt oder energetisch verwertet werden. Der Rest landet auf der Deponie.
Ziel ist es, diese Wertstoffe in den Produktionskreislauf zurückzuführen.

Dadurch werden Ressourcen geschont und die Kosten gemindert, die für die Produktion neuer Kraftfahrzeuge und die Abfallentsorgung entstehen.

Das KFZ-Recycling ist gekennzeichnet durch:
- Altfahrzeug-Verordnung
- Entsorgung

Altfahrzeug-Verordnung

Die Altfahrzeug-Verodnung **(AltfahrzeugV)** ist die gesetzliche Regelung, die seit dem 23. Dez. 2010 erweitert wurde. Sie wendet sich an die Verbraucher, Hersteller und Importeure von Kfz und an die Entsorgungswirtschaft.

Wesentliche Regelungen der AltfahrzeugV sind:
- Fahrzeughersteller sind verpflichtet, Altfahrzeuge unentgeltlich vom Letzthalter zurückzunehmen.
- Fahrzeughersteller müssen sicherstellen, dass der Letzthalter eine Altauto-Rücknahmestelle in einer maximalen Entfernung von 50 km erreichen kann, siehe Bild → 1. Der Fahrzeughersteller muss auf Anfrage des Letzthalters eine geeignete Rücknahmestelle nennen.
- Der Letzthalter ist verpflichtet, wenn er sein Altfahrzeug entsorgen will, dieses nur einer anerkannten Rücknahmestelle zu überlassen.
- Seit dem 1. 1. 2006 sind 85 % der durchschnittlichen Fahrzeugleermasse wieder zu verwerten und 80 % der durchschnittlichen Fahrzeugleermasse zu recyceln (stofflich zu verwerten). Ab dem 1. 1. 2015 sind die Verwertungsziele auf 95 % (Verwertung) bzw. 85 % (Recycling) zu steigern.
- Schon bei Konstruktion und Produktion der Kfz sollen die Fahrzeughersteller die Abfallvermeidung berücksichtigen durch:
  - Begrenzung der Verwendung gefährlicher Stoffe
  - Kennzeichnung von Werkstoffen
  - leichte Demontage von Bauteilen
- Verwendung von Recyclingmaterial

1 Rücknahmestelle für Altfahrzeuge

Altfahrzeuge entsorgen

1 Entsorgung von Altfahrzeugen

Die Entsorgung erfolgt in fünf Schritten, siehe Bild → 1:

- Vorbehandlung
- Trockenlegung
- Demontage
- Zerkleinern
- Werkstofftrennung

Vorbehandlung

Nach Anlieferung des Altfahrzeugs wird die Batterie ausgebaut. Der Flüssiggastank, wenn vorhanden, wird nach Herstellervorgaben behandelt. Airbags und Gurtstraffer enthalten pyrotechnische Bauteile; sie werden demontiert oder im eingebauten Zustand ausgelöst und somit unschädlich gemacht, vgl. Kap. 7.8.

Trockenlegung

Durch Trockenlegung werden in den Altfahrzeugen vorhandene Kraftstoffreste sowie sämtliche Betriebsflüssigkeiten entfernt und getrennt gesammelt.

Demontage

Gebrauchsfähige Ersatzteile wie Räder, Motor, Lichtmaschine, Achsteile, Sitze, Hauben, Türen und Scheinwerfer werden ausgebaut und in Regalen gelagert für den Verkauf, siehe Bild → 2.

Weiterhin werden recyclingfähige Bauteile und Stoffe wie Katalysatoren, Auswuchtmassen, Reifen und Scheiben ausgebaut. Kunststoffbauteile und NE-Metallbauteile, die nicht nach dem Zerkleinern getrennt werden können, werden ebenfalls demontiert. Die demontierten Teile werden in speziellen Lagerräumen oder in Behältnissen im Betrieb gesammelt. Die recyclingfähigen Stoffe werden für die weitere Entsorgung sortenrein gesammelt.

2 Gebrauchsfähige Ersatzteile

Zerkleinern

Nach der Demontage wird die Restkarosserie zur weiteren Entsorgung dem Schredder zugeführt. Die Restkarosserie wird mit einer Presse verdichtet und im Schredder zerkleinert. Die Karosseriereste werden der Stahlerzeugung zugeführt.

Werkstofftrennung

Es gibt Schredder, die nach dem Zerkleinern der Restkarosserie die Werkstoffe trennen (fraktionieren). Für diese Schredder ist es nicht erforderlich, die Kunststoffbauteile und NE-Metallbauteile vorher zu demontieren. Bei diesen Schredderanlagen werden die Stahlteile der zerkleinerten Restkarosserie mit Hilfe eines Magnets getrennt, die NE-Metalle und Kunststoffe durch Sinkanlagen oder Windsichtung. Die Reststoffe werden entweder in einer Müllverbrennungsanlage oder auf einer Deponie entsorgt.

Weitere Informationen zum Umweltschutz siehe Kap. 11.2.

Übungen:

1. Konstruieren Sie eine Ellipse nach der Kreiskonstruktion mit folgenden Maßen: a = 60 mm, b = 40 mm.
2. Zeichnen Sie eine Parabel mit Scheitelpunkt und einem Kurvenpunkt. Die Maße sind frei zu wählen.
3. Konstruieren Sie eine halbe Parabel mit Scheitelpunkt und Parabelbreite. Maße: b = 40 mm
4. Konstruieren Sie eine Hyperbel mit Flächen. Die Maße sind frei zu wählen.
5. Welche Fläche eines Fahrzeuges wird meistens in der Vorderansicht dargestellt?
6. Warum werden Pkws und Busse in unterschiedlicher Fahrtrichtung dargestellt?
7. Wo liegt üblicherweise die Nulllinie von Pkws und von Nkws mit Kofferaufbau?
8. Beschreiben sie die Begriffe: Lehnung, Fallung und Zug.
9. Erklären Sie Leitlinien und Formlinien am Fahrzeug.
10. Wofür verwendet man Skizzen im Karosseriebau?
11. Zeichnen Sie einen Pkw-Anhänger in Kavalierperspektive und in Normalprojektion.
12. Was muss der Designer beim Entwurf einer Karosserieform beachten?
13. Was verstehen Sie unter dem Begriff „Austragung“?
14. Konstruieren Sie mit dem Stumpfverteiler proportionale Linien für die Außenhaut einer Klappe mit folgenden Maßen: wie Bild 1a, Seite 257, jedoch:
    Fallung X 1000 = 80 mm und
    Fallung X 600 = 50 mm
15. Nennen Sie Legierungselemente für Stahl und deren Einfluss auf die Stahleigenschaft.
16. Wie können Stähle eingeteilt werden?
17. Wodurch zeichnen sich höherfeste Stähle aus?
18. Nennen Sie Beispiele für den Einsatz von höherfesten Stählen im Karosserie- und Fahrzeugbau.
19. Beschreiben Sie IF- und DP-Stahl.
20. Was ist das besondere Merkmal von Bake-hardening-Stahl?
21. Nennen und erklären Sie die Vorteile von Tailored Blanks als Karosseriehalbzeuge.
22. Nennen Sie Beispiele für den Einsatz von nichtaushärtbaren und aushärtbaren Aluminiumlegierungen im Karosseriebau.
23. In welche Halbzeuge werden die Flacherzeugnisse unterteilt?
24. Wie unterscheiden sich Tailor Rolled Blanks von Tailored Blanks?
25. Unterscheiden Sie offene und geschlossene Kaltprofile aus Stahl.
26. Nennen Sie Beispiele für den Einsatz von Stahlprofilen mit hoher Streckgrenze im Karosseriebau.
27. Nennen Sie zwei Regelungen zur Altfahrzeug-Verordnung.
28. Was verstehen Sie unter dem Begriff Recycling?
29. Nennen Sie einzelne Schritte zur Entsorgung von Altfahrzeugen.

6 Fahrzeugteile aus Nichtmetall oder aus Verbundstoffen

In diesem Kapitel werden behandelt:
- Nichtmetalle, siehe Kap. 6.1
- Verbundstoffe, siehe Kap. 6.2
- Halbzeuge und Fertigteile aus Nichtmetallen, siehe Kap. 6.3
- Nichtmetalle umformen, siehe Kap. 6.4
- Nichtmetalle fügen, siehe Kap. 6.5
- Gesundheits- und Brandschutz beim Umgang mit Laminierharzen, siehe Kap. 6.6
- nichtmetallische Werkstoffe entsorgen, siehe Kap. 6.7

6.1 Nichtmetalle

6.1.1 Einteilung der Nichtmetalle

Nichtmetallische Werkstoffe sind natürliche oder künstlich hergestellte Werkstoffe. Sie werden als Nichtmetalle bezeichnet.
Bei Nichtmetallen haben die Atome eine regellose Anordnung im Werkstoff; man nennt diese Anordnung **amorph**.

Zu den Nichtmetallen zählen, siehe Bild → 1:
- natürliche Werkstoffe, siehe Kap. 6.1.2
- künstliche Werkstoffe, siehe Kap. 6.1.3

6.1.2 Natürliche Werkstoffe

Natürliche Werkstoffe werden auch **Naturstoffe** genannt, weil sie aus der Natur stammen.

Wichtige natürliche Werkstoffe sind, siehe Bild → 1:
- Holz
- Leder
- Glas

Holz

Holz ist keine homogene Masse, sondern es ist von zahlreichen Zellhohlräumen durchsetzt. Entsprechend der Holzart sind Zellform und Zellanordnung unterschiedlich; sie bestimmen die Rohdichte und die Härte des Holzes.

Eigenschaften des Holzes:
- Dichte
- Härte und Festigkeit
- Elastizität und Biegsamkeit
- Schwinden und Quellen

Holz leicht	ρ $\frac{kg}{m^3}$	Holz mittelschwer	ρ $\frac{kg}{m^3}$	Holz schwer und sehr schwer	ρ $\frac{kg}{m^3}$
Balsa	150	Limba	580	Eiche	720
Abachi	380	Kirschbaum	610	Rotbuche	730
Weide	460	Lärche	630	Esche	730
Pappel	470	Ahorn	640	Birnbaum	740
Fichte	480	Sapelli-Mahagoni	670	Teak	750
Tanne	480	Rüster	670	Afzelia	780
Kiefer	550	Birke	680	Weißbuche	820
Brasilkiefer	560	Nussbaum	700	Buchsbaum	1100
Linde	560			Pockholz	1360

1 Rohdichte ρ von Hölzern bei 15 % Feuchtegehalt

Dichte von Holz
Die Dichte der zusammengepressten Zellwände ohne Hohlräume und ohne Holzfeuchte ist ρ = 1560 kg/m³. Dieser Wert ist bei allen Holzarten annähernd gleich. Aber jede Holzart hat unterschiedliche Zellhohlräume, sodass die Rohdichte für eine bestimmte Holzfeuchte erheblich niedriger liegen kann, siehe Bild → 1.

Härte und Festigkeit von Holz
Die Härte von Hirnholz ist größer als die von Langholz. Als Festigkeit wird hier nur der Widerstand gegen die Beanspruchungen auf Zug und Druck betrachtet. Die Festigkeit in Faserrichtung ist größer als quer zur Faserrichtung. In Bild → 1, Seite 284 sind Härte und Festigkeit für einige Nadel- und Laubhölzer angegeben.

Elastizität und Biegsamkeit
Elastizität und Biegsamkeit hängen von der Holzart und der Holzfeuchte ab: Je trockener ein Holz ist, desto elastischer ist es.

Schwinden und Quellen
Das Schwinden und Quellen des Holzes wird auch als **Arbeiten** bezeichnet. Die Ursache für das Schwinden und Quellen ist die Abgabe und Aufnahme von Wasser. Da Holz hygroskopisch[1] ist, nimmt es bei höherer Umgebungsfeuchtigkeit Wasser auf und quillt.

[1] hygroskopisch (griech.-lat.): Wasser an sich ziehen

Härte	Holzart
sehr weich	Pappel, Linde Balsa, Weide
weich	Abachi, Fichte, Tanne, Birke
mittelhart	Kirschbaum, Brasilkiefer, Kiefer, Lärche Limba, Ahorn, Nussbaum
hart	Sapelli-Mahagoni, Eiche, Esche, Rotbuche, Rüster, Birnbaum, Teak
sehr hart	Afzelia, Buchsbaum, Weißbuche, Pockholz

a) Einteilung der Härte

Nadelbaum	Laubbaum	Härte	Druckfestigkeit in Faserrichtung in N/mm²	Zugfestigkeit in Faserrichtung in N/mm²
Fichte Tanne	Pappel Linde Birke	sehr weich und weich	35...50	15...20
Kiefer Lärche	Kirschbaum Ahorn Nussbaum	mittel hart	50...90	30...40
Eibe	Eiche Esche Rotbuche Rüster Pockholz	hart und sehr hart	70...120	30...70

b) Werte für Härte und Festigkeit

1 Härte und Festigkeit von Nadel- und Laubbäumen

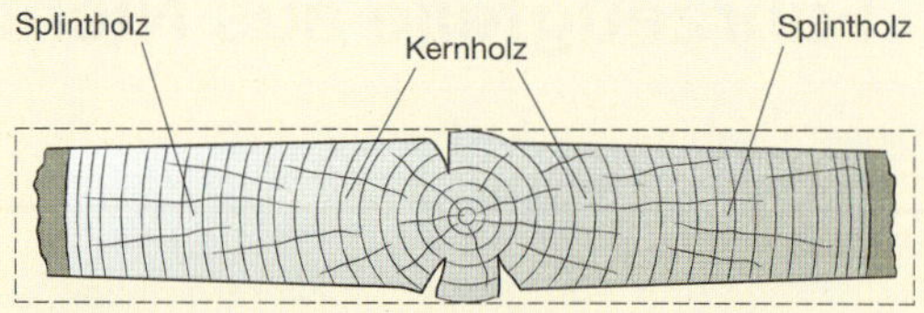

a) Schwinden von Splint- und Kernholz

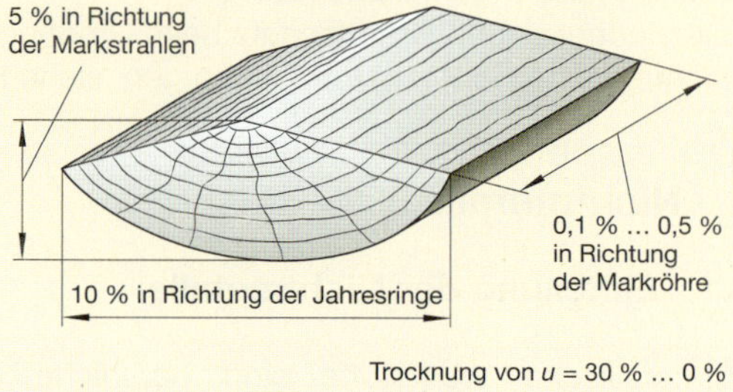

b) Schwinden in unterschiedlichen Wuchsrichtungen

2 Schwinden des Holzes

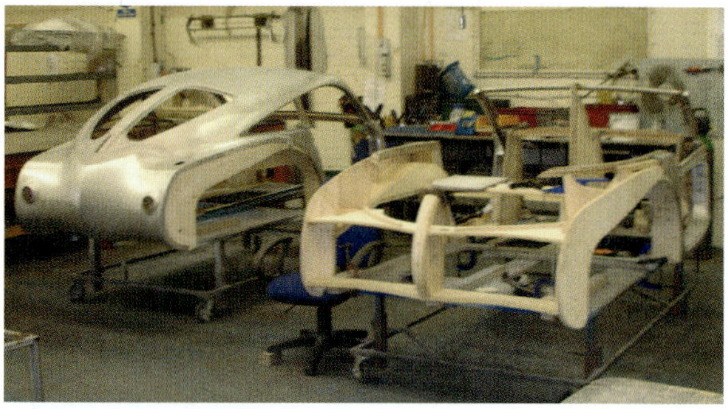

3 Karosserie aus Eschenholz

Sinkt die Umgebungsfeuchtigkeit wieder, gibt das Holz über Verdunstung Wasser ab und es schwindet. Die Schwind- und Quellmaße sind nach Holzart, aber auch bei gleichem Holz unterschiedlich. So schwindet Splintholz stärker als Kernholz, siehe Bild → 2a. Außerdem schwindet das gleiche Holz zusätzlich in seinen Wuchsrichtungen unterschiedlich, siehe Bild → 2b.

Karosserien aus Holz

Holz ist als Werkstoff für Karosserien fast völlig verschwunden; es wurde durch andere Werkstoffe ersetzt. Jedoch baut die englische Firma Morgan nach wie vor die Karosserie ihrer noblen Sportwagen aus Eschenholz – allerdings nur in Einzelfertigung.
Diese Karosserien sind nicht selbsttragend. Sie bestehen aus einem Stahlrahmen, auf den das Holzgerüst aufgesetzt wird. Darauf werden Beplankungen aus Stahl- oder Aluminiumblech aufgebracht, siehe Bild → 3.

Leder

Leder wird aus Tierhaut, meist Rinderhaut, durch Gerben hergestellt. Leder als **A**rbeits**S**chutz**A**rtikel wird als **ASA-Leder** bezeichnet, z. B. für Lederhandschuhe, Lederschürzen, Arbeitsschuhe.
Für hochwertige Pkws wird Leder als Sonderausstattung für den Innenraum verwendet, z. B. für Sitze, Instrumententafel, Dachhimmel, Säulen, Türverkleidung, Mittelkonsole.

Glas

Das in der Technik eingesetzte Glas wird aus einer Schmelze mit dem Gemisch Kalk ($CaCO_3$), Natron (chemisch: Soda Na_2CO_3) und Quarzsand (SiO_2) hergestellt. Die Abkühlung der Schmelze erfolgt ohne Kristallisation, daher ist die Schmelze auch ein amorphes[1] Gemenge.
Dieses Glas wird nach seiner Schmelzzusammensetzung auch **Kalk-Natron-Silikat-Glas** genannt.

[1] amporph (griech.): gestaltlos

Aus Kalk-Natron-Silikat-Glas wird für die Fahrzeugverglasung **Sicherheitsglas** hergestellt.

An Sicherheitsglas für die Fahrzeugverglasung werden zwei verschiedene Forderungen gestellt:
- Festigkeitsforderungen
- optische Forderungen

Wesentliche **Festigkeitsforderungen** sind:
- ausreichende Widerstandsfähigkeit gegen atmosphärische und thermische Einflüsse, auch gegen Feuer
- Widerstandsfähigkeit gegen chemische Einflüsse wie der sog. saure Regen, Streusalz, Laugen
- ausreichende Widerstandsfähigkeit gegen mechanische Einflüsse wie Steinschlag, Abrieb, Beanspruchungen bei Unfällen

Die **optischen Forderungen** beziehen sich im Wesentlichen auf den direkten Sichtbereich des Fahrers, d. h. auf die Windschutzscheibe und die Seitenscheiben bis zur B-Säule.
Diese Scheiben sollen folgende Eigenschaften haben:
- gute Transparenz und hohe Lichtdurchlässigkeit
- keine Verzerrungen bzw. Verfälschungen der Konturen und der Farben
- geringe Sichtbeeinträchtigung bei Bruch; der Fahrer muss die Fahrbahn noch so deutlich erkennen können, dass er das Fahrzeug sicher abbremsen und zum Stehen bringen kann

Weitere Informationen zur Verglasung für Pkws siehe Kap. 13.4.4.

6.1.3 Künstliche Werkstoffe

Eigenschaften und Einteilung der künstlichen Werkstoffe

Künstliche Werkstoffe sind **Kunststoffe**, auch **Plaste** genannt. Die Kunststoffe werden synthetisch aus organischen Stoffen hergestellt.
Dabei versteht man unter **Synthese** den chemischen Aufbau von Verbindungen und unter **organischen Stoffen** Kohlenstoffverbindungen.
Aufgrund der synthetischen Herstellung von Kunststoffen können ihre Eigenschaften gezielt der speziellen Verwendung angepasst werden. Kunststoffe gibt es daher mit unterschiedlichen Eigenschaften; sie können sein:
- leicht (Dichte ρ = 0,9 kg/dm^3 bis 2,2 kg/dm^3)
- weich oder hart
- elastisch oder plastisch verformbar
- gießbar
- korrosionsbeständig
- isolierend gegen Wärme und Elektrizität

Wegen dieser vielen möglichen unterschiedlichen Eigenschaften ersetzen die Kunststoffe heute immer mehr alte Werkstoffe. Zusätzlich sind die meisten Kunststoffe kostengünstig.

Kunststoffe haben aber auch nachteilige Eigenschaften, die ihre Anwendung begrenzen:
- geringe Wärmebeständigkeit
- hohe Dehnung bei Wärmeänderung
- brennbar
- geringe Dauerstandsfestigkeit
- schwieriges Recycling

Kunststoffe können eingeteilt werden in:
- halbsynthetische Kunststoffe
- vollsynthetische Kunststoffe

Halbsynthetische Kunststoffe

Halbsynthetische Kunststoffe entstehen durch chemische Umwandlung von Naturstoffen.

Bekannte halbsynthetische Kunststoffe sind:
- Papier
- Vulkanfiber (Bremsbeläge, Kupplungsscheiben)
- Cellophan (Isolierfolie für Kabel)
- Naturgummi (meist verwendet als Beimischung zu Synthesekautschuk)

Vollsynthetische Kunststoffe

Die wichtigsten Ausgangsstoffe für vollsynthetische Kunststoffe sind Erdöl, Kohle, Erdgas, Kalk, Wasser und Luft.

Bei der chemischen Synthese unterscheidet man:
- Polymerisation
- Polyaddition
- Polykondensation

Polymerisation
Bei der Polymerisation werden aus Monomeren durch Aufsprengen der Doppelbindungen des Kohlenstoffatoms die Makromoleküle gebildet. Damit kann sich jedes Monomer mit dem frei gewordenen Bindungsarm an das nächste Monomer anhängen, siehe Bild → 1. Seite 286.

GEMEINSAMES BEIDER FACHRICHTUNGEN

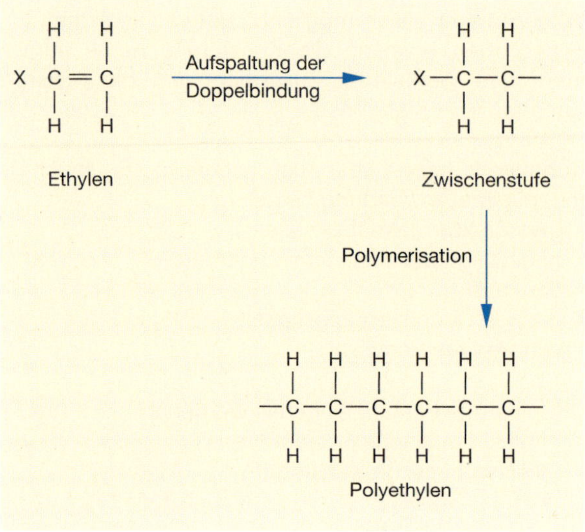

1 Polymerisation

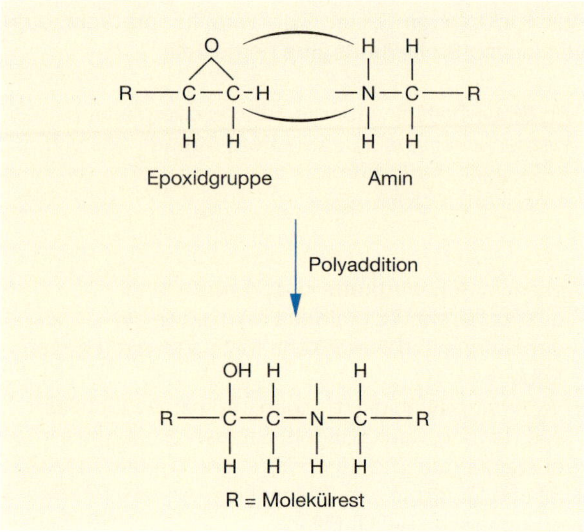

2 Polyaddition

Polyaddition

Bei der Polyaddition verbinden sich gleiche oder verschiedene Monomere zu Makromolekülen. Dabei wandert ein Atom eines Monomers zum anderen Monomer und bindet sich dort an. Es wird so ein Bindungsarm eines Monomers frei und damit der Zusammenschluss zum anderen Monomer hergestellt, siehe Bild ➔ 2.

Polykondensation

Bei der Polykondensation verbinden sich gleiche oder verschiedene Monomere unter Abspaltung eines Spaltproduktes. Der Zusammenschluss erfolgt, indem jedes Monomer ein oder mehrere Atome freigibt und sich mit den frei gewordenen Bindungsarmen mit den anderen Monomeren verbindet, siehe Bild ➔ 3. Die abgespaltenen Moleküle bilden das Spaltprodukt.

Die Eigenschaften der Kunststoffe beruhen in erster Linie auf dem strukturellen Aufbau sowie dem Vernetzungsgrad der Makromoleküle.
Erst in zweiter Linie beruhen die Eigenschaften auf der chemischen Zusammensetzung.

Die Einteilung der vollsynthetischen Kunststoffe erfolgt nach den mechanisch-thermischen Eigenschaften in:
- Thermoplaste
- Duroplaste
- Elaste

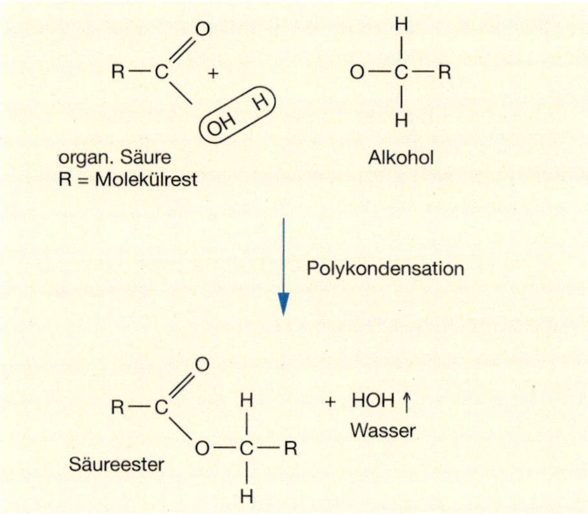

3 Polykondensation

Thermoplaste

Thermoplaste werden auch **Plastomere** genannt. Thermoplaste bestehen aus fadenförmigen Makromolekülen, die nicht miteinander vernetzt sind, siehe Bild ➔ 1a, Seite 287. Die fadenförmigen Makromoleküle sind räumlich miteinander verknäuelt.

Bei Raumtemperatur sind die Thermoplaste fest und können spanend bearbeitet werden.

Bei Erwärmung über 100 °C sind sie weich und leicht umformbar. Nach dem Erkalten behalten sie die neue Form.

Werden die so umgeformten Bauteile wieder auf Umformtemperatur erwärmt, nehmen sie ihre ursprüngliche Form ein. Diese Eigenschaft nennt man den **Memory-Effekt**.

So kann ein verformtes Thermoplastbauteil (Bauteilform = Erstform) nur mit Wärme rückgeformt werden.

Wird ein Bauteil aus Thermoplast über Umformtemperatur erwärmt, wird es teigig. In diesem Zustand sind thermoplastische Bauteile mit mechanischem Druck schweißbar und nach dem Erkalten wieder fest.

Bei Erwärmung von thermoplastischen Bauteilen über den teigigen Zustand werden sie flüssig und zersetzen sich.

Duroplaste

Duroplaste werden auch **Duromere** genannt. Duroplaste bestehen aus räumlich engmaschig vernetzten Makromolekülen, siehe Bild → 1b. Sie werden in der Regel aus einem Harz und einem Härter, der die Vernetzungsreaktion einleitet, hergestellt.

Duroplaste sind bei Raumtemperatur fest und hart. Durch Erwärmung werden sie nicht weich und nicht flüssig. Bei starker Erwärmung zersetzen sich die Duroplaste.

Bauteile aus Duroplast sind spanend zu bearbeiten, aber nicht bei Wärme umformbar und nicht schweißbar.

Elaste

Elaste werden auch **Elastomere**, **Kautschuk** oder **Gummi** genannt. Elaste bestehen aus räumlich lose vernetzten Makromolekülen, siehe Bild → 1c.

Elaste sind bei Raumtemperatur und höheren Temperaturen gummielastisch; sie können sich bei äußerer Krafteinwirkung um mehrere Hundert Prozent dehnen, und nehmen bei Entlastung wieder ihre Ursprungsform ein.

Bei Erwärmung sind Elaste nicht plastisch verformbar und bei tiefen Temperaturen sind sie hartelastisch. Elaste sind nicht schweißbar.

Karosserien aus Vollkunststoff

Kunststoff wird auch als **Plastik** oder **Plast** bezeichnet. Seine Dichte ρ ist zwischen 0,9 kg/dm^3 bis 2,2 kg/dm^3, je nach Sorte. Kunststoff ist also leichter als Stahl (ρ = 7,85 kg/dm^3).

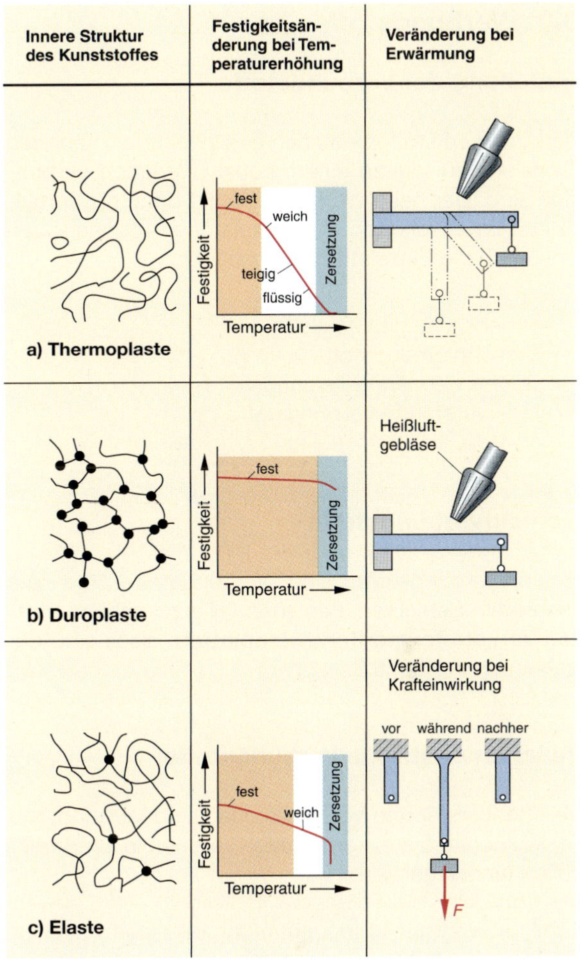

1 Eigenschaften von Kunststoffen

Allerdings ist Stahl fester als Kunststoff – das muss beachtet werden, wenn ein Bauteil aus Stahl ersetzt werden soll durch ein Bauteil aus Kunststoff. Dann muss das Bauteil aus Kunststoff dicker werden, sodass es dann auch wieder schwerer wird.

Karosserieteile, die nur gering beansprucht werden, können aus Vollkunststoff sein, z. B.:

- Heckklappe
- Stoßfänger
- Spoiler und Flügel
- Kastenaufbau bei Nutzkraftwagen-Kombis

Doch für mittragende Karosserieteile fehlt den Bauteilen aus Vollkunststoff die Festigkeit und Steifigkeit. Deshalb werden für Serienfahrzeuge keine kompletten Karosserien aus Vollkunststoff verwendet; nur für Prototypen.

6.2 Verbundstoffe

Einteilung der Verbundstoffe

Verbundwerkstoffe bestehen aus zwei oder mehreren Einzelstoffen, die zu einem neuen Werkstoff verbunden sind. Der neue Werkstoff besitzt dann die vorteilhaften Eigenschaften der Einzelstoffe – danach werden auch die Einzelstoffe ausgesucht.

Verbundstoffe gibt es als:
- Schichtverbundstoffe
- teilchenverstärkte Verbundstoffe
- faserverstärkte Verbundstoffe

Schichtverbundstoffe

Schichtverbundstoffe sind Verbundstoffe, die aus mehreren Schichten bestehen. Hierzu zählen **Plattenwerkstoffe** und **Sandwichplatten**; diese sind beschrieben in Kap. 6.3.

Teilchenverstärkte Verbundstoffe

Teilchenverstärkten Verbundstoffen sind Verbundstoffe, bei denen feste, kornförmige Teilchen in ein Bindemittel eingelagert sind.

Zu den teilchenverstärkten Verbundstoffen zählen:
- Kunststoff-Formmassen
- Schleifscheiben

Bei **Kunststoff-Formmassen** werden in thermoplastische, duroplastische oder elastische Kunststoffe als Grundmasse feinkörnige oder kurzfaserige Teilchen gleichmäßig eingemischt. Als Teilchen verwendet man Gesteinsmehl, Glasfaserabschnitte oder Ruß. Ruß wird z. B. bei der Herstellung von Fahrzeugreifen in das spezielle Gummi eingemischt, um die Abriebfestigkeit zu erhöhen.

Faserverstärkte Verbundstoffe

Faserverstärkte Verbundstoffe sind Verbundstoffe, die aus einem Grundstoff bestehen, in dem Fasern eingelagert sind.

Als Grundstoff (**Matrixwerkstoff**) werden Kunststoffe, Metalle oder keramische Werkstoffe verwendet; die Fasern sind die Verstärkung des Verbundstoffs.
Die größte Bedeutung haben **faserverstärkte Kunststoffe** (Kurzzeichen: **FVK**). Ihr Grundstoff ist Duroplaste, Thermoplaste oder Elaste.

Die Verstärkungsfasern sind:
- Glas
- Kohlenstoff
- Bor
- Synthetik
- Metall
- Naturfasern

Glasfaserverstärkter Kunststoff, Kurzzeichen **GFK**, werden am häufigsten verwendet, weil sie billig sind. Die Glasfasern haben einen Durchmesser von ca. 10 µm (zum Vergleich: Der Durchmesser des menschlichen Haares beträgt 30 µm bis 60 µm).

GFK haben viele Vorteile:
- Glasfasern sind nicht teuer und gut verfügbar
- geringe Dichte
- gute Festigkeit
- beständig gegen Chemikalien und Witterung
- drucklose Verarbeitung bei Raumtemperatur
- unbegrenzte Formgebung
- jede Farbe ist möglich

Kohlenstoffverstärkter Kunststoff, Kurzzeichen **CFK**, wird auch als **Carbon-Composite-Material** bezeichnet. CFK ist extrem steif, besonders schlagzäh, aufprallstabil, geräusch- und vibrationsarm; aber CFK ist teuer in der Herstellung. Deshalb wurde CFK im Automobilbau nur beschränkt eingesetzt, z. B. bei Rennfahrzeugen der Formel1. Inzwischen werden aber auch in Serienfahrzeugen immer mehr Stahlkarosserieteile durch CFK ersetzt, z. B. Dachelemente, Seitenteilsegmente, Heckklappenrahmen, Bodengruppen. Dadurch werden die Sicherheit erhöht, der Leichtbau gefördert und Treibstoff gespart.

Die besten Ergebnisse erzielen CFK-Komponenten dann, wenn die Kräfte nur in Längsrichtung der Fasern wirken.
Bauteile aus CFK sind bei gleicher Festigkeit leichter als Stahlteile und auch leichter als Teile aus Aluminium. Somit ist CFK als Leichtbauwerkstoff sehr gut geeignet.

Allerdings ist CFK aufwendig herzustellen und schwer zu verarbeiten; es gibt derzeit keine automatisierten Prozesse. Deshalb sind Bauteile aus CFK teuer und werden im Fahrzeugbau nur im geringen Maße genutzt, z. B. in hochpreisigen Pkws, für Rennwagen oder im Sportwagen-Prototypenbau, siehe Bild → 1, Seite 289.

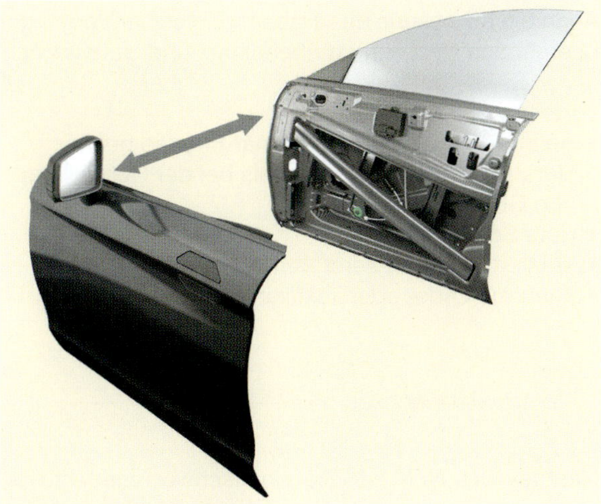

1 Fahrzeugtür aus CFK

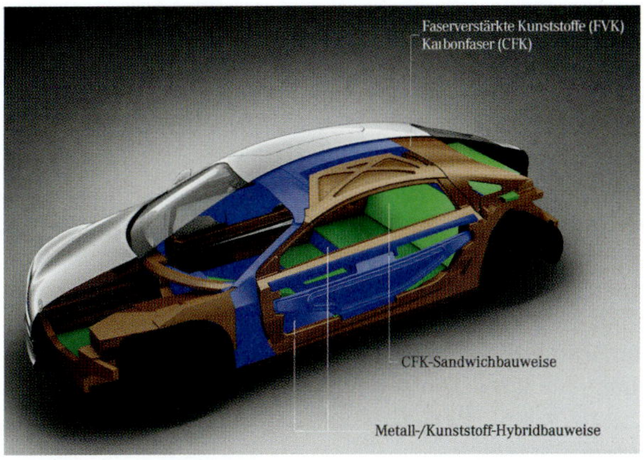

2 Karosserie aus CFK-Bauteilen, kombiniert mit Bauteilen aus faserverstärken Kunststoffen, Leichtmetallen und hochfesten Stählen

Jedoch werden in Zukunft leichte Werkstoffe bevorzugt eingesetzt. Bei industrieller, automatisierter Herstellung könnten die Herstellungskosten enorm sinken. Zusätzlich können die Bauteile aus CFK gezielt eingesetzt werden in Kombination mit Bauteilen aus anderem Werkstoff, z. B. Aluminiumlegierung, siehe Bild → 2.
Und es gibt bereits Fortschritte, CFK-Bauteile zu reparieren und wiederzuverwerten.

Borfaserverstärkter Kunststoff, Kurzzeichen **BFK**, ist steifer und allerdings auch teurer als CFK und bisher wenig verbreitet. Die Borfasern sind Mehrkomponentenfasern. Die Faser hat einen Kern aus Wolfram oder Kohlenstoff und ist mit Bor überzogen. Angewendet wird BFK bisher in der Raumfahrt und im Flugzeugbau.

In **Synthesefaserverstärkter Kunststoff**, Kurzzeichen **SFK**, werden vorwiegend Aramidfasern eingelegt (**AFK**). Aramidfasern sind goldgelbe organische Kunstfasern, die auch unter dem Namen **KEVLAR®** bekannt sind. AFK sind flammhemmend und nicht schmelzend, sehr schnittfest, temperaturbeständig und abriebfest.
Sie haben eine Masse von ca. 1,4 kg/dm^3; dagegen ist Stahl mit 7,85 kg/dm^3 fünf Mal schwerer.
Allerdings sind AFK teurer als GFK oder Stahl; deshalb werden sie nur bei Sonderfahrzeugen verwendet.

> Beispiel:
> Eine Karosserie aus AFK und Spezialstahl schützt vor Straßenkriminalität; sie bietet Schutz gegen Feuer, Geschosse aus Faustfeuerwaffen und, bei verstärktem Unterboden, gegen Detonationen, siehe Bild → 3.

a) Im Flammentest

b) Nach dem Beschuss mit einer Faustfeuerwaffe

3 Karosserie aus AFK und Spezialstahl

Für den gleichen Schutz müsste Karosserieblech aus Stahl dicker sein. Das Fahrzeug wäre schwerer und könnte im Ernstfall nicht schnell genug aus der Gefahrenzone manövriert werden.
Außerdem würde ein solch massiges Fahrzeug die Aufmerksamkeit auf sich lenken, was aber in den meisten Fällen nicht gewollt ist.

Metallfaserverstärkte Kunststoffe, Kurzzeichen **MFK**, finden Anwendung bei der Radialreifenproduktion. MFK kann auch als Funktionskunststoff (leitfähiger Kunststoff) hergestellt werden; dann ist er elektrisch und thermisch leitend.

Naturfaserverstärkte Kunststoffe, Kurzzeichen **NFK**, bestehen aus Baumwoll-, Hanf- oder Flachsfasern, also aus nachwachsenden Rohstoffen, siehe Bild → 1. Das ist ökologisch sinnvoll und kann gleichzeitig die Eigenschaften und Kosten der Bauteile verbessern. Die Dichte von NFK ist kleiner als die von Stahl und Aluminium; Zugfestigkeit und E-Modul sind etwa vergleichbar.

Jedoch ist die größte mechanische Belastung immer nur in Richtung der Verstärkungsfasern möglich; deshalb sind je nach Bauteilbelastung unterschiedliche Faserorientierungen erforderlich.

Es werden immer mehr Fahrzeugteile aus NFK hergestellt. Die Fasern werden mit einem thermoplastischen Kunststoff durchsetzt und zum Bauteil gepresst, Beispiele: Türinnenverkleidung, Dachhimmel, vgl. Kap. 16.4.

Auch die Karosserie des Trabant und seiner Vorgänger besteht aus NFK, einem Phenolharz und Baumwolle.

Vorteile von NFK:
- geringer Verbrauch von Primär-Energie bei der Herstellung (60 % weniger als bei der Herstellung von GFK)
- gute Schalldämmung
- splittert nicht bei Zerstörung
- kann mit Leder oder Textilien kaschiert werden

Und:
Naturfasern wachsen nach!

Nachteil der NFK ist: Sie sind schwer wiederzuverwerten. Jedoch werden in Zukunft leichte und umweltfreundliche Werkstoffe bevorzugt eingesetzt. An besserer Wiederverwertung von NFK wird bereits geforscht.

1 **Bauteile aus Rezyklat-Kunststoffen (39) und aus nachwachsenden Rohstoffen (32). Außerdem bestehen die vorderen Radlaufverkleidungen aus Gehäusen ausrangierter Starterbatterien sowie aus Stoßfängerverkleidungen und Produktionsabfällen aus der Cockpit-Fertigung**

6.3 Halbzeuge und Fertigteile aus Nichtmetallen

Halbzeuge aus Nichtmetall

Im Karosserie- und Fahrzeugbau verwendet man Halbzeuge aus:
- Holz
- Kunststoff

Halbzeuge aus Holz

Aus Holz können Plattenwerkstoffe hergestellt werden, die als Halbzeuge aufgrund ihres Aufbaus nur ein geringes Arbeiten ermöglichen, siehe Bild → 1.

Beispiele:

Furnierplatte
Sperrholz DIN EN 635 und 636 - FU AW 2-3-18

Sperrholz	Benennung
DIN EN 635 und 636	DIN Hauptnummer
FU	Furnierplatte
AW	Verleimung beständig bei erhöhter Feuchtigkeitsbeanspruchung
2-3	Güteklasse der Deckfurniere: 2 Vorderseite, 3 Rückseite
18	Dicke in mm

Tischlerplatte
Sperrholz DIN EN 636 - STAE IF1-2-22

Sperrholz	Benennung
DIN EN 636	DIN Hauptnummer
STAE	Stäbchenplatte
IF	Verleimung beständig nur in Räumen mit im Allgemeinen niedriger Luftfeuchte
1-2	Güteklasse der Deckfurniere: 1 Vorderseite, 2 Rückseite
22	Dicke in mm

Von den Plattenwerkstoffen werden im Karosserie- und Fahrzeugbau vor allem **Furnierplatten** verwendet. Eine spezielle Art von Furnierplatten sind **Siebdruckplatten**, sie werden auch als **Fahrzeugsperrholz** bezeichnet. Die Siebdruckplatten haben zumeist eine dunkelbraune Kunstharzbeschichtung aus Phenol- oder Melaminharz. Am häufigsten werden Siebdruckplatten verwendet, die einseitig rau und auf der anderen Seite glatt sind. Die raue Seite ist rutschhemmend und äußerst robust. Für sie ergibt sich ein breites Anwendungsgebiet:
- Innenausbau von Fußboden und Wänden in Koffer-, Kasten- und Containeraufbauten
- Innenausbau von Verkaufswagen
- Pritschenfußboden
- Aufbau von Pkw-Anhänger

Tischlerplatten und Spanplatten werden für Möbel beim Innenausbau von Koffer-, Kasten- und Verkaufswagenaufbauten eingesetzt.

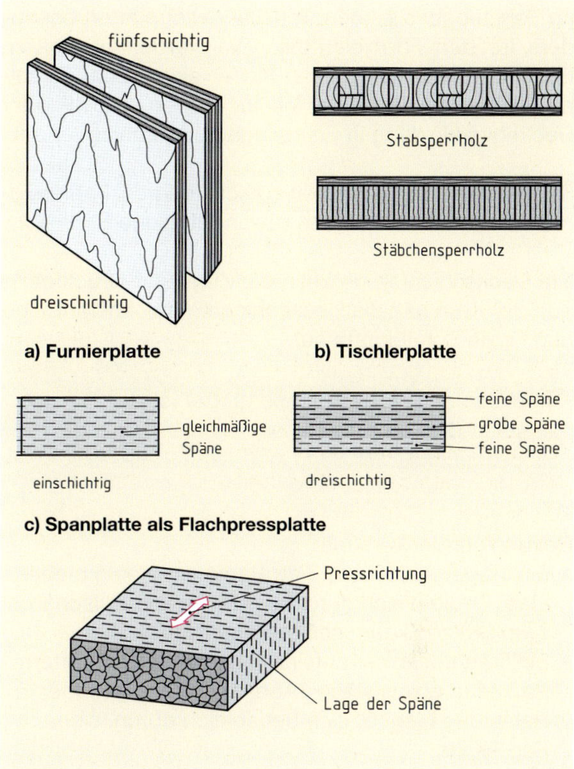

1 Plattenwerkstoffe

Halbzeuge aus Kunststoff

Von den Halbzeugen aus Kunststoff werden im Fahrzeugbau oft verwendet:
- Profile
- Sandwichplatten

Profile aus Kunststoff
Im Fahrzeugbau verwendet man Profile aus Kunststoff für den Innenausbau. Daraus werden Halterungen und Anschläge für Türen, Klappen und Einschübe hergestellt.

Sandwichplatten aus Kunststoff
Sandwichplatten[1] aus Kunststoff bestehen aus zwei Deckschichten, die einen leichten Kern umschließen. Die Deckschichten sind aus Kunststoffplatten, können aber auch aus Aluminiumblech sein. Der Kern besteht aus geschäumtem oder wabenartigem Kunststoff, siehe Bild → 1, Seite 292. Dadurch wird Masse eingespart, weil:
- Kunststoff eine geringe Dichte hat (ist leicht)
- Luft eingeschlossen ist

[1] Sandwich: benannt nach dem Imbiss aus zwei Scheiben Toastbrot, zwischen denen sich ein würziger Belag befindet

Im Fahrzeugbau eignen sich Sandwichplatten besonders für den Formleichtbau. Sie werden einzeln, in Bausätzen oder als ganzer Koffer eingesetzt. Einzelne Sandwichplatten werden für Boden, Wand- oder Deckenverkleidung in Fahrzeugaufbauten verwendet.

Sandwichplatten für einen rutschsicheren Fahrzeugboden sind auf einer Seite besandet, siehe Bild → 2.

Die Deckschichten nehmen die Zug- und Druckkräfte auf, der Kern hält die Deckschichten auf Abstand und nimmt die Schubkräfte auf.

> Je dicker der Kern ist, umso größer ist der Abstand der Decklagen – umso größer wird die Biegesteifigkeit der Sandwichplatte.

Dazu folgender Versuch:

- Ein Träger aus einem Blatt Papier ist wenig biegesteif. Er biegt sich durch und kann sich zwischen zwei Stützen kaum selbst tragen, siehe Bild → 3a.
- Ein Träger aus vier aufeinander geklebten Blättern Papier ist etwas steifer. Aber schon bei geringer Belastung biegt er sich bedenklich durch, siehe Bild → 3b.
- Ein Träger aus vier Blatt Papier, zusammengeklebt als Sandwich-Struktur, kann sich selbst und zusätzlich Lasten tragen, ohne dass er sich durchbiegt, z. B. eine volle 1,5-Liter-Cola-Flasche, siehe Bild → 3c.

Dieser Versuch zeigt:
Der Träger, bestehend aus einer Sandwichplatte, besitzt eine viel höhere Biegesteifigkeit als ein einfacher Träger – und das bei gleicher Masse.

a) Kern geschäumt

b) Kern wabenartig

1 Sandwichplatte

2 Sandwichplatte, einseitig besandet

a) Aus einem A4-Blatt

b) Aus vier aufeinandergeklebten A4-Blättern

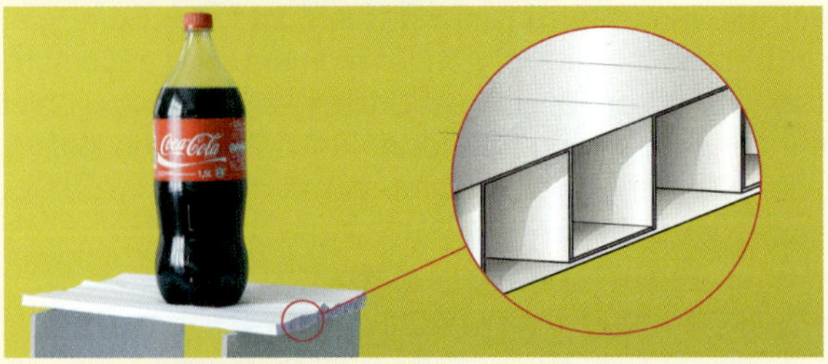

c) Aus je einem A4-Blatt als obere und untere Deckschicht und zwei A4-Blätter als Kern

3 Biegesteifigkeit eines Trägers aus Papier

Die Berechnung der Biegesteifigkeit von Sandwichplatten ist in DIN 53 293 festgelegt.

$$B = E \cdot J$$

B theoret. Biegesteifigkeit in N · mm²
E Elastizitätsmodul in N/mm²
J Trägheitsmoment in mm⁴

Beispiel 1: Sandwichplatte 1, siehe Bild → 1

Geg.: $b = 100$ mm, $c = 8$ mm, $\mathbf{h_1 = 10}$ **mm**, $t = 1$ mm   Ges.: B_1

Lösung:

$$B_1 = E \cdot J_1$$

$$B_1 = E \cdot \frac{b \cdot t \cdot d_1^2}{2}$$

$$d_1 = \frac{10\text{ mm} + 8\text{ mm}}{2} = \underline{9\text{ mm}}$$

$$= E \cdot \frac{100\text{ mm} \cdot 1{,}0\text{ mm} \cdot (9\text{ mm})^2}{2}$$

$$\underline{\underline{B_1 = E \cdot 4050\text{ mm}^4}}$$

Beispiel 2: Sandwichplatte 2:
Gleiche Sandwichplatte wie in Beispiel 1, jedoch doppelt so dick.

Geg.: $b = 100$ mm, $c = 18$ mm, $\mathbf{h_2 = 20}$ **mm**, $t = 1$ mm   Ges.: B_2

Lösung:

$$B_2 = E \cdot J_2$$

$$B_2 = E \cdot \frac{b \cdot t \cdot d_2^2}{2}$$

$$d_2 = \frac{20\text{ mm} + 18\text{ mm}}{2} = \underline{19\text{ mm}}$$

$$= E \cdot \frac{100\text{ mm} \cdot 1{,}0\text{ mm} \cdot (19\text{ mm})^2}{2}$$

$$\underline{\underline{B_2 = E \cdot 18\,050\text{ mm}^4}}$$

Für die beiden Beispiele gilt:

- Die Biegesteifigkeit steigt im Quadrat der mittleren Dicke der Sandwichplatte.
- Bei doppelter Gesamt-Dicke der Sandwichplatte ist das Trägheitsmoment auf das ca. 4,5-Fache gestiegen.

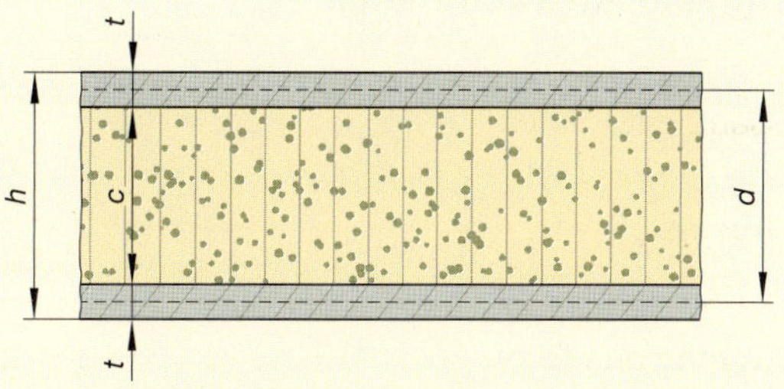

c Wabendicke in mm
d mittlere Dicke der Sandwichplatte in mm

$$d = \frac{h + c}{2}$$

h Gesamt-Dicke der Sandwichplatte in mm
t Dicke der Deckhaut in mm
b Breite der Sandwich-Platte in mm

Das Trägheitsmoment wird berechnet:

$$J = \frac{b \cdot t \cdot d^2}{2}$$

1 Sandwichplatte, Abmessungen

Damit ist der obige Versuch bestätigt.
Aufgrund dieser Besonderheit sind Bauteile aus Sandwichplatten zum Leichtbau gut geeignet.
Sie werden verwendet in:

- Pkws für
  - den Unterboden, wenn Antriebsmotor und andere Aggregate daran befestigt werden
  - Schweller
  - Kardantunnel
- Nutzfahrzeugen für:
  - Verkaufsfahrzeuge
  - Kofferaufbauten, Beispiel siehe Bild → 2

2 Sandwichplatten beim Kofferaufbau eines Pkw-Anhängers

Fertigteile aus Nichtmetall

Für den Fahrzeugbau sind besonders wichtig die Fertigteile aus:
- Glas
- Kunststoff

Fertigteile aus Glas
Fertigteile aus Glas sind die Fahrzeugscheiben, die maßgerecht zum Einbau geliefert werden; weitere Informationen zu Fahrzeugscheiben siehe Kap. 15.4.4.

Fertigteile aus Kunststoff
Fertigteile aus Kunststoff bieten Vorteile; sie
- sind leicht,
- korrodieren nicht,
- nehmen Energie auf und sind damit ein Beitrag zur Sicherheit,
- dämpfen Geräusche,
- dämmen Wärme,
- sind frei im Design.

Wegen der Designfreiheit können komplizierte Formen in einem Fertigungsschritt hergestellt werden; Kunststoff wird so zum idealen Werkstoff für den Designer. Außerdem spart man das Lackieren.
Fertigteile aus Kunststoff werden zum größten Teil aus **Thermoplast** hergestellt, weil sie durch das Spritzgussverfahren einfach verarbeitet werden können.

Beispiele:
- Bei Pkws: Karosserieteile wie Kotflügel oder Stoßfänger
- Blinkerabdeckungen, Rückleuchten, Scheinwerfer, Glasfenster
- Innenraumteile wie Instrumententafel, Sitzschalen, Lenkrad, Hebel und Knöpfe, siehe Bild → 1a

Duroplaste kommen in weit geringeren Mengen zum Einsatz. Die Anwendung von Thermo- und Duroplaste überlappen sich in vielen Bereichen: Der eine Hersteller verwendet Thermoplast, während ein anderer Hersteller für das gleiche Bauteil Duroplast einsetzt.

Beispiele:
Faserverstärkte Duroplaste in, vgl. Bild → 1b:
- Haube
- Kotflügel
- Heckklappe

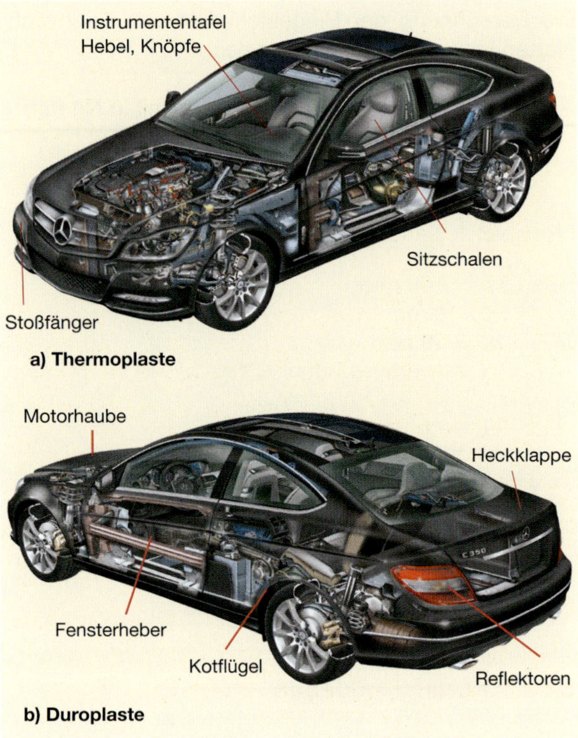

1 Fertigteile aus Kunststoff

6.4 Nichtmetalle umformen

Beim Umformen von Nichtmetall ist das thermische Rückformen von Kunststoffen für den Karosserie- und Fahrzeugbaumechaniker von Bedeutung.

Das **thermische Rückformen von Bauteilen aus Kunststoff** erfolgt nur durch Erwärmen des verformten Bauteils.

Es kann nur an Bauteilen aus Thermoplast durchgeführt werden, die ihre Form bei der Herstellung als Erstform erhalten haben.

Thermoplaste haben den sogenannten **Memory-Effekt**[1], d. h., wird ein Thermoplast auf Umformtemperatur erwärmt, nimmt er seine Erstform wieder ein.

[1] memory (engl.); Gedächtnis; der Kunststoff „erinnert sich" an den unverformten Zustand

6.5 Nichtmetalle fügen

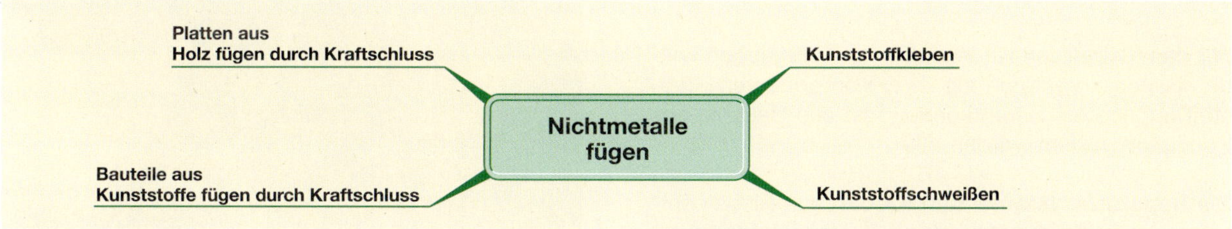

1 **Nichtmetalle fügen**

Beim Fügen von Nichtmetall sind für den Karosserie- und Fahrzeugbaumechaniker von Bedeutung, vgl. Bild → 1:
- Kunststoffkleben, siehe Kap. 6.5.1
- Kunststoffschweißen, siehe Kap. 6.5.2
- Bauteile aus Kunststoff fügen durch Kraftschluss, siehe Kap. 6.5.3
- Platten aus Holz fügen durch Kraftschluss, siehe Kap. 6.5.4

6.5.1 Kunststoffkleben

Im Karosserie- und Fahrzeugbau werden zum Kleben eingesetzt:
- Ein-Komponenten-Klebstoff
- Zwei-Komponenten-Klebstoff

Kunststoffkleben mit Ein-Komponenten-Klebstoff

Mit Ein-Komponenten-Klebstoff werden z. B. Sandwichplatten aus Kunststoff auf ein Fahrgestell geklebt. Damit die Fügeteile mit dem Ein-Komponenten-Klebstoff fest aneinanderliegen, müssen sie während der Aushärtezeit zusammengepresst werden.

Der Ein-Komponenten-Klebstoff ist dauerelastisch, sodass sich die Sandwichplatten im Fahrbetrieb bei Bewegungen des Fahrgestells nicht lösen.

Beispiel Pritschenunterbau, vgl. Bild → 2:
- Ein-Komponenten-Klebstoff auftragen
- Sandwichplatten auf den Pritschenunterbau kleben
- zum Aushärten mit Gewichten anpressen

a) Klebstoff auftragen

b) Gewichte auf die Sandwichplatte gelegt

2 **Sandwichplatte auf den Pritschenunterbau kleben**

Kunststoffkleben mit Zwei-Komponenten-Klebstoff

Für das Kleben von Kunststoffen an Fahrzeugen werden Reparatursysteme mit Zwei-Komponenten-Klebstoff angeboten. Damit können fast alle Bauteile aus Kunststoff geklebt werden.

Die **Reparatursysteme zum Kleben** von Rissen enthalten weiterhin Kunststoffreiniger, Haftvermittler und Verstärkungen (Glasfasergewebe, Metallstreifen).

Ein Riss in einem Bauteil aus Kunststoff kann in folgenden Arbeitsschritten geklebt werden:
- Vorarbeiten
- Kunststoffkleben
- lackierfähige Oberfläche herstellen

Vorarbeiten:
- Bauteil mit Hochdruckreiniger vorreinigen, danach mit Wärme trocknen
- Schadstelle beidseitig mit Kunststoffreiniger reinigen
- Riss-Ende mit 5-mm-Bohrer aufbohren, um zu verhindern, dass sich der Riss durch Spannungen fortsetzt, siehe Bild → 1a
- Vorderseite abkleben, um Beschädigung des Lacks zu begrenzen
- Flächen beidseitig mit Fächerscheibe anschleifen (Körnung P 120)
- Kanten des Risses mit Fräser beidseitig brechen, um die Klebefläche zu vergrößern, siehe Bild → 1b
- Klebeflächen reinigen und Haftvermittler aufbringen (Primern)
- Klebstoff anrühren

Kunststoffkleben:
- Zwei-Komponenten-Klebstoff auf die Rückseite des Bauteils auftragen und als Verstärkung Glasfasergewebe einarbeiten, siehe Bild → 2a
- Vorderseite des Bauteils mit Zwei-Komponenten-Klebstoff so verfüllen, dass in der Mitte ein leichtes Übermaß entsteht, siehe Bild → 2b
- Randzonen mit einem Spachtel verstreichen, siehe Bild → 2c
- Klebstoff bei Zimmertemperatur oder mit Hilfe eines Infrarotstrahlers aushärten

Lackierfähige Oberfläche herstellen:
- Vorderseite des Bauteils mit Schleifmaschine schleifen, Körnung P 120; dabei langsame Drehzahl wählen, damit der Klebstoff nicht verschmiert, siehe Bild → 1a, Seite 297
- Feinschliff mit Körnung P 320 und mit Kunststoffreiniger reinigen, siehe Bild → 1b, Seite 297

Weitere Informationen zum Kleben siehe Kap. 2.9.4.3.

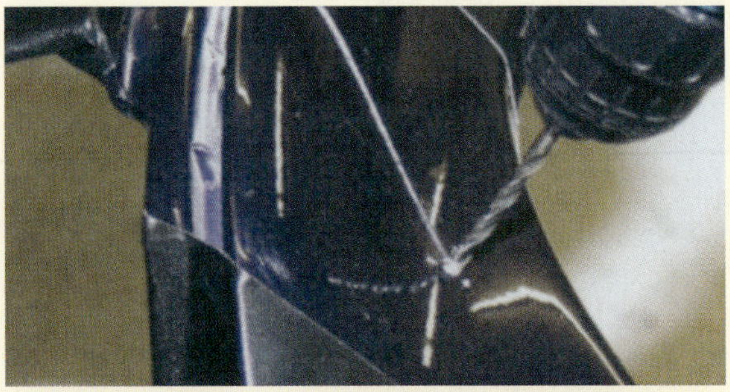

a) Rissende aufbohren

b) Risskanten beidseitig mit Fräser brechen

1 Vorarbeiten zum Kunststoffkleben

a) Auf der Rückseite Klebstoff auftragen und Glasfasergewebe einarbeiten

b) Vorderseite mit Klebstoff verfüllen

c) Randzone mit Spachtel verstreichen

2 Kunststoffkleben

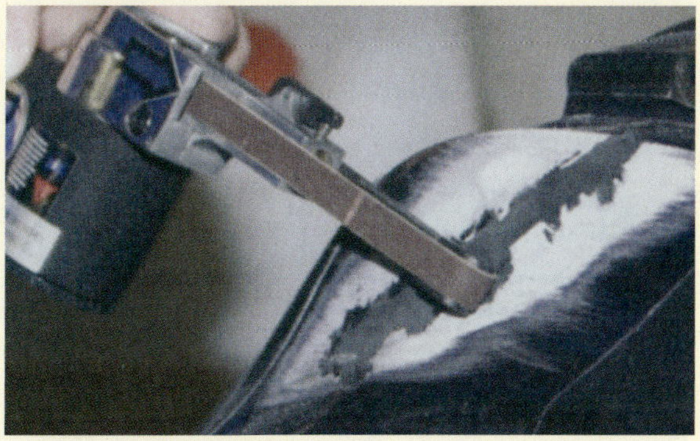

a) Vorderseite schleifen

b) Feingeschliffen

1 Lackierfähige Oberfläche herstellen

6.5.2 Kunststoffschweißen

Kunststoff identifizieren

Das Kunststoffschweißen erfolgt durch Wärme und Druck. Dabei werden die Kunststoffteile im Schweißbereich und der Schweißstab bis zum teigigen Zustand erwärmt und zusammengedrückt.

Kunststoffschweißen kann nur an Bauteilen aus Thermoplast durchgeführt werden. Der Schweißstab als Zusatzmaterial muss aus dem gleichen Thermoplast bestehen wie das zu reparierende Bauteil.

Zur Wahl des entsprechenden Schweißstabs muss die Kunststoffart identifiziert werden.

Jedes Kunststoffteil am Kfz ist mit dem **ISO-Code** nach EN ISO 1043-1 gekennzeichnet, nach dem es identifiziert werden kann, siehe Bild → 2.

Meist findet man an Karosserieteilen aus schweißbarem Kunststoff die Bezeichnungen ABS (Acrylnitril-Butadien-Styrol), PA (Polyamid), PC (Polycarbonat), PE (Polyethylen) oder PP (Polypropylen). Findet man z. B. die Bezeichnung PUR (Polyurethan), dann handelt es sich um ein Duroplast; dieser Kunststoff kann nicht geschweißt werden, wohl aber geklebt.

Kurzzeichen	Benennung
ABS	Acrylnitril-Butadien-Styrol-Copolymerisat
EP	Epoxidharz
PA 6	Polyamid mit 6 C-Atomen im Monomerbaustein
PA 11	Polyamid mit 11 C-Atomen im Monomerbaustein
PA 12	Polyamid mit 12 C-Atomen im Monomerbaustein
PA 66	Polyamid aus 2 Monomerbausteinen mit je 6 C-Atomen
PBT	Polybutylentherephtalat (linearer Polyester)
PC	Polycarbonat
PE	Polyethylen
PES	Polyethersulfon
PF	Phenol-Formaldehyd-Harz
PMMA	Polymethylmethacrylat
POM	Polyoxymethylen, Polyacetal
PP	Polypropylen
PPE	Polyphenylenether
PPS	Polyphenylensulfid
PTFE	Polytetrafluorethylen
PUR	Polyurethan
SAN	Styrol/Acrylnitril-Copolymerisat

a) Thermo- und Duroplaste

Kurzzeichen	Benennung
ACM	Copolymere aus Ethylacrylat oder anderen Acrylaten mit einem geringen Anteil eines Monomers, welcher die Vulkanisation erleichtert
AU	Polyesterurethan-Kautschuke
BR	Butadien-Kautschuke
CSM	Chlorsulfoniertes Polyethylen
CR	Chloropren-Kautschuke
EPDM	Terpolymere aus Ethylen, Propylen und einem Dien, mit einem ungesättigten Teil des Diens in der Seitenkette
ECO	Copolymere aus Ethylenoxid (Oxiran) und Chlormethyloxiran (Epichlorhydrin)
FPM	Kautschuke mit Fluor, Fluoralkyl- oder Fluoralkoxy-Gruppen an der Polymerkette
NBR	Acrylnitril-Butadien-Kautschuke
NR	Isopren-Kautschuke (Naturkautschuk)
SBR	Styrol-Butadien-Kautschuke
UVMQ	Silikonkautschuke mit Methyl- und Vinylgruppen an der Polymerkette

b) Elastomere

2 ISO-Code auf Fahrzeugteilen

Wenn der ISO-Code nicht lesbar ist oder auf der nicht zugänglichen Seite des Bauteils steht, kann der Kunststoff mit Hilfe einer Liste der **Reparaturanleitung** identifiziert werden. Diese Liste enthält eine Tabelle, die nach Fahrzeugmodellen aufgestellt ist, mit der Angabe der Kunststoffart der verschiedenen Kunststoffteile im Fahrzeug.

Sollen Kunststoffschweißungen an älteren Fahrzeugen durchgeführt werden, bei denen die Art des Kunststoffs nicht angegeben ist, muss mit einer **Probeschweißung** die Haltbarkeit geprüft werden. Dazu muss an einer geeigneten Stelle ein Probeteil abgetrennt werden.

Kunststoffschweißen eines Risses

Ein Riss in einem Bauteil aus Kunststoff kann in folgenden Arbeitsschritten geschweißt werden:

- Vorarbeiten
- Kunststoffschweißen
- lackierfähige Oberfläche herstellen

Vorarbeiten:

- mit Hochdruckreiniger vorreinigen, danach mit Wärme trocknen
- Schadenstelle beidseitig mit Kunststoffreiniger reinigen
- Kunststoffart identifizieren anhand von ISO-Code oder Liste der Reparaturanleitung; dann entsprechenden Schweißstab auswählen
- Riss-Ende mit 5-mm-Bohrer aufbohren; das verhindert, dass sich der Riss durch Spannungen fortsetzt
- Vorderseite des Bauteils mit Textilklebeband abkleben, um den Lack nicht zu beschädigen
- Flächen beidseitig anschleifen (Körnung P 120), siehe Bild → 1
- Kanten des Risses mit Fräser oder Schaber anschrägen, um die Form der Schweißfuge anzupassen an den Schweißstab
- die Oxidschichten von Schweißfuge und Schweißstab mit einer Klinge entfernen und darauf achten, dass kein Öl, Fett und Handschweiß in den Schweißbereich gelangt

Kunststoffschweißen:

- Schweißkolben oder Heißluftföhn als Wärmequelle verwenden
- Bei einem langen Riss an einigen Stellen ohne Zusatz heften, damit sich der Riss während des Kunststoffschweißens nicht erweitert
- Schweißfuge und Schweißstab gemeinsam erwärmen, bis zum teigigen Zustand
- Schweißstab senkrecht mit gleichmäßiger Kraft in die Schweißfuge drücken

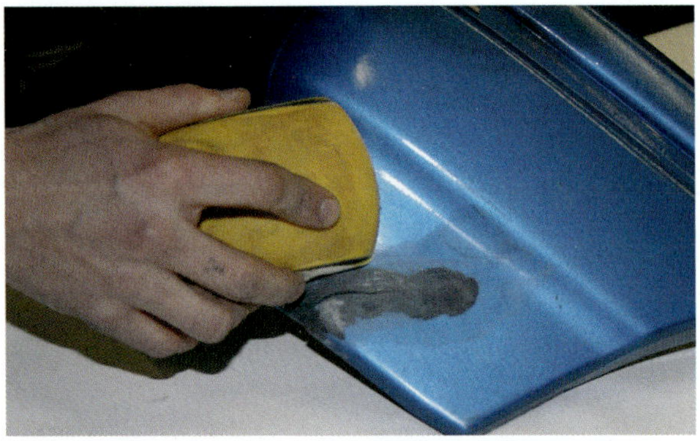

1 Vorarbeiten zum Kunststoffschweißen

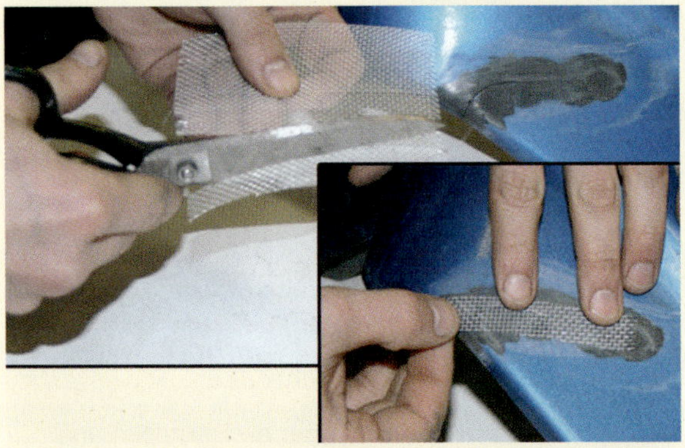

a) Aluminiumgewebe zuschneiden

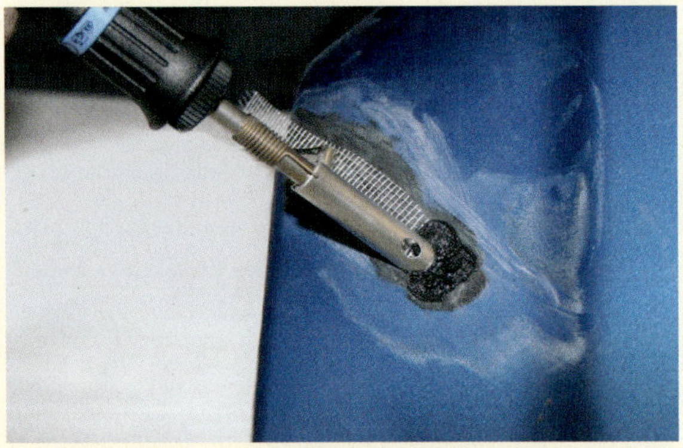

b) Aluminiumgewebe in das Kunststoffteil einarbeiten

2 Verstärkung mit Aluminiumgewebe

Bei einwandfreier Kunststoffschweißung bildet sich an beiden Seiten eine gleichmäßige Schweißraupe.

In Abhängigkeit von Größe und Lage der Schadenstelle wird als Verstärkung z. B. ein Aluminiumgewebe von der Rückseite mit eingeschweißt. Das Aluminiumgewebe muss den Riss um 5 mm bis 7 mm überlappen. Es wird mit Klebeband fixiert und von der Mitte ausgehend vollständig in das Kunststoffteil eingearbeitet, siehe Bild → 2.

Lackierfähige Oberfläche herstellen:
- Vorderseite mit Fächerscheibe bei langsamer Drehzahl schleifen, Körnung P 120; Achtung: Klebstoff kann verschmieren.
- Feinschliff mit Körnung P 320, dann mit Kunststoffreiniger reinigen, siehe Bild → 1.

1 **Feinschliff**

6.5.3 Bauteile aus Kunststoff fügen durch Kraftschluss

Bauteile aus Kunststoff können auch durch Kraftschluss gefügt werden; die kraftschlüssige Verbindung kann erfolgen:
- durch Schrauben, siehe Kap. 2.9.4.2
- als Blindnietverbindung, siehe Kap. 2.9.4.3
- durch Klammern, siehe Kap. 6.5.4

Besonderheiten gibt es bei den Schraubenverbindungen von Bauteilen aus Kunststoff. Kunststoff wird immer häufiger als Konstruktionswerkstoff eingesetzt; zum Verbinden der Bauteile werden gewindeformende Metallschrauben verwendet.

Gewindeformende Metallschrauben für Bauteile aus Kunststoff erweisen sich als werkstoffgerecht, gerade dann, wenn große Kräfte übertragen werden sollen. Dabei muss die **Ausreißfestigkeit** gewährleistet sein, d. h., die Schrauben müssen unter Belastung in den Fügeteilen verbleiben.

Gewindeformende Metallschrauben für Bauteile aus Kunststoff unterscheiden sich von den Blechschrauben mit Blechschraubengewinde durch veränderte Flankenwinkel, Steigung und Flankenhöhe, siehe Bild → 2.

Diese Schrauben sind nicht genormt. Die Kopfform ist der Norm ähnlich, siehe Bild → 3.

Die Gewindeenden sind für verschiedene Einsatzfälle unterschiedlich, siehe Bild → 4a bis 4c. Für spröde Thermoplaste ist das Gewindeende mit einer Schneidkante versehen; sie soll vermeiden, dass sich Spannungsrisse bilden oder der Werkstoff aufplatzt, siehe Bild → 4d.

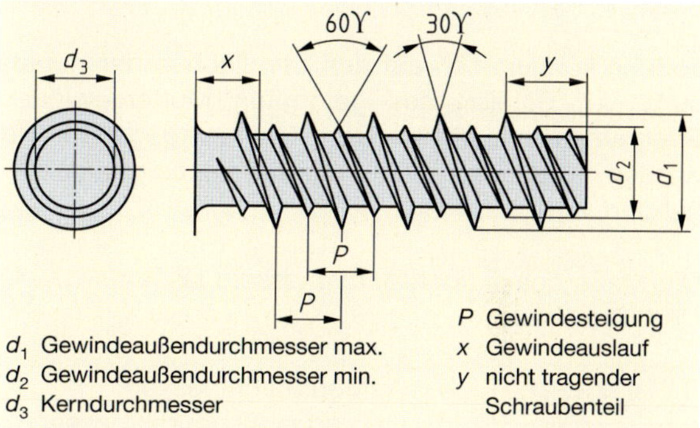

2 **Gewindekontur gewindeformender Metallschrauben für Bauteile aus Kunststoff**

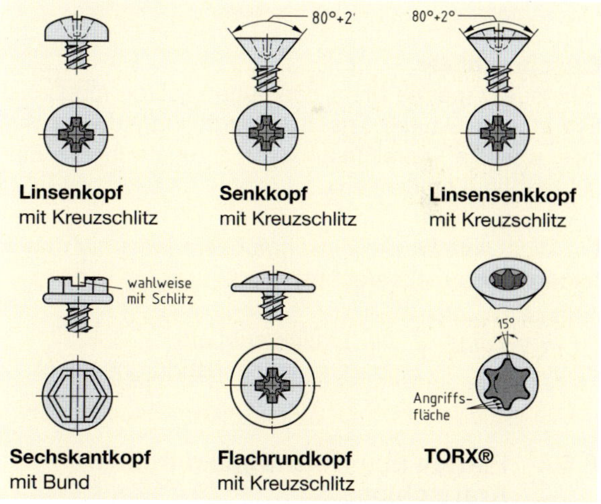

3 **Kopfform gewindeformender Metallschrauben für Bauteile aus Kunststoff**

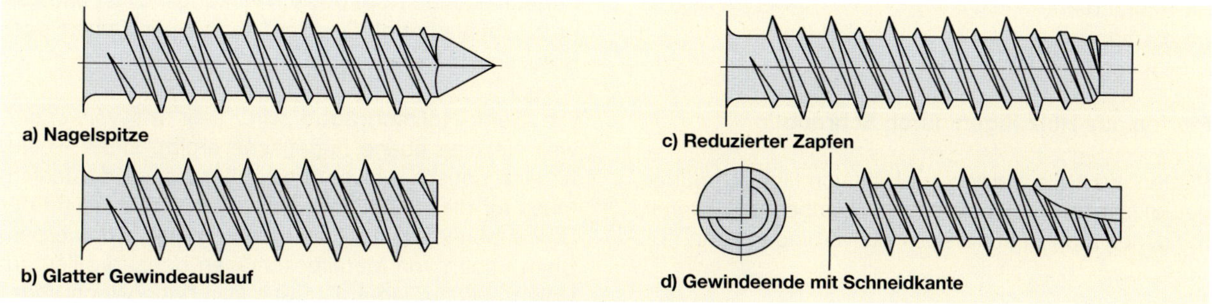

4 **Gewindeenden gewindeformender Metallschrauben für Bauteile aus Kunststoff**

Kernlochdurchmesser

Der Querschnitt des Kernlochs ist meist rund; dann wird das Kernloch durch Bohren hergestellt. Die Richtwerte für den Kernlochdurchmesser können mit folgenden Formeln berechnet werden für:

- duktile[1] Kunststoffe:

$d_3 = 0{,}8d_{1\text{min}}$ — d_3 Kernlochdurchmesser, $d_{1\text{min}}$ kleinster Gewindeaußendurchmesser

- spröde Kunststoffe:

$d_3 = 0{,}9d_{1\text{min}}$

Jedoch können sich auf den Stirnflächen der Kunststoffe im Bereich des geformten Muttergewindes Spannungsrisse bilden. Dem kann entgegengewirkt werden, indem der Anfang des Kernlochs größer aufgebohrt wird, siehe Bild → 1.

Die Maße des Aufbohrdurchmessers lassen sich wie folgt berechnen:

$d_S = 1{,}1d_1$ — d_S Aufbohrdurchmesser, d_1 Gewindeaußendurchmesser

$t_S = 0{,}6d_1$ — t_S Aufbohrtiefe

Einschraubtiefe

Gewindeformende Metallschrauben sollten möglichst tief in das Bauteil aus Kunststoff eingedreht werden, weil die Ausreißfestigkeit mit zunehmender Einschraubtiefe größer wird.

Ein Richtwert für die Einschraubtiefe lässt sich nach folgender Formel berechnen:

$l_E = 2{,}5d_1$ — l_E Einschraubtiefe, d_1 Gewindeaußendurchmesser

6.5.4 Platten aus Holz fügen durch Kraftschluss

Platten aus Holz können gefügt werden durch:
- Schrauben
- Klammern

Platten aus Holz fügen durch Schrauben

Platten aus Holz werden mit Hilfe von Holzschrauben gefügt. **Holzschrauben** sind Schrauben aus Metall, mit denen man Bauteile aus Holz verbinden kann.

[1] duktil (lat.): dehnbar, verformbar

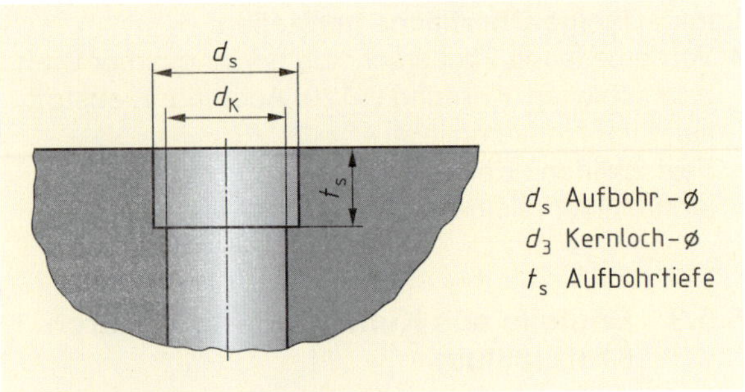

1 Abmessungen der Aufbohrung des Kernlochs

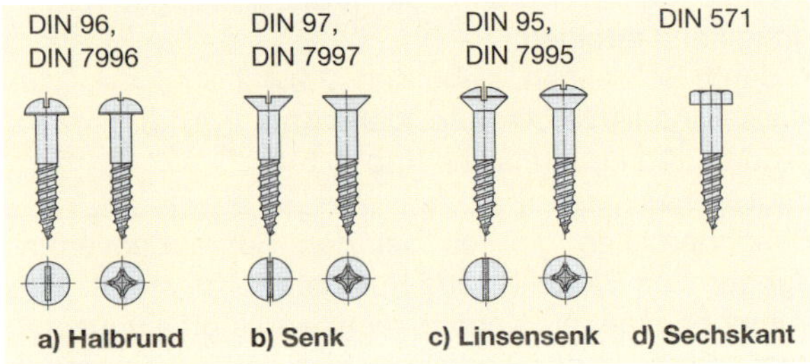

2 Holzschrauben

Der Kopf von Holzschrauben kann einen Schlitz haben, oder einen Kreuzschlitz.

Der **Kreuzschlitz** hat den Vorteil, dass vom Schraubendreher ein größeres Drehmoment auf die Holzschraube übertragen werden kann. Deshalb werden Holzschrauben mit Kreuzschlitz meist eingesetzt, wenn:
- sie mit einer Maschine eingedreht wird
- die Verbindung häufig gelöst werden muss

Arten von Holzschrauben

Holzschrauben gibt es als:
- Halbrund-Holzschraube
- Senk-Holzschraube
- Linsensenk-Holzschraube
- Sechskant-Holzschraube
- Spanplattenschraube

Die **Halbrund-Holzschraube** wird dort eingesetzt, wo der aufliegende Kopf optisch wirkungsvoll ist und keine Nachteile bringt. Der Kopf kann einen Schlitz oder Kreuzschlitz haben, siehe → 2a.

Die **Senk-Holzschraube** wird sehr oft verwendet, weil sie eine ebene Fügefläche ergibt, siehe → 2b. Ist eine optisch einwandfreie Oberfläche erforderlich, muss für die Kopfauflage das Loch versenkt und der Schraubenschlitz in Faserrichtung gedreht werden. Beim Fügen von Metallbeschlägen oder -profilen auf Holz muss auf jeden Fall das Durchgangsloch angesenkt werden.

Die **Linsensenk-Holzschraube** kann aus optischen Gründen den Vorzug vor der Senk-Holzschraube erhalten, siehe → 2c, Seite 300.

Sechskant-Holzschrauben werden auch **Schlüsselschrauben** genannt. Wegen ihrer Kopfform können auf sie erheblich größere Drehmomente übertragen werden als auf Holzschrauben mit Schlitz- bzw. Kreuzschlitz, siehe → 2d, Seite 300. Sie sind deshalb für Verbindungen geeignet, die große Kräfte übertragen müssen.

Spanplatten können mit **Spanplattenschrauben** verbunden werden, auch **Spax-Schraube** genannt, siehe Bild → 1.

Spanplattenschrauben haben im Kopf einen Kreuzschlitz. Weitere Besonderheiten der Spanplattenschraube sind:
- kleiner Kerndurchmesser
- kleiner Flankenwinkel
- große Gewindelänge
- große Gewindesteigung

Durch den kleinen Kerndurchmesser und kleinen Flankenwinkel schneidet sich das Gewinde in die Spanplatte, dabei wird wenig Plattenwerkstoff verdrängt. Im lockeren Spanplattengefüge ergibt sich daraus eine gute Auszugfestigkeit. Diese wird noch durch die große Gewindelänge gesteigert.
Die große Gewindesteigung erhöht die Einschraubgeschwindigkeit, wodurch die Spanplattenschrauben besonders für das Einschrauben großer Stückzahlen geeignet sind.

In das gewindeseitige Fügeteil bohrt man nicht vor, um die Verbindung nicht zu schwächen.

Fügen mit Holzschrauben

Das Fügen mit Holzschrauben erfolgt in den Schritten:
- Durchgangsloch bohren
- Vorbohren
- Schraube einschlagen
- Schraube eindrehen

Zur Vorbereitung muss ins kopfseitige Fügeteil ein **Durchgangsloch gebohrt** werden.

Das andere Fügeteil wird für die Gewindeformung **vorgebohrt**. Nur bei weichem Holz mit großem Querschnitt und bei kleiner Gewindegröße verzichtet man evtl. auf das Vorbohren.

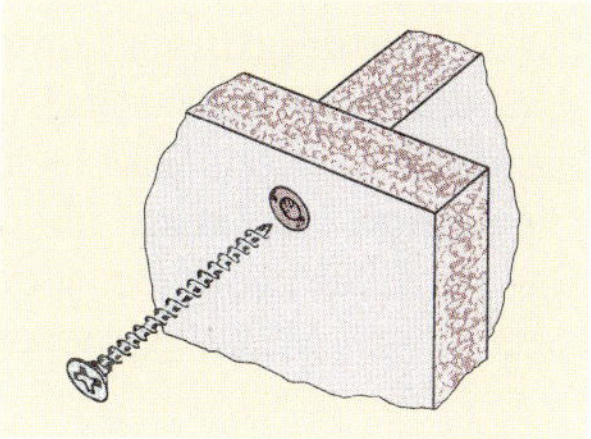

1 Spanplattenschraube

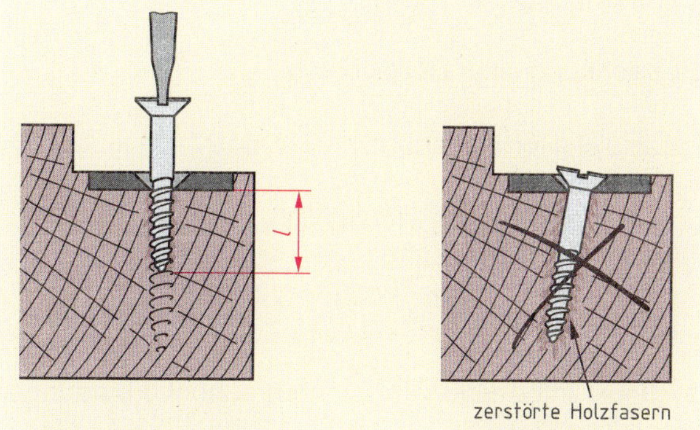

a) Schraube wurde auf etwa halber Länge (l) eingeschlagen

b) Schraube wurde auf ganzer Länge eingeschlagen

2 Holzschraube einschlagen

Achtung:
In Spanplatten wird nicht vorgebohrt.

Die Schraube kann dann bis ca. zur halben Länge **eingeschlagen** werden. Das Gewinde findet genügend unzerstörtes Holz vor und erreicht die volle Haltbarkeit, weil die Holzschraube nur ungefähr auf halber Schaftlänge mit Gewinde versehen ist, siehe Bild → 2a.

Versucht man die Schraube vollständig ins Holz einzuschlagen, kann sie durch die Jahresringe aus ihrer Richtung gelenkt werden. Das Gewinde findet außerdem in den zerstörten Holzfasern keinen Halt, siehe Bild → 2b.

Anschließend wird die Holzschraube **eingedreht**.

Hauptabmessungen von Holzschrauben

Die Hauptabmessungen der Holzschrauben sind:
- Gewindegröße
- Länge (Nennmaß)
- Kopfdurchmesser

Die **Gewindegröße** entspricht dem Schaftdurchmesser und ist identisch mit dem Durchmesser des Durchgangslochs, siehe Bild → 1.
Die **Länge** wird auch als das **Nennmaß** bezeichnet. Sie wird stets vom Rand des größten Kopfdurchmessers bis zur Spitze gemessen.

Der **Kopfdurchmesser** ist etwa doppelt so groß wie die Gewindegröße.

Bezeichnung einer Holzschraube

Beispiel: Holzschraube	**DIN 97** – 5 × 30 – St
Senk-Holzschraube mit Schlitz Gewindegröße = 5 mm Länge (Nennmaß) = 30 mm Werkstoff: Stahl	

Weitere Informationen zu Schraubenverbindungen siehe Kap. 2.9.4.2.

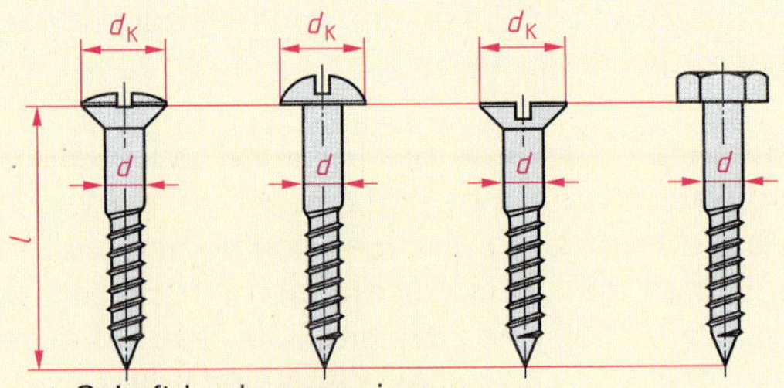

1 Hauptabmessungen von Holzschrauben

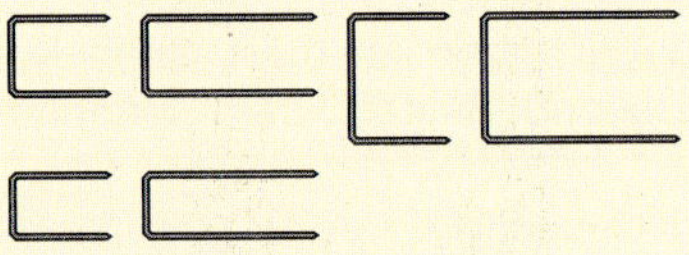

a) Verschiedene Klammergrößen

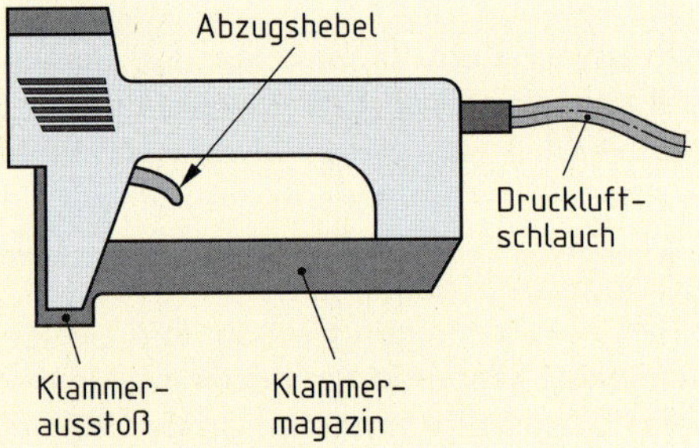

b) Pneumatisch angetriebener Nagler

2 Fügen durch Klammern

Platten aus Holz fügen durch Klammern

Platten aus Holz können durch Klammern kraftschlüssig gefügt werden. Die Klammern aus Stahldraht haben einem Querschnitt von ca. 0,5 mm^2 bis 1,0 mm^2. Es gibt sie in verschiedenen Größen, siehe Bild → 2a.

Diese Klammern können nur mit einem Nagler gesetzt werden, der mechanisch oder pneumatisch angetrieben wird, siehe Bild → 2b. Der Nagler ist auch unter der Bezeichnung **Tacker** bekannt.
Eingesetzt wird das Klammern zum Fügen von Holz-, Span- und Kunststoffplatten sowie Bezugmaterialien, wenn das Nageln oder Schrauben zu aufwendig ist.

Die Auszugfestigkeit der Klammern ist gering; sie müssen deshalb eng gesetzt werden. Eine besondere Arbeitserleichterung ist, dass die Klammern schnell und einhändig gesetzt werden können.

6.6 Gesundheits- und Brandschutz beim Umgang mit Laminierharzen

Beim Anmischen der Laminierharze mit dem Härter und dem Verarbeiten der Kunststoffmassen werden gesundheitsgefährdende Gase frei. Deshalb müssen:
- der Arbeitsplatz ausreichend be- und entlüftet werden
- die Mitarbeiter entsprechende Atemschutzmasken und Schutzhandschuhe tragen

Schutzhandschuhe sind erforderlich, weil der Hautkontakt mit den Kunststoffkomponenten und dem Reinigungsmittel zu Hautreizungen führt. Nach der Arbeit sind die Hände mit mildem Hautreinigungsmittel zu reinigen und anschließend mit Hautpflegecreme einzureiben. Wenn das ausgehärtete Harz **geschliffen** wird, entstehen gesundheitsgefährdende Stäube. Daher ist bei dieser Arbeit das Tragen einer Feinstaubfiltermaske erforderlich. Heute werden auch Atemschutzmasken mit Staub- und Gasfilter benutzt. Außerdem muss der Staub abgesaugt werden.

Laminierharze und die meisten Reinigungsmittel sind brennbar, deshalb sind Entzündungsquellen jeglicher Art vom Arbeitsplatz fernzuhalten.
Besondere Vorsicht ist bei der **Verarbeitung** von Laminierharz mit Beschleuniger und Härter geboten.

Achtung:
Beschleuniger und Härter reagieren bei direkter Berührung explosionsartig.

Deshalb muss das Laminierharz immer zuerst
- mit dem Beschleuniger gemischt werden, erst dann kann der Härter zugemischt werden, oder
- mit dem Härter gemischt werden, erst dann kann der Beschleuniger zugemischt werden.

Weitere Informationen zum Gesundheits- und Brandschutz siehe Kap. 11.

6.7 Nichtmetallische Werkstoffe entsorgen

Es ist wichtig, die Werkstoffe der Altteile wieder zu verwerten – auch **Recycling**[1] genannt. So werden durch verschiedene Verfahren z. B. Holz, Glas und Kunststoff zu Sekundärrohstoffen verarbeitet, aus denen dann wieder Halbzeuge und Werkstücke hergestellt werden.

Die Kunststoffentsorgung kann erfolgen als:
- werkstoffliches Recycling
- rohstoffliches Recycling
- Energielieferant

Werkstoffliches Recycling

Beim werkstofflichen Recycling im Fahrzeugbau werden alle Altteile sortiert und zu Granulat zerkleinert. Dafür sind Kunststoffteile gekennzeichnet, siehe Bild → 1.
Das Granulat
- aus Thermoplast wird eingeschmolzen; daraus werden Kotflügel, Stoßfänger, Instrumententafel, Sitzschalen, Fahrzeugteppiche u. a. hergestellt,
- aus anderen Kunststoffen werden Bauteile mit niedrigem Qualitätsanspruch hergestellt.

Rohstoffliches Recycling

Beim rohstofflichen Recycling ist eine Sortierung der Kunststoffe nicht erforderlich.
Die Altteile aus Kunststoff werden chemisch oder thermisch in ihre molekularen Einzelteile aufgespalten, und es entsteht wieder Erdöl. So werden die verschiedenen Rohstoffe zurückgewonnen und können komplett wiederverwertet werden.
Nachteil: Hoher Energie- und Kostenaufwand; allein ca. 50 % des Erdöls werden als Energie für den erneuten Herstellungsprozess verbraucht.

Code-Nr.	Kürzel	Werkstoff
1 PETE	PET	Polyethylenterephthalat
2 HDPE	PE-HD	High-Density Polythylen
3 PVC	PVC	Polyvinylchlorid
4 LDPE	PE-LD	Low-Density Polyethylen
5 PP	PP	Polypropylen
6 PS	PS	Polystyrol
7 OTHER	*OTHER*	Andere Kusnstoffe wie Acrylglas, Polycarbonat, Nylon, ABS, ...
		Verbundwerkstoffe
90		Kunststoff/Aluminium
91		Kunststoff/Weißblech
92		Kunststoff/verschiedene Metalle

1 Codes für die Kennzeichnung von Teilen aus Kunststoff

Altteile als Energielieferant

Werden die Altteile aus Kunststoff als Ersatz für die Brennstoffe Kohle, Erdöl oder Gas eingesetzt und verbrannt, verbleibt nur ein kleines Restvolumen. Die durch Verbrennung frei werdende Energie kann genutzt werden zur Stahlherstellung, Stromerzeugung oder als Fernwärme.
Nachteil: Umweltbelastung durch hohe Schadstoffemissionen

[1] Recycling (engl.): Wiederverwertung, Wiederaufbereitung

Übungen:

1. In welche Gruppen können Nichtmetalle eingeteilt werden?
2. Was ist die Ursache für das Arbeiten des Holzes?
3. Warum verzieht sich das Holz beim Arbeiten?
4. In welcher Belastungsrichtung ist die Härte und Festigkeit des Holzes am größten?
5. Nennen Sie drei Beispiele für die Anwendung von Leder im Pkw-Innenraum.
6. Welche Anforderungen an die Festigkeit werden bei der Fahrzeugverglasung gestellt?
7. Nennen Sie optische Eigenschaften, die an die Windschutzscheibe und Seitenscheiben eines Pkw gestellt werden.
8. Warum können Kunststoffe unterschiedliche Eigenschaften haben?
9. Nennen Sie vier unterschiedlichen Eigenschaften von Kunststoffen.
10. Nennen Sie den Unterschied von halbsynthetischen und vollsynthetischen Kunststoffen.
11. Aus welchen Rohstoffen werden vollsynthetische Kunststoffe hergestellt?
12. Beschreiben Sie die Polymerisation.
13. Welche Eigenschaften haben Thermoplaste?
14. Aufgrund welcher Eigenschaft können Bauteile aus Thermoplast nur mit Wärme rückgeformt werden?
15. Erklären Sie das unterschiedliche Verhalten von Thermoplast und Duroplast bei Erwärmung.
16. Nennen Sie vier Hilfsstoffe.
17. Nennen Sie drei unterschiedliche Verbundstoffe.
18. Wie sind faserverstärkte Verbundstoffe aufgebaut? Erklären Sie es an einem Beispiel.
19. Unterscheiden Sie GFK, CFK, BFK, MFK und NFK.
20. Was sind Siebdruckplatten und wofür werden sie im Karosserie- und Fahrzeugbau verwendet?
21. Beschreiben sie Sandwichplatten aus Kunststoff.
22. Nennen Sie Beispiele, wie Sandwichplatten aus Kunststoff im Fahrzeugbau eingesetzt werden.
23. Wodurch wird im Wesentlichen die Biegesteifigkeit von Sandwichplatten bestimmt?
24. Welche Vorteile haben Fertigteile aus Kunststoff im Fahrzeugbau?
25. Beschreiben Sie das Kunststoffkleben mit Ein-Komponenten-Klebstoff an einem Beispiel aus dem Fahrzeugbau.
26. Beschreiben Sie die Reparatur eines Karosseriebauteils aus Kunststoff durch Kunststoffkleben.
27. An welchen Kunststoffen kann nur eine Reparatur durch Kunststoffschweißen durchgeführt werden?
28. Warum muss vor dem Kunststoffschweißen die Kunststoffart identifiziert werden?
29. Beschreiben Sie das Kunststoffschweißen eines Risses in einem Bauteil aus Kunststoff.
30. Warum haben Schrauben für Kunststoffverbindungen gegenüber Blechschrauben mit Blechschraubengewinde veränderte Flankenwinkel, Steigung und Flankenhöhe?
31. Für welche Kunststoffe werden Schrauben mit einer Schneidkante am Gewindeende eingesetzt?
32. Wie kann die Einschraubtiefe für Schrauben für Kunststoffe ermittelt werden?
33. Welchen Vorteil bieten bei den Holzschrauben Kreuzschlitzschrauben gegenüber Schlitzschrauben?
34. In welchen Fällen bietet sich an, Senk-Holzschrauben zu verwenden?
35. Nennen Sie die Unterschiede in der Gewindeform zwischen einer Holzschraube und einer Spax-Schraube.
36. Beschreiben Sie, wie weiche und harte Hölzer mit Holzschrauben verschraubt werden.
37. Erklären Sie folgende Bezeichnung: Holzschraube DIN 97 – 5 × 30 – St
38. Nennen Sie Vor- und Nachteile der Klammern von Platten aus Holz.
39. Wofür können im Fahrzeugbau Schablonen verwendet werden?
40. Welchen Zweck erfüllt das Kennzeichnen und Lagern von Schablonen?
41. Was muss beachtet werden, wenn Laminierharz mit Beschleuniger und Härter verarbeitet wird? Warum ist das so?
42. Bei welchen Arbeiten mit Kunststoff muss eine Feinstaubfiltermaske getragen werden?
43. Was verstehen Sie unter dem Begriff Recycling?
44. Nennen und beschreiben Sie Beispiele für die Entsorgung von Kunststoff.

7 Fahrwerks- und Bremssysteme

In diesem Lernfeld werden behandelt:
- Fahrwerk, siehe Kap. 7.1
- Fahrwerksgeometrie
- Achsvermessung, siehe Kap. 7.3
- Bremsanlagen, siehe Kap. 7.4
- Niveauregelung, siehe Kap. 7.5
- Wankregelung, siehe Kap. 7.6
- Arbeitssicherheit und Unfallverhütung, siehe Kap. 7.7

7.1 Fahrwerk

1 Fahrwerk

Als Fahrwerk werden alle beweglichen Teile bezeichnet, die den Kontakt des Fahrzeugs mit der Fahrbahn herstellen.

7.1.1 Fahrwerk für Pkws

Zum Fahrwerk gehören, vgl. Bild → 1:
- Fahrzeugräder, siehe Kap. 7.1.1.1
- Radaufhängung, siehe Kap. 7.1.1.2
- Fahrzeugfedern, siehe Kap. 7.1.1.3
- Schwingungsdämpfer, siehe Kap. 7.1.1.4
- Lenkung, siehe Kap. 7.1.1.5

7.1.1.1 Fahrzeugräder

Durch die Fahrzeugräder werden die Antriebs-, Brems- und Seitenkräfte übertragen.
Die Fahrzeugräder tragen die Masse des Fahrzeugs und nehmen Fahrwerkskräfte auf.

Ein Fahrzeugrad besteht aus:
- Felge
- Radkörper
- Reifen

Felgen für Pkws

Die Fahrzeugfelge nimmt den Reifen auf und führt ihn. In Bild → 2 sind die wichtigen Begriffe für die Bezeichnung einer Felge dargestellt.

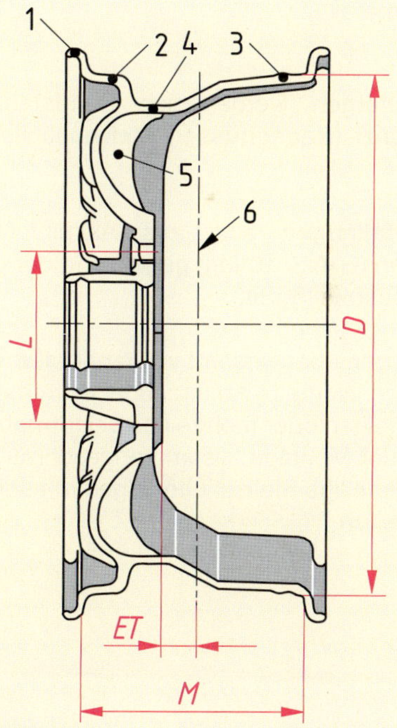

2 Bezeichnungen an einer Felge

Beispiel:
7 J x 15 H2 ET 35

Es bedeuten:

7:	Felgenmaulweite
J:	Felgenhornausführung
x:	Tiefbettfelge
15:	Felgendurchmesser in Zoll
H2:	zweiseitiger Hump (= umlaufender Höcker auf der Felgenschulter, der verhindern soll, dass sich der Reifen bei zu niedrigem Luftdruck auf der Felge bewegt)
ET 35:	Einpresstiefe in mm

Nach der Form des Querschnitts unterscheidet man, vgl. Bild ➔ 1:
- Tiefbettfelge
- Flachbettfelge
- Breitbettfelge
- Schrägschulterfelge
- Steilschulterfelge
- Sicherheitsfelge mit Pannenlauf

Es gibt Felgen aus:
- Stahl
- Leichtmetall

Die **Stahlfelgen** werden aus Bandstahl geformt und gestanzt (**Radschüssel**) und anschließend verschweißt.

Leichtmetallfelgen sind aus Aluminium-Siliziumlegierungen (G-AlSi 10 Mg) gegossen oder geschmiedet (gepresst) (AlMgSi).

Heute werden überwiegend verwendet für
- Pkws und leichte Nutzfahrzeuge: asymmetrische Tiefbettfelgen oder mehrteilige Leichtmetallfelgen, die vor der Montage zusammengeschraubt werden
- Lkws: einteilige Steilschulterfelgen mit schlauchlosen Reifen.

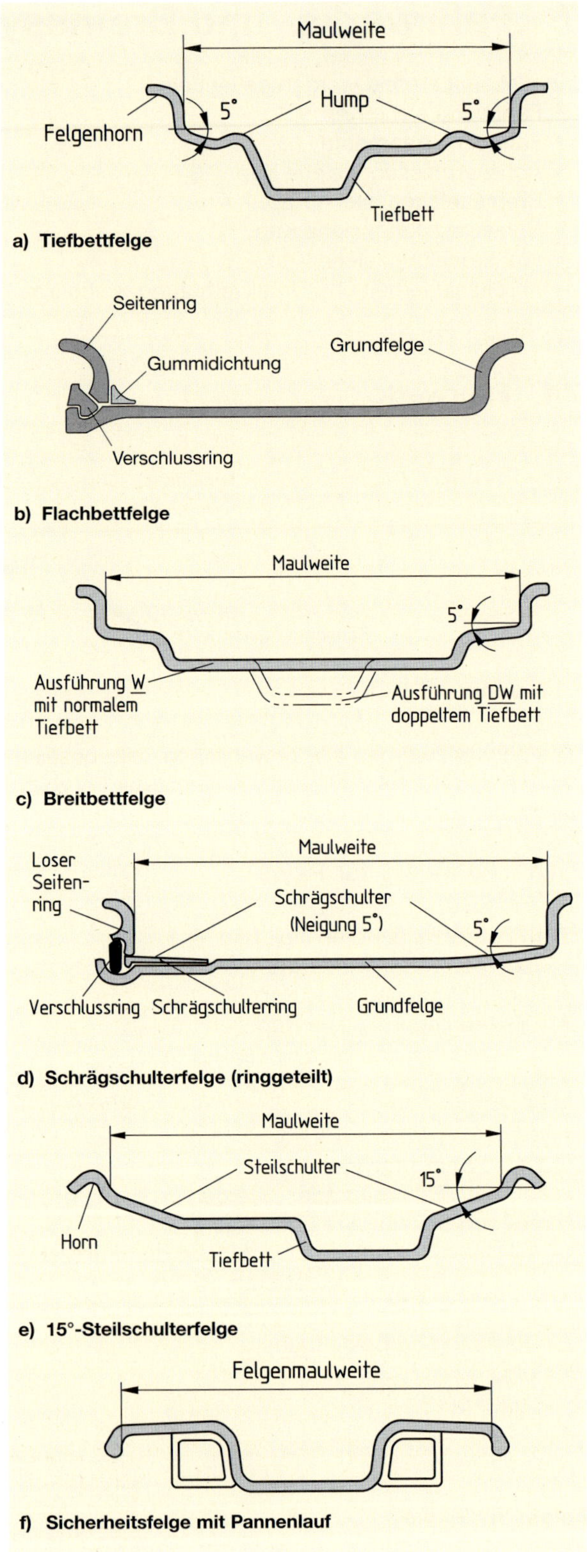

1 Felgen – Arten

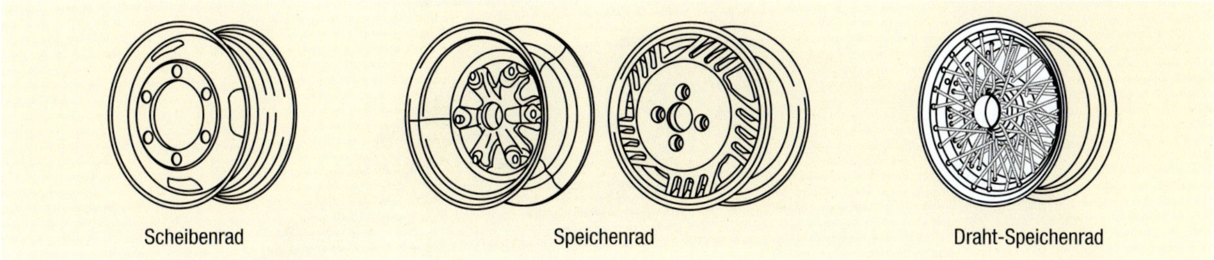

1 Räder, benannt nach ihrem Radkörper

Radkörper für Pkws

Der Radkörper verbindet den Anschlussflansch der Radnabe mit der Fahrzeugfelge. Fahrzeugräder werden oft nach ihrem Radkörper benannt, siehe Bild → 1: Scheibenrad, Speichenrad, Drahtspeichenrad.

Reifen für Pkws

Die Fahrzeugreifen übernehmen einen Teil der Aufgaben der Federung. Sie stellen die Verbindung zwischen Fahrbahn und Fahrzeug her: Auf der Kontaktfläche von der Größe einer Postkarte übertragen sie Antriebs-, Brems- und Seitenführungskräfte. Mit ihrer Luftfüllung tragen sie die Fahrzeugmasse und beim Beschleunigen und Bremsen die dynamischen Achslasten.

Man unterscheidet Fahrzeugreifen nach ihrer Bauart in, vgl. Bild → 2:
- Radialreifen
- Diagonalreifen

Diagonalreifen
Im Aufbau der Karkasse zeigen die Gewebefäden bei Diagonalreifen einen schrägen Verlauf, siehe Bild → 2a.

Radialreifen
Im Radialreifen befinden sich zusätzlich radiale Lagen im Winkel von 90°, siehe Bild → 2b.
Neben Stahl sind Kunstfasern aus Rayon, Nylon, Karbon oder Polyester im Einsatz.
Radialreifen haben die Diagonalreifen bei Pkw und auch bei den meisten Nutzfahrzeugen verdrängt, weil sie viele Vorteile aufweisen, z. B. stabiles Lenkverhalten, geringerer Rollwiderstand und höhere Lebensdauer.
Auf den Seitenwänden des Fahrzeugreifens sind Informationen aufgebracht wie Hersteller, Reifengröße und DOT-Nummer, wobei die letzten vier Ziffern der DOT-Nummer das Herstelldatum angeben.

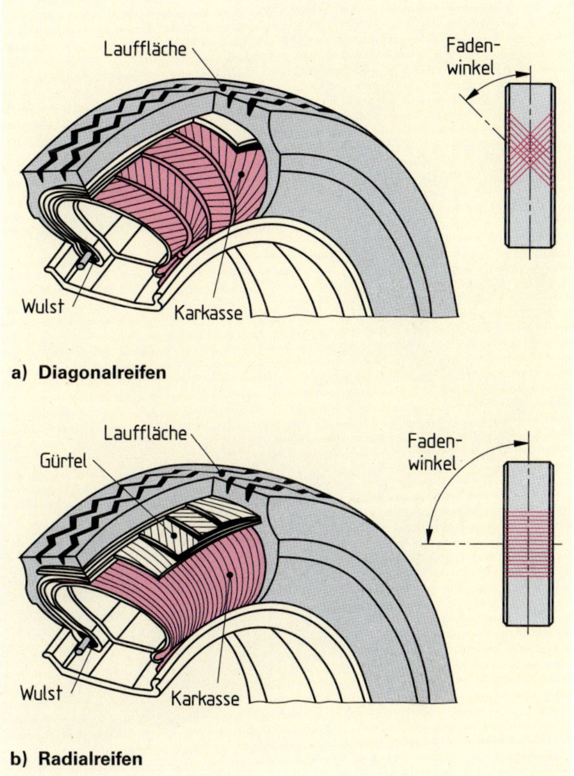

a) **Diagonalreifen**

b) **Radialreifen**

2 Fahrzeugreifen – Bauarten

Beispiel:
DOT … 4817
Es bedeuten:
48: 48. Kalenderwoche
12: des Jahres 2017

Weitere Informationen zur Beschriftung der Seitenwand siehe Bild → 1, Seite 308.

GEMEINSAMES BEIDER FACHRICHTUNGEN

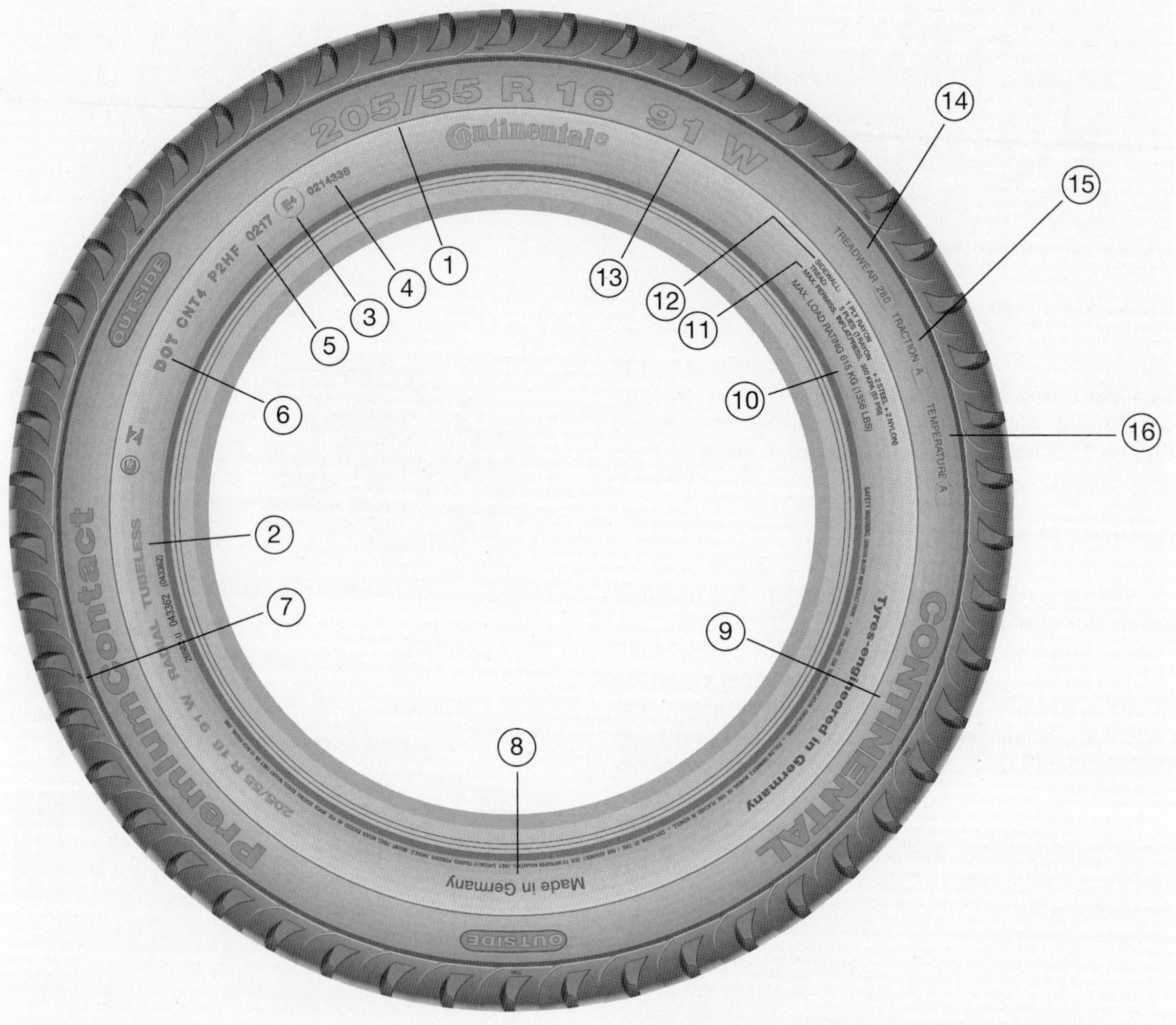

1 Größenbezeichnung
2 Tubeless (schlauchlos)
3 E: Reifen erfüllt die Norm ECE-R 30
4: Land, in dem die Prüfung durchgeführt wurde (4 = Niederlande)
4 Zulassungsnummer nach ECE-R 30
5 Produktionsdatum (hier: 0217 = 2. Woche im Jahr 2017)
6 DOT = Department of Transportation (USA-Verkehrsministerium), anschließend verschlüsselte Angaben des Herstellers, z. B. Reifenfabrik, Reifengröße, Reifenausführung
7 Kennzeichnung des Profilabnutzungsanzeigers (TWI = Tread Wear Indicator)
8 Kennzeichnung des Herkunftslandes
9 Hersteller
10 US-Lastkennzeichnung (max. Load Rating)
11 US-Begrenzung für Max. Luftdruck
12 Angaben über Anzahl und Art der Gummilagen
13 Tragfähigkeitskennzahl
14 US-Garantiehinweise für Verschleiß
15 Nassbremsvermögen
16 Temperaturfestigkeit

1 Beschriftung der Seitenwand eines Fahrzeugreifens

Mit der Gestaltung und Zusammensetzung der Gummimischung bestimmt der Laufstreifen den späteren Verwendungszweck.
Die Anforderungen an Reifen sind vielfältig und zum Teil gegensätzlich in ihrer Auswirkung. Das Reifenlabel wurde 2012 eingeführt und kennzeichnet zum Beispiel Rollwiderstand, Eigenschaften bei Nässe und Geräuschniveau, um dem Verbraucher die Auswahl unter den vielen Anbietern zu erleichtern, Beispiel siehe Bild → 1.
Weitere Eigenschaften sind Laufleistung, Komfort, Masse, Fahrverhalten trocken, Hochgeschwindigkeitsfestigkeit, Wintereigenschaften.

Für unterschiedliche Jahreszeiten gibt es:
- Sommerreifen
- Winterreifen
- Ganzjahresreifen

Sommerreifen gibt es mit symmetrischem oder asymmetrischem Profil; bei höherem Geschwindigkeitsindex meist mit vorgeschriebener Laufrichtung. Bei Sommerreifen dominieren Längsrillen, die das Wasser nach hinten verdrängen, siehe Bild → 3a.

Winterreifen weisen ein offenes Profil auf, siehe Bild → 3b. So können sie auch Schnee- und Schneematsch aufnehmen – deshalb auch die Bezeichnung

Bei **M+S-Reifen** wird in den Profilrillen der Schnee komprimiert, was die Griffigkeit und die Zugkraft auf Schnee erhöht. Der Anteil an Querstollen ist sehr hoch. Bei Laufrichtungsbindung können Geräuschverhalten, Rollwiderstand und Schneegriff auch bei grobstolligem Profil optimiert werden.
Die Haftung bei Glätte kann bei entsprechender Gummimischung mit Lamellen in den Profilblöcken verbessert werden.
Auf vielen Winterreifen ist ein Schneeflockensymbol (Alpine-Symbol) aufgebracht, siehe Bild → 2. Es stammt aus den USA und wird von der amerikanischen Straßenverkehrsbehörde NHTSA definiert: Ein Reifen, bei dem dieses Symbol an der Seitenwand angebracht wird, muss mindestens 10 % mehr Zugkraft im Schnee aufbauen, als ein festgelegter Referenzreifen

Spikes sind Stahlelemente in den Profilblöcken, siehe Bild → 3c. Sie dürfen nur in wenigen Ländern verwendet werden und sind dort nur in den Wintermonaten erlaubt.

Ganzjahresreifen sind ein Kompromiss aus Sommer- und Winterreifen, vgl. Bild → 3d:
- Die Laufstreifenmischung muss auch im Winter ausreichend elastisch bleiben,
- gleichzeitig ist die Strukturfestigkeit auch bei hohen Temperaturen im Sommer zu berücksichtigen.

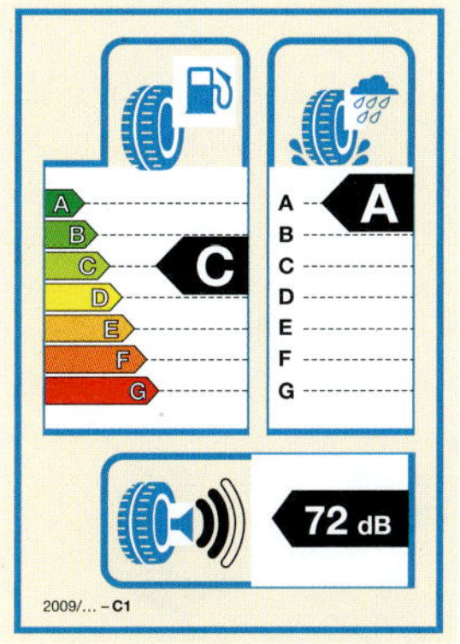

1 Reifenlabel

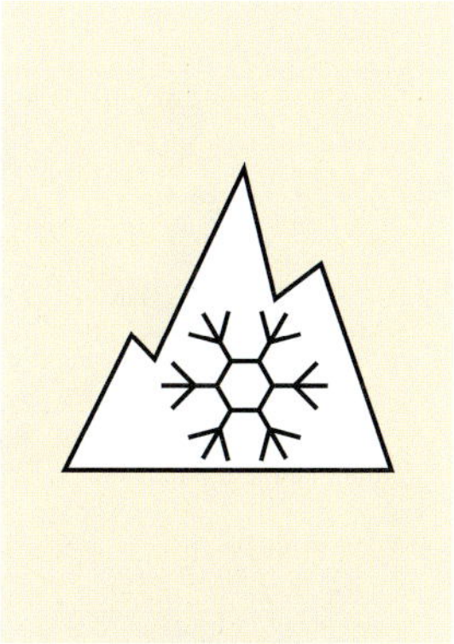

2 Alpine-Symbol

a) Sommerreifen

b) Winterreifen

c) Spike-Reifen

d) Ganzjahresreifen

3 Profile von Fahrzeugreifen für unterschiedliche Jahreszeiten

Nach einer Übergangsfrist bis September 2024 ist eine Wintereignung nur noch mit dem Alpine-Symbol nachgewiesen.

Ab Produktionsjahr 2018 muss das Alpinsymbol angebracht sein und damit eine geprüfte Wintereignung vorliegen.

Runflat-Reifen sind Reifen mit Notlaufeigenschaften. Durch Verwendung einer verstärkten Seitenwand sackt der Reifen bei Luftverlust nicht zusammen. Das Fahrzeug kann mit verminderter Geschwindigkeit noch maximal 200 km gefahren werden, ohne dass der Reifen von der Felge springt.

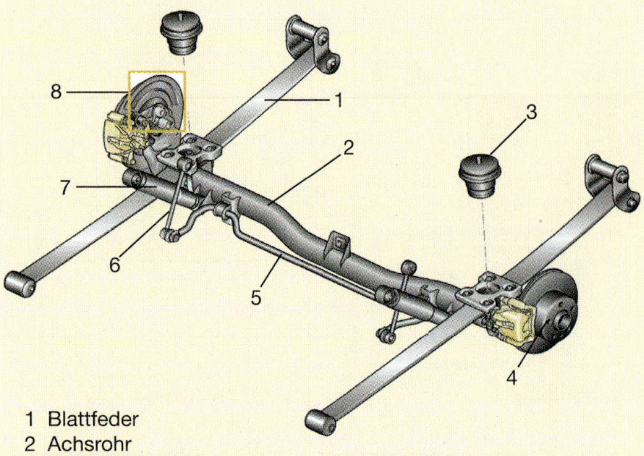

1 Blattfeder
2 Achsrohr
3 Anschlagpuffer, mit Karosserie verschraubt
4 Radlager
5 Stabilisator
6 Koppelstange
7 Dämpfer
8 Einbauort Drehzahlsensor

a) Starrachse an der Hinterachse eines Kleintransporters

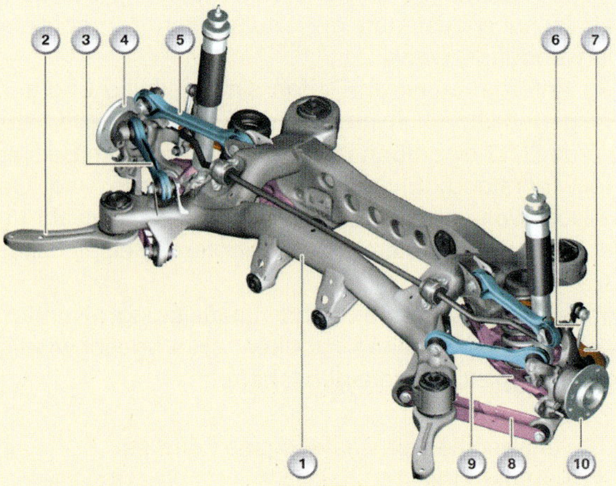

1 Hinterachsträger
2 Schubstrebe
3 Führungslenker
4 Radnabe
5 Querlenker
6 Pendelstütze
7 Spurlenker
8 Längslenker
9 Sturzlenker
10 Radträger

b) Einzelradaufhängung an der Hinterachse eines Oberklasse-Pkws in Standardbauweise

1 Radaufhängung

7.1.1.2 Radaufhängung bei Pkws

Radaufhängungen bestehen aus Lenker und Gestänge. Sie haben die Aufgabe, die Räder des Fahrzeugs präzise zu führen; deshalb werden sie auch **Radführungselemente** genannt. Sie sorgen dafür, dass sich die Radstellung nicht oder nur kontrolliert ändert.

Außerdem übertragen Radaufhängungen Längs- und Querkräfte (Beschleunigung, Verzögerung, Kurvenfahrt) und Stöße (Fahrbahnunebenheiten) auf den Fahrzeugaufbau. So sollen die Räder jederzeit Kontakt mit der Fahrbahn haben.

Die Radaufhängung gibt es als:
- Starrachse
- Einzelradaufhängung

Bei der **Starrachse** sind beide Räder einer Achse durch den Achskörper starr miteinander verbunden, siehe Bild ➔ 1a. Sie ist eine stabile Bauweise und wird verwendet, wenn hohe Achslasten erwartet werden, z. B. in Transportern, Leicht-Lkws und schweren Lkws.

Bei der **Einzelradaufhängung** sind die Räder einer Achse einzeln aufgehängt und geführt, siehe Bild ➔ 1b. Sie ist bei Pkws und an der Vorderachse bei Kleintransportern zu finden. Hier federn die Räder unabhängig voneinander ein und die Fahrwerksgrößen beeinflussen sich nicht gegenseitig.

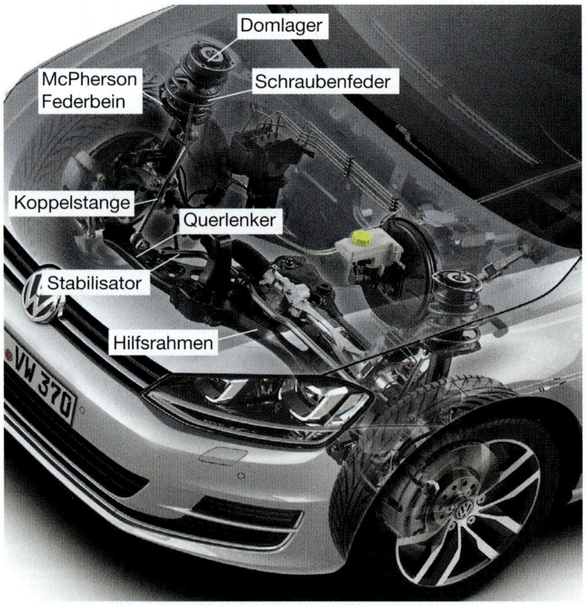

2 Aufhängung der Vorderachse in McPherson-Bauweise

Bei Pkws sind die Längs-, Quer- und Sturzlenker mit Gummi-Metall-Lagern am Hinterachsträger befestigt, siehe Bild ➔ 2. Dieser ist ebenfalls mit großen Gummi-Metall-Lagern an der Karosserie angebracht. Somit werden Stöße vom Fahrwerk auf die Karosserie gedämpft.

7.1.1.3 Federn für Pkws

1 Fahrzeugfedern

Einteilung der Fahrzeugfedern

Fahrzeugfedern haben die Aufgabe, den Fahrzeugaufbau zu tragen und gegen Stöße durch Fahrbahnunebenheiten abzufedern.

In Straßenfahrzeugen werden eingesetzt, vgl. Bild → 1:
- mechanische Federn
- Luftfedern
- hydropneumatische Federn

Mechanische Federn

Mechanische Federn sind Federn, bei denen die Federwirkung mit Hilfe der elastischen Verformung von Federstahl oder Gummi erreicht wird.

Zu den mechanischen Federn zählen, vgl. Bild → 1:
- Blattfeder
- Schraubenfeder
- Drehstabfeder
- Stabilisator
- Gummifeder

Blattfeder
Eine Blattfeder besteht aus einem flachen Metallband, das bogenförmig zum Blatt vorgespannt wird. Sie kann ein- oder mehrlagig sein; für Lkws haben Blattfedern noch eine Zusatzfeder, siehe Bild → 2a. Die Länge und die Dicke der Blätter können unterschiedlich sein. Beim Einfedern reiben die Blätter an den Enden der Lagen; dadurch erhalten Blattfedern ihre Eigendämpfung, die mit Hilfe eingelegter Kunststoffblättchen oder mit Fett vermindert werden kann.
Eine Blattfeder kann die Radführung übernehmen.

Schraubenfeder
Schraubenfedern bestehen aus einem Federdraht, der zylinder-, kegel- oder tonnenförmig gewickelt ist, siehe Bild → 2b. Zur Federung an Fahrzeugen sind Schraubenfedern als Druckfeder ausgebildet; die Hauptbelastung erfolgt in Richtung der Federachse.

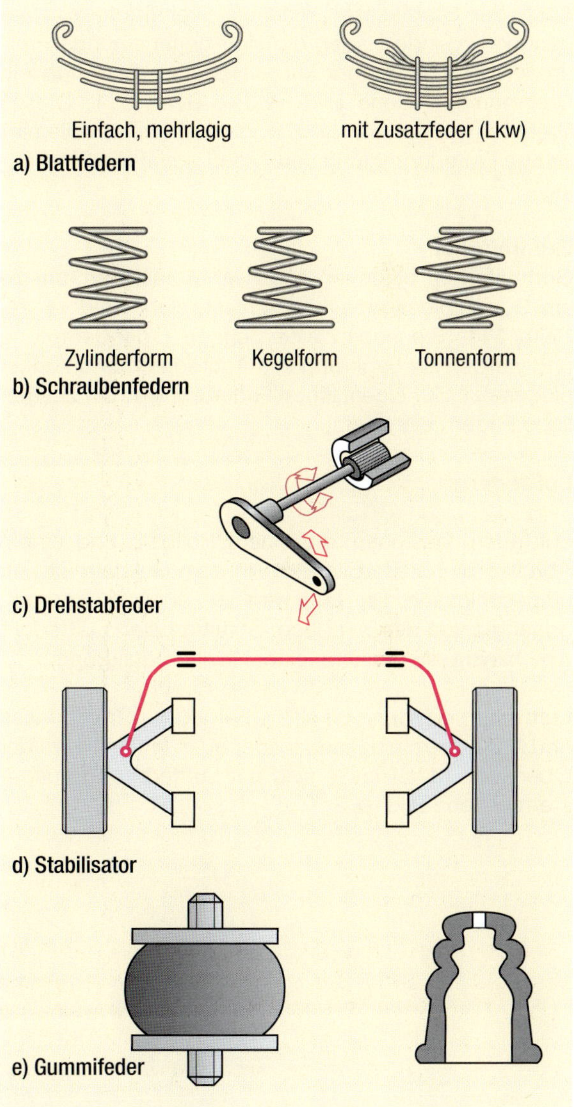

2 Mechanische Federn

Der Drahtdurchmesser, die Steigung und der Federdurchmesser können variiert werden – somit kann auch die Charakteristik der Feder verändert werden.
Schraubenfedern benötigen wenig Platz, haben eine geringe Masse, keine Eigendämpfung und sind wartungsfrei. Sie können die Radführung nicht übernehmen.

GEMEINSAMES BEIDER FACHRICHTUNGEN

Drehstabfeder

Die Drehstabfeder ist eine gerade **Torsionsfeder**, siehe Bild → 2c, Seite 311. Der Drehstab besteht aus einem Rundstahl oder aus Paketen von flachen Bändern aus Federstahl. An jedem Ende ist ein Bauteil befestigt.
Diese Bauteile verdrehen sich in der Federachse gegeneinander, sodass im Drehstab ein Drehmoment entsteht, das der Drehbewegung entgegenwirkt. Drehstabfedern haben eine geringe Masse, sind wartungsfrei und haben keine Eigendämpfung.

Auch der **Stabilisator** wirkt als Drehstabfeder: Gegenüberliegende Räder, die sich gegeneinander verdrehen, erzeugen über kurze Hebel im Drehstab ein Drehmoment, siehe Bild → 2d, Seite 311. Dieses Drehmoment vermindert z. B. bei Kurvenfahrt die einseitige Einfederung und verbessert somit die Straßenlage.

Gummifeder

Gummifedern bestehen aus zwei Metallteilen, an die ein Gummiblock anvulkanisiert ist, siehe Bild → 2e, Seite 311. Sie haben eine geringe Eigendämpfung und werden zur Lagerung von Aggregaten und Lenker eingesetzt. Zur eigentlichen Federung werden zusätzliche Federn eingesetzt.

Luftfedern

Luftfedern bestehen aus einem Rollbalg und einem Abrollkörper, siehe Bild → 1. In dem Rollbalg ist Luft eingeschlossen. Die Luft wird zu- oder abgepumpt, abhängig von der Beladung. Somit erfüllen Luftfedern gleichzeitig die Funktion einer Niveauregulierung.

Luftfedern werden vor allem bei Lkws, Omnibussen und Anhängern eingesetzt, aber auch einige Pkws der Ober- und Mittelklasse sind mit Luftfederung ausgestattet, siehe Bild → 2.

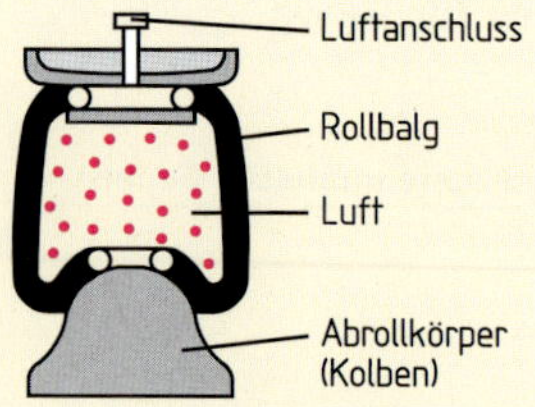

1 Luftfeder (Rollbalgfeder) für Straßenfahrzeuge

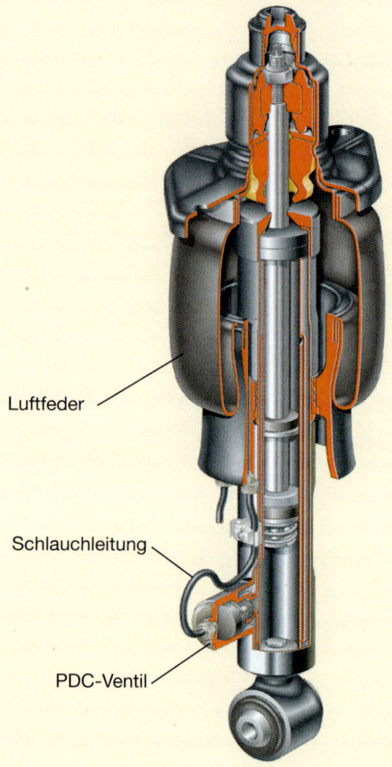

a) Für Vorderachse

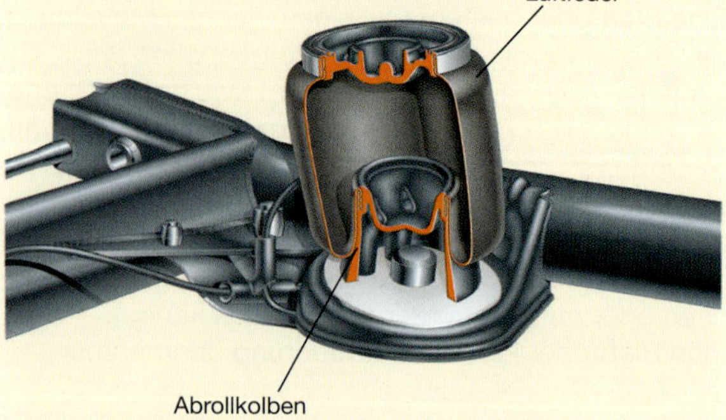

b) Für Hinterachse

2 Luftfederung in einem Pkw

Hydropneumatische Federn

Hydropneumatische Federn arbeiten:
- hydraulisch, d. h. mit einer Flüssigkeit (Öl)
- pneumatisch, d. h. mit einem Gas (Stickstoff)

Das Federelement ist das Gas, das mit einer konstanten Menge in einer Federkugel eingeschlossen ist, siehe Bild → 1. Nach unten wird das Gas mit einer beweglichen Membran zum Öl abgegrenzt.

So übernimmt die hydropneumatische Federung gleichzeitig die Schwingungsdämpfung und die Niveauregulierung.

Erhöht sich die Beladung:
- vergrößert sich in der Federkugel das Volumen des Öls; dadurch wird die Membran nach oben geschoben
- verringert sich in gleichem Maße das Volumen des Gases; der Gasdruck nimmt zu und die Federung wird steifer

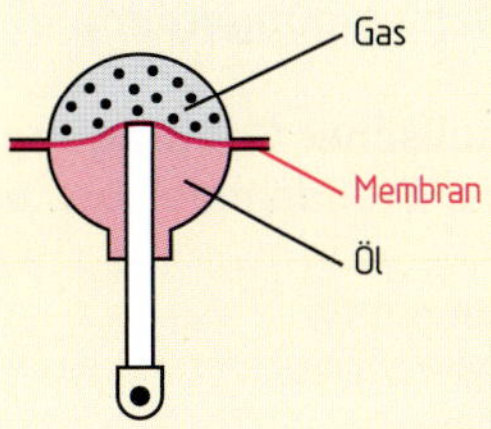

1 Hydropneumatische Feder für Straßenfahrzeuge

Hydropneumatische Federn haben folgende Vorteile:
- hoher Komfort durch elastischen, luftgefüllten Gummirollbalg
- Niveauregulierung durch füllbare Federelemente
- Kombination mit aktiver Dämpfung möglich, vgl. Kap. 7.1.1.4
- Kombination mit aktivem Wankausgleich durch aktive, gegeneinander verdrehbare Stabilisatorhälften möglich

Hinweis:
Beim Anheben des Fahrzeugs bei dieser Federungsart die **Servicestellung aktivieren**. Beschädigung der Rollbälge möglich!

7.1.1.4 Schwingungsdämpfer in Pkws

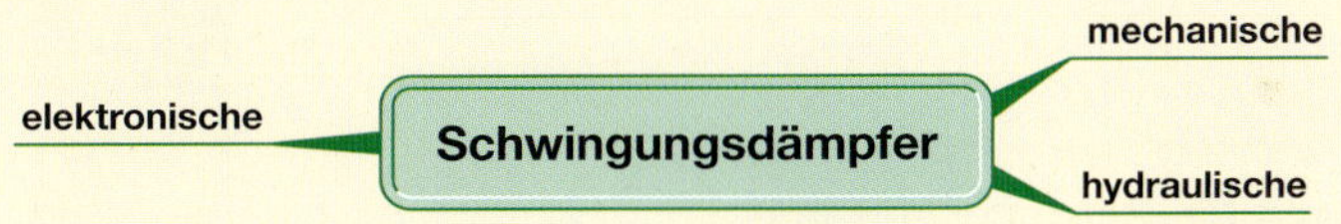

2 Schwingungsdämpfer

Aufgaben der Schwingungsdämpfer

Schwingungsdämpfer in Fahrzeugen haben die Aufgabe, Schwingungen, die auf den Fahrzeugaufbau wirken, schnell abklingen zu lassen (= dämpfen). Dabei wird die Energie der Schwingungen in Wärme umgewandelt.
In Verbindung mit einem McPherson-Federbein können Schwingungsdämpfer Rad-Führungsaufgaben übernehmen.
Im allgemeinen Sprachgebrauch werden Schwingungsdämpfer oft als **Stoßdämpfer** bezeichnet.

Schwingungsdämpfer sind aber auch an der Lenkung, an Anhänger-Deichseln und am Fahrerhaus von Nutzfahrzeugen eingebaut.

In Fahrzeugen werden eingesetzt, siehe Bild → 2:
- mechanische Schwingungsdämpfer
- hydraulische Schwingungsdämpfer
- elektronische Dämpfungsregelung

Mechanische Schwingungsdämpfer

Mechanische Schwingungsdämpfer wie die früher eingesetzten **Reibungsdämpfer** werden heute in Kraftfahrzeugen nicht mehr verwendet.
Zu den mechanischen Schwingungsdämpfern können aber gezählt werden, vgl. Kap. 7.1.1.3:
- Blattfedern
- Gummifedern, z. B. als Gummipuffer oder Silentbuchse[1]

[1] Silentium (lat.) = Ruhe, Stille: Silentbuchsen dämpfen Schwingungen und dämmen Körperschall, sodass wenig Schall abgestrahlt wird – es ist ruhig!

Hydraulische Schwingungsdämpfer

Funktion hydraulischer Schwingungsdämpfer

Ein hydraulischer Stoßdämpfer besteht im Wesentlichen aus:

- Zylinder, befüllt mit Öl
- Kolbenstange
- Kolben
- Membranventile

Bewegt sich der Kolben nach unten, muss das Öl sich durch die engen Kanäle im Kolben „zwängen" und nach oben strömen, siehe Bild → 1. Der Druck auf die Unterseite des Kolbens ist größer als der Druck auf die Oberseite – die Druckdifferenz erzeugt über die jeweilige Wirkfläche die Dämpfungskraft.
Dieser Vorgang wird **Einfedern** genannt, und weil auf die Kolbenstange Druck wirkt, auch **Druckstufe**.
Beim Einfedern klappen die Membranventile nach oben, sodass der Ölfluss durch die Kanäle des Kolbens von ihnen nicht behindert wird.

Bewegt sich der Kolben nach oben (= **Ausfedern** → Zug auf die Kolbenstange → **Zugstufe**), wird das Öl durch die Membranventile geleitet; dabei bremst die Kolbenbewegung stark ab: Die Aufwärtsbewegung des Kolbens wird stärker gedämpft als die Abwärtsbewegung.
Damit die Federung bei der Abwärtsbewegung (Einfedern) nicht zu stark verhärtet, wird gedämpft in der

- Druckstufe: 25 %
- Zugstufe: 75 %

Die Bewegungsenergie durch die Auf- und Abwärtsbewegung der Räder, Radführungselemente und Federn wird durch Flüssigkeitsreibung in Wärmeenergie umgewandelt.

Hydraulische Schwingungsdämpfer werden auch als Patrone gefertigt, dann können sie bei der Reparatur kostengünstig ausgetauscht werden.

Arten von Schwingungsdämpfern

In Straßenfahrzeugen werden eingesetzt:
- Einrohr-Gasdruckdämpfer
- Zweirohr-Gasdruckdämpfer

Im **Einrohr-Gasdruckdämpfer** trennt ein beweglicher Trennkolben das Öl von einem Gas (Stickstoff) mit hohem Druck (25 bar bis 35 bar), siehe Bild → 2. Der Trennkolben gleicht die Schwankungen des Ölvolumens aus.
Da das Öl nur von einem Rohr umgeben ist, wird es gut gekühlt. Durch die Gasfüllung entsteht nur geringe Ölverschäumung.

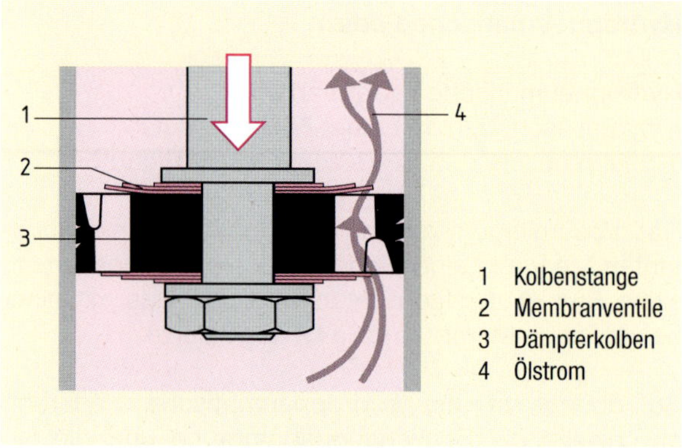

1 **Hydraulischer Schwingungsdämpfer – Wirkungsweise**

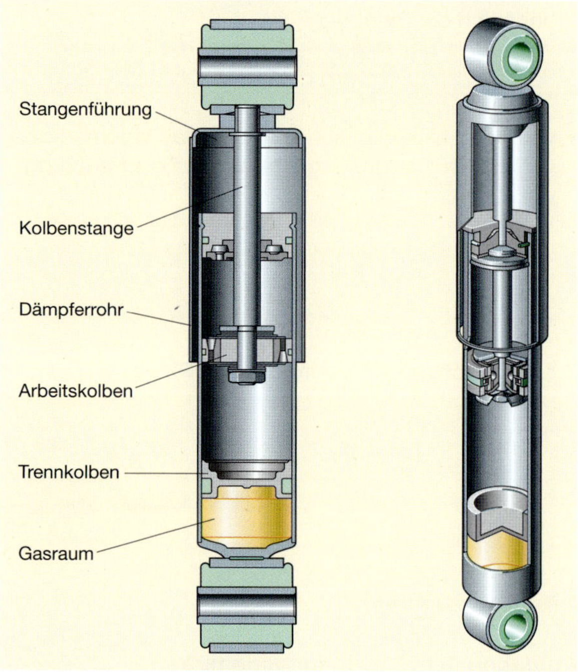

2 **Einrohr-Gasdruckdämpfer**

Der **Zweirohr-Gasdruckdämpfer** besitzt zwei Ventile im Kolben und zwei Ventile im Boden, siehe Bild → 1, Seite 315. Der Kolben wird im Innenrohr geführt. Zwischen Innenrohr (Dämpferrohr) und Außenrohr befinden sich:

- der Ausgleichsraum für das Öl
- der Gasraum

Das Gas ist ebenfalls Stickstoff unter einem Druck von 5 bar bis 8 bar. Bei älteren Zweirohr-Schwingungsdämpfern ist der Gasraum mit Luft gefüllt.

Beim Einfedern muss das Volumen der „zusätzlichen" Kolbenstange verdrängt werden – der Ölstand im Ausgleichsraum steigt.
Beim Ausfedern wird das Öl zurückgeführt.

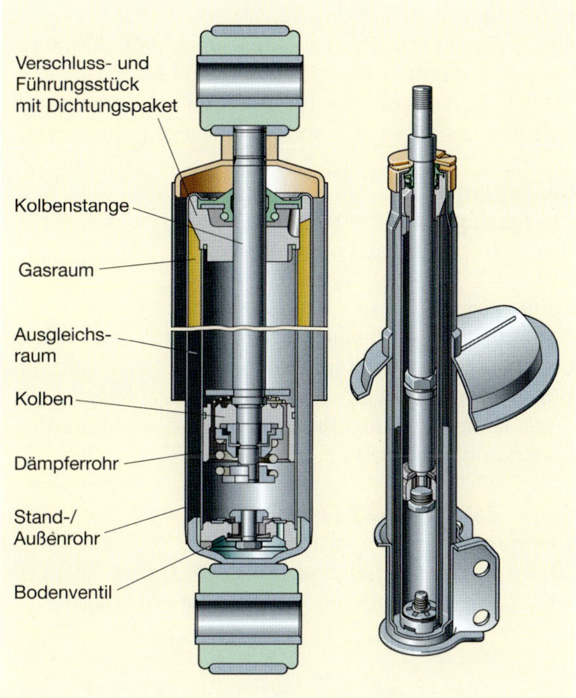

1 Zweirohr-Schwingungsdämpfer

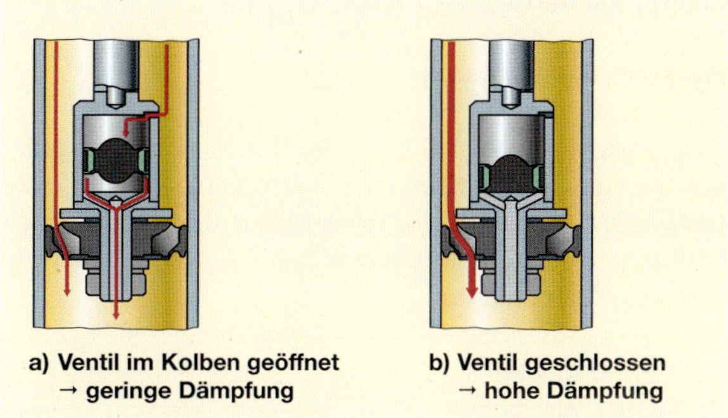

2 Veränderung des Öl-Volumenstroms in der elektronischen Dämpfungsregelung (Zugstufe)

Elektronische Dämpfungsregelung

Bei der elektronischen Dämpfungsregelung kann der Öl-Volumenstrom, der durch den Kolben fließt, verändert werden, siehe Bild ➔ 2. Dadurch ist eine variable Dämpferkennlinie von weich bis hart möglich – deshalb wird die elektronische Dämpfungsregelung auch **aktive Dämpfungsregelung** genannt.

Ein Steuergerät erfasst durch Sensoren die Beschleunigung des Aufbaus und die Querbeschleunigung, siehe Bild ➔ 3. Zusätzlich werden das Bremssignal und das Tachosignal ausgewertet. Das Steuergerät (Controller) kann individuell einzelne Dämpfer ansteuern, um die Längs- und Querdynamik zu optimieren.

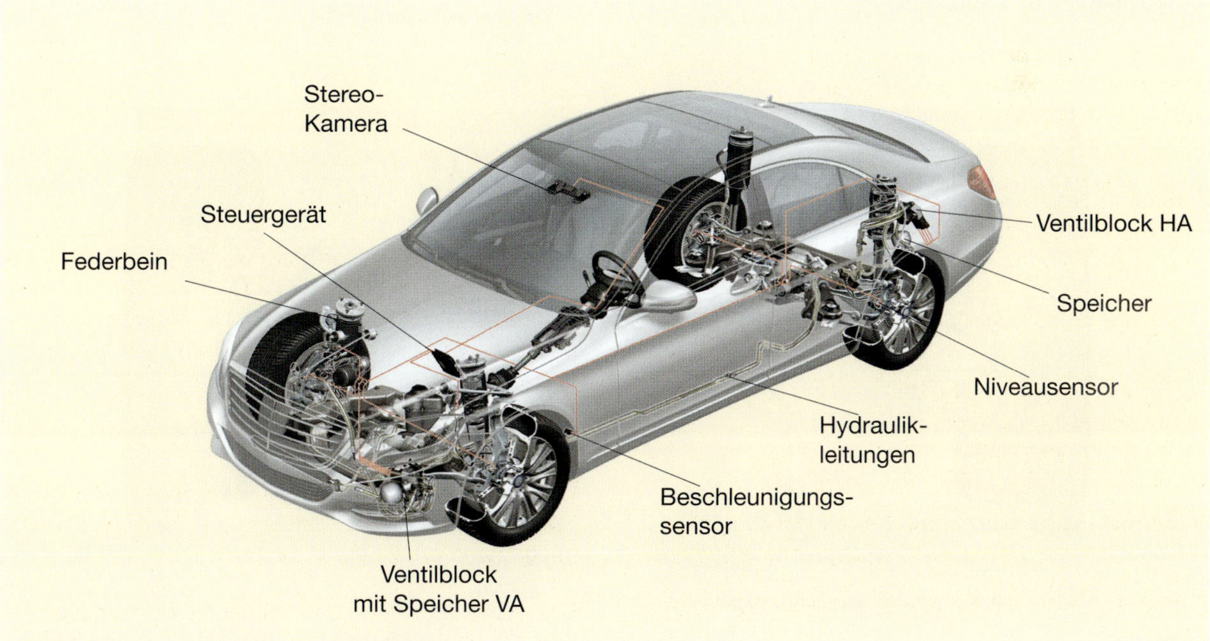

3 Bauteile der elektronischen Dämpfungsregelung

7.1.1.5 Lenkung für Pkws

Bauteile der Lenkung

Bei Pkws wird meist nur an der Vorderachse gelenkt; nur wenige Pkws haben eine Vierradlenkung. Mit Hilfe der Lenkung werden die Vorderräder, und bei Vierradlenkung auch die Hinterräder, in einem gewünschten Winkel eingeschlagen.

Die Lenkung soll:
- leichtgängig sein
- Rückmeldung an den Fahrer geben über Fahrbahnzustand, Fahrbedingungen
- kleinen Wendekreis ermöglichen
- Stöße aus Fahrbahn- und Antriebseinflüssen dämpfen
- die Reifen beim Einschlagen der Räder nur gering verschleißen
- nach Kurvenfahrt den Lenkeinschlag zurückstellen

Achsschenkellenkung

In Pkws ist eine Achsschenkellenkung eingebaut.

Zu einer Achsschenkellenkung gehören, siehe Bild ➔ 2:
- Lenkrad
- Lenkspindel
- Lenkgetriebe
- Lenkgestänge
- Spurstange und Spurstangenhebel

Lenkrad
Das Lenkrad nimmt die Dreh- und Haltekräfte des Fahrers auf und überträgt sie auf die Lenkspindel. Durch die Drehbewegung am Lenkrad werden die Spurstangenhebel und somit die Räder geschwenkt.

Lenkspindel
Die Lenkspindel überträgt die Dreh- und Haltekräfte des Fahrers auf das Lenkgetriebe.

Lenkgetriebe
Das Lenkgetriebe eines Pkws überträgt die Drehbewegung der Lenkspindel über Spurstangen und Spurstangenhebel auf die Räder. In den meisten Pkws (und leichten Nutzfahrzeugen) sind Zahnstangen-Lenkgetriebe eingebaut.

Beim **Zahnstangen-Lenkgetriebe** wird die Drehbewegung des Lenkrades über die Lenkspindel auf ein Ritzel übertragen, siehe Bild ➔ 1. Das Ritzel bewegt die Zahnstange nach links oder nach rechts.

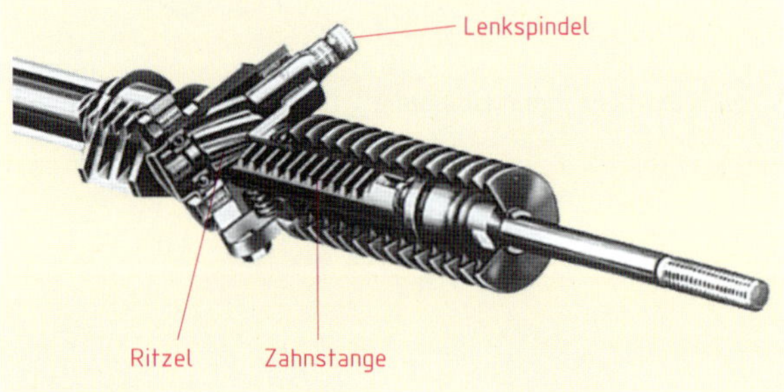

1 Zahnstangen-Lenkgetriebe

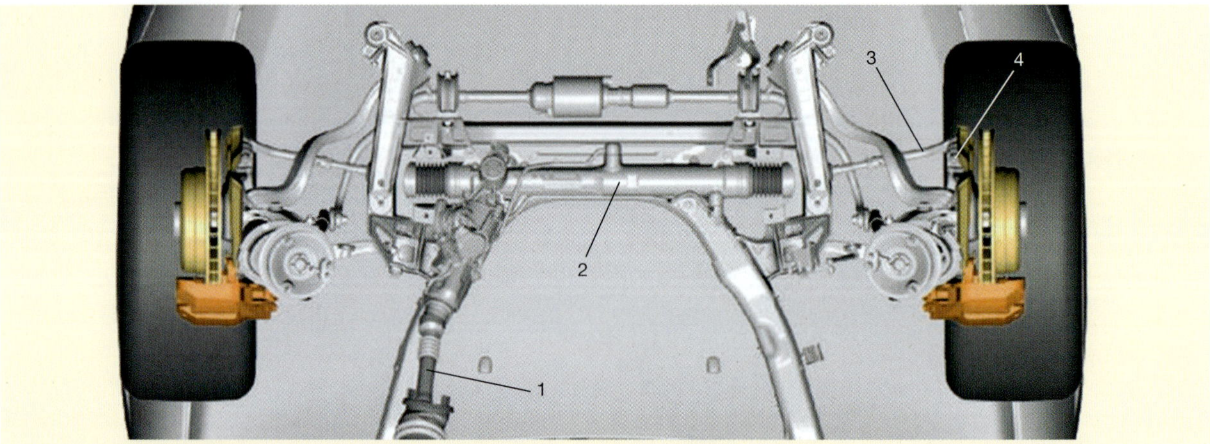

1 Lenkspindel 2 Lenkgetriebe 3 Spurstange 4 Spurstangenhebel

2 Achsschenkellenkung, hier mit Zahnstangen-Lenkgetriebe

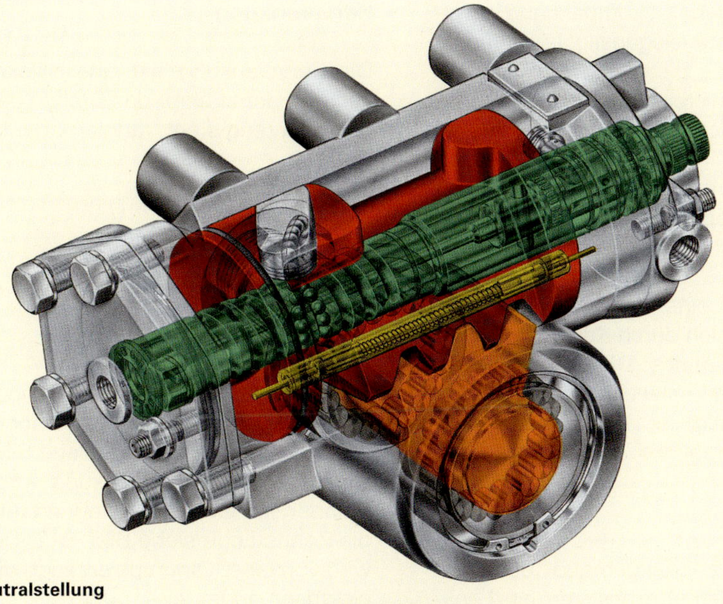

a) Steuerventil in Neutralstellung

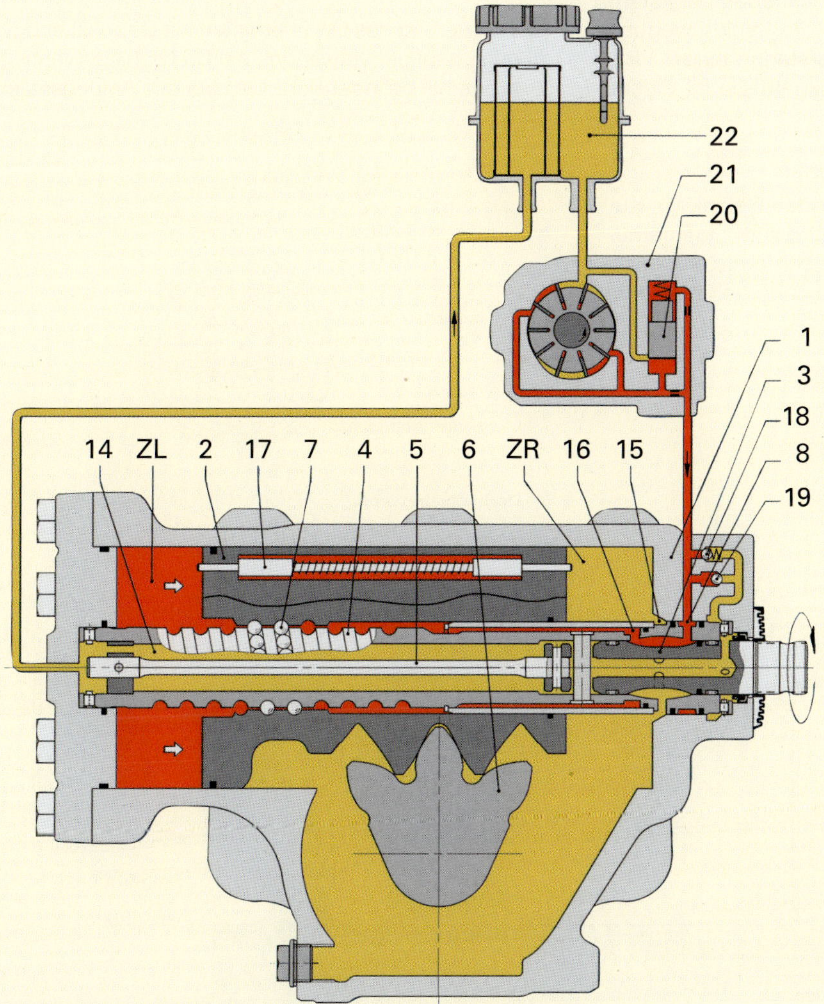

1 Gehäuse
2 Kolben
3 Ventilschieber
4 Schnecke
5 Drehstab
6 Segmentwelle
7 Kugelkette
8 Zulauf-Radialnut
14 Rücklaufraum
15 Radialnut
16 Radialnut
17 Hydr. Lenkbegrenzung
18 Druckbegrenzungsventil
19 Nachsaugventil
20 Strombegrenzungsventil
21 Lenkungspumpe
22 Ölbehälter
ZL Arbeitszylinder, links
ZR Arbeitszylinder, rechts

b) Steuerventil in Arbeitsstellung, Lenkrad im Uhrzeigersinn gedreht

1 Kugelumlauf-Lenkgetriebe

Das Zahnstangen-Lenkgetriebe ist kompakt und hat einen geringen Platzbedarf, ist preisgünstig, leichtgängig bei gutem Wirkungsgrad. Es bietet variable Übersetzung und ist gut zu kombinieren mit elektrischen und hydraulischen Hilfskrafteinrichtungen, vgl. unten.

Kugelumlauf-Lenkgetriebe

Durch Drehen der Lenkspindel wird die Drehbewegung auf eine Lenkschraube übertragen, siehe Bild → 1, Seite 317.

Diese ist durch Kugeln mit einer Lenkmutter verbunden. Die Kugeln bewegen sich durch Kugelkanäle und verschieben dabei die Lenkmutter. Die Verzahnung an der Lenkmutter verdreht die Lenkwelle, an deren Ende der Lenkstockhebel befestigt ist. Hier ist die Lenkstange montiert und übertragt die Bewegung an das Lenktrapez.

Lenkgestänge

Lenkungen mit Schrauben-Lenkgetriebe oder mit Schneckensegment-Lenkgetriebe besitzen ein Lenkgestänge, bestehend aus Lenkstockhebel, Lenkstange und Lenkhebel. Es überträgt die Lenkbewegung vom Lenkgetriebe auf die Spurstangenhebel. Bei Lenkungen mit Zahnstangen-Lenkgetriebe ist dieses Lenkgestänge nicht vorhanden.

Spurstange und Spurstangenhebel

Die Spurstange trägt an beiden Enden Gelenke in Kugelkopfform. Sie überträgt die Kräfte vom Lenkgetriebe auf die Spurstangenhebel, welche meistens in einer Gusskonstruktion mit dem Radlagergehäuse eine Einheit bilden.

Servolenkung

Die Servolenkung[1] ist eine Hilfskraftlenkung. Sie erleichtert dem Fahrer das Drehen des Lenkrades, wenn das Fahrzeug steht, rangiert oder langsam fährt.

Die Servolenkung kann arbeiten:
- hydraulisch
- elektrisch unterstützt
- elektrohydraulisch

Hydraulische Servolenkung

Bei hydraulischen Servolenkungen ist ein doppelt wirkender Hydraulikzylinder eingebaut, der die Lenkbewegungen unterstützt, siehe Bild → 1.

Bei der Zahnstangenlenkung wird dieser Hydraulikzylinder im Gehäuse integriert und wirkt direkt auf die Zahnstange siehe Bild → 2. Der Hydrauliköldruck wird von einer Ölpumpe erzeugt, die mechanisch oder elektrisch angetrieben wird.

Die Steuerung des Öls übernimmt ein Doppelkolbenventil oder, häufiger verwendet, ein Drehschieberventil. Das Steuerventil befindet sich oberhalb des Antriebsritzels.

[1] Servo ist abgeleitet von servus (lat.): Diener, Sklave

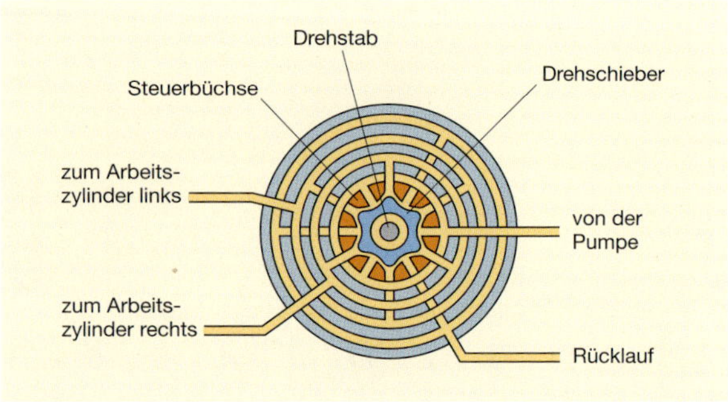

1 Drehschieberventil

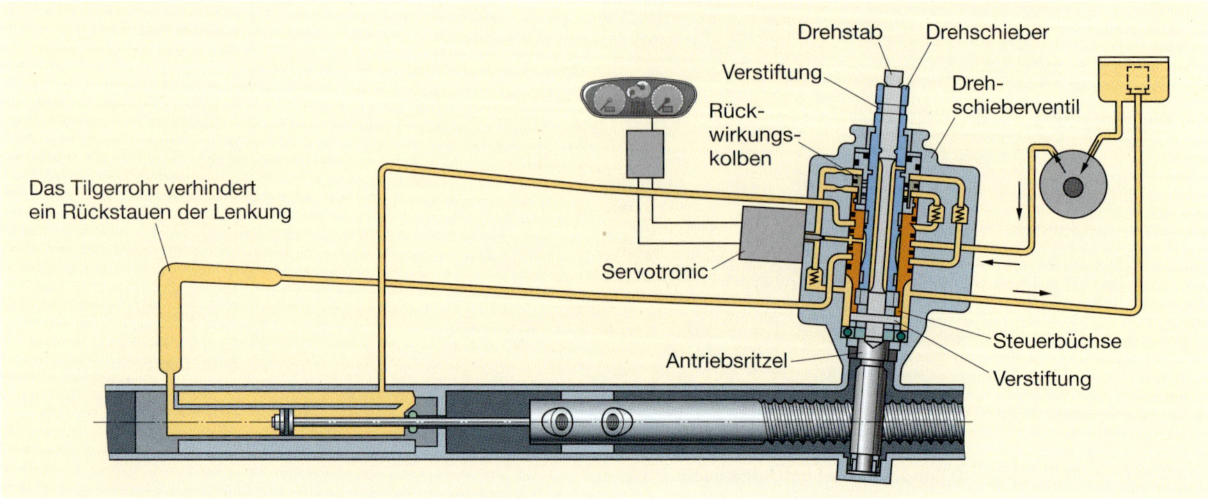

2 Zahnstangenlenkung, hydraulisch unterstützt

Der innere Teil des Drehschieberventils ist drehbar mit dem Ritzel verbunden. Im Gehäuse befinden sich die vier Ölkanäle: zwei Zulauf- und zwei Rücklaufkanäle.

Im Inneren des drehbaren Teiles befindet sich ein Rotor, der von einem Drehstab angetrieben wird. Er öffnet oder schließt den linken oder rechten Zu- und Rücklaufkanal; je nach Drehbewegung. Sind keine Verdrehkräfte vorhanden, wird kein Öldruck an den Arbeitszylindern aufgebaut.

Elektrisch unterstützte Servolenkung

Bei elektrisch unterstützten Servolenkungen wird die Unterstützungskraft von einem Elektromotor erzeugt, siehe Bild ➔ 1. Ein Getriebe leitet dann die Kraft auf die Zahnstange oder die Lenkspindel. Die Steuerung wird von Drehmomentsensoren an der Lenkspindel erfasst, die ihre Messwerte an das Lenkhilfesteuergerät senden.

Die Steuergeräte sind über den Antriebs-CAN-BUS mit den anderen Steuergeräten vernetzt und empfangen und senden relevante Daten (Parameter). So wird z. B. der Lenkwinkel vom Lenkwinkelsensor erfasst.

Elektrohydraulische Servolenkung

Die elektrohydraulische Servolenkung (**EHPS**[1]) arbeitet wie eine hydraulische Servolenkung. Allerdings übernimmt ein programmgesteuerter Elektromotor die Funktion des Antriebs der Servopumpe. Die elektrische Servopumpe braucht also keinen mechanischen Riemenantrieb, um Servoöl in das Lenkgetriebe zu fördern. Das hat den Vorteil, dass sie sich motorunabhängig frei positionieren lässt. Der Leistungsbedarf der Servopumpe muss bei der Auslegung des Bordnetzes berücksichtigt werden.
Moderne EHPS-Aggregate liefern bis zu 1 kW hydraulische Ausgangsleistung.

[1] EHPS = Electro-Hydraulic Power Steering (engl.): elektrohydraulische Servolenkung

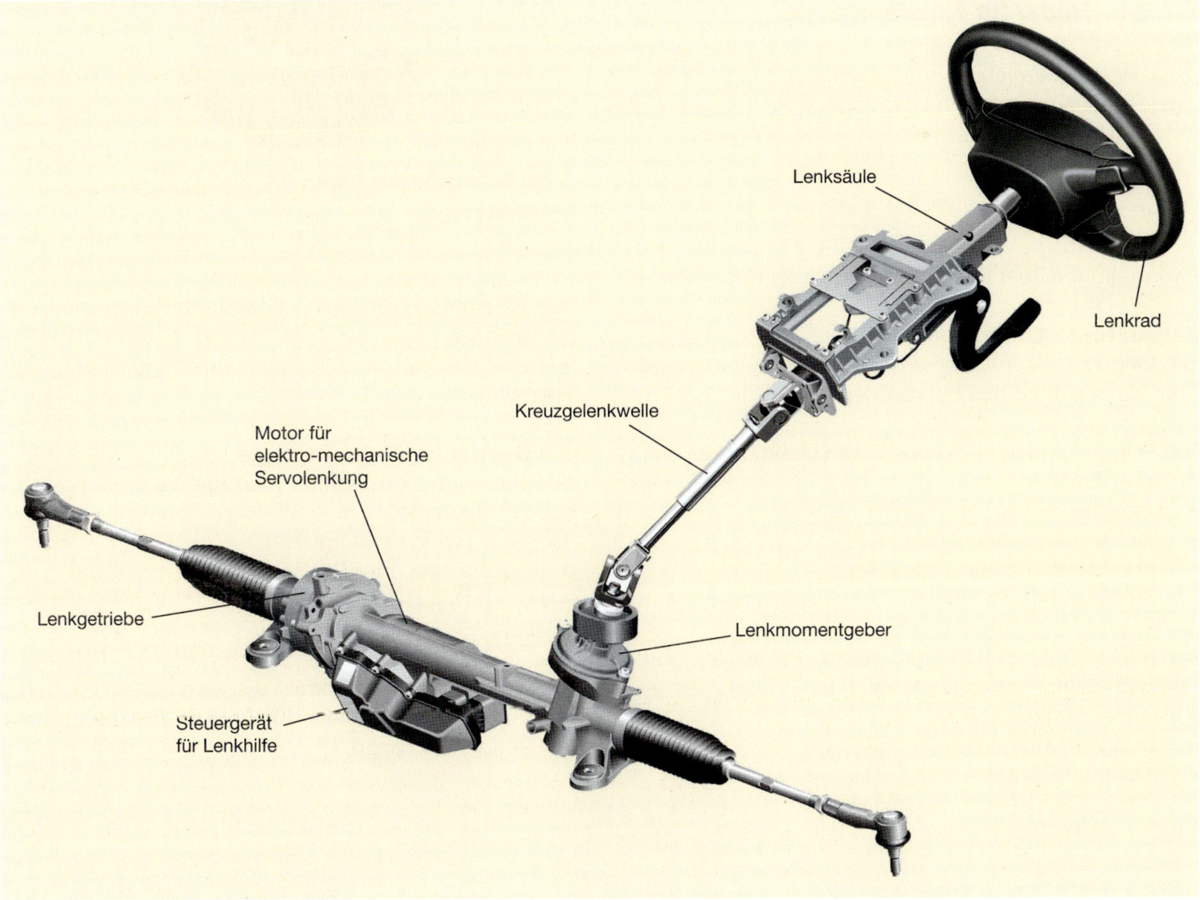

1 Elektrisch unterstützte Servolenkung

7.1.2 Fahrwerk für Nutzfahrzeuge

1 Fahrwerkskomponenten

Als Fahrwerk werden alle beweglichen Teile bezeichnet, die den Kontakt des Fahrzeugs mit der Fahrbahn herstellen.

Zum Fahrwerk gehören die Komponenten, vgl. Bild → 1:
- Räder, siehe Kap. 7.1.2.1
- Radaufhängung, siehe Kap. 7.1.2.2
- Federung, siehe Kap. 7.1.2.3
- Schwingungsdämpfer, siehe Kap. 7.1.2.4
- Lenkung, siehe Kap. 7.1.2.5

7.1.2.1 Räder für Nutzfahrzeuge

Als Räder bezeichnet man Fahrzeugbaugruppen, deren Zusammenbau besteht aus:
- Felge
- Radkörper
- Reifen

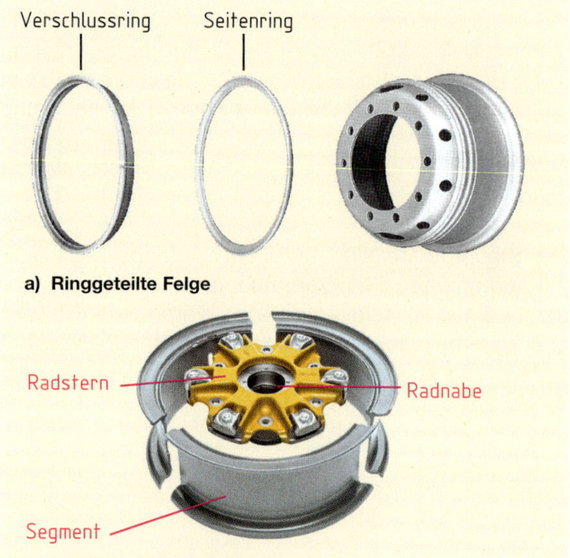

a) Ringgeteilte Felge

b) Umfangsgeteilte Felge

2 Geteilte Felgen

Informationen über Räder für Pkws siehe Kap. 7.1.1.1.

Felgen für Nutzfahrzeuge
Die Felge ist zur Aufnahme des Reifens bestimmt, sie führt ihn während des Fahrbetriebs, vgl. Kap. 7.1.1.1.

Bei Felgen für Nutzfahrzeuge unterscheidet man nach ihrem Aufbau in:
- ungeteilte Felgen
- geteilte Felgen, siehe Bild → 2:
  - ringgeteilte Felgen
  - umfangsgeteilte Felgen

Nach ihrer Querschnittsform werden Felgen für Nutzfahrzeuge eingeteilt z. B. in, vgl. Kap. 7.1.1.1:
- Breitbettfelgen
- Schrägschulterfelgen
- Steilschulterfelgen

Am häufigsten kommen bei modernen Nkws einteilige Steilschulterfelgen vor, vgl. Bild → 1, Seite 321. Sie sind für die Montage schlauchloser Radialreifen vorgesehen.

Radkörper für Nutzfahrzeuge
Als Radkörper bezeichnet man das Verbindungsbauteil zur Radnabe
Bei Nkws werden verwendet:
- Radschüssel oder Radscheibe (Scheibenrad)
- Radstern (Speichenrad)

Der Aufbau und die Querschnittsform der Felge und des Radkörpers bestimmen die jeweilige Anwendung, z. B. als Felge für Lkws, für Anhängefahrzeuge oder für Sonderfahrzeuge.

Wichtige Kenngrößen und Fachbezeichnungen einer Felge für Lkws zeigt Bild → 1.

Beispiel für eine Räderkennzeichnung:

22.5 × 9.00 – 10 – OS175 M22

Es bedeuten:

22.5	Felgennenndurchmesser in Zoll bzw. Inch
×	einteilige Felge
9.00	Maulweite in Zoll bzw. Inch
10	Anzahl der Befestigungslöcher
OS175	Offset 175 mm (Zwillingsbetrieb möglich)

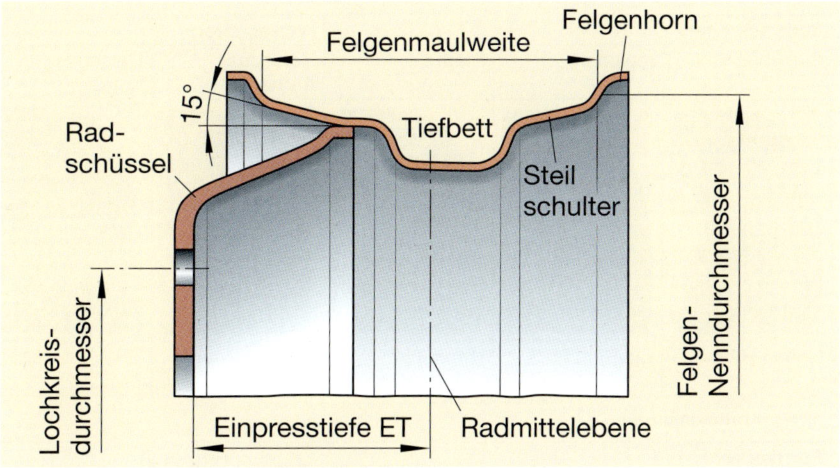

1 Radkörper mit Steilschulterfelge für Lkws

Weitere Bezeichnungen:

IS oder ET	Inset oder Einpresstiefe für Single
NIS	bei negativem Inset
REV	bei umkehrbaren Rädern
M22	Bolzenlochausführung nach EUWA[1]

Reifen für Nutzfahrzeuge

Der Reifen:

- trägt (anteilig) die Masse des Fahrzeugs
- überträgt fahrdynamische Kräfte wie Antriebs-, Verzögerungs- und Beschleunigungskräfte sowie Seitenkräfte
- soll einen guten Kraftschluss zwischen Reifen und Fahrbahn erzielen, insbesondere bei unterschiedlicher Fahrbahn: nass, trocken, vereist
- soll den Fahrkomfort durch Eigenfederung verbessern und sich dem Fahrbahnprofil anpassen (Traktion und Seitenführung verbessern)
- soll eine hohe Betriebssicherheit bieten, z. B. gegen Platzen
- soll nur gering verschleißen und lange haltbar sein und damit eine hohe Wirtschaftlichkeit besitzen.

Bei Nkws ist es ähnlich wie bei Pkws: Es werden vorwiegend Radialreifen verwendet, statt Diagonalreifen, vgl. Kap. 7.1.1.1.

Bei Reifen für Nkws wird sehr stark nach **dem Einsatzzweck** unterschieden. So gibt es Reifen für, vgl. Bild → 2:

- Fernverkehr/Motorway/Coach
- Regionalverkehr/Intercity
- Kommunalverkehr/Urban
- Baustellenverkehr/On/Off
- Geländeeinsatz/Off
- Winterbetrieb

Kennzeichnung	Symbol	Lenkachse (Stear)	Antriebsachse (Drive)	Trailerachse (Trailer)
Fernverkehr Motorway Coach	L	HLS	HDL HD HYBRID	HTL
Regionalverkehr Intercity	R	HSR LSR	HDR HD HYBRID LDR	HTR
Baustellenverkehr On/Off	C	HSC LSC	HDC	HTC
Geländeeinsatz Off	O	HSO HSC T9 LCS	HDO	
Kommunalverkehr Urban	U	HSU	HDU	
Winterbetrieb	W	HSW HSU M+S HSW COACH	HDW	HTW

2 Kennzeichnung von Nfz-Reifen nach Einsatzzweck

Dabei ist auch entscheidend, ob der Reifen verwendet wird an einer:

- Lenkachse/Steer
- Antriebsachse/Drive
- Achse eines Anhängefahrzeugs/Trailer

[1] EUWA = Association of European Wheel Manufacturers (engl.): Verband der europäischen Rad-Hersteller

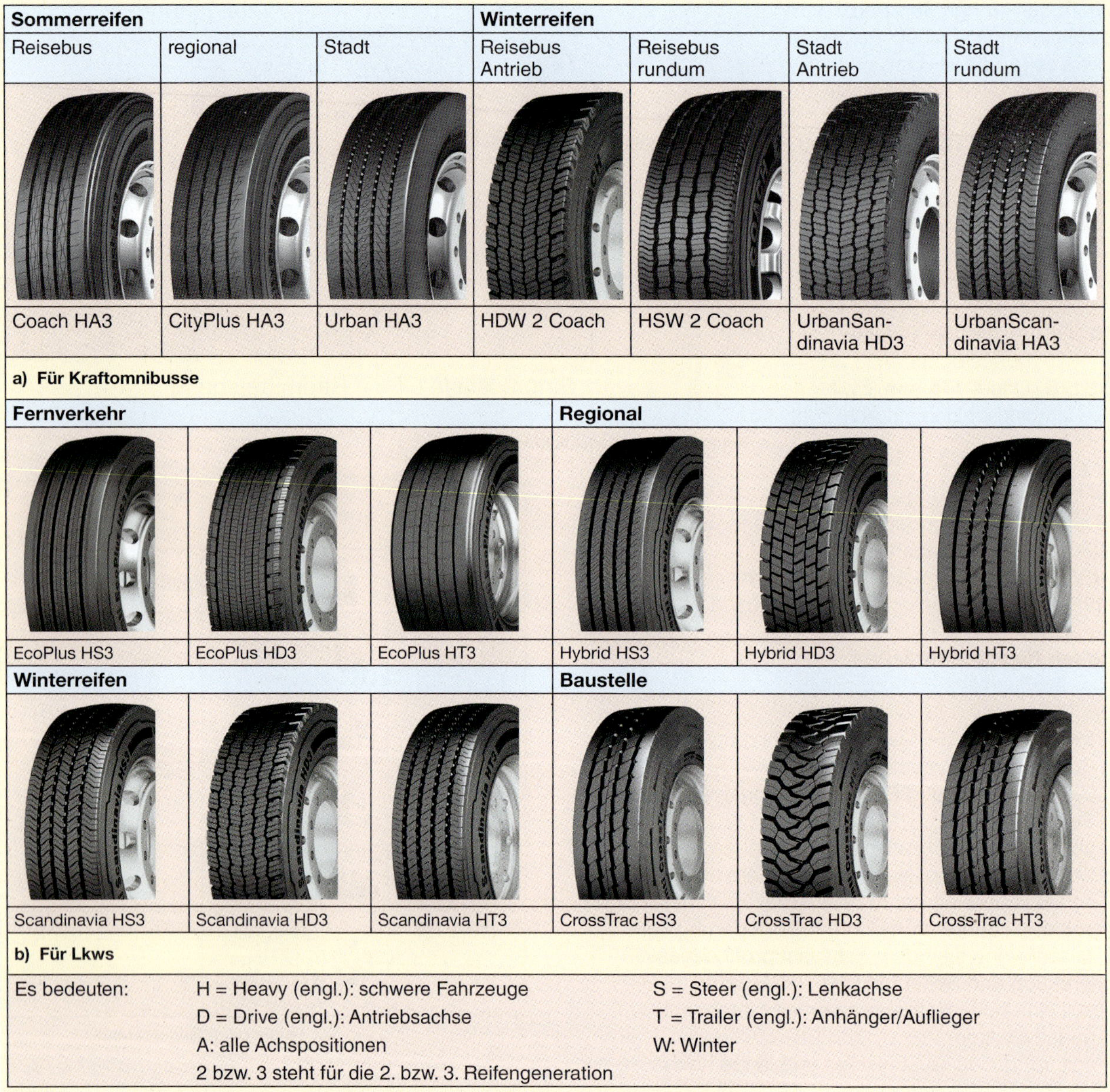

1 Profilgestaltung nach Einsatzzweck (Beispiel: Reifen der Fa. Continental)

Auf den Einsatzzweck des Reifens ist die Gestaltung seines Profils ausgerichtet, siehe → Bild 1. Aber auch die verwendete Gummimischung oder eine höher belastbare Karkasse und damit eine höhere Tragfähigkeit werden bei der Auswahl des Reifens berücksichtigt.

Nfz-Winterreifen sind durch den Eiskristall und häufig auch durch Aufschrift „M+S" gekennzeichnet, vgl. Kap. 7.1.1.1.

Bild → 2 zeigt zwei kraftstoffeffiziente Reifen für den Güterfernverkehr. Sie bewirken, dass der Rollwiderstand verringert und somit Kraftstoff eingespart wird. Man erkennt solche Reifen auch am Reifen-EU-Label. Weitere Informationen zum Reifen-EU-Label siehe Seite 309.

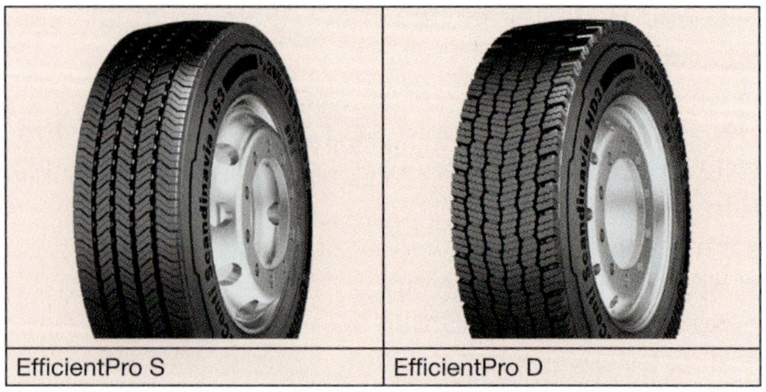

2 Kraftstoffeffiziente Reifen für den Güterfernverkehr

1 Seitenwandbeschriftung eines Lkw-Reifens

Index	147	148	149	150	151	152	153	154	155	156
Tragfähigkeit in kg/Reifen	3075	3150	3250	3350	3450	3550	3650	3750	3875	4000

2 Lastindex (Tragfähigkeitskennzahl)

Die wesentlichen Kennzeichen auf der Reifenseitenwand sind genormt (in Europa nach ECE-R 54 und USA: FMVSS 119).

Man unterscheidet nach:
- Reifenkennung
- Betriebskennung

Reifenkennung

Die Reifenkennung umfasst die Größe des Reifens und die Reifenbauart. Es bedeutet beispielsweise in Bild → 1:

315 Reifenbreite in mm
80 Querschnittsverhältnis $H : B$ in %
R Radialbauart
22.5 Felgen-Nenndurchmesser in Zoll bzw. Inch

Informationen zur Beschriftung von Reifen für Pkws siehe Kap. 7.1.1.1.

Betriebskennung

Nach den Angaben zur Reifenkennung folgt die Betriebskennung. Sie gibt Last und Geschwindigkeit für Einzelreifen und Zwillingsreifen an.
Beispiel siehe Bild → 1:

154: Lastindex (Li) für Einzelbereifung 3750 kg, vgl. → Bild 2
150: Lastindex für Zwillingsbereifung 3350 kg je Reifen, vgl. → Bild 2
M: Geschwindigkeitssymbol (GSY) oder Speed-Index (SI) bis Höchstgeschwindigkeit v = 130 km/h, vgl. → Bild 2

156/150 L Zusatzkennung:
- Tragfähigkeitskennzahl, hier 156: Tragfähigkeit des Reifens = 4000 kg vgl. → Bild 2
- alternative, niedrigere Geschwindigkeit, hier: L: Geschwindigkeit = 120 km/h, vgl. → Bild 3

Symbol	F	G	J	K	L	M	N
Geschwindigkeit km/h	80	90	100	110	120	130	140

3 Geschwindigkeitssymbole

TUBELESS: schlauchlos (mit Schlauch: TUBETYPE)
TREAD: Anzahl der Stahlcordlagen unter der Lauffläche und die der Karkasse (5 Lagen)
SIDEWALL: Anzahl der Stahlcordlagen der Seitenwand (1 Lage)
LOAD RANGE H: Tragfähigkeitsklasse
MAX.LOAD SINGLE: Lastkennzeichnung für Einzelbereifung und max. Reifendruck in psi[1]
MAX.LOAD DUAL: Lastkennzeichnung für Zwillingsbereifung und max. Reifendruck in psi
DOT XX YY (0217): „Reifensteckbrief", im Oval Produktionsmonat und -jahr, hier: 0217 = Februar 2017

In den Hauptprofilrillen der Lkw-Reifen sind an verschiedenen Stellen Verschleißanzeiger[2] eingearbeitet, siehe Bild → 4. Wenn die Verschleißgrenze des Reifens erreicht ist, muss er ausgetauscht oder nachgeschnitten werden.

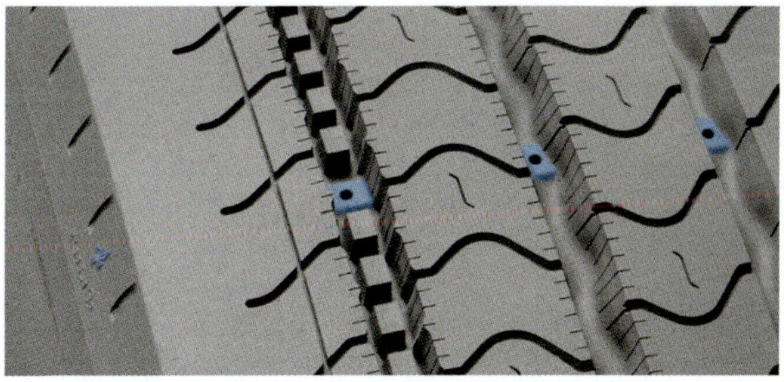

4 Verschleiß- und Nachschneide-Indikatoren Michelin

[1] psi (engl.): pounds per square inch; 1 bar ≙ 14,5 psi
[2] Verschleißanzeiger = TWI: Tread Wear Indicator (engl.)

Im Gegensatz zu Pkw-Reifen dürfen Nfz-Reifen nachgeschnitten werden, siehe Bild → 1. Man erkennt dies an der Seitenwandbeschriftung „REGROOVABLE“.

Beim Nachschneiden wird die Profiltiefe in einem gewissen Rahmen vergrößert; das verbessert die Wirtschaftlichkeit und verlängert die Laufleistung.

Reifen für Nkws dürfen nur von Fachleuten mit entsprechenden freigegebenen Werkzeugen nachgeschnitten werden.

Die Reifenhersteller geben entsprechende Empfehlungen für das Nachschneiden von Reifen für Nutzfahrzeuge heraus.

Reifen für Nutzfahrzeuge werden grundsätzlich runderneuert, wenn die Karkasse nach Prüfung unbeschädigt ist. Die Reifen-Runderneuerung wird von den Reifenherstellern durchgeführt.

Achtung:
Bei der Reifenmontage und -demontage sind unbedingt die Sicherheitshinweise der Reifenhersteller zu beachten!

Unwucht und deren Beseitigung
An der Baueinheit Rad tritt durch die Herstellung und die Montage des Reifens Unwucht auf, die das Fahrverhalten negativ beeinflusst und zu erhöhtem Verschleiß an den Radführungsbauteilen führt. Durch geeignete Gegenmaßnahmen muss daher die Unwucht des Rades beseitigt werden.

Man unterscheidet zwei Arten:
- statische Unwucht
- dynamische Unwucht

Statische Unwucht entsteht durch ungleiche Massenverteilung in Bezug auf die Drehachse des Rades, siehe Bild → 2a.
Der Gesamtschwerpunkt (Massenmittelpunkt) des Rades befindet oberhalb oder unterhalb der geometrischen Radmitte. Bei der Drehung des Rades entstehen unterschiedliche große Fliehkräfte F_F, die das Rad aus der geometrischen Mitte ziehen. Folge: Das Rad springt.

Dynamische Unwucht entsteht durch ungleiche Massenverteilung bezogen auf die Radmittelebene. Kurz: Rechts-links-Unterschied. Bei der Raddrehung bilden die Fliehkräfte ein Kräftepaar, dessen Drehmoment das Bestreben hat, das Rad seitlich zu kippen, siehe Bild → 2b. Folge: Das Rad taumelt.

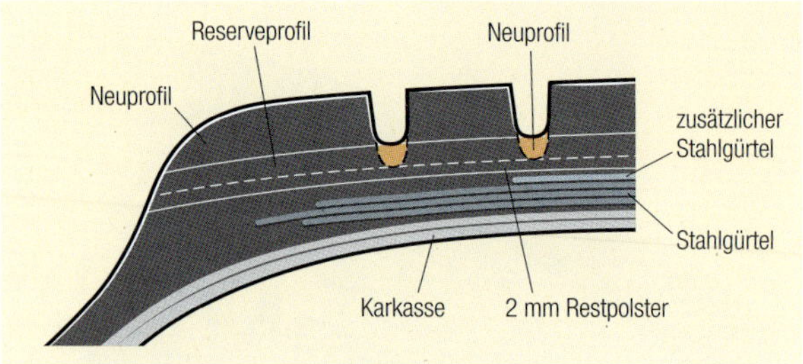

1 Nachschneiden ab 3 mm Restprofiltiefe

Unwuchten werden ausgeglichen, indem Ausgleichs-Massenstücken an oder in der Felge angebracht werden, siehe Bild → 3. Reifen-Auswuchtmaschinen zeigen dem Monteur den Betrag der Ausgleichsmasse und die genaue Lage am Rad elektronisch an.

Achtung:
- Ist die statische Unwucht ausgeglichen, kann immer noch dynamische Unwucht vorhanden sein.
- Ist aber die dynamische Unwucht ausgeglichen, ist auch die statische Unwucht ausgeglichen.

Das EU-Reifenlabel dient der Kennzeichnung von Fahrzeugreifen; Informationen zum Reifenlabel siehe Kap. 7.1.1.1.

Zum Austauschen eine Lkw-Rades siehe 2. US, 31702, Seite 96.

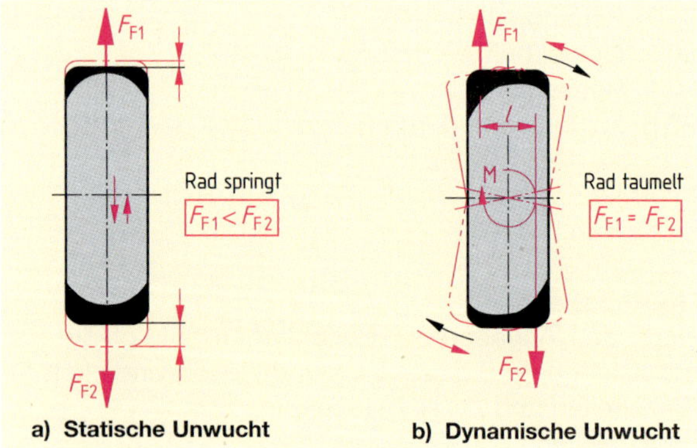

2 Statische und dynamische Unwucht

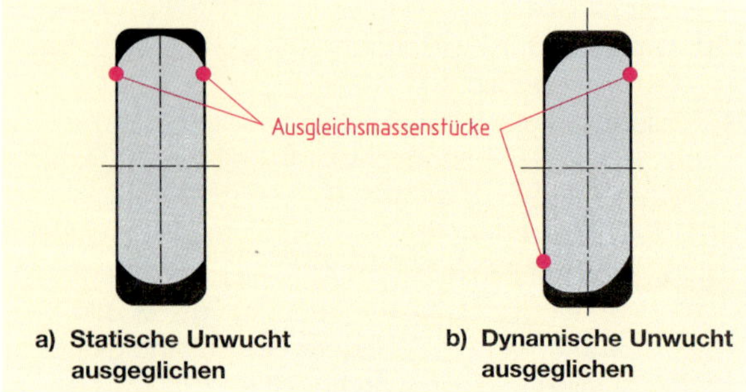

3 Ausgleich statischer und dynamischer Unwuchten am Rad

Reifendruck-Kontrollsysteme für Nutzfahrzeuge
Wer kennt sie nicht, die häufigen Verkehrsmeldungen, die vor der Gefahr von Reifenteilen auf der Fahrbahn warnen? In fast allen Fällen ist die Ursache für Reifenschäden ein schleichender Reifendruckverlust. Dieser führt bei dem betroffenen Reifen zu verstärktem Walken und gleichzeitig zu starker Erhitzung. Dies geht soweit, bis sich der Reifen buchstäblich in seine Bestandteile auflöst. Im schlimmsten Fall kann der Reifen anfangen zu brennen.

Auch der benachbarte Reifen (bei Zwillingsbereifung) wird in Mitleidenschaft gezogen, weil er durch die fehlende Tragkraft des defekten Reifen überlastet wird. Dadurch kommt es dann häufig zu Folgeschäden.

Um den Reifendruck insbesondere während der Fahrt besser kontrollieren zu können, wurden elektronische Reifendruck-Kontrollsysteme für Nutzkraftwagen und Anhängefahrzeuge entwickelt.

Eins davon ist das IVTM[1]. Es besteht aus
- einer Reihe von Radsensoren, siehe Bild → 1a,
- einem elektronischen Empfangs- und Steuergerät, siehe Bild → 1b,
- einem Display, siehe Bild → 1c.

Der Radsensor wird mit zwei Radbolzen am Rad verschraubt und über einen Schlauch mit dem Reifenventil verbunden. Ein Drucksensor misst den Reifendruck und sendet per Hochfrequenz-Funksignal den gemessenen Wert an das Empfangs- und Steuergerät, welches im Fahrzeug fest eingebaut ist, siehe Bild → 2. Hier wird das Funksignal decodiert, verstärkt und an das Display in der Fahrerkabine geleitet.

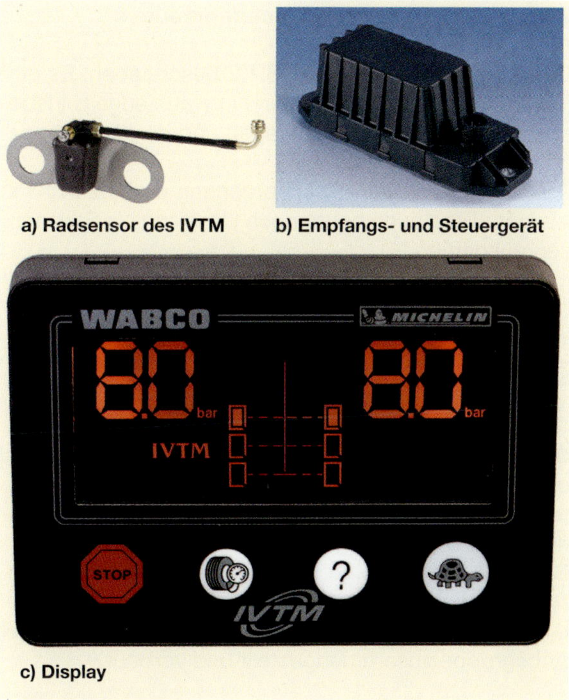

a) Radsensor des IVTM
b) Empfangs- und Steuergerät
c) Display

1 Bauteile des IVTM

Meldet ein Radsensor einen zu niedrigen Reifendruck, wird der Fahrer optisch und akustisch gewarnt. Gleichzeitig wird die Lage des betreffenden Reifens angezeigt.

Im Rahmen der Erstausrüstung werden die Radsensoren bereits in die Felge montiert und das Display ist in die Armaturentafel integriert.

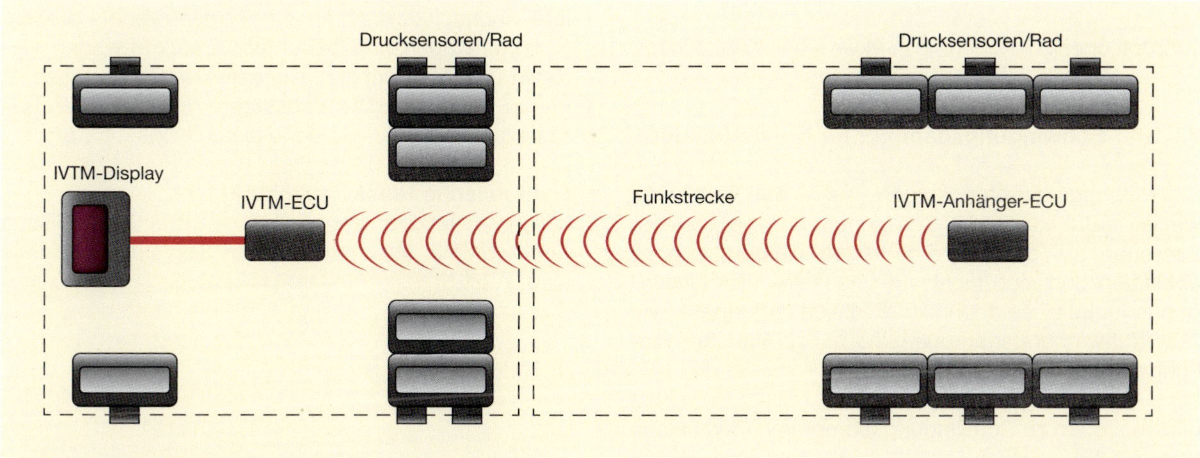

ECU: Electronic Control Unit = Steuergerät oder Mikrocontroller

2 IVTM-Schema eines Lkw-Zuges

[1] IVTM = Integrated Vehicle Tire Pressure Monitoring (engl.): integrierte Fahrzeug-Reifen-Überwachung

7.1.2.2 Radführung bei Nutzfahrzeugen

Die Radführung ist in Kap. 8.1.2 beschrieben. Es gibt jedoch Unterschiede bei den Nutzfahrzeugen, insbesondere bei den Lastkraftwagen und deren Anhängefahrzeugen.
Aufgrund der hohen Beanspruchung der Nfz-Achsen werden diese auch heute noch klassisch als Starrachsen ausgeführt.

Dabei dominieren zwei Varianten:
- Starrachsen mit Blattfedern
- Starrachsen mit Luftfedern

Starrachsen mit Blattfedern sind sehr robust und nahezu schmutzunanfällig. Hinzu kommt, dass Blattfedern als Lenker die jeweilige Starrachse führen können und Längs- und Querkräfte übertragen.
Bei Anhängefahrzeugen werden Starrachsen in Gruppen zusammengestellt, siehe Bild → 1. Bei der abgebildeten Trailerachse sind drei Einzelachsen zu einer Achsgruppe zusammengestellt und verbaut.

Starrachsen mit Luftfedern müssen mechanisch geführt werden. Für sie werden Längs-, Quer- und Schräglenker zur Achsführung verwendet, Bild → 2.

7.1.2.3 Federn für Nutzfahrzeuge

Im Gegensatz zu Pkws dominieren bei den Nutzkraftwagen die Blattfedern und die Luftfedern bei Fahrzeugen für den Fernverkehr. Die Luftfederung hat den wesentlichen Vorteil, dass durch sie eine Niveauregulierung möglich ist, was u. a. bei der Aufnahme und dem Absetzen von Wechselaufbauten von Vorteil ist.

Informationen zur Federung in Pkws siehe Kap. 7.1.1.3.

7.1.2.4 Schwingungsdämpfer für Nutzfahrzeuge

Schwingungsdämpfer sorgen auch bei Nutzkraftwagen dafür, dass die Schwingungen, die von der Fahrbahn auf das Nfz übertragen werden, schnell abklingen und sich nicht aufschaukeln. Nfz-Schwingungsdämpfer sind prinzipiell gleich aufgebaut wie Pkw-Schwingungsdämpfer, sind nur größer, ihre Wirkungsweise ist aber gleich.

Informationen zu Schwingungsdämpfer in Pkws siehe Kap. 7.1.1.4.

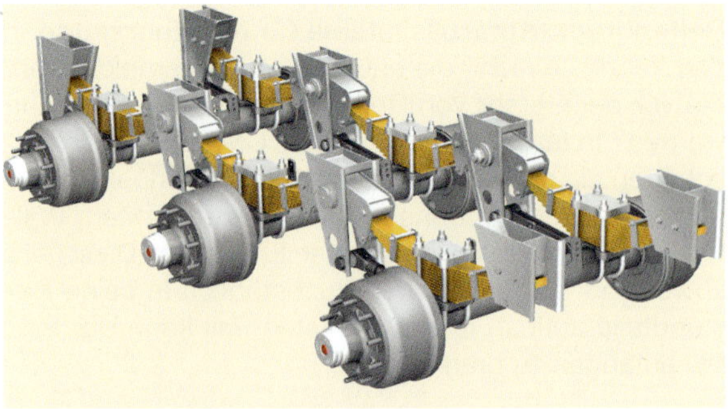

1 Achsgruppe aus drei Starrachsen mit Blattfederung

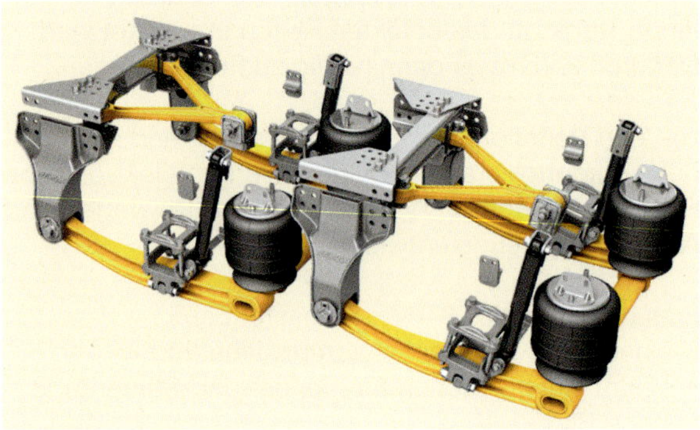

2 Luftfederung für Starrachsen

7.1.2.5 Lenkung

Jede Richtungsänderung eines Nutzfahrzeugs wird durch eine Lenkanlage, kurz Lenkung genannt, herbeigeführt. Die Drehbewegung des Fahrers am Lenkrad wird in einem Lenkgetriebe übersetzt und in Zug- und Druckbewegungen gewandelt. Lenkstockhebel, Lenkstangen und Lenkhebel leiten die jeweilige Bewegung weiter und bewirken, dass sich die Räder um ihre Hochachse nach links oder nach rechts drehen. Nutzkraftwagen und besonders Lastkraftwagen verfügen über Starrachsen. Die gelenkte Vorderachse ist häufig eine gekröpfte Faustachse mit der typischen Achsschenkellenkung, siehe hierzu Kap. 7.1.1.5.

Hydraulische Hilfskraftlenkung
Moderne Nutzkraftwagen verfügen über hydraulische Lenksysteme. Informationen zur Servolenkung siehe Kap. 7.1.1.5.

Elektronisch gesteuerte Hydrolenkung

Elektronisch gesteuerte Hydrolenkungen für Nutzkraftwagen arbeiten **geschwindigkeitsabhängig**. Das hat den Vorteil, dass die erforderliche Lenkkraft der Fahrgeschwindigkeit automatisch angepasst wird: Im Stand und bei geringer Geschwindigkeit, z. B. beim Rangieren, wird die Lenkkraft des Fahrers maximal unterstützt.

Sobald sich die Geschwindigkeit des Fahrzeugs merklich ändert, das Fahrzeug schneller wird, sorgt ein elektronisches Steuergerät dafür, dass die hydraulische Hilfskraft verringert wird. Dadurch erhält der Fahrer bessere Rückschlüsse über die Fahrbahn und die Fahrdynamik.

Das elektronische Steuergerät vergleicht ständig die Signale des elektrohydraulischen Wandlers (hydraulische Lenkkraftunterstützung) mit dem Signal des elektronischen Tachometers und bestimmt die Stellung des Steuerventils im Lenkgetriebe, siehe Bild ➔ 1.

Der mechanische Teil des Lenkgetriebes ist eine Kugelmutterlenkung, vgl. Kap. 7.1.1.5.

Instandhaltung von Lenkanlagen

Die mechanischen Bauteile der Lenkanlage unterliegen Verschleiß, der mit dem Einsatz und dem Alter des Fahrzeugs zusammenhängt. Betroffen sind in erster Linie die Teile des Lenkgestänges. Dabei entsteht das Lenkungsspiel, der Leerweg am Lenkrad.

Im Rahmen der Wartung wird das Lenkungsspiel regelmäßig geprüft. Man prüft bei laufendem Motor und Geradeausstellung der Räder. Dabei darf der Leerweg am Lenkrad nicht größer sein als 30 mm.

Bei der Kontrolle des Lenkungsspiels immer die Herstellerhinweise beachten!

Denn die Lenkanlage gehört zu den sicherheitsrelevanten Baugruppen des Nutzkraftwagens.

Je nach Umfang der Wartungsarbeiten an der Lenkanlage ist eine Achsvermessung nötig.

Weitere Instandhaltungsmaßnahmen können sein:
- Hydraulikölstand im Ölbehälter prüfen, ggf. Hydrauliköl ergänzen
- Leitungen, Schläuche und Verschraubungen des Hydrauliksystems auf Beschädigung und Undichtigkeit prüfen
- Lenkgestänge mit Kugelgelenken auf Beschädigung, Deformation und Spiel prüfen

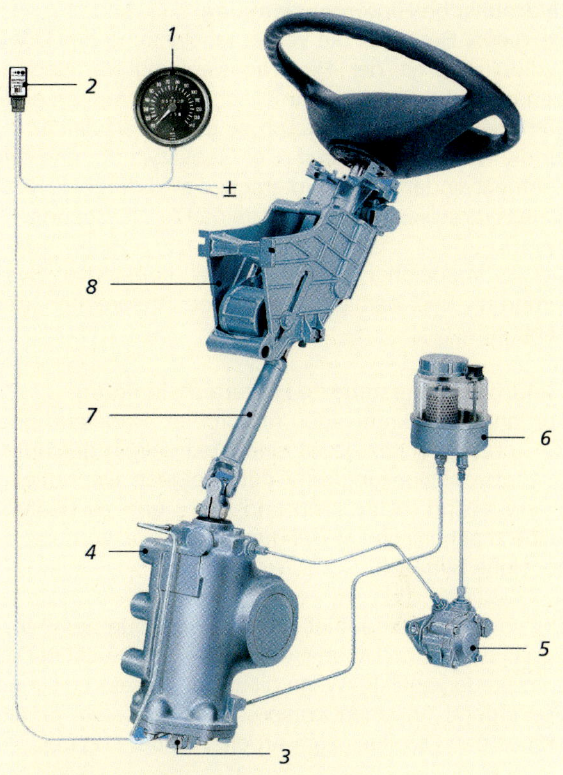

1 elektronischer Tachometer im Fahrzeug
2 elektronisches Steuergerät (Mikroprozessor, 12 V)
3 Lenksäule, höhen- und neigungsverstellbar
4 Kugelgelenkwelle
5 Lenkgetriebe, elektronisch-hydraulisch
6 Elektrohydraulischer Wandler
7 Lenkungspumpe
8 Ölbehälter mit Feinfilter

1 Elektronisch gesteuerte Hydrolenkung

Hinterachslenksysteme für Nutzkraftwagen und Anhängefahrzeuge

Um die vorgeschriebene Kurvenläufigkeit von Nkws und Anhängefahrzeugen zu erreichen bzw. zu verbessern, ist es nötig, nicht angetriebene Tragachsen zu lenken. Tragachsen können ausgeführt sein als
- Vorlaufachse
- Nachlaufachse

Wenn die Reifen nicht „radieren" sollen, muss eine der parallel angeordneten Hinterachsen gelenkt werden, siehe Bild ➔ 1, Seite 328.

Die Drehachsen aller Räder müssen sich im Kurvenmittelpunkt schneiden.

Hydraulische Hinterachslenkung

Bei dieser Bauart ist die Vorderachslenkung des Lkws hydraulisch mit der Hinterachslenkung verbunden, siehe Bild ➔ 2. Das hydraulische Vorderachs-Lenkgetriebe (1) speist zusätzlich einen Geberzylinder (2) für die Hinterachslenkung. Der Geberzylinder und der Zentrierzylinder (3) der Hinterachse sind durch zusätzliche Hydraulikleitungen (4) miteinander verbunden.

Der Hydrospeicher (5) sorgt für den konstanten Systemdruck und damit für schnelles Ansprechen der Lenkung.

Elektronisch gesteuerte Hinterachslenkung

Für lange Nutzkraftwagen mit großem Radstand und für Anhängefahrzeuge ist eine elektronisch gesteuerte Hinterachslenkung sehr gut geeignet. Die nötigen Bauteile sind relativ klein und leicht und es besteht keine mechanische Verbindung mehr zur Vorderachse, siehe Bild ➔ 3.

Die vom Motor angetriebene Lenkungspumpe (6) fördert Drucköl vom Ölbehälter (5) über den Druckfilter (7) zum Steuerventil (8). Wenn dieses vom elektronischen Steuergerät (9) einen entsprechenden Befehl erhält, gibt es den Ölzufluss zum Arbeitszylinder (12) frei.

Der Arbeitszylinder fährt proportional zur erhaltenen Ölmenge aus und lenkt die Räder der Hinterachse. Das elektronische Steuergerät erhält den Ist-Zustand von zwei Lenkwinkelsensoren an VA und HA, sowie den Ist-Weg am Arbeitszylinder von seinem Linearsensor übermittelt.

Aus den Soll- und Ist-Werten der Sensoren berechnet das elektronische Steuergerät die entsprechende Stellgröße für das Steuerventil.

Zur Wartung und zur Fehlerdiagnose ist das elektronische Steuergerät mit einem Diagnoseanschluss (4) versehen.

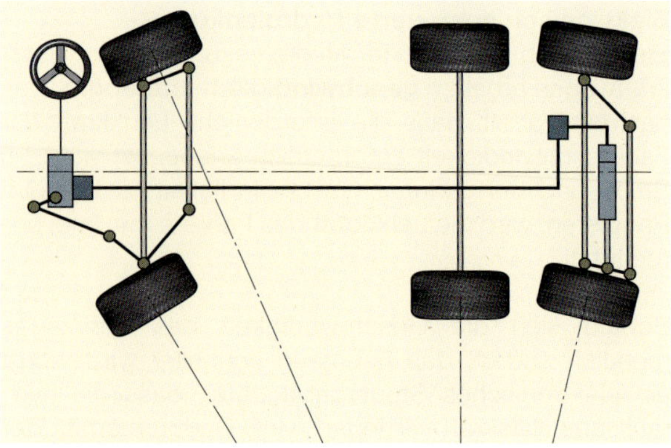

1 Gelenkte Nachlaufachse

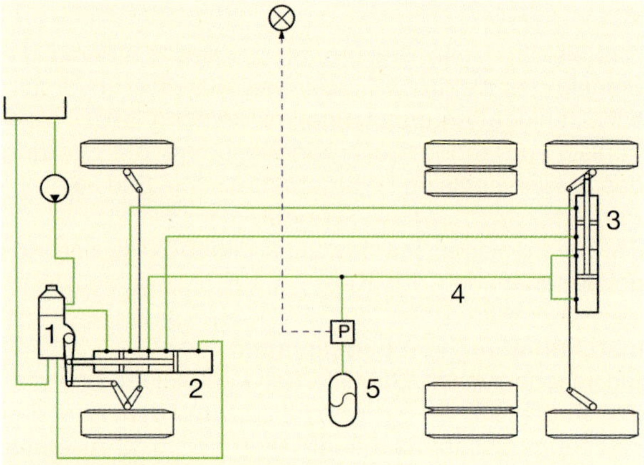

1 Vorderachs-Lenkgetriebe
2 Geberzylinder
3 Zentrierzylinder
4 zusätzliche Hydraulikleitungen
5 Hydrospeicher

2 Hydraulische Hinterachslenkung

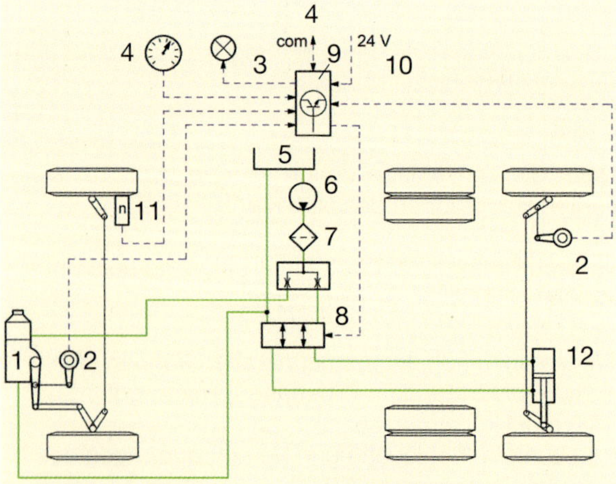

1 Lenkgetriebe	7 Druckfilter
2 Lenkwinkelzylinder	8 Steuerventil
3 CAN-BUS	9 elektronisches Steuergerät
4 Diagnoseanschluss	10 Spannungsversorgung, 24 V
5 Ölbehälter	11 Drehwinkelsensor
6 Lenkungspumpe	12 Arbeitszylinder mit Linearsensor

3 Elektronisch gesteuerte Hinterachslenkung

Hinterachslenksysteme von Anhängefahrzeugen
Um die gesetzlichen Forderungen des BOKraft-Kreises erfüllen zu können, werden bei Anhängefahrzeugen häufig **Zwangslenkungen** verwendet. Die Bezeichnung bezieht sich auf die Wirkung der Lenkung, die den Rädern bzw. der Achse den erforderlichen Lenkeinschlag „aufzwingt“.

Zwangslenkungen können individuell auf alle Räder der Hinterachsen wirken.

Man unterscheidet bei Zwangslenkungs-Systemen nach dem Antrieb zwischen:
- mechanisch
- hydraulisch

Bei der **mechanischen Zwangslenkung** wird die Hinterachse mittels einer langen Lenkstange betätigt, die mit dem Drehschemel verbunden ist, siehe Bild → 1.

Bei der **hydraulischen Zwangslenkung** wird die erste Hinterachse hydraulisch gelenkt, siehe Bild → 2. Die beiden anderen Hinterachsen lenken durch Gestänge, die alle Hinterachsen untereinander verbinden.

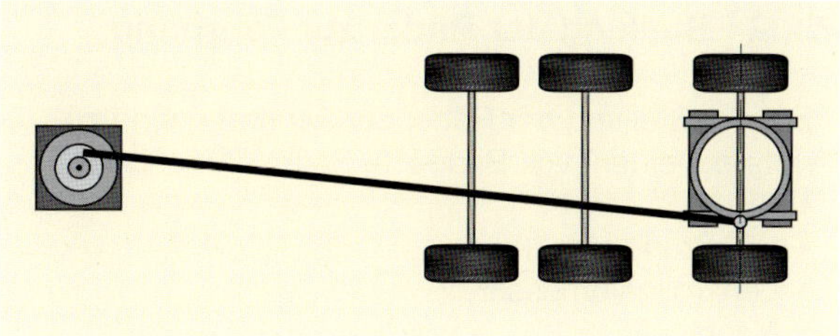

1 Mechanische Zwangslenkung

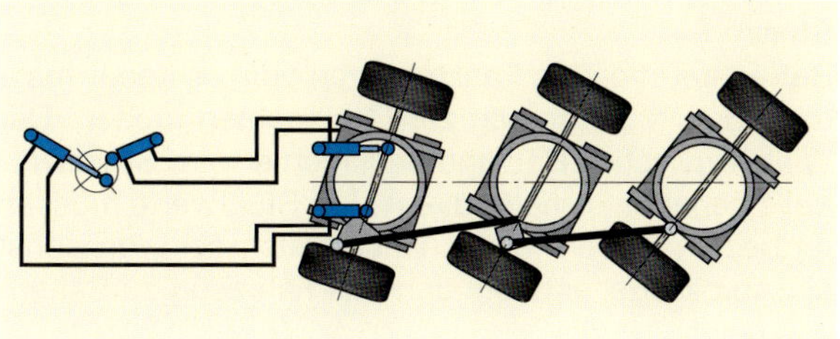

2 Hydraulische Zwangslenkung

7.2 Fahrwerksgeometrie

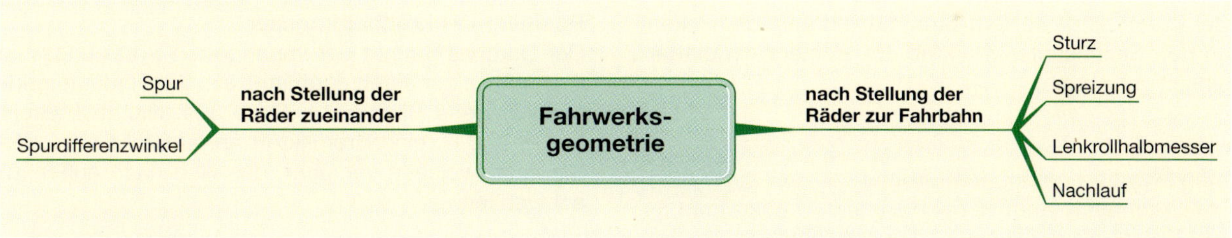

3 Fahrwerksgeometrie

7.2.1 Einteilung der Fahrwerksgeometrie

Fahrwerksgeometrie beschreibt die Stellung der gelenkten und ungelenkten Räder. Auf die Räder des Fahrzeugs wirken Kräfte wie:
- Gewichtskraft des Fahrzeugs
- Beschleunigungskraft
- Fliehkraft

Diese Kräfte beeinflussen Lenkung, Fahrsicherheit, Reifenverschleiß und Verbrauch; unabhängig von der Fahrweise des Fahrers.

Bei der Fahrwerksgeometrie sind zu unterscheiden die Stellung der Räder, vgl. Bild → 3:
- zur Fahrbahn, siehe Kap. 7.2.2
- zueinander, siehe Kap. 7.2.3

7.2.2 Stellung der Räder zur Fahrbahn

Bei der Stellung der Räder zur Fahrbahn sind zu unterscheiden, vgl. Bild ➔ 3, Seite 329:
- Sturz
- Spreizung
- Lenkrollhalbmesser
- Nachlauf

Sturz
Betrachtet man ein Fahrzeug von vorn, erkennt man, dass die Räder schräg zur Senkrechten stehen. Der Winkel zwischen Rad und Senkrechter wird **Sturzwinkel** τ genannt, siehe Bild ➔ 1. Die Sturzwerte müssen an beiden Rädern einer Achse gleich sein, da sonst ein Abrollkegel entsteht und das Fahrzeug zu Seitenzug neigt.

Stehen die Räder oben nach außen, ist der **Sturz positiv**. Positiver Sturz bewirkt
- einen guten Geradeauslauf,
- einen geringen Lenkrollhalbmesser
- dass die Vorderräder leicht zu lenken sind.

Bei **negativem Sturz** stehen die Räder oben nach innen. Das verbessert die Seitenführungsstabilität des Fahrzeugs; deshalb haben Hinterräder meist negativen Sturz. Durch die Sturzeinstellung wird das Fahrverhalten des Fahrzeugs beeinflusst.
Bei falsch eingestelltem Sturz nutzen sich die Reifen an den Reifenkanten stark ab. Es entsteht ein glatter einseitiger Abrieb.

Hinweis:
Ein Pkw für den „Normalverbraucher" soll ein leicht untersteuerndes Fahrverhalten[1] haben; das ist für den Fahrer leichter zu beherrschen.

Spreizung
Spreizung ist die Neigung der Achse des Achsschenkelbolzens gegenüber einer Senkrechten; der Winkel ist der **Spreizwinkel** δ, siehe Bild ➔ 1. Werden die Räder eingeschlagen, wird das Fahrzeug vorn leicht angehoben. Dem wirkt die Gewichtskraft des Motors entgegen: Sie drückt auf das Fahrzeug und versucht, die Räder wieder in Geradeausstellung zu bringen; auf die Räder wirkt somit eine **Lenkrückstellkraft**.
In Zusammenwirken mit Vorspur und Sturz verhindert die Spreizung ein Flattern der Räder. Spreizungslinie und Sturzlinie bilden zusammen einen Winkel, den **eingeschlossenen Winkel**, der in seiner Größe unveränderlich ist. Der Unterschied zwischen links und rechts sollte nicht mehr als 1° sein.

1 untersteuerndes Fahrverhalten: das Fahrzeug schiebt beim Einlenken über die Vorderräder

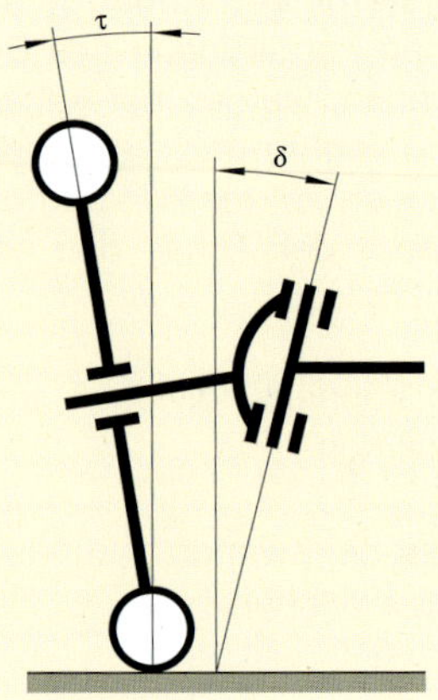

1 Sturz und Spreizung

Lenkrollhalbmesser
Lenkrollhalbmesser R_0, oder auch **Lenkrollradius** genannt, ist der Abstand zwischen Mitte der Radaufstandsfläche und dem Durchstoßpunkt der verlängerten Spreizungslinie, gemessen auf der Fahrbahn. Sturz und Spreizung beeinflussen den Lenkrollhalbmesser.

Der Lenkrollhalbmesser kann sein:
- positiv
- negativ
- neutral

Positiver Lenkrollhalbmesser
Der Durchstoßpunkt der verlängerten Spreizungslinie liegt näher zur Fahrzeugmitte, als der Radaufstandspunkt, siehe Bild ➔ 1a, Seite 329. Nachteil: Greift am Rad z. B. eine Bremskraft an, entsteht ein Drehmoment, welches versucht, das Rad nach außen zu schwenken.

Das Fahrzeug zieht schief; es werden Kräfte in die Lenkung eingeleitet.
Das Gleiche geschieht bei einer Kraft aus unterschiedlichem Rollwiderstand der beiden Räder, z. B. bei unterschiedlicher Fahrbahn.

Negativer Lenkrollhalbmesser
Der Durchstoßpunkt der verlängerten Spreizungslinie liegt weiter weg von der Fahrzeugmitte als der Radaufstandspunkt, siehe Bild ➔ 1b, Seite 329. Greift am Rad z. B. eine Bremskraft an, entsteht ein Drehmoment, das versucht, das Rad nach innen zu schwenken. Dadurch wird das Fahrzeug selbsttätig gegengelenkt; es verhält sich fahrstabil – im Gegensatz zu Fahrzeugen mit positivem Lenkrollhalbmesser.

Nachteil:
Die Lenkungskräfte sind größer, die Lenkbarkeit des Fahrzeugs ist erschwert.

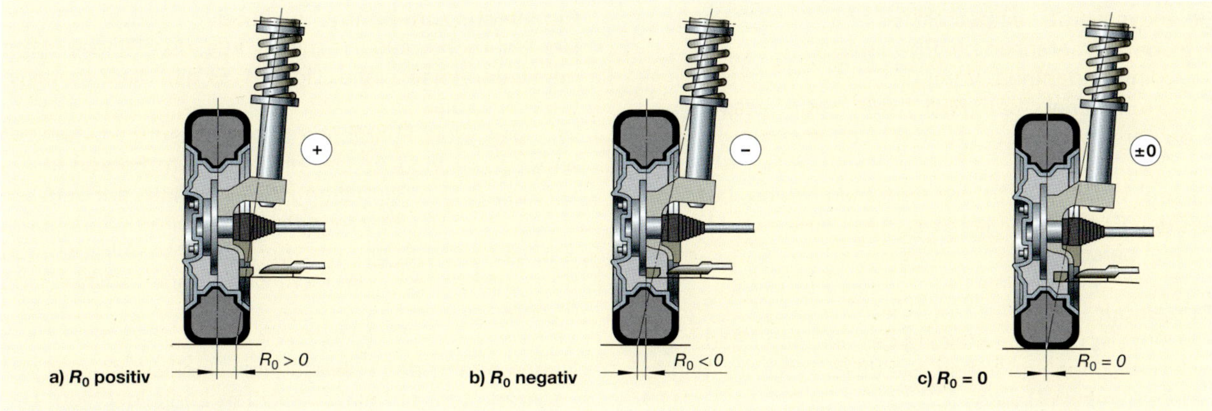

1 Lenkrollhalbmesser R_0

Neutraler Lenkrollhalbmesser

Der Durchstoßpunkt der verlängerten Spreizungslinie liegt genau im Radaufstandspunkt, siehe Bild → 1c. So entsteht theoretisch kein Drehmoment um die Schwenkachse des Rades. In der Praxis wird jedoch durch ein geringes Drehmoment das Rad nach außen geschwenkt; die Kräfte auf die Lenkung sind jedoch gering.

Achtung:
Werden breitere Reifen und/oder andere Räder eingebaut als vom Hersteller vorgeschrieben, kann sich der Lenkrollhalbmesser verändern und dadurch die Fahrstabilität des Fahrzeugs beeinträchtigen.

Nachlauf

Rollende Räder sollen gezogen werden. Somit wird verhindert, dass sie nicht flattern, sondern stabil geradeaus laufen. Das wird erreicht mit dem Nachlauf:

- der Radmittelpunkt ist nach der Schwenkachse angeordnet, siehe Bild → 2a
- die Mittelachse des Achsschenkelbolzens ist schräg gestellt, siehe Bild → 2b
- eine Kombination aus beiden Möglichkeiten

Nachteil:
Durch Nachlauf erhöht sich die Lenkrückstellkraft.

7.2.3 Stellung der Räder zueinander

Bei der Stellung der Räder zueinander sind zu unterscheiden, vgl. Bild → 3, Seite 329:

- Spur
- Spurdifferenzwinkel

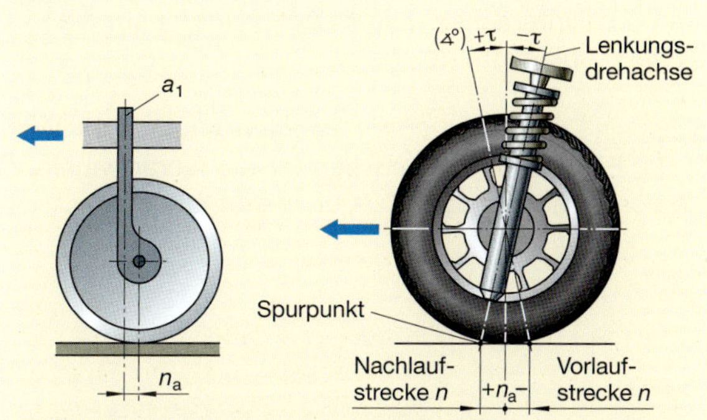

a) Schwenkachse a_1 in Fahrtrichtung vor dem Radmittelpunkt angeordnet
b) Schrägstellung der Mittelachse des Achsschenkelbolzens a_2

2 Nachlauf

Spur

Bei der Spur wird unterschieden zwischen:

- Gesamtspur
- Einzelspur

Gesamtspur

Die Gesamtspur einer Achse wird aus der Differenz zwischen dem vorderen und hinteren Abstand der Räder einer Achse ermittelt, gemessen an den Felgenhörnern, siehe Bild → 3.

Bei der Gesamtspur unterscheidet man:

- Vorspur (positive Spur): $l_1 < l_2$
- Spur Null: $l_1 = l_2$

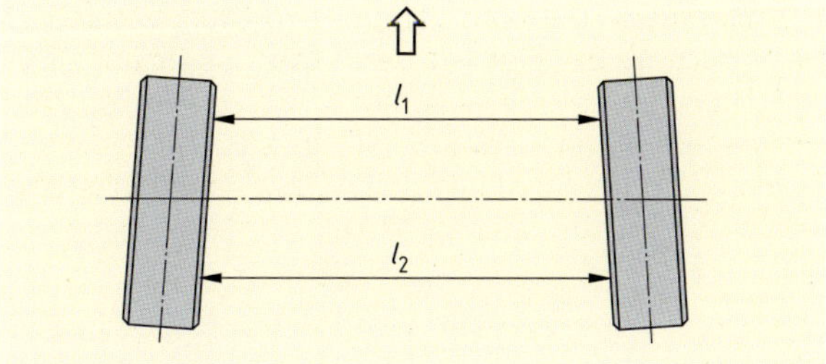

3 Spur

Bei Pkws werden eingestellt:
- an der Vorderachse bei Pkws mit
  - Hinterradantrieb: Vorspur
  - Frontantrieb: Spur Null, häufig auch Vorspur
- an der Hinterachse: grundsätzlich Vorspur

Hierbei wird die Spur des einzelnen Rades, bezogen auf den Fahrachswinkel zwischen Vorder- und Hinterachse, berechnet.

Einzelspur

Die Einzelspur ist die Stellung des einzelnen Rades zur geometrischen Fahrachse. Sie bezeichnet den Winkel eines einzelnen Rades
- an der Vorderachse gemessen: bezogen auf die geometrische Fahrachse
- an der Hinterachse gemessen: bezogen auf die Fahrzeuglängsmittelebene

Weist ein Fahrzeug an der Hinterachse ungleiche Werte der Einzelspur auf, müssen für die Geradeausfahrt die Vorderräder eingeschlagen werden.

Einzelspur zum Fahrachswinkel

Der Fahrachswinkel resultiert aus den Einzelspuren der Hinterachse, siehe Bild ➔ 1. Er gibt die Schublinie bei Fahrt vor.
Wie das Wort Fahrachse bereits ausdrückt, handelt es sich um eine Achse, die erst beim Fahren in Erscheinung tritt. Sie hat negativen Einfluss auf den Geradeauslauf bei Fahrzeugen mit Einzelradaufhängung, Raumlenkerhinterachsen, permanenten Allradantrieb oder Starrachsen, die nicht den Fahrachswinkel von 0° haben.

Dadurch fährt das Fahrzeug im „Dackellauf", und das Lenkrad steht auf einem leichten Lenkeinschlag. Dadurch entstehen bei
- Nachspur: hoher Reifenverschleiß innen, schwammiges Fahrverhalten
- Vorspur: hoher Reifenverschleiß außen, nervöser Geradeauslauf

Die Vermessung zum Fahrachswinkel ist nur mit einer Vierradvermessung möglich.

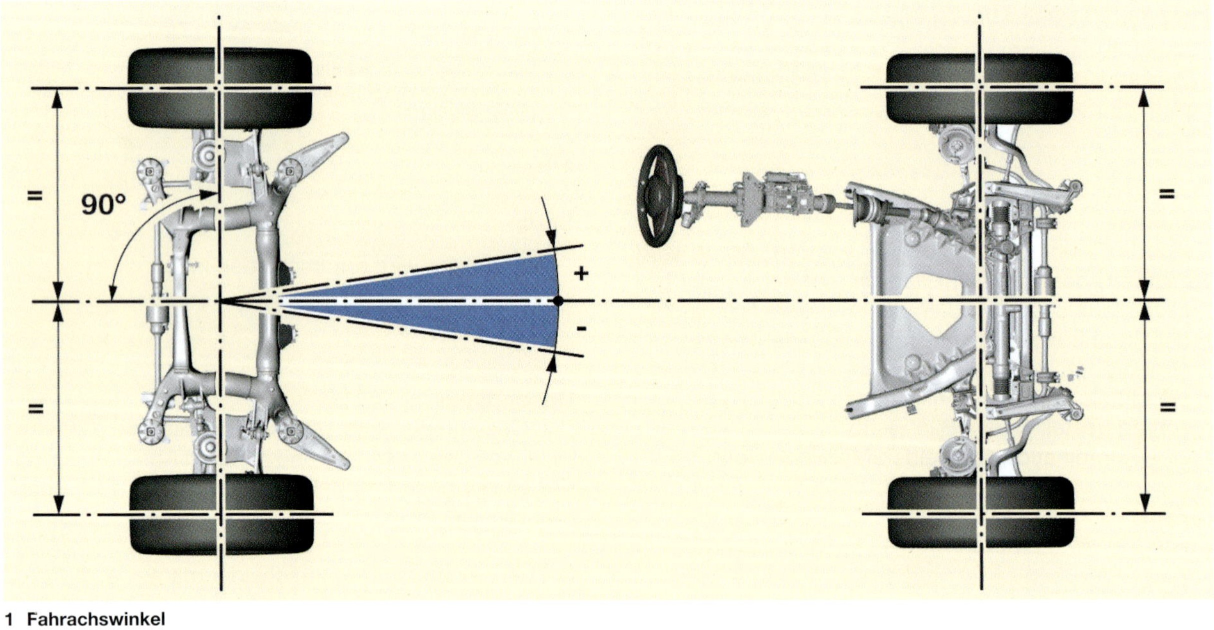

1 Fahrachswinkel

Spurdifferenzwinkel
In Kurven rollen die gelenkten Räder nur dann rutschfrei ab, wenn das kurveninnere Rad einen Mehreinschlag hat, gegenüber dem kurvenäußeren Rad. Die Verlängerung aller Radachsen müssen sich hierbei im Kurvenmittelpunkt M schneiden, siehe Bild ➔ 1. Der Mehreinschlag des kurveninneren Rades bei Kurvenfahrt wird Spurdifferenzwinkel δ genannt.

Diese Winkelstellung ändert sich mit zunehmendem Lenkeinschlag, denn bei Geradeausfahrt und parallel zueinander stehenden Rädern ist kein Spurdifferenzwinkel vorhanden. Er macht sich erst bei eingeschlagenen Rädern bemerkbar.

Der Spurdifferenzwinkel bei Rechtseinschlag und der Spurdifferenzwinkel bei Linkseinschlag sollten gleich groß sein, siehe Bild ➔ 1.

Weichen sie mehr als vom Hersteller vorgegeben voneinander ab, sind
- die Bauteile zu prüfen, die das Lenkradtrapez bilden oder
- die Einzelspur zu prüfen, ggf. einzustellen.

Das **Lenktrapez** wird von Vorderachse, Spurstangen und Spurstangenhebel gebildet.

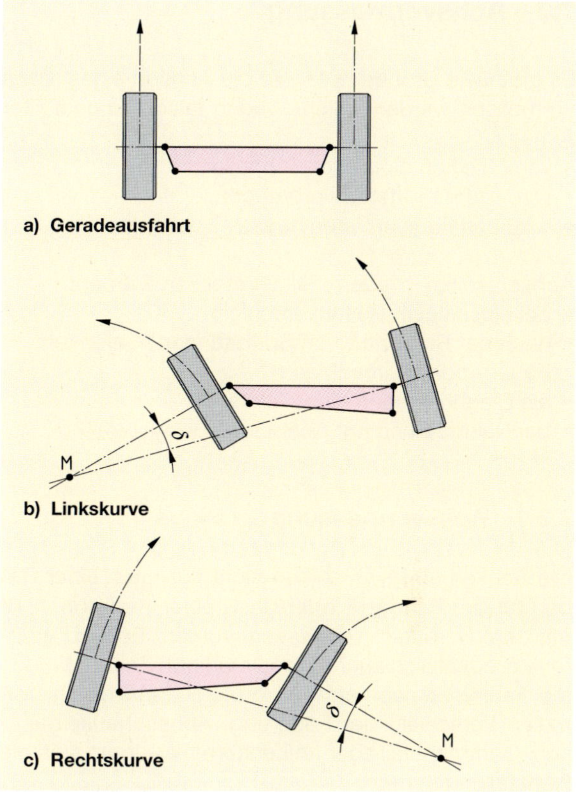

1 Spurdifferenzwinkel

GEMEINSAMES BEIDER FACHRICHTUNGEN

7.3 Achsvermessung

Es gibt viele Gründe, weshalb die Achsen eines Nkws vermessen werden sollen. Wegen falsch eingestellter Achsen
- verschleißen die Reifen schneller,
- wird mehr Kraftstoff verbraucht,
- wird das Fahrverhalten negativ beeinflusst.

Achsen sollen in jedem Fall vermessen werden:
- bei einseitigem Reifenverschleiß
- nach der Reparatur von Spurstangen, Gelenken, Federn oder Gummilagern
- als Diagnose nach einem Unfall
- bei Nachrüstung mit Abstandsregelsystem

7.3.1 Achsvermessung an Pkws

Die Achsen an Pkws sollten nicht nur nach einer Reparatur am Fahrwerk oder nach einer Kollision z. B. mit dem Bordstein vermessen werden. Es wird empfohlen, zusätzlich auch in regelmäßigen Zeitabständen die Fahrwerksgeometrie zu prüfen, denn durch normalen Verschleiß der Federung, Achsschenkelbuchsen, Gummimetalllager an Lenkern usw. kann sich die Radstellung ändern.

Nur mit korrekt eingestellten Achsen und richtiger Radstellung
- kann das Fahrzeug zielgenau gelenkt werden,
- ist die Fahrsicherheit gegeben,
- werden Reifenverschleiß und Verbrauch nicht unnötig erhöht.

Die Achsvermessung an Pkws wird auf einem Computer-Achsmessstand durchgeführt, siehe Bild → 1.

Dabei werden vermessen:
- Radversatz
- Höhenstand
- Konstruktionslage
- Einschlagroutine
- Radstand
- Radstellung
- Felgenschlagkompensation, Rundlaufkorrektur

Radversatz
Radversatz ist die Winkelabweichung der Verbindungslinie der Radaufstandspunkte einer Linie, die 90° zur Fahrachse verläuft. Der Radversatz ist
- positiv (+), wenn das rechte Rad nach vorne versetzt ist und
- negativ (–), wenn es nach hinten versetzt ist.

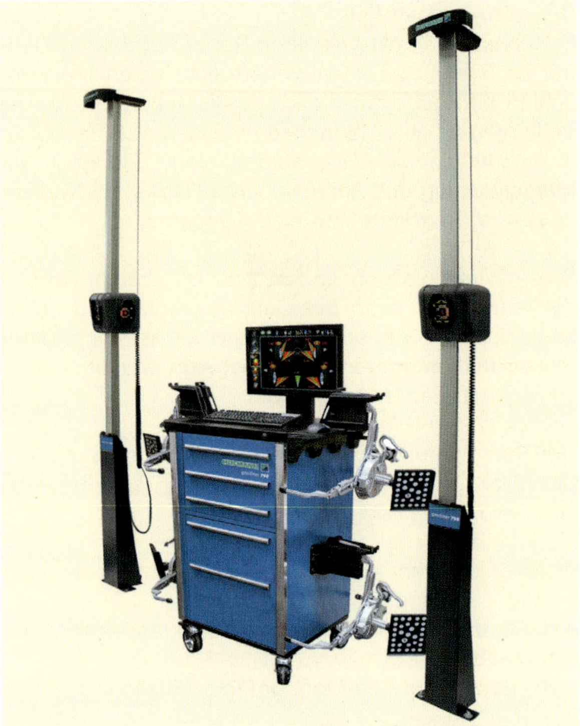

Foto von Snap-on Equipment

1 3D-Achsmessgerät Hofmann-Geoliner

Höhenstand
Der Höhenstand (Niveau) ergibt sich aus der momentanen Lage der Karosserie zur Konstruktionslage. Der Höhenstand wird bei den meisten Fahrzeugen von der Mitte der Felge bis zur Unterkante des Radhauses (Kotflügel) gemessen (Vorschriften des Fahrzeugherstellers beachten!). Die Werte sind abhängig von der Beladung.

Konstruktionslage: Die Nulllinien der Z-Achse und X-Achse liegen genau in der Fahrzeugmitte, während die Nulllinie der Y-Achse genau durch die Radmitte der Vorderachse verläuft. Weitere Informationen zum Maßbezugssystem siehe Kap. 5.3.3.

Einschlagroutine
Zur Einschlagroutine werden die Vorderräder nach beiden Seiten eingeschlagen, um Nachlauf, Spreizung und Spurdifferenzwinkel indirekt zu bestimmen.
Nachdem das Fahrwerk eingestellt ist, sollte die Einschlagroutine nochmals kontrolliert werden.

Radstand
Der Radstand wird von der Mitte der Vorderachse bis Mitte der Hinterachse gemessen. Informationen zu Abmessungen bei Pkws siehe Kap. 15.2.

Radstellungen
Informationen siehe Kap. 7.2.

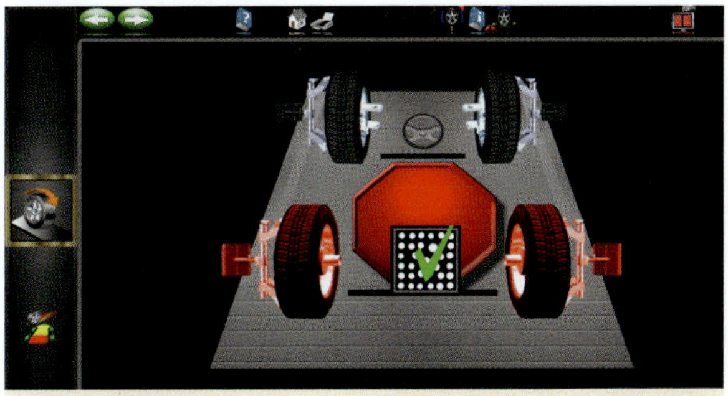

Foto von Snap-on Equipment

1 Felgenschlagkompensation durchführen

Felgenschlagkompensation

Mit der Felgenschlagkompensation **(Rundlaufkorrektur)** werden bei einer Radumdrehung erfasst, vgl. Bild ➔ 1:

- Seitenschlag der Felge und
- Aufspannfehler des Messgerätehalters

Nach DIN 70 020-5 muss die Felgenschlagkompensation durchgeführt werden, wenn der Messgerätehalter am Reifen oder an der Felge befestigt ist.

Die Vermessung mit einem 3D-Achsmessgerät wird wie folgt durchgeführt:

1. Fahrzeug gerade auf die Achsmessbühne fahren. Achtung: Lenkerbuchsen müssen spannungsfrei sein.
2. Fahrzeug prüfen und begutachten wie Luftdruck, Felgengröße, Reifengröße, Reifenverschleiß, Abriebbild (Sägezahn), Radlager, Spurgelenke, Lenkgetriebe, Traggelenke/Achsschenkelbolzen, Stoßdämpfer, Lenkradmittelstellung, Niveauregulierung (ja/nein)
3. Fahrzeug belasten (Vorgaben des Fahrzeugherstellers beachten), einschl. Füllstand des Kraftstoffs im Tank
4. Fahrzeughöhe messen oder festsetzen
5. Reflektoren an den Rädern montieren
6. Kunden- und Fahrzeugdaten eingeben; Höhenstand messen (Herstellerangaben beachten), siehe Bild ➔ 2
7. Felgenschlagkompensation durchführen (Fahrzeug vor- und zurückrollen), siehe Bild ➔ 1; Vorbereitung zur Vermessung siehe Bild ➔ 3a
8. menügesteuerte Vermessung durchführen, siehe Bild ➔ 3b
9. Einstellarbeiten durchführen
10. Ergebnisse dokumentieren, Ausdruck für den Kunden, siehe Bild ➔ 1, Seite 336
11. Bei Bedarf Assistenzsysteme justieren, siehe Bild ➔ 2, Seite 336

a) Beispiel für Herstellerangaben

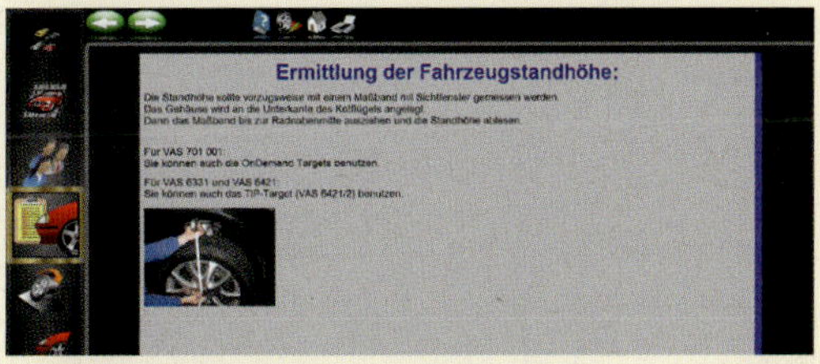

b) Höhenstand messen mit Bandmaß

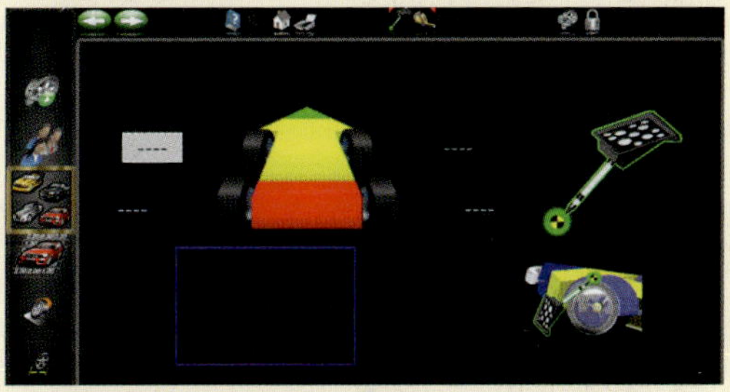

c) Höhenstand messen mit Target

Fotos von Snap-on Equipment

2 Höhenstand messen

a) Messung vorbereiten

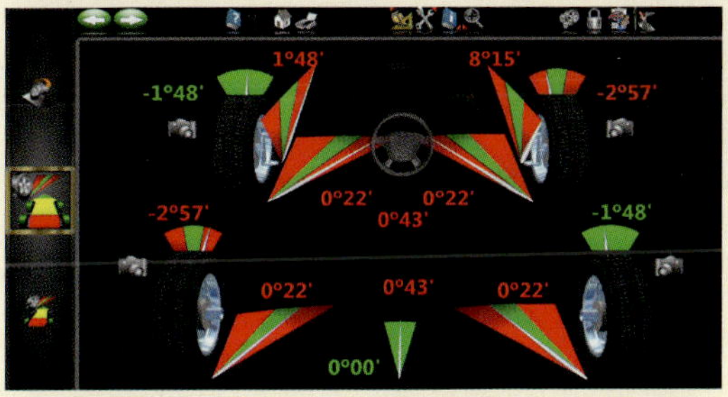

b) Messwertübersicht

Fotos von Snap-on Equipment

3 Vermessung durchführen und Einstellen

Foto von Snap-on Equipment

1 Ergebnis: Protokollausdruck vornehmen

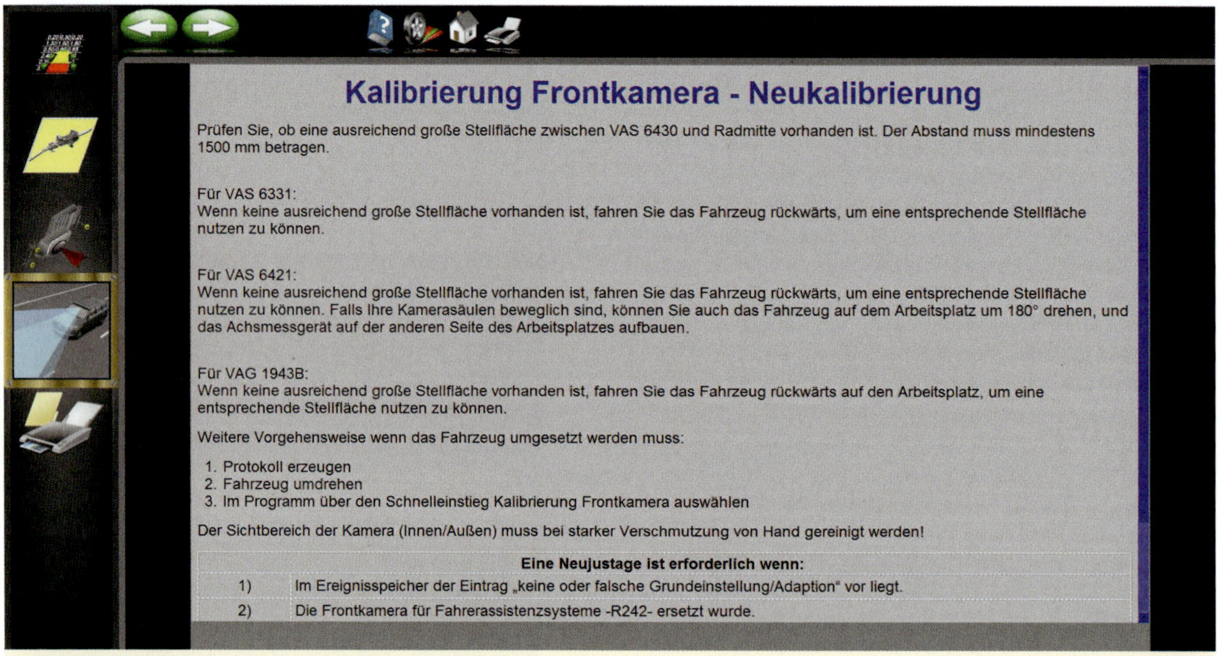

Foto von Snap-on Equipment

2 Gegebenenfalls Frontkamera und ACC-Sensor justieren

Zur Achsvermessung an einem Pkw siehe 2. US, 31702, Seite 46.

7.3.2 Achsvermessung an Nutzfahrzeugen

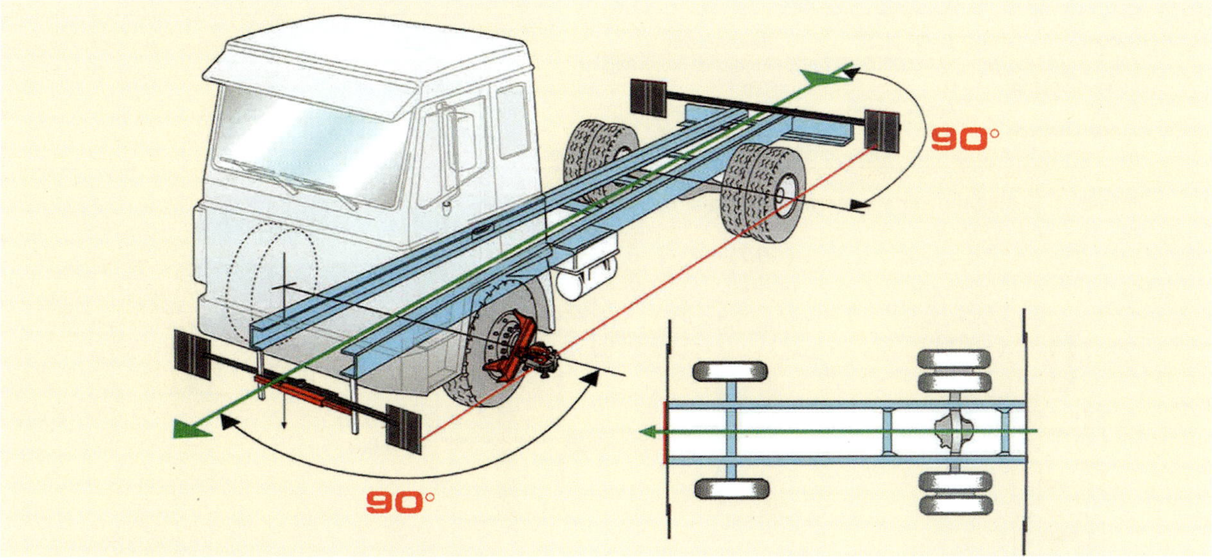

1 Achsvermessung mit Laserstrahl, hier mit Messlinealen

Bei der Achsvermessung an Nutzfahrzeugen werden verschiedene Radstellgrößen gemessen: Fachrachswinkel, Spur, Sturz, Nachlauf, Spreizung, Spurdifferenzwinkel, Radversatz.

Moderne Nfz-Achsmessanlagen arbeiten wie die Pkw-Achsmessanlagen mit Lasertechnik siehe Bild ➔ 1. Ihre Messwertaufnehmer (Winkelaufnehmer) kommunizieren miteinander und übermitteln ihre Messwerte per Funk an den zugehörigen Achsmesscomputer. Die Werte werden angezeigt; es kann ein Messprotokoll ausgedruckt werden, siehe Bild ➔ 1, Seite 338.

Eine solche Achsvermessung ist auf einem Videofilm zu sehen, siehe ➔ 2. US.

Vorbereitende Arbeiten

Bevor die Achsvermessung durchgeführt werden kann, ist darauf zu achten, dass

- das Fahrzeug auf einer ebenen Messfläche steht
- Reifengröße und Reifendruck an allen Rädern stimmen
- der Achsspieltester eingesetzt wurde, siehe Bild ➔ 2
- Felgenschlagkompensation durchgeführt wurde.

Dabei ist gleichzeitig zu prüfen:

- Zustand der Reifen, Reifenverschleiß
- Zustand der Felgen und des Radkörpers
- Zustand der Federn
- Undichtigkeiten an der Lenkanlage

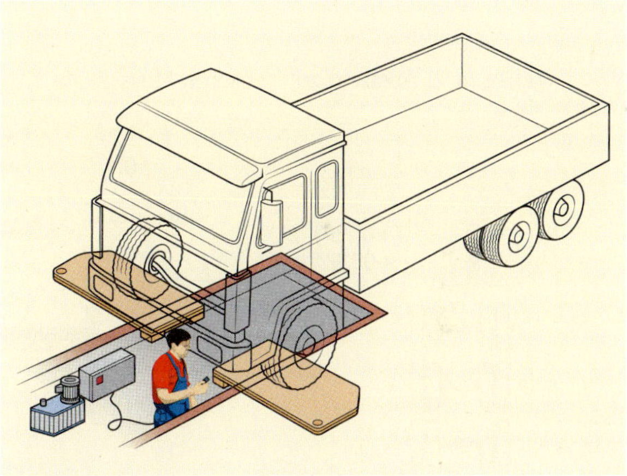

2 Achsspieltester

Durchführung der Achsvermessung

Sind die Radkrallen und die Messwertaufnehmer an den Außenrädern des Lkw angebracht, wird der Achsmesscomputer hochgefahren und der entsprechende Lkw-Typ aus einer Auswahlliste aufgerufen. Das System zentriert und kalibriert sich automatisch und arbeitet menügeführt. Das bedeutet, dass dem Bediener angezeigt wird, welche Tätigkeiten er durchführen soll. Liegen Unregelmäßigkeiten vor und sind einzelne Messwerte außerhalb der Toleranz, kann ein Reparaturplan erstellt werden. Hat der Kunde den Reparaturauftrag erteilt und ist sie inzwischen durchgeführt, wird eine Ausgangsvermessung gemacht. Da alle Daten gespeichert sind, kann man ein Vermessungsblatt mit Eingangs- und Ausgangsvermessung in Gegenüberstellung für den Kunden oder die Fahrzeugakte ausdrucken.

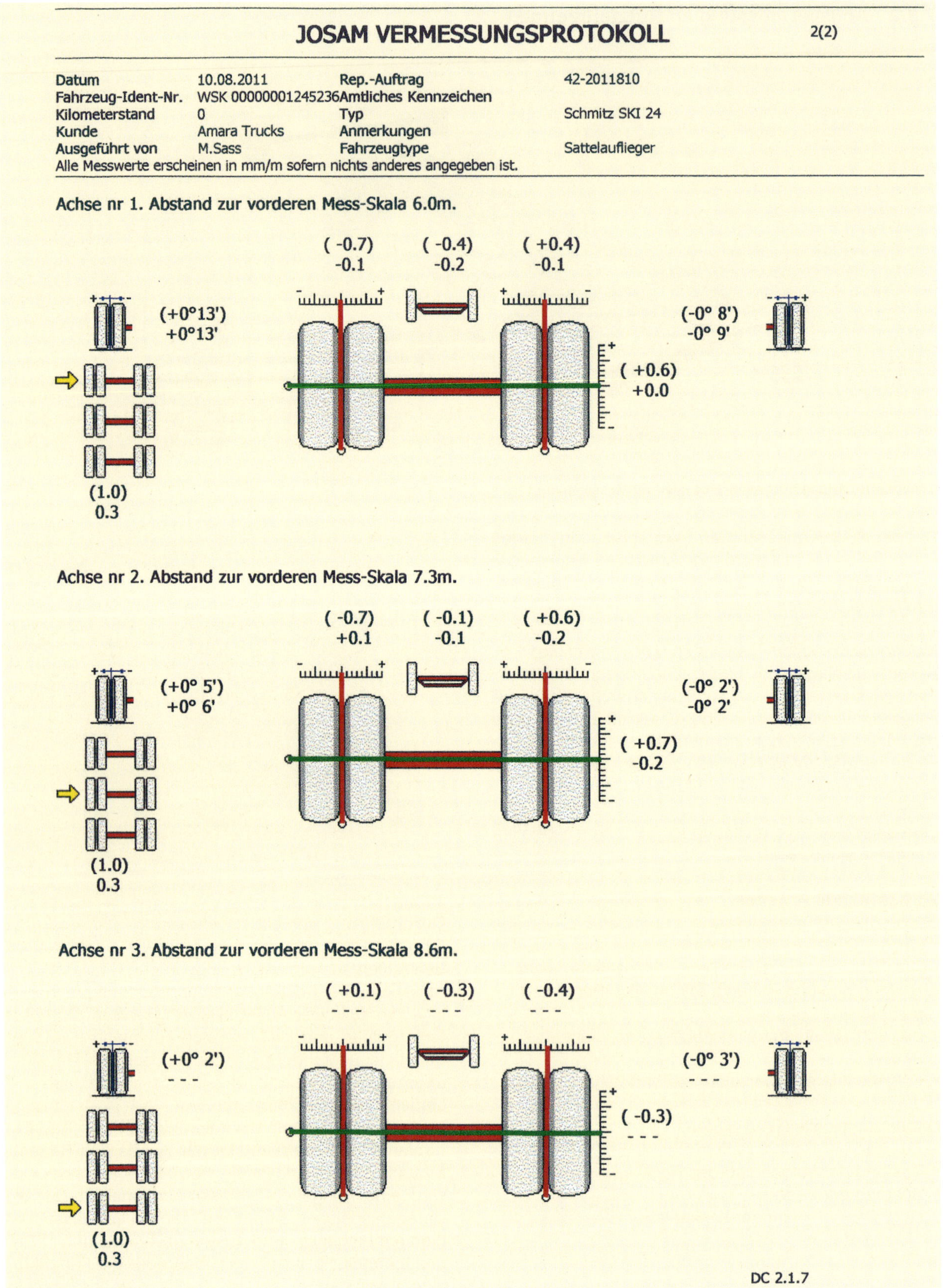

JOSAM VERMESSUNGSPROTOKOLL 2(2)

Datum	10.08.2011	Rep.-Auftrag	42-2011810
Fahrzeug-Ident-Nr.	WSK 00000001245236	Amtliches Kennzeichen	
Kilometerstand	0	Typ	Schmitz SKI 24
Kunde	Amara Trucks	Anmerkungen	
Ausgeführt von	M.Sass	Fahrzeugtype	Sattelauflieger

Alle Messwerte erscheinen in mm/m sofern nichts anderes angegeben ist.

Achse nr 1. Abstand zur vorderen Mess-Skala 6.0m.

Achse nr 2. Abstand zur vorderen Mess-Skala 7.3m.

Achse nr 3. Abstand zur vorderen Mess-Skala 8.6m.

DC 2.1.7

1 Vermessungsprotokoll

7.4 Bremsanlagen

In diesem Kapitel werden behandelt:

- Bremsanlagen nach StVZO, siehe Kap. 7.4.1
- Bremskraft, Bremskraftverteilung und Abbremsung, siehe Kap. 7.4.2
- Arten von Bremsen, siehe Kap. 7.4.3
- Mechanische Bremsanlagen, siehe Kap. 7.4.4
- Hydraulische Bremsanlagen, siehe Kap. 7.4.5
- Elektrohydraulische Bremsanlage, siehe Kap. 7.4.6
- Elektronische Bremsregelsysteme, siehe Kap. 7.4.7
- Druckluftbremsanlagen, siehe Kap. 7.4.8
- Bremsen prüfen, siehe Kap. 7.4.9

7.4.1 Bremsanlagen nach StVZO

1 Bremsanlagen, vorgeschrieben nach §§ 41, 41b, 29 und Anlage VIII der StVZO

Die Bremsanlage hat zwei Aufgaben:

- Das Fahrzeug sicher zu verzögern oder bis zum Stillstand abzubremsen; die Bewegungsenergie des Fahrzeugs wird dabei in Wärme umgewandelt.
- Das haltende oder abgestellte Fahrzeug gegen Wegrollen zu sichern.

Dafür ist vorgeschrieben, dass jedes Fahrzeug

- zwei voneinander unabhängige Bremsanlagen hat oder
- eine Bremsanlage mit zwei voneinander unabhängigen Bedienungseinrichtungen

In §§ 41, 41b, 29 und Anlage VIII der StVZO sind vorgeschrieben, vgl. Bild → 1 und Bild → 2:

- Betriebsbremsanlage
- Hilfsbremsanlage
- Feststellbremsanlage
- Dauerbremsanlage

Die **Betriebsbremsanlage (BBA)** ermöglicht, das Fahrzeug stufenlos dosierbar abzubremsen, wenn nötig bis zum Stillstand, mit vorgegebenen Betätigungs- und Verzögerungswerten. Die BBA ist meist eine Zweikreisbremse, sodass sie funktionstüchtig bleibt, auch wenn ein Kreis ausfällt.

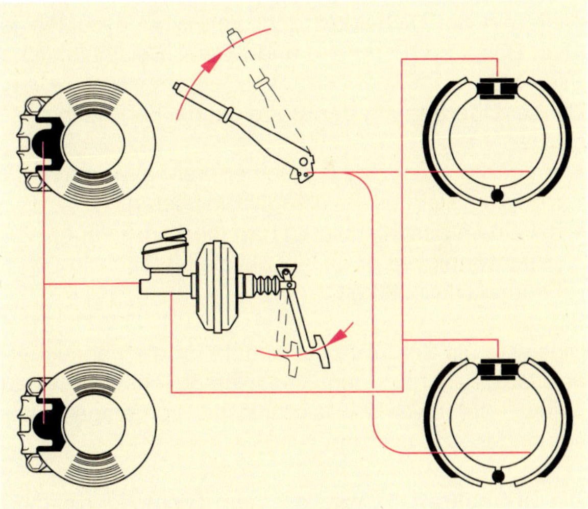

2 Bremsanlage an einem Pkw – Standard

Die **Hilfsbremsanlage (HBA)** übernimmt bei Störungen die Aufgabe der BBA. Es ist dazu keine weitere Bremse erforderlich, sondern es genügt der intakte Kreis der zweikreisigen BBA, z. B. Bremse vorne rechts und hinten links.

Die **Feststellbremsanlage (FBA)** sichert das Fahrzeug gegen Wegrollen, wenn es abgestellt ist oder anhält. Die Wirkung der FBA muss mechanisch erfolgen.

Die **Dauerbremsanlage (DBA)** bremst das Fahrzeug z. B. bei längerer Bergabfahrt, ohne dass die Bremsleistung nachlässt. Sie ist vorgeschrieben bei pneumatischen Bremsanlagen.

7.4.2 Bremskraft, Bremskraftaufteilung und Abbremsung

Beim Bremsen treten am Fahrzeugrad an der Reifenaufstandsfläche verschiedene Kräfte auf, siehe Bild ➔ 1:

- Bremskraft F_B: Umfangskraft zur Übertragung von Antriebskräften in Längsrichtung
- Seitenkraft F_S: z. B. durch die Lenkung, Seitenwind oder Fliehkraft bei Kurvenfahrt
- Normalkraft F_N: durch die Fahrzeugmasse; sie wirkt senkrecht auf die Radaufstandsfläche

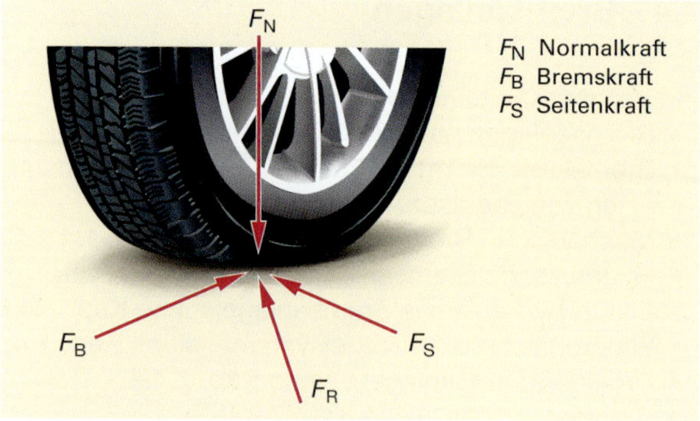

1 Kräfte am Rad beim Bremsen

Die Bremskraft F_B ist die Reibungskraft F_R zwischen Reifen und Fahrbahn in Fahrtrichtung.
Es gilt die Beziehung:

$$F_R = F_N \cdot \mu$$

F_R	Reibungskraft (Bremskraft) in N
F_N	Normalkraft in N
μ	Reibungszahl

Die Reibungszahl ist abhängig davon, ob das Rad

- rollt: Rollreibungszahl μ_R
- haftet: Haftreibungszahl μ_H
- gleitet: Gleitreibungszahl μ_G

Weiterhin unterscheiden sich die Reibungszahlen je nach Belag der Fahrbahn und Nässe, Beispiele siehe Bild ➔ 2.

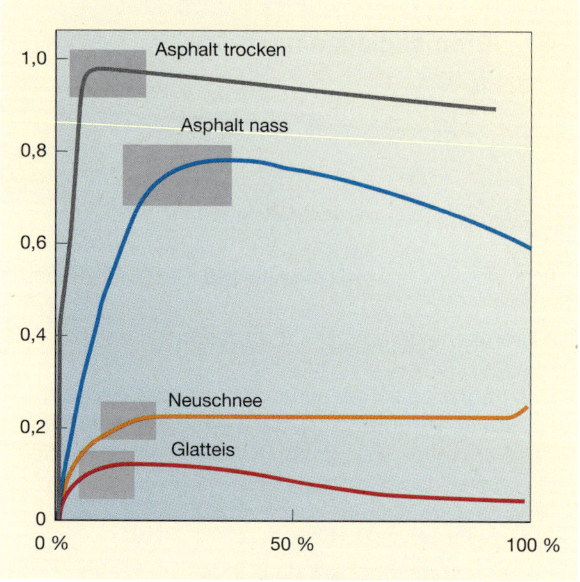

2 Reibungszahlen für Gummirad auf Fahrbahn Schlupf

Bei der Übertragung der Kräfte auf die Fahrbahn passiert es, dass

- ein gebremstes Rad langsamer dreht als ein frei rollendes Rad; es kann sogar blockieren
- bei einem beschleunigten Rad die Radumfangsgeschwindigkeit größer ist als die tatsächliche Fahrgeschwindigkeit

Dies wird als **Schlupf** bezeichnet. Für die Fahrsicherheit ist es wichtig, den Schlupf möglichst gering zu halten – dafür werden elektronische Bremsregelsysteme eingesetzt, vgl. Kap. 7.4.6.

Die **Bremskraft F_B** wird auf dem Bremsenprüfstand gemessen. Sie kann aber auch berechnet werden.

Beispiel vgl. Bild ➔ 3

Geg.: $r_{Br} = 175$ mm; $r = 480$ mm; $F_{Br} = 2400$ N Ges.: F_B

Lösung: $F_B \cdot r = F_{Br} \cdot r_{Br}$

$$F_B = \frac{F_{Br} \cdot r_{Br}}{r}$$

$$= \frac{2400 \text{ N} \cdot 175 \text{ mm}}{480 \text{ mm}} = \underline{\underline{875 \text{ N}}}$$

Bei einem Fahrzeug mit vier Rädern ist F_B mit dem Faktor 4 zu multiplizieren.

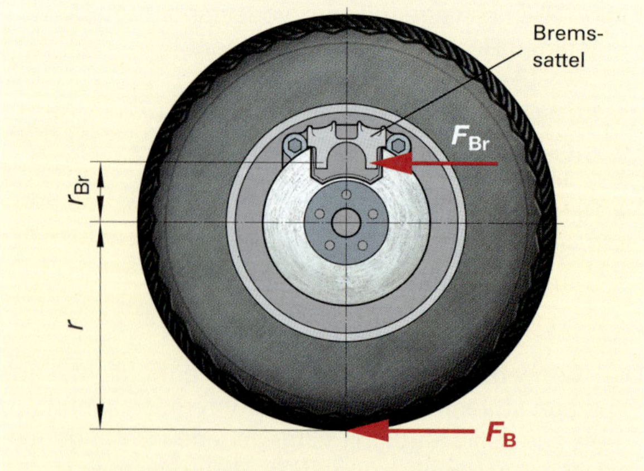

F_B = wirkende Kraft am Radaufstandspunkt in N
r = wirksamer Radius zum Radaufstandspunkt in mm
F_{Br} = Bremskraft zwischen Bremsklötzen und Bremsscheiben in N
r_{Br} = Bremsscheibenradius bis Mitte Bremsklotz in mm

Folge: Mit zunehmendem Radius r der Bremsscheibe verringert sich die aufzubringende Bremskraft F_{Br}

3 Kräfte am Rad beim Bremsen eines Pkws

Fahrzeugklasse	Fahrzeugart	Erstzulassung	Betriebsbremsanlage		Feststellbremsanlage		
			Z in %	F_F in daN	Z in %	F_H in daN	F_F in daN
M_1	Pkw, Wohnmobile ≤ 3,5 t[1]	vor 1.1.1991	≥ 50	≤ 50	≥ 15	≤ 40	≤ 50
		ab 1.1.1991 und vor 28.7.2010			≥ 16		
		ab 28.7.2010	≥ 58		≥ 16		
M_2, M_3	Kraftomnibus	vor 1.1.1991	≥ 48	≤ 70	≥ 15	≤ 60	≤ 70
		ab 1.1.1991	≥ 50		≥ 16		
N_1	Lkw, Zugmaschinen	vor 1.1.1991	≥ 45[2]	≤ 70	≥ 15	≤ 60	≤ 70
		ab 1.1.1991	≥ 50		≥ 16		
N_2, N_3	Lkw, Zugmaschinen Wohnmobile > 3,5 t	vor 1.1.1991	≥ 43[3]	≤ 70	≥ 15	≤ 60	≤ 70
		ab 1.1.1991 und vor 28.7.2010	≥ 45		≥ 16		
		ab 28.7.2010	≥ 50		≥ 16		

Z Abbremsung F_F Fußkraft F_H Handkraft

[1] Wohnmobile mit zul. Gesamtmasse > 3,5 t, siehe Fahrzeugklasse N_2, N_3
[2] Jedoch für Kfz, die ab 1.1.2001 erstmals in den Verkehr gekommen sind und deren Baumerkmale den unter die EG-Richtlinien über Bremsanlagen fallenden Fahrzeugen gleichzusetzen sind, gelten die Vorgaben dieser jeweiligen Fahrzeugklasse.
[3] 40 %, wenn die radstandsbezogene Schwerpunkthöhe $h/E \geq 0{,}5$

1 Mindestabbremsung nach StVZO bei der Hauptuntersuchung (Auszug)

Bei einem Fahrzeug mit vier Rädern ist F_B mit dem Faktor 4 zu multiplizieren.

Außerdem erkennt man:
Mit zunehmendem Radius r der Bremsscheibe verringert sich die Bremskraft F_{Br}, die aufgebracht werden muss.

Die Bremskräfte F_B werden auf einem Bremsenprüfstand gemessen, vgl. Kap. 7.4.9. Die Mindestwerte, die in der StVZO vorgeschrieben sind, unterscheiden sich nach Fahrzeugklasse, der Art der Bremsanlage und dem Jahr der Erstzulassung, siehe Bild ➔ 1.

Mit Änderung der EU-Vorschriften zur Überwachung im Verkehr befindlicher Fahrzeuge (RiLi 2009/40/EG und 2010/48/EU) wurde der § 29 StVZO „Untersuchung von Kraftfahrzeugen und Anhängern" (HU) angepasst. Gemäß der 47. Änderungsverordnung gelten u. a. ab 1. 8. 2012 für die Wirkprüfung der Betriebsbremse von Fahrzeugen der EU der Klasse M1 (Pkw bis max. 9 Sitzplätze) mit einer Erstzulassung ab 28. 7. 2011 neue Prüfvorgaben.

Nach dieser Neuverordnung werden die Bremskräfte an Vorder- und Hinterachsen unterschieden. Die Hersteller müssen Bezugsbremskräfte festlegen. Dabei muss während der Messung der Bremsdruck ausgelesen, oder, wie bei VW, die Pedalkräfte (F_{Ped}) gemessen werden, Beispiel siehe Bild ➔ 2.

Modell	**F_{Ped} max in N**	**Messbereich F_{Ped} in N**	**Bremskraftanteile in %**	
			Vorderachse	**Hinterachse**
up!	118	51 … 100	≥ 65	≥ 13
e-up!	167	34 … 165	≥ 52	≥ 21
Polo	156	45 … 147	≥ 55	≥ 16
Golf	211		≥ 54	≥ 18
Golf Var.	220	45 … 160	≥ 54	≥ 18
Golf Plus	190		≥ 55	≥ 19

2 Vorgabewerte § 29 StVZO für die Bremskraftprüfung von Fahrzeugen mit EZ nach 1. 8. 2012 – Beispiele von VW-Pkws

Abbremsung

In der StVZO sind Mindestwerte für die Abbremsung z vorgeschrieben:

$$z = \frac{\Sigma F_B}{F_G} \cdot 100\ \%$$

z Abbremsung in %

ΣF_B Summe der Bremskräfte am Radumfang in N

F_G zul. Gesamtgewichtskraft des Fahrzeugs in N

Die Mindestabbremsung ist zu prüfen:
- nach dem Installieren der Bremsanlage
- im Rahmen der Hauptuntersuchung
- bei Nutzfahrzeugen im Rahmen der Sicherheitsprüfung, vgl. Kap. 21.2.2

7.4.3 Arten von Bremsen

In Kraftfahrzeugen und ihren Anhängern gibt es zwei Arten von Bremsen:
- Trommelbremse, siehe Kap. 7.4.3.1
- Scheibenbremse, siehe Kap. 7.4.3.2

7.4.3.1 Trommelbremsen

Bei der Trommelbremse werden die Bremsbeläge radial gegen die Innenseite der umlaufenden Bremstrommel gepresst. Das geschieht mechanisch (bei Zweiradfahrzeugen bzw. bei Feststellbremsen) oder hydraulisch.

Bei der **hydraulischen Betätigung** werden die Bremsbacken mit Hilfe eines Bremszylinders an die Bremstrommel gepresst. Nach Funktion der Radbremszylinder und die Lagerung und Beweglichkeit der Bremsbacken gibt es fünf verschiedene Bauweisen:
- Simplex-Bauweise: unten fester Drehpunkt, oben ein beidseitig wirkender Radbremszylinder, siehe Bild → 1a
- Duplex-Bauweise: unten und oben je ein einseitig wirkender Radbremszylinder, im gleichen Drehsinn angebracht, siehe Bild → 1b
- Duo-Duplex-Bauweise: unten und oben je ein beidseitig wirkender Radbremszylinder, siehe Bild → 1c
- Servo-Bauweise: schwimmend gelagerte Bremsbacken, oben ein beidseitig wirkender Radbremszylinder, unten ein gelagerter Druckbolzen, siehe Bild → 1d
- Duo-Servo-Bauweise: wie Servo-Bauweise, nur unten ein schwimmender Druckbolzen, siehe Bild → 1e

In Neufahrzeugen werden Trommelbremsen nur noch selten eingebaut; sie werden zunehmend von Scheibenbremsen abgelöst.

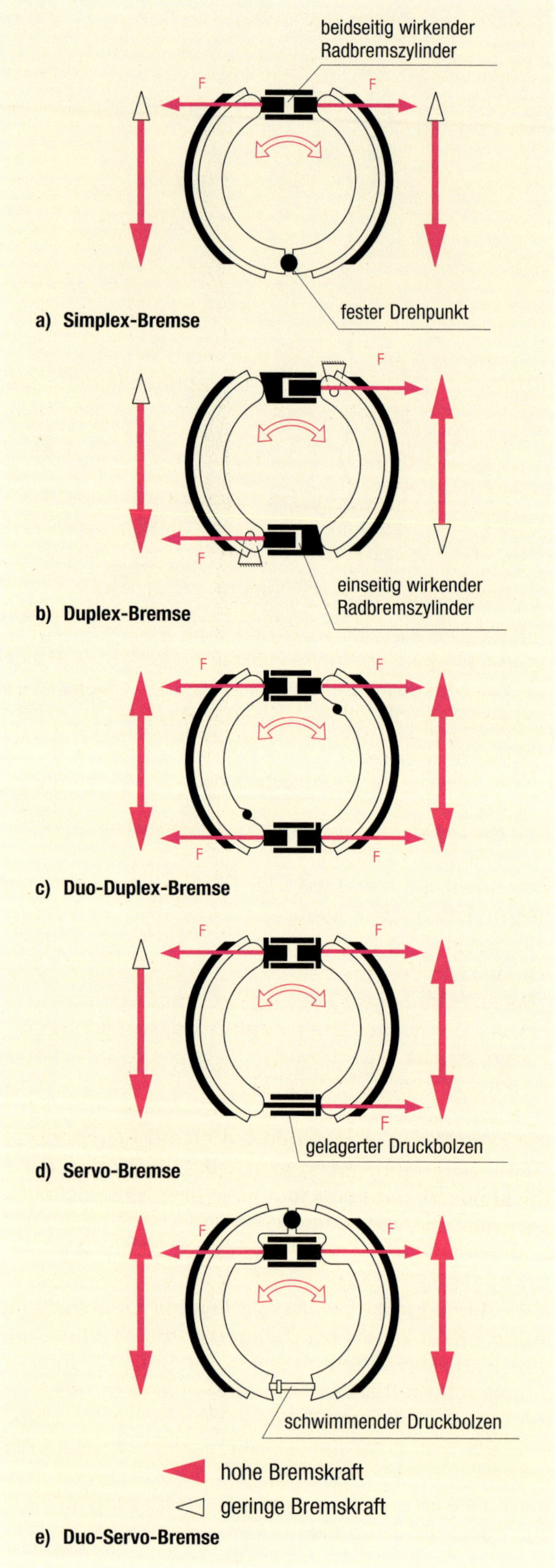

1 Bauweisen von Trommelbremsen

7.4.3.2 Scheibenbremsen

Scheibenbremsen arbeiten mit einer scheibenförmigen Reibfläche, die von einem Bremssattel umschlossen wird, vgl. Bild ➔ 3, Seite 340.

Scheibenbremsen bestehen im Wesentlichen aus:
- Bremsscheibe
- Bremsbelag
- Bremssattel

Bremsscheibe
Bremsscheiben werden als Graugussscheiben gefertigt. Bei geringer Beanspruchung werden Vollscheiben verwendet; das ist kostengünstig.

Eine bessere Wärmeableitung ermöglichen innen belüftete Gussscheiben, bei denen häufig die äußere Reibfläche etwas breiter gefertigt ist, siehe Bild ➔ 1.

Bei hoher thermischer Beanspruchung, z. B. bei Sportfahrzeugen, sind Keramikscheiben eingebaut. Diese bieten Massevorteile bei entsprechender Baugröße und sind thermisch belastbarer als Guss- oder Stahlscheiben. Bei Verschleiß dampfen diese aus und werden gewogen. Für Verschleiß auf der Reibfläche werden Schablonen verwendet.

Bei der Montage, auch beim Radwechsel, ist die Stoßempfindlichkeit der Keramik zu beachten.

Bremsbeläge von Scheibenbremsen
Bremsbeläge haben die Aufgabe, als Reibpartner der Bremsscheibe, die Bewegungsenergie des Fahrzeuges in Wärmeenergie umzuwandeln. Die Wärme wird an die Luft abgegeben. Konventionelle Bremsbeläge bestehen aus einer Trägerplatte aus Stahl, auf die der eigentliche Reibbelag aufgeklebt ist.

Er besteht aus metallischen (z. B. Kupfer, Messing, Grauguss) und nichtmetallischen Bestandteilen (z. B. Mineralfasern, Kunstfasern und Füllstoffen), die mit einem speziellen Harz gebunden sind.

Bremssattel
Der Bremssattel erzeugt aus dem Bremsdruck die notwendige Zuspannkraft, um die Bremsscheibe einzuspannen und abzubremsen.

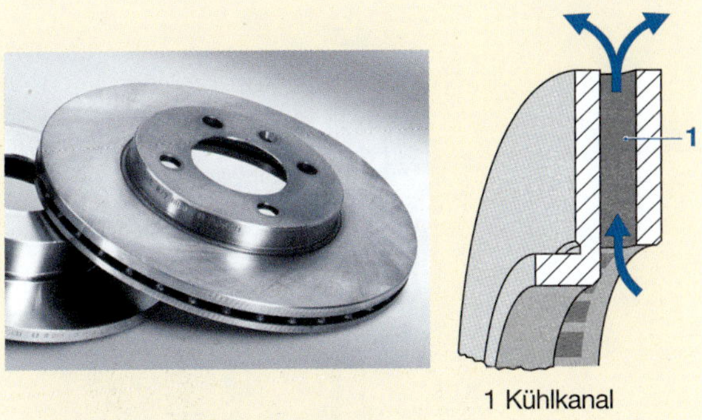

1 Innen belüftete Bremsscheibe

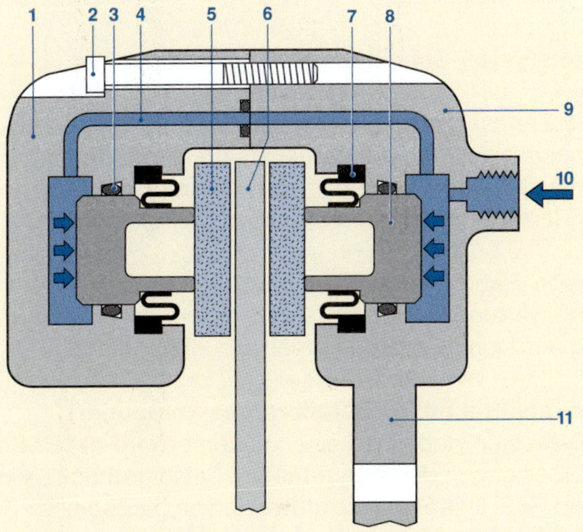

1 Gehäuse-Flanschteil
2 Gehäuseverbindungsbolzen
3 Kolbendichtring
4 Hydraulik-Verbindungskanal
5 Bremsbelag
6 Bremsscheibe
7 Schutzkappe
8 Kolben
9 Gehäuse-Deckelteil
10 Anschluss vom Hauptzylinder
11 Befestigungsflansch

2 Festsattel-Scheibenbremse

Als Bremssattel werden bevorzugt eingesetzt:
- Festsattel
- Faustsattel

Die **Festsattel-Scheibenbremse** beinhaltet ein festes Gehäuse und zwei Kolben, die von beiden Seiten gegen die Bremsbeläge drücken, siehe Bild ➔ 2. Damit wird die Bremsscheibe zwischen den Belägen eingespannt. Hohe Stabilität aber großer Platzbedarf.

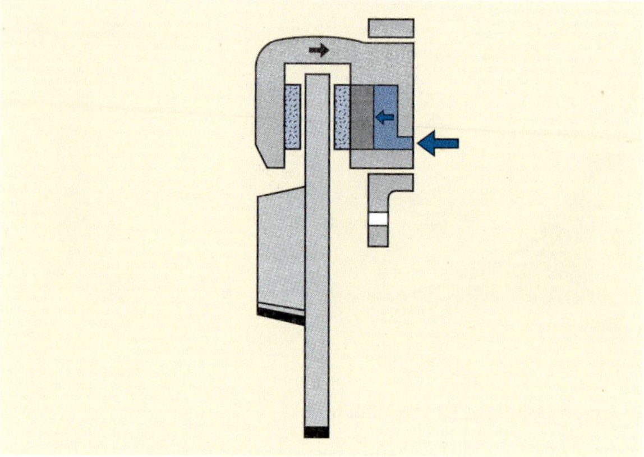

1 **Faustsattel-Scheibenbremse**

Faustsattel-Scheibenbremsen verfügen nur über einen Kolben, der den zugehörigen Bremsbelag gegen die Bremsscheibe drückt, siehe Bild → 1. Die Reaktionskraft verschiebt das Faustsattelgehäuse, das seinerseits den gegenüberliegenden Bremsbelag von der anderen Seite gegen die Bremsscheibe drückt.

Diese Bauweise ist sehr beliebt, weil kostengünstig und wartungsfreundlich. Aus Massegründen wird häufig auf Aluminiumlegierungen zurückgegriffen.

Faustsattel mit Feststellbremse kombiniert

Über einen Hebel und einen Exzenter wird der Bremskolben gegen den inneren Bremsbelag gedrückt, siehe Bild → 2. Das Gehäuse stützt sich am äußeren Bremsbelag ab. Damit wird die Bremsscheibe zwischen den Bremsbelägen eingespannt.

Elektrische Feststellbremse

Die Feststellbremse wird vom Fahrer durch Tastendruck betätigt und gelöst. Ein Elektromotor betätigt einen Spindelantrieb über einen Zahnriemen oder ein Zahnrad, siehe Bild → 3. Die Spindel schiebt die Druckmutter gegen den Bremskolben und die Bremsscheibe wird mechanisch eingespannt.

Das System ist selbsthemmend und erfüllt damit die gesetzlichen Anforderungen an eine mechanisch wirkende Feststellbremse.

Das Lösen erfolgt ebenfalls durch Tastendruck. Die Druckmutter entspannt den Bremskolben um das Lüftspiel, damit die Bremsbeläge nicht mehr angepresst werden.

> Wichtig!
> Beim Bremsbelagwechsel muss die Bremse elektrisch in die Servicestellung gebracht werden (Servicetester). Erst dann kann der Bremskolben mit einer Rücksetzvorrichtung zurückgeschoben werden.

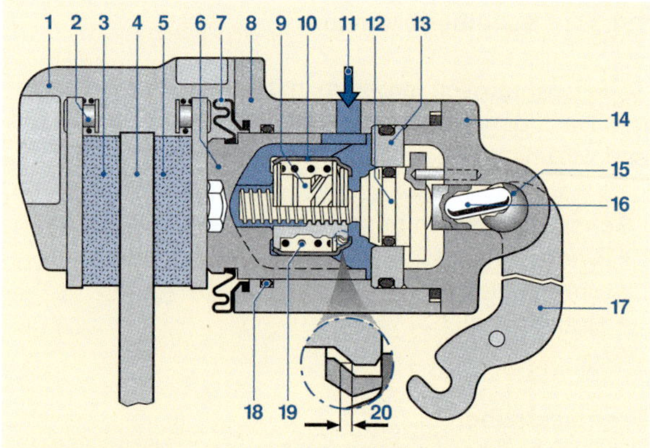

1 Gehäuseboden
2 Führungsbolzen (hinterer Führungsbolzen im Bild verdeckt)
3 äußerer Bremsbelag
4 Bremsscheibe
5 innerer Bremsbelag
6 Bremskolben
7 Schutzkappe
8 Gehäuse
9 Nachstellvorrichtung
10 Blechkapsel
11 Anschluss vom Hauptzylinder
12 Druckstange
13 Zwischenring
14 Gehäusedeckel
15 Exzenter
16 Druckstößel
17 Handbremshebel
18 Kolbendichtung
19 Druckfeder
20 Lüftspiel

2 **Faustsattel mit Feststellbremse kombiniert (mechanisch)**

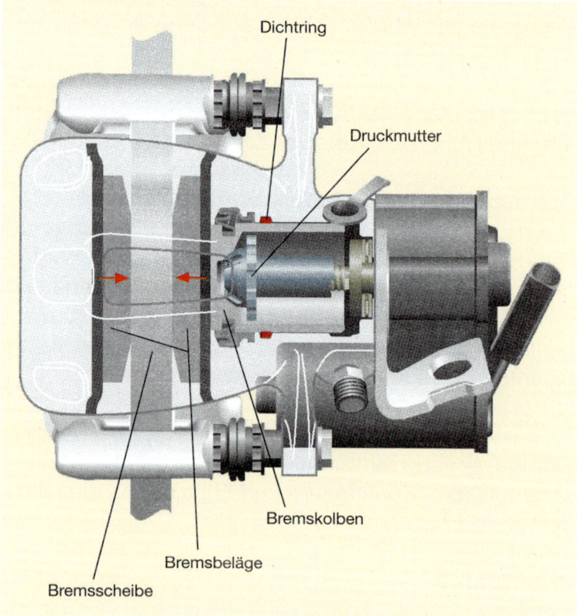

3 **Elektrische Feststellbremse, Faustsattel elektrisch betätigt**

Danach sollte eine Grundeinstellung erfolgen.
Für eine Notlösung ist im Bordwerkzeug ein Schlüssel vorhanden, mit dem der Stellmotor demontiert werden muss, um dann die Spindel zurückzudrehen.

7.4.4 Mechanische Bremsanlagen

Mechanische Feststellbremse

Eine mechanische Bremsanlage wird durch Gestänge oder Seilzüge betätigt, siehe Bild → 1.

Anwendungsbeispiele finden sich bei leichten Zweirädern, der Auflaufbremse bei Pkw- und Nutzfahrzeuganhängern und der Feststellbremse bei Pkw und Anhängern.

Elektromechanische Feststellbremse

Eine besondere mechanische Bremse ist die elektromechanische Feststellbremse, siehe Bild → 2. Die Stelleinheit sitzt je nach Hersteller über oder vor der Hinterachse.

Über Seilzüge betätigt, werden mechanisch die Feststellbremsen gespannt. Bei einigen Herstellern sind das z. B. Duo-Servo-Trommelbremsen, die in einer Topf-Bremsscheibe untergebracht sind.

Die Selbsthemmung wird durch eine Schlingfeder gewährleistet. Durch einen Waagebalken (in Bild 2 violett) wird die Betätigung gleichmäßig auf beide Seile verteilt.

Bei Ausfall der Stelleinheit ist eine mechanische Entriegelung möglich. Je nach Hersteller sind die Methoden dabei unterschiedlich, z. B. über eine Öffnung im Kofferraum mit Bordwerkzeug oder aus dem Fahrgastraum.

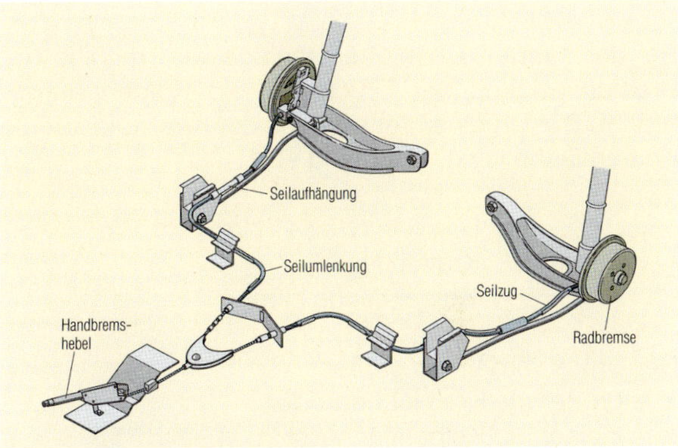

1 Mechanische Bremsanlage

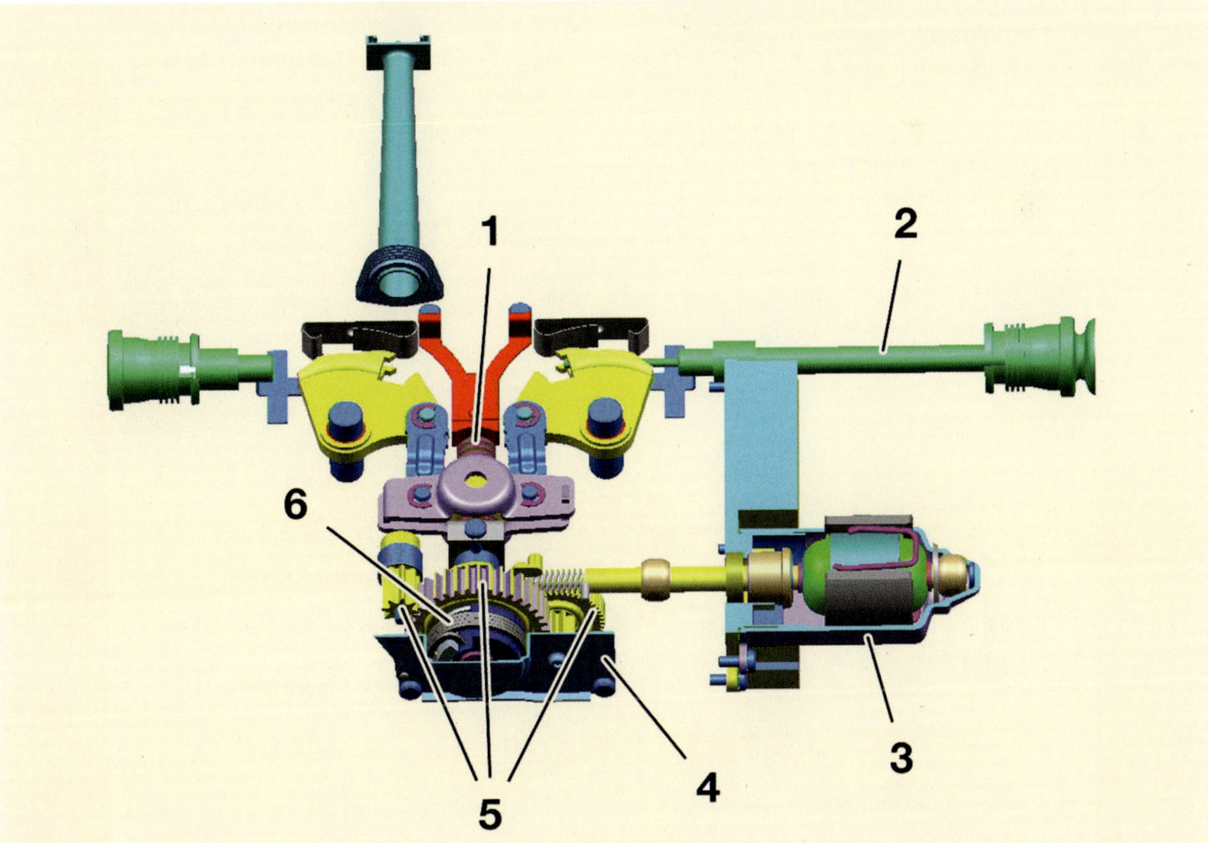

1 Spindel 2 Bowdenzug 3 Elektromotor 4 Abdeckung der Schlingfeder 5 Zahnräder aus Kunststoff 6 Schlingfeder

2 Stelleinheit einer elektromechanischen Feststellbremse mit Seilzugbetätigung

GEMEINSAMES BEIDER FACHRICHTUNGEN

7.4.5 Hydraulische Bremsanlagen

In diesem Kapitel werden behandelt:
- hydraulische Kraftverstärkung, Drücke, Kräfte, siehe Kap. 7.4.5.1
- Bauteile der hydraulischen Bremsanlage, siehe Kap. 7.4.5.2

7.4.5.1 Hydraulische Kraftverstärkung, Drücke und Kräfte

Bei der hydraulischen Bremsanlage wird mithilfe der Bremsflüssigkeit der Druck auf die Kolben aufgebracht. Der Druck ergibt sich aus der Kraft, die auf die Kolbenfläche wirkt, siehe Bild → 1.

$$p = \frac{F}{A}$$

p Druck in N/m² (1 N/m² = 1 Pa)
F Kraft in N
A Kolbenfläche in m²

Der Druck wird umso größer:
- je größer die Kraft ist und/oder
- je kleiner die Kolbenfläche ist

Des Weiteren gilt das pascalsche[1] Gesetz:
Der Druck in einer eingeschlossenen Flüssigkeit wirkt nach allen Seiten gleichmäßig.

Für eine hydraulische Bremsanlage bedeutet das, dass der Druck am Hauptbremszylinder gleich ist wie der Druck an jedem Radbremszylinder, vgl. Bild → 1:

$$p = \frac{F_H}{A_H} = \frac{F_{R1}}{A_{R1}} = \frac{F_{R2}}{A_{R2}} = \frac{F_{R3}}{A_{R3}} = \frac{F_{R4}}{A_{R4}}$$

Daraus folgt:
Soll die Kraft an den Radbremszylindern F_R verstärkt werden, müssen die Flächen der Radbremszylinder A_R vergrößert werden. Deshalb wird diese Formel auch **hydraulische Kraftübersetzung** genannt.

Beispiel:
Die Bohrung des Hauptbremszylinders hat einen Durchmesser von d_H = 20 mm, der Kolben des Hauptbremszylinders wird mit einer Kraft F_H = 400 N betätigt, vgl. Bild → 1. Jede Kraft an den Radbremszylindern soll auf F_R = 900 N verstärkt werden. Wie groß muss dann der Durchmesser an den Radbremszylindern d_R sein?

Geg.: $F_H = 400$ N
$d_H = 20$ mm
$F_R = 900$ N

Ges.: d_R

Lösung:

$$p = \frac{F_H}{A_H} = \frac{F_R}{A_R}$$

$$A_R = \frac{F_R}{F_H} \cdot A_H$$

$$A_H = \frac{\pi}{4} \cdot d_H^2 = \frac{\pi}{4} \cdot 400\ \text{mm}^2 = 314\ \text{mm}^2$$

$$A_R = \frac{900\ \text{N}}{400\ \text{N}} \cdot 314\ \text{mm}^2$$

$$\underline{A_R = 706{,}5\ \text{mm}^2}$$

$$A_R = \frac{\pi}{4} \cdot d_R^2 \rightarrow d_R^2 = \frac{4}{\pi} \cdot A_R$$

$$d_R^2 = \frac{4}{\pi} \cdot 706{,}5\ \text{mm}^2 = 900\ \text{mm}^2$$

$$\underline{\underline{d_R = 30\ \text{mm}}}$$

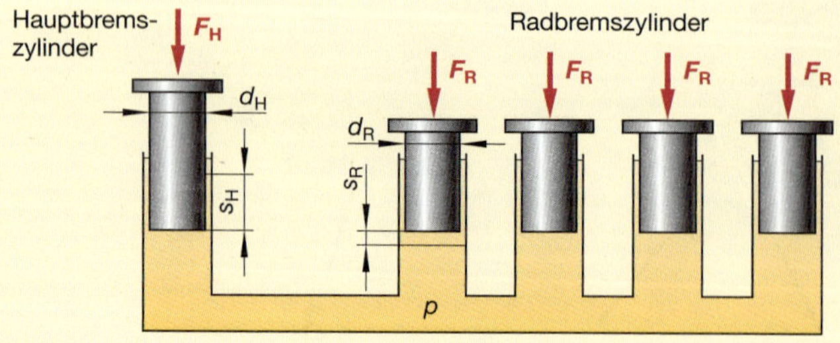

p Flüssigkeitsdruck

Hauptbremszylinder:
F_H Kraft
d_H Durchmesser des Kolbens
s_H Kolbensweg

Radbremszylinder:
F_R Kraft
d_R Durchmesser der Kolben
s_R Kolbensweg

1 Flüssigkeitsdruck in einer hydraulischen Bremsanlage

[1] Blaise Pascal: französischen Mathematiker und Physiker (1623-1662)

Der Weg, den jeder Kolben der Radbremszylinder zurücklegt, kann über das verdrängte Volumen berechnet werden; im Beispiel Bild → 1, Seite 346 ergibt sich:

$$V_H = 4V_R$$

V_H Volumen, das der Kolben des Hauptbremszylinders verdrängt
V_R Volumen, das **jeder** Radbremszylinder verdrängt

Das Volumen eines Zylinders wird berechnet:

$$V = A \cdot h$$

Durch Einsetzen erhält man:

$$A_H \cdot s_H = 4 \cdot A_R \cdot s_R$$

$$\frac{\pi}{4} \cdot d_H^2 \cdot s_H = 4\,\frac{\pi}{4} \cdot d_R^2 \cdot s_R$$

$$d_H^2 \cdot s_H = 4 \cdot d_R^2 \cdot s_R$$

Sodass dann:

$$s_R = \frac{1}{4}\, s_H\, \frac{d_H^2}{d_R^2}$$

s_R Weg des Kolbens in jedem Radbremszylinder
s_H Weg des Kolbens im Hauptbremszylinder
d_H Durchmesser des Kolbens in jedem Radbremszylinder
d_R Durchmesser des Kolbens im Hauptbremszylinder

Achtung:
Diese Formel gilt nur für die hydraulische Bremsanlage in Bild → 1, Seite 346.

Beispiel:
Haben Hauptbremszylinder und die vier Radbremszylinder gleich große Durchmesser, so legen die Kolben der Radbremszylinder ¼ des Weges zurück, um den der Kolben des Hauptbremszylinders verschoben wird, siehe Bild → 1.

Die Wirkungsweise der hydraulischen Bremsanlage beruht auf dem pascalschen Gesetz, wonach sich der Druck in einer eingeschlossenen Flüssigkeit nach allen Seiten gleichmäßig auswirkt, siehe oben.

Bei der hydraulischen Bremse werden die Gesetze der hydraulischen Kraftübersetzung genutzt:
- Wird bei gleichen Kolbenflächen eine Kraft von 100 N ausgeübt, wirkt diese Kraft auch an den anderen vier Kolben.
- Der Weg der vier Radzylinderkolben ist dabei ¼ des Hauptbremszylinderkolbens.
- Der Druck *p* in der Flüssigkeit entspricht dem Verhältnis der Betätigungskraft *F* zur Kolbenfläche *A*.

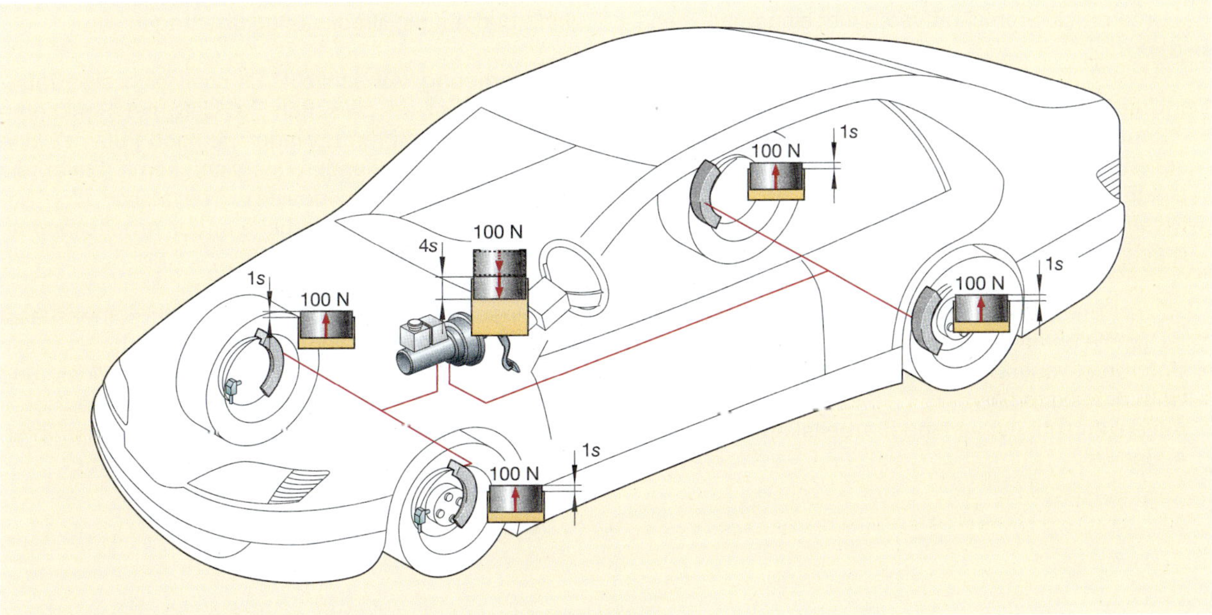

1 Weg des Kolbens im Hauptbremszylinder und in den Radbremszylindern

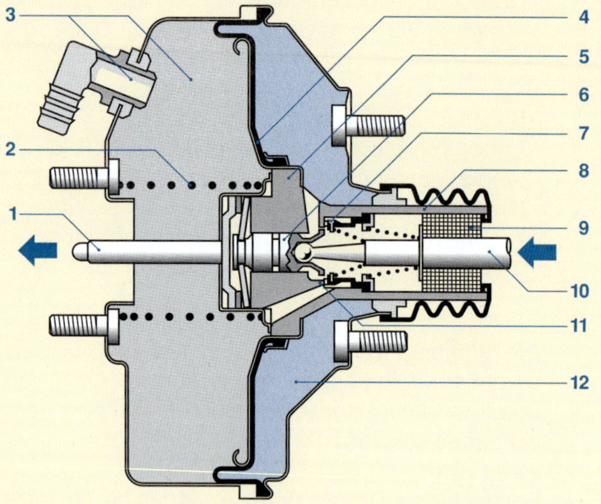

1 Druckstange (Ausgangskraft zum Tandem-Hauptzylinder)
2 Druckfeder
3 Unterdruckkammer mit Unterdruckanschluss
4 Membran mit Membranteller
5 Arbeitskolben
6 Fühlkolben
7 Doppelventil
8 Ventilgehäuse
9 Luftfilter
10 Kolbenstange (Fußkraft)
11 Ventilsitz
12 Arbeitskammer

1 Unterdruck-Bremskraftverstärker in Teilbremsstellung

7.4.5.2 Bauteile der hydraulischen Bremsanlage

Die Bauteile der hydraulischen Bremsanlage sind:
- Bremskraftverstärker
- Hauptbremszylinder
- Bremsleitungen und Bremsschläuche
- Radbremse

Bremskraftverstärker

Der Bremskraftverstärker verstärkt die Fußkraft vom Bremspedal weiter auf den Hauptbremszylinder bis auf das 6-Fache. Dabei unterstützt er die Fußkraft des Fahrers auf das Bremspedal. Am häufigsten ist der Unterdruck-Bremskraftverstärker eingebaut, siehe Bild ➔ 1.

Der Unterdruck wird erzeugt beim
- Ottomotor: mit Hilfe des Ansaugkrümmers (zwischen Drosselklappe und Zylinderkopf) oder einer elektrischen Unterdruckpumpe
- Dieselmotor: mit Hilfe einer mechanischen Unterdruckpumpe

Wird das Bremspedal betätigt, werden nacheinander zwei Ventile betätigt:
- Unterdruckventil UV: verbindet Arbeitskammer und Unterdruckkammer
- Außenluftventil AV: verbindet Arbeitskammer und Außenluft

Der Bremskraftverstärker kennt drei Arbeitsstellungen:
- keine Bremsung
- Vollbremsung
- Teilbremsung

Keine Bremsung: UV ist offen, AV ist geschlossen. In beiden Kammern herrscht Unterdruck (p = –0,8 bar bis –0,9 bar).

Vollbremsung: UV ist geschlossen, AV wird offen gehalten. In der Arbeitskammer herrscht atmosphärischer Druck (ca. 1 bar), der auf den Arbeitskolben wirkt und auf die Druckstange übertragen wird.

Teilbremsung: AV schließt. Es stellt sich ein Kräftegleichgewicht ein zwischen Fußkraft und Reaktionskraft vom Hauptbremszylinder. Je nach Fußkraft sind viele Teilbremsstellungen möglich; somit bleibt die Bremsbetätigung fein dosierbar, es stellen sich unterschiedliche Teilbremsdrücke in der Arbeitskammer ein, siehe Bild ➔ 1.

Mit einer großen Kolbenfläche des Ventilkolbens lässt sich eine große Verstärkung erzielen. Deshalb weisen die Bremskraftverstärker von schweren Pkws und schnellen Pkws einen großen Durchmesser auf oder diese Pkws sind mit einem Tandem-Bremskraftverstärker mit doppelter Kolbenfläche ausgestattet.

Hauptbremszylinder

Der Gesetzgeber schreibt zwei unabhängig voneinander wirkende Bremskreise vor, vgl. Kap. 7.4.1. Daher verwenden die Fahrzeughersteller **Tandem-Hauptbremszylinder** für den Druckaufbau in hydraulischen Bremssystemen. Diese verfügen über zwei getrennte Druckräume, siehe Bild ➔ 1.

Die Druckstange vom Bremskraftverstärker drückt auf den Druckstangenkolben und baut Druck im ersten Druckraum auf, und somit in dem einen Bremskreis. Gleichzeitig wird dieser Druck weitergeleitet zum Schwimmkolben, der den Bremsdruck des anderen Bremskreises aufbaut.

Fällt ein Bremskreis aus, bleibt der zweite Bremskreis in Funktion. Der Fahrer erkennt den Ausfall durch einen längeren Pedalweg und schlechtere Bremswirkung.

Der Hauptbremszylinder in Standardbauweise ist mit einem **Zentralventil** ausgestattet.

Bei älteren Fahrzeugen (ohne ABS) sind Hauptbremszylinder ohne Zentralventil verwendet – der Druckausgleich beim Lösen der Bremse erfolgt hier noch über Ausgleichsbohrungen.

Der Hauptbremszylinder versorgt die Bremskreise in fünf verschiedenen Aufteilungen.

Mit Einführung der Antiblockiersysteme (ABS) sind davon zwei Aufteilungen übrig geblieben:
- TT-Aufteilung
- X-Aufteilung

TT-Aufteilung
Bei der TT-Aufteilung gehören die Bremsen der Vorderachse zu einem Bremskreis, die Bremsen der Hinterachse zum anderen Bremskreis, siehe Bild ➔ 2a. Sie wird auch **Schwarz-Weiß-Aufteilung** genannt. Hier ist das Bremskraftverhältnis 70 % Vorderachse zu 30 % Hinterachse. Fällt der Bremskreis der Vorderachse aus, kann der gesetzlich vorgeschriebene Mindestabbremswert von 44 % nur mit besonderen Maßnahmen erreicht werden, z. B. durch gestufte Hauptbremszylinder oder durch elektrische Umschaltventile.

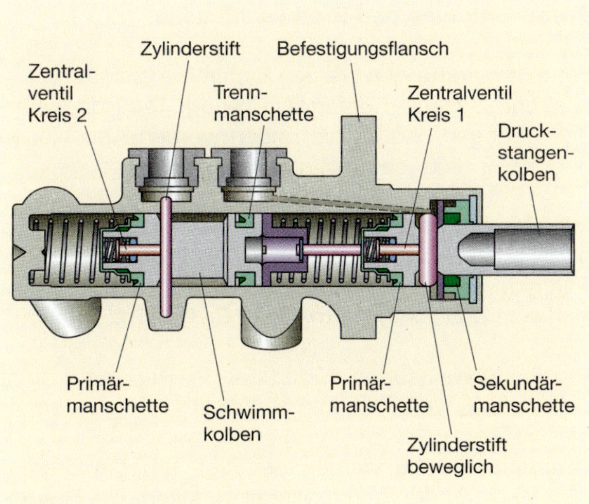

1 Tandem-Hauptbremszylinder

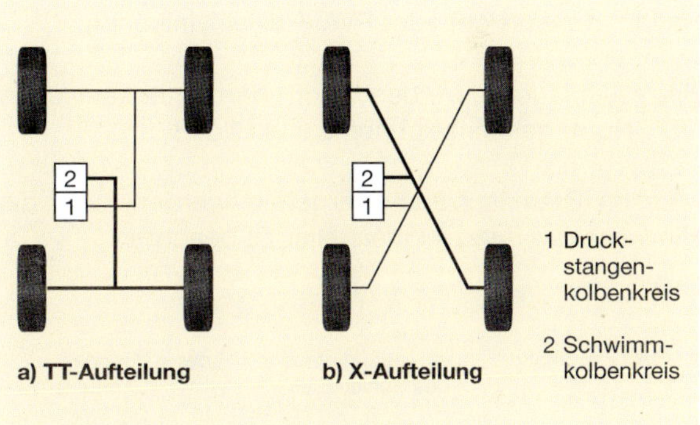

2 Bremskreise der Hauptbremszylinder

X-Aufteilung
Bei der X-Aufteilung gehören zu jedem Bremskreis die Bremse eines Vorderrades und die Bremse des diagonal gelegenen Hinterrades, siehe Bild ➔ 2b. Deshalb wird sie auch **Diagonalverteilung** genannt. Sie ist die häufigste Aufteilung.

Die Bremskraftaufteilung erfolgt im Verhältnis 50 : 50. Bei Ausfall eines Bremskreises verbleiben 50 % Bremskraft und beide Achsen werden angesteuert.

Als Nachteil ist allerdings ein Schiefziehen (Giermoment) beim Bremsen festzustellen, weshalb am Fahrwerk ein negativer Lenkrollhalbmesser vorzusehen ist.

Bremsleitungen und Bremsschläuche

Für **Bremsleitungen** werden Stahlrohre (gelötetes Wickelrohr), seltener Kupferrohre verlegt. Die Rohre werden gebogen und an die Enden werden Anschlüsse gebördelt; dafür benötigt man Spezialwerkzeuge.

Mit einem Bördelgerät wird das Rohr gestaucht und gepresst:
- in eine Innenkegelform, siehe Bild → 1a oder
- in eine Außenkegelform, siehe Bild → 1b

Die Ausführungsarten dürfen bei der Reparatur nicht verwechselt werden, sonst gibt es Undichtigkeiten.

Bremsschläuche werden benötigt, um die Bremsflüssigkeit an die Bremszylinder zu leiten. Die Bremsschläuche sind doppelwandig gefertigt, siehe → 2. Die Festigkeit entsteht durch ein Geflecht aus Rayon (Kunstseide) oder PVA (Polyvinylalkohol).

Bremsschläuche werden nach der amerikanischen DOT-Norm gekennzeichnet, siehe Bild → 3.

Müssen Bremsschläuche erneuert werden, sind die Hinweise der Fahrzeughersteller zu beachten.

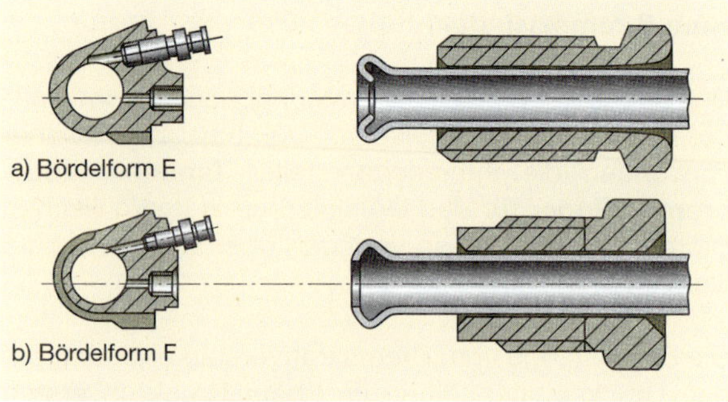

1 **Anschlüsse an Bremsleitungen**

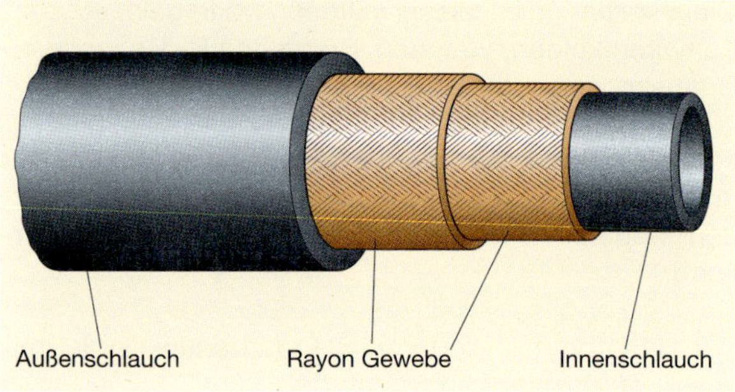

2 **Bremsschlauch**

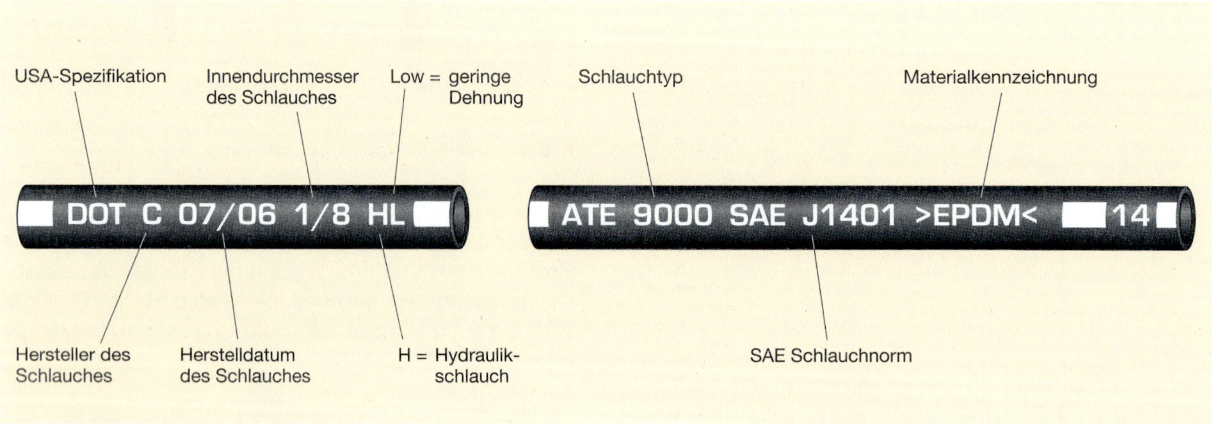

3 **Kennzeichnung von Bremsschläuchen**

7.4.6 Elektrohydraulische Bremsanlage

Die elektrohydraulische Bremsanlage ist eine hydraulische Bremsanlage; jedoch wird die rein mechanisch-hydraulische Wirkungskette unterbrochen; mechanische Bauteile werden ersetzt durch, siehe Bild ➔ 1:

- Sensoren
- Steuergerät
- Druckversorgung

Zwischen Bremspedal und Radbremse besteht keine mechanische Verbindung mehr, sondern der Bremsdruck wird mit Hilfe von Sensoren von einem elektrischen Signal geregelt.

Das Steuergerät regelt die Hydraulikeinheit, die für jedes Rad einen individuellen Bremsdruck aufbauen kann. Dadurch können die Bremsleistung besser reguliert und der Bremsweg verkürzt werden.

Nachteil:
Bei Ausfall der elektrischen Komponenten fällt das System auf eine hydraulische Notfunktion zurück – der Hauptbremszylinder bremst die beiden Vorderräder ohne Verstärkung. Die Motorsteuerung begrenzt die Höchstgeschwindigkeit auf ca. 90 km/h.

Ein Beispiel für eine elektrohydraulische Bremsanlage ist die **Sensotronic Brake Control (SBC)**.

Achtung:
- Bei Arbeiten am SBC-Bremssystem unbedingt die Herstellerangaben beachten!
- Arbeiten nur im Fachbetrieb durchführen.

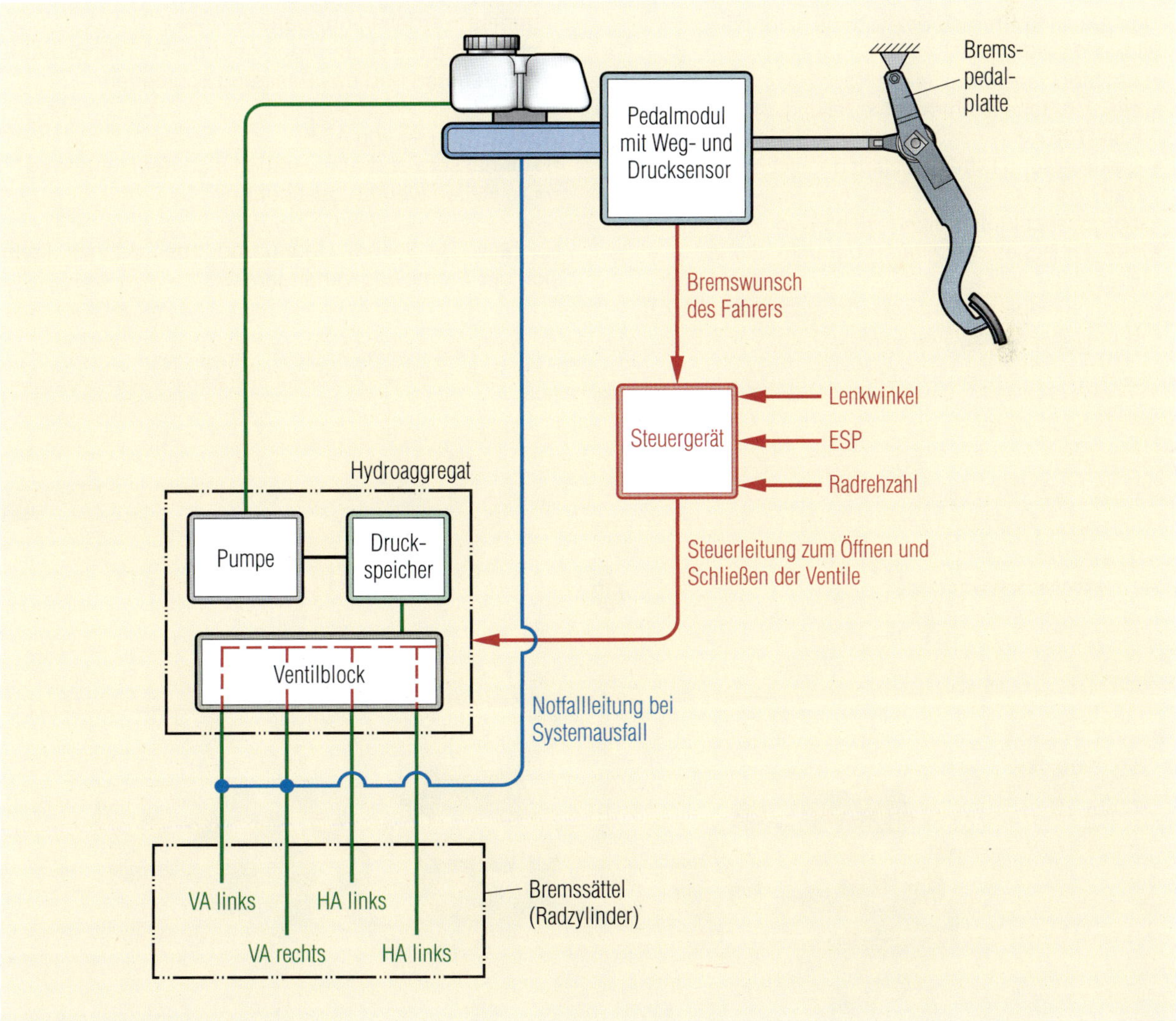

1 Elektrohydraulische Bremsanlage

7.4.7 Elektronische Bremsregelsysteme

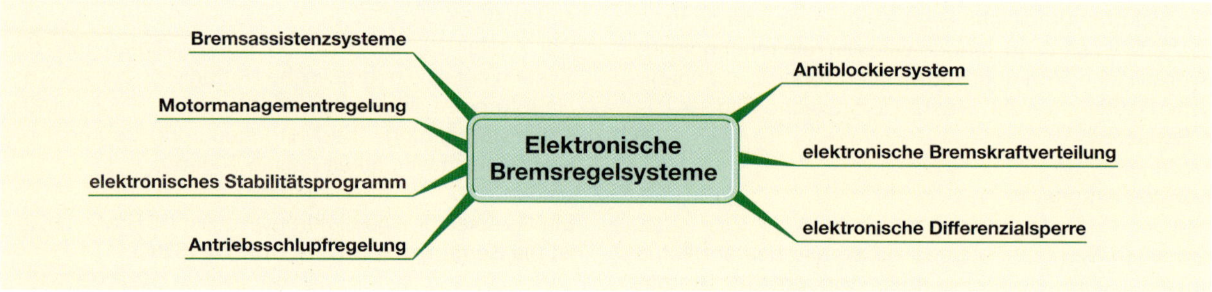

1 Elektronische Bremsregelsysteme

Elektronische Bremsregelsysteme unterstützen den Fahrer, indem sie die einzelnen Räder so abbremsen, dass das Fahrzeug beim Bremsen, beim Beschleunigen und beim Freirollen stabil und für den Fahrer beherrschbar bleibt. Sie werden auch **elektronische Fahrwerksregelsysteme** genannt.

Elektronische Bremsregelsysteme sind, vgl. Bild → 1:
- Antiblockiersystem, siehe Kap. 7.4.7.1
- elektronische Bremskraftverteilung, siehe Kap. 7.4.7.2
- elektronische Differenzialsperre, siehe Kap. 7.4.7.3
- Antriebsschlupfregelung, siehe Kap. 7.4.7.4
- elektronisches Stabilitätsprogramm, siehe Kap. 7.4.7.5
- Motorschleppmomentregelung, siehe Kap. 7.4.7.6
- Bremsassistenzsysteme, siehe Kap. 7.4.7.7

7.4.7.1 Antiblockiersystem

Das Antiblockiersystem **(ABS)** verhindert, dass bei starkem Bremsen die Räder blockieren, denn:
- blockieren die Vorderräder, ist das Fahrzeug nicht mehr lenkbar, da durch die Gleitreibung an den Vorderrädern keine Seitenführungskraft mehr aufgebaut werden kann, siehe Bild → 2
- blockieren die Hinterräder, geht die Richtungsstabilität verloren und das Fahrzeug schleudert

Weitere Vorteile von ABS:
- Auf nasser Fahrbahn verkürzt sich der Bremsweg.
- Die Reifen werden geschont.

Nachteil: Bei losem Untergrund oder Schnee kann sich der Bremsweg verlängern.

2 Wirkung von ABS (rechts mit ABS, links ohne ABS)

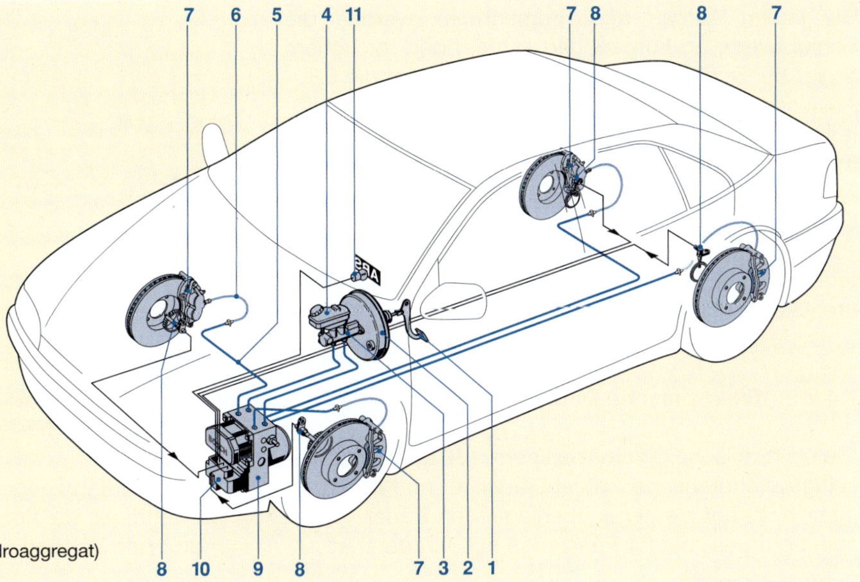

1 Bremspedal
2 Bremskraftverstärker
3 Hauptzylinder
4 Ausgleichsbehälter
5 Bremsleitung
6 Bremsschlauch
7 Radbremse mit Radzylinder
8 Raddrehzahlsensor
9 Hydroaggregat
10 ABS-Sicherheitsgerät (hier als Anbausteuergerät am Hydroaggregat)
11 ABS-Kontrollleuchte

1 Bremsanlage mit 4-Kanal-ABS (X-Aufteilung)

Es gibt unterschiedliche ABS:

- 2-Kanal-ABS: Das ABS hat nur zwei Regelkanäle; es müssen also immer zwei Räder gemeinsam geregelt werden.
- 3-Kanal-ABS: Die Vorderräder werden getrennt voneinander geregelt, die Hinterräder werden gemeinsam geregelt.
- 4-Kanal-ABS: Die Vorderräder und Hinterräder können unabhängig voneinander geregelt werden.

Das ABS ergänzt das konventionelle Bremssystem, Bauteile (1) bis (7) in Bild ➔ 1.

Das ABS erweitert die Bauteile des Bremssystems mit den Komponenten:

- Raddrehzahlsensoren
- ABS-Steuergerät
- Hydroaggregat

Raddrehzahlsensoren, (8) in Bild ➔ 1
An jedem Rad ist ein Raddrehzahlsensor angebracht, der die Umdrehungsgeschwindigkeit erfasst. Die Signale werden an das ABS-Steuergerät weitergeleitet.

ABS-Steuergerät, (10) in Bild ➔ 1
Das ABS-Steuergerät verarbeitet die Informationen der Raddrehzahlsensoren: Es berechnet den Schlupf zwischen jedem Rad und der Fahrbahn – ein Maß für die Neigung zum Blockieren des jeweiligen Rades. Danach werden Ansteuersignale an das Hydroaggregat geleidet.

Hydroaggregat, (9) in Bild ➔ 1
Im Hydroaggregat sind Magnetventile integriert. Erhält das Hydroaggregat vom ABS-Steuergerät die Information, dass ein Rad zum Blockieren neigt, werden die Magnetventile in die Stellung „Druck halten" gebracht. Dadurch wird der Bremsdruck an diesem Rad nicht weiter erhöht

Besteht weiterhin Blockiergefahr, werden die Magnetventile auf „Druck abbauen" geschaltet. Der Bremsdruck am Bremssattel wird dadurch verringert und die Radumfangsgeschwindigkeit nimmt wieder zu. Die Bremsflüssigkeit wird von der Rückförderpumpe wieder in den zugehörigen Bremskreis gefördert.

Danach werden beide Magnetvenile wieder auf Druckaufbau geschaltet und es wird wieder mehr Bremsflüssigkeit zum Bremssattel gefördert. Das Rad verzögert wieder.
Der Fahrer nimmt die Wirkung der Pumpe als Gegendruck und Pulsieren am Bremspedal wahr.

7.4.7.2 Elektronische Bremskraftverteilung

Die elektronische Bremskraftverteilung **(EBV)** verteilt den Bremsdruck zwischen Vorder- und Hinterrädern, wenn z. B. bei starkem Bremsen die Hinterräder entlastet werden und beginnen zu blockieren.

Die Funktion EBV ist eine Erweiterung der Software des ABS – sie erfordert keine weiteren Komponenten.

Bei jedem Aufbau des Bremsdrucks werden die Schlupfwerte an Vorder- und Hinterräder verglichen: Steigt der Schlupf an den Hinterrädern über die EBV-Auslöseschwelle, werden die Einlassventile der Hinterräder angesteuert und der Druck in den Bremsleitungen verzögert aufgebaut, siehe Bild → 1.

Diese Funktion erfolgt bereits bei Schlupfwerten weit vor der ABS-Regelung. Bei einem ABS-Eingriff schaltet sich die EBV-Funktion ab; das verhindert ein Überbremsen der Hinterräder.

7.4.7.3 Elektronische Differenzialsperre

Die elektronische Differenzialsperre **(EDS)** bremst einseitig durchdrehende Antriebsräder ab und überträgt mehr Kraft auf die gegenüberliegenden Räder. Sie ist somit gut geeignet für Fahrzeuge mit Allradantrieb.

Beispiel Bremseneingriff beim Gasgeben:
Steht z. B. ein Rad auf einer Eisfläche, ist ein Vortrieb wegen des Differenzialgetriebes nicht möglich. Die Raddrehzahlsensoren der Antriebsräder erkennen den Drehzahlunterschied, das Hydroaggregat baut Bremsdruck am durchdrehenden Rad auf.

7.4.7.4 Antriebsschlupfregelung

Die Antriebsschlupfregelung **(ASR)** verhindert, dass sich beim Anfahren ein oder mehrere Räder durchdrehen. Das bringt Vorteile bei glattem oder losem Untergrund oder wenn mit „viel Gas" angefahren wird. ASR ist auch bekannt unter den Namen:

- Traktionskontrolle
- Automatic Stability Control (ASC)
- Dynamic Stability Control (DSC)
- Dynamic Traction Control (DTC)
- Tractions Control System (TCS oder TRACS)
- Traction Control Support System (TCSS)
- Porsche Stability Management (PSM)

Überschreiten beide Antriebsräder den Schlupfgrenzwert, ist es notwendig, in das Motormanagement einzugreifen. Bei neueren Fahrzeugen erfolgt das über einen Drehmomentvorgabewert auf dem Antriebs-CAN-BUS.

Diesen Befehl setzt das Motorsteuergerät um. Bei Fahrzeugen mit:

- Ottomotor wird die Drosselklappe geschlossen
- Dieselmotor wird die Einspritzmenge reduziert
- Elektromotor und bei Range Extendern reduziert der Elektromotor den Vortrieb.

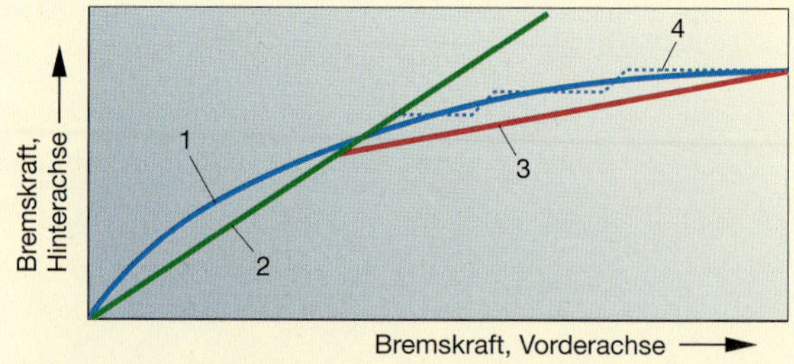

1 ideale Bremskraftverteilung
2 Bremskraftverteilungsanpassung
3 Bremskraftverlauf mit lastabhängigem Druckminderer
4 Bremskraftverlauf mit elektronischer Bremskraftverteilung

1 Elektronische Bremskraftverteilung (EBV) im Vergleich zu anderen Bremssystemen

Bei Hybridfahrzeugen sind die Regelprozesse etwas aufwendiger, da sich hier Elektro- und Verbrennungsmotor den Vortrieb je nach Betriebsmodus teilen.

7.4.7.5 Elektronisches Stabilitätsprogramm

Das elektronische Stabilitätsprogramm **(ESP)** wird auch **Electronic Stability Control (ESC)** genannt. Es verbindet ABS, ASR, EBV und andere elektronische Systeme optimal miteinander. Ziel ist es, die einzelnen Räder so abzubremsen, dass das Fahrzeug nicht schleudert.

Neben den vom ABS bekannten Bauteilen kommen weitere Komponenten hinzu, siehe Bild → 1, Seite 355:

- Querbeschleunigungssensor, erfasst die Querbeschleunigung
- Lenkwinkelsensor, erfasst die gewünschte Fahrtrichtung
- Drehratensensor, auch Gierratensensor genannt, erkennt das Drehen um die Hochachse
- Bremsdrucksensor, erfasst den vom Hauptzylinder erzeugten Bremsdruck
- Handbremsschalter (HBS): Beim Anfahren lernt ESP die Abrollumfänge der vier Räder – nur wenn kein Signal vom HBS vorliegt.
- Ein weiterentwickeltes Hydroaggregat ermöglicht einen selbstständigen Druckaufbau an jedem Fahrzeugrad.

Ein weiterentwickeltes Steuergerät wertet die neuen Sensoren aus und ermöglicht einen Bremseneingriff auch bei Freirollen sowie Eingriffe in das Motor- und Getriebemanagement.

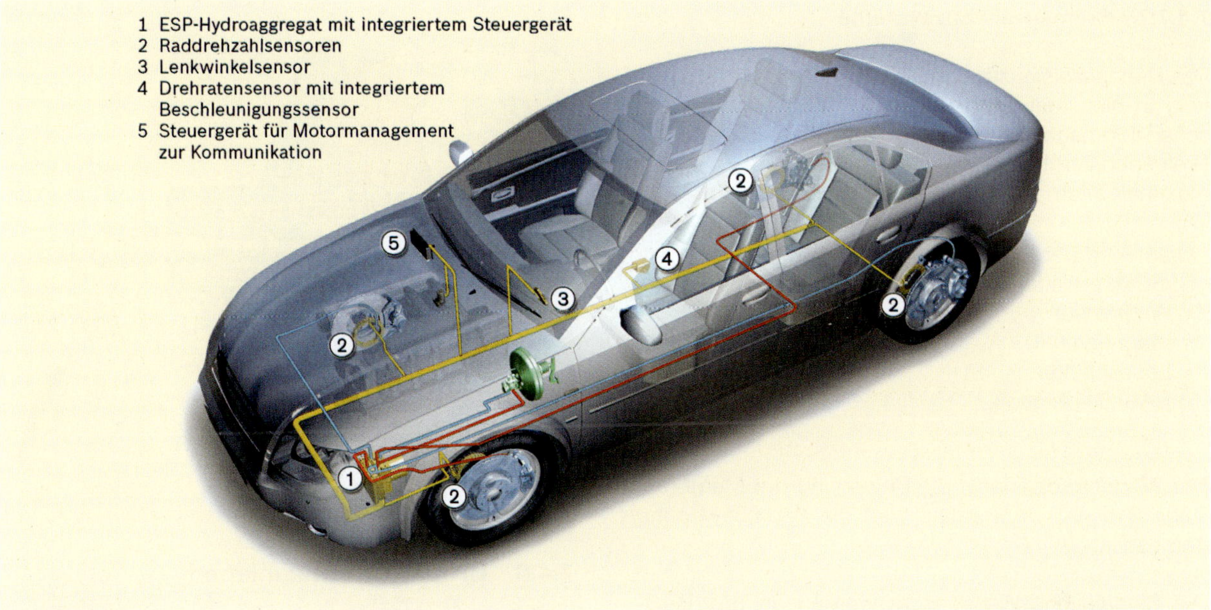

1 ESP-Bauteile

Das ESP greift ein, wenn das Fahrzeug beginnt, sich um seine Hochachse zu drehen. Dabei kann es unterscheiden, ob das Fahrzeug übersteuert oder untersteuert:

- Bei übersteuerndem Fahrzeug wird das kurvenäußere Vorderrad abgebremst; dabei wird ein linksdrehendes (gegen Uhrzeigersinn) Moment erzeugt, siehe Bild ➔ 2a.
- Bei untersteuerndem Fahrzeug wird das kurveninnere Hinterrad abgebremst; dabei wird ein rechtsdrehendes (im Uhrzeigersinn) Moment erzeugt, siehe Bild ➔ 2b.

Das jeweils erzeugte Moment „dreht" das Fahrzeug wieder in die gewünschte Fahrtrichtung.

7.4.7.6 Motorschleppmomentregelung

Speziell bei Motoren mit großem Hubraum werden große Massen im Triebstrang bewegt. Bei abruptem „Gaswegnehmen" können dadurch die Antriebsräder stehen bleiben. Dadurch rutschen die Räder und die Seitenführungskraft geht verloren.

Die Motorschleppmomentregelung **(MSR)** verhindert das. Sie ist im ESP-Steuergerät integriert und sorgt über einen Befehl im CAN-Bus dafür, dass das „Gas nur sanft weggenommen wird".
Das Drehmoment wird langsamer reduziert – dieser Effekt entsteht auch, wenn der Fahrer langsam vom Gas geht.

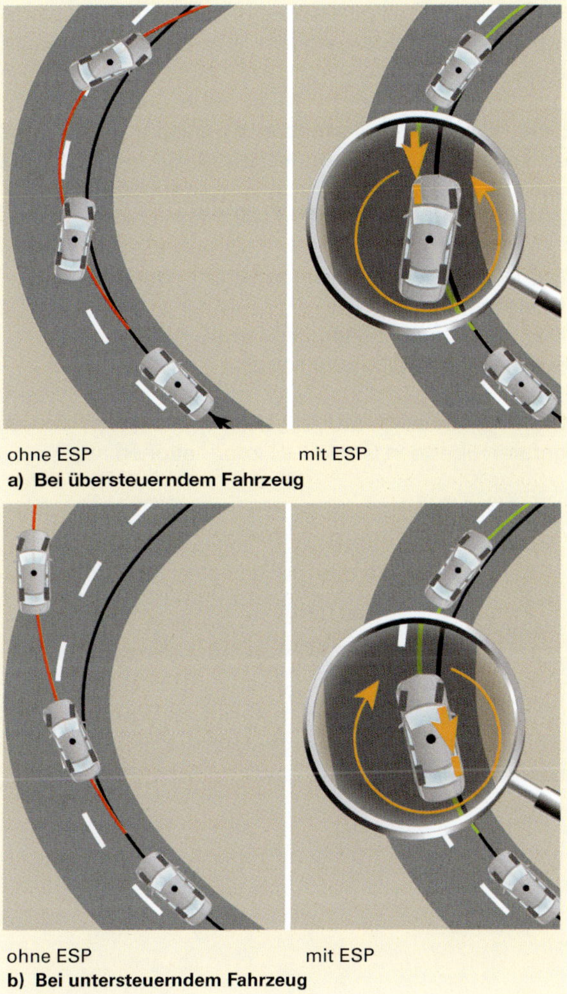

a) Bei übersteuerndem Fahrzeug

b) Bei untersteuerndem Fahrzeug

2 Eingreifen des ESP

7.4.7.7 Bremsassistenzsysteme

Das Bremsassistenzsystem **(BAS)** verkürzt den Bremsweg in Notsituationen, wenn der Autofahrer in kritischen Momenten zu zögerlich oder zu sanft auf das Bremspedal tritt. Er bewirkt, dass in solchen Fällen die maximale Bremskraftverstärkung aufgebaut wird.

Dafür wird der Bremskraftverstärker um weitere Bauteile erweitert:
- Wegsensor
- Magnetventil
- Löseschalter
- BAS-Steuergerät

Der **Wegsensor** erfasst die Bewegung der Membran, siehe Bild → 1. Außerdem wird die Pedalbewegung gemessen.

Die Signale des Wegsensors werden an das **BAS-Steuergerät** geleitet, siehe Bild → 1. Dort werden die Signale mit einem Istwert verglichen. Stellt das BAS-Steuergerät eine hohe Kolbengeschwindigkeit und einen geringen Kolbenweg fest, wird eine Notbremsung eingeleitet.

Dann wird das **Magnetventil** geöffnet; Außenluft strömt in die Arbeitskammer (blau in Bild → 1), sodass der Kolben schlagartig nach vorn geschoben wird. Das ABS verhindert, dass die Räder blockieren.

Der **Löseschalter** ist in doppelter (redundanter) Bauweise verbaut:
- Er erkennt das Lösen des Pedals und
- schaltet die BAS-Funktion ab.

Die BAS-Steuergeräte tauschen mit anderen Steuergeräten über den CAN-BUS Informationen aus.

Beispiel:
So ist die Erkennung des schnellen Lösens des Gaspedales (Pedalwertgebers) eine wichtige Information für den BAS, die vom Motorsteuergerät zur Verfügung gestellt wird.

Einige Hersteller setzen den aktiven Bremskraftverstärker (BAS) für eine Berganfahrhilfe ein, andere zur Unterstützung der ESP-Funktion (Boosterfunktion).

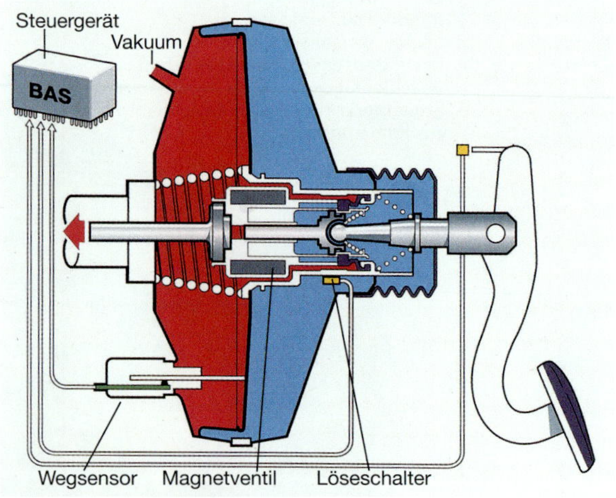

1 Bremsassistenzsystem

7.4.8 Druckluftbremsanlagen

7.4.8.1 Bremsanlagen in Nutzfahrzeugen

Um große und schwere Nutzfahrzeuge im erforderlichen Maße abbremsen zu können, sind Bremsanlagen nötig die
- die Muskelkraft des Fahrers unterstützen,
- die Bremskraft allein aufbauen und der Fahrer die Bremskraft nur steuert und überwacht.

Diese Bremsanlagen sind in der Gruppe der Fremdkraft-Bremsanlagen zusammengefasst.

Bremsanlagen in Nutzfahrzeugen arbeiten:
- hydraulisch-pneumatisch
- rein pneumatisch

Hydraulisch-pneumatische Bremsanlagen können verwendet werden für Nutzkraftwagen mit 8 t bis 15 t zulässiger Gesamtmasse. Diese Bremsanlagen sind in Kap. 7.4.5 beschrieben.

Rein pneumatische[1] Bremsanlagen werden für schwere Nutzkraftwagen und Kraftomnibusse mit mehr als 16 t zulässiger Gesamtmasse verwendet. Sie sind besser bekannt unter dem Begriff **Druckluftbremsanlagen**; sie werden im Weiteren behandelt.

Da es technisch nicht zu verhindern ist, das Teile einer Bremsanlage ausfallen, muss technisch sichergestellt sein, dass über andere Systeme, das Fahrzeug noch gebremst werden kann, z. B. mit Hilfe einer Hilfsbremsanlage. Hierzu werden alle Bremsanlagen mehrkreisig ausgelegt.

[1] Pneumatik: Lehre vom Verhalten der Gase; pneumatisch: die Luft betreffend

Im Gegensatz zu Pkws werden bei Nkws die Betriebsbremsanlagen (BBA) vorwiegend als **Zweikreisbremsanlagen** in TT-Aufteilung ausgeführt:

- Bremskreis 1: Vorderachse
- Bremskreis 2: Hinterachse

Als **Hilfsbremsanlage (HBA)** wird beim Nkw die Feststellbremsanlage genutzt. Sie kann bei Ausfall der BBA das Fahrzeug abbremsen.

Darüber hinaus müssen nach § 41 StVZO alle KOM mit mehr als 5 t zulässiger Gesamtmasse und andere Kraftfahrzeuge mit mehr als 9 t zulässiger Gesamtmasse über eine **Dauerbremsanlage (DBA)** verfügen.

7.4.8.2 Zweikreis-Zweileitungs-Druckluftbremsanlage

Für eine hohe Betriebssicherheit der Bremsanlage in Nutzfahrzeugen (EG-Richtlinie) wird das Zweikreisbremssystem der BBA zusätzlich mit zwei voneinander unabhängigen Druckluftkreisen betrieben, siehe Bild → 1. Am Betriebsbremsventil liegt an den Anschlüssen 11 und 12 die Druckluft der Luftbehälter I und II (**zwei getrennte Leitungen**) an. Von hier aus wird die Druckluft der Vorderachse und der Hinterachse zugeführt.

Das Betriebsbremsventil ist intern mit einem Druckverhältnisventil versehen, welches „erkennt", ob in einem Druckluftkreis eine Störung in Form eines Druckabfalls vorliegt. Dann steuert das Betriebsbremsventil um und gibt die erforderliche Druckluft nur noch an den intakten Druckluftkreis.

Die wesentlichen Bauteile der Zweikreis-Zweileitungs-Druckluftbremsanlage sind, vgl. Bild → 1:

- Kompressor
- Druckregler
- Lufttrockner
- Vierkreisschutzventil
- Druckanzeigen, Fahrerhaus
- Luftbehälter
- Betriebsbremsventil
- ALB-Regler
- Feststellbremsventil
- Relaisventil mit Überlastungsschutz
- Anhänger-Steuerventil
- Kupplungsköpfe
- Bremszylinder
- Gestängesteller
- Kombibremszylinder

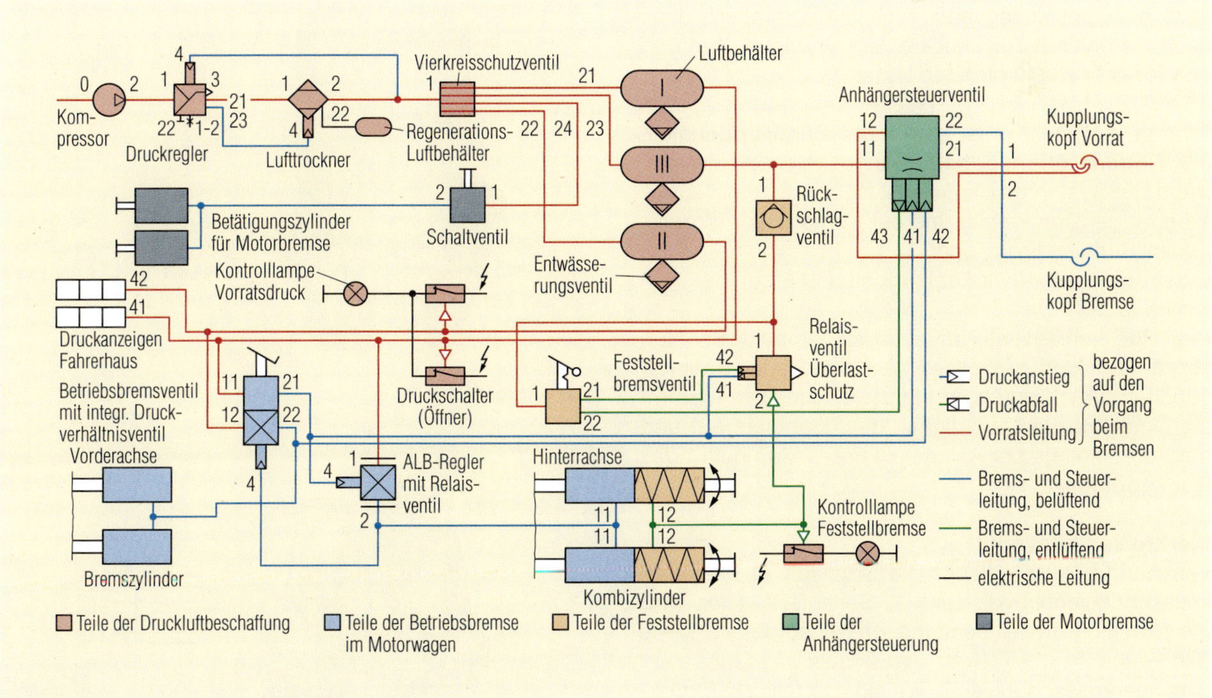

1 Schaltplan einer Zweikreis-Zweileitungs-Druckluftbremsanlage

GEMEINSAMES BEIDER FACHRICHTUNGEN

Kompressor
Der Kompressor saugt über einen Luftfilter (Partikelfilter) Luft aus der Umgebung an, verdichtet und fördert sie in die Anlage, siehe Bild → 1. Er wird auch **Verdichter** genannt.

Druckregler
Hinter dem Kompressor befindet sich der Druckregler, vgl. Bild 1, Seite 357. Er hat die Aufgabe, den Anlagendruck zu regeln, wenn er unter einen Mindestwert fällt oder über einen Höchstwert steigt, siehe Bild → 2. Da beim Bremsen Druckluft verbraucht wird, muss der Luftvorrat von Zeit zu Zeit nachgefüllt werden. Dazu steuert der Druckregler das Ab- und Wiedereinschalten der Luftförderung.
Bei Niederdruck-Bremsanlagen liegt der Abschaltdruck je nach Voreinstellung bei p_e = 7,5 bar bis 10 bar, der Wiedereinschaltdruck liegt bei p_e = 0,6 bar bis 1,1 bar. Hochdruck-Bremsanlagen arbeiten mit einem Systemdruck bis ca. 20 bar und entsprechend höheren Schaltdruckwerte.
Der Druckregler verfügt über einen **Reifenfüllanschluss**, der zum Befüllen der Lkw-Reifen genutzt werden kann.

Lufttrockner
Vom Druckregler gelangt die Druckluft in den Lufttrockner, vgl. Bild 1, Seite 357. Dabei wird sie durch eine Trockenpatrone mit Trocknungsgranulat geleitet und getrocknet, siehe Bild → 3. Der Lufttrockner beinhaltet auch ein Rückschlagventil, welches verhindert, dass nach Abschalten des Druckreglers Druckluft über den Lufttrockner zurückströmen kann.

An den Lufttrockner ist ein kleiner Druckluftbehälter, der **Regenerationsbehälter** angeschlossen. Immer, wenn der Systemdruck erreicht ist,
- öffnet der Druckregler und der Kompressor fördert seine Luft ins Freie, oder
- der Kompressor wird entkuppelt und steht still.

Das Rückschlagventil im Lufttrockner schließt. Nun strömt Druckluft gedrosselt aus dem Regenerationsbehälter zurück durch den Lufttrockner. Dabei nimmt die Druckluft die Feuchtigkeit des Granulats auf und befördert sie aus der Anlage ins Freie. Man nennt das **Rückspülung**.

Vierkreisschutzventil
Vom Lufttrockner gelangt die Druckluft in das Vierkreisschutzventil, vgl. Bild 1, Seite 357. Hier wird die Druckluft in vier separate Kreise aufgeteilt, siehe Bild → 4.
Das Vierkreisschutzventil ist ein vierteiliges Drucksicherungsventil, welches sicherstellt, dass zum Bremsen des Lkws immer noch ausreichend Druckluft in den anderen Kreisen zur Verfügung steht, falls ein Bremskreis undicht wird und ausfällt.

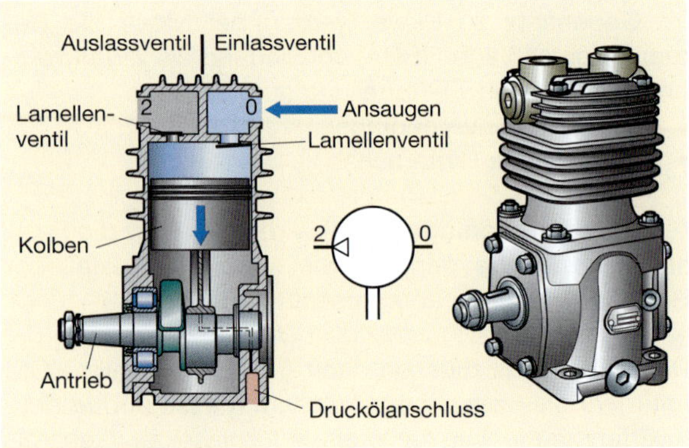

1 Kompressor

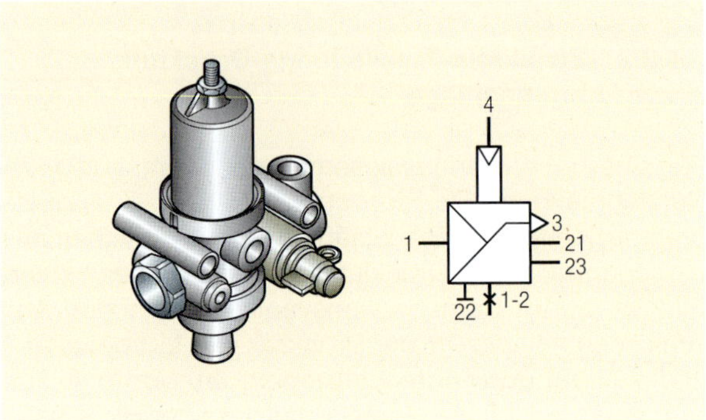

2 Druckregler

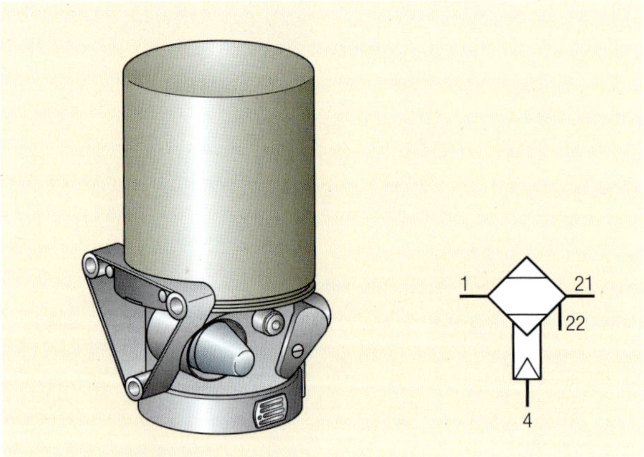

3 Lufttrockner

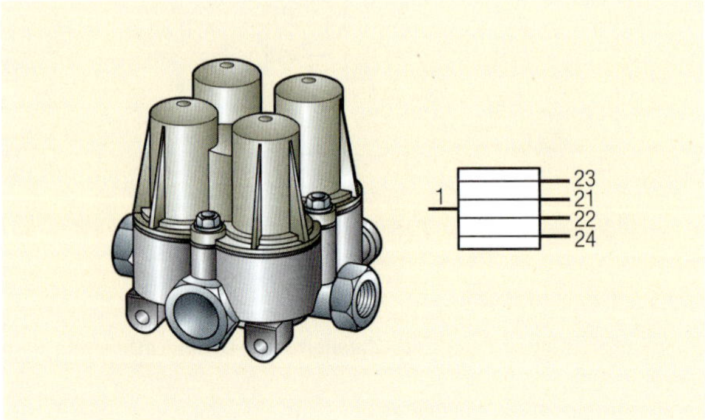

4 Vierkreisschutzventil

Die Aufteilung erfolgt mit der Befüllung:

- der beiden Luftbehälter I und II der Betriebsbremsanlage (vorrangig)
- des Luftbehälters III der Feststellbremsanlage
- des Kreises für Nebenverbraucher wie z. B. Betätigungszylinder für Motorbremse

Druckanzeigen, Fahrerhaus

Die Druckanzeigen in der Armaturentafel informieren den Fahrer über Betriebs- bzw. Vorratsdruck der Kreise I und II, siehe Bild → 1.
Über Kreis III werden auch das Anhängersteuerventil und die Kupplungsanschlüsse mit Druckluft versorgt.

1 **Druckanzeigen, Fahrerhaus**

Luftbehälter

Die Luftbehälter sind Druckbehälter zur Speicherung der Druckluft, siehe Bild → 2. Am Grund sind sie mit einem Entwässerungsventil versehen, welches von Hand oder automatisch bedient wird. Das Entwässerungsventil entlässt angesammeltes, kondensiertes Wasser ins Freie. Zur Wartung und Prüfung sind an den Luftbehältern Prüfanschlüsse angebracht.

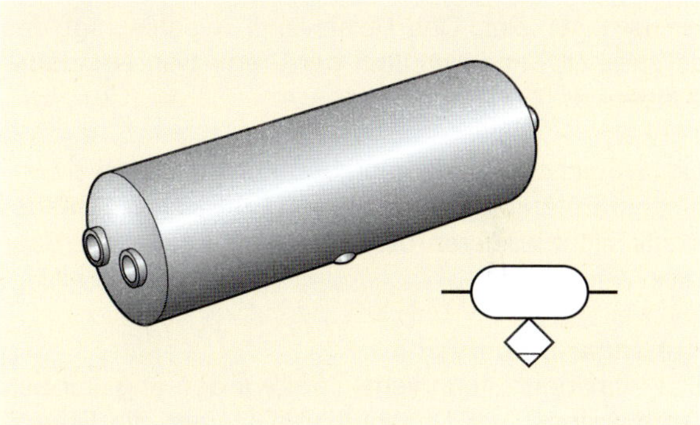

2 **Vorratsbehälter mit Entwässerungsventil**

Betriebsbremsventil

Das Betriebsbremsventil **(BBV)** hat die Aufgabe, den Lkw in Stufen und feinfühlig abzubremsen, siehe Bild → 3. Beim Lkw-Zug wird zusätzlich das Anhänger-Steuerventil betätigt. Das BBV wird mechanisch, meist mit einer **Trittplatte**, durch den Fahrer betätigt. Es ist mechanisch wie pneumatisch zweikreisig ausgeführt.

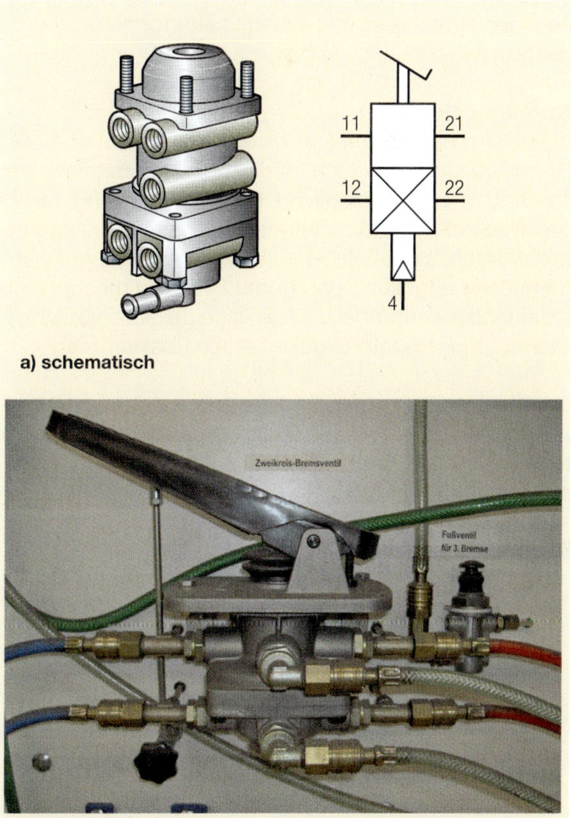

a) schematisch

b) in Funktion

3 **Betriebsbremsventil**

ALB-Regler

Der ALB-Regler (**a**utomatischer-**l**astabhängiger **B**remskraftregler) ist vergleichbar mit dem Bremskraftbegrenzer beim Pkw: Er verhindert, dass die Hinterachse „überbremst", blockiert, siehe Bild → 4. Je nach Beladungszustand des Lkws sinkt der Aufbau gegenüber der Hinterachse mehr oder weniger ab. Über eine Stange ist der ALB-Regler mit dem Lkw-Aufbau verbunden. Sie bewegt sich mit dem Aufbau auf und ab. Je nach Winkelstellung der Stange wird ein Drosselventil betätigt, das den eingesteuerten Bremsdruck reduziert oder erhöht.

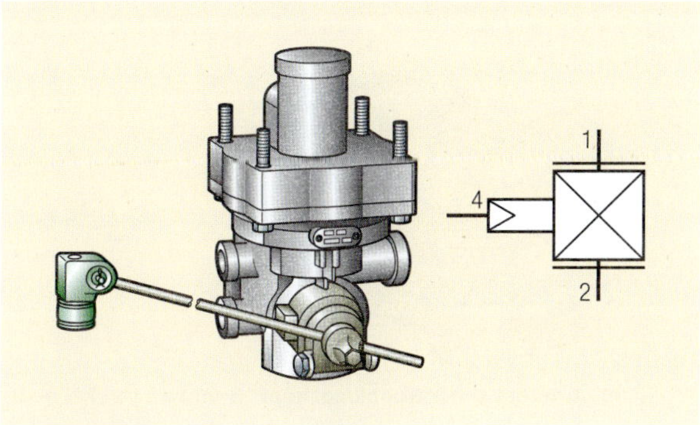

4 **ALB-Regler**

Feststellbremsventil

Das Feststellbremsventil erlaubt dem Fahrer, die Bremse feinfühlig zu betätigen, siehe Bild → 1. Es ist gleichzeitig Bestandteil der vorgeschriebenen Hilfsbremsanlage. Bei Betätigung des Feststellbremshebels muss vor der Raststellung die volle Bremskraft erreicht sein.

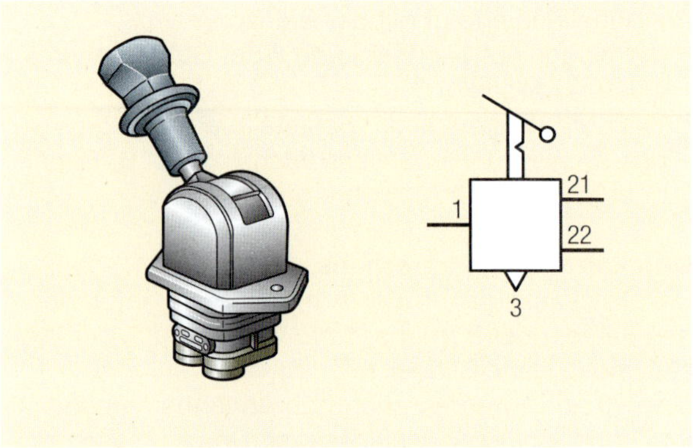

1 **Feststellbremsventil mit Feststellbremshebel**

Relaisventil mit Überlastungsschutz

Das Relaisventil mit Überlastungsschutz zwischen Anhängerbremsventil und Feststellbremsanlage hat die Aufgabe, die Schwellzeit der Bremse zu verkürzen, siehe Bild → 2. Damit ist der Zeitraum zwischen Betätigung der Bremse und der eintretenden Bremswirkung gemeint. Das Relaisventil beschleunigt das schnelle Be- und Entlüften der Bremszylinder; insbesondere der Federspeicher.

Der Schutz vor Überlastung bedeutet, dass bei gleichzeitiger Betätigung von BBA und FBA sich die Bremskräfte nicht addieren dürfen – zum Schutz der Bauteile.

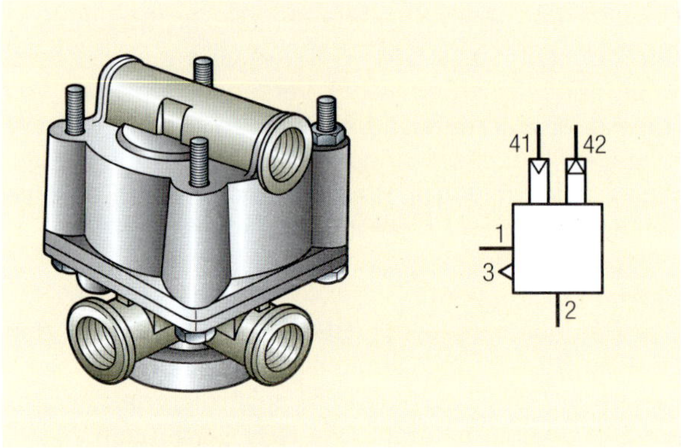

2 **Relaisventil mit Überlastschutz**

Anhänger-Steuerventil

Das Anhänger-Steuerventil versorgt den angekuppelten Anhänger mit Druckluft und steuert die Bremsanlage des Anhängers, siehe Bild → 3. Durch das integrierte Drosselventil wird erreicht, dass die Bremsen des Anhängers bei einem Leitungsdefekt rasch ansprechen.

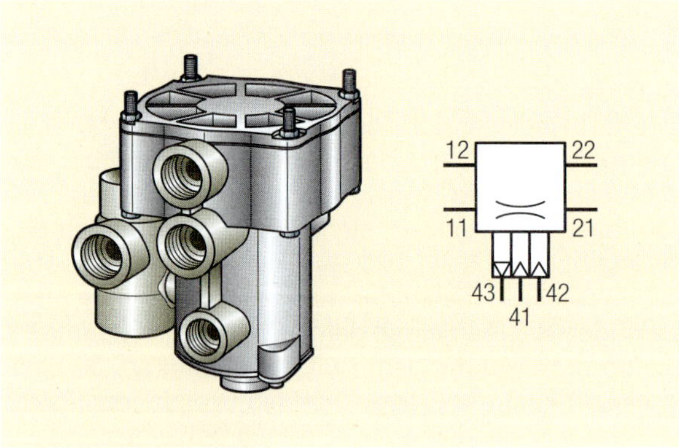

3 **Anhänger-Steuerventil**

Kupplungsköpfe

Zwei Kupplungsköpfe und Leitungen verbinden die Bremsanlagen von Lkw und Anhänger miteinander. Sie haben unterschiedliche Formen und sind farbig gekennzeichnet, um zu vermeiden, dass sie verwechselt werden, siehe Bild → 4. Werden die richtigen Gegenstücke angesetzt und durch Drehung mechanisch miteinander verbunden, öffnen sich die automatischen Dichthaltungen, und Druckluft kann überströmen.

Beim Abkuppeln schließen die automatischen Dichthaltungen wieder, sodass keine Druckluft aus der Anlage entweichen kann.

a) Automatischer Kupplungskopf „Vorrat"; Deckel rot

b) Automatischer Kupplungskopf „Bremse"; Deckel gelb

4 **Kupplungsköpfe**

Bremszylinder

Die Bremszylinder können als pneumatische Kolben- oder Membranzylinder ausgeführt sein. Am häufigsten werden Membranzylinder verwendet, weil sie relativ klein und leicht sind, siehe Bild → 1. Ihre innere Reibung ist wesentlich kleiner als bei Kolbenzylindern. Das führt zu weniger Verschleiß und längerer Lebensdauer.

Werden die Bremszylinder mit Druckluft beaufschlagt, erzeugen sie über Gestänge und Hebel die gewünschten Bremskräfte an der Radbremse.

Gestängesteller

Durch Abrieb der Bremsbeläge und durch mechanischen Verschleiß entsteht Spiel in der Bremsanlage. Es kann über einen bestimmten Bereich mit einem automatischen Gestängesteller ausgeglichen werden. In den Bremshebel ist eine Art Ratsche eingebaut, die bei einem bestimmten Spiel die Stellung des Bremshebels zum Bremsgestänge verändert, siehe Bild → 2. Dadurch wird das mechanische Spiel verkürzt.

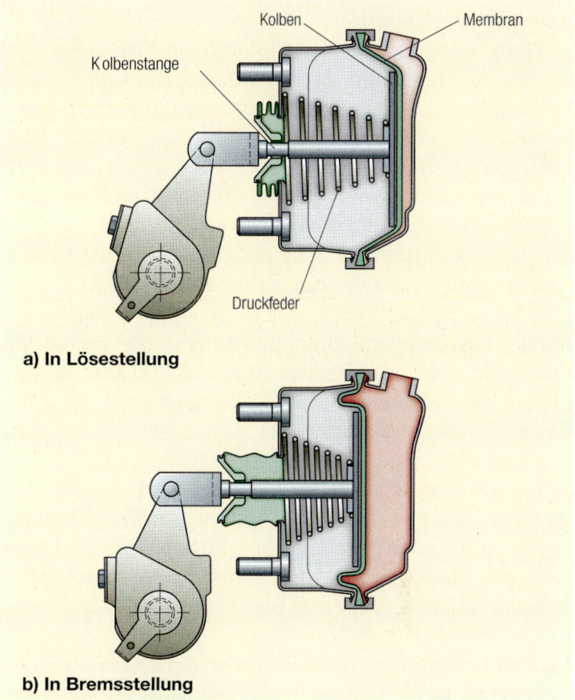

1 Membran-Bremszylinder

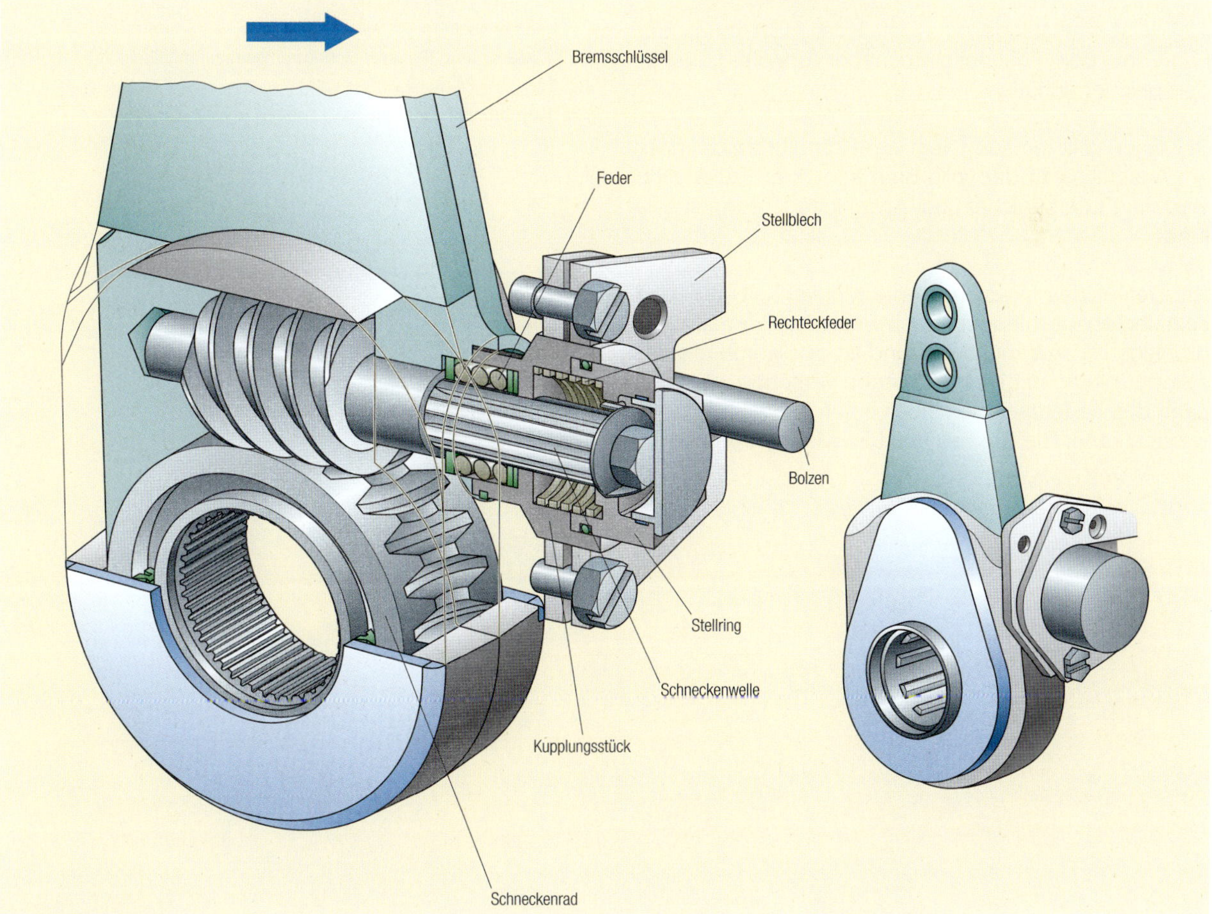

2 Gestängesteller

GEMEINSAMES BEIDER FACHRICHTUNGEN

Kombibremszylinder

Die Bremszylinder an der Hinterachse des Lkws sind Kombibremszylinder. Diese Bauart ermöglicht ihre Verwendung als Betriebsbremse, Feststellbremse und Hilfsbremse. Der Kombibremszylinder verfügt über zwei Kammern, siehe Bild → 1:

- Die vordere Kammer ist ähnlich aufgebaut wie ein Membranzylinder der Vorderachse.
- Die hintere Kammer beinhaltet einen Kolben mit einer sehr starken Feder; den Federspeicher.

Ist die Bremsanlage drucklos, drückt die Feder des Federspeichers die Druckstange vor und bremst den Lkw. Diese Funktion des Federspeichers wird als Feststellbremse genutzt.

Sind die Vorratsbehälter mit Druckluft gefüllt und ist der Feststellbremshebel gelöst, strömt Druckluft durch den Anschluss 12 in den Federspeicher. Dabei wird die Speicherfeder durch den Federspeicherkolben nach hinten gedrückt; die Bremse ist gelöst.

Im Fahrbetrieb wird beim Bremsen Druckluft über den Anschluss 11 eingesteuert, und der Kombibremszylinder wirkt im vorderen Teil als Membranzylinder.

Als Hilfsbremsanlage bei Ausfall der BBA muss der Fahrer mit dem Feststellbremshebel vorsichtig die Federspeicher entlüften.

Bei einer Vollbremsung liegt am Kombibremszylinder am Anschluss 11 der volle Bremsdruck an, zusätzlich wird der Federspeicher über Anschluss 12 schnell entlüftet.

Bei Defekt des Lkws muss die Möglichkeit gegeben sein, ihn abzuschleppen, auch wenn die Bremsanlage drucklos ist. Aus diesem Grund ist der Kombibremszylinder hinten mit einer Schraube versehen, mit welcher der Federspeicherkolben nach hinten gezogen werden kann. Die Bremse des Lkws ist nun gelöst.

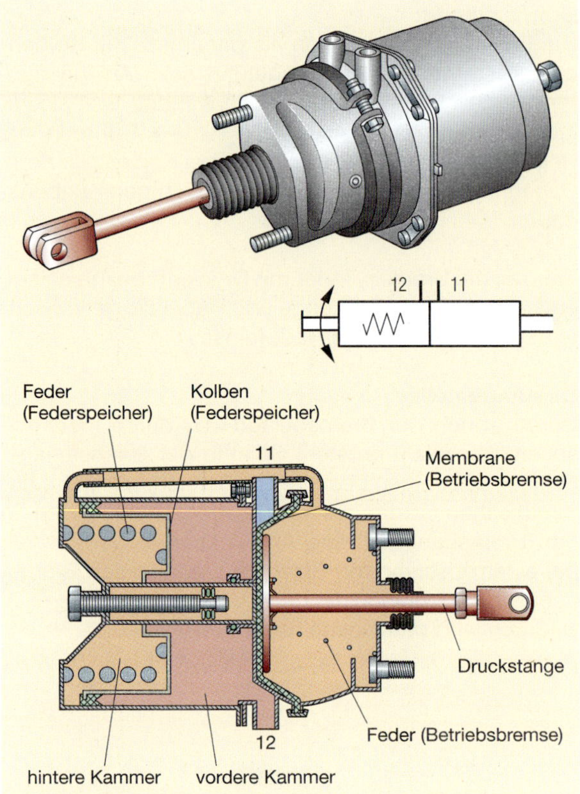

Lösestellung (Federspeicherbremseinheit mit Druckluft beanschlagt)

1 **Kombibremszylinder**

7.4.8.3 Bremsanlage in Anhängefahrzeugen

Die Anhänger-Bremsanlage **(ABA)** ist ebenfalls eine Zweileitungs-Bremsanlage:
- eine Leitung „Druckluft-Vorrat“
- die andere Leitung zur Ansteuerung der Anhängerbremsen

Die Verbindung mit dem Lkw wird mittels Druckluftschläuchen und Kupplungen hergestellt. Die ABA wird vom Anhängersteuerventil des Lkws gesteuert.

Die Bremsanlage von Anhängefahrzeugen besteht im Wesentlichen aus, vgl. Bild → 1:
- Kupplungskopf
- Anhänger-Bremsventil
- Luftbehälter
- ALB-Regler
- Bremszylinder
- Feststellbremshebel

Informationen zu Kupplungsköpfen, Luftbehälter, ALB-Regler und Bremszylinder siehe Kap. 7.4.8.2.

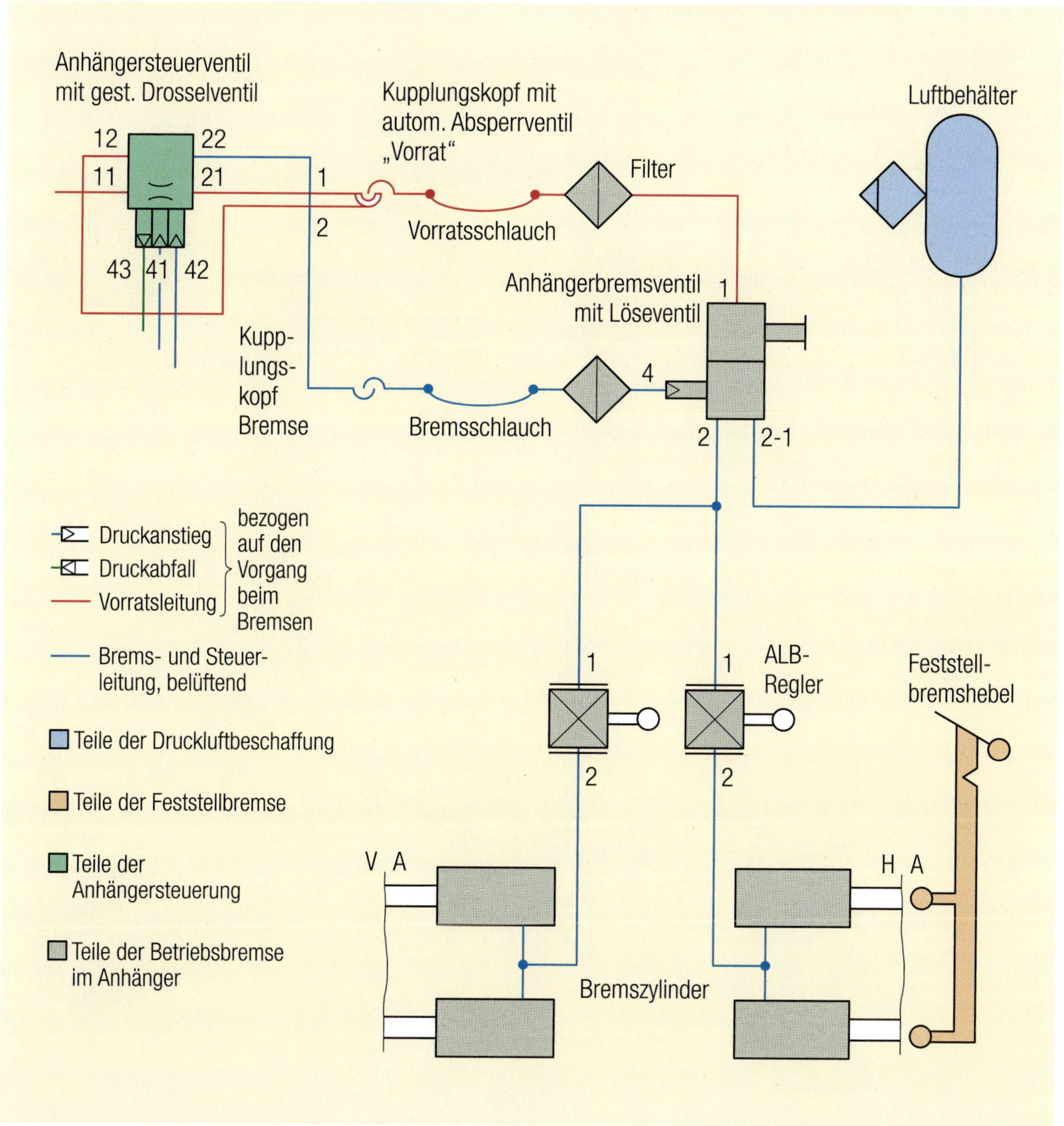

1 Schaltplan der Anhänger-Bremsanlage

GEMEINSAMES BEIDER FACHRICHTUNGEN

Anhänger-Bremsventil

Das Anhänger-Bremsventil **(ABV)** korrespondiert mit den ALB-Reglern der Vorder- und Hinterachse, siehe Bild → 1. Von ihnen erhält das ABV die Informationen über den einzusteuernden Bremsdruck in Abhängigkeit von der jeweiligen Beladung des Anhängers.

Das ABV verfügt über ein **Löseventil**, welches nach Betätigung die Anhängerbremsen löst und so das Rangieren des Anhängers möglich macht.

Bei einer Störung, wodurch der Vorratskreis an Druck verliert, leitet das ABV ab einer eingestellten Schaltschwelle eine Vollbremsung des Anhängers ein. Druckverlust im Vorratskreis entsteht z. B. bei einem Leck in der Vorratsleitung oder wenn der Druckschlauch abreißt. Dann geschieht zunächst nichts. Erst wenn der Lkw bremst, kommt es zu einem Druckabfall am ABV, wodurch eine Vollbremsung am Anhänger eingeleitet wird.

Feststellbremshebel

Die Feststellung des Anhängers kann über die Federspeicher der Kombibremszylinder erfolgen, indem mittels Feststellbremshebel manuell ein Ventil betätigt wird, welches die Federspeicher entlüftet, siehe Bild → 1, Seite 363.

Einfachere Bauarten von Feststellbremsen werden per Seilzug oder Gestänge, durch die Eigenmasse der Zuggabel (Fallbremse) → 2 oder mit einer Handkurbel betätigt, siehe Bild → 3.

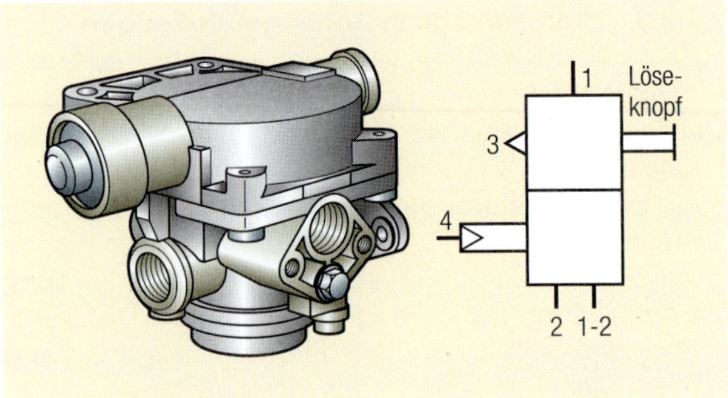

1 Anhänger-Bremsventil

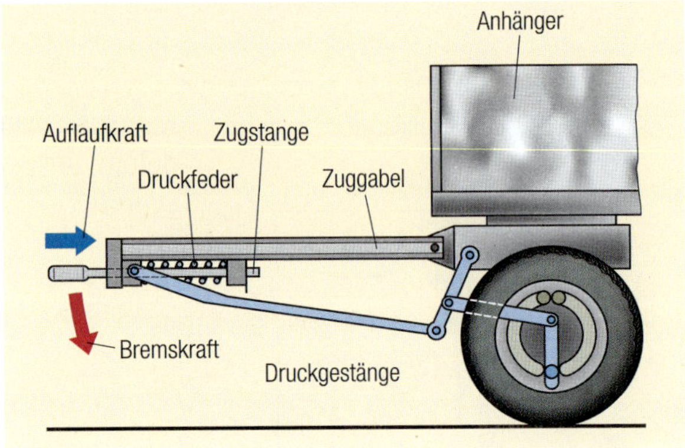

2 Kombinierte Auflauf- und Fallbremse als Anhänger-Feststellbremse

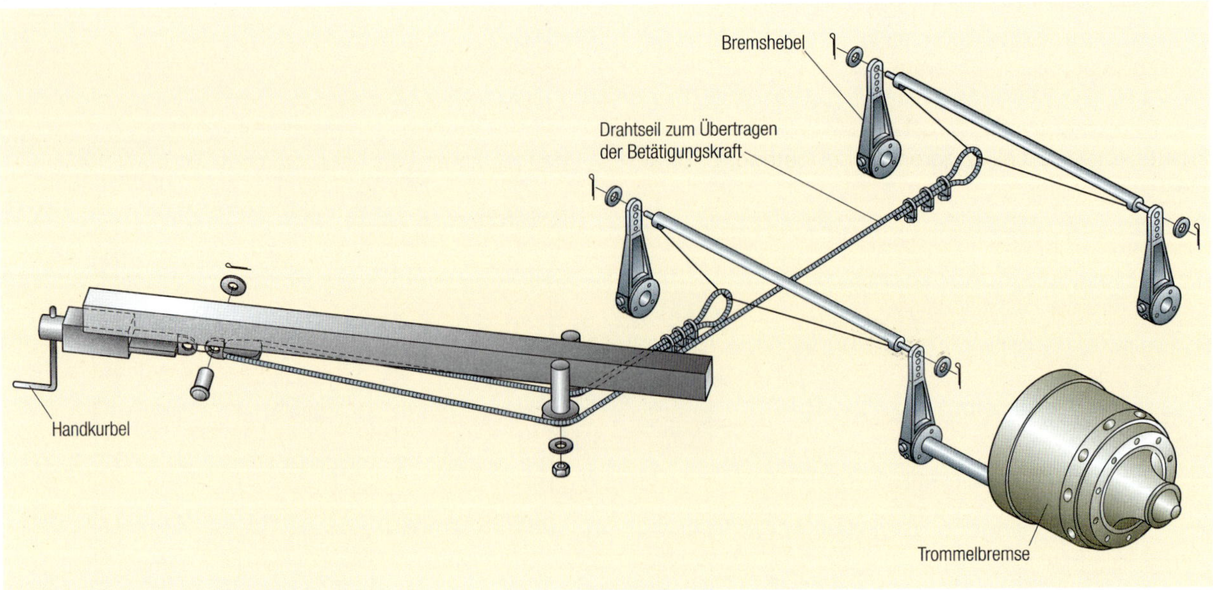

3 Seilzug-Anhänger-Feststellbremse

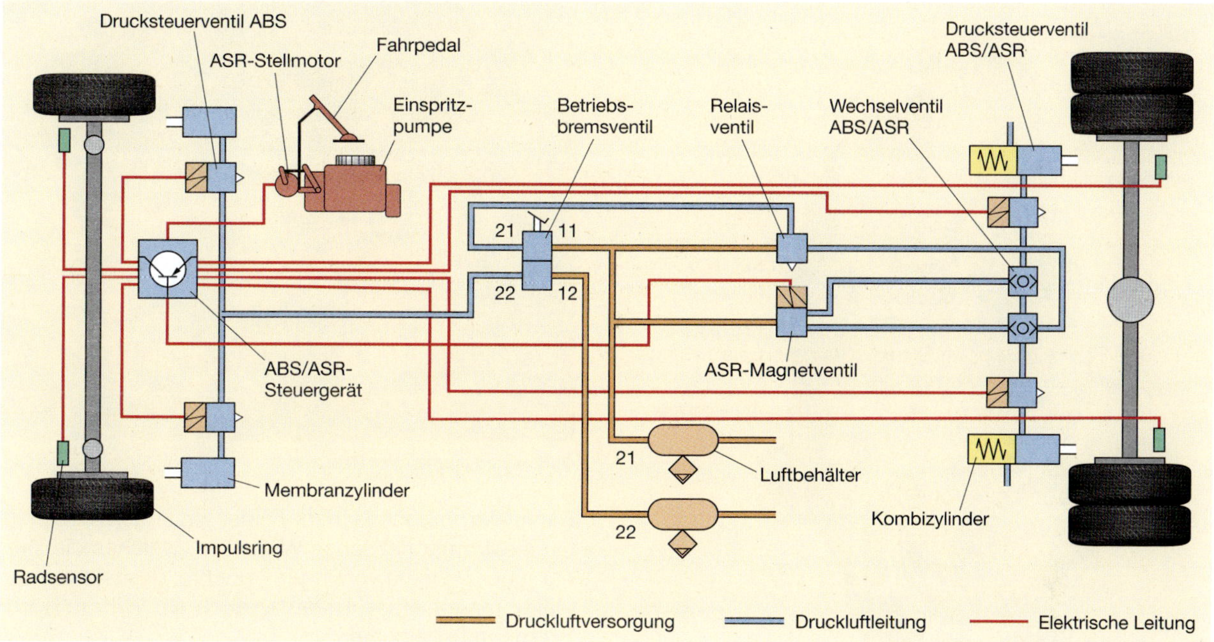

1 Druckluftbremsanlage mit ABS und ASR, Schaltplan

7.4.8.4 ABS und ASR in Druckluftanlagen

Schwere Lkws ab 16 t zulässiger Gesamtmasse und Kraftomnibusse müssen mit einer Druckluft-ABS-Anlage ausgerüstet sein. Da die ABS-Radsensoren auch für das ASR mitgenutzt werden können, hat man beide Systeme kombiniert, siehe Bild ➔ 1.

Informationen zu ABS und ASR siehe Kap. 7.4.7.

7.4.8.5 Dauerbremsanlage

Die Dauerbremsanlage **(DBA)** hat die Aufgabe, die Betriebsbremse bei längerem Schubbetrieb, z. B. am Gefälle, zu schonen.

Man unterscheidet:
- Motorbremse (Abgasstaubremse)
- Retarder

Motorbremse

Die Motorbremse ist eine simple Art, Bremswirkung zu erzielen: Durch den Fahrer wird ein Befehl per Fußschalter gegeben, die Fahrt zu verlangsamen. Dazu wird eine Abgasstauklappe im Abgasrohr durch einen Pneumatikzylinder geschlossen und die Einspritzmenge der Motor-Einspritzpumpe auf null gestellt, siehe Bild ➔ 2. Deshalb wird sie auch **Abgasstaubremse** genannt.

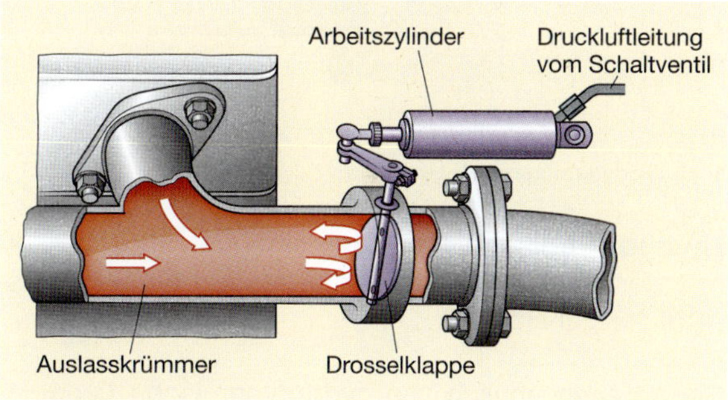

2 Motorbremse

Da diese Art der Bremsung mit viel Geräusch verbunden ist, kommt sie heute kaum noch zum Einsatz.

Retarder

Ein Retarder[1] ist eine verschleißfreie Dauerbremse, die vorwiegend in Nutzfahrzeugen eingesetzt wird. Sie können eingebaut sein:
- „online", also direkt im Antriebsstrang
- „offline", parallel in den Antriebsstrang des Nkws

Die Retarder können in zwei Gruppen eingeteilt werden:
- hydrodynamische Retarder
- elektrodynamische Retarder

[1] Retarder (engl.): Verlangsamer

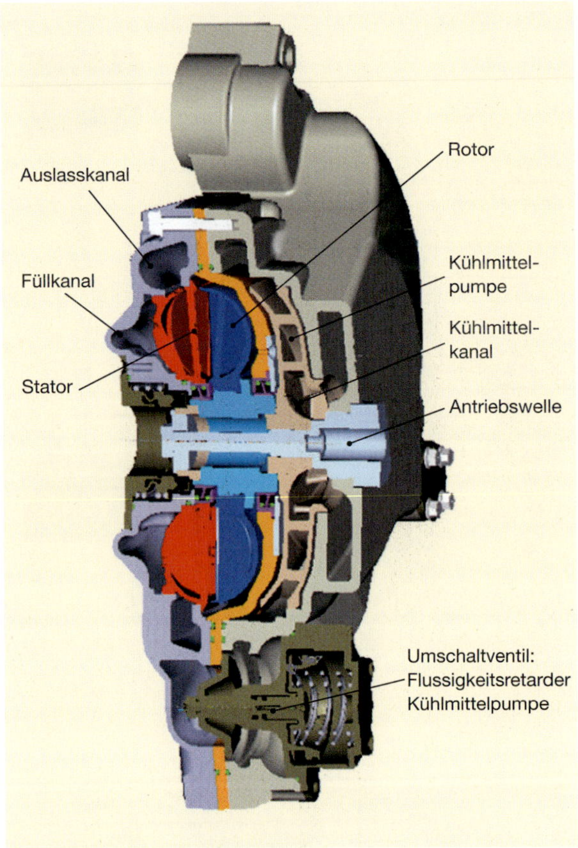

1 Hydrodynamischer Retarder

Hydrodynamische Retarder sind Öl- und Wasserretarder; deshalb werden sie allgemein **Flüssigkeitsretarder** genannt.

Sie arbeiten ähnlich wie hydrodynamische Drehmomentwandler, vgl. Bild → 1:
Eine Flüssigkeit, Öl oder Wasser, wird durch einen sich drehenden Rotor nach außen und zu einem Stator gedrückt, der die Rotation „verhindern will" und bremst. Je höher die Rotor-Drehzahl oder der Durchfluss zum Rotor, desto höher die Bremswirkung.

Elektrodynamische Retarder erzeugen elektromagnetische Felder zwischen Magnetspulen und einer sich im Antriebsstrang drehende Metallscheibe, siehe Bild → 2.

2 Elektrodynamischer Retarder

Die elektromagnetischen Felder erzeugen ihrerseits ein elektromagnetisches Wirbelfeld, welches die Drehung der Scheibe verhindern möchte; deshalb werden elektromagnetische Retarder auch als **Wirbelstrombremsen** bezeichnet.

Diese Drehverhinderung führt zu einer Bremsung im Antriebsstrang, die im Nutzfahrzeug zur Dauerbremsung genutzt wird. Der Fahrer stellt den Grad der Bremsung über einen Handhebel am Lenkrad ein.

7.4.9 Bremsen prüfen

Sicht-, Geräusch-, Funktions- und Sicherheitsprüfung
Es ist eine Sichtprüfung aller Bremsenbauteile durchzuführen auf Zustand, Verschleiß und Vorschriftsmäßigkeit, z. B. Bremsschläuche, Bremsleitungen, Bremsscheiben, Bremsbeläge.

Bremsenprüfstand
Der Bremsenprüfstand ist eine technische Vorrichtung, mit der

- die Bremskraft von Pkws und Lkws gemessen werden kann; Informationen zur Bremskraft siehe Kap. 7.4.2,
- neben der Bremskraftmessung zur Berechnung der Abbremsung erfolgt die Auswertung auf Gleichmäßigkeit links/rechts, Unrundheit von Bremsscheiben und Bremstrommeln und vollständiges Lösen der Bremse.

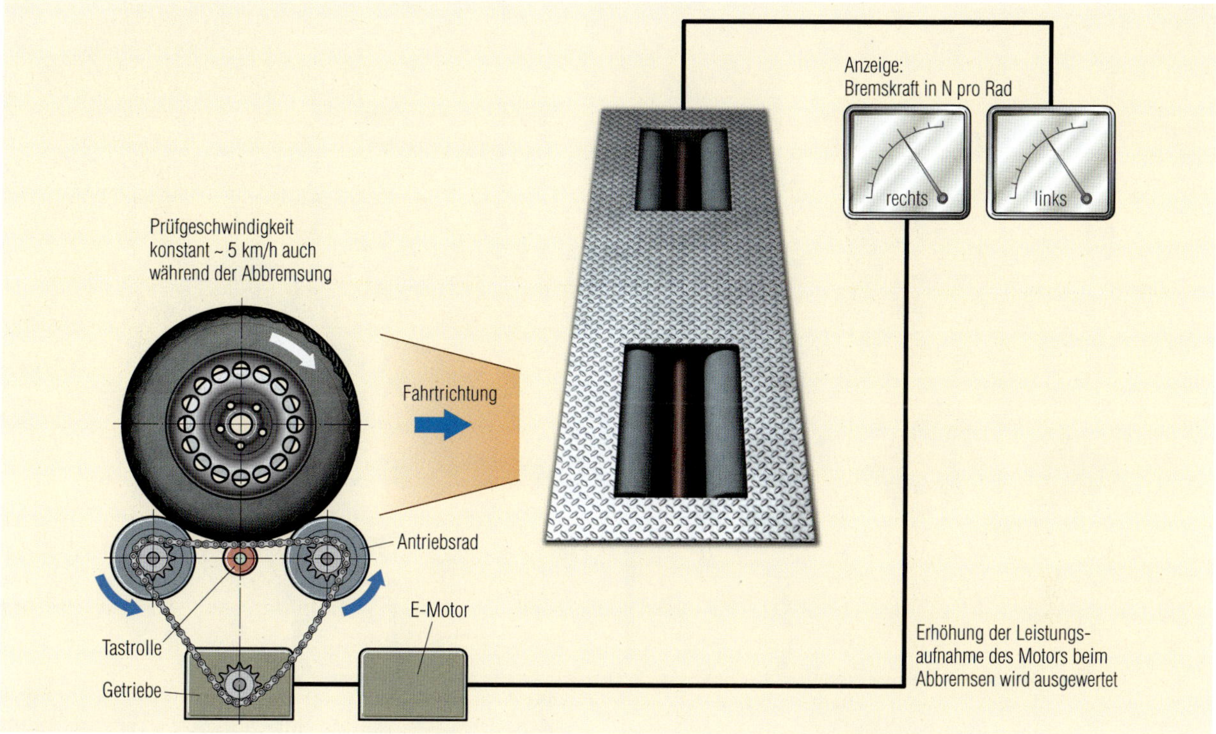

1 Rollenbremsenprüfstand

Zum Bremsenprüfen wird meist ein Rollenbremsenprüfstand eingesetzt. Er besteht aus zwei unabhängig voneinander drehenden Reibrollenpaaren, die von Elektromotoren angetrieben werden, siehe Bild → 1.

Wird die zu messende Achse in die Rollenpaare gefahren, erkennt eine Kontaktvorrichtung dieses. Optional kann eine Messvorrichtung jetzt die Gewichtskraft messen.

Nach dem Anlauf der Rollen auf Prüfgeschwindigkeit ca. 5 km/h erfolgt die Betätigung der zu prüfenden Bremse. Mittels einer Kraftmesseinrichtung (Dehnmessstreifen) erfolgt die Bremskraftmessung kurz vor dem Blockieren der Räder. Mit zusätzlichen Messvorrichtungen können die Fußkraft am Pedal, die Handkraft am Handbremshebel und die Bremsdruckwerte gemessen werden.

Nach der Überarbeitung des § 29 StVZO 2012 müssen Bremsenprüfstände, die zur Hauptuntersuchung eingesetzt werden, ihre Messwerte an Netzwerke übertragen können.

7.5 Niveauregelung

Pkws mit Luftfederung oder mit hydropneumatischer Federung haben eine Niveauregelung.

Mit einer hebelbetätigten Messeinrichtung werden die Einfederungszustände des Fahrzeugs erfasst und korrigiert:
- Ältere Systeme arbeiten rein mechanisch – die Einstellung erfolgt an Kugelköpfen.
- Neue Systeme erfassen die Einfederungszustände mit elektrischen Sensoren an Hebeln.

Eingestellt wird mit Fahrzeugdiagnosesystemen.
An den Armaturen können Wahlschalter verschiedene Fahrpositionen anbieten, z. B. hoch, mittel, tief.

Ein einfaches System, das nur an der Hinterachse eingebaut ist, kombiniert einen Schwingungsdämpfer mit einem Luftfederbalg. Dieser ist mit Hilfe eines Luftkompressors befüllbar und kann das Hinterachsniveau bei starker Beladung anheben.

Moderne Systeme arbeiten mit Sensoren und Aktoren. siehe Bild → 1, Seite 368:
- Auf der linken Seite sind die Sensoren angeordnet, dabei die vier Geber für das Fahrzeugniveau.
- Auf der rechten Seite befinden sich die vier Ventile für die Federdämpfer.

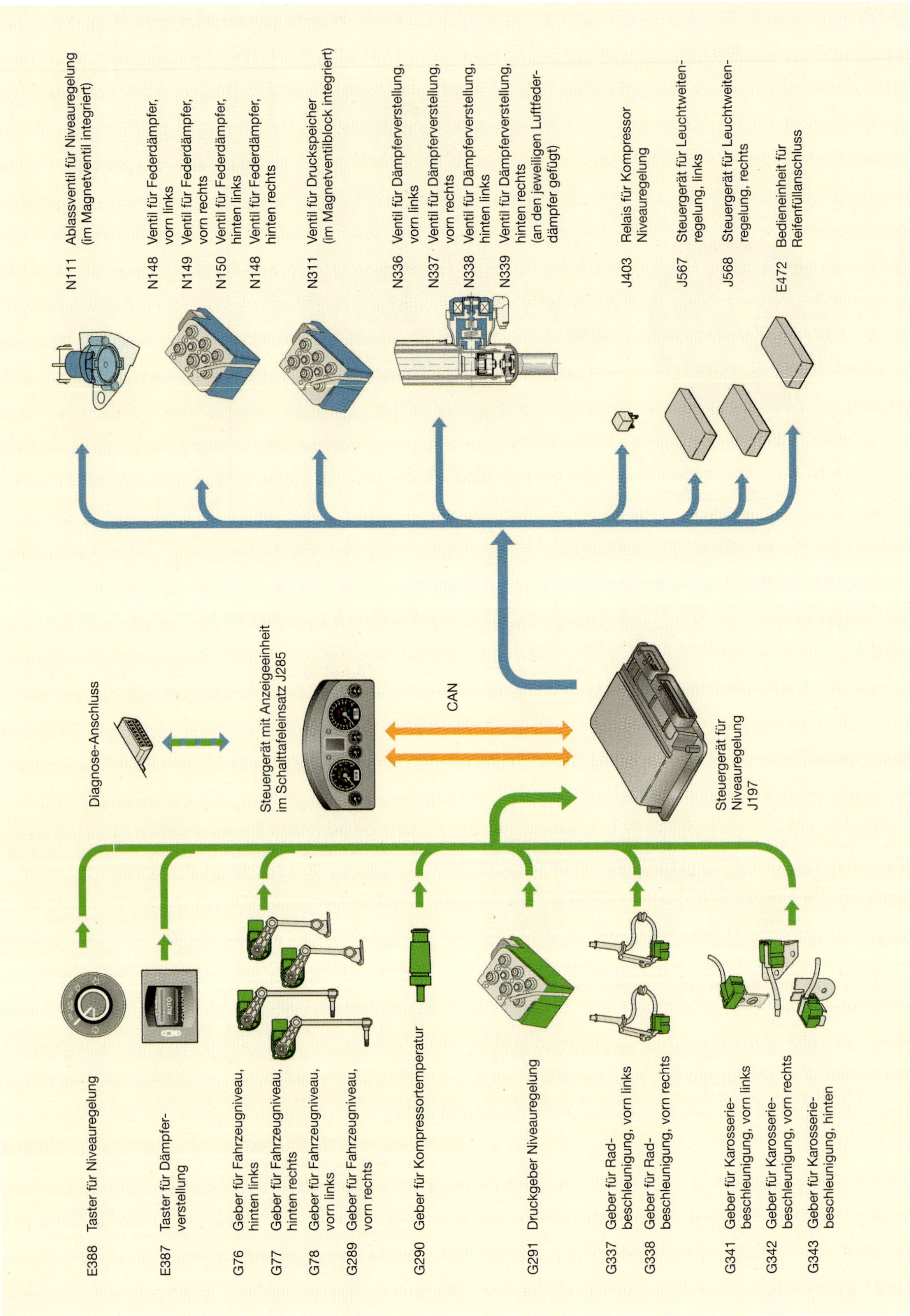

1 Fahrwerksregelung eines Pkws der Oberklasse

7.6 Wankregelung

Durchfährt ein Fahrzeug eine Kurve, so treten Fliehkräfte auf. Diese können dazu führen, dass das kurveninnere Rad entlastet wird und geringere Haftung auf der Fahrbahn aufweist. Das Fahrzeug kann kippen oder zur Außenseite der Kurve drängen, da die kurveninneren Räder weniger Führungskraft übertragen können.

Dem entgegen wirken Stabilisatoren. Diese sind Drehstabfedern. Sie sind mit beiden Teilen einer Achse oder der Einzelradaufhängung verbunden, siehe Bild → 1. Federt beispielsweise die rechte Vorderradaufhängung ein,
- so überträgt der Stabilisator die Bewegung auf die linke Vorderradaufhängung,
- das linke Vorderrad wird dadurch belastet und kann mehr Führungskraft aufbauen.

Stabilisatoren übernehmen keine Führung von Rädern oder Achsen. Bei Geradeausfahrt ändern sie nicht die Eigenschaften der Federung.

Als Stabilisator können ebenfalls Vierpunktlenker wirken. Beim Einfedern eines Rades verdreht sich der Vierpunktlenker (Torsion) und erzeugt dadurch eine Gegenkraft auf die gegenüberliegende Radaufhängung.

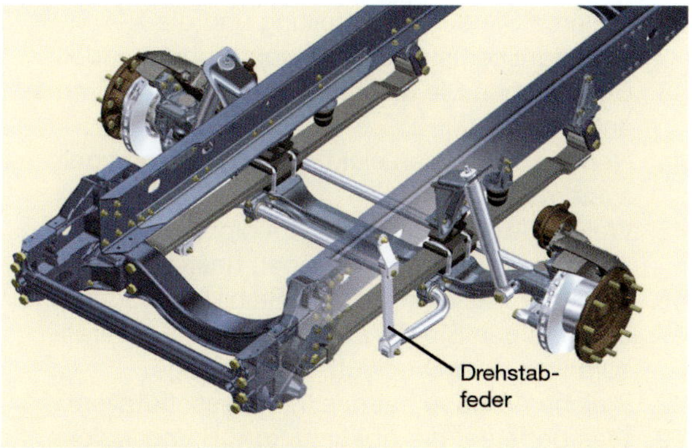

1 Drehstabfeder zur Wankregelung

7.7 Arbeitssicherheit und Unfallverhütung

Arbeitsschutz und Unfallverhütung bei **Arbeiten am Rollenprüfstand**:
- Nicht benutzte Rollenprüfstände sind abzuschalten, um ein unbeabsichtigtes Einschalten der Rollen zu verhindern.
- Befinden sich die Rollen in der Nähe von Arbeitswegen, müssen sie abgedeckt werden. Sturzgefahr!
- Bei der Benutzung des Rollenprüfstandes dürfen sich keine Personen in der Nähe der Rollen befinden.
- Der Fahrzeugbereich ist frei zu halten, da das Fahrzeug seitliche Bewegungen macht und auch aus den Rollen springen kann.

Arbeitsschutz und Unfallverhütung bei **Arbeiten an Fahrwerken**:
- Die Vorspannung der Federn beachten. Hierzu geeignete Spannvorrichtungen verwenden.
- Zum Aus- und Einpressen von Buchsen und Lagern nur zugelassene Presswerkzeuge benutzen.
- Hydraulikflüssigkeiten in Dämpfern und Lenkgetrieben können unter Druck stehen. Reparaturleitfaden beachten.

Arbeitsschutz und Unfallverhütung bei **Arbeiten an Bremssystemen**:
- Bremssysteme müssen deaktiviert bzw. drucklos gemacht werden, wenn der Druckspeicher über hohen Druck verfügt (p > 200 bar bzw. 20 MPa).
- Hautkontakt mit Bremsflüssigkeit und Hydraulikölen soweit wie möglich vermeiden. Hautschutz verwenden.
- Bei Augenkontakt mit Augenspüllösung spülen und den Arzt aufsuchen.
- Bei versehentlichem Verschlucken ein Erbrechen möglichst vermeiden und sofort den Arzt aufsuchen.

Übungen:

1. Nennen Sie die fünf Baugruppen, die zum Fahrwerk gehören.
2. Aus welchen Bauteilen bestehen Fahrzeugräder?
3. Nennen Sie vier Arten von Felgen und ihre wichtigsten Merkmale.
4. Erklären Sie folgende Bezeichnung auf eine Felge: 8,5 J x 19 H2.
5. Wie unterscheiden sich Radialreifen von Diagonalreifen?
6. Erklären Sie die letzten vier Ziffern der folgenden Bezeichnung auf einem Fahrzeugreifen: DOT … 0113.
7. Nennen Sie Vor- und Nachteile von Ganzjahresreifen.
8. Beschreiben Sie die Starrachse und nennen Sie Beispiele, wo sie eingebaut ist.
9. Nennen Sie die fünf Arten der mechanischen Federn und erklären Sie ihre Vor- und Nachteile.
10. Nennen Sie die Vor- und Nachteile von hydropneumatischen Federn.
11. Welche Aufgaben hat ein Schwingungsdämpfer?
12. Erklären Sie die Arbeitsweise eines Einrohr-Schwingungsdämpfers.
13. Nennen Sie die Baugruppen einer Achsschenkellenkung.
14. Erklären Sie die Arbeitsweise eines Kugelumlauf-Lenkgetriebes.
15. Erklären Sie die Arbeitsweise einer hydraulischen Servolenkung.
16. Aus welchen Komponenten bestehen Fahrwerke für Nkws?
17. Aus welchen Teilen besteht ein Nkw-Rad?
18. Nkw-Felgen werden nach ihrem Aufbau unterschieden. Welche Gruppen sind das?
19. Was bezeichnet man als Radkörper und welche Bauarten gibt es?
20. Welche Gruppen von Nfz-Reifen unterscheidet man nach dem Einsatzzweck?
21. Nennen Sie mindestens drei Vorteile von Superbreitreifen (X-One).
22. Woran erkennt man Nkw-Reifen, deren Profil nachgeschnitten werden darf?
23. Was ist Unwucht, allgemein und wodurch entsteht sie?
24. a) Welche Arten von Unwucht gibt es?
    b) Wodurch entstehen sie?
    c) Was sind die jeweiligen Auswirkung auf das Rad?
25. Aus welchem Grund verwendet man Reifendruck-Kontrollsysteme bei Nutzfahrzeugen?
26. Beschreiben Sie den grundsätzlichen Aufbau eines Reifendruck-Kontrollsystems und die Wirkungsweise seiner Komponenten.
27. Welche Aufgabe haben Schwingungsdämpfer an Lkw-Achsen?
28. Beschreiben Sie den Aufbau einer Lenkanlage zusammen mit der jeweiligen Wirkungsweise ihrer Komponenten.
29. Warum werden an bestimmten Nutzkraftwagen und ihren Anhängefahrzeugen Hinterachslenksysteme verwendet?
30. Was ist eine Zwangslenkung und welche Systeme unterscheidet man?
31. Beschreiben Sie sechs Größen der Fahrwerksgeometrie.
32. Welche Größen werden bei der Achsvermessung geprüft?
33. Welche Radstellgrößen werden bei einer Achsvermessung eines Lkw ermittelt?
34. Nennen Sie die vier Bremsanlagen eines Fahrzeugs.
35. Was bedeuten die Abkürzungen BBA, HBA und DBA?
36. Welche Kräfte wirken beim Bremsen auf ein Fahrzeugrad?
37. Erklären Sie den Begriff „Schlupf".
38. Nennen Sie fünf Bauweisen von Trommelbremsen und erklären Sie die Wirkungsweise.
39. Beschreiben Sie die Faustsattel-Scheibenbremse.
40. Erklären Sie die Wirkungsweise einer hydraulischen Bremsanlage.
41. Wie wirkt ein Bremskraftverstärker?
42. Erklären Sie die TT-Aufteilung und die X-Aufteilung der Bremskreise im Hauptbremszylinder.
43. Beschreiben Sie die elektrohydraulische Bremsanlage.
44. Nennen Sie sieben elektronische Bremsregelsysteme.
45. Welche Aufgaben hat ein Antiblockiersystem und aus welchen Baugruppen besteht es?
46. Wie wirkt das elektronische Stabilitätsprogramm?
47. Beschreiben Sie die Funktion eines Kompressors von einer Druckluft-Bremsanlage.
48. Welche Aufgabe hat das Vierkreisschutzventil?
49. Was bedeutet die Abkürzung ALB und welche Funktion hat ein ALB-Regler eines Nutzfahrzeugs?
50. Wie unterscheidet man Nfz-Bremszylinder nach ihrer Bauart?
51. Erklären Sie die Notwendigkeit und die Funktion eines Gestängestellers einer Lkw-Bremsanlage.
52. Nennen Sie zwei Arten von Anhänger-Feststellbremsen und und beschreiben Sie diese.
53. Was ist ein Retarder und wie funktioniert er?
54. Wie kann eine Drehstabfeder dem Wanken des Fahrzeugs entgegenwirken?
55. Was ist beim Umgang mit Bremsflüssigkeit zu beachten?
56. Welche Gefahren bestehen, wenn an Fahrwerken gearbeitet wird?

8 Qualität, Garantie und Haftungsrecht

In diesem Kapitel werden behandelt:
- Merkmale der Qualität, siehe Kap. 8.1
- Arten der Qualität, siehe Kap. 8.2
- Qualitätssicherung, siehe Kap. 8.3
- Ursachen für steigende Qualitätsanforderungen, siehe Kap. 8.4
- Qualitätsmanagementsystem, siehe Kap. 8.5
- Haftungsrecht, siehe Kap. 8.6

8.1 Merkmale der Qualität

1 Qualität – Merkmale

Qualität ist die Güte und Beschaffenheit eines Produkts. Jeder Karosserie- und Fahrzeugbaumechaniker muss stets bemüht sein, seine Arbeit in guter Qualität auszuführen und sie dem Kunden zu übergeben.

Die Qualität soll den Kunden überzeugen, dass er wiederkommt und nicht das Produkt soll wiederkommen, weil es fehlerhaft war!

Merkmale der Qualität ergeben sich aus den Anforderungen und Erwartungen der Kunden an das Produkt oder an die Dienstleistung.

Merkmale der Qualität können sein, vgl. Bild → 1:
- pünktliche Lieferung
- Zuverlässigkeit der Nutzung
- gesetzliche Vorschriften und Normen
- Garantie

Pünktliche Lieferung
Pünktliche Lieferung bedeutet für den Kunden eine Qualität der Dienstleistung.

Beispiel:
Der Kunde hat sich vielleicht für den Empfang des Produkts von der Arbeit befreien lassen oder jemanden beauftragt, das Produkt anzunehmen.

Zuverlässigkeit der Nutzung
Die Zuverlässigkeit der Nutzung bedeutet, dass ein Produkt keine Fehler aufweist; somit ist sie ein Merkmal der Qualität.

Ein Produkt kann folgende Fehler aufweisen:
- Nichtkonformität
- kritische Fehler
- Hauptfehler
- Nebenfehler

Der Kunde hat ein Recht darauf, dass sein Produkt **konform**[1] ist mit den festgelegten Forderungen, auch wenn der Fehler noch so klein ist und die Gebrauchsfähigkeit nicht beeinträchtigt.

Beispiel:
Eine Farbdifferenz im Lack ist eine Nichtkonformität, beeinträchtigt aber nicht die Gebrauchsfähigkeit des Fahrzeugs.

Ein Produkt mit **kritischem Fehler** kann lebens- bzw. gesundheitsgefährdende Situationen schaffen und die Umwelt erheblich schädigen.

Beispiel:
Die Form eines Fahrzeuges erzeugt ab einer bestimmten Fahrgeschwindigkeit Luftströmungen (Unterdruck auf der Fahrzeugoberseite), die die Bodenhaftung der Reifen verringern. Dadurch kann es zu einem Unfall kommen.

[1] konform (lat.): übereinstimmend

Ein **Hauptfehler** beeinträchtigt vollständig oder teilweise die Funktion des Produktes, das dann nicht wie vorgesehen zu gebrauchen ist.

Beispiel:
Bei der nachträglichen Montage eines Ladekrans auf einen Nkw ergibt sich eine einseitige Massenverteilung, sodass die Radlasten einen Unterschied von 14 % aufweisen. Zulässig ist aber nur ein Unterschied von 10 %. Dadurch ist das Heben von Massen nur eingeschränkt möglich, weil die Kippsicherheit des Nkws gefährdet ist.

Bei einem **Nebenfehler** wird die Brauchbarkeit nicht wesentlich beeinträchtigt.

Beispiel:
Bei der Scheibenwaschanlage eines Pkws sind die Spritzdüsen so eingestellt, dass die Frontscheibe nur ungleichmäßig gereinigt wird.

Gesetzliche Vorschriften und Normen
Von einem Produkt wird erwartet, dass es den gesetzlichen Vorschriften und Normen entspricht.

Beispiel:
Bei einem Kofferaufbau dürfen die höchstzulässigen Maße nicht überschritten werden.

Garantie
Die Garantie ist eine freiwillige Leistung des Händlers oder des Herstellers. Fehlerhafte Produkte werden kostenlos für den Käufer in der Garantiezeit repariert oder ersetzt. Die Garantie dient dazu, das Vertrauen des Kunden in das Produkt oder in den Hersteller zu stärken.

Die **Gewährleistungspflicht** ist eine gesetzliche Regelung und beträgt 24 Monate, die bei Gebrauchtwaren auf 12 Monate verkürzt werden kann (BGB § 437). In dieser Zeit müssen fehlerhafte Produkte kostenlos für den Käufer repariert oder ersetzt werden, wenn der Fehler schon zum Übergabezeitpunkt bestand.

Von einem Produkt guter Qualität erwartet man, dass der Hersteller eine Garantie gibt, die über die gesetzliche Gewährleistungspflicht hinausgeht.

Beispiel:
30 Jahre Garantie gegen Durchrostung der Karosserie.

8.2 Arten der Qualität

Man unterscheidet folgende Qualitätsbegriffe:
- Produktqualität
- Dienstleistungsqualität

Produktqualität
Unter Produktqualität versteht man, dass das Produkt den Anforderungen entspricht, die mit dem Kunden vereinbart waren oder von ihm erwartet werden. Die Produktqualität kann somit auch subjektiv mit dem Kunden vereinbart werden. Hierbei ist eine ausführliche Kommunikation über das Produkt zwischen dem Karosserie-Instandhalter oder Karosserie- und Fahrzeugbauer mit dem Kunden erforderlich.

Es müssen eindeutig folgende Anforderungen festgelegt werden:
- genaue technische Einzelheiten des Produktes nach Kundenanforderung
- notwendige technische, gesetzliche und behördliche Anforderungen an das Produkt, die über die Kundenanforderung hinausgehen
- Lieferzeit und Lieferungsart

So kann ein Kunde, der einen bestimmten Kofferaufbau in Auftrag geben will, mit dem Karosserie- und Fahrzeugbauer die Produktqualität festlegen. Dabei werden bereits hier die eingesetzten Materialien und die Ausführung festgelegt.

Auch ein billiger Kofferaufbau muss von gleich hoher Produktqualität sein, wie ein teurer Kofferaufbau.

Wichtig ist, dass die persönlich festgelegten Anforderungen erfüllt werden.

Beispiel:
Die Anforderungen des Kunden an den billigen Kofferaufbau sind:
- nachträglicher Innenausbau in Eigenarbeit möglich
- Materialien aus Edelstahl nicht erforderlich, da der Korrosionsschutz in Eigenarbeit instand gehalten wird

Werden diese Kundenanforderungen erfüllt, hat das Fahrzeug eine gute Produktqualität.

Dienstleistungsqualität
Dienstleistungsqualität und Kundenorientierung haben einen engen Zusammenhang, weil Dienstleistungsqualität zur Kundenzufriedenheit beiträgt.

Zur Dienstleistungsqualität gehören:
- Einhaltung der Lieferzeiten
- Durchführung der Lieferung
- verständliche Funktionsbeschreibung
- Rückmeldung und Kritik von Kunden organisieren und bewerten
- Arbeitsqualität

Die **Arbeitsqualität** hängt von drei Faktoren ab:
- technische Qualität
- Arbeitsprozessqualität
- soziale Qualität

Die **technische Qualität** bezieht sich auf die technische Ausstattung der Werkstatt. Je besser sie mit modernen Prüfgeräten, Werkzeugen und technischen Einrichtungen ausgestattet ist, umso schneller und besser können Aufträge ausgeführt werden.

Unter **Arbeitsprozessqualität** versteht man die Fachkompetenz der Mitarbeiter und die Organisation des Betriebes. Der Karosserie- und Fahrzeugbaumechaniker kann mit seiner Leistung in der Arbeitsprozessqualität die Arbeitsqualität durch folgende Punkte wesentlich beeinflussen:
- jede Arbeit fachkompetent, sorgfältig und exakt durchführen
- erkennen, dass Qualität bei einem Selbst beginnt
- eine ständige Verbesserung der Arbeitsabläufe im eigenen Arbeitsbereich anstreben
- Alternativen für die Lösung von Arbeitsaufgaben entwickeln
- bereit sein, im Team zu arbeiten
- nur Qualität abliefern, denn nur, wenn Qualität nicht vorhanden ist, fällt sie auf
- Umweltgesetze und Unfallverhütungsvorschriften beachten
- für die eigene Weiterbildung mitverantwortlich sein

Die **soziale Qualität** beschreibt, wie die Mitarbeiter:
- untereinander kommunizieren und zusammenarbeiten und
- mit den Kunden umgehen.

Jeder Kunde spürt sehr schnell, ob im Betrieb die soziale Qualität stimmt.

Informationen zum Umgang mit dem Kunden siehe Kap. 12.

8.3 Qualitätssicherung

Karosserie-Instandhaltungsbetrieb und der Karosserie- und Fahrzeugbaubetrieb müssen sich sicher sein, dass der Kunde das vereinbarte Qualitätsprodukt erhält.

Das Produkt darf nicht zurückkommen und reklamiert werden, weil es fehlerhaft ist. Der Kunde soll zurückkommen und den nächsten Auftrag erteilen.

Deshalb ist die Qualitätssicherung erforderlich.

Qualitätssicherung bedeutet:
- Mache es immer sofort richtig.
- Dokumentiere, dass es richtig ist.
- Dokumentiere das Verfahren, mit dem es immer richtig ist.
- Überprüfe das Verfahren und das System regelmäßig.
- Verbessere das System und die Prozesse.

Um die Qualitätssicherung durchzuführen, überzeugt sich der Fachmann am Schluss der Arbeit, ob seine Arbeitsqualität in Ordnung ist.

Hierzu sind folgende Fragen zu beantworten, am besten in Form einer Prüfliste:
- Sind alle Punkte des Arbeitsplans abgearbeitet und dokumentiert?
- Welche Arbeitsergebnisse müssen durch Prüfen (Sichtprüfung, Messen und Lehren) kontrolliert werden?
- Sind alle Daten dokumentiert?
- Ist das Fahrzeug in einem sauberen Zustand?
- Ist eine Probefahrt gemacht worden?
- Sind anfallende Reststoffe ordnungsgemäß entsorgt?
- Welche Informationen müssen an den Kunden weitergegeben werden?
- Wie kann ich die Arbeitsqualität verbessern?

GEMEINSAMES BEIDER FACHRICHTUNGEN

8.4 Ursachen für steigende Qualitätsanforderungen

Die Qualitätsanforderungen der Kunden ändern sich ständig, hierfür können folgende Ursachen angeführt werden:

- Wachsender Wohlstand führt zu veränderten Bedürfnissen wie Funktion, Leistung, Robustheit.
- Geltungswert wird zunehmend wichtiger: Der Arme will mehr, der Reiche will Besseres.
- Wegwerf-Mentalität schwindet, langlebige Produkte werden verlangt.
- Technisierung der Lebensführung, d. h. Abhängigkeit von der Funktionsfähigkeit und höhere Anforderungen an Sicherheit und Zuverlässigkeit.
- Zunehmendes Bedürfnis an Beratung und Schutz durch Stiftung Warentest, wachsende Sicherheitsvorschriften, Umweltschutzverordnungen, Normen und Gesetze.
- Zunehmende Angleichung der Technik und des Designs von Produkten, die Unterscheidung durch Qualität ist erforderlich.
- Gesättigter Markt braucht markentreue Wiederkäufer; die Treue wird wesentlich von der Dienstleistungs- und Produktqualität beeinflusst.
- Qualität ist ein entscheidendes Argument, um höhere Preise zu rechtfertigen, z. B. gegenüber von Anbietern aus Niedriglohnländern.

8.5 Qualitätsmanagementsystem

Qualitätsmanagement (**QM**) ist eine Tätigkeit zum Leiten und Lenken von Qualitätsansprüchen eines Betriebes.

Inhalte des QM:

- Festlegen der Qualitätspolitik (Qualitätsplanung)
- Festlegen von Qualitätszielen
- Erreichen der Qualitätsziele
- Qualitätsverbesserung

Elemente des QM-Systems:

- Aufbauorganisation
- Ablauforganisation
- Mittel: Personen, Informationen, Material
- QM-Handbuch
- Audits (Kontrolle) und Selbstbewertung

Der nationale und internationale Wettbewerb bei der Instandhaltung und Fertigung von Kraftfahrzeugen steigt. Damit steigen auch die Erwartungen der Kunden. Das führt dazu, dass hohe Anforderungen an die Betriebe gestellt werden, damit sie gute Qualität abliefern.

Des Weiteren

- empfehlen Kfz-Versicherungen für die Kfz-Instandsetzung Firmen, die mit Qualitätsmanagementsystem arbeiten,
- arbeiten Fahrgestelllieferanten vornehmlich mit Aufbauherstellern zusammen, die ein Qualitätsmanagementsystem nachweisen können.

Darum wird es immer mehr erforderlich, in der betrieblichen Organisation ein System zur Sicherung der Qualität zu verwenden. Dann kann jeder, der in die Produktion eingebunden ist, die Qualitätsanforderungen nachlesen und entsprechend danach verfahren.

Deshalb wurden die europäischen Normen DIN EN ISO 9001 und DIN EN ISO 9004 für ein QM-System festgelegt. Dieses QM-System soll mit seinen Regeln sicherstellen, dass die Produkt- und Dienstleistungsqualität erfüllt wird, um die Kundenzufriedenheit zu erhöhen.

Zur Anwendung des QM-Systems in einem Betrieb ist ein **Qualitätsmanagementhandbuch** zu erstellen. Darin müssen enthalten sein: Anwendungsbereich, Verfahren und Beschreibung der Wechselwirkung der einzelnen Prozesse des QM-Systems.

Ein Hauptziel des QM-Systems ist, die Qualität zu erfüllen und zu verbessern. Deshalb wird der Ansatz befolgt:
Planen – Durchführen – Bewerten – Weiterentwickeln.

8.6 Haftungsrecht

Grundgedanke des Haftungsrechts ist es, dass nicht der Geschädigte oder gar die Allgemeinheit den verursachten Schaden tragen soll.

Den Schaden soll in jedem Fall derjenige tragen, der ihn verursacht hat.

Das nennt man das **Verursacherprinzip**.

Die Schadenersatzpflicht tritt erst dann ein, wenn der betreffenden Person auch eindeutig nachgewiesen wurde, dass sie den Schaden verursacht hat, weil gegen einen Vertrag oder gegen ein Gesetz verstoßen wurde. Dieser Verstoß kann vorsätzlich oder auch fahrlässig erfolgt sein.

Es gibt allerdings auch verschuldensunabhängige Haftungsfälle, z. B. Tierhalterhaftung oder die Produkthaftung.

Die **Produkthaftung** sagt aus, dass der Hersteller für Folgeschäden aus der Benutzung seiner Produkte haftet, siehe Bild ➔ 1.

Bei der Produkthaftung gehört das **Produkthaftungsgesetz (ProdHaftG)** zur Gruppe der „Außervertraglichen Haftung".

Das ProdHaftG befasst sich mit der verschuldensunabhängigen Haftung. **Verschuldensunabhängige Haftung** bedeutet, dass der Hersteller auch dann haftet, wenn ihn weder Vorsatz noch Fahrlässigkeit nachgewiesen wird. Der Hersteller haftet sogar bei nicht vermeidbaren Fehlern an Einzelstücken (sog. „Ausreißer").
Zu einem möglichen Haftungsausschluss kann es nur kommen, wenn der Nachweis vom Hersteller erbracht wird, dass das Produkt bei Auslieferung fehlerfrei war.

Nach dem ProdHaftG ist Hersteller der:
- tatsächliche Hersteller des Endprodukts
- Zulieferer eines Teilprodukts, sofern dieses tatsächlich fehlerhaft war
- Importeur eines Produkts von außerhalb der EU
- Händler, soweit er auf dem Produkt seinen Namen, sein Warenzeichen oder ein anderes unterscheidungskräftiges Kennzeichen anbringt (Quasi-Hersteller)
- Lieferant, wenn der Hersteller des Produkts nicht festgestellt werden kann; dies gilt nicht, wenn der Lieferant innerhalb eines Monats den Namen seines Vorlieferanten oder Herstellers mitteilt

Nach dem ProdHaftG kann Haftung für den Hersteller zivilrechtliche und/oder strafrechtliche Folgen haben. Deshalb ergeben sich für den Hersteller die Forderungen:
- Fehler bei der Produktion vermeiden
- Nachweis von Fehlerfreiheit ermöglich

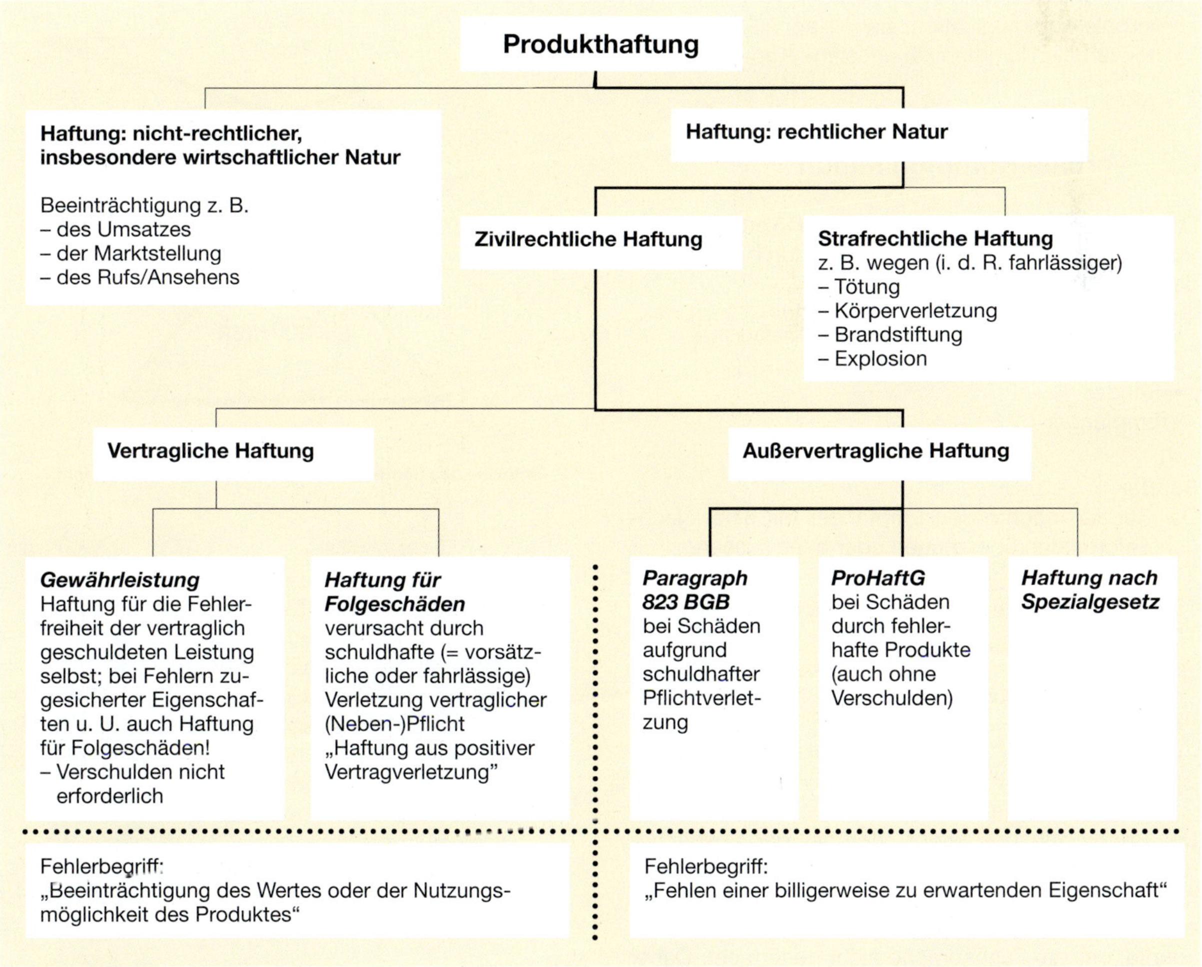

1 Produkthaftung

9 Kommunikation

In diesem Kapitel werden behandelt:
- Begriff Kommunikation, siehe Kap. 9.1
- Verbale Kommunikation, siehe Kap. 9.2
- Nonverbale Kommunikation, siehe Kap. 9.3

9.1 Begriff Kommunikation

1 Kommunikation

Wenn Menschen aufeinandertreffen, müssen sie sich untereinander verständigen – sie kommunizieren. Das tun sie bewusst oder unbewusst.

Danach unterteilt man in, vgl. Bild → 1:
- verbale Kommunikation, siehe Kap. 9.2
- nonverbale Kommunikation, siehe Kap. 9.3

9.2 Verbale Kommunikation

Die verbale Kommunikation ist die Verständigung durch Sprache; sie wird wesentlich durch den Klang der Stimme beeinflusst.

Verbale Kommunikation findet immer statt zwischen:
- Sender
- Empfänger

Sender
Der Sender möchte den Empfänger mit einer Nachricht/Information überzeugen oder beeinflussen.

Dazu bedient er sich der vier Möglichkeiten, siehe Bild → 2:
- Sachinhalt
- Selbstoffenbarung
- Beziehung
- Appell

Der **Sachinhalt** beschreibt, worüber der Sender informieren möchte. Es ist wichtig, dass der Sachverhalt klar und deutlich mitgeteilt wird. Dabei ist zu beachten, dass der Empfänger ein fachlicher Laie sein könnte, der die Fachsprache nicht beherrscht. Daher muss der Sachverhalt so erklärt werden, dass er für den Empfänger klar verständlich ist.

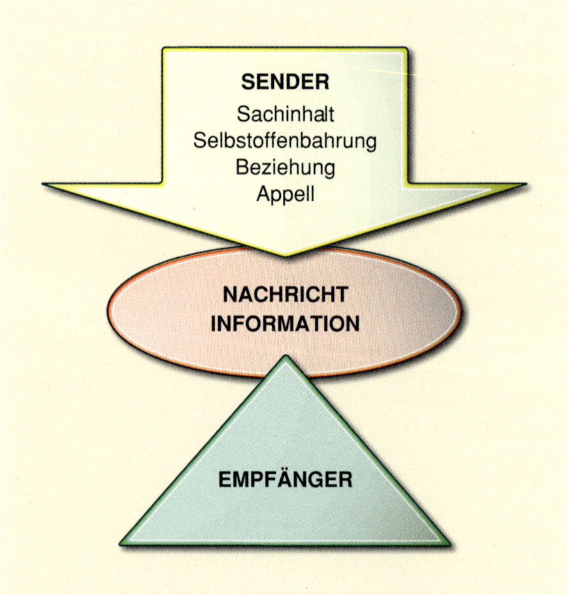

2 Einflüsse des Senders auf die zu empfangene Nachricht

Beispiel:
Der Pkw eines Kunden wurde auf dem Parkplatz an der vorderen linken Türunterseite beschädigt. Im Karosserie-Instandsetzungsbetrieb wird eine Sichtprüfung vorgenommen mit dem Ergebnis, dass nur in der Verkleidung der Tür eine Delle ist. Es handelt sich um einen kleinen Schaden; Primär- und Sekundärträger wurden nicht beschädigt. Dem Kunden wird erklärt:
Die Sicherheit der Pkw-Karosserie ist durch den Schaden nicht beeinträchtigt. Die Delle kann ausgebeult und die Tür neu lackiert werden.

Die **Selbstoffenbarung** sagt aus, was der Sender von sich selbst kundgibt. Hierbei gibt er einen Teil seiner Persönlichkeit an den Empfänger preis; dies geschieht bewusst, antrainiert oder unbewusst. Er kann auf seine Kenntnis in der Fahrzeugtechnik hinweisen.

Beispiel:
Die Korrosion an den Karosserieteilen ist eindeutig auf Kontaktkorrosion zurückzuführen, denn hier handelt es sich um zwei verschiedene Metalle, die sich berühren und nicht gegen Feuchtigkeit geschützt sind.

Beziehung bedeutet, wie der Sender den Empfänger persönlich einschätzt und mit ihm spricht. Dabei gibt er zu erkennen, was er von ihm hält und wie er zu ihm steht, siehe Bild ➔ 1.

Bereits aus der gewählten Form der Anrede soll der Empfänger erkennen, wie er eingeschätzt wird.

Beispiel:
Herr Meyer, da Sie schon jahrelang unser Spitzenmodell fahren, können Sie mir sicherlich aus Ihrer Erfahrung heraus etwas über das Fahrverhalten der hydropneumatischen Federung sagen.

Der **Appell** gibt an, wozu der Sender den Empfänger veranlassen möchte – er will ihn mit dieser Nachricht oder Information beeinflussen. Hierbei darf in keinem Fall übertrieben werden, sonst wird das Gegenteil erreicht.

Beispiel:
Die Navigationsanlage ist in der heutigen Zeit unverzichtbar. Sie finden sich kaum noch in Städten zurecht. Eine Navigationsanlage ist ein Statussymbol und gehört unbedingt in Ihr Fahrzeug. Die Zubehörteile für die Nachrüstung eines Navigationssystems haben wir vorrätig.

Der Empfänger

Die Nachricht oder Information des Senders ist wenig hilfreich, wenn sie nicht exakt empfangen wird, siehe Bild ➔ 2.

Grundsätzlich gilt:
Wahr ist, was der Empfänger verstanden hat

Das muss nicht immer gleich sein mit dem, was der Sender gesagt hat oder sagen wollte.
Darum muss sich der Empfänger auf das Gespräch konzentrieren und wichtige Verhaltensregeln zum Zuhören beachten.

1 **Beziehung zum Kunden**

2 **Die Nachricht muss empfangen werden**

Wichtige Verhaltensregeln für das Zuhören sind:
- nicht sprechen und geduldig zuhören
- zeigen, dass man empfangen will
- signalisieren, dass man verstanden hat
- sich in den Sender hineinversetzen
- durch Nachfragen Rückmeldung geben

Nicht sprechen und geduldig zuhören, während der Sender spricht, damit gibt man zu erkennen, dass man interessiert zuhört. Dagegen zeigt man wenig Interesse an der Information des Senders, wenn man ihn im Satz unterbricht und ihm nicht die Gelegenheit gibt zum Ausreden.

Zeigen, dass man empfangen will durch positive Körpersprache, z. B. Freundlichkeit, Blickkontakt. Dadurch ermuntert man den Gesprächspartner, sein Anliegen vorzutragen, siehe Bild ➔ 1, Seie 378.

Dem Sender muss **signalisiert werden, dass man verstanden hat**, was er meint. Das kann man erreichen, durch z. B. Nicken, Bestätigen einer Aussage. So wird eine fachlich positive Atmosphäre geschaffen.

Sich in den Sender hineinversetzen bedeutet, dass man bereit ist, Probleme aus seiner Sichtweise zu verstehen.
Diese Probleme sollten mit Feingefühl und Geschick realistisch gelöst werden, wie z. B. Angebotskosten, Fahrzeugausstattung, Reparaturausführung.

Durch Nachfragen Rückmeldung geben ermuntert den Gesprächspartner zu detaillierten Erklärungen und auch zu präzisen Aussagen, siehe Bild → 2. Es ermöglicht auch, das Gespräch in eine bestimmte gewünschte Richtung zu lenken.

9.3 Nonverbale Kommunikation

Die nonverbale Kommunikation ist die nichtsprachliche Kommunikation. Sie findet durch Blickkontakt und Körperhaltung statt, man spricht auch von **Körpersprache**. Hierbei kann durch eine positive Körpersprache dem Kunden vermittelt werden, dass er ein gern gesehener Mensch ist.

Beim Gespräch mit dem Kunden wird verlangt, dass sich der Mitarbeiter auf die Persönlichkeit des Kunden einstellt und die Verhaltensregeln für das Zuhören berücksichtigt. Der Kunde muss aber auch von technischen Erfordernissen und den damit verbundenen Kosten überzeugt werden. Und das muss vom Kunden als Empfänger richtig gehört und verstanden werden.

Die Körpersprache ist ein wesentlicher Teil der Ausdrucksform des Mitarbeiters. Sie wird bewusst oder auch unbewusst verwendet und kann für den aufmerksamen Empfänger verraten, ob die Worte und die Gedanken des Absenders übereinstimmen.

Im Verlauf eines Gespräches können folgende verschiedene Körpersignale mit positiver oder negativer Wirkung eingesetzt werden:
- Blickkontakt
- Abstand
- Körperhaltung
- Mimik
- Gestik

Der **Blickkontakt** ist die Kontaktaufnahme zwischen Mitarbeiter und Kunden. Es ist wichtig, von Anfang an den Kunden freundlich ins Gesicht zu sehen. Dieser Blickkontakt sollte während des Gespräches bestehen bleiben, ohne jedoch den Kunden zu irritieren.

Der **Abstand** bestimmt den persönlichen Kontakt zum Kunden. Bei fremden Kunden ist ein Abstand von 2 m angemessen. Man kommt sich näher, wenn die persönliche Beziehung enger ist.

1 Kunde kann sein Anliegen vortragen

2 Präzise Aussage durch Nachfragen

Die **Körperhaltung** kann die Stimmung des Kunden oder Mitarbeiters wiedergeben. Beispiele:
- Lässige Haltung und Hand in der Tasche drücken Überheblichkeit aus.
- Eng verschränkte Arme deuten auf Unnahbarkeit hin.
- Lockere Haltung der Arme kann Wohlbefinden widerspiegeln.

Die **Mimik** wird durch die Bewegung der Gesichtsmuskulatur erzeugt. Sie ist die Ausdrucksform des Gesichtes. Mit ihr kann der Kunde oder Mitarbeiter Sicherheit, Sorge, Überraschung, Freude, Ärger oder Ratlosigkeit ausdrücken.

Die **Gestik** ist die Ausdrucksbewegung besonders der Hände und Arme. Ihr fällt bei der Körpersprache eine besondere Bedeutung zu. Es gibt Menschen, die sprechen mit Händen und Armen. Mit der Gestik drückt der Kunde oder Mitarbeiter Kontaktbereitschaft aus – oder Ablehnung, Ratlosigkeit, Anspannung, Aggression.

10 Teamarbeit

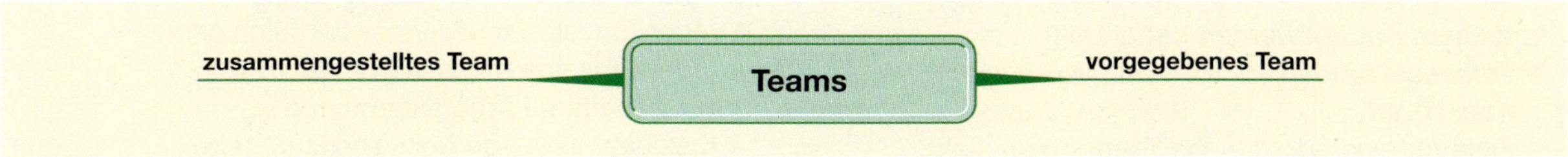

1 Teams

In diesem Kapitel werden behandelt:
- Arten von Teams, siehe Kap.10.1
- Im Team arbeiten, siehe Kap. 10.2

10.1 Arten von Teams

Bei der Ausbildung im Betrieb, in der Berufsschule und in Fortbildungsstätten arbeiten die Auszubildenden in Gruppen – wie im späteren Arbeitsleben auch. Wird in **Gruppenarbeit** gemeinsam ein Kundenauftrag als Produkt oder Dienstleistung erstellt und geliefert, nennt man das auch Teamarbeit.

Teams können sich auf unterschiedlicher Art herausbilden.

Danach unterscheidet man, vgl. Bild → 1:
- vorgegebenes Team
- zusammengestelltes Team

Vorgegebene Teams

In kleinen oder mittleren Betrieben ist die Bildung von Teams meist vorgegeben. Aufgaben und Verantwortlichkeiten der Teammitglieder sind von vornherein festgelegt.

Teammitglieder der vorgegebenen Teams sind:
- Firmeninhaber oder Geschäftsführer
- Kundendienstberater
- Werkstattmeister
- Gesellen
- Auszubildende

Der **Firmeninhaber oder der Geschäftsführer** trägt die Verantwortung für den Geschäftserfolg. Er vertritt die Firma nach außen und er ist daher zuständig für das Erscheinungsbild des Betriebes und die Kontaktpflege zu den Kunden. Weiterhin ist der Firmeninhaber oder der Geschäftsführer auch zuständig für die Personalauswahl und die Organisation des Betriebes nach innen. Er lenkt das Team.

Der **Kundendienstberater** ist das Bindeglied zwischen Betrieb und Kunden. Er muss daher in das Qualitätsmanagement des Betriebes eingebunden sein. Er ist das Mitglied des Teams, das Kundeninformation und Kenntnis der Qualitätsansprüche besitzt.

Der **Werkstattmeister** führt das Team bei der Arbeitsausführung. Er bespricht mit dem Team die Arbeitsaufgaben, macht die Terminplanung, verteilt die Arbeit auf Gesellen und Auszubildende, überwacht die Arbeitsabläufe, die Arbeitsqualität und die Ausbildung der Auszubildenden.

Die **Gesellen** führen mit den **Auszubildenden** die Arbeit aus und kontrollieren ihre Arbeitsqualität. Die Auszubildenden lernen im Produktionsablauf von der Zusammenarbeit mit dem Gesellen; damit erhalten sie ihre praktische Ausbildung für ihr späteres Berufsleben.

Zusammengestellte Teams

In der Berufsschule und in Fortbildungsstätten müssen sich die Mitglieder der Teams erst finden. Das Team sollte höchstens aus vier bis sechs Mitgliedern bestehen, um effektiv arbeiten zu können. Bei zu vielen Teammitgliedern wird zu leicht die Konzentration an der Teamarbeit gestört.

Die Teammitglieder können zusammengestellt werden nach:
- Zufallsauswahl
- Geschlecht
- Alter
- Neigungen
- Beruf

Die zusammengestellten Teams bearbeiten eine oder mehrere Aufgaben. Es können aber auch für weitere Teamarbeiten neue Teams zusammengestellt werden; dann kommen mehrere neue Ideen in die Teamarbeit und die Ideenfindung wird gesteigert. Eine neue Idee wird oft auch als **Kreativität** bezeichnet. Jedoch bedeutet Kreativität die **Schöpferkraft** – also ist nur der kreativ, der aus einer Idee etwas schafft.

10.2 Im Team arbeiten

In diesem Kapitel werden behandelt:
- Voraussetzungen für Teammitglieder, siehe Kap. 10.2.1
- Ziele für eine erfolgreiche Teamarbeit, siehe Kap. 10.2.2
- Bearbeiten von Aufgaben, siehe Kap. 10.2.3
- Ergebnis präsentieren, siehe Kap. 10.2.4

10.2.1 Voraussetzungen für Teammitglieder

Die Teammitglieder müssen zunächst ihre Position in der Gruppe finden. Dazu sollten sie sich auf eine Aufgabenverteilung einigen, falls diese nicht in der Arbeitsaufgabe festgelegt ist.

Die Aufgaben können wie folgt verteilt werden:
- Organisation der Teamarbeit
- Präsentation des Arbeitsergebnisses
- Dokumentation der Teamarbeit
- Erfüllung von Einzelaufgaben

Die Organisation der Teamarbeit übernimmt der Teamleiter; die Präsentation des Arbeitsergebnisses erfolgt durch den Teamsprecher. Für die Dokumentation der Teamarbeit ist der Schriftführer zuständig. Teamleiter, Sprecher, Schriftführer und die anderen Teammitglieder sind gemeinsam mit der Erfüllung von Einzelaufgaben befasst, um den gemeinsamen Arbeitsauftrag zu erfüllen.
Ein Team arbeitet gut, wenn sich jedes Teammitglied an bestimmte Regeln hält.

Regeln für die **Teamarbeit** sind:
- angemessene Umgangsformen praktizieren; alle Teammitglieder akzeptieren sich gegenseitig
- gut funktionierende Gruppenkommunikation
- alle Meinungen und Kritiken sind zugelassen
- Bereitschaft und Wille jedes Einzelnen, sich in der Gruppe zu engagieren
- Bereitschaft und Wille jedes Einzelnen, die eigenen Fähigkeiten zu erproben
- die erforderlichen Informationen allen Teammitgliedern zugänglich machen
- positive Einstellung der Teammitglieder zum schöpferischen Denken und Handeln

10.2.2 Ziele für eine erfolgreiche Teamarbeit

Die Teamarbeit hat gegenüber der Einzelarbeit den wesentlichen Vorteil, dass mehr Informationen und Ideen in die Arbeit einfließen. Dadurch arbeitet das Team schöpferisch und kommt zu besseren Arbeitsergebnissen.

Der Erfolg der Teamarbeit hängt davon ab, wie folgende grundsätzliche **Teamziele** eingehalten werden:
- jeder Einzelne muss verantwortlich sein
- jeder Einzelne muss sich einsetzen
- die Arbeitsaufgabe akzeptieren
- fasziniert sein von der Arbeitsaufgabe
- Arbeitsaufgabe eindeutig formulieren
- Arbeitsaufgabe messbar definieren
- Arbeitsaufgabe schriftlich festlegen
- Unterziele ableiten

Große Bedeutung bei den Teamzielen hat auch, inwiefern und wie weit ein Team bei der Formulierung der Teamziele beteiligt werden soll.

Bei der Formulierung von Teamzielen dürfen keine ungeeigneten Ziele für die Teamarbeit aufgestellt werden. Ungeeignete Ziele behindern eine erfolgreiche Teamarbeit.

Ungeeignete Teamziele sind:
- unverbindliche Absichtserklärungen
- unrealistische Wunschvorstellungen
- nur vage umrissene Ideen
- Alibi-Ziele, die von keinem so recht ernst genommen werden
- Ziele, die erst im Nachhinein festgelegt werden
- andauernde Änderung der Ziele während der Teamarbeit

10.2.3 Aufgaben im Team bearbeiten

Einstellung der Teammitglieder
Beim Bearbeiten von Aufgaben müssen die Teammitglieder eine positive Einstellung gegenüber dem schöpferischen Denken und Handeln haben.

Durch folgende traditionelle Strukturen können aber **negative Einstellungen** gegenüber dem schöpferischen Denken und Handeln entstehen:
- Findet die Teamsitzung in seinem Arbeitsbereich statt, werden die Vorschläge des Vorgesetzten beklatscht.
- Neue spontane Lösungsvorschläge werden nicht akzeptiert.
- Schüchterne Teammitglieder kommen nicht zum Zug.
- Teammitglieder sind beleidigt, wenn ihr Vorschlag keine Zustimmung bekommt.
- Ehrgeizige Teammitglieder zücken schon im Vorfeld eine Liste mit ausgearbeiteten Vorschlägen.
- Teammitglieder fühlen sich nicht zuständig.
- Von funktionierenden konventionellen Lösungen sollte man nicht abweichen.
- Betriebsübliche Lösungen sind zu bevorzugen.

Die **positive Einstellung** der Teammitglieder zum schöpferischen Denken und Handeln wird dadurch gefördert, wenn alle Teammitglieder aktiv an der Bearbeitung von Aufgaben beteiligt werden.

Probleme können gelöst werden mit Hilfe:
- von Brainstorming
- der Checklist-Technik
- des Fischgrät-Diagramms

Brainstorming

Beim **Brainstorming**[1] geht es darum, seinen Gedanken freien Lauf zu lassen und möglichst viele Ideen zu liefern. Der Teamleiter muss das Problem formulieren und auf eine Tafel oder auf ein Flipchart schreiben und die Zeit festlegen. Danach äußern die Teammitglieder spontan durch Zuruf, was ihnen zu dem formulierten Problem einfällt.

Diese Ideen schreibt der Teamleiter unter das formulierte Problem. Dabei zählt nicht die Qualität, sondern die Quantität der Ideen.

Machbarkeit, Sachzwänge, Zeit und Geld müssen ignoriert werden. Auch unsinnige Ideen, die möglicherweise nichts mit dem Problem zu tun haben, müssen sofort geäußert werden. Der Grund dafür ist, dass jede noch so blöde Idee vielleicht andere Teammitglieder auf eine gute Idee führt.

Die Bewertung der Ideen erfolgt erst nach dem eigentlichen Brainstorming. Auch abwertende Kommentare wie „Das klappt doch nie.“ oder „So ein Blödsinn.“ dürfen nicht geäußert werden, denn frühe Kritik behindert das schöpferische Denken. Oft sind gerade lustige und unrealistische Ideen Ausgangspunkt für neue Gedankengänge, weil die gewohnten Denkbahnen verlassen werden.

Der beste Zeitrahmen für das Brainstorming liegt bei 20 bis 30 Minuten. Die vorgegebene Zeit für das Brainstorming sollte auf jeden Fall eingehalten werden. Fällt einem momentan nichts ein, kann man sich die aufgeschriebenen Ideen durchlesen. Dadurch kommen evtl. neue Ideen.

Die Auswertung der Ideen sollte nach einer längeren Pause, besser am nächsten Tag durchgeführt werden. Denn es muss erst von der ausgelassenen Stimmung des Brainstormings auf eine ernsthafte Bewertung umgestellt werden.

Beispiel

Das Problem: Die Unterseiten einer Pkw-Tür sind nach kurzer Zeit durch Korrosion stark beschädigt. Folgende Ideen können genannt und unter das formulierte Problem geschrieben werden:
- Türen aus rostfreiem Stahl herstellen
- bei jeder Inspektion die Türen regelmäßig auf Korrosionsschutz prüfen und ausbessern, wenn erforderlich
- Türen bei Beschädigung auswechseln
- Türen aus Kunststoff verwenden
- Türen mit Kunststoff verkleiden
- Türen bis zur halben Höhe mit Unterbodenschutz versehen
- Türen im unteren Bereich ausschäumen
- Türen im unteren Bereich mit Wasserablauflöchern versehen
- Warmluft der Heizungsanlage in die Türen leiten
- Türen aus Aluminium herstellen

Die Auswertung der Ideen erfolgt zu einem späteren Zeitpunkt.

Checklist-Technik

Mit Hilfe einer Checklist-Technik können die Ideen aus dem Brainstorming ausgewertet werden. Jede der vorgeschlagenen Ideen wird im Hinblick auf das formulierte Problem geprüft.
Das Team analysiert die Ideen. Vor- und Nachteile werden einander gegenübergestellt, unterschiedliche Ideen werden diskutiert und mögliche Kombinationen gebildet. Das Endziel ist die beste Problemlösung aus ökonomischer und ökologischer Sicht.

Beispiel

Das Problem: Die Unterseiten einer Pkw-Tür sind nach kurzer Zeit durch Korrosion stark beschädigt. Bei der Auswertung für jede formulierte Idee im Brainstorming kann die Checkliste wie folgt aussehen:
- Kann man die Türen weiter verwenden?
- Müssen die Türen noch bearbeitet werden?
- Sollte man die Türen leicht verändern oder umwandeln?
- Sollte man die Türen vergrößern?
- Kann man die Türen verkleinern?
- Muss man die Kontur der Türen verändern?
- Muss man den Einbau der Türen umorganisieren?
- Kann man die Einbaufolge umkehren?
- Sind die Türen mit anderen Bauteilen zu kombinieren?

Diskussion und Bewertung der einzelnen Fragen entscheiden dann über die einzelne Idee.

[1] Brainstorming: brain (engl.): Gehirn, storming (engl.): Sturm

Fischgrät-Diagramm
Wenn bei der Bearbeitung von Aufgaben ein Problem gelöst werden soll, kann das Fischgrät-Diagramm angewendet werden. Die Bezeichnung kommt daher, weil sich die Einflussgrößen für ein Problem in Form eines Fisches darstellen lassen, vgl. Bild → 1.

Das Fischgrät-Diagramm wird auch genannt:
- Ursache-Wirkungs-Diagramm
- 4-M-Diagramm
- Ishikawa-Diagramm

Problem bzw. Wirkung und Ursache ist mit dem Fischgrät-Diagramm einfach aufzuzeigen, deshalb wird es auch **Ursache-Wirkungs-Diagramm** genannt.

Der Name **4-M-Diagramm** kommt daher, weil sich meist die Haupteinflussgrößen nach den vier M unterteilen lassen:
- **M**ensch: alle Ursachen, die aus fehlender Erfahrung, Fähigkeiten, Kenntnisse, persönlichem Verhalten und Einstellung zur Arbeit entstanden sein können
- **M**aschine: alle Ursachen, die durch Einrichtungen, Arbeitsplatzgestaltung, Messeinrichtungen, Werkzeuge und Maschinen entstanden sein können
- **M**ethode: alle Ursachen, die durch intern vorgegebene Arbeitsabläufe, Organisationsstrukturen, Dienstanweisungen und Kontrollverfahren entstanden sein können
- **M**aterial: alle Ursachen, die durch eingesetzte Materialien und Zulieferteile entstanden sein können

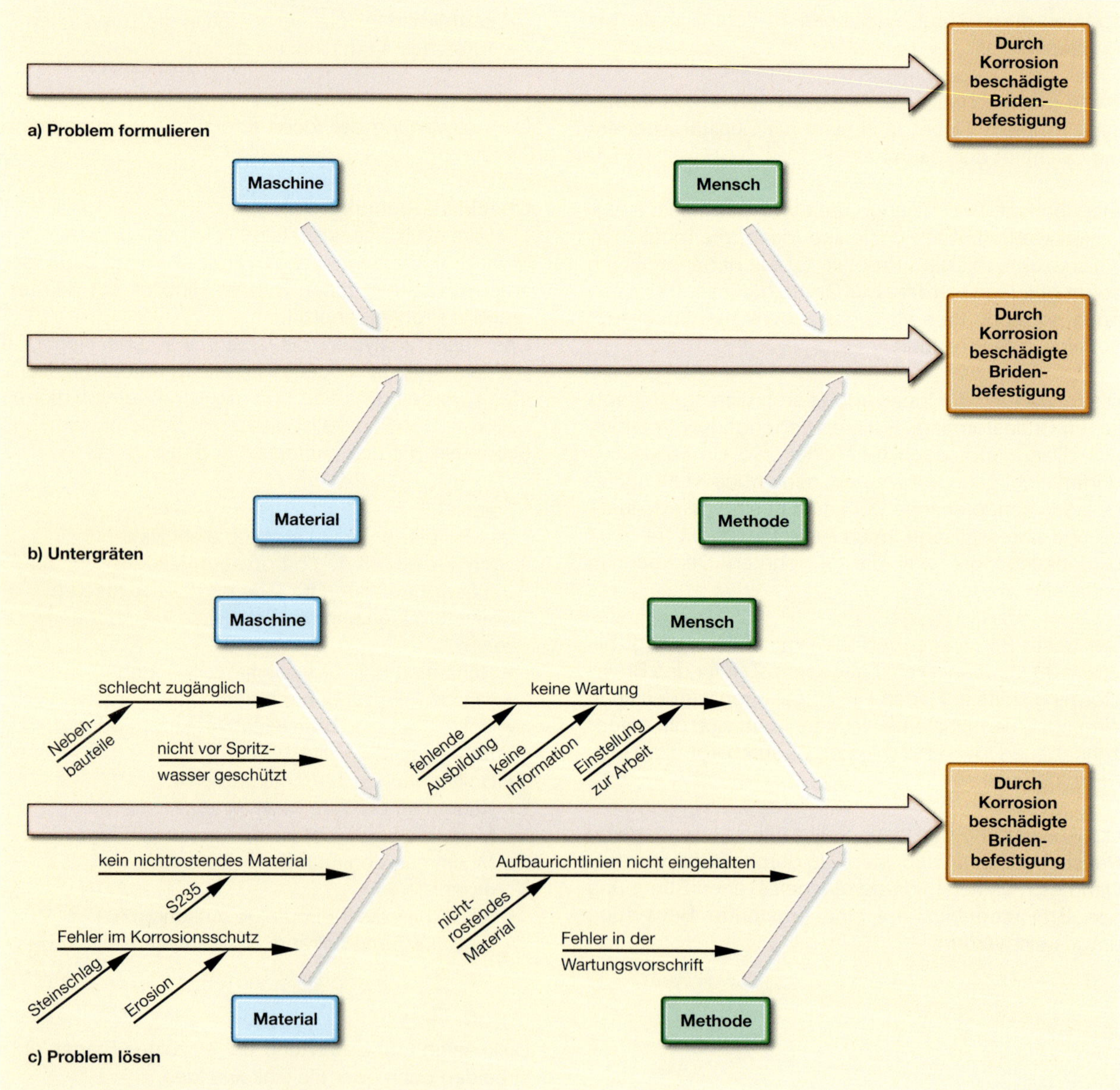

1 Fischgrät-Diagramm – korrodierte Bridenbefestigung

Professor Kaoru Ishikawa, ein Japaner, hat diese Methode erfunden, daher auch der Name **Ishikawa-Diagramm**.

Im Fischgrät-Diagramm geben die Pfeile der Fischgräten stets die Richtung der Ursache an. Das Fischgrät-Diagramm ermöglicht dabei ein strukturiertes Vorgehen bei der Lösung der Probleme. Es ist leicht erlernbar und kann sofort angewendet werden. Bei komplexen Problemen ist es allerdings umfangreich und kann unübersichtlich werden.

Beispiel:
Das Problem: Die Bridenbefestigung ist nach kurzer Zeit durch Korrosion stark beschädigt:
- Als Erstes muss immer das Problem klar und deutlich formuliert werden, siehe Bild → 1a, Seite 382.
- Jetzt muss in den 4-M-Bereichen, oder auch in zusätzlichen Bereichen, nach möglichen Ursachen für das Problem gesucht werden. Dabei unterscheidet man Haupt- und Nebenursachen. Diese Bearbeitung kann mit Brainstorming erfolgen.
- Von den Hauptursachen lassen sich als „Untergräten" Nebenursachen ableiten, siehe Bild → 1b, Seite 382.
- Die Nebenursachen werden hinterfragt und bewertet. Daraus werden die Maßnahmen zur Lösung des Problems vereinbart, siehe Bild → 1c, Seite 382.

10.2.4 Ergebnis präsentieren

Zuständig für das Präsentieren des Ergebnisses der Teamarbeit ist der Teamsprecher, siehe Bild → 1.

Die Präsentation gliedert sich in die drei Phasen:
- Vorbereitung der Präsentation
- Durchführung der Präsentation
- Nachbereitung der Präsentation

Vorbereitung der Präsentation
Für die Vorbereitung der Präsentation muss der Empfänger bekannt sein. Das kann sein:
- Meister oder Chef des Betriebes
- alle Mitarbeiter einer Abteilung oder des Betriebes
- einzelne Kunden
- Kunden und Geschäftspartner als Gruppe
- Mitschüler einer Klasse

Nach diesen Empfängern richtet sich, welche Hilfsmittel man einsetzt. Üblich sind Tafel, Flipchart, Folien, Farbdias, Plakate oder Beamer.

Hier gilt das geflügelte Wort:
„Ein Bild sagt mehr als tausend Worte".

1 Präsentation, hier im Virtual-Reality-Center

Man nennt die bildliche Darstellung **Visualisierung**. Bilder erleichtern das Verstehen und kann die Aufmerksamkeit der Empfänger fördern. Es muss jedoch eine ausgewogene Mischung aus Bildern und sprachlicher Information gewählt werden, um die Aufmerksamkeit der Empfänger zu erhalten. Für den sinnvollen Einsatz der Hilfsmittel kann weniger auch mehr bedeuten.

Wichtig ist:
Die Funktion der Hilfsmittel vor der Präsentation prüfen.

Vor der inhaltlichen Vorbereitung der Präsentation sollte zunächst das Ziel der Teamarbeit klar und deutlich formuliert und „knallig" dargestellt werden, damit die Empfänger motiviert werden. Die Auswahl der Inhalte richtet sich nach der sachlichen Notwendigkeit und nach den Empfängern.

Auf jeden Fall ist eine klare und systematische Gliederung erforderlich, die zum Ziel der Teamarbeit führt. Bei der Erstellung des Präsentationsmanuskripts soll man sich auf den Inhalt konzentrieren und die Dinge mit einfachen Worten auf den Punkt bringen.

Durchführung der Präsentation

Für die Durchführung der Präsentation gelten die Grundregeln der Kommunikation, vgl. Kap. 9.

Daneben sind folgende Hinweise zu beachten:
- Nennen Sie das Thema und geben Sie die Gliederung an.
- Sprechen Sie möglichst frei.
- Sprechen Sie langsam und laut.
- Sprechen Sie einfach und verwenden Sie keine langen Wörter; Fremdwörter sind zu vermeiden – es gibt immer einen einfachen, deutschen Begriff.
- Verwenden Sie Gesten, die den Worten angepasst sind; damit werden Sie nicht nur gehört, sondern auch gesehen. Das erhöht die Aufmerksamkeit.
- Halten Sie Augenkontakt zu den Empfängern.
- Bieten Sie Fragen an.
- Die abschließenden Worte bleiben am längsten in Erinnerung; darum packen Sie das wichtigste Ziel der Mitteilung in den Schluss.
- Sprechen Sie niemals zu lange. Hören Sie auf, bevor die Empfänger den Wunsch bekommen, dass Sie aufhören mögen.

Weitere Regeln siehe Bild → 1.

Nachbereitung der Präsentation

Zur Nachbereitung der Präsentation muss man untersuchen:
- Ist das Ziel der Teamarbeit dem Empfänger klar geworden?
- War der Einsatz der Hilfsmittel angemessen gewählt?
- Waren Auswahl des Inhalts und Gliederung für diese Empfänger richtig?
- War die Sprache verständlich?
- Kann die Präsentation verbessert werden

1. **Man kann über alles reden, aber nicht über 45 Minuten.**
2. **Das Publikum ist wichtiger als das Manuskript.**
3. **Nicht jede Rede muss bei Adam und Eva beginnen.**
4. **Wer verstanden werden will, muss verständlich sprechen.**
5. **Auch wenn alles falsch ist, müssen die Namen stimmen.**
6. **Witz ist gut, selbst gute Witze sind nicht immer angebracht.**
7. **Wer keine Frage offen lässt, hat die Diskussion abgewürgt.**

1 Sieben goldene Regeln von Rolf Breitenstein[1]

[1] Rolf Breitenstein war Redenschreiber von Bundeskanzler Helmut Schmidt

11 Arbeitsschutz und Unfallschutz

11.1 Arbeitsschutz

11.1.1 Unfallgefahren

Der Karosserie- und Fahrzeugbaumechaniker arbeitet in der Werkstatt oft an stark verschmutzten Teilen mit verschiedenen Handwerkszeugen und mit Werkzeugmaschinen. Dabei kann er sich durch Unachtsamkeit oder unsachgemäßer Bedienung leicht verletzen. Herumliegende Verlängerungskabel oder Schläuche und nicht abgesicherte Arbeitsgruben oder Hebebühnen sind weitere Unfallgefahren. Abgase, Schweißdämpfe, Kleber, Lacke und andere Hilfsstoffe können seiner Gesundheit schaden.

Gefahren lauern überall; deshalb:
Halten Sie die Augen offen!

Häufig sind es Kleinigkeiten, die sich nachteilig auf die Zufriedenheit, Leistungsfähigkeit und auf die Gesundheit des Beschäftigten auswirken. Deshalb müssen Gefahrenquellen beseitigt werden, bevor sie zu Verletzungen, Berufskrankheiten und sonstigen Schäden auf die Gesundheit führen.
Um die Sicherheit und die Gesundheit der Beschäftigten am Arbeitsplatz zu gewährleisten, hat das Bundesministerium für Arbeit und Soziales das **Arbeitsschutzgesetz** erlassen.

Das Arbeitsschutzgesetz regelt für alle Tätigkeitsbereiche die:
- grundlegenden Arbeitsschutzpflichten des Arbeitgebers, siehe Kap. 11.1.2
- Pflichten und Rechte der Beschäftigten, siehe Kap. 11.1.3
- Unfallverhütung, siehe Kap. 11.1.4
- Überwachung des Arbeitsschutzes, siehe Kap. 11.1.5

11.1.2 Grundlegende Arbeitsschutzpflichten des Arbeitgebers

Die grundlegenden Arbeitsschutzpflichten des Arbeitgebers sind Maßnahmen:
- zur Verhütung von Unfällen bei der Arbeit und von arbeitsbedingten Erkrankungen
- für eine menschengerechte Arbeitsplatzgestaltung.

Die Aufgaben des Arbeitgebers sind:
- Gefährdungsbeurteilung
- Arbeitsplatz gestalten
- persönliche Schutzausrüstung stellen
- Beschäftigte unterweisen

Durch die **Gefährdungsbeurteilung** werden mögliche Gefährdungen am Arbeitsplatz oder bei einer typischen Tätigkeit ermittelt und bei der Arbeitsplatzgestaltung berücksichtigt. Die Gefährdungsbeurteilung muss der Arbeitgeber dokumentieren.

Der **Arbeitsplatz soll so gestaltet** sein, dass Störeinflüsse möglichst gering sind wie Lärm, Staub, Gerüche, Hitze, Kälte, Zugluft, Vibrationen, schlechte Beleuchtung.

Der Arbeitgeber muss seinen Arbeitern die **persönliche Schutzausrüstung** zur Verfügung stellen. Hierzu gehören:
- Arbeitskleidung
- Handschuhe
- Gehörschutz
- Schutzbrille
- Atemschutzmaske
- Schutzanzug

Und der Arbeitgeber muss seine **Beschäftigten regelmäßig unterweisen** über:
- Unfallgefahren
- Abwehr der Unfallgefahren

Zu seiner Sicherheit sollte der Arbeitgeber die Unterweisungen dokumentieren und von den Beschäftigten durch Unterschrift bestätigen lassen.

11.1.3 Pflichten und Rechte der Beschäftigten

Arbeitgeber und Beschäftigte tragen gemeinsam die Verantwortung zum Arbeits- und Gesundheitsschutz im Betrieb; so haben auch die Beschäftigten Pflichten und Rechte.
Pflichten der Beschäftigten:
- den Unterweisungen Folge leisten
- Werkzeuge, Maschinen, Arbeitsstoffe, Transportmittel, Schutzeinrichtungen sachgemäß verwenden
- festgestellte Gefahrenquellen unverzüglich melden

Rechte der Beschäftigten:
- dem Arbeitgeber Vorschläge machen zur Verbesserung der Sicherheit und des Gesundheitsschutzes bei der Arbeit
- regelmäßige arbeitsmedizinische Untersuchung, wenn aufgrund der Arbeitsbedingungen mit Gesundheitsschäden zu rechnen ist

11.1.4 Unfallverhütung

Jeder Arbeitsunfall kann durch vorbeugende Sicherheitsmaßnahmen verhindert werden.

Vorbeugende Sicherheitsmaßnahmen werden in den Unfallverhütungsvorschriften (**UVV**) zusammengefasst.

Die Unfallverhütungsvorschriften stellen Pflichten bezüglich Sicherheit und Gesundheitsschutz am Arbeitsplatz dar, die für jedes Unternehmen und für jeden Versicherten der gesetzlichen Unfallversicherung verbindlich sind.

Ordnung am Arbeitsplatz ist das oberste Gebot zur Unfallverhütung.

Unfälle werden verhindert, indem:
- Gefährdungen verhindert werden
- Gefahrenstellen gekennzeichnet und abgeschirmt werden
- Gefahren beseitigt werden

Gefährdungen verhindern:
- Elektrische Geräte (Winkelschleifer, Bohrmaschinen, ...) dürfen nicht in Betrieb genommen werden, wenn die Anschlussleitung defekt ist.
- Arbeitsplatz und Betriebsmittel zu Arbeitsbeginn auf Mängel kontrollieren.
- Bei Lärmeinwirkung Gehörschützer benutzen.
- Eng anliegende geschlossene Arbeitskleidung tragen.
- Späne nur mit Handbesen oder Spänehaken entfernen.

Gefahrenstelle kennzeichnen und abschirmen:
- Bewegende Teile müssen abgeschirmt werden (Schutzgitter).
- Gefahrstoffe kennzeichnen (Benzin, Öl, Säuren, Brenngase, ...).

Gefahren beseitigen:
- Schäden oder Störungen an einer Maschine nur von einer beauftragten Person beseitigen lassen.
- Bei Störungen an Anlagen oder Maschinen, die unter Spannung stehen, sofort den Not-Aus- oder den Hauptschalter betätigen.
- Rutschgefahr beseitigen, z. B. auf Kühlmittel am Boden Sägespäne streuen und auffegen.

Im Allgemeinen sind die Mitarbeiter jährlich zu unterweisen; für die Berufsgenossenschaft sollte die Unterweisung schriftlich nachgewiesen werden.

Dies gilt besonders für den Umgang mit:
- Gabelstapler
- elektrische Maschinen und Werkzeugmaschinen
- hydraulischen Anlagen

Bestimmungen für den Umgang mit Gabelstaplern
Für das Führen eines Gabelstaplers oder eines Flurförderfahrzeuges ist ein Flurförderschein erforderlich. In Abstimmung mit der Berufsgenossenschaft ist zum Teil eine Einweisung durch eine dafür bestimmte Person ausreichend; dieses betrifft jedoch nur den Werksverkehr auf dem bestimmten Betriebsgelände.

Das Flurförderfahrzeug muss mindestens ein Mal jährlich einer UVV-Prüfung unterzogen werden. Wenn das Flurförderfahrzeug im Innenraum betrieben wird, ist darauf zu achten, dass dieses für diesen Einsatz auch zugelassen ist.

Bestimmungen zum Umgang mit elektrischen Maschinen und Werkzeugmaschinen
Alle elektrischen Geräte, die in einem Betrieb zum Einsatz kommen, müssen jährlich einem E-Check unterzogen werden. Hierbei werden die elektrischen Anschlüsse, Funktion, Abschirmung und der allgemeine Zustand überprüft; ggf. instand gesetzt.
Diese Prüfung wird dokumentiert.

Bestimmungen zum Umgang mit hydraulischen Anlagen
Hydraulische Anlagen müssen bei einer elektrischen Antriebsart des Aggregates unterzogen werden:
- einem jährlichen E-Check
- einer UVV-Prüfung für die eigentliche Maschine (Hydraulikpresse, Hebebühne, Hydraulikaggregat usw.)

Die jährliche UVV-Prüfung der Maschinen wird durch die entsprechende Berufsgenossenschaft geregelt. Zusätzlich ist der Unternehmer in der Pflicht, eine Gefahrenanalyse für seine Maschinen zu erstellen.

Durch häufig wiederkehrende Reparaturen ist es ggf. notwendig, die Prüfintervalle zu verkürzen, um somit einen sicheren Arbeitsplatz für Mensch und Natur zu erhalten.

Einige weitere nützliche Tipps zum Arbeitsschutz, vgl. Bild → 1, Seite 387.

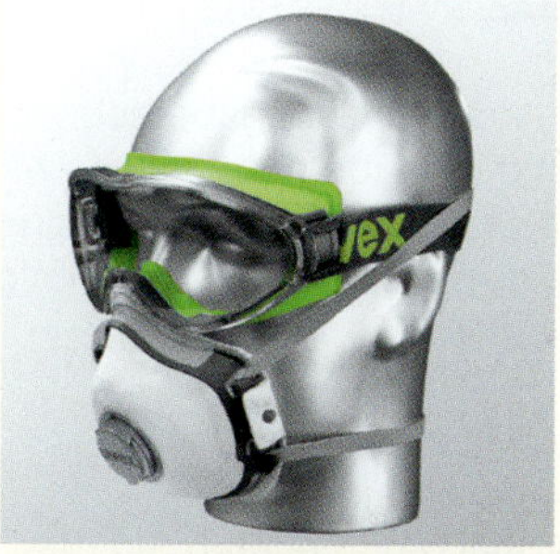

Tragen Sie neben Ihrer Arbeitskleidung immer Ihre persönliche Schutzausrüstung und Arbeitsschutzbrille. Sie sind dann besser geschützt.

Essen und trinken Sie nicht am Arbeitsplatz, rauchen sie nicht in der Lackiererei und achten sie auf Hygiene. So minimieren Sie das Risiko, dass Schadstoffe in Ihren Körper gelangen.

Machen Sie sich mit der Bedienung und Funktionsweise eines Gerätes vertraut, bevor Sie damit arbeiten. So schützen Sie sich selbst und auch Ihre Kollegen vor Unfällen.

Nehmen Sie während der Arbeit weder Alkohol noch Drogen zu sich. Sie gefährden sich selbst und Ihre Kollegen, wenn Sie unter Alkohol- oder Drogeneinfluss stehen.

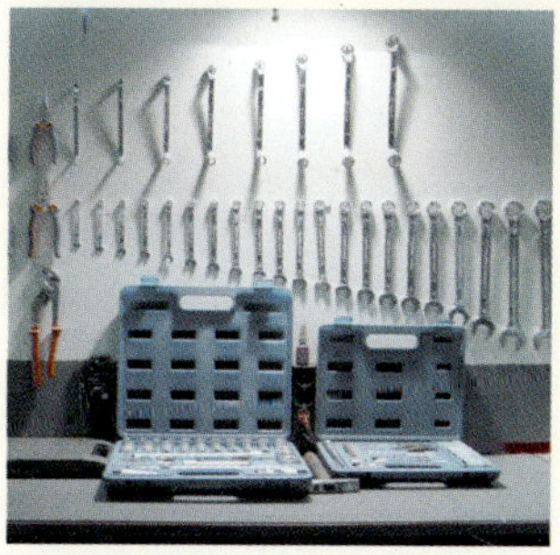

Räumen Sie Werkzeuge und Materialien direkt nach dem Gebrauch an ihren Platz zurück – das gehört zu Ihrer Tätigkeit. So arbeiten alle angenehmer und sicherer.

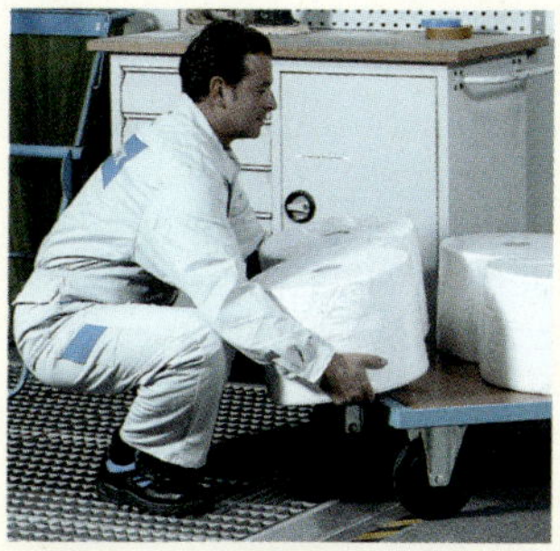

Müssen Sie Lasten von mehr als 20 kg heben, so bitten Sie einen Kollegen um Unterstützung oder nutzen Sie ein geeignetes Hilfsmittel. So überlasten Sie Ihren Körper nicht.

Wechseln Sie Ihre Körperhaltung regelmäßig und vermeiden Sie die Arbeit in unnatürlich verdrehter oder gebückter Haltung. So schützen Sie sich vor Beschwerden in den Bereichen Nacken, Schultern, Rücken, Arme und Sehnen.

Seien Sie aufmerksam und achten Sie auf gefährliche Situationen. Wenn Sie Ihre Kollegen vor Unfällen bewahren, werden diese das Gleiche für Sie tun.

Vermeiden Sie das Verschütten von Flüssigkeiten und anderen Betriebsstoffen. Achten Sie stets auf eine sortenreine Entsorgung. Das spart nicht nur Kosten, sondern schützt auch die Umwelt.

Im Fall eines Brandes folgen Sie dem Katastrophenplan und melden Sie den Brand der Feuerwehr, um unmittelbare Gefahren von sich und Ihren Kollegen abzuwenden.

1 Tipps zum Arbeitsschutz

11.1.5 Überwachung des Arbeitsschutzes

Die Überwachung des Arbeitsschutzes ist staatliche Aufgabe. Die zuständige oberste Landesbehörde überträgt dem Träger der gesetzlichen Unfallversicherung die Überwachung des Arbeitsschutzes. Träger der gesetzlichen Unfallversicherung ist die **Berufsgenossenschaft**.

Angestellte der Berufsgenossenschaft sind die **Technischen Aufsichtsbeamten**, sie
- überprüfen in unregelmäßigen Abständen die Betriebe,
- beraten die Betriebsführung in Arbeitsschutzmaßnahmen,
- ordnen ggf. an, Gefährdungen am Arbeitsplatz zu beseitigen.

11.2 Umweltschutz

In jedem Karosserie-Instandhaltungsbetrieb und Karosserie- und Fahrzeugbaubetrieb fallen Müll, Schmierstoffe, Öl- und Benzinreste an, die korrekt entsorgt werden müssen, da es sonst zu unnötiger Belastung der Umwelt kommt.

Einige nützliche Tipps zum Umweltschutz:
- Vermeiden Sie unnötigen Abfall.
- Trennen Sie Abfall sorgfältig und achten Sie darauf, dass er sicher gelagert wird.
- Werkstattkehricht ist mit Schadstoffen belastet; deshalb gehört er nicht in den normalen Hausmüll, sondern in den Sondermüll.
- Wenn Sie mit lösemittelhaltigen Materialien arbeiten, können die flüchtigen Stoffe darin verdunsten. Dies belastet die Umwelt. Sorgen Sie also dafür, dass so wenig Lösemittel wie möglich entweichen kann, und schließen Sie den Verdünnungsmittel-Kanister sofort wieder nach Gebrauch.
- Entsorgen Sie flüssige Abfälle nicht im normalen Abwasser, sondern über einen Ölabscheider.
- Verschmutzte Teile nur in einer Waschanlage mit Ölabscheider waschen.
- Arbeiten Sie auf flüssigkeitsdichtem Fußboden; so vermeiden Sie Bodenverunreinigungen. Anderenfalls verwenden Sie eine geeignete Auffangwanne, die die austretende Flüssigkeit aufnimmt.

12 Der Kunde

12.1 Der Kunde ist König!

„Der Kunde ist König!“ Das ist nicht nur eine Weisheit von alters her, sondern auch heute hochaktuell. Der Kunde ist der wichtigste Partner für den Karosserie-Instandhaltungsbetrieb und den Fahrzeugbau- und Karosseriebaubetrieb. Der Kunde sichert die Einnahmen des Betriebes und damit die Arbeitsplätze der Mitarbeiter und somit auch die Ausbildungsplätze.

In diesem Kapitel werden behandelt:
- Bedeutung des Kunden für den Erfolg im Betrieb, siehe Kap. 12.2
- Erscheinungsbild des Betriebes, siehe Kap. 12.3
- Verhalten der Mitarbeiter zum Kunden, siehe Kap. 12.4

1 Statussymbol Auto

12.2 Bedeutung des Kunden für den Erfolg im Betrieb

Kunde des Karosserie-Instandhaltungsbetriebs und des Fahrzeugbau- und Karosseriebaubetriebs ist in der Regel der Fahrzeughalter. Immer mehr wird das Fahrzeug unverzichtbar.

Das gilt für Nutzer von:
- Privatfahrzeugen
- Firmenfahrzeugen

Nutzer von Privatfahrzeugen fahren mit dem Pkw zur Arbeit und in ihrer Freizeit. Die Abhängigkeit vom Auto wird größer durch die stetige Forderung nach Mobilität bei der Arbeitsplatzwahl und damit der Überwindung von längeren Fahrstrecken. Aber auch im privaten Bereich spielt das Auto eine wichtige Rolle. Freizeit ohne Auto ist für viele Menschen schwer vorstellbar. Mit dem Privatfahrzeug gelangt man zu Freizeitveranstaltungen und in Urlaubsorte. Letztlich ist das Auto für viele Kunden auch ein Statussymbol, siehe Bild → 1.

Für **Nutzer von Firmenfahrzeugen** ist die Abhängigkeit noch bedeutender: Wird eine Ware aufgrund einer Autopanne zu spät ausgeliefert oder kann der Handwerker einen Termin nicht einhalten, kann es zu Schadenersatzansprüchen kommen oder es leiden die Geschäftsbeziehungen.

Aus dieser Abhängigkeit vom Fahrzeug und den vielen gefahrenen Kilometern ergibt sich ein großer Bedarf an Wartung, Pflege und Instandsetzung.

2 Kampf um jeden Kunden

Aber das Fahrzeug ist auch ein bedeutender Kostenfaktor. Steigende Auto- und Kraftstoffpreise und weitere erforderliche Unterhaltungskosten zwingen den Kunden dazu, die Kosten für die Instandhaltung so niedrig wie möglich zu halten.

Deshalb muss der Karosserie-Instandhaltungsbetrieb bzw. der Fahrzeugbau- und Karosseriebaubetrieb sich darum bemühen, die Fahrzeughalter als Kunden zu gewinnen – er muss um die Kunden kämpfen, siehe Bild → 2.

Der Karosserie-Instandhaltungsbetrieb bzw. der Fahrzeugbau- und Karosseriebaubetrieb muss daher folgende Forderungen erfüllen, wenn er Kunden begeistern und an sich binden will.

- freundlich, höflich, hilfsbereit, siehe Bild → 1
- rund um die Uhr zur Verfügung stehen, siehe Bild → 2
- fachliche Kompetenz und Fachwissen der Mitarbeiter, siehe Bild → 3
- gut beraten und informieren
- schnelle Wartung und Reparatur
- Termine einhalten
- Arbeiten gut und fachgerecht ausführen
- absolute Zuverlässigkeit
- glaubwürdige und richtige Aussagen
- Sauberkeit des Wagens bei der Abholung

1 **Immer freundlich, höflich, hilfsbereit**

2 **Stets zur Verfügung stehen**

3 **Fachliche Kompetenz und Fachwissen der Mitarbeiter**

12.3 Erscheinungsbild des Betriebes

Das Erscheinungsbild eines Betriebes nach außen und nach innen soll aus Wettbewerbsgründen unverwechselbar sein, dadurch erhält der Betrieb seine Identität; auch **Corporate Identity** (**CI**) genannt.

Das Erscheinungsbild wird geschaffen durch die geplante Selbstdarstellung und Verhaltensweise eines Unternehmens. Die Unverwechselbarkeit des Unternehmens kann erreicht werden durch:

- Informationen über das Unternehmen an den Kunden weiterleiten
- Imageprobleme bei bestimmten Zielgruppen beseitigen
- modernes, einheitliches Erscheinungsbild darstellen

Mit dem Erscheinungsbild wird ein Unternehmen wie eine Persönlichkeit dargestellt, um sich so beim Kunden zu identifizieren; Mittel dazu sind:

- Unternehmenszeichen
- Hausfarbe

Das **Unternehmenszeichen** wird auch **Logo** genannt. Es ist für die Werbung von großer Bedeutung. Unternehmenszeichen sind z. B. der Stern bei Mercedes, der Blitz bei Opel, die Initialen und der Ring bei VW.

Einen hohen Wiedererkennungswert hat die **Hausfarbe**, z. B.:

- Blau: Ford-Zeichen (Pflaume)
- Gelb: Ferrari schwarzes Pferd auf gelbem Schild
- Silber: Mercedes „Silberpfeil"

Bevor sich der Kunde entscheidet, seinen Auftrag an eine Firma zu vergeben, verschafft er sich einen Eindruck über das Unternehmen.

Die äußere Erscheinung des Unternehmens wird geprägt von dessen:

- Firmenspitze (Inhaber, Geschäftsführer)
- Firmengebäude (Ausstellungsraum, Büros, Werkstatt)
- Mitarbeitern (Meister, Gesellen, Auszubildende)
- Arbeitsmitteln wie Fahrzeuge, Werkzeuge

Inhaber und Mitarbeiter verschaffen sich mit ihrer äußeren Erscheinung und ihrem Auftreten einen guten oder schlechten Start zum Kunden.

Beispiel:
Ein Mitarbeiter mit Turnschuhen, staubigem Pullover und verschmierten Jeans hat große Mühe, einen Kunden von seiner Kompetenz zu überzeugen.

Deshalb gilt:
- Arbeitsschuhe und sauberes Arbeitszeug bei der Arbeit in der Werkstatt
- einheitliches Erscheinungsbild aller gewerblichen Mitarbeiter
- Name des Unternehmens und Name des Mitarbeiters gehören gut lesbar auf die Kleidung
- gepflegtes persönliches Erscheinungsbild (Haarschnitt, Rasur)

Bei der Arbeit am Fahrzeug gibt es schmutzige Arbeiten, siehe Bild → 1. Hierfür sollten den Mitarbeitern Einmal-Overalls zur Verfügung stehen. Und, wenn nötig, dann muss auch schon mal zur Wochenmitte der Arbeitsanzug gewechselt werden, siehe Bild → 2.

Arbeitsmittel und Werkzeug müssen dem Kunden vermitteln, dass die Arbeiten fachlich einwandfrei verrichtet werden können.

Deshalb gilt für die Werkstatt:
- helle Wand- und Deckenfarben
- gute Beleuchtung und Energieversorgung (z. B. Energieampeln)
- klare und übersichtliche Gliederung und evtl. Trennung von Arbeitsplätzen
- saubere Werkzeugmaschinen wie Hebebühnen, Farbmischanlage, Spritzpistolen, Schleifmaschinen
- keine Materialreste und Abfälle am Boden
- Hinweise für die Bereitstellung und Entsorgung von Betriebsmitteln

Die **Firmenfahrzeuge** müssen
- mit einer klaren Werbeaussage beschriftet sein,
- innen und außen sauber sein,
- ordentlich geparkt werden,
- rücksichtsvoll gefahren werden,
- ohne Roststellen und Dellen sein.

Eine klare Werbeaussage beinhaltet, siehe Bild → 3:
- Firmenlogo
- Arbeitsbereiche
- Telefonnummer
- Internetadresse

Das Fahrzeug sollte aus diesem Grund auch äußerlich sauber sein. Es sollte wenigstens ein Mal wöchentlich gewaschen werden. Im Innenraum dürfen keine Brotzeitreste auf dem Armaturenbrett und keine Zigarettenkippen am Boden liegen.

1 Schmutzige Arbeiten am Pkw

2 Saubere Arbeitskleidung

3 Firmenfahrzeug mit Werbung

GEMEINSAMES BEIDER FACHRICHTUNGEN

Mit dem Firmenwagen soll rücksichtsvoll gefahren werden. Das schont nicht nur die Betriebs- und Instandhaltungskosten, es stärkt auch das Ansehen des Betriebs.

Beispiele:
- Was denken die Anwohner, wenn ein Fahrzeug mit überhöhter Geschwindigkeit durch eine Zone-30 fährt?
- Welche Gedanken hat wohl ein Kunde, dem die Vorfahrt genommen wurde?

Es steht ja groß auf dem Wagen drauf, über wen er sich ärgern muss. Ein Fahrer, der rücksichtslos mit den Mitmenschen und dem Firmeneigentum umgeht, wird dies auch mit dem Fahrzeug des Kunden tun.

Roststellen und Beulen am Fahrzeug zeigen, dass der Fahrzeughalter die eigene Instandhaltung des Fahrzeugs vernachlässigt. Einer Firma mit solchen Fahrzeugen überträgt man ungern Instandhaltungsaufgaben.

12.4 Verhalten der Mitarbeiter zum Kunden

Kunden – unterschiedlich in ihrem Verhalten

1 Kunden-Grundtypen

Kunden-Grundtypen

Menschen sind sehr verschieden. Die Schwierigkeit für den Mitarbeiter liegt darin zu erkennen, wie sein Kunde behandelt werden möchte.
Um den Umgang mit Kunden zu vereinfachen, kann man sie in vier Grundtypen einteilen.

Kunden-Grundtypen sind, vgl. Bild → 1:
- Manager
- Planer
- Visionär
- Harmoniesuchender

2 Manager-Typ

Manager-Typ

Der Manager-Typ sagt, was und wie er es haben möchte. Er will die Oberhand haben und sich durchsetzen. Für ihn gilt der Grundsatz: „Ich, der Kunde, bin König; der Handwerker hat sich danach zu richten."
Erkennungsmerkmale des Manager-Typs:
- liebt Statussymbole, z. B. teure Autos, Villa, großer Schreibtisch, Designeranzug und „kalte" Materialien wie Glas, Beton, Granit, Marmor, Stahl, siehe Bild → 2:
- verträgt keinen Widerspruch, glaubt immer Recht zu haben, siehe Bild → 1, Seite 393
- trifft Entscheidungen sehr schnell
- wird schnell ungeduldig

Umgang mit dem Manager-Typ:
- nur das Beste anbieten („Natürlich habe ich Ihnen nur die Original-Ersatzteile angeboten.")
- Vorteile immer klar herausstellen („Die Vorteile sind: ...")
- schnell auf den Punkt kommen („Die Arbeit kann in zwei Wochen ausgeführt werden und kostet Sie 5000 €, inklusive der Zulieferteile.")
- nur dann „Nein" sagen, wenn etwas wirklich unmöglich ist

1 Managerin und Planer

2 Planer-Typ

3 Visionär-Typ

Planer-Typ

Der Planer-Typ möchte immer alles genau wissen. Er hinterfragt jede Montageanleitung bis ins Detail und muss das Gefühl haben, alles genau zu verstehen und zu kontrollieren.

Erkennungsmerkmale des Planer-Typs:
- unflexibler Mensch, siehe Bild → 1
- ausgeprägter Hang zum Kleingedruckten, siehe Bild → 2
- liebt Fakten und Informationen
- verachtet unprofessionelle Verhaltensweisen

Umgang mit dem Planer-Typ:
- im Gespräch nur Fakten anführen („Die Vorteile liegen hier klar auf der Hand, nämlich ...")
- Fachkompetenz zeigen („Auf diesem Gebiet haben wir große Erfahrung.")
- Ungenauigkeiten vermeiden (klare Aussagen, exakte und pünktliche Arbeitsausführung)
- Arbeitsabläufe durchsprechen, damit nichts für den Kunden Unerwartetes passiert.

Visionär-Typ

Der Visionär-Typ gibt sich mit Herkömmlichem nicht zufrieden. Er will immer experimentieren, Neues ausprobieren.

Erkennungsmerkmale des Visionär-Typs:
- befasst sich am liebsten mit Möglichkeiten statt mit Gewissheiten, siehe Bild → 3
- ist nachdenklich
- kann sich nicht klar entscheiden
- sehr fantasievoll und flexibel

Umgang mit dem Visionär-Typ:
- nur das Neueste anbieten (Messeneuheit, zukunftsweisende Entwicklung)
- besonders die Sachen vorstellen, die ausgefallen sind (z. B. ILR „Intelligentes Lenkrad")
- Entscheidungshilfen geben („Das ILR lässt sich abnehmen und zu Hause mit dem heimischen Rechner verbinden. So kann sich der Fahrer mit der Bedienung vertraut machen.")
- im Gespräch gezielt nachfragen, wenn etwas unklar ist

Typ des Harmoniesuchenden

Der Typ des Harmoniesuchenden möchte immer und überall dabei sein. Er sucht Zuneigung und Lob und möchte den Handwerker als seinen Freund verstehen.

Erkennungsmerkmale des Typs des Harmoniesuchenden:
- legt großen Wert auf Moral und Ethik
- liebt Antiquitäten
- geht jedem Streit aus dem Weg oder versucht sofort zu schlichten
- zieht ein nettes Gespräch jeder fachlichen Beratung vor, ist sehr geduldig, siehe Bild → 1
- verzeiht Fehler

Umgang mit dem Typ des Harmoniesuchenden:
- Kunden in die Planung der Arbeiten einbeziehen („Welche Sonderwünsche haben Sie für den Innenausbau des Koffers?")
- Ideen oder Wünsche des Kunden loben („Dass Sie eine Klimaautomatik gewählt haben, ist eine gute Idee.")
- Zeit nehmen auch für Gespräche, die nicht unmittelbar mit dem Auftrag zu tun haben („Wir machen dieses Jahr mit den Kindern Urlaub auf Mallorca.")
- Wenn Pannen passieren, den menschlichen Faktor voranstellen („Ich kann mir nicht erklären, wie unserm Herrn Meier das passieren konnte.")

1 Typ des Harmoniesuchenden

Zuordnung der Kunden

Die meisten Kunden sind Mischtypen.
Wer seinen Kunden richtig einschätzt, kann ihn so behandeln, wie dieser es vorzieht. Der Kunde will anerkannt bzw. verstanden sein.

Natürlich müssen alle Aussagen des Handwerkers der Wahrheit entsprechen, siehe Bild → 2. Nichts soll erfunden werden, nur um dem Kunden zu gefallen. Man kann aber immer die Argumente in den Vordergrund stellen, die der Kunde für wichtig erachtet.

2 Glaubwürdige und richtige Aussagen

Beispiele:
- Für den Manager-Typ ist es wichtig, dass nur Originalersatzteile verwendet werden.
- Dem Harmoniesuchenden kommt es bei derselben Instandsetzung aber nur darauf an, dass die Qualität des Ersatzteils gut ist und es auch lange hält.

1 Fachkompetent, sorgfältig und exakt

2 Alternative zur Instandsetzung

3 Kundenzufriedenheit

4 Enge Beziehung zum Kunden

Welchen Beitrag kann der Karosserie- und Fahrzeugbaumechaniker leisten, um den Forderungen des Kunden gerecht zu werden? Dazu ein paar Hinweise:

- Erkennen, dass Freundlichkeit und Höflichkeit den eigenen Arbeitsplatz sichern.
- Jede Arbeit fachkompetent, sorgfältig und exakt durchführen, siehe Bild → 1.
- Den Kunden als einen gern gesehenen Menschen betrachten.
- Den Kunden in den Mittelpunkt seines Handelns stellen.
- Kundenzufriedenheit persönlich nehmen.
- Eine kontinuierliche Verbesserung der Arbeitsvorgänge im eigenen Arbeitsbereich anstreben und Fehler vermeiden, statt sie beheben zu müssen.
- Alternativen zur Instandsetzung entwickeln, siehe Bild → 2.
- Eine Dienstleistung abliefern, damit der Kunde wiederkommt – und nicht die Ware oder ein Beschwerdebrief, siehe Bild → 3.
- Dem Kunden zuhören und mit ihm keine Diskussionen führen, um Recht zu haben.
- Bereit sein, im Team zu arbeiten.
- Zum Kunden enge und dauerhafte Beziehungen pflegen, siehe Bild → 4.
- Den Kunden auch nach der ausgeführten Arbeit beraten und betreuen.
- Den Kunden so behandeln, dass er nach jedem Werkstattbesuch gerne wiederkommt.

Karosserie- und Fahrzeugbau

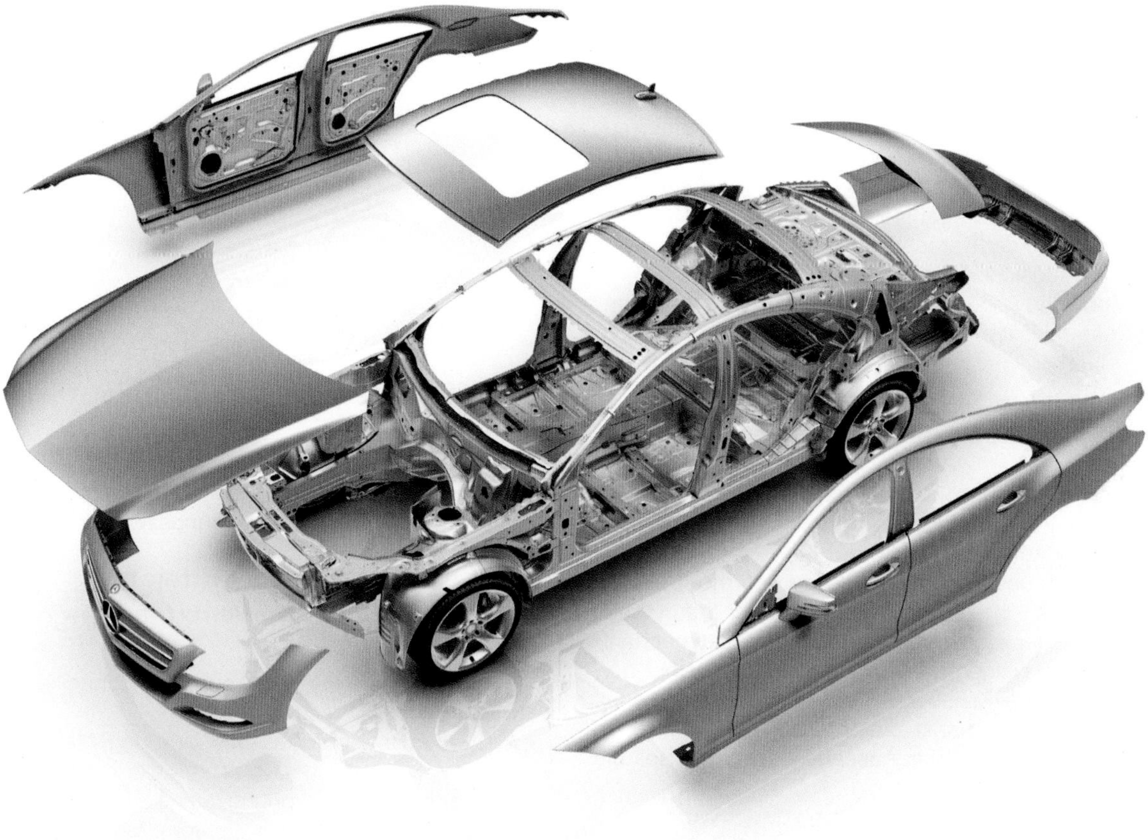

13 Karosserien und Aufbauten herstellen

In diesem Kapitel werden behandelt:

- Aufgaben der Karosserie, siehe Kap. 13.1
- Normen, Vorschriften und Richtlinien, siehe Kap. 13.2
- Raumeinteilung bei Karosserien, siehe Kap. 13.3
- Baugruppen der Karosserie, siehe Kap. 13.4
- Bauteile aus Kunststoff herstellen, siehe Kap. 13.5
- Schablonen und Modelle, siehe Kap. 13.6
- Anbaugruppen für Fahrzeugaufbauten, siehe Kap. 13.7
- Verschluss- und Befestigungssysteme, siehe Kap. 13.8
- Belastung, Festigkeit und Steifigkeit, siehe Kap. 13.9
- Betriebssicherheit eines Lkw-Ladekrans, siehe Kap. 13.10
- Aerodynamik an Fahrzeugen, siehe Kap. 13.11
- Leichtbau der Karosserie, siehe Kap. 13.12
- Fahrzeugsicherheit, siehe Kap. 13.13
- Modische und technische Trends bei Pkws, siehe Kap. 13.14
- PLM als Unternehmensstrategie, siehe Kap. 13.15

13.1 Aufgaben der Karosserie

Als Karosserie[1] bezeichnet man den kompletten Aufbau eines Pkws; bei Nutzfahrzeugen spricht man dagegen von Aufbauten.
Karosserien und Karosserieteile werden meist im Automobilwerk oder von einem Zulieferer hergestellt. Aber auch der Karosserie- und Fahrzeugbaumechaniker muss in einigen Fällen Karosserieteile selbst herstellen, z. B. bei Kleinserien oder bei Sondermodellen.
Die Karosserie umhüllt die Bauteile des Pkws und verleiht ihm ein schönes Aussehen. Weiterhin soll die Karosserie:

- Insassen und Gepäck schützen vor der Witterung und bei Unfällen
- sich selbst und andere Bauteile tragen
- die Fahrzeugteile stabil miteinander verbinden
- hohe Biege-, Torsions- und Quersteifigkeit besitzen, damit sich ihre Teile zueinander nur wenig bewegen
- Schwingungen und Fahrbahnstöße aufnehmen, ohne Festigkeit und Komfort zu beeinflussen
- sich bei einem Unfall in den Knautschzonen verformen, damit die Fahrgastzelle in ihrer Form erhalten bleibt
- leicht sein und dem Fahrtwind geringe Angriffsfläche bieten, um wenig Kraftstoff zu verbrauchen und Windgeräusche zu vermeiden
- mit ihrer Farbe als Signal wirken (Rettungsfahrzeuge)
- Halterungen besitzen für Gepäck oder bestimmte Personen
- evtl. zur Werbung dienen

Diese Funktionen können mehr oder weniger stark ausgeprägt sein, je nach Verwendungszweck des Pkws.

13.2 Normen, Vorschriften und Richtlinien für Nutzfahrzeuge

Der Karosserie- und Fahrzeugbaumechaniker muss Bescheid wissen über:

- Straßenverkehrszulassungsordnung, siehe Kap. 13.2.1
- Straßenverkehrsordnung, siehe Kap. 13.2.2
- internationale Normen, Vorschriften und Richtlinien, siehe Kap. 13.2.3
- Aufbaurichtlinien, siehe Kap. 13.2.4

13.2.1 Straßenverkehrszulassungsordnung

Allgemeines zur Straßenverkehrszulassungsordnung

Die Straßenverkehrszulassungsordnung (**StVZO**) regelt den Bau von nicht schienengebundenen Straßenfahrzeugen, die für den öffentlichen Straßenverkehr zugelassen werden sollen. Sie enthält Anforderungen an die Beschaffenheit und Ausrüstung wie Bremsen, Lenkung und Beleuchtung. Auch die Regelung der Führerscheinklassen ist Bestandteil der StVZO.
Für Nutzfahrzeuge enthält die StVZO außerdem:

- zulässige Maße, Massen und Achslasten von Nutzfahrzeugen
- Unterfahrschutz
- EG-Kontrollgerät (Fahrtenschreiber)
- automatische Blockierverhinderer (ABV)
- Sicherheitsgurte für Fahrer und Beifahrer
- Kurvenlaufeigenschaften

[1] Karosserie (frz.: Carrosserie): Wagenoberbau, -aufbau von Kraftfahrzeugen; umgangssprachlich auch Karosse genannt, wobei „Karosse“ auch verwendet wird für Luxusfahrzeuge wie in „Staatskarosse“ oder „noble Karosse“

Für den Fahrzeugbaumechaniker sind besonders wichtig:
- Abmessungen
- Kurvenlaufeigenschaften
- zulässige Achslasten
- zulässige Gesamtmasse

Abmessungen von Nutzfahrzeugen
Nutzfahrzeuge sind:
- Nutzkraftwagen
- ihre Anhängefahrzeuge
- Fahrzeugkombinationen

Für Nutzfahrzeuge, die im öffentlichen Straßenverkehr betrieben werden, gelten die Höchstmaße nach Bild ➔ 1.

Ausnahmen bei Überschreitung der Abmessungen werden auf Antrag durch die zuständigen Behörden der Regierungsbezirke erteilt; sie sind in der Regel befristet und müssen nach Fristablauf erneut beantragt werden.

Die **überlangen Lkw-Züge** (auch **Lang-Lkw**, **Euro-Combi** oder **Gigaliner** genannt) können bis zu 25,25 m lang sein. Gigaliner sind vorerst in fünf Typen eingeteilt, vgl. Bild ➔ 2:
- Typ 1: Sattelzugmaschine mit Sattelanhänger bis zu einer Gesamtlänge ≤ 17 880 mm; sie dürfen befristet bis zum 31. 12. 2023 betrieben werden
- Typ 2: Sattelzugmaschine mit Sattelanhänger und Zentralachsanhänger mit einer Gesamtlänge ≤ 25 250 mm; die Befristung für den Betrieb wurde aufgehoben
- Typ 3: Lkw mit Untersetzachse und Sattelanhänger mit einer Gesamtlänge ≤ 25 250 mm; Fahrzeuge fahren zzt. im Feldversuch (Regelbetrieb)
- Typ 4: Sattelzugmaschine mit zwei Sattelanhängern mit einer Gesamtlänge ≤ 25 250 mm; Fahrzeuge fahren zzt. im Feldversuch (Regelbetrieb)
- Typ 5: Lkw mit einem Anhänger mit einer Gesamtlänge ≤ 24 000 mm; Fahrzeuge fahren zzt. im Feldversuch (Regelbetrieb)

Damit wird die Ladekapazität pro Lastzug erhöht – bei gleicher zulässiger Gesamtmasse. So sollen der Kraftstoffverbrauch, der Schadstoffausstoß und die Kraftstoffkosten verringert werden.

Nutzfahrzeug	Höchstmaß in mm
Maximale Höhe	
alle Nutzfahrzeuge	4 000
Maximale Breite	
alle Nutzfahrzeuge	2 550 (2600)[1]
Maximale Länge	
Einzelfahrzeuge: - Kfz und Anhänger - Omnibus, zweiachsig mehr als zwei Achsen	 12 000 13 500 15 000
Fahrzeugkombinationen: - Sattelzug - Zugmaschinenzug[3] - Lastzug[5] mit max. zwei Anhängern - Omnibus mit Anhänger - Gelenkomnibus	 15 500 (16 500)[2] 18 000[4] 18 750[4] 18 000[4] 18 750 18 750

[1] die max. Breite von 2600 mm gilt nur bei Fahrzeugen für den Transport von Gütern im temperaturgeführten Zustand, wenn die Wanddicke ≥ 45 mm ist.
[2] die max. Länge von 16 500 mm gilt nur, wenn
- das Fahrerhaus der Sattelzugmaschine einen Funktionsfreiraum von 2350 mm hat
- der vordere Überhangradius des Sattelanhängers ≤ 2040 mm ist
- Maß Zugsattelzapfen bis Aufbauende ≤ 12 000 mm beträgt.

[3] mit max. zwei Anhängern
[4] unter Berücksichtigung der zul. Einzellängen
[5] die Ladeflächen dürfen in der Summe nur 15 650 mm lang sein

1 Nutzfahrzeuge – Höchstmaße nach § 32 StVZO

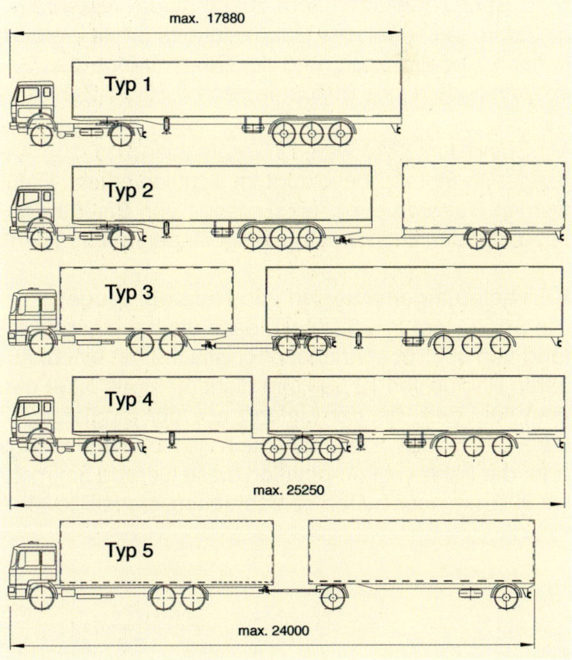

2 Höchstmaße für Gigaliner

Grundsätzlich gilt:

- Die Fahrzeuge dürfen nur auf den von den Bundesländern freigegebenen Strecken fahren.
- Bis auf den Typ 1 gilt für alle Lang-Lkw ein generelles Überholverbot.
- Lang-Lkws dürfen keine flüssigen Ladungen in Großtanks transportieren.
- Die Fahrzeuge müssen mit einem Abbiegeassistenzsystem ausgerüstet sein.
- Die Fahrzeuge müssen mit blinkenden Seitenmarkierungsleuchten ausgerüstet sein.
- Die zulässige Zug-Gesamtmasse darf 40 t bzw. im kombinierten Verkehr 44 t nicht überschreiten.
- Die Fahrer müssen seit mindestens 5 Jahren im Besitz einer gültigen Fahrerlaubnis sein.
- Die Fahrer müssen mindestens 5 Jahre Berufserfahrung auf einem Lkw nachweisen.
- Die Fahrer müssen an einem speziellen Einweisungslehrgang für Lang-Lkw teilgenommen haben.

Der Betrieb im grenzüberschreitenden Verkehr ist nur zulässig, wenn ein bilateraler Vertrag zwischen den Ländern vorliegt.

Bei **Omnibuszügen** dürfen in Deutschland keine Personenanhänger verwendet werden. In § 32a StVZO heißt es in Satz 4:
„Hinter Kraftomnibussen darf nur ein lediglich für die Gepäckbeförderung bestimmter Anhänger mitgeführt werden."
Von dieser Regelung darf abgewichen werden – jedoch nur mit einer Ausnahmegenehmigung gemäß § 70 StVZO. Sie kann vom zuständigen Verkehrsministerium des jeweiligen Bundeslandes erteilt werden; je nach Modell ist aufgrund der Gesamtlänge des Gespanns zudem eine Erlaubnis nach § 29 StVZO erforderlich.
Mit Stand Juni 2016 waren in Deutschland ca. 100 Anhänger im Einsatz, bevorzugt im Schülerverkehr. Dafür werden Buszüge mit einer Zuglänge von 23,05 m gefertigt (für den Einsatz auf Werksgeländen mit 25,76 m).

Kurvenlaufeigenschaften von Nutzfahrzeugen
Die StVZO legt in § 32d fest, dass die bei einer Kreisfahrt von 360° überstrichene Ringfläche mit einem äußeren Radius von 12 500 mm nicht mehr als 7200 mm breit sein darf. Bei der Einfahrt aus der tangierenden Geraden in den Kreis darf kein Teil des Fahrzeugs oder der Fahrzeugkombination diese Gerade um mehr als 800 mm nach außen überschreiten, siehe Bild → 1.

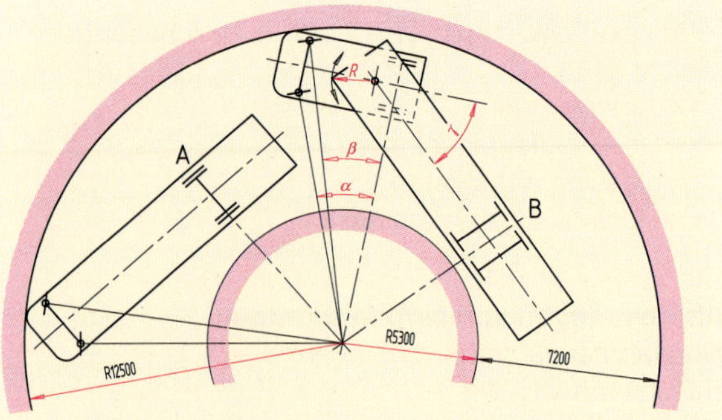

α Einschlagwinkel linkes Vorderrad
β Einschlagwinkel rechtes Vorderrad

γ Knickwinkel
R Überhangradius

Einzelfahrzeuge und Fahrzeugkombinationen müssen so gebaut sein, dass sie bei einer Kurvenfahrt von 360° nicht mehr als eine Ringbreite von 7200 mm in einem Kreis mit dem Außenradius von 12 500 mm beanspruchen. Dabei stehen alle Räder rechtwinklig zum Kreismittelpunkt. Mittels maßstäblicher Zeichnung oder Computerplot lässt sich dieser Nachweis erbringen. Darüber hinaus lassen sich gleichzeitig die Einschlagwinkel der Vorderräder und der Knickwinkel zwischen Zugfahrzeug und Anhängefahrzeug ermitteln. Hinweis: Alle Räder stehen senkrecht auf dem Mittelpunkt.

1 Kurvenlauffähigkeit, hier Sattelzug

Die Kurvenlauffähigkeit des Nutzfahrzeugs kann mit Hilfe des Computers konstruktiv überprüft werden. Der Nachweis wird bei der Abnahme durch eine Kreisfahrt im sogenannten **BOKraft-Kreis**[1] erbracht.

Zulässige Achslasten von Nfz
Die **Achslast** ist die Gesamtlast, die von den Rädern einer Achse oder einer Achsgruppe auf die Fahrbahn übertragen wird.

Die **zulässige Achslast** ist die höchste Achslast; sie berücksichtigt die Beanspruchung und Festigkeit des Werkstoffs und wird vom Fahrgestellhersteller im Datenblatt angegeben.

Bei Um- und Einbauten muss darauf geachtet werden, dass weder die einzelnen Achs- bzw. Radlasten noch die zulässige Gesamtmasse des Fahrzeugs überschriften werden.

Zwei Gründe dafür:

- Festigkeit der Bauteile des Fahrwerks erhalten
- Lenkfähigkeit des Fahrzeugs gewährleisten

[1] BO Kraft: (Betriebsordnung) Verordnung über den Betrieb von Kraftfahrtunternehmen im Personenverkehr

Achslast und Festigkeit

Die **zulässige Achslast** gibt die Last an, mit der eine Achse maximal belastet werden darf, ohne dass ihre Funktion beeinträchtigt wird, sich bleibende Materialverformungen oder sonstige Materialschäden einstellen.

Die zulässige Achslast darf **nicht** überschritten werden; sie kann aber von den gesetzlich zulässigen maximalen Achslasten abweichen, wenn die technische Beschaffenheit der Achse, der Radaufhängung und der Bremsen dies zulässt.

Die vom Gesetzgeber vorgegebenen maximal zulässigen Achslasten für den Betrieb von Radfahrzeugen im öffentlichen Straßenverkehr sind in der StVZO §§ 34, 36, 41 bzw. der EU-Richtlinie 96/53 angegeben.

Infolge der Forderung nach weniger Masse haben sich zwischenzeitlich nicht nur die eingesetzten Materialien, sondern auch deren Eigenschaften geändert. So kann man aufgrund der höheren Festigkeit mancher Werkstoffe Bauteile mit sehr viel geringerer Materialdicke verwenden als noch vor einigen Jahren.

Daher ist es notwendig, dass bei der Konzeption bzw. Konstruktion alle eventuell auftretenden Belastungsfälle und die damit verbundenen Spannungen in den beanspruchten Querschnitten der Bauteile berücksichtigt werden.

Durch einen rechnerischen Festigkeitsnachweis können dann unter Berücksichtigung der maximalen Spannungswerte (in den untersuchten Bauteilbereichen) die Querschnitte der Bauteile dimensioniert werden.

Die Summe der zulässigen Achslasten ist in der Regel größer als die zulässige Gesamtmasse des Fahrzeugs. Bild ➔ 1 zeigt eine Übersicht über zulässige Achslasten für Nutzfahrzeuge.

Ausnahmeregelungen:

Für den Schwertransport gibt es Ausnahmeregelungen für die zul. Achslast:

- Sattelzugmaschine mit zwei Doppelachsen: 35 t, in manchen Bundesländern nur 32 t
- Sattelanhänger mit vier Reifen je Achse: 10 t je Achse
- Tiefbett-, Flachbett-Sattelanhänger mit vier Reifen je Achse: 12 t je Achse
- Tiefbett-, Flachbett-Sattelanhänger mit acht Reifen je Achse: 20 t je Achse

Achsen	zul. Achslast in t	
Einzelachse		
nicht angetrieben angetrieben	10 11,5	
Doppelachse[1]		
	Nkw	Anhänger
Achsabstand ≤ 1,0 m Achsabstand 1,0 m … < 1,3 m Achsabstand 1,3 m … < 1,8 m Achsabstand ≥ 1,8 m	11,5 16 18 (19)[2] --	11 16 18 20
Dreifachachse[3]		
Achsabstände ≤ 1,3 m Achsabstände > 1,3 m … 1,4 m	21 24	

[1] unter Beachtung der Vorschriften für die Einzelachslast
[2] 19 t, wenn die Antriebsachse mit Doppelbereifung und Luftfederung oder gleichwertig ausgerustet ist
[3] unter Beachtung der Vorschriften für die Einzelachslast und die Doppelachslast

1 Zulässige Achslasten für Nutzfahrzeuge nach § 34 StVZO

Diese Ausnahmen gelten nur, wenn sie von Achsen- und Reifenhersteller sowie der zuständigen Stelle des Regierungsbezirkes über Ausnahmegenehmigungen für das Fahrzeug zugelassen sind.

Zulässige Gesamtmasse von Nfz

Die zulässige Gesamtmasse von Nutzfahrzeugen ist die Masse, die unter Berücksichtigung der Werkstoffbeanspruchung und der Vorschriften der StVZO beim Betrieb eines Fahrzeugs **nicht** überschritten werden darf. Sie wird vom Fahrgestellhersteller berechnet und im Datenblatt angegeben. Die zulässigen Werte, wie sie in der StVZO vorgegeben sind, dürfen jedoch nicht überschritten werden, siehe Bild ➔ 1, Seite 402.

Ausnahmeregelungen

Ausnahmen für die Überschreitung der zul. Fahrzeugmasse werden auf Antrag durch die zuständige Behörde der Regierungsbezirke erteilt; sie sind befristet und müssen nach Fristablauf erneut beantragt werden.
Seit dem 1. Jan. 2012 wird auf ausgewählten Autobahnen und Bundesstraßen von sieben Bundesländern ein Feldversuch mit **Gigalinern** durchgeführt.
Gigaliner können eine zulässige Gesamtmasse bis 44 t haben.

Einteilung der Nutzfahrzeuge nach ihrer zulässigen Gesamtmasse
Die Einteilung der Nutzfahrzeuge nach ihrer zulässigen Gesamtmasse erfolgt nach der Richtlinie RL 70/156/ EWG, siehe Bild → 2.
Nach dieser Einteilung richtet sich auch die Einteilung für die Fahrerlaubnisklassen.

13.2.2 Straßenverkehrsordnung

In der Straßenverkehrsordnung (StVO) wird der Verkehr auf öffentlichen Straßen geregelt. Für das Führen von Nutzfahrzeugen und Nutzfahrzeug-Kombinationen ab 7,5 t (ausgenommen Busse) sind besonders folgende Regelungen zu beachten:

- Fahrverbot an Sonn- und Feiertagen
- an Ferien-Wochenenden Fahrverbot auf Autobahnen
- Einfahr- und Durchfahrverbote aufgrund von zulässigen Abmessungen und zulässigen Achslasten
- Geschwindigkeitsbegrenzung auf
  - Landstraßen: 60 km/h
  - Autobahnen: 80 km/h
- mautpflichtige Straßen nur mit Kontrollgerät oder Vignette befahren

Die Regeln der StVO muss der Karosserie- und Fahrzeugbaumechaniker beachten, auch wenn er „nur" eine Probefahrt durchführt.

13.2.3 Internationale Normen, Vorschriften und Richtlinien

Seit Ende der 50er Jahre werden auf internationaler Ebene die technischen Vorschriften für Kraftfahrzeuge harmonisiert, um Schranken im Handel mit Kraftfahrzeugen und mit Zubehörteilen zum Nutzen der Verbraucher abzubauen. Grundlage ist ein am 20. März 1958 im Rahmen der Wirtschaftskommission für Europa der Vereinten Nationen (ECE) geschlossenes und mit Wirkung vom 16. Oktober 1995 geändertes Übereinkommen. Dem Übereinkommen gehören zurzeit 49 Vertragsparteien an. In diesem Zusammenhang sind von den Mitgliedsländern viele Normen harmonisiert bzw. übernommen worden.

Beispiel:
Für das Kfz-Wesen und den Fahrzeugbau gelten eine Reihe von Normen, z. B. sind in DIN 70 010 *Systematik der Straßenfahrzeuge* die Begriffe für Kraftfahrzeuge, Fahrzeugkombinationen und Anhängefahrzeuge festgelegt, vgl. Kap. 1. Die Festlegungen dieser Norm stimmen überein mit denen der internationalen Norm ISO 3833 *Road vehicles – Types – Terms and Definitions*.

Fahrzeuge	zul. Gesamtmasse in t
Einzelfahrzeuge[1] mit	
zwei Achsen - Kfz - Anhänger	 18 18 (22)[2]
drei Achsen - Kfz - Anhänger	 25 (26)[3] 24
vier Achsen - Kraftomnibus als Gelenkfahrzeug - Kfz mit zwei Doppelachsen	 28 32
mehr als vier Achsen - Kfz	 32
Fahrzeugkombinationen[4] mit	
drei Achsen	28
vier Achsen - Lastzug 2 + 2 - Lastzug 3 + 1 - Sattelzug 2 + 2 - Sattelzug 3 + 1	 36 35 (36)[3] 36[5] (38)[6] 35 (36)[3]
mehr als vier Achsen - Lastzug - Sattelzug	 40 40 (44)[7]

1 unter Berücksichtigung der zul. Achslast der Einzelachse
2 22 t im Containerverkehr
3 26 t bei straßenschonender Bauweise, z. B. mit Luftfederung
4 unter Berücksichtigung der zul. Achslast der Einzelachse **und** der zul. Achslast der einzelnen Fahrzeuge
5 Sattelanhänger mit Achsabstand ≥ 1,30 m
6 Sattelanhänger mit Achsabstand > 1,80 m
7 44 t bei Transport von 40-Fuß-ISO-Containern

1 Zulässige Gesamtmasse für Nutzfahrzeuge nach § 34 StVZO

Klasse	zul. Gesamtmasse in t
Lastkraftwagen	
N1 (leichte Lkws) N2 (mittelschwere Lkws) N3 (schwere Lkws)	≥ 1 … 3,5 > 3,5 … 12 > 12
Anhängefahrzeuge	
O1 O2 O3 O4	≤ 0,75 > 0,75 … 3,5 > 3,5 … 10 > 10

2 Nutzfahrzeuge, eingeteilt nach der zulässigen Gesamtmasse

Andererseits wurden Normen umbenannt. So wurde z. B. aus der deutschen Norm DIN 70 000 die internationale Norm DIN ISO 8855.

Deshalb gilt:
Fahrzeuge, die in Deutschland zugelassen sind, dürfen auch am öffentlichen Straßenverkehr anderer Staaten teilnehmen.

13.2.4 Aufbaurichtlinien

Aufbaurichtlinien stellen den Aufbauherstellern wichtige technische Informationen über das Grundfahrzeug zur Verfügung. Sie werden von den Herstellern des Grundfahrzeugs (**Fahrzeughersteller**) zur Verfügung gestellt; viele Fahrzeughersteller stellen auf ihrer Internetseite die Aufbaurichtlinien als pdf-Datei kostenlos zur Verfügung.

Der Fahrzeughersteller haftet nur im Umfang seiner eigenen Konstruktions- und Produktionsleistungen.

Der **Aufbauhersteller** muss die Aufbaurichtlinien berücksichtigen.

Er muss sicherstellen, dass seine An-, Auf-, Ein- oder Umbauten
- fehlerfrei sind und
- nicht zu Fehlern oder Gefahren des Gesamtfahrzeugs führen können.

Der Aufbauhersteller ist dann für das Gesamtfahrzeug verantwortlich.
Der Inhalt der Aufbaurichtlinien für Pkws unterscheidet sich je nach Fahrzeughersteller und Fahrzeugtyp.
Die Aufbaurichtlinien, z. B. zu einem Geländewagen, enthalten folgende Kapitel:
1 Einleitung
2 Allgemeines
3 Planung der Aufbauten
4 Schadenverhütung
5 Elektrik/Elektronik
6 Änderungen am Grundfahrzeug
7 Ausführungen von Aufbauten

Speziell zur Karosserie sind Ausführungen enthalten in den Kapiteln:
- Schadenverhütung
- Änderungen am Grundfahrzeug
- Ausführung von Aufbauten

Zur **Schadenverhütung** gibt es Hinweise für:
- Schraub- und Schweißverbindungen
- Schweißarbeiten
- Korrosionsschutz
- Lackier- und Konservierarbeiten

Bei **Änderungen am Grundfahrzeug** sind Hinweise zu beachten bei:
- Arbeiten am Rohbau der Karosserie:
  - Befestigung am Fahrgestellrahmen
  - Dacherhöhung
  - Änderung am Fahrerhaus
  - Fenster, Türen, Klappen
- Anbauten:
  - Aufbauten bei Fahrgestell mit Vorbau
  - Luftleitkörper
  - Dachgepäckträger
  - Hubladebühne
  - Anhängekupplung

Für die unterschiedlichen **Ausführungen von Aufbauten** sind Hinweise zu beachten bei:
- Montagerahmen, Befestigung der Aufbauten
- Änderungen am geschlossenen Kastenwagen:
  - Bodengruppe/Seitenwände
  - Fahrerhausrückwand
  - Trennwände
- Kippaufbauten:
  - Kipplager
  - Sicherungseinrichtungen
  - Kipp-Presse

Für Nutzfahrzeuge sollen Aufbaurichtlinien sicherstellen, dass durch Auf- und Anbauten bzw. Änderungen am Fahrgestell weder die Funktionsfähigkeit der Fahrzeuge eingeschränkt noch irgendwelche Schädigungen hervorgerufen werden.

Bei Schäden am Fahrgestell, die ursächlich auf den Aufbauhersteller bzw. Umrüster zurückzuführen sind, haftet dieser für das gesamte Fahrzeug.

Der Inhalt von Aufbaurichtlinien zu Änderungen am Fahrgestellrahmen ist abhängig vom Fahrzeughersteller und Fahrzeugtyp. Oft sind Angaben enthalten zu:
- Überführung der Fahrgestelle
- Rahmenwerkstoffe
- Korrosionsschutz
- Ausschnitt aus der Fahrerhaus-Rückwand
- Bohren und Schweißen am Fahrgestellrahmen
- Änderung des Radstands und des Rahmenüberhangs
- Hilfsrahmen, Montagerahmen
- nachträglichem Einbau von Aggregaten, Anbauteilen, Zubehör
- Aufbauten mit hohem Schwerpunkt
- Verbindungseinrichtungen
- Änderung der Radformel
- Änderungen am Fahrerhaus

Für Probleme, die nicht in der Aufbaurichtlinie zu finden sind, steht der Fahrzeughersteller mit Informationen zur Verfügung; Kontaktdaten sind in der Aufbaurichtlinie angegeben.

KAROSSERIE- UND FAHRZEUGBAU

13.3 Raumeinteilung bei Karosserien

1 Raumeinteilung bei Pkw-Karosserien

Die Karosserie eines Pkws lässt sich einteilen in, vgl. Bild → 1:
- Motorraum
- Insassenraum
- Gepäckraum

Motorraum

Der Motorraum nimmt den Antriebsmotor auf. Er ist bei den meisten Pkws im Frontteil angeordnet, siehe Bild → 2. Bei einigen Pkws ist der Antriebsmotor im hinteren Mittelteil oder im Heckteil untergebracht.

Im Motorraum befinden sich ebenfalls:
- Teile der Nebenaggregate des Antriebsmotors
- Teile der Abgasanlage (bei Verbrennungsmotoren)
- Komponenten der elektrischen/elektronischen Anlage
- Bauteile von Heizung und Lüftung, Lenkung, Bremsen, Fahrzeug-Sicherheitssystemen, Scheibenwaschanlage, Scheinwerferwaschanlage usw.

Der Motorraum ist mit Dämmmaterial verkleidet, um Wärme (bei Verbrennungsmotoren) und Schall zu isolieren. Er kann von oben geöffnet werden für Wartung und Instandsetzung von Motor und Aggregaten.

Nach unten hin ist der Motorraum teilweise verkleidet, damit Kühlluft einströmen und Warmluft abgeführt werden kann.

Insassenraum

Der Insassenraum ist der Mittelteil des Pkws, siehe Bild → 2. Er ist ergonomisch ausgebildet und bietet Platz für Fahrer und Passagiere; deshalb wird er auch **Fahrgastraum** genannt. Für die Insassen dient er gleichzeitig als Sicherheitszelle, vgl. Kap. 13.12.2.

Außerdem nimmt der Insassenraum Einrichtungen und Ausrüstung auf, die für den Verwendungszweck notwendig sind, wie Sitze, Bedienelemente, Armaturentafel, Heizungs-, Lüftungs-, Klimaanlage, Innenverkleidung, elektrische und elektronische Bauteile, Sicherheitssysteme wie Kopfstützen, Sicherheitsgurte und Airbags, vgl. Kap. 16.2.

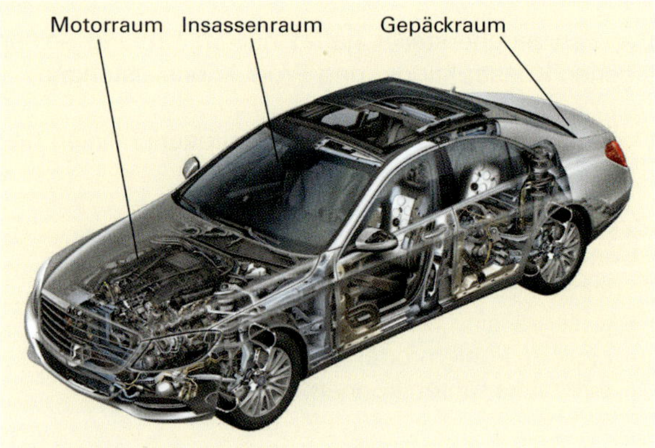

2 Motorraum, Insassenraum und Gepäckraum eines Pkws

Gepäckraum

Der Gepäckraum von Pkws dient dazu, Gepäck und geringe Mengen Güter zu transportieren; er wird auch **Kofferraum** genannt. Er befindet sich bei den meisten Pkws im Heck, siehe Bild → 2.

Im Gepäckraum sind außerdem untergebracht: Bordwerkzeug, Reserve- bzw. Notrad, Warndreieck, Abschleppseil und Reservekanister, evtl. Gastank, Batterie für den Fahrantrieb und die Car-Hi-Fi-Anlage.
Die Maße des Gepäckraums sind festgelegt in DIN 70 020-1 – *Kraftfahrzeugbau; Begriffe von Abmessungen*, Beispiel siehe Bild → 1, Seite 405.
Das Volumen des Gepäckraums wird mithilfe von 1-Liter-Messquadern bestimmt. Die Abmessungen der Messquader sind in ISO 3832 festgelegt: 200 mm × 100 mm × 50 mm.
Von den Messquadern werden so viele wie möglich in den Gepäckraum gestapelt – die Anzahl der Messquader ergibt dann die Größe des Gepäckraums in Liter.

Der Gepäckraum eines Pkws kann sein:
- geschlossen
- offen

Ein **geschlossener Gepäckraum** ist vom Insassenraum aus nicht oder nur über eine Durchlade- bzw. Skisacköffnung zugänglich (Limousine, Coupé, Cabriolet).

Der **offene Gepäckraum** ist auch vom Insassenraum zugänglich, indem eine Abdeckung abgenommen und die Fondsitzbank umgelegt wird (Kombi, Fließheck).

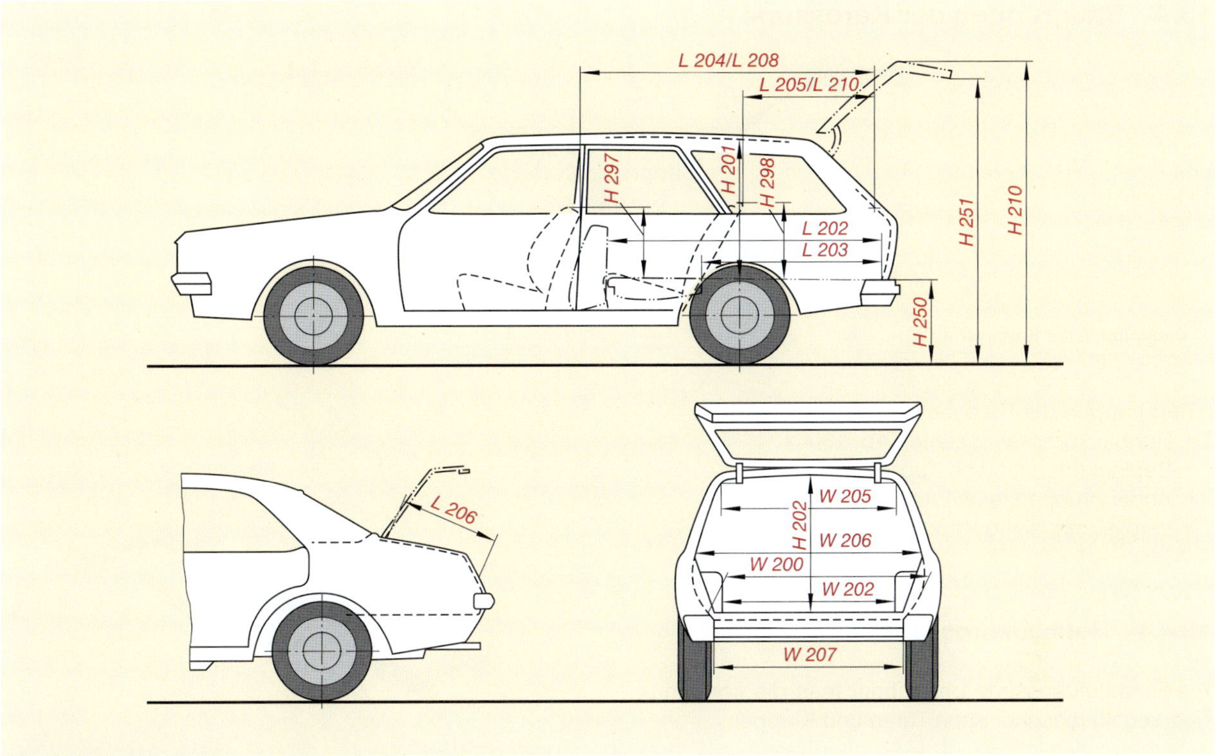

Es bedeuten:

Kurzzeichen	Benennung, Definition
Längenmaße für den Gepäckraum	
L 202 (*L 203*)	Länge 1 des Gepäckraumbodens Maß in der Null-Y-Ebene zwischen der inneren, hinteren Begrenzung und einem Messpunkt auf der horizontalen Verbindungslinie, quer zum Fahrzeug, die die Rückseiten der Vordersitze oder der geklappten Rückenlehnen (die Rückseite der zweiten Sitzreihe oder andere bauliche Begrenzungen) berührt.
L 204 (*L 208*)	für Kombi (für Limousine mit Schrägheck) Länge 1 des Gepäckraums in Höhe der Gürtellinie (in Höhe der Lehnen der Vordersitze) Kleinstes paralleles Maß zum Gepäckraumboden in der in der Null-Y-Ebene zwischen der X-Ebene an den Rückseiten der Vordersitzlehnen und der Innenseite der geschlossenen Heckklappe, gemessen in Höhe der Gürtellinie (in Höhe der Lehnen der Vordersitze).
L 205 (*L 210*)	für Kombi (für Limousine mit Schrägheck): Länge 2 des Gepäckraums in Höhe der Gürtellinie (in Höhe der Lehnen der Vordersitze) Kleinstes paralleles Maß zum Gepäckraumboden in der in der Null-Y-Ebene zwischen der X-Ebene an den Rückseiten der Lehnen der 2. Sitzreihe und der Innenseite der geschlossenen Heckklappe, gemessen in Höhe der Gürtellinie (in Höhe der Lehnen der 2. Sitzreihe).
L 206	Gepäckraumöffnung

Breitenmaße		**Höhenmaße**	
W 200	größte Breite des Gepäckraums	*H 201*	Ladehöhe
W 202	kleinste Breite des Gepäckraums	*H 202*	Höhe der Karosserieöffnung – Hecktür/Heckklappe
W 205	Breite der hinteren Öffnung – oben	*H 210*	Fahrzeughöhe – Heckklappe offen
W 206	größte Breite der hinteren Öffnung	*H 250*	Höhe des Gepäckraumbodens bis Standebene
W 207	Breite der hinteren Öffnung – unten	*H 251*	Höhe der geöffneten Heckklappe
		H 252	Höhe des Gepäckraums
		H 297	Höhe Lehne Vordersitz bis Gepäckraumboden
		H 298	Höhe Lehne der 2. Sitzreihe bis Gepäckraumboden

1 Gepäckraum – Maße nach DIN 70 020

13.4 Baugruppen der Karosserie

1 Baugruppen der Karosserie

Baugruppen der Karosserie sind, vgl. Bild → 1:
- Rohbaukarosserie, siehe Kap. 13.4.1
- Beplankungen, siehe Kap. 13.4.2
- Anbaugruppen, siehe Kap. 13.4.3
- Verglasung, siehe Kap. 13.4.4

13.4.1 Rohbaukarosserie

Als Rohbaukarosserie bezeichnet man die komplette Fahrzeugkarosserie, ohne Türen und Klappen.

Sie bestehen aus:
- Primärträger
- Sekundärträger
- Verkleidungsteile

Primärträger sind die haupttragenden Teile einer Karosserie wie Haupt-, Längs- und Querträger, A-, B-, C-Säule, Schweller, Federbeinaufnahme, Motor-, Achs- und Getriebebefestigung.

Sekundärträger sind die mittragenden Teile. Dazu gehören Radhaus, Seitenteil, geschweißte Kotflügel, Dach, Stirnwand, verschweißte Abschlussbleche, kleine parallele Längs- und Querträger, geklebte Windschutzscheiben.

Verkleidungsteile sind die nicht tragenden Teile, wie Motorhaube, Heckklappe, Türen, geschraubte Kotflügel und Abschlussbleche, Stoßfänger.

Arten von Rohbaukarosserien

Rohbaukarosserien gibt es als, vgl. Bild → 1:
- nichtselbsttragende Karosserie
- selbsttragende Karosserie
- Skelettkarosserie

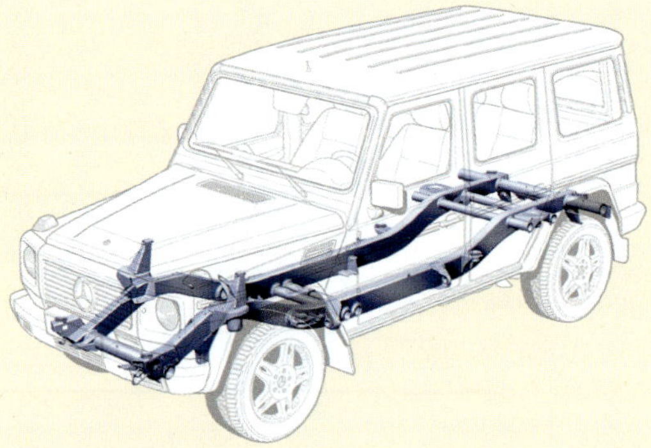

a) Leiterrahmen

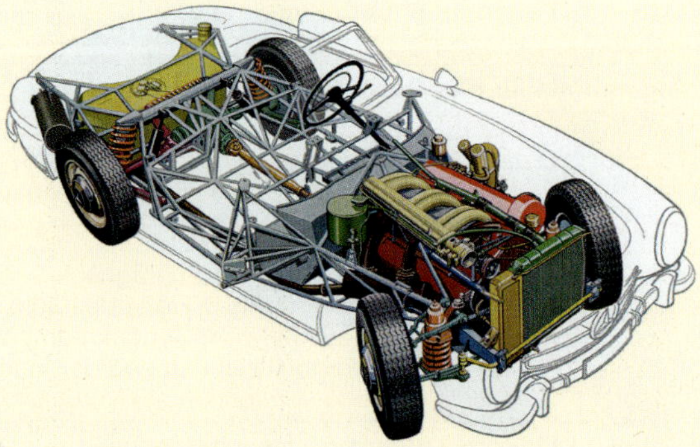

b) Gitterrohrrahmen in einem Sportwagen

2 Nichtselbsttragende Karosserie

Nichtselbsttragende Karosserie

Die nichtselbsttragende Karosserie ist auf einem Fahrzeugrahmen oder einem Fahrgestell aufgebaut. Der Fahrzeugrahmen wird auch **Chassis** genannt; er nimmt die gesamte Belastung auf. So kann eine leichte Karosserie aufgebaut werden.
Als Rahmen werden verwendet, siehe Bild → 2:
- bei Lkws, Bussen und Geländewagen: Leiterrahmen
- bei Sportwagen: Gitterrohrrahmen

Weitere Informationen zu Fahrgestellrahmen (in Nkws) siehe Kap. 14.1.

Selbsttragende Karosserie

Pkws sind am häufigsten mit einer selbsttragenden Karosserie ausgestattet. Beplankungen, Verstärkungen, Aufnahmebleche und Profile sind unlösbar miteinander verbunden, siehe Bild → 1. Diese Bauteile wirken als Schalen und nehmen in ihrer Gesamtheit die eingeleiteten Kräfte auf; deshalb spricht man auch von **Schalenbauweise**.

Motor, Kupplung und Getriebe sind direkt mit der Karosserie verbunden, ebenso Vorder- und Hinterachse und Auspuffanlage. Auch Türen, Kotflügel, Klappen und Scharniere werden an der Karosserie befestigt.

Vorteil der selbsttragenden Karosserie ist die geringe Fahrzeugmasse.
Nachteil der selbsttragenden Bauweise ist, dass die Schwingungen der Aggregate auf die Karosserie übertragen werden.

Deshalb muss die Karosserie sehr steif sein. Das wird erreicht durch:

- gewölbte Flächen, Absetzungen und Abkantungen der Blechhaut
- hohle Blechprofile mit großem Querschnitt und somit großem Widerstandsmoment
- Versteifungen an Türen oder Unterboden

Wird die selbsttragende Karosserie aus nur einer einzigen Schale gefertigt, spricht man auch von **Monocoque**[1] (sprich: Monokok), siehe Bild → 2.
Monocoques sind sehr aufwendig zu fertigen; deshalb werden sie für Pkws nur für kleine Serien hergestellt, z. B. für Rennwagen, handgefertigte Sportwagen oder Versuchsfahrzeuge.

Skelettkarosserie

Die Skelettkarosserie besteht aus geschlossenen Hohlprofilen aus Aluminium oder Stahl. Die Hohlprofile sind direkt oder über Knoten miteinander verbunden, siehe Bild → 3. Deshalb wird die Skelettkarosserie auch **Space frame**[2] genannt. Dach und Windschutzscheibe werden steif mit dem Skelett verbunden und nehmen Schubkräfte auf.

Stahlbauteile können ersetzt werden durch Bauteile aus Aluminium, Magnesium oder faserverstärktem Kunststoff, Beispiel siehe Bild → 3.
Vorteile: Die Karosserie wird leichter, die Verwindungssteifigkeit wird verbessert und es bieten sich neue Möglichkeiten für die Gestaltung.

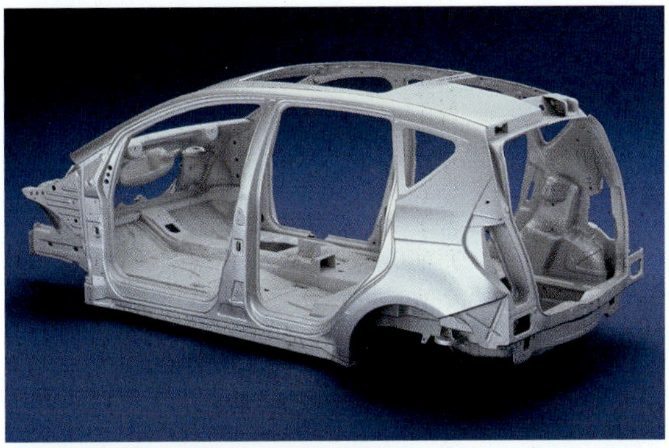

1 Selbsttragende Karosserie eines Pkws

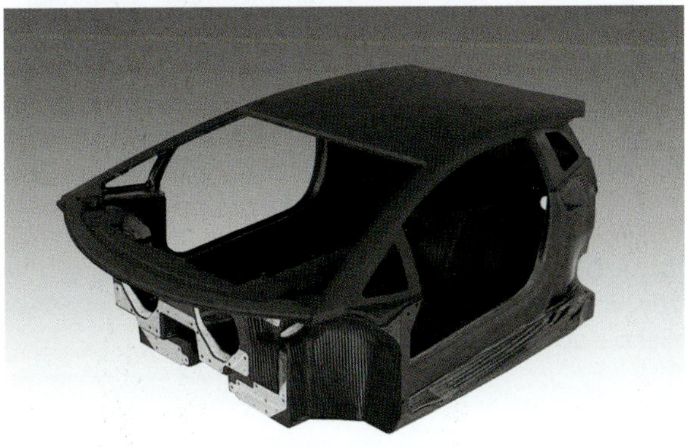

2 Monocoque, hier aus CFK

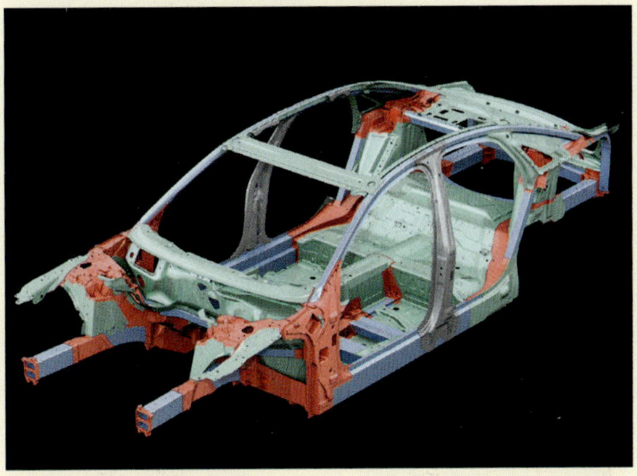

Rot Guss (Aluminium)
Blau Profile (Aluminium)
Grün Blech (Aluminium)
Grau Magnesium

Audi AG

3 Skelettkarosserie aus Leichtmetall

[1] mono (griech.): allein, einzig; coque (frz.): Schale

[2] space frame (engl.): Raumfachwerk

Abschnitte der Rohbaukarosserie

Die Rohbaukarosserie besteht aus den Abschnitten:
- vordere Rohbaukarosserie
- Fahrgastzelle
- hintere Rohbaukarosserie

Vordere Rohbaukarosserie

Bei den meisten Pkws ist der Motorraum vorn angeordnet. Dann bildet die vordere Rohbaukarosserie den Rahmen für den Motorraum. Daran sind Motor, Radaufhängung und Lenkung befestigt.

Eine vordere Rohbaukarosserie besteht aus, siehe Bild → 1:
- vorderen Längsträgern
- vordere Quertraverse
- vordere Radhäuser
- Federbeindome

Die vordere Rohbaukarosserie hat weiterhin die Aufgabe, bei einem Frontalaufprall die Insassen zu schützen. Informationen zur Fahrzeugsicherheit von Pkws siehe Kap. 13.12.

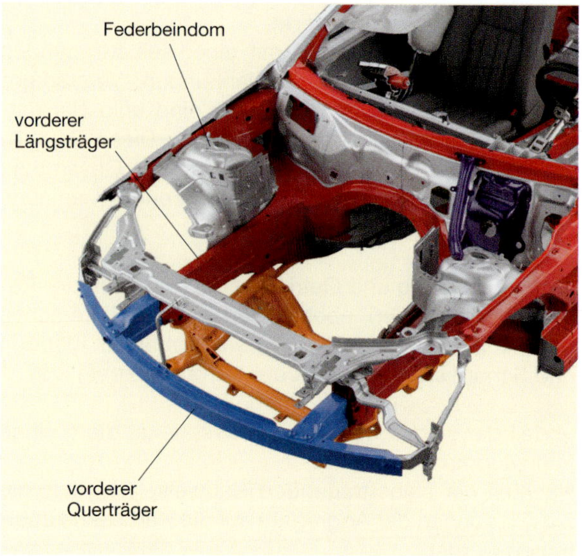

1 Vordere Rohbaukarosserie eines Pkws

Fahrgastzelle

Die Fahrgastzelle ist der Träger des Insassenraumes. Folgende Bauteile sind zur Fahrgastzelle miteinander verschweißt, siehe Bild → 2:
- Stirnwand
- bei geschlossenem Gepäckraum: Gepäckraumtrennwand
- Seitenrahmen mit A-, B- und C-Säule
- Bodengruppe mit Vorder- und Hintersitzprofilen, Bodenblech, Schweller, evtl. Kardantunnel, Querträger zwischen den B-Säulen und unter den C-Säulen (bei Stufenheck)
- Fahrzeugdach

Die Fahrgastzelle hat weiterhin die Aufgabe, bei einem Unfall die Insassen zu schützen. Informationen zur Fahrzeugsicherheit von Pkws siehe Kap. 13.12.

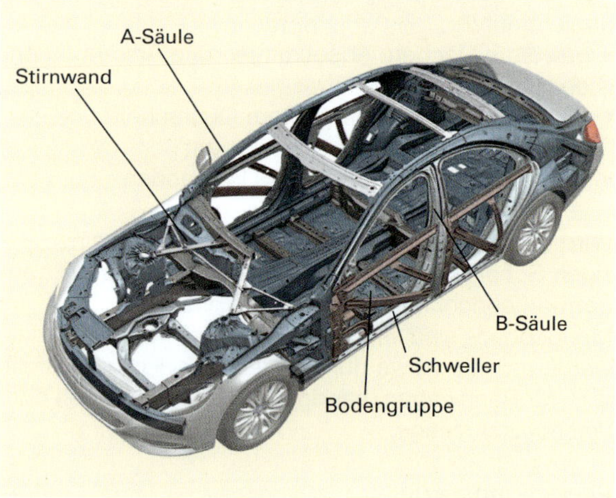

2 Fahrgastzelle in einem Pkw

Hintere Rohbaukarosserie

Die hintere Rohbaukarosserie ist das **Heck** des Pkws. Bei den meisten Pkws ist dort der Gepäckraum angeordnet; nur bei wenigen Fahrzeugen befindet sich dort der Motorraum. Die hintere Rohbaukarosserie soll die Insassen schützen, wenn ein anderes Fahrzeug von hinten auffährt. Informationen zur Fahrzeugsicherheit von Pkws siehe Kap. 13.12.

Die häufigsten Ausführungen von Hecks sind:
- Stufenheck
- Steilheck
- Schrägheck

Stufenheck
Bei der Stufenheck-Limousine ist der Kofferraum klar von der Fahrgastzelle abgesetzt und bildet eine Stufe hin zum Dach des Fahrzeugs, siehe Bild → 1.

Unter den beiden C-Säulen ist ein Querträger angebracht, der die Steifigkeit der selbsttragenden Karosserie erhöht. Dort ist die Kofferraumklappe angeschlagen.

Es gibt Stufenheck-Limousinen, wo die Heckscheibe flach und der Kofferraumdeckel kurz ist. Das Stufenheck ähnelt dann dem Schrägheck; Beispiel: **Stummelheck**. Solche Limousinen werden sowohl mit Stufenheck als auch mit Schrägheck (Kofferraumklappe oben angeschlagen) angeboten.

Schrägheck
Das Schrägheck wird auch **Fließheck** genannt. Es fällt vom Dach bis zum hinteren Abschluss der Karosserie gleichmäßig (schräg) ab, siehe Bild → 2. Dadurch wirken Schrägheck-Limousinen sehr sportlich, sodass einige Hersteller das Schrägheck auch **Sportback**[1] nennen.

Die Hecklappe ist oben angeschlagen; deshalb heißt das Schrägheck in Amerika auch **Liftback**[1].

Vorteile gegenüber dem Stufenheck:
- günstige Aerodynamik
- Innenraum ist variabel nutzbar

Aber Karosserien mit Schrägheck sind weniger steif als Karosserien mit Stufenheck, weil der versteifende Querträger unter den C-Säulen fehlt.

Bei einigen Pkw-Modellen ähnelt das Schrägheck dem Stufenheck, vgl. oben.

Steilheck
Beim Steilheck ist die Heckfläche nahezu senkrecht; so vergrößert sich der Innenraum. Deshalb ist das Steilheck oft anzutreffen bei:
- kleinen Pkws, um den geringen Platz gut auszunutzen, siehe Bild → 3
- Kombis, Vans und SUVs mit großem Raumbedarf

1 Stufenheck-Limousine

2 Schrägheck-Limousine

3 Steilheck an einem Kleinwagen

Kombis sind sehr beliebt, weil sie repräsentativ sind und mit ihnen auch geringe Mengen Güter transportiert werden können. Und die kleinen Pkws werden immer beliebter, weil sie leicht sind, somit Kraftstoff sparen, und in Großstädten den vorhandenen Parkraum besser nutzen, vgl. Kap. 13.13.2.

Nachteile des Steilhecks:
- höherer Energieverbrauch, weil sich hinter dem Fahrzeug größere Luftwirbel bilden, vgl. Kap. 13.10.2
- die Karosserie ist weniger steif als eine Karosserie mit Stufenheck oder auch mit Schrägheck; dadurch verringert sich der Fahrkomfort

[1] Sportback / Liftback (engl.): sportlicher Rücken / Hebe-Rücken

KAROSSERIE- UND FAHRZEUGBAU

13.4.2 Beplankungen

Beplankungen sind die Außenhautteile der Karosserie.

Zur Beplankung gehören die Außenhautteile von, siehe Bild ➔ 1:
- Dach
- Seitenteilen, einschl. Fahrzeugtüren
- Motorhaube
- Stoßstangen vorn und hinten
- Heckklappe bzw. -tür
- Bodenblech

Zur Beplankung gehört ebenfalls die Windschutzscheibe.

Beplankungen sollen
- funktional sein, d. h., sie nehmen Schubkräfte auf,
- gut aussehen,
- aerodynamisch sein,
- bei einem Unfall Fußgänger und Radfahrer schützen.

Nicht jede Beplankung muss alle Forderungen erfüllen.

Beispiel:
Bei vielen Pkws nimmt das Bodenblech keine Schubkräfte auf, und es muss auch nicht gut aussehen.

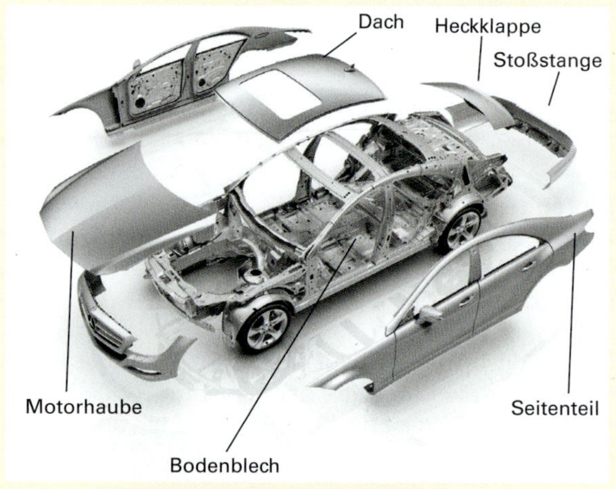

1 Beplankungen eines Pkws

a) Vorn, an einem modernen Pkw

b) An einer Daimler-Motorkutsche

2 Kotflügel

13.4.3 Anbaugruppen für Karosserien

Zu den Anbaugruppen der Karosserie gehören vor allem, vgl. Bild ➔ 1:
- Kotflügel, siehe Kap. 13.4.3.1
- Fahrzeugtüren, siehe Kap. 13.4.3.2
- Fahrzeugklappen, siehe Kap. 13.4.3.3
- Dachöffnung bei Pkws, siehe Kap. 13.4.3.4

13.4.3.1 Kotflügel

Der Kotflügel ist ein Teil der Karosserie; er ist über dem Rad angebracht und deckt es ab, siehe Bild ➔ 2a. So werden Fußgänger vor der Gefahr geschützt, vom drehenden Rad erfasst zu werden, und Kotflügel schützen den nachfolgenden Verkehr vor Wasser und Straßen**kot**[1], die von der Fahrbahn aufgewirbelt werden. Kotflügel älterer Fahrzeuge haben eine geschwungene Form, ähnlich wie die **Flügel** von Vögeln, siehe Bild ➔ 2b. Deshalb der Begriff „Kotflügel“.

[1] Straßenkot: veraltet für Straßenschmutz

13.4.3.2 Fahrzeugtüren

Fahrzeugtüren an den Seiten dienen dem Ein- und Ausstieg des Fahrers und der Passagiere, siehe Bild → 1a. Einige Nutzkraftwagen-Kombis und Mehrzweck-Personenkraftwagen haben weitere Fahrzeugtüren am Heck; dann ist das Fahrzeug auch von hinten begehbar zum Be- und Entladen, siehe Bild → 1a. Hecktüren können symmetrisch oder asymmetrisch geteilt sein, Geländewagen haben oft eine einzelne Hecktür.

Es gibt verschiedene Fahrzeugtüren:

- Schwenkachse steht senkrecht oder ist nur wenig geneigt; die Türen schwenken seitlich auf und zu; das ist die häufigste Art von Fahrzeugtüren, siehe Bild → 1a
- Schiebetüren, meist an Nutzkraftwagen-Kombis und Transportern, siehe Bild → 1b
- Flügeltüren, Scherentüren oder eine Kombination aus beiden an Sportwagen, siehe Bild → 1c und Bild → 1d

a) Schwenkachse senkrecht

b) Schiebetür

c) Flügeltüren

d) Scherentüren

1 Türen am Pkw

In einigen Pkws sind **Türmodule** eingesetzt; das sind Träger aus Aluminium, Stahl oder Kunststoff, siehe Bild ➔ 1. Darin können untergebracht sein: Fensterheber inkl. Antrieb, Schließsystem, Lautsprecher, Kabelbaum, Türsteuergerät, ggf. Seitenairbag, Aufprall-Sensor – je nach Typ und Hersteller.
Mit dem Türmodul erhält der Karosserie- und Fahrzeugbaumechaniker ein vorgeprüftes Bauteil, anstelle vieler Einzelkomponenten.

Weitere Vorteile eines Türmoduls:

- Nassraum ist vom Trockenraum getrennt (umlaufende Dichtung!)
- Steifigkeit der Tür wird erhöht
- Masse wird gespart, bis zu 4 kg pro Fahrzeug
- Akustik der Fahrzeugtür wird verbessert

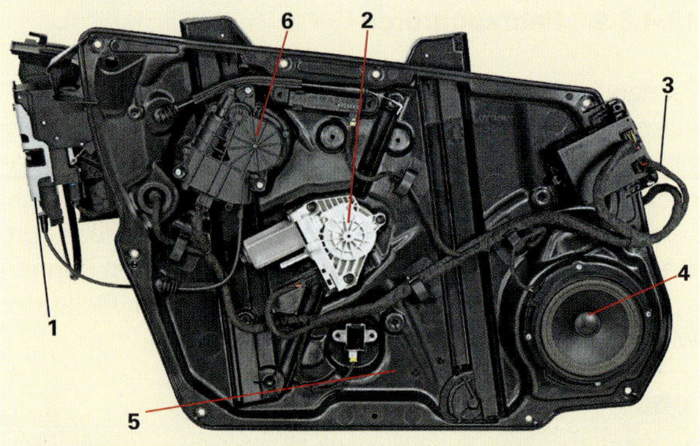

1 Schloss
2 Motor
3 Kabelbaum
4 Lautsprecher
5 Träger
6 Zuziehhilfe

1 Türmodul aus glasfaserverstärktem Polypropylen

13.4.3.3 Fahrzeugklappen

Fahrzeugklappen sind Teile der Karosserie. Die Schwenkachse verläuft waagerecht, sodass Fahrzeugklappen aufwärts und abwärts schwenken. Fahrzeugklappen werden auch **Deckel** oder **Haube** genannt.

Über Fahrzeugklappen wird der Motorraum bzw. der Gepäckraum geöffnet – sie dienen nicht dem Ein- und Ausstieg.

Demnach werden Fahrzeugklappen unterteilt in:

- Motorraumklappe
- Kofferraumklappe

Motorraumklappe
Die Motorraumklappe deckt den Motorraum nach oben hin ab; deshalb wird sie auch **Motorhaube** genannt.
Die Motorhaube wird geöffnet, um eine Wartung oder Reparatur durchzuführen. Bei den meisten Pkws ist sie vorn. Sie kann dazu beitragen, bei einem Unfall das Verletzungsrisiko von Fußgängern oder Radfahrern zu mindern, vgl. Kap. 13.12.2.

Kofferraumklappe
Die Kofferraumklappe öffnet und schließt den Kofferraum. So können Gepäck und kleine Mengen Stückgut transportiert werden.

Bei den meisten Pkws ist der Kofferraum im Heck; dann wird die Kofferraumklappe auch **Heckklappe** genannt.
Ist die Heckklappe unter der Heckscheibe angeschlagen, wird sie auch **Kofferraumdeckel** oder **Heckdeckel** genannt, siehe Bild ➔ 2a.

a) Unter der Heckscheibe angeschlagen

b) Über der Heckscheibe angeschlagen

2 Heckklappe

Ist die Heckklappe über der Heckscheibe angeschlagen, bietet sie Zugang vom Heck zum Innenraum, siehe Bild ➔ 2b. Sie ist üblich bei Vans, Kombis und Fahrzeugen mit Schrägheck. Manche Fahrzeughersteller bezeichnen Ihre Pkws dann als **Drei-** bzw. **Fünftürer**. Jedoch ist die „dritte Tür" bzw. „fünfte Tür" eine Klappe und keine Tür, denn sie schwenkt auf- und abwärts und dient nicht dem Ein- und Ausstieg.

13.4.3.4 Dachöffnung bei Pkws

Moderne Dachöffnungen bieten Autofahrern ein echtes Freiluft-Feeling, denn sie bewirken, dass im Fahrzeuginneren:

- die Luft effizient ausgetauscht wird; das kann eine Klimaanlage alleine nicht erreichen
- ein helles und offenes Raumgefühl entsteht, siehe Bild → 1.

Diese Atmosphäre ist für die Fahrzeuginsassen sehr angenehm und besonders wichtig für den Fahrzeugführer: Er ermüdet nicht so schnell. Das Dachsystem wird im Automobilwerk in das Fahrzeug eingebaut; es kann aber auch nachgerüstet werden.

Bauteile der Dachsysteme

Bauteile für Dachsysteme sind:

- Deckel oder Lamellen
- Sonnenschutz
- Windabweiser
- elektrischer Antrieb
- evtl. Solarelemente

Deckel oder Lamellen der Dachsysteme bestehen aus Glas, Metall, Polycarbonat oder Textil. Deckel oder Lamellen aus Glas sind getönt und sorgen für ein angenehmes Raumklima. Ebenso Polycarbonat, das zudem leicht ist und somit hilft, Kraftstoff einzusparen und die CO_2-Emission zu verringern.

Der **Sonnenschutz** besteht aus einem manuell oder elektrisch betriebenen Rollo mit oder ohne Wickelrolle und Seitenführung. Der Stoff des Rollos kann transparent oder blickdicht und UV-reflektierend sein. Wer keinen Lichteinfall von oben in das Fahrzeug wünscht, kann den Schiebehimmel manuell oder elektrisch schließen, siehe Bild → 1b.

Ein **Windabweiser** ist vor allem bei Panoramadächern angebracht. Er bewirkt, dass bei geöffnetem Dach keine Zugluft auf die Insassen trifft und keine unangenehmen Windgeräusche entstehen.

Das Dach lässt sich mit Hilfe eines **elektrischen Antriebs** öffnen und schließen (bei älteren Modellen evtl. mit Handkurbel). Die Bedienelemente sind in den Fahrzeughimmel integriert oder auch in der Fernbedienung des Zündschlüssels. Ein Einklemmschutz verhindert Unfälle beim Schließen.

Die **Solarelemente** erzeugen elektrischen Strom; damit wird ein Lüfter angetrieben. So kann sich die Wärme im Insassenraum nicht stauen, wenn der Pkw in der Sonne abgestellt wurde. Außerdem kann der elektrische Strom genutzt werden, um bei Fahrzeugen mit Elektroantrieb die Antriebsbatterie aufzuladen.

a) Innenraum hell und freundlich

b) Schiebehimmel, manuell zu schließen

1 Dachöffnung bei Pkws

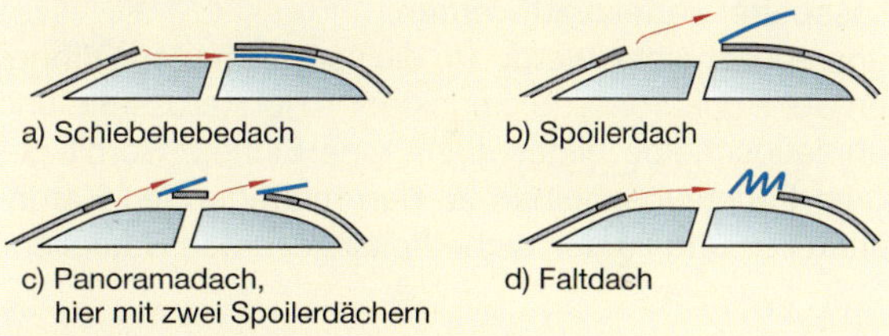

2 Arten von Dachöffnungen

Arten von Dachsystemen

Dachsysteme gibt es als:

- Schiebehebedach
- Spoilerdach
- Panoramadach
- Faltdach

Beim Öffnen des **Schiebehebedachs** senkt sich der Deckel und verschwindet in der Dachhaut, siehe Bild → 2a. Es wird von unten in das Fahrzeug eingebaut (**Bottom-Load**) und eignet sich für alle Fahrzeugtypen mit normaler Dachhaut.

Bei **Spoilerdächern** hingegen wird beim Öffnen der Glasdeckel angehoben und nach hinten über die Dachhaut geschoben, siehe Bild → 2b. Sie werden von oben in das Fahrzeug eingebaut (**Top-Load**).

Ein **Panoramadach** hat einen großen Dachausschnitt, siehe Bild → 1, Seite 413, oder besteht aus zwei Schiebe- oder Spoilerdächern, siehe Bild → 2c, Seite 413. So können auch die Passagiere im Fonds mit Frischluft und Tageslicht versorgt werden. Es gibt auch Panoramadächer, die nicht zu öffnen sind, die sogenannten **FTM**[1], siehe Bild → 1. Bei einer großen Dachöffnung verringert sich die Stabilität und Steifigkeit der Dachhaut; deshalb, muss der Glasdeckel zusätzlich eine tragende Funktion übernehmen.
Das **Faltdach** ist ein flexibles Dach aus Textil, das nach hinten geschoben wird, siehe Bild → 2d, Seite 413. Wird das Textildach nach hinten gerollt, nennt man es **Rolldach**.

1 **Panoramadach mit FTM**

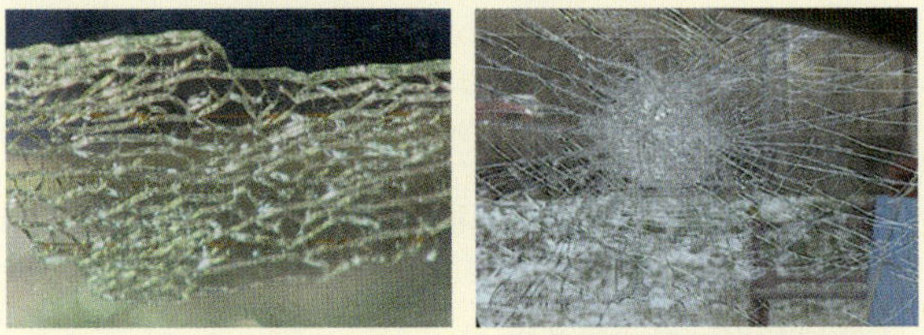

copyright Saint-Gobain Sekurit

a) **Einscheibensicherheitsglas** b) **Verbundsicherheitsglas**

2 **Zerstörte Fahrzeugscheiben**

13.4.4 Verglasung für Pkws

Aufgaben der Verglasung

Die Verglasung ermöglicht es, dass

- Fahrzeugführer und Passagiere vor Witterung geschützt sind,
- sie die Umwelt außerhalb des Fahrzeugs wahrnehmen können,
- Licht ins Fahrzeuginnere dringt

Als Verglasung dienen Fahrzeugscheiben, die aus Sicherheitsglas bestehen. **Sicherheitsglas** ist schlagfest und bei Zerstörung ist die Gefahr gering, durch Glassplitter verletzt zu werden.
Fahrzeugscheiben werden in die vorgesehenen Öffnungen der Rohkarosserie eingeklebt – Rohkarosserie und Fahrzeugscheibe bilden dann eine Einheit. Somit gehören Fahrzeugscheiben zu den mittragenden Karosserieteilen und zu den sicherheitsrelevanten Bauteilen.

Deshalb darf nur eine Fahrzeugscheibe eingebaut werden, die vom Fahrzeughersteller für den Fahrzeugtyp nach der Zulassungsbescheinigung vorgeschrieben ist.

Einscheibensicherheitsglas

Einscheibensicherheitsglas (**ESG**) wird auch **vorgespanntes Glas** genannt, weil bei der Herstellung die fertige Scheibe einseitig erwärmt und anschließend abgeschreckt wird. An der Oberfläche der Scheibe entstehen dadurch Druckspannungen – die sogenannte Vorspannung.
Die Vorspannung bewirkt, dass

- sich die Schlagfestigkeit der Scheibe erhöht,
- die Scheibe in kleine Glaskrümel zerfällt, wenn sie zerstört wird – das vermindert die Verletzungsgefahr.

3 **Verbundsicherheitsglas** copyright Saint-Gobain Sekurit

Nachteil des Einscheibensicherheitsglases:
Durch Stoß oder Schlag können unzählige feine Risse entstehen, die die Scheibe undurchsichtig machen, siehe Bild → 2a. Das behindert den Fahrer, wenn er das Fahrzeug an den Straßenrand lenken und zum Stehen bringen muss.

Verbundsicherheitsglas

Das Verbundsicherheitsglas (**VSG**) ist ein **Mehrscheibensicherheitsglas**. Es werden zwei oder mehr Glasscheiben miteinander verklebt. Zwischen den einzelnen Glasscheiben ist eine durchsichtige, weiche Kunststofffolie eingelegt.
Wird die Scheibe zerstört, zersplittert sie an der Stoßstelle und die Splitter bleiben an der Kunststofffolie kleben, siehe Bild → 2b und Bild → 3. Die Verletzungsgefahr durch Glassplitter ist gering und die Sicht wird nicht so stark behindert wie bei zerstörtem Einscheibensicherheitsglas.

[1] FTM = Fixed Transparent Modules (engl.): fest stehende Panoramadächer

Ein besonderes Verbundsicherheitsglas ist das sogenannte **Panzerglas**. Mehrere Glasscheiben sind miteinander verklebt; dazwischen liegen spezielle Kunststofffolien. Panzerglas kann Schlägen, Geschossen und sogar Sprengsätzen widerstehen; deshalb wird es in Fahrzeugen eingebaut, wenn besonderer Personenschutz gefordert wird. Allerdings ist Panzerglas auch besonders dick, siehe Bild ➔ 1.

1 Panzerglas in einer Limousine

13.5 Bauteile aus Kunststoff herstellen

Im Fahrzeugbau muss der Karosserie- und Fahrzeugbaumechaniker oft Aufbauten herstellen. Diese bestehen überwiegend aus Sandwichplatten mit Deckschichten aus Aluminium oder Kunststoff und Kunststoffkern. Der Kunststoffkern ist entweder geschäumt oder wabenartig, vgl. Kap. 6.3.
Die Sandwichplatten werden auf Maß gesägt und beim Einbau mit Kleben, Nieten oder Schrauben gefügt. Die Fügetechniken werden häufig auch kombiniert.

Bei den Kofferaufbauten als Bausatz werden alle Bauelemente maßgerecht geliefert. Diese Bauelemente werden durch Ineinanderstecken, Kleben und Schrauben gefügt, siehe Bild ➔ 2.

Bauteile aus Kunststoff können auch hergestellt werden mit Hilfe des **Handlaminierens**. Auf diese Weise werden Bauteile aus GFK hergestellt, so z. B.:
- für den Innenausbau
- Karosserieteile

Zum Herstellen einer Blende für Rettungsfahrzeuge siehe 2. US, 31702, Seite 144.

2 Kofferaufbau als Bausatz aus Sandwichplatten

13.6 Anbaugruppen für Fahrzeugaufbauten

Anbaugruppen für Fahrzeugaufbauten von Nutzfahrzeugen sind:
- Bordwände, Türen, Klappen und Planen, siehe Kap. 13.6.1
- Be- und Entladehilfen, siehe Kap. 13.6.2

13.6.1 Bordwände, Türen, Klappen und Planen

Bordwände, Türen, Klappen und Planen gehören zu den beweglichen Baugruppen des Nutzfahrzeugaufbaus. Zum Be- und Entladen können diese Teile des Aufbaus ganz oder teilweise geöffnet werden.

Bordwände
Bordwände werden für offene Aufbauten wie Pritschen- und Kipperaufbau verwendet. Die Bordwände werden in Scharniere am Aufbau eingehängt, eingeschoben oder eingeklinkt, siehe Bild → 1.

Beim Schließen der Bordwände werden sie mit der Eckrunge und bei geteilten Bordwänden auch mit der Mittelrunge verriegelt, siehe Bild → 2.
Bordwände können aus Holz, Kunststoff, Leichtmetall oder Stahl bestehen.
Zum Ausrüsten eines Lkws mit einer Ladebordwand siehe 2. US, 31702, Seite 18.

Türen
Bei einer Tür verläuft die Schwenkachse der Scharniere senkrecht oder nur wenig geneigt, wodurch eine horizontale Schwenkbewegung der Tür erfolgt.

Türen werden bei geschlossenen Nutzaufbauten verwendet, hauptsächlich bei Kofferaufbauten. Dazu hat der jeweilige Aufbau ein festes Portal am Heck und/oder auch seitlich. Hieran sind die Scharniere angeschlagen und die Verriegelungsfallen der Verschlüsse angebracht bzw. eingelassen.

Klappen
Bei einer Klappe verläuft die Schwenkachse der Scharniere waagerecht, wodurch eine vertikale Schwenkbewegung bei ihrer Betätigung entsteht.
Klappen werden an unterschiedlichen Stellen des Nutzaufbaus verwendet. Je nach Verwendungszweck des Fahrzeugs verschließen Klappen z. B.:
- den Aufbau über der Ladebordwand, siehe Bild → 3
- den seitlichen Teil eines Verkaufswagens mit Verkaufstheke und Auslagen, siehe Bild → 1, Seite 417.

1 Bordwand eingehängt

2 Bordwand mit Runge verriegelt

3 Klappe über der Ladebordwand

Planen

Planen sind tuchartige, flexible Abdeckungen für offene Fahrzeugaufbauten bei Lkws, Pkws und Anhängern. Sie werden meist auf ein Spriegelgestell (Planengestell) aufgelegt und schützen die Ladung vor Witterungseinflüssen.

Planen sind leichter als feste, geschlossene Fahrzeugaufbauten (geringerer Nutzlastverlust).

Zum Be- und Entladen eines Fahrzeugs können sie ganz oder teilweise geöffnet, zur Seite geschoben oder zurückgeschlagen werden. Sie bestehen aus einem gewebeverstärkten Kunststoff, meist PVC.

Planen für Lkws gibt es:
- in Verbindung mit einem Spriegelgestell
- als Seitenplane

Planen in Verbindung mit einem Spriegelgestell gehören zur Gruppe der Überwurfplanen. Sie verschließen den ursprünglich offenen Pritschenaufbau und schützen so die Ladung vor Witterungseinflüssen. Die großen Flächen der Plane werden oft als Träger von Werbebannern genutzt, Beispiel siehe Bild → 3.

Die **Seitenplanen** werden auch **Sidecurtains**[1] genannt, Lkws mit Sidecurtain-Aufbau auch **Curtainsider**. Dabei ist der Fahrzeugaufbau so gestaltet, dass zwischen der vorderen, festen Kopfwand und dem hinteren, festen Portal oben zwei seitliche Dachträger verlaufen. An ihnen befinden sich die Gleitschienen für die Seitenplanen, vgl. Bild → 2.

Die Seitenplanen können mittels Schiebemechanismus ganz oder auch nur teilweise geöffnet werden.

1 Klappe an einem Verkaufswagen

2 Seitenplane an einem Getränkefahrzeug

3 Werbebanner auf der Plane eines Sattelanhängers

[1] Sidecurtain (engl.): Seitenplane, Seitengardine

13.6.2 Be- und Entladehilfen

Zum Be- und Entladen ohne Fremdhilfe sind viele Lastkraftwagen mit einer speziellen Ausrüstung versehen, die es dem Fahrer ermöglicht, die Ladung selbst aufzunehmen oder abzuladen.

Dies können sein:
- Ladebordwand
- Ladekran
- Kipp- und Dreheinrichtungen
- Fördereinrichtungen
- Absetzeinrichtungen
- fahrzeugeigener Gabelstapler

Die **Ladebordwand** am Heck ist eine elektrohydraulische Verladeplattform, mit der Stückgüter angehoben oder abgesenkt werden können. Häufig wird in Verbindung mit der Ladebordwand ein Handhubwagen oder Gabelstapler benutzt, siehe Bild → 1.

Ladekrane werden vom Lkw-Fahrer allein bedient. Sie werden bei Fahrzeugen für Stückgüter und Kleincontainer benötigt. Der Ladekran kann montiert sein:
- hinter dem Aufbau: Heckladekran
- zwischen Fahrerhaus und Aufbau: Frontladekran, siehe Bild → 2
- zwischen zwei Aufbauhälften: bei Spezialfahrzeugen

1 Ladebordwand

Kippvorrichtungen ermöglichen das Abkippen von Schüttgütern durch den Fahrer, z. B. hydraulische Kippvorrichtung für Dreiseitenkipper.

Drehvorrichtungen werden z. B. bei Betonmischer-Fahrzeugen verwendet, um die Ladung, den Flüssigbeton, selbst zu fördern, vgl. Bild 3, Seite 16. Dazu kehrt der Fahrer die Drehrichtung der Mischtrommel um. Damit können allerdings nur kurze Förderwege überbrückt werden.

2 Frontladekran

Einige Müllentsorgungsfahrzeuge treiben mit einer Dreheinrichtung ihre große Mülltrommel an, siehe Bild ➔ 1. Rippen und Schaufeln fördern in der Trommel den Müll nach vorn und verdichten ihn.

Fördereinrichtungen wie fahrzeugeigene Pumpen und Verdichter kommen in Tank- und Silofahrzeugen zum Einsatz. Sie können vom Fahrer allein bedient werden, Beispiel: Autobetonpumpe, die den Beton vom Fahrzeug an die Schalung fördert, siehe Bild ➔ 2.

Absetzeinrichtungen sind verschiedene Schwenkarmsysteme sowie Seilzug- und Hakengeräte für System-Abrollbehälter, vgl. Kap. 1.3.3.3.

Manche Lkws besitzen einen **fahrzeugeigenen Gabelstapler**, siehe Bild ➔ 3. Diese Mitnahme- oder Huckepack-Gabelstapler sind klappbar und werden am Heck des Fahrzeugs an- und untergefahren, angehoben und verriegelt. Sie verfügen über einen eigenen Elektro- oder Verbrennungsmotor-Antrieb.

3 **Lkw-Zug mit Huckepack-Gabelstapler**

1 **Müllentsorgungsfahrzeug mit Mülltrommel**

2 **Autobetonpumpe**

13.7 Verschluss- und Befestigungssysteme

Verschluss- und Befestigungssysteme sind eingeteilt in:
- Scharniere für Türen und Klappen an Pkws, siehe Kap. 13.7.1
- Schließsysteme für Türen und Klappen an Pkws, siehe Kap. 13.7.2
- Scharniere für Aufbauten an Nutzfahrzeuge, siehe Kap. 13.7.3
- Verschlüsse für Aufbauten von Nutzfahrzeugen, siehe Kap. 13.7.4

13.7.1 Scharniere für Türen und Klappen von Pkws

Scharniere verbinden eine Fahrzeugtür oder eine Klappe mit dem Fahrzeugrahmen, sodass das Fahrzeug geöffnet und geschlossen werden kann. Sie bestehen aus zwei Scharnierteilen (Tür- bzw. Karosserieteil), die angeschraubt oder angeschweißt sind. Verbunden sind diese mit einer Achse (Scharnierstift), sodass sie als Gelenk und Lager wirken. Ein Scharnier muss
- die Tür bzw. die Klappe fest geschlossen halten,
- die Last der Tür bzw. der Klappe tragen,
- Kräfte infolge der Bewegung aufnehmen.

Die Scharniere an Fahrzeugtüren müssen eine hohe Festigkeit besitzen, denn:
- im Falle eines Unfalls dürfen sich Fahrzeugtüren nicht unkontrolliert öffnen
- nach dem Unfall müssen sie aber geöffnet werden können – trotz Verformungen an der Karosserie

Scharniere für Pkws sind hergestellt aus:
- Profilstangen
- Schmiedeteilen
- Gussteilen
- Blech

Die **Scharniere aus Profilstangen** sind aus dem vollen Material gefertigt: aus einer Profilstange abgelängt und zerspant. Die Löcher für die Drehachse wurden gebohrt, siehe Bild ➔ 1a. Dadurch ist die Festigkeit groß und die Lebensdauer entsprechend hoch. Sie sind u. a. für Klappen und für Fahrzeugtüren geeignet.

Scharniere aus Schmiede- oder Gussteilen bestehen ebenfalls aus vollem Material, sodass sie ebenfalls für Klappen und Türen eingesetzt werden können, siehe Bild ➔ 1b.

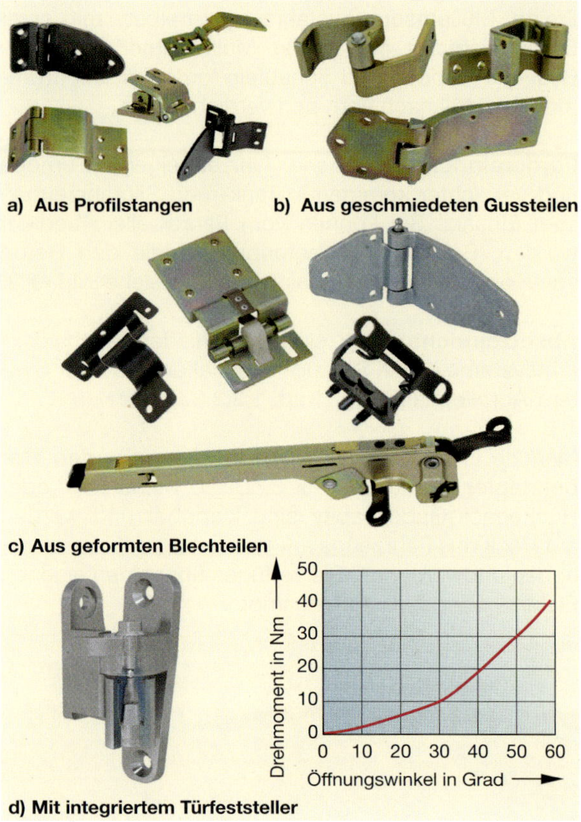

1 Scharniere an Pkws

Scharniere aus Blech sind aus Bandmaterial (Coil) hergestellt, das nachträglich verformt wurde. Dadurch ist ihre Festigkeit nicht so groß, wie die vorgenannten. Sie werden meist nur für Klappen verwendet, siehe Bild ➔ 1c.

Neu sind **Scharniere mit integriertem Türfeststeller in der Scharnierachse**. Beim Öffnen der Fahrzeugtür erhöht sich das Drehmoment in der gleichen Weise, wie es sich beim Schließen wieder verringert, siehe Bild ➔ 1d. Dieses Drehmoment wird durch ein Aufeinanderfahren von einem Kegelstumpf und einer Kegelhülse erzeugt. Ein leichtes Auf- bzw. Absenken der Tür verhindert ein „Festfressen" der Funktionsbauteile.

Es gibt auch Scharniere, bei denen die Tür mit Hilfe von Feder und Rasten fest gestellt wird.
Die Auslegung der Scharniere und deren Werkstoffe ist abhängig vom jeweiligen Fahrzeughersteller. Für Pkws werden stets individuelle, kundenspezifische Lösungen entwickelt und produziert.

13.7.2 Schließsysteme für Türen und Klappen an Pkws

In den folgenden Kapiteln werden beschrieben:
- Schlösser
- Schlosshalter
- Türfangeinrichtungen
- Schlossmodule
- Komforteinrichtungen

Schlösser für Türen und Klappen

Die Schlösser stellen eine lösbare Verbindung zwischen Tür bzw. Klappe und Karosserie her. Sie haben die Aufgabe:
- Schließzustand herstellen (Schließen, Öffnen)
- Schließzustand sicher halten (Zerreißwerte im Crash-Fall)
- Zugang gewähren oder verhindern (Verriegelungszustände)

Ein Schloss besteht aus zwei wesentlichen Baugruppen:
- Schließ- bzw. Sperrmechanismus
- Verriegelungsmechanik

Schließ- bzw. Sperrmechanismus

Der Schließ- bzw. Sperrmechanismus ist der eigentliche Teil des Schlosses. Er ist in der Fahrzeugtür angebracht oder stirnseitig von außen aufgesetzt. Zum Schließen und Öffnen gehören die Grundfunktionen:
- Drehriegel sperren und freigeben: von innen oder außen; Entsperren oder Sperrklinke anheben
  - mechanisch mittels Kraftübertragung vom Griff
  - oder elektrisch durch einen integrierten Aktuator
- Karosserietoleranz: innerhalb einer Toleranz lässt sich die Tür immer leicht schließen oder öffnen und ist in der Karosserie fixiert (Spaltmaß)
- Dichtungskraft: das Schloss muss gegen die vorhandene Türgegenkraft schließbar sein und die vorgeschriebene Dichtungskraft halten

Während des **Schließens** wird der Schlosshalter gegen den Fangarm des Drehriegels gedrückt, siehe Bild → 1. Der Drehriegel verdreht sich und umschließt den Schlosshalter und die Sperrklinke fällt nacheinander in die Vor- und Hauptraste des Drehriegels.

Beim **Öffnen** wird die Sperrklinke betätigt, sodass der entsperrte Drehriegel in seine Offenstellung drehen und den Schlosshalter lösen kann.

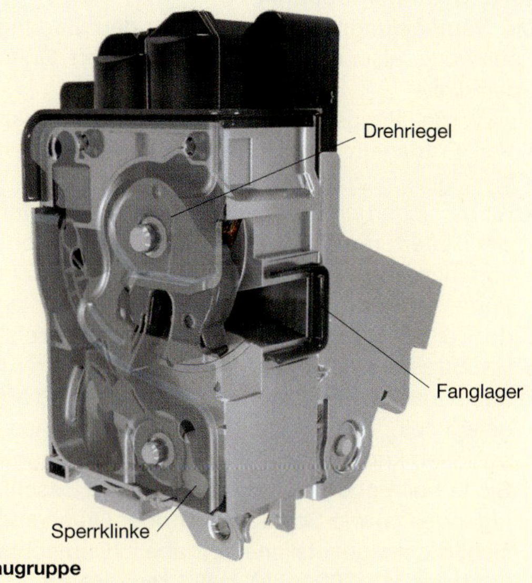

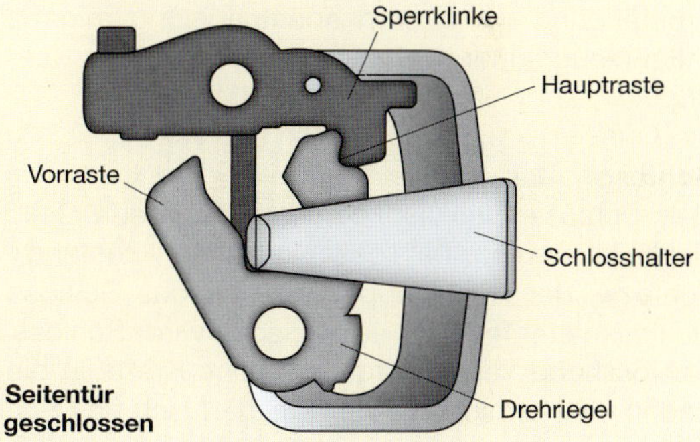

1 Schließ- und Sperrmechanismus für Seitentüren

Das Schloss einer Fahrzeugtür kann folgende Zustände annehmen:
- geöffnet: Die Sperrklinke ist angehoben und gibt den Drehriegel frei.
- geschlossen: Die Sperrklinke ist eingerastet und sperrt den Drehriegel; dabei kann das Schloss folgende Verriegelungszustände einnehmen:
  - entriegelt: Öffnen der Tür ist durch die Betätigung des Türinnen- oder Türaußengriffs möglich
  - verriegelt: Abschließen mit Fahrzeugschlüssel oder Fernbedienung; Einsteigen ist nicht möglich, Aussteigen ist durch Betätigung des Türinnengriffs möglich
  - gesichert: Öffnen ist weder von innen noch von außen möglich
  - kindergesichert: nur Hintertüren; kein Öffnen von innen; Öffnen von außen ist abhängig vom Verriegelungszustand; wenn nicht gesichert, dann auch Entriegeln möglich

Verriegelungsmechanik

Die Verriegelungsmechanik regelt den Zugang zum Sperrwerk, also den Kraftfluss von den Griffen zur Sperrklinke.

Eine Verriegelungsmechanik beinhaltet die Funktionen:

- Ver-/Entriegeln: sichert gegen unbefugtes Benutzen
- Verriegelungszustände umsetzen
- Kindersicherung Ein/Aus: setzt die Innenbetätigung der Hintertüren außer Betrieb; diese Funktion darf vom hinteren Innenraum nicht ausführbar sein.
- Vorraste: Rückfallposition, falls beim Zuschlagen der Tür die Sperrteilrasten Spitze auf Spitze stehen
- Hauptraste: Position, in der die Tür verharren soll
- unbewusstes Öffnen: die Griffe müssen so ausgelegt sein, dass man sie nicht aus Versehen auslösen kann; das Schloss muss mit genügender Sicherheit gegen plötzlich auftretende Beschleunigungen (a) wie Schlaglöcher oder Crash abgesichert sein (gesetzliche Vorgabe in Deutschland zzt. $a = 30g \approx 300\ \text{m/s}^2$), ggf. Crash-Sperre
- Diebstahlsicherung Ein/Aus: setzt die Innenbetätigung und/oder Innenentriegelung im ganzen Fahrzeug außer Kraft

Schlosshalter

Der Schlosshalter ist der fest stehende Teil des Schließsystems. Im geschlossenen Zustand der Tür bzw. der Heckklappe hält sich das Schloss am Schlosshalter fest, bis es entriegelt wird. Schloss und Schlosshalter leiten aufgenommene Kräfte in die Tür und in die Karosserie ab. Dabei darf sich das Schloss bis zu einer vorgegeben Kraft nicht verformen. Deshalb sind Schlosshalter hochfeste Bauteile.

Bild ➔ 1 zeigt einen einteiligen Schlosshalter und einen Servoschlosshalter, der zusätzlich in Schiebetüren und Heckklappen als elektromotorisch angetriebene Zuziehhilfe eingesetzt wird.

Türfangeinrichtung

Die Türfangeinrichtung hält die aufgeschlagene Tür in seiner Position fest. Die Haltekraft verhindert, dass die Tür vor oder zurück schwingt. So können Fahrer bzw. Passagiere bequem ein- und aussteigen und z. B. bei Wind wird die Tür gebremst und gehalten und somit auch der Endanschlag entlastet.

Türfangeinrichtungen gibt es:

- mit zwei Rastpositionen
- als stufenlosen Türfeststeller
- integriert in Scharnieren, vgl. Kap. 13.7.1

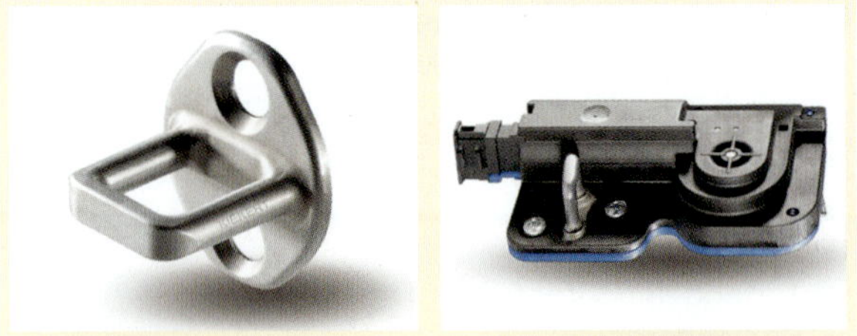

a) Einteiliger Schlosshalter b) Servoschlosshalter

1 Schlosshalter

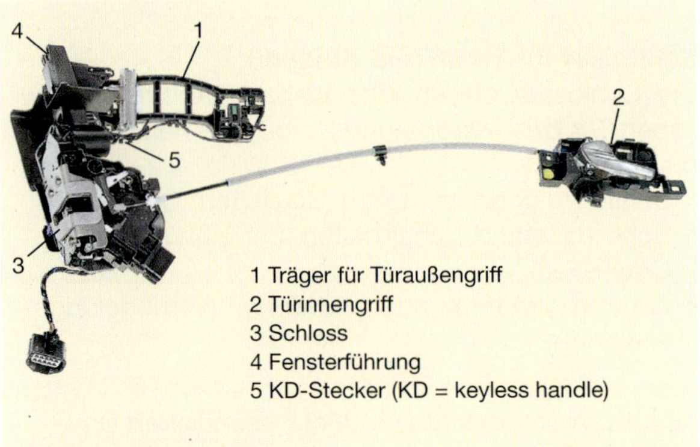

a) Für Seitentüren

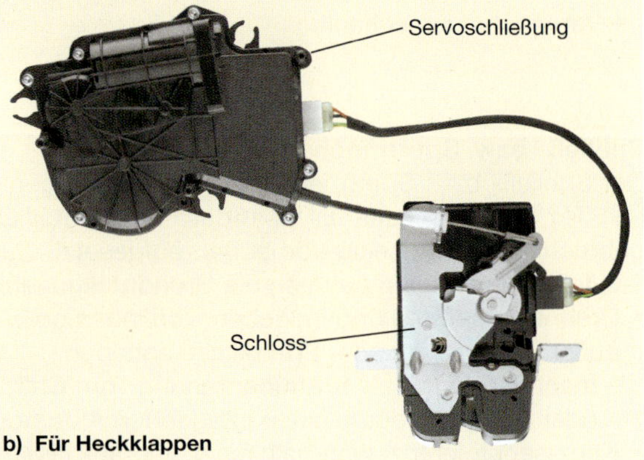

b) Für Heckklappen

2 Schlossmodul

Schlossmodule

Schließsysteme gibt es in vielen Varianten: vom einfachen mechanischen Türschloss bis hin zum „Premium"-Produkt mit Zentralverriegelung, Diebstahlsicherung, elektrischer Kindersicherung, Servoschließung und elektrischer Öffnungsfunktion.

Das Schlossmodul umfasst Griffe, Schloss sowie alle dazugehörigen elektrischen und mechanischen Verbindungen in einer Baugruppe und gewährleistet ein optimales Zusammenspiel, siehe Bild ➔ 2. Es ist als Einheit vorgeprüft, sodass der Einbau einfach und in kurzer Zeit möglich ist.

Komforteinrichtungen an Türen und Heckklappen

Zusatzfunktionen des Schlosses zum Schließen und Öffnen:

- Zentralverriegelung: ver- bzw. entriegelt alle Schlösser am Fahrzeug
- automatisches Ver-/Entriegeln: bei bestimmten Fahrzuständen; z. B. wird
  - ab einer bestimmten Geschwindigkeit automatisch verriegelt
  - bei einem Unfall automatisch entriegelt
- Servoschließung: unterstützt das Schließen der Tür
- Öffnungshilfe: unterstützt das mechanische Öffnen des Schlosses durch Federn oder mit einem Motor
- Geräuschdämpfung: verhindert übermäßigen Lärm beim Schließen der Tür
- Komfortentriegelung: Speicherung des Zustandes „Entriegeln" bei gezogenem Außengriff; bei wiederholtem Zug wird geöffnet; kein zweites Entriegeln erforderlich
- Zustandsanzeige: zeigt optisch an, ob sich das Schloss in Position Ver- oder Entriegelt befindet

Zu den Komforteinrichtungen an Türen und Heckklappen zählen:

- elektromechanische Türbremse
- automatischer Türzubringer
- Servoschließung
- berührungsloses Öffnen und Schließen der Heckklappe

Die **elektromechanische Türbremse** verhindert Kollisionen der Tür. Ein Sensor erkennt Hindernisse und stoppt das Aufschlagen der Tür. So werden Beschädigungen vermieden.

Ein **automatischer Türzubringer** fährt auf Knopfdruck die Tür zu.

Bei der **Servoschließung** wird die Autotür oder die Heckklappe in Vorraststellung gebracht; dann zieht sich die Tür/Klappe mit Hilfe eines Elektromotors von selbst zu. Die Servoschließung wird deshalb auch **Zuziehhilfe** genannt.

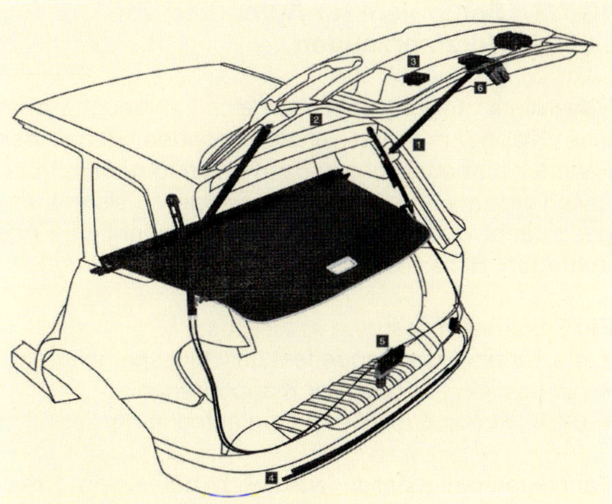

1 Heckklappenantrieb
2 berührungsloser Einklemmschutz
3 Elektronik
4 Sensorik zum berührungslosen Öffnen und Schließen
5 Steuerung der Laderaumabdeckung
6 Heckschloss mit Zuziehhilfe

1 Berührungsloses Öffnen und Schließen der Heckklappe

Sie ist vor allem bei elektrisch angetriebenen Türen und Klappen erforderlich, da diese Antriebe nicht in der Lage sind, gegen die Türdichtung zu fahren.

Ein weiterer Vorteil der Servoschließung:
Die Tür drückt fester auf die Türabdichtung; deshalb dringen weniger Fahrgeräusche in den Innenraum.

Bei dem System zum **berührungslosen Öffnen der Heckklappe** genügt eine einfache Fußbewegung des Schlüsselbesitzers in Richtung Stoßfänger und die Heckklappe öffnet sich wie von selbst, siehe Bild → 1. Der Sensor (4), verdeckt im Stoßfänger integriert, nimmt die Fußbewegung auf und gibt über die Elektronik (3) das Signal zum Öffnen des Heckschlosses. Über einen elektromechanischen Antrieb (i.d.R. ein Spindelantrieb) öffnet sich dann der Heckdeckel/die Heckklappe des Fahrzeugs.

Geschlossen wird die Heckklappe entweder mit Knopfdruck und/oder mit einer Bewegung.

13.7.3 Scharniere für Aufbauten von Nutzfahrzeugen

Scharniere (**Angeln**) verbinden eine Fahrzeugtür oder eine Klappe mit dem entsprechenden Portal des Fahrzeugaufbaus, sodass das Fahrzeug geöffnet und geschlossen werden kann. Sie werden meistens angeschraubt oder angeschweißt; man nennt das **Anschlagen**. Scharniere wirken als Gelenk und Lager.

Ein Scharnier muss:
- die Tür bzw. die Klappe fest geschlossen halten
- die Last der Tür bzw. der Klappe tragen
- die Kraft durch die Bewegung aufnehmen

Fahrzeugtüren müssen zusätzlich bei einem Unfall den Kräften standhalten, die bei der Verformung entstehen. Sie müssen nach der Verformung noch zu öffnen sein. Deshalb müssen Scharniere an Fahrzeugtüren höhere Festigkeit besitzen, als Scharniere für Klappen.

Scharniere sind hergestellt aus, vgl. Bild → 1:
- Halbzeugen wie Profilstangen, die abgelängt und zerspant wurden
- umgeformten Blech-Prägeteilen, z. B. gerolltes Scharnier
- Schmiedeteilen
- Stahlgussteilen

Ein einfaches Scharnier besteht aus einer Achse, dem Scharnierbolzen, einer Buchse und den Scharnierbändern, Scharnierfahnen oder Scharnierböcken.

Nach ihrer Bauart werden sie unterteilt in:
- Eingelenkscharnier
- Zweigelenkscharnier
- Mehrgelenkscharnier
- Mehrgelenk-Schiebescharnier
- Drehstangenscharnier

Eingelenkscharniere gibt es in vielen Bauformen mit:
- kurzen Scharnierbändern
- langen Scharnierbändern
- unterschiedlich langen Scharnierbändern
- Scharnierband (türseitig) und Scharnierbock (portalseitig)
- besonders geformten Scharnierbändern (Profilscharnier)

Werden Eingelenkscharniere am Fahrzeug verschweißt, können sie mit kurzen Scharnierbändern oder nur mit kurzer Schweißfahne versehen sein.

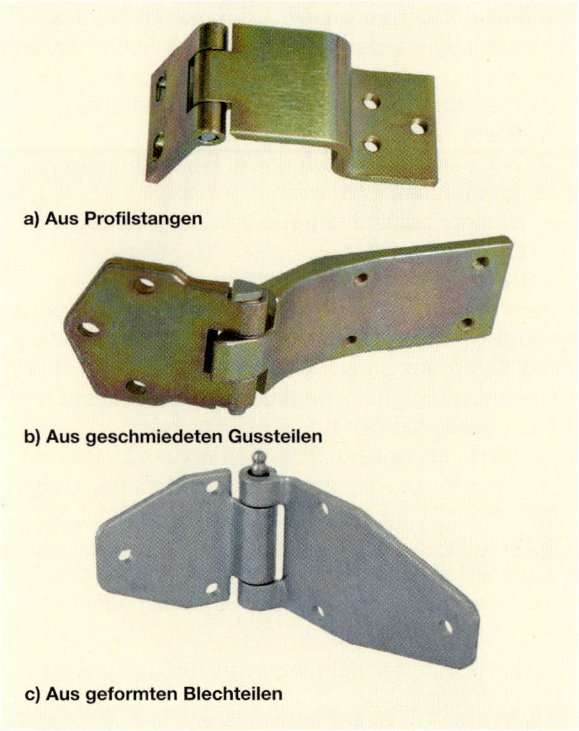

1 Scharniere

2 Zweigelenkscharnier

Für große, schwere Türen von Koffer- und Containeraufbauten sind sie meist türseitig mit langem Scharnierband versehen. Portalseitig kann das Scharnierband kurz oder ein Scharnierbock sein.
Bei verdeckten Scharnieren werden die Scharnierbänder gebogen oder gekröpft, damit sie um die Türsäule herum drehen können.

Zweigelenkscharniere werden für Fahrzeugtüren verwendet, die sehr weit geöffnet werden müssen (Öffnungswinkel = 180° bis 270°), siehe Bild → 2.

Mehrgelenkscharniere werden häufig für Klappen verwendet, wenn ein großer Schwenkbereich (Öffnungswinkel größer 90°) bei geringem Platzbedarf für den Einbau des Scharniers gefordert wird, siehe Bild ➔ 1.

Für Schiebetüren, die sich nach dem Aufschwenken am Fahrzeug entlang bewegen, werden **Mehrgelenk-Schiebescharniere** verwendet, siehe Bild ➔ 2. Schwenk- oder Falttüren von Kraftomnibussen und Caravans werden durch **Drehstangenscharniere** bewegt, siehe Bild ➔ 3.

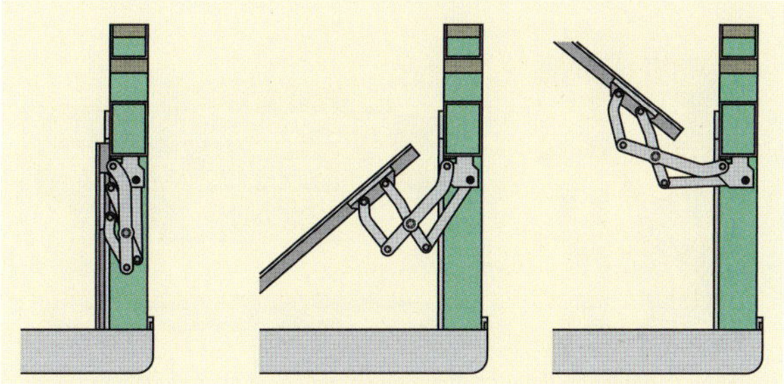

1 Mehrgelenkscharnier

2 Mehrgelenk-Schiebescharnier

3 Drehstangenscharnier, KOM-Tür

13.7.4 Verschlüsse für Aufbauten von Nutzfahrzeugen

Verschlüsse sind Riegel und Schlösser, die dafür sorgen, dass Bordwände, Türen und Klappen im geschlossenen Zustand gehalten werden und sich nicht unbeabsichtigt öffnen. Bordwände, Türen und Klappen, die mit Hilfe eines Schlosses gesichert sind, können zudem nicht durch Unbefugte entriegelt und geöffnet werden.

Nach ihrer Bauart werden Verschlüsse unterteilt in, siehe Bild ➔ 1, Seite 426:

- Bordwandverschlüsse (Hakenverschlüsse)
- Drehstangen-Hakenverschlüsse
- Schubstangenverschlüsse (mit Schließhaken für Pendelbolzen)
- Bordwandverschlüsse für Zentralverriegelung

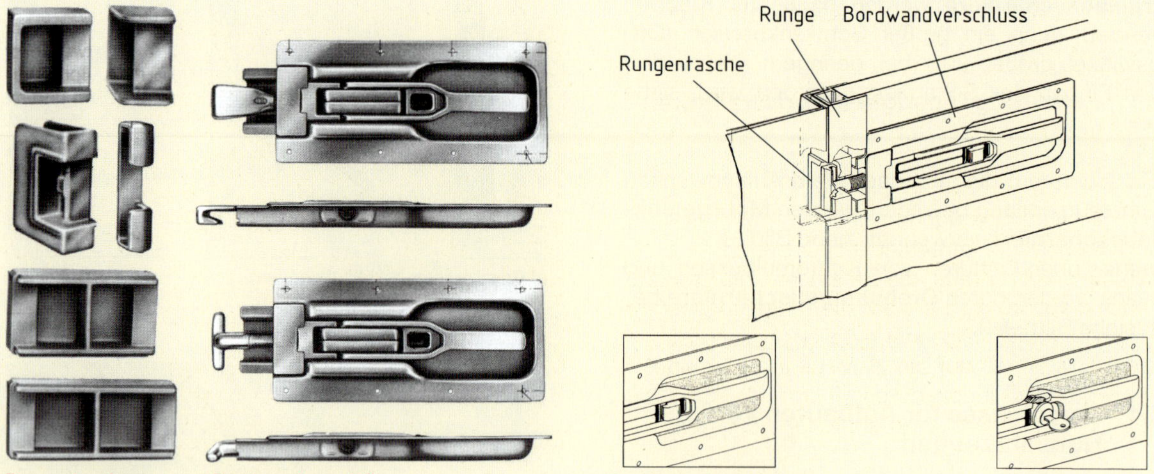

a) Einlass-Bordwandverschlüsse (Hakenverschlüsse)

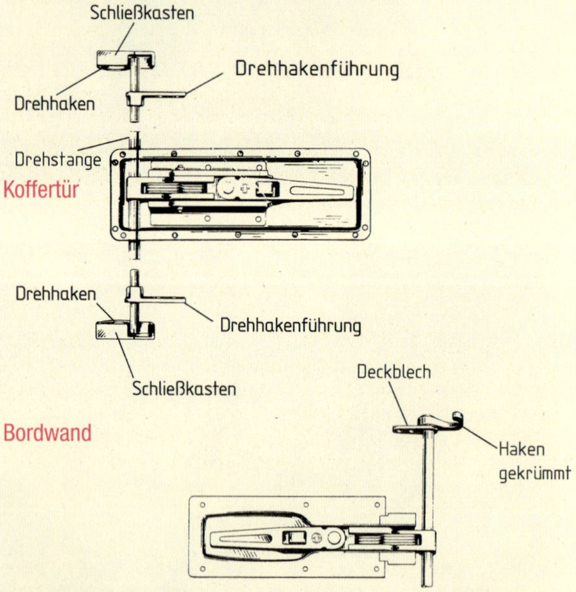

b) Drehstangen-Hakenverschlüsse

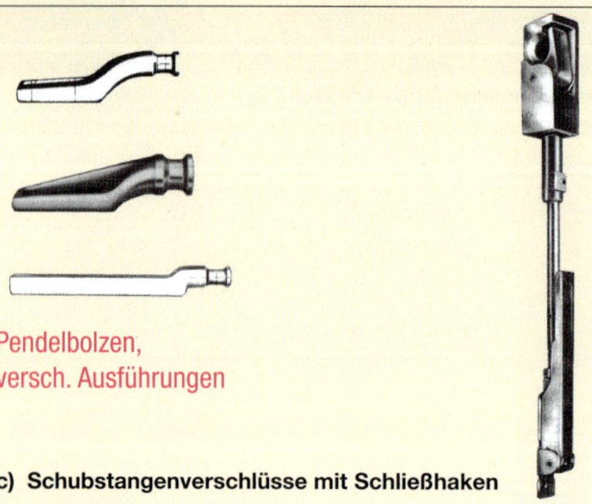

c) Schubstangenverschlüsse mit Schließhaken

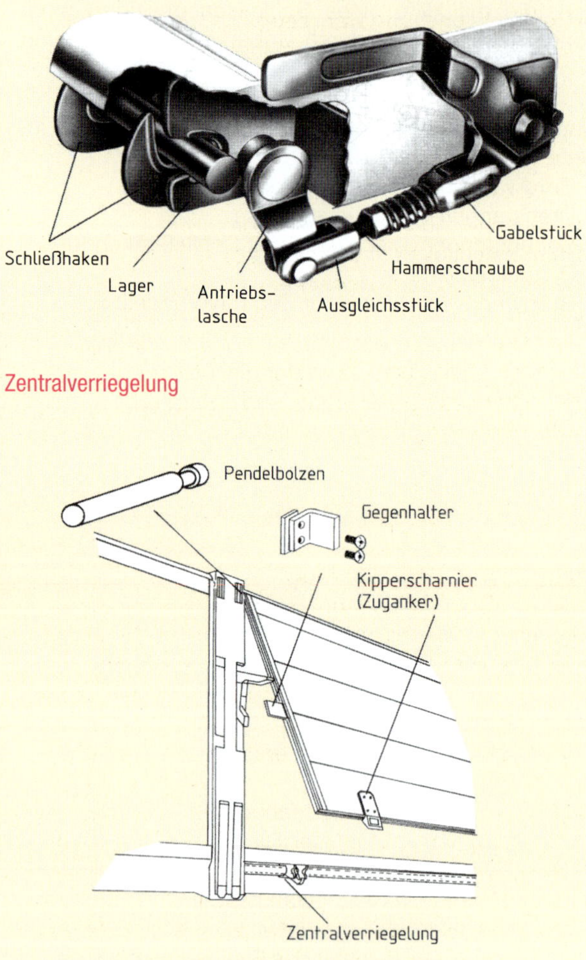

d) Bordwandverschluss für Zentralverriegelung

1 Verschlüsse für Aufbauten

13.8 Belastungsarten, Festigkeit und Steifigkeit

13.8.1 Belastung, Festigkeit und Steifigkeit von Karosserien

Obwohl die Karosserien immer leichter werden, so müssen sie doch genügend fest und steif sein und die Belastungen im Fahrbetrieb sicher tragen. Und sie müssen die großen Kräfte, die bei einem Unfall wirken, ableiten und absorbieren, sodass die Verletzungsgefahr der Insassen und Unfallgegner möglichst gering ist.
Um die Belastungen auf die Karosserie zu ermitteln, werden Untersuchungen durchgeführt mit Hilfe von Erprobungsfahrzeugen, sogenannten **Prototypen**.

Für diese Untersuchungen gibt es:
- virtuelle Erprobungsfahrzeuge
- reale Erprobungsfahrzeuge

Virtuelles Erprobungsfahrzeug
Das virtuelle Erprobungsfahrzeug ist ein dreidimensionales, digitales Berechnungsmodell des Pkws im Computer.

So werden z. B. geprüft:
- Sicherheit beim Aufprall und Insassenschutz
- Geräusch- und Schwingungskomfort
- Betriebsfestigkeit und Steifigkeit
- Aerodynamik der Karosserie
- Design

In einem Fahrsimulator fährt der digitale Prototyp rund 1500 km auf virtuellen Stadt- und Landstraßen sowie auf Autobahnen; das entspricht 2000 Einzelfahrten in der Praxis, siehe Bild → 1.
Erst danach wird ein reales Erprobungsfahrzeug gefertigt, das dann bereits einen hohen Reifegrad besitzt.

Reales Erprobungsfahrzeug
Reale Erprobungsfahrzeuge sind Einzelstücke, die in monatelanger Handarbeit gefertigt werden. Die Ergebnisse aus virtuellen Probefahrten sind eingeflossen, ebenso die Ergebnisse aus vorangegangenen realen Erprobungsfahrten. So nähert sich das Erprobungsfahrzeug nach und nach dem endgültigen Modell an.

Reale Erprobungsfahrzeuge fahren auf Versuchsstrecken (Rennstrecken), auf der Straße und sie werden auf Prüfständen erprobt.
Fährt ein reales Erprobungsfahrzeug auf der Straße, sollen Einzelheiten und der Entwicklungsstand geheim bleiben. Deshalb wird vorher das Fahrzeug entstellt: Äußere Konturen werden verklebt und die Karosserie erhält eine mattschwarze Tarnung, siehe Bild → 2. Journalisten, die das Glück haben, ein solches Erprobungsfahrzeug zu fotografieren, nennen es dann **Erlkönig**.

1 Fahrsimulator

a) Pkw

b) Sattelzug

2 Erprobungsfahrzeug auf der Straße

Auf Prüfständen werden bei realen Erprobungsfahrzeugen geprüft:
- Funktion einzelner Baugruppen
- Statik und Dynamik
- Dauer- und Betriebsfestigkeit
- Korrosion
- Biege-, Torsions- und Flächensteifigkeit
- Verformungen
- Verschleiß

Die Prüfungen dauern zwar nur wenige Wochen, aber dabei werden ähnliche Belastungen simuliert, die auf die Baugruppen wirken können, wenn der Pkw 300 000 km gefahren wird – also ein gesamtes Autoleben, siehe Bild ➔ 1.

1 **Belastung der Karosserie durch Simulation von Schlechtwegfahrten**

13.8.2 Belastung und Festigkeit von Fahrzeugaufbauten

Das Nutzfahrzeug, sein Aufbau und alle Anbauteile werden im Fahrbetrieb mechanisch unterschiedlich belastet auf Zug, Druck, Biegung, Abscherung bzw. Schub, Torsion und Knickung. In den belasteten Bauteilen entstehen mechanische Spannungen.

Mechanische Spannungen können sein:
- Zug- oder Druckspannung σ
- Tangentialspannung τ

Darüber hinaus werden in der Festigkeitsberechnung drei Belastungsfälle (nach BACH) unterschieden, denen Bauteile ausgesetzt sein können.

Die Belastungsfälle nach BACH sind:
- Belastungsfall I: statische Beanspruchung
- Belastungsfall II: dynamisch schwellende Beanspruchung
- Belastungsfall III: dynamisch wechselnde Beanspruchung

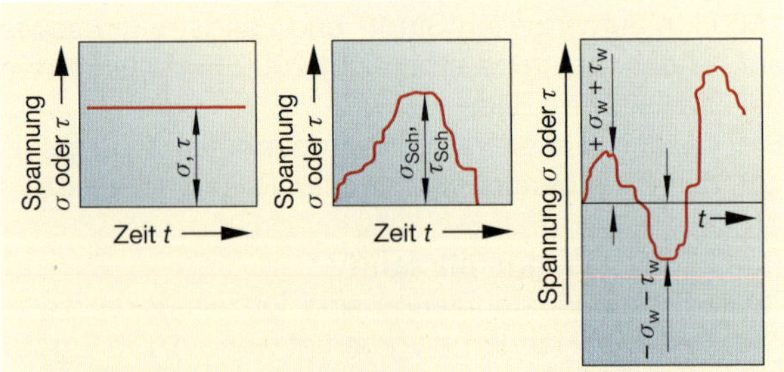

2 **Belastungsfälle nach BACH**

Statische Beanspruchung

Bei der statischen (ruhenden) Beanspruchung ist die mechanische Spannung im Bauteil über die Zeit konstant, siehe Bild ➔ 2a. Eine solche Beanspruchung tritt jedoch im Fahrbetrieb nicht auf.

Dynamisch schwellende Beanspruchung

Bei der dynamisch schwellenden Beanspruchung schwillt die Beanspruchung des Bauteils von null bis zum Maximalwert an und klingt wieder bis auf null ab, siehe Bild ➔ 2b.
Dies kann sowohl in positiver, wie auch in negativer Richtung erfolgen.

Dynamisch wechselnde Beanspruchung

Die Bauteilspannungen wechseln zwischen positiven und negativen Werten hin und her, siehe Bild ➔ 2c. Die jeweiligen Maximalwerte nennt man **Grenzspannungen**.

Beispiel:
Die Schraube der Konsolenbefestigung eines Lkw-Aufbaus wird beim Betrieb des Lkws dynamisch schwellend auf Zug beansprucht, siehe Bild ➔ 1. Druckkräfte kann die zentrale Schraube nicht übertragen.

Beispielrechnung:
Für die Konsolenbefestigung des Aufbaus in Bild ➔ 1 wird als Zentralschraube eine Sechskant-Maschinenschraube M10 – 8.8 × 70 mm verwendet. Welche Zugkraft kann die Schraube bei einer Sicherheitszahl $\nu = 2{,}5$ dauerhaft ertragen?

Geg.: $R_e = 640\ \text{N/mm}^2$ (vgl. Bild 2, Seite 72) Ges.: F_{zul}

$\nu = 2{,}5$

$A = 58\ \text{mm}^2$

Lösung:

$$\boxed{F_{zul} = \sigma_{zul} \cdot A}$$

$$= 256\ \text{N/mm}^2 \cdot 58\ \text{mm}^2$$

$$F_{zul} = 14\,848\ \text{N}$$

$$\underline{F_{zul} \approx 14{,}85\ \text{kN}}$$

$$\sigma_{zul} = \frac{R_e}{\nu}$$

$$= \frac{640\ \text{N/mm}^2}{2{,}5}$$

$$\underline{\sigma_{zul} = 256\ \text{N/mm}^2}$$

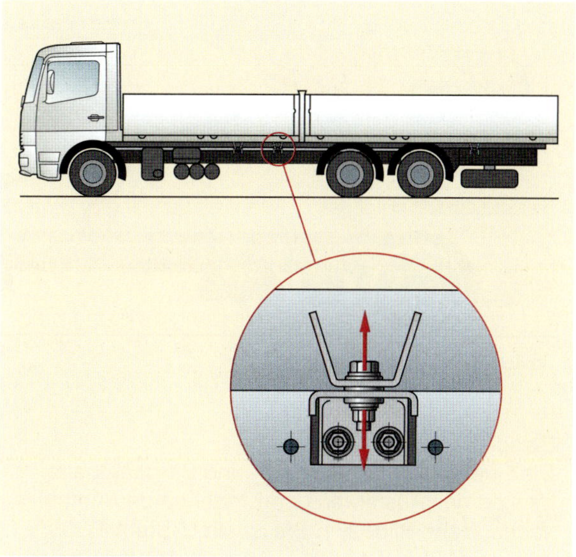

1 **Konsolenbefestigung Lkw-Aufbau**

Unter Berücksichtigung der drei Belastungsfälle ergeben sich unterschiedliche **zulässige Bauteilspannungen** für den Festigkeitsnachweis von Bauteilen an Nutzfahrzeugen und deren Aufbauten. Die entsprechenden zulässigen Spannungen sind Werkstofftabellen zu entnehmen. Ein Beispiel zeigt Bild ➔ 2.

Bei allen Fahrzeugen kommt keine statische Beanspruchung vor. Durch den Fahrbetrieb werden alle Fahrzeugbauteile entweder dynamisch schwellend oder dynamisch wechseln beansprucht. Dabei werden die Grundbeanspruchungen noch von Vibrationen überlagert, die sich aus dem Fahrbetrieb ergeben. Hieraus ergeben sich entsprechende Konsequenzen für die Bauteildimensionierung, z. B. durch höhere Sicherheitszahlen.

Werkstoff	R_m in N/mm²	R_e $R_{p0,2}$ in N/mm²	σ_{zSch} σ_{dSch} in N/mm²	σ_{zdW} in N/mm²	σ_{bSch} in N/mm²	σ_{bW} in N/mm²	τ_{tSch} in N/mm²	τ_{tW} in N/mm²
S 235	370	235		120	330	180	135	100
E 295	500	295		210	415	250	170	140
E 335	600	335		270	300	300	230	210
E 360	700	360		250	330	330	210	190

Es bedeuten:
R_m Mindestzugfestigkeit
R_e, $R_{p0,2}$ Streckgrenze
σ_{zSch}, σ_{dSch} Zug-/Druckfestigkeit, schwellend
σ_{zdW} Zug-/Druckfestigkeit, wechselnd
σ_{bSch} Biegefestigkeit, schwellend
σ_{bW} Biegefestigkeit, wechselnd
τ_{tSch} Torsionsfestigkeit, schwellend
τ_{tW} Torsionsfestigkeit, wechselnd

2 **Festigkeitskennwerte (Auswahl)**

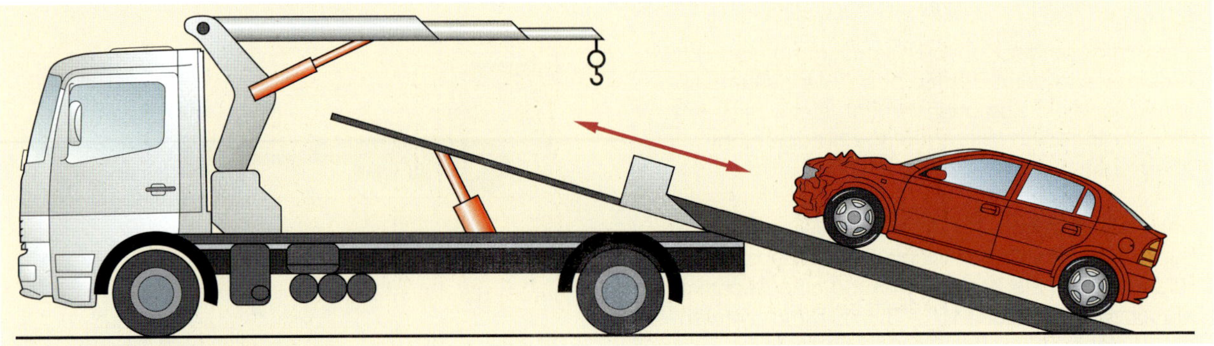

1 Abschlepp- und Bergefahrzeug

Beispielrechnung:
Die Strebe eines Abschlepp- und Bergeaufbaus bewirkt das Ausfahren und Einziehen der Auffahrfläche, siehe Bild ➔ 1. Sie ist ein U-Stahl (E335) mit einem Querschnitt $A = 18\ cm^2$. Auf die Strebe wirkt eine wechselnde Kraft $F = 200\ kN$. Für die Strebe ist mit einer Sicherheitszahl $\nu = 2$ der Dauerfestigkeitsnachweis zu erbringen.

Geg.: $\sigma_{zdW} = 270\ N/mm^2$ (vgl. Bild 1)
$A = 18\ cm^2 = 1800\ mm^2$
$F = 200\ kN = 200\ 000\ N$
$\nu = 2$

Ges.: σ_{zul}, σ_{vor}

Lösung:

$$\sigma_{zul} = \frac{\sigma_{zdW}}{\nu} = \frac{270\ N/mm^2}{2}$$

$$\underline{\sigma_{zul} = 135\ N/mm^2}$$

$$\sigma_{vorh} = \frac{F}{A} = \frac{200\ 000\ N}{1800\ mm^2}$$

$$\underline{\sigma_{vorh} = 111\ N/mm^2}$$

Da $\sigma_{vorh} \leq \sigma_{zul}$, ist der erforderliche Festigkeitsnachweis erbracht: Die Strebe ist dauerfest.

13.9 Betriebssicherheit eines Lkw-Ladekrans

Beim Betrieb von Fahrzeugen mit Ladekran, Hub- und Fördereinrichtungen spielt die Standsicherheit im Rahmen der Betriebssicherheit eine wesentliche Rolle. Es soll auf jeden Fall vermieden werden, dass das Fahrzeug beim Anheben oder Fördern von Gütern kippt und umstürzt. Es müssen daher alle technischen Maßnahmen getroffen werden, dass der Betrieb der Fahrzeuge sicher ist.

Es gilt:
Das Standmoment ΣM_S muss größer sein als das Gesamtkippmoment ΣM_K, siehe Bild ➔ 2.

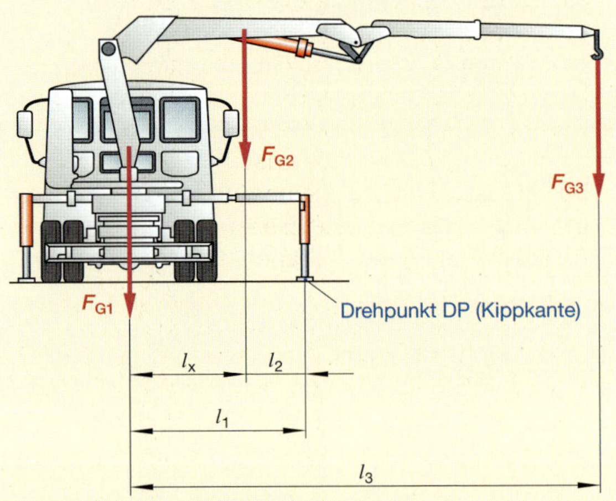

F_{G1} Gewichtskraft des Fahrzeugs, hinten
F_{G2} Gewichtskraft des Ladekrans
F_{G3} Gewichtskraft der anzuhebenden Ladung
l_x Schwerlinienabstand von Kranmitte (Herstellerangabe)
$l_{1...3}$ Kraftabstände vom Drehpunkt bzw. der Kippkante

2 Kräftesystem am Lkw-Ladekran

Wobei:
Standmoment:
$\Sigma M_s = F_{G1} \cdot l_1 + F_{G2} \cdot l_2$ (linksdrehend)
Kippmoment:
$\Sigma M_k = F_{G3} \cdot l_3$ (rechtsdrehend)

Das Verhältnis beider Momente zueinander wird mit der **Standsicherheitszahl** ν_S ausgedrückt.

$$\nu_S = \frac{\Sigma M_S}{\Sigma M_k}$$

ν_S Standsicherheitszahl
ΣM_S Gesamtstandmoment
ΣM_k Gesamtkippmoment

Es gilt:
$\nu_S > 1$: sicherer Stand
$\nu_S = 1$: unsicherer Stand
$\nu_S < 1$: Kippen

Bei einem Wert um 1 herrscht **labiles Gleichgewicht** oder labiler Stand. Die kleinste Störung (z. B. Erschütterung) kann zum sofortigen Kippen führen.
Das Kippmoment eines Ladekrans wird mit der Zahl der ausgeschobenen Kranelemente größer. Um Arbeiten im Grenzbereich zu vermeiden, sollte der Lkw möglichst nahe an die zu hebende Last herangefahren werden.
Der Bediener findet im Handbuch für seinen Ladekran ein Lastdiagramm, siehe Bild → 1. Hierin sind die zulässigen Lasten bei den entsprechenden Auszügen des Krans zusammen mit den Arbeitsbereichen angegeben.
Bei Vorbereitung und Durchführung sind spezielle Sicherheitshinweise zu beachten, die für die Bedien- und Betriebssicherheit relevant sind. Diese sind z. B.:

- alle Stützen vollständig ausfahren
- Fahrzeug anheben/entlasten
- bei weichem Untergrund Stützbeine mit großen Holzplatten unterlegen
- Kran-Arbeitsbereich kontrollieren, muss frei sein
- nicht unter schwebende Lasten treten
- beschädigte Hebezeuge und Anschlagmittel nicht mehr verwenden (Gurte, Seile)
- nicht im Grenzbereich kranen, Fahrzeug umsetzen

Moderne elektronisch gesteuerte Krane geben ein akustisches Warnsignal, wenn die anzuhebende Last bei dem verwendeten Auszug zu groß ist. Versucht der Bediener es dennoch, weiter die Last anzuheben, blockiert der Kran automatisch (Überlastungsschutz).

Als Beitrag für hohe Betriebssicherheit werden Bediener von Ladekranen zur Erlangung eigener Biediensicherheit von den Ladekranherstellern geschult und bei Fahrzeugübernahme zusätzlich speziell auf ihrem Ladekranmodell eingewiesen.

Beispielrechnung:
Ladekran, Bild → 2, Seite 430 und Bild → 1.
Wie groß darf F_{G3} sein, damit der Lkw mit dem Ladekran nicht kippt. Die Abstände vom Drehpunkt betragen: $l_1 = 2{,}5$ m, $l_2 = 1{,}2$ m, $l_3 = 12{,}5$ m.

Hinweis:
Rechnen Sie mit einem Sicherheitsfaktor $\nu_S = 2$.

Geg.: $F_{G1} = 120$ kN, $F_{G2} = 79$ kN, $l_1 = 2{,}5$ m, $l_2 = 1{,}2$ m, $l_3 = 12{,}5$ m, $\nu_S = 2$

Ges.: F_{G3}

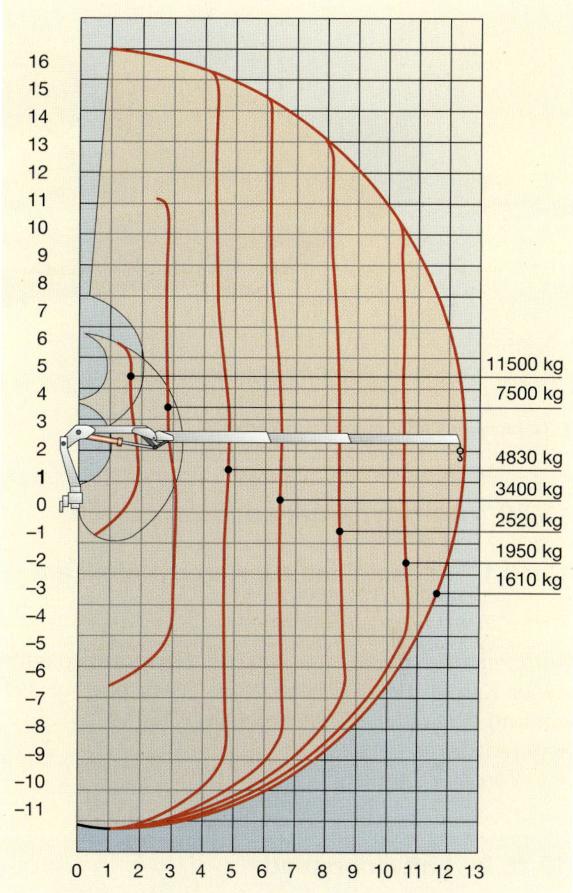

1 Lastdiagramm eines Heckladekrans, Angaben bei maximal ausgefahrenen Stützen

Lösung:

$$\boxed{\Sigma M_K = F_{G3} \cdot l_3}$$

$$F_{G3} = \frac{\Sigma M_K}{l_3} = \frac{197{,}5\ \text{kNm}}{12{,}5\ \text{m}}$$

$$F_{G3} = 15{,}8\ \text{kN}\ (\triangleq m = 1610\ \text{kg})$$

$$\nu_S = \frac{\Sigma M_S}{\Sigma M_K}$$

$$\Sigma M_K = \frac{\Sigma M_S}{\nu_S} = \frac{395\ \text{kNm}}{2}$$

$$\underline{\Sigma M_K = 197{,}5\ \text{kNm}}$$

$$\Sigma M_S = F_{G1} \cdot l_1 + F_{G2} \cdot l_2$$
$$= 120\ \text{kN} \cdot 2{,}5\ \text{m} + 79\ \text{kN} \cdot 1{,}2\ \text{m}$$

$$\underline{\Sigma M_S = 395\ \text{kNm}}$$

Zum Anbauen eines Heckladekrans an einen Lkw siehe 2. US, 31702, Seite102.

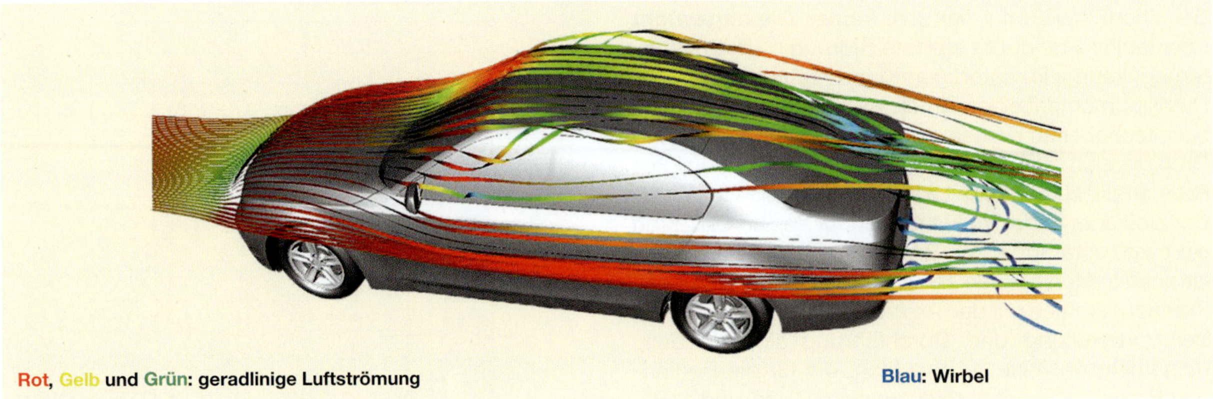

1 Geradlinige Luftströmung und Wirbel

13.10 Aerodynamik an Fahrzeugen

13.10.1 Allgemeines zur Aerodynamik am Pkw

Aerodynamik[1] ist die Lehre von der Bewegung gasförmiger Körper. Bei der Fahrt eines Pkws bewegt sich (strömt) die Luft am Pkw vorbei, vgl. Bild → 1,

- geradlinig: laminar
- in Wirbeln: turbulent

13.10.2 Luftwiderstand

Der Luftwiderstand F_L ist die Widerstandskraft, die dem Pkw beim Fahren infolge der Luftströmung entgegenwirkt. An der Oberfläche des Pkws entstehen Druck- und Reibungskräfte, siehe Bild → 2.

Der Luftwiderstand bestimmt bei einem Pkw die Dynamik und den Kraftstoffverbrauch.

Es gilt:
Je größer der Luftwiderstand ist, umso mehr Kraftstoff wird verbraucht.

Einen großen Einfluss auf den Luftwiderstand hat die Form der Karosserie; selbst eine kleine Kante kann den laminaren Luftstrom verwirbeln und somit den Luftwiderstand vergrößern. Denn es gilt:

- laminare Luftströmung → geringer Luftwiderstand
- turbulente Luftströmung → großer Luftwiderstand

rot = Überdruck
blau = Unterdruck
a) Druckkräfte

rot = hohe Reibungskräfte
blau = niedrige Reibungskräfte
b) Reibungskräfte

2 Druck- und Reibungskräfte durch Umströmung eines modernen Pkws mit gutem c_W-Wert

[1] aero (griech.): Luft

Die Luftströmung am Pkw wird mit Hilfe von Hochleistungsrechnern simuliert, siehe Bild ➔ 1. Die Simulationen erfolgen bereits in früher Phase bei der Entwicklung neuer Fahrzeuge. Schritt für Schritt wird dann die Karosserie optimiert.

Der Luftwiderstand kann im Windkanal ermittelt werden. Der Pkw steht auf Kraftsensoren und wird von vorn „angeblasen", siehe Bild ➔ 2. Die Kraftsensoren messen die Kraft in Richtung der Anströmung.
Die gemessene Kraft entspricht dem Luftwiderstand: Je größer die Kraft, desto größer ist der Luftwiderstand.

Der Luftwiderstand kann auch berechnet werden nach der Formel:

$$F_L = \tfrac{1}{2} \cdot c_W \cdot \rho \cdot v_{rel}^2 \cdot A$$

- F_L Luftwiderstand
- c_W Luftwiderstandsbeiwert, vgl. Kap. 13.10.3
- ρ Dichte der Luft
- v_{rel} Relativgeschwindigkeit zwischen Pkw und Luftströmung
- A projizierte Fläche

Die **Dichte der Luft** ρ ist abhängig von der geografischen Höhe und der Lufttemperatur. Auf Meeresspiegelhöhe und bei 20 °C beträgt sie $\rho = 1{,}20\ kg/m^3$. Für genaue Berechnungen muss die Dichte der Luft bestimmt werden.

Die **Relativgeschwindigkeit zwischen Pkw und Luftströmung v_{rel}** geht quadratisch ein, d. h.: Verdoppelt sich die Relativgeschwindigkeit, erhöht sich der Luftwiderstand auf das Vierfache.

Die **projizierte Fläche *A*** kann man berechnen, z. B. mithilfe von CAD-Modellen, oder sie wird annähernd bestimmt mithilfe einer Projektion, siehe Bild ➔ 3.

13.10.3 Luftwiderstandsbeiwert

Der Luftwiderstandsbeiwert berücksichtigt die Form der Karosserie und die Rauheit ihrer Oberfläche; er ist somit für den Konstrukteur von Pkws die wichtigste Größe, um den Luftwiderstand zu verringern. Der Luftwiderstandsbeiwert hat das Formelzeichen c_W und wird deshalb auch **c_W-Wert** genannt.
Der Luftwiderstandsbeiwert wird oft mit dem Luftwiderstand verwechselt.

1 **Luftströmung am Unterboden eines Pkws, simuliert am virtuellen Prototyp**

2 **Pkw im Windkanal**

3 **Projizierte Fläche ermitteln**

Aber:
- Der Luftwiderstand ist eine Kraft und hat die Maßeinheit N (Newton).
- Der Luftwiderstandsbeiwert ist eine Konstante; er ist ohne Maßeinheit.

KAROSSERIE- UND FAHRZEUGBAU

Ist der Luftwiderstand aus der Messung im Windkanal bekannt, kann durch Umstellen der Formel aus Kap. 10.9.2 K der Luftwiderstandsbeiwert berechnet werden. Dann ist:

$$c_W = \frac{2F_L}{\rho \cdot v_{rel}^2 \cdot A}$$

c_W Luftwiderstandsbeiwert
F_L Luftwiderstand
ρ Dichte der Luft
v_{rel} Relativgeschwindigkeit zwischen Fahrzeug und Luftströmung
A projizierte Fläche

Beispiel siehe Bild ➔ 1. Der errechnete Luftwiderstandsbeiwert c_W = 0,26 ist ein guter Wert für einen modernen Pkw; weitere Beispiele sind:

Fahrzeuge	c_W
Lkw	0,8 (0,55)[1]
Motorrad	0,7 (0,50)[1]
Cabriolet, offen	0,5
moderner Pkw	0,3 … 0,25
Formel-1-Rennwagen	1,1

[1] Werte in Klammern: Fahrzeug verkleidet

Der Formel-1-Rennwagen hat einen großen c_W-Wert; Begründung siehe Kap. 13.10.5.

Von einer Limousine ist die projizierte Fläche A = 2,26 m² bekannt. Im Windkanal wurde bei der Strömungsgeschwindigkeit v = 100 km/h ein Luftwiderstand F_L = 278 N gemessen und die Dichte der Luft betrug ρ = 1,23 kg/m³. Wie groß ist der Luftwiderstandsbeiwert der Limousine?

Geg.: $F_L = 278$ N
$\rho = 1{,}23$ kg/m³
$v = 100$ km/h $= 27{,}8$ m/s
$A = 2{,}26$ m²

Ges.: c_W

Lösung:

$$c_W = \frac{2F_L}{\rho \cdot v^2 \cdot A}$$

$$= \frac{2 \cdot 278\ \text{N}}{1{,}23\ \text{kg/m}^3 \cdot (27{,}8\ \text{m/s})^2 \cdot 2{,}26\ \text{m}^2}$$

$$= \frac{556\ \text{N}}{1{,}23\ \text{kg/m}^3 \cdot 773\ \text{m}^2/\text{s}^2 \cdot 2{,}26\ \text{m}^2}$$

$$= \frac{556\ \text{N}}{2148\ \text{kg/(m} \cdot \text{s}^2)}$$

Mit der Umformung 1 kg · m/s² = 1 N ergibt sich:

$$c_W = \frac{556\ \text{N}}{2148\ \text{N}}$$

$$\underline{\underline{c_W = 0{,}26}}$$

1 Berechnung des Luftwiderstandsbeiwertes einer Limousine

13.10.4 Aerodynamik an Pkws für den normalen Straßenverkehr

Die Ziele der Untersuchungen zur Aerodynamik unterscheiden sich bei Pkws für den normalen Straßenverkehr von denen bei Sport- und Rennwagen.

Bei Pkws für den normalen Straßenverkehr sind die Ziele:

- Luftwiderstand verringern
- Heckscheibe und Außenspiegel trocken halten
- Scheinwerfer und Blinker von Schmutz frei halten
- Windgeräusche verringern
- Motor und Bremsen kühlen
- Abgase abführen

Das wichtigste Ziel ist, den Luftwiderstand an Pkws für den normalen Straßenverkehr zu verringern, um Kraftstoff zu sparen und die Umwelt zu schonen.

Verringert sich bei einem Pkw der Luftwiderstandsbeiwert um Δc_W = 0,01, werden bei der Fahrgeschwindigkeit v = 130 km/h bis zu 0,15 Liter Kraftstoff pro 100 Kilometer eingespart.
Dafür sind an manchen Pkws kleine Spoiler[1] angeformt, siehe Bild ➔ 2a. Spoiler werden auf der Oberseite mit Luft überströmt und verändern somit den Luftwiderstand des Fahrzeugs.

a) Zum Kraftstoffsparen **b) Für den Abtrieb**

2 Spoiler an einem Pkw für den normalen Straßenverkehr

[1] to spoil (engl.): stören; ein Spoiler stört die Luftströmung und beeinflusst die Aerodynamik

An schnellen Pkws ist manchmal ein Spoiler angebaut, siehe Bild → 2b, Seite 434. Der Spoiler verändert die Luftströmung so, dass bei hoher Geschwindigkeit eine Kraft entsteht, die das Heck auf die Straße presst. Diese Kraft wird als **Abtrieb** bezeichnet.

Achtung:
Spoiler sind sicherheitsrelevante Bauteile.

Das bedeutet:
- Es dürfen nur Spoiler angebaut werden, die für das Fahrzeug zugelassen sind.
- Jede Veränderung am Spoiler und der Anbau zusätzlicher Spoiler muss von einem Sachverständigen geprüft und in die Zulassungsbescheinigung eingetragen werden.

13.10.5 Aerodynamik an Sport- und Rennwagen

An Sport- und Rennwagen sollen ebenfalls
- der Fahrtwind Motor und Bremsen kühlen und
- der Luftwiderstand verringert werden.

Doch viel wichtiger sind Untersuchungen, den Fahrtwind so zu nutzen, dass er möglichst viel Abtrieb erzeugt, um die Haftreibung zwischen Reifen und Fahrbahn zu erhöhen.

Dafür werden eingesetzt:
- Heckflügel
- Frontspoiler und Frontflügel
- Diffusor
- Windabweiser

Heckflügel

Der Heckflügel ist so geformt, dass die Oberseite flach und die Unterseite gewölbt ist, siehe Bild → 1.
Somit strömt die Luft an der Unterseite des Flügels
- auf einem längeren Weg,
- deshalb mit höherer Geschwindigkeit, sodass
- der Luftdruck unter dem Flügel kleiner ist als an der Oberseite

Der Unterschied des Luftdrucks bewirkt, dass der Flügel nach unten gedrückt wird; in Bild → 1 mit *F* gekennzeichnet.

Der Heckflügel presst die Hinterräder (= Antrieb) des Rennwagens auf die Straße, siehe Bild → 2.
Je höher die Fahrgeschwindigkeit des Rennwagens ist, umso größer ist der Abtrieb.

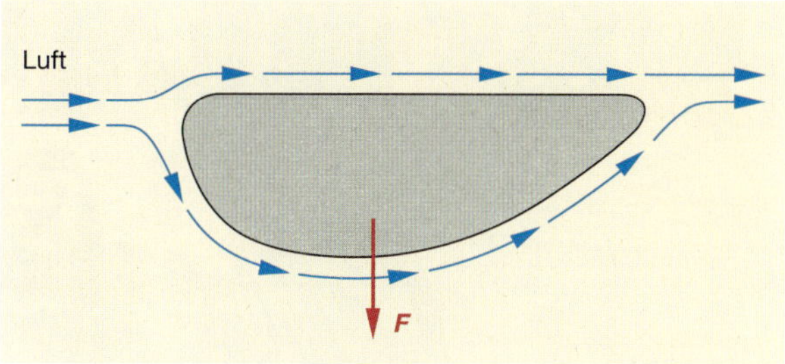

1 Flügel

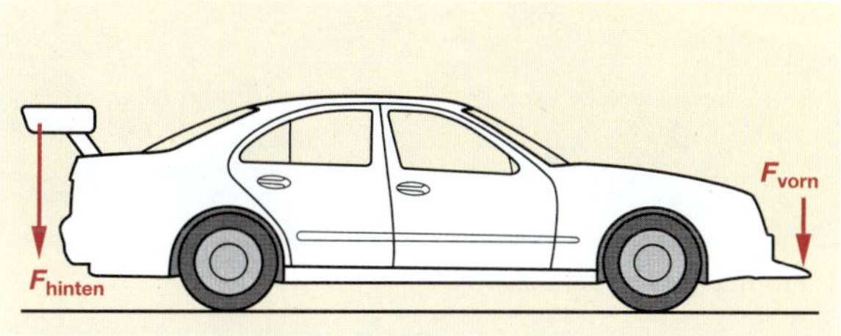

2 Abtrieb durch Heckflügel und Frontspoiler

3 Frontspoiler

Und je weiter hinten der Heckflügel angeordnet ist, umso größer ist der Abtrieb auf die Hinterräder. Der Abtrieb kann vergrößert werden, wenn am Ende des Flügels die Luftströmung durch eine Kante gestört, oder der Flügel schräg gestellt wird, wie in Formel-1-Fahrzeugen.

Frontspoiler und Frontflügel

Der Heckflügel allein würde den Rennwagen vorn anheben, sodass er nicht mehr lenkbar wäre. Deshalb sind an der Front der Rennwagen Spoiler angebracht, die die Vorderräder auf die Straße pressen, siehe Bild → 3 und Bild → 1, Seite 436.

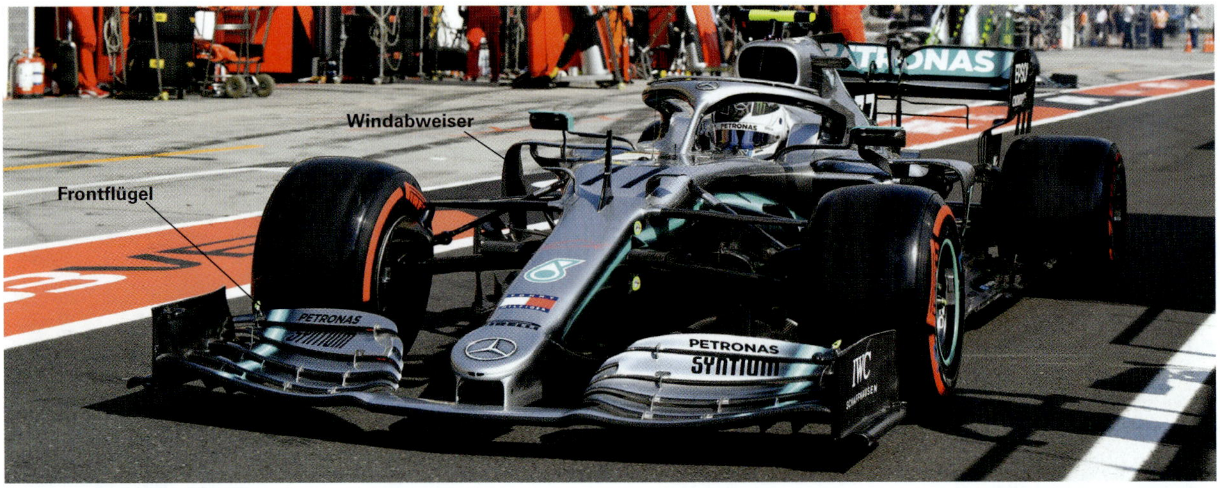

1 **Frontflügel und Windabweiser**

Formel-1-Rennwagen haben wegen der hohen Geschwindigkeit zusätzlich Frontflügel, siehe Bild ➔ 1.

Diffusor

Auch mit der Gestaltung des Unterbodens bei Rennwagen lässt sich zusätzlich Abtrieb erzeugen. Deshalb sollte die Fläche des Unterbodens eben und möglichst groß sein.

Dazu wird jede Möglichkeit genutzt, die das Reglement zulässt:

- Verbreiterung, siehe Bild ➔ 2a
- Diffusor[1], siehe Bild ➔ 2b

Windabweiser

Windabweiser sind in Formel-1-Rennwagen meist zwischen der Vorderachse und den Seitenkasten montiert, siehe Bild ➔ 1. Sie verbessern den Luftstrom um das Chassis herum. Die Luft strömt:

- zwischen den Windabweisern und dem Chassis hindurch und wird unter das Auto in Richtung Diffusor und direkt in die Seitenkästen geleitet
- auf der Außenseite der Windabweiser vorbei und wird um die Seitenkästen herumgeleitet; so können Verwirbelungen verringert werden

Abschließende Bemerkungen

Im Rennsport ist die Aerodynamik am Fahrzeug sehr wichtig: Sie entscheidet oft über Sieg und Niederlage. Deshalb forschen viele Ingenieure im Geheimen, um für ihre Rennwagen einen kleinen Vorteil zu erreichen.

So sind in Zukunft weitere Maßnahmen zu erwarten, die wiederum von den Verantwortlichen der Rennleitung begutachtet – evtl. auch verboten werden.

a) **Durch Verbreiterung**

b) **Mit Diffusor**

2 **Abtrieb mit Hilfe des Unterbodens**

[1] Diffusor: das nach hinten hochgezogene Leitwerk des Unterbodens am Heck eines Rennwagens

13.10.6 Aerodynamik an Nutzfahrzeugen

Bei Nutzfahrzeugen beziehen sich die möglichen aerodynamischen Maßnahmen hauptsächlich auf die Fahrzeugfront und die Fahrzeugseite, da nach der Forderung für maximales Ladevolumen die Aufbauten meist kubische Form aufweisen.

So bleiben nur geringe Möglichkeiten, Heck und Dach des Fahrzeugaufbaus aerodynamisch zu gestalten, da zwei konträre Forderungen dem entgegen stehen:

- der Spediteur fordert maximalen Laderaum
- der Gesetzgeber hat aber die Fahrzeugabmessungen Länge, Breite, Höhe limitiert

Und so ist buchstäblich kein Platz für aerodynamische Anbauten.

Die Entwicklung bei Lkws, die für den Langstreckenbetrieb eingesetzt werden, geht hin zum „vollverkleideten Fahrzeug", Beispiel Sattelkraftfahrzeug siehe Bild ➔ 1, Seite 438.

Zur Strömungsoptimierung des Gesamtfahrzeugs trägt eine abgerundete, strömungsgünstige Fahrerhausfront bei, in Verbindung mit verschiedenen Luftleiteinrichtungen am Fahrerhaus, am Nutzaufbau und am Fahrgestell des Sattelanhängers, siehe Bild ➔ 1. Die verschiedenen Fahrzeughersteller bieten zu ihren Nutzfahrzeugen unterschiedliche „Aeropakete" an. Dies sind abgestufte Zusammenstellungen aus den Luftleiteinrichtungen, die im Folgenden beschrieben sind. Sie werden ab Werk oder (nachträglich) vom Karosserie- und Fahrzeugbaumechaniker montiert und eingestellt.

Die Luftleiteinrichtungen können wie folgt eingeteilt werden:

- Luftleitschilde auf dem Fahrerhaus
- Luftleitschilde seitlich am Fahrerhaus
- Anströmkörper Aufbaufront, Sattelanhänger
- Seitenverkleidungen an den Fahrgestellen
- Einzüge am unteren, vorderen Teil des Sattelanhängers
- Diffusoren

1 Luftströmungsanalyse im Windkanal

1 abgerundete Fahrerhausfront
2 Bugschürze
3 Dachspoiler
4 Dachansatz
5 Sideflap, Spaltverkleidung
6 Fahrgestell-Seitenverkleidung
7 Anströmkörper, Aufbau
8 Fahrgestellverkleidung, Sattelanhänger

1 Vollverkleidetes Sattelkraftfahrzeug

Luftleitschilde auf dem Fahrerhaus sind Dachspoiler und seitlicher Dachansatz oder formintegrierte Dachhauben mit gleicher Funktion, vgl. Bild ➔ 1.

Luftleitschilde seitlich am Fahrerhaus (Spaltverkleidungen oder Sideflaps) verbessern die seitliche Umströmung der Sattelzugmaschine und bilden den Luftströmungs-Übergang zum Aufbau des Sattelanhängers, vgl. Bild ➔ 1.

Mit **Anströmkörper Aufbaufront, Sattelanhänger** ist die Kopfwand des Sattelanhängers strömungsgünstig gestaltet. Durch sie findet der Luftstrom, der von den Spoilern kommt, seinen laminaren „Anschluss", ohne abzulösen und in die ungünstige turbulente Strömungsform umzuschlagen, vgl. Bild ➔ 1.

Seitenverkleidungen an den Fahrgestellen (Seitenklappen) von Sattelzugmaschine und Sattelanhänger verringern Verwirbelungen und verbessern somit die seitliche Umströmung. Und sie dienen gleichzeitig als seitlicher Unterfahrschutz, vgl. Kap. 13.12.2.

Einzüge am unteren, vorderen Teil des Sattelanhängers verringern den Luftwiderstand in diesem Bereich des Sattelanhängers durch einen günstigen Strömungsverlauf, vgl. Bild ➔ 2.

Diffusoren im unteren, hinteren Seitenbereich des Sattelanhängers, leiten einen Teil der seitlichen Luftströmung hinter das Fahrzeugheck, vgl. Bild ➔ 2. Dabei wird die Seitenluft beschleunigt und in das große „Totwasser" des Fahrzeughecks geblasen. Der entstehende Luftstrom reißt einen Teil der verwirbelten Luft hinter dem Heck mit sich und kann bewirken, dass die turbulente Luft wieder laminar wird und sich an den Diffusor-Luftstrom anlegt. Je weniger turbulente Luftströmung hinter dem Fahrzeugheck entsteht, desto geringer ist der Luftwiderstand in diesem Bereich.

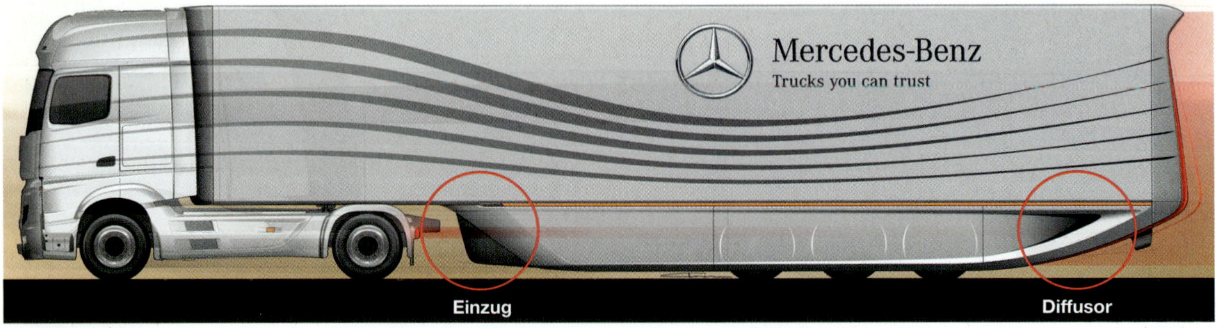

2 Designstudie zur Aerodynamik an einem Sattelzug

13.11 Leichtbau der Karosserie

1 Leichtbau

Grundsätze des Leichtbaus

In den letzten Jahren wurden die Pkws immer schwerer, weil sie durch zusätzliche Bauteile sicherer, komfortabler und geräumiger wurden.

> Beispiel:
> Beim VW Golf hat sich mit jedem neuen Modell die Masse von anfangs ca. 800 kg auf ca. 1300 kg beim Golf VI erhöht – das ist eine Steigerung um mehr als 50 %, siehe Bild → 2.

Dieser Aufwärtstrend muss gestoppt werden!

Bereits der Golf VII ist zwar größer als sein Vorgänger, bietet mehr Platz und Sicherheit; trotzdem ist er 100 kg leichter. Und beim Golf VIII werden weitere 35 kg bis 75 kg Masse eingespart, je nach Modell.

Erhöht sich die Masse des Pkws:
- verbraucht er mehr Kraftstoff
- stößt er mehr Schadstoffe in die Umwelt
- beschleunigt er schlechter → größerer Motor → Massezunahme
- erhöht sich der Bremsweg → stärkere Bremsen → Massezunahme

> Ziel des Leichtbaus ist es, dass die Fahrzeuge nicht schwerer, sondern leichter werden.

Es gilt, den Konflikt zu lösen:
- Pkws bauen, die komfortabel und sicher sind → Pkws werden schwerer
- Ressourcen schonen und Klima schützen → Pkws müssen leichter werden

Ein großes Potenzial zum Leichtbau liegt bei der Karosserie, da sie beim Pkw mit 39 % den größten Masse-Anteil besitzt, siehe Bild → 3.

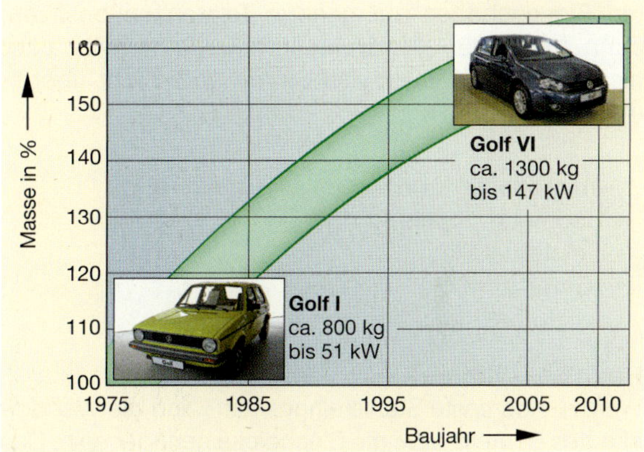

2 Zunahme der Masse beim Pkw VW Golf

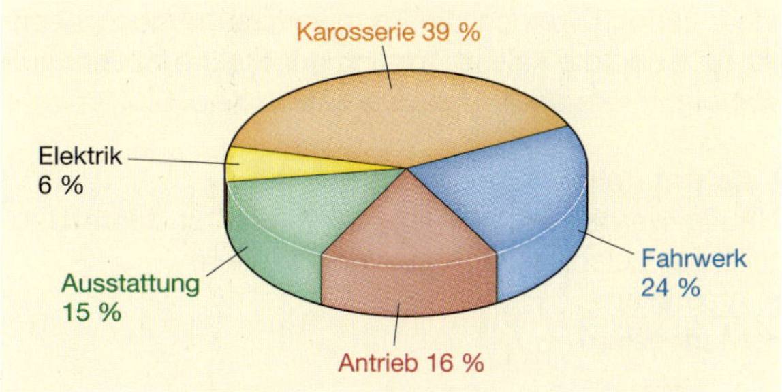

3 Durchschnittlicher Masse-Anteil der Baugruppen im Pkw

Jedoch müssen beim Leichtbau auch die Kosten berücksichtigt werden für Werkstoff, Fertigung, Personal (Ingenieure!) und Herstellung. Die Käufer sind nicht bereit, für ihren Pkw jeden beliebig hohen Preis zu zahlen.

Fahrzeugleichtbau bedeutet also:
„Der richtige Werkstoff
an der richtigen Stelle
zum richtigen Preis
mit der richtigen Ökologie."

Prof. Dr.-Ing. habil. Hufenbach, TU Dresden, Institut für Leichtbau und Kunststofftechnik

Danach unterscheidet man, vgl. Bild → 1, Seite 439:
- Werkstoffleichtbau
- Formleichtbau
- Konzeptleichtbau
- Fertigungsleichtbau

Werkstoffleichtbau

Werkstoffleichtbau bedeutet, für ein Bauteil einen Werkstoff mit geringer Dichte oder/und hoher Festigkeit zu verwenden. Zu beachten ist, dass jedes Material auf seine spezielle Weise gestaltet werden muss. Außerdem sollten Werkstoffe eingesetzt werden, deren Eigenschaften nur geringe Toleranzen besitzen; dann muss der Konstrukteur den Sicherheitsfaktor nicht so groß wählen; das Bauteil wird nicht überdimensioniert.

Werkstoffe für Karosserien sind:
- hochfeste Stähle
- Leichtmetalle
- Kunststoffe

Hochfeste Stähle

Werden hochfeste Stähle eingesetzt, kann die Wanddicke des Bauteils bzw. die Blechdicke geringer sein. Das spart Masse und auch den Rohstoff Eisen. Profile aus hochfestem Stahl (Formleichtbau) sind leicht und sehr steif. Jedoch werden die Formwerkzeuge hoch beansprucht und die Kaltverformung der Bleche ist sehr aufwendig. Informationen zu Stahl siehe Kap. 5.5.1.

Leichtmetalle

Häufig werden Bauteile aus Stahl ersetzt durch Bauteile aus Leichtmetall. Das sind vor allem:
- Aluminium
- Magnesium

Aluminium und Aluminiumlegierungen werden bereits von allen Pkw-Herstellern verwendet, um Karosserieteile aus Stahl zu ersetzen. Bei einigen Pkws besteht sogar die gesamte Karosserie aus Aluminium.

Magnesium ist das leichteste metallische Konstruktionsmaterial und es ist gut wiederzuverwerten. Es ist bereits in vielen Gussbauteilen vorhanden; zukünftig werden aber auch Bleche aus Magnesium in Karosserien eingesetzt werden.

Kunststoffe

Kunststoffe sind in jedem Auto eingesetzt, denn Bauteile aus Kunststoff sind um ca. 30 % leichter als Bauteile aus Stahl. Faserverstärkte Kunststoffe besitzen eine hohe Festigkeit, sodass sie auch an Karosserien einsetzbar sind, z. B. in Dach-, Tür- und Frontend-Modulen, Unterbodenverkleidung, Türträger und Stoßfänger.

Die besten Ergebnisse beim Werkstoffleichtbau lassen sich durch die Kombination verschiedener Werkstoffe erzielen.

Formleichtbau

Formleichtbau bedeutet, leichte Bauteile herzustellen durch:
- besondere Formgebung
- gezielten Werkstoffeinsatz

Formleichtbau durch besondere Formgebung

Die besondere Formgebung der Bauteile trägt zum Leichtbau bei, wenn ein **Blech** so gewalzt wird, dass es gewölbt oder profiliert ist, sodass sich Formstabilität und Steifigkeit erhöhen. Deshalb wird Formleichtbau auch als **Gestaltleichtbau** bezeichnet.

Weiter können Bleche versteift werden durch Abkantungen, Durchsetzungen, Drahteinlagen, Wulste.

Auch **Profile** werden so geformt, dass sie bei guter Festigkeit auch leicht sind. Ein Beispiel sind **Verbundprofile**, siehe Bild → 1. Diese Profile sind formstabil und können gleichzeitig Energie aufnehmen (absorbieren).

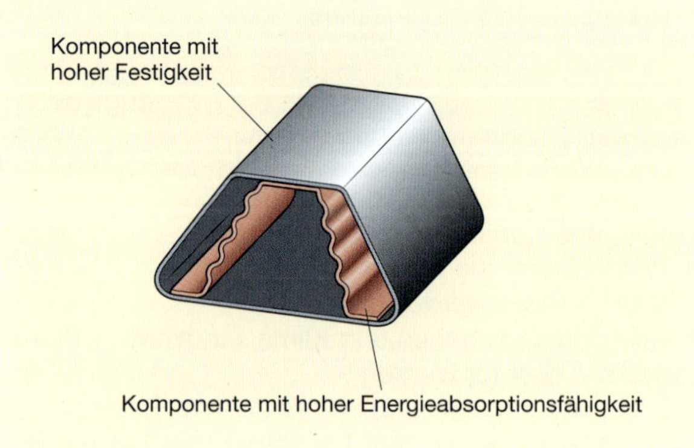

1 Verbundprofil

Ein weiteres Beispiel für den Formleichtbau sind **Sandwich-Strukturen**[1]. Beim Leichtbau besteht die Sandwich-Struktur aus zwei Deckschichten, die einen leichten Kern umschließen.

Die Deckschichten nehmen die Zug- und Druckkräfte auf, der Kern hält die Deckschichten auf Abstand und nimmt die Schubkräfte auf.

Je dicker der Kern ist, umso größer ist der Abstand der Decklagen – umso größer wird die Biegesteifigkeit der Sandwich-Struktur.

Deshalb sind Bauteile mit Sandwich-Struktur zum Leichtbau gut geeignet. In Pkws werden sie bereits verwendet für:

- den Unterboden, wenn Antriebsmotor und andere Aggregate daran befestigt werden
- Schweller
- Kardantunnel

Weitere Informationen zu Sandwich-Strukturen siehe Kap. 6.3.

Formleichtbau durch gezielten Werkstoffeinsatz

Werkstoff sollte nur dort eingesetzt werden, wo er konstruktiv bzw. funktionell erforderlich ist, das bedeutet,

- an hoch beanspruchten Bereichen: viel Werkstoff
- bei Bereichen mit geringer Beanspruchung: wenig Werkstoff

Diese Art Formleichtbau ist eine Optimierung der Geometrie. Dafür werden die Kräfte am Bauteil analysiert und die Belastungen berechnet. Dann können die Sicherheitsfaktoren kleiner werden - das Bauteil ist nicht mehr überdimensioniert.

Beispiel:
Die Belastungen auf ein Bauteil treten oft nicht gleichzeitig auf. Dimensioniert man das Bauteil mit der Annahme, dass alle Maximallasten gleichzeitig auftreten, so ist es zwar robust, jedoch nicht leicht.

Konzeptleichtbau

Konzeptleichtbau bedeutet, dass ein Bauteil entfällt und/oder seine Funktion von einem anderen Bauteil übernommen wird. So kann das betreffende Bauteil schwerer werden, aber durch den Wegfall der anderen Bauteile wird das System leichter.

Beispiel:
Ein Federbeindom aus Magnesium vereint zwölf Stahlbauteile in einem einzigen Gussbauteil. So werden mehr als 60 % der Masse eingespart.

Allerdings ergibt sich in diesem Beispiel die hohe Masse-Einsparung nicht nur durch den Konzeptleichtbau, sondern auch aus dem Stoffleichtbau durch den Einsatz von Magnesium und aus dem Formleichtbau mit der geometrischen Optimierung.

Fertigungsleichtbau

Beim Fertigungsleichtbau werden neue Umform- und Zusammenbauverfahren von Bodengruppe, Fahrzeugaufbau und Anhängeteilen entwickelt.

Beispiele:

- Durch Laserschweißen kann auf die Überlappung von Blechen verzichtet werden.
- Kleben statt Nieten.
- Schmiedebauteile haben oft eine höhere Schwingfestigkeit als identische Schweißkonstruktionen; sie können daher geringeren Querschnitt haben.

Auch mit engen Toleranzen kann Masse eingespart werden.

Beispiel:
Beträgt bei einem Blech die Dicke $s = 1 \pm 0{,}1$ mm, so schwankt die Dicke zwischen 0,9 mm und 1,1 mm; das sind 0,2 mm und somit schwankt die Masse des Blechs um 20 %.

Bei einer engeren Toleranz wird dieser Wert gesenkt; der Konstrukteur kann dann mit einem dünneren Blech arbeiten.

[1] Sandwich: benannt nach dem Imbiss aus zwei Scheiben Toastbrot, zwischen denen sich ein würziger Belag befindet

13.12 Fahrzeugsicherheit

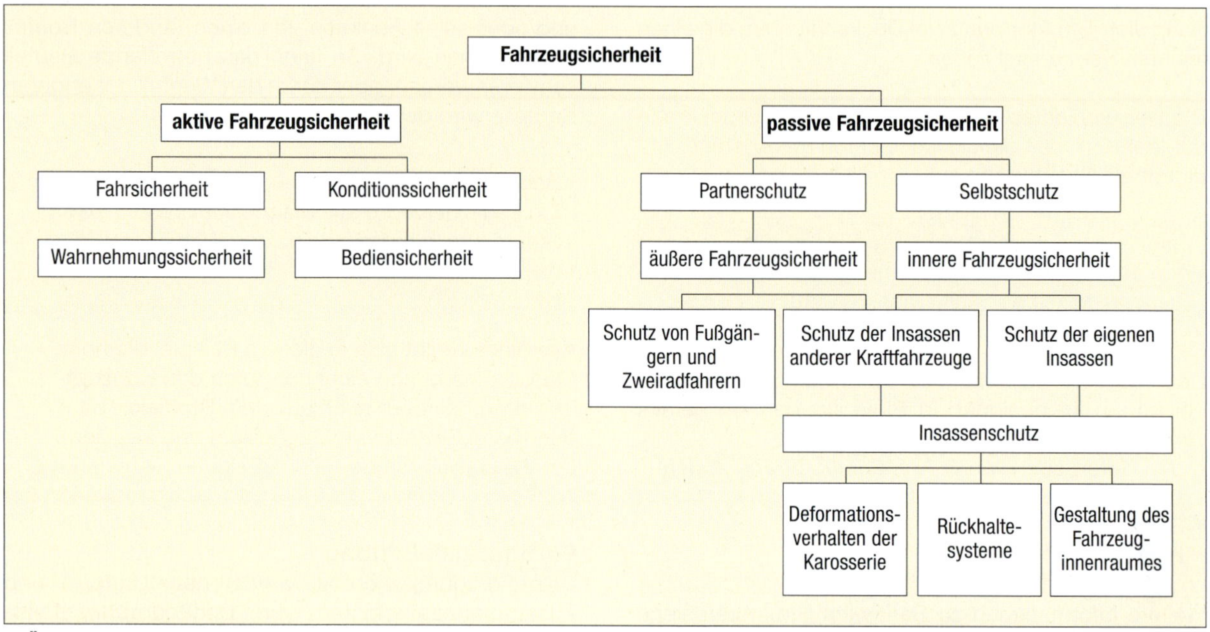

1 Übersicht Fahrzeugsicherheit

Die Fahrzeugsicherheit wird unterteilt in, vgl. Bild ➔ 1
- aktive Fahrzeugsicherheit, siehe Kap. 13.12.1
- passive Fahrzeugsicherheit, siehe Kap. 13.12.2

13.12.1 Aktive Fahrzeugsicherheit

Aktive Fahrzeugsicherheit beinhaltet alle Bauteile und Maßnahmen, die einen Unfall verhindern können.

Meist denkt man zuerst an die elektronischen Systeme wie ABS und ESP. Aber auch die Karosserie kann zur aktiven Fahrzeugsicherheit beitragen.

So lässt sich ein Pkw sicher fahren, wenn seine Karosserie
- verwindungssteif ist,
- für Abtrieb sorgt; bei zu viel Auftrieb verliert der Pkw den Kontakt zur Fahrbahn und lässt sich nicht mehr bremsen und lenken,
- Möglichkeiten bietet, Gepäck und Ladegut zu befestigen, siehe Bild ➔ 2.

Ladegut, das nicht richtig befestigt ist, kann während der Fahrt verrutschen und dem Pkw eine zusätzliche Dynamik geben; im schlimmsten Fall kippt der Pkw in einer Kurve um (= aktive Fahrzeugsicherheit).

2 Verzurrösen im Laderaumboden zur Befestigung von Gepäck und Ladegut

Bei einem Unfall wird ungesichertes Ladegut zum „Geschoss“, es kann Menschen verletzen oder töten und Sachschaden verursachen (= passive Fahrzeugsicherheit).

Deshalb ist die Ladegutsicherung ein Beitrag sowohl zur aktiven Fahrzeugsicherheit als auch zur passiven Fahrzeugsicherheit.

Auch **Schneeketten** tragen zur aktiven Fahrzeugsicherheit bei.
Nutzfahrzeuge müssen auch im Winter sicher betrieben werden können. Daher ist u. a. die Ausrüstung mit Schneeketten erforderlich.
Um das zeitlich aufwendige Auflegen der Schneeketten von Hand zu vermeiden, wurden speziell für Nutzfahrzeuge **Rotationsketten** entwickelt.

Rotationsketten sind Schneeketten, die:
- während der Fahrt zu- und abgeschaltet werden können
- bei stehendem Fahrzeug als Anfahrhilfe verwendet werden

Sie verbessern die Traktion und somit die Fahrsicherheit von Nutzfahrzeugen bei Eis- und Schneeglätte. Ebenso verkürzt sich durch sie der Bremsweg des Fahrzeugs.

Rotationsketten bestehen aus einem Reibrad, das mit feingliedrigen Kettensträngen bestückt ist, siehe Bild ➔ 1. Per Knopfdruck vom Fahrerhaus wird das Reibrad durch eine Schwenkbewegung an die Reifenflanke des Fahrzeugs gepresst – ähnlich wie ein Fahrraddynamo. Der drehende Fahrzeugreifen treibt das Reibrad an, sodass die feingliedrigen Kettenstränge zwischen das Reifenprofil und die Fahrbahn geschleudert werden; man spricht deshalb auch von **Schleuderketten**.

Dabei werden die einzelnen Kettenglieder in Eis und Schnee gedrückt; dadurch wird die Traktion erheblich verbessert.
Wenn die Straße wieder frei ist, werden die Reibräder per Knopfdruck in ihre Ruhelage gebracht.

13.12.2 Passive Fahrzeugsicherheit

Allgemeines zur passiven Fahrzeugsicherheit
Passive Fahrzeugsicherheit beinhaltet alle Bauteile und Maßnahmen, die die Folgen eines Unfalls begrenzen können. Beim Unfall sollen die Fahrzeuginsassen geschützt werden, aber auch die anderen Verkehrsteilnehmer wie Fußgänger, Motorrad- oder Fahrradfahrer.

Ein gutes Beispiel für die passive Sicherheit sind die Airbags. Aber auch die Karosserie trägt zur passiven Fahrzeugsicherheit bei. Sie ist zu einer **Sicherheitsfahrgastzelle** ausgebildet und besitzt Deformationselemente, sogenannte **Knautschzonen**.

In diesem Kapitel werden behandelt:
- Kraftverteilung bei einem Aufprall
- Aufprallversuch
- Maßnahmen zur passiven Fahrzeugsicherheit

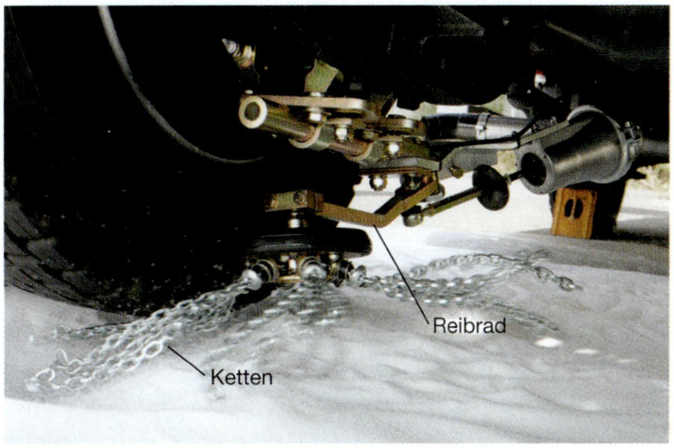

1 Rotationskette

Kraftverteilung bei einem Aufprall
Bei einem Unfall soll die Karosserie einen großen Anteil der Aufprallenergie absorbieren – dies aber mit „weicher" Charakteristik. Dafür muss die Kraft des Aufpralls auf möglichst viele Träger und Säulen verteilt werden, siehe Bild ➔ 2. So werden die Insassen des Fahrzeugs geschützt.

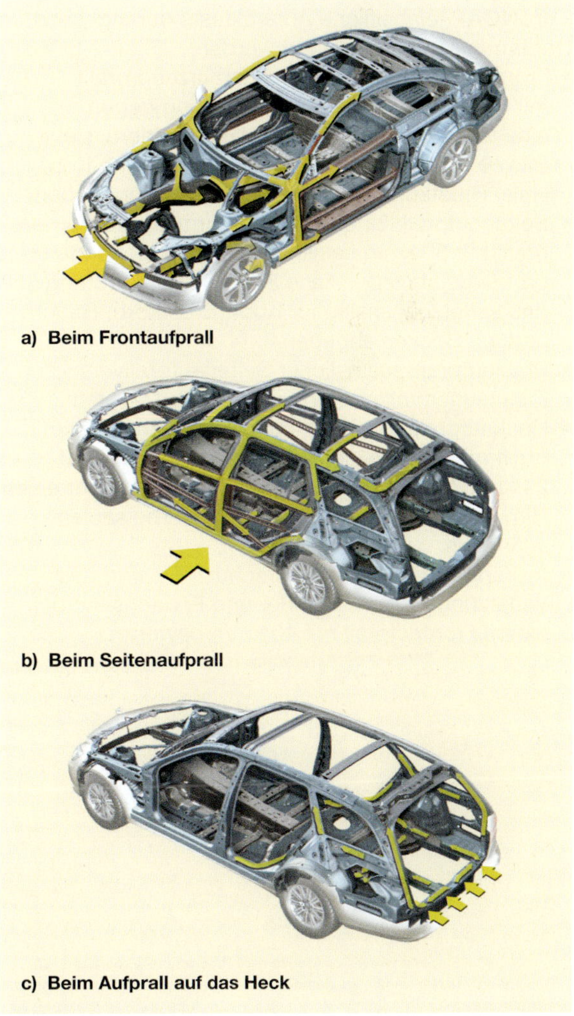

a) Beim Frontaufprall

b) Beim Seitenaufprall

c) Beim Aufprall auf das Heck

2 Verteilung der Kraft

Jedoch ist zu beachten:
Fahrzeugleichtbau kann auch dazu führen, dass die Bauteile weniger steif sind.

> Es gilt, Pkws so zu konstruieren, dass sie leicht sind, aber bei einem Unfall genügend Sicherheit bieten.

Aufpralltest
Wenn ein Fahrzeughersteller einen neuen Pkw zulassen will, muss er nachweisen, dass der Pkw genügend sicher ist. Der Nachweis wird über Aufpralltests erbracht, auch **Crashtest**[1] genannt. „Versuchspersonen" sind sogenannte Dummies[2], an denen beim Aufprall Beschleunigungen an Kopf, Hals, Brustkorb, Becken, Armen und Beinen gemessen werden, siehe Bild → 1.

Die Größe der Beschleunigungen geben das Verletzungsrisiko an.

In Europa haben sich seit 1998 unter dem Namen **EuroNCAP**[3] einheitliche Aufpralltests durchgesetzt. Dafür müssen durchgeführt werden:

- Frontaufprall: Das Erprobungsfahrzeug prallt mit 64 km/h und 40 % Überdeckung gegen eine fest stehende deformierbare Barriere, siehe Bild → 2. Es wird das Verletzungsrisiko an Kopf, Hals, Brustkorb, Becken und Beinen angegeben.
- Seitenaufprall: Eine mobile, deformierbare Barriere prallt mit 50 km/h seitlich gegen das stehende Erprobungsfahrzeug, siehe Bild → 3. Die Prüfung soll das Verletzungsrisiko für Kopf, Brustkorb, Bauch und am Becken angeben.
- Pfahlaufprall: zusätzlicher Seitenaufprallversuch bei Fahrzeugen mit seitlichem Kopfschutzsystem.
- Heckaufprall: Ein Schlitten mit den Vordersitzen prallt mit Geschwindigkeiten von 16 km/h und 24 km/h auf ein Hindernis; diese Prüfung gibt einen Hinweis auf die Gefahr eines Halswirbelsäulenschadens.
- Prüfungen zum Fußgängerschutz: Es wird das Verletzungsrisiko für Kinder und Erwachsene bei einem Frontaufprall mit 40 km/h bewertet.

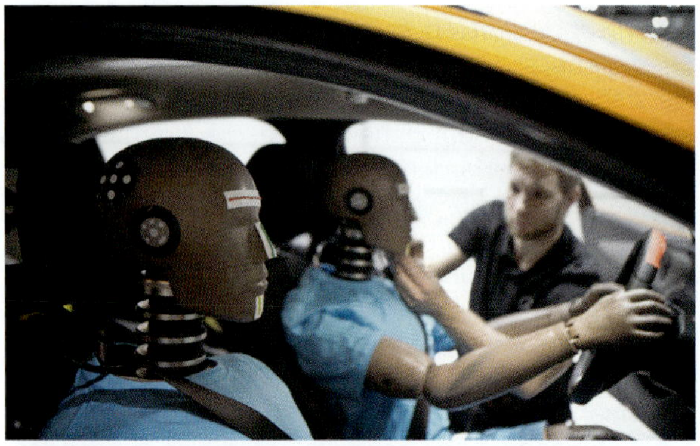

1 Dummies, bereit zum Aufpralltest

2 Frontaufpralltest

3 Seitenaufpralltest

[1] Crash (engl.): Zusammenstoß

[2] Dummy (engl.): Puppe für Unfalltests

[3] EuroNCAP = European New Car Assessment Programme: Programm zur Bewertung von Neuwagen; ausgearbeitet von einer Gesellschaft, bestehend aus europäischen Verkehrsministerien, Automobilclubs und Versicherungsverbänden, mit Sitz in Brüssel

1 Dachfalltest

2 Frontaufprall – Simulation am Computer

Einige Fahrzeughersteller führen darüber hinaus weitere Aufpralltests durch, z. B. den Überrolltest oder den Dachfalltest, siehe Bild → 1.
Ein Großteil der Aufpralltests wird an Computern simuliert, siehe Bild → 2. Dadurch können schon frühzeitig Varianten der Konstruktion und des Werkstoffs untersucht werden.

Beispiel:
Die E-Klasse (Mercedes-Benz) hat im Laufe seiner Entwicklung zum Verhalten beim Aufprall mehr als 150 Versuche auf dem Prüfstand absolviert und mehr als 17 000 wirklichkeitsgetreue Simulationen am Computer.

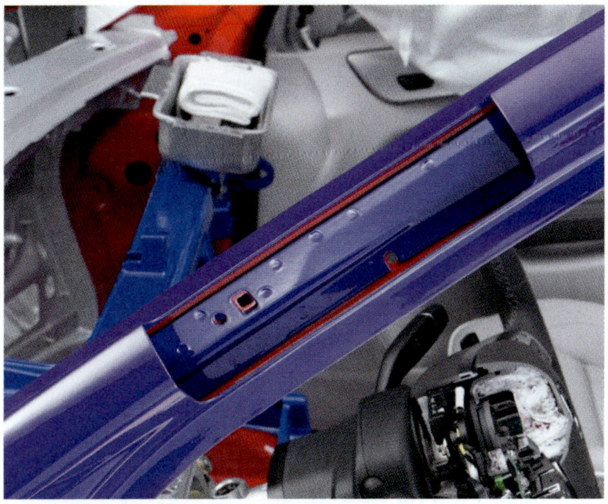

3 Dreischalige A-Säule

Maßnahmen zur passiven Fahrzeugsicherheit
Beispiele für Bauteile zur passiven Sicherheit sind, siehe Bild → 4:
- massive Querträger unter Vordersitzen und Fondsitzen
- stabile Querträger an Stirnwand und Dach
- dreischalig aufgebaute A-, B- und C-Säule, siehe Bild → 3
- Flankenschutz in den Türen
- Schottwände in den Seitenschwellern
- ausreißfeste Türschlösser und Scharniere

4 Bauteile für die passive Sicherheit

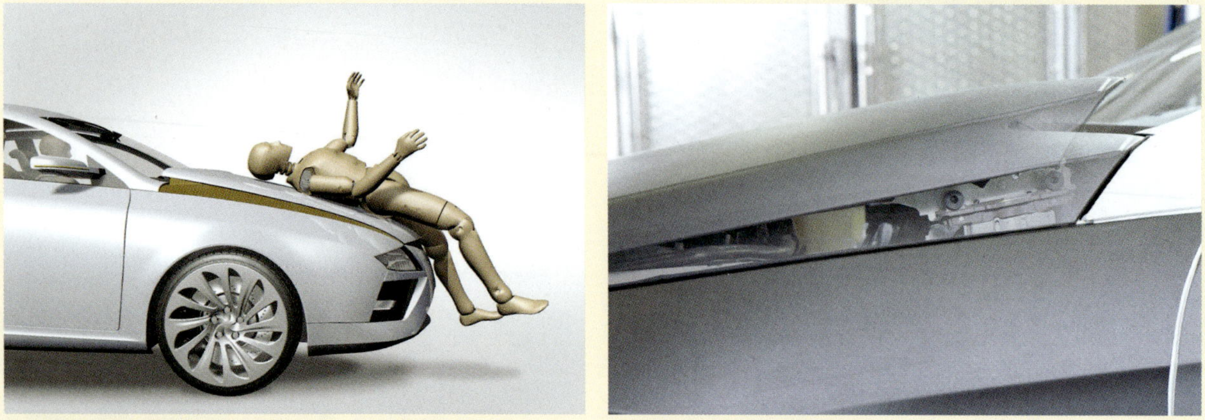

a) Simulation des Unfalls
b) Motorhaube angehoben

1 Motorhaube mit Aufprallschutz für Fußgänger

Weitere Maßnahmen zur passiven Fahrzeugsicherheit sind:
- Aufprallschutz für Fußgänger
- Ladungssicherung
- Unterfahrschutz

Aufprallschutz für Fußgänger

Einige Pkws haben eine Motorhaube mit Aufprallschutz für Fußgänger. Beim Zusammenstoß mit einem Fußgänger melden Sensoren den Aufprall an das elektronische Steuergerät, das sofort zwei Elektromagneten in den Scharnieren aktiviert. Die Motorhaube wird hinten blitzschnell um 85 mm angehoben, siehe Bild ➔ 1. So entsteht zusätzlicher Raum zwischen Motorhaube und Bauteilen im Motorraum. Prallt der Kopf des Fußgängers auf die Motorhaube, verringert sich die Aufprall-Beschleunigung – somit verringert sich auch das Risiko, dass sich der Fußgänger verletzt.

Ladungssicherung in Nutzfahrzeugen

Bei einem Frontal-Crash des Lkws wird unzureichend gesicherte Ladung zur tödlichen Gefahr für den Fahrer: Die Ladung auf der Ladefläche rutscht nach vorn, durchschlägt die Kopfwand des Aufbaus und kann danach das Fahrerhaus zusammendrücken.

Deshalb müssen im Fahrzeugboden und in den Seitenwänden des Aufbaus ausreichend viele Verankerungsmöglichkeiten wie Zurrschienen und Zurrringe für Zurrmittel vorhanden sein, Beispiele siehe Bild ➔ 2.

Weitere Möglichkeiten zur Ladungssicherung bieten Systembauteile aus Stäben, Rahmen und Wänden, die zusammen mit verschiedenen Spanngurten, Kantenschutz und Antirutschmatten zur form- und kraftschlüssigen Ladungssicherung verwendet werden, Beispiel siehe Bild ➔ 3.

2 Verankerungen im Fahrzeugboden zur Ladungssicherung

3 Stabelement zur Ladungssicherung

Der Bundesverband für Güterkraftverkehr, die Berufsgenossenschaft für Transport und Verkehrswirtschaft und freie Träger bieten regelmäßig Seminare und Lehrgänge zur Erst- und Weiterbildung zum Thema Ladungssicherung für Fahrer an, aber auch speziell für Fahrzeugbauer.

a) Am Heck

b) An den Seiten

1 Unterfahrschutz

Unterfahrschutz
Nach § 32b StVZO müssen Nutzfahrzeuge ausgerüstet sein mit
- einem Unterfahrschutz am Heck, siehe Bild → 1a
- seitlichen Schutzvorrichtungen, siehe Bild → 1b

Diese Schutzvorrichtungen sollen verhindern, dass bei einem Unfall andere Verkehrsteilnehmer unter das Fahrzeug geraten.
Diese Aufgabe können auch Seitenklappen und Chassisverkleidungen übernehmen.

13.13 Modische und technische Trends bei Pkws

13.13.1 Forderungen an Pkws der Zukunft

Modische und technische Trends der Pkws sind eng gekoppelt mit dem Ziel der Europäischen Kommission, wonach der durchschnittliche CO_2-Ausstoß der Pkws bis zum Jahr 2020 auf 95 g/km zu verringern ist.

Deshalb werden sich die Pkws in den nächsten Jahren grundlegend verändern. Die Pkws werden
- weniger Kraftstoff verbrauchen,
- trotzdem sicherer und komfortabler sein,
- aus Bauteilen bestehen, die mit wenig Energie hergestellt und gut wiederzuverwerten sind.

Auch die Karosserie trägt einen Teil dazu bei durch:
- Leichtbau, siehe Kap. 13.13.2
- wiederverwertbare Werkstoffe, siehe Kap. 13.13.3
- bessere Aerodynamik, siehe Kap. 13.13.4
- Umwandeln der Motorgeräusche, siehe Kap. 13.13.5

13.13.2 Trend zum Leichtbau

Leichtbau ist für die Einsparung von Kraftstoff ein wichtiger Baustein.

Ziel ist es, die zusätzliche Masse infolge des höheren Komforts und der größeren Sicherheit durch Leichtbau der Karosserie zu kompensieren

Das gilt auch für Fahrzeuge mit Elektroantrieb: Die große Masse der Batterien muss durch eine leichte Karosserie ausgeglichen werden.
Hat ein Pkw eine leichte Karosserie, können weitere Fahrzeugteile angepasst werden.

Beispiel:
Ein leichteres Fahrzeug kann einen kleineren Antriebsmotor erhalten, der leichter ist und weniger Kraftstoff verbraucht.

Ein Schwerpunkt ist der Werkstoffleichtbau; jedoch steht der Einsatz leichter Werkstoffe im Konflikt mit der ökonomischen Vertretbarkeit: Leichte Werkstoffe sind teuer – die höheren Materialkosten können aber in der Großserie kaum weitergegeben werden.

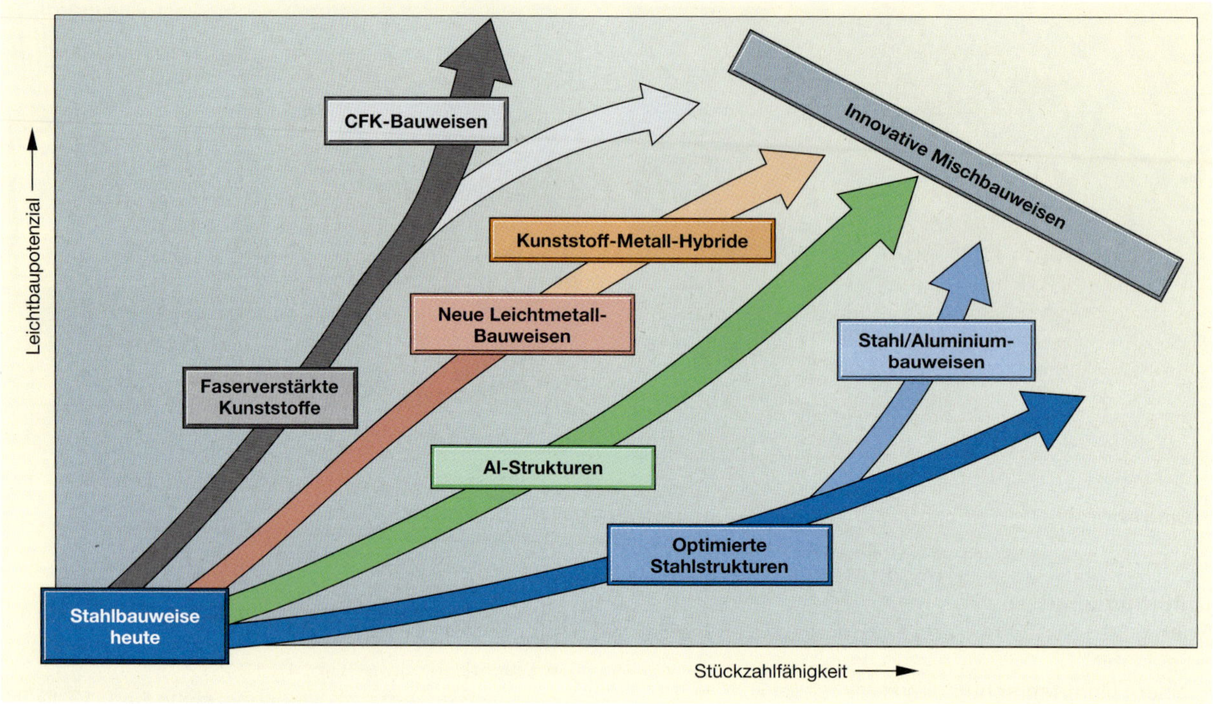

1 Mischbauweise für zukünftige Pkws

Deshalb geht die Entwicklung hin zur Mischbauweise, siehe Bild → 1.

Dabei sind jedoch noch einige Probleme zu lösen; so sind Bauteile in Mischbauweise
- schwer zu reparieren,
- schwer wiederzuverwerten und
- an den Berührungsstellen unterschiedlicher Elemente kann es zu elektrochemischer Korrosion kommen.

13.13.3 Trend zu wiederverwertbaren Werkstoffen

Bei der Auswahl leichter Werkstoffe muss auch die Wiederverwertung (**Recycling**) beachtet werden. Der Gesetzgeber hat mit der geltenden Altfahrzeugverordnung bereits Vorgaben für die nächsten Jahre gemacht:

> Seit 2007 müssen mindestens 80 Masse-% der Stoffe des Altfahrzeugs wiederverwertet werden; bis zum Jahr 2015 soll der Anteil auf 85 Masse-% ansteigen.

Bei neuen Pkws muss bereits in der Entwicklung berücksichtigt werden, dass sie als Altfahrzeuge umweltgerecht entsorgt werden können.

Bei der umweltgerechten Entsorgung eines Pkws werden
- dem Fahrzeug alle Betriebsstoffe entnommen und verwertet,
- wiederverwendbare Teile sowie verwertbare Materialien demontiert,
- gut erhaltende Alt-Teile auf Funktionsfähigkeit überprüft und als Ersatzteil verwendet, siehe Bild → 2,
- die Restkarosserie zerkleinert, in die unterschiedlichen Fraktionen getrennt und weitgehend in den Stoffkreislauf zurückgegeben,
- Reststoffe, die nicht wiederverwendet oder wiederverwertet werden können, vollständig nach den geltenden Umweltrichtlinien entsorgt.

2 Autotüren zur Wiederverwendung

Metalle wie Stahl, Aluminium oder Magnesium lassen sich sehr gut wiederverwerten; reine Kunststoffe ebenfalls.

Faserverstärkte Kunststoffe sind schwer wiederzuverwerten, weil der Matrixwerkstoff heute meist aus Duroplast besteht; dieser lässt sich nicht aufschmelzen.

Doch es gibt bereits faserverstärkte Kunststoffe, deren Matrix aus Thermoplast besteht, sodass mit Hilfe von Wärme die reinen Fasern vollständig rückgewonnen werden können; allerdings verschlechtern sich dabei die Eigenschaften der Fasern.

13.13.4 Trend zur besseren Aerodynamik

Soll die Aerodynamik am Pkw verbessert werden, muss der Luftwiderstandsbeiwert (c_W-Wert) verringert werden. Moderne Pkws haben einen Luftwiderstandsbeiwert von $c_W = 0{,}30$ bis 0,25.

Den besten Luftwiderstandsbeiwert hat der Tropfen mit $c_W = 0{,}05$. Jedoch kann ein Pkw diesen Wert nicht erreichen, denn:

- er ist nicht rotationssymmetrisch; zumindest die Räder würden immer aus dieser Form herausragen.
- durch die stark geneigten Scheiben würde sich der Innenraum bei Sonneneinstrahlung enorm aufheizen
- Lufteinlässe in der Karosserie zum Kühlen von Bremsen und Innenraum erhöhen den Luftwiderstandsbeiwert
- die Tropfenform beansprucht viel Platz; solch ein Pkw passt in keine normale Garage
- die Autofahrer würden kaum so ein einheitliches Aussehen akzeptieren

Das führt dazu, dass der Luftwiderstandsbeiwert erheblich größer ist als bei einem Tropfen.

Außer dem Tropfen gibt es weitere Vorbilder in der Natur: Die Entwickler versuchen, für Automobile das große Potenzial der **Bionik** (Kombination von **Bio**logie und Tech**nik**) zu nutzen.

So entstand z. B. ein Konzeptfahrzeug, das dem Kofferfisch nachempfunden ist.

Die Techniker, siehe Bild → 1,

- fertigten ein Modell nach dem Vorbild des Kofferfisches,
- forschten daran im Strömungskanal und
- bauten einen Pkw mit ähnlicher Karosserieform.

Dieses Fahrzeug erreicht einen Wert von $c_W = 0{,}19$. Experten glauben, dass dieser Wert das Optimum für Pkws darstellt.

a) Kofferfisch

b) Modell

c) Tonmodell, Test im Strömungskanal

d) Konzeptfahrzeug

1 Konzeptfahrzeug nach dem Vorbild Kofferfisch

13.13.5 Motorgeräusche umwandeln

Klangbild des Motors
Der Trend, leichte Autos zu bauen und Abgase zu verringern, führt dazu, dass sich das Klangbild des Motors ändert.

Beispiele:
- Wegen der Masse-Einsparung am Endschalldämpfer werden die Geräusche aus der Abgasanlage nur wenig gedämpft – das Fahrzeug ist laut.
- Die Geräusche im Innenraum verstärken sich, weil bei der Geräuschdämmung des Motorraums gespart wird.
- Elektrofahrzeuge sind sehr leise mit den Nachteilen:
  - Sicherheitsrisiko für andere Verkehrsteilnehmer
  - im Innenraum dominieren Geräusche von Lüfter, Pumpen, Relais usw., die störend empfunden werden
- Kleinere Motoren verändern das Klangbild des Pkws; jedoch möchten Liebhaber von Sportwagen den „satten Sound“ eines großen Motors hören.

Deshalb ist es notwendig, störende Geräusche zu bekämpfen oder sie in Geräusche umzuwandeln, die einen angenehmen Klang haben.

Das kann erreicht werden:
- mit Hilfe eines Lautsprechers
- durch Schwingungserregung der Karosserie

Lautsprecher zum Umwandeln der Motorgeräusche
Mit einem Lautsprecher werden Geräusche erzeugt. Diese Geräusche kann man verwenden, um z. B. Elektrofahrzeuge hörbar zu machen und im Insassenraum störende Geräusche von Pumpen, Elektromotoren usw. mit einem angenehmen Klang zu übertönen.
Die Geräusche des Lautsprechers können aber auch genutzt werden, um störende Motorgeräusche (= Lärm) zu bekämpfen. Weil Geräusche aus Schallwellen bestehen, kann zur Lärmbekämpfung das sogenannte Antischall-Prinzip verwendet werden.

Antischall-Prinzip
Das Wellentief der Schallwelle des Motorgeräusches (grüne Kurve in Bild ➔ 1a) wird überlagert mit dem Wellenhoch der Schallwelle vom Lautsprecher (rote Kurve in Bild ➔ 1a).
Beide Schallwellen löschen sich aus, wenn sie
- die gleiche Frequenz haben,
- die gleiche Amplitude besitzen,
- aber um 180° phasenverschoben sind.

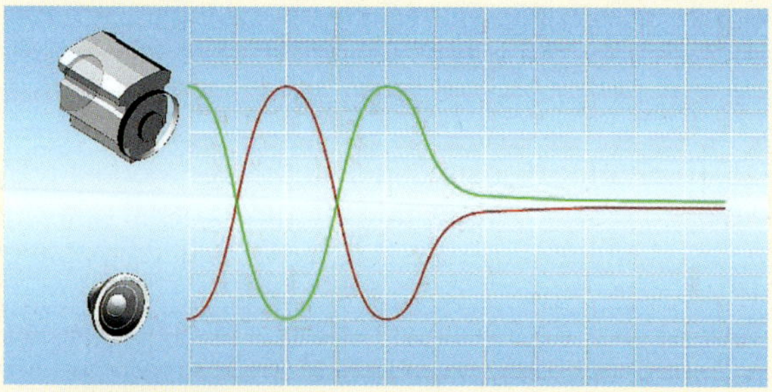

— Schall
— Antischall
a) Prinzip

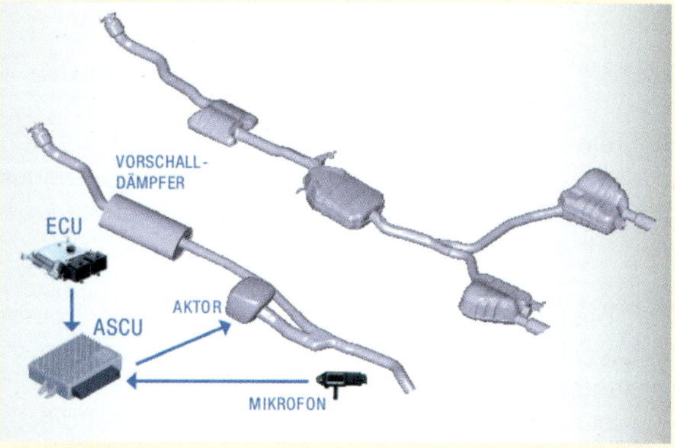

b) Abgasanlage

1 Antischall

Um das Antischall-Prinzip in Kraftfahrzeugen anzuwenden, werden ein Lautsprecher und ein Mikrofon in der Abgasanlage platziert, siehe Bild ➔ 1b.

Das Mikrofon misst den Schall; dann wird das Messergebnis in einem Rechner ausgewertet und mit dem SOLL-Wert verglichen. Stellt der Rechner fest, dass der IST-Wert vom SOLL-Wert abweicht, korrigiert er das Steuersignal zum Lautsprecher.
Messung, Vergleich und Korrektur werden so lange wiederholt, bis der Schall gedämpft ist.

Mit dem Antischall-Prinzip lässt sich aber auch ein Klangbild formen, indem
- die Schwingungen mit „unangenehmer“ Frequenz gedämpft,
- Schwingungen mit „angenehmer“ Frequenz verstärkt werden.

So kann ein Pkw mit einem 4-Zylinder-Dieselmotor durchaus klingen, als arbeite darin ein 8-Zylinder-Ottomotor.

Geräusche beeinflussen mit Hilfe der Schwingungserregung
Statt mit einem Lautsprecher, kann man Geräusche auch über die Karosserie erzeugen.

Prinzip:
Mehrere Schwingungserreger (Aktoren) werden an geeigneten Stellen am Fahrzeug angebracht und versetzen die Karosserie in Schwingungen. Die Aktoren erhalten ihre Signale von einem Sensor, der Motordaten wie Drehzahl und Leistung misst.

Dieses Prinzip hat den Vorteil, dass die Geräusche nicht aus einem Lautsprecher kommen, sondern einen realistischen Sound wiedergeben. Die Geräusche wirken „natürlich“, weil die Karosserie so schwingt, als ob sie von einem Verbrennungsmotor angeregt würde.

Mit Hilfe der Schwingungserreger können auch Geräusche ausgelöscht werden, siehe Antischall-Prinzip. Jedoch ist ein solches Verfahren sehr kompliziert und wird daher (noch) nicht in Kraftfahrzeugen angewendet.

Übungen:

1. Erklären Sie die Aufgaben einer Karosserie.
2. Nennen sie die Abmessungen von Nutzfahrzeugen, wie sie nach StVZO zugelassen sind.
3. Erklären Sie den BOKraft-Kreis.
4. Nennen Sie die Achslasten von Nutzfahrzeugen, wie sie nach StVO zugelassen sind.
5. Nennen Sie die Gesamtmasse von Nutzfahrzeugen, wie sie nach StVO zugelassen ist.
6. Erklären Sie, wie Lastkraftwagen und Anhängefahrzeuge nach ihrer zulässigen Gesamtmasse eingeteilt sind.
7. Nennen Sie die Baugruppen der Karosserie.
8. Erklären Sie den Begriff „Rohbaukarosserie“.
9. Nennen und erklären Sie die Arten von Rohbaukarosserien.
10. Erklären Sie die Begriffe „Monocoque“ und „Space frame“.
11. Welche Bauteile gehören zur Fahrgastzelle?
12. Wie unterscheiden sich die drei Ausführungen des Fahrzeughecks?
13. Zählen Sie drei Vorteile eines Türmoduls auf.
14. Beschreiben Sie die Arten von Dachsystemen.
15. Beschreiben Sie die Aufgaben der Verglasung in Kraftfahrzeugen.
16. Erklären Sie den Unterschied zwischen Einscheibensicherheitsglas und Verbundsicherheitsglas.
17. Was sind Anbaugruppen für Nutzfahrzeugaufbauten?
18. Wie unterscheiden sich Türen von Klappen, allgemein?
19. Beschreiben Sie stichwortartig einen Sidecurtain-Aufbau.
20. Nennen Sie vier Beispiele von Be- und Entladehilfen und erklären Sie diese.
21. Nennen Sie die Vor- und Nachteile von Scharnieren aus Blech.
22. Nennen Sie die Vorteile von Türmodulen.
23. Beschreiben Sie die Vorteile eines Schlossmoduls.
24. Nennen Sie vier Komforteinrichtungen an Türen und Heckklappen und beschreiben Sie diese.
25. Welche Forderungen werden an Scharniere für Nutzaufbauten gestellt?
26. Welche Bauarten von Scharnieren gibt es?
27. Für welche Fahrzeugtüren verwendet man Zweigelenkscharniere?
28. Welche Aufgaben haben Verschlüsse an Nutzaufbauten?

29. Wie wird der Verschluss der Lkw-Hecktür bezeichnet, siehe Bild → 1?

1 Bild zu Frage 29

30. Erklären Sie die Begriffe:
    a) Prototyp
    b) Erlkönig
31. Wie heißen die Belastungsfälle nach BACH, denen Fahrzeugbauteile ausgesetzt sein können?
32. Erklären Sie den Unterschied der Begriffe Aerodynamik, Luftwiderstand und Luftwiderstandsbeiwert.
33. Nennen Sie die Ziele der Untersuchungen zur Aerodynamik an:
    a) Pkws für den allgemeinen Straßenverkehr
    b) Sportwagen
34. Von welchen Einflussgrößen ist der Luftwiderstand eines Nutzfahrzeugs abhängig?
35. In welcher Größenordnung liegt der Luftwiderstandsbeiwert eines Lkws und der eines Pkws für den allgemeinen Straßenverkehr?
36. Wozu dient der Luftwiderstands-Index und aus welchen Größen besteht er?
37. Nennen Sie Luftleiteinrichtungen an einem Sattelkraftfahrzeug und beschreiben Sie diese.
38. Nennen Sie die Grundsätze des Leichtbaus.
39. Nennen Sie je zwei Beispiele für
    - Werkstoffleichtbau
    - Formleichtbau
    - Konzeptleichtbau
    - Fertigungsleichtbau
40. Was versteht man unter
    a) aktiver Fahrzeugsicherheit
    b) passiver Fahrzeugsicherheit?
41. Beschreiben Sie den Konflikt zwischen Fahrzeugleichtbau und passiver Fahrzeugsicherheit.
42. Erklären Sie, wie die Karosserie zur aktiven Fahrzeugsicherheit beitragen kann?
43. Beschreiben Sie die Aufpralltests, die Fahrzeughersteller durchführen müssen, bevor ein Pkw zum allgemeinen Straßenverkehr zugelassen wird.
44. Warum ist die sachgerechte Ladungssicherung bei Lkws unbedingt erforderlich?
45. Welche Vorteile haben Rotationsketten beim Winterbetrieb eines Lkws?
46. Erklären Sie den Aufprallschutz für Fußgänger.
47. Nennen und erklären Sie die modischen und technischen Trends für die Zukunft von Pkws.
48. Erklären Sie das Antischall-Prinzip und deren Nutzung für das Umwandeln von Motorgeräuschen.

14 Fahrzeugrahmen herstellen und umbauen

In diesem Kapitel werden behandelt:
- Fahrgestellrahmen von Nutzfahrzeugen, siehe Kap. 14.1
- Hilfs- und Montagerahmen, siehe Kap. 14.2
- Verbindungseinrichtungen, siehe Kap. 14.3

14.1 Fahrgestellrahmen von Nutzfahrzeugen

In diesem Kapitel werden behandelt:
- Aufgaben des Fahrzeugrahmens, siehe Kap. 14.1.1
- Profile für Fahrgestellrahmen, siehe Kap. 14.1.2
- Fahrgestellrahmen für Nutzkraftwagen, siehe Kap. 14.1.3
- Fahrgestellrahmen für Anhängefahrzeuge, siehe Kap. 14.1.4
- Beanspruchung des Fahrzeugrahmens, siehe Kap. 14.1.5
- Fahrzeugrahmen prüfen, siehe Kap. 14.1.6
- Fahrgestellrahmen verkürzen oder verlängern, siehe Kap. 14.1.7
- Leichtbau an Fahrzeugrahmen, siehe Kap. 14.1.8

14.1.1 Aufgaben des Fahrgestellrahmens

Der Fahrgestellrahmen ist die tragende Baugruppe eines Nutzfahrzeugs; ist das Fahrgestell mit einem Aufbau versehen, so spricht man zur Unterscheidung vom **Fahrzeugrahmen**.

Der Fahrzeugrahmen
- trägt die Leer- und Nutzmasse und verteilt sie auf Achsen und Räder,
- nimmt Massenkräfte und Seitenkräfte auf, die im Fahrbetrieb beim Beschleunigen, Bremsen und Verwinden entstehen,
- gewährleistet den Rad-Boden-Kontakt, indem er sich verwindet, wenn die Federn große Verschränkungen der Achsen nicht kompensieren können.

Längsträger und Querträger der Lkw-Fahrgestellrahmen bestehen in der Regel aus Stahlprofilen der Güte S 500 MC; sie können aber auch aus Leichtmetallprofilen bestehen (Stoffleichtbau).
Die Längsträger sind mit den Querträgern verschraubt oder genietet, können aber auch verschweißt sein.
Querträger für das Fahrgestell werden oft auch als **Traversen** bezeichnet.

14.1.2 Profile für Fahrgestellrahmen

Für Fahrgestellrahmen werden Träger verwendet, die einfach hergestellt werden können, sodass die Fertigungskosten niedrig sind. Die Träger haben ein offenes oder ein geschlossenes Profil. Geschlossene Profile besitzen einen größeren Widerstand gegen Verdrehung als offene Profile; trotz gleich großem Querschnitt und somit gleicher Masse.
Weitere Informationen zu Profilen siehe Kap. 5.5.2.

Für Fahrgestellrahmen werden vorwiegend verwendet:
- U-Profile
- Kastenprofile
- Kastenrahmenprofile
- Rohrprofile
- Ellipsenprofile

Träger mit U-Profil haben einen offenen Querschnitt und besitzen deshalb einen geringen Widerstand gegen Verwindung, vgl. Bild → 1a. Jedoch sind Träger mit U-Profil sehr biegesteif, sodass sie sich gut als Längsträger eignen. Außerdem sind sie das Grundprofil für Kastenprofile.

Wird einem Träger mit U-Profil ein Steg eingeschweißt, entsteht ein **Träger mit Kastenprofil**, siehe Bild → 1e.

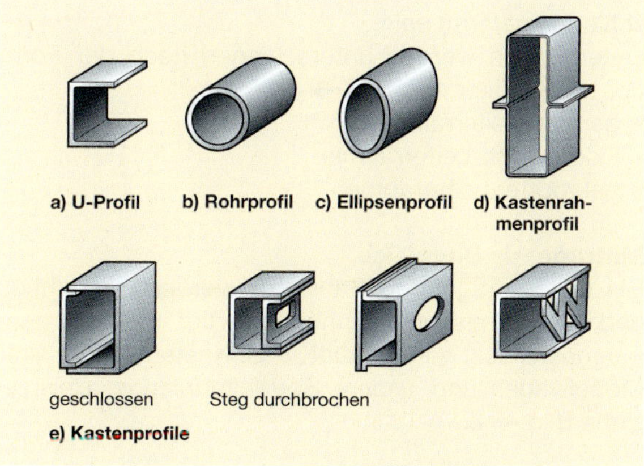

1 Profile für die Träger des Fahrgestellrahmens

Wegen des zusätzlichen Stegs erhöhen sich die Biegesteifigkeit und der Widerstand gegen Verwindung. Aber es erhöht sich auch die Masse des Trägers. Die Masse kann jedoch verringert werden, indem der Steg durchbrochen wird, ohne dass sich Biege- und Verwindungssteifigkeit wesentlich verringern, vgl. Bilder ➔ 1e, Seite 453. Träger mit Kastenprofil werden als Längsträger, aber auch als Querträger eingesetzt.

Träger mit Rohrprofil haben einen kreisförmigen Querschnitt, siehe Bild ➔ 1b, Seite 453, bei **Trägern mit Ellipsenprofil** ist der Querschnitt ellipsenförmig, siehe Bild ➔ 1c, Seite 453. Der Querschnitt ist geschlossen, sodass diese Träger einen großen Widerstand gegen Verwindung besitzen. Sie werden sowohl als Längs- und/oder Querträger verwendet.

14.1.3 Fahrgestellrahmen für Nutzkraftwagen

Fahrgestellrahmen gibt es als:
- Chassisbauweise
- mittragende Bauweise
- selbsttragende Bauweise
- Mittelrohrrahmen

Chassisbauweise
In der Praxis hat sich die Chassisbauweise in der Ausführung als Leiterrahmen bewährt und durchgesetzt.

Der **Leiterrahmen** ist eine einfache, aber doch stabile Konstruktion; er besteht aus zwei parallelen, zur Fahrzeugmitte hin offenen U-Profilen, die mit Querträgern verbunden sind; ähnlich wie eine Leiter, siehe Bild ➔ 1.

Die Rahmenlängsträger und die Querträger sind miteinander verschraubt oder vernietet. Sie können verschieden geformt sein.
Leiterrahmen werden unterschieden nach der Form der Längsträger, vgl. Bild ➔ 2:
- gerader Leiterrahmen
- Fischbauch-Leiterrahmen
- gekröpfter Leiterrahmen

Mittragende Bauweise
Bei der mittragenden Bauweise werden Fahrerhaus und Aufbau als eine Einheit gefertigt und mit dem Fahrgestell fest verschraubt, z. B. Kastenwagen, alter Möbelwagen und andere Spezialfahrzeuge, Beispiel siehe Bild ➔ 3.

Zur Herstellung des Unterbaus für einen Kofferaufbau siehe 2. US, 31702, Seite 24.

1 Leiterrahmen im Unimog

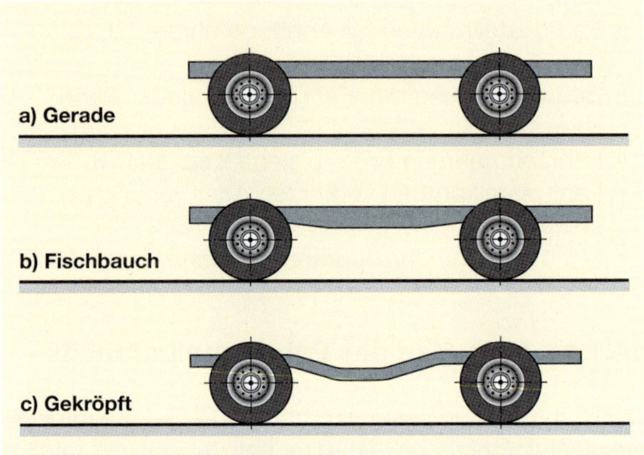

2 Formen der Längsträger von Leiterrahmen

3 Fahrzeug zum Transport von Brieftauben mit Fahrzeugrahmen in mittragender Bauweise, nachträglich zum Wohnmobil umgebaut

a) In der Fertigung

b) Historisches Bild aus dem Jahr 1951

1 Selbsttragende Bauweise für einen Omnibus

Selbsttragende Bauweise

Bei der selbsttragenden Bauweise gibt es kein separates Fahrgestell und kein separates Fahrerhaus. Das ganze Fahrzeug ist meist als Gitterrohrkonstruktion gefertigt und bildet eine Einheit, siehe Bild → 1a. Die Achsaggregate werden unter die Gitterkonstruktion montiert.

Die Gitterrohrkonstruktion für den ersten Omnibus dieser Bauart war so leicht, dass sie von nur sechs Männern getragen werden konnte, siehe Bild → 1b.

Da im Gütertransport unterschiedliche Abmessungen gefordert werden, wird diese Bauweise dort nur selten angewendet, und dann nur in Einzelfertigung. In Serie hat sich diese Bauweise nur bei Omnibussen durchgesetzt – so steht der Markenname **Setra** für **se**lbst**tra**gend; er ist als Markenzeichen geschützt.

Mittelrohrrahmen

Der Mittelrohrrahmen ist eine Sonderform, bei dem der Aufbau sehr weit zum Boden herunterreichen kann, siehe Bild → 2. Er wird beispielsweise bei Getränketransportern eingebaut, ebenso bei Glastransportern mit Glasreff.

2 Mittelrohrrahmen für eine Getränketransporter

14.1.4 Fahrgestellrahmen für Anhängefahrzeuge

Fahrgestellrahmen für Anhängefahrzeuge sind in der Regel als Parallelrahmen ausgebildet. Sie werden je nach Verwendungszweck in Plattform-, gekröpfter oder Tieflader-Ausführung hergestellt. Die Längs- und Querträger bestehen aus Hohl-, U- und Doppel-T-Profilen; je nach Verwendungszweck und Tragfähigkeit.

Eine alternative Variante ist der sogenannte **Plankenrahmen** für Sattelanhänger, siehe Bild → 3. Hierbei werden die üblicherweise mittig angeordneten beiden Längsträger durch tragende, hohe Außenrahmen ersetzt.

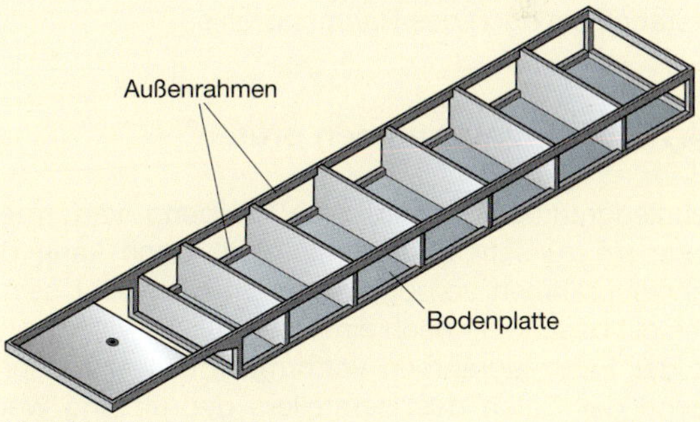

3 Plankenrahmen für Sattelanhänger

Die gesamte Rahmenkonstruktion ist von unten mit einer Bodenplatte verschlossen; der Rahmen wirkt bei Unfällen wie eine Leitplanke.

Außerdem sollen bei Sattelanhängern mit Plankenrahmen (lt. Hersteller)

- sich die Fahrgeräusche verringern,
- weniger Sprühnebel bilden,
- Kraftstoff eingespart werden.

14.1.5 Beanspruchung des Fahrzeugrahmens

Beim Fahren wird der Fahrzeugrahmen beansprucht auf:

- horizontale Biegung
- vertikale Biegung
- Verdrehung

Der Fahrzeugrahmen wird durch Querkräfte auf **horizontale Biegung** beansprucht, siehe Bild → 1a. Die Querkräfte entstehen infolge der Seitenkräfte an den Rädern.

Vertikale Biegung entsteht, wenn Massenkräften auf den Fahrzeugrahmen wirken, die beim Beschleunigen, Bremsen, Schwingen durch Fahrbahnunebenheiten auftreten, siehe Bild → 1b.
Beim Einsatz im Gelände verschränken sich die Achsen und durch die Kräfte, die über die Federn eingeleitet werden, **verdreht** sich der Fahrzeugrahmen, siehe Bild → 1c.

Wird ein Fahrzeugrahmen dauerhaft überlastet, so kann er sich bleibend verformen und sogar brechen.

Entsprechend der Belastungen muss der Fahrzeugrahmen berechnet und gebaut sein. Um den Fahrgestellrahmen ergänzend zu verstärken, wird in den Aufbaurichtlinien der Fahrgestellhersteller für den Hilfsrahmen entweder das erforderliche Widerstands- bzw. Trägheitsmoment vorgegeben oder die Mindestabmessungen des Rahmenprofils.

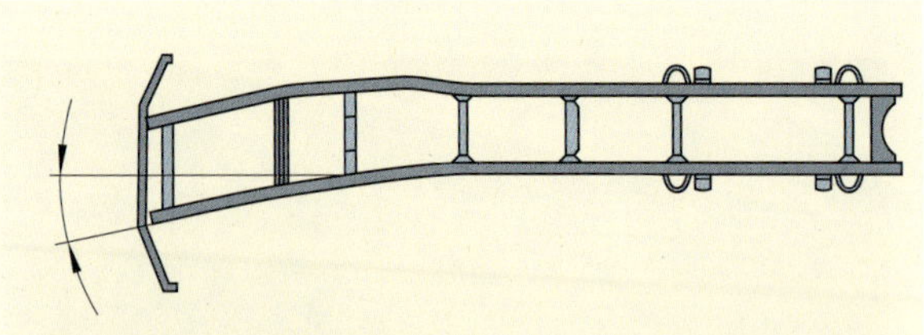

1 Beanspruchung des Fahrzeugrahmens

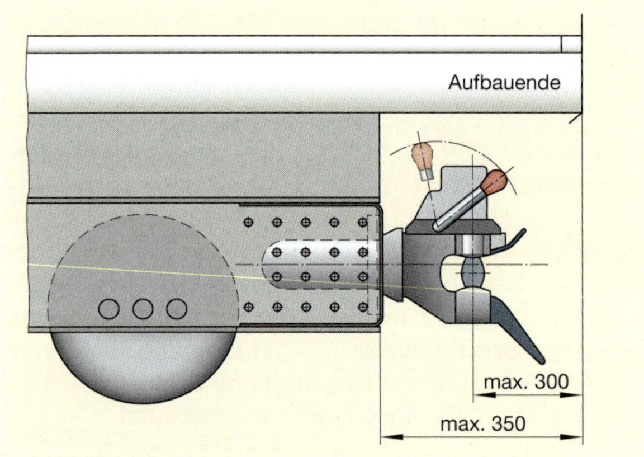

2 Fahrzeugrahmen verkürzen

14.1.6 Fahrzeugrahmen prüfen

Fahrzeugrahmen können sich bleibend verformen, wenn sie zu sehr belastet werden. Dann kann der Fahrzeugrahmen verbogen oder/und verdreht sein – dies gilt besonders nach einem Unfall.
Ist der Fahrzeugrahmen verformt, muss er entsprechend der Daten des Herstellers geprüft und wenn notwendig instand gesetzt werden.

14.1.7 Fahrzeugrahmen verkürzen oder verlängern

Fahrzeugrahmen verkürzen
Aus den geforderten Aufbauabmessungen kann es notwendig sein, dass der Fahrzeugrahmen verkürzt werden muss. Der Rahmenrücksprung (Abstand vom Rahmenende bis Aufbauende) sollte hierbei nicht größer als 350 mm betragen, siehe Bild → 2.

Ist eine Anhängekupplung montiert, ist darauf zu achten, dass trotz Rahmenverkürzung die Anhängekupplung demontiert werden kann. Ebenso ist der erforderliche Freiraum nach 94/20/EG ESC-006 zu berücksichtigen.

Fahrzeugrahmen verlängern
Ebenso kann es notwendig werden, dass der Fahrzeugrahmen verlängert werden muss. Entsprechend der Aufbaurichtlinien kann man:

- auf Original-Rahmenabschnitte zurückgreifen, die man vom Fahrgestellhersteller beziehen kann
- Profile aus einem entsprechenden Material selbst herstellen
- Rahmenabschnitte verwenden, die bei einer Rahmenverkürzung abgefallen sind

Die Anschlussbereiche müssen durch eingeschraubte Winkelbleche verstärkt werden, siehe Bild → 1, Seite 457.

2-28 FAHRGESTELL-ÄNDERUNGEN EUROCARGO EURO 4 - 5

Sind die serienmäßigen Knotenbleche des Schlußquerträgers angeschweißt, können diese wahlweise auch durch angeschweißte Winkelbleche verlängert werden (siehe Bild 2.11).
Rahmenverlängerungen über 350 mm sind nach Bild 2.12 auszuführen.

Bild 2.11

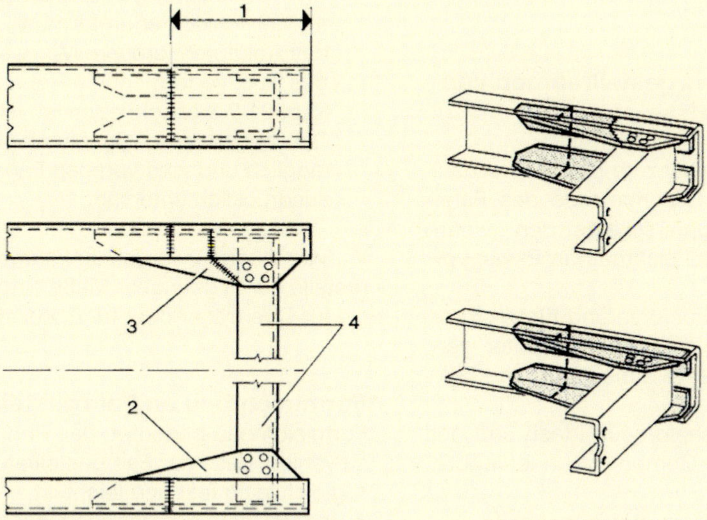

91454

1 Rahmenverlängerung
2 Verlängertes Knotenblech
3 Verlängerungsstück für serienmäßiges Knotenblech (wahlweise Ausführung)
4 Original-Schlußquerträger

Bild 2.12

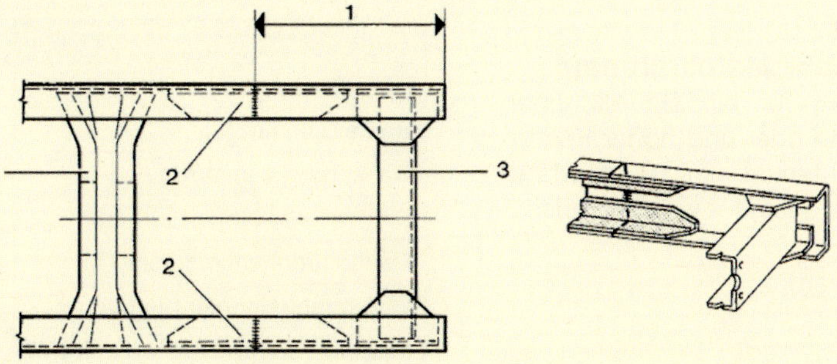

91455

1 Rahmenverlängerung
2 Verstärkungswinkel
3 Original-Schlußquerträger
4 Eventuell erforderlicher Zusatzquerträger

Bei Verlängerung des Rahmenendes kann je nach dem Maß der Verlängerung der Einbau eines zusätzlichen Querträgers erforderlich werden, um eine ausreichende Torsionssteifigkeit des Rahmens zu erreichen. Wird der Abstand zwischen dem zurückgesetzten Schlußquerträger und dem nächstliegenden Querträger größer als 1200 mm, so ist ein zusätzlicher Querträger, welcher unseren serienmäßigen Querträgern entsprechen muß, einzubauen.

Veränderung des hinteren Überhangs

Basis - Juli 2006 Print 603.93.432

1 Fahrzeugrahmen verlängern – Auszug aus einer Aufbaurichtlinie

Wird durch die Verlängerung der Abstand zwischen dem Schluss-Querträger und dem letzten Serien-Querträger größer als in den Aufbaurichtlinien vorgegeben (meist zwischen 1200 mm und 1500 mm), ist ein zusätzlicher Querträger notwendig, vgl. Bild → 1, Seite 457.

Zum Kürzen des Fahrzeugrahmens eines Lkws siehe 2. US, 31701, Seite 88.

14.1.8 Leichtbau an Fahrgestellrahmen von Nutzfahrzeugen

Leichtbau in Nutzfahrzeugen hat zum Ziel, die Nutzlast zu erhöhen; die zulässige Gesamtmasse des Fahrzeugs bleibt erhalten. Das unterscheidet den Leichtbau an Nutzfahrzeugen vom Leichtbau an Pkws, vgl. Kap. 13.11.

Leichtbau ist eine stete Herausforderung für die Konstrukteure, denn auch wenn die Bauteile leichter werden, müssen sie doch mindestens die geforderte Festigkeit besitzen.

Für den Leichtbau sind deshalb neue Ideen und der Einsatz von leistungsfähigen Computern unabdingbar.

Für den Fahrgestellrahmen von Nutzfahrzeugen eignen sich:
- Werkstoffleichtbau
- Formleichtbau
- Fertigungsleichtbau

Werkstoffleichtbau an Fahrgestellrahmen

Werkstoffleichtbau bedeutet, für ein Bauteil einen Werkstoff mit geringer Dichte oder/und hoher Festigkeit zu verwenden. Zu beachten ist, dass jedes Material auf seine spezielle Weise gestaltet werden muss.

Dafür können verwendet werden:
- hochfeste Stähle
- Leichtmetalle

Hochfeste Stähle für Fahrgestellrahmen

Werden hochfeste Stähle eingesetzt, kann die Wanddicke des Bauteils bzw. die Blechdicke geringer sein. Das spart Masse und auch den Rohstoff Eisen. Profile aus hochfestem Stahl (Formleichtbau) sind leicht und sehr steif. Jedoch werden die Formwerkzeuge hoch beansprucht und die Kaltverformung der Profile ist sehr aufwendig. Eine Reparatur, wie sie in Kap. 21.2.3 beschrieben ist, ist an Längs- und Querträgern aus hochfestem Stahl nicht möglich und wird von den Fahrzeugherstellern ausdrücklich untersagt.

Leichtmetalle für Fahrgestellrahmen

Obwohl heutzutage komplette Fahrgestelle aus Aluminium hergestellt werden, wird Aluminium für Fahrgestellrahmen nicht in dem Umfang eingesetzt, wie es aufgrund der günstigen Dichte sinnvoll erscheint, denn:
- Schweißnähte müssen sorgfältiger und aufwendiger vorbereitet bzw. hergestellt werden
- Aluminiumlegierungen sind im Vergleich zu Stahl sehr viel schlechter umformbar; das gilt für:
  - das Abkanten (größere Mindest-Biegeradien)
  - das Rückverformen; die Reparatur, wie sie in Kap. 21.2.3 beschrieben ist, ist an Längs- und Querträgern aus Aluminiumlegierung nicht möglich und wird von den Fahrzeugherstellern ausdrücklich untersagt

Im Fahrzeugbau werden an Fahrgestellrahmen Leichtmetalle nur in geringem Maße eingesetzt, z. B. U-Profile für Querträger oder für Bodenrahmen.

Formleichtbau an Fahrgestellrahmen

Formleichtbau bedeutet, das Profil der Träger so auszuwählen, dass der Fahrgestellrahmen
- gleichzeitig fest und leicht ist,
- und trotzdem den geforderten Belastungen standhält.

Bild → 1 zeigt den Vergleich von je zwei Profilen, die etwa gleiches Widerstandsmoment besitzen, aber unterschiedlich sind in ihrer längenbezogenen Masse.

	Profil 1	Profil 2
Höhe *H* in mm	100	200
Breite *B* in mm	100	100
Flanschdicke in mm	10	5
Stegdicke in mm	6	5
Flächenträgheitsmoment *I* in cm^4	432	1180
Widerstandsmoment *W* in cm^3	86,5	83,5
längenbezogene Masse in kg/m	**19,5**	**13,9**
a) Zwei Doppel-T-Träger		
	Profil 3	Profil 4
Höhe *H* in mm	220	320
Breite *B* in mm	90	90
Materialdicke in mm	8	6
Flächenträgheitsmoment *I* in cm^4	2067	2593
Widerstandsmoment *W* in cm^3	186,5	191,0
längenbezogene Masse in kg/m	**24,1**	**20,6**
b) Zwei U-Profile		

1 Längenbezogene Masse von Profilen mit etwa gleichem Widerstandsmoment

Formleichtbau kann auch durch gezielten Werkstoffeinsatz erreicht werden. Diese Art Formleichtbau ist eine Optimierung der Geometrie. Dafür werden die Kräfte am Bauteil analysiert und die Belastungen z. B. mittels der Finite-Elemente-Methode berechnet.
Oft kann dann das Profil kleiner/dünner/schmaler dimensioniert werden – das bei gleichem Sicherheitsfaktor.

Fertigungsleichtbau

Beim Fertigungsleichtbau werden neue Umform- und Zusammenbauverfahren von Bodengruppe, Fahrzeugaufbau und Anhängeteilen entwickelt.

> Beispiel:
> Werden Bauteile durch Laserschweißen verbunden, kann auf Überlappungen verzichtet werden → weniger Material → der Fahrgestellrahmen wird leichter.

Andere Fertigungsverfahren zur Herstellung von festen, unlösbaren Verbindungen sind z. B. Punkt- und Buckelschweißen, Löten oder Kleben, Clinchen oder Stanznieten. Ebenso kommt oft eine Kombination dieser Verfahren zur Anwendung.

14.2 Hilfs- und Montagerahmen

Hilfsrahmen

Der Hilfsrahmen ist ein Rahmen aus Längs- und Querträgern, der auf dem Fahrgestellrahmen aufgesetzt und mit ihm fest verbunden ist, siehe Bild → 1. Er trägt den Fahrzeugaufbau und bewirkt, dass die Kräfte gleichmäßig auf den Fahrgestellrahmen verteilt werden, die sonst punktförmig eingeleitet würden, siehe Bild → 2. Somit erhöht sich die Tragfähigkeit des Fahrgestellrahmens. Die Längs- und Querträger können sowohl aus offenen Profilen (U-Profile) als auch aus Hohlprofilen gefertigt sein. Sie bestehen meist aus Stahl mit einer Streckgrenze σ_b = 0,2 % und der Dehngrenze ≥ 350 N/mm², z. B. Stahl S355JR.

> Hilfsrahmen gibt es für:
> - verwindungsweiche Aufbauten
> - verwindungssteife Aufbauten

Hilfsrahmen für verwindungsweiche Aufbauten

Verwindungsweiche Fahrzeugaufbauten gibt es bei schweren Lkws.

> Die Befestigung des Hilfsrahmens mit dem Fahrgestell geschieht üblicherweise mittels
> - Konsolen
> - Briden oder
> - Schubblechen

1 Hilfsrahmen auf den Fahrgestellrahmen aufsetzen

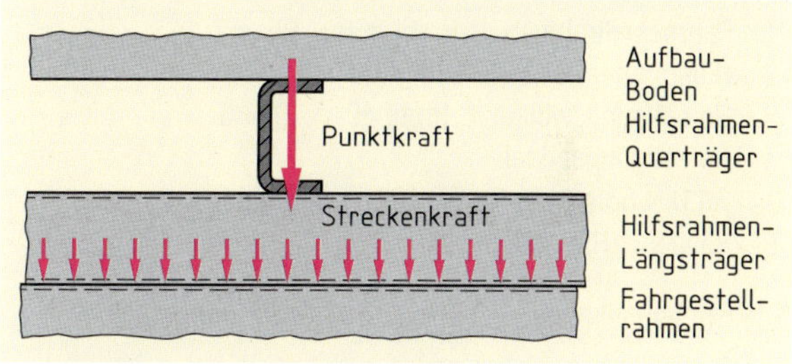

2 Verteilen der punktförmigen Kräfte

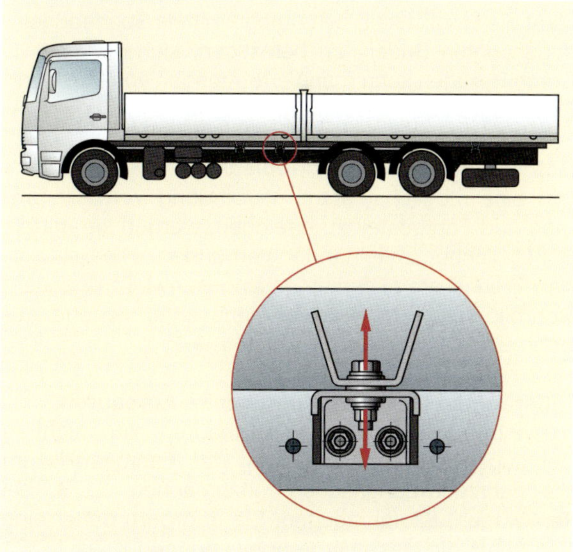

3 Konsolenbefestigung Lkw-Aufbau

Befestigung mittels Konsolen

Am Fahrgestellrahmen sind Konsolen angebracht; deren Gegenstück kann der Fahrzeugbaumechaniker am Hilfsrahmen anschweißen; bei kleineren Aufbauten auch anschrauben, siehe Bild → 3. Durch beigelegte Tellerfedern können die einzelnen Befestigungspunkte elastisch ausgelegt werden.

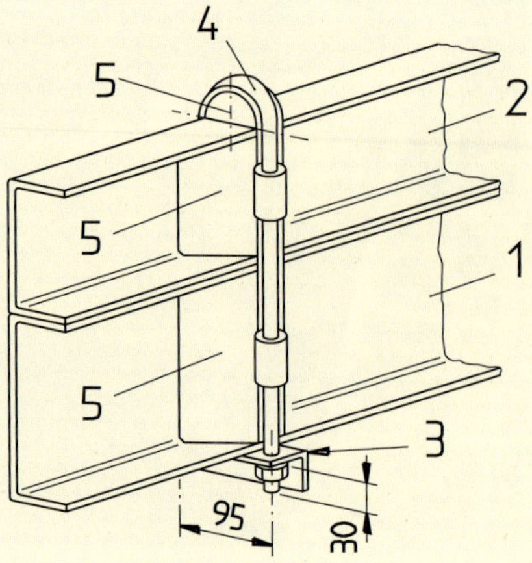

1 Fahrgestellrahmen, U-Profil 260 × 65 × 7
2 Hilfsrahmen, U-Profil 160 × 65 × 7
3 Befestigungswinkel, L-Profil 40 × 40 × 5
4 Befestigungsbügel, Rd DIN 668 - 12 - St EN 10027-1-S355JR
5 Beilagen (Hartholz)

1 Bridenbefestigung

Befestigung mittels Briden

Sind keine Konsolen am Fahrgestell vorhanden, so besteht die Möglichkeit, den Aufbau mittels Spannbügeln, sogenannten Briden, zu befestigen, siehe Bild → 1. Durch Beilagen kann man Verformungen von Hilfs- und Fahrzeugrahmen verhindern.

Befestigung mittels Schubblech

Um eine möglichst starre Verbindung von Hilfsrahmen und Fahrgestell zu erreichen, werden sie mittels Schubblechen miteinander verbunden. Hierbei werden Bleche am Hilfsrahmen angeschweißt und dem Bohrbild des Fahrgestellrahmens entsprechend gebohrt und verschraubt, siehe Bild → 2.

Hilfsrahmen für verwindungssteife Aufbauten

Verwindungssteife Fahrzeugaufbauten sind nicht in der Lage, Verdrehbewegungen des Fahrgestells um die Fahrzeug-Längsachse mitzumachen, z. B. bei Tankwagen, Silofahrzeugen. Sie erfordern daher eine Lagerung, die diese Verdrehbewegungen zulässt.

In der Regel wird hier eine sogenannte Dreipunktlagerung eingesetzt. Dabei wird der Fahrzeugaufbau am linken Längsträger und am rechten Längsträger des Hilfsrahmens befestigt; das dritte Lager ist ein Gelenk, das mittig auf dem Querträger angeordnet ist, siehe Bild → 3.

2 Schubstarre Verbindung des Hilfsrahmens mit dem Fahrgestellrahmen mittels Schubblech für einen verwindungsweichen Fahrzeugaufbau

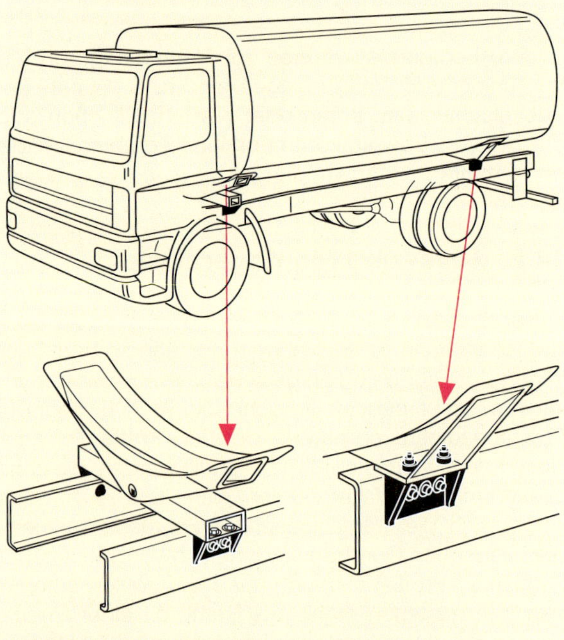

a) Mittellager als Gelenk (Waagebalken) **b) Starre Lagerung mit Konsole**

3 Dreipunktlagerung bei einem Tankaufbau

Auf diese Art und Weise ist es möglich, dass sich das Fahrgestell unter dem Aufbau verdrehen/verwinden kann. Bei längeren Aufbauten verwendet man auch eine **doppelte Dreipunktlagerung**, siehe Bild → 1, Seite 461.

Ist der Befestigungspunkt für das Festlager vom Fahrgestellhersteller nicht vorgegeben, so kann man mittels Verwindungsversuch diesen Bereich ermitteln. Hierbei wird diagonal zueinander unter ein Vorder- bzw. Hinterrad eine bis zu 400 mm hohe Unterlage gelegt.
Durch die gegenläufige Verdrehung wird der Punkt ermittelt, an dem keine Verwindung im Fahrzeugrahmen vorhanden ist, vgl. Bild → 2. Hier kann der Aufbau ohne Bedenken starr mit dem Fahrgestell verbunden werden.

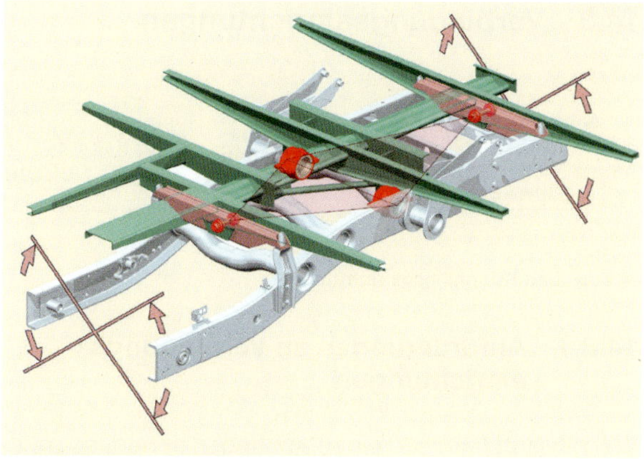

1 **Doppelte Dreipunktlagerung**

Montagerahmen

Eine besondere Form des Hilfsrahmens ist der Montagerahmen. Er ist in Fahrzeugen eingebaut, die ihre Aufbauten oder Arbeitsgeräte wechseln müssen.

> Beispiel:
> Bei Kommunalfahrzeugen können Pritschenaufbau, Kippaufbau und/oder Winterdienstgeräte am Montagerahmen befestigt werden, siehe Bild → 3.

Wichtig ist, dass am Montagerahmen Aufnahmepunkte vorhanden sind, um die verschiedenen Aufbauten und Arbeitsgeräte sicher zu befestigen.

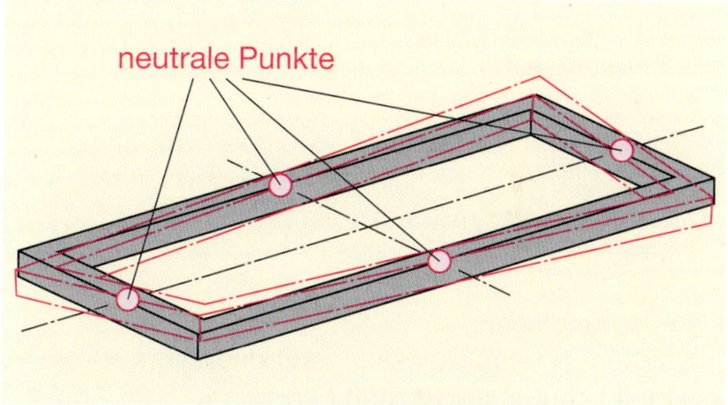

2 **Punkte ohne Verwindung am Fahrzeugrahmen**

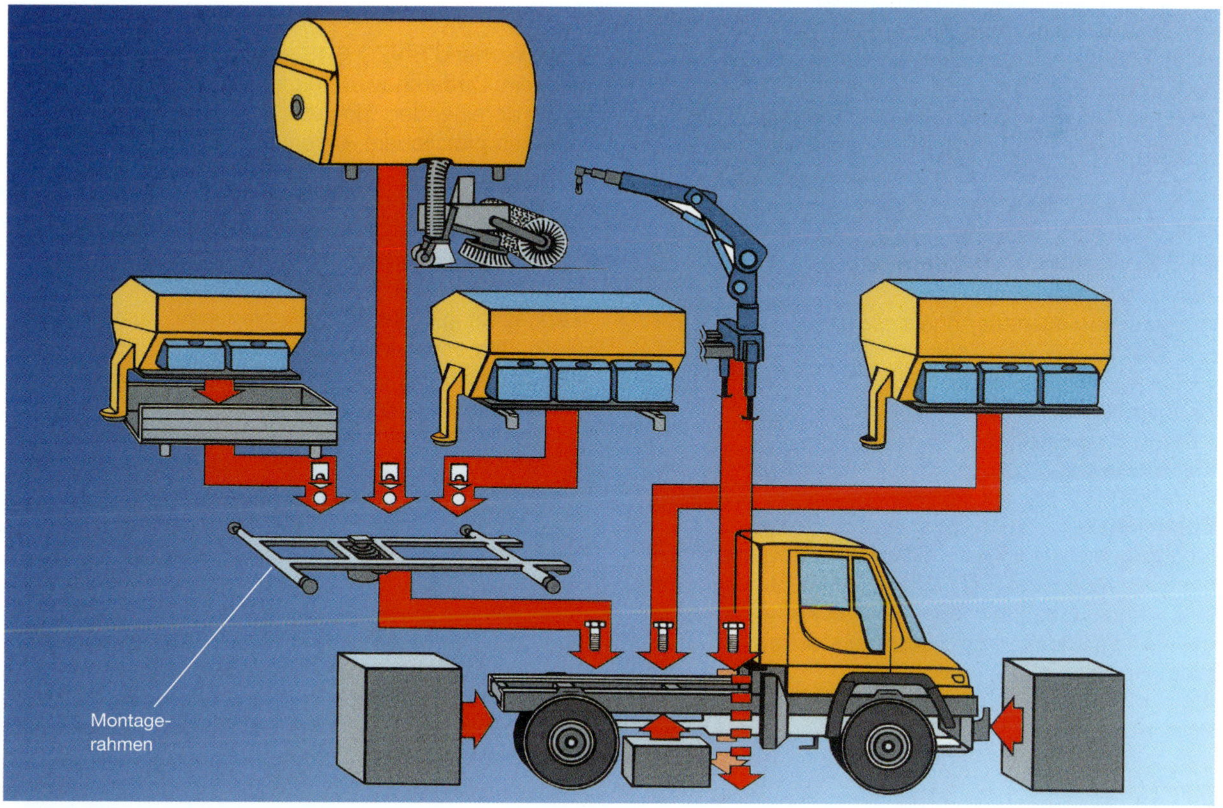

3 **Montagerahmen am Unimog für den An- und Aufbau von Geräten**

14.3 Verbindungseinrichtungen

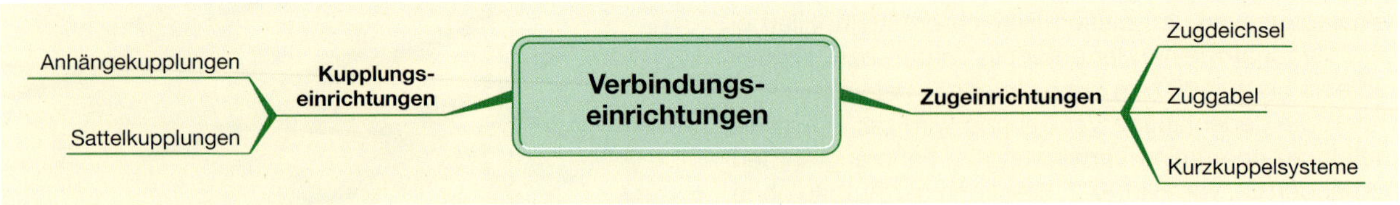

1 Zug- und Kupplungseinrichtungen

14.3.1 Anforderungen an Verbindungseinrichtungen

Soll ein Nutzfahrzeug einen Anhänger ziehen, so müssen beide Fahrzeuge mit bauartgenehmigten Verbindungseinrichtungen sowie den notwendigen elektrischen und pneumatischen Verbindungsleitungen ausgerüstet sein.

Für alle Einrichtungen zum Verbinden von Fahrzeugen gilt, dass sie sich gefahrlos und leicht betätigen lassen müssen.

Rechtsgrundlagen:
- Straßenverkehrs-Zulassungs-Ordnung § 43 Abs. 4
- Unfallverhütungsvorschrift *Fahrzeuge*, § 28 Abs. 1 (BGV D29)

In diesem Kapitel werden behandelt:
- Zugeinrichtungen, siehe Kap. 14.3.2
- Kupplungseinrichtungen, siehe Kap. 14.3.3
- Stützwinden, siehe Kap. 14.3.4
- Stützlast und Zugkraft der Deichsel von Anhängefahrzeugen, siehe Kap. 14.3.5

14.3.2 Zugeinrichtungen

Zugeinrichtungen für Anhängefahrzeuge sind, vgl. Bild → 1:
- Zugdeichsel
- Zuggabel
- Kurzkuppelsysteme

Zugdeichsel
Eine Zugdeichsel wird bei Starr- bzw. Zentralachsanhängern verwendet, vgl. Bild 3, Seite 10. Zugdeichseln werden aus Rund- oder Rechteckrohr in gerader, gekröpfter, starrer oder längenverstellbarer Ausführung geliefert.

Zum Abstellen muss eine Stützeinrichtung vorhanden sein (Fall-, Kurbel- oder Klappstütze, mit Stützrad oder Fußplatte).

Entsprechend der zulässigen Anhängermasse werden sie ausgerüstet mit
- Zugkugelkupplung, Kugeldurchmesser = 50 mm oder 80 mm
- Zugöse, Durchmesser = 40 mm oder 50 mm

Zuggabeln
Zuggabeln kommen bei mehrachsigen Anhängern mit Drehschemellenkung zur Verwendung, vgl. Bild 2, Seite 10. Sie sind nach DIN 74 040 genormt.

Zuggabeln bestehen aus
- einer Zugöse mit Federstahlbuchse und
- zwei Längsholmen mit Querstreben.

Sie sind über zwei Zuggabel-Ösen mit dem Drehschemel verbunden und können über eine Einstelleinrichtung in der Höhe fixiert werden. Zuggabeln sind vertikal schwenkbar, können aber keine Stützkräfte übertragen.

Entsprechend StVZO § 43 müssen Zuggabeln bodenfrei sein. Dadurch wird Folgendes verhindert:
- Bei abreißender Zuggabel und dem damit verbundenen plötzlichem Ansprechen der Bremse kann die Zuggabel sich nicht in den Boden bohren und die Bremsung negativ beeinflussen.
- Die Zugabel kann nicht herabfallen und die Füße des Fahrers verletzen.

Zuggabeln gibt es in verschiedenen Ausführungen: starr, längenverstellbar, mit festem Zugrohr, gerade, gekröpft sowie mit waagerechter, geneigter oder schwenkbarer Zugöse. Die Länge der Zuggabel muss so gewählt werden, dass sich bei Kurvenfahrt in normalem Fahrbetrieb Anhänger und Zugfahrzeug nicht berühren; siehe hierzu auch DIN 74 050.

Kurzkuppelsysteme
Kurzkuppelsysteme sind für Lkw-Züge mit Drehschemelanhänger konzipiert, um eine größere Ladefläche zu ermöglichen. Sie vergrößern bei Kurvenfahrt automatisch den Abstand zwischen Zugfahrzeug und Anhänger. Jedoch haben die Kurzkuppelsysteme keine Bedeutung mehr, weil in der StVZO die zul. Gesamtlänge des Lastzugs auf 18 750 mm angehoben und die Länge der Ladefläche auf 15 650 mm festgeschrieben wurden, vgl. Kap. 13.2.1.

14.3.3 Kupplungseinrichtungen

Kupplungseinrichtungen für Anhängefahrzeuge sind, vgl. Bild → 1, Seite 462:
- Anhängekupplungen
- Sattelkupplungen

Anhängekupplung

Anhängekupplungen stellen eine lösbare Zug- und Lenkverbindung zwischen Zugfahrzeug und Anhänger her.

Arten von Anhängekupplungen

Anhängekupplungen gibt es in verschiedenen Ausführungen:
- Maulkupplung mit selbsttätiger Bolzenverriegelung, siehe Bild → 1a; Bolzendurchmesser = 40 mm oder 50 mm
- Maulkupplung mit mechanischer Bolzenverriegelung, siehe Bild → 1c, für ungebremste Anhänger bis 20 km/h
- Abschleppkupplung (Schleppmaul) mit Steckbolzen am vorderen Abschlussträger, siehe Bild → 1b; darf nur zum Abschleppen von betriebsunfähigen Fahrzeugen oder zum Rangieren benutzt werden
- Hakenkupplung (Natokupplung) mit selbsttätiger Verriegelung, siehe Bild → 1c, Durchmesser der Zugöse = 76 mm
- Kugelkopfkupplung, siehe Bild → 1c, Durchmesser der Kugel = 50 mm oder 80 mm
- Wechselkupplung, siehe Bild → 1c, für Anhänger bis max. 4000 kg zul. Gesamtmasse

Für den Transport flüssiger Güter gibt es speziell spielfreie Anhängekupplungen, siehe Bild → 2. Hierbei wird hydraulisch ein Puffer so gegen die Zugöse gedrückt, dass das vorhandene Spiel zwischen Bolzen und Öse eliminiert wird.

Durch Verwendung einer Adapterplatte ist es möglich, verschiedene Kupplungen zu verwenden, z. B. Kugelkopf-, Maul- oder Hakenkupplung.
Bei Nutzfahrzeugen wird die Anhängekupplung in der Regel am Schlussquerträger befestigt. Ihre Anbauhöhe richtet sich entsprechend ihrer Ausführung und der zul. Gesamtmasse von Zugfahrzeug oder Anhänger nach DIN 74 050.

Der erforderliche Mindest-Freiraum für Anhängekupplungen ist in der DIN 74 058 festgelegt.

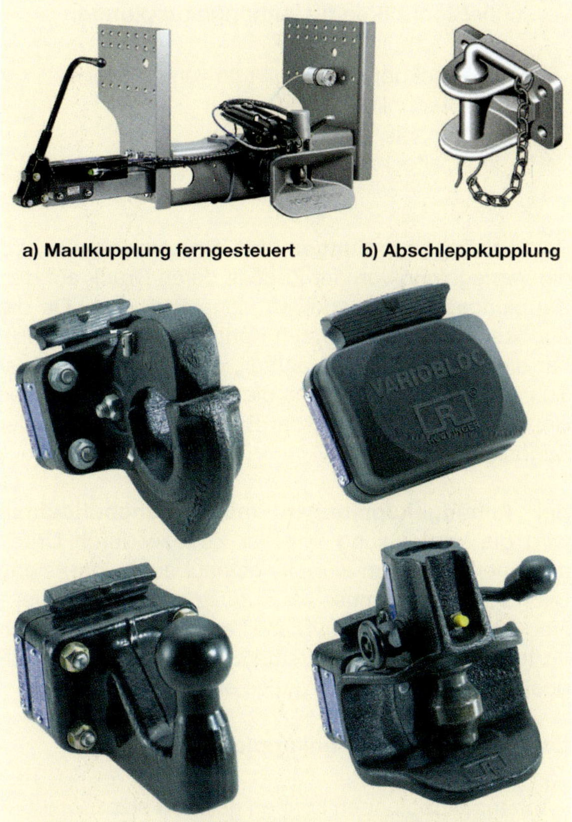

a) Maulkupplung ferngesteuert b) Abschleppkupplung

c) Wechselkupplung, hier mit Haken-, Kugelkopf- und Maulkupplung mit mechanischer Verriegelung

1 Anhängekupplungen

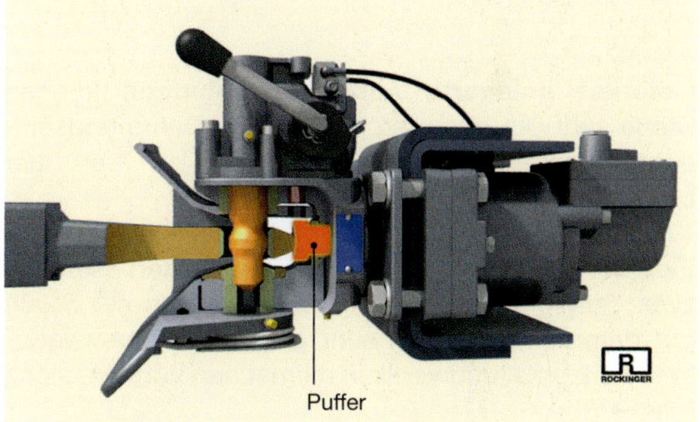

2 Anhängekupplung – spielfrei gefedert

Verschließtechniken für Anhängekupplungen

Für Anhängekupplungen gibt es verschiedene Verschließtechniken:
- Bolzentechnik
- Lösehebeltechnik

Bei **Anhängekupplungen mit Bolzentechnik** wird die Verriegelung von der Zugöse durch Druck auf den Kupplungsbolzen ausgelöst, siehe Bild ➔ 1. Da die Zugöse mit ihrer vordersten Kante den Druck ausübt, hat diese Technik den Nachteil, dass bei ungünstiger Schrägstellung der Zugöse die Schließbewegung des Bolzens ausgelöst wird, der Bolzen aber nicht in der Zugöse einrasten kann.

Bei **Anhängekupplungen mit Lösehebeltechnik** wird die Verriegelung von der Zugöse durch Druck auf einen Hebel im Kupplungsmaul ausgelöst, siehe Bild ➔ 2. Hierbei muss die Zugöse ganz in die Kupplung eingeführt werden. Diese Technik hat den großen Vorteil, dass auch bei extremer Schrägstellung der Zugöse der Bolzen in der Zugöse einrastet.

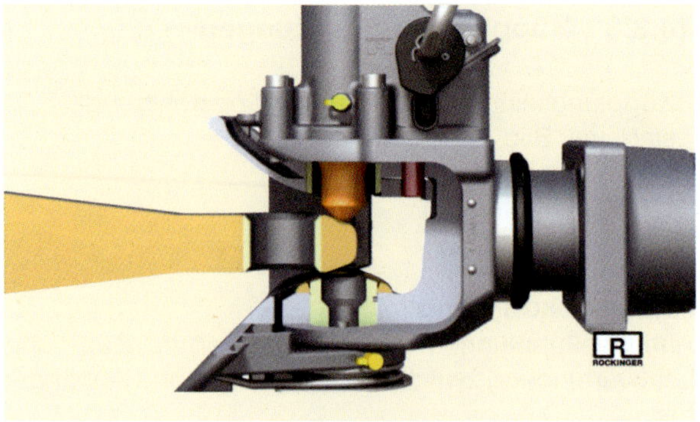

1 **Anhängekupplung mit Bolzentechnik**

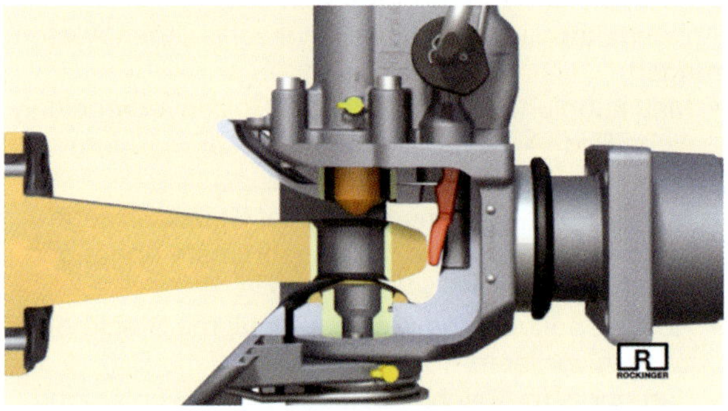

2 **Anhängekupplung mit Lösehebeltechnik**

Lagerung der Anhängekupplungen

Anhängekupplungen können gelagert sein:
- gefedert
- flexibel
- gelenkig
- starr

Gefedert gelagerte Anhängekupplungen können Stöße sehr gut dämpfen, da sie eine Dämpfungseinrichtung haben und weil die Kupplung im Querträger beweglich gelagert ist, siehe Bild ➔ 3a.

Flexibel gelagerte Anhängekupplungen sind in zwei Gummipuffern derart gelagert, dass sie Stöße gut dämpfen und auch sehr große Winkelbewegungen (horizontal und vertikal) mitmachen können, siehe Bild ➔ 3b.

Bei **gelenkig gelagerten Anhängekupplungen** ist das Kupplungsmaul durch ein spezielles Gelenk auch vertikal schwenkbar, siehe Bild ➔ 3c. Dadurch sind extreme Winkelbewegungen der Fahrzeuge zueinander möglich. Sie sind besonders in geländegängigen Fahrzeugen eingebaut bzw. in Fahrzeugen mit Spezialaufbau, z. B. in Feuerwehr- und Katastrophenschutzfahrzeugen.

Starre Anhängekupplungen sind z. B. Abschlepp- oder Kugelkopfkupplungen. Sie sind ungedämpft und benötigen einen verhältnismäßig kleinen Einbauraum, vgl. Bild 1, Seite 463.

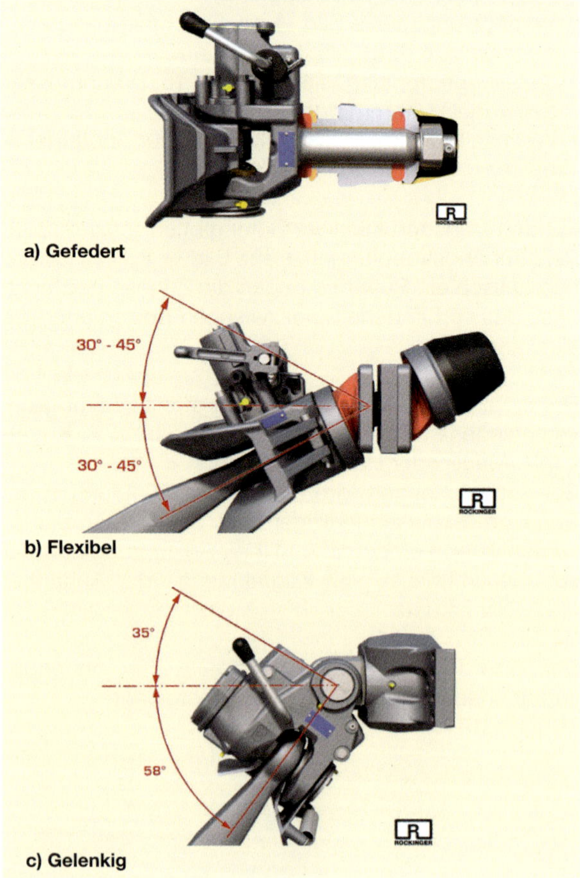

a) Gefedert

b) Flexibel

c) Gelenkig

3 **Lagerung der Anhängekupplung**

Fernbedienung für Anhängekupplungen
Das Verriegeln der Kupplung erfolgt immer durch die eingeführte Zugöse des Anhängers. Für das Öffnen der Anhängekupplung muss sie mit einer Fernbedienung ausgestattet sein, wenn sie schwer zugänglich ist.

Fernbedienungen gibt es
- mechanisch, kraftschlüssig: die Kupplung wird mechanisch über einen Hebel und einen Bowdenzug geöffnet; sie ist meistens seitlich am Fahrgestell angeordnet
- pneumatisch: durch ein handbetätigtes, sperrbares Ventil öffnet ein pneumatischer Schwenkmotor die Kupplung
- elektropneumatisch: im Fahrerhaus ist eine elektrische Bedieneinheit mit Fernanzeige angeordnet; über Drucktaster wird elektrisch ein Ventil geöffnet, welches den pneumatischen Schwenkmotor steuert, der die Kupplung öffnet

Anzeigen für Anhängekupplungen

Anzeigen für Anhängekupplungen sind:
- Zustandsanzeige
- Schwenkwinkelwarnanzeige

Anhängerkupplungen müssen mit einer **Zustandsanzeige** (AUF/ZU) ausgerüstet sein. Ist bei Zugfahrzeugen die Anhängekupplung für eine einfache Sichtprüfung ungünstig angeordnet (z. B. für den Betrieb mit Starrdeichselanhängern), so kann der Betätigungszustand über eine Fernanzeige gemeldet werden. Der Zustand der Anhängekupplung kann sowohl mechanisch oder elektronisch am Unterbau angezeigt werden als auch über eine Leuchtanzeige im Fahrerhaus.

Besteht die Möglichkeit, dass durch eine seitliche Schwenkbewegung die Zugeinrichtung bzw. das Fahrgestell beschädigt werden, so ist es empfehlenswert, eine **Schwenkwinkelwarnanzeige** im Fahrerhaus einzubauen.
Hierbei wird der Schwenkwinkel der Zugeinrichtung über einen Sensor an der Kupplung erfasst. Beim Erreichen des vorgegebenen Schwenkwinkels wird der Fahrzeugführer im Fahrerhaus optisch und akustisch gewarnt.
Zum Einbau einer Anhängekupplung siehe 2. US, 31702, Seite 156.

Sattelkupplungen
Die Sattelkupplung der Sattelzugmaschine verbindet mit dem Königszapfen des Sattelanhängers Zugmaschine und Sattelauflieger, siehe Bild → 1.
Weitere Informationen siehe Video, vgl. 2. US.

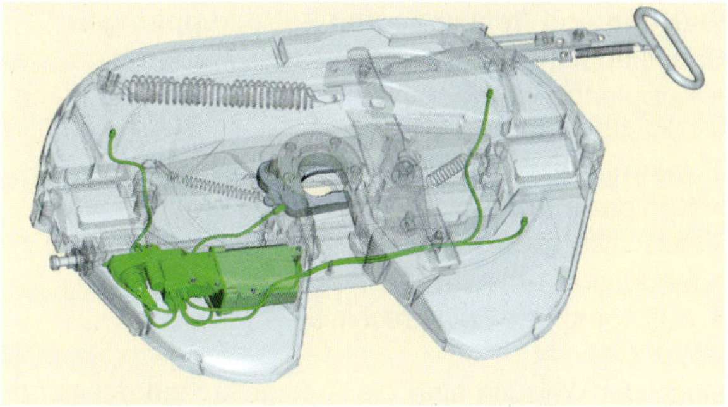
1 Sattelkupplung

Typen und Varianten von Sattelkupplungen

Sattelkupplungen unterscheiden sich nach
- der Art, wie sie geöffnet und geschlossen werden
- ihrer Lagerung

Sattelkupplungen werden **geöffnet und geschlossen**:
- manuell, mit Hilfe einer Einhandbedienung oder Fallensicherung oder
- auf Knopfdruck vom Fahrersitz

Die Sattelkupplung kann gelagert sein mit, siehe Bild → 1, Seite 466:
- Gummikissen; stoßdämpfend
- Bolzenlager
- Gummipuffer, beweglich und drehsteif
- Pendellager, fürs Gelände

Sie kann ausgerüstet sein mit
- Verschiebeeinrichtung, mit der ihre Position (Sattelvormaß) in festgelegten Schritten verändert werden kann
- Hubeinrichtung, sodass Sattelanhänger mit unterschiedlicher Aufsattel-Höhe aufgenommen werden können.

Hinweis:
Heutzutage werden Sattelzugmaschinen in der Regel komplett ausgerüstet bzw. mit Befestigungswinkeln (für die Montageplatte) ausgeliefert, die am Fahrgestell montiert sind.

Hinweise zur Montage der Sattelkupplung
Die Sattelkupplung
- darf nicht direkt auf dem Fahrzeugrahmen montiert werden
- wird mittels einer Montageplatte, die auf einem Hilfsrahmen befestigt wird, mit dem Fahrgestellrahmen verbunden (die Ausführung des Hilfsrahmen wird durch den Hersteller vorgegeben)

Wartung und Reparatur von Sattelkupplungen
Sattelkupplungen müssen gewartet werden:
- Kupplungsplatte schmieren nach Herstellerangabe
- Gleitscheiben und Verschlusshaken austauschen, wenn sie abgenutzt sind
- Königszapfen muss bei Verschleiß erneuert werden; nicht nachstellen!
- Verschluss erneuern
- Aufliegerplatte bei Verschleiß erneuern

Nach der Wartung sind die Auflageflächen der handgeschmierten Sattelkupplung reichlich zu fetten.

Zum Einstellen des Verschlusshakens und zur Reparatur siehe Video, vgl. 2. US.

14.3.4 Stützwinden

Stützwinden ermöglichen, den Sattelauflieger anzuheben oder abzusenken, siehe Bild → 2. Außerdem werden Stützwinden eingesetzt, um das Heck des Sattelaufliegers z. B. bei Beladung mit dem Stapler zu stabilisieren.

Die Auswahl der geeigneten Stützwinde liegt beim Fahrzeugbaubetrieb. Dafür werden benötigt:
- Aufsattelhöhe
- Hublast (max. 24 t pro Satz)
- statische Prüflast (max. 50 t pro Satz)
- Ausgleichsfüße

Korrekte Bedienung beim Absatteln:
- Fahrzeug auf festem, ebenen Untergrund abstellen, Trailerbremse anziehen
- Schnellgang einlegen und die Stützwinde nach unten drehen
- bevor der Fuß den Boden berührt, in den Lastgang wechseln
- sobald ein Luftspalt zwischen Schleifplatte des Anhängers und Sattelkupplung zu sehen ist, kann ausgekuppelt werden
- Kurbel in die Halterung einhängen
- Sattelzugmaschine kann ausfahren

Korrekte Bedienung beim Aufsatteln:
- Lastgang einlegen und bis zur richtigen Höhe kurbeln, Achtung: Am Ende der Drehbewegung langsam drehen – Rückschlaggefahr!
- Sattelzugmaschinen einkuppeln
- Stützwinde vollständig zurückdrehen
- Kurbel einhängen

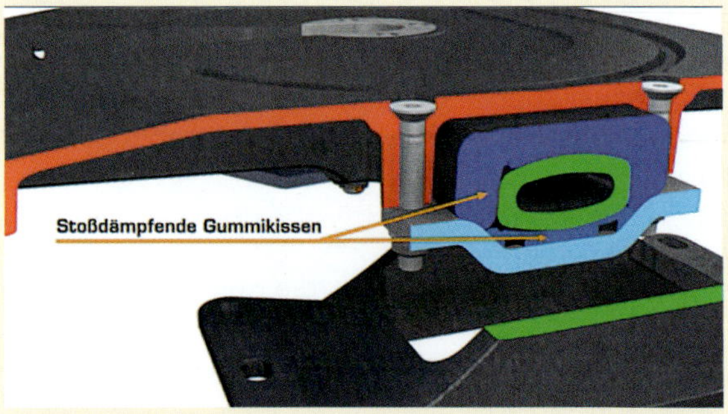

a) Gummikissen

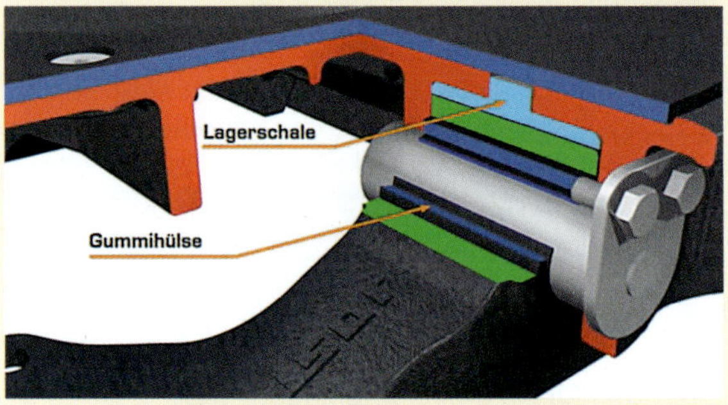

b) Bolzenlagerung

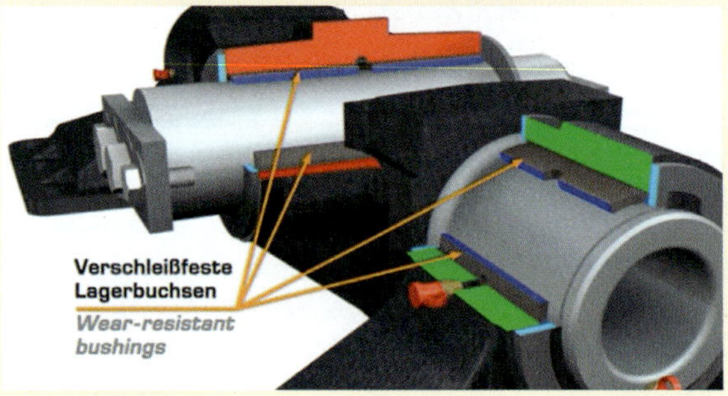

c) Pendellager

1 Lagerungen der Sattelkupplung

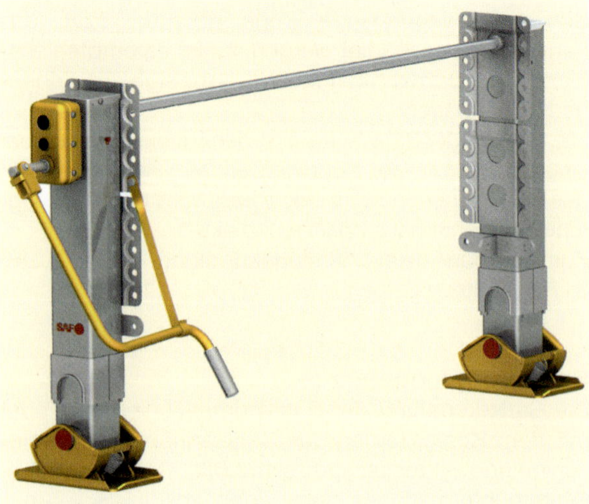

2 Stützwinde

Austausch und Wartung der Stützwinde:
- auf Verstrebung beider Stützwinden achten
- es müssen auf beiden Seiten gleiche Stützwinden eingebaut werden
- sie müssen im gleichen ausgefahrenen Zustand eingebaut werden
- Verbindungsstrebe korrekt einfädeln
- Schmierung der Spindel erfolgt erstmalig nach drei Jahren, danach jährlich
- dazu Spindel herausdrehen, Schmierbohrung öffnen und Fett einfüllen
- Spindel bis Anschlag hineindrehen, dann wieder herausdrehen
- Schmierbohrung wieder verschließen

Weitere Informationen über Stützwinde, vgl. 2. US.

14.3.5 Stützlast und Zugkraft der Deichsel von Anhängefahrzeugen

Die zulässige Stützlast wird vom Fahrzeughersteller festgelegt und richtet sich nach der Bauweise des Zugfahrzeugs.
Die Zugkraft der Deichsel wird als **D-Wert** angegeben. Der Hersteller der Anhängekupplung gibt einen zulässigen D-Wert vor.

Der D-Wert, der vom Hersteller vorgegeben ist, darf vom D-Wert des Lastzugs bzw. Sattelzugs nicht überschritten werden.

Der D-Wert eines Lastzugs wird berechnet nach der Richtlinie 94/20 EG des Europäischen Parlamentes und des Rates der Europäischen Union; z. B. gilt für Gelenk-Deichselanhänger die Formel:

$$D = g \cdot \frac{T \cdot R}{T + R}$$

D Zugkraft in der Deichsel in kN
g Gravitationsfeldstärke ($g \approx 10$ N/kg)
T zulässige Gesamtmasse des Zugfahrzeuges in t
R zulässige Gesamtmasse des Anhängers in t

Beispiel:
Die zulässige Gesamtmasse des Lkws beträgt $T = 20$ t, die des Anhängers $R = 15$ t. Wie groß ist der D-Wert für den Lastzug?

Geg.: $T = 20$ t, $R = 15$ t, $g = 10$ N/kg Ges.: D

Lösung:

$$D = g \cdot \frac{T \cdot R}{T + R}$$

$$= 10\ \text{N/kg} \cdot \frac{20\ \text{t} \cdot 15\ \text{t}}{20\ \text{t} + 15\ \text{t}}$$

$$= 10\ \text{N/kg} \cdot \frac{300\ \text{t}^2}{35\ \text{t}}$$

$$= 10\ \text{N/kg} \cdot 8{,}57\ \text{t} = 10\ \text{N/kg} \cdot 8570\ \text{kg}$$

$$\underline{\underline{D = 85\,700\ \text{N} = 85{,}7\ \text{kN}}}$$

Achtung:
Für Starrdeichselanhänger und für Sattelzüge gelten andere Formeln.

Übungen:

1. Nennen Sie den Unterschied zwischen Fahrzeugrahmen und Fahrgestellrahmen.
2. Beschreiben Sie die Aufgaben des Fahrgestellrahmens.
3. Nennen Sie die vier Bauformen von Fahrgestellrahmen für Nkws.
4. Erklären Sie die drei Arten, wie Fahrzeugrahmen beansprucht werden.
5. Warum ist Leichtbau an Nutzfahrzeugen so wichtig?
6. Nennen Sie drei Möglichkeiten für den Leichtbau an Nutzfahrzeugen.
7. Welche Aufgaben hat der Hilfsrahmen?
8. Wie unterscheidet sich der Montagerahmen vom Hilfsrahmen?
9. Nennen Sie drei Zugeinrichtungen und erklären Sie diese.
10. Nennen Sie sechs Arten von Anhängerkupplungen.
11. Worauf ist zu achten, wenn eine Stützwinde gewartet werden soll?
12. Erklären Sie den D-Wert.

15 Fahrzeuge umbauen, aus- und umrüsten

In diesem Kapitel werden behandelt:

- Kundenwunsch, Realisierbarkeit, siehe Kap. 15.1
- Abmessungen bei Pkws, siehe Kap. 15.2
- Konstruktions-, Schalt- und Installationspläne, siehe Kap. 15.3
- Verkehrs- und Betriebssicherheit, siehe Kap. 15.4
- Bedienungsanleitungen, Bedienungsbeschilderung, siehe Kap. 15.5
- Material auswählen, siehe Kap. 15.6
- Dicht-, Dämm- und Dämpfungssysteme, siehe Kap. 15.7
- Anhängerversorgung, siehe Kap. 15.8
- Klimaanlagen, siehe Kap. 15.9
- Kühl- und Heizsysteme für den Laderaum, siehe Kap. 15.10
- Achslast, siehe Kap. 15.11
- Hebe- und Ladehilfseinrichtungen einbauen, siehe Kap. 15.12
- Sonderfahrzeuge, Karosserietuning, siehe Kap. 15.13
- Zubehör und Zusatzeinrichtungen für den Aufbau an Pkws, siehe Kap. 15.14

15.1 Kundenwunsch, Realisierbarkeit

Im Kundengespräch werden die Wünsche des Kunden erfasst. Nach einer technischen und kaufmännischen Überprüfung auf ihre Realisierbarkeit wird die mögliche Umsetzung beschrieben und angeboten.

Allerdings sollten dem Kunden bei Nichtdurchführbarkeit mögliche Alternativen aufgezeigt werden.

Weiterhin muss der Kunde darauf hingewiesen werden, dass durch Ladung im Heckbereich, beladene Heckträger, ein zusätzliches Ersatzrad am Heck oder bei Anhängerbetrieb
- die zulässige Achslast nicht überschritten werden darf und
- die Lenkfähigkeit des Pkws negativ beeinflusst werden könnte.

15.2 Abmessungen bei Pkws

Für Karosserien und Aufbauten sind an Pkws folgende Abmessungen wichtig:
- Längenmaße
- Höhenmaße
- Breitenmaße

Längenmaße

Zu den Längenmaßen zählen, siehe Bild → 1, Seite 469:
- Fahrzeuglänge (*L 103*): Länge des Fahrzeugs über alles, einschl. z. B. Stoßfänger
- Überhanglänge
  - vorn (*L 104*): Abstand des vordersten Punktes des Fahrzeugs zur Radmitte der Vorderachse
  - hinten (*L 105*): Abstand des hintersten Punktes des Fahrzeugs zur Radmitte der Hinterachse
- Karosserielänge (*L 109*): Maß in Längsrichtung zwischen dem vordersten und dem hintersten Punkt der Karosserie, ausschließlich Zierleisten und/oder Stoßfänger. In den Fällen, wo Stoßfänger, Grill oder Rückwandbleche Bestandteile der Karosserie sind, wird vom vordersten bzw. hintersten Punkt gemessen.
- Karosserieüberhang hinten (*L 111*): Maß in Längsrichtung zwischen Mitte Hinterrad und dem hintersten Punkt der Karosserie, ausschließlich Zierleisten und/oder Stoßfänger. In den Fällen, wo Stoßfänger oder Rückwandbleche Bestandteile der Karosserie sind, wird vom hintersten Punkt gemessen.

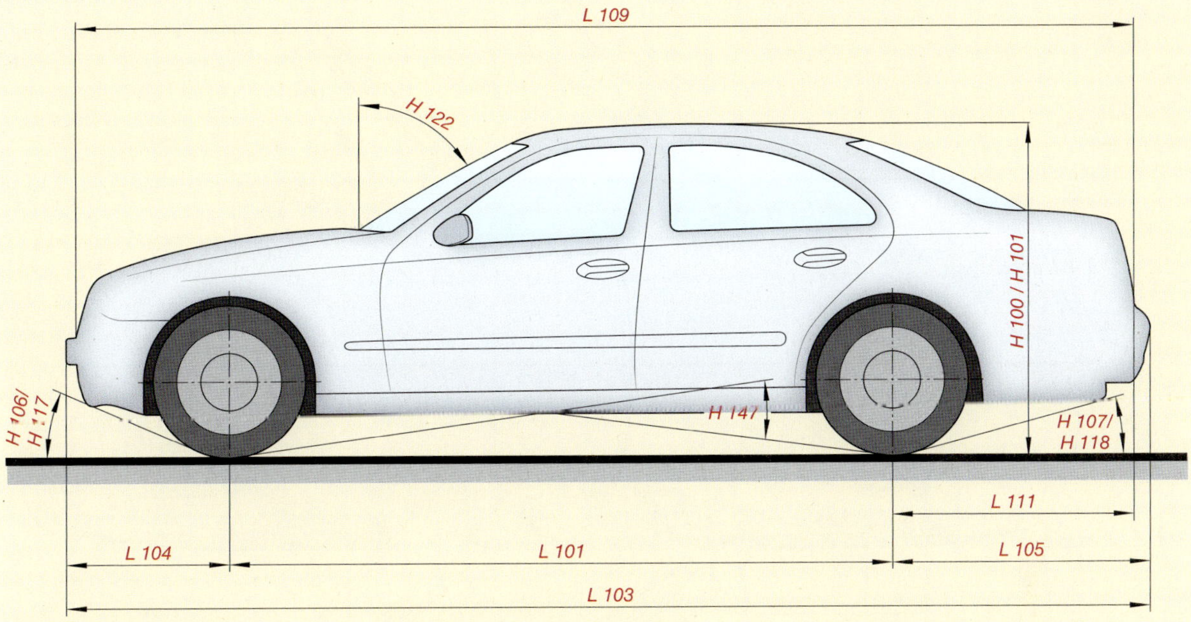

L 103: Fahrzeuglänge
L 104: Überhanglänge vorn
L 105: Überhanglänge hinten
L 109: Karosserielänge
L 111: Karosserieüberhang hinten
H 100 / H 101: Fahrzeughöhe
H 106 / H 117: Überhangwinkel vorn
H 107 / H 118: Überhangwinkel hinten
H 147: Rampenwinkel

1 Längen- und Höhenmaße von Pkws

Höhenmaße

Zu den Höhenmaßen zählen, siehe Bild → 1:

- Fahrzeughöhe (*H 100*): senkrechtes Maß zwischen dem höchsten Punkt der Karosserie und der Standebene (einschließlich Verdeck, Dachreling usw.), gemessen bei Messlast 1
- Fahrzeughöhe (*H 101*): wie *H 100*, aber gemessen bei Messlast 2
- Überhangwinkel vorn (*H 106*) (hinten (*H 107*)): Winkel zwischen der Standebene des Fahrzeugs und einer Ebene, die die statischen Rollradien der Reifen der ersten (letzten) Achse tangiert und die den äußersten, tiefsten, festen Punkt des Fahrzeugs vor (hinter) der Achse berührt; gemessen bei Messlast 1.
- Überhangwinkel vorn (*H 117*) (hinten (*H 118*)): wie *H 106* und *H 107*, aber gemessen bei Messlast 2
- Rampenwinkel (H 147): Komplementärwinkel des Winkels, gemessen zwischen den Ebenen, die die statischen Rollradien der Vorder- und Hinterräder tangieren und einen Punkt an der Unterseite des Fahrzeugs berühren, bei dem sich der größte Rampenwinkel ergibt, den das Fahrzeug befahren kann; gemessen bei Messlast 1.

Es bedeuten:

Messlast 1: Masse des trockenen Fahrzeugs mit kompletter Ausrüstung für den normalen Fahrbetrieb, zzgl. Kühlmittel, Kraftstofftank mind. 90 % gefüllt und, wenn vom Hersteller vorgesehen, Ersatzrad und Standard-Werkzeugsatz

Messlast 2: Summe aus Messlast 1, zzgl. der Masse der Insassen (je Insasse = 68 kg) für

- 2- und 3- Sitzer: zwei Personen vorn
- 4- und 5-Sitzer: zwei Personen vorn und eine Person auf der zweiten Sitzreihe
- 6- und 7-Sitzer: zwei Personen vorn und zwei Personen auf der zweiten Sitzreihe
- 8- und 9-Sitzer: zwei Personen vorn und drei Personen auf der letzten Sitzreihe; hat die letzte Sitzreihe nur zwei Sitze, kann die dritte Person auf der unmittelbar davor liegenden Sitzreihe sitzen

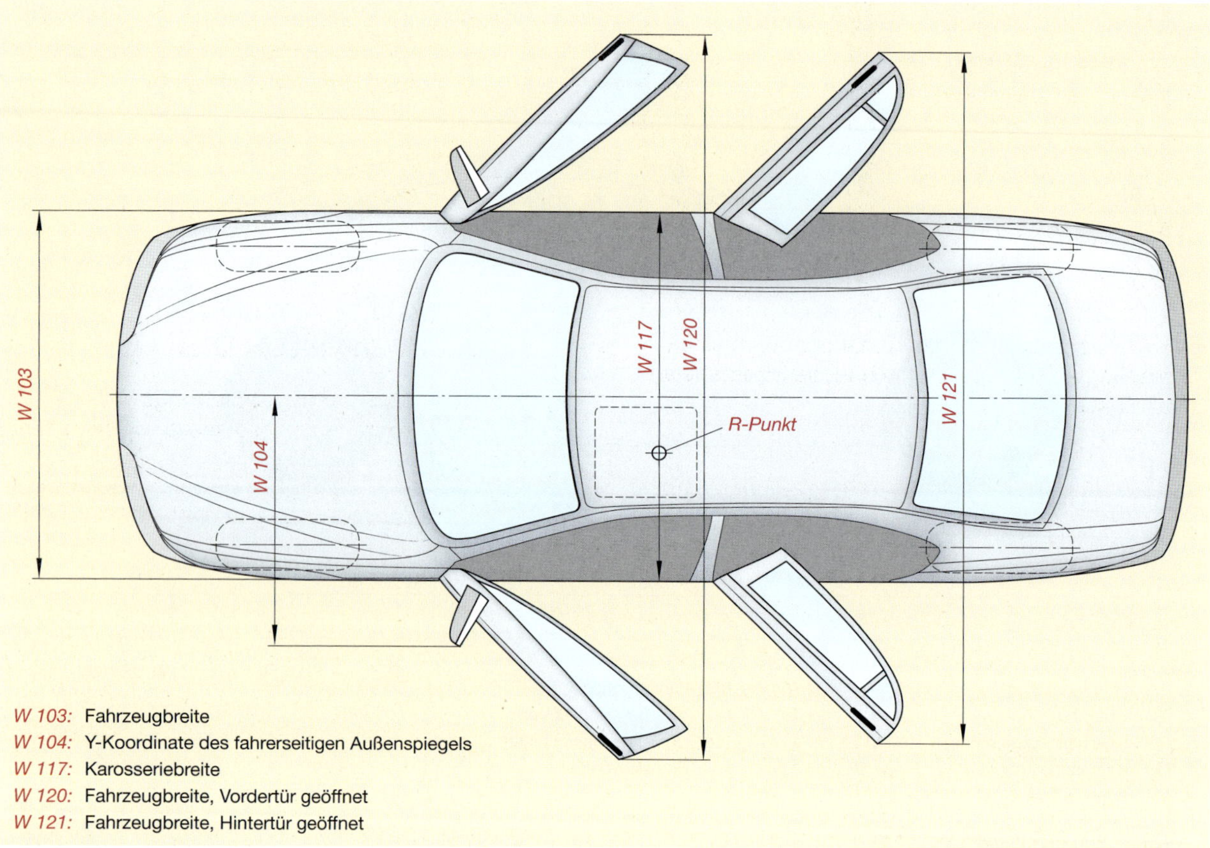

1 Breitenmaße von Pkws

Breitenmaße

Zu den Breitenmaßen zählen, siehe Bild → 1:

- Fahrzeugbreite (*W 103*): Breite des Fahrzeugs über alles gemessen; über die Fahrzeugbreite hinausragen dürfen Außenspiegel, flexible Schmutzfänger, Begrenzungsleuchten, Trittstufen, die herabgelassen werden können, Einrichtungen für Zollverschluss, Reifen im Berührungsbereich mit der Fahrbahn und Schneeketten
- Y-Koordinate des fahrerseitigen Außenspiegels (*W 104*): Maß zwischen der Null-Y-Ebene und dem äußersten, seitlichen Punkt des Außenspiegels an der Fahrerseite
- Karosseriebreite (*W 117*): größte Breite der Karosserie in der X-Ebene durch den vorderen R-Punkt[1]; nicht gemessen werden Türgriffe, Zierleisten und Zierteile
- Fahrzeugbreite bei
  - geöffneten Vordertüren (*W 120*): Maß zwischen den weitest entfernten Punkten bei vollständig geöffneten Vordertüren in Einraststellung
  - geöffneten Hintertüren (W 121): Maß zwischen den weitest entfernten Punkten der Einraststellungen bzw. der maximal geöffneten hinteren Türen; bei Fahrzeugen mit nur einer hinteren Seitentür bezieht sich das Maß auf die Null-Y-Ebene

[1] R-Punkt: Referenzpunkt; Bezugspunkt für Berechnungen und Konstruktion

15.3 Konstruktions-, Schalt- und Installationspläne

Werden An-, Ein- bzw. Umbauten an einem Fahrzeug vorgenommen, so stellen die Hersteller/Lieferanten die notwendigen Unterlagen zur Verfügung wie Maßblätter, Anbauzeichnungen, Schalt- oder Installationspläne. Unter genauer Beachtung dieser Vorgaben erfolgen dann:

- die Durchführung der notwendigen Arbeiten,
- die Überprüfung der Funktionsfähigkeit und,
- wenn vorgeschrieben, die Abnahme durch eine berechtigte Prüforganisation und die Übergabe an den Kunden.

15.4 Verkehrs- und Betriebssicherheit

Um- und Anbauten an Pkws müssen so geplant und gebaut sein, dass Verkehrs- und Betriebssicherheit nicht beeinträchtigt werden.

Beispiel:
Zusätzliche Spoiler und Flügel können dazu führen, dass

- die Vorderachse des Pkws so stark entlastet wird, dass das Fahrzeug nicht mehr lenkbar ist → Verkehrssicherheit gefährdet
- der Fahrtwind die Bremsen nicht mehr genügend kühlt – die Bremsen können überhitzen → Betriebssicherheit gefährdet

Deshalb müssen beim Umbauen, Aus- und Umrüsten von Karosserien und Aufbauten die Vorgaben beachtet werden:

- des Fahrzeugherstellers
- der Zulieferer für die Anbauteile
- der StVZO

Bestimmte technische Änderungen müssen grundsätzlich und unverzüglich von der Technischen Prüfstelle oder einer amtlich anerkannten Überwachungsorganisation (DEKRA, GTÜ, KÜS, TÜV) begutachtet werden. Das ist notwendig z. B. bei:

- Änderung der Fahrzeugart
- Änderung von Hubraum oder Leistung
- Erhöhung der durch die Bauart bestimmten Höchstgeschwindigkeit
- Verringerung der durch die Bauart bestimmten Höchstgeschwindigkeit, wenn diese fahrerlaubnisrelevant ist oder Reifen niedrigerer Geschwindigkeitsklassen verwendet werden sollen
- Änderung der zulässigen Achslasten, der Gesamtmasse, der Nutz- oder Anhängelast
- Änderungen der Abgas- oder Geräuschwerte, sofern sie sich auf die Kraftfahrzeugsteuer oder Verkehrsverbote auswirken

Der Fahrzeugbauer hat dafür zu sorgen, dass alle Teile des Aufbaus unter Beachtung der UVV ordnungsgemäß bedient werden, ohne dass dabei Sach- oder Personenschäden entstehen. Dies gilt für Türen und Klappen, Ladebordwand, Ladekran usw. In Partnerschaft mit den Komponentenherstellern werden dem Bediener Handbücher und Bedienungsanleitungen an die Hand gegeben.

15.5 Bedienungsanleitungen, Bedienungsbeschilderung

Bedienungs- und Montageanleitungen dienen zur Beschreibung der funktionsgerechten Benutzung/ Montage eines Gerätes oder eines Systems. Bedienungs- und Montageanleitungen werden üblicherweise in allen Sprachen des Verbreitungsraumes erstellt.

Ist man selbst Hersteller bzw. ändert man durch entsprechende Umbauten die Eigenschaften und/oder die Bedienung eines Gerätes bzw. Systems, so muss eine (neue bzw. geänderte) Anleitung erstellt werden. Bei der Übergabe des Fahrzeugs wird dem Kunden die Bedienung erklärt und anschließend die Anleitung übergeben.

In der Regel enthält eine Bedienungs- / Montageanleitung folgende Angaben:

- Hinweise zur Benutzung der Anleitung
- Auflistung und Bedeutung der verwendeten Hinweis- und Warnsymbole
- Sicherheitshinweise
- Hinweise auf Unfall- und Verletzungsgefahren
- Auflistung des Lieferumfangs
- eine Beschreibung des Gerätes
- technische Daten
- die Beschreibung für den bestimmungsgemäßen Gebrauch
- Kurzanleitung als Aufkleber
- Hinweise zur Reinigung und Pflege
- die Beschreibung möglicherweise auftretender Fehler und deren Ursache
- eine Anleitung zur Fehlerbehebung
- eine Auflistung der Servicestellen bzw. Vertragsfirmen
- eine Telefonhotline
- Garantie und Gewährleistung/Sachmängelhaftung
- Hinweis auf die beachteten gesetzlichen Bestimmungen und Richtlinien
- CE-Kennzeichnung und Konformitätserklärung
- Impressum

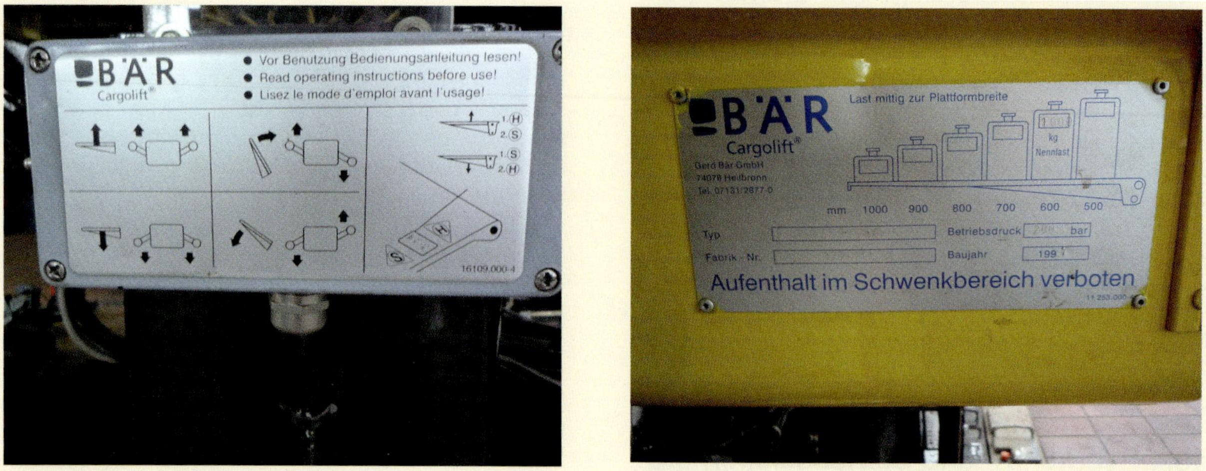

a) Handhabung einer Ladebordwand

b) Lastdiagramm einer Ladebordwand

1 Bedienungsbeschilderung

Zusätzliche **Bedienungsbeschilderungen** ermöglichen dem Bediener eine schnelle Information und einen konkreten, visuellen Eindruck über die Handhabung der jeweiligen Komponente, siehe Bild → 1.

15.6 Material auswählen

Die meisten Fahrzeughersteller geben in den Aufbaurichtlinien an, dass das für Ein- und Umbauten verwendete Material aus Stahl, Leichtmetall oder einem Faserverbundstoff mit ähnlichen Werkstoffeigenschaften bestehen muss.

Evtl. Abweichungen von den geforderten Materialstandards müssen mit dem Fahrzeughersteller abgestimmt werden.

15.7 Dicht-, Dämm- und Dämpfungssysteme

Im Folgenden werden behandelt:
- Dichtsysteme
- Dämmsysteme
- Dämpfungssysteme

Karosserien und Aufbauten von Pkws abdichten
Werden am Fahrzeug Reparaturen durchgeführt, bei denen Teile herausgetrennt bzw. eingeschweißt werden müssen, so liegen für diese Arbeiten üblicherweise entsprechende Arbeitsanweisungen der Fahrzeughersteller vor. Ein wichtiger Bestandteil dieser Anweisungen ist das anschließende Abdichten der Fugen und Schweißnähte.

Dichtstoffe sind Werkstoffe zum Abdichten von Spalten, Fugen und Durchbrüchen. An den Fugenflanken haften sie fest an den abzudichtenden Bauteilen. Im Karosseriebau müssen Dichtstoffe in der Lage sein, Bewegungen aufzunehmen.

Deshalb werden häufig Produkte auf Silikonbasis eingesetzt. Diese haben den Nachteil, nicht lackierbar zu sein. Ist ein Lackauftrag notwendig, werden Dichtstoffe auf Polyurethanbasis verwendet.

Die Grundlage für eine gute Haftung zwischen dem Untergrund und der Dichtmasse ist eine fachgerechte Vorbereitung. Der Untergrund muss von losen Anhaftungen befreit werden. Fette und Öle sind mit Lösungsmitteln zu entfernen.

Bei der Verarbeitung der Dichtstoffe ist auf die vorgeschriebene Verarbeitungstemperatur zu achten. Dies ist unbedingt notwendig, da die Erzeugnisse durch chemische Reaktionen wie Polymerisation oder Polykondensation aushärten. Wird die Verarbeitungstemperatur unterschritten, laufen die chemischen Reaktionen nicht ab.

Wichtig:
Keine Dichtmittel verwenden, die auf Silikat bzw. Essig basieren (Silikon)!

Durch die Essigsäure, die beim Aushärten abgespaltet wird, werden Lack und Blech angegriffen, was zu rascher Korrosion führt.

An Dichtfugen von Klappenöffnungen und Türen kommen in der Regel aufsteckbare Dichtungen zum Einsatz, die als Meterware oder als komplettes Einzelteil erhältlich sind.

Anders sieht es bei Dichtfugen im Unterboden oder in anderen Karosseriebereichen aus: Schweißnähte, Klebestellen oder Materialüberlappungen, die z. B. bei einer Teilreparatur notwendig sind, werden in der Regel mit einem elastischen Dichtmittel abgedichtet. Diese Dichtmittel können z. B. aus Kautschuk, Acryl-Dispersion, Polyurethan oder MS Polymer bestehen.

Dichtmittel müssen:
- gut abdichten
- überlackiert oder überstrichen werden können

Hinweis:
Gute Dichtmittel können auch auf vorhandene Dichtungsreste aufgetragen werden.

Vorgehen:
- die entsprechenden Stellen/Fugen reinigen und mit Korrosionsschutzmittel behandeln.
- Dichtmasse entsprechend der Anweisungen des Herstellers auftragen; dies erfolgt je nach verwendeter Dichtmasse mit einer Spritzpistole, einem Pinsel oder mittels Kartuschenpistole
- Ablüften/Trocknen nach vorgegebener Zeit

Danach sind die behandelten Bereiche voll belastbar. Zusätzlich müssen die von der Reparatur betroffenen Hohlräume versiegelt werden. Die hierzu verwendeten Mittel müssen kriechfähig sein, um auch die kleinsten Hohlräume zu erreichen.

Außerdem dienen einige Dichtmittel auch der Geräuschdämmung.

Karosserien und Aufbauten von Pkws dämmen
Dämmstoffe bilden einen „Damm", der verhindern soll, dass sich Wärme und Schall in unerwünschte Bereiche des Fahrzeugs ausbreiten.

Wärmedämmung an Karosserien und Aufbauten
Ein Fahrzeug ist in der Regel so ausgelegt, dass der Verbund von Karosserie, Scheiben und Innenverkleidung einen gewissen Schutz (Isolation) vor hohen oder tiefen Außentemperaturen bietet.

Hierbei müssen berücksichtigt werden:
- Außentemperatur (Sonneneinstrahlung, Winterkälte)
- Innentemperatur (Klimaanlage, Heizung)

Besonders bei Fahrzeugen mit Faltdach (Cabriolet) macht sich eine gute Isolierung positiv bemerkbar. Bild → 1 zeigt das Beispiel für die gute Wärmedämmung an einem Cabriolet.

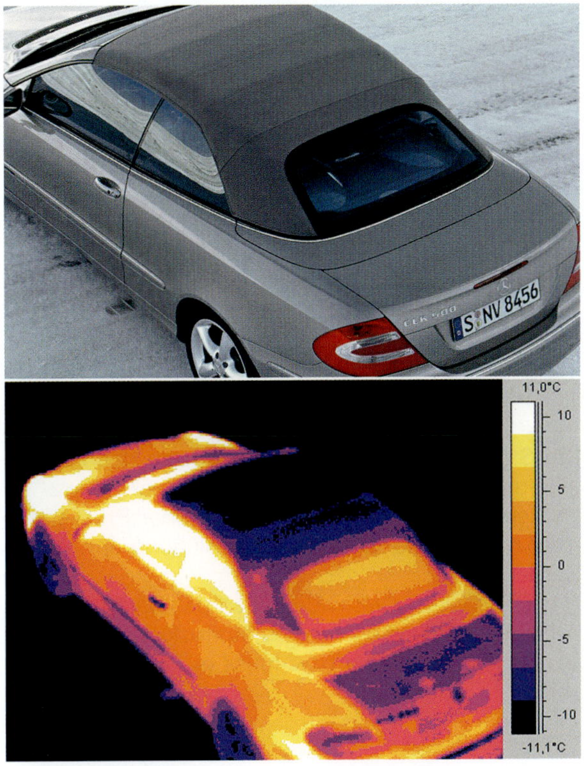

1 Vorbildlicher Thermo-Komfort an einem Faltdach, auch bei extremer Kälte

Bei Umbauten am Fahrzeug, bei denen die Wärmedämmung betroffen ist, muss darauf geachtet werden, dass zum Schluss der alte Wärmeschutz weitestgehend wieder hergestellt wird. So müssen z. B. die verwendeten Profile derart eingebaut werden, dass sie keine Wärmebrücken bilden.

Bei den eingesetzten Dämmmaterialien ist darauf zu achten, dass sie nicht nur gegen die auftretenden Temperaturunterschiede schützen, sondern auch Geräusche möglichst gut dämmen.

Wärmedämmstoffe werden benötigt:
- gegen Strahlungswärme von heißen Bauteilen
- für gleichbleibende Temperatur im Fahrzeuginnenraum

Wärmedämmstoffe gegen Strahlungswärme
Strahlungswärme von heißen Bauteilen wie Abgasanlage oder Motor muss von den anderen Bauteilen ferngehalten werden. Das erfolgt durch Wärme reflektierende Bleche und Folien aus Stahl oder Aluminium. Diese befinden sich zwischen der Wärmequelle und den benachbarten Teilen.

Die Bleche und Folien zur Wärmedämmung werden aufgeklebt, geschraubt oder mit Hilfe von Klips befestigt. Besitzt die Oberfläche eine unregelmäßige Struktur, erhöht das die Wirkung.

Wärmedämmstoffe für gleichbleibende Temperatur im Fahrzeuginnenraum

Die Temperatur im Innenraum soll mit geringem Energieeinsatz konstant gehalten werden, z. B. im Insassenraum, im Kühlraum für den Transport von Gefriergut oder im Krankentransporter, damit die Patienten nicht zusätzlich belastet werden, weil sie frieren oder schwitzen müssen.

Zum Einsatz kommen heute klassische Dämmstoffe aus aufgeschäumten Kunststoffen, aber auch Naturfasern. Sie sind zu starren Dämmplatten oder flexiblen Matten verarbeitet. Die Dicke der Dämmung richtet sich nach dem Temperaturunterschied.

Um Schwitzwasser zu vermeiden, sollte das Dämmmaterial großflächig verklebt werden. Ist dies z. B. im Bodenbereich wegen entsprechender Profilierung nicht möglich, so sollte eine Durchlüftung ermöglicht werden.
Um Staunässe zu verhindern, darf das Dämmmaterial keine Feuchtigkeit aufnehmen (Korrosionsschutz) und es darf nicht brennbar bzw. muss es flammhemmend sein.

Schwingungsdämmung an Karosserien und Aufbauten

Fast überall dort, wo etwas bewegt wird oder in Bewegung ist, entstehen Schwingungen. Bei Straßenfahrzeugen kann man dies besonders dann sehen, wenn sich die Fahrbahnbeschaffenheit verschlechtert.
Um den Fahrkomfort zu erhöhen, wurden daher verschiedene Federungssysteme entwickelt. Wird nun ein Federungssystem erregt, so nehmen die Schwingungen mit der Zeit zu und das Fahrzeug schaukelt sich auf. Um dieses Aufschaukeln zu verhindern, baut man daher zusätzlich Stoßdämpfer ein.
Informationen zu Federn und Schwingungsdämpfer siehe Kap. 7.1.1.3 und Kap. 7.1.2.

Allerdings schwingt ein Fahrzeug nicht nur als Ganzes, sondern auch die Karosserie wird bei Resonanz in Schwingungen versetzt. Dies macht sich in der Regel durch Körperschall bemerkbar. Daher versucht man, diesen Körperschall zu verhindern bzw. zu reduzieren.

Grundsatz:
Die zu isolierende Eigenfrequenz muss unter der Anregungsfrequenz liegen.

Dazu müssen Materialien verwendet werden, die nicht nur gute Dämpfungs- und Schwingungseigenschaften haben, sondern auch vielfältig einsetzbar sind. Sie sollen sich sowohl für die Körperschallentkopplung als auch als punktelastische Schalldämmmatten z. B. unter dem Bodenblech oder unter der Motorhaube eignen.

Dämmstoffe zur Dämmung von Geräuschen

Zur Dämmung von Außengeräuschen werden ebenfalls Schaumstoff oder Naturfasern eingesetzt, die den Luftschall dämpfen. Sie werden mit den Fahrzeugaufbauten verklebt oder in Zwischenräume eingelegt.

Eine weitere Geräuschquelle ist die Karosserie. Beim Fahren werden dünne Blechteile wie Türblätter in Schwingungen versetzt. Dadurch entstehen starke Geräusche. Durch das Aufkleben von Kunststoffmatten auf die Innenseiten der Bauteile können diese nicht mehr so gut mitschwingen, der Lärmpegel sinkt.

Auch die Innengestaltung des Fahrzeugs hat erhebliche Auswirkungen auf die Geräuschentwicklung. Große, blanke und harte Flächen haben den Nachteil, dass sie Schall gut reflektieren und somit den Pegel der Innengeräusche erhöhen.

Deshalb sollten die Oberflächen möglichst weich sein. Strukturierte Oberflächen leiten den Schall in unterschiedliche Richtungen. Teppichböden und Stoffe absorbieren Geräusche.

Sind im Fahrzeug Spalten vorhanden, wie z. B. zwischen Motor- und Innenraum, so müssen diese unbedingt abgedichtet werden. Denn schon die kleinsten Öffnungen können die Schalldämmung reduzieren.

Bei Serienfahrzeugen werden heutzutage schon bei der Entwicklung durch Berechnungsmodelle die entsprechenden Schalldämmungsmaßnahmen geplant, Beispiel siehe Bild ➔ 1. Da ein Fahrzeug in Serie aber oft anders schwingt, als in der Entwicklungsphase zuvor errechnet, kommt man auch heute um die praktische Erprobung (noch) nicht herum.

Die Entwicklung geht zzt. nämlich dahin, dass durch sich angleichende Strukturen im Fahrzeug aktive Geräuschtilger denkbar sind. So können dann z. B. Motorgeräusche schon gedämpft werden, bevor sie über die Karosserie den Innenraum erreichen.

Karosserien und Aufbauten von Pkws dämpfen
In das Sicherheitskonzept der modernen Pkws sind neben vielem anderen auch die verschiedenen Verkleidungsteile eingebunden.

So werden heute z. B. Türinnenverkleidungen größtenteils aus Naturmaterialien gefertigt wie Kokos-, Bananen- und Sisalfasern, die in Duroplaste eingebettet sind (naturfaserverstärkte Kunststoffe NFK).

Vorteile von NFK:
- schwer entflammbar
- splittern nicht
- dämpfen den Körperschall
- gut recycelbar

Außerdem stehen sie als nachwachsender Rohstoff „unbegrenzt“ zur Verfügung.

Weitere Informationen zu NFK siehe Kap. 6.2.

blau: Isolationsbauteile mit Schwerschicht
gelb: Absorber (Schaum und Vlies)
grün: Körperschalldämpfung
rot: Rohbauschaum
dunkelgrau: textile Radlauf- und Unterbodenversiegelung

1 Schallisolation eines Pkws der Luxus-Klasse

15.8 Anhängerversorgung

Anhänger werden versorgt mit:
- Druckluft
- Hydraulikflüssigkeit
- elektrischem Strom

Versorgung eines Anhängers mit Druckluft
Druckluft wird im Anhänger für die Druckluft-Bremsanlage benötigt. Dabei soll der Anhänger
- bei Vollbremsung mit der gleichen Bremskraft abbremsen wie der Zugwagen,
- bei Teilbremsung evtl. mit größerer Bremskraft.

Das Anhänger-Steuerventil im Zugwagen bewirkt, dass der Anhänger
- über die Vorratsleitung dauernd mit Druckluft versorgt und
- über die Bremsleitung die Bremsanlage angesteuert wird.

In Bild → 1 ist die Druckluftversorgung eines Anhängers dargestellt. Der Bremskraftregler (10) regelt die Bremskraft, die auf die Bremsen des Anhängers einwirkt, abhängig von dessen Masse beziehungsweise seiner Beladung.

Die Federspeicherzylinder (7) sichern, dass der Anhänger auch gebremst werden kann
- bei Druckverlust
- wenn er abgestellt ist (unbeabsichtigtes Wegrollen!)

Bei **Druckverlust** im Druckluftsystem des Anhängers werden Sicherheitsmaßnahmen wirksam, notfalls erfolgt eine sofortige Vollbremsung des Anhängers.

Notfälle
- Abriss der Vorratsleitung → sofortige Auslösung der Notbremsung des Anhängers
- Abriss der Bremsleitung
  - ohne Bremsbetätigung: keine Reaktion
  - beim Bremsen: Anhänger-Steuerventil reduziert den Vorratsdruck im Anhänger; es erfolgt die Notbremsung des Anhängers

Soll ein **abgestellter Anhänger** bewegt werden, ohne dass ein Zugfahrzeug mit Druckluftbremsanlage zur Verfügung steht, so können die Federspeicherzylinder von außen über eine Schraube entlastet werden. Der Anhänger ist anschließend ohne Bremswirkung.

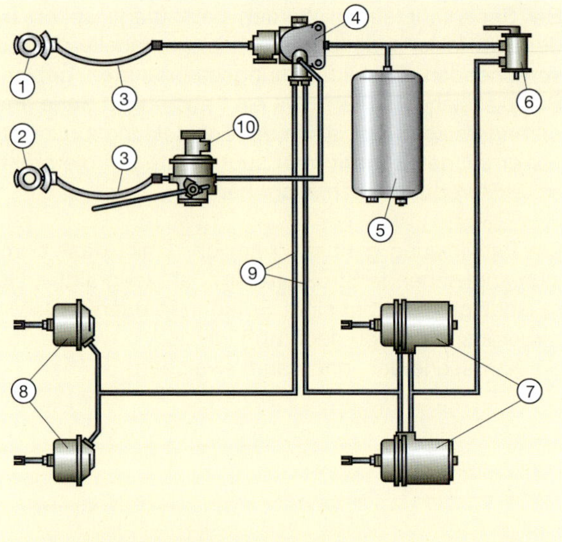

1 Kupplung Vorratsleitung, Kennfarbe rot
2 Kupplung Bremsleitung, Kennfarbe gelb
3 Bremsschlauch
4 Anhängerbremsventil
5 Vorratsbehälter Druckluft mit Entwässerungsventil und Prüfanschluss
6 Anhänger-Löseventil
7 Federspeicherzylinder
8 Bremszylinder
9 Leitungen
10 Bremskraftregler

1 Druckluftversorgung eines Anhängers

Achtung:
Es sind geeignete Sicherheitsmaßnahmen zu treffen, z. B.:
- Keile an die Räder anbringen
- Warnschilder anbringen

Weitere Informationen zur Druckluftbremsanlage siehe Kap. 7.4.8.

Versorgung eines Anhängers mit Hydraulikflüssigkeit
Zur Versorgung eines Anhängers mit Hydraulikflüssigkeit ist eine Hydraulikanlage im Zugfahrzeug erforderlich. Sie besteht aus:
- einem Tank für Hydraulikflüssigkeit
- einer Hydraulikpumpe
- Hydraulik-Ventilen

Die Verbindung der Hydraulikanlage des Zugfahrzeugs und der Hydraulikanlage des Anhängers erfolgt über Schnellkupplungen, Hydraulikschläuche und Rohrleitungen.

1 Anschluss Leckölleitung
2 Anschluss Arbeitskreis 1: Vor- und Rücklauf
3 Anschluss Arbeitskreis 2: Vor- und Rücklauf

1 Anschlüsse einer Leistungshydraulik

2 Proportional-Wegeschieberventil

Bild → 1 zeigt die Anschlüsse einer Leistungshydraulik an einem Zugfahrzeug.

In Bild → 2 ist ein Proportional-Wegeventil dargestellt, von dem verschiedene Systeme im Anhänger gesteuert werden können.

Versorgung eines Anhängers mit elektrischem Strom

Am Zugfahrzeug befindet sich eine Steckdose, siehe Bild → 3. Über einen Stecker und ein Anschlusskabel wird der elektrische Strom zum Anhänger geleitet und auf die einzelnen Verbraucher verteilt.

Vergleicht man Anhängerstecker und Fahrzeugbuchse, so sind die Anschlüsse an der Mittelsenkrechten gespiegelt. Das ergibt sich daraus, dass beim Zusammenstecken die passenden Anschlüsse verbunden werden müssen.

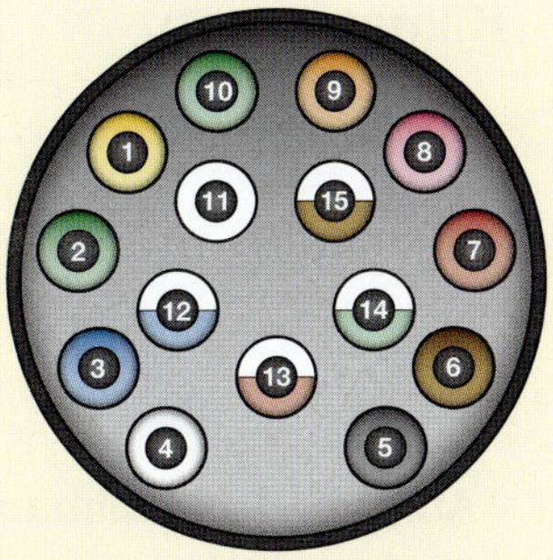

a) Buchse am Zugfahrzeug

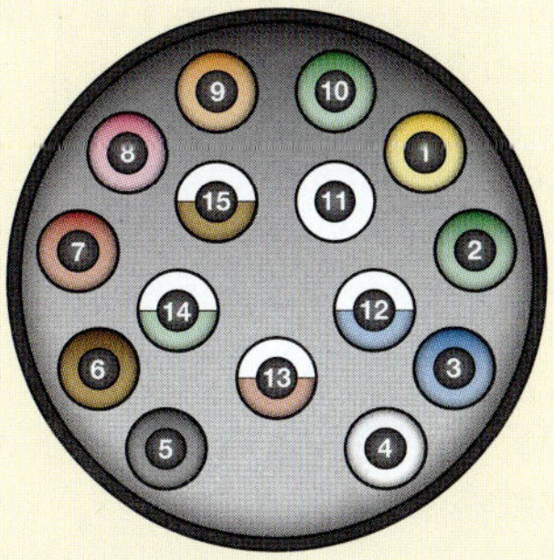

b) Stecker am Anhänger

Pin	Funktion	Leitungsquerschnitt in mm^2	Aderfarbe
1	Fahrtrichtungsanzeiger links	1,5	gelb
2	Fahrtrichtungsanzeiger rechts	1,5	grün
3	Nebelschlussleuchte	1,5	blau
4	Masse	2,5	weiß
5	Schluss-, Umriss-, Begrenzungs- und Kennzeichenleuchte links	1,5	schwarz
6	Schluss-, Umriss-, Begrenzungs- und Kennzeichenleuchte rechts	1,5	braun
7	Bremsleuchten	1,5	rot
8	Rückfahrleuchte	1,5	rosa
9	Stromversorgung (24 V)	2,5	orange
10	Sensor für Bremsbelagverschleißanzeige	1,5	grau
11	Anzeige für Federspeicherbremse	1,5	weiß/schwarz
12	Achsanhebung	1,5	weiß/blau
13	Masse für Datenleitungen	2,5	weiß/rot
14	CAN_H	1,5	weiß/grün
15	CAN_L	1,5	weiß/braun

c) Belegungsplan

3 Anhängersteckvorrichtung 15-polig, 24 Volt

15.9 Klimaanlagen

1 Klimaanlagen

15.9.1 Aufgaben der Klimaanlagen in Pkws

Untersuchungen haben ergeben, dass die Temperatur, bei der sich die meisten Europäer behaglich fühlen, zwischen 21 °C und 23 °C liegt.

Höhere Temperaturen und hohe Luftfeuchtigkeit bedeuten Stress. Viele Autofahrer verhalten sich dann im Straßenverkehr aggressiv und ihre Wahrnehmung verschlechtert sich, wie z. B.
- das räumliche Sehen und
- die Wahrnehmung der Bewegungsrichtung anderer Verkehrsteilnehmer.

Bei einem anderen Versuch wurde die Raumtemperatur von 21 °C auf 27 °C erhöht. Ergebnis: Die Probanden haben im Durchschnitt nur halb so viele Signale (optisch und akustisch) wahrgenommen wie bei 21 °C.

Übertragen auf den Straßenverkehr bedeutet das:
Der Fahrer eines gut klimatisierten Fahrzeugs ermüdet sehr viel später und kann in kritischen Situationen besser reagieren.

Das Ergebnis dieses Versuchs wird in der Praxis bestätigt: An heißen Tagen steigt die Zahl der Unfälle regelmäßig an.

Deshalb ist in vielen Pkws eine Klimaanlage eingebaut, Beispiel siehe Bild ➔ 2. Weitere Informationen siehe Kap. 16.1.

Wird das Klima automatisch geregelt, spricht man von einer Klimaautomatik.

Zu einer Klimaautomatik gehören im Wesentlichen, vgl. Bild ➔ 1:
- Heizung
- Kühlung
- Regelung

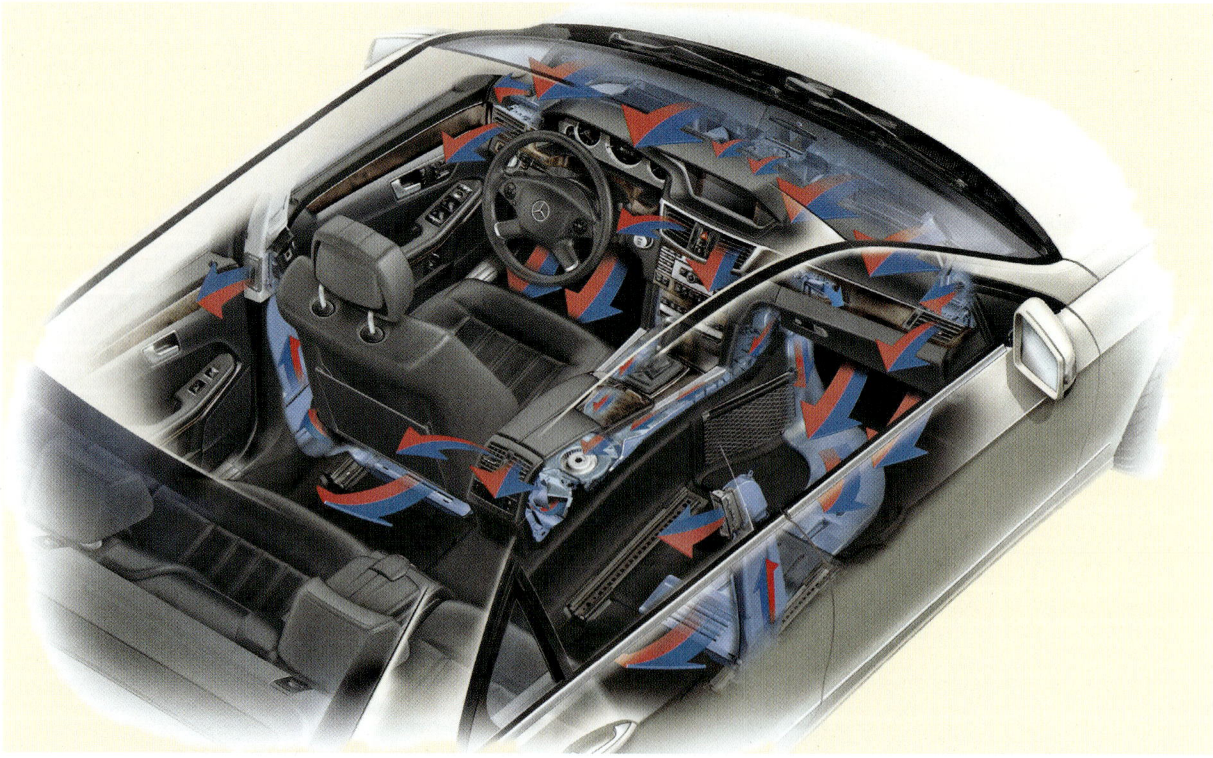

2 Klimatisierung des Innenraums eines Mittelklasse-Pkws

Heizung bei Klimaanlagen in Pkws
Die Heizung bei Klimaanlagen hat die Aufgabe, bei Bedarf warme Luft in den Fahrzeug-Innenraum zu führen.

Dabei ist zu unterscheiden zwischen der Heizung in Pkws mit:
- Verbrennungsmotor
- Elektroantrieb

Heizung in Pkws mit Verbrennungsmotor
Bei der Heizung in Pkws mit Verbrennungsmotor wird die Wärme genutzt, die bei der Motorkühlung anfällt. Das warme Kühlwasser wird durch einen Wärmetauscher geleitet, siehe Bild ➔ 1. Über ein Gebläse wird Luft im Wärmetauscher erwärmt und gezielt in den Innenraum geleitet.

So können im Winter eine behagliche Temperatur erreicht und auch die Scheiben von Beschlag oder Eis befreit werden.

Heizung in Pkws mit Elektroantrieb
Bei Pkws mit Elektromotor muss der Innenraum elektrisch beheizt werden. Das geht aber zulasten der Reichweite, insbesondere bei Kälte, wo der Wirkungsgrad der Batterien sowieso abnimmt.

Man könnte natürlich eine Kraftstoffheizung einsetzen, aber wer fährt schon gern mit einem Elektroauto an die Tankstelle?

Aktuell werden vorrangig sogenannte **PTC-Heizungen** (PTC = Positive Temperature Coefficient) eingesetzt, die mit Hilfe eines Kaltleiters funktionieren. Allerdings erfordern diese Systeme anfangs eine Leistungsaufnahme von bis zu 7,5 kW.

An weiteren Heizungen wird derzeit noch geforscht.
Beispiel: **Hochvoltheizer** (HVH).
Er arbeitet mit einer Spannung von 250 V bis 450 V und einem Wirkungsgrad von bis zu 99 %.

Vorteile der HVH gegenüber der PTC-Heizung:
- geringe Abmessungen von ca. 250 mm × 200 mm × 10 mm
- geringe Masse von ca. 2 kg
- regelbare Leistungsaufnahme von ca. 0,2 kW bis 5 kW
- die Temperatur von 20 °C wird schnell erreicht (etwa 6 min bis 11 min)

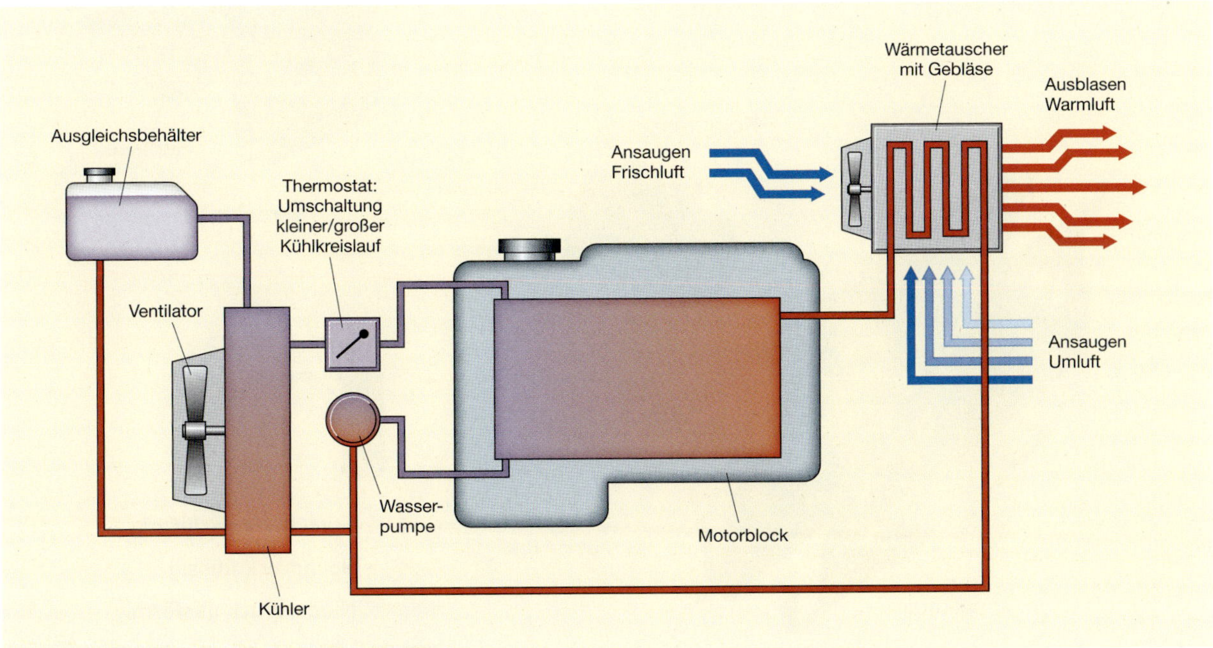

1 Heizung eines Pkws mit Verbrennungsmotor

Kühlung bei Klimaanlagen in Pkws

Die Kühlung bei Klimaanlagen hat die Aufgabe, bei Bedarf kalte Luft in den Fahrzeug-Innenraum zu führen. Dafür wird ein Kältemittel verwendet, das Wärme aufnimmt, transportiert und wieder abgibt. In einem Kreislauf wechselt das Kältemittel ständig seinen Zustand: Es ist flüssig, dann verdampft es (wird gasförmig), dann wird es wieder flüssig usw.

In der Kühlung passiert Folgendes, siehe Bild → 1:

- Der Kompressor saugt das gasförmige, nicht verdichtete Kältemittel vom Verdampfer an; das Kältemittel ist heiß und wird komprimiert.
- Im Kondensator wird das heiße, komprimierte Kältemittel mit Luft gekühlt. Die Luft wird mit Hilfe des Kondensatorlüfters im Kondensator erwärmt und in die Umgebung geblasen. Das Kältemittel verflüssigt sich.
- Das flüssige Kältemittel wird im Filtertrockner getrocknet; Wasserreste werden entfernt, damit das Expansionsventil nicht vereisen kann und Schmutzteilchen werden im Filter zurückgehalten.
- Im Expansionsventil wird das flüssige Kältemittel drucklos.
- Dann gelangt das Kältemittel zum Verdampfer. Durch den Verdampfer wird Umgebungsluft geblasen, sodass
  - sich das flüssige Kältemittel erwärmt und wieder gasförmig wird
  - die Luft sich abkühlt
- Die kalte Luft wird ins Fahrzeuginnere geblasen.

Am Verdampfer außen entsteht dabei Kondenswasser; es läuft durch zwei Öffnungen im Kardantunnel unter das Auto ab.

> Achtung:
> Nasse Flecken unter dem Auto bedeuten nicht unbedingt, dass ein Leitungssystem undicht ist – es kann auch „nur" Kondenswasser von der Klimaanlage sein.

Informationen zum Kältemittel siehe Kap. 18.4.6.

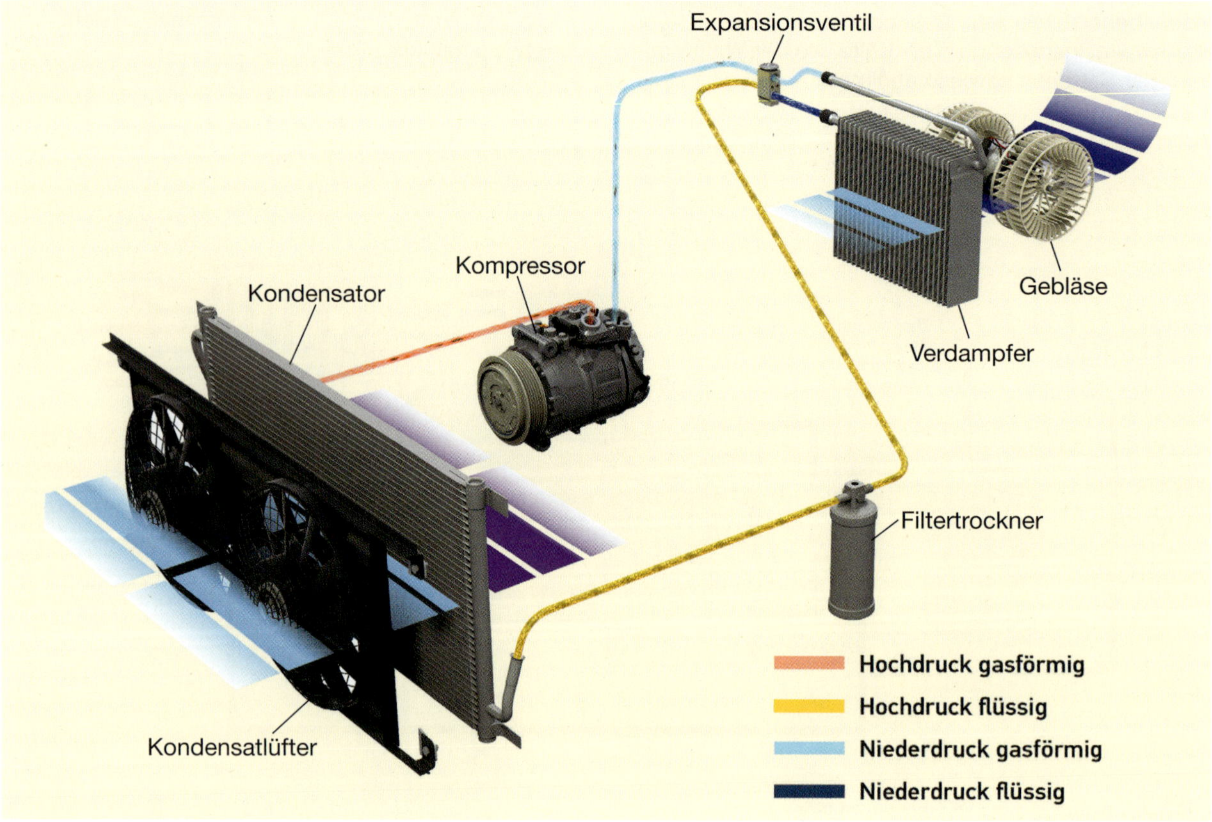

1 Kühlung zur Klimatisierung des Innenraums von Pkws

Regelung bei Klimaanlagen in Pkws
Bei einer mechanischen Regelung müssen die Temperatur, das Gebläse und dessen Leistung sowie der Luftstrom von Hand eingestellt werden.

Bei einer einfachen Klimaautomatik wird die Temperatur der ausströmenden Luft vorgewählt. Sie wird dann, unabhängig von Außentemperatur und Sonneneinstrahlung, auf diesem Wert gehalten. Das Gebläse und die Luftverteilung müssen aber individuell von Hand reguliert werden.

Bei hochwertigen, vollautomatischen Klimaanlagen werden alle Funktionen automatisch geregelt und angepasst. Es ist sogar möglich, Temperatur und Luftstrom für den einzelnen Sitzplatz zu regulieren.

Ziel ist es, den Innenraum angenehm zu temperieren, sodass die Insassen sich wohlfühlen.

Weitere Informationen zum Teilsystem der Klimaautomatik siehe Kap. 4.1.

15.9.2 Klimasysteme für die Fahrerkabine von Lkws

Fahrerhäuser in Nutzfahrzeugen sind mobile Arbeitsplätze. Unabhängig von Witterungsbedingungen muss im Fahrerhaus ein angenehmes Innenklima herrschen, um dem Fahrer die Konzentration zu erhalten, seine optimale Leistung während der Lenkzeiten und gute Erholung während der Ruhezeiten zu ermöglichen.

Einfluss auf das Innenklima des Fahrerhauses haben, vgl. Bild → 1:
- Temperatur
- relative Luftfeuchtigkeit
- Frischluftzufuhr
- Verteilung der Luftströmung

Erforderlich ist eine Klimaanlage, die exakt auf das Fahrerhaus abgestimmt ist.

Klimaanlagen für Fahrerkabinen funktionieren auf der gleichen Basis wie die Klimaanlagen in Pkws, vgl. Kap. 15.9.1.

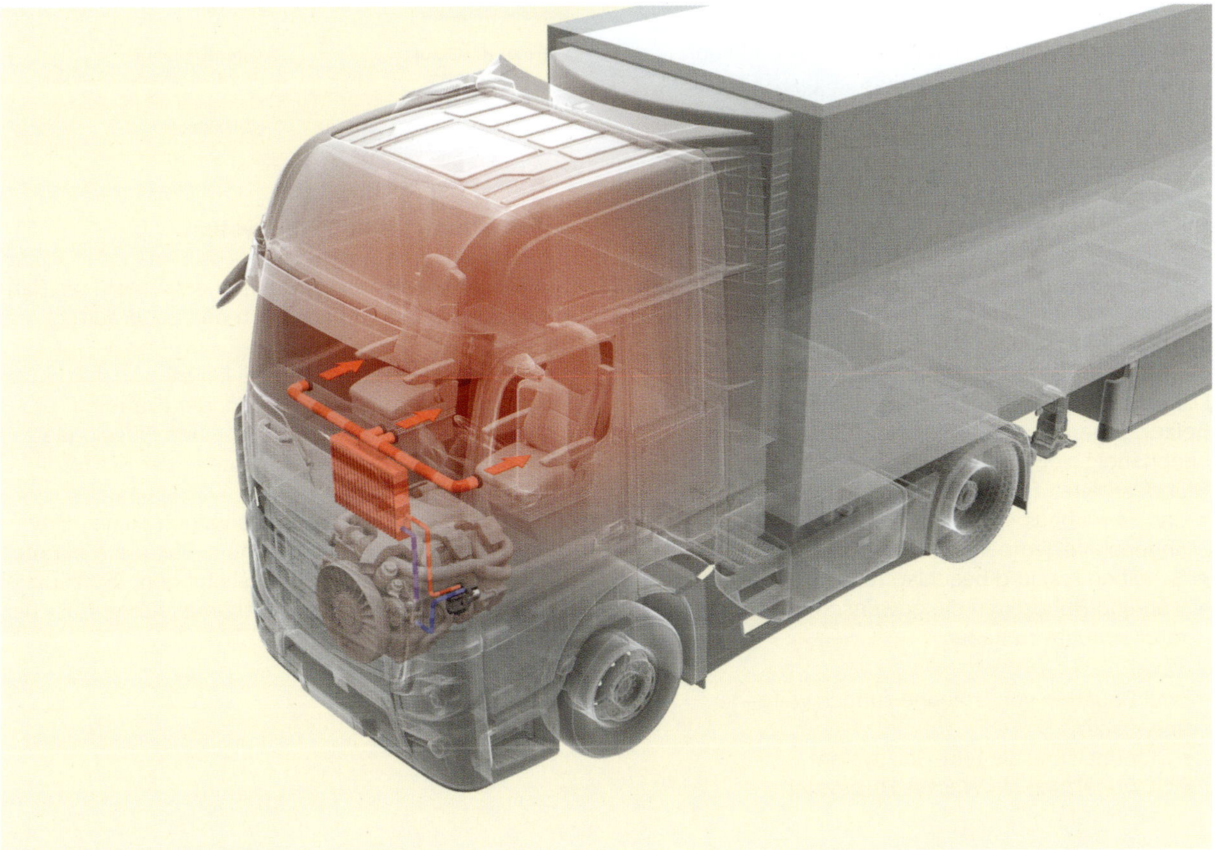

1 Fahrerkabine heizen und lüften

Jedoch benötigen Lkws und Sattelzugmaschinen zusätzlich eine **Standklimaanlage**, denn bei abgestelltem Motor arbeiten herkömmliche Klimaanlagen nicht. Die Temperatur im Fahrerhaus kann durch die Abgabe von Wärme durch den Motor, die Straßenoberfläche oder Sonneneinstrahlung erheblich ansteigen.

Werden Fenster oder Dachluken geöffnet, beeinträchtigen Zugluft, Lärm, Staub oder Insekten das Wohlbefinden des Fahrers. Das Laufenlassen des Motors, unter anderem zum Betrieb der Klimaanlage, benötigt Kraftstoff und ist nach StVO § 30 verboten.

Eine Standklimaanlage ermöglicht es, das Fahrerhaus auch bei abgestelltem Motor, zum Beispiel während der Ruhezeiten, zu klimatisieren.

Kühlung der Standklimaanlage

Die Kühlung der Standklimaanlage arbeitet mit zwei Kreisläufen, siehe Bild ➔ 1.

- Der erste Kreis arbeitet im Prinzip wie in Kap. 15.9.1 beschrieben. Jedoch ist im Verdampfer ein Wärmetauscher eingebaut, der einen Kälteträger abkühlt. Der Kälteträger besteht aus Wasser und einem Frostschutzmittel.
- Im zweiten Kreislauf wird das Kältemittel durch die Regel- und Verteileinheit (4) gesteuert und kühlt während der Fahrt den Innenraum (5). Kältemittel, das während der Fahrt zur Kühlung nicht benötigt wird, gelangt über die Regel- und Verteileinheit (4) zum Kältespeicher (6). Bei stehendem Motor wird der Kälteträger bei Bedarf zum Klimagerät im Fahrerhaus (5) geführt.

Die Kühlleistung reicht für ca. 8 Stunden Standbetrieb aus.

Heizung der Standklimaanlage

Die Heizung von Standklimaanlagen wird auch **Standheizung** genannt. Sie ist eine Zusatzheizung, die unabhängig vom Betrieb des Motors, also auch im Stand, arbeitet. Standheizungen ermöglichen es,

- das Fahrerhaus vor Antritt der Fahrt auf eine angenehme Temperatur zu bringen,
- Scheiben eis- und beschlagfrei zu machen und
- während Ruhezeiten die gewünschte Innentemperatur aufrecht zu halten.

Zwei Bauarten von Standheizungen werden eingesetzt:

- Standheizung als Luft-Heizsystem
- Standheizung als Wasser-Heizsystem

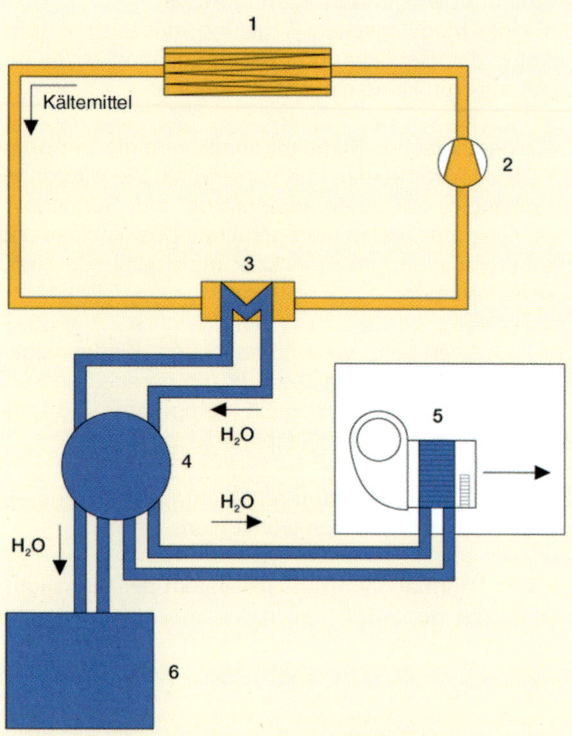

Erster Kreislauf
1 Kondensator
2 Kompressor
3 Verdampfer mit Expansionsventil

Zweiter Kreislauf
4 Regel- und Verteilereinheit
5 Klimagerät mit Kühlkörper
6 Kältespeicher

1 Standklimaanlage

Standheizung als Luft-Heizsystem

Luft-Heizsysteme saugen kühle Außen- oder Innenraumluft an, heizen diese auf und erwärmen das Fahrerhaus, wenn erforderlich auch den Laderaum.

Die erforderliche Wärmeenergie liefert

- bei Kraftstoff-Luft-Heizgeräten: der Kraftstoff
- bei Flüssiggas-Luft-Heizgeräten: ein Flüssiggas
- bei Kraftstoff-Wasser-Heizgeräten: der Kraftstoff

Flüssiggas-Luft-Heizgeräte benötigen eine Brennstoffversorgung aus Gasflaschen. Für die gesamten Systeme, also Heizgerät, Gasleitungen, Schläuche, Flaschen, sind regelmäßige Sicherheitsüberprüfungen durchzuführen.

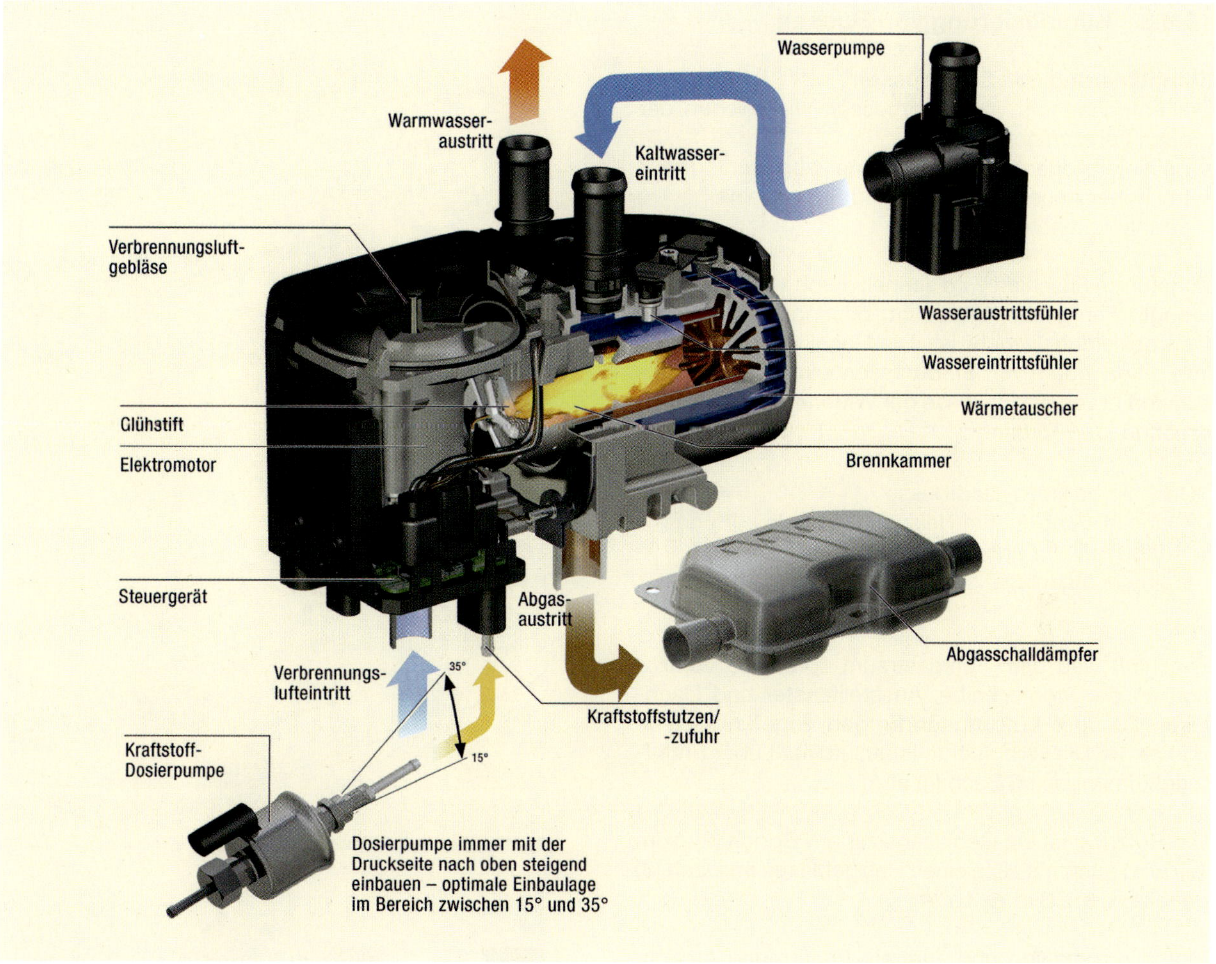

1 Kraftstoff-Wasser-Heizgerät

Standheizung mit Kraftstoff-Wasser-Heizgerät

Bei der Standheizung mit Kraftstoff-Wasser-Heizgerät wird das Kühlmittel des Fahrzeugmotors und mit diesem der Fahrzeuginnenraum erwärmt. Zusätzlich ergeben sich die Vorteile, dass der Fahrzeugmotor mit erwärmt wird, die Kaltlaufphase des Motors also verkürzt wird und die Luftkanäle des Heizungssystems des Fahrzeugs mit genutzt werden können.

Alle Funktionen der Standheizung werden elektronisch gesteuert und überwacht.

Dem Heizgerät wird die Verbrennungsluft über einen Filter zugeführt, vgl. Bild ➔ 1. Sie gelangt über ein Verbrennungsluftgebläse in die Brennkammer. Der zur Verbrennung notwendige Kraftstoff wird vom Tank (hier nicht gezeichnet) zur Brennstoffdosierpumpe geleitet und zur Glühkerze gefördert.

Die Abgase des Heizgeräts werden über den Abgasaustritt und den Abgasschalldämpfer ins Freie geführt.

Das Kühlmittel strömt am Kaltwassereintritt in das Heizgerät ein. Es wird von der Kühlmittelpumpe angesaugt und in den Wärmetauscher gefördert. Der Wärmetauscher umgibt die Brennkammer. In ihr wird das Kühlmittel erwärmt und über den Warmwasseraustritt zum Fahrzeug-Innenraum beziehungsweise zum Motor geführt.

Der Überhitzungsschutz sichert den Kühlmittelkreislauf vor zu hohen Temperaturen. Dabei wird bei Erreichen einer zu hohen Temperatur die Verbrennung im Heizgerät abgeschaltet. Der gesamte Heizvorgang wird vom Steuergerät geregelt.

In letzter Zeit wurden kombinierte Luft-Wasser-Heizsysteme entwickelt. Bei diesen Systemen wird

- das Fahrerhaus mit einem Luft-Heizgerät auf die eingestellte Temperatur geheizt
- das Kühlmittel des Motors mit einem Wasser-Heizgerät auf die eingestellte Temperatur gebracht; während der Fahrt kann sie zusätzlich heizen.

Zeitschaltuhren ermöglichen die Programmierung der Heizzeiten.

15.9.3 Klimatisierung von Bussen

Klimatisierung von Stadtbussen

Der Fahrgastraum von Stadtbussen wird wegen der großen Fensterflächen

- bei tiefer Außentemperatur schnell abgekühlt und
- bei hoher Außentemperatur und Sonneneinstrahlung rasch aufgewärmt.

Zugeführte Frischluft wird schnell durch viele dicht gedrängte Fahrgäste verbraucht, besonders wenn ihre Oberbekleidung feucht ist. Die Regelung des Klimas im Fahrgastraum von Stadtbussen wird zusätzlich erschwert durch die Einflüsse der Witterung und die sich oft öffnenden Türen.

Deshalb besitzen Stadtbusse

- eine leistungsstarke Heizung und viele Lüftungsöffnungen für Frischluft oder
- eine Klimaanlage

Frischluft wird dem Fahrgastraum durch die Ventilation an der Frontscheibe, Ausstellfenster und Dachluken (1) über **Lüftungsöffnungen** zugeführt, siehe Bild → 1a. Die verbrauchte Innenluft fließt über Entlüftungsöffnungen im Dach (4) ab.

Die **Heizung** ist ein Gebläseheizer am Boden (2), zum Teil wird auch mit Hilfe eines Heizgebläses im Dach (3) geheizt, siehe Bild → 1a.

Eine gleichmäßige und zugfreie Erwärmung erreicht man mit Hilfe von Konvektoren, das sind Wasser-Luft-Wärmetauscher (6) an den Seitenwänden. Sie werden von warmem Wasser durchströmt und erwärmen die Luft im Innenraum.

Zunehmend werden in Stadtbussen **Klimaanlagen** eingesetzt, siehe Bild → 1b. Sie kühlen die Luft im Innenraum des Busses ab und entfeuchten sie. So entsteht ein Innenklima im Bus, das von den Fahrgästen als angenehm empfunden wird.

Klimatisierung von Reisebussen

Reisebusse legen lange Wegstrecken zurück, ohne dass die Türen geöffnet werden. Die Fahrgäste tragen während der Fahrt in der Regel bequeme Kleidung. Eine geräuschlose, gleichmäßige und zugfreie Klimatisierung soll daher sichergestellt werden.

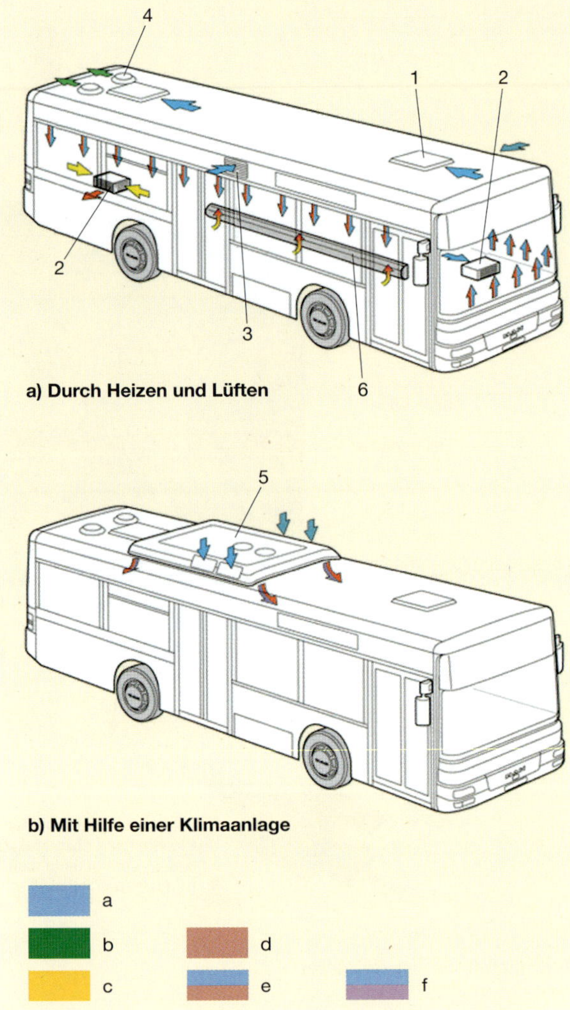

a	Frischluft	1	Dachluke
b	Abluft	2	Gebläseheizer am Boden
c	Umluft	3	Heizgebläse im Dach
d	erwärmte Umluft	4	Entlüftungsöffnungen im Dach
e	erwärmte Frischluft	5	Klima-Heizgerät
f	gekühlte Frischluft	6	Konvektoren an der Seitenwand

1 Klimatisierung eines Stadtbusses

Hierzu wird temperierte Luft hauptsächlich über Dachkanäle (1) vom hinteren Teil des Busses nach vorne geführt, siehe Bild → 1, Seite 485. Frischluft wird aus dem Bereich des Überdrucks, der durch die Luftströmung entlang des Aufbaus des Busses entsteht, in das Klima-Heizgerät (4) geleitet. Im Gebiet von Unterdruck an der Vorderseite des Busses strömt die verbrauchte Innenluft durch Öffnungen (3) aus. An ihrem Platz können die Fahrgäste temperierte Luft nach eigenem Wunsch aus regelbaren Düsen entnehmen.

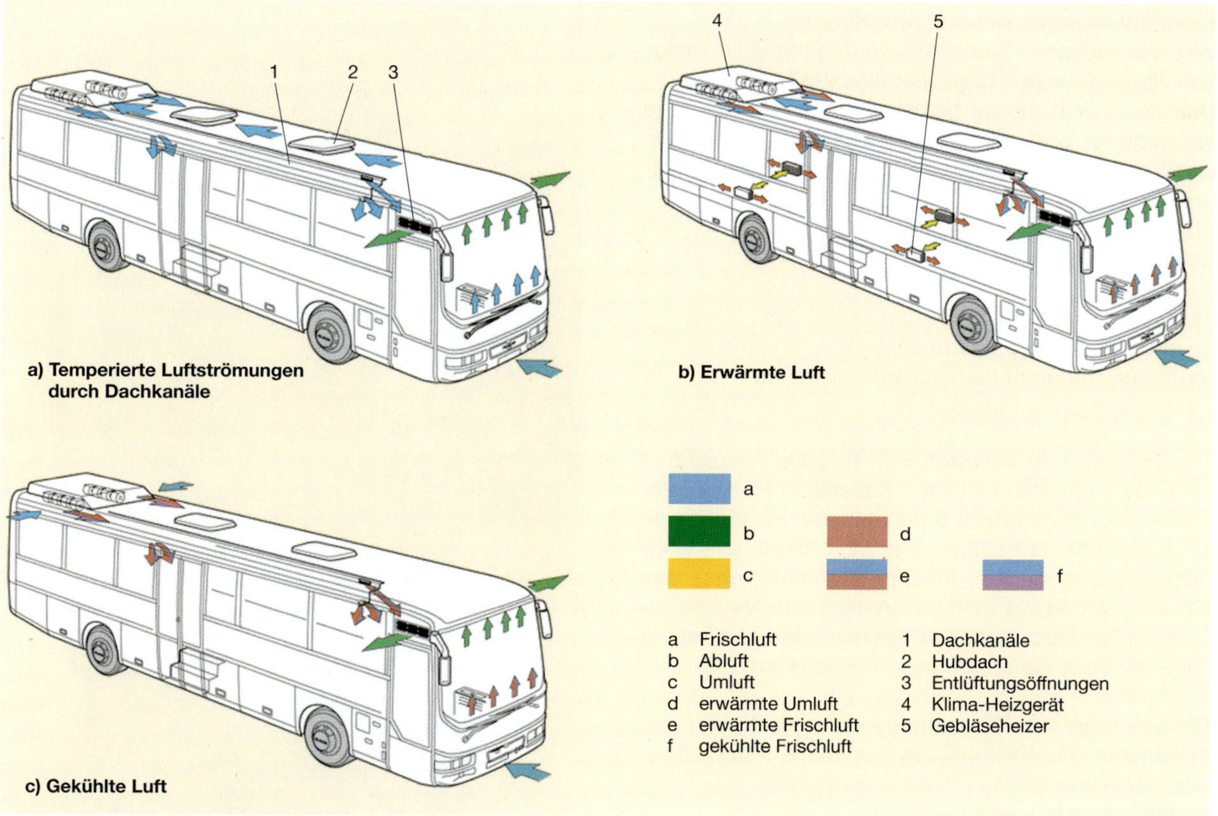

1 Klimatisierung eines Reisebusses

Zusätzliche kann Frischluft an der Vorderseite des Busses und durch Hubdächer (2) zugeführt werden. Gebläseheizer (5) unterstützen die Erwärmung der Innenluft.

Achtung:
Eine Dachkompaktanlage kann die Festigkeit von Fahrzeugkabinen verändern.

Darauf ist beim Einbau zu achten.

15.9.4 Klimaanlagen instand halten

Zur Instandhaltung der Klimaanlage gehören:
- Desinfektion
- Warten und Reparieren

Klimaanlagen desinfizieren

Eine Klimaanlage setzt man in der Regel im Winter nicht ein. Um ihre Funktionsfähigkeit zu erhalten, sollte sie trotzdem ab und zu mit der Heizung eingeschaltet werden; es könnten nämlich im Verdampfer Keime wie Mikroorganismen, Pilze oder Bakterien vorhanden sein.

Auch mit der angesaugten Luft gelangen Keime in den Verdampfer, die sich dort ungehindert vermehren, denn es ist warm und feucht – das lieben die Keime.

Mit folgenden Nachteilen:
- Die Keime werden mit dem Luftstrom aus den Lüftungsöffnungen direkt in den Fahrzeuginnenraum geblasen; die Fahrzeuginsassen bemerken den schlechten Geruch, atmen die Viren ein und können krank werden. Der Pollenfilter kann die Viren nicht zurückhalten, da sie viel zu klein sind.
- Wenn die Keime absterben, bilden sie einen Nährboden für neue Keime. Die abgestorbenen Keime bilden eine schleimige Schicht, die verfault. Diese schleimige Masse kann den Kondenswasserablauf verstopfen → Korrosionsgefahr!
- Der Schleim kann sich verhärten – dann muss der Verdampfer evtl. ausgewechselt werden.

Deshalb sollte der Verdampfer in Klimaanlagen desinfiziert werden:
- regelmäßig ein Mal im Jahr
- bei Fäulnisgeruch mehrmals hintereinander

Klimaanlagen warten und reparieren

Von den meisten Herstellern werden ihre Klimaanlagen als wartungsfrei bzw. wartungsarm bezeichnet. Dem ist aber nicht so: Selbst wenn die Klimaanlage nie geöffnet wird, diffundieren über die Dichtungen und Schläuche in einem Jahr bis zu 10 % des Kältemittels.
Aber auch bei Undichtigkeiten kann Kältemittel aus dem geschlossenen Kältemittelkreislauf austreten.

Mit den Nachteilen:
- die Umwelt wird enorm belastet
- die Leistung der Klimaanlage lässt nach

Die **Umwelt wird belastet**, weil in vielen Fahrzeugen noch die umweltschädlichen Kältemittel R134a oder R1234yf zu finden sind. Entsprechend wichtig ist es, die Emission von Kältemittel in die Atmosphäre weitgehend zu vermeiden. Es wird geschätzt, dass das Kältemittel, das in 1 Jahr verloren geht, in etwa so klimaschädlich ist wie die CO_2-Menge, die beim Fahren von 1000 Autokilometern ausgestoßen wird.

Die **Leistung der Klimaanlage lässt nach**, weil der Kompressor der Klimaanlage dann mehr leisten muss. Das führt dazu, dass
- mehr Kraftstoff verbraucht wird
- die Klimaanlage schneller verschleißt, besonders der Kompressor

Deshalb sollte das Kältemittel regelmäßig ergänzt bzw. gereinigt und/oder erneuert werden.

Bei Undichtigkeiten im Kältemittelkreislauf ist es notwendig, Leckagen schnellstmöglich zu finden, um aufwendige und somit kostspielige Reparaturen zu vermeiden.
Der einfachste Weg ist es, dem Kältemittel ein spezielles Additiv beizumischen und mittels einer UV-Lampe bzw. einem elektronischen Leckfinder die Leitungen zu überprüfen. Trifft das UV-Licht auf ausgetretenes Additiv, so leuchtet dieses auf, während der elektronische Leckfinder ein akustisches Signal abgibt.
Nun kann man das Leck mit vorgegebenen Maßnahmen beheben.

Das Additiv kann unbegrenzt im Kältemittel verbleiben; ausgetretenes Kältemittel wird im Motorraum mit speziellem Reinigungsmittel beseitigt.

Während für Reparaturen das Kältemittel komplett abgesaugt werden muss, kann für Wartungsarbeiten das Kältemittel in einem Arbeitsgang abgesaugt, gereinigt und dann wieder eingefüllt werden. Hierfür wurden von verschiedenen Herstellern spezielle Geräte entwickelt, Beispiel siehe Bild → 1.

1 Gerät zum Absaugen, Reinigen und Wiedereinfüllen von Kältemittel

Arbeiten an Klimaanlagen dürfen nur von sachkundigem Fachpersonal durchgeführt werden; eine entsprechende Ausbildungsbescheinigung gemäß EG-Verordnung muss vorliegen.

Die Schläuche der Füll- und Ansaugleitungen werden mit den Anschlüssen im Fahrzeug verbunden, Beispiel siehe Bild → 1, Seite 487.
Damit nicht die falschen Mittel eingebracht bzw. gemischt werden können, müssen die Anschlüsse verwechslungssicher sein.

Dabei sind zu beachten:
- Personen, die in Betrieben Klimaanlagen warten und instand setzen, müssen entsprechende Schulungen nachweisen.
- Die in den Wartungsgeräten verwendeten Filter müssen ausgetauscht werden, wenn die zulässige Anzahl ihrer Reinigungszyklen erreicht ist.
- Die Filter müssen über eine Recyclingfirma als Sondermüll entsorgt werden.
- Nicht mehr verwendbares Kältemittel, z. B. von verunfallten Fahrzeugen, wird in zugelassenen Behältern aufgefangen und muss ebenfalls über eine Recyclingfirma als Sondermüll entsorgt werden.

1 **Anschlüsse der Klimaanlage**

2 **Persönliche Schutzausrüstung zum Umgang mit R1234yf**

3 **Hinweisschild in einem Kfz mit R1234yf**

Für den Umgang mit R1234yf ist kein zusätzlicher Sachkundenachweis erforderlich – es muss aber unbedingt die entsprechende persönliche Schutzausrüstung verwendet werden, siehe Bild → 2.

Weiterhin sind die berufsgenossenschaftlichen Regeln für Sicherheit und Gesundheit bei der Arbeit, kurz BG-Regel, einzuhalten; aus BGR 157 ergeben sich folgende Anforderungen an die Werkstätten:

- mind. einfacher Luftwechsel pro Stunde in der gesamten Werkstatt
- mind. dreifacher Luftwechsel pro Stunde in Gruben
- ausschließlicher Einsatz geeigneter Servicegeräte

Ebenso sind die Hinweise der Sicherheitsdatenblätter zu beachten.

R1234yf muss entsprechend der Technischen Regeln Druckgase (TRG 250, TRG 280, TRG 310) gelagert werden. Besonders im Hinblick auf die Brennbarkeit von R1234yf sollten für den Service an Klimaanlagen von Kraftfahrzeugen nur solche Geräte eingesetzt werden, die mit dem eindeutigen Hinweis einer Prüforganisation über die Eignung für das Kältemittel gekennzeichnet sind, Beispiel siehe Bild → 3.

15.10 Kühl- und Heizsysteme für den Laderaum

Kühlsysteme für den Laderaum

Zahlreiche Güter müssen während des Transports zwischen Hersteller, Großhändler, Händler und Verbrauchern gekühlt werden. Es handelt sich hierbei vor allem um frische und tiefgekühlte Lebensmittel, aber zunehmend auch um medizinische und chemische Produkte. Diese Transporte nennt man **temperaturgeführte Transporte**.

Zum Transport werden zahlreiche verschiedene Spezialfahrzeuge und Spezialbehälter eingesetzt. Das System der Kühlung während des Transports vom Hersteller bis zum Verbraucher wird **Kühlkette** genannt.

Die Kühlkette darf nicht unterbrochen werden und die Temperaturen müssen ständig kontrolliert und dokumentiert werden. Das ist durch zahlreiche Vorschriften geregelt: International ist das ATP-Übereinkommen[1] von Bedeutung. Ein vorgeschriebenes Schild am Fahrzeug weist nach, dass das Fahrzeug für entsprechende Transporte zugelassen ist. Weitere Vorschriften sind in DIN-EN-Normen festgelegt.

[1] ATP = Approved for Transport of perishable foodstuffs (engl.): zugelassen für den Transport von verderblichen Lebensmitteln

Das Kühlaggregat kann angebracht sein, siehe Bild ➔ 1:
- bei Lkws über dem Fahrerhaus, bei Sattelanhängern an der Stirnwand
- in Unterflur-Bauweise

Meist ist das Kühlaggregat konventionell vorn angebracht. Bild ➔ 2 zeigt den Aufbau eines Kühlaggregates für den Anbau über dem Fahrerhaus. Es wird mit Dieselkraftstoff aus dem Fahrzeugtank des Lkws betrieben.

Man unterscheidet weiterhin:
- Monotemperatur-Anlagen
- Multitemperatur-Anlagen

Monotemperatur-Anlagen sind für eine Kühltemperatur ausgelegt. Meist werden sie im Verteilerverkehr eingesetzt, z. B. für 33 Paletten-Kühltransport.

Multitemperatur-Anlagen liefern verschiedene Temperaturen für mehrere Ladezonen des Fahrzeugs. Die Ladezonen können in Längsrichtung oder in Querrichtung des Fahrzeugs aufgeteilt sein, in zwei oder drei Zonen. Beispiele für die Einteilung in Querrichtung siehe Bild ➔ 1a, 1b.

Multitemperatur-Anlagen bieten zwei Vorteile:
- Waren mit unterschiedlicher Temperatur können in einem einzigen Laderaum transportiert werden
- Temperaturverluste durch häufiges Öffnen der Laderaumtüren z. B. im Verteilerverkehr werden gering gehalten

a) Lkw, hier mit Kühlaggregat über dem Fahrerhaus und mit zwei Temperaturzonen

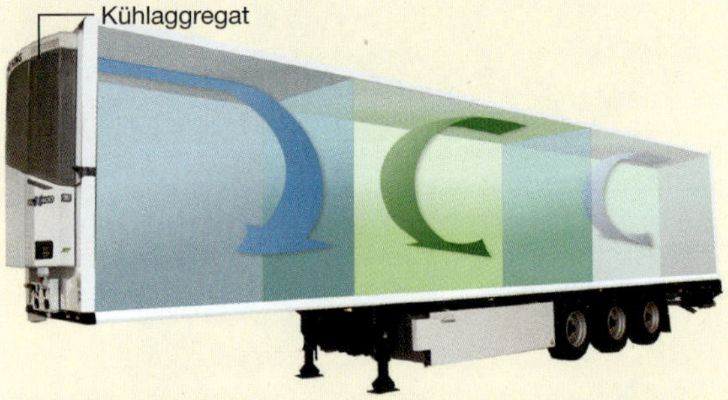

b) Sattelanhänger, hier mit Kühlaggregat vorn angebaut und mit drei Temperaturzonen

c) Lkw-Zug mit unterflurangebauten Kühlaggregaten

1 Kühlfahrzeuge

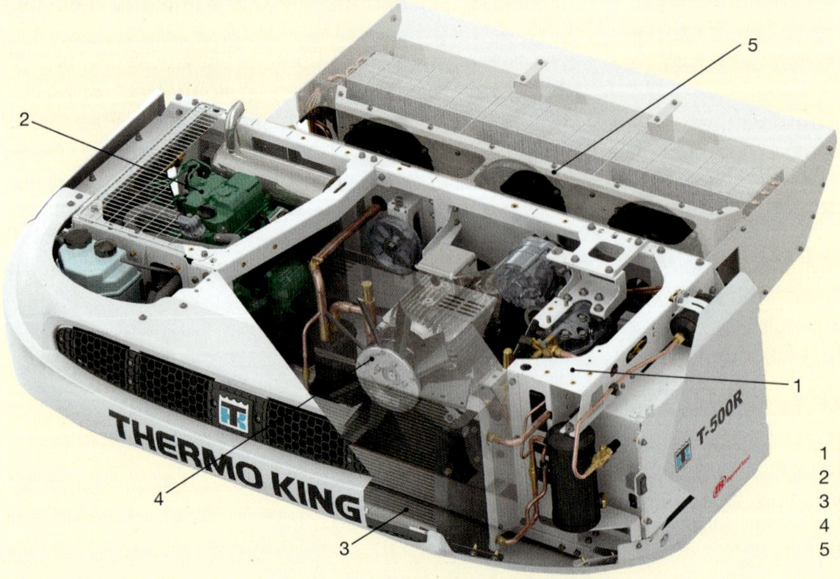

1 Kolbenkompressor mit zwei Zylindern
2 Dieselmotor mit zwei Zylindern
3 Kondensator
4 Ventilator vorne
5 Kaltluftführung in den Laderaum

2 Konventionelles Kühlaggregat für den Anbau über dem Fahrerhaus

Heizsysteme für den Laderaum

Heizanlagen für den Laderaum können betrieben werden mit:
- Flüssiggas
- Dieselkraftstoff
- Erdgas
- Gas/elektrischem Strom

Flüssiggasbetriebene Heizanlagen
Bild → 1 zeigt eine mobile, flüssiggasbetriebene Heizanlage für Lkws und Anhänger. Die Funktion dieser Heizanlage ist wie die der flüssiggasbetriebenen Heizanlage, vgl. Kap. 15.9.2.

Dieselbetriebe Heizanlagen
Um beladene Wechselbrücken für längere Zeit ohne Trägerfahrzeug abstellen zu können, ohne dass frostempfindliche Waren gefährdet werden, werden Laderaumheizungen angeboten, die auch ohne Zugmaschine (Energieversorgung) funktionieren. Solche Wechselpritschen verfügen dann über eine Anbau-Einheit, sogenannte **Clip-On-Units**.

Die Anbau-Einheit enthält neben der Warmluftheizung, vgl. Bild → 2:
- 70-Liter-Dieseltank
- vier Stück Lkw-Starterbatterien
- Ladegerät 230 Volt

Erdgasbetriebene Heizanlagen und **gas-/elektrisch betriebene Heizanlagen** funktionieren ähnlich wie flüssiggasbetriebene Heizanlagen, siehe oben.

Zum Einbau der Kühlanlage in einen Lkw siehe 2. US, 31702, Seite 118.

15.11 Achslast

Nach StVZO ist *„die Achslast die Gesamtlast, die von den Rädern einer Achse oder einer Achsgruppe auf die Fahrbahn übertragen wird."*

Bei Um- und Einbauten muss darauf geachtet werden, dass weder die einzelnen Achs- bzw. Radlasten noch die zulässige Gesamtmasse des Fahrzeugs überschritten werden.

Zwei Gründe dafür:
- Festigkeit der Bauteile des Fahrwerks erhalten
- Lenkfähigkeit des Fahrzeugs gewährleisten

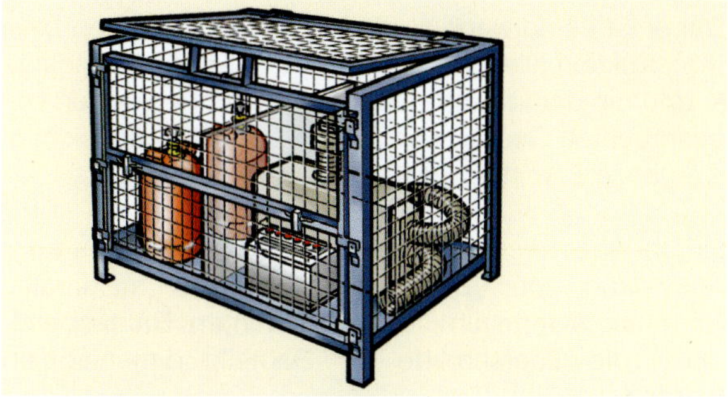

1 **Flüssiggasbetriebene Heizanlage**

2 **Anbau-Einheit zur Beheizung einer Wechselbrücke**

Achslast und Festigkeit
Die **zulässige Achslast** gibt die Last an, mit der eine Achse maximal belastet werden darf, ohne dass ihre Funktion beeinträchtigt wird, sich bleibende Materialverformungen oder sonstige Materialschäden einstellen.

Die zulässige Achslast darf **nicht** überschritten werden; sie kann aber von den gesetzlich zulässigen maximalen Achslasten abweichen, wenn die technische Beschaffenheit der Achse, der Radaufhängung und der Bremsen dies zulässt.

Die vom Gesetzgeber vorgegebenen maximal zulässigen Achslasten für den Betrieb von Radfahrzeugen im öffentlichen Straßenverkehr sind in der StVZO §§ 34, 36, 41 bzw. der EU-Richtlinie 96/53 angegeben, vgl. Kap. 13.2.1.

Infolge der Forderung nach weniger Masse haben sich zwischenzeitlich nicht nur die eingesetzten Materialien, sondern auch deren Eigenschaften geändert. So kann man aufgrund der höheren Festigkeit mancher Werkstoffe Bauteile mit sehr viel geringerer Materialdicke verwenden als noch vor einigen Jahren.

Daher ist es notwendig, dass bei der Konzeption bzw. Konstruktion alle eventuell auftretenden Belastungsfälle und die damit verbundenen Spannungen in den beanspruchten Querschnitten der Bauteile berücksichtigt werden, z.B. mittels Finite-Elemente-Methode.

Durch einen rechnerischen Festigkeitsnachweis können dann unter Berücksichtigung der maximalen Spannungswerte (in den untersuchten Bauteilbereichen) die Querschnitte der Bauteile dimensioniert werden.

Achslast, Stützlast und Lenkfähigkeit

Um die Lenkfähigkeit des Fahrzeugs zu gewährleisten, geben die Fahrzeughersteller üblicherweise als Mindestbelastung der Lenkachse Achslast ≥ 25 % des jeweiligen Momentangewichts an; bei Anhängerbetrieb sind es oft 30 %.

Nach § 44 Abs. 3 StVZO darf bei einachsigen Anhängern oder zweiachsigen Anhängern mit einem Achsabstand von weniger als einem Meter hinter Pkws die vom ziehenden Fahrzeug aufzunehmende Mindeststützlast ≥ 4 % der jeweiligen (tatsächlichen) Anhängelast betragen. Sie braucht jedoch nicht mehr als 25 kg betragen.

Wird ein Pkw mit der Anhängekraft F_{Anh} belastet, wird

- die Hinterachse belastet mit der Kraft F_{Bel}
- die Vorderachse entlastet mit der Kraft F_{Ent}

Die Belastung an der Hinterachse F_{Bel} und die Entlastung F_{Ent} an der Vorderachse lassen sich berechnen. Das Momentengleichgewicht mit dem Drehpunkt Vorderachse ergibt, vgl. Bild → 1:

$$F_{Bel} \cdot Rs - F_{Anh} \cdot (Rs + a) = 0$$

$$F_{Bel} \cdot Rs = F_{Anh} \cdot (Rs + a)$$

$$F_{Bel} = F_{Anh} \cdot \frac{Rs + a}{Rs}$$

$$F_{Ent} = F_{Anh} - F_{Bel}$$

F_{Bel} Belastung der Hinterachse
F_{Anh} Anhängerkraft
F_{Ent} Entlastung der Vorderachse
Rs Radstand
a Abstand der Anhängekupplung zur Hinterachse

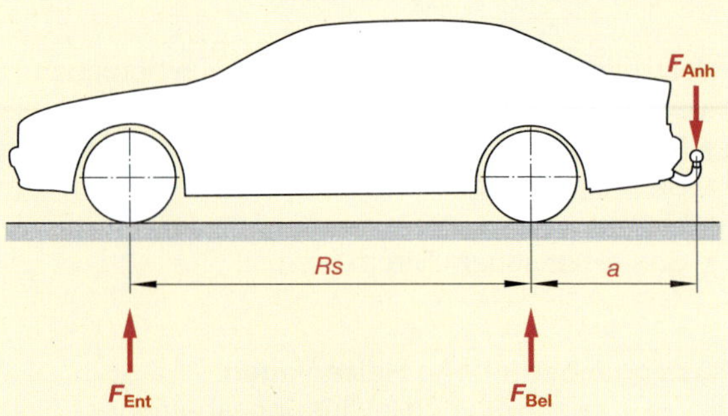

F_{Bel} Belastung der Hinterachse
F_{Ent} Entlastung der Vorderachse
a Abstand der Anhängerkupplung zur Hinterachse
Rs Radstand
F_{Anh} Anhängerkraft

1 Entlastung der Vorderachse eines Pkws bei Belastung durch Anhänger

Beispiel, vgl. Bild → 1:

Geg.: $Rs = 3600$ mm, $a = 1300$ mm, $F_{Anh} = 750$ N

Ges.: a) F_{Bel} b) F_{Ent}

Lösung:

a) $$F_{Bel} = F_{anh} \frac{Rs + a}{Rs}$$

$$F_{Bel} = 750\ \text{N} \cdot \frac{3600\ \text{mm} + 1300\ \text{mm}}{3600\ \text{mm}}$$

$$= 750\ \text{N} \cdot \frac{4900\ \text{mm}}{3600\ \text{mm}}$$

$$= 750\ \text{N} \cdot 1{,}36$$

$$\underline{\underline{F_{Bel} = 1020\ \text{N}}}$$

Die Hinterachse wird mit 1020 N belastet.

b) $$F_{Ent} = F_{Anh} - F_{Bel}$$

$$F_{Ent} = 750\ \text{N} - 1020\ \text{N}$$

$$\underline{\underline{F_{Ent} = -270\ \text{N}}}$$

Die Vorderachse wird um 270 N entlastet.

Es gibt zwei Varianten für die Halterung:
- auf der Hecktür
- auf einem separaten Halter

Halterung für das Ersatzrad an der Hecktür
Das Ersatzrad kann an der Hecktür befestigt sein, siehe Bild ➔ 3, Seite 494. Dann müssen Türblatt, Türsäulen und Scharniere verstärkt sein, da durch die Gewichtskraft des Ersatzrades hohe Belastungen auftreten können und die Halterung ausreißt.

Separate Halterung für das Ersatzrad
Das Ersatzrad kann auch auf einem separaten Halter befestigt sein, der von der Tür unabhängig schwenkbar ist, siehe Bild ➔ 1. Hier muss die Türsäule für die Aufnahme der Befestigungspunkte verstärkt werden.

1 Separater Ersatzradhalter

Übungen:

1. Beschreiben Sie die Längenmaße: Fahrzeuglänge, Karosserielänge und Karosserieüberhang.
2. Erklären Sie die Begriffe Messlast 1 und Messlast 2.
3. Nennen Sie Beispiele für Änderungen an der Karosserie von Pkws, die vom TÜV oder eine anderen amtlich anerkannten Überwachungsorganisation begutachtet werden muss.
4. Welche Eigenschaften sollten Dichtmittel besitzen?
5. Weshalb ist es wichtig, bei Umbauten am Fahrzeug den alten Wärmeschutz wieder herzustellen?
6. Nennen Sie Möglichkeiten, Körperschall zu dämmen.
7. Warum eignen sich naturfaserverstärkte Kunststoffe (NFK) besonders gut zur Schalldämpfung?
8. Nennen Sie die Bauteile zur Druckluftversorgung eines Anhängers.
9. Welche Bauteile sind nötig, um einen Anhänger mit Hydraulikflüssigkeit zu versorgen?
10. Beschreiben Sie die Belegung einer 15-poligen Anhängersteckvorrichtung.
11. Welche Faktoren beeinflussen das Klima im Innern des Fahrerhauses?
12. Nennen Sie die drei Hauptgruppen der Klimaautomatik.
13. Erklären Sie die Heizung eines Pkws mit Verbrennungsmotor.
14. Wie funktioniert die Kühlung einer Klimaanlage?
15. Beschreiben Sie die Kühlung mit Hilfe einer Standklimaanlage.
16. Wie funktioniert ein Kraftstoff-Wasser-Heizgerät einer Standheizung?
17. Welche Möglichkeiten gibt es, das Kühlaggregat zur Kühlung des Laderaums anzubringen?
18. Welche Vorteile bietet eine Multitemperaturanlage zur Kühlung des Laderaums?
19. Für welche Zwecke wird eine dieselbetriebene Heizanlage eingesetzt?
20. Welche Probleme sind bei der Klimatisierung von Stadtbussen zu beachten? Durch welche Maßnahmen werden sie gelöst?
21. Beschreiben Sie die Klimatisierung in einem Reisebus.
22. Was empfehlen Sie dem Kunden zur Instandhaltung der Klimaanlage?
23. Wie ist Kältemittel zu entsorgen?
24. Erklären Sie den Begriff „zulässige Achslast“.
25. Bei einem Pkw beträgt der Radstand $Rs = 3500$ mm und der Abstand der Anhängekupplung zur Hinterachse $a = 1200$ mm. Der Anhänger drückt mit einer Kraft $F_{Anh} = 700$ N auf die Anhängekupplung. Berechnen Sie
    a) die Belastung der Hinterachse F_{Bel}
    b) die Entlastung der Vorderachse F_{Ent}
26. Nennen Sie Beispiele für Hebe- und Ladehilfseinrichtungen.
27. Was müssen Sie beachten, wenn Sie einen Spoiler oder einen Flügel an einen Pkw anbauen?
28. Wie rüsten Sie bei einem Pkw eine Dachreling nach?
29. Nennen Sie die zwei Arten von Seilwinden für Pkws.
30. Was ist beim Anbau einer Seilwinde zu beachten?
31. Welche Möglichkeiten gibt es, den Ersatzradhalter am Heck eines SUV zu befestigen?

16 Innenraum von Pkws

In diesem Kapitel werden behandelt:
- Innenraum von Pkws gestalten, siehe Kap. 16.1
- Sicherheit im Fahrzeuginnenraum, siehe Kap. 16.2
- Innenausbau, siehe Kap. 16.3
- Werkstoffe für den Innenausbau, siehe Kap. 16.4
- Dicht- und Dämmstoffe für den Innenausbau, siehe Kap. 16.5
- Brandschutz im Innenraum von Pkws, siehe Kap. 16.6
- Innenraum bei Fahrzeugen, die autonom fahren, siehe Kap. 16.7

16.1 Innenraum von Pkws gestalten

1 Gestaltung des Innenraums von Pkws

Zum Innenraum eines Pkws gehört der umbaute Raum:
- für die Passagiere, einschl. Innenverkleidung, Sitze und Sitzbänke, Armaturen und Bedienelemente
- Kofferraum, einschl. Vorrichtungen für die Ladungssicherung

Im Innenraum von Pkws befinden sich ein, zwei oder drei Sitzreihen mit je zwei oder drei Sitzplätzen
Der Innenraum kann sein:
- zu öffnen (Cabriolet, Cabrio-Limousine, Landaulet)
- geschlossen (alle anderen Pkws)

Die Gestaltung des Fahrzeuginnenraumes hat großen Einfluss auf das Wohlbefinden des Fahrers und ist damit ein wesentlicher Baustein der aktiven Sicherheit des Fahrzeuges. Mit „Gestaltung" ist die Anordnung und Formgebung des Innenraums gemeint; sie wird oft auch mit **Design** bezeichnet.
Dabei spielt die **Ergonomie**[1] eine große Rolle. Für die Gestaltung des Innenraums bedeutet das, Gegenstände benutzerfreundlich so anzuordnen, dass
- der Fahrzeugführer das Fahrzeug optimal bedienen kann, ohne zu ermüden,
- alle Insassen bequem und sicher befördert werden,
- das Gepäck sicher verstaut und mühelos be- und entladen werden kann.

Weitere Faktoren für die Gestaltung des Innenraums sind:
- Modetrends (einschl. Farben), Ästhetik und Wünsche der Käufer
- Herstellungskosten

[1] Ergonomie (altgriech.): Wissenschaft von der Arbeitsgestaltung und Arbeitsorganisation

Im Innenraum von Pkws werden gestaltet, vgl. Bild → 1:
- Bedienelemente
- Sitze
- Farben
- Formen
- Haptik
- Geräusche
- Geruch
- Heizung und Klima

Gestaltung der Bedienelemente
Bedienelemente stellen die Verbindung her zwischen Fahrer und Fahrzeug.

Zu den Bedienelementen im Innenraum gehören:
- Lenkrad
- Pedale
- Schalter und Knöpfe
- Touchscreen

Lenkrad
Das Lenkrad ist das Bedienelement im Fahrzeug, mit dem der Fahrer ständig Kontakt hat. Aus diesem Grund werden besondere Anforderungen an die Oberfläche gestellt. Sie soll sich angenehm anfühlen, darf nicht zum Schwitzen der Hände führen, soll rutschfest sein und einen hochwertigen Eindruck hinterlassen. Moderne Lenkräder müssen mehrere Aufgaben erfüllen: Neben dem Lenken sind Airbag, Schalter für Hupe und andere Funktionen integriert, siehe Bild → 2.

2 Lenkrad mit Zusatzfunktionen

Pedale

Pedale müssen so angeordnet werden, dass sie von Fahrern unterschiedlicher Körpergrößen mühelos erreicht werden können. Die Bedienkräfte dürfen nicht zu groß, die Oberfläche muss rutschsicher sein, siehe Bild ➔ 1.

Der Fußraum ist so zu gestalten, dass sich Pedale nicht verklemmen können. Bei einem Unfall dürfen sie nicht in die Fahrgastzelle eindringen. Deshalb sind die Pedale hängend angeordnet, siehe Bild ➔ 1.

1 Pedale in einem Gebrauchtwagen

Schalter

Trotz immer umfangreicherer Fahrzeugfunktionen darf die Anzahl der Schalter nicht zu groß werden. Mehrfachbelegungen sind möglichst zu vermeiden. Die Abmessungen sind so zu wählen, dass auch Insassen mit großen Fingern nicht unbeabsichtigt mehrere Tasten betätigen. Ein gutes Beispiel zeigt Bild ➔ 2.

Schalter sollten über einen Druckpunkt verfügen. Dadurch erfolgt beim Bedienen eine Rückmeldung. Wichtige Schalter wie der Warnblinkschalter müssen auch vom Beifahrer erreicht werden können, vgl. roter Schalter in Bild ➔ 3.

Die Helligkeit ändert sich je nach Lichtverhältnissen, z.B. im Tunnel. Beleuchtete Schalter lassen sich in der Dunkelheit besser finden.

Die Anordnung der Schalter erfolgt nach ergonomischen und funktionellen Erfordernissen: Schalter, die häufig betätigt werden, sind im direkten Umfeld des Fahrers platziert.

2 Schalter

Knöpfe

In einem Knopf sind diverse Schaltfunktionen in einem Bedienelement vereinigt. Heute werden meist mehrere Bewegungsebenen genutzt. Der Schaltvorgang erfolgt beispielsweise durch Drehen und Drücken, siehe Bild ➔ 1, Seite 499. So ist es möglich, sich durch umfangreiche Auswahlmenüs zu steuern.

Knöpfe müssen eine griffige Oberfläche haben. Um Verletzungen zu vermeiden, dürfen keine scharfen Kanten oder Spitzen vorhanden sein.

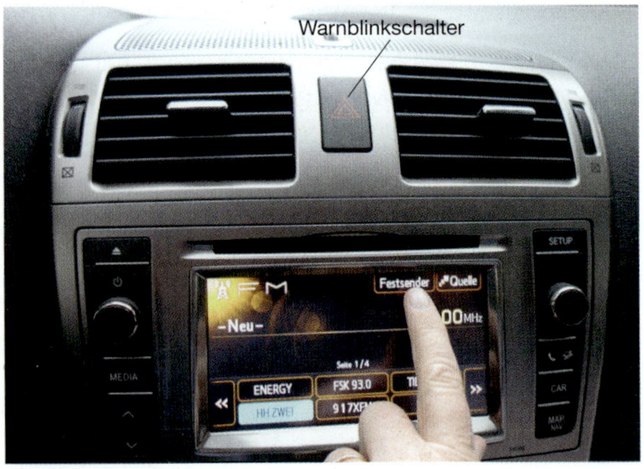

3 Touchscreen

Touchscreen

Mit der weiteren Entwicklung der Computertechnik haben berührungsempfindliche Bildschirme Einzug in die Fahrzeuge gefunden. Der Vorteil dieser Technologie liegt in der Verbindung von Anzeige und Bedienelement. Der Nutzer muss nicht mehr mit einem Knopf eine Markierung auf dem Bildschirm durch unterschiedliche Menüs bewegen. Er tippt den entsprechenden Befehl an und dieser wird ausgeführt, siehe Bild ➔ 3. Da sich die meisten Systeme an Bedienalgorithmen von Smartphones oder Tablet-PCs orientieren, erfolgt die Anwendung überwiegend intuitiv.

1 **Knopf**

Gestaltung der Sitze

Die tragende Struktur der Sitze ist bei den meisten Modellen eine Schweißkonstruktion aus Stahl und Blechbiegeteile. In Einzelfällen werden, aus Gewichtsgründen, auch Gussteile aus Aluminium oder Magnesium eingesetzt. Darauf sind Sitzkissen und Sitzlehne befestigt, die aus einer Kombination aus Sinusfederkern mit Gummihaarmatten-Auflage und einer Schaumschicht bestehen, siehe Bild ➔ 2.

2 **Fahrersitz**

Sitze sind sowohl für die aktive als auch für die passive Sicherheit von Kraftfahrzeugen von enormer Bedeutung. Fahrer unterschiedlicher Größe sollen während der Fahrt entspannt und verkehrsgerecht sitzen können. Dazu sind umfangreiche Verstellmöglichkeiten von Sitzhöhe, Neigung und Sitzkontur notwendig.

Aktive Sitze verändern während der Fahrt geringfügig ihre Kontur. Dadurch werden immer unterschiedliche Muskelgruppen beansprucht. Dies ermöglicht eine ermüdungsfreie Fahrt.

Bei **dynamischen Sitzen** blasen sich bei Kurvenfahrt Luftpolster auf, die den Seitenhalt verändern.

Den Fahrkomfort verbessert eine Sitzheizung im Winter und die Kühlung im Sommer. Während eines Unfalls bilden der stabile Sitzrahmen und aktive Kopfstützen den Überlebensraum des Fahrers.

In der gehobenen Fahrzeugklasse verfügen Sitze über Memoryfunktionen. Damit lassen sich Sitzpositionen für unterschiedliche Fahrer speichern und auf Knopfdruck wieder herstellen.

Sind mehrere Systeme im Fahrzeug miteinander verknüpft, werden mit der Sitzeinstellung automatisch Rückspiegel oder sogar Radio auf den Nutzer eingestellt.

Gestaltung der Farben im Innenraum

Die Farbgestaltung hat einen großen Einfluss auf das Erscheinungsbild von Innenräumen.

Zum einen haben Farben eine Ordnungsfunktion: Wiederkehrende Farben ermöglichen eine schnelle Orientierung und erhöhen somit die Sicherheit von Fahrzeugen.

Auf der anderen Seite wecken Farben Emotionen. Sie wirken beruhigend oder aufwühlend.

Die Wahl entsprechender Farben und Kontraste erzeugt unterschiedliche Stimmungen. Dunkle, gedeckte Farbtöne mit geringen Kontrasten bewirken den Eindruck von Gediegenheit und Stabilität. Starke Farbkontraste werden mit Sportlichkeit und Jugend verknüpft, siehe Bild → 1.

1 Starker Farbkontrast im Innenraum

2 Farbgestaltung in einem Werkstattwagen

Neben den hervorgerufenen Emotionen hat die Farbgestaltung auch Auswirkung auf den Gebrauchswert von Fahrzeugen. Pastellfarbene Flächen lassen den Innenraum großzügig erscheinen. Sie verschmutzen aber leicht und sind deshalb für Familien- oder Nutzfahrzeuge eher unpraktisch. Für diese eignen sich gedeckte Farbtöne mit kleinen Mustern besser.

Bei Funktionsfahrzeugen wie Rettungs- oder Werkstattwagen werden an die Farbgestaltung besondere Anforderungen gestellt. Dort werden helle Farben bevorzugt, um die Lichtverteilung im Fahrzeug zu verbessern, siehe Bild → 2.

Die Farbkontraste ordnen sich aber völlig der Funktion unter. So werden die Farben von Schubladen in Werkstattwagen nach dem Inhalt und nicht nach gestalterischen Gesichtspunkten gewählt.

Gestaltung der Formen im Innenraum

Jeder Fahrzeughersteller versucht, durch eine unverwechselbare Formgestaltung des Innenraumes den Wiedererkennungswert seiner Produkte zu sichern.

Dazu wird eine Formsprache entwickelt, die sich aus unterschiedlichen Komponenten zusammensetzt. Dabei werden Konzepte entwickelt, die sich oft über mehrere Modellgenerationen verfolgen lassen.

Beispiel:
Das um den Fahrer herumgezogene Cockpit bei BMW, siehe Bild ➔ 1.

Alle diese unterschiedlichen Konzepte müssen sich jedoch an den gleichen Grundlagen orientieren. Im Vordergrund steht die Ergometrie.

Beispiel:
Egal wie gut ein Innenraum gestaltet ist: Findet der Fahrer Schalter und Pedale nicht an der gewohnten Stelle oder sind sie sogar außerhalb seiner Reichweite angeordnet, nützt alles Design nichts.

Ein weiterer Punkt ist die Sicherheit: Schalter, Knöpfe und andere Bedienelemente müssen so gestaltet werden, dass im Falle eines Unfalls keine Verletzungen durch sie verursacht werden können. Das bedeutet:

- runde Formen
- nachgiebige Materialien
- Sollbruchstellen an Bauteilen

1 Cockpit im BMW

2 Innenraum eines Sportwagens mit Carbonoberfläche und polierten Aluminiumteilen

Gestaltung der Haptik

Als Haptik werden die Wahrnehmungen bezeichnet, die man fühlen kann; für den Innenraum von Pkws z. B. die Oberflächenstrukturen der verwendeten Materialien.

Hersteller der Oberklasse betreiben einen erheblichen Aufwand, um sich von anderen Herstellern abzuheben. Luxuslimousinen werden mit Edelhölzern, Echtleder und massiven Metallelementen ausgestattet.

Sportwagenhersteller rüsten Fahrzeuge mit Carbonoberflächen und polierten Aluminiumteilen aus, Beispiel siehe Bild ➔ 2.
Bei preiswerten Fahrzeugen steht die Funktionalität des Bauteils im Vordergrund. Das Armaturenbrett hat eine Funktion zu erfüllen. Die Optik wird durch die Oberflächenstruktur des Spritzgussteils gestaltet; alle blanken Teile müssen blendfrei sein. Unterpolsterte Oberflächen, die eine warme, handschmeichelnde Oberfläche erzeugen, sind zu teuer.

Gestaltung der Geräusche

Fahrzeughersteller investieren heute erhebliche Mittel in die Klanggestaltung der Fahrzeuge. Der Ton beim Schließen der Fahrertür vermittelt einen ersten Eindruck über die Sicherheit des Fahrzeuges. Ein tiefer, satter Ton suggeriert Sicherheit, Gediegenheit. Scheppert es dagegen blechern und schwingen die Töne nach, entsteht ein ungutes Gefühl.

Während der Fahrt sind Karosseriegeräusche absolut unerwünscht. Klappern oder schabende Geräusche werden mit minderwertiger Fahrzeugqualität verbunden. Die Abdeckungen von Fächern und Ablagen sollen mit einem „satten“ Laut schließen.

Der Fahrzeugklang wird auf den Charakter des Fahrzeugs abgestimmt:

- In einer Luxuslimousine sollen möglichst wenig Geräusche in das Fahrzeuginnere eindringen. Fahrzeugbewegungen werden möglichst gedämpft. Ruhe und Gelassenheit prägen das Fahrgefühl. Die vorhandene Fahrleistung wird genutzt, man möchte sie aber nicht spüren.
- Der Fahrer eines Sportwagens setzt vollkommen andere Schwerpunkte. Motorengeräusche und Vibrationen beim Beschleunigen werden an den Fahrer möglichst ungedämpft übermittelt. Ein Sprint mit einem Sportwagen in 4 Sekunden von null auf 100 km/h macht ohne Motorgeräusch nur halb so viel Spaß. Der Fahrbahnkontakt erfolgt durch ein straffes Fahrwerk. Stöße sind dann Fahrspaß.

Ein vollkommen neues Feld der Geräuschgestaltung ergibt sich durch die Entwicklung von Elektrofahrzeugen. Der Elektromotor arbeitet praktisch geräuschlos. Das hat zwar einen positiven Effekt auf die lärmbelastete Umwelt, schafft aber auch neue Probleme. Fußgänger hören diese Fahrzeuge nicht mehr. Ein Sinn, welcher vor Gefahren im Straßenverkehr gewarnt hat, ist nutzlos geworden. Auf der anderen Seite fehlt dem Fahrer die akustische Rückmeldung über Beschleunigung und Motorleistung.

Weitere Informationen zum Umwandeln von Motorgeräuschen siehe Kap. 13.13.5.

Gestaltung des Geruchs

Setzt sich ein Mensch in ein Auto, wirken eine große Zahl von unterschiedlichen Reizen auf ihn ein. Noch vor der Optik und Haptik wird der Geruch wahrgenommen. Dieser hat einen großen Einfluss auf das Wohlbefinden der Fahrzeuginsassen. Eine Lederausstattung muss nicht nur nach Leder aussehen, eine Lederausstattung muss auch nach Leder riechen.

Gleichzeitig funktioniert der Geruchssinn als Warneinrichtung. Der Gestank von Lösungsmitteln in billigen Fahrzeugen kann einfach nicht gesund sein. Da in Polsterungen, Verkleidungen, Sitzen und Ablagen eine große Zahl unterschiedlicher Stoffe verbaut sind, ist eine Wechselwirkung zwischen den einzelnen Bauteilen möglich. Deshalb wird der komplette Innenraum heute auf seine Gesundheitsverträglichkeit überprüft.

Neben den verbauten Werkstoffen ist natürlich die Belüftungsanlage eine „Geruchsquelle“. Normalerweise erfolgt die Belüftung durch gefilterte Außenluft. Pollenfilter und Aktivkohlefilter entfernen dabei schädliche Bestandteile.

In einigen Fahrzeugen der Oberklasse wird durch die Klimaanlage Parfüm in den Fahrzeuginnenraum eingeblasen. Dadurch kann der Geruch den persönlichen Bedürfnissen des Fahrgastes angepasst werden.

Heizung und Klima

Herrschen im Fahrgastraum hohe Temperaturen und eine hohe Luftfeuchtigkeit, steigt das Unfallrisiko. Ursache dafür ist die verminderte Aufnahmefähigkeit des Fahrers. Bei Temperaturen von über 27 °C kommt es nicht nur zum Schwitzen, es steigen Herzfrequenz und Nervosität. Das Sehvermögen wird vermindert, Bewegungen können nur noch eingeschränkt wahrgenommen werden.

Aus diesen Gründen hat sich heute eine Klimaanlage im Kraftfahrzeug als Element der aktiven Sicherheit bewährt. Allerdings reicht es nicht aus, die Innentemperatur einfach auf 22 °C abzusenken. Für einen behaglichen Innenraum sind mehrere Faktoren verantwortlich:

- Temperatur
- Luftgeschwindigkeit
- Temperatur der Oberflächen
- Luftfeuchtigkeit

Auf die Insassen wirken unterschiedliche Temperaturen:

- Kopf und Oberkörper sind durch die Fensterflächen einer großen Wärmestrahlung ausgesetzt.
- Die Füße bleiben im kühlen Dunkel.

Weitere Probleme entstehen durch körperliche Besonderheiten des Menschen: Im Kopfbereich darf die Luftgeschwindigkeit nicht zu hoch sein, da sonst die Bindehaut des Auges austrocknet. Schnelle Ermüdung und Augenbrennen sind die Folgen.

Arme, Ober- und Unterschenkel vertragen keine Zugluft. Füße sind besonders kälteempfindlich. Am Rücken und Gesäß soll keine Schweißbildung einsetzen.

Der Idealzustand lässt sich mit dem Satz beschreiben: Kühler Kopf und warme Füße.

Moderne Klimaanlagen gehen noch weiter: Hier können sich alle vier Passagiere ihre eigene „Wohlfühl"-Temperatur einstellen.

Die typische Luftverteilung in einem Pkw ist in Bild → 1 dargestellt: Die gekühlte, durch Aktivkohle- und Pollenfilter gereinigte Luft kommt vom Verdampfer der Klimaanlage. Im Defroster-Betrieb strömt warme Luft auf die Scheiben (A). Durch die Öffnungen (B) gelangt temperierte Luft an den Oberkörper der Insassen.

Um die Luftgeschwindigkeit klein zu halten, werden mehrere große Ausströmöffnungen verwendet. Sind die Scheiben abgetaut, werden auch die Düsen (A) für die Klimatisierung des Kopfraumes genutzt.

Durch die Kanäle (C) gelangt etwas wärmere Luft in den Fußraum. Da dort die Luftgeschwindigkeit höher sein darf, haben die Austrittsöffnungen einen geringen Querschnitt.

Bei automatischen Klimaanlagen messen Sensoren die Raumtemperatur an mehreren Punkten des Fahrzeuginnenraumes. Luftmenge und Temperatur der einzelnen Klimazonen werden dann entsprechend der eingestellten Wunschtemperaturen geregelt.

Weitere Informationen zur Klimaanlage siehe Kap. 15.9.

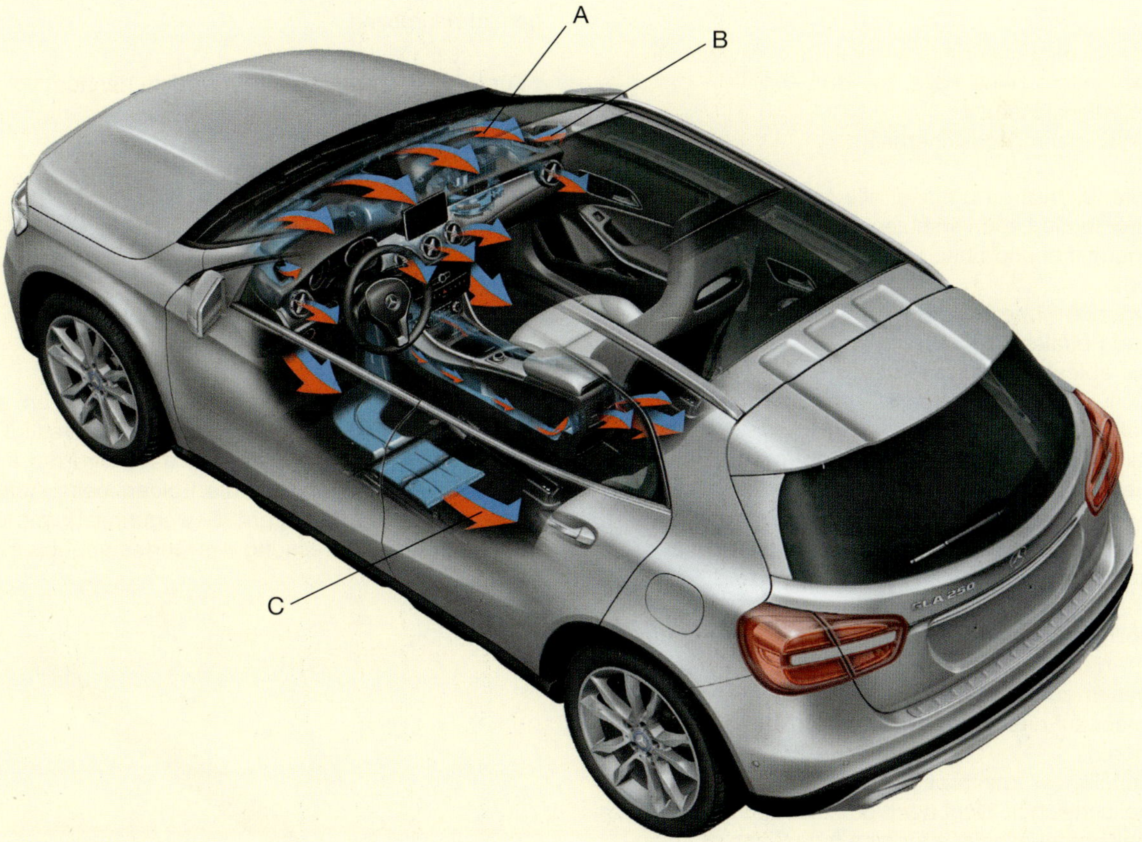

A Defrosterdüsen Fenster
B Belüftungsdüsen Kopfraum
C Belüftungsdüsen Fußraum

1 Klimatisierung des Innenraums eines Pkws der Oberklasse

16.2 Sicherheit im Fahrzeuginnenraum

1 Sicherheit im Fahrzeuginnenraum

Aktive Fahrzeugsicherheit im Innenraum

Aktive Fahrzeugsicherheit umfasst alle Maßnahmen, die helfen Unfälle zu vermeiden.

Im Fahrzeuginnenraum spielen da zwei wesentliche Faktoren eine Rolle, vgl. Bild ➔ 1:
- Bediensicherheit
- Wahrnehmungssicherheit

Bediensicherheit umfasst alle Maßnahmen, die den Fahrer in die Lage versetzen, das Fahrzeug leicht, ermüdungsfrei und ohne Fehler zu bedienen. Dazu gehören:
- ergonomische Anordnung von Schaltern, Hebeln und Pedalen
- gut ablesbare Instrumente
- sinnvolle Informationen, die das Bedienen des Fahrzeuges erleichtern
- Klimaanlagen und wirksame Geräuschdämpfung; sie verhindern ein schnelles Ermüden des Fahrers
- Assistenzsysteme wie Bremsassistent oder Spurhaltesystem; Navigationssystem und Automatikgetriebe entlasten den Fahrer zusätzlich

Wahrnehmungssicherheit beinhaltet alle Maßnahmen, die dem Fahrer ermöglichen, das Verkehrsgeschehen zu erfassen, und die anderen Verkehrsteilnehmer auf das Fahrzeug aufmerksam machen. Dazu gehören:
- auffällige Wagenfarbe, wodurch das Fahrzeug auch bei schlechter Sicht noch gut zu erkennen ist
- Beleuchtungsanlage für eine gute Sicht, ohne andere Fahrzeugführer zu blenden
- große Fahrzeugscheiben und schmale Säulen, sodass der Rundumblick gut möglich ist
- Rückspiegel mit kleinem „toten Winkel"

Passive Fahrzeugsicherheit

Passive Fahrzeugsicherheit umfasst alle Bauteile und Maßnahmen, die helfen, im Falle eines Unfalls die Folgen zu begrenzen.

Für den Fahrzeuginnenraum sind zu nennen, vgl. Bild ➔ 1:
- Sicherheitsgurt
- Gurtstraffer
- Gurtkraftbegrenzer
- Airbag
- Kindersitz
- Ladungssicherung

Sicherheitsgurt

Der Sicherheitsgurt ist ein fester Gurt, der an zwei bis zu sechs Punkten an der Karosserie befestigt ist, siehe Bild ➔ 2. Im Falle eines Unfalls wird der Fahrzeuginsasse gehalten, um die Folgen beim Aufprall auf harte Teile zu verringern. Bewegungsenergie wird dabei durch eine Streckung des Gurtes abgebaut.

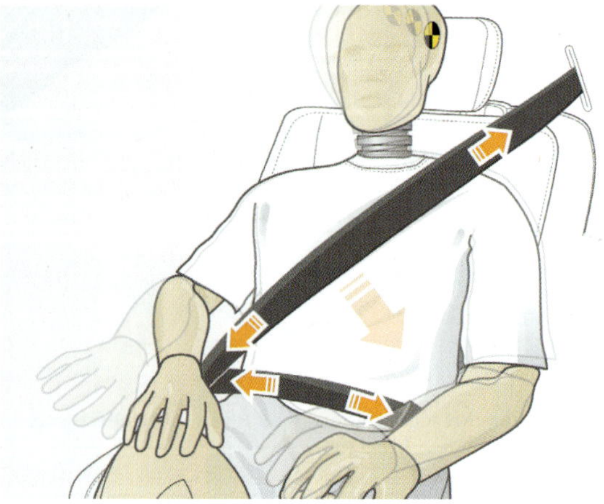

2 Sicherheitsgurt, hier als Dreipunktgurt

Der Sicherheitsgurt verhindert außerdem, dass die Fahrzeuginsassen aus dem Auto geschleudert werden. Seine volle Wirkung kann er nur in Verbindung mit dem Sitz entfalten. Die Köpfstütze verhindert Halswirbelverletzungen beim Zurückschleudern des Kopfes nach dem Aufprall.

Nach der Anzahl der Befestigungspunkte an der Karosserie gibt es

- Zweipunktgurte: nur noch als Beckengurt in der Mitte des Fonds
- Dreipunktgurte: häufigste Gurtart, siehe Bild ➔ 2, Seite 504
- Vier- und Mehrpunktgurte: für Sport- und Rennwagen und bei Kindersitzen

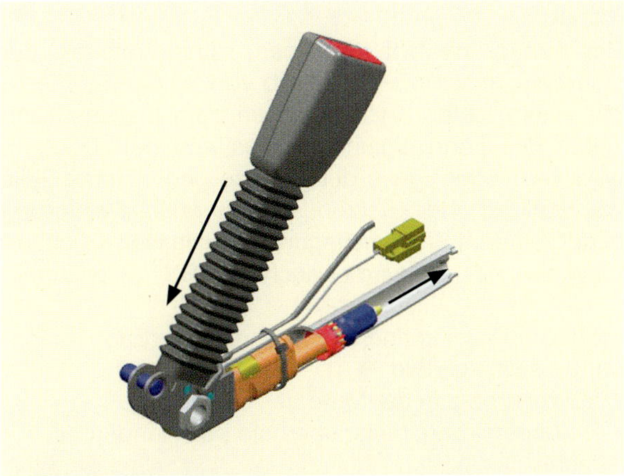

1 **Gurtstraffer**

Gurtstraffer

Am besten schützt der Sicherheitsgurt vor Verletzungen, wenn er straff angelegt ist. Allerdings wird die Bewegungsfreiheit dadurch sehr eingeschränkt. Bei normaler Nutzung liegt der Gurt nur lose an (**Gurtlose**). Beim Unfall bewegt sich der Körper erst einige Zentimeter ungebremst nach vorn; erst dann setzt die Schutzwirkung des Sicherheitsgurtes ein.

Gurtstraffer beseitigen im Augenblick des Aufpralls die vorhandene Gurtlose. Dazu wird der Sicherheitsgurt durch pyrotechnische Treibladungen oder eine vorgespannte Feder um max. 15 cm aufgerollt, siehe Bild ➔ 1. Bei einem Unfall zündet das Airbagsteuergerät die Treibladung. Dadurch bewegt sich das Massestück nach vorn. Durch ein daran befestigtes Drahtseil wird das Gurtschloss zurückgezogen.

Gurtkraftbegrenzer

Beim Unfall bremst der Sicherheitsgurt die Insassen ab. Dabei wirken große Kräfte auf den menschlichen Körper. Werden diese Kräfte zu groß, kann es zu schweren Verletzungen kommen.

Gurtkraftbegrenzer lockern den Gurt, wenn die Zugkraft im Gurt zu groß wird. In Bild ➔ 2 ist die Wirkungsweise sichtbar gemacht. Bei Überlastung verdreht sich die Welle (rote Linie). Dadurch kann der Gurt nachgeben. Die Gurtkraft wird auf einen Maximalwert begrenzt. So werden Verletzungen vermieden, aber die Schutzwirkung bleibt erhalten.

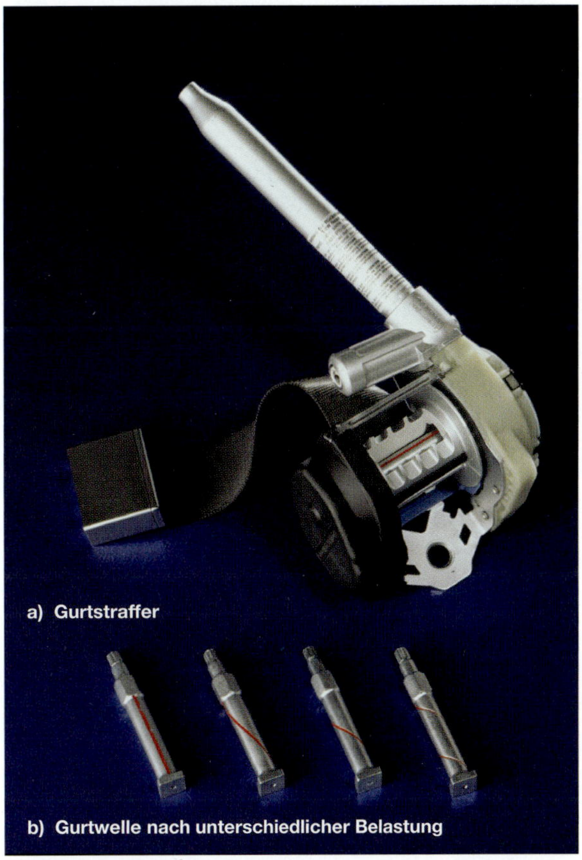

a) Gurtstraffer

b) Gurtwelle nach unterschiedlicher Belastung

2 **Sicherheitsgurt mit pyrotechnischem Gurtstraffer und Gurtkraftbegrenzer**

Airbag

Der Airbag[1] besteht aus einem Kunststoffsack, der sich bei einem Unfall innerhalb von 20 ms bis 50 ms mit einem lauten Knall zwischen dem Insassen und Teilen des Fahrzeuginnenraumes entfaltet. Dadurch wird vermieden, dass der Insasse gegen harte Teile wie Lenkrad oder Fahrzeugscheibe prallt. Der Airbag bildet mit dem Sicherheitsgurt das Insassen-Rückhaltesystem; deshalb wird er auch als **SRS**[2] bezeichnet.

Moderne Pkws können mit mehreren Airbags ausgestattet sein, vgl. Bild → 1:

- Fahrerairbag: in der Mitte des Lenkrads
- Beifahrerairbag: meist oberhalb des Handschuhfachs
- Seitenairbag: in der Türverkleidung oder im Sitz
- Kopfairbags: seitliche Fensterfront oder im Sitz (bei Cabrios)
- Knieairbags: im unteren Teil des Armaturenbretts
- Sitzpolsterairbag: im vorderen Teil der Sitzfläche
- Rücksitzairbag: in der Mittelkonsole der beiden Fondsitze
- Heckairbag: im Dach vor dem hinteren Fenster
- Gurtairbag: im Sicherheitsgurt
- Fußgängerairbag

Informationen zu Arbeitssicherheit und Unfallverhütung beim Umgang mit pyrotechnischen Systemen siehe Kap. 2.12.

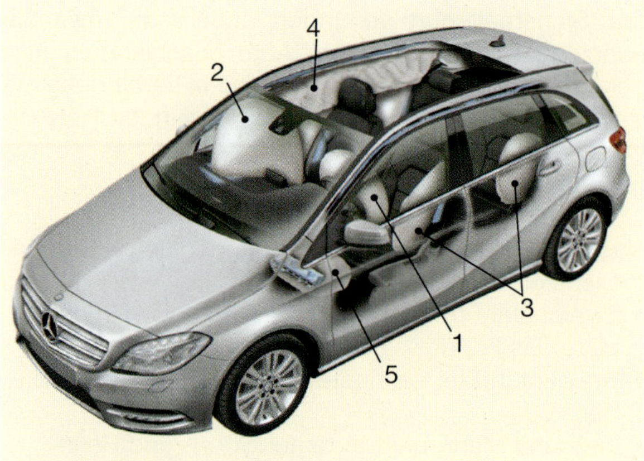

1 Fahrerairbag
2 Beifahrerairbag
3 Seitenairbag
4 Kopfairbag
5 Knieairbag

1 Airbags in einem Kleinwagen

2 Integrierte Kindersitze

Kindersitze

Der Kindersitz ist ein Sitz, der an die geringe Körpergröße von Kindern angepasst ist. Dafür können extra (zugelassene) Sitze an einem Rücksitz oder am Beifahrersitz befestigt werden. Dies erfolgt in den meisten Fällen mit dem Sicherheitsgurt. Unter der Bezeichnung „ISOFIX“ existiert ein genormtes Befestigungssystem (ISO 13 216), mit dem Kindersitze direkt an Befestigungspunkten der Karosserie angebracht werden können. Einige Hersteller bieten Fahrzeuge an, bei denen Kindersitze in Rücksitzen bereits integriert sind, oft mit Seitenkopfstütze und Sicherheitsgurt, siehe Bild → 2. Sie lassen sich einfach ausklappen.

[1] Airbag (engl.): Luftsack

[2] SRS = Supplemental Restraint System (engl.): ergänzendes Rückhaltesystem

1 Verzurrschienen und Ösen zur Ladungssicherung im Laderaum eines Transporters

Ladungssicherung im Pkw

Schon bei relativ leichten Unfällen kommt es häufig zu schweren Sach- oder Personenschäden. Grund dafür ist die mangelhaft gesicherte Ladung.

> Beispiel:
> Bei einem Frontalaufprall mit 50 km/h wird eine ungesicherte Ladung mit dem ca. 50-Fachen der Eigenmasse beschleunigt.

Daraus ergeben sich verblüffende Wirkungen, wie folgende Beispiele zeigen:

Gegenstand	Masse in kg	Aufprallwucht in kg
Mobiltelefon	0,3	16,5
Verbandskasten	1,0	55,5
Bierkasten	18,0	990,0

Heute verfügen alle Fahrzeuge über entsprechende Ladungssicherungssysteme. Im Koffer- bzw. Laderaum sind Ösen angebracht, siehe Bild → 1. Mit diesen können schwere Ladungen durch geeignete bzw. geprüfte Spanngurte oder Gummis fixiert werden.

2 Trenngitter im Kleintransporter

Kombis und Kleintransporter sind meist mit Trennnetzen oder Gittern ausgestattet, siehe Bild → 2.

Weitere Informationen zur Ladungssicherung in Pkws siehe Kap. 13.12.2.

16.3 Innenausbau

Grundlagen

Fahrzeughersteller liefern Kleintransporter mit einer Minimalaustattung. Diese muss an die Wünsche der Kunden angepasst werden. Die Anforderungen reichen vom glatten Fahrzeugboden, über Regaleinbauten für Kurierdienste, Werkstatteinrichtungen für Handwerker bis hin zum Rettungswagen oder Feuerwehreinsatzfahrzeug.
Alle Innenausbauten müssen den gleichen Anforderungen entsprechen:

- zulässigen Schwerpunktlagen und Achslasten sind einzuhalten
- der Zugang zu den Sitzen darf nicht behindert werden
- Einbauten sind fest zu montieren
- nur schwer entflammbare Werkstoffe verwenden
- Einbauten sind mit weichen Oberflächen und Kanten zu gestalten
- die Stromversorgung durch größere Generatoren und Zusatzbatterien an den höheren Bedarf anpassen, Leitungen entsprechend dimensionieren

Zusätzlich dürfen keine Veränderungen an zulassungspflichtigen Bauteilen wie Airbags, Gurtstraffer oder Sitzen vorgenommen werden. Sollen zusätzliche Fenster oder Belüftungsöffnungen eingebaut werden, sind die Vorschriften der Fahrzeughersteller zu beachten.

Zum Innenausbau eines Kleintransporters siehe 2. US, 31702, Seite 164 und zum Ausbauen des Laderaums eines Kastenwagens siehe 2. US, 31702, Seite 32.

Schablonen

Schablonen, die der Karosserie- und Fahrzeugbaumechaniker verwendet, sind ausgeschnittene Formen, meist aus Furnierplatten. Sie werden nach Fertigteilen hergestellt oder die Formen werden direkt am Fahrzeug abgenommen.

Mit Hilfe der Schablonen werden Bleche und Sandwichplatten angezeichnet, die dann zugeschnitten werden.

Für den Innenausbau von Fahrzeugen müssen oft Bleche oder Sandwichplatten passgenau zugeschnitten werden, z. B. für:

- Sandwichplatten zur Verkleidung von Decke oder Türen
- Aluminiumblech am Einstieg

1 Schablone für das Aluminiumblech am Einstieg

2 Einzelteile der Schablone zuschneiden

3 Schablone aus mehreren Einzelteilen zusammengeklammert

Zum Zuschneiden müssen die Maße vom Fahrzeug abgenommen werden. Das ist oftmals nur möglich durch das schrittweise Übertragen der Maße. Aus wirtschaftlichen Gründen wird dafür nicht der Verkleidungswerkstoff verwendet, sondern eine Furnierplatte; daraus wird eine Schablone gefertigt, siehe Bild → 1.

Die Schablone besteht meist aus Einzelteilen; sie werden mit einer Stichsäge auf Maß geschnitten, siehe Bild → 2, in der Serie auch mit CNC-Fräsen.

Danach werden die Einzelteile der Schablone zu einer kompletten Schablone zusammengeklammert, siehe Bild → 3.

1 Sandwichplatte nach Schablone für Decke anzeichnen

Mit Hilfe der Schablone werden dann die Halbzeuge für den Innenausbau angezeichnet und zugeschnitten, siehe Bild → 1.
Die fertigen Schablonen werden nach Gebrauch gekennzeichnet und im Lager abgelegt, siehe Bild → 2. So können sie für zukünftige Arbeiten wiederverwendet werden.

2 Lager für Schablonen

Beispiele für Innenausbau

Folgende Beispiele werden beschrieben:
- Laderaumboden
- Frischdienstfahrzeug
- Kundendienstfahrzeug

3 Bodenplatte mit Ausfräsungen für Sitze

Laderaumboden

Aus Stabilitätsgründen ist der Laderaumboden von Transportern mit Sicken versehen. Als Korrosionsschutz wird der normale Fahrzeuglack eingesetzt. Diese Böden sind weder besonders belastbar, noch mit Hubwagen zu befahren.
Als einfache Ausbauvariante werden von unterschiedlichen Herstellern Bodenplatten angeboten, Beispiel siehe Bild → 3. Diese bestehen aus Kunststoff, MDF (mitteldichte Faserplatte) oder Sperrholz. Zur Erhöhung der mechanischen Belastbarkeit werden MDF und Sperrholzplatten mit einer Oberflächenbeschichtung versehen.
Die Bodenplatte wird geklebt, geschraubt oder an den vorhandenen Zurrpunkten befestigt.

Frischdienstfahrzeug

Cateringfirmen, Fleischer und Blumenhändler stellen an Auslieferungsfahrzeuge die gleichen Anforderungen:
- Transporttemperaturen zwischen 2 °C und 8 °C
- hygienische, glatte Oberfläche
- Möglichkeiten der Ladungssicherung
- Reinigung mit Hochdruckreiniger

Diese Anforderungen erfüllen Laderaumverkleidungen aus nicht rostendem Stahl oder aus GFK, siehe Bild → 4.

4 Laderaumverkleidung aus GFK

KAROSSERIE- UND FAHRZEUGBAU

Für die Bausätze aus GFK müssen für jeden Fahrzeugtyp entsprechende Formen hergestellt werden. Dafür ist ein hoher Aufwand notwendig. Nach der zu erwartenden Stückzahl bestehen die Formen aus Papier, Holz, Aluminium oder Kunststoff.
Die für den Einsatz notwendigen Temperaturen zwischen 2 °C und 8 °C erfordern eine Kühlung des Laderaumes.

Verbreitet sind zwei unterschiedliche Anlagentypen:
- Dachgeräte
- Splittinggeräte

Dachgeräte
In einem geschlossenen Gehäuse sind alle Elemente der Kühlanlage enthalten. Das Gerät ist auf dem Dach montiert. Die Verbindung zum Laderaum entsteht durch einen Dachausschnitt. Bei der Montage muss lediglich die Stromversorgung zum Fahrzeug hergestellt werden. Diese preiswerte Lösung hat den Nachteil, dass die Fahrzeughöhe steigt. So kann es zu Problemen in Tiefgaragen und Ladezonen kommen. Zusätzlich verändert der erhöhte Fahrzeugschwerpunkt das Fahrverhalten.

Splittinggeräte
Bei dieser Variante befindet sich der Verdampfer der Kühlanlage im Laderaum. Kondensator und Kompressor werden im Motorraum eingebaut. Dadurch entfallen die Dachaufbauten. Allerdings sind große Eingriffe in das Fahrzeug notwendig.

Um den Energieverbrauch der Fahrzeuge möglichst gering zu halten, wird der Raum zwischen der Karosserie und den Einbauten isoliert.

Kundendienstfahrzeuge
Handwerker und Servicetechniker benötigen Fahrzeuge, mit denen sie Werkzeug und Material zu ihren Kunden transportieren können. Reichte früher der einfache Laderaum eines Kleintransporters aus, haben sich die Anforderungen heute geändert. In das Grundfahrzeug werden Innenausbauten montiert, die den speziellen Kundenwünschen entsprechen. Unterschiedliche Hersteller bieten Produkte für alle Berufsgruppen an.

Die Anforderungen an den Ausbau sind:
- variable Raumaufteilung
- Übersichtlichkeit
- geringe Einbaumasse
- Möglichkeiten der Ladungssicherung
- Crashsicherheit

Um die mannigfachen Kundenwünsche realisieren zu können, haben die Hersteller Baukastensysteme entwickelt. Diese bestehen aus Boden- und Wandelementen, stehenden oder hängenden Regalsegmenten, die mit unterschiedlichen Böden, Schubladen oder Behältern kombiniert werden können, Beispiel siehe Bild → 1.

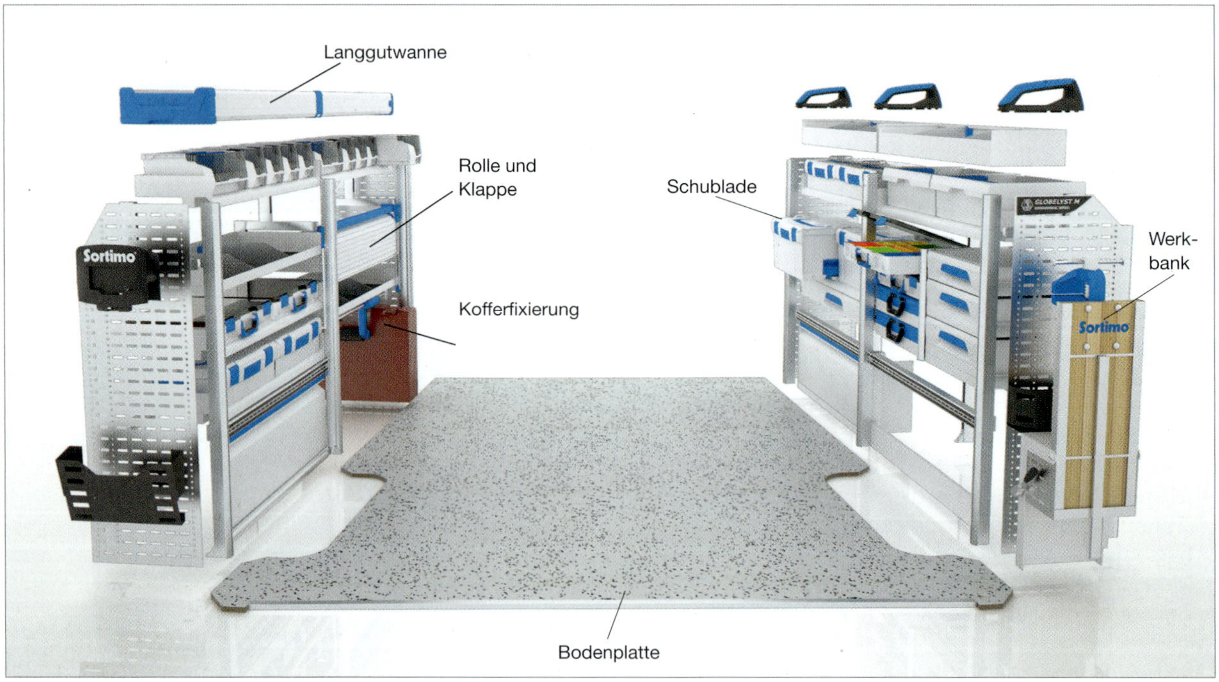

1 Inneneinrichtungssystem – Beispiel

Ein Problem ist der Widerspruch zwischen der Crashsicherheit und der möglichst geringen Eigenmasse der Ausbauten. Um eine hohe Festigkeit bei geringer Masse zu erreichen, setzen die Hersteller auf einen Materialmix aus Stahl, Aluminium und Kunststoff. Die tragende Grundstruktur der Elemente besteht meist aus Stahl. Aus Aluminium und Kunststoffen werden weniger belastete Teile hergestellt.

Die Planung des Innenausbaus erfolgt mit Hilfe eines Computerprogramms. Dabei werden die einzelnen Elemente dreidimensional in den virtuellen Transporter eingesetzt, siehe Bild → 1. Der Kunde erhält sofort eine Übersicht über sein Projekt. Gleichzeitig bestimmt die Software Einbaumaße und verhindert so Fehlplanungen.
Die Montage des Innenausbaus ist relativ einfach. Den Bausätzen liegen Aufbauanleitungen bei. Wichtig ist, dass die angegebenen Befestigungspunkte und die vorgeschriebenen Befestigungsmittel eingehalten werden. Fehler an diesen Stellen haben erhebliche Auswirkungen auf die Haltbarkeit und das Unfallverhalten der Konstruktionen.

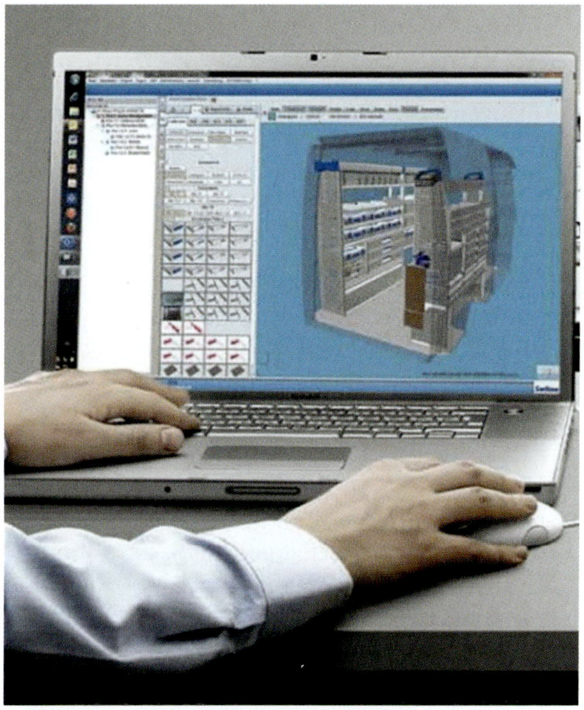

1 Planung des Innenausbaus am Computer

16.4 Werkstoffe für den Innenausbau

Anforderungen an Werkstoffe für den Innenausbau
An die im Fahrzeuginnenraum verwendeten Werkstoffe werden besondere Anforderungen gestellt.

Der **Nutzer** erwartet:
- hochwertige Optik
- angenehmen Geruch
- gute Haptik
- pflegeleicht
- beständig gegen äußere Einflüsse
- lange Haltbarkeit

Der **Fahrzeughersteller** erwartet ganz ander Eigenschaften:
- möglichst leicht
- formbeständig
- leicht zu verarbeiten
- preiswert
- korrosionsbeständig
- wiederverwertbar

Wiederverwertbarkeit der Werkstoffe
Die Wiederverwertbarkeit der Werkstoffe spielt heute eine große Rolle. Nach der Altfahrzeug-Verordnung müssen ab 2015 mindestens 95 % des Fahrzeugs wiederverwendet oder stofflich verwertet werden.

Mit dieser Vorgabe erhält das Recycling von Werkstoffen eine hohe Bedeutung.

Metalle wie Stahl und Aluminium werden seit Jahren fast vollständig recycelt.

Die Hersteller von **Glas** können ihre Produktion ohne Altglas gar nicht mehr aufrechterhalten.

Bei **Kunststoffen** gibt es Probleme: Nur aus sortenreinen Kunststoffen lassen sich neue, qualitativ hochwertige Bauteile herstellen. Deshalb beginnt die Wiederverwertung schon bei der Entwicklung des Fahrzeugs.

Merkmale von Recyclingkonstruktionen sind:
- nur wenige unterschiedliche Kunststoffarten
- keine Duroplaste
- Befestigung der Bauteile mit Hilfe von Schrauben oder Klips (keine Klebeverbindungen)
- Bauteile lassen sich einfach demontieren

Beispiel:
Wären alle Kraftstofftanks aus einem einheitlichen Kunststoff hergestellt, könnten sie einfach gesammelt und der Kunststoff leicht wieder aufbereitet werden.

Um Teile aus Kunststoff sortenrein zu erfassen, müssen sie gekennzeichnet sein, siehe Bild → 1.

Die Fahrzeugteile, die aus wiederaufbereitetem Kunststoff (Sekundärmaterial, auch Rezyklat genannt) hergestellt sind, machen heute bereits einen Anteil von ca. 20 % aus. Typische Anwendungen sind Radhausschalen, Konsolenträger oder Ablagen, vgl. Bild → 2.

Zur Wiederaufbereitung von Kunststoffen sind drei Verfahrenschritte notwendig:

- Sammeln und Sortieren: Die anfallenden Bauteile werden schon in den Werkstätten oder im Demontagebetrieb sortenrein erfasst.
- Reinigen und Zerkleinern: Die Bauteile werden geschreddert. Anschließend können anhaftende Verunreinigungen leichter entfernt werden.
- Herstellen des Granulats: Das vorbereitete Altmaterial wird in einem Extruder aufgeschmolzen. Die entstehenden Stäbe ergeben zerkleinert das Kunststoffgranulat als Ausgangsmaterial für neue Spritzgussteile.

Code-Nr.	Kürzel	Werkstoff
1 PETE	PET	Polyethylenterephthalat
2 HDPE	PE-HD	High-Density Polythylen
3 PVC	PVC	Polyvinylchlorid
4 LDPE	PE-LD	Low-Density Polyethylen
5 PP	PP	Polypropylen
6 PS	PS	Polystyrol
7 OTHER	*OTHER*	Andere Kusnstoffe wie Acrylglas, Polycarbonat, Nylon, ABS, ...
		Verbundwerkstoffe
90		Kunststoff/Aluminium
91		Kunststoff/Weißblech
92		Kunststoff/verschiedene Metalle

1 Codes für die Kennzeichnung von Teilen aus Kunststoff

2 Bauteile aus Rezyklat-Kunststoff (39 Bauteile) und nachwachsenden Rohstoffen (32 Bauteile) für den Innenraum eines Pkws

Nachwachsende Rohstoffe für den Innenausbau

1 Nachwachsende Rohstoffe für den Innenausbau

Die Vorteile nachwachsender Rohstoffe liegen nicht nur in der Schonung von Erdöl, Kohle oder Gas. Da beim Wachsen von Pflanzen CO_2 gebunden wird, entstehen zusätzliche Effekte. Auch nach dem Gebrauch verhalten sich nachwachsende Rohstoffe anders.

Beispiel:
Reißbaumwolle als Dämmstoff verrottet. Die Dämmstoffe aus aufgeschäumtem Kunststoff nicht.

Für den Innenausbau werden folgende nachwachsende Rohstoffe verwendet, vgl. Bild → 1:
- Holz
- Leder
- Wolle, Baumwolle
- Flachs, Sisal, Hanf
- Kokosfasern

Holz
Holz ist der älteste nachwachsende Rohstoff. In seiner ursprünglichen Form wird es heute allerdings kaum noch eingesetzt. Findet man Holz als Verkleidungswerkstoff in den Fahrzeugen der Oberklasse, handelt es sich um hauchdünne Furniere, die auf Trägerschichten aufgeklebt wurden. Diese Technik ist notwendig, um beim Unfall Verletzungen durch Holzsplitter zu verhindern.

Bei preiswerten Fahrzeugen besteht die „Holzausstattung“ dann nur noch aus einer bedruckten Kunststofffolie.

Für die Auskleidung von Kleintransportern finden Siebdruckplatten Verwendung. Dabei handelt es sich um Buchensperrholz unterschiedlicher Dicke, vgl. Kap. 6.3. Um den Verschleiß zu vermindern, ist die Oberfläche versiegelt.

Leder
Leder ist eine Tierhaut, die durch Gerben haltbar gemacht wurde. Je nachdem, wie die Haut behandelt und welches Gerbverfahren eingesetzt wurde, entstehen unterschiedliche Lederarten. Zur Fahrzeugausstattung werden meist Glattleder oder Veloursleder eingesetzt.

Oft entsteht der Eindruck, **Alcantara** sei Leder. Aber Alcantara ist ein Mikrofaserstoff aus Polyester und Polystyrol. Die Gewebestruktur gleicht in Optik und Griff dem Veloursleder. Fahrzeugsitze sind häufig mit einer Kombination aus Alcantara und Glattleder bezogen.

Auch **Kunstleder** ist kein Leder; es besteht aus zwei Schichten: Auf eine Trägerschicht aus Gewebe oder Vlies ist ein Kunststoff aufgetragen. Aufgeschäumt und mit einer Narbenstruktur versehen, entsteht der Eindruck von Leder. Da Kunstleder sich leicht reinigen lässt, wird es als Oberflächenmaterial für stark beanspruchte Flächen wie Nutzfahrzeugsitze oder Polsterungen in Krankenwagen eingesetzt.

Wolle oder Baumwolle
Mit Kunstfasern kombiniert, finden sie Verwendung als Bezugsstoff für Sitze, Kopfstützen und Verkleidungsteile, siehe Bild → 2, Seite 512. Als Reißbaumwolle dienen alte Kleidungsstücke als Dämmmaterial.

Flachs, Sisal, Hanf
Diese Pflanzen haben lange, fasrige Bestandteile. Deshalb werden sie als Ersatz für Glasfasern in Verbundstoffen eingesetzt. Hergestellt werden z. B. Grundkörper für Türverkleidungen und Hutablagen. Bild → 2, Seite 512 zeigt einen Pkw, bei dem 32 Bauteile aus Wolle, Flachs, Hanf, Sisal und andere Naturfasern hergestellt sind.

Kokosfasern
Kokosfasern bilden die Basis für Kopfstützen, Sitzlehnen und Polster.

16.5 Dicht- und Dämmstoffe für den Innenausbau

Dichtstoffe

Dichtstoffe sind Werkstoffe zum Abdichten von Spalten, Fugen und Durchbrüchen. An den Fugenflanken haften sie fest an den abzudichtenden Bauteilen. Im Karosseriebau müssen Dichtstoffe in der Lage sein, Bewegungen aufzunehmen.

Deshalb werden häufig Produkte auf Silikonbasis eingesetzt. Diese haben den Nachteil, nicht lackierbar zu sein. Ist ein Lackauftrag notwendig, werden Dichtstoffe auf Polyurethanbasis verwendet.

Die Grundlage für eine gute Haftung zwischen dem Untergrund und der Dichtmasse ist eine fachgerechte Vorbereitung. Der Untergrund muss von losen Anhaftungen befreit werden. Fette und Öle sind mit Lösungsmitteln zu entfernen.

Bei der Verarbeitung der Dichtstoffe ist auf die vorgeschriebene Verarbeitungstemperatur zu achten. Dies ist unbedingt notwendig, da die Erzeugnisse durch chemische Reaktionen wie Polymerisation oder Polykondensation aushärten. Wird die Verarbeitungstemperatur unterschritten, laufen die chemischen Reaktionen nicht ab.

Dämmstoffe

Dämmstoffe bilden einen „Damm", der verhindern soll, dass sich Wärme und Schall in unerwünschte Bereiche des Fahrzeugs ausbreiten.

Wärmedämmstoffe

Wärmedämmstoffe werden benötigt:
- gegen Strahlungswärme von heißen Bauteilen
- für gleichbleibende Temperatur im Fahrzeuginnenraum

Wärmedämmstoffe gegen Strahlungswärme

Strahlungswärme von heißen Bauteilen wie Abgasanlage oder Motor muss von den anderen Bauteilen ferngehalten werden. Das erfolgt durch Wärme reflektierende Bleche und Folien aus Stahl oder Aluminium. Diese befinden sich zwischen der Wärmequelle und den benachbarten Teilen.

Die Bleche und Folien zur Wärmedämmung werden aufgeklebt, geschraubt oder mit Hilfe von Klips befestigt. Besitzt die Oberfläche eine unregelmäßige Struktur, erhöht das die Wirkung.

Wärmedämmstoffe für gleichbleibende Temperatur im Fahrzeuginnenraum

Die Temperatur im Innenraum soll mit geringem Energieeinsatz konstant gehalten werden, z. B. im Insassenraum, im Kühlraum für den Transport von Gefriergut oder im Krankentransporter, damit die Patienten nicht zusätzlich belastet werden, weil sie frieren oder schwitzen müssen.

Zum Einsatz kommen heute klassische Dämmstoffe aus aufgeschäumten Kunststoffen, aber auch Naturfasern. Sie sind zu starren Dämmplatten oder flexiblen Matten verarbeitet. Die Dicke der Dämmung richtet sich nach dem Temperaturunterschied.

Dämmstoffe zur Dämmung von Geräuschen

Zur Dämmung von Außengeräuschen werden ebenfalls Schaumstoff oder Naturfasern eingesetzt, die den Luftschall dämpfen. Sie werden mit den Fahrzeugaufbauten verklebt oder in Zwischenräume eingelegt.

Eine weitere Geräuschquelle ist die Karosserie. Beim Fahren werden dünne Blechteile wie Türblätter in Schwingungen versetzt. Dadurch entstehen starke Geräusche. Durch das Aufkleben von Kunststoffmatten auf die Innenseiten der Bauteile können diese nicht mehr so gut mitschwingen, der Lärmpegel sinkt.

Auch die Innengestaltung des Fahrzeugs hat erhebliche Auswirkungen auf die Geräuschentwicklung. Große, blanke und harte Flächen haben den Nachteil, dass sie Schall gut reflektieren und somit den Pegel der Innengeräusche erhöhen.

Deshalb sollten die Oberflächen möglichst weich sein. Strukturierte Oberflächen leiten den Schall in unterschiedliche Richtungen. Teppichböden und Stoffe absorbieren Geräusche.

Weitere Informationen zu Dicht-, Dämm- und Dämpfungssystemen siehe Kap. 15.7.

16.6 Brandschutz im Innenraum von Pkws

1 Brandschutz beim Gestalten, Verkleiden und Ausstatten des Fahrzeuginnenraums

Brände in Fahrzeugen

Spektakuläre Explosionen von in Brand geratenen Fahrzeugen passieren heute nur noch auf der Leinwand.

Falls bei einem modernen Fahrzeug mal ein Brand ausbricht, dann meist im Motorraum. Nach Untersuchungen des Allianz-Zentrums für Technik dauert es ca. 6 Minuten, bis die Flammen den Fahrgastraum erreichen oder dort eine gefährliche Konzentration von Verbrennungsgasen wie Kohlenmonoxid entsteht.

Für diesen Fall hat der Fahrzeughersteller vorgesorgt mit, vgl. Bild → 1:
- konstruktiven Brandschutzmaßnahmen
- Werkstoffauswahl

Konstruktive Brandschutzmaßnahmen

Dazu gehören eine Reihe von Einrichtungen, die im Falle eines Unfalls den Ausbruch und die Ausbreitung von Bränden verhindern.

Beispiele dafür sind:
- Schalter, welche die Spannungsversorgung für Kraftstoffpumpe und Zündung unterbrechen
- Ventile an Kraftstoffbehältern oder Gastanks, die den Innendruck gezielt vermindern und damit eine Explosion verhindern.

Schon vor einem Unfall wirkt ein umfangreiches Bündel von Brandschutzmaßnahmen:
- Elektrokabel sind so verlegt, dass sie nicht an Bauteilen scheuern können. Dadurch gelingt es, Kurzschlüsse vermeiden.
- Kabelisolierungen werden durch entsprechende Verlegewege vor hohen Temperaturen geschützt.
- Wärmeleitbleche verhindern die Überhitzung von Bauteilen in Nähe der Abgasanlage.

Bei Hybrid- und Elektrofahrzeugen können sich die Batterien stark erhitzen. Außerdem stehen Teile der Elektroanlage unter hoher elektrischer Spannung.

Deshalb sind nach einem Unfall besondere Sicherungsmaßnahmen erforderlich, um eine Selbstentzündung zu verhindern.

Werkstoffauswahl zum Brandschutz

Entscheidend für die Auswahl von Werkstoffen für den Innenraum ist das Verhalten im Brandfall.

Nach ihrem Brandverhalten werden Werkstoffe eingeteilt in:
- nicht brennbare Stoffe
- brennbare Stoffe

Nicht brennbare Stoffe

Nicht brennbare Stoffe enthalten keine brennbaren Bestandteile. In Kraftfahrzeugen gehören zu diesen Werkstoffen Metalle wie Stahl und Aluminium. Auch die Fahrzeugverglasung fällt in diese Gruppe.

Brennbare Stoffe

Brennbare Stoffe enthalten entzündliche Bestandteile. Zur Beurteilung des Brandverhaltens ist die Prüfung mehrerer Eigenschaften notwendig. In Tests nach DIN 4102 und DIN 75 200 werden Entzündbarkeit, Brennbarkeit, Flammenausbreitung, Rauchentwicklung und das Abtropfverhalten beim Brand untersucht. Die Grenze zwischen den einzelnen Gruppen wird durch die Zeitspanne bis zum Vollbrand festgelegt.

Bei den brennbaren Stoffen werden unterschieden:
- leicht entflammbar
- normal entflammbar
- schwer entflammbar

Zu den **leicht entflammbaren** Stoffen gehören viele Betriebs- oder Schmierstoffe wie Benzin, Diesel, Erdgas, Flüssiggas und Öle.

Normal entflammbare Stoffe lassen sich durch große Hitze oder direkte Flammeneinwirkung in kurzer Zeit entzünden. Die Flammen breiten sich schnell aus. Es entsteht Rauch und die Werkstoffe können beim Brennen abtropfen. In diese Gruppe gehören Materialien wie Kunststoff, Holz oder Textilien.

Schwer entflammbare Stoffe benötigen eine größere Zeitspanne, um sich zu entzünden. Die Flammen breiten sich langsam aus. Rauchentwicklung und Abtropfen beim Brennen sind möglich. Schwer entflammbar sind einige Kunststoffe, imprägnierte Hölzer und Textilien.
Bei Textilien lassen sich äußerlich keine Unterschiede zu normal entflammbaren Stoffen erkennen. Die normal entflammbare Oberfläche kann durch eine Imprägnierung mit Salzen schwer entflammbar gemacht werden. Diese Behandlung hat einige Nachteile:
- Die Imprägnierung bleibt nicht dauerhaft erhalten; sie wird mit der Zeit durch Umwelteinflüsse wie Feuchtigkeit, Licht oder hohe Temperaturen abgebaut.
- Außerdem können die verwendeten Salze die Gesundheit beeinträchtigen.

In den letzten Jahren wurden deshalb Fasern entwickelt, die aufgrund ihrer chemischen Zusammensetzung dauerhaft schwer entflammbar sind.

16.7 Innenraum bei Fahrzeugen, die autonom fahren

Wenn in Zukunft die Fahrzeuge vollständig autonom fahren, würde der Mensch als Fahrer überflüssig – er ist nur noch als Gast an Bord. Dann wären aus dem Fahrzeuginnenraum verbannt z. B.:
- Lenkrad
- Gas- und Kupplungspedal
- Schalthebel
- Schalter für Licht, Scheibenwischer usw.
- Rückspiegel
- Hupe

Die Fahrzeuge werden mit einer Vielzahl von „Assistenten“ ausgestattet und vernetzt sein, sodass es alle Funktionen selbst ausführt: Es entsteht eine neue Art, zu reisen. Die Passagiere können die Zeit unterwegs vielfältig nutzen.

Das bietet Raum, um den Fahrzeuginnenraum neu zu gestalten; so entsteht eine entspannende Reiselounge oder ein mobiles Büro.
Als Sitze werden vier drehbare Sessel dienen, sodass sich die Insassen gegenübersitzen können, siehe Bild → 1.

Bei Bedarf kann ein Fahrer auch das Fahrzeug manuell bedienen; dafür wird das Lenkrad ausgefahren.

Der Innenraum wird dann genutzt zum kontinuierlichen Informationsaustausch zwischen Fahrzeug, Passagieren und der Außenwelt: Die Insassen können über Gesten oder Berührung der Displays intuitiv mit dem Fahrzeug interagieren, siehe Bild → 2.

Schon heute findet man im öffentlichen Straßenverkehr Fahrzeuge, die teilweise autonom fahren. Dazu gehören:
- Stauassistent, der im Stop-and-go-Verkehr Anschluss hält und auch beim Lenken unterstützt
- aktiver Parkassistent, der die passenden Parklücken auswählt und selbstständig einlenkt; der Fahrer muss nur noch Gas geben und bremsen
- aktiver Spurhalteassistent, der bei der Spurhaltung mitlenkt

Die Zukunft hat begonnen: Bleibt abzuwarten, wie weit die Entwicklung gehen wird.

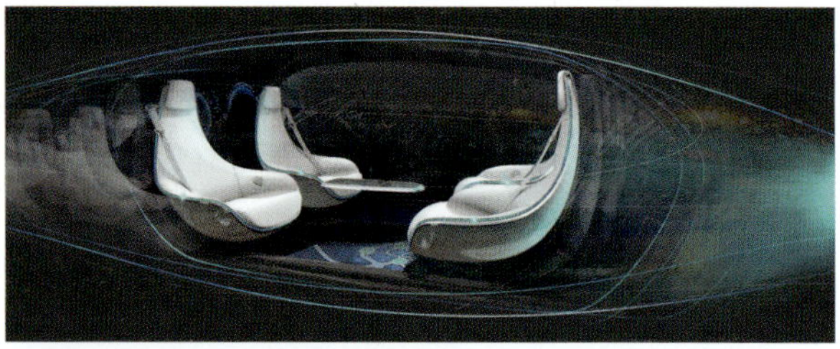

1 Drehbare Sessel im Innenraum

2 Displays zum autonomen Fahren

Übungen:

1. Definieren Sie den Begriff „Ergonomie“.
2. Welche Anforderungen werden an die Ergonomie von Fahrzeuginnenräumen gestellt?
3. Welche Vorteile haben Touchscreens gegenüber anderen Bedienelementen?
4. Welche Aufgaben erfüllen Sitze im Bereich der aktiven und passiven Sicherheit?
5. Was versteht man unter „Haptik“?
6. Welche Klimafaktoren sind für einen Fahrzeuginnenraum von Bedeutung?
7. Welche Aufgabe haben Gurtstraffer?
8. Erläutern Sie die Wirkungsweise des Gurtkraftbegrenzers.
9. Aus welchem Grund müssen besonders schwere Gegenstände in Kraftfahrzeugen zusätzlich gesichert werden?
10. Wie können Bodenplatten für Transporter auf dem Fahrzeugboden befestigt werden?
11. Aus welchen Werkstoffen stellt der Karosserie- und Fahrzeugbaumechaniker Schablonen her?
12. Welcher Werkstoff eignet sich für Klopfmodelle? Begründe Sie es.
13. Wie werden Laderaumverkleidungen aus GFK hergestellt?
14. In Frischdienstfahrzeugen werden Kühlgeräte eingesetzt. Erläutern Sie den Unterschied zwischen Dachgeräten und Splittinganlagen.
15. Erläutern Sie das Recycling von Kraftfahrzeugbauteilen.
16. Was versteht man unter „nachwachsenden Rohstoffen“? Nennen Sie vier Beispiele.
17. Wie können Bauteile von der Strahlungswärme anderer Fahrzeugteile geschützt werden?
18. Erläutern Sie konstruktive Brandschutzmaßnahmen, die den Ausbruch eines Fahrzeugbrandes verhindern sollen.

17 Geschäftsprozess im Fahrzeugbau- und Karosseriebaubetrieb

In diesem Kapitel werden behandelt:

17.1 Fahrzeugbau- und Karosseriebaubetrieb

Die Fahrzeugbau- und Karosseriebaubetriebe zählen zu den Herstellungsbetrieben. In diesen handwerklichen Betrieben wird nur in seltenen Fällen auf Vorrat produziert. Sie erhalten vom jeweiligen Nkw-Hersteller das Fahrgestell mit Fahrerhaus, siehe Bild → 1.

Darauf montieren sie nachträglich Pritschenaufbau, Kofferaufbau, Wechselaufbau, Tank- und Behälteraufbau, Kipp- oder Ladekranaufbau oder Ladebordwand.

Fahrzeugbau- und Karosseriebaubetriebe stellen auch selbst Aufbauten her oder bauen Kastenaufbauten aus.

Ein weiteres Aufgabengebiet ist die Herstellung von:
- Verkaufsfahrzeugen für Märkte
- Anhängefahrzeugen für den Transport von Waren, Tieren u. a.
- Kranken- und Bestattungsfahrzeugen
- Sportwagen

Andere Fahrzeugbau- und Karosseriebaubetriebe verändern Fahrgestellrahmen und stellen Spezialfahrzeuge her.

Diese unterschiedlichen Aufgaben sind der Grund dafür, dass sich viele Spezialbetriebe im Bereich des Fahrzeugbaus und des Karosseriebaus gebildet haben.

17.2 Anfrage des Kunden

Der Kunde richtet an den Fahrzeugbaubetrieb eine Anfrage, aus der die Wünsche und Forderungen für den Aufbau und für das Fahrgestell hervorgehen.

Ein Fahrzeugbau- und Karosseriebaubetrieb hat es mit zwei unterschiedlichen Auftraggebern zu tun.

1 Fahrgestell für Kofferaufbau

2 Gesamtfahrzeug – Fahrgestell und Kofferaufbau

Der **Kunde, der das Fahrzeug selbst nutzen will**, bestellt das Fahrgestell mit dem gewünschten Fahrzeugaufbau als Gesamtfahrzeug, Beispiel siehe Bild → 2. Dieser Kunde muss umfassend beraten werden.

Der **Kunde, der ein Fahrzeug vertreiben will**, ist Fahrgestellhersteller. Er bietet Gesamtfahrzeuge mit unterschiedlichen Fahrzeugaufbauten an. Zusammen mit dem Fahrzeugbau- und Karosseriebaubetrieb können bereits entwickelte Aufbauten für bestimmte Ausführungen des Fahrgestells vorliegen. Diese Ausführungen liegen dann konstruktiv fest siehe Bild → 1, Seite 519. Wünscht der Kunde einen anderen Fahrzeugaufbau, eine Sonderausführung, muss dieser neu entwickelt werden.

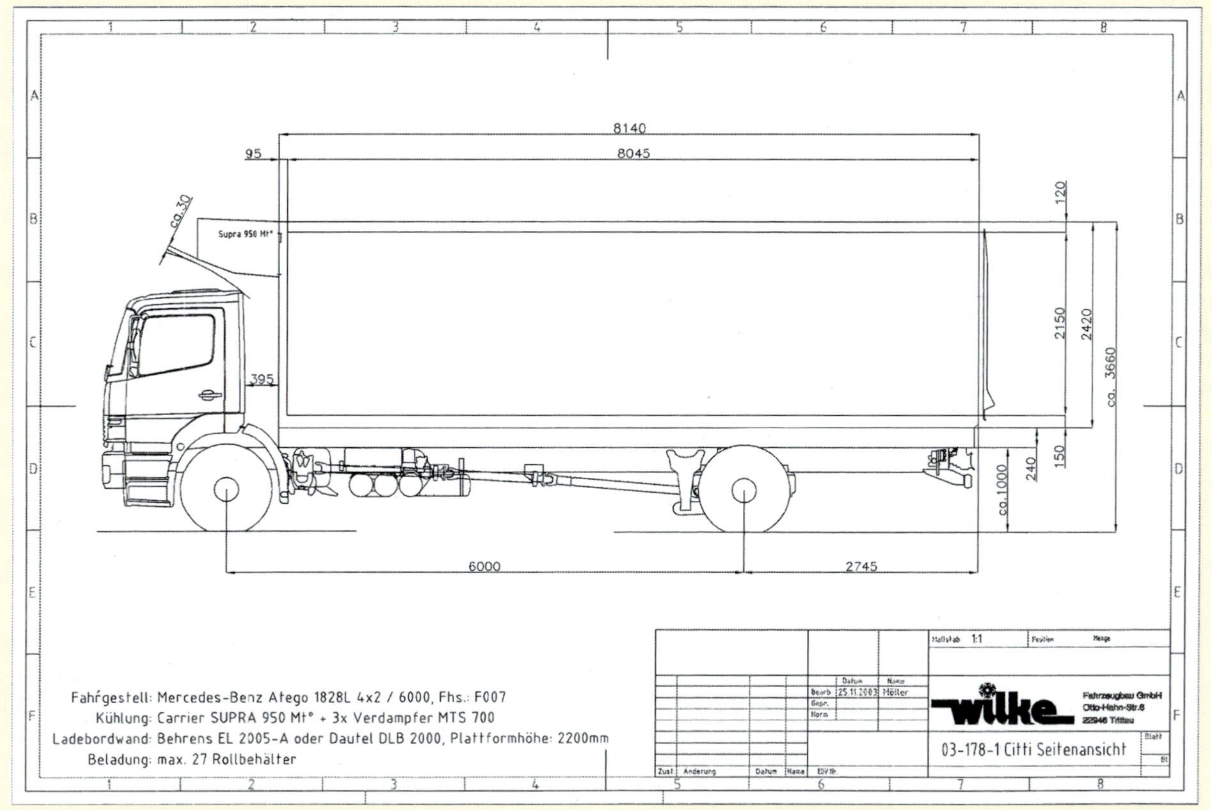

1 **Daten für Fahrgestell und Kofferaufbau**

17.3 Technische Beratung und Angebot

Nachdem der Fahrzeugbau- und Karosseriebaubetrieb die Anfrage erhalten hat, wird die technische Abteilung den Kunden beraten, um darzulegen, was technisch möglich ist und was der Betrieb leisten kann. Hierbei müssen bereits Daten und Informationen des Fahrgestellherstellers berücksichtigt werden, siehe Bild ➔ 2.

Beispiel:
Der Kunde ist ein Lebensmittelhändler, seine Kunden sind Fachgeschäfte und Märkte. Der Fahrzeugbaubetrieb für Kofferaufbauten muss den Lebensmittelhändler über Fahrgestelltypen unterschiedlicher Hersteller informieren und beraten. Außerdem müssen die Details der Ausführung des Kofferaufbaus besprochen werden – im Beispiel von Bild ➔ 2, Seite 518 handelt es sich um ein Kühlfahrzeug.

2 **Technische Abteilung des Aufbauherstellers**

Aus dem Ergebnis der technischen Beratung erstellt der Fahrzeugbau- und Karosseriebaubetrieb ein **Angebot** für den Kunden. Daraus kann der Kunde entnehmen:

- die technische Beschreibung des Aufbaus und des Fahrgestells
- den Preis
- die Liefer- und Zahlungsbedingungen

17.4 Verbindliche Bestellung und Auftragsbestätigung

Müssen keine weiteren Verhandlungen über Ausführung, Liefertermine oder Preise geführt werden, wird der Kunde den Auftrag vergeben – es kommt zu einer **Bestellung**.

Die Auftragsvergabe des Kunden wird durch die technischen Merkmale und den Preis beeinflusst, aber auch durch die persönliche Beziehung zum Gesprächspartner im Fahrzeugbaubetrieb. Hier spielen Alter, Ausbildung, Verhalten zu Mitarbeitern, Verhalten dem Kunden gegenüber und die Position im Betrieb eine wesentliche Rolle.

Hat der Kunde den Auftrag unterschrieben, ist seine Bestellung verbindlich.

Nimmt der Fahrzeugbau- und Karosseriebaubetrieb die Bestellung des Kunden an, bestätigt er die Bestellung mit einer **Auftragsbestätigung**, in der entsprechend dem Angebot präzise aufgeführt sind:

- Ausführung und technische Merkmale
- Liefertermin
- Zahlungsbedingungen

Der Umfang der Lieferung oder der Leistung und der Gesamtpreis richtet sich nach den Angaben in der Auftragsbestätigung.

Tritt der Kunde nach Vertragsabschluss vom Vertrag zurück, hat der Fahrzeugbau- und Karosseriebaubetrieb Anspruch auf Schadenersatz.

17.5 Arbeitsvorbereitung

Bei Herstellungsaufträgen handelt es sich oft um Einzelfertigung oder kleine Serien. Für die Durchführung von umfangreichen Herstellungsaufträgen im Fahrzeugbau- und Karosseriebaubetrieb werden Arbeitspläne erstellt, Beispiel siehe Bild → 1. Der Meister verteilt die einzelnen Arbeiten an Vorarbeiter, Gesellen und Auszubildende. Gleichzeitig werden die Mitarbeiter mit der Qualitätskontrolle beauftragt.

Bei erforderlich werdenden Änderungen müssen auftretende Probleme schnell gelöst werden, damit es nicht zum Produktionsstillstand kommt. Teamarbeit mit ihren Vorteilen der schnellen Informationen und Entscheidungen zahlt sich hier aus.

ARBEITSPLANUNG						**Datum** 22.09.20XX
Auftrags-Nr.			**Zeichnungs-Nr.**		**Benennung:** Anhängekupplung einbauen	**Mitarbeiter:** Markus
ARBEITSSCHRITTE						
lfd. Nr.	**Vorbereitung**	**Demontage**	**Montage**	**Benennung**	**Betriebsmittel Werkzeug Werkzeugmaschine**	**Bemerkungen Prüfmittel Einstellwerte**
1	X			Anlieferpaket auf Vollständigkeit kontrollieren		
2	X			Fahrzeug in die Werkhalle und auf die Hebebühne fahren		
3		X		Heckstoßstange und Heckträger demontieren	Stichsäge, Clipsheber, Schraubendreher, Schraubenschlüssel und Ratschenschlüssel mit Nüssen für Schlüsselweiten 8 mm, 10 mm, 16 mm und 17 mm, Drehmomentschlüssel	Anzugsmoment für Schrauben-Festigkeitsklasse 10.9: 100 Nm
4		X		Innenverkleidung und Sitze ausbauen		
5			X	Verstärkungsprofil und neuen Heckträger montieren		
6			X	Kabelstrang verlegen		
7			X	Heckstoßstange ausschneiden		
8			X	Heckstoßstange prüfen und montieren		
9			X	Steckdose prüfen		
10			X	Kupplungskopf einsetzen		

1 Arbeitsplan

Jetzt wird der Auftrag in die technische Abteilung gegeben, in der die Abteilung Konstruktion die Berechnungen und die Arbeitsvorbereitung für den gewünschten Aufbau durchführt, z. B. die Achslastberechnung, siehe Bild ➔ 1.

Hierbei können Typenaufbauten ausgewählt oder geändert werden, aber es können auch vollkommen neue Aufbauten entstehen.

In jedem Fall muss sich der Fahrzeugbau- und Karosseriebaubetrieb an die Aufbaurichtlinien des Fahrgestellherstellers halten.

Informationen zu Aufbaurichtlinien siehe Kap. 13.2.4.

Achslastberechnung

Firma: Citti Grossmarkt **Datum:** 27.04.2004
Kom.-Nr.: 03-178-1 **Verfasser:** Möller

Fahrgestell: MB Atego 1828L 4X2 / 6000, Fhs: F007
Kühlung: Carrier SUPRA 950 MT°, Modell: T
Ladebordwand: Behrens EL-2005 A, Plattformhöhe: 2200mm

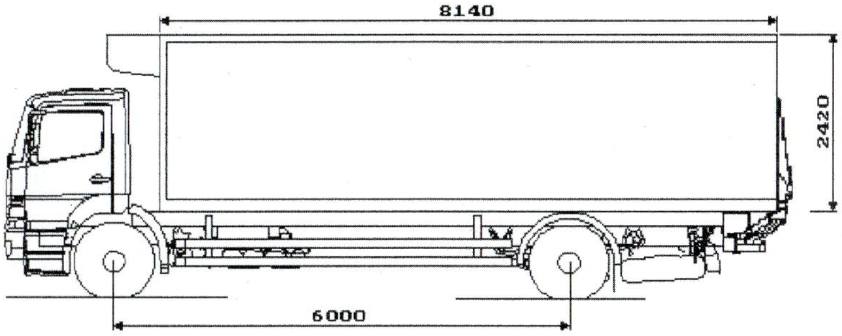

Tabelle der Gewichtsverteilung			
Vorderachse [kg]	Hinterachse [kg]	Gesamt [kg]	Bezeichnung
3620	2145	5765	Leergewicht, Chassis
80	0	80	Fahrer
598	37	635	Kühlung
-228	788	560	Ladebordwand
2420	8540	10960	Aufbau und Nutzlast
6490	11510	18000	Summe
7100	11500	18000	zulässige Lasten

Der Überhang beträgt: 45.8%. **Maximal zulässiger Überhang:** 60.0%
Minimale Achslast der Vorderachse: 36.1%. **Mindestwert:** ≥30.0%.
Die Hinterachse ist mit: 10kg = 0.1% **überlastet !**

Maße:	**außen:**	**innen:**
Länge :	8140mm	8045mm
Breite:	2595mm	2485mm
Höhe :	2420mm	2150mm

Wandstärken:	
Boden :	150mm
Dach :	120mm
Seitenwände:	55mm
Vorderwand :	95mm
Hecktüren :	

Die Gewichte der obenstehenden Komponenten sind ca.-Gewichte. Toleranzen von 5% müssen nach DIN 70020 berücksichtigt werden. Die Nutzlast' resultiert aus den tatsächlichen Gewichten aller Komponenten !

1 Achslastberechnung

Eine sehr enge Verbindung hat die Abteilung Arbeitsvorbereitung mit der Abteilung Fertigung. Die Mitarbeiter der Abteilung Arbeitsvorbereitung zerlegen den gesamten Fertigungsablauf in einzelne Arbeitsschritte und ordnen sie den gewerblichen Abteilungen der Fertigung zu.

17.6 Fertigung

Bei der Fertigung werden die Vorgaben der Abteilung Arbeitsvorbereitung befolgt.

So durchläuft z. B. ein Kofferaufbau bei seiner Herstellung vier Abteilungen Fertigung und Materialfluss in folgender Reihenfolge:

- Kunststoffverarbeitung, siehe Bild → 1
- Metallverarbeitung, siehe Bild → 2
- Lackiererei
- Koffermontage, siehe Bild → 3

In jeder dieser Abteilungen ist ein Meister für die Fertigung und den Einsatz der Mitarbeiter verantwortlich. Er verteilt die einzelnen Arbeitsaufgaben an Vorarbeiter, Gesellen und Auszubildende.

Nach Fertigstellung der Arbeiten werden die Fertigungszeiten festgehalten und eine Qualitätskontrolle vorgenommen, siehe Bild → 4. Anschließend wird das Ergebnis dokumentiert.

Wenn alle Abteilungen Fertigung durchlaufen sind, erfolgt die Abnahme des Fahrzeugs durch den Fahrgestellhersteller. Er muss prüfen, ob die verbindlichen Aufbaurichtlinien eingehalten wurden.

1 Kunststoffverarbeitung

2 Metallverarbeitung

3 Koffermontage

4 Qualitätskontrolle

17.7 Abnahme durch den Kunden und Auslieferung

Nun prüft der Kunde, ob seine Wünsche und Forderungen erfüllt sind. Ist er zufrieden, wird er in Zukunft Kunde bleiben, und er wird womöglich auch den Fahrzeugbau- und Karosseriebaubetrieb weiterempfehlen.

Gleichzeitig ist sein Fahrzeug eine Werbung für den Fahrzeugbau- und Karosseriebaubetrieb.

Hat die Abnahme keine Beanstandung ergeben, kommt es zur Auslieferung. Die Auslieferung ist in den meisten Fällen die Abholung.

17.8 Rechnung und Zahlung

Nach der Auslieferung erhält der Kunde die Rechnung mit den Zahlungsbedingungen.

Die Arbeitszeit wird in der Rechnung durch Arbeitswerte (**AW**) ausgewiesen. Grundlage der Arbeitswerte ist der Stundenverrechnungssatz.

Der **Stundenverrechnungssatz (SVS)** ist der Preis, den der Kunde für eine Werkstattstunde bezahlen muss.

Für den Karosserie-Instandhaltungsbetrieb und den Fahrzeugbau- und Karosseriebaubetrieb ist er die Kalkulationsgrundlage für den Angebotspreis und den Rechnungspreis. Der SVS spielt eine wichtige Rolle für den betriebswirtschaftlichen Erfolg des Betriebes, denn mit dieser Einnahme müssen die gesamten Kosten des Betriebes und auch der Gewinn erwirtschaftet werden. Daher genügt es nicht, „über den Daumen zu peilen".

Der SVS muss sorgfältig berechnet werden.

Außerdem sollte er auch in Abständen (etwa jährlich) überprüft und angepasst werden. Bei der Festlegung des eigenen SVS müssen auch die ortsüblichen SVS im Auge behalten werden. Denn was nützt ein eigener betriebsnotwendiger SVS, der sich nicht durchsetzen lässt. In so einem Fall müssen betriebliche Bedingungen verändert werden wie Gewinn, Produktivität und Effizienz.

Berechnung des **eigenen betriebsnotwendigen SVS**, zu dem die jeweils gültige Mehrwertsteuer zuzurechnen ist:

$$\text{SVS} = \frac{\text{Gesamtkosten + Gewinn}}{\text{produktive Gesamtstunden}}$$

Die **Gesamtkosten** sind:

- Personalkosten, z. B.:
  - Lohnkosten für Auszubildende, Gesellen, Meister, Büroangestellte, Hilfskräfte
  - gesetzliche Sozialabgaben
  - Urlaubsgeld
  - Weihnachtsgeld
- Sachkosten, z. B. Kleinmaterial, Betriebs- und Hilfsstoffe, Energiekosten, Büromaterial, Kfz-Kosten, Werbung
- kalkulatorische Kosten, z. B. Unternehmerlohn, Zinsen für Kredite, Abschreibungen für Werkzeugmaschinen, Mietwert der eigenen Räume

Der **Gewinn** ist erforderlich, um Rücklagen für Investitionen zu bilden.

Die **produktiven Gesamtstunden** ergeben sich aus:

$$\text{produktive Gesamtstunden} = \text{produktive Mitarbeiter gesamt} \cdot \text{produktive Stunden pro Mitarbeiter und Jahr}$$

Produktive Mitarbeiter sind Meister, Gesellen, Auszubildende mit jeweils ihrem produktiven Arbeitsanteil.

Produktive Stunden (h) pro Mitarbeiter und Jahr werden berechnet:

verrechenbare Stunden:

Kalendertage (d) im Jahr	365 d
– Samstage u. Sonntage	104 d
– Feiertage	10 d
– Urlaubstage	30 d
– Ausfalltage	2 d
– Krankheit, Unfall	12 d
= Anwesenheitstage im Jahr	207 d
· Anwesenheitsstunden pro Tag	7,6 h
= Anwesenheitsstunden pro Jahr	1573 h
– unproduktive Stunden[1]	236 h
= produktive Stunden pro Mitarbeiter und Jahr	1337 h

[1] unproduktive Stunden sind Wegezeiten, Besprechungen, Rauchpausen, Reklamationen, Warten auf Auftrag usw., geschätzt 15 %

KAROSSERIE- UND FAHRZEUGBAU

Für Karosseriearbeiten gilt:
Der SVS beinhaltet keine Materialkosten und Ersatzteilkosten.

Für Lackierarbeiten gilt:
- Beinhaltet der SVS keine Materialkosten, dann werden die Materialkosten extra berechnet.
- Beinhaltet der SVS die Materialkosten, dann werden je nach Lackkosten ca. 20 % bis 30 % für Lackkosten auf den SVS aufgeschlagen.

Beispiel:
Geg.: Gesamtkosten = 330 000,-- €
Gewinn = 50 000,-- €
produktive Stunden pro Mitarbeiter und Jahr = 1337 h (siehe oben)
Ges.: SVS

Produktive Gesamtstunden:

1 Meister 50 % produktiv:	Faktor = 0,5
3 Gesellen 100 % produktiv:	Faktor = 3,0
1 Auszubildender 20 % produktiv:	Faktor = 0,2
1 Auszubildender 40 % produktiv:	Faktor = 0,4
= produktive Mitarbeiter gesamt:	Faktor = 4,1
· produktive Stunden pro Mitarbeiter und Jahr	1337 h
= produktive Gesamtstunden	5482 h

Lösung:

$$SVS = \frac{\text{Gesamtkosten} + \text{Gewinn}}{\text{produktive Gesamtstunden}}$$

$$= \frac{330\,000,\text{-- €} + 50\,000,\text{-- €}}{5482\ \text{h}}$$

$$SVS = \underline{\underline{69{,}32\ \text{€/h}}}$$

In vielen Betrieben wird mit **Arbeitswerten** (**AW**) gerechnet. AW sind Bruchteile von Stunden.

Übliche Werte sind:
- 10 AW/h
- 12 AW/h
- 100 AW/h
- 120 AW/h

Beispiel:
10 AW/h bedeutet: 1 AW = $^1/_{10}$ h

Umrechnung des SVS = 69,32 €/h, vgl. Beispiel von oben:
- in 10 AW/h:

$$1\ \text{AW} = \frac{69{,}32\ \text{€/h} \cdot \text{h}}{10}$$

$$\underline{\underline{1\ \text{AW} = 6{,}93\ \text{€}}}$$

- in 12 AW/h:

$$1\ \text{AW} = \frac{69{,}32\ \text{€/h} \cdot \text{h}}{12}$$

$$\underline{\underline{1\ \text{AW} = 5{,}78\ \text{€}}}$$

- in 100 AW/h:

$$1\ \text{AW} = \frac{69{,}32\ \text{€/h} \cdot \text{h}}{100}$$

$$\underline{\underline{1\ \text{AW} = 0{,}69\ \text{€}}}$$

- in 120 AW/h:

$$1\ \text{AW} = \frac{69{,}32\ \text{€/h} \cdot \text{h}}{120}$$

$$\underline{\underline{1\ \text{AW} = 0{,}58\ \text{€}}}$$

Wenn die **Zahlung** der Rechnung erfolgt ist, ist der Geschäftsprozess abgeschlossen.

17.9 Haftungsrecht für Karosseriebau- und Fahrzeugbaubetriebe

Die Karosseriebau- und Fahrzeugbaubetriebe erhalten von den Kfz-Herstellern als Herstellervorschriften Aufbaurichtlinien direkt oder sie werden über das Internet zur Verfügung gestellt. Zum Beispiel geht aus den Aufbaurichtlinien hervor, wie der Nutzaufbau auf dem Fahrzeugrahmen befestigt werden soll und wie der Korrosionsschutz zu erfolgen hat.

Für die Instandsetzung und für die Herstellung gilt: Werden die Herstellervorschriften nicht richtig ausgeführt, schließt der Kfz-Hersteller die Produkthaftung für die Folge dieser Fehler aus.

Karosserie-Instandhaltung

18 Fahrzeuge und Systeme instand halten

In diesem Kapitel werden behandelt:
- Verschleiß, siehe Kap. 18.1
- Instandhaltung, siehe Kap. 18.2
- Blockschaltbilder, Diagramme und Funktionsschemata, siehe Kap. 18.3
- Betriebsstoffe in Fahrzeugen, siehe Kap. 18.4
- Hilfsstoffe für die Wartung und Pflege von Fahrzeugen, siehe Kap. 18.5
- Straßenverkehrszulassungsordnung, siehe Kap. 18.6
- Arbeitssicherheit, Unfallverhütung, siehe Kap. 18.7
- Abfälle entsorgen und recyceln, siehe Kap. 18.8

18.1 Verschleiß

Ein neues Fahrzeug ist beim Kauf technisch und optisch in Ordnung; dies garantieren Hersteller (OEM[1]) und Verkäufer. Sobald das Fahrzeug beladen und gefahren wird, nutzt es sich ab.

Beispiele:
- Lackschäden durch Witterung und Steinschlag
- kleine Dellen durch Steinschlag oder „Parkplatzrempler“
- Spiel in Schlössern, Scharnieren und Dichtungen der Türen und Klappen
- Motoröl verunreinigt durch Verbrennungsrückstände
- Wasser gelangt in die Bremsflüssigkeit
- Reifen nutzen sich ab
- Bauteile setzen und lockern sich durch Schwingungen und Stöße

Diese Abnutzungen nennt man Verschleiß.

Achtung:
Jedes Kundenfahrzeug muss gewissenhaft und schonend behandelt werden; dabei spielt es keine Rolle, in welchem Zustand das Fahrzeug ist.

Durch Instandhaltung wird der Verschleiß des Fahrzeugs gering gehalten, somit die Nutzungsdauer verlängert und die Werterhaltung verbessert.

[1] OEM = Original-Equipment-Manufacturer (engl.): Original-Ausrüstungs-Hersteller oder einfach: Erstausrüster

18.2 Instandhaltung

Der Begriff der Instandhaltung und die entsprechenden Maßnahmen sind nach DIN 31 051 genormt.

Die Instandhaltung ist unterteilt in:
- Wartung, siehe Kap. 18.2.1
- Inspektion, siehe Kap. 18.2.2
- Instandsetzung, siehe Kap. 18.2.3

18.2.1 Wartung

Unter Wartung versteht man alle Maßnahmen, die den Sollzustand des Fahrzeugs bewahren. Der **Sollzustand** eines Fahrzeugs wird festgelegt durch den Fahrzeughersteller und die Straßenverkehrszulassungsordnung (StVZO). Er beschreibt technische Eigenschaften des Fahrzeugs, damit es zuverlässig funktioniert und im öffentlichen Straßenverkehr betrieben werden darf.

Durch Wartung bleibt die Funktionssicherheit des Fahrzeugs erhalten.

Für die Wartung legt der Hersteller dem Fahrzeug ein **Wartungsheft** bei. Darin sind Hinweise enthalten zu:
- Wartungsplan mit Umfang und Häufigkeit der Wartung, Beispiel siehe Bild ➔ 1, Seite 527
- Sachmängelhaftung
- Betriebsstoffen
- Wartungsarbeiten

Die Wartung umfasst folgende Arbeitsschritte:
- Wartungsplan erstellen
- Wartung vorbereiten
- Wartung durchführen
- Wartung rückmelden

In der Regel wird außerdem eine Fehlerdiagnose mit Hilfe des **Diagnosecomputers** durchgeführt. Der Diagnosecomputer wird über eine genormte Schnittstelle mit dem Fahrzeug verbunden und ermöglicht das Auslesen von Fehlern, die über ein Steuergerät erfasst werden.

Wartungsdienst AP00.20-W-0011H

AP00.20-W-0011H	Wartungsdienst	

Typ 963, 964 mit Motor 470.9, 471.9, 473.9, 936.9
außer Code M5W (Motorausführung Euro III)
außer SLT (Schwerlasttransporter)

Änderungshinweise

14.08.2017	Das Kühlmittel erneuern zu jeder 2. Wartung Motor oder nach 2 Jahren - nur Fahrzeuge mit Code B3H (ohne Code M8T) Typ WDF963.### ## ab 990539; Typ WDB963.### #0 ab 192983, WDB964.### #0 ab 192983 zugefügt.	K2	
14.08.2017	In Bezug auf das Kühlmittel die SI20.00-W-0008A (Abrechnung Wartungsposition Kühlmittel und Filter erneuern) beachten, eingefügt.		

- ☐ **W = Wartung (abhängig von der Anzeige im Display)**
- ☐ **M = Motorwartung (abhängig von der Anzeige im Display)**
- ☐ **Z = Zusatzarbeiten:**
- ☐ **Getriebewartung (abhängig von der Anzeige im Display)**
- ☐ **Achsenwartung (abhängig von der Anzeige im Display)**
- ☐ **Dieselpartikelfilterwartung (abhängig von der Anzeige im Display), ab FIN 880138, mit Motor 936.9**
- ☐ **J1 - J6 = Zeitwartung - Wartungsarbeiten jährlich, alle 2, 3, 6 Jahre**
- ☐ **J1 = Zusatzarbeiten jährlich (in Bezug Kühlmittel SI20.00-W-0008A beachten!)**
- ☐ **J2 = Zusatzarbeiten alle 2 Jahre (in Bezug Kühlmittel SI20.00-W-0008A beachten!)**
- ☐ **J3 = Zusatzarbeiten alle 3 Jahre (in Bezug Kühlmittel SI20.00-W-0008A beachten!)**
- ☐ **J6 = Zusatzarbeiten alle 6 Jahre (in Bezug Kühlmittel SI20.00-W-0008A beachten!)**
- ☐ **JS = Zeitwartung - sicherheitsrelevante Arbeiten einmal jährlich (nach Absprache mit dem Kunden)**
- ☐ **K2 = Kühlmittel erneuern zu jeder 2. Motorwartung oder nach 2 Jahren - nur Fahrzeuge mit Code B3H (ohne Code M8T) Typ WDF963.### ## ab 990539; Typ WDB963.### #0 ab 192983, WDB964.### #0 ab 192983**
- ☐ **V2 = Ventilspiel einstellen (zu der 2., 4., 6., 8. usw. Motorwartung), Motor 936.9**
- ☐ **V3 = Ventilspiel einstellen (zu der 1., 4., 7., 10. usw. Motorwartung), Motor 470.9, 471.9, 473.9**

G00.20-3129-11

Arbeitsstand

Lkw / 1

1 Wartungsplan eines Lkws – Auszug

KAROSSERIE-INSTANDHALTUNG

Hierzu müssen die Identifizierungsdaten des Fahrzeugs und der entsprechende Bereich, der über eine Steuergerätegruppe erfasst werden kann, in den Diagnosecomputer eingegeben werden.
Die durchgeführte Wartung wird im Wartungsheft dokumentiert; dieses Heft wird auch **Serviceheft** oder **Scheckheft** genannt. Das Wartungsheft dient als Grundlage für evtl. Ansprüche zur Mängelhaftung (Gewährleistung) gegenüber dem Fahrzeughersteller.

Häufig werden bei diesen Arbeiten zusätzlich Schäden festgestellt, die instand gesetzt werden müssen. Bevor diese Instandsetzungsarbeiten durchgeführt werden dürfen, muss unbedingt Rücksprache mit dem Kunden gehalten werden.

Der Kunde muss sein Einverständnis zur Instandsetzung geben.

Bei Nutzfahrzeugen ist der Verschleiß stark abhängig von den Einsatzbedingungen. Deshalb errechnet der **Bordcomputer** Servicetermine für das Fahrzeug und seine Aggregate, abhängig von den jeweiligen, tatsächlichen Einsatzbedingungen. Das Display zeigt Servicetermine automatisch an, erstmalig 14 Tage vor Fälligkeit. Bei Bedarf können die Servicetermine im Menü Wartung vom Fahrer aufgerufen werden, siehe Bild ➔ 1.

Auch die **Betriebsanleitung** enthält Angaben zur Wartung; Beispiel Lkw mit den Kapiteln:
- Allgemeines zur Wartung
- Ersatzteile
- Wartungssystem des Bordcomputers
- Wartungsklappe öffnen/schließen
- Wartungsstellen unter der Wartungsklappe
- Kühlmittelstand
- hydraulische Kupplungsbetätigung
- Scheibenwaschanlage
- Scheinwerfer-Reinigungsanlage
- Ölstand im Motor
- hydraulischer Lüfterantrieb
- Korrosionsschutz prüfen
- Batterien

Für die Wartung wird ein Computer, Fahrzeugsystemtester oder Diagnosetester angeschlossen, siehe Bild ➔ 2. Mit ihm werden z. B. ausgeführt:
- Fahrzeugidentifizierung
- Fehlerspeicher auslesen und löschen
- Wartungs- und Inspektionsintervalle zurücksetzen

1 Menü Wartung in einem Pkw

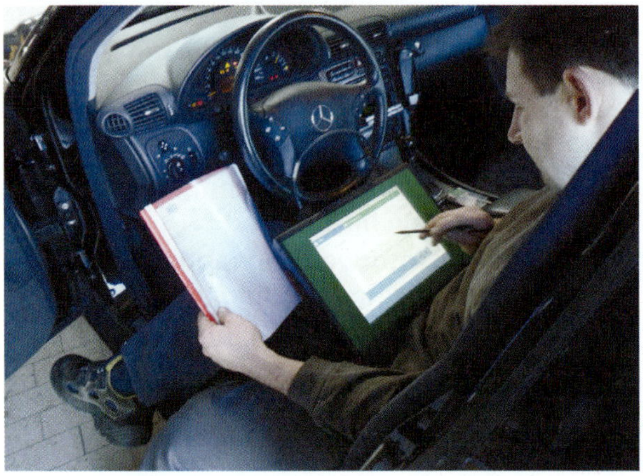

2 Computer-Diagnose an einem Pkw

Pflege

Die Pflege umfasst alle Maßnahmen, die den Zustand der Bauteile und Baugruppen erhalten. Ohne Pflege verhärten Gummiteile, verwittert der Lack oder werden Türschlösser und Scharniere schwergängig.

Durch Pflege werden die natürliche Alterung von Bauteilen verlangsamt und Schäden durch Umwelteinflüsse vorgebeugt.

Für die Pflege sind keine Intervalle vorgeschrieben; es obliegt dem Eigentümer, wann und wie oft er sein Fahrzeug pflegt.

Zur Pflege gehören:
- Karosserie waschen und konservieren
- Innenraum reinigen
- Teile aus Kunststoff, Textil, Aluminium oder Chrom mit entsprechenden Pflegemitteln behandeln

Für automatische Waschanlagen gelten besondere Betriebs- und Sicherheitsvorschriften.

Deshalb müssen in der Nähe der Anlage oder direkt an der Anlage **spezielle Betriebsanweisungen** gut sichtbar aufgehängt sein, siehe Bild → 1. Sie informieren über Gefahren rund um die Waschanlage, Schutzmaßnahmen und das Verhalten bei Unfällen.

WashTec | **Betriebsanweisung** | Nr. **SA0090 DE**

1. ANWENDUNGSBEREICH

Montage und Instandhaltung von Waschanlagen

2. GEFAHREN FÜR MENSCH UND UMWELT

Die technischen Schutzmaßnahmen an Waschanlagen sind für den Waschbetrieb konzipiert. Es bestehen jedoch Gefahren durch Aufenthalt während des Betriebes und an für den Betreiber unzugänglichen Anlagenteilen durch:

- Einklemmen und Quetschen von Körperteilen durch Aufenthalt oder Hineingreifen in laufender Anlage
- Einzugsstellen an sich drehenden Teilen
- Schnittverletzungen durch scharfkantige Teile
- Herabfallen von Teilen und Gegenständen bei Transport
- Umfallen von Teilen durch hohen Schwerpunkt und fehlende Kippsicherung
- Gefahr durch elektrischen Strom bei Fehlersuche
- Umknicken durch Treten auf Fahrschienen, Bodenkontakten und Einbauteilen
- Ausrutschen und Hinfallen durch rutschigen Fußboden
- Hauterkrankungen: Im Brauchwasser sind die Inhaltsstoffe der Waschchemikalien verdünnt enthalten. Es können sich darin bei ungenügender Wartung und Pflege zusätzlich Mikroorganismen / Keime entwickeln.
- Mikrobielle Belastung: Durch Einschleppung von Viren und Keimen ins Brauchwasser können diese über Aerosole und den Magen-Darmtrakt aufgenommen werden und zu Erkrankungen führen.

3. SCHUTZMAẞNAHMEN UND VERHALTENSREGELN

Vor Arbeitsbeginn:

- Stillsetzen der Anlage vor Beginn der Arbeiten
- Sichern gegen unbefugtes oder irrtümliches Wiedereinschalten
- Sicherung gegen automatisches Anlaufen
- Sicherung gegen gespeicherte Energie (Druckbehälter, Federn, angehobene Maschinenteile)
- Besondere Sicherheitsmaßnahmen und Umsicht bei nicht vermeidbaren Arbeiten an laufender Anlage

Bei Arbeiten mit Zündgefährdung (schweißen, schleifen...) sind die Gefährdungen zu ermitteln und die Sicherheitsmaßnahmen im Erlaubnisschein zu dokumentieren (siehe SA 0240).

- Für gute Beleuchtung sorgen
- Bei Arbeiten in Höhen für maximale Sicherheit sorgen z.B. Hebebühne oder Gerüst verwenden; Podestleiter mit Zurrgurt festbinden
- Bei Demontage: Bauteile z. B. mit Zurrgurt gegen Absturz sichern

Persönliche Schutzausrüstung benutzen:

- Warnweste + Schutzschuhe tragen (halbhoch mit rutschfester Sohle)
- Wo immer möglich schnittfeste Schutzhandschuhe tragen
- Helm oder Anstoßkappe tragen
- Bei Arbeiten > 1,8 m Standhöhe Anseilschutz verwenden
- Gefährdungen durch elektrischen Strom vermeiden durch Abschalten
- Transportarbeiten durch Einsatz von Hilfsmitteln sicher gestalten
- Sicheres Arbeiten bei Vorhandensein von Gefahrstoffen: jeweilige Betriebsanweisung beachten
- Kontakt mit Waschwasser soweit wie möglich vermeiden:
  - flüssigkeitsdichte Handschuhe tragen und
  Abstand zu laufender Waschanlage einhalten; bei Kontakt mit Aerosolen: bei Bedarf Schutzbrille, Atemschutzmaske P2 und Einwegschutzanzug tragen
  - Hautschutzcreme Stoko Protect verwenden
- Hygiene: Vor Pausen und am Arbeitsende Händereinigung, bei Bedarf desinfizieren
- Im Waschbereich nicht essen, trinken und rauchen, keine Nahrungsmittel aufbewahren

4. VERHALTEN BEI STÖRUNGEN UND IM GEFAHRFALL

- Mängel unverzüglich beheben, soweit selbst möglich
- Vorgesetzten und ggf. Kunden / Betreiber informieren

5. VERHALTEN BEI UNFÄLLEN – ERSTE HILFE Notruf: 112

- Verletzte bergen; Brennende Kleidung mit Löschdecke einhüllen.
- Bei Stromschlag Stromzufuhr abschalten.
- Bei Kreislaufstillstand sofortige Herz-Lunge-Wiederbelebung.

6. INSTANDHALTUNG, ENTSORGUNG

- Verschmutzung unverzüglich beseitigen

Datum: 03.03.2011 | Ersteller: Karl Greger

1 Betriebsanweisung einer Fahrzeugwaschanlage

18.2.2 Inspektion

Zur Inspektion gehören:
- Plan erstellen zur Feststellung des Istzustandes
- Inspektion vorbereiten
- Inspektion durchführen
- Ergebnis des Istzustands vorlegen
- Ergebnis des Istzustands auswerten und beurteilen
- notwendige Konsequenzen aufgrund der Beurteilung ableiten

Der Fahrzeughersteller legt den Zeitpunkt für die nächste Inspektion in Abhängigkeit der gefahrenen Strecke fest, um die Fahrbereitschaft zu garantieren. Die vorgeschriebenen Arbeiten werden im Wartungsheft dokumentiert.

18.2.3 Instandsetzung

Gesellen und Auszubildende führen die Instandsetzung in der Gruppe durch unter der Leitung des Werkstattmeisters, siehe Bild → 1.

Hierbei kommen folgende Maßnahmen zur Anwendung:
- Auftrag zur Instandsetzung dokumentieren und analysieren
- Instandsetzung planen; dabei müssen alternative Lösungen aufzeigt, bewertet und entschieden werden
- Instandsetzung vorbereiten, d. h. kalkulieren, Termine planen, Personal, Werkzeuge, Material und alle erforderlichen Sicherheitseinrichtungen bereitstellen, Arbeitsplan erstellen
- Instandsetzung durchführen
- instand gesetzte Bauteile und Baugruppen auf Funktion prüfen und abnehmen
- Instandsetzung fertig melden
- Instandsetzung aus technischer und wirtschaftlicher Sicht auswerten und dokumentieren

Besonderheiten bei der Instandsetzung gibt es:
- bei alten Fahrzeugen
- nach einem Unfall

Besonderheiten bei der Instandsetzung alter Fahrzeuge
Bei alten Fahrzeugen kann die Karosserie korrodiert sein, weil der Korrosionsschutz verschlissen ist oder wegen Steinschlags. Ist die Korrosion weit fortgeschritten, müssen die Karosserieteile ersetzt werden.

Die Planung der Instandsetzung alter Fahrzeuge ist schwierig, weil sich während der Reparatur weitere Korrosionsschäden zeigen können, die noch behoben werden müssen. Dadurch kann sich der Umfang der Reparatur erheblich vergrößern, sodass der Arbeitsplan geändert werden muss.

1 Instandsetzung durch Gesellen und Auszubildenden

Auch dann gilt:
Der Kunde muss sein Einverständnis zur Instandsetzung geben.

Besonderheiten bei der Instandsetzung nach einem Unfall
Beschädigungen durch einen Unfall können an jedem Fahrzeug entstehen – unabhängig von Alter oder Pflegezustand.

Versicherungen entscheiden nach der Größe des Schadensumfangs, ob
- das Fahrzeug repariert wird,
- ein wirtschaftlicher Totalschaden vorliegt oder
- ein technischer Totalschaden.

Ein **wirtschaftlicher Totalschaden** liegt vor, wenn die Kosten der Instandsetzung nach der Prognose des Sachverständigen mehr als 130 % des Wiederbeschaffungswertes für ein gleichwertiges Ersatzfahrzeug betragen.

Kosten für die Instandsetzung bis 130 % des Wiederbeschaffungswertes übernimmt die Versicherung, der Restwert des Unfallfahrzeuges bleibt unberücksichtigt. Soll das Fahrzeug nicht repariert werden, weil der Fahrzeughalter das Fahrzeug im beschädigten Zustand verkaufen will oder es im beschädigten Zustand weiter nutzt, wird der Restwert des Unfallfahrzeugs vom Wiederbeschaffungswert abgezogen (Urteil des Bundesgerichtshofes, Karlsruhe, 12. 7. 2005 – VI ZR 132/04 und 6. 3. 2007 – VI ZR 120/06).
Wünscht der Kunde bei höheren Kosten die Instandsetzung seines Fahrzeuges, muss er dies auf eigene Kosten tun.

Ein **technischer Totalschaden** liegt vor, wenn eine Instandsetzung nicht mehr möglich ist. Der Restwert des Fahrzeugs beträgt dann 0,-- Euro.

18.3 Blockschaltbilder, Diagramme und Funktionsschemata

Es gibt zahlreiche Möglichkeiten durch grafische Darstellungen

- Zusammenhänge übersichtlich und kompakt darzustellen,
- einen Überblick über eine Struktur oder einen Ablauf zu geben,
- Wertigkeiten, Hierarchien usw. abzubilden.

Dazu werden Diagramme verwendet, wie z. B.:

- Liniendiagramm
- Flächendiagramm
  - Säulendiagramm
  - Tortendiagramm
- Ablaufdiagramm
  - Blockschaltbilder, siehe Bild → 1
  - Flussdiagramm, siehe Bild → 2
  - Fischgrätdiagramm, vgl. Kap. 10.2.3

1 Blockschaltbild für eine Fahrzeug-Oberwäsche

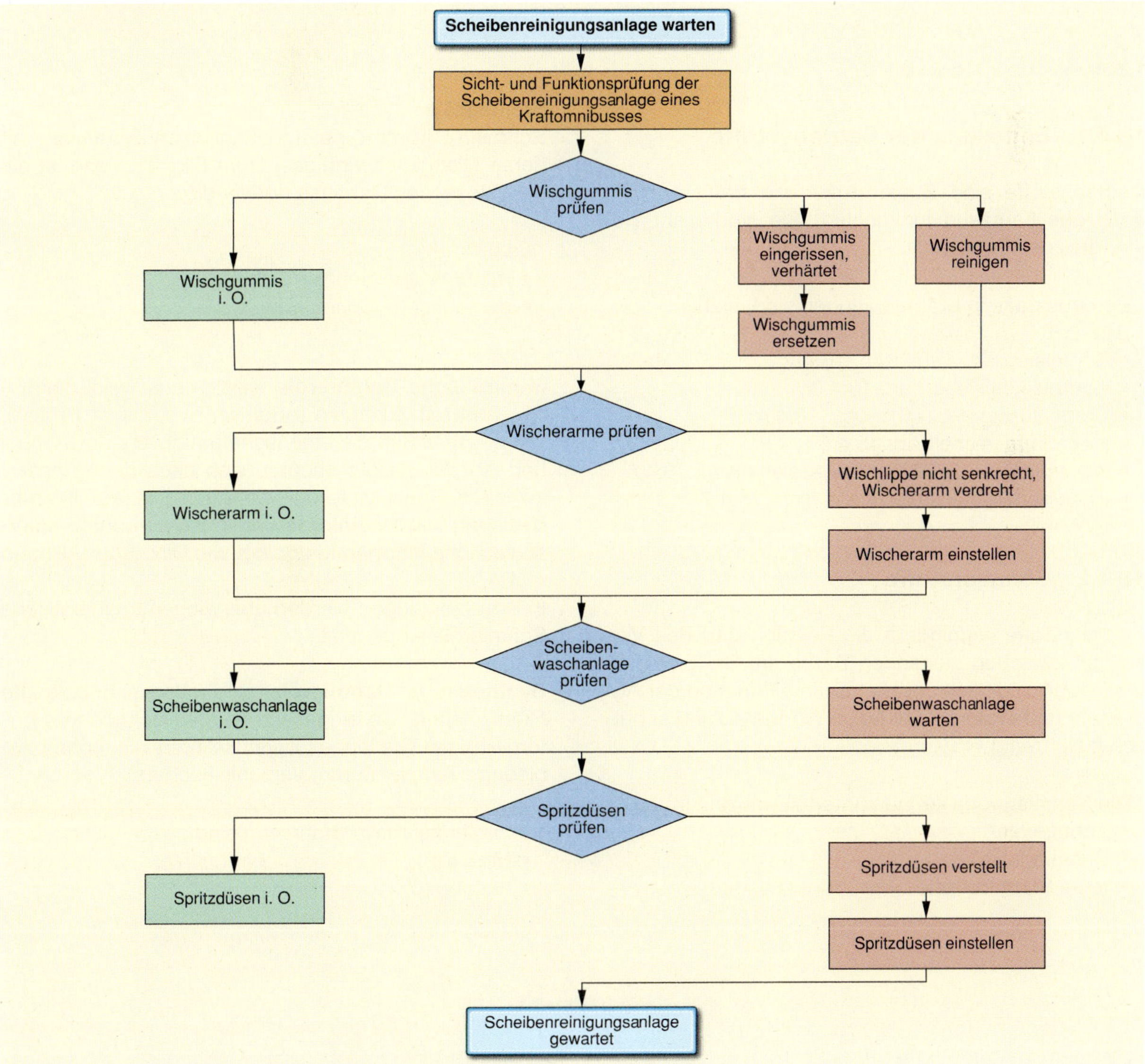

2 Flussdiagramm zur Wartung einer Scheibenreinigungsanlage

Zu den Ablaufdiagrammen zählen auch die Funktionsschemata und Wartungsdiagramme.

Eine weitere Möglichkeit zur Darstellung sind **Mind-Maps**, Beispiel siehe Bild → 1.

18.4 Betriebsstoffe in Fahrzeugen

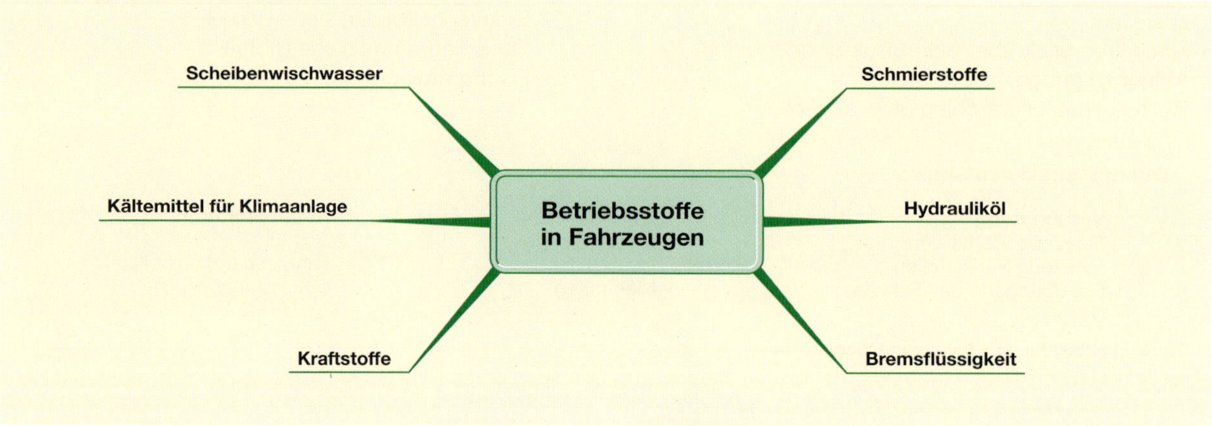

1 **Betriebsstoffe in Fahrzeugen**

18.4.1 Einteilung der Betriebsstoffe

Betriebsstoffe sind Zusatzstoffe, die dafür sorgen, dass das Fahrzeug funktioniert. Sie sind nicht Bestandteil des Fahrzeugs.

Betriebsstoffe in Kraftfahrzeugen sind, siehe Bild → 1:
- Schmierstoffe, siehe Kap. 18.4.2
- Hydrauliköl, siehe Kap. 18.4.3
- Bremsflüssigkeit, siehe Kap. 18.4.4
- Kraftstoffe, siehe Kap. 18.4.5
- Kältemittel für die Klimaanlage, siehe Kap. 18.4.6
- Scheibenwischwasser, siehe Kap. 18.4.7

18.4.2 Schmierstoffe

Schmierstoffe vermindern die Reibung und den Verschleiß zwischen gleitenden Bauteilen. Sie bewirken die Leichtgängigkeit und sichern die Funktion der Aggregate und Motoren. Sie leiten Wärme ab und schützen gleichzeitig vor Korrosion.

Die Schmierstoffe können unterteilt werden in:
- Schmieröle
- Schmierfette
- feste Schmierstoffe

Schmieröle

Schmieröl kommt bei mechanischen Bauteilen mit hoher Gleitgeschwindigkeit zum Einsatz; dann ist ein geschlossenes Gehäuse notwendig.

Es gibt:
- mineralische Schmieröle
- synthetische Schmieröle

Mineralische Schmieröle werden aus Erdöl gewonnen und mit Zusätzen (Additiven) vermischt (legiert), um bessere Schmiereigenschaften zu erzielen. Anteil und Art der Zusätze richten sich nach dem Einsatzzweck, z. B. als Motoröl, Getriebeöl. Die jeweils erforderlichen Mindestanforderungen werden durch unterschiedliche Normen festgelegt wie DIN, SAE, API und ACEA.
In Kraftfahrzeugen werden überwiegend mineralische Schmieröle eingesetzt.

Synthetische Schmieröle sind chemisch erzeugte Flüssigkeiten, die eingesetzt werden bei höheren Anforderungen wie lange Ölwechselintervalle, hohe bzw. niedrige Temperaturen, Verschleißschutz.

Schmieröle im Kraftfahrzeug sind:
- Motoröl
- Getriebeöl

Hydraulikflüssigkeit und Bremsflüssigkeit übernehmen ebenfalls Aufgaben von Schmierölen, jedoch ist die Hauptaufgabe dieser Flüssigkeiten eine andere; deshalb werden sie separat aufgeführt.

Motoröl

Motoröl dient dazu, den Motor
- zu schmieren und damit Reibung und Verschleiß zu verringern
- zu kühlen, indem die Wärme abgeführt wird
- zu reinigen; dabei werden Verunreinigungen ausgewaschen und unerwünschte Produkte aus der Verbrennung unschädlich gemacht
- zwischen Kolbenringen und Zylinderlauffläche abzudichten
- vor Korrosion zu schützen

Dadurch verschleißt das Motoröl und der Ölfilter setzt sich mit Partikeln zu. Deshalb müssen regelmäßig
- das Motoröl gewechselt und
- der Ölfilter ausgetauscht werden.

Dafür sind die Angaben des Fahrzeugherstellers zu beachten.

Außerdem ist, je nach Anzahl der gefahrenen Kilometer, der Ölstand regelmäßig zu prüfen, siehe Bild → 1.

Die Basis-Qualität von Motoröl wird in verschiedenen Klassifikationen festgelegt. Darüber hinaus gibt es Fahrzeughersteller, die strengere Grenzen festlegen; dann sind diese Festlegungen zu beachten.

Die Basis-Qualität von Motoröl wird festgelegt durch:
- SAE-Klassifikation
- API-Klassifikation
- ACEA-Klassifikation
- JASO-Klassifikation

SAE-Klassifikationen

Die **S**ociety of **A**utomotive **E**ngineers (SAE) teilt die Motoröle nach ihrer Zähigkeit und ihrem Fließverhalten (Viskosität) in **Viskositätsklassen** ein.
Einbereichsöle decken nur eine Viskositätsklasse ab, sodass sie in Kraftfahrzeugen jährlich zwei Mal gewechselt werden müssen: ein Mal vor dem Sommer und ein zweites Mal vor dem Winter.

Heute werden ausschließlich **Mehrbereichsöle** eingesetzt. Sie können die Viskositätsklassen von zwei oder mehr Einbereichsölen überbrücken; daher sind sie sowohl für den Sommer- als auch für den Winterbetrieb geeignet.

1 Ölstand prüfen mit dem Ölmessstab

Beispiel:
In dem Mehrbereichsöl SAE 10W – 30 bedeuten:
10W: geringste Viskosität (Niedrigtemperatur-Viskosität, W:Winter)
(Bindestrich) –: „bis“
30: höchste Viskosität (Hochtemperatur-Viskosität)

API-Klassifikation

Das **A**merican **P**etroleum **I**nstitute (API) hat eine amerikanische Klassifikation festgelegt und teilt die Motoröle ein in:
- S-Öle: für Pkw-Motoren (Dieselmotor und Benzinmotor)
- C-Öle: für Nfz-Dieselmotoren

Beispiel:
In dem Motoröl CF-4 bedeuten:
C: Motoröl für Nutzfahrzeug-Dieselmotoren
F: steht für die Qualität- bzw. Anforderungsklasse; hier für die Eignung in hochaufgeladenen Dieselmotoren unter schweren Betriebsbedingungen
4: für 4-Takt-Motoren

Je höher der zweite Buchstabe im Alphabet steht, desto besser ist die Qualität des Motoröls.

ACEA-Klassifikation

ACEA bedeutet **A**ssociation des **C**onstructeurs **E**uropéens d´**A**utomobiles und ist eine europäische Klassifikation. Darin sind festgelegt:
- A-Öle: für Pkw-Benzinmotoren
- B-Öle: für Pkw-Dieselmotoren
- C-Öle: für Pkw-Motoren mit Katalysator bzw. Dieselpartikelfilter
- E-Öle: für Lkw-Dieselmotoren

Die nachfolgende Zahl gibt die Qualität des Motoröls an; je höher, umso besser.

Beispiel:
In dem Motoröl E1-04 bedeuten:
E: Motoröl für Lkw-Dieselmotoren
1-04: gute Qualität (Standardqualität) des Motoröls nach der ACEA-Klassifikation aus dem Jahr 2004

JASO-Klassifikation
Die JASO-Klassifikation ist eine japanische Spezifikation. Sie gilt für Motoren, die in Japan hergestellt wurden, auf die nicht immer die API-Klassifikation anwendbar ist.

Beispiel:
JASO DH-2: Motoröl für Dieselmotoren mit EURO 4

Getriebeöl
Getriebeöle für Kraftfahrzeuge sind heute vollsynthetisch. Sie schmieren und kühlen in:
- Schalt- oder Automatikgetrieben
- Verteilergetrieben
- Achsgetrieben

Getriebeöle werden nach der API-Klassifikation eingeteilt. Sie werden mit dem Kürzel GL[1] und den Ziffern 1 bis 5 beschrieben. Die Ziffern kennzeichnen die Belastbarkeit des Öls.

Für Kraftfahrzeuge sind folgende Klassifikationen wichtig:
- GL-3: spiralverzahnte Kegelradgetriebe und Handschaltgetriebe unter mäßig erschwerten Bedingungen hinsichtlich Last und Drehzahl, Öl mit mild wirkenden Verschleißschutzzusätzen.
- GL-4: gerad- und stirnverzahnte Getriebe, auch mit leichtem Achsversatz; in quer eingebauten Transaxle-Getrieben
- GL-5: hypoidverzahnte Getriebe (kreuzende Wellen mit großem Achsversatz) in Pkws und anderen Fahrzeugen unter schockartiger Belastung bei hoher Drehzahl, vorzugsweise in Hinterachsdifferenzialen

Die API-Klassifikationen können allerdings nur eine grobe Einteilung liefern, da die Anforderungen an moderne Getriebeöle sehr komplex sind.

Schmierfette
Schmierfett ist ein Gemisch aus synthetischem Schmieröl und Seife. Es wird bei geringer Gleitgeschwindigkeit eingesetzt, z. B. bei Gleit- und Wälzlagern. Die Lagergehäuse sind so ausgebildet, dass der Schmierbereich und ein Vorratsraum über einen Schmiernippel mit Schmierfett gefüllt werden.

Eine Schmierfettfüllung für **wartungsfreie Lager** hält für eine lange, meist für die gesamte Betriebsdauer.

Feste Schmierstoffe
Feste Schmierstoffe sind Pulver aus Grafit, Molybdändisulfid (MoS_2) oder Polytetrafluorethylen (PTFE). Sie kommen zum Einsatz bei sehr hoher oder sehr niedriger Betriebstemperatur und bei sehr niedriger Gleitgeschwindigkeit.

Häufig werden die festen Schmierstoffe dem Schmieröl und dem Schmierfett beigemischt, um deren Eigenschaften zu verbessern.

18.4.3 Hydrauliköl

Hydrauliköl ist eine Flüssigkeit, die in hydraulischen Systemen eingesetzt wird. Hydraulische Systeme in Kraftfahrzeugen sind hydraulische Kupplung, Getriebe, Lenkung, Aggregate wie Hubladebühne, Knickarmkran, Containerwechselsystem.

Weitere Informationen zu hydraulischen Systemen siehe Kap. 4.

„Hydraulik“ kommt von Hydron (griech. = Wasser). Jedoch eignet sich Wasser in der Fahrzeugtechnik nicht als Hydraulikflüssigkeit, denn es begünstigt Korrosion, ist dünnflüssig, „gefriert“ bei 0 °C und „kocht“ bei 100 °C.

Deshalb werden in Kraftfahrzeugen spezielle Hydrauliköle eingesetzt.

Hydrauliköl hat die Aufgabe,
- hydraulische Leistung zu übertragen
- die Bauteile vor Korrosion zu schützen
- Verunreinigungen zum Filter zu transportieren
- Wärme des Systems zum Kühler abzuführen
- bewegliche Teile zu schmieren

[1] GL = gear lubricant (engl.): Getriebeschmierstoff

Hydrauliköle bestehen aus Mineralöl, versetzt mit Wirkstoffen, den **Additiven**. Sie sind genormt nach DIN 51 524 und werden wie folgt gekennzeichnet:

H Hydrauliköl, mit Wirkstoffen, die
L den Korrosionsschutz verbessern
P Reibung und Verschleiß herabsetzen
V den Schmierstoff verdünnen

Zudem steht hinter den Buchstaben eine Zahl, die die kinematische Viskosität des Hydrauliköls bei einer Temperatur von -40 °C angibt.

Beispiel:
DIN 51 524 – HLP 46 bedeutet:
H: Hydrauliköl nach DIN 51 524
LP: es enthält Wirkstoffe, die den Korrosionsschutz verbessern sowie Reibung und Verschleiß vermindern
46: Kennzahl für die kinematische Viskosität

Bei Hydrauliköl sind zu beachten:
- Vorschriften des Herstellers
- Lagern in geschlossenen Räumen
- vor Witterung und Verschmutzung schützen
- zum Befüllen Trichter und Kannen sorgfältig reinigen

18.4.4 Bremsflüssigkeit

Die Bremsflüssigkeit ist eine Hochleistungs-Hydraulikflüssigkeit. Sie überträgt den Druck vom Hauptbremszylinder zu den Radbremszylindern, vgl. Kap. 7.4.5.1.

An die Bremsflüssigkeit eines Kraftfahrzeugs werden hohe Anforderungen gestellt:
- hoher (Trocken-)Siedepunkt[1]
- niedriger Stockpunkt[2]
- geringe Viskositätsänderung im Temperaturbereich zwischen ca. -60 °C und +280 °C
- chemisch neutral gegenüber Metall
- Begünstigung der Abdichtung durch gezielte Quellung der Dichtungen
- Schmierung beweglicher Teile einer Bremsanlage
- Korrosionsschutz
- Mischbarkeit mit vergleichbaren Bremsflüssigkeiten (keine Produktbindung)

Nach ihrer chemischen Zusammensetzung unterscheidet man hauptsächlich zwei Typen von Bremsflüssigkeiten:
- organische Bremsflüssigkeit: Glykolether, auf Alkoholbasis, bernsteinfarben
- synthetische Bremsflüssigkeit: auf Silikonbasis, blau

Achtung:
Die beiden Bremsflüssigkeitstypen dürfen nicht miteinander gemischt werden.

Für die verschiedenen Bremsflüssigkeiten für Kraftfahrzeuge gelten spezielle Standards, die durch SAE[3], FMVSS[4] und DOT[5] festgelegt und in Spezifikationen beschrieben sind. Bild → 1 zeigt einige Mindestanforderungen an verschiedene Bremsflüssigkeiten.

Alle Bremsflüssigkeiten sind mehr oder weniger **hygroskopisch**; d. h., sie nehmen mit der Zeit immer mehr Wasser auf. Das hat zur Folge, dass die Bremszylinder innen, Bremskolben und Bremsleitungen korrodieren. Der Wasseranteil in der Bremsflüssigkeit setzt zudem den Siedepunkt der Bremsflüssigkeit schnell herab, siehe Bild → 2.

Als Vergleichswert dient der jeweilige **Nass-Siedepunkt** bei 3,5 Masse-% Wasseranteil in der Bremsflüssigkeit.

Mindestanforderung	DOT 3	DOT 4	DOT 5.1	DOT 5
Trockensiedepunkt in °C	205	230	260	260
Nass-Siedepunkt in °C	140	155	180	180
Farbe	bernsteinfarben (gelb)			blau

1 Mindestanforderungen an Bremsflüssigkeiten

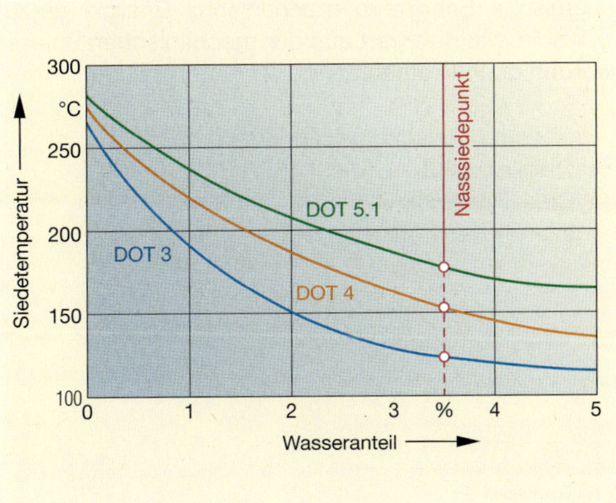

2 Siedetemperatur von Bremsflüssigkeiten

[1] Trockensiedepunkt: Beginn des Siedens bei neuer („trockener") Bremsflüssigkeit
[2] Stockpunkt: Beginn des Gefrierens der Bremsflüssigkeit
[3] SAE = **S**ociety of **A**utomotive **E**ngineers: amerikanisches Standardisierungsinstitut für Verkehrstechnologie
[4] FMVSS = **F**ederal **M**otor **V**ehicle **S**afety **S**tandards, Abk. für US-Sicherheitsnorm
[5] DOT = **D**epartment **o**f **T**ransportation: amerikanisches Verkehrsministerium

Bereits bei geringem Wasseranteil in der Bremsflüssigkeit verschlechtert sich die Bremswirkung. Bei hoher Bremsleistung und der damit verbundenen Erwärmung der Bremsanlage entstehen Gasblasen in der Bremsflüssigkeit. Beim Betätigen der Bremse werden die Gasblasen zusammengedrückt, wodurch ein verminderter Bremsdruck an die Radbremszylinder weitergeleitet wird. Folge: Die Bremswirkung lässt deutlich nach.

Dieses **Fading**[1] erkennt der Fahrer daran, dass plötzlich das Bremspedal „weich wird" und sich weiter als sonst durchtreten lässt.

Mit Bremsflüssigkeitstestern wird deshalb der Wasseranteil der Bremsflüssigkeit regelmäßig gemessen, siehe Bild → 1. Ist er zu hoch, muss die Bremsflüssigkeit erneuert werden, auch wenn das Ende des Austauschintervalls noch nicht erreicht ist.

Generell gilt:
Je nach Fahrzeugtyp, -hersteller und Bremsflüssigkeitstyp sind Austauschintervalle von 1 bis 3 Jahren vorgeschrieben.

Sicherheitshinweise:
- Bremsflüssigkeit ist sehr giftig, Hautkontakt vermeiden!
- Bremsflüssigkeit greift den Fahrzeuglack an
- Bei Austausch und Entsorgung unbedingt Herstellervorschriften beachten!

18.4.5 Kraftstoffe

Einteilung der Kraftstoffe
Kraftstoff ist ein flüssiger Brennstoff, der im Motor kontrolliert verbrannt wird, um die in ihm enthaltene chemische Energie in mechanische Energie umzuwandeln. Mit der Kraft aus der mechanischen Energie werden dann Kraftfahrzeuge angetrieben.

Kraftstoffe für Kraftfahrzeuge sind:
- Ottokraftstoff
- Dieselkraftstoff
- alternative Kraftstoffe

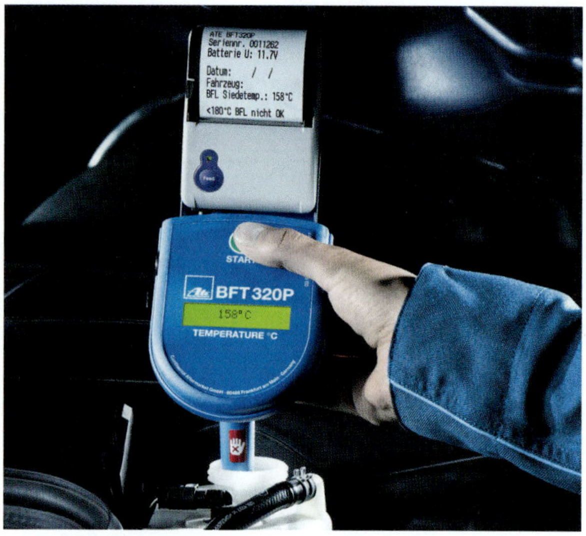

1 Bremsflüssigkeitstester

Ottokraftstoff
Ottokraftstoff ist der Kraftstoff für Ottomotoren; weitere Bezeichnungen sind **Benzin** oder **Sprit**[2]. Ottokraftstoff wird mit Luft vermischt, dann verdichtet und mit Hilfe einer Zündkerze entzündet; im Gegensatz zum Dieselkraftstoff, der sich von selbst, ohne Zündkerze, entzündet.

Achtung:
Ottokraftstoff ist ein Gefahrstoff; er ist leichtentzündlich (Flammpunkt = 21 °C), ätzend und gewässergefährdend.

Bei Austritt von Ottokraftstoff sind zu beachten:
- Kontakt mit Haut und Augen vermeiden
- offene Flammen löschen
- Zündquellen entfernen
- nicht rauchen
- Funken vermeiden
- Vorsichtsmaßnahmen gegen elektrostatische Aufladung treffen
- Leck schließen, falls vorhanden
- Personen, deren Anwesenheit nicht erforderlich ist, aus dem Gefahrenbereich entfernen

[1] Fading (engl.): Nachlassen; bei Bremsen das Nachlassen der Bremswirkung bei Erwärmung
[2] Sprit: Kurzform von Spiritus, einem Alkohol, der schon seit 1900 dem Kraftstoff beigemischt wird.

Der wichtigste Kennwert für Ottokraftstoff ist die **Klopffestigkeit**. Das „Klopfen“ oder „Klingeln“ entsteht, wenn der Kraftstoff unkontrolliert verbrennt; das geschieht bei Motoren mit hoher Verdichtung.

Es gilt:
Je höher die Klopffestigkeit, umso mehr kann der Kraftstoff verdichtet werden.

Die Klopffestigkeit wird in der **Oktanzahl**[1] (= ***OZ***) ausgedrückt. Die Oktanzahl wird bei einer Vergleichsprüfung ermittelt. Bei der Prüfung wird der Ottokraftstoff verglichen mit einem „Bezugskraftstoff“, der aus einer Mischung von Isooktan mit der Oktanzahl *OZ* = 100 und dem Heptan[2] mit *OZ* = 0 besteht. Der Ottokraftstoff wird geprüft bei

- geringer Motorlast und niedriger Drehzahl: **ROZ** (Research-Oktanzahl)
- hoher Motorlast und hoher Temperatur (149 °C): **MOZ** (Motor-Oktanzahl)

DIN EN 228 (*Kraftstoffe für Kraftfahrzeuge – Unverbleite Ottokraftstoffe*) legt die Mindest-Oktanzahlen fest für:

- Super: min. 95,0 ROZ / 85,0 MOZ
- Super Plus: min. 98,0 ROZ / 88,0 MOZ

An einigen Tankstellen wird auch Ottokraftstoff mit 100 ROZ und mehr angeboten. Hersteller verwenden Bezeichnungen wie Shell V-Power Racing oder Aral Ultimate 102. Eine Norm für diesen Ottokraftstoff gibt es jedoch noch nicht.

Die Fahrzeughersteller schreiben vor, welcher Ottokraftstoff getankt werden darf; der Fahrer muss diese Vorschrift beachten:

- Wird Ottokraftstoff mit für den Motor zu niedriger Oktanzahl getankt, fällt die Leistung des Motors ab und er beginnt „zu klopfen“ oder „zu klingeln“. Der Motor kann dadurch beschädigt werden.
- Ottokraftstoff mit höherer Oktanzahl als vorgeschrieben beschädigt den Motor nicht; er kann in geringem Maße die Leistung steigern und den Verbrauch senken.

Ottokraftstoff darf keine Verunreinigungen enthalten; das kann den Motor beschädigen.

Deshalb sind in DIN EN 228 Grenzwerte aufgeführt für den Gehalt an Blei, Schwefel, Kohlenwasserstoffe, Benzol, Sauerstoff und sauerstoffhaltigen organischen Verbindungen.

Bei dem **Ottokraftstoff E10** ist der Anteil an Bioethanol im Benzin von 5 % auf bis zu 10 % angehoben.

Das soll die Erdölreserven schonen und den Ausstoß an Schadstoffen vermindern. Die Anforderungen und Prüfverfahren für Ottokraftstoff E10 sind in DIN EN 228/A1 festgelegt.

Dieselkraftstoff

Dieselkraftstoff ist einer von mehreren Kraftstoffen für Dieselmotoren. Er ist ein Gemisch aus verschiedenen Kohlenwasserstoffen.

Dieselkraftstoff ist kein entzündlicher Gefahrstoff; der Flammpunkt liegt bei 55 °C.

Aber er ist:

- leicht ätzend; deshalb ist Kontakt mit Haut und Augen zu vermeiden
- gewässerschädigend

Beim Dieselmotor wird zunächst Luft im Zylinder verdichtet, die sich dabei stark erwärmt (600 °C bis 900 °C). In die heiße, verdichtete Luft wird Dieselkraftstoff eingespritzt, der mit der Luft verwirbelt und sich sofort entzündet. Eine Fremdzündung, etwa durch eine Zündkerze, ist nicht erforderlich. Dieselmotoren werden daher auch als **Selbstzünder** bezeichnet.

Dieselkraftstoff muss für die Selbstzündung eine gewisse Zündwilligkeit besitzen – ein Maß dafür ist die **Cetanzahl (*CZ*)**. Die Cetanzahl wird bei einer Vergleichsprüfung ermittelt; Grundlage des Vergleichs ist ein „Bezugskraftstoff“, ähnlich wie bei der Ermittlung der Oktanzahl beim Ottokraftstoff. Der „Bezugskraftstoff“ ist ein Gemisch aus n-Hexadecan[3] mit *CZ* = 100 und α-Methylnaphtalin[4] mit *CZ* = 0.

Bei normalem Dieselkraftstoff liegt die Mindest-Cetanzahl bei 51 CZ. Die Mineralölfirmen bieten auch höherwertigen Dieselkraftstoff an unter den Namen wie Super Diesel oder Ultimate Diesel mit Mindest-Cetanzahl von 55 CZ bzw. 60 CZ. Für Dieselkraftstoff sind Anforderungen und Prüfverfahren in DIN EN 590 festgelegt.

[1] Oktanzahl: Schreibweise nach Duden; DIN EN 228 verwendet dagegen die Schreibweise: Octanzahl
[2] Heptan: Kohlenwasserstoff aus der Gruppe der Alkane
[3] n-Hexadekan: Kohlenwasserstoff aus der Gruppe der Alkane, besteht nur aus C und H
[4] α-Methylnaphtalin: Kohlenwasserstoff aus der Gruppe der Aromaten

Dieselkraftstoff enthält mit kettenförmigen, gesättigten Kohlenwasserstoffen Paraffine[1], die bei niedriger Temperatur (t < -5 °C) Kristalle bilden (Ausflocken). Diese Kristalle verstopfen den Kraftstofffilter und bewirken, dass der Motor nicht startet.

Um das zu vermeiden, sind dem Dieselkraftstoff im Winter spezielle Additive zugegeben; man spricht dann von **Winterdiesel**.

Auf keinen Fall darf dem Dieselkraftstoff Petroleum oder Ottokraftstoff zugegeben werden; moderne Einspritzanlagen könnten beschädigt werden.

Dieselkraftstoff enthält bis zu 7 % Fettsäuremethylester[2]; dieser wird als **Dieselkraftstoff B7** bezeichnet. In Deutschland wird als Zusatz meist Rapsmethylester verwendet.

Alternative Kraftstoffe

Alternative Kraftstoffe sind Kraftstoffe, die nicht aus Mineralöl hergestellt sind. Sie könnten in Zukunft die herkömmlichen Otto- und Dieselkraftstoffe ersetzen.

Zu den alternativen Kraftstoffen zählen:
- Biodiesel
- Bio-Ethanol
- synthetischer Kraftstoff
- Autogas
- Erdgas
- Biogas
- Wasserstoff
- Pflanzenöl
- Tierfett
- elektrischer Strom aus regenerativen Energien

Biodiesel

Biodiesel wird aus reinem Pflanzenöl hergestellt, welches in einem speziellen chemischen Prozess zu Kraftstoff aufgearbeitet wird.
Der Nachteil dabei ist, dass Nahrungsmittel zweckentfremdet werden. Biodiesel kann aber auch aus Rest- und Abfallrohstoffen hergestellt werden, z. B. aus gebrauchten Brat- und Frittierfetten.

Biodiesel wird in geringer Menge dem Dieselkraftstoff beigemischt, max. 7 Prozent.

Nachteile von Biodiesel:
- die Herstellung ist sehr aufwendig
- kann Korrosion verursachen, weil Biodiesel Wasser aufnimmt

Bio-Ethanol

Bio-Ethanol ist ein Alkohol und wird hergestellt, indem biogene[3] Rohstoffe vergoren und destilliert werden. Zur Herstellung werden meist Getreide, Mais und Zuckerrüben verwendet. Bio-Ethanol wird in geringer Menge dem Ottokraftstoff beigemischt; seit 2005 mit 5 %, seit 2011 mit 10 %.
Die chemischen Eigenschaften von Ethanol und Ottokraftstoff unterscheiden sich. Kraftstoff mit hohem Bio-Ethanol-Anteil kann nur von Fahrzeugen verbrannt werden, deren Motor entsprechend angepasst ist.

Synthetische Kraftstoffe

Synthetische Kraftstoffe werden hergestellt aus Energieträgern wie:
- Erdgas oder Biogas – dann heißt der Kraftstoff **GtL**[4]
- Biomasse – **BtL**[5]
- Kohle – **CtL**[6]

Aus dem Energieträger wird ein Synthesegas hergestellt, das mit einem speziellen Verfahren in Kohlenwasserstoffe umgewandelt wird. Die Kohlenwasserstoffe werden dann zu Kraftstoff aufbereitet.
Synthetische Kraftstoffe sind noch nicht sehr verbreitet; bei weiterführender Forschung und der Herstellung in Großanlagen könnten diese Kraftstoffe in Zukunft an Bedeutung gewinnen.

Autogas

Autogas ist ein Flüssiggas und wird deshalb als **LPG** (**L**iquefied **P**etroleum **G**as) bezeichnet. Es besteht aus Butan und Propan und kann als Kraftstoff für Ottomotoren eingesetzt werden. Der Ottomotor muss jedoch zuvor auf Gasbetrieb umgerüstet werden.

Erdgas

Erdgas besteht zum Großteil aus Methan. Es wird in natürlichen Lagerstätten gefunden. Als Kraftstoff wird es verdichtetet und in Gasflaschen gefüllt, dann wird es **CNG** (**C**ompressed **N**atural **G**as) genannt. Die Gasflaschen können im, unter oder auf dem Fahrzeug angeordnet sein, siehe Bild → 1, Seite 539.
Erdgas ist ungiftig, unsichtbar und geruchlos. Es ist leichter als Luft und energetisch besser nutzbar als andere flüssige Kraftstoffe.

---

[1] Paraffine: Mikrowachse
[2] Fettsäuremethylester: organische Säure
[3] biogen: biologischen oder organischen Ursprungs, nicht durch chemische Synthese gewonnen
[4] GtL = Gas-to-Liquid (engl.): Gasverflüssigung
[5] BtL = Biomass-to-Liquid (engl.): Verflüssigung von Biomasse
[6] CtL = Coal-to-Liquid (engl.): Kohle-Verflüssigung

Biogas

Biogas wird aus natürlichen Abfällen wie Klärschlamm, Jauche (Gülle), Hühnermist und energiereichen Pflanzen gewonnen. Es besteht ebenfalls zu einem Großteil aus Methan; deshalb können auch Erdgasfahrzeuge damit betankt werden.

Wasserstoff

Wasserstoff kann für den Fahrzeugantrieb genutzt werden als:
- Wasserstoffverbrennungsmotor
- Brennstoffzelle mit nachgeschaltetem Elektromotor

Beim **Wasserstoffverbrennungsmotor** wird ein speziell bestückter Otto-Benzinmotor verwendet. Es gibt Fahrzeug-Konzepte, bei denen Wasserstoff und Ottokraftstoff parallel verwendet werden.

Brennstoffzellen wandeln Wasserstoff mit einem relativ hohen Wirkungsgrad in elektrischen Strom um. Dieser treibt dann den Elektro-Antriebsmotor des Fahrzeugs an, Beispiel siehe Bild ➔ 2.
Weitere Informationen zum Elektro-Antriebsmotor siehe Kap. 3.16.2.1.

Der Wasserstoff kann aus Wasser mittels Elektrolyse gewonnen werden. Wenn dafür elektrischer Strom aus regenerativer Energie verwendet wird, entstehen beim Antrieb mit Wasserstoff keine Schadstoffe; dann ist dieser Antrieb emissionsfrei.

Das Gleiche gilt, wenn der Wasserstoff aus Biomasse gewonnen wird.

Pflanzenöl

Pflanzenöl kann als Kraftstoff in Dieselmotoren verwendet werden; in Deutschland ist das vor allem Rapsöl.

Seine chemischen Eigenschaften sind in DIN 51 605 beschrieben.

Die Vorteile von Rapsöl sind:
- Der CO_2-Ausstoß ist neutral, d. h., bei der Verbrennung wird nur so viel CO_2 in die Umwelt ausgestoßen, wie die Pflanzen beim Wachsen aufgenommen haben.
- Es kann dezentral hergestellt werden.
- Es besitzt eine hohe Energiedichte.
- Die Gefahren für Mensch und Umwelt sind gering, da es nicht wassergefährdend ist, denn Rapsöl ist kein Gefahrgut, weil es ungiftig ist und einen hohen Flammpunkt (220 °C) besitzt.

1 Gasflaschen für Erdgas auf dem Dach eines Kraftomnibusses

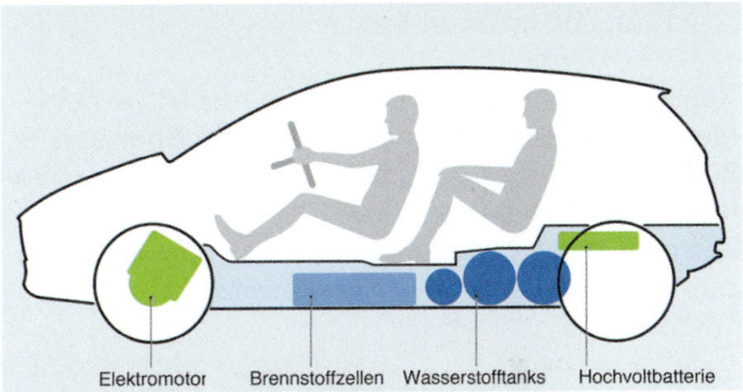

2 Elektroantrieb mit Brennstoffzelle in einem Pkw

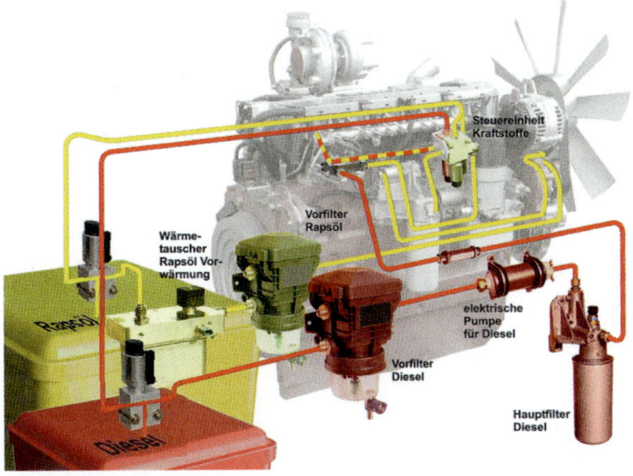

3 Kraftstoffanlage eines Dieselmotors mit Zwei-Tank-System

Der hohe Flammpunkt von 220 °C ist aber auch ein Nachteil: Rapsöl kann nur nahe Motor-Volllast verbrannt werden; im Leerlauf- oder bei Teillast-Betrieb des Motors entstehen Ablagerungen im Einspritzsystem und im Motor.

Deshalb sind nur wenige Motoren für Rapsöl freigegeben. Dann sind sie umgerüstet und besitzen einen zweiten Tank, siehe Bild ➔ 3. Nur bei Volllast wird der Motor mit Rapsöl versorgt, sonst mit Dieselkraftstoff.

Weitere Nachteile von Rapsöl sind:
- Es ist bei niedrigen Temperaturen zähflüssig.
- Es lässt sich nur schlecht zerstäuben.

Deshalb müssen diese Motoren besonders intensiv gewartet werden (häufige Motorölwechsel!).

Tierfett
Aus Tierfett kann Kraftstoff für Dieselmotoren hergestellt werden. Tierfett fällt als Nebenprodukt in der Lebensmittelproduktion an. Jedoch müssen die Fahrzeuge speziell umgerüstet werden, wenn sie mit diesem Kraftstoff fahren sollen.

Elektrischer Strom aus regenerativen Energien
Zu den alternativen Kraftstoffen kann man auch elektrischen Strom zählen, wenn er aus regenerativen Energien erzeugt wurde. Dann müssen die Fahrzeuge zum Antrieb einen Elektromotor besitzen.

18.4.6 Kältemittel

Das Kältemittel ist der Betriebsstoff einer Klimaanlage. In ihr zirkuliert es, wird verdampft, verdichtet, verflüssigt und entspannt, siehe Bild → 1. Es übernimmt den Wärmetransport, indem es unterhalb der Umgebungstemperatur Wärme durch Verdampfen aufnimmt und durch Verflüssigen wieder abgibt.
Die Wahl des richtigen Kältemittels hat wesentlichen Einfluss auf Wirkung und Energieverbrauch einer Klimaanlage.

Kältemittel sollen folgende Eigenschaften besitzen:
- nicht brennbar, nicht giftig, nicht korrosiv
- gut mischbar mit Öl
- thermisch und chemisch stabil
- hohe Kälte- und Wärmeleistung bei geringem Energieverbrauch
- günstiges Druckverhältnis
- niedrige Verdichtungs-Endtemperatur
- gutes Preis-Leistungs-Verhältnis

Besonders wichtig ist auch die Umweltverträglichkeit: Zahlreiche nationale und internationale Gesetze, Richtlinien und Verordnungen haben bereits in den vergangenen Jahren einen weitreichenden Veränderungsprozess eingeleitet, der Produktauswahl und -einsatz entscheidend beeinflusst hat. Unbedingt müssen die Fragen berücksichtigt werden,
- Verfügt ein Kältemittel über Ozonabbaupotenzial?
- Wie lange ist seine Lebensdauer in der Atmosphäre?
- Welchen Einfluss hat es auf den Treibhauseffekt?
- Kann es dem Trinkwasser schaden?

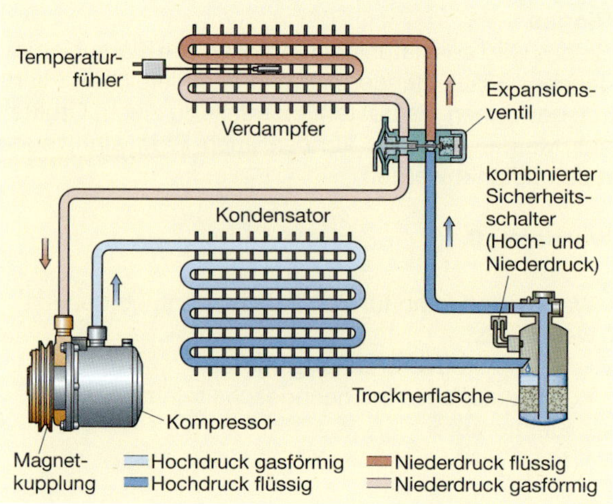

1 Kreislauf des Kältemittels in einer Klimaanlage

Als Kältemittel werden verwendet:
- R134a
- R1234yf
- R744

Kältemittel R134a
Das Kältemittel R134a wurde bisher in den meisten Fahrzeug-Klimaanlagen verwendet. Es enthält Fluorkohlenwasserstoffe (FCKW), ein Gas, dass zur Erderwärmung (Treibhauseffekt) beiträgt. Ein Maß für den Treibhauseffekt ist das Maß **GWP**[1]. Hiermit wird der potenzielle Beitrag eines Stoffes zur Erwärmung der bodennahen Luftschichten ausgedrückt – der sogenannte **Treibhauseffekt**. Als Richtgröße dient die Klimawirksamkeit von Kohlenstoff (GWP = 1). Der GWP-Wert eines Stoffes hängt davon ab, auf welchen Zeitraum diese Größe bezogen wird; üblicherweise wird ein Zeithorizont von 100 Jahren zugrunde gelegt.

R134a besitzt den Wert GWP = 1430; das bedeutet: hohes Treibhauspotenzial!
Die Forderung entsprechend EG-Richtlinie 2006/40/EG: GWP < 150.

Seit 1. 1. 2017 dürfen daher keine Fahrzeuge mehr neu zugelassen werden, die mit dem Kältemittel R134a befüllt sind.

Kältemittel R1234yf
Um die EG-Richtlinie zu erfüllen, wurde ein neues Kältemittel mit der Bezeichnung R1234yf entwickelt. Es enthält ebenfalls FCKW, besitzt aber den GWP = 4; somit ein niedriges Treibhauspotenzial.
Allerdings hat sich bei Unfallsimulationen gezeigt, dass sich R1234yf bei einem Leck in der Kältemittelanlage an heißen Motorteilen entzünden kann.

[1] GWP = Global Warming Potential (engl.): Treibhauspotenzial

Um dieses Manko auszugleichen, haben Autohersteller Technologien entwickelt, die ein Entflammen wirksam verhindern. Somit kann dieses Kältemittel problemlos eingesetzt werden. Jedoch ist unbedingt zu vermeiden, dass R1234yf in die Umwelt gelangt, da es im Wasser schwer abbaubar ist.

Kältemittel R744

Als Alternative zu R134a und R1234yf kann Kohlenstoffdioxid (CO_2) als Kältemittel (Bezeichnung R744) eingesetzt werden. CO_2 ist ein farbloses Gas, nicht brennbar, nicht toxisch (giftig), geruchs- und geschmacksneutral. Es schädigt das Klima 1430-mal weniger als die FCKW in R134a und ist somit umweltfreundlich.

R744 hat eine hohe Kälteleistung.

Mittlerweile sind Prototypen hochdichter, elektrisch angetriebener CO_2-Kompressoren entwickelt worden, sodass in Pkws auch Klimaanlagen mit dem Kältemittel R744 eingebaut werden können. Allerdings betonen die Fahrzeughersteller, dass sie noch Erfahrungen sammeln müssen:

- Es dürfen die Mehrkosten solcher Klimaanlagen nicht auf die Autokäufer abgewälzt werden.
- Der Kraftstoffbedarf darf sich nicht erhöhen gegenüber anderen Klimaanlagen.

Hinweis: Pkw-Klimaanlagen tragen nicht nur durch direkte Kältemittelemission zum Ausstoß von Treibhausgasen in die Erdatmosphäre bei, sondern auch durch den Mehrverbrauch an Kraftstoff.

Zusammenfassend zeigt Bild → 1 die Unterschiede der drei Kältemittel.

Zum Instandhalten der Klimaanlagen siehe Kap. 15.9.4.

Eigenschaften	R134a	R1234yf	R744
Siedepunkt in °C	– 26	– 29	– 78,5
Dampfdruck in bar – (25 °C)	6,56	6,64	57,25
– (80 °C)	25,97	24,38	
Dampfdichte in kg/m³	32,4	37,6	1,52
GWP[1]	1430	4	0
ODP[2]	1	1	0

[1] GWP = Global Warming Potential (engl.): Treibhauspotenzial
[2] ODP = Ozone Depletion Potential (engl.): Ozonabbaupotenzial

1 Unterschiede der Kältemittel

18.4.7 Scheibenwischwasser

Scheibenwischwasser ist die Flüssigkeit in der Scheibenwaschanlage. Damit werden Frontscheibe und Scheinwerfer gereinigt, bei Pkws mit Steil- oder Fließheck zusätzlich auch die Heckscheibe.

Scheibenwischwasser enthält Wasser mit Zusätzen von:
- Reinigungsmittel
- Frostschutzmittel

Das **Reinigungsmittel** hilft, verschmutzte Scheiben zu säubern und Schmierfilm zu beseitigen.

Das **Frostschutzmittel** verhindert, dass im Winter das Scheibenwischwasser einfriert und beim Aufsprühen die Scheiben vereisen.

KAROSSERIE-INSTANDHALTUNG

18.5 Hilfsstoffe für die Wartung und Pflege von Fahrzeugen

2 Hilfsstoffe für die Wartung und Pflege von Fahrzeugen

Hilfsstoffe sind Zusatzstoffe, die helfen, Fahrzeuge zu warten und zu pflegen.

Hilfsstoffe für die Wartung und Pflege sind, vgl. Bild → 2:
- Reinigungsmittel
- Konservierungsmittel
- Polituren
- Reparaturlack
- Rostlöser

Reinigungsmittel
Reinigungsmittel sind spezielle Hilfsmittel für die Fahrzeugreinigung.

Man unterscheidet Reinigungsmittel für:
- die Fahrzeugaußenreinigung, oben
- die Fahrzeuginnenreinigung
- die Unterbodenreinigung
- besondere Fahrzeugteile

Reinigungsmittel für die Fahrzeugaußenreinigung
Zur Fahrzeugaußenreinigung werden Waschmittel wie Shampoos und Schäume verwendet, die für die Vor- und die Hauptwäsche einsetzbar sind. Sie werden als Reinigungsmittelkonzentrat angeboten und müssen im vorgeschriebenen Verhältnis mit Wasser gemischt werden. Zu unterscheiden sind Reinigungsmittel für
- Maschinenwäsche,
- Handwäsche.

Für die **Maschinenwäsche** werden Reinigungs-Hochkonzentrate verwendet, die von der Waschanlage automatisch dosiert werden. Für die Handwäsche sind diese jedoch ungeeignet.

Für die **Handwäsche** werden spezielle Waschmittelkonzentrate angeboten. Sie sind besonders mild und hautschonend. Diese Waschmittel sind sowohl für die Schwamm- als auch für die Bürstenwäsche geeignet. Zu den Reinigungsmitteln für die Fahrzeugaußenreinigung gehören auch Spül- und Trocknungshilfen. Sie werden separat angeboten. Viele moderne Reinigungsmittel sind Kombi-Reinigungsmittel, die bereits Spül- und Trocknungshilfen enthalten.

Zur Öberwasche an einem Neuwagen siehe 2. US, 31702, Seite 1.

Zur besonderen Anwendung kommen einige **Spezialreiniger** zum Einsatz wie:
- Insektenentferner
- Teerentferner
- Baumharz- und Vogelkot-Entferner

Reinigungsmittel für die Fahrzeuginnenreinigung
Bei der Fahrzeuginnenreinigung kommen verschiedene Laugenwaschmittel, Schäume und Sprays zum Einsatz. Neben dem eigentlichen Reinigungsmittel enthalten sie häufig Zusätze von Pflegemitteln, z. B. für Kunststoffe und Duftstoffe (Parfüme).

Reinigungsmittel für die Unterbodenreinigung
Die Unterbodenreinigung wird meist mit Hochdruckreinigern durchgeführt, ist also eine Maschinen-Handwäsche. Für Hochdruckreiniger zur Unterbodenwäsche stehen spezielle Reinigerkonzentrate zur Verfügung, deren Dosierung ebenfalls automatisch durch das Gerät erfolgt.

Reinigungsmittel für die Reinigung besonderer Fahrzeugteile
Die Reinigung besonderer Fahrzeugteile, wie Komponenten von Fahrwerk, Antriebsstrang und Bremsen, erfolgt mit lösungsmittelhaltigen Reinigern, wie z. B. Kaltreiniger oder Bremsenreiniger. Sie entfernen Öl, Fett, Bremsflüssigkeit und Dichtstoffreste.

Achtung:
Besondere Schutzmaßnahmen ergreifen!
Bei Verwendung unbedingt die Herstellerangaben beachten!

Konservierungsmittel
Konservierungsmittel zur Lackpflege sind Wachse und Wachskombinationen. Sie sorgen dafür, dass
- der Lack elastisch bleibt,
- der Lack Wasser abweisend wird,
- feine Kratzer und Risse abgedeckt werden (optisch verschwinden),
- der Glanz des Lackes gesteigert wird.

Konservierungsmittel erfüllen ihre Aufgaben über einen Zeitraum von mehreren Monaten und überstehen mehrere Oberwäschen. Wenn der Lackglanz nachlässt, und/oder Wasser nicht mehr auf der Lackoberfläche kleintropfig perlt, sollte die Oberfläche erneut konserviert werden.

Polituren
Durch Polieren werden alte, rissige (verwitterte) und unschön aussehende Fahrzeuglacke aufgearbeitet. Polituren enthalten feinste Schleifkörper, durch die ein sehr geringer Teil der Lackoberfläche abgetragen wird. Dadurch kommt der darunter befindliche unverwitterte Teil des Lacks zum Vorschein.

So behandelte Lacke wirken glänzend und frisch. Polituren werden von Hand oder maschinell verarbeitet. Weitere Informationen zum Polieren siehe Kap. 24.11.6 und Kap. 24.14.

Achtung:
Getrocknete Politurreste müssen unbedingt entfernt werden.

Danach sollte zum Schutz ein Konservierungsmittel aufgetragen werden.

Reparaturlack
Informationen zur Reparaturlackierung siehe Kap. 24.

Rostlöser
Rostlöser sind Hilfsstoffe zur Behandlung von Schraubenverbindungen, die stark korrodiert und schwergängig sind, siehe Bild → 1. Solche Schraubenverbindungen können sonst nicht ohne Beschädigung gelöst bzw. getrennt werden.
Rostlöser werden zur Demontage zahlreicher Fahrzeugkomponenten überwiegend im Unterbodenbereich (starker Witterungseinfluss) eingesetzt.

18.6 Straßenverkehrszulassungsordnung

Jeder Halter eines Kraftfahrzeugs oder Anhängefahrzeugs, das auf öffentlichen Straßen betrieben wird, ist verpflichtet sein(e) Fahrzeug(e) in ordnungsgemäßem technischen Zustand zu halten (StVZO § 16 ff und § 31).

Werden bei Verkehrskontrollen oder nach Unfällen technische Mängel an den Fahrzeugen festgestellt, drohen Verwarnungs- und Bußgelder sowie Strafen. Hinzu kommt, dass die Fahrzeugversicherungen in diesen Fällen nicht oder nur teilweise zahlen. In diesem Fall können erhebliche Kosten aus Regressansprüchen auf den Fahrzeughalter zukommen.

Weiterhin ist der Fahrzeughalter verpflichtet, sein(e) Fahrzeug(e) regelmäßig und auf eigene Kosten bei einer **Hauptuntersuchung** (**HU**) prüfen zu lassen. Bestimmte Fahrzeuge wie Lkw mit zulässiger Gesamtmasse > 7,5 t, Anhängefahrzeuge mit zulässiger Gesamtmasse > 10 t und KOM mit mehr als 8 Fahrgastsitzen sind zwischen den HU zur **Sicherheitsprüfung** (**SP**) vorzuführen (StVZO § 29).
Über die jeweilige Untersuchung bzw. Prüfung wird ein Bericht angefertigt und dem Fahrzeughalter ausgehändigt oder zugestellt. Das Fahrzeug erhält bei Mängelfreiheit eine Prüfplakette.

Werden bei HU oder SP Mängel am Fahrzeug festgestellt, bekommt der Halter Gelegenheit, in einem befristeten Zeitraum das Fahrzeug in Ordnung zu bringen und es zu einer **Nachprüfung** (**NP**) erneut vorzuführen. Kommt der Halter einer solchen Aufforderung nicht nach, wird die Verwaltungsbehörde den Betrieb des Fahrzeugs untersagen, vgl. StVZO § 17(1).

Weitere Informationen zu HU und SP siehe Kap. 21.2.2.

1 Stark korrodierte Schraubenverbindung

18.7 Arbeitssicherheit, Unfallverhütung

Waschmittel und Reiniger sind Laugen und alkoholhaltige Substanzen, die ätzend und/oder giftig sind.

Häufiger Kontakt oder der Kontakt mit Konzentrat kann die Haut schädigen, Allergien und Krebs auslösen. Solche Substanzen dürfen nicht in Augen, Atemwege oder Rachen gelangen.

Bei Unfällen ist Erste Hilfe zu leisten und danach sofort der Arzt aufzusuchen.

Weitere Informationen zum Arbeitsschutz siehe Kap. 11.

18.8 Abfälle entsorgen und recyceln

Beim Warten und Pflegen entstehen folgende Abfälle:
- Altöl
- Bremsflüssigkeit
- leere Verpackungen
- verschmutzte Tücher
- Waschwasser

Altöl entsorgen
Altöl ist verbrauchtes Motoröl, Getriebeöl oder Hydrauliköl. Es enthält neben Öl auch Lösungsmittel und Schwermetalle aus dem Abrieb. Schon eine geringe Menge Öl kann eine große Menge Trinkwasser unbrauchbar machen.

Deshalb darf Altöl nicht ins Grundwasser gelangen.

KAROSSERIE-INSTANDHALTUNG

Die Altölverordnung schreibt vor, dass Altöle
- sortenrein zu sammeln sind und
- bei einer Sammelstelle entsorgt werden müssen.

Von dort werden sie an Aufbereitungsstellen weitergeleitet.

> Achtung:
> Eine nicht sachgerechte Entsorgung von Altöl ist strafbar.

Strafen sind hohe Geldbeträge bis hin zu Gefängnis; daran kann ein Karosserie- und Fahrzeugbaubetrieb zugrunde gehen!

Bremsflüssigkeit entsorgen
Bremsflüssigkeit muss gesondert entsorgt werden. Obwohl Bremsflüssigkeit auch ein Öl ist, darf es jedoch nicht mit Altölen aus Motoren und Getrieben gemischt werden. Alte Bremsflüssigkeit wird sortenrein gesammelt und recycelt, siehe Bild → 1.

Leere Verpackungen entsorgen
Leere Dosen und Behälter aus Blech werden gesammelt und nach und nach vom Schrotthändler abgeholt. Plastikbehälter werden gepresst und als Plastikmüll entsorgt. Unverschmutztes Verpackungsmaterial wie Papier und Pappe wird geplättet und in die Altpapiertonne gegeben. Verpackungsmaterial, welches z. B. mit Öl behaftet ist, wird besonders entsorgt, vgl. unten verschmutzte Tücher.

Verschmutzte Tücher entsorgen
Verschmutzte Tücher wie Reinigungstücher, Putzlappen usw. sind mit Lösungsmitteln, Öl und Fett getränkt. Sie müssen in speziellen Behältern gesammelt und gesondert entsorgt werden, siehe Bild → 2. Die Entsorgung übernehmen spezialisierte Entsorgungsunternehmen, die die Abfälle sortenrein recyceln und artgerecht und vorschriftsmäßig entsorgen.

Waschwasser entsorgen
In Karosserie- und Fahrzeugbaubetrieben fällt Waschwasser in großen Mengen an, welches Lösungsmittel, Öl, Fett und Kraftstoffe mit sich führt. So verunreinigtes Wasser darf nicht in das Abwassersystem gelangen. Waschplätze für Kraftfahrzeuge müssen daher besondere behördliche Auflagen erfüllen, z. B. Wasserhaushaltsgesetz (WHG), Abwasserherkunftsverordnung (AbwHerkV) und weitere Richtlinien für den Umweltschutz.
Das Abwasser von Fahrzeugwaschplätzen muss in einem Benzin-Öl-Abscheider gereinigt werden, siehe Bild → 1, Seite 545. Das verschmutzte Abwasser wird in den Öl-Benzin-Abscheider eingeleitet. Da die Dichte von Benzin und Öl geringer ist als die von Wasser, steigen sie zur Oberfläche.

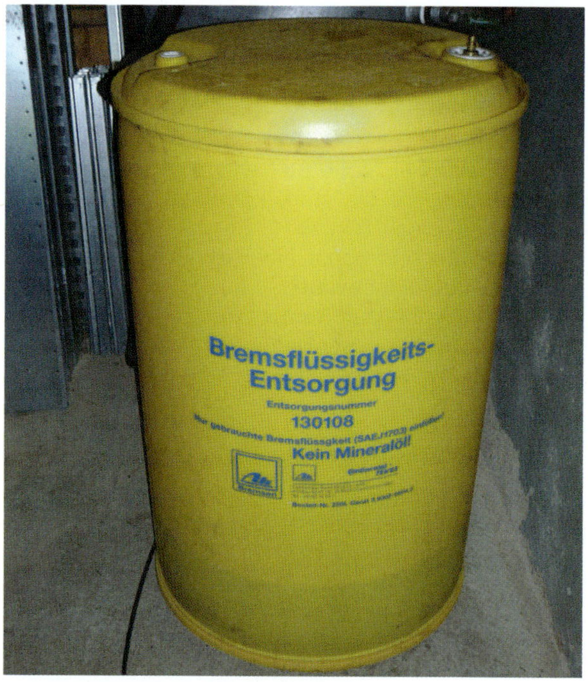

1 Bremsflüssigkeit sortenrein sammeln

2 Behälter für verschmutzte Tücher oder Papier

Das gereinigte Abwasser befindet sich unten im Abscheider und kann von dort abgeleitet werden.

So wird sichergestellt, dass nur unbelastetes Wasser in die Kanalisation gelangt.

Die Vorratskammer des Abscheiders, die die Öl- und Benzinrückstände sammelt, muss in bestimmten Abständen von einer Entsorgerfirma geleert werden.

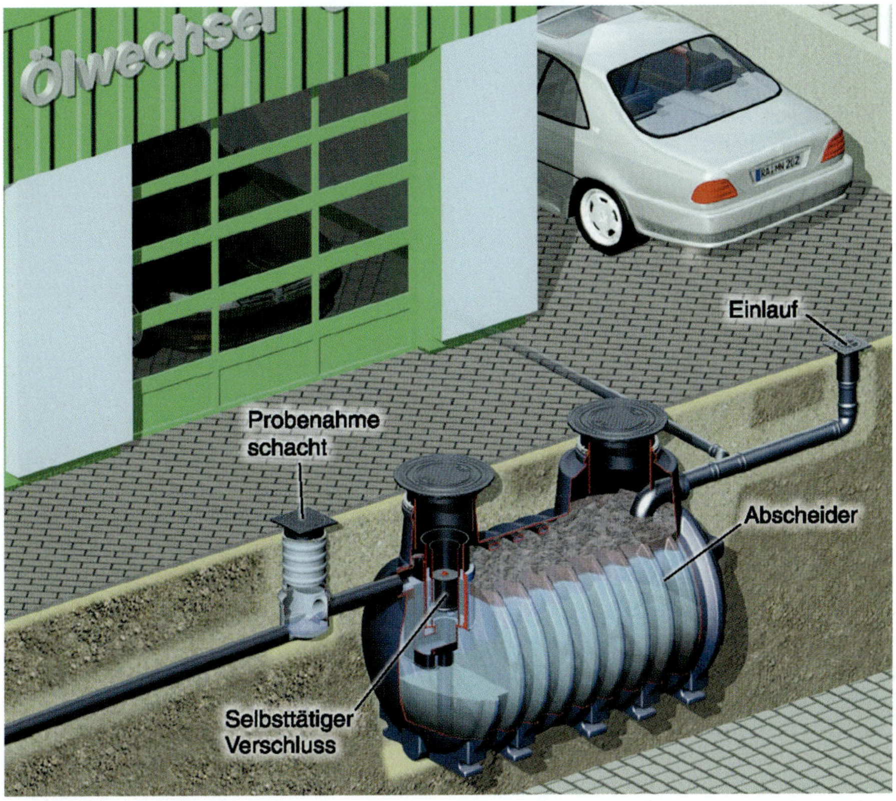

1 Öl-Benzin-Abscheider

Übungen:

1. Was versteht man unter dem Begriff Verschleiß, allgemein?
2. Was ist zu beachten, wenn ein Kundenfahrzeug auf den Waschplatz gefahren werden muss?
3. Durch welche Serviceleistungen wird der Verschleiß eines Fahrzeugs gering gehalten?
4. Begründen Sie, warum die Pflege von Fahrzeugen und Fahrzeugteilen wichtig ist.
5. Welche Aufgabe hat die Wartung von Fahrzeugen?
6. Wodurch ist der Sollzustand eines Fahrzeugs festgelegt?
7. Welche Aufgabe hat der Wartungsplan?
8. Was sind Betriebsstoffe und wofür werden sie benötigt?
9. In welche Gruppen lassen sich die Schmierstoffe einteilen?
10. Nennen Sie Beispiele für Schmieröle in Kraftfahrzeugen.
11. Wozu dient das Motoröl in einem Kfz-Motor?
12. Warum müssen das Motoröl regelmäßig gewechselt und der Ölfilter ausgetauscht werden?
13. Worüber gibt die Viskositätsklasse eines Schmieröls Auskunft?
14. Was bedeutet die Motorölbezeichnung: SAE 15W-40?
15. An welchem Kürzel erkennt man, dass es sich um ein Getriebeöl handelt?
16. Welche Aufgabe hat die Bremsflüssigkeit in einem Kraftfahrzeug?
17. Man liest, dass Bremsflüssigkeit hygroskopisch sei. Was bedeutet das?
18. Was versteht man unter „Fading“ und wodurch kann es auftreten?
19. Warum muss die Bremsflüssigkeit in regelmäßigen Abständen gewechselt werden?
20. Was bedeutet die Klopffestigkeit eines Ottokraftstoffs und wie wird sie angegeben?
21. Nennen Sie Beispiele für alternative Kraftstoffe.
22. Nennen Sie drei Hilfsstoffe für die Wartung und Pflege.
23. Welche Aufgabe hat ein Rostlöser?
24. Wofür werden Spezialreiniger verwendet?
25. Was bewirken Konservierungsmittel zur Lackpflege?
26. Wie wirken Polituren auf der Lackoberfläche?
27. Wie müssen Abfälle entsorgt werden, die beim Warten und Pflegen entstehen? Nennen Sie drei Beispiele
28. Nennen Sie Maßnahmen zur Qualitätssicherung.

19 Schnittstellen für die Fehlersuche

In diesem Kapitel werden behandelt:
- Arten von Schnittstellen, siehe Kap. 19.1
- Diagnoseschnittstellen, siehe Kap. 19.2
- On-Board-Diagnose, siehe Kap. 19.3

19.1 Arten von Schnittstellen

In modernen Fahrzeugen werden zunehmend viele elektronische Systeme zur Steuerung und Regelung eingesetzt. Die „Stellen", an denen sich die Systeme berühren, werden als Schnittstellen (engl.: **Interface**) bezeichnet. Werden an diesen Berührungspunkten Daten ausgetauscht, nennt man diese Schnittstelle **Datenschnittstelle**, siehe Bild ➔ 1.

Der Datenaustausch wird auch **Kommunikation** genannt.
Dabei werden z. B. eingesetzt, vgl. Bild ➔ 2:
- EBS: elektronisches Bremssystem (besser: elektronisch gesteuertes Bremssystem, vgl. Kap. 7.4.7)
- Router: Netzwerkgerät, das Netzwerkpakete (z. B. Dateien, Programme) zwischen mehreren Rechnernetzen weiterleiten kann; direkte Koppelung mehrerer Netzwerksegmente (Teile eines größeren zusammenhängenden Netzwerkes)
- Repeater: Verstärker zur Vergrößerung der Reichweite eines Signals. Er ermöglicht eine schnelle elektronische Übertragung des Bremssignals bei überlangen Anhängern.

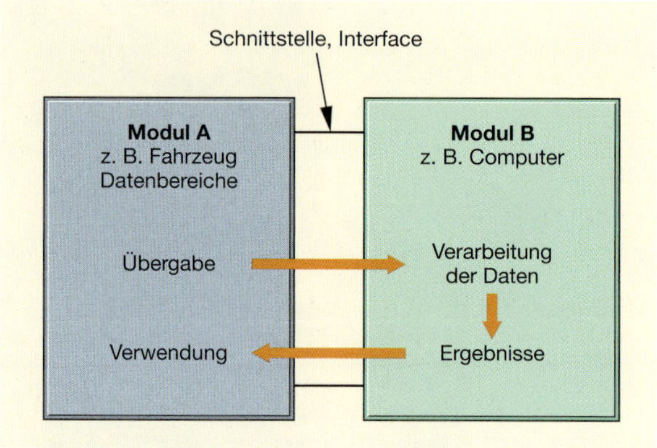

1 Schnittstelle zweier Module

In der Kommunikation zwischen den einzelnen Steuerungssystemen spielen BUS-Verbindung eine große Rolle. Im Fahrzeugbau bezeichnet man als **BUS**[1] das Leitungssystem mit den zugehörigen Steuerungselementen zur Verbindung verschiedener elektronischer Systemkomponenten.

[1] BUS = Binary Unit Systems (engl.): binäre Systembaugruppe

2 Controller Area Network (CAN) Router und Repeater

Über eine entsprechende Schnittstelle lässt sich der Datenverkehr auf diesem BUS auslesen und überwachen.

Alle Steuergeräte sind über einen Zweidraht-BUS miteinander verbunden. Vor allem bei längeren BUS-Leitungen ist es zwingend erforderlich, dass beide Enden mit 120 Ω abgeschlossen sind. Dabei müssen die Widerstände an den tatsächlichen elektrisch äußersten Punkten angeschlossen sein, Beispiel siehe Bild → 1. Sonst kann es zu Reflexionen auf den Leitungen kommen und die Signale werden gestört. Dies kann zum völligen Ausfall des BUS führen. Außerdem dienen die Widerstände als Arbeitslast für die Ein- und Ausgänge der Steuergeräte.

Bei Fahrzeugen ohne CAN-BUS wird zum Beispiel zur Anzeige der Drehzahl des Motors eine Welle an die Anzeige geführt, um mechanisch die Drehzahl anzuzeigen.

Eine andere Lösung liegt in der Messung der Drehzahl am Motor und Übertragung zur Anzeige mittels einer Spannung. Beide Lösungen entfallen bei der Verwendung eines BUS. Die Messung erfolgt direkt an der Messgröße und das Ergebnis wird über den gemeinsamen BUS zur Anzeige übertragen.

19.2 Diagnoseschnittstellen

Bei der Fehlersuche in Systemen bereiten besonders temporär[1] auftretende Fehler Schwierigkeiten bei der Suche. Solche Fehler lassen sich unter Werkstattbedingungen nicht immer reproduzieren. Deshalb werden Daten von Fehlern im Fehlerspeicher des Fahrzeugs gespeichert.

Mit Hilfe geeigneter Diagnoseschnittstellen und der dazugehörigen Software lassen sich die BUS-Codes als verständliche Werte auslesen, siehe Bild → 2.

Die im Fehlerspeicher gespeicherten Daten werden
- am fahrzeugeigenen Bildschirm angezeigt oder
- über eine Diagnoseschnittstelle, einen Stecker und ein Anschlusskabel auf einen OBD-Scanner oder einen PC übertragen.

Diesen Vorgang nennt man **Auslesen des Speichers**.

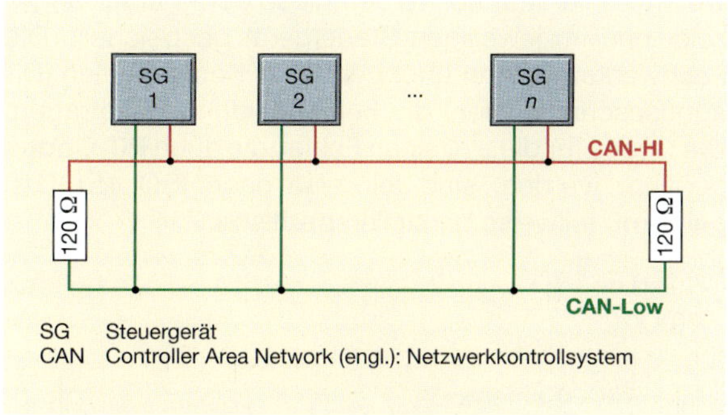

1 Steuergeräte in einem Zweidraht-BUS

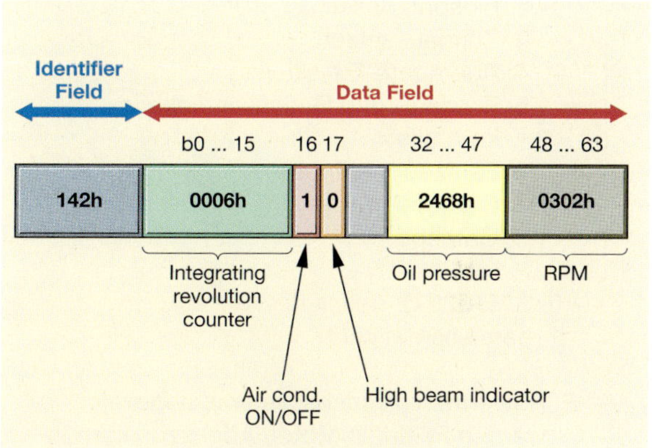

2 Beispiel für den Aufbau einer CAN-Botschaft

19.3 On-Board-Diagnose

19.3.1 Aufgaben der On-Board-Diagnose

On-Board-Diagnose, abgekürzt **OBD**, ist ein System, mit dem während des Betriebs Teilsysteme des Fahrzeugs überwacht werden können. Daten von Motormanagement, die das Abgasverhalten beeinflussen, und solche anderer Steuergeräte werden durch ihre Software der OBD zugeleitet.

Folgende Systeme und Sensoren werden von der OBD überwacht:
- der Katalysator
- die Funktion der Lambda-Sonden
- Aussetzer bei der Verbrennung

Und falls am Fahrzeug vorhanden:
- Abgasrückführung
- Sekundärluft-System
- Tankentlüftung

[1] temporär: zeitlich begrenzt, nicht regelmäßig

Treten Fehler auf, so werden diese dem Fahrer angezeigt und im jeweiligen Steuergerät gespeichert. Die Fachwerkstatt kann über genormte Schnittstellen (Diagnoseschnittstellen) die Fehlermeldungen abfragen. Die Codes für die einzelnen Fehler, die auch **P0-Codes** genannt werden, sind teilweise nach ISO 15031-6 genormt, teilweise herstellerspezifisch.

Beispiel:
P0XXX

- XX: Fehlercode
- X:
  1 Kraftstoff-Luft-Messung
  2 Einspritzdüsen
  3 Zündaussetzer
  4 Aggregate-Emission
  5 Leerlauf- und Geschwindigkeitskontrolle
  6 Fahrzeugcomputer
  7 Getriebe
  8 Getriebe
- 0 SAE-J2012-definiert
  1 herstellerdefiniert
- P Powertrain (Antriebssystem); angezeigt werden Fehler in Motor, Abgaszusammensetzung und Antriebssystem

Weitere Fehlersysteme:
B-Codes: Body (Körper, Karosserie, Aufbau)
C-Codes: Chassis (Fahrwerk)
U-Codes: Network (Kommunikation)

Bild ➔ 1 zeigt eine Auswahl an Fehlercodes für Fehler im Antriebssystem.

Es sind zu unterscheiden:
- OBD 1
- OBD 2

OBD 1
Die ersten OBD-Systeme, auch OBD 1 genannt, wurden 1988 im US-Staat Kalifornien mit dem Ziel der Reinhaltung der Luft eingeführt. Die Einhaltung der Abgasvorschriften sollte über die gesamte Lebensdauer des Fahrzeugs sichergestellt werden. Das Fahrzeug verfügt hierzu über eigene elektronische Systeme.
Treten Fehler in der Zusammensetzung der Abgase auf, so werden diese dem Fahrer durch die Motorkontrollleuchte MIL[1] in den Armaturen angezeigt. Für die Zulassung von neuen Fahrzeugen in Europa EOBD[2] ist eine Motorkontrollleuchte im Sichtbereich des Fahrers eine der Voraussetzungen.

[1] MIL = Malfunction Indikator Light (engl.): Motorkontrollleuchte
[2] EOBD = Europäische On Board Diagnose

Nr.	Klartext, Gruppe 5 (Leerlauf/Geschw. Kontrolle)
P0500	Fahrzeug Geschwindigkeitssensor Fehlfunktion
P0501	Fahrzeug Geschwindigkeitssensor Bereich/ Betriebsverhalten
P0502	Fahrzeug Geschwindigkeitssensor zu niedriger Eingang
P0503	Fahrzeug Geschwindigkeitssensor intermittierend/falsch/zu hoch
P0505	Leerlauf Kontrollsystem Fehlfunktion
P0565	Geschwindigkeitskontrolle EIN-Signal Fehlfunktion
P0566	Geschwindigkeitskontrolle AUS-Signal Fehlfunktion
P0567	Geschwindigkeitskontrolle Wiederaufnahme-Signal Fehlfunktion
P0568	Geschwindigkeitskontrolle Einstell-Signal Fehlfunktion
P0569	Geschwindigkeitskontrolle Verzögerungs-Signal Fehlfunktion
P0570	Geschwindigkeitskontrolle Beschleunigungs-Signal Fehlfunktion
P0571	Geschwindigkeitskontrolle/Bremsschalter A Schaltkreis Fehlfunktion
P0572	Geschwindigkeitskontrolle/Bremsschalter A Schaltkreis zu niedrig
P0573	Geschwindigkeitskontrolle/Bremsschalter A Schaltkreis zu hoch
P0574	Geschwindigkeitskontrolle bezogen Fehlfunktion
P0575	Geschwindigkeitskontrolle bezogen Fehlfunktion
P0576	Geschwindigkeitskontrolle bezogen Fehlfunktion
P0577	Geschwindigkeitskontrolle bezogen Fehlfunktion
P0578	Geschwindigkeitskontrolle bezogen Fehlfunktion
P0579	Geschwindigkeitskontrolle bezogen Fehlfunktion
P0580	Geschwindigkeitskontrolle bezogen Fehlfunktion

1 Fehlercodes nach SAE J2012 – Ausschnitt

Die Fehler sind in einem Speicher an Bord des Fahrzeugs abgelegt. Er kann mit Bordmitteln (Blinkcode) ausgelesen werden.

OBD 2
OBD 2 ist die Weiterentwicklung von OBD 1. Sie prüft, ob die Überwachung des Motormanagements funktioniert.
Damit soll sichergestellt werden, dass die Diagnose während der gesamten Lebensdauer des Fahrzeugs regelmäßig durchgeführt wird. Hierzu wird aufgezeichnet, wie oft die Diagnose durchgeführt wurden. Bestimmte Quoten werden vorgegeben, die IUMPR[3] sogenannten. Moderne Nkws haben OBD 2.

[3] IUMPR = In Use Monitor Performance Ratio (engl.): Vorgabe, wie oft im Betrieb Diagnosen unter bestimmten Quoten durch-geführt werden

19.3.2 OBD-Informationen auswerten

Das Auslesen der Diagnose OBD 2 erfolgt über eine 16-polige Diagnose-Buchse im Fahrzeug, **CARB-Steckdose**[1] genannt, vgl. Bild → 1, die Steckverbinder siehe Bild → 2 und Bild → 3 und ein OBD-Scanner siehe Bild → 4.

Über sie werden Daten übertragen, aus denen dann Diagnose-Protokolle zum Abgasverhalten des Fahrzeugs und andere Diagnoseprotokolle der Hersteller erstellt werden. Die physikalischen Schnittstellen bilden eine K-Leitung oder der CAN-BUS.

Eine **K-Leitung** ist ein bidirektionaler Ein-Draht-BUS zur Datenübertragung nach ISO 9141 und ISO 14 230-1. Bidirektional bedeutet, dass Daten in zwei Richtungen übertragen werden können.

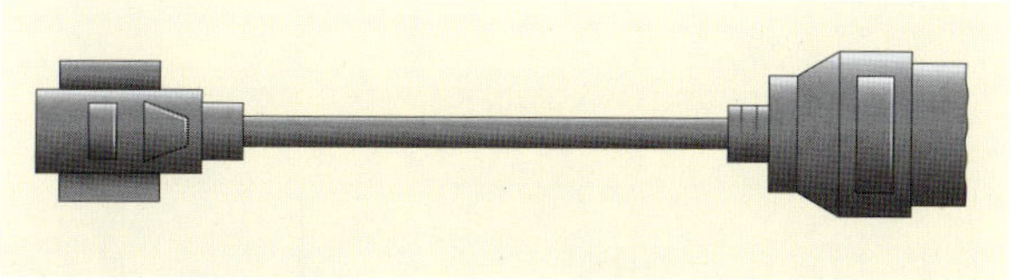

3 CARB-Steckverbinder

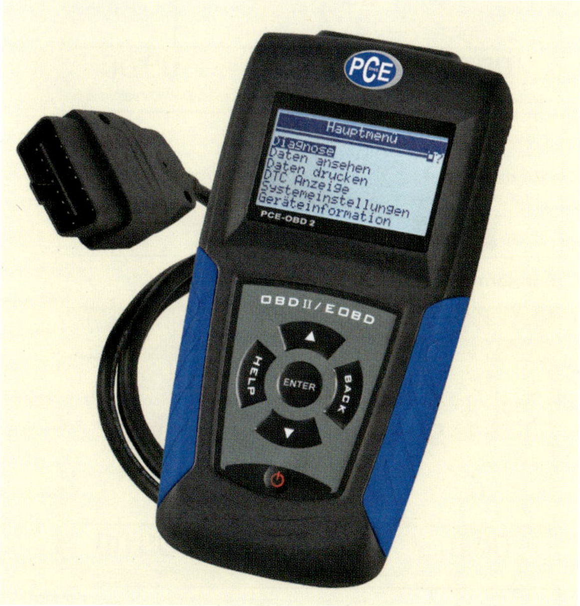

4 OBD-Diagnosescanner

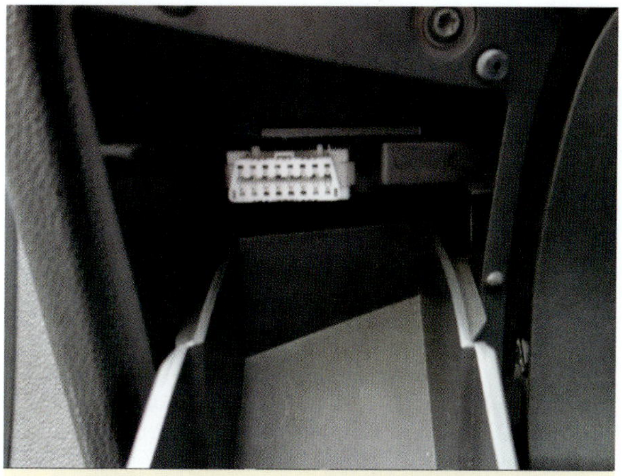

1	5	(Signal Ground)
2	4	(Chassis Ground)
3	6	(CAN High (J-2284)
4	7	(ISO 9141-2 K Line)
5	14	(CAN Low J-2284)
6	10	(J1850 Bus–)
7	2	(J185 Bus+)
8	15	(ISO 9141-2 L Line)
9	16	(Battery Power)

b) Belegung der Kontakte

1 OBD-2-Diagnose-Buchse, CARB-Steckdose

2 USB-KKL-Diagnoseinterface

[1] CARB = California Air Resources Board: Behörde für die Reinhaltung der Luft in Kalifornien

19.3.3 Ereignismeldungen im Fahrzeug-informationssystem aufrufen

Bild → 1 zeigt das Anzeigegerät in einem Fahrzeug.

Um eine Ereignismeldung aufzurufen, werden:

- das Hauptmenü „Diagnose“ aufgerufen, Beispiel siehe Bild → 2
- das Untermenü „Elektroniksystem“ über die Tasten 2 oder 3 aufgerufen und mit der Eingabe-taste 4 bestätigt; das Steuergerät FR wird angezeigt
- das Untermenü „Ereignisse“ aufgerufen
- Nach Drücken der Eingabetaste erscheinen weitere Informationen.
- Weitere Informationen werden durch Drücken der Eingabetaste 4 am Anzeigegerät aufgerufen.

1		Menü verlassen, Display-Meldung quittieren
2	▲	Aufwärts blättern
3	▼	Abwärts blättern
4	↵	Menü auswählen, Einstellung bestätigen

1 Anzeigegerät im Fahrzeug

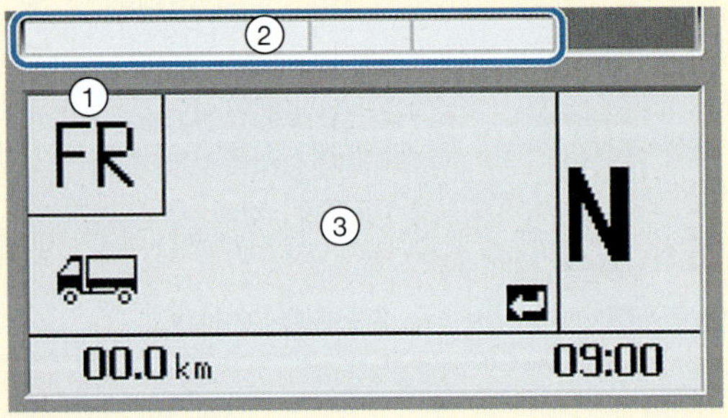

1	Kurzzeichen des Elektroniksystems
2	Statusanzeige
3	Beispiel für eine Ereignismeldung im Elektroniksystem FR (Fahrregelung) „Sensor“

a) Hauptmenü Diagnose

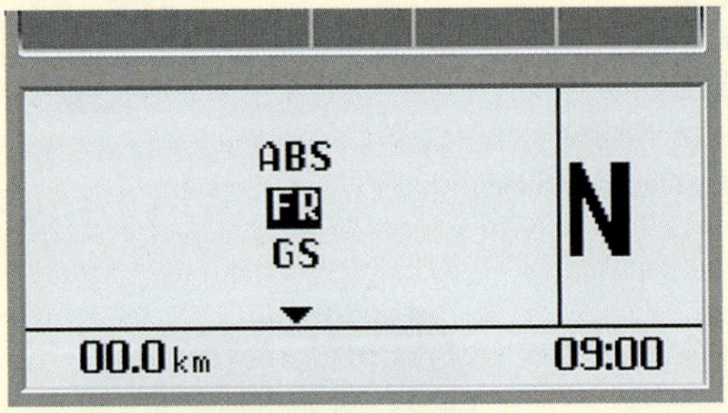

Hauptmenü auswählen.
Mit den Tasten ▲ bzw. das ▼ Untermenü „Elektroniksystem“ auswählen.
Taste ↵ drücken.

b) Untermenü „Elektroniksystem“ aufrufen

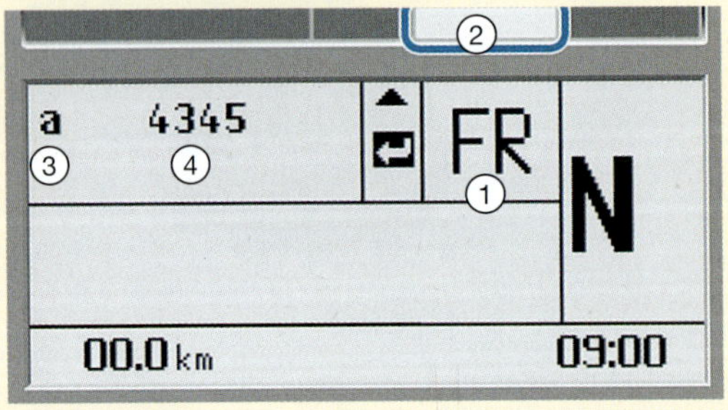

1	FR	Kurzzeichen des Elektroniksystems
2		Statusanzeige
3	a	aktuelles Ereignis
4	4345	Code

c) Untermenü „Ereignisse“ aufrufen

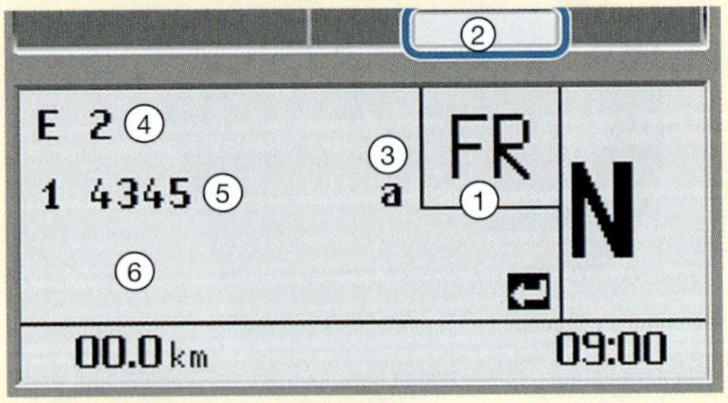

1 bis 3		siehe c)
4	E 2	Nummer des gespeicherten Ereignisses
5	1 43 45 1 43 45	Code Gruppe Ereignispfard Ereignisart
6	Sensor	Ursache

d) Untermenü „Elektroniksystem“ aufrufen

2 Ereignismeldung im Fahrzeuginformationssystem aufrufen

Wenn während des Fahrbetriebs die STOP-Leuchte aufleuchtet, ist das Fahrzeug je nach Betriebs- oder Verkehrssituation so schnell wie möglich anzuhalten, siehe Bild ➔ 1. Die STOP-Leuchte zeigt an, dass die Betriebs- und Verkehrssicherheit des Fahrzeugs stark beeinträchtigt ist. Folgende sicherheitsrelevante Systemfehler können vorliegen:

- Vorratsdruck der Druckluftbremsanlage unter 12,0 bar
- Bremsdruck im Federspeicherkreis des motorisierten Zugfahrzeugs unter 6,7 bar
- Bremsdruck im Federspeicherkreis des Anhängers unter 5,5 bar
- Öldruck im Motor zu niedrig
- Ölstand im Motor zu niedrig

1 STOP-Leuchte im Anzeigegerät

19.3.4 Zuordnung der Fehlercodes nach Farben

Fehlercodes werden mit drei farblichen Kennzeichnungen bewertet. Es bedeuten

- grüner Fehlercode: Fehlfunktion in einem Bauteil; Arbeiten können weitergeführt werden, Störung muss beim nächsten Werkstattaufenthalt beseitigt werden
- gelber Fehlercode: Fehlfunktion in einem System oder einem Bauteil; es kann vorsichtig weitergefahren werden; mit der Werkstatt klären, wie weiter vorzugehen ist
- roter Fehlercode: sofort stoppen Werkstatt informieren, Fehler reparieren lassen

19.3.5 Zuordnung von Steuergerät, Fehlercode, Fehlerbeschreibung und Handlungsanweisung

Beispiel Steuergerät FR

Bild ➔ 2 zeigt den Ausschnitt einer Bildschirmanzeige beziehungsweise eines Ausdrucks von Fehlercode, Fehlerbeschreibung und Handlungsanweisung für das Steuergerät FR.

Der Fehlercode 1 43 45 weist ein ungültiges Geschwindigkeitssignal aus.

Weitere Angaben hierzu können aufgerufen werden, z. B. Ursache: Sensor, siehe Bild 2d, Seite 550.

Erklärungen zu Bild 2:

- In Fehlercode Spalte 1 erscheint eine „1", d. h., es handelt sich um Angaben, die vom Hersteller definiert sind.
- Unter dem Fehlercode 1 43 45 erscheint die Fehlerbeschreibung „ungültiges Geschwindigkeitssignal". Das bedeutet für die Werkstatt: Signalgeber und Leitungen überprüfen, Signalgeber ggf. austauschen.

Der gelb unterlegte Fehlercode zeigt eine Fehlfunktion in einem System oder in einem Bauteil an; es kann vorsichtig weitergefahren und mit der Werkstatt geklärt werden, wie weiter vorzugehen ist.

Steuergerät FR			
Fehlercode			Fehlerbeschreibung/Handlungsanweisung
1	26	22	Schalter Feststellbremse defekt.
1	27	20	Motorölstandsschalter defekt.
1	28	23	
1	41	45	Signalgeber Getriebeeingangsdrehzahl defekt.
1	43	41	Ungültiges Geschwindigkeitssignal.
1	43	45	
1	44	40	
1	45	40	

2 Zuordnung von Steuergerät FR, Fehlercode, Fehlerbeschreibung und Handlungsanweisung

Steuergerät ABS			
Fehlercode			**Fehlerbeschreibung/Handlungsanweisung**
2	30	30	ABS-Magnetventil defekt. Bremsverhalten verändert.
2	31	30	
2	32	30	
2	33	30	
1	01	60	Datenkommunikation gestört. Bremsverhalten verändert.
1	01	62	
1	11	02	ABS ausgefallen. Bremsverhalten verändert.
1	11	03	
1	12	01	
1	12	02	
1	12	03	
1	13	01	
1	16	02	
1	16	09	
1	17	02	
1	17	09	Spannungsversorgung defekt. Bremsverhalten verändert.
1	20	04	Längssperre ausgefallen.

1 Zuordnung von Steuergerät ABS, Fehlercode, Fehlerbeschreibung und Handlungsanweisung

Beispiel Steuergerät ABS
Bild → 1 zeigt den Ausschnitt einer Bildschirmanzeige beziehungsweise eines Ausdrucks von Fehlercode, Fehlerbeschreibung und Handlungsanweisung für das Steuergerät ABS.
Die Fehlercodes 2 30 30 bis 2 33 30 zeigen an, dass das ABS-Magnetventil defekt und das Bremsverhalten des Fahrzeugs verändert ist. Die rote Markierung zeigt an, dass das Fahrzeug sofort anzuhalten ist, vgl. Kap. 19.3.4.

Die Fehlercodes 1 11 02 bis 1 17 02 zeigen an, dass das ABS ausgefallen und das Bremsverhalten des Fahrzeugs verändert ist. Zur gelben Markierung siehe Kap. 19.3.4.

Erklärungen zu Bild 1:
Unter den Fehlercodes 1 11 02 bis 1 17 02 erscheint die Fehlerbeschreibung „ABS ausgefallen. Bremsverhalten verändert.“ Das bedeutet für die Werkstatt: ABS-Steuergerät überprüfen (Anschlüsse). Falls der Fehler dort nicht liegt, Gerät austauschen.

Übungen:

1. Erklären Sie den Begriff „Schnittstelle“.
2. Beschreiben Sie die Aufgaben der On-Board-Diagnose.
3. Welche Information liefert die Fehlermeldung P0565?
4. Was unterscheidet OBD 2 von OBD 1?
5. Beschreiben Sie, wie die Ereignismeldungen im Fahrzeuginformationssystem aufgerufen werden.
6. Was bedeutet es, wenn ein gelber Fehlercode angezeigt wird? Was ist zu tun?

20 Fahrzeug- und Karosserieschäden analysieren

20.1 Kunden befragen

Fahrzeug- und Karosserieschäden sind Schäden an Primär- und Sekundärträger sowie an Verkleidungsteilen. Kommt ein verunfalltes Fahrzeug in einen Karosserie-Instandsetzungsbetrieb, muss bereits bei der Schadensaufnahme der Umfang des Schadens gewissenhaft in Augenschein genommen werden – gemeinsam mit dem Kunden, siehe Bild → 1. Dabei werden der Anstoßbereich und die angrenzenden Blechteile und Bauteile von Aggregaten untersucht, um den tatsächlichen Umfang der Beschädigung zu erkennen.
Aber auch der Kunde wird befragt. Nur so kann der Karosserieschaden korrekt abgeschätzt werden und die Reparaturkosten reell bestimmt werden.

1 Schaden in Augenschein nehmen im Beisein des Kunden

Auf dieser Grundlage kann für den Kunden bzw. für die Versicherung ein Kostenvoranschlag erstellt werden.

Für die Schadensbeurteilung sollte der Karosserie- und Fahrzeugbaumechaniker den Kunden befragen zu:

- Geschwindigkeit des Fahrzeugs zum Unfallzeitpunkt?
- Größe, Form, Stellung und Geschwindigkeit der beteiligten Fahrzeuge?
- Winkel und Bewegungsrichtung des Fahrzeugs im Augenblick des Aufpralls?

20.2 Schadensbilder

Schadensbilder lassen sich einteilen nach:

- Art des Schadens
- beschädigten Bauteilen
- Größe des Schadens

Schadensbilder nach Art des Schadens

Arten des Schadens sind:

- Altschäden
- Sekundärschäden
- verdeckte Schäden
- fahrzeugspezifische Schäden

Altschäden sind unreparierte Schäden an Fahrzeugen. Es ist durchaus möglich, dass sich ein erneuter Schaden auf den Altschaden auswirkt bzw. den Altschaden überdeckt.

Sekundärschäden sind Schäden, die infolge eines Unfalls entstehen. So muss überprüft werden, welche weiteren Bauteile beschädigt wurden wie Kühler, Motor, Getriebe, Achsen, Lenkung, Steuergeräte, elektrische Leitungen.
Dazu untersucht man folgende Fragen:

- Wie wurde der Anstoß weitergeleitet?
- Wie hat sich der Schaden ausgebreitet?

Eventuell sind auch Rauch- oder Löschwasserschäden zu berücksichtigen.

Verdeckte Schäden sind Schäden, die nicht auf den ersten Blick zu erkennen sind. Deshalb werden bei der Sichtprüfung z. B. im Fahrgastinnenraum und Kofferraum Schutz-, Dämm- und Verkleidungsteile entfernt oder angehoben, um Schäden an der Bodengruppe und an den Längsträgern zu erkennen.

Fahrzeugspezifische Schäden sind spezielle Erfahrungen, die sich auf bestimmte Fahrzeugtypen beziehen. Sie sind in Reparaturanleitungen der entsprechenden Fahrzeughersteller zu finden. Es gibt auch Institute, die sich mit Untersuchungen von Reparaturen im Auftrag der Hersteller beschäftigen und diese veröffentlichen. Betriebe, die Mitglied im ZKF sind, können die sog. Reparaturtipps abrufen, Beispiel siehe Bild → 1.

KAROSSERIE FACHBETRIEB • • • • Karosserie Fachbetrieb • • • • VSCI

AIRC • T I P P S •

MCC 006
Smart
Türaußenhaut / Türscheibe aus- / einbauen
06-01

Türaußenhaut / Türscheibe aus- und einbauen

Die Türscheiben sind mit zwei Schrauben am Scheibenmechanismus befestigt. Diese Schrauben sind nur erreichbar, wenn die Türaußenhaut ausgebaut ist.

Außenhaut ausbauen
Hinweise:

1) Ziehe den Knopf der Spiegelverstellung ab und löse die dahinterliegende Mutter.
2) Entferne die zwei Schrauben der inneren Spiegelabdeckung und ziehe die Abdeckung nach oben ab.
3) Entferne die drei Schrauben des Spiegels und ziehe den Spiegel aus der Tür.
4) Ziehe den Moosgummi an der Oberseite der Türaußenhaut ab.
5) Drücke mit dem Knie die Außenhaut in der Mitte nach innen und drücke gleichzeitig mit einem Schraubenzieher die drei Befestigungslippen (A) an der Oberseite der Außenhaut aus der dahinterliegenden Verstärkung.
6) Ziehe die Außenhaut nach unten ab.

Wichtig: Die Türaußenhaut ist aus durchgefärbten Kunststoff und wird durch das Eindrücken nicht beschädigt.

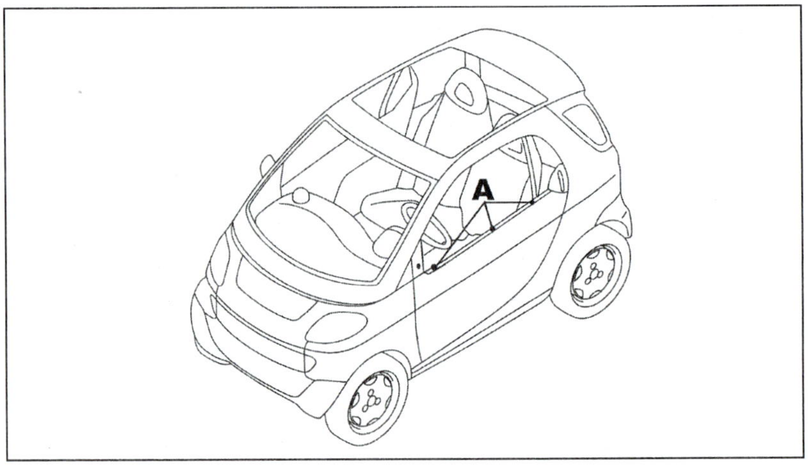

1 Reparaturtipps vom ZKF

Schadensbilder nach beschädigten Bauteilen

Die Schadensbilder unterscheiden sich bei Schäden an:
- Primärträger
- Sekundärträger
- Verkleidungsteilen

Schäden an Primärträger

Primärträger sind haupttragende Teile. Die Schadensanalyse erfordert ein bestimmtes Vorgehen.

Maßgeblich ist, ob die Teile so wiederhergestellt werden können, dass die Betriebssicherheit des Fahrzeugs nach dem Richten gewährleistet ist.

Das Instandsetzen ist nur bei verbogenen Primärträgern erlaubt. Sobald sie gestaucht oder geknickt sind, müssen sie nach Herstellerreparaturvorgabe erneuert werden, z. B. der Längsträger in Bild → 1.

Schäden an Sekundärträger

Sekundärträger sind mittragende Teile. Bei Schäden im Grenzbereich der Deformation hat die Karosseriereparatur oft keine exakt festgelegte Vorgehensweise. Der Sachverständige oder der Reparaturannehmer muss deshalb aus seiner Erfahrung heraus unter Beachtung aller Vorschriften einen wirtschaftlichen und sinnvollen Reparaturweg festlegen.

Beispiel:
Bei einem Schaden an einem Seitenteil ist es möglich, mit einem modernen Ausbeulsystem selbst große Deformationen zu richten, und so den Karosserieverbund zu erhalten.

Informationen zum Ausbeulen siehe Kap. 23.

Schäden an Verkleidungsteilen

Verkleidungsteile sind nicht tragende Teile; sie sind am häufigsten von Unfällen betroffen.

Beispiel:
Bei einem leichten Frontschaden sind meist Stoßfänger, geschraubte Kotflügel und vordere Querträger oder Motorhaube beschädigt, Beispiel siehe Bild → 2.

Bei diesen Beschädigungen sollte genau geprüft werden, ob es wirtschaftlich ist, sie zu reparieren, oder ob die betreffenden Teile erneuert werden müssen?

1 Schaden an einem Quer- und Längsträger – Längsträger muss erneuert werden

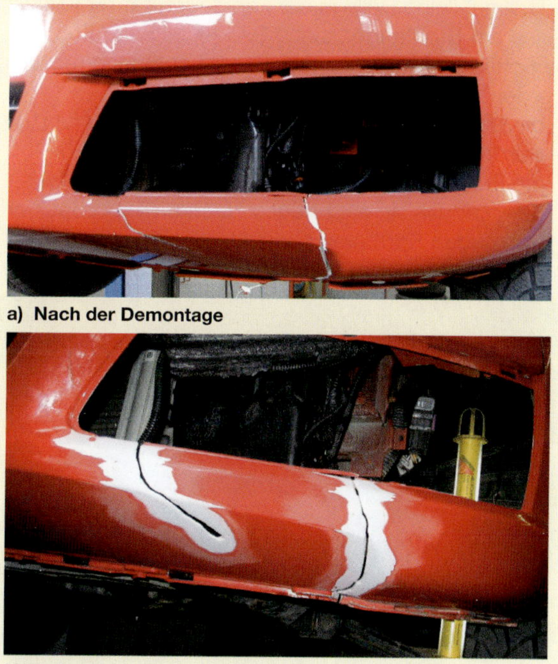

a) Nach der Demontage

b) Freigelegt

2 Schaden an einem Stoßfänger

Beispiel aus Bild → 2:

Stoßfänger Neuteil unlackiert	209,-- €
Lackierarbeiten komplett	420,-- €
Montagearbeiten	105,-- €
Leiste	50,98 €
Preis gesamt inkl. 19 % MwSt.	**783,98 €**

Ein Instandhaltungsbetrieb bietet die Reparatur des Stoßfängers für 421,47 € an, inkl. 19 % MwSt.

In diesem Fall ist eine Reparatur wirtschaftlicher; der Kunde spart 362,51 €.

Schadensbilder nach der Größe des Schadens

Nach der Größe des Schadens ergeben sich folgende Schadensbilder:
- Bagatellschaden
- kleiner Schaden
- mittlerer Schaden
- großer Schaden
- Totalschaden

Ein **Bagatellschaden** ist z. B. ein Kratzer an der Karosserie. Er gefährdet nicht die Betriebssicherheit und die Funktion des Fahrzeugs. Bagatellschäden werden repariert, damit das Fahrzeug wieder gut aussieht.

Kleine Schäden sind Schäden an der Verkleidung, wie z. B. eine kleine Delle in der Fahrzeugtür oder Kratzer/Risse am Stoßfänger, siehe Bild → 2, Seite 555. Diese Schäden dürfen nur von einem Fachmann repariert werden, weil:
- die Demontage und Montage korrekt ausgeführt werden muss
- die Ersatzteile meist im Rohzustand geliefert werden, sodass sie nachträglich fachmännisch lackiert und gegen Korrosion geschützt werden müssen

Von **mittleren Schäden** spricht man, wenn die Primär- und Sekundärträger eines Fahrzeugs so verformt sind, dass sie durch Richten erhalten werden können.

Große Schäden sind Schäden an Sekundär- und Primärträger, die die Betriebssicherheit erheblich gefährden. Bei solchen Schäden muss fachmännisch untersucht werden, ob weitere Bauteile oder Baugruppen beschädigt sind.

Ein **Totalschaden** liegt vor, wenn ein Schaden so groß ist, dass die Kosten für Ersatzteile und Reparatur mehr als 130 % des Wiederbeschaffungswerts eines gleichen Fahrzeugs betragen, siehe Bild → 1.

Weitere Informationen zum Totalschaden siehe Kap. 18.2.3.

1 Totalschaden an einem Pkw

20.3 Umfang des Schadens ermitteln

Vorgehen bei der Schadensermittlung

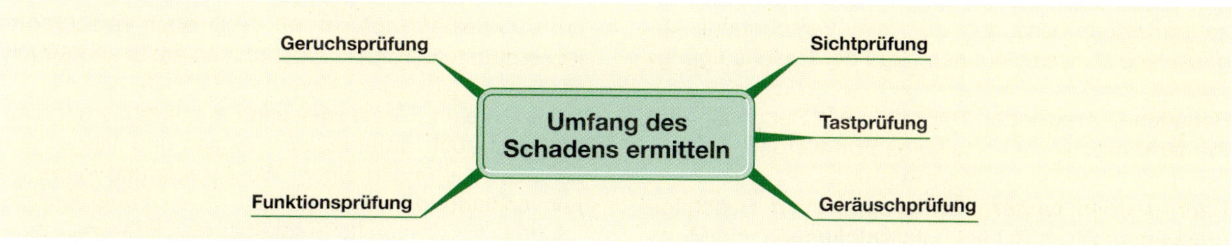

1 Umfang des Schadens ermitteln

Um den Umfang eines Schadens zu ermitteln, sollte nach einer bestimmten Systematik vorgegangen werden.
Damit das Ausmaß des Schadens erkannt wird, ist zuerst ein Rundgang um das gesamte Fahrzeug unerlässlich. Nach dieser groben Betrachtung kann der Schaden eingegrenzt und genauer untersucht werden.

Bei einem großen Unfallschaden wird beurteilt, ob es noch sinnvoll ist, das Fahrzeug zu reparieren.

Jedoch:
Es ist schwer, große Karosserieschäden genau abzuschätzen, weil weitere Schäden erst während der Instandsetzung erkannt werden können.

Um den Umfang des Schadens zu ermitteln, werden durchgeführt, vgl. Bild → 1:
- Sichtprüfung
- Tastprüfung
- Geräuschprüfung
- Geruchsprüfung
- Funktionsprüfung

Diese Prüfungen werden dem subjektiven Prüfen zugeordnet, vgl. Kap. 2.4.2.

Sichtprüfung
Die Sichtprüfung wird vor jeder Instandsetzung durchgeführt, unabhängig von der Größe des Schadens. Es werden sowohl der Schaden als auch das gesamte Fahrzeug geprüft; so erkennt der Karosserie- und Fahrzeugbaumechaniker auch verdeckte Schäden.

Bei der Sichtprüfung sind zu beachten:
- Welche Größe und Richtung hatte der Aufprall?
- Von welcher Stelle geht der Schaden aus?
- Wurde das Fahrzeug insgesamt verdreht, verzogen oder verbogen?
- Ist der Schaden auf nur einen Anstoß zurückzuführen, oder gab es mehrere Anstöße auf die Karosserie?

Dann werden geprüft:
- Karosserieblech
- Fahrzeugunterseite
- tragende Bauteile
- weitere Baugruppen
- Fahrzeuginnenraum

Mit der **Sichtprüfung am Karosserieblech** lassen sich Schäden erkennen wie Lackschäden, Spaltmaße, Risse, Verwerfungen an den Seitenteilen und Verbiegungen an Sollbruchstellen.

Größe und Art der Beschädigung an der Karosserie geben einen Hinweis auf die noch vorhandene Fahreigenschaft und Betriebssicherheit. Ein erfahrener Karosserie- und Fahrzeugbaumechaniker erkennt bereits bei der Sichtprüfung, ob sich eine Reparatur lohnt, oder ob ein Totalschaden vorliegt.

Achtung:
Die Sichtprüfung am Karosserieblech sollte nicht durch einseitige Sonneneinstrahlung oder einen Schatten beeinträchtigt werden.

KAROSSERIE-INSTANDHALTUNG

Zur **Sichtprüfung der Fahrzeugunterseite** wird das Fahrzeug auf eine Hebebühne gefahren; oft reicht schon ein einseitiges Anheben an der Front- oder Heckseite. So geben herabhängende Leitungen, Risse am Unterbodenschutz oder eine verschobene Abgasanlage Hinweise auf den Grad der Beschädigung.

Schäden an **tragenden Bauteilen** wie Sekundär- und Primärträger müssen präzise geprüft werden.

Dann werden **weitere Baugruppen** auf Beschädigung überprüft, z. B. Lenkung, Aufhängung von Motor und Getriebe, Fahrwerk.

Die **Sichtprüfung im Fahrzeuginnenraum und Kofferraum** gibt Aufschluss auf verdeckte Fehler. Aber auch der Zustand von Airbag, Gurtstraffer und Sicherheitsgurt müssen geprüft werden, ebenso Beschädigungen, die beim Unfall durch den Aufprall von Personen oder Gepäck entstanden sind.

Tastprüfung
Die Tastprüfung ist die Ergänzung zur Sichtprüfung. Dabei werden Flächen der Karosserieaußenhaut abgetastet; so kann der Karosserie- und Fahrzeugbaumechaniker Dellen oder Beulen fühlen.

Geräuschprüfung
Bei der Geräuschprüfung werden „untypische Geräusche“ aufgespürt, die auf eine Funktionsstörung hindeuten, z. B. eigenartige Geräusche beim Schließen und Öffnen einer Fahrzeugtür oder Geräusche beim Bewegen des Lenkrads oder der Pedale.

Auch lose oder fehlende Befestigungen von Karosserieteilen werden erkannt – sie „klappern“.

Zur Geräuschprüfung kann auch ein Ultraschallmessgerät eingesetzt werden, vgl. Kap. 2.4.4.2.

Geruchsprüfung
Mit der Geruchsprüfung können undichte Bauteile erkannt werden, z. B., wenn Abgase in den Fahrzeuginnenraum eindringen oder wenn Bremsflüssigkeit auf den heißen Motor tropft. Aber auch verschmorte Isolierungen an Kabeln erkennt man am Brandgeruch.

Ein erfahrener Karosserie- und Fahrzeugbaumechaniker kann auch Batteriesäure riechen und „altes Wasser“, das sich nach einem Wassereinbruch in der Innenverkleidung festgesetzt hat.

Funktionsprüfung
Zur Funktionsprüfung gehört, dass alle beweglichen Karosserieteile auf ihre Position und Beweglichkeit kontrolliert werden. Das betrifft vor allem die Fahrzeugtüren, Klappen, Schiebedach, Fenster, Scharniere und Schlösser.

Da meist nicht nur die Karosserie beschädigt ist, muss der Karosserie- und Fahrzeugbaumechaniker auch Aggregate wie Lenkung und Anbauteile auf einwandfreie Funktion und Beschädigung prüfen.

Im Fahrzeuginnenraum müssen Sitze und Sicherheitsgurte geprüft werden, ob sie wie vorgesehen arretiert sind und bewegt werden können. Vom Fahrersitz aus werden Lenkrad, Schaltung, Pedale und Scheibenwaschanlage betätigt.

20.4 Schadenhöhe mittels EDV-Programm feststellen

Zur Ermittlung der Schadenhöhe wird heute in der Regel ein EDV-Programm angewendet, wobei

- die betroffenen Teile über eine grafische Oberfläche erfasst werden und
- das Programm die benötigten Ersatzteile (mit Ersatzteilnummer und den aktuellen Preisen), Arbeits- und Lackierwerte bestimmt und
- unter Berücksichtigung der hinterlegten Stundenverrechnungssätze zu einem betriebsspezifischen, aussagekräftigen Reparaturkalkulation zusammenstellt.

Vorgehen:

- Fahrzeug ermitteln, siehe Kap. 20.4.1
- Schaden aufnehmen, siehe Kap. 20.4.2
- Reparaturweg bestimmen, siehe Kap. 20.4.3
- Zusatzpositionen benennen, siehe Kap. 20.4.4
- Ergebnis Reparaturkalkulation, siehe Kap. 20.4.5

20.4.1 Fahrzeug ermitteln

Vor der detaillierten Schadenaufnahme muss zunächst das betroffene Fahrzeug exakt bestimmt werden.
Dies erfolgt idealerweise über eine FIN-Abfrage. Dabei wird über die erfasste FIN [1] das konkrete Fahrzeug mit seinem Bauzeit-Datum und allen Sonder- und Serienausstattungen festgestellt.
Dies ist insofern sehr wichtig, da Sonderausstattungen einen wesentlichen Einfluss auf die Schadenhöhe haben können.

20.4.2 Schaden aufnehmen

Die Schadenaufnahme erfolgt am PC oder über ein mobiles Endgerät mittels grafischer Oberfläche. Hier sind alle relevanten Teile eines Fahrzeugs typspezifisch dargestellt und in Baugruppen zusammengefasst, Beispiel siehe Bild → 1.

[1] FIN: Fahrzeug-Identifikationsnummer, engl. vehicle identification number (VIN)

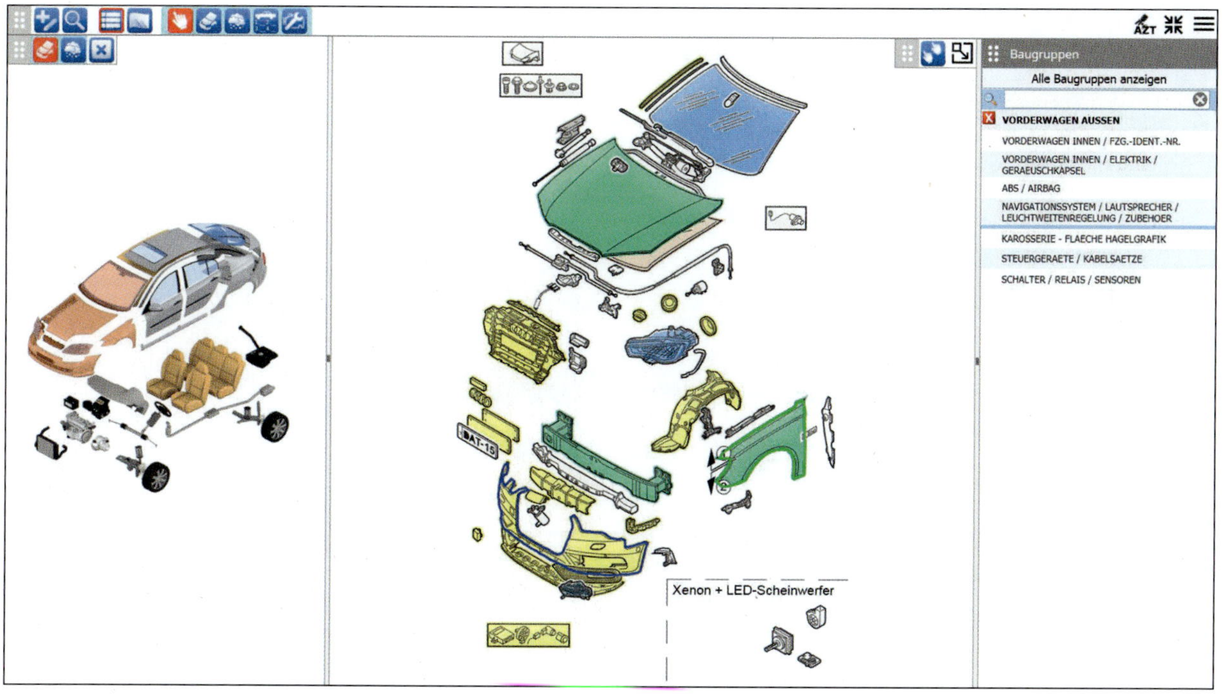

1 Schadenaufnahme am Beispiel Vorderwagen außen

20.4.3 Reparaturweg bestimmen

Nach Anklicken eines Teils öffnet sich ein Fenster, in dem die für dieses Teil möglichen Reparaturmethoden zur Auswahl angeboten werden, Bild ➔ 1.

Die Auswahl erfolgt durch Anklicken eines Reparaturcodes (RC), siehe Bild ➔ 2.

Der Werkstattmeister bestimmt nach Inaugenscheinnahme für jedes Teil einzeln den Reparaturweg, legt also z. B. fest, ob ein Teil erneuert werden muss oder noch instand gesetzt werden kann.

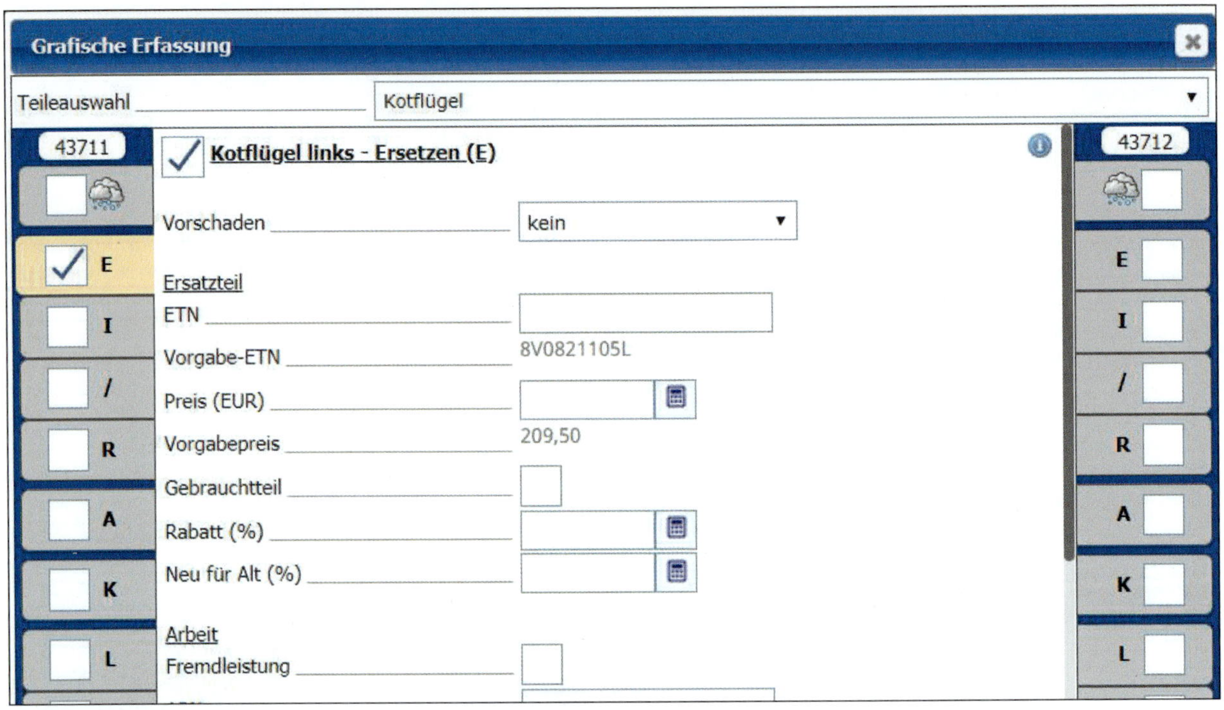

1 Reparaturmethode auswählen am Beispiel Kotflügel (Auswahl)

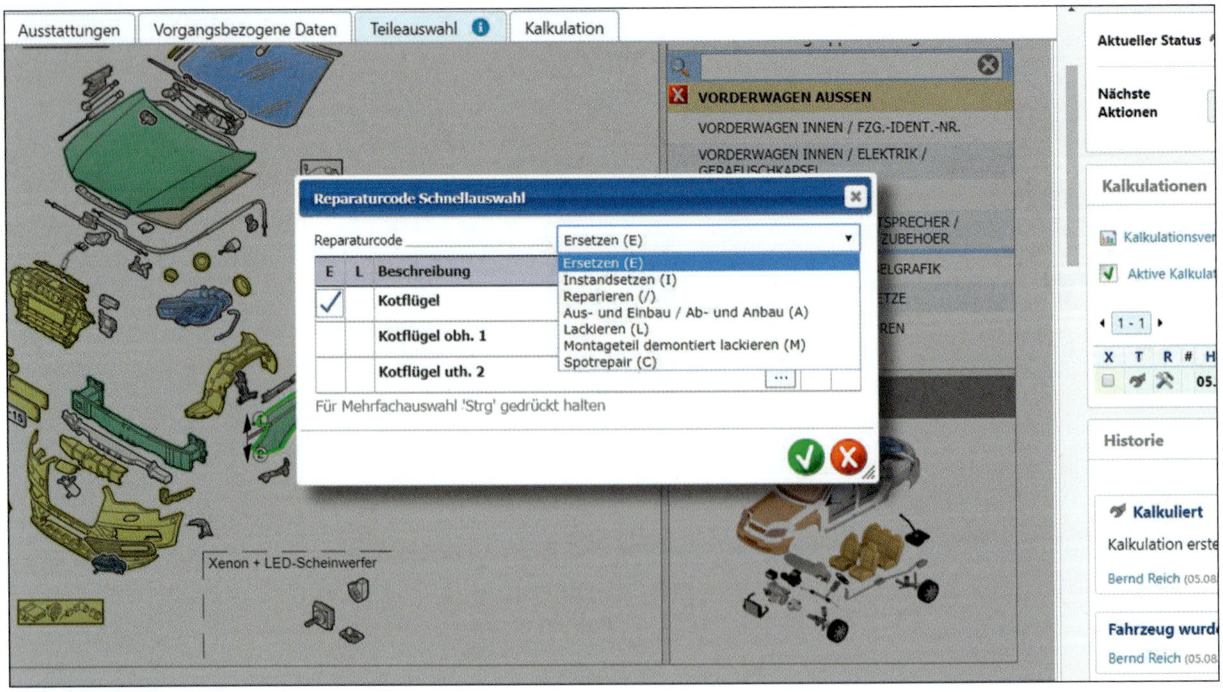

2 Reparaturcodes

20.4.4 Zusatzpositionen und Aufbereitungspositionen

Neben den beschädigten Teilen werden häufig noch weitere Positionen benötigt, z. B. Hohlraumschutzmaterial, Frostschutzmittel oder auch Richtarbeiten an der Karosserie.

Über den Bereich „Zusatzpositionen" können diese ausgewählt und in der Reparaturkalkulation berücksichtigt werden, siehe Bild → 1.

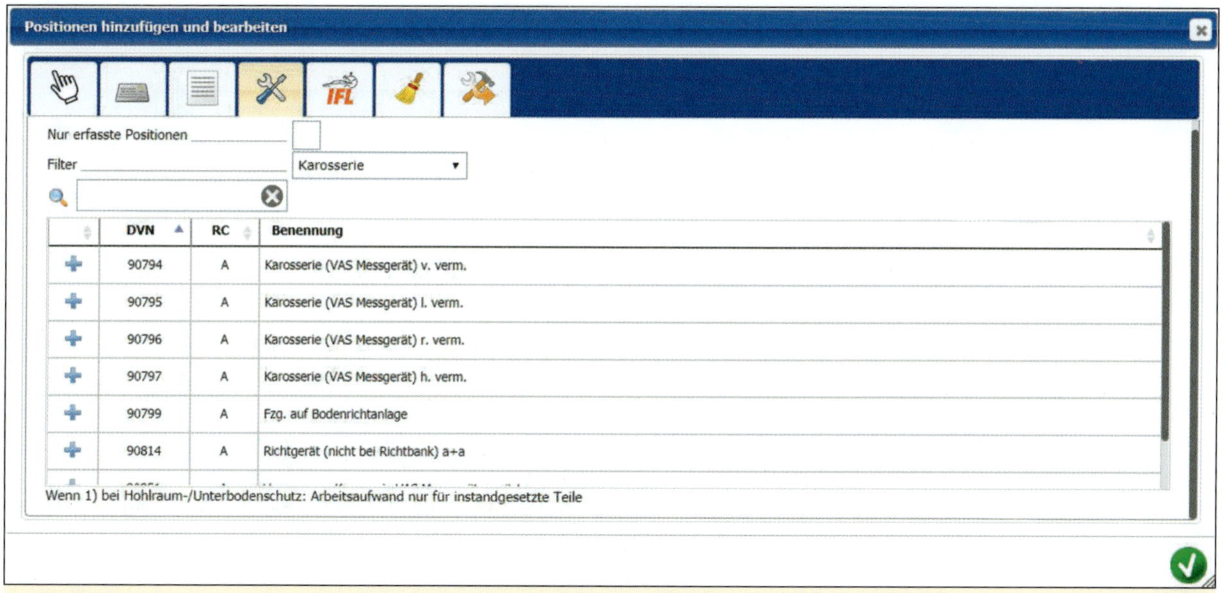

a) Karosserie

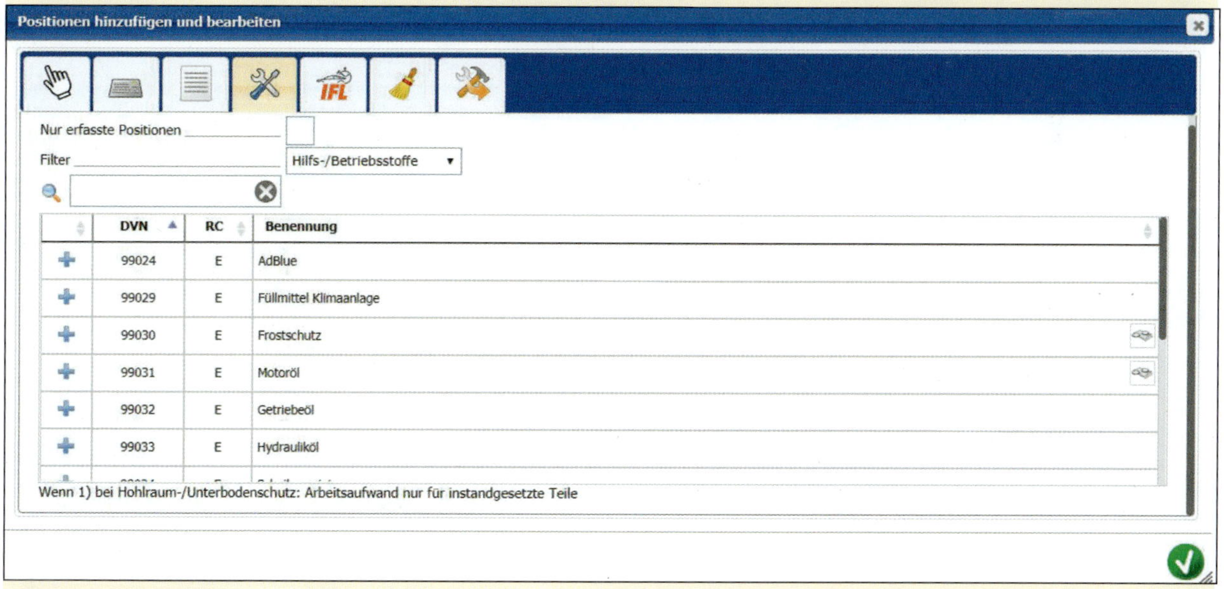

b) Hilfs- und Betriebsstoffe

1 Zusatzpositionen auswählen (Auswahl)

Darüber hinaus werden u. U. erforderliche Aufbereitungspositionen ebenfalls mit Preis- und Zeitvorschlag zur Auswahl angeboten, siehe Bild → 1.

Dies gilt ebenso für Positionen, die von den Herstellern/Importeuren in ihren Arbeitszeitkatalogen nicht berücksichtigt werden. Hierzu hat der Verband IFL[1] Vorschläge erarbeitet, die teilweise mit manuellen Preis-/Zeitvorgaben ergänzt werden müssen, siehe Bild → 2.

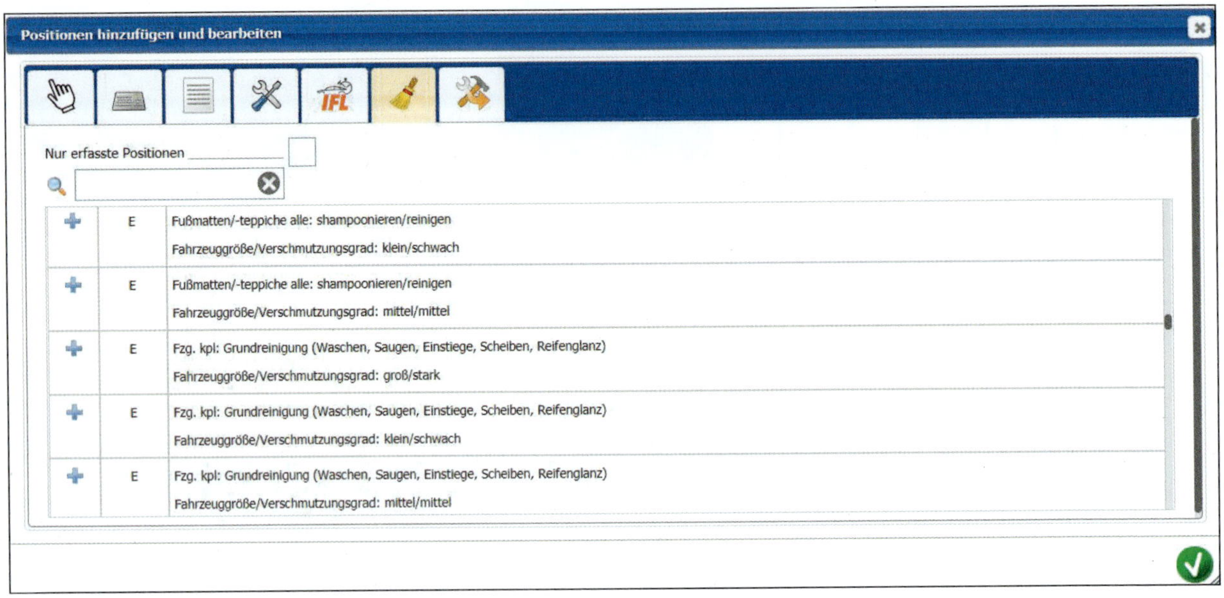

1 Aufbereitungspositionen auswählen (Auswahl)

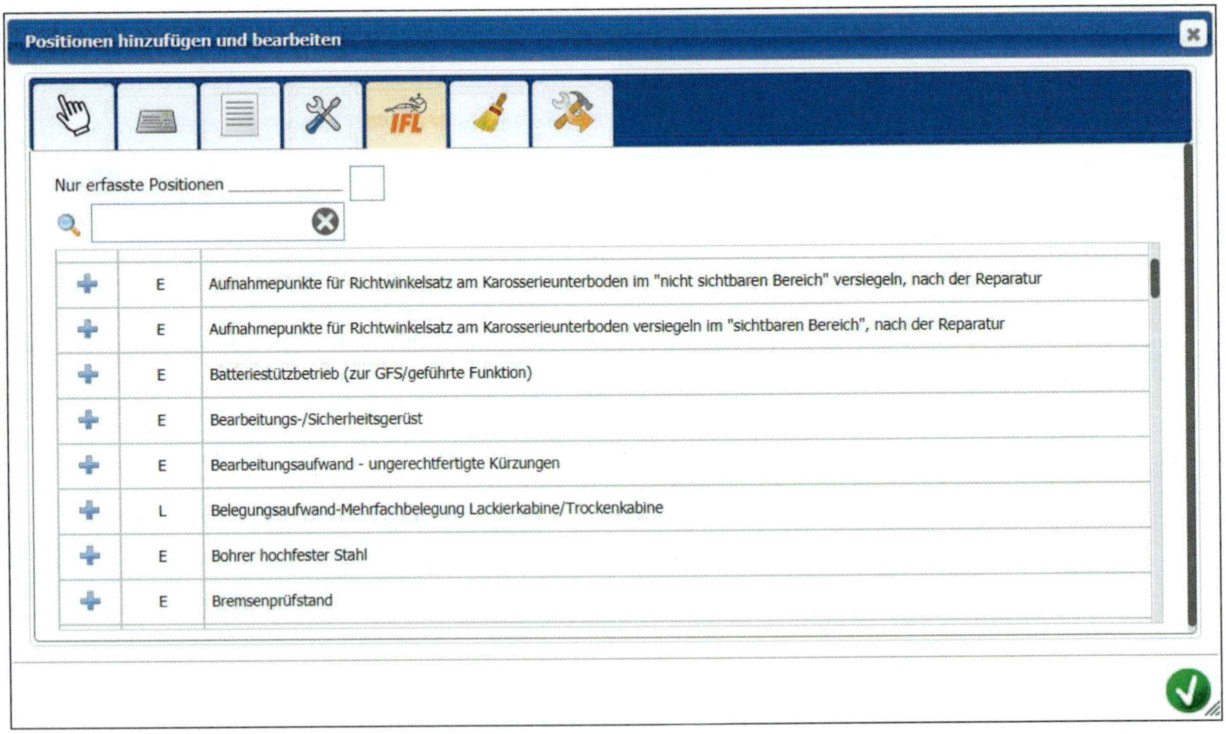

2 IFL-Positionen (Auswahl)

[1] IFL: Interessengemeinschaft für Fahrzeugtechnik und Lackierung e. V.

20.4.5 Ergebnis der Reparaturkalkulation

Das EDV-Programm „sammelt" den zu jedem Teil eingegebenen Reparaturcode, Zusatzpositionen und evtl. manuelle Eingaben. Nachdem die Erfassung beendet ist, werden die benötigten Ersatzteile, Arbeitswerte, notwendigen Zusatzarbeiten und Lackierwerte ermittelt. Außerdem werden die hinterlegten Stundenverrechnungssätze berücksichtigt.
Das alles wird zu einer betriebsspezifischen, aussagekräftigen Reparaturkalkulation zusammengefasst, siehe Bild ➔ 1 und Bild ➔ 1, Seite 562.

Das Programm stellt dabei fest, welche Verbundarbeiten zur Anwendung kommen müssen, genauso wie Zusatzarbeiten, z. B. ausstattungsbedingt, erforderlich sind.

Dadurch sind sowohl ungerechtfertigte Doppelberechnungen als auch fehlende Arbeitspositionen ausgeschlossen.

Der Anwender erhält ein prüfsicheres Ergebnis. Dieses kann aus dem System heraus elektronisch versendet (z. B. an eine Versicherung) oder ausgedruckt werden.

Die Deutsche Automobil Treuhand GmbH (DAT) bietet für die Reparaturkalkulation einen zeitbegrenzten, inhaltlich etwas eingeschränkten Zugang zu ihrem System SilverDAT 3 an.
https://www.dat.de/azubi/

Ersatzteile **(Preisdatum : 01.08.2019)**

RC	DVN	ETN	Benennung	Anzahl	Preis pro Stück	Gesamt-preis
E	43711	8V0821105L	KOTFLUEGEL V.L.	1	230,45	230,45
E		8V0098625A	BEF.-SATZ KOTFLUEGEL V.L.	1	17,60	17,60
E		8V0821467E	KOTFLUEGELHALTER V.L.O.	1	8,86	8,86
E		8V0821091C	SCHLIESSTEIL KOTFLUEGEL V.L.U.	1	11,50	11,50
E		8V0821471A	HALTER KOTFLUEGEL L.	1	5,12	5,12

Arbeitslohn

RC	DVN	APN	Benennung	Ar-beits-art	Stufe	Std.	Preis/Std.	Gesamt-preis
A	43711	ARBEITSAUF-WAND	KOTFLUEGEL V.L. A+E * VERBUNDARBEIT UMFASST: SCHLIESSTEIL KOTFLUEGEL V.L.U.	K	2	0,70	95,00	66,50
O		51 01 75 01	KOTFLUEGEL L. HOHLR.-KONSERVIEREN	K	3	0,30	95,00	28,50
A		44 05 19 00	RAD V.L. A+E	M	1	0,20	95,00	19,00
E	43711	50 55 55 50	KOTFLUEGEL V.L. ERS. * AUSGEBAUT UMFASST: KOTFLUEGELHALTER V.L.O.	K	2	0,40	95,00	38,00
A		50 55 51 50	KOTFLUEGEL V.L. ABDICHTEN * IM BEREICH RAD-HAUSSCHALE * VERBUNDARBEIT	K	3	0,20	95,00	19,00
A		63 29 19 00	STOSSF.-ABDECKUNG V. A+E	K	2	0,70	95,00	66,50

Lackierung

Lackiermethode: AZT | Lackart: Metallic (2-Schicht)

	DVN	Stufe	Benennung	Material-kosten	Std.	Preis/Std.	Lohn	Gesamt-preis
		VORBEREITUNG	ZUSCHLAG FUER FARBMUSTER UND FARBTONFINDUNG (ANZAHL: 1 MAL)	4,80	0,30	105,00	31,50	36,30
		VORBEREITUNG	ZUSCHLAG ANZAHL VON FARBMISCHUN-GEN (ANZAHL: 1 MAL)		0,30	105,00	31,50	31,50
		VORBEREITUNG	NUR ABGEBAUTE (MONTAGE-)TEILE	49,42	0,50	105,00	52,50	101,92
	43711	NEUTEIL ST.I-M	KOTFLUEGEL V.L. (TEIL AUSGEBAUT)	67,51	1,00	105,00	105,00	172,51

1 Reparaturkalkulation am Beispiel Kotflügel (Fortsetzung auf Seite 564)

Reparaturkosten-Kalkulation GA-PR 2019

Zusammenfassung

Summenblock Ersatzteile

	Gesamtpreis
laut Einzelaufstellung (Summe aller Ersatzteilpreise)	273,53
+ 2,00% Klein- bzw. Verbrauchsmaterial	5,47
Gesamtsumme	**279,00**

Summenblock Arbeitslohn

	Std.	Preis/Std.	Gesamtpreis
Karosserie 2	1,80	95,00	171,00
Karosserie 3	0,50	95,00	47,50
Mechanik 1	0,20	95,00	19,00
Summe aller Arbeitslöhne	**2,50**		**237,50**

Summenblock Lackierung

Lohn

	Std.	Preis/Std.	Gesamtpreis
Summe Lohn	2,10	105,00	220,50

Material

		Gesamtpreis
Neuteil	0,00	67,51
Konstante Musterblech (Anzahl: 1)		4,80
nur abgebaute (Montage-)Teile		49,42
Summe Material		121,73

Vorbereitungszeit Blech zu 100 %
Vorbereitungszeit Kunststoff 100 %
Materialindex zu 140 %

Summe Lackierung

	Gesamtpreis
Summe Lohn	220,50
Summe Material	121,73
Summe Lackierung	**342,23**

Gesamtsummen

	Gesamtpreis
Summe Ersatzteile	279,00
Summe Arbeitslöhne	237,50
Summe Lackierung	342,23
Reparaturkosten netto	**858,73**
Mehrwertsteuer (19,00%)	163,16
Reparaturkosten brutto	**1.021,89**

Alle Beträge in EUR

1 Reparaturkalkulation (Fortsetzung von Seite 563)

20.5 Aufbaupläne und Datenblätter für Messvorrichtungen

Ein **Aufbauplan** enthält Vorgaben des Herstellers der Messvorrichtung. Darin ist vorgeschrieben, wie die Messvorrichtung aufzubauen ist, Beispiel siehe Bild ➔ 1.

Ein **Datenblatt** gibt vor, wie ein Fahrzeug zu vermessen ist. Für jedes Fahrzeugmodell gibt es ein eigenes Datenblatt, Beispiel siehe Bild ➔ 1, Seite 566.

Jeder Typ Messvorrichtung hat für (fast) jedes Fahrzeugmodell ein eigenes Datenblatt.

So gibt es für jede Messvorrichtung Datenblätter mit Daten von über 13 000 Fahrzeugmodellen, für die der Anwender regelmäßig Updates erhält.

Auf einem Datenblatt sind angegeben, vgl. Bild ➔ 1, Seite 566:
- niedrig und hoch gelegene Messpunkte; bis zu neunzig Messpunkte
- fotografierte Messpunkte
- Klemmenposition
- Halte- und Verankerungsmöglichkeiten

Der Karosserie- und Fahrzeugbaumechaniker wählt das Datenblatt für das entsprechende Fahrzeug aus und entscheidet zwischen eingebauten oder ausgebauten Aggregaten.

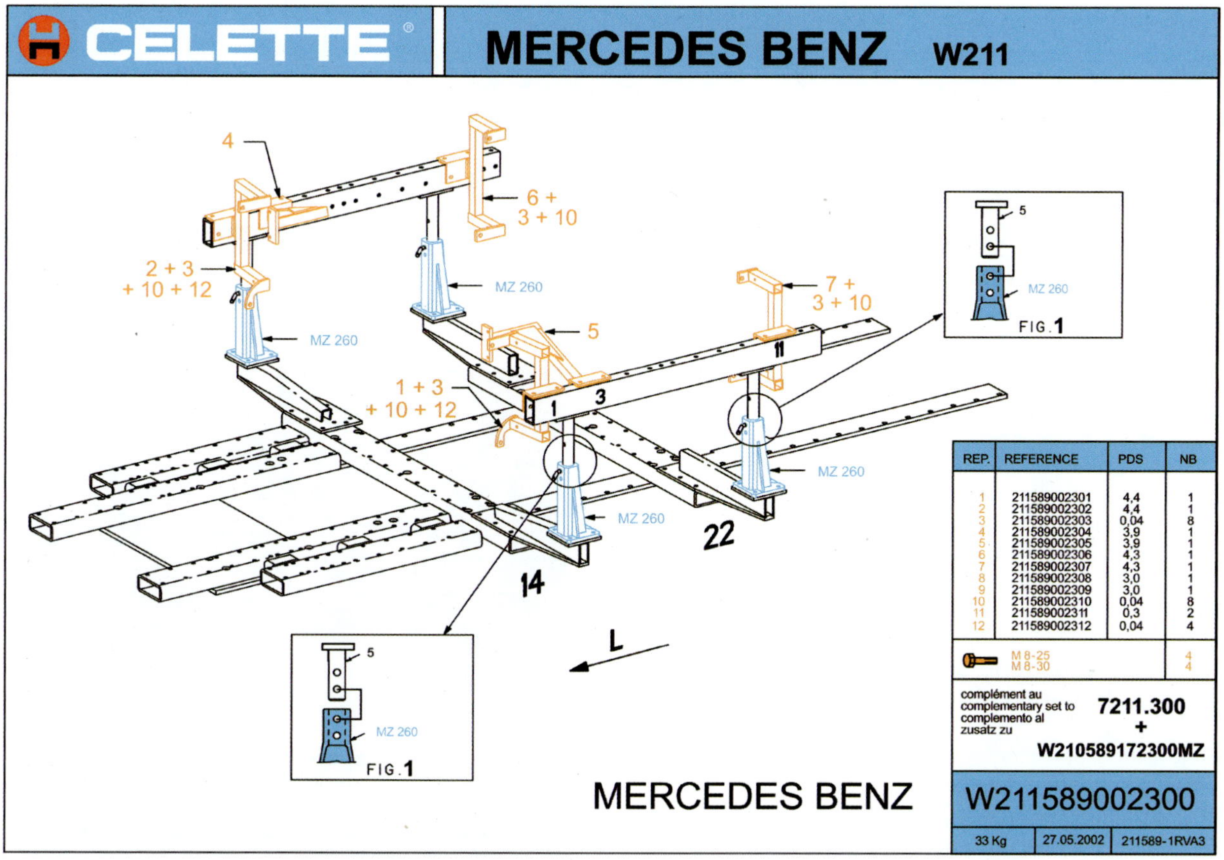

REP.	REFERENCE	PDS	NB
1	211589002301	4,4	1
2	211589002302	4,4	1
3	211589002303	0,04	8
4	211589002304	3,9	1
5	211589002305	3,9	1
6	211589002306	4,3	1
7	211589002307	4,3	1
8	211589002308	3,0	1
9	211589002309	3,0	1
10	211589002310	0,04	8
11	211589002311	0,3	2
12	211589002312	0,04	4

1 Aufbauplan – Beispiel

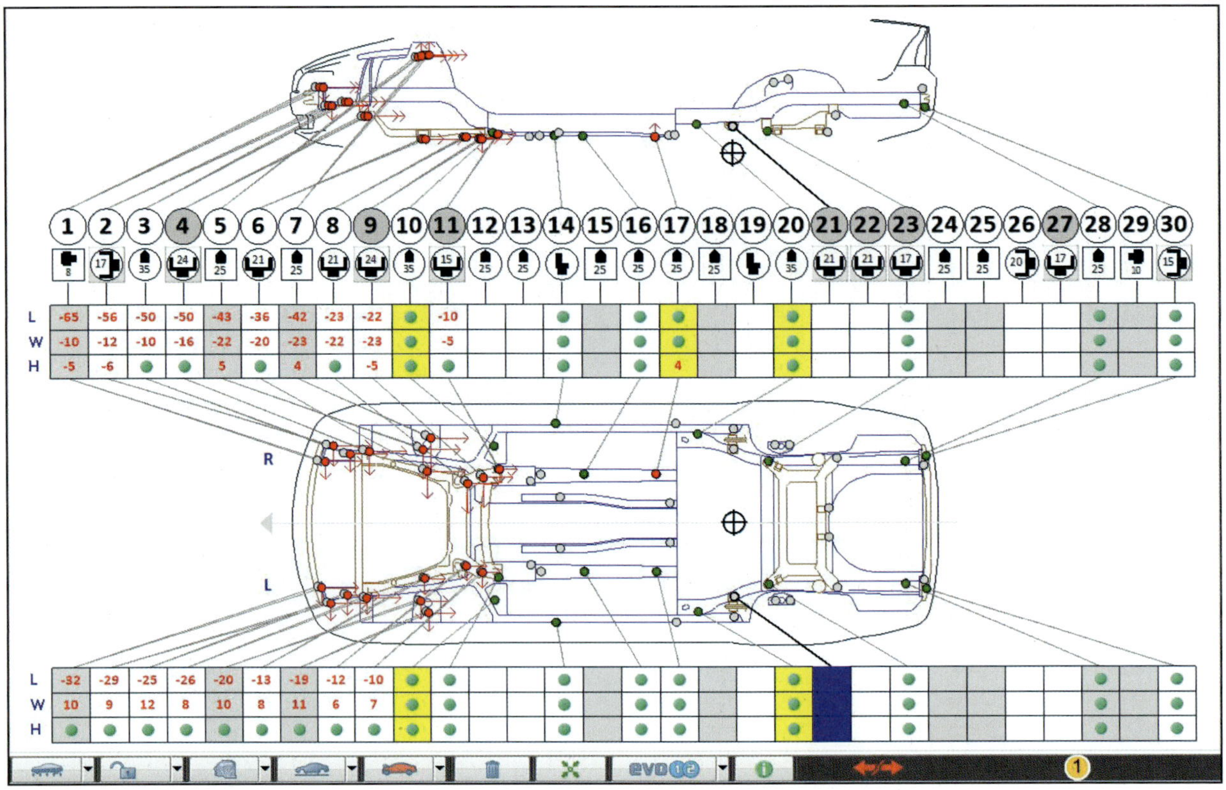

1 **Datenblatt für einen Pkw-Typ**

20.6 Karosserie vermessen

In diesem Kapitel werden behandelt:
- Karosserie-Eingangsvermessung zur Schadensdiagnose, siehe Kap. 20.6.1
- Messverfahren, siehe Kap. 20.6.2
- Unterbau vermessen, siehe Kap. 20.6.3
- Oberbau vermessen, siehe Kap. 20.6.4

20.6.1 Karosserie-Eingangsvermessung zur Schadensdiagnose

Eine Karosserie-Eingangsvermessung zur Schadensfeststellung ist immer dann erforderlich, wenn vermutet wird, dass die Fahrzeugstruktur beschädigt wurde. In Zukunft kann es dazu kommen, dass zur Schadensfeststellung eine Karosserievermessung in vielen Fällen notwendig sein wird.

Zur Karosserie-Eingangsvermessung ist ein geeignetes Messsystem mit entsprechenden Dokumentationsmöglichkeiten zu verwenden, siehe Bild → 2. Als Nachweis einer durchgeführten Vermessung sollte immer ein Messprotokoll mit den Halter- und Fahrzeugangaben in elektronischer oder in Papierform maßgebend sein.

a) Am Unterboden

b) Am Türrahmen

2 **Messsystem, um Messpunkte am Fahrzeug kontrollieren, erfassen und dokumentieren zu können**

20.6.2 Messverfahren

Die Karosserievermessung ist ein objektives Prüfen, denn es wird mit Prüfmitteln durchgeführt, vgl. Kap. 2.4.3. Damit wird festgestellt, ob sich Rahmen oder Bodengruppe verzogen haben.

Es gibt:
- zweidimensionale Messverfahren
- dreidimensionale Messverfahren

Zweidimensionale Messverfahren
Die zweidimensionale Vermessung wird durchgeführt mit einer **Teleskop-Messlehre**.
Teleskop-Messlehren werden mitunter auch **Stangenzirkel** genannt.

Die Teleskop-Messlehre eignet sich nur zur überschlägigen Vermessung einer Karosserie. Mit ihr können Abstände gemessen werden wie Länge, Breite oder die Diagonale.

Beispiel **Diagonalmessen**:
Bei einem Rahmen werden die Diagonalen gemessen und verglichen, siehe Bild → 1.
Weichen die Maße der Diagonalen voneinander um mehr als 0,5 mm ab, ist der Rahmen verzogen und muss gerichtet werden.

Vergleichen lassen sich Abstände ebenfalls, wenn Symmetrie vorhanden ist: Dann wird das Maß der linken Seite mit dem Maß der rechten Seite verglichen; der sogenannte **Links-rechts-Vergleich**.

Vergleicht man z. B. die Punkte der Achsbefestigung vorne links mit hinten rechts und stellt dort Abweichungen fest, so kann dies auf einen Strukturschaden (Rahmenschaden) hinweisen. Dadurch kann schnell festgestellt werden, ob eine Reparatur noch sinnvoll ist.

1 Diagonale messen mit der Teleskop-Messlehre

Dreidimensionale Messverfahren

Bei der dreidimensionalen Karosserievermessung wird zusätzlich zur zweidimensionalen Karosserievermessung gleichzeitig eine Höhenvermessung durchgeführt, siehe Bild ➔ 2.

Um eine exakte Karosserievermessung durchzuführen, benötigt man die einzelnen Karosseriepunkte in Länge, Breite und Höhe.
Dafür ist es notwendig, das Fahrzeug auf eine ebene Fläche zu stellen. Dies geschieht meistens auf einer Richtbank, wo das Fahrzeug auf Universalklemmen fest verankert wird, siehe Bild ➔ 1.

1 Befestigung des Fahrzeugs auf der Richtbank

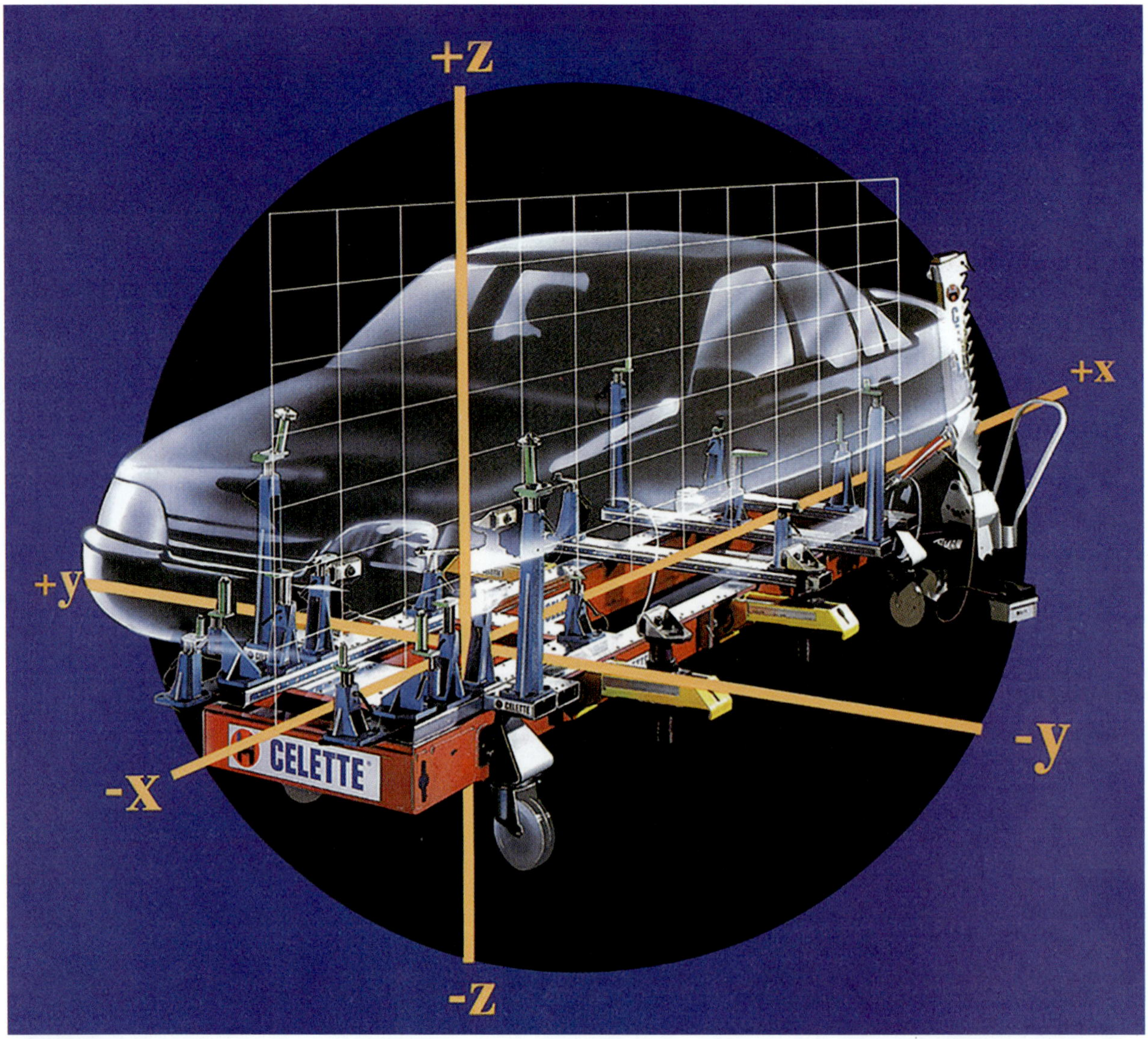

2 Dreidimensionale Vermessung

Mit mechanischen Prüfmitteln, z. B. Messspitzen, können die Maße ermittelt und evtl. Maßabweichungen festgestellt werden. Die Bezugspunkte oder Befestigungspunkte für Achsen, Lenkung, Motorbefestigung usw. werden durch bewegliche oder feste Adapter genau erfasst.

So kann man mit den entsprechenden Datenblättern Sollwerte und Istwerte vergleichen und den genauen Reparaturvorgang bestimmen.

Zur dreidimensionalen Vermessung sind Messsysteme erforderlich:
- mechanische Messsysteme
- optische Messsysteme
- elektronische Messsysteme

Mechanische Messsysteme
Bei einem mechanischen Messsystem lassen sich an den Maßeinteilungen der Längsschlitten, Querschlitten und Messzylinder die Maße direkt ablesen.

Der Aufbau eines mechanischen Messsystems kann wie folgt sein, siehe Bild → 1:
- Leichtmetallrahmen
- Längsschlitten
- Querschlitten
- Messzylinder

Der **Leichtmetallrahmen** besteht aus geschlossenen Profilen und hat eine rechteckige Form. Auf dem Leichtmetallrahmen sind Längsschlitten angebracht.

Die **Längsschlitten** sind Leichtmetallschienen, die auf Kugellagern längs zum Leichtmetallrahmen verschoben werden können. Somit können gleichzeitig mehrere Fahrzeugpunkte in Längsrichtung kontrolliert werden.

Auf jedem Längsschlitten ist ein **Querschlitten** auf Kugellagern quer zum Leichtmetallrahmen montiert. Hiermit können gleichzeitig mehrere Fahrzeugpunkte in Querrichtung gemessen werden.

Dazu ist auf jedem Querschlitten ein **Messkörper** angebracht, bestehend aus
- Zylinder
- Winkelumkehrer
- Zentrierhülsen

Diese Teile sind an einem Rollwagen befestigt oder in einem Kasten untergebracht. Welches der Teile aufgesteckt werden muss, ist abhängig vom Messpunkt und ist dem Datenblatt zu entnehmen.

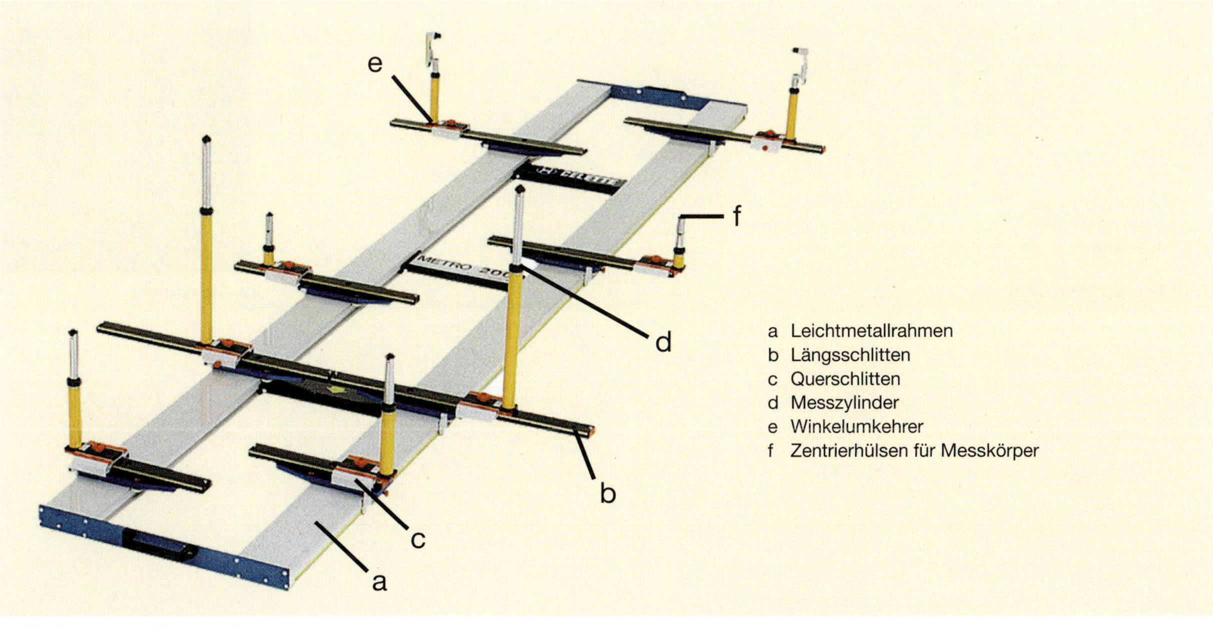

1 Mechanisches Messsystem

Optische Messsysteme
Bei optischen Messsystemen werden an die fahrzeugspezifischen Messpunkte durchsichtige Messfahnen angehängt. Die Messfahnen werden mit einem Laserstrahl angepeilt, sodass sich der Laserstrahl als roter Punkt auf der Messskala abbildet.

Optische Messsysteme bestehen aus, vgl. Bild ➔ 1:
- Richtbankrahmen
- Laserstrahleinheit
- Messfahnen
- Strahlenteiler
- Umlenkeinheit

Die Vermessung lässt sich auf einem **Richtbankrahmen** und auf anderen Stütz- und Befestigungseinrichtungen durchführen wie verstellbare Unterstellböcke oder Hebebühnen.

Die **Laserstrahleinheit** dient als optischer Winkel. Der Laserstrahl wird meistens in Längsrichtung auf den Strahlenteiler gerichtet.

Die **Messfahnen** sind durchsichtig und ausgestattet mit einer Messskala und mit einem Schiebestück, siehe Bild ➔ 2. Die Einstellmaße sind dem fahrzeugspezifischen Datenblatt zu entnehmen. Zur Messung werden die Messfahnen mit Hilfe einer speziellen Aufhängung an den entsprechenden Karosserie-Messpunkten befestigt.

Der **Strahlenteiler** führt den Lichtstrahl zunächst quer und dann wieder in Längsrichtung zurück. So bildet der Lichtstrahl einen ebenen rechteckigen Rahmen.

Die **Umlenkeinheit** arbeitet mit Computertechnik. Nach der Grundeinstellung übernimmt die Automatik der Umlenkeinheit die Justierung der Laserstrahleinheit.

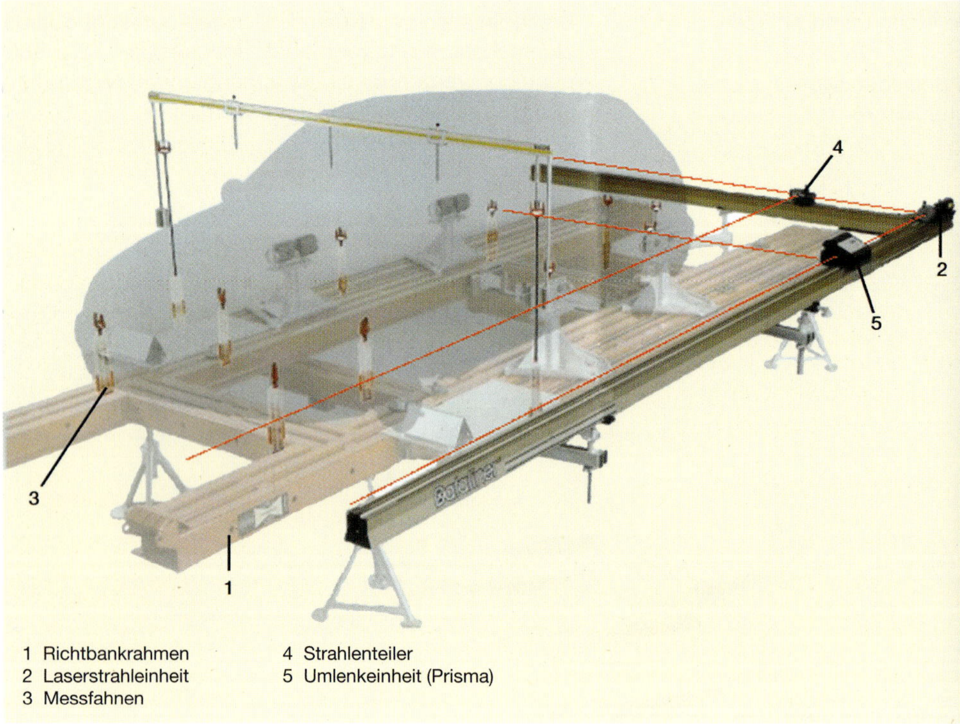

1 Optisches Messsystem

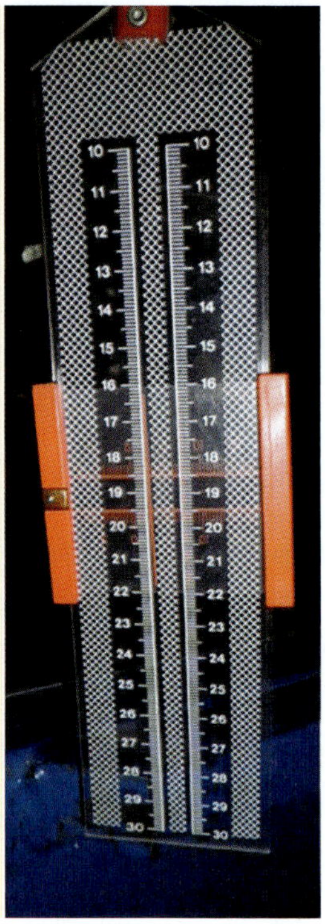

2 Messfahne

Elektronische Messsysteme

Elektronische Messsysteme arbeiten von einer Messplattform aus, mit der auf verschiedene Weise die Messpunkte vom Fahrzeug abgenommen und von einem Rechner mit den Sollwerten des Fahrzeugs verglichen werden. Die Karosserie-Messpunkte werden millimetergenau erfasst und auf einen Bildschirm übertragen. Neben dem Soll-Ist-Vergleich geben sie dem Karosserie- und Fahrzeugbaumechaniker zusätzlich Hinweise auf die korrekte Zugrichtung beim Rückverformen.

Diese Systeme lassen sich nicht nur von einer Richtbank aus einsetzen, sondern auch auf einer Hebebühne, siehe Bild → 1a. Dadurch erhält man sehr schnell ein genaues und dokumentierbares Bild über den Verformungsgrad der Karosserie.

20.6.3 Unterbau vermessen

Der Unterbau eines Fahrzeugs ist die Bodengruppe; er dient als Basis für die Fahrzeugvermessung:

- Fahrzeug mit der Hebebühne anheben
- Messrahmen unter den Pkw schieben
- beweglichen Messarm auf den Messrahmen legen

Der Messarm lässt sich in Längsrichtung auf dem Messrahmen bewegen. Voraussetzung für eine korrekte Datenerfassung ist eine planparallele Ausrichtung des Fahrzeugunterbaus zum Messrahmen.

Zu Beginn der Vermessung tastet der Messarm mindestens drei unbeschädigte Punkte der Bodengruppe ab, siehe Bild → 1a und Bild 2. Diese Messpunkte dienen der Zentrierung des Messsystems zwischen Fahrzeugunterbau und Messrahmen. Auf dem Bildschirm werden diese Bezugspunkte sichtbar markiert.

Der Messarm tastet alle wichtigen Punkte der Reihe nach ab. Dieser Soll-Ist-Vergleich wird am Bildschirm angezeigt, siehe Bild → 1.

a) Mit dem elektronischen Messsystem

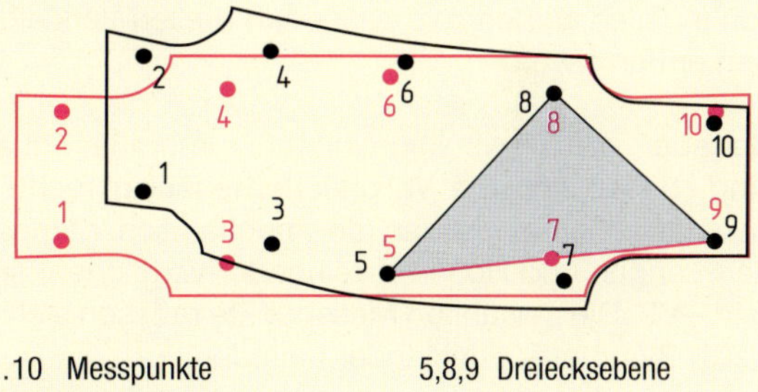

b) Bodengruppe

1 Bodengruppe vermessen

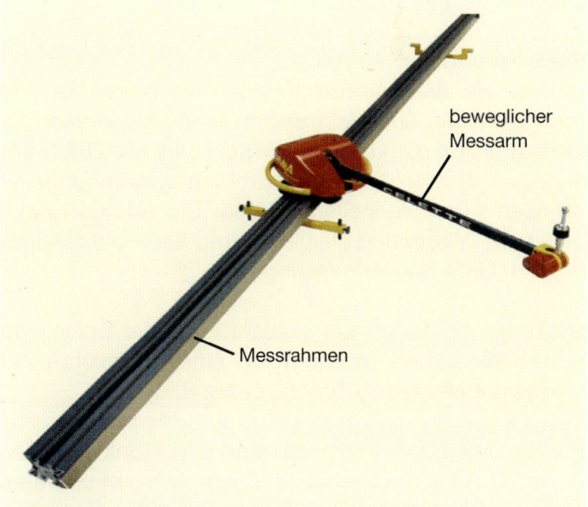

2 Mechanische Teile des elektronischen Messsystems

20.6.4 Oberbau vermessen

Zum Oberbau eines Fahrzeugs gehören die Karosserieteile, die sich oberhalb der Bodengruppe befinden; das sind die A-, B-, C- und D-Säulen, Dachholme und Querstreben.

Zur Vermessung des Oberbaus gibt es zwei Möglichkeiten:
- Zentralpunktvermessung
- Vermessung von außen

Zentralpunktvermessung
Bei der Zentralpunktvermessung von innen befindet sich ein Nullpunkt auf der Längsmittelachse der Karosserie: eine Bohrung auf dem Kardantunnel oder auf einem Querträger. Zur Überprüfung der Maße des Oberbaus muss der Teppichboden entfernt werden, um den Nullpunkt freizulegen, siehe Bild → 1. Zusätzlich müssen an den zu messenden Stellen Verkleidungen entfernt werden.

Da aber von Pkws kaum Innenraummaße bekannt sind, bietet sich die **Vergleichsmessung** rechts zu links an. Hierbei werden die mechanisch gemessenen Längen und Höhen miteinander verglichen, siehe Bild → 2. Die gewählten Messpunkte müssen sich dabei in Symmetrie zueinander befinden.

Aus unterschiedlichen Messwerten zwischen linker und rechter Seite und der Diagonalen lassen sich Rückschlüsse ziehen, ob und wie viel die Maße vom Originalzustand abweichen.

Vermessung von außen
Diverse Hersteller von Richtsystemen bieten für ihre mechanischen und elektronischen Messsysteme Datenblätter für die Oberbauvermessung an. Die Maßangaben für den Oberbau der Richtsystemhersteller erfolgen nach Herstellerangaben. Sie erfolgen nach gleichem Prinzip und gleicher Symbolik wie die Angaben zur Unterbauvermessung.

Dazu wird z. B. an der Messbrücke, die auf einem Richtbankrahmen befestigt ist, eine Portallehre mit Messeinrichtung angebracht, siehe Bild → 3.

Für die Oberbauvermessung sind u. a. Punkte an den A-, B-, C-Säulen vorgegeben. Zusätzlich gibt es Daten über die Positionen der Türscharniere oder, für Cabriolets, die Verriegelungspunkte des Verdecks.
So kann der Oberbau entsprechend der Messblätter abschnittsweise an den festgelegten Punkten vermessen werden.

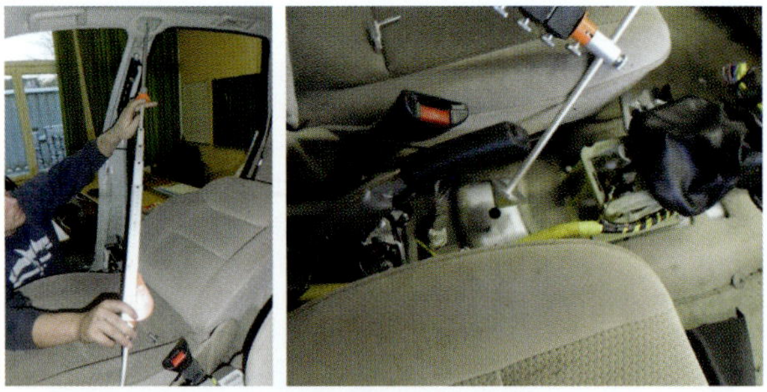

1 Nullpunkt auf der Längsmittelachse vermessen

2 Vergleichsmessung zwischen A- und B-Säule

3 Messbrücke mit Portallehre

20.7 Fahrwerk analysieren

20.7.1 Einstellungen am Fahrwerk

In Kap. 7 sind bereits das Fahrwerk, die Fahrwerksgeometrie und die Achsvermessung beschrieben.

Es ist darauf hingewiesen, dass eine falsche Einstellung des Fahrwerks
- den Reifenverschleiß erhöht,
- somit Laufleistung und Lebensdauer der Reifen verkürzt,
- den Reifenabrieb erhöht; dadurch höhere Umweltbelastung,
- den Kraftstoffverbrauch erhöht und
- die Fahrsicherheit, Stabilität und den Fahrkomfort beeinträchtigt.

Der Kunde soll wissen:
- Bei 10 % mehr Laufleistung hat sich die Vermessung schon bezahlt gemacht.
- Bei korrekter Einstellung der Achsgeometrie verringert sich der Kraftstoffverbrauch bis zu 10 % und die Umwelt wird weniger belastet.

Wichtig ist die Beratung des Kunden: Sie sollte grundsätzlich am Fahrzeug durchgeführt werden, um:
- den Zustand des Fahrzeuges aufzunehmen
- Profilbild und Profiltiefe zu überprüfen
- bei ungleichmäßigem Abrieb den Kunden darauf hinzuweisen und eine Vermessung zu empfehlen
- bei Auswaschungen neue Stoßdämpfer zu empfehlen
- nach einem Unfall eine Fahrwerksvermessung zu empfehlen, da Kräfte auf die beweglichen Teile gewirkt haben, die zu Fahrwerksfehlern und zum einseitigen (erhöhten) Reifenverschleiß führen

Ein zusätzlicher Tipp für den Karosserie- und Fahrzeugbaumechaniker:
Bei Problemfahrzeugen immer die Belastung so wirklichkeitsnah wie möglich berücksichtigen, d. h., Fahrzeug vermessen immer mit Musterkoffern im Kofferraum.

Die Beratung am Fahrzeug hat weitere Vorteile:
- Der Kunde kann auf vorhandene Schäden (z. B. Kratzer) aufmerksam gemacht werden, um spätere Reklamationen auszuschließen.
- Dem Kunden können zusätzliche Leistungen angeboten werden.
- Falls für die Vermessung kein sofortiger Termin frei ist, kann dem Kunden ein verbindlicher Termin genannt werden.

Um das Fahrwerk zu analysieren werden geprüft:
- Verschleiß an der Lauffläche der Reifen, siehe Kap. 20.7.2
- Veränderungen am Fahrwerk, siehe Kap. 20.7.3

20.7.2 Verschleiß der Lauffläche der Reifen

Bevor mit der Vermessung begonnen wird, sollte die Lauffläche der Reifen überprüft werden.
Am Verschleiß der Lauffläche der Reifen ist zu erkennen, ob Fahrwerks- oder Einstellfehler vorliegen.

Der Verschleiß an Reifen ist zu erkennen an:
- sägezahnförmigem Abrieb
- glattem, einseitigem Abrieb
- Auswaschungen

Sägezahnförmiger Abrieb der Lauffläche
Sägezahnförmiger Abrieb ist **unbedenklich** bei:
- Reifen mit grobstolligem Profil, der Abrieb sollte aber innen und außen auftreten
- Reifen der frei laufenden Hinterachse von frontangetriebenen Pkws; die Hersteller empfehlen hier, die Reifen bei ca. 8000 km Laufleistung achsweise zu wechseln.

Bedenklich ist sägezahnförmiger Abrieb infolge von:
- Spurfehlern
  - Abrieb außen: zu viel Vorspur (Spur positiv)
  - Abrieb innen: zu viel Nachspur (Spur negativ)
- Spurdifferenzfehlern; Abrieb auf den Außen- bzw. Innenschultern; dieser Fehler tritt verstärkt bei großen Pkws auf, wenn sie überwiegend im Stadtverkehr eingesetzt sind

Diese Fehler müssen unbedingt beseitigt werden.

Glatter, einseitiger Abrieb der Lauffläche
Glatter, einseitiger Abrieb der Lauffläche ist ein Hinweis auf **Sturzfehler**. Steigt die Profiltiefe:
- von innen nach außen → zu großer negativer Sturz
- von außen nach innen → zu großer positiver Sturz

Ist der sägezahnförmige Abrieb sehr groß, – bis über die Mitte der Lauffläche – sind meist Sturz und Spur gemeinsam fehlerhaft.

Auswaschungen oder Vertiefungen in der Reifenlauffläche
Auswaschungen und Vertiefungen treten meist wellenförmig auf. Sie sind häufig an den Vorderreifen zu finden, können aber auch an den Hinterreifen auftreten.

KAROSSERIE-INSTANDHALTUNG

Auswaschungen und Vertiefungen entstehen bei:
- falschem Luftdruck in den Reifen
- fehlerhaften Stoßdämpfern

Die Fahrzeughersteller geben Mindestwerte für den **Luftdruck in den Reifen** an, zu finden
- in der Bedienungsanleitung und
- an festgelegten Punkten der Karosserie (Tankklappe, B-Säule).

Jedoch können diese Werte zu niedrig sein, z. B. bei:
- langen Strecken auf den Reifen der Antriebsachse
- Reifen mit niedrigem Verhältnis Höhe/Breite

Auswaschungen können aber auch ein Hinweis auf **fehlerhafte Stoßdämpfer** sein. Meist ist dann einer der Stoßdämpfer auf der Antriebsachse betroffen.

20.7.3 Veränderungen am Fahrwerk prüfen

Wurden am Fahrwerk Veränderungen festgestellt, kann der Karosserie- und Fahrzeugbaumechaniker den Schaden eingrenzen; hier eine Auswahl:
- Sturz und Spreizung stimmen nicht mit den Sollwerten überein:
  - Querlenker deformiert
  - Anlenkpunkt des Lenkers am Aufbau verschoben
- der eingeschlossene Winkel (Sturz- und Spreizungswinkel) stimmt nicht mit den Sollwerten überein: Aufhängungsteile beschädigt oder verbogen (Achszapfen)
- Fahrzeug zieht bei „Lenkrad geradeaus" nach einer Seite:
  - unterschiedlicher Sturz oder Nachlauf an einer Achse
  - unterschiedlicher Luftdruck
  - schräg stehende Hinterachse (Fahrachswinkel)
  - unterschiedliche Felgen- und Reifengröße
- schief stehendes Lenkrad bei „Fahrtrichtung geradeaus":
  - falsche Spureinstellung (asymmetrisch)
  - Lenkrad falsch eingesetzt
  - Lenkgetriebemittelstellung ist nicht gegeben
  - Geradeauslauf instabil:
- negative Spur an der Hinterachse
  - Lenkrollhalbmesser ist nicht in Ordnung (Spurverbreiterung)
  - zu geringer Nachlauf

Ist eine Einstellung nach den Sollwerten, die der Fahrzeughersteller vorgegeben hat, nicht möglich, so sind Spurstangenhebel, Querlenker oder sonstige Aufhängungsteile beschädigt oder verformt und müssen ersetzt werden – sie dürfen nicht gerichtet werden.

20.8 Prüfprotokoll

Vom Kalkulationsprogramm werden die Werte der Vermessungen der Karosserie und der Fahrwerksgeometrie in einem Prüfprotokoll aufgenommen. Die Ergebnisse der Sicht-, Tast-, Geräusch- und Funktionsprüfungen werden in ein gesondertes Prüfprotokoll eingetragen. Die Gesamtheit der Prüfprotokolle ergibt das Schadensprotokoll für den Kostenvoranschlag.

20.9 Kostenvoranschlag

Im Kostenvoranschlag oder Werkstattauftrag findet der Karosserie- und Fahrzeugbaumechaniker Angaben zu Zeitvorgabe, Ersatzteile und Hilfsstoffe für die Karosseriearbeit.

Voraussetzungen für den Kostenvoranschlag sind folgende Arbeiten:
- der Schaden ist aufgenommen und das Prüfprotokoll erstellt
- Bedarf und Kosten für Arbeitszeit, Ersatzteile und Hilfsstoffe sind ermittelt
- der Reparaturweg ist bestimmt
- Karosserie ist vermessen und die Ergebnisse sind ins Prüfprotokoll aufgenommen

Dann werden die Preise ermittelt. Hierzu verwendet man üblicherweise Kalkulationsprogramme oder Herstellerunterlagen, vgl. Kap. 20.4. Dies gilt für Ersatzteile und Hilfsstoffe und für den Zeitbedarf von Reparaturen, ausgenommen für Richtarbeiten.
Für Richtarbeiten werden die Zeiten individuell festgelegt, evtl. in Zusammenarbeit mit einem Sachverständigen.
Der Kostenvoranschlag wird dann dem Kunden ausgehändigt.

Informationen zum Kostenvoranschlag siehe Kap. 26.3 und zur Kostenkalkulation bei der Restaurierung eines Oldtimers siehe Kap. 25.4.

Übungen:

1. Welche wichtigen Fragen müssen Sie dem Kunden stellen, um den Schaden seines Fahrzeugs richtig beurteilen zu können?
2. Unterscheiden Sie zwischen Primärträger und Sekundärträger.
3. Erklären Sie die Begriffe Altschaden, Sekundärschaden, verdeckter Schaden und fahrzeugspezifischer Schaden.
4. Wie unterscheiden sich Bagatellschaden, kleiner Schaden, mittlerer Schaden und großer Schaden?
5. Wann spricht man vom Totalschaden?
6. Erklären Sie, wie Sie bei der Sichtprüfung eines Karosserieschadens vorgehen.
7. Warum ist es wichtig, den Reparaturweg zu bestimmen?
8. Beschreiben Sie das Vermessen der Säulen, Dachrahmen und Schweller mit einer Teleskop-Messlehre.
9. Nennen Sie die Bestandteile eines mechanischen Messsystems.
10. Beschreiben Sie die Vermessung einer Karosserie mit dem optischen Messsystem.
11. Beschreiben Sie die Vermessung des Unterbaus mit Hilfe eines elektronischen Messsystems.
12. Beschreiben Sie die Zentralpunktvermessung.
13. Warum ist es wichtig, Fahrwerke zu vermessen?
14. Welche Fehler am Fahrwerk können Sie am Verschleiß der Reifen erkennen?
15. Nennen Sie mögliche Ursachen, wenn das Fahrzeug bei „Lenkrad geradeaus" nach einer Seite zieht.
16. Was muss geprüft werden, um ein Schadensprotokoll vollständig zu erstellen?

21 Karosserien, Aufbauten und Fahrzeugrahmen instand halten

In diesem Kapitel werden behandelt:
- Richtsysteme, siehe Kap. 21.1
- Nutzfahrzeuge instand halten, siehe Kap. 21.2
- Kräfte und Momente, siehe Kap. 21.3
- Festigkeit, siehe Kap. 21.4
- Zug- und Druckanordnung, Zugrichtung, siehe Kap. 21.5
- Funktionsmaße, siehe Kap. 21.6
- Referenzkontrollpunkte überprüfen, siehe Kap. 21.7
- Arbeitssicherheit, Unfallverhütung beim Rückverformen, siehe Kap. 21.8

21.1 Richtsysteme

21.1.1 Informationen über Richtsysteme

Richtsysteme sind eine Kombination von Zug- und Messeinrichtungen. Diese Zug- und Messeinrichtungen sind auf einen stabilen Grundrahmen aufgebaut. Die Zugeinrichtungen sind auf dem Grundrahmen verstellbar, sodass eine gezielte Rückverformung am Fahrzeug erfolgen kann. Die Messeinrichtungen können mechanische oder optische Funktionen haben. Sie lassen sich so einstellen, dass alle zur Reparatur erforderlichen Kontrollmessungen durchgeführt werden können.
Richtsysteme für Pkws und Richtsysteme für Nkws sind im Prinzip gleich. Die Richtsysteme für Nkws haben jedoch größere Abmessungen und müssen auch größere Kräfte übertragen.

Zum Richtsystem für Pkws gehören, vgl. Bild → 1:
- Grundrahmen, siehe Kap. 21.1.2
- Messeinrichtung, siehe Kap. 21.1.3
- Zugeinrichtung, siehe Kap. 21.1.4

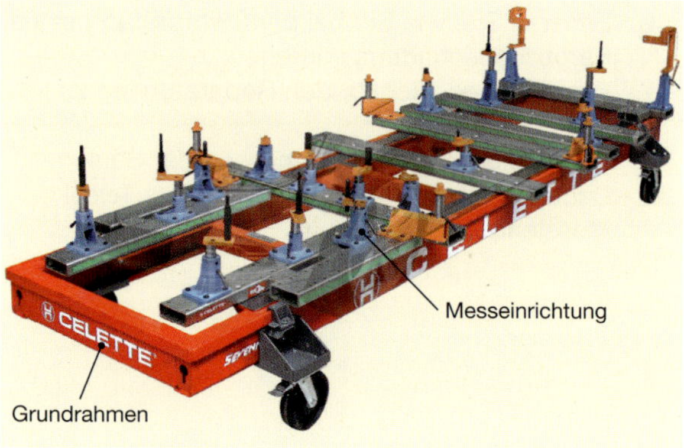

1 Richtsystem für Pkws

21.1.2 Grundrahmen

Der Grundrahmen besteht aus Hohlprofilen, die als Längs- und Querträger zusammengeschweißt sind; er wiegt ca. 800 kg. Dadurch hat er eine hohe Verwindungssteifigkeit. Der Grundrahmen besitzt meist stabile Rollen, sodass er fahrbar ist. Er kann aber auch in einer Viersäulenhebebühne eingebaut sein.
Eine weitere Variante wäre die Befestigung auf einer Scherenbühne.

Der Grundrahmen und die Zug- und Druckkombinationen können aber auch an einem Bodenverankerungssystem befestigt werden.
Auf dem Grundrahmen können Universalverankerungen angebracht werden, siehe Bild → 2. Mit den Universalverankerungen kann die Karosserie fest mit der Richtbank verbunden werden.

2 Universalverankerungen

Das hat den Vorteil, dass bei kleinem Schaden die Richtwinkel nicht an der gesamten Karosserie montiert werden müssen, sondern nur noch dort, wo gerichtet werden soll.
Außerdem wird das Fahrzeug mit Universalverankerungen fest verankert, wenn ein Schaden so klein ist, dass er ohne Richtwinkelsatz gerichtet werden kann.
Am Grundrahmen ist der Richtbalken befestigt. Damit lassen sich kleine Zug- und Druckarbeiten an der Karosserie ausführen.

21.1.3 Messeinrichtungen zum Richten an Pkws

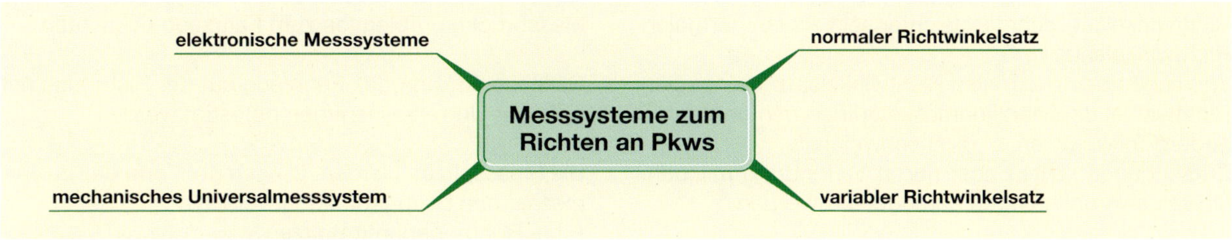

1 Messeinrichtungen zum Richten an Pkws

Einteilung der Messeinrichtungen
Die Größe eines Karosserieschadens lässt sich beurteilen, wenn
- man einzelne Stellen der Karosserie in ihrer Lage erfasst und
- mit den Solldaten der Fahrzeughersteller vergleicht.

Dazu werden Messeinrichtungen verwendet, die fahrzeugspezifische Lehren darstellen.

Die Maße der einzelnen Messpunkte werden angegeben als Koordinaten in Längsrichtung, in der Höhe und in der Breite; dies nennt man **dreidimensionale Erfassung**.

Diese dreidimensionale Erfassung der Messpunkte geschieht in der Praxis mit verschiedenen Messeinrichtungen, vgl. Bild → 1:
- normaler Richtwinkelsatz
- variabler Richtwinkelsatz
- mechanische Universalmesseinrichtung
- elektronische Messeinrichtung

Normaler Richtwinkelsatz
Ein normaler Richtwinkelsatz besteht aus kompakten Richtwinkeln, die nur für einen bestimmten Fahrzeugtyp vorgesehen sind, siehe Bild → 2. Die Richtwinkel nehmen die Masse des Fahrzeugs auf.
Das Fahrzeug wird mit Universalverankerungen befestigt, um die erforderlichen Zugkräfte aufzunehmen.

Nachteile eines normalen Richtwinkelsatzes:
- für jeden Fahrzeugtyp ist ein spezieller Richtwinkelsatz erforderlich
- hohe Masse (bis zu 100 kg)

Richtwinkelsätze können von Werkstätten gekauft oder tageweise ausgeliehen werden.

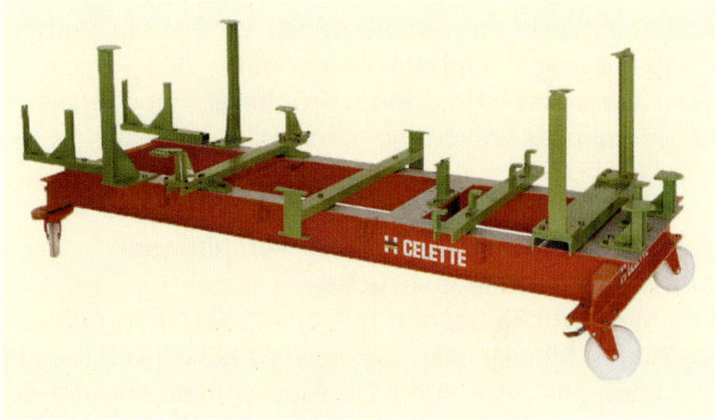

2 Normaler Richtwinkelsatz an einer Richtbank

Variabler Richtwinkelsatz
Eine Weiterentwicklung des normalen Richtwinkelsatzes ist der variable Richtwinkelsatz. Der stabile Turm ist universell einsetzbar für alle Personenkraftwagen.

Auf den Turm wird die fahrzeugspezifische Richtwinkelspitze aufgesteckt, siehe Bild → 3. Es ist für jeden Fahrzeugtyp eine andere Richtwinkelspitze erforderlich, die jedoch leicht ausgetauscht werden kann. Sie kann entweder gekauft oder geliehen werden.

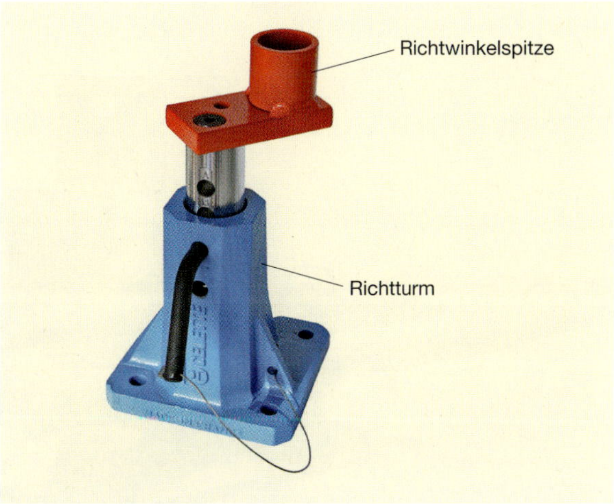

3 Variabler Richtwinkel

Da jedoch nur die leichten Richtwinkelspitzen ausgewechselt werden müssen, kann ein solcher variabler Richtwinkelsatz sehr viel leichter sein als ein normaler Richtwinkelsatz.
Wie schon beim normalen Richtwinkelsatz können die Richtwinkel die Fahrzeugmasse aufnehmen und auch andere Teile fixieren, z. B. Anschweißteile.
Zugvorgänge sollten aber nur in Verbindung mit den Universalverankerungen durchgeführt werden.

Mechanische Universalmesseinrichtung
Die mechanische Universalmesseinrichtung ist für alle Fahrzeugtypen anwendbar. Meist wird sie in Verbindung mit einer Richtbank verwendet.
Sehr verbreitet ist die **Messbrücke** als mechanische Universalmesseinrichtung, siehe Bild → 1.

Aufbau der mechanischen Universalmesseinrichtung mit Messbrücke
Die Messbrücke besteht aus einem Rahmen mit verstellbaren Messspitzen, die horizontal und vertikal auf Schlitten geführt werden. Die Messspitzen können exakt auf die einzelnen Messpunkte am Unterbau des Fahrzeuges eingestellt werden.
Als Messpunkte dienen Bohrungen oder, bei eingebauten Aggregaten, auch Schrauben. Die Position der Messpunkte entnimmt man den Datenblättern für den jeweiligen Fahrzeugtyp, die die Koordinaten des zu vermessenden Bezugspunktes enthalten.

Die Oberfläche der Richtbank ist plangefräst; sie dient als Basis für die Messbrücke. Auf ihr lässt sich die Messbrücke problemlos zum Fahrzeug ausrichten.

Gleichzeitig kann das Fahrzeug auf der Richtbank mit Hilfe der Universalklemmen befestigt werden.

Die Messspitzen werden, je nach der Form des zu vermessenden Bezugspunktes, versehen:
- bei Bohrungen: mit Spitzen
- bei Schrauben: mit Hülsen

Die Messspitzen sind als Teleskopstäbe ausgeführt und „fahren" die Karosseriemesspunkte von unten an. Die Position der Messspitzen kann in Längs- und Querrichtung mit Hilfe von Linealen bestimmt werden; das Höhenmaß wird am Teleskopstab eingestellt.

Mit Hilfe von Zusatzeinrichtungen werden Fahrzeugpunkte vermessen, die an der Oberseite der Karosserie liegen. So können z. B. auch die Federbeinaufhängungen von oben vermessen werden, ohne die Federbeine zu demontieren.

Da diese universelle Messeinrichtung keine Kräfte aufnehmen kann, wird das Fahrzeug mit Universalklemmen in der Regel an der Schwellerkante oder an den Wagenheberaufnahmen am Rahmen der Messbrücke befestigt. Der Abstand zwischen den Klemmen ist dem Datenblatt zu entnehmen.

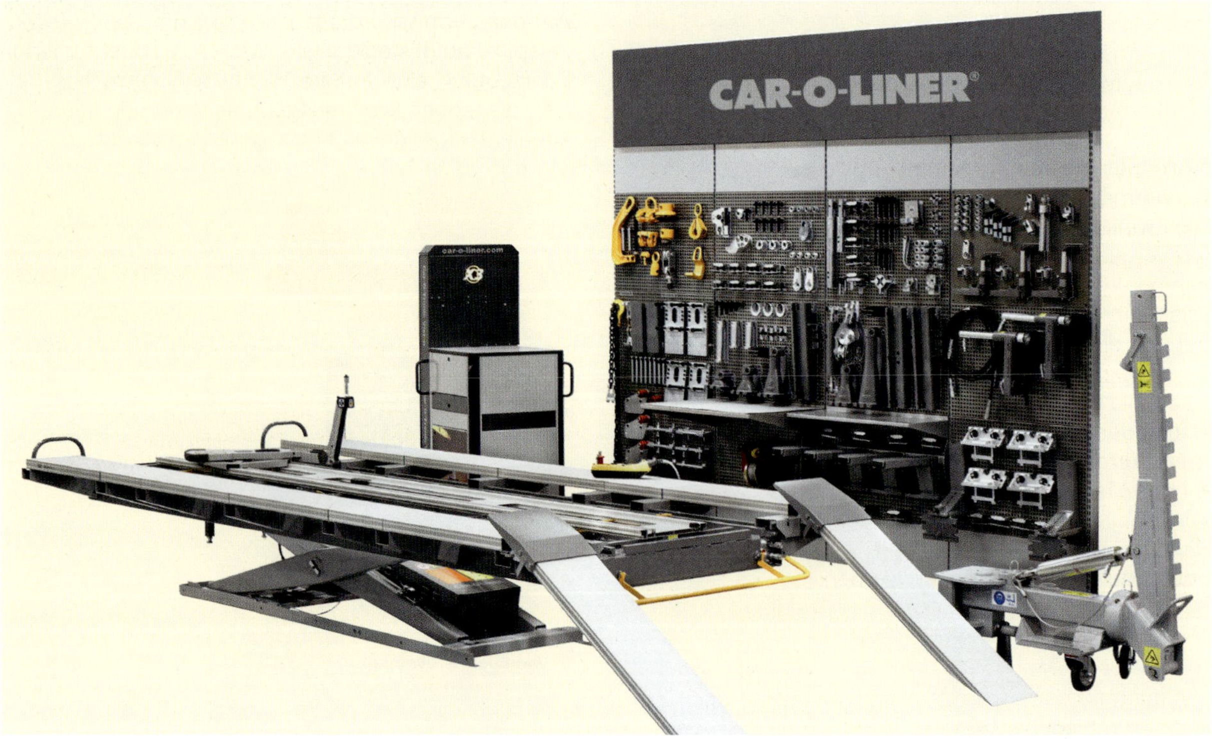

1 Mechanische Universalmesseinrichtung mit Messbrücke

Merkmale der Richtbank mit Messbrücke
Die Karosseriepunkte am Pkw können in der Regel vermessen werden, ohne dass die Aggregate ausgebaut werden. Für die einzelnen Fahrzeugtypen sind lediglich individuelle Datenblätter erforderlich.

Sind keine Messdaten vorhanden, können eventuell auch Daten von einer unbeschädigten Seite abgenommen und auf die beschädigte Seite übertragen werden.

Sollen auf der Richtbank Teile in die Karosserie eingeschweißt werden, müssen sie von speziellen Vorrichtungen gehalten werden.

Vorbereitungen zur Messung
Zur Vorbereitung auf die Messung müssen übereinandergelegt werden:
- die Mittellinie der Messbrücke und
- die Mittellinie des Fahrzeugs

Dafür sind am beschädigten Fahrzeug mindestens drei unbeschädigte Karosseriemesspunkte nötig; diese sollen möglichst weit auseinanderliegen.
Nun wird die Messbrücke zentriert:
Dazu wird sie so auf die Richtbank gelegt, sodass sie an beiden Enden abgestützt ist. Dann werden zwei unbeschädigte Messpunkte ausgewählt, die symmetrisch zur Fahrzeuglängsachse liegen. Auf dem Messschlitten wird das Breitenmaß eingestellt, das im Datenblatt angegeben ist, und mit dem Drehknopf gesichert.

Dann wird das im Datenblatt angegebene Messspitzenrohr auf den Messschlitten gesetzt und befestigt.

Anschließend wird der Messspitzenhalter für das angegebene Höhenmaß eingesetzt. Je nach den Angaben des Datenblattes ist entweder eine Messspitze, eine Messbuchse oder eine Seitenhülse auf den Messspitzenhalter aufzusetzen und zu sichern.

Diesen Vorgang wiederholt man auf der gegenüberliegenden Fahrzeugseite.

Dann wird die gesamte Messbrücke verschoben, bis die Messspitzen, -hülsen oder -buchsen unter den jeweiligen Messpunkten liegen. Man vergleicht auf beiden Seiten die Breitenmaße und stellt sie, falls erforderlich, auf das gleiche Maß ein, denn es kann aufgrund von Fertigungstoleranzen zu Abweichungen gegenüber den Maßen im Datenblatt kommen.

Anschließend muss noch mindestens ein weiterer unbeschädigter Messpunkt ermittelt werden. Damit ist die Längsachse der Messeinrichtung auf das Fahrzeug ausgerichtet.

Vermessen der einzelnen Karosseriepunkte
Zur Schadensbeurteilung sind zwei Vorgehensweisen möglich:
- Die Tastspitzen werden genau auf die Messpunkte des geschädigten Bereiches eingestellt und die Messwerte (Koordinaten) ermittelt. Dazu liest man die entsprechenden Längs-, Breiten- und Höhenmaße auf den Linealen am Messsystem ab. Durch Vergleich der ermittelten Werte mit denen des Datenblattes lassen sich die Abweichungen feststellen.
- Die Tastspitzen werden exakt auf die im Datenblatt angegebenen Werte in Breite, Länge und Höhe eingestellt, und danach wird durch Antasten der Messpunkte im geschädigten Bereich die Abweichung ermittelt. Es lässt sich so auch beim Richten leicht erkennen, wie weit gezogen werden muss. Dazu müssen die Tastspitzen aber abgesenkt werden, damit sie beim Ziehen nicht beschädigt werden. Nachdem die Karosseriepartie gezogen wurde, tastet man mit der Messspitze den Messpunkt erneut an und kontrolliert, ob er stimmt.

Elektronische Messeinrichtung
Eine elektronische Messeinrichtung ist eine computergesteuerte Anlage
- zur Kontrolle und Reparatur von Fahrzeugen sowie
- für Vermessungen zur Diagnose, mit und ohne Ausbau der Aggregate.

Mit der elektronischen Messeinrichtung können die Karosserie-Messpunkte millimetergenau erfasst werden. Dabei werden mit der Tastspitze (Sender) die einzelnen Karosseriepunkte angefahren, vgl. Kap. 20.6.2. Diese sendet die Koordinaten drahtlos an den Computer (Empfänger). Die fahrzeugbezogene Software ermittelt die entsprechende Abweichung von den Solldaten.

Die Vorteile einer elektronischen Messeinrichtung sind:
- Soll/Ist-Werte werden schnell erfasst.
- Maßabweichungen werden rechnerisch ermittelt und grafisch dargestellt.
- Erfasste Daten können direkt für eine Dokumentation verwendet werden; so lassen sich vor und nach der Reparatur die Messdaten einfach protokollieren.

21.1.4 Aufbaupläne und Datenblätter der Systemhersteller

Alle Systemhersteller von Richtbänken mit Richtwinkelsätzen geben zu den Richtwinkelsätzen Aufbaupläne heraus, vgl. Kap. 20.5. Aus diesen ist die genaue Position der einzelnen Richttürme, der entsprechenden Richtwinkelspitzen sowie der Universaltraversen zu entnehmen, Beispiel siehe Bild ➔ 1.

Für die mechanischen Universalmesssysteme gibt es entsprechende Datenblätter.

Nach diesen Datenblättern werden alle notwendigen Messpunkte so zu einer Messspitze zusammengesetzt, wie es das Datenblatt für den vorgesehenen Pkw vorsieht. Jeder einzelne Messpunkt wird in Länge, Breite und Höhe angegeben.

Zum Reparieren eines Unfallschaden am Pkw siehe 2. US, 31702, Seite 58.

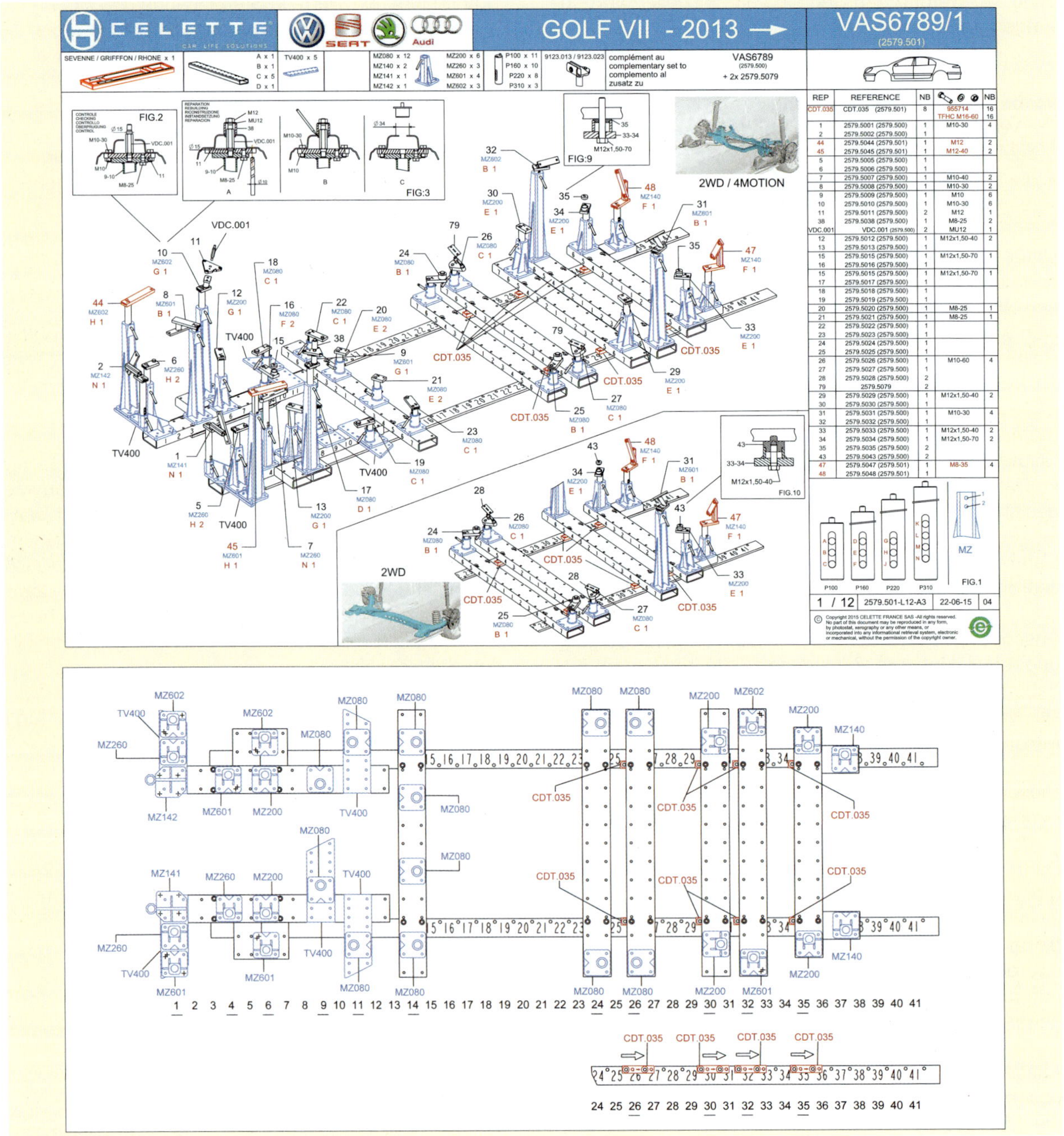

1 Datenblatt für eine mechanische Universalmesseinrichtung

21.2 Nutzfahrzeuge instand halten

In diesem Kapitel werden behandelt:
- Besonderheiten bei der Instandhaltung von Nutzfahrzeugen, siehe Kap. 21.2.1
- Instandhaltungsvorschriften, siehe Kap. 21.2.2
- Fahrzeugrahmen instand halten, siehe Kap. 21.2.3
- Fahrerhaus instand halten, siehe Kap. 21.2.4
- Fahrzeugaufbau instand halten, siehe Kap. 21.2.5
- Deformierte Kippwelle eines Kippfahrzeugs austauschen, siehe Kap. 21.2.6
- Korrosionsschutz, siehe Kap. 21.2.7
- Arbeitssicherheit, Unfallverhütung, Brandschutz, siehe Kap. 21.2.8

21.2.1 Besonderheiten bei der Instandhaltung von Nutzfahrzeugen

Besonderheiten bei der Instandhaltung von Nutzfahrzeugen sind:
- kurze Ausfallzeiten
- geringe Kosten
- Sonderaufbauten

Kurze Ausfallzeit für die Instandhaltung
Nutzfahrzeuge sind Firmenfahrzeuge, die täglich viele Kilometer fahren. Sie bilden das Grundkapitel jedes Fuhrunternehmens. Das Fuhrunternehmen und seine Kunden sind darauf angewiesen, dass die Fahrzeuge zuverlässig und ständig einsatzbereit sind, sonst kann es zu Schadenersatzansprüchen kommen oder es leiden die Geschäftsbeziehungen.

Beispiel:
In der „Gläsernen Manufaktur" in Dresden wird der neue e-Golf gefertigt. Einige Module werden mit Lkws angeliefert, teilweise bis aus Wolfsburg (ca. 320 km Entfernung). Der Puffer bis zum Verbau der Teile beträgt nur wenige Stunden; deshalb müssen die Lkws ihre Ladung pünktlich anliefern. Verspäten sich die Lkws, und die Produktion der e-Golfs muss wegen fehlender Module gestoppt werden, entstehen erhebliche Schäden:
- Bei einem Preis von ca. 36 Tsd. Euro entstehen Verluste von mehreren Hunderttausend Euro pro Stunde.
- Für Besucher, die sich zu einer Besichtigung angemeldet haben und evtl. von weither angereist sind, ist es eine große Enttäuschung, wenn die Fertigungslinie stillsteht.

Damit die Nutzfahrzeuge zuverlässig und ständig einsatzbereit sind, müssen sie regelmäßig gewartet, gepflegt und instand gesetzt werden.

Jedoch will der Kunde sein Nutzfahrzeug schnell wiederhaben, denn die Fahrzeuge müssen „rollen und Geld verdienen".
Am liebsten würden die Fuhrunternehmer ihr Nutzfahrzeug abends zur Instandhaltung abgeben, und am nächsten Morgen wieder abholen.

Viele Instandhaltungsbetriebe haben sich darauf eingestellt: Sie arbeiten täglich in zwei Schichten, d. h. von 7 Uhr bis 22 Uhr, sonnabends bis 13 Uhr – und im „Notfall" auch am Sonntag.

Weitere Informationen zum Umgang mit dem Kunden siehe Kap. 12.

Geringe Kosten für die Instandsetzung
Bei der Instandsetzung von Nutzfahrzeugen sollen hohe Kosten vermieden werden. So können nach einem Unfall Fahrzeugrahmen und Fahrerhäuser in den meisten Fällen gerichtet werden – sie müssen nicht vorschnell durch neue ersetzt werden.

Grundsätze:
- Reparieren geht vor Austauschen.
- Aber: Sicherheitsrelevante Bauteile **müssen** ausgetauscht werden.

Richten hat viele Vorteile:
- Die Wartezeit auf die Lieferung des Neuteils entfällt.
- Aufwand für Demontage und Montage wird verringert oder entfällt.
- Meist billiger als der Austausch gegen ein neues Bauteil oder eine neue Baugruppe.

Beispiel:
Nach dem Unfall eines Lkws war das Fahrerhaus vorn links stark beschädigt, ebenso im Tunnelbereich, siehe Bild → 1a, Seite 582. Der Gutachter kam zu dem Urteil: Totalschaden.
Ein neues Fahrerhaus einschl. Türen kostet ca. 9500 Euro; Lieferzeit ca. 12 Wochen.
Der Fahrzeughalter entschied sich deshalb, den Schaden reparieren zu lassen. So wurde das Fahrerhaus gerichtet und Blechteile ausgetauscht, siehe Bild → 1b, Seite 582 und Bild → 1c, Seite 582.
Die Reparatur
- kostete 5000 Euro, einschl. der Teile
- dauerte ca. 1 Woche.

a) Vor der Instandsetzung

b) Richten und Blechteile

c) Nach der Instandsetzung tauschen

1 Fahrerhaus-Instandsetzung nach einem Unfall

Sonderaufbauten instand setzen

Sonderaufbauten werden in Einzelfertigung in einem Fahrzeugbaubetrieb hergestellt. Wird ein Sonderaufbau bei einem Unfall beschädigt, hat der Fahrzeughalter kaum eine andere Wahl: Er muss ihn reparieren lassen.

Ein neuer Sonderaufbau müsste extra angefertigt werden; das ist teuer und in kurzer Zeit nicht möglich.

21.2.2 Vorschriften zur Instandhaltung von Nutzfahrzeugen

Instandhaltungsvorschriften sind Unterlagen vom Fahrzeug- oder Aufbauhersteller, in denen alle Wartungs-, Einstell- und Reparaturarbeiten in Text und Bild dokumentiert sind. Sie werden auch **Reparaturanleitungen** oder **Werkstatthandbuch** genannt.

Einige Hersteller geben ergänzend Fehlersuchprogramme, Ratgeber und Selbststudienprogramme heraus.

Aber auch in der Bedienungsanleitung und im Wartungsheft sind Ausführungen zu Wartung und Pflege enthalten, vgl. Kap. 18.2.1.
In der **StVZO**, § 29 ist festgelegt, dass Fahrzeuge, die ein eigenes Kennzeichen haben, in regelmäßigen Zeitabständen untersucht werden müssen. Verantwortlich dafür ist der Fahrzeughalter.

Die Art der Untersuchung und die Zeitabstände sind in der StVZO, Anlage VIII festgelegt.

Für Nkws und ihre Anhänger gibt es zwei Arten der Untersuchung:
- Hauptuntersuchung
- Sicherheitsprüfung

Die **Hauptuntersuchung (HU)** stellt sicher, dass das Fahrzeug sich in einem vorschriftsmäßigen Zustand befindet und umweltverträglich ist. Sie ist in regelmäßigen zeitlichen Abständen zu wiederholen.

Bei der **Sicherheitsprüfung (SP)** werden zusätzlich zur HU die sicherheitsrelevanten Fahrzeugbaugruppen von Lkws, Lkw-Anhängern und Omnibussen geprüft. Das sind vor allem Lenkung, Bremsanlage, Fahrgestell, Fahrwerk, Verbindungseinrichtung, Räder und Reifen, Abgasanlage und auch die Schließkräfte an kraftbetätigten Türen.

Eine Hauptuntersuchung, die zum Zeitpunkt einer Sicherheitsprüfung durchgeführt wird, kann die Sicherheitsprüfung nicht ersetzen.

So müssen durchgeführt werden bei **Lkws**
- mit einer bauartbestimmten Höchstgeschwindigkeit bis 40 km/h bzw. einer zul. Gesamtmasse bis 3,5 t:
  HU: alle 24 Monate
- mit einer zul. Gesamtmasse > 3,5 t bis 7,5 t:
  HU: alle 12 Monate
- mit einer zul. Gesamtmasse > 7,5 t bis 12 t:
  HU: alle 12 Monate
  SP: – erste Prüfung: 36 Monate nach Erstzulassung
  – danach alle 6 Monate
- mit einer zul. Gesamtmasse > 12 t:
  HU: alle 12 Monate
  SP: – erste Prüfung: 24 Monate nach Erstzulassung
  – danach alle 6 Monate

Es müssen durchgeführt werden bei **Lkw-Anhängern**
- mit einer zul. Höchstgeschwindigkeit bis 40 km/h bzw. einer zul. Gesamtmasse > 0,75 t bis 3,5 t:
  HU: alle 24 Monate
- mit einer zul. Gesamtmasse > 3,5 t bis 10 t:
  HU: alle 12 Monate
- mit einer zul. Gesamtmasse > 10 t:
  HU: alle 12 Monate
- SP: – erste Prüfung: 24 Monate nach Erstzulassung
  – dann alle 6 Monate

An **Omnibussen** mit mehr als 8 Fahrgastplätzen müssen durchgeführt werden:
- HU: alle 12 Monate
- SP: – erste Prüfung: 6 Monate nach der ersten HU
  – zweite Prüfung: 6 Monate nach der zweiten HU
  – ab der dritten HU: alle 3 Monate

21.2.3 Fahrzeugrahmen instand halten

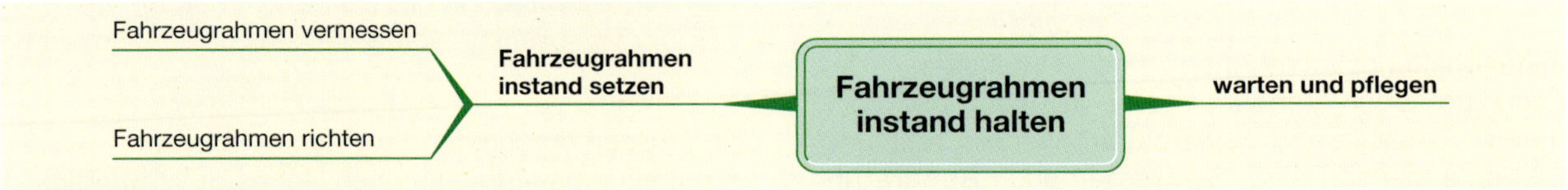

1 Fahrzeugrahmen instand halten

Fahrzeurahmen werden instand gehalten durch, vgl. Bild ➔ 1:
- Wartung und Pflege
- Instandsetzung

Fahrzeugrahmen warten und pflegen

Je nach Fahrgestellhersteller sind Wartungs- bzw. Pflegefristen einzuhalten:
- Eine Sichtprüfung wird durch die Prüfstelle bei jeder SP bzw. HU durchgeführt.
- Zusätzlich sollte der Betreiber des Fahrzeugs beim Waschen eine Sichtprüfung durchführen; somit kann er Korrosionsschäden erkennen, sofort den Korrosionsschutz (Wachs oder Lack) nachbessern und somit die Lebensdauer des Fahrzeugs erhöhen.

Fahrzeugrahmen instand setzen

Verformungen am Fahrzeugrahmen

Nach einem Unfall von Nkws ist oft der Fahrzeugrahmen verformt.

Verformungen am Fahrzeugrahmen sind:
- seitliche Verbiegung; dann sind die Längsträger aus der Längsachse seitlich verbogen, die Querträger sind nicht mehr rechtwinklig zum Längsträger, siehe Bild ➔ 2a
- senkrechte Verbiegung; die Längsträger sind nach oben oder unten verbogen, siehe Bild ➔ 2b
- Verdrehung, d. h., die Längsträger sind gerade, liegen aber horizontal nicht parallel zueinander, siehe Bild ➔ 2c
- Diagonal-Verschiebung, dann sind alle Querträger aus der rechtwinkligen Lage zu den Längsträgern verschoben, siehe Bild ➔ 2d
- punktuelle Verformung; Längs- oder Querträger weisen Knicke, Beulen oder Falten auf, siehe Bild ➔ 2e

Diese Verformungen an Fahrzeugrahmen treten immer in Kombination auf: Oft ist der Fahrzeugrahmen verdreht und verbogen und/oder punktuell verformt, Beispiel siehe Bild ➔ 1, Seite 585.

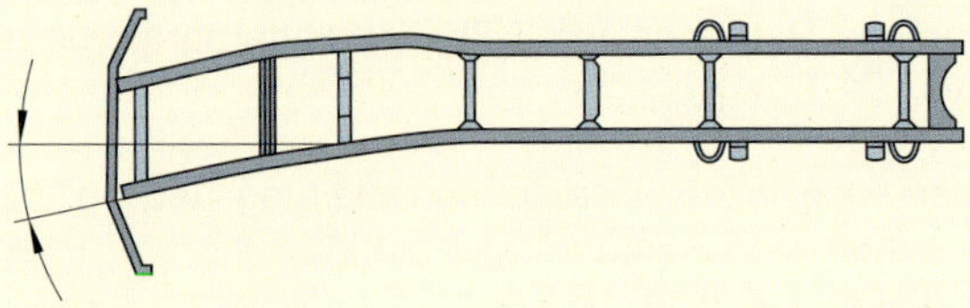

a) Seitliche Verbiegung

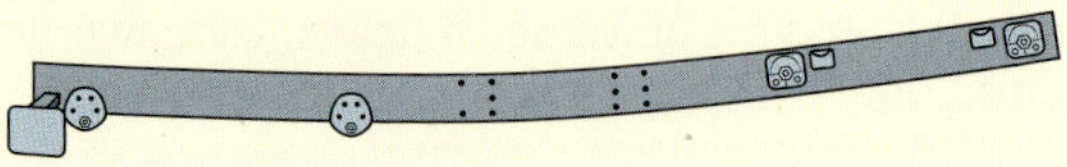

b) Senkrechte Verbiegung

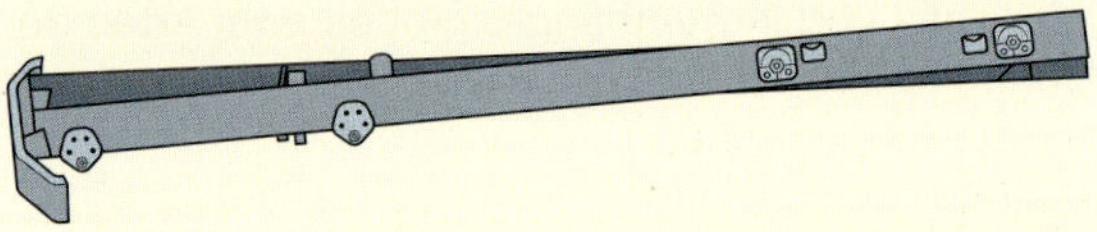

c) Verdrehung

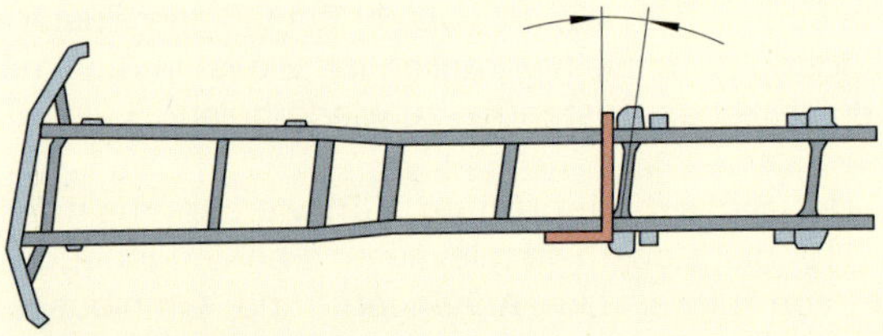

d) Diagonalverschiebung

e) Punktuelle Verschiebung

2 Verformungen des Fahrzeugrahmens

a) Verdreht

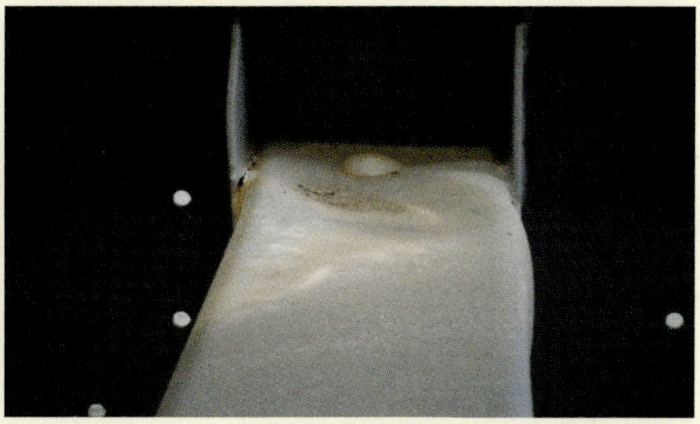
b) Querträger stark verformt infolge der Verdrehung

1 Fahrzeugrahmen eines Sattelaufliegers

Fahrzeugrahmen vermessen

Bevor der Fahrzeugrahmen instand gesetzt werden kann, muss der Schaden ermittelt werden. Es werden geprüft:

- Verdrehung mit Hilfe einer Wasserwaage, siehe Bild ➔ 2
- Diagonalverschiebung mit dem Winkel, siehe Bild ➔ 1d, Seite 582
- seitliche und senkrechte Verbiegung der Quer- und Längsträger mit Hilfe eines Richtscheits, siehe Bild ➔ 3

Diese Schäden am Fahrzeugrahmen können auch mit Hilfe einer Kamera oder eines Lasers vermessen werden.

Beispiel:
Prüfung des Fahrzeugrahmens auf seitliche Verbiegung mit Hilfe eines Lasers:

- Laserprojektor am Rad befestigen, siehe Bild ➔ 1a, Seite 586
- mehrere Messlineale am Längsträger anbringen
- Laserprojektor so ausrichten, dass an den Messlinealen vorn und hinten der gleiche Wert angezeigt wird, siehe Bild ➔ 1b, Seite 586
- Laserprojektor auf die weiteren Messlineale richten

Wird an allen Messlinealen der gleiche Wert abgelesen, ist der Längsträger nicht verformt.

Weitere Informationen siehe Video, vgl. 2. US.

2 Fahrzeugrahmen auf Verdrehung prüfen mit Hilfe von Wasserwaagen

3 Querträger des Fahrzeugrahmens auf Verbiegung prüfen mit Hilfe eines Richtscheits

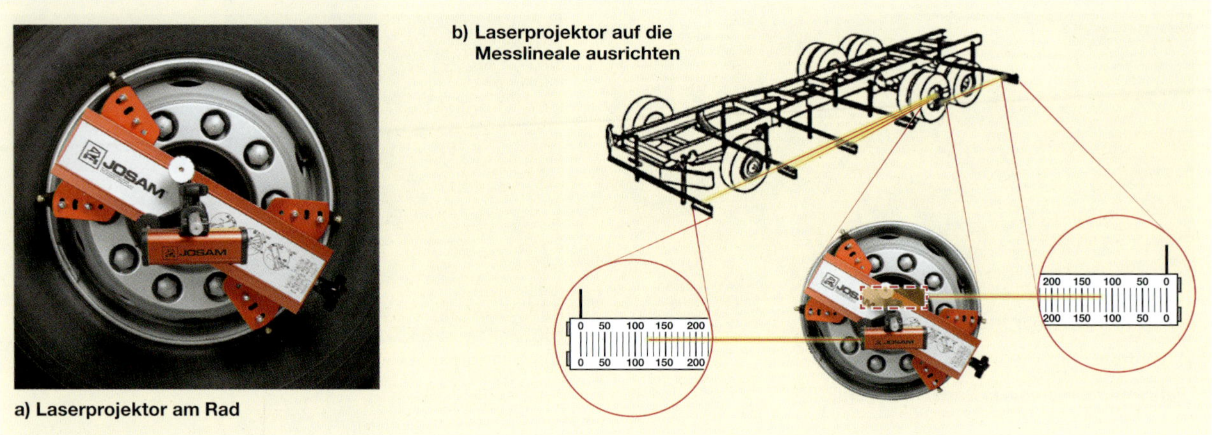

a) Laserprojektor am Rad

b) Laserprojektor auf die Messlineale ausrichten

1 Längsträger des Fahrzeugrahmens mit Hilfe des Lasers auf Verbiegung prüfen

Richten allgemein

Hat die Vermessung ergeben, dass der Fahrzeugrahmen verformt ist, muss er gerichtet werden.

Fahrzeugrahmen können gerichtet werden durch:
- Kaltrichten
- Warmrichten
- Spannungsarmglühen
- Verformung herausschneiden und neues Blech einschweißen

Kaltrichten

Beim Kaltrichten wird der verformte Fahrzeugrahmen in die ursprüngliche Form gebogen – ohne Wärme einzubringen. Als Hilfsmittel werden hydraulische Pressen oder Biegemaschinen verwendet, Beispiel siehe Bild ➔ 2.

Beim Kaltrichten wird der Werkstoff nicht verändert; deshalb wird dieses Verfahren von den Fahrzeugherstellern empfohlen. Von Vorteil ist auch, dass Kunststoff- und Gummiteile nicht demontiert werden müssen – im Gegensatz zum Warmrichten.

Nachteile des Kaltrichtens:
- Es sind große Kräfte notwendig.
- Es ist schwierig, durch Überdrücken die Ursprungsform zu erreichen.
- Spannungen im Werkstoff bleiben erhalten.

Beim Kaltrichten allein verbleiben Spannungen im Werkstoff, die den Fahrzeugrahmen schon bei geringer Belastung wieder verformen können.

Deshalb sollten nach dem Kaltrichten die Spannungen mit Hilfe des Spannungsarmglühens beseitigt werden.

2 Kaltrichten mit Pressbügel

Warmrichten

Warmrichten ist zum Richten des Fahrzeugrahmens besser geeignet als Kaltrichten. Es werden ausgewählte Bereiche des verformten Fahrzeugrahmens erwärmt. Die Wärme muss schnell in den Werkstoff eingebracht werden, damit der Temperaturunterschied zum umliegenden Bereich groß ist. Bild ➔ 1 zeigt Beispiele, wie ein Fahrzeugrahmen gerichtet werden kann.

Spannungsarmglühen

Mit Spannungsarmglühen werden die inneren Spannungen im Werkstück abgebaut. So können geringe Verformungen beseitigt werden.

Und mit dem Spannungsarmglühen wird der Fahrzeugrahmen nach jedem Warmrichten nachbehandelt. Nur so ist gewährleistet, dass keine Spannungen mehr im Werkstoff sind, die den Fahrzeugrahmen bei Belastung erneut verformen würden.

Der verformte Bereich wird bis ca. 650 °C langsam erwärmt. Wie beim Warmrichten darf der Werkstoff bis ca. 400 °C nur langsam und gleichmäßig abkühlen; danach kann man das Abkühlen mit Luft oder Wasser beschleunigen.

Achtung:
Hochlegierte Stähle dürfen nicht spannungsarm geglüht werden.

Verformtes Material herausschneiden, richten und wieder einsetzen

Ist der Fahrzeugrahmen punktuell sehr stark verformt oder er besteht aus Edelstahl, können die Verformungen nicht durch Warmrichten beseitigt werden. Dann muss das verformte Material mit dem Trennschleifer herausgeschnitten werden, Beispiel siehe Bild ➔ 2a und Bild ➔ 2b.

Dann können auch die Verformungen der Seitenwände des Querträgers mit Hilfe eines Druckzylinders beseitigt werden, siehe Bild ➔ 2c. Anschließend werden die herausgeschnittenen Bleche mit Hilfe des Pressbügels gerichtet und wieder eingeschweißt, siehe Bild ➔ 2d und Bild ➔ 2e.

Nur so können die Spannungen im Querträger beseitigt werden und auch die Längsträger richten sich wieder in ihre ursprüngliche Lage aus.

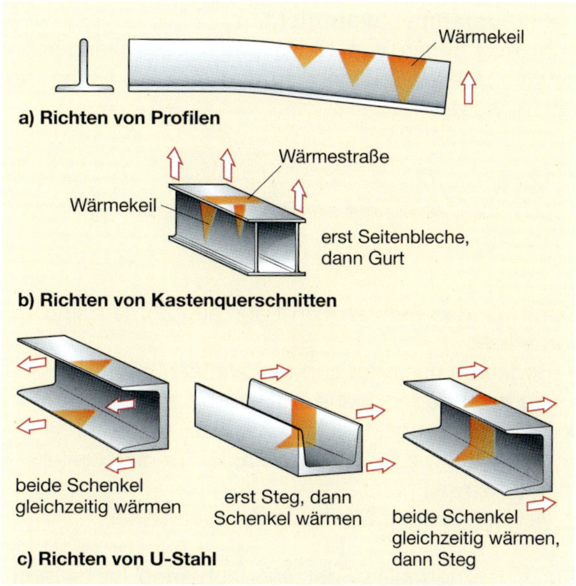

1 Beispiele zum Warmrichten von Fahrzeugrahmen

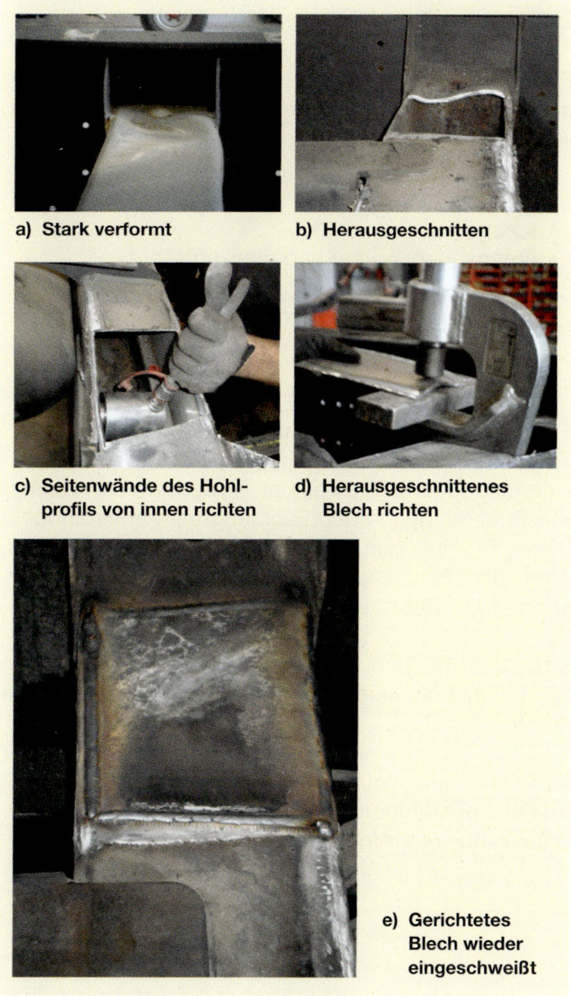

2 Verformtes Material eines Querträgers

Fahrzeugrahmen warmrichten

Fahrzeugrahmen von Nkws und Nkw-Anhängefahrzeugen aus Stahl können in den meisten Fällen gerichtet werden.

Jedoch:
Richtarbeiten sollten an Spezialisten übergeben werden.

Denn für das Richten von Fahrzeugrahmen sind erforderlich:

- Bodenrahmen oder andere Verankerungen im Werkstattboden, siehe Bild ➔ 1b
- Richtwerkzeuge, Induktionserhitzer und weitere Hilfsmittel wie Kran, Gabelstapler, Trennschleifer und Schweißgerät
- viel Können und Erfahrung der Mitarbeiter

Für einen normalen Fahrzeugbaubetrieb ist es sinnvoll, Richtarbeiten an Firmen zu vergeben, die sich auf Richten und Vermessen von Fahrzeugrahmen spezialisiert haben.

Zum Warmrichten eines seitlich verbogenen Fahrzeugrahmens hat sich folgende Vorgehensweise bewährt, vgl. auch Film, vgl. 2. US.

Fahrzeugrahmen:

- vorspannen
- entspannen, prüfen und messen
- vorspannen und überdrücken
- Spannungen im Werkstoff verringern
- ausrichten

Fahrzeugrahmen vorspannen

Zuerst müssen alle Befestigungen der Federn, Stabilisatoren und Aufbauten gelöst werden, weil sie zusätzlich Spannungen in den Fahrzeugrahmen einbringen. Diese Spannungen vergrößern sich beim Richten. Wird der Fahrzeugrahmen dann wieder belastet, könnten die Befestigungen brechen.

Nach dem Richten werden die gelösten Baugruppen spannungsfrei wieder am Fahrzeugrahmen angebracht.

Sind die Befestigungen gelöst, wird der verformte Fahrzeugrahmen in die ursprüngliche Form gedrückt – er wird **vorgespannt**.

Beispiel:
Verdrehter Fahrzeugrahmen, vgl. Bild 1a, Seite 585:
Der Fahrzeugrahmen wird, vgl. Bild ➔ 1:

- vorn links und hinten rechts jeweils von einer Kette mit Kettenhalter und Rahmenhaken gehalten
- vorn rechts und hinten links jeweils mit Hilfe eines hydraulischen Richtbocks angehoben

So vorgespannt sollte der Fahrzeugrahmen längere Zeit stehen, etwa über Nacht oder einen Tag lang.

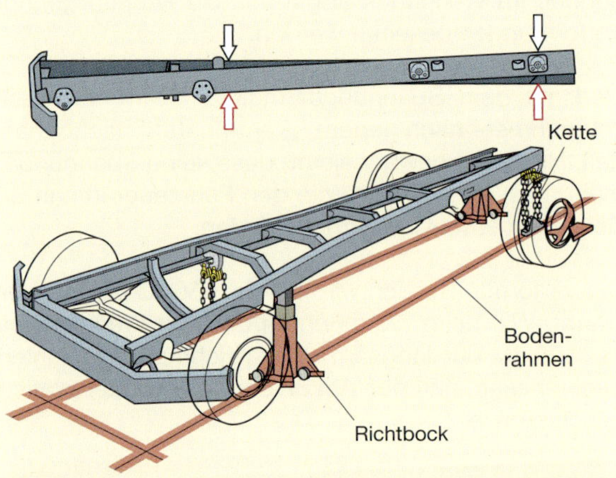

a) Vor dem Vorspannen

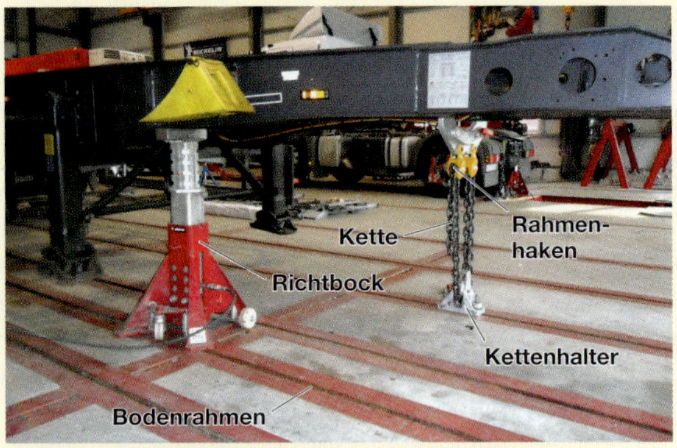

b) vorn vorgespannt

c) hinten vorgespannt

1 Verdrehten Fahrzeugrahmen vorspannen

Fahrzeugrahmen entspannen, prüfen und messen
Am nächsten Tag wird der Fahrzeugrahmen entspannt, d. h., die Richtböcke werden nach unten gefahren – die Ketten lockern sich.

Ein erfahrener Mitarbeiter erkennt schon mit dem Auge, dass sich der Fahrzeugrahmen bereits zurückverformt hat. Wie groß die Verformung noch ist, kann gemessen werden, z. B. bei einer Verbiegung mit Hilfe eines Richtscheits oder bei einer Verdrehung mit Hilfe einer Wasserwaage, siehe Bild → 1.

> Achtung:
> Die Wasserwaage muss auf dem Rahmen aufsitzen.

Ist das nicht möglich, werden Hilfsmittel eingesetzt, z. B. Magnethalter. Die Magneten der Magnethalter werden auf den Längsträger aufgesetzt, können aber auch von unten angebracht werden, siehe Bild → 2.

Zum Messen der Verformung können Spiralbohrer oder ein spezielles Messwerkzeug untergelegt werden.

Fahrzeugrahmen vorspannen und überdrücken
Hat die Messung ergeben, dass der Fahrzeugrahmen noch immer unzulässig verformt ist, wird er erneut vorgespannt. Dabei wird er überdrückt.

Überdrücken heißt: Der Fahrzeugrahmen wird über seine korrekte Position hinaus gedrückt, weil er nach dem Drücken wieder leicht zurückfedert.

> Beispiel:
> Ein verdrehter Fahrzeugrahmen sollte um ca. 1° bis 3° pro Meter Länge überdreht werden – das sind bei einem 7 m langen Fahrzeugrahmen ca. 20°.

Spannungen im Werkstoff verringern
Beim Vorspannen und Überdrücken entstehen im Werkstoff des Fahrzeugrahmens Spannungen; bei einem verdrehten Fahrzeugrahmen im Werkstoff der Querträger. Diese Spannungen werden mit dem Induktionserhitzer durch Spannungsarmglühen beseitigt.

Auch punktuelle Verformungen im Fahrzeugrahmen wie Beulen, Dellen oder Verdrehungen in den Querträgern werden mit Hilfe des Spannungsarmglühens beseitigt.

a) Seitliche Verbiegung mit Hilfe des Richtscheits prüfen

b) Verdrehung mit Hilfe der Wasserwaage prüfen

1 Verformung des Fahrzeugrahmens prüfen

2 Magnethalter für die Wasserwaage, von unten an den Längsträger angebracht

Fahrzeugrahmen ausrichten
Nachdem die Spannungen im Werkstoff verringert wurden, wird der Fahrzeugrahmen entspannt, dann vermessen. Ist der Zielwert nicht erreicht, so sind immer noch Spannungen im Werkstoff. Dann wird der Fahrzeugrahmen nochmals vorgespannt, überdrückt und mit Hilfe des Spannungsarmglühens werden die Spannungen weiter verringert.

Der Zielwert ist, dass nach dem Entspannen eine geringe Verformung in die Gegenrichtung vorhanden ist.

Beispiel:
Der verdrehte Fahrzeugrahmen des Sattelaufliegers in Bild 1a, Seite 583 ist vorn auf der rechten Seite 450 mm tiefer als auf der linken Seite. Der Zielwert ist, dass die rechte Seite 4 mm bis 10 mm höher ist als die linke Seite.

Danach können mit Hilfe des Induktionserhitzers die Querträger vorsichtig erwärmt werden, bis beide Seiten gleich hoch sind.

21.2.4 Fahrerhaus instand halten

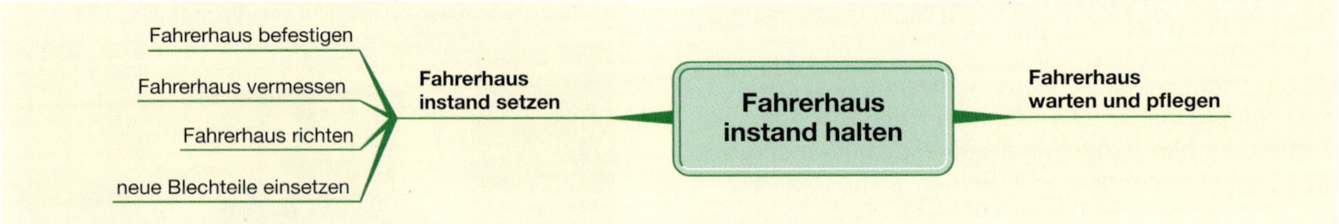

1 Fahrerhaus instand halten

Fahrerhäuser werden instand gehalten durch, vgl. Bild → 1:
- Warten und Pflegen
- Instandsetzung

Fahrerhaus warten und pflegen
Je nach Fahrgestellhersteller sind Wartungs- bzw. Pflegefristen einzuhalten:
- Eine Sichtprüfung wird durch die Prüfstelle bei jeder SP bzw. HU durchgeführt.
- Zusätzlich sollte der Betreiber des Fahrzeuges beim Waschen eine Sichtprüfung durchführen; somit kann er Korrosionsschäden erkennen, sofort den Korrosionsschutz (Wachs oder Lack) nachbessern und somit die Lebensdauer des Fahrzeugs erhöhen.

Einige Speditionen betreiben ein Prämiensystem mit regelmäßigen Prüfungen, um Schäden am Fahrzeug durch unsachgemäßen Gebrauch zu reduzieren. Dadurch gelingt es, die Reparatur- und Wartungskosten zu senken.

Fahrerhaus instand setzen
Wenn durch einen Unfall das Fahrerhaus beschädigt wurde, ist in vielen Fällen eine Instandsetzung sinnvoll, vgl. Kap. 21.2.1.

Zur fachgerechten Instandsetzung wird das Fahrerhaus:
- auf einer Richtbank befestigt,
- vermessen
- gerichtet
- mit neuen Blechteilen versehen

Fahrerhaus auf Richtbank befestigen
Die Richtbank besteht aus einer Grundplatte, die am Fußboden fest verankert wird. Auf dieser Grundplatte sind Quer- und Längsträger angebracht, die verschiebbar sind, siehe Bild → 2.
Außerdem wird auf der Grundplatte der Laser für die Vermessung befestigt.

2 Richtbank zur Instandsetzung von Fahrerhäusern

Auf die Quer- und Längsträger wird dann mit Hilfe von Adaptern das Fahrerhaus befestigt, siehe Bild → 1. Adaptersätze sind für jedes Fahrerhausmodell verfügbar.

Anschließend drücken Hydraulikzylinder die Fahrerhaus-Aufnahmepunkte in die korrekte Position. Diese Position ist dann erreicht, wenn der Bolzen in die vorgesehenen Bohrungen locker einrastet, siehe Bild → 2.

Fahrerhaus vermessen

Zur fachgerechten Unfallinstandsetzung werden heute elektronische Messsysteme eingesetzt. Sie messen sehr genau, sind einfach zu bedienen und können den Schaden protokollieren – wichtig für Kunden und Versicherungen!

Gemessen wird vor und nach der Instandsetzung. Die Mess- und Kontrollpunkte an der Rahmenbodengruppe und am Karosserie-Oberbau werden fahrzeugspezifischen Messdatenblättern entnommen.

Beispiel:
Vermessung mit Hilfe eines Lasers
Auf die Grundplatte der Richtbank wird eine Laserstange montiert; an beiden Enden befindet sich eine Laserlichtquelle. Die Laserstange ist so ausgerichtet, dass sie exakt
- rechtwinkelig zur Mittelachse des Fahrerhauses
- mittig zum Fahrerhaus liegt.

Am Messpunkt wird ein Messlineal angebracht; dann wird ein Prisma so platziert, dass der Laserstrahl von der Laserstange zum Messlineal umgelenkt wird, in Bild → 3 als rote Linie gekennzeichnet. Am Messlineal wird am Lichtpunkt der Messwert abgelesen.

Die gleiche Messung wird auf der anderen Seite des Fahrzeugs wiederholt und die Messwerte werden verglichen. Stimmen die Messwerte nicht überein, ist das Fahrerhaus verformt und muss gerichtet werden.

1 Instand gesetztes Fahrerhaus auf der Richtbank befestigt

2 Fahrerhaus-Aufnahmepunkte in die korrekte Position drücken

a) Von der Laserstange zum Prisma

b) Vom Prisma zum Messlineal

3 Weg des Laserstrahls – Beispiel

Fahrerhaus richten
Ist das Fahrerhaus verformt, muss es gerichtet werden. Dafür kann man z. B. einen Richtturm verwenden. Richttürme ziehen mit Hilfe einer Kette das Fahrerhaus in die richtige Form, siehe Bild → 1. Der Richtturm wird mit einer Kette am Fußboden auf einer Seite verspannt, von der anderen Seite wird ein Kette zum Fahrerhaus gespannt, indem sie mit einer Karosserie-Blechklammer dort befestigt wird, siehe Bild → 1.

Beim Richten wird die Form ständig durch Vermessen geprüft.
Zusätzlich werden die Innenmaße der Türen und der Frontscheibe geprüft, indem die Diagonalen gemessen werden.

Und dabei nicht vergessen:
Immer auf beiden Seiten messen!

So wird schnell erkannt, ob durch das Ziehen das gewünschte Ergebnis erreicht werden kann, oder ob evtl. ein anderer Zugpunkt am Fahrerhaus gewählt werden muss.
Ist die richtige Form des Fahrerhauses erreicht, wird der Zugpunkt um ca. 2 cm „überzogen". Das ist ein Erfahrungswert, weil das Fahrerhaus etwas nachgibt, sobald die Zugkraft nachlässt.

Nach einer gewissen Zeit wird die Zugkette gelockert und abgebaut und er Richtturm kann wieder weggefahren werden.

Verformte Blechteile am Fahrerhaus austauschen
Wenn das Fahrerhaus die richtige Form hat, können die beschädigten Blechteile herausgetrennt und durch neue ersetzt werden.

Die neuen Blechteile werden mit Gripzangen geheftet und dann durch Punktschweißen endgültig eingesetzt, siehe Bild → 2.

Ist der Zugang mit der Schweißzange nicht möglich, wird das neue Blechteil durch Widerstandspunktschweißen eingeschweißt. Dazu werden
- in das neue Blechteil Löcher gebohrt,
- die Schweißstellen blank gemacht und gesäubert
- das Blechteil mit Blechschrauben am Fahrerhaus fixiert
- die Löcher zugeschweißt, siehe Bild → 3
- die Blechschrauben entfernt und die Löcher zugeschweißt
- die Schweißnaht mit Drahtbürste gesäubert und mit Winkelschleifer glatt geschliffen

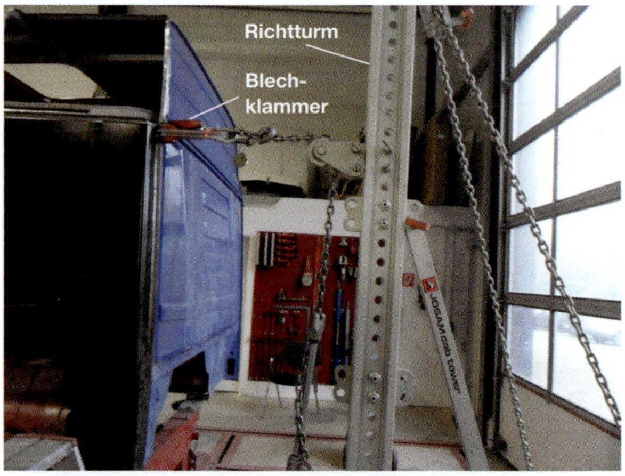

1 **Fahrerhaus in die richtige Form ziehen**

2 **Neues Blechteil einsetzen durch Widerstandspunktschweißen**

3 **Neues Blechteil (schwarz) durch Schutzgasschweißen einsetzen**

Die Schweißnähte werden anschließend grundiert und versiegelt; dann kann das Fahrerhaus zum Lackieren gegeben werden.

21.2.5 Fahrzeugaufbau instand halten

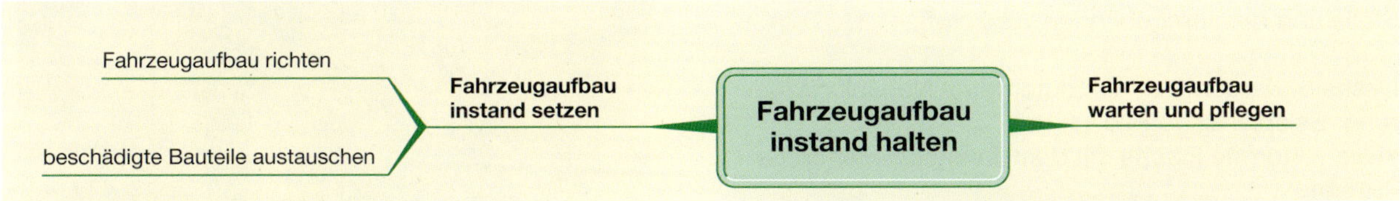

1 Fahrzeugaufbau instand halten

Fahrzeugaufbauten von Nutzfahrzeugen werden instand gehalten durch, vgl. Bild → 1:
- Warten und Pflegen
- Instandsetzung

Fahrzeugaufbau warten und pflegen
Grundsätzlich werden bei der SP und bei der HU die Aufbauten einer Sichtprüfung unterzogen. Der normale Aufbau, welcher evtl. über Schmierstellen an den Bordwänden oder Türen verfügt, muss in regelmäßigen Abständen abgeschmiert werden.

Des Weiteren haben eine große Anzahl von Aufbauten ein Ladungssicherungszertifikat, welches ebenfalls jährlich überprüft werden muss. Da die meisten Aufbauten jedoch weitere Anbaugeräte, z. B. Kühlgerät, Ladebordwand, Ladekran oder Abrollkipper beinhalten, müssen diese auch in regelmäßigen Abständen gewartet bzw. geprüft werden.

Viele Aufbauherstellern greifen auf die Feuerverzinkung, KTL-Beschichtung oder Pulverbeschichtung von Bauteilen zurück, Beispiel siehe Bild → 2. Das erhöht die Lebenserwartung von Aufbau und deren Anbaugeräte.

Fahrzeugaufbau instand setzen

Fahrzeugaufbauten können instand gesetzt werden durch
- Richten
- Austausch der beschädigten Bauteile

Fahrzeugaufbau richten
Fahrzeugaufbauten aus Kunststoff sind nach einem Unfall meist zerstört – sie lassen sich nicht durch Richten instand setzen. Dann müssen die Bauteile durch neue ausgetauscht werden.

2 Feuerverzinkter Aufbau eines Lkws

Fahrzeugaufbauten aus Metall können ohne Probleme gerichtet werden. Ein Fahrzeugaufbau aus Stahl wird gerichtet nach den Prinzipien, wie sie in Kap. 21.2.4 beschrieben sind.

Ein Fahrzeugaufbau aus Aluminiumlegierung lässt sich jedoch nicht Warmrichten und Spannungsarmglühen ist nur teilweise erfolgreich, weil
- Aluminium mit t_S = 660 °C einen geringen Schmelzpunkt t_S besitzt, zum Vergleich Eisen: t_S = 1536 °C
- Aluminium mit λ = 238 W/(m · K) eine hohe Wärmeleitfähigkeit λ besitzt, zum Vergleich Eisen: λ = 75 W/(m · K)

Somit kann in die Aluminiumlegierung nur Wärme bis ca. 270 °C eingebracht werden und diese Wärme lässt sich schlecht auf einen kleinen Ort begrenzen.

Jedoch braucht es zum Warmrichten einen möglichst großen Temperaturunterschied zwischen erwärmter Stelle und dem umgebenden Werkstoff.

Deshalb werden bei Aufbauten aus Aluminiumlegierung, Beispiel siehe Bild → 1:

- die verformte Fläche mit dem Trennschleifer aufgetrennt
- der Aufbau in die richtige Form gedrückt und überdrückt
- der Schlitz der getrennten Fläche geschweißt

Zum Instandsetzen eines Kühlkofferaufbaus siehe 2. US, 31702, Seite 128.

Nach dem Lösen der Stütze federt der Werkstoff in die ursprüngliche Form.

21.2.6 Deformierte Kippwelle eines Kippfahrzeugs austauschen

In einigen Fällen können Fahrzeugaufbauten nicht gerichtet werden, z. B. bei:

- Bauteilen aus Kunststoff
- Bauteilen aus hochlegiertem Stahl; sie dürfen nicht mit Wärme behandelt werden
- sehr großer Verformung oder einem Knick
- Zerstörungen wie Löcher oder große Risse

Dann müssen die Bauteile ausgetauscht werden.
Dazu folgendes Beispiel:
An einem Kippfahrzeug war beim Kippen die Heckbordwand nach unten geöffnet. Folge: Die Heckklappe hat auf den Unterfahrschutz gedrückt und dadurch die Kippwelle (im Hilfsrahmen eingeschweißt) und die Schüttleiste (in der Kippbrücke eingeschweißt) deformiert, siehe Bild → 2.

Ein Richten ist aufgrund der Materialgüte Feinkornstahl nicht möglich. Deshalb müssen die beschädigten Bauteile ausgetauscht werden.

Arbeitsschritte:

- Kippbrücke vom Fahrzeug demontieren
- Schüttleiste vom Kippaufbau demontieren
- neue Schüttleiste montieren
- defekte Kippwelle aus dem Hilfsrahmen demontieren
- neue Kippwelle montieren
- Probelauf
- Anbauteile montieren

Die **Kippbrücke wird vom Fahrzeug demontiert** mit Hilfe eines Hallenkranes und den entsprechenden Anschlagmitteln, Gurten- oder Ketten, siehe Bild → 1, Seite 595.

a) Gurt mit Trennschleifer auftrennen

b) Seitenwand überdrücken und Gurt schweißen

1 Gurt der Seitenwand einer Kippmulde aus Aluminiumlegierung richten

2 Defekte Heckbordwand am Kippfahrzeug

Dann wird die **Schüttleiste vom Kippaufbau demontiert**, siehe Bild ➔ 2. Dazu wird der Winkelschleifer verwendet; in schwer zugänglichen Stellen der Plasmaschneider.

Anschließend wird die **neue Schüttleiste montiert**. Die Arbeitsschritte sind:

- Schüttleiste mit Hilfe von Schraubzwingen fixieren, siehe Bild ➔ 3
- Fixierung durch Schweißpunkte im MAG-Schweißverfahren
- Kontrolle der Maße mit Hilfe der vorhandenen Heckklappe, siehe Bild ➔ 4
- Schweißnähte mit dem Winkelschleifer verschleifen

Danach wird die defekte **Kippwelle aus dem Hilfsrahmen demontiert**, siehe Bild ➔ 5. Weil die Kippwelle schlecht zugänglich ist, wird dazu ein Plasmaschneider verwendet. Die Schnittstellen werden danach mit dem Winkelschleifer geglättet.

4 Kontrolle der Schüttleiste

5 Kippwelle demontiert

1 Kippbrücke demontieren

2 Schüttleiste demontiert

3 Schüttleiste einpassen

Nun kann die **neue Kippwelle montiert** werden. Sie wurde als fertiges Bauteil von einem Zulieferer angeliefert. Zur Überprüfung der Maße wird die Kippbrücke mit Hilfe des Hallenkranes auf die Kipplager des Fahrzeuges aufgesetzt, danach wieder abgenommen, siehe Bild ➔ 1. Sind die Maße korrekt, werden:

- die Kippwelle mit dem Hilfsrahmen im MAG-Schweißverfahren angeschweißt
- die Schweißnähte verputzt
- die Kippbrücke erneut aufgesetzt

Nach dem Aufsetzen erfolgt ein **Probelauf**: Es wird geprüft, ob sich die Kippbrücke nach beiden Seiten und nach hinten kippen lässt.

Zum Schluss werden die zusätzlichen **Anbauteile montiert** wie Unterfahrschutz, Heckbeleuchtung, siehe Bild ➔ 2. Dann wird das Fahrzeug zum Lackierfachbetrieb überführt.

21.3 Zug- und Druckanordnung, Zugrichtung

Die Zug- und Druckanordnungen werden so weit ausgeführt, bis die Altteile aus der Karosserie ausgetrennt werden.

> Grundegel für die richtige Zug- und Druckanordnung:
> Die Rückformungskräfte müssen genau entgegengesetzt zu den Verformungskräften wirken.

Um zusätzliche Verformungen des Karosseriebleches zu vermeiden, dürfen die Teilkräfte bei der Rückverformung nicht in die falsche Richtung geleitet werden. Deshalb wird bei bestimmten Zug- und Druckanordnungen die Zugkette über eine Umlenkrolle angebracht, siehe Bild ➔ 3 und Bild ➔ 1, Seite 597.

1 Kippwelle einpassen

2 Fertige Reparatur

Damit können Karosserieteile, die in Höhe, Breite und Länge verformt sind, gleichzeitig in die richtige Position zurückverformt werden.

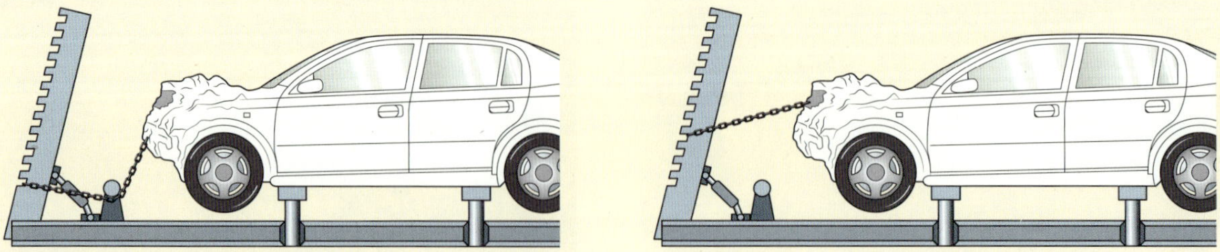

a) Richtige Anordnung der Zugvorrichtung

b) Falsche Anordnung der Zugvorrichtung

3 Deformierte Karosserie senkrecht rückverformen

Um die Grundregel einzuhalten, kann auch mit Mehrfach-Zuganordnungen zurückgeformt werden. Durchgeführt werden Zug- und Druckanordnungen mit hydraulischen Richteinheiten wie z. B. dem Dozer oder den vom Richtbankhersteller zugeordneten Zugeinrichtungen, siehe Bild ➔ 3, Seite 596.

21.4 Funktionsmaße

Die Funktionsmaße sind Maße zur Bestimmung von Größe und Lage aller relevanten Karosserie-Messpunkte bei einer Unfallschaden-Instandsetzung.

Nachdem die Funktionsmaße in ihre ursprüngliche Position zurückgeformt wurden, erfüllen alle Bauteile einer Karosserie wieder ihre Funktion.

21.5 Referenzkontrollpunkte überprüfen

Die Hauptteile einer Karosserie sind mit Referenzkontrollpunkten versehen. Wenn nach einem Unfall z. B. der Fahrzeugrahmen beschädigt ist, ermöglichen diese Referenzpunkte zusammen mit den Datenblättern für das Richten eine einwandfreie Reparatur.

Nach der Reparatur werden die fahrzeugbezogenen Referenzkontrollpunkte auf ihre Sollstellung anhand des aufgebauten Messsystems kontrolliert. Die Referenzkontrollpunkte eines Fahrzeuges gewährleisten nach einer Unfall-Instandsetzung, dass beispielsweise die Spur, der Sturz und die Geradeausstellung des Lenkrades fachgerecht wieder hergestellt wurden.

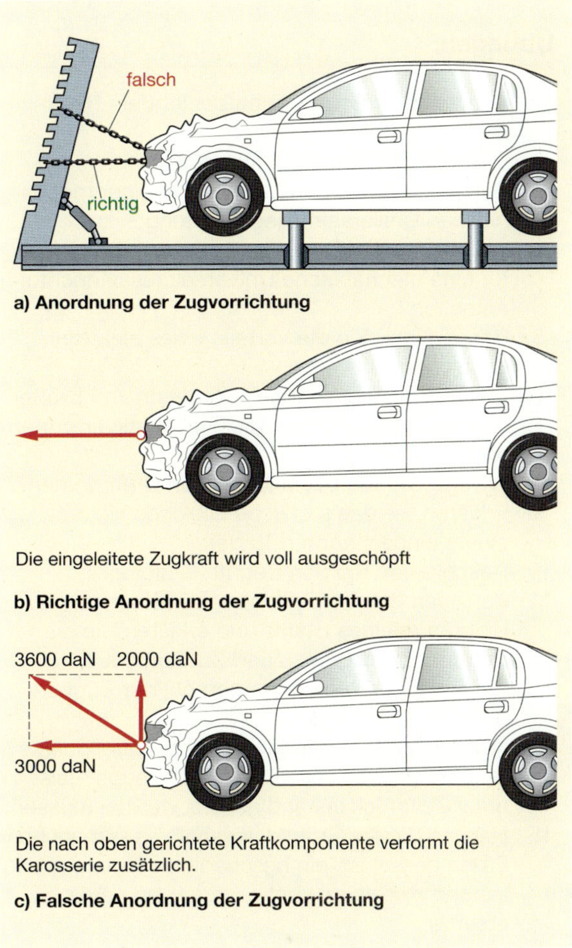

1 Deformierte Karosserie waagerecht rückverformen

21.6 Arbeitssicherheit, Unfallverhütung beim Rückverformen

Um die Arbeitssicherheit bei der Rückverformung mit einer Richtbank zu gewährleisten, sind folgende Unfallverhütungsmaßnahmen durchzuführen:

- Richtwinkeln müssen so gelagert werden, dass keine Stolperfallen entstehen.
- Die Fahrzeugverankerung muss an den entsprechenden Positionen fachgerecht montiert werden, damit bei der Rückverformung das Fahrzeug sicher befestigt ist.
- Zur Befestigung der Verankerung darf kein Schlagschrauber benutzt werden. Es könnten dabei die Schrauben so beschädigt werden, dass sie nicht mehr sicher angezogen werden können.
- Ein Sicherheitsfangseil muss mit dem einen Ende an der Zugklemme bzw. an der Zugkette und mit dem anderen Ende an der Karosserie oder an der Richtbank befestigt werden. Es soll verhindern, dass die Kette bzw. Klemme im Falle eines Reißens oder Abrutschens unkontrolliert zurückschlägt.
- Bei Bodenrichtanlagen müssen die Zug- und Druckeinrichtungen und die Richtbank sicher mit Stahlketten in den Bodenschienen verankert werden. Durch die großen Zug- und Druckkräfte bei der Rückverformung kann es sonst zu Unfällen kommen.

Übungen:

1. Aus welchen Baugruppen besteht ein Richtsystem?
2. Erklären Sie einen Richtwinkelsatz.
3. Beschreiben Sie das Messen mit einer mechanischen Universalmesseinrichtung.
4. Welche Informationen sind in einem Datenblatt für eine mechanische Universalmesseinrichtung enthalten?
5. Beschreiben Sie die Vorteile eines elektronischen Messsystems.
6. Erklären sie die vektorielle Addition von Kräften.
7. Nennen Sie die Kräfte, die zum Rückverformen wichtig sind.
8. Welche Größen beeinflussen ein Drehmoment?
9. Erklären Sie das statische Gleichgewicht an einem eingespannten Träger.
10. Beschreiben Sie den Begriff Festigkeit?
11. Zeichnen Sie das Spannungs-Dehnungs-Diagramm eines Stahls und erklären Sie die Begriffe Streckgrenze und Zugfestigkeit.
12. Was ist beim Rückverformen bei der Zugrichtung zu beachten?
13. Welche Aufgabe haben Referenzkontrollpunkte?
14. Begründen Sie, weshalb Nutzfahrzeuge meist unter Zeitdruck instand gesetzt werden müssen.
15. Nennen Sie die Gründe, weshalb es in manchen Fällen besser ist, ein beschädigtes Nutzfahrzeug instand zu setzen, statt es durch ein neues zu ersetzen.
16. Erklären Sie die Untersuchungen, die für Nutzfahrzeuge nach StVZO vorgeschrieben sind?
17. Nennen Sie die Zeitabstände für diese Untersuchungen an:
    a) Lkws
    b) Lkw-Anhängern
    c) Omnibussen
18. Nennen Sie fünf Arten der Verformung, wie sie an Fahrzeugrahmen auftreten können.
19. Beschreiben Sie, wie ein Fahrzeugrahmen mit Hilfe eines Lasers vermessen werden kann.
20. Nennen Sie die vier Verfahren, einen Fahrzeugrahmen zu richten und erklären Sie diese.
21. Welche Vorteile bietet das Warmrichten bei der Instandsetzung eines Fahrzeugrahmens?
22. Beschreiben Sie, wie ein Fahrzeugrahmen warmgerichtet werden kann, der sich bei einem Unfall verdreht hat.
23. Beschreiben Sie, wie ein Fahrerhaus vermessen wird.
24. Wie kann ein Fahrerhaus gerichtet werden?
25. Zählen Sie die Arbeitsschritte auf, um das verformte Blechteil eines Fahrerhauses auszutauschen.
26. Wie kann man eine beschädigte Kippmulde aus Aluminiumlegierung richten?
27. Was ist beim Korrosionsschutz an Nutzfahrzeugen zu beachten?

22 Abschnittsreparaturen

In diesem Kapitel werden behandelt:
- Unfallreparatur und Altersreparatur, Reparaturvarianten vergleichen, siehe Kap. 22.1
- Instandsetzungsvorschriften und Anweisungen der Hersteller, siehe Kap. 22.2
- Anforderungen an die Abschnittsreparatur, siehe Kap. 22.3
- Trennen bei der Abschnittsreparatur, siehe Kap. 22.4
- Fügen bei der Abschnittsreparatur, siehe Kap. 22.5
- Verbundglasscheiben ersetzen und reparieren, siehe Kap. 22.6
- Bauteile aus Kunststoff instand setzen, siehe Kap. 22.7

22.1 Unfallreparatur und Altersreparatur, Reparaturvarianten vergleichen

Bei der teilweisen Erneuerung der Karosserie wird ein beschädigter Abschnitt der Karosserie herausgetrennt und durch ein einwandfreies Karosserieteil ersetzt; deshalb wird die teilweise Erneuerung als **Abschnittsreparatur** bezeichnet.

Ein Karosserieschaden, der durch eine Abschnittsreparatur behoben werden soll, kann verursacht sein durch:
- Unfall
- Alter des Fahrzeugs

Unfallreparatur ist die Abschnittsreparatur nach einem Unfall. Zahlt die Kraftfahrzeugversicherung die Instandsetzung, entscheidet der Karosserie- und Fahrzeugbaumechaniker und evtl. zusätzlich ein Sachverständiger über den Umfang der Instandsetzung. Die Unfallreparatur erfolgt dann nach den Herstellerhinweisen. Der Kunde wird über die fachgerechte Unfallreparatur informiert.

Ist der Kunde Unfallverursacher, zahlt er die Instandsetzung. In diesem Fall kann der Kunde Reparaturvarianten vergleichen und den Umfang der Abschnittsreparatur im Rahmen der Herstellerhinweise mitentscheiden.

Beispiel:
Der Schaden kann fachgerecht nach Herstellerhinweis mit einer halbseitigen Abschnittsreparatur behoben werden. Der Kunde wünscht aber eine ganzseitige Abschnittsreparatur, um zusätzliche Fügestellen zu vermeiden. Die ganzseitige Abschnittsreparatur wird dann nach Herstellerhinweisen erfolgen.

Altersreparatur ist die Abschnittsreparatur an einem alten Fahrzeug. Dabei ist der Kunde Auftragsgeber und Zahler. Deshalb wird der Karosserie- und Fahrzeugbaumechaniker unterschiedliche Möglichkeiten der Altersreparatur vorschlagen. Sind für dieses Fahrzeug Herstellerhinweise für die Abschnittsreparatur vorhanden, müssen diese zugrunde gelegt werden.
Sind keine Herstellerhinweise vorhanden, entscheidet der Karosserie- und Fahrzeugbaumechaniker über die Möglichkeiten der Abschnittsreparatur. Der Kunde kann dann die Reparaturvarianten vergleichen und sich entscheiden.

22.2 Instandsetzungsvorschriften und Anweisungen der Hersteller

Die heutigen Fahrzeugkarosserien sollen immer leichter werden, darum stellt man sie aus einem Materialmix her. Der Materialmix kann aus hoch- und höchstfesten Stahlblechen, aus Leichtmetallblechen und Kunststoffteilen wie GFK und CFK bestehen.

Informationen zum Leichtbau siehe Kap. 13.11.

Bleche aus Stahl und Leichtmetall sind meistens wärmebehandelt, somit besitzen sie eine hohe Festigkeit. Werden die Bleche erneut erwärmt, verändert sich ihre Festigkeit. Kunststoffteile können bei großer Wärme sogar zerstört werden.

Nur der Fahrzeughersteller kennt die zulässige Temperatur und den zulässigen Grad der Rückverformung für die Werkstoffe bei einer Reparatur.

Deshalb muss sich der Karosserie- und Fahrzeugbaumechaniker bei der Instandsetzung von Karosserien nach den Instandsetzungsvorschriften und Anweisungen des Herstellers richten.

Die Hersteller oder der ZKF stellen diese Anweisungen den Fachwerkstätten in Form von Kalkulationsprogrammen über den Computer zur Verfügung, Beispiel siehe Bild → 1. Dies gilt für die Rückverformung und für die teilweise Erneuerung der Karosserie.

Nur bei älteren Fahrzeugen, für die es keine Herstellerhinweise gibt, darf der Karosserie- und Fahrzeugbaumechaniker selbstständig die Abschnittsreparatur durchführen. Hierbei ist er auf sein Fachwissen angewiesen.

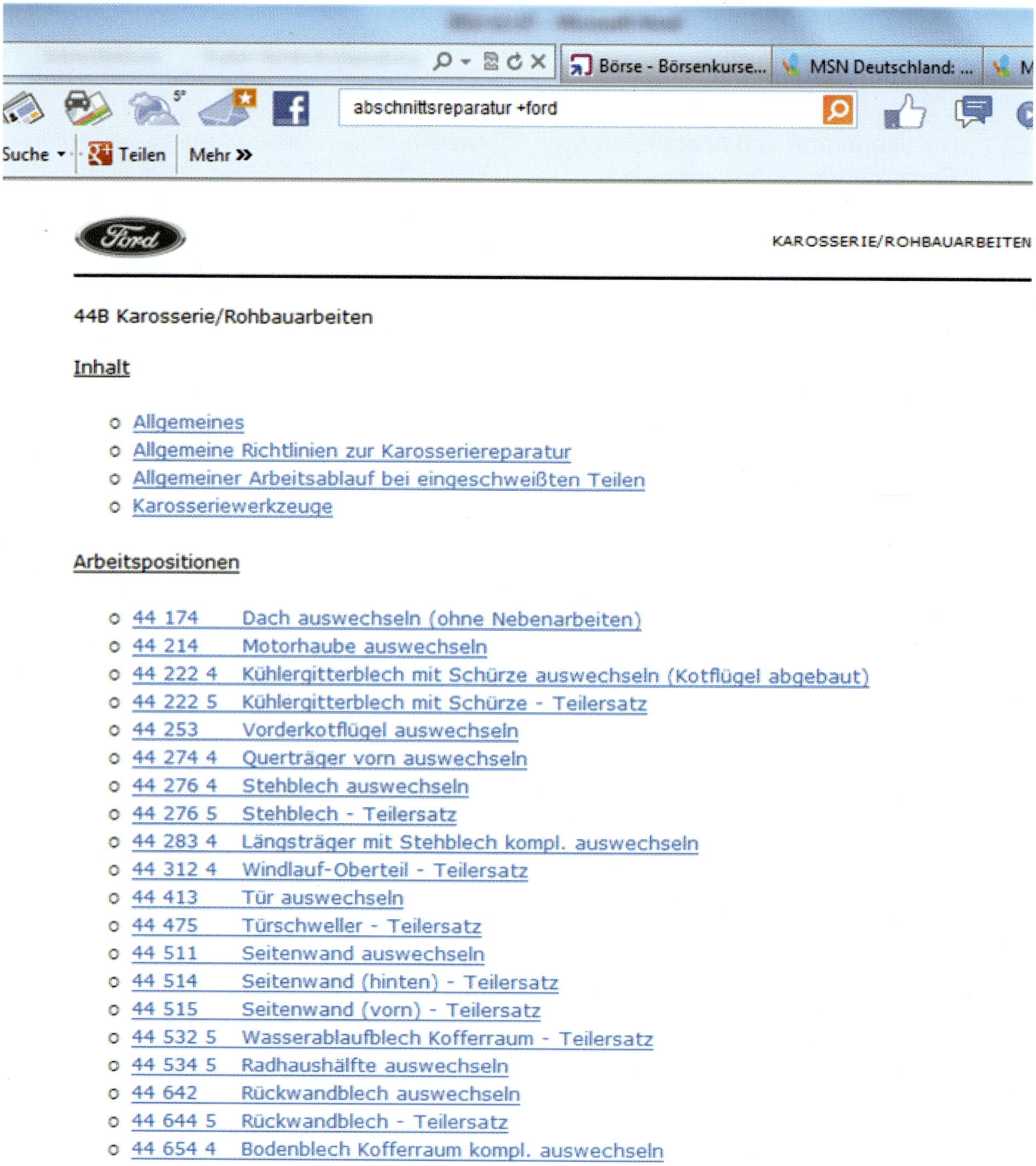

44B Karosserie/Rohbauarbeiten

Inhalt

- Allgemeines
- Allgemeine Richtlinien zur Karosseriereparatur
- Allgemeiner Arbeitsablauf bei eingeschweißten Teilen
- Karosseriewerkzeuge

Arbeitspositionen

- 44 174 Dach auswechseln (ohne Nebenarbeiten)
- 44 214 Motorhaube auswechseln
- 44 222 4 Kühlergitterblech mit Schürze auswechseln (Kotflügel abgebaut)
- 44 222 5 Kühlergitterblech mit Schürze - Teilersatz
- 44 253 Vorderkotflügel auswechseln
- 44 274 4 Querträger vorn auswechseln
- 44 276 4 Stehblech auswechseln
- 44 276 5 Stehblech - Teilersatz
- 44 283 4 Längsträger mit Stehblech kompl. auswechseln
- 44 312 4 Windlauf-Oberteil - Teilersatz
- 44 413 Tür auswechseln
- 44 475 Türschweller - Teilersatz
- 44 511 Seitenwand auswechseln
- 44 514 Seitenwand (hinten) - Teilersatz
- 44 515 Seitenwand (vorn) - Teilersatz
- 44 532 5 Wasserablaufblech Kofferraum - Teilersatz
- 44 534 5 Radhaushälfte auswechseln
- 44 642 Rückwandblech auswechseln
- 44 644 5 Rückwandblech - Teilersatz
- 44 654 4 Bodenblech Kofferraum kompl. auswechseln

1 Herstellerhinweise Abschnittsreparatur – Ausschnitt

22.3 Anforderungen an die Abschnittsreparatur

Bei der Abschnittsreparatur können Tragwerk und Verkleidung erneuert werden. Hierbei muss der ursprüngliche Karosseriezustand wieder hergestellt werden, wie:
- Karosseriefestigkeit
- Karosseriesteifigkeit
- Korrosionsschutz
- überschüssige Kleberreste entfernen
- Deformationsverhalten bei einem Crash

Durch die Abschnittsreparatur muss die Karosserie ihre ursprünglichen Eigenschaften zurückerhalten. Deshalb gelten für das Tragwerk:
- Scharfkantig deformierte Primär- und Sekundärträger müssen ausgewechselt werden.
- Rückverformung von geringen Verformungen an Primär- und Sekundärträgern nur nach Herstellervorschriften.

Wird dies nicht beachtet, können sich bei den Primär- und Sekundärträgern aus hoch- und höchstfestem Stahl die Zugfestigkeit und die Streckgrenze erheblich verringern. Deshalb darf am Tragwerk nur nach Herstellervorschriften repariert werden, Beispiel siehe Bild → 1 und Bild → 1, Seite 602.

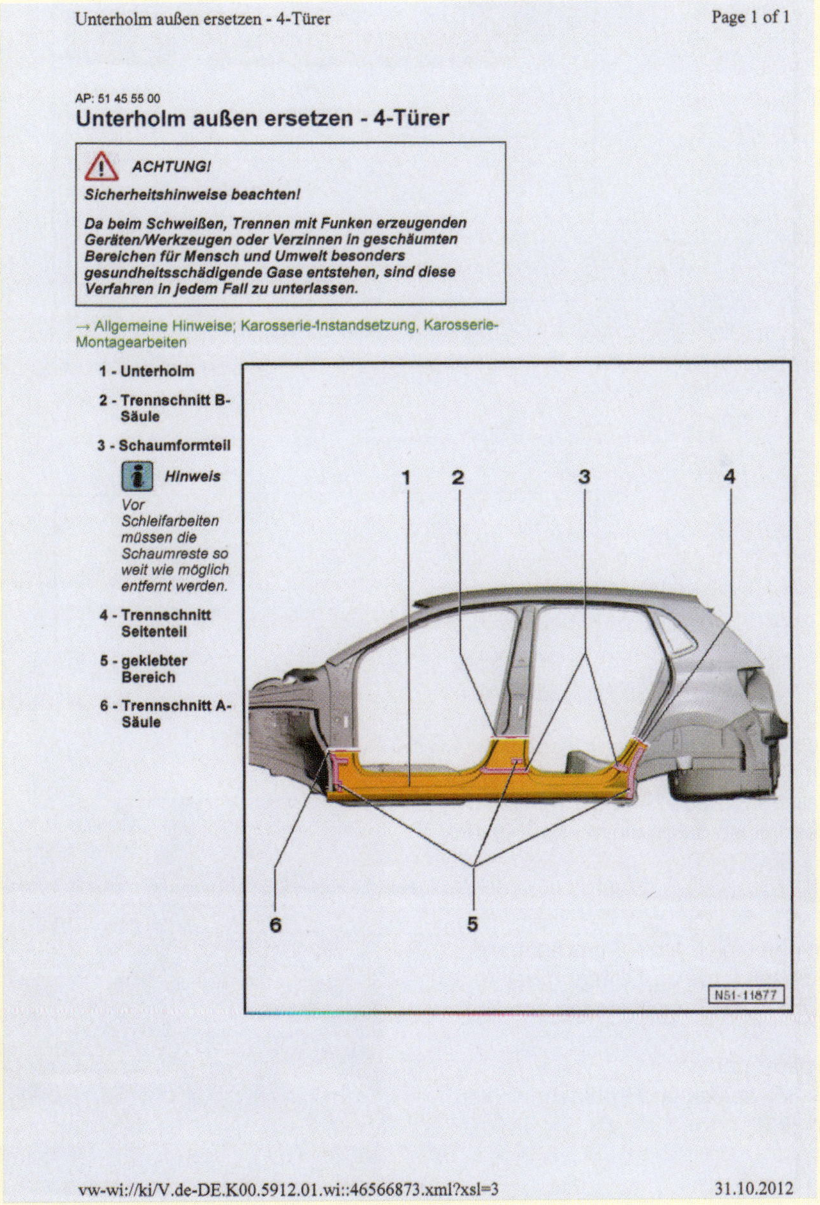
Unterholm außen ersetzen - 4-Türer Page 1 of 1

AP: 51 45 55 00

Unterholm außen ersetzen - 4-Türer

⚠ ***ACHTUNG!***

Sicherheitshinweise beachten!

Da beim Schweißen, Trennen mit Funken erzeugenden Geräten/Werkzeugen oder Verzinnen in geschäumten Bereichen für Mensch und Umwelt besonders gesundheitsschädigende Gase entstehen, sind diese Verfahren in jedem Fall zu unterlassen.

→ Allgemeine Hinweise; Karosserie-Instandsetzung, Karosserie-Montagearbeiten

1 - **Unterholm**

2 - **Trennschnitt B-Säule**

3 - **Schaumformteil**

Hinweis

Vor Schleifarbeiten müssen die Schaumreste so weit wie möglich entfernt werden.

4 - **Trennschnitt Seitenteil**

5 - **geklebter Bereich**

6 - **Trennschnitt A-Säule**

vw-wi://ki/V.de-DE.K00.5912.01.wi::46566873.xml?xsl=3 31.10.2012

1 Herstellerhinweise: Unterholm außen ersetzen (Fortsetzung Seite 600)

Ausbauen

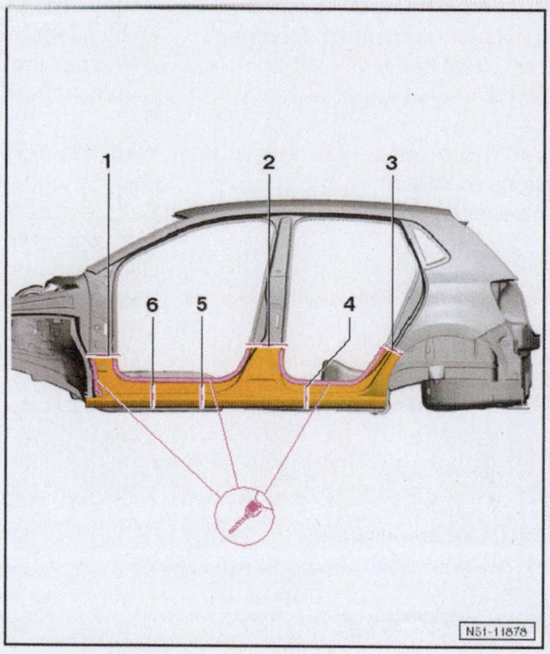

– Trennschnitte -1-, -2- und -3- je nach Beschädigung legen und ausführen.

– Am Radlauf äußere Kante durchschleifen.

– Originalverbund lösen.

Teilersatz

Mit den Trennschnitten -4-, -5- und -6- ist ein Teilersatz möglich.

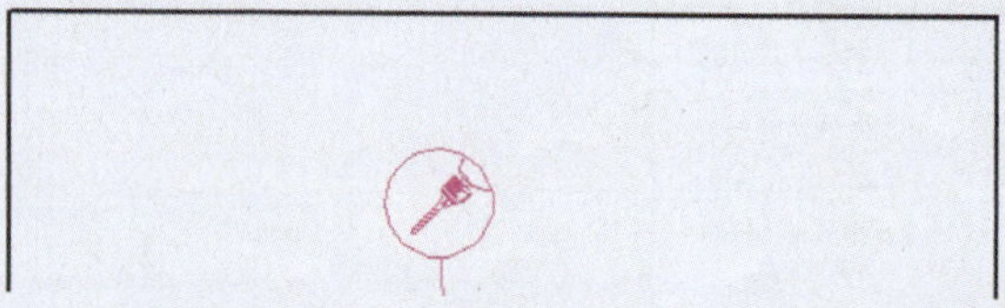

1 Herstellerhinweise: Unterholm außen ersetzen (Fortsetzung von Seite 599)

Nach diesen Herstellerhinweisen kann ein Teil des Unterholms, der beschädigt ist, durch ein neues Teilstück ersetzt werden.

Dafür werden:

- der Unterholm an den Linien 1 bis 6 getrennt, vgl. Bild 1 (Hinweis: je nach Lage und Umfang der Beschädigung können die Trennlinien frei gewählt werden)
- das Neuteil angepasst und
- mit Kleben, MSG-Schweißen und Punktschweißen gefügt, siehe Bild → 2

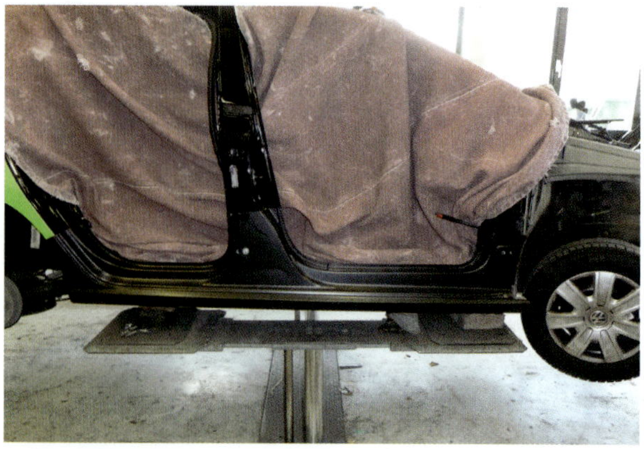

2 Abschnittsreparatur Unterholm

22.4 Trennen bei der Abschnittsreparatur

Bei Abschnittsreparaturen wird überwiegend **mechanisch getrennt**, wie in Bild → 1 dargestellt.

Beim **thermischen Trennen** wird der Heißluftföhn immer dann verwendet, wenn die Karosserieteile, die genietet oder punktgeschweißt, auch noch geklebt sind. Nachdem die Niete bzw. die Schweißpunkte entfernt sind, wird der Kleber durch die Wärme vom Heißluftföhn so weich, dass die Karosserieteile getrennt werden können.

Das Plasmaschneiden wird nur bei Karosserieteilen mit größerer Materialstärke verwendet.

Weitere Informationen zum Trennen siehe Kap. 2.9.2.

Trennlinienverlauf
In Herstellervorschriften ist der Verlauf jeder Trennlinie genau vorgegeben, oder es ist ein Bereich angegeben, in dem der Trennschnitt nach dem Umfang der Beschädigung gelegt werden soll.

Für Fahrzeuge ohne Herstellervorschrift entscheidet der Karosserie- und Fahrzeugbauermechaniker selbstständig nach Erfahrung über die Lage des Trennlinienverlaufes.

Grundsätzlich gilt:
Es ist möglichst der kürzeste Trennschnitt zu wählen, vgl. Bild → 1.

1 Trennlinienverlauf bei einer Abschnittsreparatur

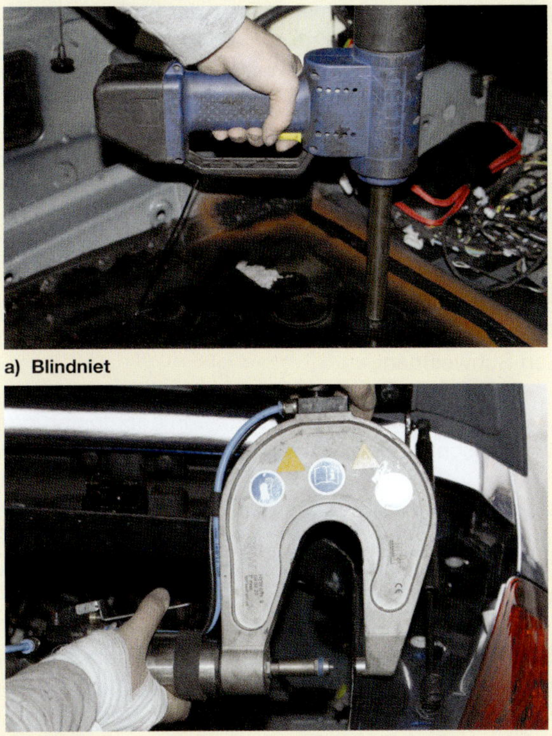

a) Blindniet

b) Stanzniet

2 Setzen eines Nietes

22.5 Fügen bei der Abschnittsreparatur

Die Fügeverfahren, die bei der Abschnittsreparatur verwendet werden, werden unterschieden in:
- mechanisches Fügen
- thermisches Fügen

Zum mechanischen Fügen gehören:
- Blindnieten
- Stanznieten
- Bördeln und Falzen
- Kleben
- Schrauben
- Spachtelmasse mit Metallpulver

Zum thermischen Fügen gehören:
- Punktschweißen
- MSG-Schweißen
- MIG-Löten
- Auftragslöten

Das **mechanische Fügen** und auch das **Punktschweißen** in Verbindung mit dem **Kleben** haben zunehmend an Bedeutung gewonnen. Das gilt insbesondere für höherfeste Stahlbleche und Leichtmetallbleche, da diese durch Wärmezufuhr ihre Eigenschaften ändern. Das gilt aber auch für metallisch oder organisch beschichtete Bleche, deren Beschichtung nicht beschädigt werden soll.
Blindnieten und **Stanznieten** werden ebenfalls in Verbindung mit dem Kleben bei der Abschnittsreparatur von höherfesten Stahlblechen und auch Leichtmetallblechen eingesetzt. Das Setzen der Blindniete und der Stanzniete erfolgt mit elektrischen oder pneumatischen Setzwerkzeugen, siehe Bild → 2.

Das **Bördeln** und **Falzen** erfolgt bei der Abschnittsreparatur immer in Verbindung mit dem Kleben an Karosserieenden, z. B. am Kotflügel.

Neben dem Nieten werden an neueren Fahrzeugen **gewindeformende Bohrschrauben** in Verbindung mit dem Kleben verwendet. Für die Abschnittsreparatur sind von den Herstellern Reparaturmethoden entwickelt worden, die ähnlich dem Kleben und Nieten sind. Es werden dann anstatt der Niete Bohrschrauben verwendet.

Von den **thermischen Fügeverfahren** wird das **Punktschweißen** häufig eingesetzt. Auch höherfeste Stahlbleche können punktgeschweißt werden. Der Schweißstrom, die Schweißdauer und die Elektrodenkraft müssen dann allerdings der Stahlart und der Blechdicke angepasst sein. Deshalb müssen die Herstellerhinweise beachtet werden und Schweißproben durchgeführt werden.

Das **MSG-Schweißen** wird z. B. eingesetzt, wenn bei einer Abschnittsreparatur ein Längsträger, ein Querträger oder eine Säule aus Stahl gefügt werden muss, Beispiel siehe Bild → 1.

Hierbei ist die Schweißnaht unterbrochen, weil der Wärmeverzug geringer ist als bei einer durchgehenden Schweißnaht.

Das **MIG-Löten** wird zum Fügen von hochfesten oder auch beschichteten Stahlblechen eingesetzt.

Mit dem **Auftraglöten** werden Unebenheiten der Karosserie bei Stahlblechen ausgeglichen, bei denen sich die Eigenschaften durch Wärmezufuhr nicht verändern, siehe Bild → 2.

Bei höherfesten Stahlblechen und Leichtmetallblechen können Unebenheiten nicht mit Auftraglöten ausgeglichen werden, weil sich bei Wärmezufuhr die Eigenschaften dieser Bleche verändern. Darum verwendet man bei diesen Werkstoffen **Spachtelmasse mit Metallpulver**. Fünf Teile Spachtelmasse mit Metallpulver werden mit zwei Teilen Härter gut vermengt.

Bei dieser Spachtelmasse erfolgt die Aushärtung in drei Stufen:

- 10 min bei 50 °C
- 10 min bei 75 °C
- 10 min bei 85 °C

Diese Aushärtungszeiten und Temperaturen sind unbedingt einzuhalten, sonst fällt die Spachtelmasse ein. Die Spachtelmasse wird so komplett durchgehärtet.

Weitere Informationen zum Fügen siehe Kap. 2.9.4.

1 Längsträger eines Pkws durch MSG-Schweißen gefügt

a) An der Verkleidung der C-Säule

b) An der Verkleidung des Schwellers

2 Auftraglöten

Zur Abschnittsreparatur von Schweller und Radlauf siehe 2. US, 31702, Seite 64.

22.6 Verbundglasscheiben ersetzen und reparieren

Schäden an Verbundglasscheiben

Fahrzeugfrontscheiben bestehen heute aus Verbundsicherheitsglas, das heißt, es sind zwei oder mehr Glasscheiben mit Kunststofffolien verklebt, vgl. Kap. 13.4.4. Bei getönten Scheiben werden eingefärbte Kunststofffolien verwendet.

Im Straßenverkehr können von vorausfahrenden Fahrzeugen kleine Steinchen hochgeschleudert werden, die mit großer Kraft die Frontscheibe des hinterherfahrenden Fahrzeuges treffen. Dadurch kann es zu erheblichen Steinschlagschäden kommen.

Je nach Umfang und Lage der Beschädigung wird entschieden, ob die Fahrzeugfrontscheibe:
- ersetzt wird
- repariert werden kann

Fahrzeugfrontscheibe ersetzen

Die Fahrzeugfrontscheibe muss immer dann ersetzt werden, wenn:
- der Steinschlagschaden im Fernsichtfeld des Fahrers ist, siehe Bild → 1
- der Durchmesser des Einschlagkraters größer als 5 mm ist
- die Risse länger als 50 mm sind
- die Risse in der Scheibenkante enden
- die Folie im Scheibeninneren beschädigt ist
- die innere Scheibe beschädigt ist
- die Feuchtigkeit und/oder der Schmutz bis in den unteren Rissbereich geht
- der Zeitpunkt der Beschädigung länger zurückliegt, sodass sich Schmutz festgesetzt hat und sich nicht mehr vollständig entfernen lässt

Liegt eine der vorgenannten Beschädigungen an der Fahrzeugfrontscheibe vor, muss sie ersetzt werden.

Es wird dann wie folgt verfahren:
- Fahrzeugfrontscheibe austrennen
- Fahrzeugfrontscheibe einkleben
- Elektronikeinheiten in die Fahrzeugscheibe installieren

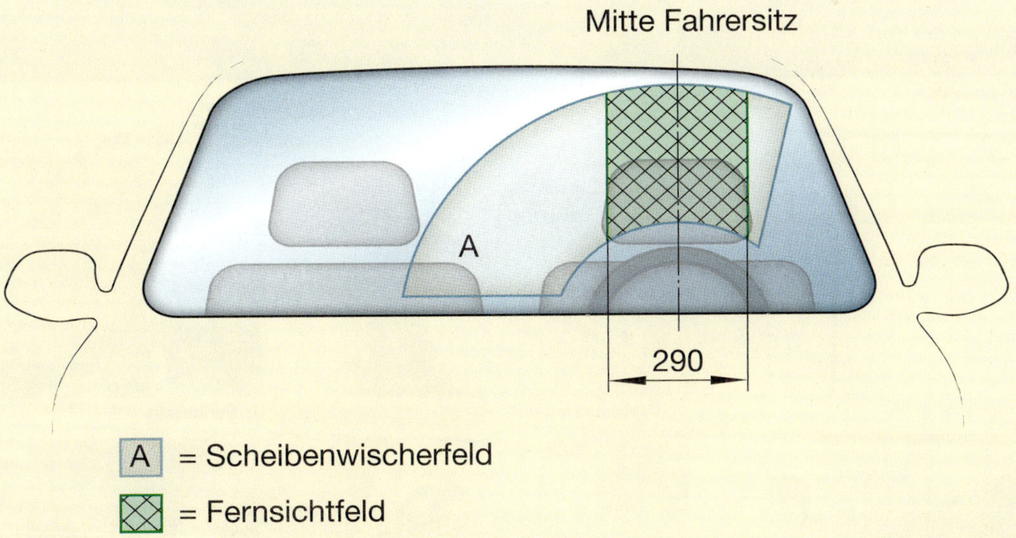

Das Fernsichtfeld des Fahrers wird ermittelt aus einem Streifen über Lenkradmitte, 290 mm breit, begrenzt durch Ober- und Unterkante des Wischerfelds.

1 Fernsichtfeld des Fahrers

Fahrzeugfrontscheibe austrennen

Das Austrennen geklebter Fahrzeugfrontscheiben erfolgt nach Herstellervorschriften. Darin sind für die einzelnen Fahrzeugscheiben die Arbeitsschritte mit dem entsprechenden Spezialwerkzeug festgelegt.

Es gibt mehrere Möglichkeiten, die Fahrzeugfrontscheibe auszutrennen.

Die Klebverbindung der Fahrzeugfrontscheibe kann zerstört werden mit:
- Heizdraht
- Draht
- Schneidmesser

Mit Erstmontage der Fahrzeugfrontscheibe ist ein **Heizdraht** eingelegt. Der Heizdraht wird an die Autobatterie angeschlossen; durch Erwärmung wird die Klebverbindung gelöst.

Bei der **Draht-Zieh-Methode** wird die Klebschicht durchstochen, ein Draht durchgeführt und durch Hin- und Herbewegen die Klebverbindung durchgeschnitten, siehe Bild → 1.

Ein **Schneidmesser**, kalt oder beheizt, wird elektrisch oder pneumatisch angetrieben. Durch oszillierende Bewegung des Schneidmessers wird die Klebverbindung durchgeschnitten, siehe Bild → 1, Seite 607.

a) Gerät im Einsatz

b) Drahtlänge bestimmen

c) Draht einfädeln

d) Verkabeln

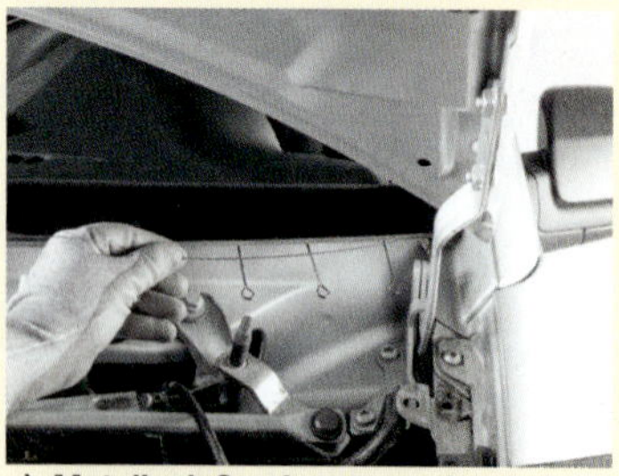

e) Metallspieße einsetzen, damit der Draht an der Scheibe anliegt

f) Scheibe sichern mit Hilfe eines Saughebers

g) Weg des Schneidedrahtes verfolgen

1 Fahrzeugscheibe austrennen mithilfe eines Drahtes

a) Schneidmesser, betrieben mit Akku

b) Schneiden an einer Frontscheibe

1 Fahrzeugscheibe austrennen mit Schneidmesser

Fahrzeugfrontscheibe einkleben

Beim Einkleben der Fahrzeugfrontscheiben sind die Herstellervorschriften zu beachten. Darin sind die zu verwendende Kleberart und die einzelnen Arbeitsschritte festgelegt.

Fahrzeugscheiben können geklebt werden mit:
- Ein-Komponenten-Kleber
- Zwei-Komponenten-Kleber

Die **Ein-Komponenten-Kleber** härten durch Luftfeuchtigkeit und Wärme aus. Bei zu geringer Luftfeuchtigkeit und zu geringer Temperatur verlangsamt sich die Aushärtezeit in der Werkstatt kann sich erheblich verlängern.

Beim **Zwei-Komponenten-Kleber** findet die Mischung der Komponenten im Mischkopf statt. Die Aushärtung erfolgt chemisch, unabhängig von Luftfeuchtigkeit und Temperatur. Daher ist eine kurze Aushärtezeit in der Werkstatt gewährleistet.

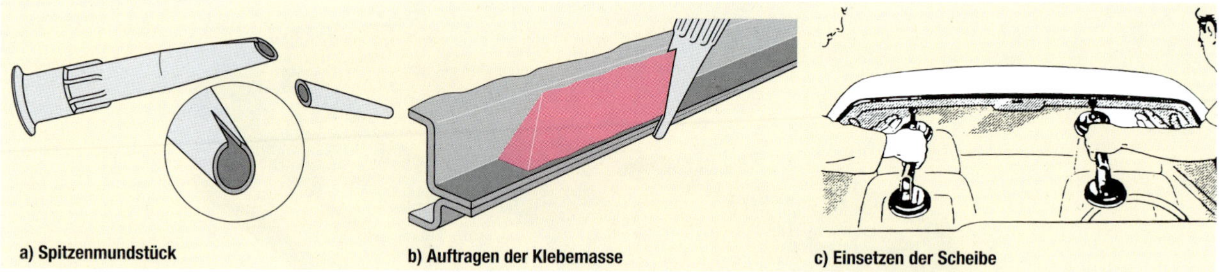

1 Scheibe einkleben

Einkleben der Fahrzeugfrontscheibe:

- noch vorhandene Kleberraupe auf ca. 2 mm zurückschneiden, bei Lackbeschädigung muss Primer aufgebracht werden
- Flächen und neue Scheibe reinigen
- Kleberraupe auf Scheibe oder Karosserieflansch auftragen, siehe Bild → 1b
- Scheibe mit Hilfe von Saughebern einsetzen und leicht andrücken, siehe Bild → 1c
- vorgeschriebene Aushärtezeit abwarten

Weitere Informationen zum Kleben siehe Kap. 2.9.4.3.

Elektronikeinheiten in Fahrzeugfrontscheibe installieren

Bei modernen Fahrzeugen ist in die Fahrzeugfrontscheibe eine Vielzahl an Sensoren integriert, wie Sensor für Scheibenwischer, Licht, Innenspiegelabblendung, Nachtsichtfunktion und Distanzmessung, kameragestützte Fahrerassistenzsysteme oder Müdigkeitserkennung.

Ist die Fahrzeugfrontscheibe nur mit Licht- und Regensensor ausgestattet und wird gegen eine identische getauscht, ist das meist ohne Diagnosegerät möglich, weil sich diese Sensoren selbstständig initialisieren.

Bei Frontscheiben mit einer Vielzahl von Sensoren ist es erforderlich, die Sensoren mit Hilfe eines Diagnosegerätes zu initialisieren. Das Initialisieren der Sensoren mit einem Diagnosegerät ist auch immer dann erforderlich, wenn eine vom Original abweichende Scheibe eingesetzt wird, z. B. mit anderer Scheibentönung. Die Daten zum Initialisieren der Sensoren sind aus den Herstellerunterlagen zu entnehmen.

Zur Initialisierung versetzt der Karosserie- und Fahrzeugbaumechaniker das Steuergerät mithilfe des Diagnosegerätes in den Kalibrierungsmodus. Während der vorgeschriebenen Kalibrierungsfahrt stimmen sich die Komponenten anschließend selbsttätig ab.

Die Kalibrierungsfahrt muss nach einem vom Hersteller genau festgelegtem Muster erfolgen. Wenn z. B. das System eine durchgängige Fahrt mit fest vorgegebener Dauer und Geschwindigkeit vorschreibt, kann es passieren, dass die Kalibrierung abgebrochen wird, wenn das Fahrzeug im Stau stehen bleibt.

Die Kalibrierung kann auch dann abgebrochen werden, wenn auf der Strecke erforderliche Bezugsmarken fehlen.

Wird die vorgeschriebene Kalibrierungsfahrt unterlassen, führt das zu gravierenden rechtlichen Folgen für den Karosserie-Instandsetzungsbetrieb. Zudem drohen haftungsrechtliche Konsequenzen, wenn es infolge einer unterlassenen Kalibrierungsfahrt zu einem Unfall kommt.

Fahrzeugfrontscheibe reparieren

Wenn durch Steinschläge nur die äußere Glasscheibe beschädigt und die Folie und die innere Scheibe unbeschädigt sind, dann muss nicht immer die Frontscheibe erneuert werden. In vielen Fällen kann die Fahrzeugfrontscheibe auch repariert werden.

Wenn der Karosserie- und Fahrzeugbaumechaniker nach der Beurteilung der Steinschlagschäden an der Fahrzeugfrontscheibe festlegt, dass eine Reparatur erfolgen soll, müssen zunächst folgende räumliche Voraussetzungen erfüllt sein:

- Reparatur darf nicht im direkten Sonnenlicht erfolgen
- Fahrzeugfrontscheibe muss Raumtemperatur haben
- Arbeitsbereich muss vor Feuchtigkeit geschützt sein

Zur Reparatur von Fahrzeugfrontscheiben wird Kunstharz in die Schadenstelle gefüllt, vgl. Bild → 1, Seite 609:

- Spiegel anbringen, um die Schadenstelle besser beobachten zu können
- Lose Glassplitter und Verschmutzungen entfernen
- Oberfläche reinigen
- Injektor platzieren über dem Steinschlag
- mit einer Pumpe Vakuum erzeugen in der Schadenstelle
- Injektor mit Harz füllen
- mit Pumpe Luft saugen aus der Schadenstelle
- Harz wird wegen des Vakuums in den Hohlraum der Schadenstelle gesaugt
- Vorgang wiederholen, bis Schadenstelle vollständig mit Harz gefüllt ist
- Injektor entfernen und Reparaturstelle mit Schutzfolie abdecken
- Harz mit UV-Lampe aushärten
- nach dem Aushärten Schutzfolie entfernen
- Oberfläche nachbearbeiten und Scheibe reinigen

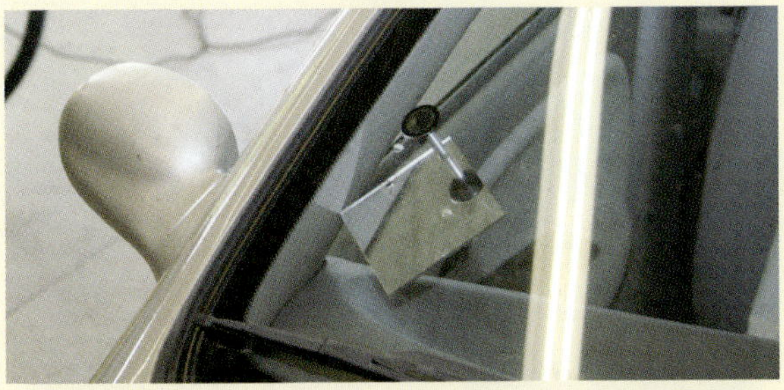

a) Spiegel anbringen

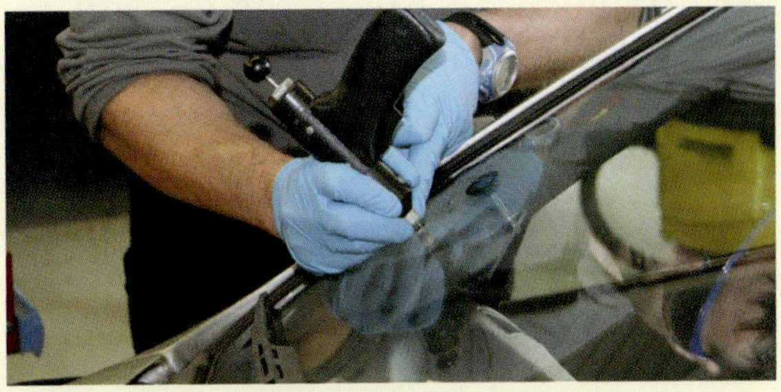

b) Lose Splitter und Verschmutzungen entfernen

c) Oberfläche reinigen

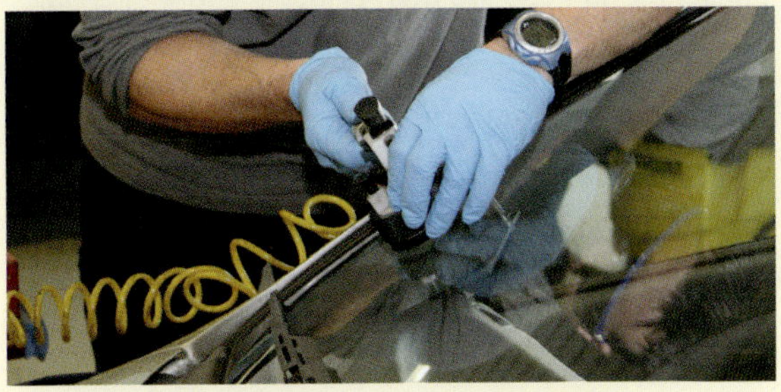

d) Injektor aufsetzen

e) Vakuum erzeugen

f) Harz wird in die Schadenstelle gesaugt

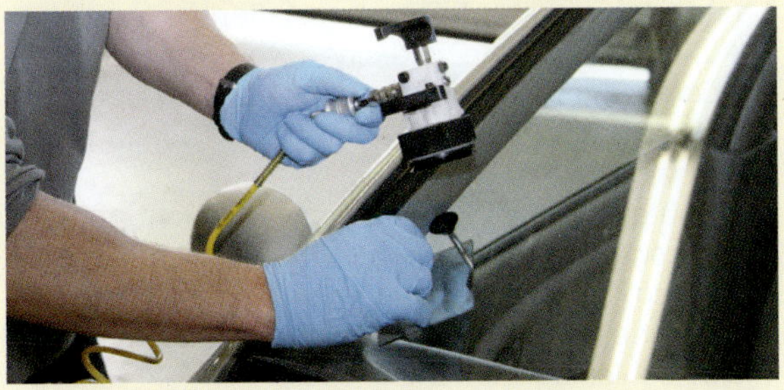

g) Injektor entfernen, Reparaturstelle mit einer Folie abdecken

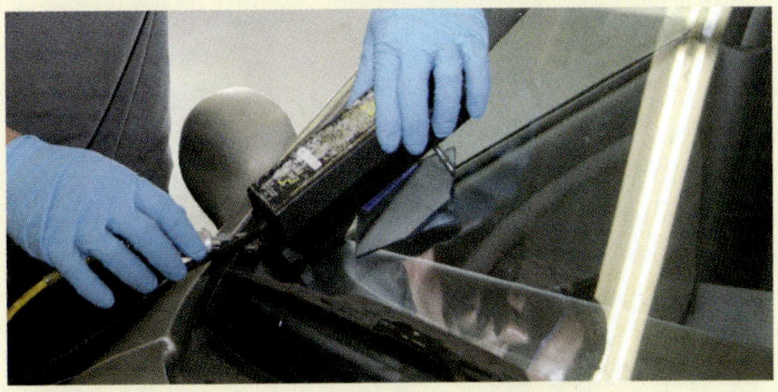

h) Harz mit UV-Lampe aushärten

i) Schutzfolie entfernen

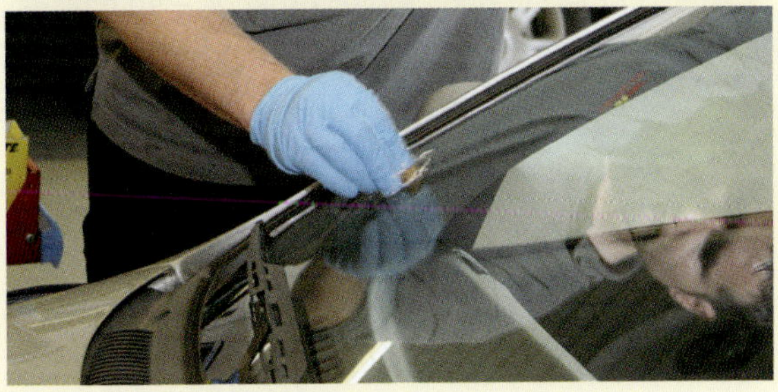

j) Oberfläche polieren

1 Fahrzeugscheibe reparieren

KAROSSERIE-INSTANDHALTUNG

22.7 Bauteile aus Kunststoff instand setzen

Bauteile aus Kunststoff werden mit Hilfe des Handlaminierens instand gesetzt.

Handlaminieren ist das handwerkliche Herstellen von FVK. So werden ganze Kunststoffbauteile hergestellt oder auch instand gesetzt.

Bei der Instandsetzung ist Voraussetzung, dass die Rückseite des beschädigten Bauteils zugänglich ist.

Im Folgenden wird beschrieben, wie ein Loch in einem Bauteil aus Kunststoff mit Hilfe des Handlaminierens instand gesetzt wird.

Arbeitsschritte beim Handlaminieren

Arbeitsschritte beim Handlaminieren:
- Vorarbeiten
- Handlaminieren
- lackierfähige Oberfläche herstellen

Vorarbeiten:
- Mit Hochdruckreiniger vorreinigen, danach mit Wärme trocknen.
- Schadensstelle mit Kunststoffreiniger reinigen.
- Vorderseite mit Textilklebeband abkleben, um den Lack nicht zu beschädigen.
- Die zu laminierende Fläche anschleifen und dabei die Ränder der Bruchstelle flach anschrägen; das ergibt einen sanften Übergang und vergrößert die Laminierfläche.
- Schleifstaub entfernen.
- An der Rückseite der Schadensstelle wird eine Trennfolie befestigt, die mit Metall-, Holz- oder Pappe-Unterlage versehen ist, siehe Bild → 1. So sackt das Laminat nicht durch.
- Abhängig von der Dicke des zu reparierenden Bauteiles mehrere Glasfasermatten als Verstärkungseinlagen zuschneiden. Die erste Glasfasermatte muss größer sein als die Beschädigung; jede weitere immer größer als die vorherige – so hat jede einzelne Glasfasermatte eine Verbindung mit dem beschädigten Kunststoffbauteil.

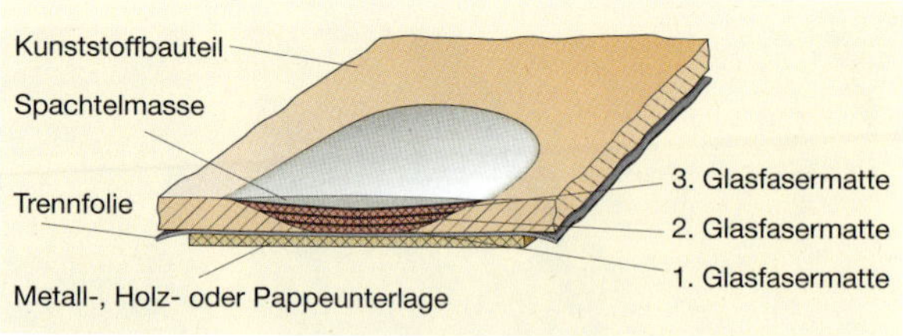

1 Reparatur eines Kunststoffbauteils durch Handlaminieren

Handlaminieren:
- Harz und Härter nach Herstellerangabe mischen; bei Bedarf Glasfaserabschnitte beimischen, das Harz wird dann dickflüssiger (Vorteil beim Laminieren an senkrechten Flächen).
- Angemischtes Harz mit Pinsel auf die zu laminierende Fläche auftragen und die erste Glasfasermatte einlegen und leicht andrücken. Danach mit Rolle oder Pinsel verdichten, damit die Luft entweichen kann und ein einwandfreier Verbund entsteht.
- Weitere Glasfasermatten mit angemischtem Harz aufbringen und verdichten, siehe Bild → 1.
- Das Handlaminieren ist beendet, wenn nur noch eine kleine Vertiefung im Bereich der ehemaligen Bruchstelle vorhanden ist. Diese Vertiefung ist erforderlich, damit bei der Oberflächenbearbeitung keine Glasfasern freigelegt werden.
- Das Harz härtet bei Raumtemperatur durch Reaktion mit dem Härter aus.
- Mit einem Heizstrahler das Harz bis max. 60 °C erwärmen; das beschleunigt das Aushärten.
- Ist das Harz ausgehärtet, wird von der Rückseite die Unterlage mit der Trennfolie entfernt.

Lackierfähige Oberfläche herstellen:
- Auf die Vorderseite wird eine Zwei-Komponenten-Spachtelmasse aufgebracht; maximaler Spachtelauftrag = 2 mm, sonst kann es zu Spannungsrissen kommen, siehe Bild → 1.
- Wenn ein Spachtelauftrag nicht ausreicht, muss ein zweiter aufgebracht werden; vorher wird der erste Auftrag nach Aushärtung angeschliffen.
- Vorderseite mit Fächerscheibe bei langsamer Drehzahl schleifen, Körnung P 120.
- Feinschliff mit Körnung P 320.
- Schleifstaub entfernen und Oberfläche mit Kunststoffreiniger reinigen.

Zum Reparieren eines Pkws nach einem Auffahrunfall siehe 2. US, 31702, Seite 6.

Übungen:

1. Was verstehen Sie unter einer Abschnittsreparatur?
2. Unterscheiden Sie bei Abschnittsreparaturen die Unfallreparatur von der Altersreparatur.
3. Warum ist es erforderlich, dass sich der Karosserie- und Fahrzeugbaumechaniker nach den Instandsetzungsvorschriften und Anweisungen des Fahrzeugherstellers richten muss?
4. Nennen sie Anforderungen, die an eine Abschnittsreparatur gestellt werden.
5. Welche Trennverfahren werden bei der Abschnittsreparatur eingesetzt?
6. In welchen Fällen ist bei der Abschnittsreparatur das thermische Trennen erforderlich?
7. Welcher Grundsatz gilt für den Trennlinienverlauf, wenn es hierfür keine Herstellervorschrift gibt?
8. Welche Fügeverfahren werden bei der Abschnittsreparatur eingesetzt?
9. In welchen Fällen bietet sich bei der Abschnittsreparatur das mechanische Fügen in Verbindung mit dem Kleben an?
10. Welche thermischen Fügeverfahren setzt man bei der Abschnittsreparatur am häufigsten ein?
11. Nennen Sie Beispiele für das Auftragslöten bei der Abschnittsreparatur.
12. Nennen Sie Einsatzbeispiele für Spachtelmasse mit Metallpulver.
13. In welchen Fällen muss eine Fahrzeugfrontscheibe ersetzt werden?
14. Beschreiben Sie das Ersetzen einer Fahrzeugfrontscheibe.
15. Bei welchen Beschädigungen an der Fahrzeugfrontscheibe kann repariert werden?
16. Beschreiben Sie die Reparatur einer Fahrzeugfrontscheibe.

23 Karosseriebleche ausbeulen

In diesem Kapitel werden behandelt:
- Grundlagen des Ausbeulens, siehe Kap. 23.1
- Dellen im Karosserieblech – Klassifikation, siehe Kap. 23.2
- Ausbeulwerkzeuge, siehe Kap. 23.3
- Ausbeulverfahren, siehe Kap. 23.4
- Hagelschäden instand setzen, siehe Kap. 23.5
- Korrosionsschutz nach dem Ausbeulen, siehe Kap. 23.6
- Oberflächengüte nach dem Ausbeulen, siehe Kap. 23.7

23.1 Grundlagen des Ausbeulens

Jeder kleine Blechschaden ist für den Autobesitzer ärgerlich, da solche Schäden meist selbst bezahlt werden müssen.
Die meisten Karosserien der Pkws bestehen aus Stahlblechen oder Aluminiumblechen, diese Bleche werden als **Karosseriebleche** bezeichnet. Bei den meisten Karosserieblechen ist ein Ausbeulen möglich.

Für Karosserie- und Fahrzeugbaumechaniker gilt:
Ausbeulen vor Erneuern.

Wird ein Blech weit über die Streckgrenze belastet, entsteht eine bleibende Verformung, vgl. Kap. 2.5.2 und siehe Bild ➔ 1.
Beim Verformen des Karosseriebleches nach innen entsteht eine **Delle**[1]. Das Rückverformen von Dellen in den ursprünglichen Zustand wird als **Ausbeulen** oder **Richten** bezeichnet, siehe Bild ➔ 2.

Grundprinzip des Ausbeulens:
Gestauchte Bereiche müssen gestreckt werden, gestreckte Bereiche müssen gestaucht werden.

Um ein beschädigtes Blech zu reparieren, sind erforderlich:
- passende Werkzeuge und Geräte
- gute Kenntnisse der Werkstoffe
- handwerkliches Geschick

Bei Karosserien von Pkws beträgt die Blechdicke = 0,6 mm bis 1,2 mm. Deshalb lassen sich die Bleche biegen, abkanten und tiefziehen. Dabei müssen sie jeweils über den elastischen in den plastischen Bereich verformt werden.
Dieses Werkstoffverhalten wird beim Ausbeulen ausgenutzt.
Nach dem Ausbeulen weisen die Bauteile wieder ihre ursprüngliche Form auf; sie erfüllen dann auch wieder ihre dekorative und tragende Funktion.

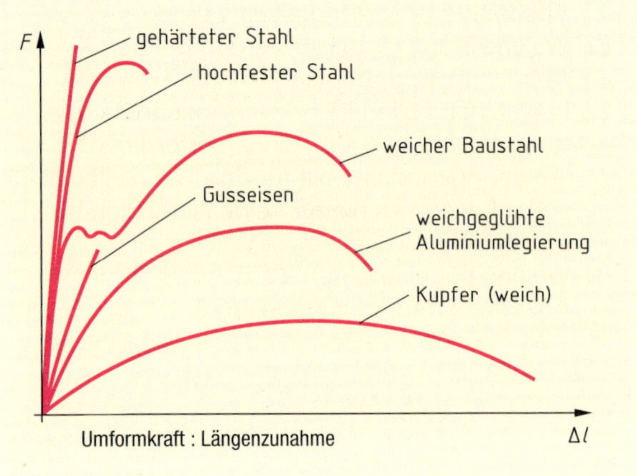

1 Umformbarkeit verschiedener Werkstoffe

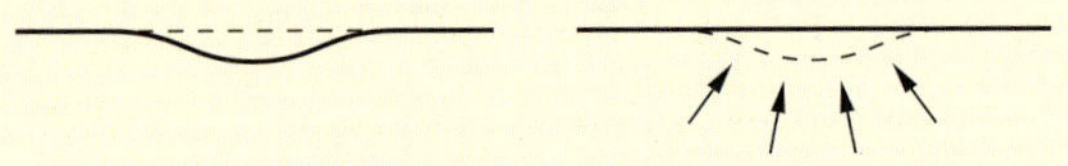

2 Ausbeulen eines Bleches

23.2 Dellen im Karosserieblech – Klassifikation

Dellen in Karosserieblechen werden unterschieden in:
- Springdellen
- Stoßdellen
- Hagelschäden
- Dellen durch Karosserieverzug

Springdellen
Eine Springdelle entsteht, wenn ein flaches oder leicht geformtes Karosserieblech eingedellt wird. Das Blech wird am beschädigten Bereich gering über die Streckgrenze hinaus belastet. Das Blech an den Rändern der Delle wird etwas stärker plastisch verformt als in der Mitte der Delle. Deshalb ist in der Mitte der Delle die Festigkeit des Werkstoffs weiterhin stabil und fest.

[1] Delle = Vertiefung, Beule = Erhöhung

Drückt man die Delle zurück, springt sie schlagartig auf die andere Seite und wird zur Beule. Durch erneutes Drücken auf die Beule entsteht wieder eine Delle; deshalb der Begriff Springdelle, siehe Bild → 1.

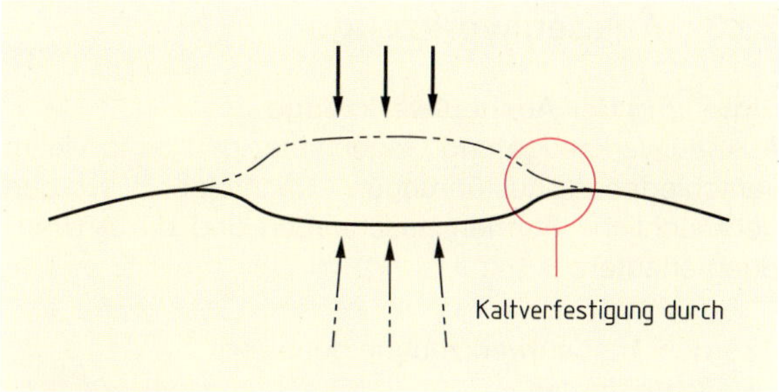

1 Springdelle

2 Stoßdelle

3 Hagelschaden © www.lacktop.de

Stoßdellen

Eine Stoßdelle entsteht, wenn auf das Blech eine äußere Kraft wirkt, sodass es bleibend verformt wird. Stoßdellen treten häufig an den Außenseiten in Höhe Stoßfänger auf, siehe Bild → 2. Form und Größe der Stoßdelle werden bestimmt von der Wucht und der Richtung des Anstoßes.

Der Karosserie- und Fahrzeugbaumechaniker kann bei einem solchen Schaden sofort feststellen, ob:

- der Lack beschädigt ist
- die auszubeulende Stelle von beiden Seiten zugänglich ist

Hagelschäden

Hagelschäden entstehen bei Unwetter, wenn Hagelkörner[1] auf das Fahrzeug prasseln. Dabei werden die großflächigen Karosserieteile beschädigt. Die Hagelkörner können hinterlassen:

- Kratzspuren an Front- und Heckscheibe und im oberen Bereich der Kotflügel
- Dellen am Dach und an Hauben

Die Dellen sind in den meisten Fällen linsenförmig und nicht sehr tief; die Umformung ist gering, siehe Bild → 3. Sie lassen sich gut ausbeulen.

Haben sich sehr viele Dellen gebildet, kann es kostengünstiger sein, ein neues Blechteil einzubauen – die Entscheidung trifft der Sachverständige.

Beulen und Dellen durch Karosserieverzug

Wenn sich infolge eines kräftigen Stoßes auf die Karosserie oder das Fahrwerk massive Teile verbiegen oder verdrehen, verzieht sich die Verkleidung der Rohkarosserie; es entstehen Beulen und Dellen. Diese Beulen und Dellen entstehen also nicht direkt durch den Stoß auf das Blech.

Leider werden diese Beulen und Dellen bei der Schadensaufnahme oft übersehen, weil ein Schaden an der Karosserieverkleidung nicht vermutet wird und auf den ersten Blick nicht zu erkennen ist.

Den Schaden erkennt man jedoch daran, dass bestimmte Linienzüge (Abkantungen, Sickenverläufe) oder Fallungen nicht fluchten. Dafür wird z. B. eine Karosserieseite von vorn bis hinten mit dem Auge angepeilt.

Das Ausbeulen bei Karosserieverzug wird durch erforderliche Richtarbeiten unterstützt. Durch das Richten der tragenden Karosseriebereiche werden vorhandenen Dellen und Beulen teilweise rückverformt, sodass nur noch geringe Ausbeularbeiten erforderlich sind.

[1] Hagel: körnige oder runde Eisstücke

23.3 Ausbeulwerkzeuge

Einteilung der Ausbeulwerkzeuge

Ausbeulwerkzeuge und Gegenhalter gibt es in vielen verschiedenen Ausführungen. Nachfolgend werden gebräuchliche Formen beschrieben und die Anwendung erläutert.

Zu den Ausbeulwerkzeugen gehören:
- Richthammer
- Stauchhammer
- Schlichthammer aus Aluminium
- Spitzhammer
- Gegenhalter

Richthammer

Der Richthammer ist der gebräuchlichste Ausbeulhammer mit runden oder quadratischen Schlagflächen, die eben oder gewölbt sein können, siehe Bild → 1.

Die Schlagflächen des Hammers sind poliert und dürfen nicht beschädigt werden. Deshalb sollte er niemals zum Meißeln oder ähnlichem verwendet werden.

Bei Richtarbeiten wird meist die Seite mit der runden Fläche gewählt. Muss man jedoch an einer erhöhten Stelle richten, z. B. an aufgestellten Sicken oder Kanten, so kann man diese Stelle mit der quadratischen Form besser erreichen.

Der Hammerstiel ist lang und schmal und besteht aus Holz.

Stauchhammer

Der Stauchhammer wird auch **Drehkopf-Ausbeulhammer** genannt.

Er hat eine Linierung auf der Aufschlagfläche, siehe Bild → 2. Beim Auftreffen auf das Blech dreht sich der Hammer ein wenig.

Durch den Dreheffekt und die Linierung lassen sich überdehnte oder wellige Bleche zusammenschrumpfen, sodass Springdellen und Wellen geglättet werden; das Blech wird wieder zusammengestaucht.

Die Rückseite des Hammers dient als normaler Schlichthammer.

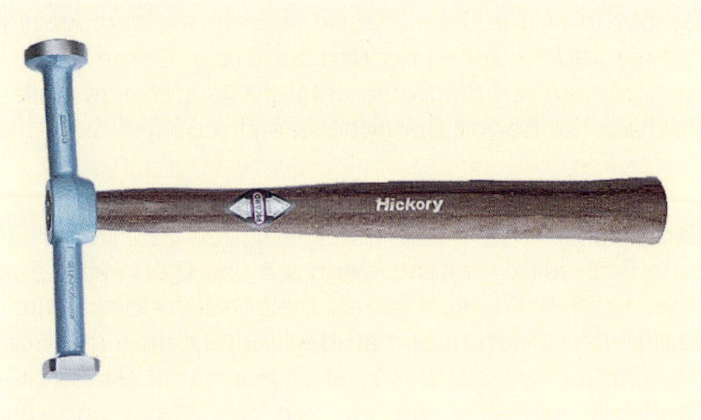

1 Ausbeulhammer

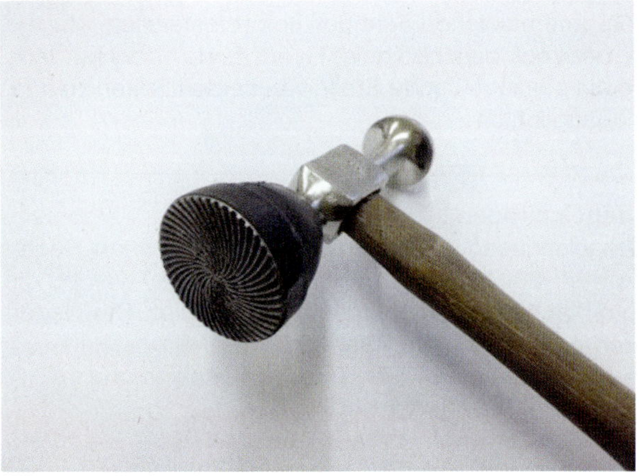

2 Stauchhammer

Schlichthammer aus Aluminium

Nach dem Richten mit Hammer und Gegenhalter ist die Blechfläche an der Oberseite mit kleinen Erhöhungen, sogenannten Kratern, versehen. Diese müssen geglättet werden.

Dazu eignet sich der Aluminiumhammer mit seiner ebenen Schlagfläche ausgezeichnet, da er keine Abdruckstellen auf der Blechfläche hinterlässt, siehe Bild → 3.

3 Schlichthammer aus Aluminium

Spitzhammer
Kleine Dellen oder Beulen lassen sich mit einem Spitzhammer sehr gut zurückformen. Mit einer größeren Hammerfläche würde man sonst die umliegende unbeschädigte Fläche in Mitleidenschaft ziehen.

Das genaue Treffen der Dellen- oder Beulenspitze ermöglicht auch ein Ausbeulen ohne Gegenhalter. Die Erkennungsmerkmale eines Spitzhammers sind eine spitze und eine runde Schlagfläche, wobei die runde Schlagfläche ballig oder eben sein kann, siehe Bild ➔ 1.

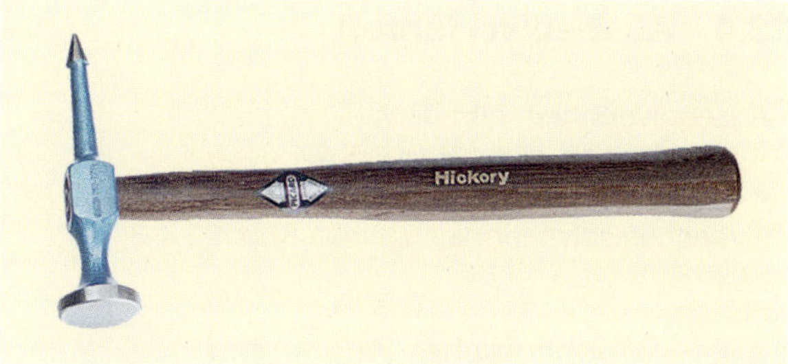

1 Spitzhammer

Gegenhalter
Gegenhalter werden auch **Handfäuste** oder **Handambosse** genannt. Sie stützen beim Ausbeulen das federnde Blech ab.

Da die Karosserieformen vielfältig und rückwärtig nicht immer gut zugänglich sind, gibt es eine große Anzahl dieser Gegenhalter.

Der Karosserie- und Fahrzeugbaumechaniker setzt am häufigsten ein:
- Universalfaust
- ebene Handfaust
- schienenförmige Handfaust
- diaboloförmige Handfaust
- Kastenfeile

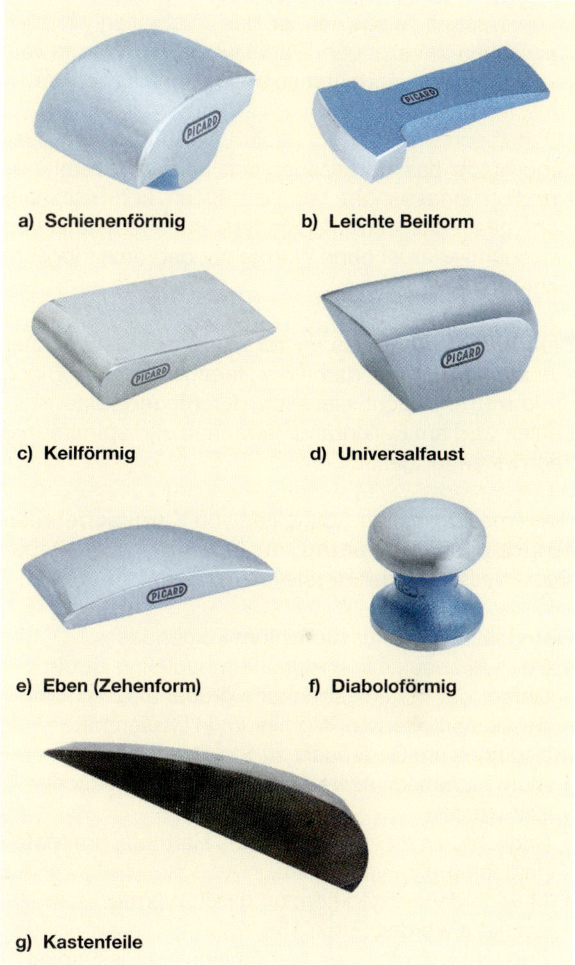

2 Gegenhalter

Die **Universalfaust**, auch **Daimler-Faust** genannt, gilt als massives und gut in der Hand liegendes Werkzeug. Sie wird auch zum Schlagen genutzt, wenn zu wenig Platz für einen Hammer vorhanden ist, siehe Bild ➔ 2d.

Die **ebene Handfaust** wird eingesetzt z. B. zum Ausbeulen einer Fahrzeugtür. Von der Innenseite her ist nicht viel Platz; zudem hat ein Türblatt nur leichte Wölbungen. Der Gegenhalter sollte demnach ein flaches, leicht balliges Werkzeug sein, siehe Bild ➔ 2e.

Bei Blechpartien mit stärkeren Rundungen, z. B. Kotflügelecken, findet die **schienenförmige** oder die **diaboloförmige** Handfaust ihre Anwendung, siehe Bild ➔ 2f.

Die **Kastenfeile** ist ein Gegenhalter in Zehenform, an der Oberfläche mit einem Feilenhieb versehen, siehe Bild ➔ 2g. Durch den Feilenhieb liegt die Kastenfeile beim Ausbeulen nur punktuell auf der Blechfläche auf und verhindert damit mögliche Springdellen durch Materialstreckung. Dieser Gegenhalter hat zudem den Vorteil, dass er als Feile für den Kontrollschliff verwendet werden kann.

23.4 Ausbeulverfahren

Ausbeulverfahren gibt es:
- mechanisch, siehe Kap. 23.4.1
- thermisch, siehe Kap. 23.4.2
- mechanisch-thermisch, siehe Kap. 23.4.3

23.4.1 Mechanisches Ausbeulen

Anwendung des mechanischen Ausbeulens
Mechanisches Ausbeulen ist das Ausbeulen mit mechanischen Werkzeugen. Dabei wird keine Wärme verwendet; deshalb spricht man auch vom **Kaltrichten**.

Mechanisch werden nur kleine Verformungen ausgebeult, da das Karosserieblech in der Gesamtkonstruktion eingespannt ist. Das Blech kann deshalb nicht gestreckt werden, sondern der Werkstoff wird gestaucht – das ist ohne Wärme nur begrenzt möglich, siehe Bild → 1.

Blech aus Stahl muss immer mit einem Gegenhalter ausgebeult werden, damit die Hammerkraft das Blech umformt, und nicht elastisch durchfedert. Das Ausbeulen wird am Dellenrand begonnen und spiralförmig nach innen fortgesetzt.

Beim mechanischen Ausbeulen von **Karosserieteilen aus Aluminiumlegierung** sind in jedem Fall die Reparaturanleitungen der Hersteller zu beachten.

Grundsätzlich gilt für Aluminium Folgendes:
- Beim Ausbeulen von Aluminiumbauteilen ist die Gefahr der Materialstreckung größer als bei Stahl.
- Ausbeularbeiten bei Aluminium in Beulenmitte beginnen (im Gegensatz zu Stahlblech).
- Aluminiumblech sollte öfter gedrückt als geschlagen werden.
- Schlichten mit Gegenhalter aus Hartholz, um Materialdehnung zu vermeiden.
- Materialdehnungen können durch Wärmezufuhr beseitigt werden (max. 150 °C).
- Entsteht während des Ausbeulens ein Riss, so ist das Bauteil zu ersetzen.
- Keine scharfkantigen und harten Ausbeulwerkzeuge verwenden.
- Nur Kunststoff-, Holz- oder Aluminiumhämmer verwenden.

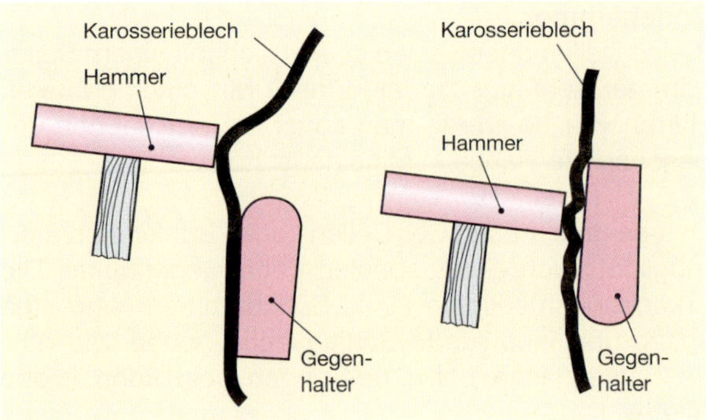

1 Mechanisches Ausbeulen

Lackierfreies Ausbeulen
Eine besondere Methode des mechanischen Ausbeulens ist das lackierfreie Ausbeulen, auch unter dem Begriff **Smart Repair**[1] bekannt. Dabei werden Dellen ausgebeult, ohne den Lack zu beschädigen. Damit entfällt das Lackieren nach der Reparatur.

Diese Methode kann nur ausgeführt werden, wenn folgende Voraussetzungen erfüllt sind:
- keine Altschäden wie Spachtelmasse oder Verzinnungen
- Durchmesser der Delle ist nicht größer als ein Tennisball
- Delle ist maximal 0,5 mm tief
- Delle hat keine scharfe Kante oder Spitze
- Lackoberfläche ist nicht vorgeschädigt

Zum lackierfreien Ausbeulen gibt es zwei Methoden:
- Hebelmethode
- Zugmethode

Hebelmethode zum lackierfreien Ausbeulen
Bei der Hebelmethode werden zum Ausbeulen unterschiedlich lange und geformte Hebel verwendet, siehe Bild → 1a, Seite 617. Mit diesen Hebeln wird die Delle von hinten gedrückt, siehe Bild → 1b, Seite 617 – deshalb muss die Delle von hinten zugänglich sein.

[1] Smart Repair (engl.): „elegantes“ Reparaturverfahren

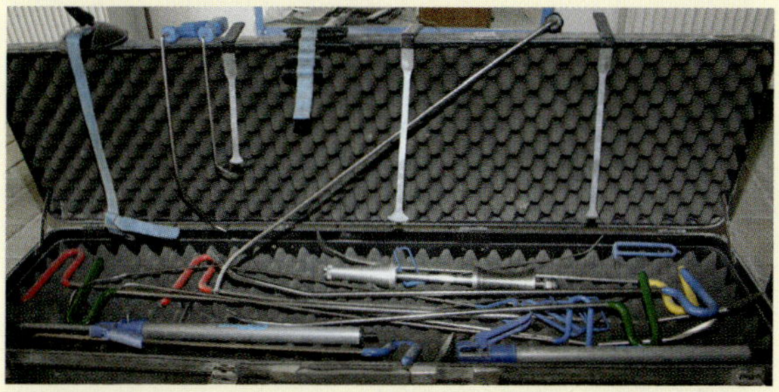
a) Werkzeug

b) Delle ausdrücken © www.lacktop.de

1 Hebelmethode

Außer den Hebeln werden benötigt:
- Leuchtstoffröhre; sie macht Höhenabweichungen im Karosserieblech gut sichtbar, siehe Bild → 1b
- Heißluftföhn, um die Oberfläche des Bleches zu erwärmen, damit Risse im Lack vermieden werden

Vorgehen beim Ausbeulen mit der Hebelmethode:
- Delle mit einem Fettstift markieren
- Leuchtstoffröhre auf die Delle ausrichten
- Oberfläche mit dem Heißluftföhn auf ca. 25 °C erwärmen
- Blech mit dem Hebel so weit zurückdrücken, bis es sich plastisch verformt

Achtung:
Beim Zurückdrücken der Delle
- ist am Rand der Delle zu beginnen
- muss das Blech etwas „überdrückt" werden, weil die plastische Verformung einen elastischen Anteil hat, vgl. Kap. 2.5.2

In der Praxis wird die sogenannte **Uhr-Methode** angewendet: Die Delle wird wie das Zifferblatt einer Uhr betrachtet:
- Die Rückverformung beginnt bei „9 Uhr", siehe Bild → 2.
- Entlang des Randes der Delle werden Druckpunkte gesetzt, bis man bei „3 Uhr" angelangt ist.
- Dann wird der Hebel ein Stück nach innen versetzt, und der Rückweg beginnt von „3 Uhr" nach „9 Uhr".

Das Ergebnis der Rückverformung muss ständig kontrolliert werden mit Hilfe der Reflexion des Lichtes der Leuchtstoffröhre. Überdrückte Punkte sind sofort mit einem Kunststoffstift zurückzuschlagen, siehe Bild → 3.

Nach dem Ausbeulen wird die Oberfläche poliert.

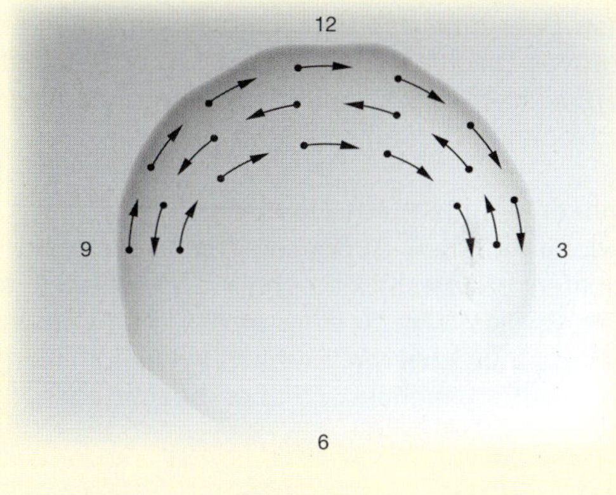

2 Uhr-Methode zum lackierfreien Ausbeulen

3 Überdrückten Punkt zurückschlagen

KAROSSERIE-INSTANDHALTUNG

Zugmethode zum lackierfreien Ausbeulen
Bei der Zugmethode wird die Delle wieder herausgezogen. Sie wird angewendet, wenn die Delle nur von außen zugänglich ist.

Vorgehen, vgl. Bild → 1:
- Klebepads oder Zugstempel mit Heißkleber auf die Lackoberfläche kleben
- mit Zughammer oder Zuggerät die Delle herausziehen
- Kleber entfernen mit Hilfe eines Föhns oder eines Lösemittels

Zum Schluss wird die Reparaturstelle poliert.

Die Klebeflächen müssen eine bestimmte Größe haben, damit sie die Zugkräfte übertragen können. Bei kleinen Dellen hat das den Nachteil, dass auch nicht verformtes Blech nach oben gezogen wird. Hersteller bieten deshalb unterschiedlich geformte Klebepads in verschiedenen Größen an.

Karosserie-Außenhaut-Reparatur
Bei der modernen Außenhaut-Reparatur wird zum Vorrichten oft die Klebetechnik angewendet, siehe Bild → 2. Dies führt zu einer erheblichen Verkürzung der Reparaturdauer an Stahl- sowie Aluminiumblechen. Das Vorgehen ist wie oben beschrieben.

a) Aufgeklebte Klebepads

b) Klebepad mit aufgesetztem Zuggerät

1 Zugmethode zum lackierfreien Ausbeulen

2 Vorrichten mithilfe aufgeklebter Zugadapter

Sicken und Kanten ausbeulen
Bei Sicken und Kanten werden sogenannte Bits angeschweißt und mit dem Strong-Puller rückverformt, siehe Bilder ➔ 1a und 1b.

Anschließend kommt für das Flächenfinish der Easy-Puller zum Einsatz, siehe Bild ➔ 1c.

Zum Ausbeulen einer Fahrzeugtür siehe 2. US, 31702, Seite 72.

23.4.2 Thermisches Ausbeulen

Beim thermischen Ausbeulen werden Dellen punktuell erwärmt – man spricht auch vom **Warmrichten**.

Prinzip des thermischen Ausbeulens:
- ein kleiner Bereich wird schnell erwärmt
- der Werkstoff möchte sich ausdehnen
- er wird aber vom „kalten“ Werkstoff um ihn herum daran gehindert
- beim Abkühlen des erwärmten Bereichs schrumpft der erwärmte Werkstoff
- an dieser Stelle entstehen Zugspannungen

Zum Erwärmen eignen sich:
- offene Gasflamme
- Induktionserhitzer

Zum thermischen Ausbeulen kann eine **offene Gasflamme** verwendet werden; dieses Verfahren wird auch **Flammrichten** genannt. Doch die offene Flamme hat Nachteile:
- Die Wärme wird auf die Oberfläche aufgebracht und dringt dann in den Werkstoff vor; die Wärmeverteilung ist ungleichmäßig.
- Die offene Flamme kann naheliegende Bauteile wie Kabel und Kunststoffteile beschädigen – diese Teile müssen vorher demontiert werden.

Besser eignet sich zum Warmrichten ein **Induktionserhitzer**. Im Induktionserhitzer wird eine Spule von elektrischem Strom durchflossen, sodass ein magnetisches Wechselfeld entsteht.

Dieses magnetische Wechselfeld induziert in der Randschicht und in der Tiefe des Werkstoffs Wirbelströme und erwärmen ihn dort, siehe Bild ➔ 2.

Die Wärme darf beim thermischen Ausbeulen von Bauteilen aus Stahl die Temperatur von ca. 700 °C (bei Aluminium: ca. 270 °C) nicht überschreiten, sonst verändert sich das Gefüge – Zugfestigkeit und Bruchdehnung des Werkstoffs verringern sich.

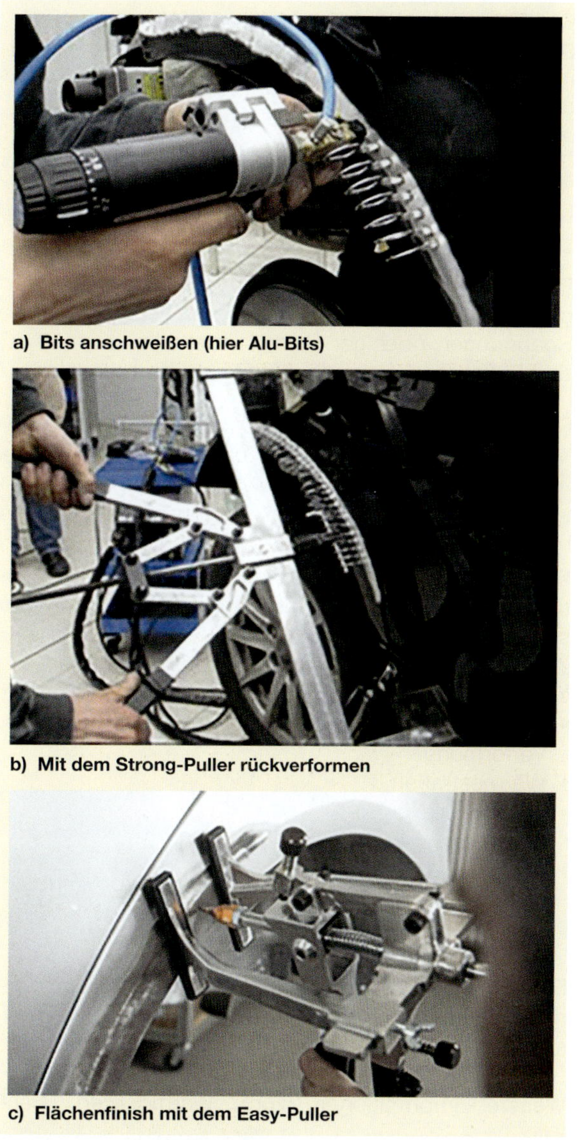

a) Bits anschweißen (hier Alu-Bits)

b) Mit dem Strong-Puller rückverformen

c) Flächenfinish mit dem Easy-Puller

1 Sicken und Kanten ausbeulen

2 Erwärmen mit dem Induktionserhitzer

KAROSSERIE-INSTANDHALTUNG

Die Temperatur wird durch Augenschein überwacht: Stahl darf nur so weit erwärmt werden, bis er dunkelrot glüht, vgl. Glühfarben in Bild → 1.

Achtung:
Hochlegierte Stähle dürfen nicht thermisch ausgebeult werden.

Der Werkstoff muss bis ca. 450 °C nur langsam und gleichmäßig abkühlen, sonst entstehen zusätzliche Spannungen oder gar Risse. Unterhalb von 450 °C darf Luft oder Wasser die Abkühlung beschleunigen.

Beim thermischen Ausbeulen verkürzt sich der erwärmte Werkstoff; die Verkürzung zeigt sich aber erst nach der Abkühlung.

Die Zugspannungen verformen das Bauteil – bei richtiger Anwendung zurück in den ursprünglichen Zustand.
Zum thermischen Ausbeulen von Blechen werden vorzugsweise Wärmefiguren angewendet, siehe Bild → 2:
- Wärmepunkte, sie beseitigen punktuelle Verformungen
- Wärmestraßen
- Wärmekeile

In allen Fällen schrumpft der Werkstoff zur Wärmefigur hin.

Es verlangt viel Erfahrung und Können vom Karosserie- und Fahrzeugbaumechaniker, damit das thermische Ausbeulen den gewünschten Erfolg bringt.

Weitere Informationen zum Warmrichten siehe Kap. 21.2.3.

23.4.3 Mechanisch-thermisches Ausbeulen

Mechanisch-thermisches Ausbeulen ist eine Kombination aus mechanischem und thermischem Ausbeulen, vgl. Bild → 3:
- Das Blech wird erwärmt und
- anschließend mit einem Aluminiumhammer und Gegenhalter bearbeitet.

Bei der Kombination beider Verfahren wird das verformte Blech im glühenden, weichen Zustand durch Gegenhalter und Hammer gestaucht.

Glühfarbe	Temperatur in °C	Beschreibung
	550	dunkelbraun
	630	braunrot
	680	dunkelrot
	740	dunkelkirschrot
	780	kirschrot
	810	hellkirschrot
	850	hellrot
	900	gut hellrot
	950	gelbrot
	1000	hellgelbrot
	1100	gelb
	1200	hellgelb
	1300	gelbweiß

1 **Glühfarben von Stahl**

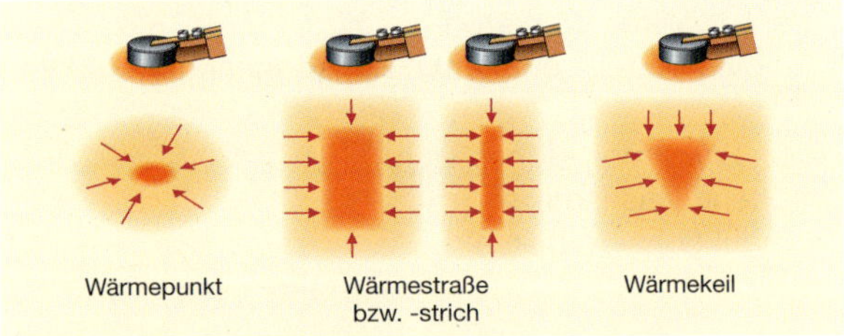

2 **Wärmefiguren zum Richten von Fahrzeugrahmen**

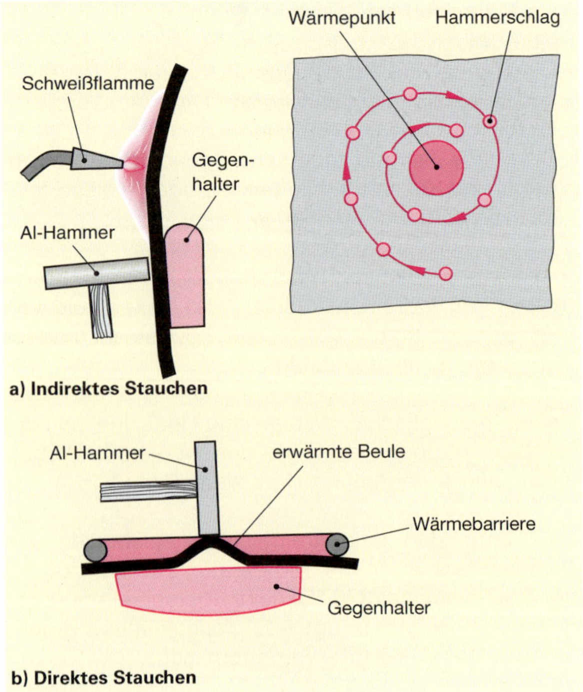

3 **Mechanisch-thermisches Ausbeulen**

Man unterscheidet beim mechanisch-thermisches Ausbeulen zwei Verfahren:
- indirektes Stauchen
- direktes Stauchen

Beim **indirekten Stauchen** wird die Mitte der großflächigen Delle oder Beule mit dem Induktionserhitzer erwärmt. Danach wird vom Rand der Delle oder der Beule her der Werkstoff mit dem Aluminiumhammer zum erwärmten Bereich hin geschlichtet. Im Anschluss wird der Wärmepunkt mit einem feuchten Lappen abgekühlt. Das Blech schrumpft und wird dadurch eingezogen.

Beim **direkten Stauchen** werden kleine, harte Beulen oder Dellen kirschrot (ca. 800 °C) erwärmt. Anschließend wird mit dem Aluminiumhammer die erwärmte Stelle gestaucht. Mit dem Gegenhalter wird das Durchfedern des Bleches verhindert.

Das Ausbeulen durch Wärmezufuhr ist nur dann durchzuführen, wenn die Werkstoffeigenschaften des Bleches durch die Erwärmung nicht verändert werden.
Die hochfesten Bleche in modernen Fahrzeugen sind nur nach den Vorschriften des Herstellers zu reparieren.

a) Haken einhängen

b) Delle herausziehen © www.lacktop.de

1 Ausbeulen mit dem Zughammer

23.5 Hagelschäden instand setzen

Die Dellen eines Hagelschadens sind meist nicht sehr tief und das Blech ist nur gering verformt. Solche Dellen können ausgebeult werden, ohne die Innenverkleidung zu demontieren; dann sind sie nur von einer Seite zugänglich.

Zum Ausbeulen solch kleiner Dellen können verwendet werden:
- Zuggerät
- Airpuller
- kleine weiche Flamme

Hagelschäden instand setzen mit Hilfe eines Zughammers

Um Dellen mit Hilfe eines Zughammers auszubeulen, werden zuvor große Unterlegscheiben als Zugringe aufgeschweißt. In die Unterlegscheibe wird der Haken des Zughammers eingehängt und die Delle nach außen gezogen, siehe Bild → 1.

Danach werden die Unterlegscheiben entfernt und die Blechoberfläche mechanisch geglättet.

Mit dem Zughammer können auch große Dellen wieder herausgezogen werden.

Hagelschäden instand setzen mit Hilfe des Airpullers
Mit dem Airpuller[1] können nur kleine Dellen ausgebeult werden, siehe Bild → 1. Dabei werden:

- die Stiftelektrode angeschweißt
- das Blech automatisch herausgezogen
- die Schweißstelle mit Luft abgekühlt
- die Stiftelektrode gedreht und dabei vom Blech abgelöst

Der Airpuller arbeitet schnell; es können damit außerdem Blechverspannungen (Frösche) und tiefe Kratzer beseitigt werden.

Zu weit herausgezogene Dellen lassen Beulen entstehen, die wieder eingedrückt werden müssen; dieser Vorgang wird als **Einziehen** bezeichnet. Dazu wird in den Airpuller eine Kupferelektrode eingesetzt. Über die Kupferelektrode wird die Beule erwärmt und dann eingezogen.

Hagelschäden instand setzen mit kleiner weicher Flamme
Bei kleinen weichen Dellen ohne Lackbeschädigung kann mit einer weichen, spitzen Flamme rückgeformt werden.
Der gesamte Dellenrand wird mit der Flammenspitze erwärmt. Dabei darf die Flamme nur so groß sein wie bei einem Feuerzeug, damit der Lack nicht beschädigt wird.

Der Vorgang ist wie beim thermischen Ausbeulen, vgl. Kap. 23.4.2:

- Der überstreckte Bereich am Rand der Delle will sich ausdehnen, wird aber vom umliegenden, nicht erwärmten Material daran gehindert.
- Das umliegende Material leitet die Wärme ab und der erwärmte Bereich kühlt wieder ab.
- Dadurch schrumpft der überstreckte Bereich und „zieht" die Delle heraus.

Von Vorteil ist, die Dellen vorher gründlich zu reinigen und zu beleuchten – so kann der Erfolg des Ausbeulens besser beobachtet werden, siehe Bild → 2.

Es erfordert viel Übung und Geschick, Dellen zu entfernen, ohne den Lack zu beschädigen.

23.6 Korrosionsschutz nach dem Ausbeulen

Nach jedem Ausbeulen muss der Korrosionsschutz wieder hergestellt werden.
Dies geschieht in der Regel nach dem Lackieren, indem man die bearbeitete Fläche von innen mit Hohlraumkonservierung beschichtet.

Informationen zum Korrosionsschutz siehe Kap. 2.10.

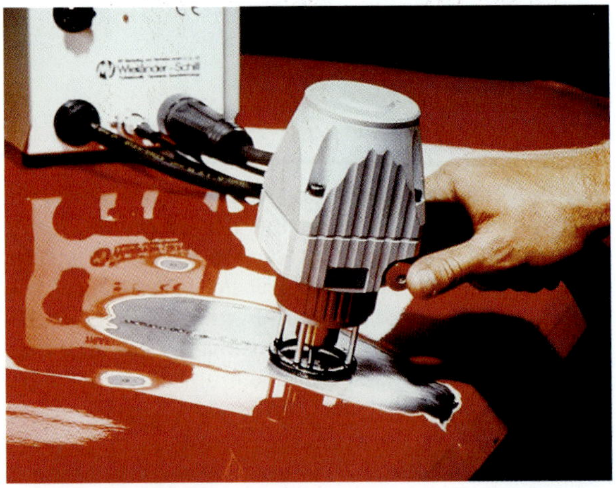

1 Delle mit dem Airpuller herausziehen

2 Dellen des Hagelschadens beleuchten © www.lacktop.de

23.7 Oberflächengüte nach dem Ausbeulen

Nach dem Ausbeulen sollte der Karosserie- und Fahrzeugbaumechaniker eine möglichst glatte Oberfläche hergestellt haben, damit der Lackierer nur eine geringe Menge Polyesterspachtel auftragen muss. Die Schichtdicken von 2 mm (= 2000 µm) sind nach Herstellervorschriften nicht zu überschreiten.

Aufgrund besserer Haftung wurde das Verzinnen oft dem Spachteln vorgezogen. Heute empfehlen die Fahrzeughersteller teilweise als Alternative einen 2-K-Metallpulver-Spachtel.

[1] Airpuller: Ausbeulgerät mit pneumatischem Anschluss

Übungen:

1. Was versteht man unter der Bezeichnung Karosserieblech?
2. Wie dick sind Karosseriebleche am Pkw?
3. Erklären Sie den Begriff Ausbeulen.
4. Wie unterscheiden sich Delle und Beule?
5. Nennen Sie vier Arten von Dellen im Karosserieblech und erklären Sie.
6. Wodurch entsteht eine Springdelle?
7. Erklären Sie den Unterschied zwischen einer Spring- und einer Stoßdelle!
8. Durch welche Verfahren können Dellen beseitigt werden?
9. Beschreiben Sie die Wirkung des Stauchhammers.
10. Welche Besonderheit hat der Drehkopfhammer?
11. Für welche Arbeiten wird der Schlichthammer aus Aluminium verwendet?
12. In welchen Fällen werden Gegenhalter eingesetzt?
13. Wozu dient die Kastenfeile?
14. Was versteht man unter Smart Repair?
15. Beschreiben Sie, wie mit Hilfe der Hebelmethode eine Delle ausgebeult wird.
16. Erklären Sie die Uhr-Methode beim lackierfreien Ausbeulen.
17. Beschreiben Sie die Zugmethode zum lackierfreien Ausbeulen.
18. Erklären Sie das Prinzip zum thermischen Ausbeulen.
19. Welche Vorteile hat es, zum thermischen einen Induktionserhitzer zu verwenden, statt einer offenen Gasflamme?
20. Bis zu welcher Temperatur darf Stahl beim thermischen Ausbeulen erwärmt werden? Welcher Glühfarbe entspricht das?
21. Beschreiben Sie das indirekte Stauchen beim mechanisch-thermischen Ausbeulen.
22. Beschreiben Sie, wie mit dem Zughammer eine Delle aus dem Blech gezogen werden kann.
23. Wie arbeitet ein Airpuller?
24. Wie wird der Korrosionsschutz nach dem Ausbeulen wiederhergestellt?

24 Reparaturlackierung

In diesem Kapitel werden behandelt:
- Begriffe zur Reparaturlackierung, siehe Kap. 24.1
- Altlackierung prüfen, siehe Kap. 24.2
- Farbton der Originallackierung ermitteln, siehe Kap. 24.3
- Untergrund bearbeiten, siehe Kap. 24.4
- Abkleben und Abdecken, siehe Kap. 24.5
- Grundieren und Grundiermaterial, siehe Kap. 24.6
- Spachteln und Spachtelmasse, siehe Kap. 24.7
- Füllern und Füller, siehe Kap. 24.8
- Arten der Reparaturlackierungen, siehe Kap. 24.9
- Fahrzeuglack, siehe Kap. 24.10
- Einrichtungen, Werkzeuge und Geräte für die Reparaturlackierung, siehe Kap. 24.11
- Farbton eines Lacks angleichen, siehe Kap. 24.12
- Lackierfehler, siehe Kap. 24.13
- Finish, siehe Kap. 24.14
- Arbeits-, Gesundheits- und Umweltschutz beim Lackieren, siehe Kap. 24.15

24.1 Begriffe zur Reparaturlackierung

Bei einer Reparaturlackierung wird eine beschädigte Lackierung (**Altlackierung**) repariert (ausgebessert). Schäden an der Lackierung entstehen durch physikalische Kräfte, z. B. Steinschlag, Hagelschlag, Zusammenstoß, Rempler, oder durch chemische Faktoren wie Verwitterung, Rost, Vogelkot oder Rückstände von Aufklebern. Als Schadensbilder zeigen sich dann Kratzer, Risse, Löcher bzw. Rostnarben.

Aber es können auch Schäden sein, die bei der Lackierung entstanden sind, die sogenannten Lackierfehler.

Bei diesen Schäden ist eine Reparaturlackierung notwendig, weil sonst der Stahluntergrund rostet oder sichtbare Einschlüsse (z. B. Staub) oder andere Störungen der Lackoberfläche eine perfekte Lackierung verhindern.

Reparaturlackierungen werden in Handwerksbetrieben durchgeführt – im Gegensatz zur Serienlackierung beim Fahrzeughersteller. So herrschen auch bei der Reparaturlackierung andere Bedingungen als bei der Lackierung bei einem Fahrzeughersteller:
- der Lack ist von einem anderen Hersteller
- der Lack wird mit Hand aufgetragen
- Lichtquellen sind andere
- Umgebungstemperatur und Luftfeuchte können schwanken

Trotzdem soll eine Lackfläche so hergestellt werden, die sich von der Serienlackierung nicht unterscheidet, d. h,
- die Oberfläche ist eben und ohne Ansätze,
- der Farbton unterscheidet sich nicht vom Originallack.

Das Ergebnis der Reparaturlackierung soll dann so aussehen, als hätte es nie einen Schaden gegeben

Die Lackierung besteht aus mehreren aufeinanderfolgenden Schichten; dem sogenannten **Lackierungsaufbau**; der Fachmann spricht auch vom Lacksystem.

Bei den Begriffen ist zu unterscheiden:
- **Lack** ist das Material, noch nicht verarbeitet (flüssig).
- Beim **Lacksystem** sind die Produkte Grundiermaterial, Spachtelmasse, Füller, Basislack und Klarlack aufeinander abgestimmt.
- **Lackierung** ist der Lack, verarbeitet und ausgehärtet am Fahrzeug.

Der klassische Lackierungsaufbau an Fahrzeugen besteht aus, vgl. Bild ➔ 1:
- Grundbeschichtung
- Füller
- Basislack oder Unilack
- Klarlack

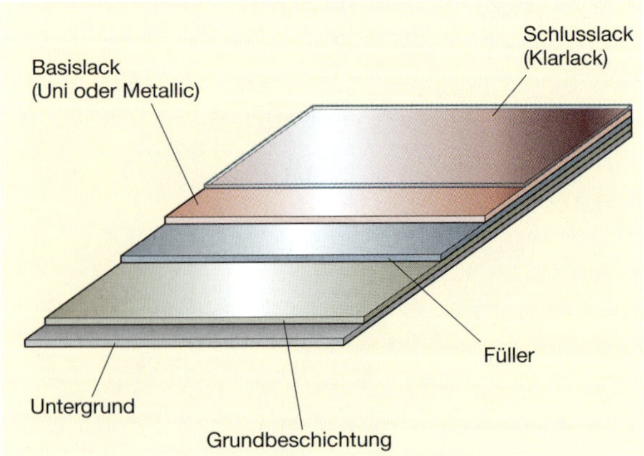

1 Klassischer Lackierungsaufbau an Fahrzeugen

24.2 Altlackierung prüfen

Methoden zur Prüfung der Altlackierung

1 Methoden zur Prüfung der Altlackierung

Für die Reparaturlackierung an einem Karosserieteil muss nicht die gesamte Altlackierung entfernt werden; die Altlackierung kann auch überlackiert werden. Sie muss jedoch geprüft werden auf Haftfestigkeit, verwendete Materialien, insbesondere deren Lösemittel und auf die Dicke der einzelnen Schichten, damit der Reparaturlack auch hält.

Dafür gibt es mehrere Verfahren, von denen hier vorgestellt werden, siehe Bild → 1:
- Klebebandabrisstest
- Lösemitteltest
- Fingernagelprobe

Klebebandabrisstest
Der Klebebandabrisstest ist ein einfacher Test, um die Haftfestigkeit der Altlackierung zu prüfen: Klebebandstreifen in die Nähe der Reparaturstelle aufkleben und ruckartig abreißen, siehe Bild → 2.

Ergebnis:
- Haften keine Teile am Klebeband, ist die Haftfestigkeit für eine Neubeschichtung in ausreichendem Maß gegeben.
- Haften Teile der Altlackierung am Klebeband, muss entschichtet werden.

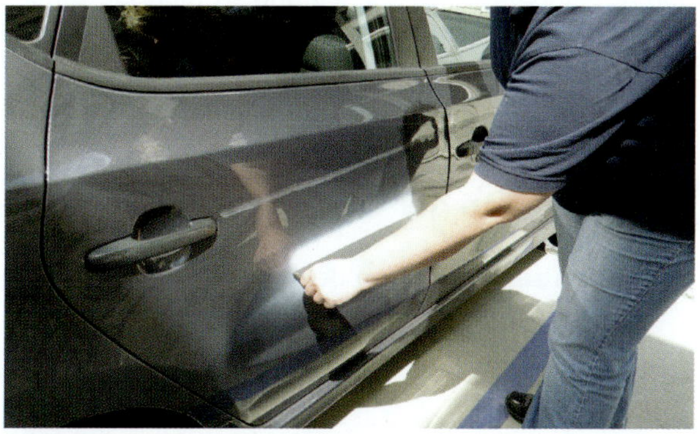

2 Klebebandabrisstest

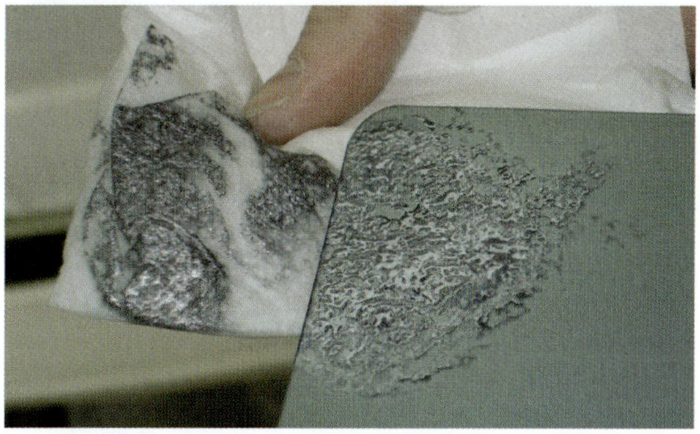

3 Kräuselbildung nach dem Lösemitteltest

Lösemitteltest
Mit dem Lösemitteltest wird die Lösemittelverträglichkeit der Altlackierung überprüft.

Vorgehen:
- Ein Lappen wird mit Lösemittel getränkt, z. B. mit Nitroverdünnung.
- Der Lappen wird auf die Altlackierung gelegt und verbleibt dort ca. 1 Minute; dazu wird eine nicht sichtbare Stelle der Karosserie gewählt.

Wenn sich in der Altlackierung Kräusel bilden und der Lappen sich verfärbt, ist der Altlack lösemittelempfindlich, siehe Bild → 3.

Dann werden
- Altlackierung bis auf das blanke Blech entschichtet,
- Umgebung der Reparaturstelle mit entsprechender Grundierung isoliert (überlackiert), da dort der Altlack auch lösemittelempfindlich ist.

Bleibt die Altlackierung unverändert, ist sie lösemittelunempfindlich und kann problemlos überlackiert werden.

Fingernagelprobe

Die Fingernagelprobe wird ähnlich wie der Lösemitteltest durchgeführt. Löst die Altlackierung nicht sofort an, so kann sie doch nach einer gewissen Einwirkzeit der Nitroverdünnung langsam erweichen.

Lässt sich die gelöste Altlackierung mit dem Fingernagel verformen, ist sie „schmierig“, d. h., sie ist nicht lösemittelbeständig, siehe Bild ➔ 1. Dann muss sie bis auf das blanke Blech entschichtet werden.

Die Fingernagelprobe wird in der Praxis am häufigsten durchgeführt, weil sie schnell und einfach ist. Einem erfahrenen Lackierer bietet sie eine ausreichende Aussage bezüglich der Haftfestigkeit der Altlackierung.

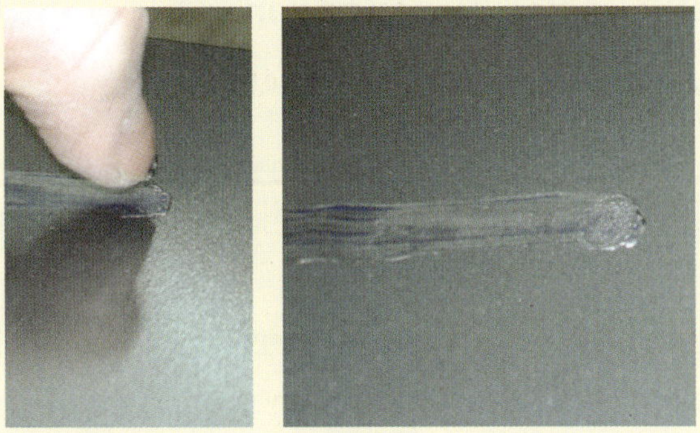

a) Probe b) Ergebnis

1 Fingernagelprobe

24.3 Farbton der Originallackierung ermitteln

Methoden zur Ermittlung des Farbtons

2 Methoden zur Ermittlung des Farbtons

Der Farbton der Originallackierung muss exakt ermittelt werden, damit der Reparaturlack im selben Farbton gemischt werden kann.

Der Farbton eines Fahrzeugs kann bestimmt werden mit Hilfe von, vgl. Bild ➔ 2:
- Farbcode
- Farbfächer
- Farbtonmessgerät

Farbcode

Der Farbcode gibt an, welchen Farbton der Fahrzeughersteller in der Serienlackierung verwendet hat.

Beispiel in Bild ➔ 3:
LA7W

Der Farbcode ist auf kleinen Plättchen oder Zetteln notiert, die je nach Automarke an verschiedenen Stellen im Pkw angebracht sind, z. B. im Motorraum oder im Kofferraum.

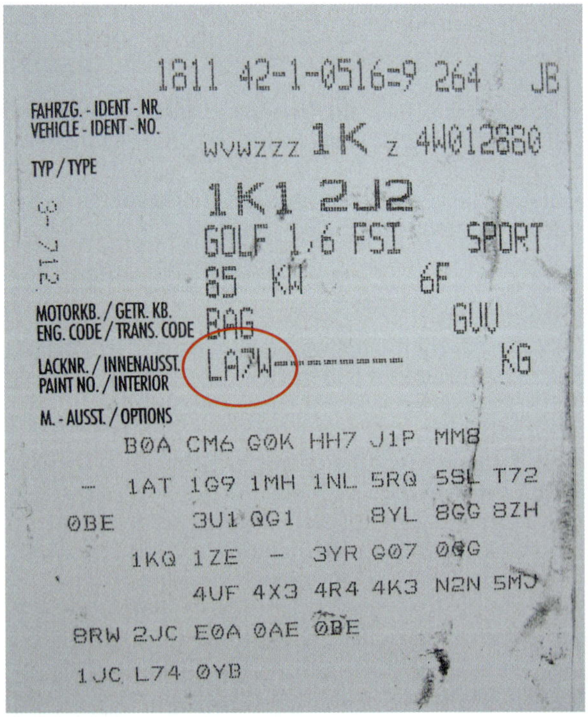

3 Farbcode eines VW Golf auf dem Zettel im Kofferraum

Achtung:
Farbton nicht im direkten Sonnenschein vergleichen.

Grund:
Wird ein Fahrzeug mit einem anderen Farbton umlackiert, müssen Farbcode und auch die Zulassungsbescheinigung **nicht** geändert werden.
Der Farbcode wird nur festgelegt bei:
- Erstzulassung durch den Fahrzeughersteller
- Wiederzulassung und fälliger Begutachtung gem. § 13 EG-FGV bzw. § 21 StVZO durch den Sachverständigen

Kann der Farbton nicht über den Farbcode ermittelt werden, muss er mit Farbtonkarten oder mit einem Farbtonmessgerät bestimmt werden.

Farbtonkarten

Farbtonkarten bestehen aus Pappe oder Kunststoff und sind mit Lack besprüht. Jeder Lackhersteller erstellt solche Farbtonkarten für alle Farbtöne seiner Fahrzeuge, die er als **Farbfächer** den Fahrzeuglackierern zur Verfügung stellt, siehe Bild → 1.
Auf der Rückseite jeder Karte befindet sich der entsprechende Farbcode dieses Farbtons, der angibt, aus welchen einzelnen Komponenten und in welcher Menge der Farbton nachgemischt werden muss.

Mit dem Farbfächer wird die Altlackierung per Augenschein verglichen; das sollte bei Tageslicht oder mittels einer Tageslichtlampe erfolgen, siehe Bild → 2.

Achtung:
Farbton nicht im direkten Sonnenschein vergleichen.

Grund: Metamerie.
Von **Metamerie**[1] spricht man, wenn der Farbton:
- bei Sonnenlicht anders erscheint, als bei elektrischem Licht
- sich ändert, je nach Betrachtungswinkel

Farbtonmessgerät

Mit dem Farbtonmessgerät wird der Farbton elektronisch gemessen, siehe Bild → 3. Mit seiner Hilfe können bis zu 100 000 Farbtöne ermittelt werden, unabhängig von der Automarke.

1 Farbfächer eines Lackherstellers

a) bei Tageslicht

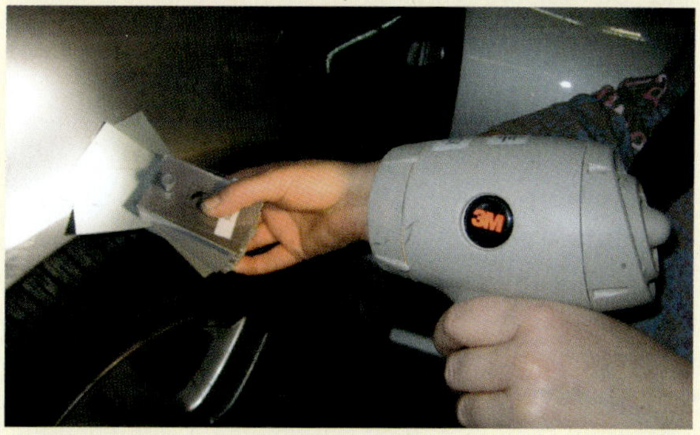

b) Mit Hilfe einer Tageslichtlampe

2 Farbton bestimmen mittels Farbfächer

3 Farbtonmessgerät

[1] Metamerie von Metamer (griech.) aus der Tiermedizin: in hintereinanderliegende Abschnitte gegliedert

Das Messergebnis wird an einen PC mit spezieller Software und Farbtondatenbank übertragen. Dort wird die Rezeptur berechnet, ausgedruckt und archiviert.

Besteht zwischen dem ermittelten Farbton des Reparaturlacks und dem Farbton der Altlackierung ein Unterschied, korrigiert die Software die gespeicherte Mischformel umgehend und das umständliche Nachnuancieren ist nicht mehr notwendig.

24.4 Untergrund bearbeiten

Einteilung der Untergründe

Vor dem Lackieren muss der Untergrund bearbeitet werden. So wird erreicht, dass die Oberfläche glatt und sauber ist, damit die Beschichtung gut und einheitlich haftet.

Die Verfahren sind abhängig von der Art des Untergrundes:

- Metall
- Kunststoff

Metallische Untergründe bearbeiten

Metallische Untergründe bei der Reparaturlackierung sind Stahlblech, verzinktes Stahlblech, Aluminium-Knetlegierungen sowie verzinnte Reparaturstellen.

Verfahren zum Bearbeiten metallischer Untergründe sind:

- Reinigen der Oberfläche
- Entrosten
- Entschichten
- Schleifen

Zum **Reinigen** metallischer Untergründe zählen

- Abstauben: Staub, Verunreinigungen oder abgetrennten Rost bzw. lose Altbeschichtungen (Abblätterungen) entfernen
- Entfetten: Schmierfett, Öl, Teer, Wachs oder festhaftende Dichtstoffe entfernen
- Netzmittelwäsche[1]: unbeschichtete, verzinkte Untergründe, die längere Zeit der Witterung ausgesetzt waren

Beim **Entrosten** wird die Korrosionsschicht entfernt.

Beim **Entschichten** werden nicht tragfähige Schichten oder zeitweilige Transportgrundierungen entfernt durch Ablaugen, Abbrennen, Schleifen oder durch Strahlen mit einem Strahlmittel.

Beim **Schleifen** metallischer Untergründe wird die Oberfläche gereinigt, entschichtet, entrostet, geglättet und geebnet, angeraut und auf Hochglanz poliert.

Kunststoff-Untergrund bearbeiten

Kunststoffe müssen vor dem Lackieren kaum bearbeitet werden, weil sie eine glatte Oberfläche besitzen.

Mitunter werden sie vor dem Grundieren

- von Trennmittel befreit: Kunststoff-Reinigungslösung des Lackherstellers verwenden
- getempert: Thermoplast wird bei 60 °C für 30 min im Ofen gelagert
- angeschliffen: dabei kann sich das Kunststoffteil elektrostatisch aufladen

Achtung beim Umgang mit brennbaren Flüssigkeiten: Bei der Entladung kann der Funke einen Brand auslösen!

- gereinigt: mit Kunststoffreiniger

Vorsicht beim Reinigen oder Schleifen mit Wasser: Manche Kunststoffe sind wasseranziehend (hydrophil). Wasser bewirkt, dass die Lackierung abplatzt. Deshalb muss die Oberfläche getempert werden, bevor sie lackiert wird.

Schleifen

Schleifen ist das wichtigste Verfahren, um den Untergrund vor dem Lackieren zu bearbeiten.

Dabei sind zu unterscheiden:

- Trockenschliff
- Nassschliff

Beim **Trockenschliff** wird ohne Wasser gearbeitet; dadurch entsteht Schleifstaub, der aber leicht abgesaugt werden kann.

Beim **Nassschliff** wird der Schleifstaub in Wasser gebunden. Jedoch belastet der Schleifstaub vor allem von metallischen Untergründen das Abwasser und somit die Umwelt. Außerdem regt das Schleifwasser metallische Untergründe zur Korrosion an.

Deshalb sollen metallische Untergründe im Trockenschliff bearbeitet werden.

Nassschliff wird nur noch zum Polieren empfohlen.

[1] Lösung für die Netzmittelwäsche besteht aus: 10 l Wasser, 0,5 l Ammoniaklösung (25%ig) und 1 Verschlusskappe Geschirrspülmittel (= Netzmittel)

Für Blech- und Lackierarbeiten werden vorwiegend **gestreute Schleifmittel auf Unterlage** eingesetzt.

Sie bestehen aus, siehe Bild → 1:
- Schleifkörper
- Schleifkornträger
- Binder
- Zusatzüberzug

Schleifkörper sind mineralische Stoffe, meist aus Aluminiumoxid (auch **Elektrokorund** oder **ELK** genannt) oder Siliziumcarbid. Auf jedem Schleifmittel sind nur Schleifkörper mit gleicher Korngröße aufgebracht. Die Korngröße wird als **Körnung** bezeichnet, die nach den Standards FEPA[1] und DIN ISO 6344 festgelegt ist, siehe Bild → 2.

Der **Schleifkornträger** hält die Schleifkörper. Er besteht meist aus Papier (= Schleifpapier). Das Schleifpapier für Nassschliff (Nassschleifpapier) ist wasserfest.

Die **Binder** verankern die Schleifmittel auf dem Schleifkornträger: Der Grundbinder fixiert die Schleifmittel auf dem Schleifkornträger, der Deckbinder verbindet sie dann endgültig.

Der **Zusatzüberzug** ist nur bei Schleifpapier für den Trockenschliff (Trockenschleifpapier) aufgebracht. Er soll verhindern, dass Staubpartikel das Schleifmittel zusetzen und verkleben.

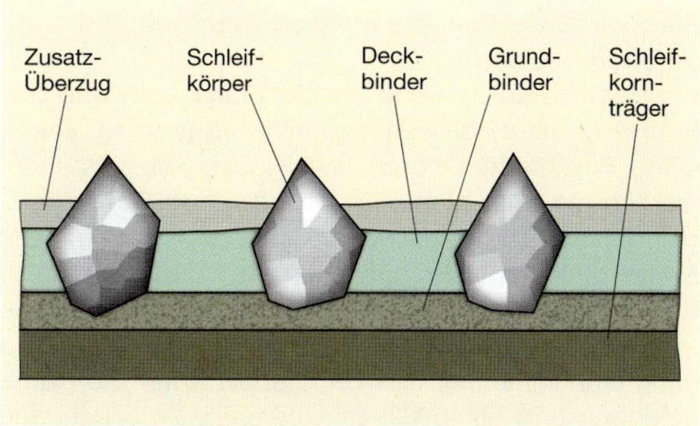

1 Gestreute Schleifmittel auf Unterlage

Körnung		Bezeichnung	Mittlerer Korndurchmesser in µm
Makrokörnung	P 12 P 16 P 20 P 24 P 30	sehr grob	1760 1320 1050 750 630
	P 36 P 40 P 50	grob	525 400 325
	P 60 P 80	mittel	260 200
	P 100 P 120 P 150	fein	160 125 93
	P 180 P 220	sehr fein	76 68
Mikrokörnung	P 240 P 280 P 320 P 360 P 400	extrafein	58 52 46 40 35
	P 500 P 600 P 800 P 1000 P 1200	superfein	30 26 22 18 15
	P 1500 P 2000 P 2500 P 3000	ultrafein	13 10 8 7

2 Schleifkörper nach FEPA

24.5 Abkleben und Abdecken

Angrenzende Bauteile sollen nicht beschädigt und nicht mit Spachtelmasse, Füller oder Lack beschmutzt werden. Wenn möglich, werden sie demontiert; das sind z. B. Türgriffe, Spiegel, Antenne und Klappe zur Tanköffnung. Für eine Ganzlackierung werden zusätzlich Beleuchtung, Stoßfänger, Schwellerverkleidung, Motorhaube und Kofferraumklappe entfernt.

Dann werden:
- Kanten und Spalte abgeklebt
- Bohrungen und Gewinde abgeklebt
- Flächen abgedeckt, die nicht gespachtelt werden

Kanten und Spalte abkleben

Zum Abkleben verwendet man Klebeband. Kanten werden so abgeklebt, dass die angrenzenden Flächen nicht beschmutzt werden, siehe Bild → 1, Seite 630.

Auch Spalte müssen abgedichtet werden, damit Spritzmaterial nicht eindringen kann. Ein Türspalt kann dazu mit einer Schaumstoffschnur ausgefüllt werden, siehe Bild → 1, Seite 630.

Bohrungen und Gewinde abkleben

Bohrungen und Gewinde müssen sorgfältig ausgestopft bzw. abgeklebt werden, weil gehärtete Spachtelmasse nur mühsam wieder zu entfernen ist.

[1] FEPA = Federation of European Producers of Abrasives (engl.): europäische Vereinigung der Hersteller von Schleifmitteln

KAROSSERIE-INSTANDHALTUNG

Flächen abdecken, die nicht gespachtelt und gefüllert werden
Vor dem Grundieren und vor dem Lackieren wird das Fahrzeug mit einer Kunststofffolie abgedeckt. Damit keine Füllerkanten durch das Klebeband entstehen, werden mit dem Klebeband sogenannte **Bördelkanten** geklebt. Dabei wird das Klebeband nicht mit der Kante direkt auf die Altlackierung geklebt, sondern das Klebeband wird einmal herumgeschlagen, sodass eine überhängende Kante entsteht, siehe Bild ➔ 2. So kann ein kleiner Teil des Lacknebels unter die Kante gelangen und einen feinen Übergang zwischen den Lackierungsschichten ausbilden.

Dann werden die Flächen mit einem Folienschneider aus Kunststoff ausgeschnitten und alle Kanten mit Klebeband abgeklebt, siehe Bild ➔ 3.

Achtung:
Nicht mit Messer oder Schere arbeiten.

Grund:
Von Messer oder Schere kann der Lack beschädigt werden.

Bevor der Lack vollständig durchgehärtet ist, wird das Klebeband mit dem Abdeckmaterial vorsichtig entfernt. So können die Übergangszonen des Klarlacks noch ineinanderfließen und es gibt keine Kanten.

1 Kanten und Spalte abkleben

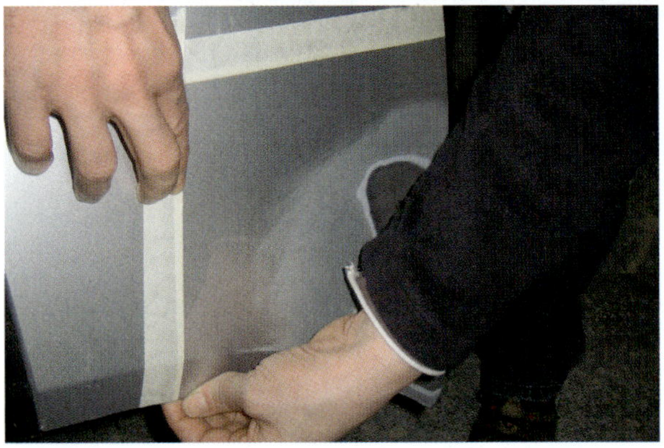
2 Kleben einer Bördelkante

3 Bauteile abdecken

24.6 Grundieren und Grundiermaterial

Grundieren
Die Grundierung ist die erste Schicht einer Lackierung, deshalb wird das Grundiermaterial auch **Primer**[1] genannt. Sie hat zwei Aufgaben:
- Metall vor Korrosion schützen
- Lackschicht mit dem Untergrund gut verbinden

Alle Klar- und Basislacke sind wasserdampfdurchlässig; der Stahl unter dem Lack muss unbedingt vor Korrosion geschützt werden. Das gilt auch für verzinkte Karosserieteile, wenn die Zinkschicht zerstört wurde.

Vor dem Grundieren wird die Oberfläche nochmals gereinigt. Dazu wird der Staub abgepustet oder mit Staubbindetuch abgewischt und Fett entfernt.

Achtung:
Der Fahrzeuglackierer muss beim Reinigen Schutzhandschuhe tragen.

Denn „Fingerabdrücke" hinterlassen Flecke von Schweiß (Fett) auf der Oberfläche, die zu Lackierfehlern führen, z. B. zu Verlaufsstörungen der Lackschicht.
Das Grundiermaterial wird meist mit der RP- oder HVLP-Spritzpistole aufgetragen; auf kleine Flächen auch mit Hilfe einer Spraydose. Informationen zu Spritzpistolen siehe Kap. 24.11.1.
Zum Spritzen wird das Grundiermaterial
- gründlich aufgerührt,
- mit Verdünnung gemischt (Herstellervorgaben beachten!),
- im Lacksieb gefiltert,
- in den Farbbecher der Spritzpistole gegeben und
- aufgetragen.

[1] prime (engl.): erst, zuerst

Achtung:
Beim Grundieren persönliche Schutzausrüstung tragen und für Abluft sorgen.

Es werden zuerst die Ecken und Kanten grundiert. Der Winkel der Spritzpistole zur Oberfläche soll 90° betragen, der Spritzabstand ist etwa 15 cm bis 20 cm.

Die Hersteller der Grundiermaterialien geben weiterhin vor:

- Düse: 1,4 mm bis 1,8 mm, je nach Material
- Spritzdruck: 1,5 bar[1] bis 1,8 bar (Eingangsdruck)

Es soll eine gleichmäßige Schicht gespritzt werden, Schichtdicke ca. 50 µm, und es darf kein blankes Metall mehr zu sehen sein – Korrosionsgefahr!
Die Grundierung muss nach dem Auftragen trocknen (ablüften). Dazu sind die Angaben des Herstellers zu beachten.
Nach dem Trocknen wird die Oberfläche mit Trockenschleifpapier geschliffen, Körnung P 500 bis P 800.

Achtung:
Die Grundierung darf nicht durchgeschliffen werden (Korrosionsgefahr)!

Durchgeschliffene Stellen müssen nochmals grundiert werden.
Danach können Füller oder Spachtelmasse oder Lack aufgetragen werden.

Grundiermaterial
Für jeden Untergrund gibt es spezielles Grundiermaterial. Man verwendet für Untergründe aus

- Metall: meist 1-K-Grundierung, für besondere Fälle 2-K-Epoxid-Grundierung, z. B. für Oldtimer
- Aluminium und Aluminiumlegierungen: 2-K-Epoxid-Grundierung
- Kunststoff: Kunststoff-Haftvermittler
- Holz: Einlassgrund

Zu den Grundiermaterialien können auch gezählt werden:

- Wash-Primer: wirkt zusätzlich als Ätzmittel, kann also die Metalloberfläche vorbehandeln, für Spot-Repair von Durchschliffstellen bis zum blanken Metall
- Wash-Filler: damit ist auch leichtes Füllern möglich
- Haftgrundierung: Grundierung als Haftvermittler für Kunststoffe
- Fill Sealer[2]: transparenter Füller; isoliert Reparaturstellen und feine Kratzer derart, dass nur noch wenig geschliffen werden muss
- Grundierfüller (Primer-Surfacer): vereint Grundierung und Füller in einem Material

24.7 Spachteln und Spachtelmasse

Spachteln
Beim Spachteln werden Unebenheiten geglättet: Dellen und Vertiefungen werden mit Spachtelmasse verfüllt. So entsteht eine glatte Oberfläche.

Zuerst wird der Untergrund fehlerlos grundiert und angeschliffen. Staub wird nochmals abgeblasen und die Oberfläche mit Silikonentferner entfettet.

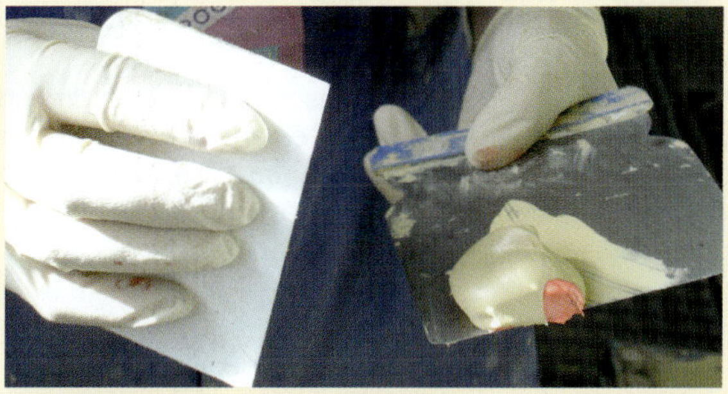

a) Auf dem Japanspachtel

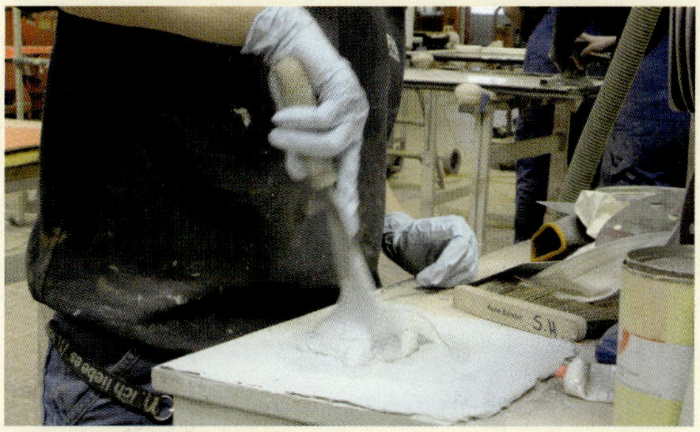

b) Auf dem Spachtelbrett

1 Spachtelmasse anrühren

2 Spachtelmasse auftragen

[1] Einheit für Druck: 1 bar = 100 000 Pa = 0,1 MPa
[2] Sealer (engl.): Versiegler

Zum Spachteln wird Spachtelmasse:
- angerührt, siehe Bild → 1, Seite 631
- großzügig aufgetragen, siehe Bild → 2, Seite 631
- getrocknet
- geschliffen, siehe Bild → 1

Von der Spachtelmasse wird mehr aufgetragen als nötig ist, denn sie „schwindet" beim Härten.

Achtung:
Den Spachtelauftrag nicht durchschleifen!

Durchgeschliffene Stellen müssen nochmals grundiert werden, bevor eine weitere Schicht Spachtelmasse aufgetragen werden kann. Ist die Oberfläche glatt, wird feingespachtelt, d. h., es werden Lunker[1], Riefen oder grobe Übergänge beseitigt.

Spachtelmasse ist hygroskopisch[2].

Durch Feuchtigkeit entstehen Lackierfehler; deshalb wird nach dem Spachteln nochmals grundiert.

Spachtelmasse
Spachtelmasse wird häufig vereinfacht „Spachtel" genannt. Jedoch ist der Spachtel das Werkzeug, mit dem Spachtelmasse aufgetragen wird – darauf ist zu achten!
Spachtelmasse ist eine breiartige Substanz. Sie besteht aus zwei Komponenten: Grundmasse und Härter.

Der Härter enthält organisches Peroxid, das ätzend und krebserregend ist.

Deshalb:
- Schutzhandschuhe tragen
- Spritzer auf der Haut sofort abtupfen und mit Wasser und Seife abwaschen
- Spritzer in die Augen mit viel wässriger Natriumkarbonatlösung oder mit viel Wasser ausspülen; sofort Arzt aufsuchen
- sogar eine Maske mit A-Filter wird empfohlen

24.8 Füllern und Füller

Füllern
Beim Füllern werden kleine Unebenheiten gefüllt. So wird eine glatte Oberfläche erstellt, die dann lackiert werden kann.
Füller werden mit der Spritzpistole aufgetragen, siehe Bild → 2.

a) Mit Exzenterschleifer

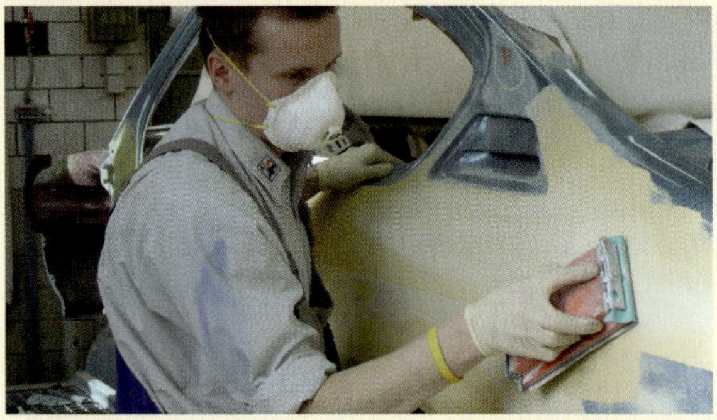

b) Mit Schleifklotz

1 Spachtelauftrag schleifen

2 Füllern mit Spritzpistole

Beim Füllern sind zu beachten:
- Blanke, durchgeschliffene Stellen müssen vorher grundiert werden.
- Der Untergrund muss sauber und gut vorbereitet sein.
- Nach jedem Spritzgang warten, bis die Fläche matt abgetrocknet ist (Ablüftzeit 5 min bis 10 min bei 20 °C).
- Füllerschicht nur dünn auftragen.

Wenn nötig, mehrere Schichten auftragen!
Dann sind die Ablüftzeiten nach Herstellerangabe einzuhalten.

[1] Lunker: fehlerhafte Hohlräume
[2] hygroskopisch: Feuchtigkeit anziehend

Füller
Je nachdem, wie die Vorarbeit (Spachteln und Schleifen) durchgeführt wurde, ist ein mehr oder weniger füllkräftiges Material erforderlich.

Füller werden unterschieden in:
- Dickschicht-Füller
- Nass-in-Nass-Füller

Dickschicht-Füller haben einen hohen Festkörperanteil. Sie werden nach dem Trocknen geschliffen.

Achtung:
Wird die Füllerschicht durchgeschliffen, müssen die Durchschliffstellen grundiert werden.

In **Nass-in-Nass-Füllern** ist der Festkörperanteil nicht so groß wie beim Dickschicht-Füller. Nass-in-Nass-Füller haben Vorteile:
- Sie müssen nicht geschliffen werden, deshalb werden sie auch als **Nonstop-** oder **Non-Sanding-Füller**[1] bezeichnet.
- Wenn der Nass-in-Nass-Füller leicht angetrocknet ist, kann sofort lackiert werden.

Wegen dieser Vorteile werden heutzutage Nass-in-Nass-Füller bevorzugt eingesetzt.

24.9 Arten der Reparaturlackierungen

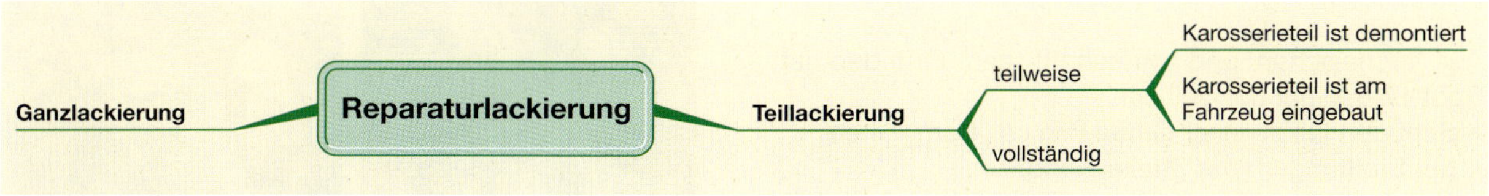

1 **Reparaturlackierung – Arten**

Reparaturlackierungen werden ausgeführt als, vgl. Bild → 1:
- Ganzlackierung
- Teillackierung

Ganzlackierung
Bei der Ganzlackierung wird das gesamte Fahrzeug lackiert. Sie wird in der Praxis im Vergleich zu Teillackierungen nicht so häufig durchgeführt, denn Autos mit einer Lackierung, die komplett lädiert ist, sind meistens so alt, dass eine Ganzlackierung wirtschaftlich unrentabel ist.
Daher findet man Ganzlackierungen nur bei:
- rundum verkratzten Autos (Vandalismus)
- Fahrzeugrestaurierung, also bei Oldtimern
- Umlackierung mit Sonder- und Effektlack

Teillackierung

Arten der Teillackierung
Bei der Teillackierung wird nur eine Teilfläche der Karosserie des Fahrzeugs lackiert. Sie wird bei Unfallschaden oder ähnlichem Schaden ausgeführt.

Die betroffenen Karosserieteile können lackiert werden, vgl. Bild → 1:
- teilweise
- vollständig

Karosserieteile teilweise lackieren
Ein Karosserieteil sollte nur dann teilweise lackiert werden, wenn die Form des Teils eine Unterteilung der Lackierfläche ermöglicht, z. B. an stark ausgeprägten Kanten, Sicken oder an Zierleisten. Sonst sind Farbtonunterschiede zwischen der Serien- und der Reparaturlackierung zu offensichtlich.

An liegenden Flächen (Dach, Motorhaube) ist eine teilweise Lackierung wegen schwieriger Farbtonangleichung nicht sinnvoll.

[1] non sanding (engl.): ohne Schleifen

Teilbereiche können lackiert werden, wenn das Karosserieteil, vgl. Bild → 1, Seite 633:

- demontiert ist
- am Fahrzeug eingebaut ist

Demontiertes Karosserieteil teilweise lackieren
Um ein Karosserieteil reparieren zu können, muss dieses Teil oftmals demontiert sein. Dieses demontierte Teil muss dann aber nicht vollständig lackiert werden, sondern es reicht, die reparierte Fläche abzukleben und nur den Teilbereich zu lackieren.

Karosserieteil am Fahrzeug teilweise lackieren
Wenn die zu reparierende Stelle an einem Teil der Karosserie so klein ist, dass dieses nicht demontiert werden muss, ist es kostengünstiger, einfach die Karosserie abzudecken, den zu reparierenden Teil abzukleben und das ganze Fahrzeug in die Spritzkabine zu stellen und dort zu lackieren, siehe Bild → 1.
Ist eine zu lackierende Fläche besonders klein, spricht man vom **Spot-Repair**[1], siehe Bild → 2.

Aus technischen und wirtschaftlichen Gründen ist Spot-Repair nur sinnvoll bei:

- Schäden bis zu einer Größe von ca. 4 cm × 4 cm
- bei Stoßfängern mit Streifschaden
- maximal einer Schadstelle pro Teil
- Zwei-Schicht-Lackierungen

Karosserieteile vollständig lackieren
Ist der zu lackierende Schaden großflächig, aber leicht zu erreichen, und es fallen keine aufwendigen Reparaturen an, oder das Karosserieteil kann nicht demontiert werden (z. B. Dachholm), dann kann auch ein ganzes Teil am Fahrzeug lackiert werden, ohne es vorher zu demontieren.

Ein Karosserieteil wird vollständig lackiert, wenn:

- die Teillackierung unwirtschaftlich ist
- es liegende Flächen sind
- keine Unterteilung der Lackfläche vorhanden ist
- es nicht demontierbar ist
- es als Neuteil eingebaut werden soll
- es demontiert und repariert wurde
- es im Fahrzeug eingebaut, also nicht demontiert ist, siehe Bild → 3

1 Teilbereich am Fahrzeug lackieren

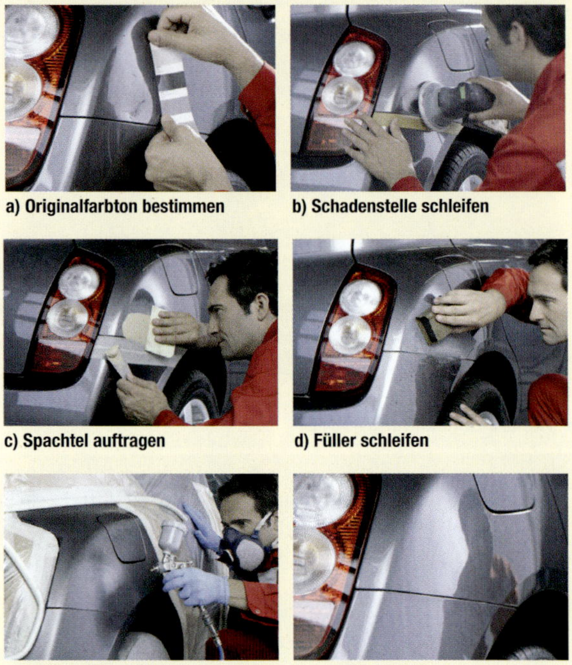

a) Originalfarbton bestimmen
b) Schadenstelle schleifen
c) Spachtel auftragen
d) Füller schleifen
e) Basislack und Klarlack auftragen
f) Reparierte Stelle

2 Spot-Repair

3 Fahrzeugtür am Fahrzeug lackieren

[1] Spot-Repair (engl.): Punkt- oder Fleck-Reparatur

24.10 Fahrzeuglack

1 Fahrzeuglack – Bestandteile

In diesem Kapitel werden behandelt:
- Allgemeines zum Fahrzeuglack, siehe Kap. 24.10.1
- Bestandteile des Fahrzeuglacks, siehe Kap. 24.10.2
- Arten von Fahrzeuglack, siehe Kap. 24.10.3
- Kenndaten von Fahrzeuglack, siehe 24.10.4

24.10.1 Allgemeines zum Fahrzeuglack

Der Fahrzeuglack ist das flüssige Material zum Lackieren eines Fahrzeugs, also noch nicht verarbeitet.
Oft begegnet man der vereinfachenden Ausdrucksweise, dass mit „Lack" die Lackierung, der Lackierungsaufbau oder die feste Lackieroberfläche bezeichnet wird.
Fahrzeuglacke sind lösemittelhaltige oder wasserverdünnbare Anstrichstoffe mit solchen Bindemitteln, die nach ihrer Trocknung einen geschlossenporigen, möglichst glatten Film bilden. Dieser Film ergibt das äußere Erscheinungsbild und schützt die Oberfläche vor Korrosion.

Der **Klarlack** ist die abschließende, letzte Schicht und er ist für den Glanz einer Lackierung verantwortlich.

Basislacke und Lack**farben** enthalten zusätzlich Pigmente.

24.10.2 Bestandteile des Fahrzeuglacks

Fahrzeuglack besteht aus, vgl. Bild → 1:
- Bindemittel
- Farbmittell
- Lösemittel
- Additive
- Härter

Bindemittel im Fahrzeuglack
Bindemittel im Fahrzeuglack sind verantwortlich für:
- Haftung oder Adhäsion auf dem Untergrund oder auf der Grundierung
- inneren Zusammenhalt (Kohäsion) im Trockenfilm
- Glanz und Oberflächengüte
- mechanische Festigkeit und Härte, insbes. Abriebfestigkeit
- Beständigkeit gegen Chemikalien und Witterung
- Art der Trocknung.

Wichtige Bindemittel sind Polyurethan-, Acryl- und Epoxidharze.

Farbmittel im Fahrzeuglack
Farbmittel ist der Oberbegriff für alle farbgebenden Stoffe. Es werden unterschieden:
- lösliche Farbstoffe, z. B. Naturfarbstoffe (Purpur), synthetische Farbstoffe (Anilin, Azofarbstoffe)
- unlösliche Farbmittel, die sogenannten **Pigmente**, wie Titandioxid, Kreide, Eisenoxid

Das einfallende Licht wird an der Oberfläche der Farbmittel reflektiert oder absorbiert.

Lösemittel im Fahrzeuglack
Das Lösemittel
- löst das feste Bindemittel auf,
- verdunstet nach dem Auftragen rückstandslos aus dem Nassfilm,
- ist verantwortlich für die Verarbeitungsviskosität,
- beeinflusst die Trockenzeit.

Lösemittel im Fahrzeuglack sind:
- Wasser **und**
- organische Lösemittel

Selbst in lösemittelreduzierten Lacken sind immer noch organische Lösemittel enthalten; Wasser wird zur Weiterverdünnung eingesetzt.

Organische Lösemittel sind flüchtige Stoffe; sie werden den Gefahrstoffen zugeordnet.

Organische Lösemittel sind leicht entzündlich; sie können der Gesundheit schaden und/oder Haut, Augen und Atemwege reizen.

Sie sind in Gefahrenklassen nach der Betriebssicherheitsverordnung (**BetrSichV**) eingeordnet (ehemals Verordnung für brennbare Flüssigkeiten **VbF**).

Seit dem 1. Jan. 2008 dürfen nur noch VOC[1]-konforme Fahrzeuglacke verwendet werden.

Neues Symbol	Beschreibung	Früheres Symbol
	Explosionsgefährlich (Gefahr) Stoffe, die unter bestimmten Bedingungen (z. B. Druck oder Temperatur) explodieren können. Zusätzlich können von solchen Stoffen weitere Gefahren, wie etwa eine entzündliche oder brandfördernde Wirkung ausgehen. Stoß, Reibung, Funkenbildung und Feuer meiden!	 E
	Leicht- oder Hochentzündlich (Gefahr) Schnell entzündlich in der Nähe von Hitze oder offenem Feuer. Sprays niemals auf Flammen oder heiße Oberflächen sprühen! Kontakt zu Zünd- und Gefahrenquellen vermeiden!	 F od. F+
	Brandfördernd (Gefahr) Solche Stoffe können brennbare Stoffe entzünden oder ein Feuer fördern. Jeglichen Kontakt zu brennbaren Stoffen meiden!	 O
	Komprimierte Gase (Warnung) Gase oder Gasgemische, die in einem Behälter unter Druck stehen oder verflüssigt wurden. Spontane Temperatur- oder Druckänderungen können eine Ausdehnung und schlimmstenfalls ein Zerbersten des Behälters hervorrufen.	bisher nicht vorhanden
	Giftig/Tödlich (Gefahr) Bereits in kleinsten Mengen auf der Haut oder durch Inkorporation können diese Stoffe zu schweren oder tödlichen Vergiftungen führen. Die meisten Produkte sind im freien Handel nicht verfügbar. Kein direkter Körperkontakt!	 T od. T+
	Ätzend (Gefahr) Bereits nach kurzer Zeit können diese Stoffe die Haut mit Narbenbildung schädigen oder in den Augen zu dauerhaften Sehstörungen führen. Haut und Augen bei Gebrauch schützen!	 C
	Gesundheitsschädlich (Gefahr) Solche Stoffe können schwere Gesundheitsschäden verursachen, Schwangere sind dabei besonders gefährdet. Auch Stoffe, die eine krebserzeugende Wirkung haben, werden so gekennzeichnet. Produkte sind mit Vorsicht zu benutzen!	 Xn
	Gesundheitsgefährdend (Warnung) Gefährlich für den Menschen. Die Stoffe können Hautreizungen auslösen oder Allergien hervorrufen. Kleine Mengen führen nicht zu schweren Gesundheitsschäden oder zum Tode. Auch verwendet als Warnung vor anderen Gefahren, wie etwa Entzündbarkeit.	 Xi
	Umweltgefährdend (Warnung) Gefährlich für Tiere und Umwelt. In der Umwelt freigesetzte Stoffe können kurz- oder langfristige Schäden verursachen. Sie können kleine Tiere töten, Bodenorganismen schädigen. Keinesfalls ins Abwasser oder den Hausmüll schütten!	 N

Bisher waren diese Symbole eckig und orange, jedoch werden diese Symbole in nächster Zeit durch neue Symbole ersetzt. Die neuen Symbole müssen Einzelstoffe ab 1. 1. 2010 tragen, Stoffgemische, z. B. Lacke, ab 1. 6. 2015. Lagerbestände dürfen noch jeweils zwei weitere Jahre verkauft werden.

1 Symbole für Gefahrstoffe

[1] VOC = volatil organic compounds (engl.): flüchtige organische Bestandteile

Zur Lagerung sind Spezialgebinde aus Metall oder Kunststoff im geschlossenen Zustand zu verwenden. **Gefahrensymbole** und **R-Sätze** weisen auf Risiken hin, siehe Bild ➔ 1, Seite 636 und Bild ➔ 1.

Ratschläge zur Sicherheit beim Umgang mit Gefahrstoffen geben auch die **S-Sätze**, siehe Bild ➔ 2.

Beim Lackieren ist die persönliche Schutzausrüstung zu tragen.

Die persönliche Schutzausrüstung zum Farbspritzen besteht aus:
- Atemschutzmaske mit Aktivkohlefilter
- Schutzanzug (für Spritz- und Sprühverfahren)
- Schutzhandschuhe
- Augenschutz (beim Heißspritzen oder Spritzen reizender oder ätzender Stoffe)

Additive im Fahrzeuglack
Additive sind Zusatzstoffe, die in kleinen Mengen dem Fahrzeuglack zugesetzt sind, oder die der zubereiteten Lackmischung beigefügt werden.

Die wichtigsten Additive für Fahrzeuglacke sind
- Weichmacher: erhöhen die Elastizität und Plastizität
- Sikkative: beschleunigen die Trocknung
- Hautverhütungsmittel: vermeiden Hautbildung
- Verdickungsmittel: erhöhen die Viskosität
- Emulgatoren: verhindern die Entmischung
- Entschäumer: verhindern Schaum- und Blasenbildung
- Mattierungsmittel: macht den Lack matt
- UV-Absorber: schützen lichtempfindlichen Untergrund vor UV-Strahlung
- Inhibitoren: unterbrechen die Trocknung bei Reaktionslack

Härter zum Fahrzeuglack
Es gibt Lacke, die aus zwei Komponenten bestehen:
- Stammlack
- Härter

Diese Lacke werden kurz **2-K-Lacke** genannt, vgl. Kap. 24.10.3.

Der Stammlack härtet nur, wenn er mit dem Härter gemischt wird. Bei 2-K-Klarlacken gibt es unterschiedliche Härter, die als Flüssigkeit zum Stammlack dazugegeben werden.

R 1:	in trockenem Zustand explosionsgefährlich
R 10:	entzündlich
R 11:	leicht entzündlich
R 12:	hoch entzündlich
R 18:	bei Gebrauch Bildung explosionsfähiger / leicht-entzündlicher Dampf-Luft-Gemische möglich
R 19:	kann explosionsfähige Peroxide bilden
R 20:	gesundheitsschädlich beim Einatmen
R 21:	gesundheitsschädlich bei Berührung mit der Haut
R 22:	gesundheitsschädlich beim Verschlucken
R 23:	giftig beim Einatmen
.	.
.	.
R 36:	reizt die Augen
R 37:	reizt die Atmungsorgane
R 38:	reizt die Haut
R 39:	ernste Gefahr irreversiblen Schadens
R 40:	Verdacht auf krebserzeugende Wirkung
R 41:	Gefahr ernster Augenschäden
.	.
.	.
R 66:	wiederholter Kontakt kann zu spröder oder rissiger Haut führen
R 67:	Dämpfe können Schläfrigkeit und Benommenheit verursachen
R 68:	irreversibler Schaden möglich

1 R-Sätze – Auszug (komplette Liste siehe Internet)

S 1:	unter Verschluss aufbewahren
S 18:	Behälter mit Vorsicht öffnen und handhaben
S 20:	bei der Arbeit nicht essen und nicht trinken
S 21:	bei der Arbeit nicht rauchen
S 22:	Staub nicht einatmen
S 23:	Gas/Rauch/Dampf/Aerosol nicht einatmen (geeignete Bezeichnungen vom Hersteller anzugeben)
S 24:	Berührung mit der Haut vermeiden
S 25:	Berührung mit den Augen vermeiden
S 26:	bei Berührung mit den Augen gründlich mit Wasser abspülen und Arzt konsultieren.
S 27:	beschmutzte, getränkte Kleidung sofort ausziehen
S 28:	bei Berührung mit der Haut sofort abwaschen mit viel … (vom Hersteller anzugeben)
.	.
.	.
.	.
S 51:	nur in gut belüfteten Bereichen verwenden
S 52:	nicht großflächig für Wohn- und Aufenthaltsräume zu verwenden
S 53:	Exposition vermeiden – vor Gebrauch besondere Anweisungen einholen – nur für den berufsmäßigen Verwender
S 56:	dieses Produkt und seinen Behälter der Problemabfallentsorgung zuführen
.	.
.	.
S 64:	bei Verschlucken Mund mit Wasser ausspülen (nur wenn Verunfallter bei Bewusstsein ist)

2 S-Sätze – Auszug (komplette Liste siehe Internet)

24.10.3 Arten von Fahrzeuglack

1 **Fahrzeuglack – Arten**

Einteilung der Fahrzeuglacke
Bei der großen Vielzahl an Fahrzeugen ist auch eine große Vielfalt an Fahrzeuglacken entstanden.

Fahrzeuglacke können eingeteilt werden nach, vgl. Bild → 1:
- Art und Anteil des Lösemittels
- Art des Bindemittels
- Art der Trocknung
- Art des Untergrunds
- Anzahl der Komponenten
- Aussehen und Oberflächenstruktur

Fahrzeuglack nach Art und Anteil des Lösemittels

Nach der Art und dem Anteil des Lösemittels gibt es Fahrzeuglack, vgl. Bild → 1:
- lösemittelreduziert
- lösemittellöslich
- lösemittelfrei

Lösemittelreduzierte Fahrzeuglacke
Das sind die sogenannten Wasserlacke. Der Gesamtlösemittelanteil setzt sich zusammen aus 90 % Wasser und 10 % organischen Lösemitteln.

Achtung:
Mit dem Begriff „lösemittelreduziert" sind nur die organischen Lösemittel gemeint.

Organische Lösemittel kann man nicht einfach durch Wasser ersetzen, denn die verwendeten Lackbindemittel lösen sich nicht in Wasser. Man kann auch nicht auf wasserlösliche Bindemittel ausweichen – der Lackfilm würde wasserlöslich bleiben.

Jedoch können Lackbindemittel in feinen Tröpfchen oder Teilchen mit einer Größe von 0,1 µm bis 10 µm in Wasser fein verteilt werden. Dieses feine Verteilen wird auch **Dispergieren** genannt. Emulgatoren stabilisieren dann den Schwebezustand. Bei der Trocknung ist aber mit einer geringfügigen Farbtonveränderung zu rechnen.

Lösemittellösliche Fahrzeuglacke
In lösemittellöslichen Lacken sind die festen Bindemittel in organischen Lösemitteln gelöst, danach werden noch andere Bestandteile zugesetzt.

Achtung:
Mit dem Begriff „Lösemittel" sind nur die flüssigen Mittel gemeint, die das feste Bindemittel lösen können.

Lösemittellösliche Lacke können sein:
- ölhaltig
- reversibel

Ölhaltiger Lack enthält Naturöl, wie z. B. Leinöl mit Fettsäuren und Fettsäureestern.

Reversibler Lack kann nach seiner Trocknung wieder mit demselben Lösemittel angelöst werden, welches bei der Herstellung verwendet wurde. Lackierungen mit reversiblem Lack lassen sich mit Hilfe des Lösemitteltests prüfen und mit Abbeizer entschichten.

Lösemittelfreie Fahrzeuglacke
Das sind die **Pulverlacke**. Enthalten ist ein festes Acryl-PU-Bindemittel in Pulverform. Der Pulverlack wird von dem statisch aufgeladenen Objekt „angezogen" und bei ca. 200 °C aufgeschmolzen. Deshalb werden sie nur in besonderen Werkstätten verarbeitet, da hierzu eine komplexe Lackieranlage notwendig ist.

Fahrzeuglack nach Art des Bindemittels

Die meisten Anstrichstoffe werden nach dem Bindemittel benannt, das in ihnen enthalten ist, so z. B.:

- Alkydharzlack
- Silikonharzlack
- Polymerisatharzlack
- Polyurethanharzlack (PUR-Lack, DD-Lack)
- Polyacrylatharzlack (Y-Lack)
- Epoxidharzlack (EP-Lack, EPE-Lack)

Fahrzeuglack nach Art der Trocknung

Nach Art der Trocknung werden Fahrzeuglacke eingeteilt in:

- oxidativ trocknende Lacke
- lufttrocknende Lacke – das sind die oxidativen Lacke
- durch Makromolekülbildung erhärtende Lacke
- ofentrocknende Lacke
- Einbrennlacke
- säurehärtende Lacke
- UV-härtende Lacke

Fahrzeuglack nach Art des Untergrunds

Der Fahrzeuglack darf nicht unverträglich sein mit dem Untergrund, d. h.:

- die Lackierung darf nicht die Eigenschaften des Untergrunds beeinträchtigen
- der Untergrund darf die Lackierung nicht schädigen; so muss z. B. die Saugfähigkeit des Untergrunds eingeschränkt werden

Deshalb richtet sich die Auswahl des Fahrzeuglacks nach der Art des Untergrunds.

Fahrzeuglack nach Anzahl der Komponenten

Nach Anzahl der Komponenten werden Fahrzeuglacke eingeteilt in, vgl. Bild ➔ 1, Seite 638:

- Ein-Komponenten-Lack
- Zwei-Komponenten-Lack

Ein-Komponenten-Lacke, auch **1-K-Lacke**, benötigen keinen Härter. Sie trocknen physikalisch; Bestandteile siehe Bild ➔ 1.

Zwei-Komponenten-Lacke, auch **2-K-Lacke**, bestehen aus Stammlack und Härter, siehe Bild ➔ 2.

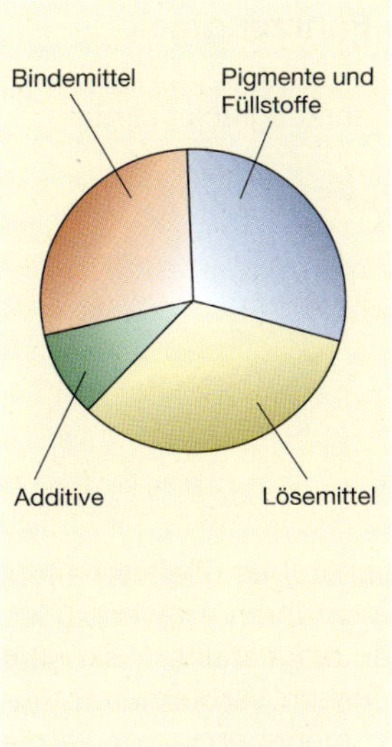

1 Ein-Komponenten-Lack

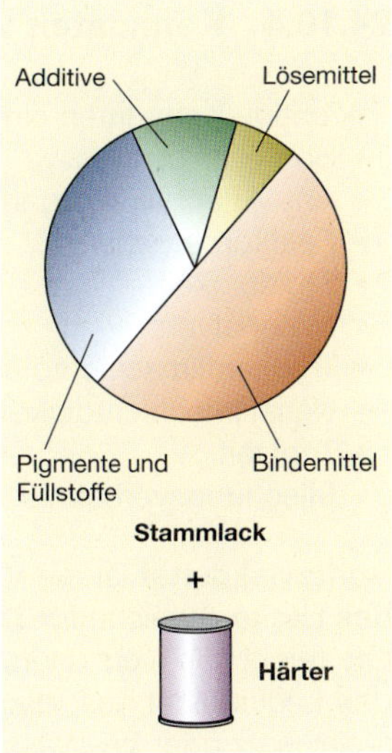

2 Zwei-Komponenten-Lack

Fahrzeuglack nach Aussehen und Oberflächenstruktur

Nach Aussehen und Oberflächenstruktur werden Fahrzeuglacke eingeteilt in, vgl. Bild ➔ 1, Seite 638:

- Uni-Lack
- Klarlack
- Effektlack

Uni-Lacke, exakt unifarbene Lacke, sind Lacke mit verschiedenen Bindemitteln, die klassische Farbpigmente enthalten, ohne dass bei ihnen die Reflexion durch Zugabe von Metallic-Pigmenten verstärkt wird. Dadurch sind diese Lacke wenig farbbeständig gegenüber der UV-Strahlung des Lichts und erwärmen sich durch Absorption von IR-Strahlung schneller als beispielsweise die Metalliclacke.

Klarlack ist transparent (ohne Pigmente) und hat sehr gute Eigenschaften gegenüber äußeren Einflüssen wie Stöße, UV-Strahlung (Licht), Chemikalien und Witterung. Deshalb bildet der Klarlack die äußere Hülle der Fahrzeuglackierung. Es gibt 1-K-Klarlack und 2-K-Klarlack.

Effektlacke sind handelsübliche Lacke, bei deren Trocknung sich ein optischer Effekt einstellt (oft zusätzlich zum Glanz) oder verstärkt wird. Prinzipiell zählt **Metalliclack** dazu; Metalliclack hat sich allerdings immer mehr als „Standard-Lack“ durchgesetzt.

KAROSSERIE-INSTANDHALTUNG

24.10.4 Kenndaten von Fahrzeuglack

Wichtige Kenndaten eines Fahrzeuglacks sind:
- Spritzviskosität
- Anteil flüchtiger organischer Stoffe
- Festkörpergehalt
- Ergiebigkeit
- Materialverbrauch
- Trockenfilmschichtdicke
- Nassfilmschichtdicke
- Topfzeit
- Mischungsverhältnis

Spritzviskosität ist die Viskosität (das Fließverhalten) des Lackes, welche für Spritzverfahren notwendig ist. Oft reicht die vom Hersteller eingestellte Viskosität des Lacks nicht aus; dann müssen Verdünnung, Einstellzusatz oder VE-Wasser[1] zugegeben werden – die Spritzviskosität wird eingestellt.

Die Spritzviskosität soll bei einer Temperatur um die 20 °C eingestellt werden, indem der Lack exakt nach Herstellerangaben gemischt wird.

Der Anteil flüchtiger organischer Stoffe (*VOC*) gibt den flüchtigen Anteil jedes lösemittelhaltigen Lacks in Gramm pro Liter an, aber auch den Anteil des organischen Lösemittels bei lösemittelreduzierten Wasserlacken. In der VOC-Verordnung ist festgeschrieben, wie groß der Anteil an Lösemitteln sein darf, weil Lösemittel zu den Gefahrstoffen gehören.

Der **Festkörpergehalt** ist der nichtflüchtige Anteil im Fahrzeuglack; Formelzeichen: ***nfA***, ***FK*** oder ***FG***. Das ist der Anteil, der während der Trocknung die Filmschicht bildet, i. d. R. Bindemittel, Pigmente, Füllstoffe und Additive. Dieser Anteil wird vor Einstellung der Spritzviskosität und vor dem Auftragen bestimmt, also im Lieferzustand im unangebrochenen Gebinde.

Die **Ergiebigkeit** (***E***) gibt die Fläche an, die mit 1 l oder 1 kg Fahrzeuglack in einem Spritzgang qualitätsgerecht bedeckt werden kann. Daher gibt der Hersteller auch eine konkrete Trockenschichtdicke als Zusatz zur Ergiebigkeit an, die als Richtwert für einen Spritzgang dienen soll. So gibt E_{55} die Ergiebigkeit an für 55 µm Trockenschichtdicke.

Materialverbrauch (*MV*) ist die Menge des betreffenden Lackes, die nach einem Spritzgang genau einen Quadratmeter der Beschichtungsfläche ausreichend mit der geforderten Filmschichtdicke bedeckt. Sie ist ebenfalls an eine Angabe der Trockenschichtdicke gebunden, da der Materialverbrauch proportional mit ihr steigt. MV_{55} gibt den Materialverbrauch für eine erreichte Trockenschichtdicke von 55 µm an.

Der Materialverbrauch ist der reziproke Wert der Ergiebigkeit.

Die **Nassfilmschichtdicke (d_N)** ist die Dicke der Nassfilmschicht, die auf die Spritzfläche gleichmäßig verteilt wurde. Der Nassfilm enthält noch alle Bestandteile des Lacks, auch die flüchtigen. Er stellt also 100 % des Lacks in einer bestimmten Filmschichtdicke in µm dar.

Die Nassfilmschichtdicke wird erreicht, wenn die vorgeschriebenen Parameter des Spritzverfahrens eingehalten werden. Das ist notwendig, um nach der Trocknung die notwendige Trockenfilmschichtdicke zu erreichen.

Die **Trockenfilmschichtdicke (d_T)** ist die Dicke der Trockenschicht, die aus der aufgetragenen Nassfilmschichtdicke durch die Trocknung entsteht, resultiert also aus der Menge an Festkörperbestandteilen.
Die Trockenfilmschichtdicke ist die Hauptforderung an die Beschichtung. Sie wird in der Praxis auch erreicht, wenn die geforderte Spritzviskosität eingehalten wird und die erforderlichen Spritzgänge ordnungsgemäß ausgeführt werden.

Die **Topfzeit** wird auch **Potlife** genannt. Sie ist die Zeit, die dem Fahrzeuglackierer nach Anmischen eines Zwei-Komponenten-Lacks zur Verarbeitung bleibt. Sie hängt von der Temperatur bei der Verarbeitung ab. In der Regel wird sie für die Raumtemperatur t = 20 °C angegeben.
Wird die Topfzeit überschritten, lässt sich der Lack nur mangelhaft verarbeiten und es ist mit Beschichtungsfehlern zu rechnen.

Das **Mischungsverhältnis *(MiV)*** wird von den Herstellern im Produktinformationsblatt angegeben, um einen sachgerechten Einsatz des Lackgemischs zu garantieren.
Das Mischungsverhältnis wird angegeben in der Reihenfolge: Stammlack : Härter : Einstellzusatz.

Die Angaben erfolgen in Volumenanteilen,
z. B.: MiV = 2 : 1 : 1, oder prozentual, z. B.: Zugabe von 50 % Einstellzusatz.
Auch gemischte Angaben sind möglich; z. B.
MiV = 2 : 1 : 10 % bedeutet: Lackgemisch besteht aus 2 Teilen Stammlack, 1 Teil Härter und Einstellzusatz, 10 % von Stammlack + Härter.

[1] VE-Wasser: völlig entmineralisiertes (destilliertes) Wasser

24.11 Einrichtungen, Werkzeuge und Geräte für die Reparaturlackierung

Für die Reparaturlackierung werden benötigt:
- Spritzpistole, siehe Kap. 24.11.1
- Lackmischbank und Waage, siehe Kap. 24.11.2
- Spritzstand und Spritzkabine, siehe Kap. 24.11.3
- Infrarottrockner, siehe Kap. 24.11.4
- Lackierständer, siehe Kap. 24.11.5
- Werkzeuge, siehe Kap. 24.11.6

24.11.1 Spritzpistole

Auswahl von Spritzpistolen
Früher wurde ausschließlich mit Hochdruck-Spritzpistolen und einem Zerstäuberdruck größer 3 bar gespritzt. Viel Farbe ging verloren im Spritznebel, der nicht die Beschichtungsoberfläche erreichte, der sogenannte **Overspray**.

Die Umgebungsluft wurde stark verunreinigt – das widerspricht den Bemühungen, die Umwelt zu schützen und Ressourcen zu schonen.

So schreibt die Richtlinie VDI 3456 vor, Spritzpistolen zu verwenden, die mindestens 65 % Spritzmaterial auf die Oberfläche bringen, also wenig Overspray erzeugen.

Diese Forderung erfüllen:
- Niederdruck-Spritzpistolen
- Spritzpistolen mit optimiertem Hochdruck

Niederdruck-Spritzpistole
Niederdruck-Spritzpistolen arbeiten mit einem Düseninnendruck von max. 0,7 bar. Diese Spritzpistolen werden von allen Herstellern **HVLP-Spritzpistolen**[1] genannt.

Bild → 1 zeigt eine HVLP-Spritzpistole mit Fließbecher.

Zum Spritzen werden:
- Druckluftschlauch an den Luftanschluss angeschlossen
- Fließbecher mit Spritzmaterial gefüllt (vorher filtern!)
- Duckluftversorgung eingeschaltet
- Luft-Eingangsdruck auf 2,0 bar eingestellt

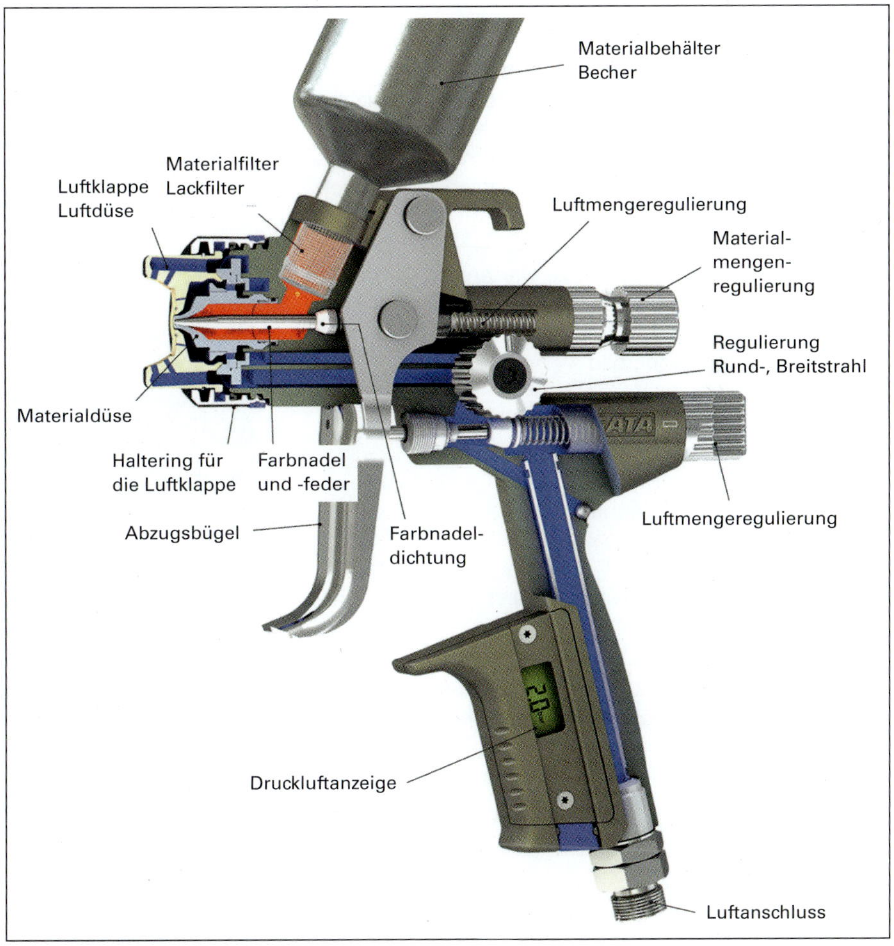

1 HVLP-Spritzpistole mit Fließbecher

[1] HVLP = High Volume, Low Pressure (engl.): hohes Volumen bei niedrigem Druck

Nachteile der Niederdruck-Spritzpistole sind:
- hoher Luftdurchsatz notwendig
- Spritzabstand beträgt 10 cm bis 15 cm, deshalb ist
- die Arbeitsgeschwindigkeit gering

Spritzpistole mit optimiertem Hochdruck
Diese Spritzpistolen werden von den Herstellern unterschiedlich genannt; die bekanntesten Namen sind **RP**[1]-, **LVLP**[2]- oder **Mitteldruck-Spritzpistole**.

Ihr Aufbau ist der gleiche wie bei Niederdruck-Spritzpistolen, nur der Durchmesser der Luftkanäle ist größer und der Düseninnendruck beträgt 1,5 bar bis 2,0 bar. Die Strömungsgeschwindigkeit des Luftstroms ist größer als bei Niederdruck-Spritzpistolen; deshalb entstehen kleinere Tröpfchen im Spritznebel.

Der Luft-Eingangsdruck beträgt 2,0 bar bis 2,5 bar. Außerdem ist der Luftdurchsatz geringer als bei Niederdruck-Spritzpistolen; der Spritzabstand beträgt 18 cm bis 23 cm.

Spritzpistolen reinigen und warten
Spritzpistolen verschmutzen beim Gebrauch und die Düsenelemente können beschädigt werden. Das führt zu fehlerhaftem Spritzstrahl. Deshalb müssen Spritzpistolen mindestens ein Mal wöchentlich ausführlich gereinigt werden.

Außerdem sind Spritzpistolen zu warten:
- nach jedem Spritzen bzw. vor einer großen Pause
- vor jedem Materialwechsel
- bei fehlerhaftem Spritzbild

Die Wartung der Spritzpistolen umfasst:
- Düsensatz wechseln
- Luftverteiler-Ring wechseln
- Farbnadeldichtung wechseln
- Spritzpistole reinigen

Gereinigt werden Spritzpistolen meist in einem Reinigungsautomaten.

Zum Warten der Spritzpistole ist das Spezial-Werkzeug zu verwenden, das vom Hersteller mitgeliefert wird.

[1] RP = **R**educed **P**ressure (engl.): reduzierter Druck
[2] LVLP = **L**ow **V**olume, **L**ow **P**ressure (engl.): wenig Volumen bei niedrigem Druck

24.11.2 Lackmischbank und Waage

Lackmischbank
Die Lackmischbank ist ein großes Regal mit Lackgebinden. In diesem Regal befinden sich die Basisfarben, aus denen sich eine nahezu unbegrenzte Zahl weiterer Farbtöne mischen lässt, siehe Bild → 1.

Viele Lacke müssen mindestens zweimal am Tag aufgerührt werden.

Empfohlen wird das Aufrühren morgens und mittags je 15 Minuten.

In mancher Lackmischbank ist ein automatisches Rührwerk eingebaut. So kann der gesamte Lackbestand gleichzeitig und gleichmäßig aufgerührt werden.

Bei Dosenwechsel sollte zusätzlich von Hand aufgerührt werden.

Präzisionswaage
Mit Hilfe einer Präzisionswaage lässt sich der gewünschte Farbton mischen. Moderne Waagen rechnen direkt die vorher gewählte Menge an Lack in die Formel um, sodass jede beliebige Lackmenge mit der richtigen Rezeptur (Pigmente und Verdünnungsmittel) angegeben wird.

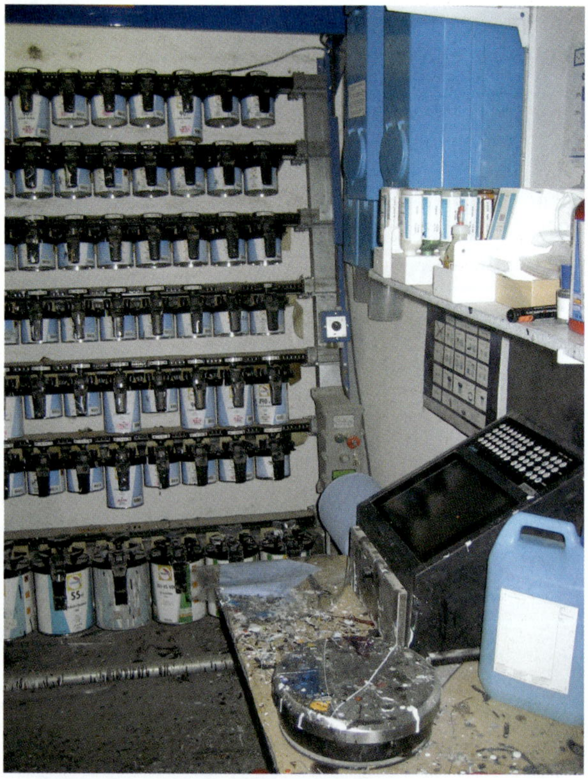

1 Lackmischbank (Hintergrund) mit Waage

24.11.3 Spritzstand und Spritzkabine

Die Gefahrstoffverordnung (GefStoffV) schreibt vor, dass das Spritzen oder Sprühen nur an Farbspritzständen, Spritzwänden oder in Spritzkabinen erfolgen darf; diese müssen mit Absaugeinrichtung ausgestattet sein.

In der Fahrzeuglackierung werden eingesetzt:
- Spritzstand
- Spritzkabine

Spritzstand

Kleinteile werden meist am Spritzstand gespritzt; dadurch wird die Spritzkabine nicht blockiert.

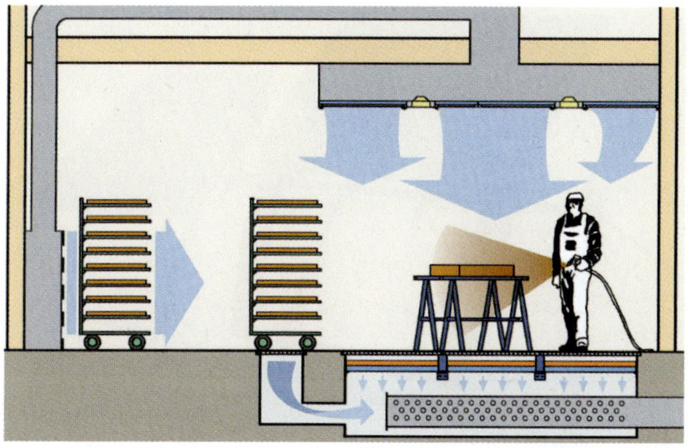

1 Spritzstand

Der Spritzstand ist eingehaust. Aus der Umgebung wird Frischluft angesaugt, erwärmt und von oben an den Spritzstand geführt, siehe Bild → 1.

Die verschmutzte Luft strömt durch einen Gitterrost im Fußboden, weiter durch einen Filter, wo sie gereinigt wird, und dann ins Freie.

Der Filter muss regelmäßig gewechselt werden; oft übernimmt das der Wartungsdienst des Spritzstands. Gute Anlagen haben einen Wärmetauscher, der die Abwärme der verschmutzten Luft an die angesaugte Frischluft abgibt.

Spritzkabine

Die Spritzkabine ist ein geschlossener Raum; sie besteht im Wesentlichen aus, siehe Bild → 2:
- Be- und Entlüftung, um Spritznebel und Lösemitteldämpfe abzuführen und Frischluft zuzuführen, ähnlich wie beim Spritzstand
- Nass- und Trockenabscheider zum Abscheiden von Lösemitteldämpfen und Lacknebel
- Tageslichtquelle
- Druckregulierung mit Luftfiltern, siehe rechts
- Schlauchanschlüsse, Schlauchaufhängung und Luftschläuche mit Schnelltrennanschluss für Spritzpistolen, ebenfalls rechts
- hydraulische Hebebühne für Fahrzeug
- flexibles Trockengebläse, siehe hinten links
- glatte, gut zu reinigende Außenwände (Leichtmetall)
- Rolltor ggf. mit eingebauter Tür und Seitentür
- ausreichende Arbeitsplattform (Gitterroste)

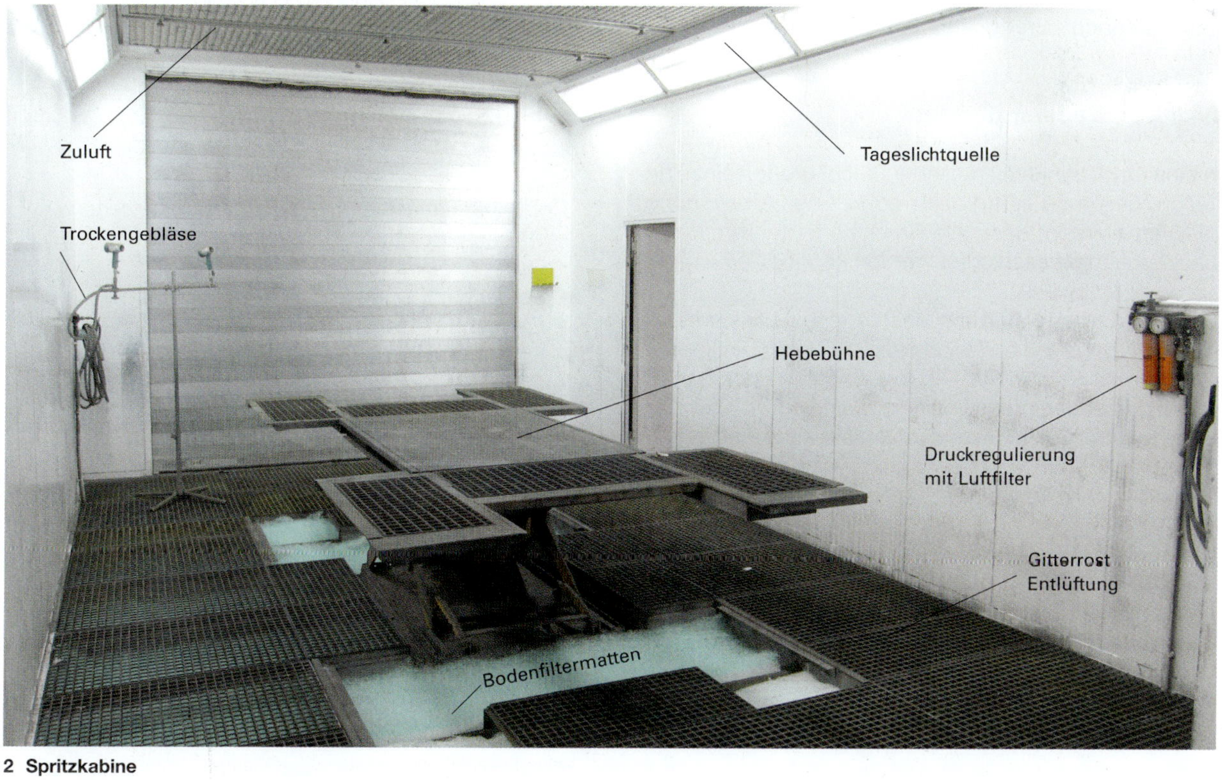

2 Spritzkabine

Beim Arbeiten am Spritzstand und in der Spritzkabine:
- persönliche Schutzausrüstung tragen
- Luftabsaugung einschalten

24.11.4 Infrarottrockner

Infrarottrockner sind Lampen, auf einem Gestell festgeschraubt, die Licht mit Infrarotwellen ausstrahlen, siehe Bild → 1.

Die Lichtstrahlen durchdringen die nasse Lackschicht, erhitzen den Untergrund und trocknen und härten so den Lack in der ganzen Schicht. Man spricht in diesem Zusammenhang von der **beschleunigten Trocknung** oder von der **forcierten Trocknung**.

Infrarottrockner werden hauptsächlich eingesetzt, um lackierte Fahrzeugteile und kleine Flächen zu trocknen. Moderne Spritzkabinen sind mit Trockenkabinen kombiniert oder mit einem Infrarot-Trockenbogen ausgestattet. Infrarot-Trockenbogen bewegen sich selbstständig auf einer Führungsschiene über alle lackierten Bereiche; die Trocknungszeit beträgt nur ca. 90 Minuten.

Achtung:
Beim Trocknen sollte die Temperatur nicht mehr als 80 °C erreichen.

Sonst können sich Kunststoffteile verziehen.

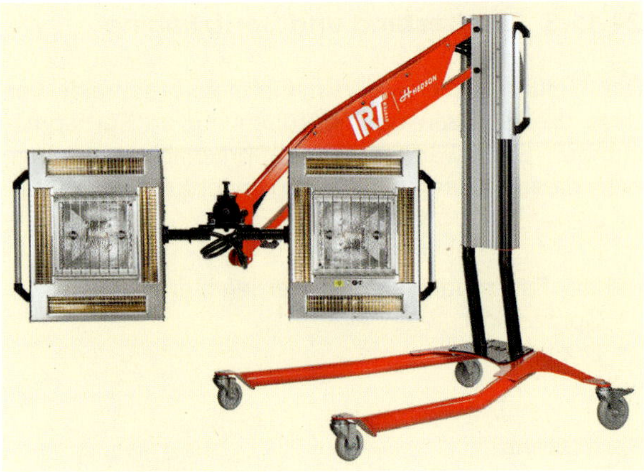

1 Infrarottrockner

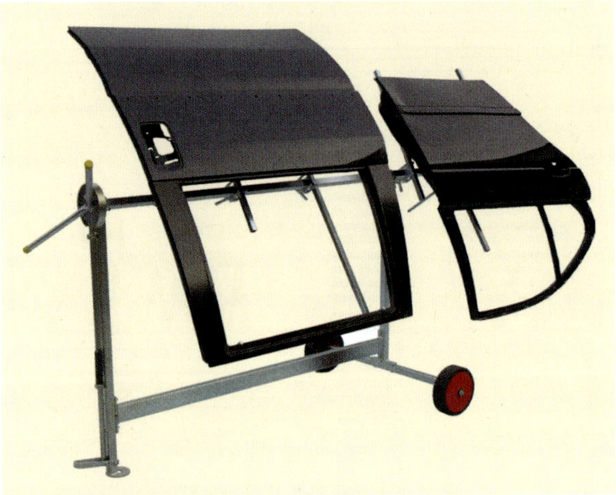

2 Lackierständer

24.11.5 Lackierständer

Kleine und unhandliche, aber auch große, einzelne Teile müssen so zum Lackieren in einer Arbeitshöhe platziert werden, dass alle Bereiche bequem mit der Lackierpistole beschichtet werden können.

Dafür verwendet man am besten einen Lackierständer; der ist auf die Bedürfnisse in einer Lackiererei abgestimmt, siehe Bild → 2. Lackierständer haben große, hitzebeständige Räder und sind somit auch auf Gitterrosten fahrbar. Das darauf befestigte Fahrzeugteil kann gedreht werden, sodass es von jeder Seite lackiert werden kann.

Lackierständer sind in der Regel aus verzinktem Stahl. So können sie nicht rosten, wenn sie mit Wasserlack besprüht werden. Und der Lackierstaub, der sich angesammelt hat, kann auch wieder entfernt werden.

24.11.6 Werkzeuge für die Reparaturlackierung

Der Fahrzeuglackierer benutzt zum Bearbeiten metallischer Untergründe vor allem:
- Reinigungswerkzeuge
- Schleifwerkzeuge und Poliermaschinen
- Entrostungswerkzeuge und mechanische Entrostungssysteme
- Entschichtungswerkzeuge

Als **Reinigungswerkzeuge** werden bei der Fahrzeuglackierung Abstauber, Staubbindetücher und Spezialbürsten eingesetzt.

Schleifwerkzeuge für die Fahrzeuglackierung sind Schleifklotz und Schleifmaschinen; Beispiele siehe Bild → 1, Seite 645. Daran werden Schleifmittel eingespannt, eingehüllt oder mittels Klettsystem befestigt.

Zum Polieren werden spezielle Poliermaschinen verwendet, siehe Bild → 2. Damit wird ein Poliermittel aufgetragen, welches dann mit Mikrofasertüchern entfernt wird.

Die wichtigsten **Entrostungswerkzeuge** für die Fahrzeuglackierung sind Exzenterschleifer, Drahtbürste und Entrostungsspachtel. Pneumatische Entrostungssysteme sind Strahlgeräte wie Nadelpistole, Sandstrahlgerät oder Strahlpistole.

Zum **Entschichten** wird der Altlack
- mit Hilfe eines speziellen Pinsels mit Abbeizfluid vorbehandelt und dann mit Spachtel entfernt, oder
- mit einem Heißluft-Abbrenngerät erwärmt und mit Schaber oder Spachtel vom Untergrund geschoben.

24.12 Farbton eines Lacks angleichen

Ist ein Auto schon ein paar Jahre alt, so war auch die Lackierung in dieser Zeit den schädlichen Umwelteinflüssen ausgesetzt. Besonders die energiereichen UV-Strahlen der Sonne könnten die Lackierung verändert haben.

Das bedeutet, dass der Farbton der Lackierung deutlich abweichen kann von dem Farbton, der mit dem Farbcode des Herstellers angegeben ist. Darum muss der Lackierer meist seinen gemischten Farbton dem Farbton der Altlackierung angleichen.

Der Farbton kann angeglichen werden durch:
- Mischlack
- Nuancieren
- Beilackieren

Farbton durch Mischlack angleichen

Ziel der Farbtonangleichung ist es, über die Wahl der Mischlacke einen möglichst gleichen Farbton nachzumischen, der sich auch bei unterschiedlichen Lichtquellen nicht vom Originalfarbton unterscheidet.

Die Hersteller von Lacken haben ihre Auswahl an Mischlacken in der Lackmischbank so ausgewählt, dass aus diesen Lacken jeder beliebige Originalfarbton zusammengestellt werden kann.

Tipp:
In ein Blatt Papier wird ein rechteckiges Loch geschnitten und auf die Altlackierung gelegt. Das Papier deckt nun störende Einflüsse an den Rändern ab.

a) Schleifklotze

b) Exzenterschleifer

1 Schleifwerkzeuge

a) Politur auftragen

b) Polierstaub entfernen

2 Polieren mit Poliermaschine

Der Farbton der Altlackierung wird mit einem Farbfächer bestimmt. Informationen zu Farbfächer und Farbtonkarten siehe Kap. 24.3.

KAROSSERIE-INSTANDHALTUNG

Nuancieren des Farbtons
Stimmt der nachgemischte Farbton nicht genau mit dem Farbton der Altlackierung überein, kann nuanciert werden. Durch die Zugabe von Pigmentpasten (z. B. Silber, Weiß oder Schwarz) können die Farbtöne entsprechend aufgehellt oder getrübt werden.

Beilackieren
Als Beilackierung wird eine Farbtonangleichung bezeichnet, bei der in einer Fläche eine möglichst übergangslose Anpassung von Alt- und Neulackierung erreicht wird.

Hierbei kann es notwendig werden, dass auch Teilflächen lackiert werden, die nicht beschädigt sind.

Vorgehensweise bei der Beilackierung:
- Vorarbeiten wie Reinigen und Schleifen; dabei muss der Klarlack der angrenzenden Flächen ganz fein mit angeschliffen werden
- Spachtelmasse, Grundierung und Füller auftragen
- Basislack in (zwei) dünnen Schichten auftragen
- ständig prüfen, ob der Farbton stimmt
- den Farbton mit Spritzdruckeinstellung korrigieren, bis gute Deckkraft erzielt wird
- von innen nach außen lackieren, d. h. vom Inneren der Schadstelle nach außen zur Kante hin, damit der Farbnebel sich nicht in der Fläche absetzt
- nur den letzten Spritzgang im Basislack von außen nach innen führen
- anschließend Klarlack über die lackierte Stelle lackieren
- den restlichen Klarlack mit 50 % Beispritzverdünnung mischen zu einer Verdünnung-Klarlack-Mischung
- Verdünnung-Klarlack-Mischung vorsichtig in der Randzone zwischen alter und neuer Lackierung aufsprühen
- anschließend vorsichtig über die gesamte zu reparierende Fläche nebeln; dabei behutsam vorgehen, sonst löst sich die Klarlackschicht zu stark und das Material beginnt zu „laufen“
- ablüften lassen

Die Beispritzverdünnung stellt so den Übergang zwischen Alt- und Neulackierung her, sodass bei späterem Polieren z. B. der Lackfilm keinen Schaden nimmt.

Kleine Farbtondifferenzen kann man durch geringeren Spritzdruck ausgleichen. Dabei wird der Basislack auslaufend von der reparierten Stelle auf die umliegende Fläche mit abnehmendem Druck aufgetragen.

Die Übergangsstelle von der alten zur neuen Klarlackschicht wird danach poliert, um sie anzugleichen.

24.13 Lackierfehler

In diesem Kapitel werden behandelt:
- Gründe für Lackierfehler
- häufige Lackierfehler
- Fehler bei der Reparaturlackierung vermeiden,

Gründe für Lackierfehler
Lackierfehler sind Fehler, die beim Lackieren selbst gemacht wurden; so war vielleicht die:
- Schichtdicke nicht optimal
- Trocknungszeit zu kurz
- Vorbereitung des Untergrundes unzureichend
- Arbeitsbedingungen in der Werkstatt schlecht

Nicht immer lässt sich auf den ersten Blick der Auslöser für den Mangel erkennen. Eine exakte Analyse ist aber unumgänglich, um den Lackierfehler optimal zu beheben.

Häufige Lackierfehler

Die häufigsten Lackierfehler sind:
- Blasenbildung
- Kocher
- mangelnde Deckkraft
- Farbtonabweichungen
- Wolkenbildung
- Haftungsstörung des Klarlacks
- Silikonkrater
- Läufer
- Wasserflecken

Blasenbildung
Blasen sind Lufteinschlüsse im Lackfilm mit Oberflächenstörungen, siehe Bild ➔ 1a, Seite 647.

Ursachen der Blasenbildung:
- Untergrund war nicht ausgetrocknet
- Poren, z. B. im Spachtelauftrag, wurden nicht ausgeschliffen
- Polyester-Materialien sind nicht abgesperrt
- bei Temperaturschwankungen hat sich Kondenswasser gebildet
- zu kurze Ablüftzeit

Bei Blasenbildung muss die entsprechende Stelle ausgeschliffen und neu lackiert werden.

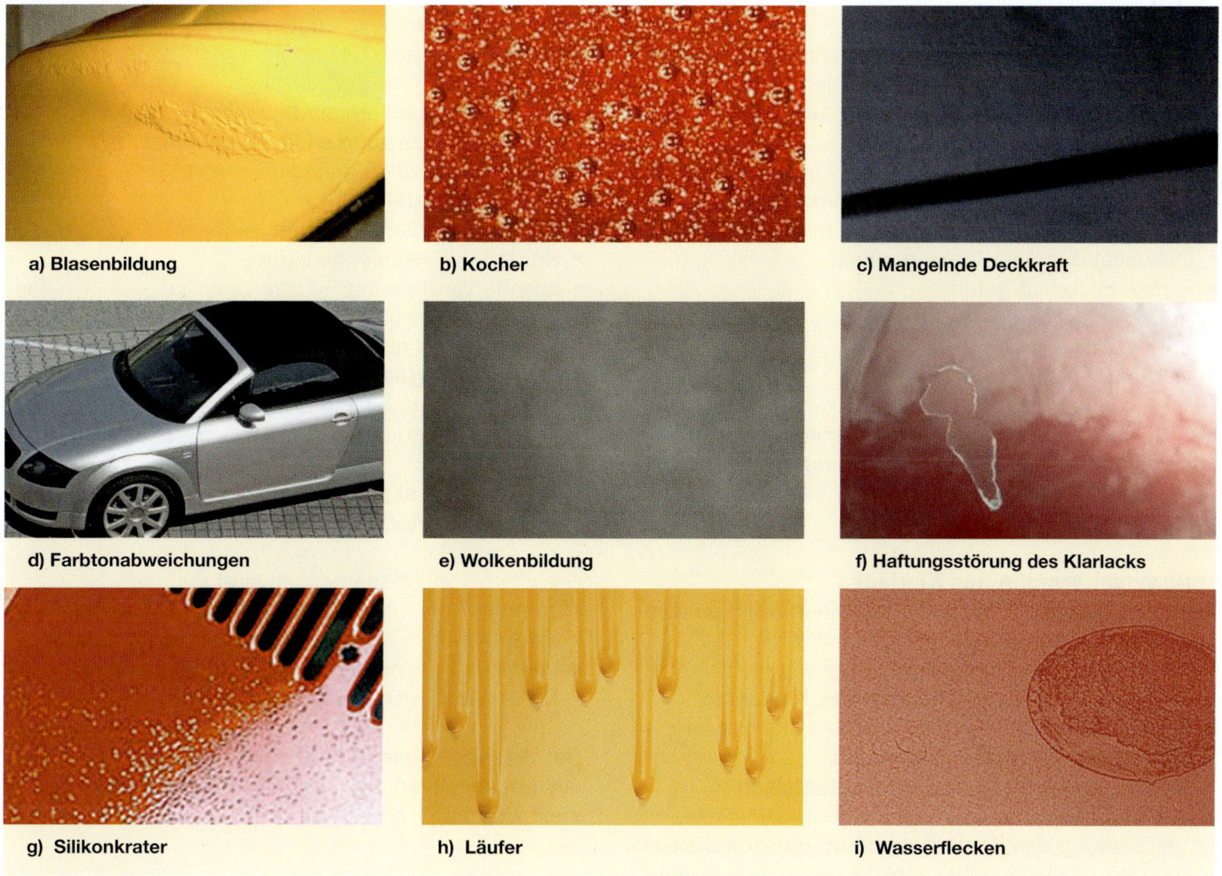

a) Blasenbildung b) Kocher c) Mangelnde Deckkraft
d) Farbtonabweichungen e) Wolkenbildung f) Haftungsstörung des Klarlacks
g) Silikonkrater h) Läufer i) Wasserflecken

1 Lackierfehler

Kocher

Kocher sind Krater und Lufteinschlüsse in der Lackierungsoberfläche mit Oberflächenstörungen, siehe Bild → 1b.

Ursachen von Kochern:

- Füller nicht vollständig durchgetrocknet
- Lösemittel in zu hoher Schichtdicke eingeschlossen (nicht vollständig verdunstet)
- Härter und Verdünnung nicht abgestimmt
- zu dicke Materialschichten

Bei Kochern muss

- die entsprechende Stelle abgeschliffen und neu lackiert werden oder
- nach Durchtrocknung: Ohne Schleifen nochmals mit Klarlack lackieren (innerhalb von 24 Std.).

Mangelnde Deckkraft

Bei mangelnder Deckkraft ist kein einheitliches Spritzbild, Untergrund oder Füller sichtbar, siehe Bild → 1c.

Ursachen mangelnder Deckkraft:

- kein einheitlicher Untergrund
- Lackmaterial nicht ausreichend aufgerührt
- Schichtdicke zu gering
- Viskosität zu niedrig

Bei mangelnder Deckkraft muss geschliffen und neu lackiert werden.

Farbtonabweichungen

Bei Farbtonabweichungen scheinen die Lackflächen im Vergleich zum Originallack heller oder dunkler, siehe Bild → 1d.
Ursachen von Farbtonabweichungen sind:

- Spritztechnik – zu nass, zu trocken, zu dünn
- Spritzpistole – Spritzdruck/Düse nicht nach Herstellerangaben
- aufwendige Serienlackierung (Mehrfachnuancen/ Metamerie)
- Untergrund ist zu dunkel
- Basislack nicht ausreichend aufgerührt

Bei Farbtonabweichungen müssen die entsprechenden Stellen angeschliffen, nachnuanciert und lackiert werden; angrenzende Teile sind zu polieren.

Wolkenbildung
An der Oberfläche der Lackierung haben sich helle und dunkle Bereiche gebildet; das sieht aus wie Wolken an einem Himmel, siehe Bild ➔ 1e, Seite 647.

Ursachen der Wolkenbildung sind:
- Basislack ist ungleichmäßig aufgetragen, somit ungleichmäßige Verteilung der Aluminiumpigmente
- Viskosität des Basislacks zu niedrig
- Pistole fehlerhaft geführt
- Ablüftzeiten zu kurz
- Spritzdruck nicht genau
- Verdünner nicht geeignet

Bei Wolkenbildung müssen die entsprechenden Stellen des Basislacks angeschliffen und mit Basislack und Klarlack neu lackiert werden.

Haftungsstörungen des Klarlacks
Der Klarlack platzt in großen und kleinen Stücken vom Basislack ab, siehe Bild ➔ 1f, Seite 647.

Ursachen der Haftungsstörungen des Klarlacks:
- Basislack in zu hoher Schichtdicke aufgetragen
- zu kurze Ablüftzeit des Basislacks
- Mischungsverhältnis Klarlack/Härter falsch

Ist die Haftung des Klarlacks gestört, müssen die betreffenden Stellen nachgeschliffen und neu lackiert werden.

Silikonkrater
Silikonkrater sind kleine Stellen im Klarlack, die aussehen, als wäre dort mit einer Nadel hineingestochen worden, siehe Bild ➔ 1g, Seite 647.

Ursachen für Silikonkrater:
- Verschmutzungen durch Silikon, z. B. Handcreme, silikonhaltige Dichtungsmasse
- Spritzluft durch Ölrückstände verunreinigt
- Feuchtigkeitseinwirkung während der Trocknung
- zu kurze Ablüftzeit

Bei Silikonkratern müssen die betreffenden Stellen abgeschliffen, sorgfältig gesäubert und neu lackiert werden.

Läufer
Ein Läufer ist überschüssiger Lack, der nicht an der Oberfläche haftet, sondern, der Schwerkraft folgend, herunterläuft.

Läufer entstehen bevorzugt an Kanten und Ecken, siehe Bild ➔ 1h, Seite 647.

Ursachen von Läufern sind:
- zu viel Material auf die Fläche gespritzt
- Spritzviskosität zu gering
- falsche Spritztechnik
- Ablüftzeiten nicht beachtet
- Spritzdruck nicht einwandfrei
- falsche Verdünnung

Läufer müssen ausgeschliffen werden. Die Handhabung der Spritzpistole üben!

Wasserflecken
Wasserflecken sind fast durchsichtige, gräuliche Flecken in der Klarlackschicht, siehe Bild ➔ 1i, Seite 647.

Ursachen von Wasserflecken sind:
- zu hohe Schichtdicke und zu kurze Trockenzeit
- Härtungsfehler oder Härter nicht mehr brauchbar
- Verdünnung eingesetzt, die nicht geeignet ist
- Schleifwasserrückstände

Bei Wasserflecken müssen die entsprechenden Stellen abgeschliffen und ein neuer Lackaufbau hergestellt werden.

Fehler bei der Reparaturlackierung vermeiden
Fehler bei der Reparaturlackierung können vermieden werden durch folgende Maßnahmen:
- Werkzeuge und Geräte regelmäßig prüfen, z. B. die Waage eichen.
- Ein Musterblech zur Farbtonkontrolle lackieren und auch archivieren; immer die gleiche Anzahl von Schichten auftragen wie später am Auto.
- Farbton immer bei Tageslicht oder unter Zuhilfenahme einer Tageslichtlampe abstimmen, nicht aber unter direkter Sonneneinstrahlung oder Kunstlicht.
- Gleichmäßige Lackierbewegungen und den richtigen Abstand zum Objekt beachten.
- Hinweise auf technischen Merkblättern beachten; bei Metallic-Lacken hat die Menge des Lösemittels Einfluss auf den Farbton.
- Rührintervalle der Lackmischanlage einhalten.
- Beim Abtönen den Mischlack aus der Formel verwenden.
- Beim Mischen nur kleine Mengen zugeben – etwas hinzufügen kann man später immer noch.

24.14 Finish

Arten von Finish

Nach dem Trocknen muss das Fahrzeug abkühlen. Nach ca. fünf Minuten kann die Karosserie nachbereitet werden. Diese Arbeiten nennt man auch Finish[1].

In diesem Arbeitsgang werden alle Spuren der Reparatur beseitigt.

Finisharbeiten werden unterteilt in:
- Oberflächenfinish
- Arbeiten am Fahrzeug
- Service

Oberflächenfinish

Beim Oberflächenfinish werden die reparierte Stellen der Lackierung und ihre angrenzenden Flächen so bearbeitet, dass sie nicht mehr voneinander zu unterscheiden sind.

Die wichtigsten Schritte beim Oberflächenfinish sind:
- Lackfehler suchen und beseitigen
- Lackierkanten beseitigen
- Karosserie polieren

Lackfehler suchen und beseitigen

Lackfehler sind vor allem Staubeinschlüsse (Farbpickel) und Läufer. Sie werden beseitigt mit:
- Schleifpapier nass P 1500
- kleinem Exzenterschleifer und Schleifpapier P 3000, siehe Bild → 1
- Poliermaschine und Feinschliffpaste

Matte Stellen werden mit Hilfe einer Kontrollflüssigkeit aufgespürt.

Lackierkanten beseitigen

An den Abklebungen und Abdeckungen entstehen beim Lackieren feine Lackierkanten; diese müssen beseitigt werden. Sie werden mit
- einem Tuch abgewischt,
- kleinem Exzenterschleifer und Schleifpapier P 3000 geschliffen,
- Poliermaschine und Feinschliffpaste geglättet.

Danach wird die Karosserie abgeblasen.

1 Staubeinschlüsse mit Poliermaschine und Schleifpaste beseitigen

a) Politur auftragen

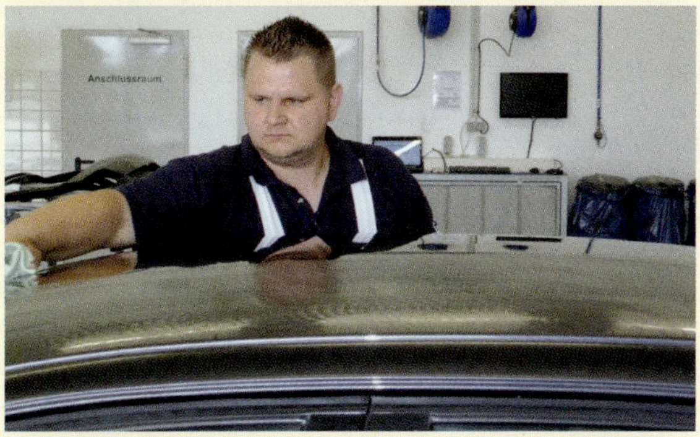

b) Politur abwischen

2 Polieren

Karosserie polieren

Nun wird die gesamte Karosserie poliert. Die Politur schützt den Lack – sie **versiegelt**.
Dazu werden, siehe Bild → 2:
- Politur mit einem Polierschwamm aufgetragen: große Flächen mit Poliermaschine, Ecken und Vertiefungen mit Lappen per Hand poliert
- Polierstaub mit einem Poliertuch abgewischt

Danach werden die Fensterscheiben mit Glasreiniger gereinigt.

Zur Reparaturlackierung eines Stoßfängers siehe 2. US, 31702, Seite 78.

[1] Finish (engl.): letzter Schliff, Vollendung

Arbeiten am Fahrzeug
Zum Schluss wird die Straßentauglichkeit nach StVZO wieder hergestellt.

Diese Arbeiten sind nach einer Teillackierung möglicherweise minimal; nach einer Ganzlackierung umfassen sie Folgendes:
- Abdeckpapiere und Klebebänder rückstandslos entfernen und entsorgen
- demontierte Teile wieder montieren
- alle Steckverbindungen zusammenstecken
- Batterie anklemmen
- alle Schalter (Licht/Radio) und Lampen im Innenbereich auf ihre Funktion prüfen
- Spur einstellen
- Licht einstellen

Service
Es folgen Arbeiten, die nicht zum Arbeitsauftrag gehören, aber von vielen Werkstätten als Service durchgeführt werden:
- gesamtes Auto in einer Waschanlage reinigen
- Innenraum reinigen (saugen)

Bei der Übergabe des Fahrzeugs wird der Kunde auf die nächsten Serviceintervalle seines Fahrzeugs hingewiesen, z. B. TÜV/AU.

24.15 Arbeits-, Gesundheits- und Umweltschutz beim Lackieren

Vorschriften zum Arbeits- und Gesundheitsschutz
Die TRGS[1] 900 setzen durch den Arbeitsplatzgrenzwert (**AGW**) fest, bei welcher Konzentration eines Stoffes als Gas, Dampf oder Schwebstoff in der Luft am Arbeitsplatz akute oder chronische Schäden an der Gesundheit nicht zu erwarten sind. Dieser AGW ersetzt somit den lange bekannten und verwendeten **MAK-Wert**[2].

Schadstoff	AGW in mg/m^3	in ml/m^3 (ppm)	Verwendung/ Einsatz
n-Butylacrylat	11	2	Kunststoff in Acryllacken
Dibenzoyl-peroxid	5		Härter für Acrylkunststoffe
Toluol	190	50	Lösemittel (aromatischer Kohlenwasserstoff)
Triisobutyl-phosphat	50		Entschäumer in Lacken

1 Beispiele für Arbeitsplatzgrenzwerte (AGW)

Die AGW sind Mittelwerte, die gelten für:
- eine achtstündige Tätigkeit
- an fünf Tagen in der Woche

Die Konzentration eines Stoffes wird in mg/m^3 oder in ml/m^3 (statt ml/m^3 auch: **ppm** = **p**arts **p**er **m**illion) angegeben, siehe Bild → 1.

Bei der Reparaturlackierung werden die Arbeitsplatzgrenzwerte überschritten; das bedeutet:
- Schleifarbeiten sind mit Staubabsaugung und Staubmaske durchzuführen.
- Lackierarbeiten sind mit Spritzmaske durchzuführen.
- Spritzarbeiten dürfen nur in einer Spritzkabine oder an einem Spritzstand ausgeführt werden.
- In der Spritzkabine muss die Absaugung eingeschaltet werden, am Spritzstand die Unterflurabsaugung.

[1] TRGS: Technische Regeln für Gefahrstoffe
[2] MAK: **M**aximale **A**rbeitsplatz-**K**onzentration

Gesetze zum Umweltschutz

Um die Umwelt zu schützen, schreibt der Gesetzgeber vor:
- nur mit Luftabsaugung spritzen
- Abfälle umweltgerecht entsorgen

Gespritzt werden darf nur in einer Spritzkabine oder an einem Spritzstand. Dort ist die **Luftabsaugung** einzuschalten. Die Abluft wird gereinigt, bevor sie wieder an die Außenluft abgegeben wird.

Abfälle müssen getrennt entsorgt werden. Ohne großen Aufwand können dafür drei oder vier Plastiksäcke aufgestellt werden, siehe Bild → 1.

Abfälle werden wie folgt entsorgt:
- Kunststofffolien nimmt der Hersteller zurück.
- Papier, das mit wenig Farbe besprüht ist, kommt in den normalen Hausmüll beziehungsweise in die Altpapierpresse, die eventuell gleich neben der Lackierkabine steht.
- Papier mit vielen Farbspritzern muss als Sondermüll entsorgt werden.
- Farbreste kommen in den Lackschlammbehälter und dann in den Sondermüll; größere Mengen von Basislack können noch max. sechs Monate gelagert werden.
- Dosen und Behälter aus Blech werden zum Schrotthändler gebracht.
- Plastikbehälter werden gepresst und entsorgt.

Auf keinen Fall dürfen flüssige Reste von Farben und Lösemitteln ins Abwasser entsorgt werden.

Es drohen empfindliche Strafen, die die Existenz der Firma gefährden können.

1 Plastiksäcke zur Mülltrennung

KAROSSERIE-INSTANDHALTUNG

Übungen:

1. Erklären Sie den Begriff Reparaturlackierung.
2. Unterscheiden Sie die Begriffe Lack und Lackierung.
3. Warum muss die Altlackierung geprüft werden, bevor sie repariert wird?
4. Was ist eine Fingernagelprobe und warum wird sie zur Prüfung der Altlackierung am häufigsten in der Praxis durchgeführt?
5. Wie kann man den Farbton der Altlackierung ermitteln?
6. Warum darf der Farbton nicht im direkten Sonnenlicht ermittelt werden?
7. Welche Verfahren werden eingesetzt, um vor einer Reparaturlackierung den metallischen Untergrund zu bearbeiten?
8. Warum müssen vor der Reparaturlackierung Kanten abgeklebt und angrenzende Bauteile abgedeckt werden?
9. Welchen Zweck erfüllt eine Bördelkante?
10. Was ist beim Abkleben einer Bördelkante zu beachten?
11. Welche Aufgaben hat eine Grundierung?
12. Warum darf die Oberfläche nicht mit blanken Händen angefasst werden?
13. Erklären Sie den Unterschied zwischen Spachtel und Spachtelmasse.
14. Welche Aufgaben hat die Spachtelmasse?
15. Was ist zu tun, wenn Spachtelmasse durchgeschliffen wurde?
16. Warum muss Spachtelmasse mit Grundierer abgesperrt werden?
17. Welche Aufgaben hat ein Füller?
18. Welche Arten Füller gibt es?
19. Nennen Sie die Hauptbestandteile des Fahrzeuglacks und erklären Sie die Aufgabe eines jeden Hauptbestandteils.
20. Was ist beim Umgang mit organischen Lösemitteln zu beachten?
21. Was gehört beim Lackieren zur persönlichen Schutzausrüstung?
22. Welcher Lack wird als Wasserlack bezeichnet?
23. Wie unterscheidet sich ein Uni-Lack von einem Metallic-Lack?
24. Welche Funktion hat der Klarlack?
25. Was versteht man unter Spritzviskosität?
26. Nennen Sie den Unterschied zwischen Nassfilmschichtdicke und Trockenfilmschichtdicke.
27. Was ist die Topfzeit?
28. Welche Vor- und Nachteile hat eine HVLP-Spritzpistole?
29. Wann muss die Spritzpistole gereinigt und gewartet werden und was ist zu tun?
30. Was ist eine Lackmischbank?
31. Beschreiben Sie einen Spritzstand.
32. Erklären Sie die drei Möglichkeiten, den Farbton eines Lacks an den Farbton der Altlackierung anzupassen.
33. Was ist Spot-Repair?
34. Für welche Lackierungsschäden ist Spot-Repair sinnvoll?
35. Beschreiben Sie, wie ein Kratzer an der Lackierung, ca. 10 cm lang, am Fahrzeug repariert werden kann.
36. Wie können Lackierfehler vermieden werden?
37. Nennen Sie fünf verschiedene Lackierfehler. Wie können sie repariert werden?
38. Welche Arbeiten werden zum Oberflächenfinish durchgeführt?

25 Karosserien und Aufbauten von Oldtimern instand halten

25.1 Oldtimer – Definition, Klassifizierung, Zustandskategorien

Die genaue Definition eines Oldtimers existiert nicht. Im allgemeinen Verständnis wird mit diesem Begriff ein historisches Fahrzeug bezeichnet.

Nach § 2 Nr. 22 FZV (Fahrzeugzulassungs-Verordnung) werden Fahrzeuge als **Oldtimer** bezeichnet, die
- vor mindestens 30 Jahren erstmals in den Verkehr gekommen sind,
- weitgehend dem Originalzustand entsprechen,
- in einem guten Erhaltungszustand sind und
- der Pflege des kraftfahrzeugtechnischen Kulturgutes dienen.

Damit gelten für solche Fahrzeuge besondere Zulassungsarten und Steuersätze. Bei Oldtimern gibt es gute Gründe, den Originalzustand wiederherzustellen und zu bewahren; einer ist: Sie können das **H-Kennzeichen**[1] erhalten.
Das H-Kennzeichen hat für den Fahrzeughalter zwei Vorteile:
- Das Fahrzeug erhält einen festen Steuersatz von 192 Euro im Jahr (Stand 2012) – unabhängig von Hubraum und Schadstoffklasse.
- Mit dem H-Kennzeichen erhält der Oldtimer den Status wie Fahrzeuge mit einer grünen Feinstaub-Plakette: Er darf in die Umweltzonen der Städte fahren.

Als **Youngtimer** gelten Fahrzeuge mit einem Alter zwischen etwa 15 Jahren und 30 Jahren.
Eine besondere Herausforderung für jeden Betrieb ist die Instandhaltung eines Oldtimers. Dabei werden nicht nur besondere Fähigkeiten und Fertigkeiten verlangt, sondern es ist große Sachkenntnis über historische Fahrzeuge, alte Produktionsmethoden und alte Materialien erforderlich.

Klassifizierungen und Zustandskategorien
Der Oldtimerweltverband FIVA[2] teilt die Oldtimer zur **Klassifizierung** in die Altersklassen A bis G ein – je nach Baujahr, siehe Bild ➔ 1. Die Begriffe in der dritten Spalte sind einfach festgelegt:
- „Ancestor“ heißt: Ahne
- „Vintage“ heißt: Jahrgang
- „Post War“ heißt: nach dem Krieg

Danach gibt es keine Bezeichnungen mehr.

Altersklasse	Baujahr	Bezeichnung
A	bis 31.12.1904	Ancestor
B	1.1.1905 … 31.12.1918	Veteran
C	1.1.1919 … 31.12.1930	Vintage
D	1.1.1931 … 31.12.1945	Post Vintage
E	1.1.1945 … 31.12.1960	Post War
F	1.1.1961 … 31.12.1970	
G	1.1.1971 … ≥ 25 Jahre	

1 Klassifizierung von Oldtimern

[1] H-Kennzeichen: H = historisch
[2] FIVA = Fédération Internationale des Véhicules Anciens

Die Zustandskategorie bewertet[1] den Erhaltungszustand eines Oldtimers mit Noten 1 bis 5 – ähnlich den Schulnoten:
- Note 1: makelloser Zustand
- Note 2: guter Zustand
- Note 3: gebrauchter Zustand
- Note 4: verbrauchter Zustand
- Note 5: restaurierungsbedürftiger Zustand

Note 1: Makelloser Zustand
Fahrzeug hat keine Mängel an Technik und Optik und Historie (Originalität). Es ist ein unrestauriertes, vollständig funktionsfähiges Original (Museumsauto) oder ein komplett und perfekt restauriertes Spitzenfahrzeug; wie neu (oder besser), siehe Bild → 1. Fahrzeug der absoluten Spitzenklasse; solche Fahrzeuge sind allerdings sehr selten.

Note 2: Guter Zustand
Mängelfrei, aber mit leichten Gebrauchsspuren, siehe Bild → 2. Original oder fachgerecht und aufwendig restauriert. Keine fehlenden oder zusätzlich montierten Teile (Ausnahme: Wenn es die StVZO verlangt).

Note 3: Gebrauchter Zustand
Normale Spuren der Jahre. Kleine Mängel aber voll fahrbereit. Keine Durchrostungen. Keine sofortigen Arbeiten notwendig. Gebrauchsfähig, siehe Bild → 3.

Note 4: Verbrauchter Zustand
Nur bedingt fahrbereit. Sofortige Arbeiten notwendig. Leichtere bis mittlere Durchrostungen. Einige kleinere Teile fehlen oder sind defekt. Teilrestauriert. Leicht zu reparieren, siehe Bild → 4.

Note 5: Restaurierungsbedürftiger Zustand
Nicht fahrbereit. Schlecht restauriert bzw. teilweise oder komplett zerlegt. Größere Investitionen nötig, aber noch restaurierbar. Fehlende Teile, siehe Bild → 5.

5 Mercedes 170 S A Cabrio, Bj. 1951 im restaurierungsbedürftigem Zustand

1 Mercedes-Simplex, Baujahr 1903 im makellosen Zustand

2 Mercedes-Benz, SL190, Bj. 1957 im guten Zustand

3 Mercedes-Benz, Baureihe 123, Baujahr 1977, im gebrauchten Zustand

4 Jaguar E-Type 4.2, Bj. 1968 im verbrauchten Zustand

[1] Bewertung nach Classic Data Marktbeobachtung GmbH & Co KG, einem Unternehmen mit Sachverständigen für klassische Fahrzeuge

25.2 Restaurierung

Unfallreparatur und Altersreparatur, wie in Kap. 22.1 beschrieben, gibt es bei Oldtimern selten – da wird jeder Schaden zur Restaurierung.
Restaurierungen verfolgen ebenfalls das Ziel, die Funktionsfähigkeit des Fahrzeugs herzustellen. Allerdings kommen noch weitere Kriterien hinzu:
- Möglichst viel der Originalsubstanz soll erhalten bleiben.
- Heute übliche technische Standards werden **nicht** angestrebt.

Auch in der Durchführung gibt es erhebliche Unterschiede:
- es gibt keine oder nur unvollständige Reparaturanleitungen
- langwierige Ersatzteilbeschaffung
- hoher Arbeitsaufwand zur Instandsetzung von Teilen
- vielfältige Kenntnisse erforderlich, z. B. Karosserie, Mechanik, Lackierung
- bei Vollrestaurierungen muss das Fahrzeug komplett zerlegt werden
- während der Restaurierung tauchen weitere Schäden auf
- eine Restaurierung zieht sich oft über Monate oder Jahre hin

Deshalb kann die Restaurierung von Oldtimern sehr viel Geld kosten; Geld, das viele Fahrzeughalter nicht zur Verfügung haben. Diese Fahrzeughalter beteiligen sich dann mit Eigenleistung an der Restaurierung, oft nur nach Feierabend und an Wochenenden – das verzögert die Fertigstellung zusätzlich.

Beim Restaurieren von Oldtimern gibt es unterschiedliche Zielstellungen; welche angestrebt wird, hängt ab von den Vorstellungen des Restaurators, vom geplanten Einsatz des Fahrzeugs und von den finanziellen Möglichkeiten des Fahrzeughalters.

So wird Restaurierung unterschieden in:
- fabrikneu
- besser als neu
- mit moderner Technik
- Szene
- substanzerhaltend
- Konservierung

Fabrikneu restaurieren
Ziel ist der Originalzustand des Fahrzeugs zum Zeitpunkt der Auslieferung. Mit Originalteilen, alten Arbeitstechniken und Materialien wird die Funktionsfähigkeit wiederhergestellt. Es werden keine technischen Verbesserungen vorgenommen.

Besser als neu restaurieren
Der Originalzustand des Fahrzeugs wird angestrebt, allerdings unter Zuhilfenahme von modernen Techniken und Materialien. Baugruppen werden behutsam der heutigen Technik angepasst, z. B. Ersatz von Trommel- durch Scheibenbremsen. Durch Verwendung moderner Materialien wird das Fahrzeug verbessert, behält aber seinen ursprünglichen Charakter.

Restaurierung mit moderner Technik
Hier werden alte Fahrzeuge mit aktueller Technik ausgestattet. Ziel ist, ein altes Fahrzeug mit den Gebrauchseigenschaften, dem Komfort und der Zuverlässigkeit eines modernen Fahrzeugs auszustatten. Unter der Karosserie werden z. B. aktuelle Motoren, Achsen oder Bremsanlagen verbaut.

Szene-Restaurierung
Alte Fahrzeuge werden durch Umbauten zu Unikaten. Auffällige Lackierungen, umfangreiche Karosserieumbauten oder extreme Motorisierung kennzeichnen diese Fahrzeuge, Beispiel siehe Bild ➔ 1.

Substanzerhaltende Restaurierung
Fahrzeuge in einem „gepflegten Gebrauchszustand“ werden behutsam restauriert. Dabei kommt es darauf an, Substanz zu bewahren. Die Geschichte des Fahrzeugs soll sichtbar bleiben. Gebrauchsspuren, leichte Abnutzungserscheinungen an Karosserie und Innenausstattung sind willkommen. Die Technik bleibt erhalten.

Konservierung
Der augenblickliche Fahrzeugzustand wird erhalten; mit allen Schäden und Gebrauchsspuren. Diese Objekte müssen nicht fahrbereit sein. Sie sind Zeitzeugen für die Nachwelt, weil z. B. eine prominente Person seinen Pkw dem Museum überlassen hat, siehe Bild ➔ 2.

1 Opel Manta mit Szene-Restaurierung

2 Mercedes-Benz 190 SL, Baujahr 1959, im unrestaurierten Originalzustand, Besitzer war der NASA-Astronaut David Randolph Scott

25.3 Ersatzteilbeschaffung

Eine große Schwierigkeit bei der Restaurierung von Oldtimern ist die Ersatzteilversorgung. Besonders unscheinbare Teile wie Gummidichtungen Zierleisten oder Embleme können zum Problem werden.

Bei den meisten Projekten stammen die Teile aus mehreren Quellen:
- Fahrzeughersteller
- Zulieferfirmen
- Kauf von Nachbauteilen
- Aufarbeitung der Originalteile
- Kauf und Aufarbeitung von Gebrauchtteilen
- Nachbau von Karosserieteilen

Fahrzeughersteller wie Mercedes, BMW oder Porsche haben Classic-Abteilungen aufgebaut. Dort können Originalteile für Oldtimer erworben werden.

Zulieferfirmen wie Bosch haben die Produktion von gefragten Bauteilen wieder aufgenommen. Reifenhersteller bieten die alten Abmessungen an. Solche Bauteile sind oft höherwertiger als die Originale, da bei der Herstellung moderne Werkstoffe eingesetzt werden.

Beim **Kauf von Nachbauteilen** ist Vorsicht geboten: Es werden industriell hergestellte Ersatzteile von höchst unterschiedlicher Qualität offeriert. Vor allem Billigangebote haben oft nicht die notwendigen Eigenschaften. Bei Karosserieteilen ist mit erheblichen Maß- und Formabweichungen zu rechnen.

Bei der **Aufarbeitung von Originalteilen** des Fahrzeugs besteht das Ziel darin, möglichst viel der Originalsubstanz zu erhalten. Das führt zu Reparaturtechniken, die aus ökonomischen Gründen normalerweise nicht eingesetzt werden. So erfolgen z. B. Abschnittsreparaturen an Schraubteilen.

Im Internet oder auf Oldtimertreffen in Oldtimerklubs findet man Angebote von **gebrauchten und aufgearbeiteten Ersatzteilen**. Das sind die einzigen Quellen, wenn Bauteile weder als Original noch als Nachbauteil erhältlich sind.

Für exotische Fahrzeuge sind manchmal keine Karosserieteile erhältlich. Besonders bei Modellen, die nur in geringer Stückzahl produziert wurden, ist der **Nachbau** die einzige Möglichkeit. Sind Zeichnungen der Bauteile vorhanden, können diese relativ leicht gefertigt werden, Beispiel siehe Bild ➔ 1. Es gibt aber auch Fälle, in denen Form und Maße von Karosserieteilen anhand von Fotos rekonstruiert werden müssen.

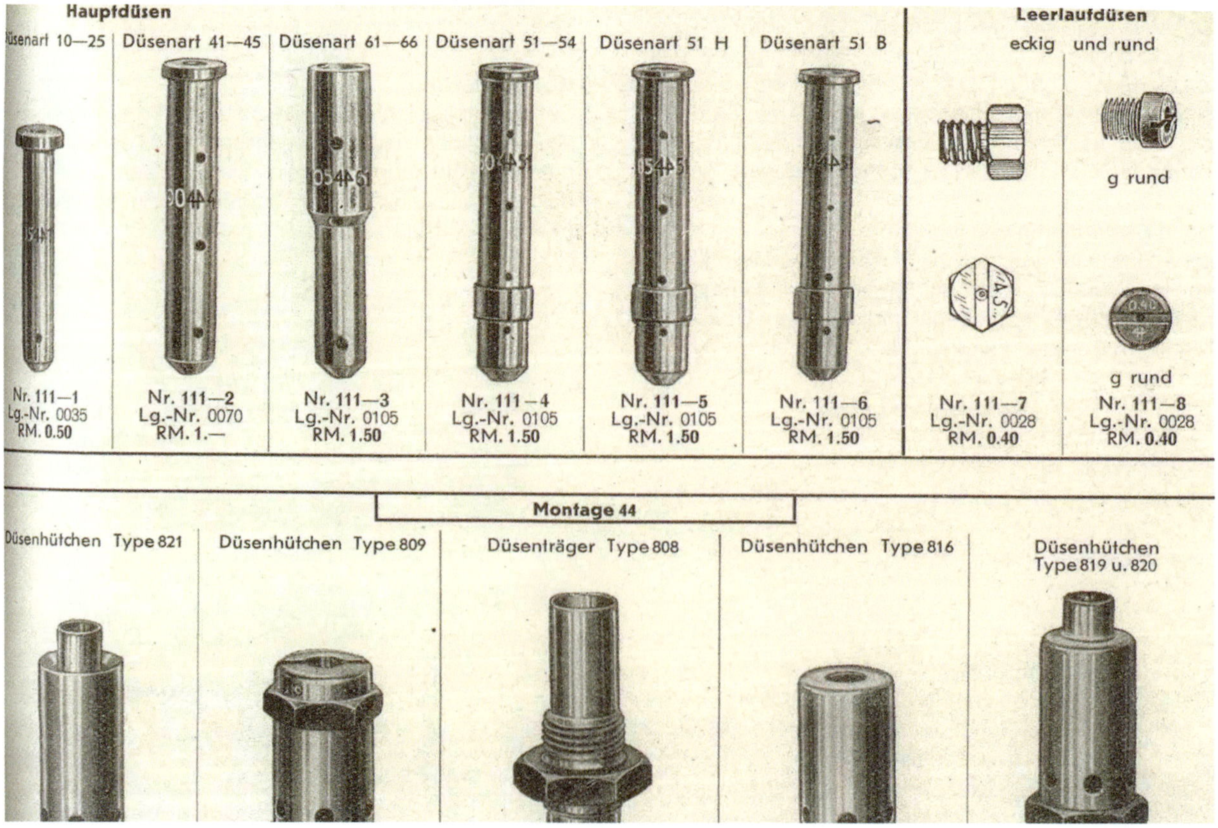

1 Ersatzteilkatalog von einem Oldtimer

25.4 Karosserie eines Oldtimers restaurieren

Eine Restaurierung erfolgt in den Schritten:
- Bestandsaufnahme
- Kostenkalkulation
- Demontage
- Oberflächen bearbeiten
- Instandsetzung

Bestandsaufnahme zur Restaurierung der Karosserie eines Oldtimers
Bei der Restaurierung von Oldtimern ist als Erstes der Gesamtschaden festzustellen, siehe Bild → 1. Dabei werden die gleichen Grundregeln angewendet wie bei jeder normalen Instandsetzung, vgl. Kap. 21.

Allerdings beschränkt sich die Schadensaufnahme nicht nur auf einen Bereich des Fahrzeuges; vielmehr soll der Gesamtzustand ermittelt werden. Neben der Karosserie werden Motor, Kraftübertragung, Elektroanlage, Innenausstattung und Fahrwerk beurteilt. Dabei muss man auch Teile wie Gummidichtungen, Zierleisten, Scheinwerfer und andere Anbauteile berücksichtigen.

Viele Schäden werden erst nach der Demontage von Bauteilen oder dem Entlacken sichtbar, siehe Bild → 2. Um den Umfang der Arbeiten genau einschätzen zu können, ist eine sorgfältige Analyse notwendig.

Kostenkalkulation zur Restaurierung der Karosserie eines Oldtimers
Ein weiteres Problem ist die Kostenkalkulation. Kalkulationsprogramme, wie sie für die normale Instandsetzung verwendet werden, sind wenig hilfreich: Solche Programme arbeiten auf der Grundlage aktueller Ersatzteilpreise und vom Hersteller vorgegebener Reparaturzeiten.

Ein genauer Kostenvoranschlag ist nicht möglich, da
- Ersatzteile seit Jahren nicht mehr produziert werden,
- Arbeitswerte nicht festgelegt sind und
- der volle Arbeitsumfang erst während der Reparatur sichtbar wird.

So stellt der Kostenvoranschlag für eine Restaurierung eher eine Schätzung dar.

Diese wird umso genauer, je mehr Erfahrung der Instandsetzer mit dem Fahrzeugtyp hat. Dann werden die Erfahrungen vorhergehender Objekte berücksichtigt.

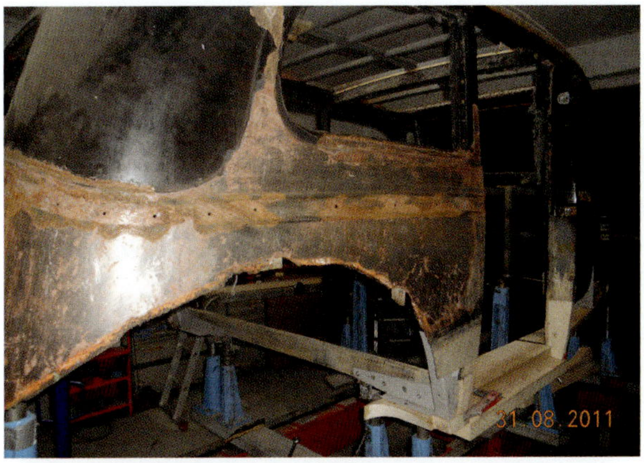

1 Bestandsaufnahme an einer Karosserie

2 Vorderteil eines VW Karmann Ghia, Typ 34, Baujahr 1966, nach Freilegung der Roststellen

Demontage zur Restaurierung der Karosserie eines Oldtimers
Die Demontage eines Oldtimers unterscheidet sich prinzipiell nicht von der Demontage eines Fahrzeugs mit Unfallschaden.

Allerdings gelten einige Besonderheiten:
- Oft wurden heute übliche Montagetechniken früher noch nicht eingesetzt. Zur Information über Teile und Technik eignen sich Werkstatthandbücher und Teilekataloge.
- Jeder Arbeitsschritt muss dokumentiert werden. Fotos aus mehreren Perspektiven sind notwendig.
- Demontierte Bauteile beschriften und sortieren. Kleinteile in Tüten verpacken und kennzeichnen. Alles baugruppenweise in Kartons oder Kisten einordnen.
- Wiederverwendbare Teile trennen von Teilen, die aufgearbeitet werden. Die Zuordnung der Teile zu den Baugruppen muss erkennbar bleiben.
- Leitungsanschlüsse beschriften.
- Keine Teile wegwerfen. Selbst unbrauchbare Teile können bei der Ersatzteilbeschaffung als Muster dienen.

Da zwischen Demontage und Montage bei der Restaurierung oft Monate oder gar Jahre vergehen, ist die sorgfältige Ablage und Dokumentation der Teile die Grundlage für den Arbeitserfolg, siehe Bild ➔ 1.

Oberflächen bearbeiten zur Restaurierung der Karosserie eines Oldtimers

Schäden an der Oberfläche der Karosserie

Ist das Fahrzeug vollständig demontiert, zeigen sich an vielen Stellen Schäden, die bis dahin unsichtbar waren: Unter Bodenverkleidungen, in Radkästen und an vielen anderen Stellen werden angehobene Lackschichten oder Rost sichtbar, Beispiel siehe Bild ➔ 2.

Um das ganze Ausmaß der Schäden erkennen zu können, müssen Verschmutzungen, Unterbodenschutz und Lack von der Oberfläche entfernt werden.

Dazu können eingesetzt werden:
- physikalische Verfahren
- thermische Verfahren
- chemische Verfahren

Physikalische Verfahren zum Bearbeiten der Oberfläche

Bei diesen Verfahren wird die Oberfläche durch mechanische Einwirkung gereinigt. Dazu werden äußere Kräfte oder Impulse eingesetzt.

Bei physikalischen Verfahren wird die Oberfläche bearbeitet mit Hilfe von:
- manuellen Werkzeugen
- Schleifsystemen
- Strahlgeräten

Bearbeitung der Oberfläche mit Hilfe manueller Werkzeuge

Dabei werden Spachtel, Schaber, Drahtbürsten und Handschleifwerkzeuge eingesetzt, siehe Bild ➔ 3. Diese Werkzeuge eignen sich besonders, um lose anhaftende Schichten zu entfernen. Aufgrund des hohen Zeit- und Kraftaufwandes sind sie eher für kleine Flächen geeignet.

Bearbeitung der Oberflächen mit Hilfe von Schleifsystemen

Schleifsysteme bestehen aus einer Schleifmaschine mit dem passenden Schleifmittel, welches an der Maschine befestigt wird.

1 Demontierte Bauteile beschriftet und sortiert abgelegt

2 Pfusch an einem Radhaus

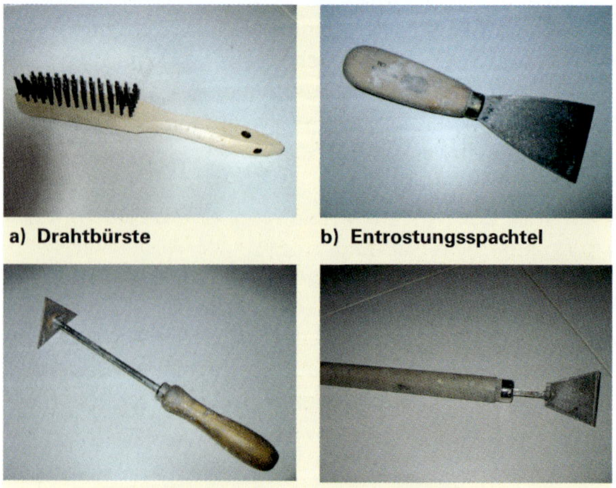

a) Drahtbürste **b) Entrostungsspachtel**

c) Entrostungsschaber **d) Roststecher**

3 Manuelle Werkzeuge zur Bearbeitung der Oberfläche

Die Auswahl der Maschine richtet sich nach der zu bearbeitenden Oberfläche, siehe Bild → 1:

- Schwingschleifer: für große, ebene Flächen
- Exzenter- oder Rundschleifmaschinen: für leicht gewölbte Bauteile
- Dreieckschleifer: für Kanten, Ecken und kleine Flächen
- Winkelschleifer: für alle Flächen

Allerdings dürfen nur Fächerscheiben oder flexible Kunststoffscheiben eingesetzt werden; normale Schruppscheiben tragen aufgrund der hohen Schnittgeschwindigkeit zu viel vom Grundmaterial ab.

Zum Entfernen von losen Schichten stehen spezielle **Drahtbürsten** zur Verfügung. Mit der entsprechenden Aufnahme können diese in Winkelschleifer oder Bohrmaschinen eingespannt werden. Durch die hohe Drehzahl ist der Abtrag wesentlich höher als bei Handdrahtbürsten.

Bearbeitung der Oberflächen mit Hilfe von Strahlgeräten

Strahlgeräte sind Reinigungsgeräte, die Strahlmittel auf die Oberfläche der Karosserie strahlen.

Die Strahlmittel zur Restaurierung können sein:

- feinkörnig
- aus Kunststoff
- Trockeneis

Feinkörnige Strahlmittel

Als feinkörnige Strahlmittel finden verschiedene Sande Verwendung, deshalb wird das Strahlen mit feinkörnigen Strahlmitteln auch als **Sandstrahlen** bezeichnet, auch wenn das Strahlmittel aus Glasperlen oder Schlacke besteht.

Achtung:
Reiner Quarzsand darf wegen der hohen Gesundheitsgefährdung nicht mehr verwendet werden.

Gestrahlt wird entweder mit einem **Sandstrahlgerät** oder einer **Strahlpistole**, siehe Bild → 1, Seite 660. Kleinteile sollten in einer Strahlkabine gestrahlt werden.

Die Körner des Strahlmittels werden vom Strahlgerät mit Druckluft auf die Oberfläche der Karosserie geschleudert. Beim Auftreffen geben sie ihre Energie ab. Die Impulsstärke ist vom Luftdruck sowie dem eingesetzten Strahlmittel abhängig. So können alte Farbschichten und Rost schnell entfernt werden.

a) Schwingschleifer

b) Exzenterschleifer

c) Rundschleifer

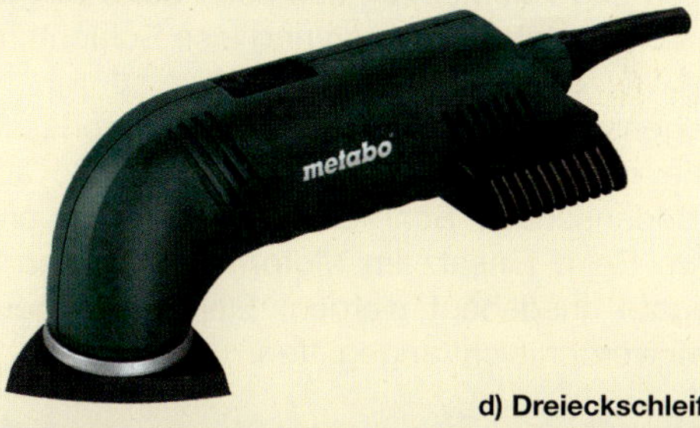

d) Dreieckschleifer

e) Winkelschleifer

1 Schleifwerkzeuge

Nachteile der feinkörnigen Strahlmittel:
- Die harten Körner hinterlassen auf dem Blech winzige Einschlagkrater; die Oberfläche wird rau.
- Strahlmittelreste können sich in Spalten und Hohlräumen sammeln; später nehmen diese Feuchtigkeit auf und können zu Korrosion führen.
- Wird die Oberfläche nicht korrekt gestrahlt, kann das Blech später durchrosten.

Strahlmittel aus Kunststoff

Wesentlich schonender ist der Einsatz von **Kunststoffgranulat**. Dabei erfolgt die Reinigung mit einem Gemisch aus Kunststoff und organischen Stoffen. Durch Variation von Zusammensetzung und Luftdruck können unterschiedliche Strahlwirkungen erzielt werden. Allerdings sind spezielle Strahlanlagen erforderlich.

Trockeneis als Strahlmittel

Trockeneis besteht aus Kohlendioxid (CO_2).

Kohlendioxid geht bei einer Temperatur von -79 °C vom festen direkt in den gasförmigen Aggregatzustand über.
Dabei vergrößert sich das Volumen:
Aus 1 cm^3 festem Trockeneis entstehen 700 cm^3 Gas.

Dies macht die Besonderheit des Verfahrens aus: Trifft das Trockeneis mit hoher Geschwindigkeit auf Verschmutzungen, gefriert die Oberfläche sofort. Gleichzeitig wird aus dem Trockeneis gasförmiges CO_2.

Weil sich das Volumen um das 700-Fache vergrößert, lösen sich Verschmutzungen und lose Schichten ab.

Im Gegensatz zu anderen Verfahren hinterlässt Trockeneis keinerlei Strahlmittelrückstände. So können Unterbodenschutz, Schmutz und Öl leicht entfernt werden. Beim Einsatz im Motorraum müssen keine Aggregate ausgebaut werden; Elektroleitungen und Gummi werden nicht angegriffen.

Nachteil von Trockeneis:
Wegen der fehlenden mechanischen Wirkung werden Rost und festhaftende Farbschichten nicht entfernt.

Thermische Verfahren zur Bearbeitung der Oberfläche

Mithilfe thermischer Verfahren werden Folien und Aufkleber entfernt. Das Entfernen von Lack beschränkt sich auf Teile aus Massivholz.

Dafür werden Heißluftgebläse verwendet, siehe Bild → 2.

a) Sandstrahlgerät

b) Strahlpistole

1 Geräte zum Sandstrahlen

2 Heißluftgebläse

Chemische Verfahren zur Bearbeitung der Oberfläche

Für die Restaurierung von Oldtimern kommt als chemisches Verfahren nur das **Tauchbad-Entlacken** infrage. Dazu muss die Karosserie komplett demontiert werden.

Dann werden die Karosserieteile:
- gereinigt
- entrostet
- passiviert

Zum **Reinigen** werden die Karosserieteile in ein Bad aus Kalilauge mit einer Temperatur von 80 °C getaucht, sodass sich Lack und Verschmutzungen von den Karosserieteilen trennen.

Die Verweildauer richtet sich nach der anhaftenden Farbe, den verwendeten Dichtstoffen und den anhaftenden Verschmutzungen.

Nach dem Tauchbad werden alle Karosserieteile mit Wasser gereinigt; das neutralisiert die Laugenreste und entfernt letzte Lackfragmente. Als nächster Arbeitsschritt erfolgt das **Entrosten**. Hierfür wird die Karosserie in ein Bad aus Phosphorsäuremischung mit ca. 50 °C getaucht. Die Phosphorsäure reagiert mit dem Rost zu Eisen(III)phosphat und Wasser:

$$FeO(OH) + H_3PO_4 \rightarrow FePO_4 + 2\ H_2O$$

Danach werden mit Wasser die Säurereste von den Karosserieteilen entfernt.
Zum Schluss wird die Karosserie **passiviert**. Dies erfolgt ebenfalls in einem Phosphorsäurebad. Danach bleibt auf dem Blech eine dichte Phosphatschicht zurück. Diese bewirkt, dass die Karosserieteile mehrere Tage nicht rosten.
Das Ergebnis des Tauchbad-Entlackens ist eine vollständig entlackte Karosserie. Sogar sämtliche Hohlräume sind metallisch blank und rostfrei.

Nachteil:
Da mehrere Tauchbäder notwendig sind, kann dieses Verfahren nur in Spezialbetrieben durchgeführt werden.

Für kleinere Korrosionsstellen werden im Handel **Rostumwandler** angeboten. Diese enthalten neben der Phosphorsäure meistens Tannine.
Die Anwendung ist einfach:
- Nach einer gründlichen Reinigung werden die Produkte auf die Oberfläche aufgetragen. Die ablaufende chemische Reaktion entspricht der im Tauchbad.
- Überreste werden mit Wasser abgespült.
- Zurück bleibt eine Eisen(III)phosphat-Schicht.

Problematisch wird der Einsatz von Rostumwandlern, wenn sie Bestandteil eines Anstrichs sind:
Zur Umwandlung einer bestimmten Rostmenge ist eine bestimmte Phosphorsäuremenge erforderlich, um die chemische Reaktion vollständig ablaufen zu lassen. Enthält die Farbe zu wenig Säure, bleibt Rost übrig. Bei einem Säureüberschuss reagiert die Restsäure mit anderen Stoffen.

Instandsetzung zur Restaurierung eines Oldtimers

Bei der Instandsetzung von Oldtimern sind die gleichen Techniken einsetzbar wie bei der Reparatur normaler Fahrzeuge:
- Austauschen von Bauteilen oder Baugruppen
- Rückverformen von Karosserien
- Ausbeulen
- Abschnittsreparatur

1 Umrandung des Scheinwerfertopfes eines Porsche 356 Vor-A Speedster, Baujahr 1954 anfertigen mit Hilfe einer Gussmaske

Austauschen von Bauteilen oder Baugruppen
Nur in den seltensten Fällen werden Karosserieteile zur Instandsetzung von Oldtimern noch als Neuteile angeboten. Deshalb kommen als Ersatz meist gebrauchte Teile zum Einsatz.
Diese müssen vor der Montage aufgearbeitet werden.
- Im günstigsten Fall reicht es aus, den alten Lack und andere Beschichtungen wie Unterbodenschutz oder Dichtmassen zu entfernen. Meist kommen bei diesen Arbeiten aber noch kleinere Beschädigungen zum Vorschein, die dann noch beseitigt werden müssen.
- Im ungünstigsten Fall ist es erforderlich, Karosserieteile komplett nachzubauen, siehe Bild → 1.
- Ein weiteres Problem stellen Teile wie Zierleisten, Scheinwerferabdeckungen oder Türgriffe dar – früher meist verchromt, im Verlauf der Zeit mehr oder weniger korrodiert. Solche Teile müssen aufwendig aufgearbeitet werden.

Rückverformen von Karosserien
Richtwinkelsätze für Oldtimer sind eher die Ausnahme. Im Allgemeinen wird das Fahrzeug auf der Richtbank mit Klemmen befestigt. Für die Rückverformung gelten die gleichen Regeln wie bei anderen Fahrzeugen. Problematisch wird die Ermittlung der Karosseriemaße. Da helfen nur Reparaturhandbücher, alte Zeichnungen, oder die Maße werden von einem baugleichen Fahrzeug abgenommen.

Instandsetzen durch Ausbeulen
Es kommen die gleichen Techniken wie bei der Unfallreparatur zum Einsatz. Ausbeulen mit Hammer und Handeisen, Spotter, Zugsysteme. Für diese Techniken ist es unerheblich, ob das Fahrzeug schon älter als 30 Jahre ist. Ein wesentlicher Unterschied besteht aber doch: Wo man sich bei der Unfallreparatur aus Kostengründen für ein Austauschteil entscheidet, wird bei Oldtimern wegen der Originalität ausgebeult.

Instandsetzen durch Abschnittsreparatur

Wie beim Austauschen besteht das Hauptproblem bei der Ersatzteilbeschaffung: Teile für die Abschnittsreparatur sind kaum erhältlich. Also werden

- entweder beschädigte Altteile eingesetzt oder
- Reparaturbleche selbst angefertigt, siehe Bild → 1, Seite 661.

Altteile müssen wieder für den Einsatz vorbereitet werden. Das bedeutet, Lack und Dichtmassen entfernen und die Teile auf Form- und Maßhaltigkeit prüfen.
Bei der Anfertigung von Reparaturblechen muss das Blech die gleiche Blechstärke und gleiche Qualität wie das Originalteil haben. Für die Schnittlinienführung, Trenn- und Fügetechniken gelten die gleichen Regeln wie bei der Unfallinstandsetzung. Notwendige Oberflächenkorrekturen sollten durch Verzinnen durchgeführt werden.

Zur Restaurierung der Kofferraumwand eine Oldtimers siehe 2. US, 31702, Seite 170.

25.5 Modelle

Modelle für Karosserien

Für den Karosserie- und Fahrzeugbaumechaniker sind Modelle erforderlich, wenn er Karosserien herstellt oder Oldtimer instand setzt. Die Karosserien werden dann meist aus faserverstärkten Kunststoffen hergestellt, vgl. Kap. 6.2.

Für die Herstellung von Karosserien zeichnet der Konstrukteur oder der Designer (Gestalter) die Form des neuen Fahrzeugs. Modellbauer stellen dann nach diesen Zeichnungen Modelle her, Beispiel siehe Bild → 1.

Modelle für Karosserieteile

Bei der Restaurierung von Oldtimern sind oft Karosserieteile nicht mehr verfügbar; dann müssen sie vom Karosserie- und Fahrzeugbaumechaniker angefertigt werden.

Für die Karosserieteile werden überwiegend metallische Werkstoffe verwendet. Zur Herstellung der Karosserieteile fertigt der Karosserie- und Fahrzeugbaumechaniker Modelle an.

Grundsätzlich werden zwei Modellarten unterschieden:

- Modell als Formlehre
- Modell als Klopfmodell

1 Modell aus Ton für einen neuen Pkw im Maßstab 1 : 4

a) Spantenmodelle für Kotflügel

b) Prüfen an der Formlehre für Kotflügel

2 Modelle als Formlehre

Mit dem **Modell als Formlehre** prüft der Karosserie- und Fahrzeugbaumechaniker während und zum Schluss der Fertigung, ob das Karosserieteil dem Sollzustand entspricht, siehe Bild → 2.

a) **Aus Hartholz für den Untergurt eines Fensterrahmens**

b) **Aus Gusseisen für eine Scheinwerfertopfumrandung**

1 Klopfmodell

Das **Klopfmodell** wird als Werkzeug verwendet. Dabei wird direkt über das Klopfmodell das Karosserieteil geformt, siehe Bild ➔ 1. Das Klopfmodell wird für Einzelfertigung aus hartem Holz hergestellt, damit es die Form behält. Wenn das Klopfmodell wiederholt eingesetzt werden soll, kann man es aus Gusseisen fertigen lassen.

Zum Herstellen eines Klopfmodells siehe 2. US, 31702, Seite 140.

Modelle für Karosserieteile herstellen

> Für die Herstellung von Modellen werden:
> - Konstruktionen erstellt
> - die Form direkt vom defekten Bauteil abgenommen

Modelle konstruieren

Bei einer Oldtimer-Restaurierung soll ein Karosserieteil angefertigt werden, weil das Originalteil nicht mehr vorhanden ist. Der Karosserie- und Fahrzeugbaumechaniker kann also die Form nicht direkt vom Karosserieteil abnehmen. Er muss ein Modell konstruieren. Dazu kann er von der anderen Fahrzeugseite Maße vom entsprechenden Karosserieteil abnehmen oder er verwendet eine Karosseriezeichnung des Oldtimers.

Beispiel: Holzmodell konstruieren für den unsymmetrischen Kotflügel eines Pkws

Das Modell dient als Formlehre; es soll aus Holz hergestellt werden, vgl. Bild ➔ 1, Seite 664:

1. Maßtabelle erstellen von einem noch vorhandenen Kotflügel oder nach Zeichnung; dabei die Vertikalschnitte $\overline{aa}$ bis $\overline{ff}$ festlegen.
2. Mit Hilfe der Maßtabelle die Vorderansicht vom Kotflügel erstellen.
3. Draufsicht zeichnen mit dem vorderen Rundungsradius R185.
4. In die Draufsicht Schnitte 1 bis 3 legen.
5. Schnittpunkte der Schnitte 1 bis 3 und Schnittpunkt 4 mit der Rundung R185 in die Vorderansicht projizieren.
6. Zu den Schnittpunkten Hilfskurven zeichnen; die Hilfskurven laufen parallel zu den Außenkonturen, weil die Rundung ein Kreisbogen ist.
7. Über die Hilfskurven die hintere Rundung in der Draufsicht des Kotflügels konstruieren.
8. Aus der Vorderansicht die Schnittpunkte der Vertikalschnitte $\overline{aa}$ bis $\overline{ff}$ in die Seitenansicht projizieren; die Schnittpunkte mit den Schnitten 1 bis 3 ergeben die Formlinien.

Jetzt kann das Holzmodell nach den Konturen der Vorderansicht, Draufsicht und der Formlinien hergestellt werden.

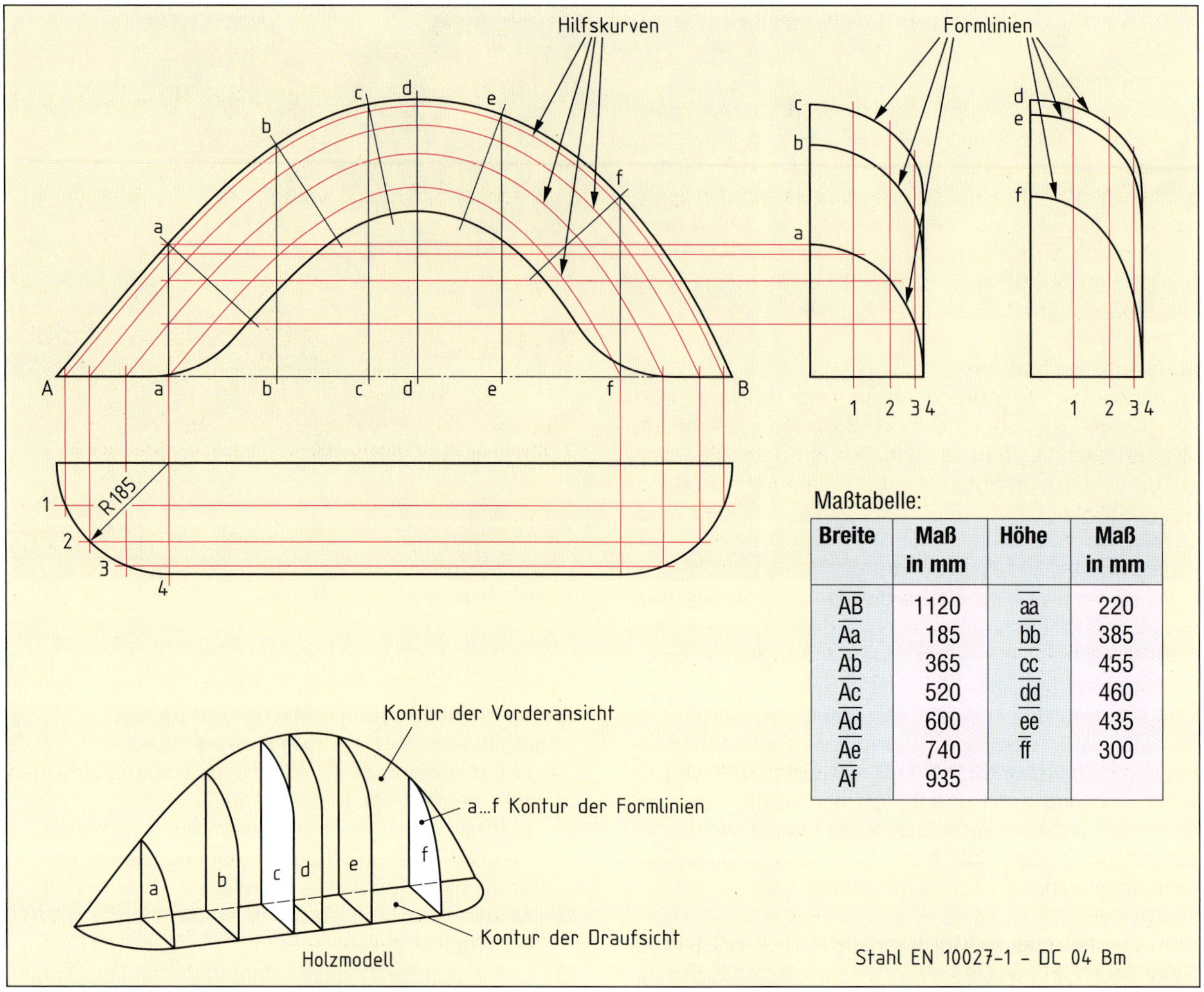

Breite	Maß in mm	Höhe	Maß in mm
AB	1120	aa	220
Aa	185	bb	385
Ab	365	cc	455
Ac	520	dd	460
Ad	600	ee	435
Ae	740	ff	300
Af	935		

1 Unsymmetrischen Kotflügel eines Pkws konstruieren

Modellform direkt vom defekten Bauteil abnehmen

Der Untergurt des Fensterrahmens eines Porsche 911, Baujahr 1972 ist durch Korrosion stark beschädigt, die Form ist aber noch erhalten. Der Karosserie- und Fahrzeugbaumechaniker kann für die Anfertigung eines neuen Karosserieteiles die Form für ein Modell vom defekten Untergurt abnehmen.

Es soll ein Klopfmodell hergestellt werden. Dazu wird zunächst die Form vom Untergurt mit einer Furnierplatte, 3 mm dick, abgenommen, siehe Bild ➔ 2. Diese Furnierplatte dient als Schablone für das Klopfmodell. Nach der Form der Schablone wird das Klopfmodell hergestellt, siehe Bild ➔ 1, Seite 665.

2 Modellform abnehmen

Material für Schablonen und Modelle

Materialbedarf
In Karosserie- und Fahrzeugbaubetrieben werden Schablonen und Modelle meist aus Furnierplatten, Siebdruckplatten (beschichtete Sperrholzplatten) oder Hartholz hergestellt. Die Furnierplatten und Siebdruckplatten sind gut zu bearbeiten, formbeständig und einfach zu kennzeichnen. Klopfmodelle werden aus Hartholz hergestellt, damit sie bei der Herstellung des Modells formbeständig bleiben, vgl. Bild → 1.

Materialverarbeitung
Furnierplatten, Siebdruckplatten und Hartholz werden mit der Stichsäge oder der Bandsäge bearbeitet. Müssen einzelne Teile zu Schablonen oder Modellen gefügt werden, erfolgt dies durch Klammern, Schrauben, Leimen.

Rationelle Materialverwendung
Schablonen und Modelle werden gekennzeichnet und gelagert. So müssen für gleiche und ähnliche Arbeiten nicht jedes Mal neue Schablonen und Modelle hergestellt werden.

25.6 Korrosionsschutz an Oldtimern

Schon während der Instandsetzung muss Korrosionsschutz durchgeführt werden:
- Punktschweißnähte sind mit Schweißprimer vorzubehandeln.
- Bei der Anfertigung von Karosserieteilen müssen die konstruktiven Besonderheiten erhalten bleiben, so dürfen z. B. Wasserablaufbohrungen nicht verschlossen werden.
- Am Fahrzeug durchgeführte Dichtmaßnahmen müssen wieder hergestellt werden; dazu gehören Hartlötnähte als Nahtabdichtung oder Klebedichtmassen, siehe Bild → 2.
- Der beste Grundlack ist eine im Tauchbad aufgebrachte KTL. Allerdings haben die wenigsten Betriebe diese Möglichkeit. Deshalb muss die abschließende Lackierung sorgfältig ausgeführt werden, siehe Bild → 3.
- Besonderes Augenmerk sollte der Hohlraumkonservierung gelten. Im Gegensatz zur Serienfertigung, wo fast immer Konservierungsmittel auf Wachsbasis eingesetzt werden, haben sich bei Oldtimern Mittel auf Fettbasis bewährt.

1 **Klopfmodell für Untergurt Fensterrahmen mit Schablone**

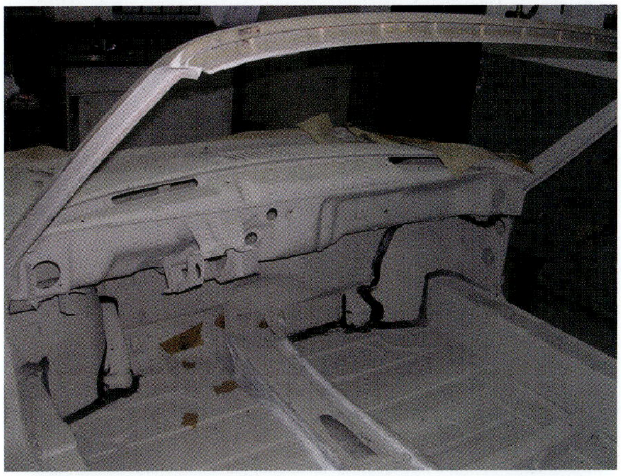

2 **Nahtabdichtung an einem Porsche 914/6 GT, Baujahr 1973**

3 **Unterboden eines Porsche 356 Vor-A Speedster, Baujahr 1954, schwarz lackiert**

KAROSSERIE-INSTANDHALTUNG

25.7 Montage bei der Restaurierung von Oldtimern

Grundlage für einen reibungslosen Zusammenbau des restaurierten Oldtimers ist die Sorgfalt bei der Demontage des Fahrzeuges.

Wurde diese Sorgfalt versäumt, hat man ein gigantisches Puzzle vor sich:
- An welche Stelle gehört das Bauteil?
- Welche Funktion hat es gehabt?
- Wie war es eingebaut?

Die Lösung solcher Fragen kostet dann viel Zeit und Lehrgeld.

Anhand einer ordentlichen Dokumentation, unter Verwendung alter Werkstatthandbücher, Wartungs- und Reparaturanleitungen lässt sich die Montage wesentlich leichter durchführen.

Dabei sind alte Handwerkstechniken gefragt. Nur so gelingt es, den Originalzustand möglichst wieder herzustellen.

Gute Restaurierungen sind an der Liebe zum Detail erkennbar.

Beispiel:
An einen Oldtimer gehören Schlitzschrauben; die Schraubenköpfe, exakt ausgerichtet – keine Blindniete oder Kreuzschlitzschrauben!

Auch sonst kann noch allerhand passieren:
Da lassen sich versprödete Gummiteile nicht mehr montieren, oder das neue Blinkerglas hat plötzlich eine Farbtonabweichung im Sonnenlicht.

Den Abschluss bildet die Konservierung: Hohlraumkonservierung, Unterbodenschutz und Versiegelung von Nähten sind absolut notwendig. Durch die Anwendung moderner Produkte sind restaurierte Fahrzeuge häufig besser geschützt als zur Zeit ihrer Herstellung.

25.8 Arbeitssicherheit, Unfall- und Brandschutz bei der Restaurierung

Bei der Restaurierung von Oldtimern gelten die allgemeinen Regeln des Arbeitsschutzes. Darüber hinaus müssen noch die Gefahren von Altmaterialien beachtet werden.

Beispiele:
- Häufig wurden Wärmeschutzmatten aus Asbest verbaut. Diese müssen nach den heutigen Umweltbestimmungen entsorgt werden. Dabei sind die Sicherheitsregeln beim Arbeiten mit solchen Stoffen zu beachten.
- Altlacke enthalten Schwermetalle wie z. B. Blei. Beim Schleifen muss unbedingt für Atemschutz gesorgt sein.

25.9 Gewährleistung für eine Restaurierung

Bei der Gewährleistung gibt es einige Besonderheiten gegenüber der normalen Fahrzeugreparatur:
- Keine Werkstatt kann die Garantie für einen gebrauchten Motor übernehmen, der bei der Restaurierung eingesetzt wurde. Damit kann für einen bestimmten Teil der Arbeiten keine Gewährleistung übernommen werden.
- Anders liegt der Fall bei Karosseriereparaturen. Diese müssen nach Stand der Technik und fachlich richtig ausgeführt werden. So stellt falscher Korrosionsschutz durchaus einen Mangel dar.

Für die Wertbestimmung des Fahrzeuges muss die Restaurierung ausführlich dokumentiert sein. Neben der Darstellung des Ausgangszustandes sollten sämtliche Arbeitsschritte und verwendeten Materialien festgehalten werden. Dies erfolgt durch Fotos und entsprechende Rechnungen.
Vor Beginn der Arbeiten müssen der Arbeitsumfang und das angestrebte Restaurierungsziel schriftlich fixiert werden. Damit geht man späteren Streitigkeiten über die erbrachten Arbeitsleistungen aus dem Weg.

Übungen:

1. Welche Oldtimer tragen die Bezeichnung „Vintage“?
2. Welchen Zustand hat ein Oldtimer der Note 4?
3. Was ist bei der Demontage von Oldtimern zu beachten?
4. In welche Kategorien werden demontierte Bauteile eingeteilt?
5. Erläutern Sie die Wirkungsweise des Trockeneisstrahlens.
6. Welche Reaktion läuft beim chemischen Entrosten von Karosserien ab?
7. Erläutern Sie die Bedeutung einer vollständigen Dokumentation für die Oldtimerrestaurierung.
8. Nennen Sie drei Unterschiede zwischen einer Oldtimerrestaurierung und einer normalen Karosserie-Instandsetzung.
9. Welche Regeln gelten für die Anfertigung von Reparaturblechen für Oldtimer?
10. Beschreiben Sie die Unterschiede zwischen der Kostenkalkulation eines Unfallschadens und einer Oldtimerrestaurierung.
11. Welche Möglichkeiten bestehen, Ersatzteile für Oldtimer zu beschaffen?
12. Unterscheiden Sie Modell als Formlehre und Modell als Klopfmodell.
13. Nennen Sie ein Beispiel dafür, dass ein Modell konstruiert werden muss.
14. Aus welchen Werkstoffen stellt der Karosserie- und Fahrzeugbaumechaniker Schablonen her?
15. Welcher Werkstoff eignet sich für Klopfmodelle? Begründen Sie es.
16. Wie unterscheidet sich der Korrosionsschutz bei Oldtimern zur konventionellen Reparatur?
17. Wann wird ein Kraftfahrzeug als Oldtimer zugelassen? Wie erkennt man solche Fahrzeuge im Verkehr?

26 Geschäftsprozess im Karosserie-Instandhaltungsbetrieb

In diesem Kapitel werden behandelt:
- Anfrage des Kunden beim Karosserie-Instandhaltungsbetrieb, siehe Kap. 26.1
- Annahmegespräch, siehe Kap. 26.2
- Direktannahme und Reparaturaufwand ermitteln, siehe Kap. 26.3
- Instandhaltungsauftrag erteilen, siehe Kap. 26.4
- Arbeitsplanung zur Instandhaltung, siehe Kap. 26.5
- Abnahme und Übergabe, siehe Kap. 26.6
- Rechnung erstellen, siehe Kap. 26.7
- Zahlung, siehe Kap. 26.8
- Haftungsrecht für Karosserie-Instandhaltungsbetriebe, siehe Kap. 26.9

26.1 Anfrage des Kunden beim Karosserie-Instandhaltungsbetrieb

Ein Karosserie-Instandhaltungsbetrieb hat es üblicherweise mit drei unterschiedlichen Auftraggebern zu tun.

Das sind Kunden, die den Auftrag
- privat erteilen,
- geschäftlich erteilen,
- als Versicherer im Schadensfall übernehmen.

Der **Kunde, der den Auftrag privat erteilt**, wird sicherlich den Auftragsumfang so gering wie möglich halten, um die Kosten zu begrenzen.

Beispiel:
Werden bei diesem Auftrag Instandhaltungsarbeiten angesprochen, die demnächst anfallen, ist er eher bereit, sie erst zum vorgesehenen späteren Termin in Auftrag zu geben.

Der **Kunde, der den Auftrag geschäftlich erteilt**, gibt sein Arbeitsmittel zur Instandhaltung in die Werkstatt. Er ist besonders daran interessiert, dass er das Fahrzeug betrieblich nutzen kann, und er wird bereit sein, den Auftragsumfang zu erweitern.

Beispiel:
Werden bei diesem Auftrag Instandhaltungsarbeiten angesprochen, die demnächst anfallen, ist er eher bereit, sie mit diesem Auftrag zu erledigen.

Der **Kunde, der als Versicherer den Schadensfall übernimmt,** wird den Auftragsumfang so gering wie möglich halten. Versicherungen haben Instandsetzungsvorgabezeiten, die der Karosserie-Instandsetzungsbetrieb einhalten muss.

Beispiel:
- Bei einem Bagatellschaden (Schaden unter ca. 800 EUR), erfolgt die Freigabe zur Instandsetzung nach Kostenvoranschlag des Karosserie-Instandhaltungsbetriebs.
- Bei umfangreichen Instandsetzungen wird der Auftragsumfang von einem Sachverständigen festgelegt.

Wenn der Umfang der Karosserie-Instandsetzung eindeutig bekannt ist, kann der Kunde eine Preisanfrage bei verschiedenen Karosserie-Instandhaltungsbetrieben durchführen, um sich für den billigsten Betrieb zu entscheiden.

Allerdings ist bei Karosserie-Instandsetzungen dieser Preisvergleich nicht die Regel, weil
- oft der Schadensumfang erst durch gründliche technische Untersuchung festgestellt werden kann,
- häufig zwischen Kunden und Fachbetrieb ein enges Vertrauensverhältnis besteht.

Die Privatkunden und Firmenkunden sind auf die Nutzung ihres Fahrzeuges angewiesen: Der Privatkunde benötigt sein Auto, um seinen Arbeitsplatz zu erreichen; Firmen sind noch mehr abhängig von ihrem Fahrzeug, da sie es als Arbeitsmittel nutzen.

Das heißt, die Verweildauer in der Werkstatt muss so kurz wie möglich sein.

Außerdem erwarten die Kunden, dass ihnen ein Ersatzfahrzeug zur Verfügung gestellt wird. Die Karosserie-Instandhaltungsbetriebe kommen dem Kundenwunsch entweder mit Vorführwagen nach, oder sie arbeiten mit einem Autoverleiher zusammen.

26.2 Annahmegespräch

Der Kunde oder ein Beauftragter bringt das Fahrzeug direkt in die Fachwerkstatt. Dort findet mit dem Kundendienstberater oder dem Meister ein Annahmegespräch statt.

Zunächst werden bei neuen Kunden persönliche und fahrzeugbezogene Daten im EDV-System erfasst. Sind die Kundendaten bereits gespeichert, können sie auf den Bildschirm aufgerufen werden über:
- den Kundennamen
- das Kennzeichen oder
- die Fahrgestellnummer

Die Daten werden dann in das Auftragsformular übernommen.

1 Direktannahme

26.3 Direktannahme und Reparaturaufwand ermitteln

Die Karosserie-Instandhaltungsbetriebe führen ihre Arbeitsaufträge meistens durch Direktannahme eines Kundenfahrzeuges aus.

Direktannahme
Bei kleinen Schäden werden im Beisein des Kunden die vorzunehmenden Arbeiten festgelegt und erklärt. Diese Art der Fahrzeugannahme wird Direktannahme genannt; sie fördert das Vertrauen des Kunden zur Fachwerkstatt, siehe Bild ➔ 1.

Vorteile der Direktannahme sind:
- Dem Kunden werden die Schäden erklärt und er akzeptiert notwendige Reparaturen.
- Der Kunde kann mitentscheiden, ob der notwendige Instandsetzungsumfang erweitert werden soll.
- Der Kunde kann mitentscheiden, ob angepasste Altteile verwendet werden.
- Der Kunde erhält eine schnelle Information über die Instandsetzung.

Reparaturaufwand ermitteln
Bei größeren Schäden muss man den Reparaturaufwand ermitteln, bevor der Auftrag erteilt wird. Zunächst kann man durch eine Sichtprüfung den Umfang der Schäden feststellen und sie in einem Formblatt auflisten, siehe Bild ➔ 1, Seite 670.

Dabei können folgende unfallbedingte Veränderungen am Fahrzeug geprüft werden:
- Verformung außen und innen bei doppelten Blechen
- Verformungen des Dachs
- Funktion von Schiebe-/Hebedach
- Spaltmaße von Türen und Klappen
- Lackbeschädigungen
- Verformungen der Längsträger
- Verformungen der Säulen
- Motorbeschädigung
- Beschädigung der Felgen
- Beschädigung an Achsen, Achsbefestigungen und Radaufhängungen
- Funktion der Lenkung

Ergibt die Sichtprüfung, dass sich möglicherweise primär tragende Karosserieteile verformt haben, muss das Fahrzeug zur weiteren Prüfung auf der Richtbank vermessen werden.

Alle Ergebnisse der Schadensuntersuchung gibt man in ein EDV-Kalkulationsprogramm ein. Dieses Programm ermittelt alle zur Instandsetzung erforderlichen Arbeiten, Ersatzteile, Arbeitszeiten und Preise und druckt einen **Kostenvoranschlag** aus, siehe Bild ➔ 1, Seite 671, bis Bild 1, Seite 673.
Weitere Informationen zum Feststellen der Schadenhöhe mittels EDV-Programm siehe Kap. 20.4.

Sichtprüfung

Kunde:	Kennzeichen:	Arbeitsblatt Nr.:

Fahrzeughersteller, Typ:				Fahrzeug-Ident-Nr.:	
Schlüssel-Nummer:	zu 2:		zu 3:	Fahrgestell-Nr.:	
Baujahr/Erstzulassung:				Motornummer:	
Hubraum/Leistung:	cm^3		kW		

Motor	Otto ☐ Diesel ☐	**Ausstattung mit ...** Servolenkung ☐ Zentralverriegelung ☐ Klimaanlage ☐ Xenon-Scheinwerfer ☐ Nebelscheinwerfer ☐ Stoßfänger lackiert ☐ Anhängerkupplung ☐	Bitte hier die Daten des Typenschildes eintragen!
Getriebe	Automatik ☐ Schaltung ☐		
Ausstattung	ABS ☐ ESP ☐		
Sonstiges			

Eventuelle Schäden kennzeichnen !

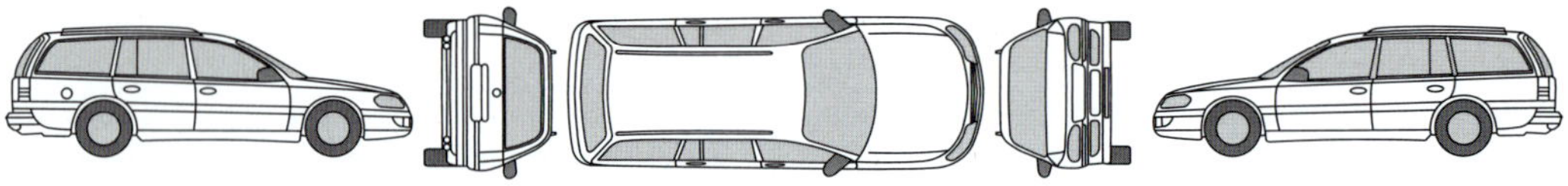

1: stärkere Karosserie-Deformation 2: Delle/Beule 3: Kratzer/Lackschaden 4: Parkschaden 5: Steinschlag 6: Vogelkot

Kurzbeschreibung der Schäden:

....

....

....

....

....

....

....

....

....

....

....

....

....

.... weiter auf der Rückseite →

Datum:.......... Prüfer:.......... Unterschrift:..........

1 Formblatt für die Sichtprüfung

Andreas Pahl Lack- & Karosseriezentrum

Zertifizierter Fachbetrieb für Lack- und Karosseriearbeiten DEKRA

A.P. Lack & Karosserie - An den Reesenbetten 1 - 24782 Büdelsdorf

An den Reesenbetten 1
24782 Büdelsdorf
Tel.: 04331 / 437 85-0
Fax 04331 / 437 85-20
info@ap-zentrum.de

Herr
Gerd Thomsen
Johann-Fleck-Str. 39

D-24106 Kiel

Kostenvoranschlag **23.04.2009**

Kunden-Nr.	Auftrags-Nr.	Bitte bei Schriftw. unbedingt angeben	Ansprechpartner		Annahme-Datum
45.104	20046				

Fabrikat	Typ	Varianten	Typen-Code	Auftrags-Datum
VW	PASSAT CC (357)	GRUNDMODELL	6AP01	20.04.2009
Farbe	**Kennzeichen**	**Kilometerstand**	**Zulassungs-Datum**	**Fertig.- Lieferdatum**
met.	KI-GT 219		12.06.2009	23.04.2009
Fahrgestell-Nr.	**Leitzahl**	**Fremdleistungsnr.**		**Betriebsstätte**
WVWZZZ3CZ9E004237		UB-016107/09		Büdelsdorf

Ausführung: 1968CCM 103KW
2-SCHICHT-METALLIC

Betrag

Arbeitslohn: Zeitbasis: 10,00 AW = 1 Std.

LOHNKLASSE 1	Preis/KL1 90,00 Euro/Std
LOHNKLASSE 2	Preis/KL1 90,00 Euro/Std
LOHNKLASSE 3	Preis/KL1 90,00 Euro/Std
LOHNKLASSE 3 (HOHLRAUMK.)	Preis/KL1 90,00 Euro/Std

Arb.Pos.Nr/ Leit-Nr.	Instandsetzung-/Einzel-/Verbundarbeiten	KL	Anz/AW	Arb.-Preis/Euro
51 01 75 01)	KAROSSERIETEIL HOHLRAUM KONSERVIEREN	3	2,0	18,00
51 01 75 50	TUER H R HOHLRAUM KONSERVIEREN (VERBUNDARBEIT)	3	1,0	9,00
51 01 75 50	SEITENTEIL H R HOHLRAUM KONSERVIEREN (VERBUNDARBEIT)	3	1,0	9,00
57 11 19 00	TUERGRIFF V R AUS-/EINBAUEN UMFASST: SCHLIESSZYLINDER AUS-/EINBAUEN	2	2,0	18,00
70 59 19 00	TUERVERKLEIDUNG V R AUS-/EINBAUEN	2	4,0	36,00
64 48 19 50	TUERSCHACHTABDICHTUNG V A R AUS-EIN	2	1,0	9,00
66 21 55 00	STOSSLEISTE TUER V R ERSETZEN	2	3,0	27,00
66 89 19 50	AUSSENSPIEGEL R AUS-/EINBAUEN (ELEKTRISCH) (TUERVERKLEIDUNG AUSGEBAUT) UMFASST: SPIEGELGLAS AUS-/EINBAUEN	2	2,0	18,00
58 11 19 00	TUERGRIFF H R AUS-/EINBAUEN	2	2,0	18,00
70 73 19 00	TUERVERKLEIDUNG H R AUS-/EINBAUEN	2	4,0	36,00
64 68 19 00	TUERSCHACHTABDICHTUNG H A R AUS-EIN	2	2,0	18,00
66 41 55 00	STOSSLEISTE TUER H R ERSETZEN	2	3,0	27,00
66 76 19 50	RADHAUSSCHALE H R AUS-/EINBAUEN	2	2,0	18,00
94 31 20 00	BEIDE SCHLUSSLEUCHTEN AUS-/EINBAUEN	2	5,0	45,00
70 39 19 00	ABDECKUNG SCHLOSSTRAEGER H AUS-/EINBAUEN	2	2,0	18,00
70 03 19 50)	VERKLEIDUNG R KOFFERRAUM AUS-/EINBAUEN (SEITENPOLSTER AUSGEBAUT)	2	3,0	27,00
63 69 19 50	ABDECKUNG STOSSFAENGER H AUS-/EINBAUEN	2	3,0	27,00

Blatt 1

FORM003/20070821

Sparkasse Mittelholstein AG - Konto 33 954 - BLZ(214 500 00) St.-Nr. 280 530 6481

1 Kostenvoranschlag **(Fortsetzung siehe Seite 672)**

Andreas Pahl Lack- & Karosseriezentrum

Zertifizierter Fachbetrieb für Lack- und Karosseriearbeiten DEKRA

An den Reesenbetten 1
24782 Büdelsdorf
Tel.: 04331 / 437 85-0
Fax 04331 / 437 85-20
info@alc-pahl.de

Kostenvoranschlag

Kunden-Nr. 45.104 Auftrags-Nr. 20046

	(SCHLUSSLEUCHTEN AUSGEBAUT)				
70 28 19 50	VERKLEIDUNG RADHAUS H R AUS-/EINBAUEN	2	1,0		9,00
	(SEITENPOLSTER AUSGEBAUT)				
55 37 19 00	TANKKLAPPE AUS-/EINBAUEN	2	2,0		18,00
74 60 19 50	SEITENPOLSTER H R AUS-/EINBAUEN	2	1,0		9,00
	(VERKLEIDUNG RADHAUS UND RUECKSITZBANK AUSGEBAUT)				
72 48 19 ZAX	RUECKSITZ AUS-/EINBAUEN	2	2,0		18,00
44 05 19 00	RAD (RAEDER) H AUS-/EINBAUEN	1	2,0		18,00
1782	TUER H R INSTANDSETZEN	3	10,0	*	90,00
3482	SEITENWAND R INSTANDSETZEN	3	2,0	*	18,00
1782	TUER H R HOHLR KONSERVIEREN	1			
3482	SEITENWAND R HOHLR KONSERVIEREN	1			

Lackierung: Zeitbasis: 10,00 AW = 1 Std.
LACKLOHNKLASSE 1 Preis/KL1 96,99 Euro/Std

Arb.Pos.Nr/ Leit-Nr.	Arbeitsgang WASSERBASIS		Anz/AW		Arb.-Preis/Euro
1482	TUER V R REPARATURLACK ST III	1	16,0		155,18
1782	TUER H R REPARATURLACK ST III	1	14,0		135,79
3482	SEITENTEIL R REPARATURLACK ST III	1	15,0		145,48
4080	TANKKLAPPE OBERFL LACK ST K2	1	3,0		29,10
9959	ZUSCHLAG FARBMUSTER OBERFL LACK ST II	1	3,0	*	29,10
9960	ZUSCHL FARBE MISCHEN OBERFL LACK ST II	1	3,0	*	29,10
	VORBEREITUNG ZUR LACKIERUNG		17,0		164,88
	VORBEREITUNG F. KUNSTSTOFFLACK		5,0		48,49
	MAT-KONST. HPT-ARB. METALL-LACK.				21,10
	MATERIALKONSTANTE KUNSTSTOFF				7,00
	REPARATURLACKIERUNG FLÄCHE		221,00 qdm		103,87
	INDEXABWEICHUNG IN %		168,00 %		91,24
	FIXMATERIAL TOTAL				1,40
	K-OBERFLÄCHENLACKIERUNG PREIS				0,80

Ersatzteile

Leit-Nr.		Ersatzteil - Nr.	Anz	Preis/Euro
1682	ZIERLEISTE TUER V R	3C8 853 072 2ZZ		24,35
1982	ZIERLEISTE TUER H R	3C8 853 074 2ZZ		19,85

Blatt 2

FORM003/20070821 Sparkasse Mittelholstein AG - Konto 33 954 - BLZ(214 500 00) St.-Nr. 280 530 6481

1 Kostenvoranschlag **(Fortsetzung siehe Seite 673)**

Andreas Pahl Lack- & Karosseriezentrum

Zertifizierter Fachbetrieb für Lack- und Karosseriearbeiten DEKRA

An den Reesenbetten 1
24782 Büdelsdorf
Tel.: 04331 / 437 85-0
Fax 04331 / 437 85-20
info@alc-pahl.de

Kostenvoranschlag

Kunden-Nr. 45.104 Auftrags-Nr. 20046

Zusammenfassung

Arbeitslohn					
	LOHNKLASSE 1	2 AW x 90,00 Euro/Std	2,0	18,00	
	LOHNKLASSE 2	44 AW x 90,00 Euro/Std	44,0	396,00	
	LOHNKLASSE 3	12 AW x 90,00 Euro/Std	12,0	108,00	
	GESAMTSUMME-ARBEITSLOHN				522,00
Lackierung					
	LACKLOHNKLASSE 1	76 AW x 96,99 Euro/Std	76,0	737,12	
	MATERIALKOSTEN			225,41	
	GESAMTSUMME-LACKIERUNG				962,53
Ersatzteile					
	KLEINERSATZTEILE-TOTAL		2,00 %	0,88	
	GESAMTSUMME-ERSATZTEILE				45,08
Nebenarbeiten					
	HOHLRAUM LOHNKLASSE 3	4 AW x 90,00 Euro/Std	4,0	36,00	
	GESAMTSUMME-NEBENKOSTEN				36,00
Gesamt					
	GESAMTBETRAG OHNE MWST				1.565,61
	MWST VOM GESAMTBETRAG		19,00 %	297,47	
	GESAMTBETRAG INCL MWST (EURO)				**1.863,08**

Wir bedanken uns für das entgegengebrachte Vertrauen und wünschen Ihnen allzeit GUTE FAHRT.

Blatt 3

FORM003/20070821

Sparkasse Mittelholstein AG - Konto 33 954 - BLZ(214 500 00) St.-Nr. 280 530 6481

1 Kostenvoranschlag

26.4 Instandhaltungsauftrag erteilen

1 Instandhaltungsaufträge

Ist der Kunde mit dem Kostenvoranschlag einverstanden, unterschreibt er einen Instandhaltungsauftrag.

Der **Wartungs- und Inspektionsauftrag** wird vom Kunden in Abhängigkeit der gefahrenen Strecke des Fahrzeugs erteilt. Der Fahrzeughersteller schreibt die Wartungs- und Inspektionsintervalle vor, um die Fahrbereitschaft des Fahrzeuges zu garantieren.

Bei alten Fahrzeugen werden in der Regel Korrosionsschäden **instand gesetzt**.

Bei einem Unfallfahrzeug kann die Instandsetzung bei jeder Altersklasse und bei jedem Pflegezustand erforderlich werden.

Durch seine Unterschrift wird der Instandhaltungsauftrag ein Vertrag, der rechtskräftig ist und der Kunde erklärt, dass er die Instandhaltungsbedingungen des Betriebes anerkennt.

Der Vertrag wird 4-fach ausgeführt; je eine Ausführung
- erhält der Kunde
- bleibt bei der kaufmännischen Abteilung
- wird zur Ersatzteilbeschaffung verwendet
- bekommt der Werkstattmeister

26.5 Arbeitsplanung zur Instandhaltung

Das selbstständige Informieren, Planen, Durchführen und Kontrollieren eines Arbeitsauftrages bestimmt die Fachkompetenz des Karosserie- und Fahrzeugbaumechanikers.

Vor der eigentlichen Durchführung der Arbeit und nach der Beschaffung der erforderlichen Informationen muss die Arbeit geplant werden. Die Arbeitsplanung zeigt den Weg der Arbeitsdurchführung und bildet somit die Grundlage der Handlungsorientierung.

Bei **Wartungs- und Inspektionsaufträgen** beschränkt sich die Arbeitsplanung im Wesentlichen auf die Bereitstellung von Diagnosecomputer, Werkzeugen, Betriebsmitteln und die Entsorgung von alten Betriebsmitteln wie Öl, Kühlmittel, Filtereinsätze, Glühkerzen, Bremsbeläge.

Nach dem Umfang der Instandsetzungsarbeit richtet es sich, ob ein schriftlicher Arbeitsplan erstellt wird.
Bei **kleinen Instandsetzungsarbeiten** oder bei der Anfertigung von einfachen Werkstücken kann auf eine schriftliche Ausarbeitung des Arbeitsplans verzichtet werden. Die Planung ist jedoch auch hier unerlässlich. Für die Kalkulation dieser Arbeiten sind in jedem Fall die Arbeitsschritte, Arbeitszeiten sowie die Ersatzteile und Halbzeuge festzuhalten und auszuwerten.

Für **umfangreiche Instandsetzungsarbeiten** oder bei der Serienfertigung werden sorgfältig ausgearbeitete Arbeitspläne schriftlich erstellt. Es gibt keine vorgeschriebene Form für den Arbeitsplan; Bild → 1, Seite 675 zeigt ein Beispiel.

Auf keinen Fall dürfen Handlungsmöglichkeiten eingeschränkt werden durch die Festlegung der Arbeitsschritte im Arbeitsplan.

Es sollen vielmehr Alternativlösungen untersucht werden, um eine Entscheidung für einen konkreten Lösungsweg zu finden.

Arbeitsplanung							Datum 26.07.
Autrags- Nr. 453-23	Zeichnungs- Nr.					Benennung Instandsetzen einer Anhängevorrichtung mit Nebenarbeiten	Mitarbeiter Dünn, Karl
Arbeitsschritt						**Betriebsmittel Werkzeug Werkzeugmaschine**	**Bemerkungen Prüfmittel Einstellwerte**
lfd. Nr.	Vorbe-reitung	Tren-nen	Um-formen	Fügen			
1	x				Fahrzeug auf Richtbank mit Scherenhebebühne setzen	Richtbank mit Scherenhebebühne	
2		x			Kupplungskugel abnehmen	Schlüssel für Kupplungshebel	Aufnahmehülse mit Abdeckkappe verschließen
3	x				Räder hinten links u. hinten rechts kennzeichnen	Kreide	HL, HR
4		x			Räder hinten links und hinten rechts ausbauen	Pneumatischer Schlagschrauber	Schwergängige und angerostete Radschrauben müssen ausgetauscht werden!
5		x			Radhausschale hinten links und hinten rechts ausbauen	Kreuzschlitz-Schraubendreher Blechschraube ST4,2 · 9,5	
6		x			Stoßfänger ausbauen	Pneumatischer Schlagschrauber Sechskantschraube M8 · 20	
7		x			Anhängevorrichtung ausbauen	Pneumatischer Schlagschrauber Sechskantschraube M12 · 35	
8		x			Abschlussblech ausfräsen	Schweißpunktfräser	Unterblech richten und reinigen
9			x		Längsträger hinten rechts rückverformen	Zuggerät der Richtbank	Symmetriemessung nach Längsträger hinten links
10				x	Neues Abschlussblech einschweißen	Widerstandspressschweißgerät	Schweißpunktfarbe aufbringen
11		x			Loch für Kabelführung in Abschlussblech sägen	Lochsäge	Durchmesser 35 mm
12				x	Anhängevorrichtung montieren	Pneumatischer Schlagschrauber Drehmomentschlüssel	Schrauben gleichmäßig anziehen 115 Nm
13				x	Korrosionsschutz im Bereich Abschlussblech aufbringen	Unterbodenschutz	
14				x	Neuen Stoßfänger einbauen	Pneumatischer Schlagschrauber Drehmomentschlüssel Sechskantschraube M8 · 20	20 Nm
15				x	Radhausschale hinten links und hinten rechts anbringen	Kreuzschlitz-Schraubendreher Blechschraube ST4,2 · 9,5	
16				x	Räder hinten links und hinten rechts montieren	Pneumatischer Schlagschrauber Drehmomentschlüssel	Auf Reifenkennzeichnung achten 9±1 daNm

1 Arbeitsplan

26.6 Abnahme und Übergabe

Nach Beendigung der Arbeiten erfolgt die Abnahme der Instandsetzung durch den Meister. Bei einer umfangreichen Reparatur ist die Abnahme immer verbunden mit einer **Probefahrt**, um die Fahrsicherheit festzustellen.

Hat die Abnahme keine Beanstandungen ergeben, kann die Rechnung erstellt und das Fahrzeug an den Kunden übergeben werden.

26.7 Rechnung erstellen

Die Rechnung wird erstellt wie in Kap. 17.8 beschrieben.

26.8 Zahlung

Mit der Übergabe des instand gesetzten Fahrzeugs erhält der Kunde gleichzeitig die Rechnung, die zwischenzeitlich von der kaufmännischen Abteilung erstellt wurde.

Handelt es sich um einen Schaden, den die Versicherung bezahlt, hat der Kunde eine Übernahmeerklärung unterschrieben und die Rechnung geht an die Versicherung.

Nach Zahlung der Rechnung ist der Geschäftsprozess abgeschlossen.

26.9 Haftungsrecht für Karosserie-Instandhaltungsbetriebe

Die Kfz-Hersteller stellen den Karosserie-Instandhaltungsbetrieben als Herstellervorschriften Pläne für die Demontage, Instandsetzung und Montage von Baugruppen zur Verfügung, vgl. Kap. 2.3.2. Für die Instandsetzung schreibt der Kfz-Hersteller vor, ob ein Einzelteil repariert werden darf oder ausgetauscht werden muss.

Für die Instandsetzung gilt:
Werden die Herstellervorschriften nicht richtig ausgeführt, schließt der Kfz-Hersteller die Produkthaftung für die Folge dieser Fehler aus.

Bildquellenverzeichnis

Autoren und Verlag danken den genannten Firmen, Institutionen und Privatpersonen für die Abdruckgenehmigung und Vorlagen der hier aufgeführten Bilder

Achtung:
Alle Bilder sind urheberrechtlich geschützt, d. h., sie sind Eigentum der jeweiligen Firma, Institution bzw. Privatperson, und dürfen nur **mit deren Genehmigung** verwendet werden.

Adolf Würth GmbH & Co. KG, Künzelsau: Bilder 219.1a+b
AGCO GmbH, Marktoberdorf: Bild 9.4
Alzmetall Werkzeugmaschinenfabrik und Gießerei Friedrich GmbH & Co. KG, Altenmarkt: Bild 54.4b
AMF-Bruns GmbH & Co. KG, Apen: Bilder 491.1a
Anhängerbau Stedele GmbH, Wörth a. d. Donau: Bild 10.2
AUDI AG, Ingolstadt: Bilder 4.2; 157.2; 160.2; 161.1; 161.2; 165.1a-c; 407.3
Autoaufbereitung Steinhöfer, Bitz: Bilder 555.2a+b
Automobili Lamborghini S.p.A.: Bild 407.2
Automobilscharniere Hasten GmbH + Co. KG, Remscheid: Bilder 420.1a-d; 424.1a-c
A.T.U Auto-Teile-Unger GmbH & Co. KG, Weiden i. d. Opf.: Bilder 634.2a-f

BAER Vertriebs GmbH, Heddesheim: Bild 55.4b
Bär GmbH, siehe Gerd Bär GmbH
BASF Coatings AG, Münster: Bild 647.1g
Bayerische Motorenwerke AG, München: Bilder 310.1b; 316.2; 332.1; 345.2; 411.1d; 432.1; 432.2a+b; 501.1
BEHR HELLA SERVICE GmbH, Lippstadt: Bild 480.1
Bergakademie Freiberg: siehe Racetech Racing Team TU Bergakademie Freiberg e.V.
BESSEY Tool GmbH, Bietigheim-Bissingen: Bilder 59.3a+b
beta GmbH, Teisendorf-Achtal: Bilder 33.3; 33.4
Beyer-Mietservice KG, Roth-Heckendorf: Bild 12.3
Bosch: siehe Robert Bosch
Brose Fahrzeugteile GmbH & Co. Kommanditgesellschaft, Coburg: Bilder 195.1a+b; 289.1; 412.1; 421.1a+b; 422.2a+b; 423.1

C. & E. FEIN GMBH, Schwäbisch Gmünd – Bargau: Bilder 606.1a-g; 607.1a+b
CARBON GmbH, Eigeltingen: Bilder 553.1; 613.2; 618.2; 619.1a-c
CAR-O-LINER Group, Västra Frölunda, Schweden: Bilder 566.1; 566.2a+b; 578.1
Carrosserie- und Autospritzwerk Max Zimmermann, Zürich (Schweiz): Bild 647.1d
CELETTE DEUTSCHLAND GmbH, Kehl am Rhein: Bilder 565.1; 568.1; 568.2; 569.1; 571.1a; 571.2; 576.1; 576.2; 577.2; 577.3; 580.1
C.P.-SYSTEM Strahltechnik GmbH, Mörfelden-Walldorf: Bilder 660.1a
Continental Reifen Deutschland GmbH, Hannover: Bilder 308.1; 309.1; 309.3a-c; 322.1a-s; 322.2a; 323.1; 324.1
Continental Teves AG & Co. oHG, Frankfurt am Main: Bilder 347.1; 446.1a; 536.1

Daimler AG, Stuttgart: Bilder 3.2; 3.3; 4.1a; 4.1c; 4.3; 4.4; 5.1; 5.2; 5.3; 6.2; 6.3; 6.4; 7.1; 7.3; 8.1a+b; 8.2; 81.1; 9.1; 9.3; 12.2; 12.4; 13.1; 13.2; 13.3; 14.1; 14.3; 14.4; 14.5; 15.1; 15.4; 16.1; 16.2; 16.3; 17.2; 17.3; 18.a-f; 19.2; 24.1a; 111.1; 131.1; 131.3; 132.1a; 144.1; 190.1a+b; 190.2a; 191.1a; 198.1a-d; 199.1; 199.2; 200.1; 200.2; 201.2; 202.1; 202.2; 202.3a+b; 202.4; 203.1; 206.1a+b; 226.1; 226.2; 254.2; 254.3; 255.1; 255.2; 255.3; 267.2; 271.2; 278.3; 280.1; 281.2; 289.2; 289.3a+b; 290.1; 294.1a+b; 305.2; 307.2a+b; 315.3; 352.2; 355.2a+b; 356.1; 404.2; 406.2a+b; 407.1; 408.1; 408.2; 409.1; 409.2; 409.3; 410.1; 410.2a+b; 411.1a+b; 412.2a+b; 413.1a+b; 414.1; 415.1; 416.1; 417.2; 417.3; 418.2; 427.1; 427.2a+b; 428.1; 433.1; 433.2; 437.1; 438.1; 438.2; 442.2; 443.2a-c; 444.1; 444.2; 444.3; 445.1; 445.2; 445.3; 445.4; 446.1b; 447.1a+b; 448.2; 449.1a-d; 454.1; 455.1a+b; 461.1; 461.3; 473.1a+b; 475.1; 477.1; 478.2; 494.3; 497.2; 498.2; 499.1; 499.2; 500.1; 500.2; 501.2; 503.1; 504.2; 505.1; 505.2; 506.1; 506.2; 507.1; 507.2; 509.4; 512.2; 516.1; 516.2; 527.1; 539.1; 539.2; 550.1; 550.2a-d; 551.1; 551.2; 552.1; 654.1; 655.2; 662.1
Dataliner Deutschland, Ahlerstedt: Bild 570.1
DAUTEL GmbH, Leingarten: Bilder 233.2; 234.1; 236.1
Deutsche Automobil Treuhand GmbH, Ostfildern: Bilder 559.1; 560.1; 561.1; 562.1; 562.2; 563.1; 564.1
DEUTZ AG, Köln (Porz-Eil): Bild 539.3
DIN Deutsches Institut für Normung e. V., Berlin: Bilder 140.1; 141.1; 142.1; 142.2; 143.1; 405.1; 469.1; 470.1
Dometic WAECO International GmbH, Emsdetten: Bilder 176.3; 177.1
dpa Picture-Alliance GmbH, Frankfurt/Main: Bild 15.2
DREISTERN GmbH & Co. KG, Schopfheim: Bild 440.1

Eberspächer Climate Control Systems GmbH & Co. KG, Esslingen: Bilder 450.1a+b; 483.1
Einhell Germany AG, Landau: Bild 660.1b
ELKAWE Container-Service- und Vertriebs-GmbH & Co. KG, Hamburg: Bild 489.2
Elting Geräte und Apparatebau GmbH & Co KG, Isselburg: Bilder 446.2; 446.3
EZ-Tools GmbH, Vierkirchen: Bild 67.4b

Fahrzeug- und Karosseriebau Parkentin GmbH, Parkentin: Bild 12.1
Felbermayr Holding GmbH, Wels (Österreich): Bild 9.2
Festool GmbH, Wendlingen: Bilder 645.1b; 659.1b
Flowdrill Fließformwerkzeuge GmbH, Weinheim: Bilder 69.1; 70.1
Förch GmbH & Co. KG, siehe Theo Förch GmbH & Co. KG

GAMO Fahrzeugwerke GmbH, Ravensburg: Bild 417.1
Gerd Bär GmbH, Heilbronn: Bilder 191.2; 228.1a-d; 235.1; 418.1
Grobe: siehe Karosseriebau & Oldtimerschmiede Harald Grobe
Andreas Grümmer, Naunhof: Bilder 645.1a; 658.3a-d; 659.1a; 659.1c; 659.1e; 660.2

Patricia Harbrecht, Kirch-Baggendorf: Bild 223.1
Harro Wolter Foto & Grafik Design, Hamburg: Bilder 292.3a-c; 631.1b
Hasten: siehe Automobilscharniere Hasten GmbH + Co. KG
HAZET-WERK Hermann Zerver GmbH & Co. KG, Remscheid: Bilder 59.3c; 73.1a+b
Heidhoff GmbH Industrietechnik, Syke: Bild 644.2
HELLA KGaA Hueck & Co., Lippstadt: Bilder 180.2; 180.3b; 182.2a+b; 184.1; 185.3; 186.1
HERKULES HEBETECHNIK GMBH / Hedson Technologies AB: Bild 644.1
Hiab Germany GmbH, Langenhagen: Bild 431.1
HSK Karosseriegeräte-Vertriebs-GmbH & Co. KG, Großostheim-Ringheim: Bild 34.2

iStockphoto, Berlin: Bild 634.3©ArthurGraphics
Iveco Magirus AG, Unterschleißheim b. München: Bilder 456.2; 457.1

Joh. Hermann Picard GmbH & Co., Wuppertal: Bilder 614.1; 615.1; 615.2a-f
Johnson Controls Autobatterie GmbH, Hannover: Bild 168.1
Josam Richttechnik GmbH: siehe Veritruck GmbH & Co. KG
JOST-Werke Deutschland GmbH, Neu-Isenburg: Bilder 463.1a-c; 463.2; 464.1; 464.2; 464.3a-c; 465.1; 466.1a-c
Junge Fahrzeugbau GmbH, Barsbüttel: Bild 416.3

Karosseriebau & Oldtimerschmiede Harald Grobe, Straubenhardt: Bilder 657.1; 657.2; 661.1; 662.2a+b; 663.1b; 665.2; 665.3
Kessel GmbH, Lenting: Bild 545.1
Kiekert AG, Heiligenhaus: Bilder 422.1a+b
Kienzle Argo Taxi International GmbH, Berlin: Bild 494.2
Kloft Retarder GmbH, Limburg/Lahn: Bild 366.2
Krafthand Medien GmbH, Bad Wörishofen: Bilder 166.1a+b
KRONPRINZ GmbH, Solingen: Bild 320.2a
KTI GmbH & Co. KG Kraftfahrzeugtechnisches Institut, Lohfelden: Bild 555.1
Wolfgang Kurzweil, Hamburg: Bilder 7.2; 17.1; 109.1; 178.3; 179.1a; 190.2b; 293.2; 419.1; 434.2a+b; 459.1; 460.2; 498.1; 498.3; 549.1a; 556.1; 567.1; 585.1b; 585.2; 585.3; 587.2a-e; 588.1b+c; 589.1a+b; 589.2; 591.2; 591.3a+b; 592.1; 592.2; 592.3; 594.1a+b; 649.1; 651.1; 675.1

Lack- & Farbzentrum Liebsch GmbH, Bautzen www.fahrzeuglackiererforum.de: Bild 647.1c
Lack- & Karosserie Zentrum Andreas Pahl, Büdelsdorf: Bilder 671.1; 672.1; 673.1
Lamborghini S.p.A.: siehe Automobili Lamborghini S.p.A.
Gerd Lausen, Jevenstedt: Bilder 31.2; 32.2; 32.3; 32.4; 34.3; 57.1; 57.2a+b; 58.1; 61.1a+b; 105.1; 108.1; 108.2; 149.1; 149.2; 150.1; 189.2; 252.1a-d; 256.1a-c; 257.1a-c; 292.1b; 292.2; 295.2a+b; 382.1; 391.3; 415.2; 508.1; 508.2; 508.3; 509.1; 509.2; 530.1; 602.2; 603.1; 603.2a+b; 604.1; 604.2a+b; 610.1; 625.2; 625.3; 626.1a+b; 630.1; 630.2; 630.3; 631.1a; 631.2; 632.1a+b; 632.2; 649.2a+b; 663.1a; 664.2; 665.1; 669.1
Layher GmbH & Co KG, siehe Wilhelm Layher GmbH & Co KG
LEAB Automotive GmbH, Busdorf: Bild 176.1
Liebsch GmbH, siehe Lack- & Farbzentrum Liebsch GmbH
Marek Lissowski www.lacktop.de, Wadersloh: Bilder 613.3; 617.1b; 621.1b; 622.2
Ludwig Lotz GmbH, Frankfurt/M.: Bild 643.2
Frank Lünenberger, Halle/Saale: Bilder 605.1; 609.1a-i; 617.1a; 617.2; 617.3; 618.1a+b; 645.2a+b; 654.2; 658.1; 658.2

MAN SE, München: Bilder 366.1; 369.1; 482.1; 484.1; 485.1
Mattig Exclusiv GmbH & Co. KG, Hauzenberg: Bild 655.1
MCE-Elektro-Akustik e. K., Olpe-Saßmicke: Bild 176.2
Melkus Sportwagen GmbH, Dresden: Bilder 22.1; 22.2; 23.1; 411.1c; 435.1; 435.2; 435.3; 436.2a+b
MENNEKES Elektrotechnik GmbH & Co. KG, Kirchhundem: Bild 159.4

Mercedes-Benz Grand Prix Ltd.: Bild 436.1
Metabowerke GmbH, Nürtingen: Bilder 54.4a; 659.1d
Wolfgang Meyscheider, Traunwalchen: Bild 284.3
Michelin Reifenwerke AG & Co. KGaA, Karlsruhe: Bilder 309.3d; 323.4
Mitutoyo Deutschland GmbH, Neuss: Bilder 32.1; 33.1; 33.2
Moser Verkaufsfahrzeug und Nutzfahrzeug Automobil GmbH, Meisenheim: Bild 292.1a

Oldtimer Rehberger GmbH, Eching am Ammersee: Bilder 654.4; 654.5; 656.1

Packaging Valley Germany e.V., Schwäbisch Hall: Bild 383.1
Andreas Pahl, siehe Lack- & Karosserie Zentrum Andreas Pahl
PANKOW REHATECHNIK, Krefeld: Bild 491.1c
paramobil GmbH, Westhausen: Bild 491.1b
Parkentin GmbH, siehe Fahrzeug- und Karosseriebau Parkentin GmbH
Paul Nutzfahrzeuge GmbH, Vilshofen an der Donau: Bild 455.2
PCE Deutschland GmbH, Meschede www.warensortiment.de: Bild 549.4
Manfred Peters, Schacht-Audorf: Bilder 570.2; 572.1a+b; 572.2; 572.3; 614.2; 614.3; 615.2g; 621.1a
Picard: siehe Joh. Hermann Picard GmbH & Co.
Dipl. Chem. Ing. Heinrich Pniok, Moorrege: Bild 131.2
PROJAHN Präzisionswerkzeuge GmbH, Dietzenbach: Bild 56.3
Putzmeister Holding GmbH, Aichtal: Bild 419.2

Querhammer Fahrzeugbau GmbH, Gettorf: Bilder 107.1; 107.2; 593.2; 594.2; 595.1; 595.2; 595.3; 595.4; 595.5; 596.1; 596.2

Racetech Racing Team TU Bergakademie Freiberg e.V., Freiberg/Sa.: Bild 272.1
Rahloff Nutzfahrzeuge GmbH, Schenefeld/Hamburg: Bild 509.3
Frank Reiher, Lehre: Bild 647.1f
Dr. Rainer Rempfer, Kirchdorf a. d. Amper: Bild 654.3
Rehberger, siehe Oldtimer Rehberger GmbH
Rennsteig Werkzeuge, Viernau: Bilder 60.1b-f
Robert Bosch Automotive Steering GmbH, Schwäbisch Gmünd: Bilder 316.1; 317.1; 327.1; 328.2; 328.3
Robert Bosch GmbH, Stuttgart: Bilder 156.1; 172.1; 174.1; 174.2; 175.1; 175.2; 178.1; 178.2; 179.1b+c; 179.2; 180.1; 180.3a; 180.4; 181.1; 181.2; 182.1; 183.1; 185.1; 185.2; 187.1; 187.2; 188.2; 189.1; 195.2; 199.3; 207.1a+b; 209.1; 216.1; 340.2; 343.1a+b; 343.2; 344.1; 344.2; 348.1; 349.2; 353.1; 354.1; 355.1
ROTZLER HOLDING GmbH + Co. KG, Steinen: Bild 494.1
RUD Ketten Rieger & Dietz GmbH u. Co. KG, Aalen: Bild 443.1

Sachsengarage GmbH, Dresden: Bild 1.1
SAF-HOLLAND GmbH, Bessenbach: Bilder 320.2b; 326.1; 326.2; 466.2
SAINT-GOBAIN SEKURIT International GmbH & Co. KG, Herzogenrath: Bilder 414.2a+b; 414.3
Michael „Mike" Sander, Horst: Bild 108.3
SATA GmbH & Co. KG, Kornwestheim: Bild 641.1
SCHEUCH GmbH, A-Aurolzmünster: Bild 643.1
Thomas Schmerer, Schwalmstadt: Bild 359.3b
Schmitz Cargobull AG, Horstmar: Bild 11.1a
Schmitz & Heisler GmbH, Wesel: Bild 493.1
Sebastian Schneier: siehe Trabi-XXL Sebastian Schneier, Berlin www.trabi-xxl.de
Schwarzmüller GmbH: siehe Wilhelm Schwarzmüller GmbH
Shutterstock Images LLC, New York, USA: Bild 191.1b©David Dohnal
SMT-MESSZEUGE®, Aschaffenburg: Bild 34.1
Snap-on Equipment GmbH, Unterneukirchen: Bilder 334.1; 335.1; 335.2a-c; 335.3a+b; 336.1; 336.2
Sortimo International GmbH, Zusmarshausen: Bilder 510.1; 511.1
Spies Hecker GmbH, Köln: Bilder 627.2a; 634.1
Martin Stallmann, München: Bild 201.1
Standox GmbH, Wuppertal: Bilder 387.1b-j; 627.1; 627.3; 647.1a; 647.1b; 647.1e; 647.1h; 647.1i
Stedele GmbH: siehe Anhängerbau Stedele GmbH
Wolfgang Stein, Unterföhring: Bilder 10.4; 10.5; 11.1b-d; 454.2; 454.3; 455.3; 485.3; 486.1; 487.1; 492.1
Steinhöfer: siehe Autoaufbereitung Steinhöfer
STRUERS GmbH, Willich: Bilder 268.2; 268.3; 269.1; 269.2
SUER Nutzfahrzeugtechnik GmbH & Co. KG, Wermelskirchen: Bilder 426.1
SVS – Special Vehicle Services, Westerheim: Bild 495.1

T-AX-O Trailer GmbH, Neu Staßfurt: Bild 10.3
TECNA® S.p.A., Walter Heller GmbH, Dieburg: Bild 93.2
TERBERG Spezialfahrzeuge GmbH, Hamburg: Bild 419.3
Theo Förch GmbH & Co. KG, Neuenstadt: Bilder 296.1a+b; 296.2a-c; 297.1a+b; 298.1; 298.2a+b; 299.1
THERMO KING Ingersoll Rand – Climate Solutions, Stuttgart: Bilder 488.1a-c; 488.2
Tischer Fahrzeugbau GmbH, Waldmünchen: Bild 14.2
Trabi-XXL Sebastian Schneier, Berlin www.trabi-xxl.de: Bild 4.1b

Truma Gerätetechnik GmbH & Co. KG, Putzbrunn: Bild 489.1
TU Bergakademie Freiberg: siehe Racetech Racing Team TU Bergakademie Freiberg e.V.

UVEX ARBEITSSCHUTZ GmbH, Fürth: Bild 387.1a

Veritruck GmbH & Co. KG, Henstedt-Ulzburg: Bilder 38.2; 337.1; 337.2; 338.1; 456.1; 582.1a-c; 584.2a-e; 585.1a; 586.1a+b; 586.2a+b; 588.1a; 590.2; 591.1; 619.2
Volkswagen Aktiengesellschaft, Wolfsburg: Bilder 197.2; 310.2; 312.2a+b; 319.1; 344.3; 368.1; 439.2; 439.3; 448.1; 601.1; 602.1
Volvo Car Germany GmbH, Köln: Bild 279.3

WABCO Fahrzeugsysteme GmbH, Hannover: Bilder 220.1; 325.1a-c; 357.1; 358.1; 358.2; 358.3; 358.4; 359.2; 359.3a; 359.4; 360.1; 360.2; 360.3; 360.4a+b; 361.1a+b; 361.2; 362.1; 363.1; 364.1; 477.2; 546.2
WAECO: siehe Dometic WAECO International GmbH
WashTec Cleaning Technology GmbH, Augsburg: Bild 529.1
Webasto SE, Stockdorf: Bilder 413.2; 479.1; 481.1
Joachim Weigt, Celle: Bilder 626.3; 627.2b; 642.1
WESTFALIA-AUTOMOTIVE GmbH & Co. KG, Rheda-Wiedenbrück: Bild 26.1
Wieländer + Schill, Villingen-Schwenningen: Bild 622.1
Wilhelm Layher GmbH & Co KG, Güglingen-Eibensbach: Bilder 110.1; 110.2
Wilhelm Schwarzmüller GmbH, Freinberg (Österreich): Bild 15.3
Wilke Fahrzeugbau GmbH, Trittau: Bilder 518.1; 518.2; 519.1; 519.2; 521.1; 522.1; 522.2; 522.3; 522.4
Wolfgang Willnat, Belau: Bilder 377.1; 377.2; 378.1; 378.2; 389.1; 389.2; 390.1; 390.2; 390.3; 391.1; 391.2; 392.2; 393.1; 393.2; 393.3; 394.1; 394.2; 395.1; 395.2; 395.3; 395.4
Bernd Winkler, Immenhausen: Bilder 16.4; 328.1; 359.1; 416.2; 424.2; 425.2; 425.3; 452.1; 472.1a+b; 528.1; 528.2; 531.1; 531.2; 533.1; 543.1; 544.1; 544.2; 670.1
Eckhard Woll, Clausen: Bilder 126.1b; 127.1a; 129.2a oben; 130.1; 130.2; 132.2; 133.1a; 134.1; 134.2; 134.3; 134.4; 134.5a; 136.1a; 137.1; 137.2; 145.1; 145.2; 150.2; 150.3; 151.1a+b; 152.1a-c; 152.2; 153.1; 154.1; 170.1; 171.2; 184.2; 184.3; 186.2a+b; 208.1
Wolter, siehe Harro Wolter Foto & Grafik Design
www.wikimedia.org Creative-Commons-Lizenz - CC-BY-SA-3.0: Bild 549.2 (Florian Schäfer)
Würth GmbH & Co. KG: siehe Adolf Würth GmbH & Co. KG

Zentralverband Karosserie- und Fahrzeugtechnik e. V., Bad Vilbel: Bild 554.1
Max Zimmermann, siehe Carrosserie- und Autospritzwerk Max Zimmermann
Zopf Biegemaschinen GmbH, Haldenwang: Bild 67.4a

Sachwortverzeichnis